Canada

TERRE DE DÉMESURE

Difficile de définir un pays comme le Canada : il existe un Canada riche et industrialisé, un autre totalement sauvage ; un Canada anglophone proche de son voisin américain, et un autre francophone qui revendique sa particularité ; un pays montagneux à l'ouest et à l'est avec, au centre, des prairies à l'infini ; un pays vêtu de blanc l'hiver, mais qui dévoile ses couleurs lors de l'été indien... Il existe donc « des Canadas ». Mais s'il y a une constance dans ce pays, ce sont bien les gens, cette population consciente de vivre dans un environnement unique. Une certaine humilité, peut-être aussi, face à cet hiver rigoureux qui, presque partout présent, frappe aveuglément la plupart du territoire. Et plus au nord, les routes se font rares et la forêt dense, c'est un territoire vierge qui vous attend, constitué ici de forêts de feuillus et de conifères, là de nombreuses rivières, et peuplé d'innombrables espèces à la mesure du gigantisme du pays. Difficile d'imaginer ceux qui sont venus s'installer sur ces terres sans limites ni clôtures, pour y établir villes et villages, qui ne ressemblent à rien d'autre. Québec, plus vieille ville d'Amérique du Nord avec ses fortifications et son Château Frontenac, s'oppose avec force à Vancouver, métropole tirée vers le haut grâce à ses gratte-ciel. Ainsi se présente le Canada. Sa diversité en fait une destination pour qui recherche le calme, la nature et l'espace, mais aussi le dynamisme d'une nation jeune et ouverte sur le monde.

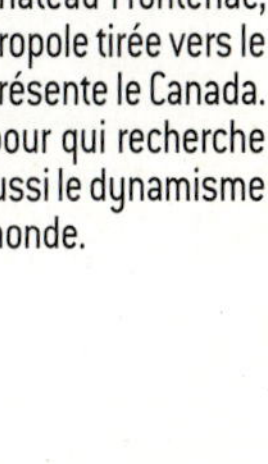

Retrouvez cette offre en page 29

SOMMAIRE

Vancouver. © MFRON - ISTOCKPHOTO

Canoë dans les Rocheuses canadiennes. © VENI - ISTOCKPHOTO

6 INSPIRER

Pour vous tenter. Mieux, vous convaincre, avec les plus de la destination, des idées de séjour, les festivités à ne pas rater et des infos pratiques à gogo.

49 DÉCOUVRIR

Le Canada dévoilé sous toutes ses coutures, de son passé colonial à sa diversité ethnique assumée, en passant par sa scène artistique absolument unique.

129 COLOMBIE-BRITANNIQUE

Une province qui fait rêver, avec la splend de la côte pacifique, les majestueuses montagnes Rocheuses et le décor bucolique de la vallée de l'Okanagan.

207 ALBERTA

Pays des cowboys par excellence, avec l'incontournable Stampede de Calgary, l'Alberta est aussi réputée pour ses superb parcs naturels de Banff et de Jasper.

© CRAIG ZERBE - SHUTTERSTOCK.COM

© MARK BYER - SHUTTERSTOCK.COM

L'hôtel de ville de Toronto. © S-F - SHUTTERSTOCK.COM

545 TERRE-NEUVE-ET-LABRADOR

Une terre de géants avec ses fjords d'une beauté à couper le souffle, le plus haut sommet du pays à l'est des Rocheuses et le ballet des icebergs au printemps.

565 SAINT-PIERRE-ET-MIQUELON

Avec son statut de collectivité d'outre-mer, c'est le dernier petit bout de France au Canada. Un archipel unique, à un jet de pierre de l'île de Terre-Neuve.

573 YUKON

Voisin de l'Alaska, c'est la contrée de la ruée vers l'or du Klondike. C'est aussi ici, dans le parc national Kluane, que se trouve le plus haut sommet du pays.

589 TERRITOIRES DU NORD-OUEST

Territoire grandiose avec ses lacs démesurés, ses rivières sauvages pour le canotage, ses aurores boréales et la Dempster Highway menant au cercle arctique.

595 NUNAVUT

Terre des Inuit depuis des millénaires blottie aux confins de l'Arctique canadien, le Nunavut offre une démesure et une authenticité sans égales au pays.

597 ORGANISER SON SÉJOUR

Pour bien préparer sa petite virée en sol canadien, des formalités douanières aux agences locales proposant des aventures en solo ou en formule tout inclus.

Mont Tremblant Lake and village in autumn, Quebec, Canada © VLADONE

Château Frontenac, Québec.

OCEAN ARCTIQUE
Iles de la Reine-Elisabeth
ALASKA
Mer de Beaufort
Yukon
DAWSON ★★★
YUKON
Cambridge Bay
Spence Bay
Coppermine
Grand Lac de l'Ours
Mt Logan 6050 m
Mackenzie
TERRITOIRES DU NORD-OUEST
Black River
NUNAVUT
NAHANNI NATIONAL PARK ★★★
Grand Lac des Esclaves
Pine Point
Uranium City
COLOMBIE-BRITANNIQUE
Pic Churchill 3200 m
Peace River
CHURCHILL
Lynn Lake
Thompson
MANITOBA
JASPER NATIONAL PARK ★★★
SASKATCHEWAN
Lac Winnipeg
Nels
WHISTLER ★★★
BANFF NATIONAL PARK ★★★
ALBERTA
CALGARY ★★★
VANCOUVER ★★★
LAKE LOUISE ★★★
BANFF ★★★
PACIFIC RIM NATIONAL PARK ★★★
VICTORIA ★★★
WATERTON LAKES NATIONAL PARK ★★★
LAC SUPÉR ★★★
vers Great Falls
vers Minneapolis
OCEAN PACIFIQUE
Snake River
ETATS-UNIS

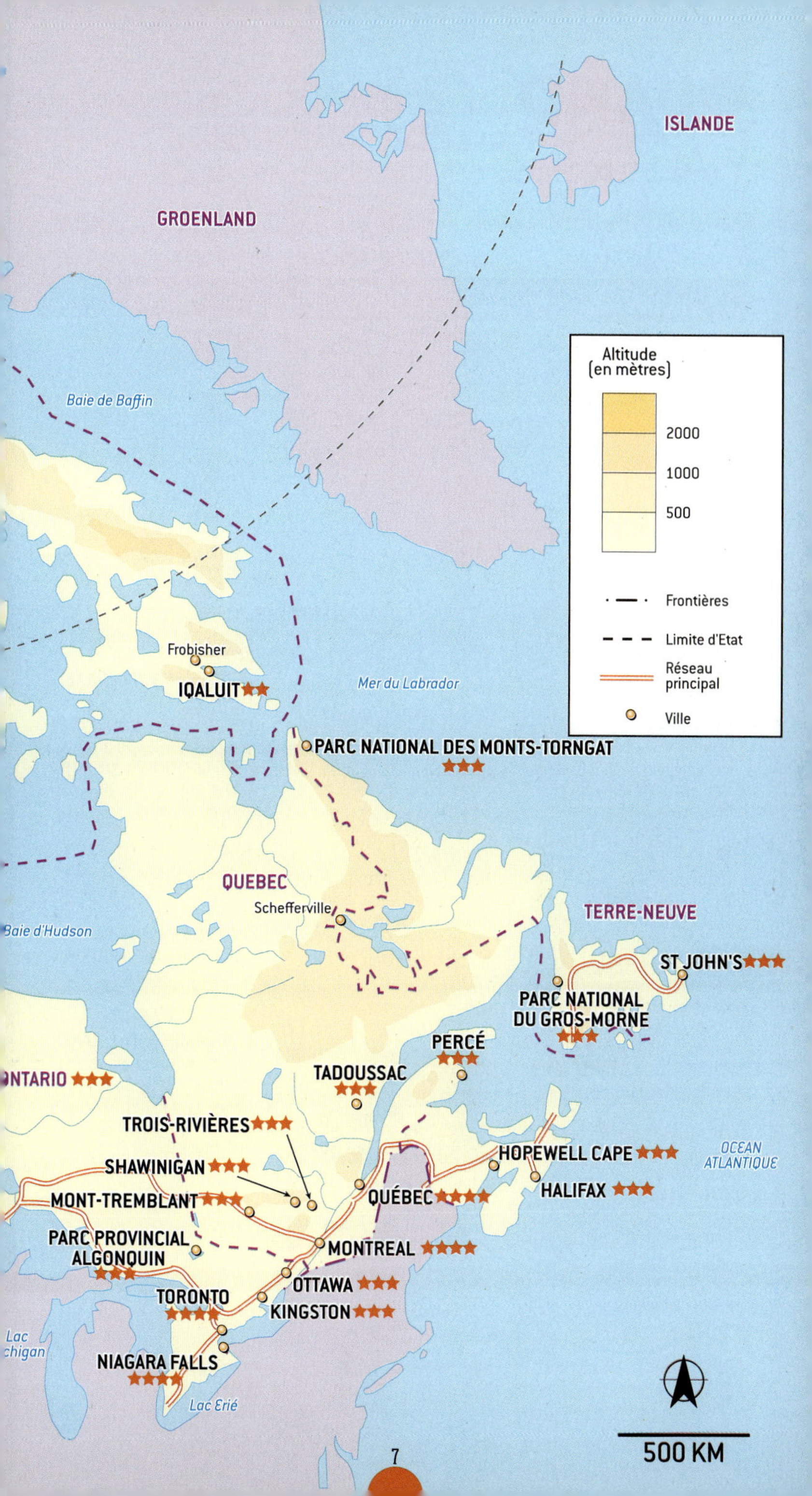
ISLANDE
GROENLAND
Baie de Baffin
Altitude (en mètres)
2000
1000
500
Frontières
Limite d'Etat
Réseau principal
Ville
Frobisher
IQALUIT ★★
Mer du Labrador
PARC NATIONAL DES MONTS-TORNGAT ★★★
QUEBEC
Schefferville
Baie d'Hudson
TERRE-NEUVE
ST JOHN'S ★★★
PARC NATIONAL DU GROS-MORNE ★★★
PERCÉ ★★★
TADOUSSAC ★★★
ONTARIO ★★★
TROIS-RIVIÈRES ★★★
HOPEWELL CAPE ★★★
OCEAN ATLANTIQUE
SHAWINIGAN ★★★
HALIFAX ★★★
QUÉBEC ★★★★
MONT-TREMBLANT ★★★
PARC PROVINCIAL ALGONQUIN ★★★
MONTREAL ★★★★
OTTAWA ★★★
TORONTO ★★★★
KINGSTON ★★★
Lac Michigan
NIAGARA FALLS ★★★★
Lac Erié
500 KM

QUAND Y ALLER

JANVIER

MONTRÉAL

-14° / -4°

VANCOUVER

0° / 6°

PUSH - INTERNATIONAL PERFORMING ARTS FESTIVAL
(VANCOUVER)
Un événement majeur à Vancouver, dédié aux arts de la scène sous toutes leurs formes à travers de nombreuses performances.

IGLOOFEST
(MONTRÉAL)

© MEUNIERD-SHUTTERSTOCK.COM

Quatre week-ends de célébrations à l'extérieur au son des meilleurs DJ de la scène électro. Le site est bondé, même par -20 °C !

NIAGARA ICEWINE FESTIVAL
(ST. CATHARINES)
Une des plus prestigieuses célébrations de la scène vinicole du pays, mettant en vedette le fameux vin de glace de Niagara.

FÉVRIER

MONTRÉAL

-13° / -2°

VANCOUVER

1° / 7°

YUKON QUEST
(WHITEHORSE)
Revivez l'épopée de la ruée vers l'or à travers la course de traîneau à chiens la plus mythique et la plus difficile du monde.

FESTIVAL DU VOYAGEUR
(WINNIPEG)
Une grande fête hivernale qui met en vedette la musique, la danse et les arts visuels, le tout dans une ambiance d'antan.

CARNAVAL DE QUÉBEC
(QUÉBEC)

© ALEX.JW ROBINSON - SHUTTERSTOCK.COM

Réputé pour être le plus gros carnaval d'hiver au monde, le Carnaval de Québec est une tradition festive à ne pas manquer !

MARS

MONTRÉAL

-7° / 3°

VANCOUVER

3° / 3°

PACIFIC RIM WHALE FESTIVAL
(PACIFIC RIM NATIONAL PARK RESERVE)
Chaque année, un accueil des plus privilégiés organisé pour les baleines grises de retour sur la côte de la Colombie-Britannique.

ARCTIC WINTER GAMES
Des jeux hors du commun mettant en vedette, tous les deux ans, les athlètes et les sports typiques des régions arctiques du globe.

SHAW FESTIVAL
(NIAGARA-ON-THE-LAKE)
La renommée de ce festival de théâtre dépasse les frontières du pays et attire annuellement plus de 250 000 spectateurs.

Si toutes les raisons sont bonnes pour visiter le Canada, toutes les saisons s'y prêtent également. La forêt boréale couverte de neige en hiver ou encore les couleurs flamboyantes de l'automne valent le déplacement. L'été, quant à lui, devient un prétexte pour transformer les rues, esplanades et parcs en de véritables lieux de fêtes populaires à ciel ouvert. Sans oublier la grande tradition gourmande de la cabane à sucre au printemps, un des coups de cœur des visiteurs.

AVRIL

MONTRÉAL

0° / 12°

VANCOUVER

5° / 5°

WORLD SKI & SNOWBOARD FESTIVAL
(WHISTLER)
Un des plus gros *party* du monde de la glisse en Amérique du Nord, le tout organisé dans le superbe cadre montagnard de Whistler.

HOT DOCS
(TORONTO)
C'est un des événements majeurs du cinéma documentaire de création au pays, lequel est bonifié d'une programmation à l'année.

$

MAI

MONTRÉAL

7° / 20°

VANCOUVER

8° / 8°

FESTIVAL CANADIEN DES TULIPES
(OTTAWA)

© ELODIE LE PAPE - SHUTTERSTOCK.COM

Chaque année, plus d'un million de tulipes font d'Ottawa la capitale printanière du pays. Et que dire du délicieux arôme !

INSIDE OUT
(TORONTO)
Plus grand festival dédié au cinéma LGBTQ2 au Canada, il est présenté en saison estivale à Toronto et à Ottawa en automne.

$ $

JUIN

MONTRÉAL

13° / 26°

VANCOUVER

11° / 11°

FESTIVAL MURAL
(MONTRÉAL)
Une célébration de l'art urbain à ciel ouvert où les gigantesques fresques murales sont créées sous les yeux ébahis du public.

ALIANAIT ARTS FESTIVAL
(IQALUIT)
C'est le grand événement estival de la capitale du Nunavut avec, au programme, musique, danse, théâtre, conte et arts visuels.

PRIDE TORONTO
(TORONTO)

© SHAWN GOLDBERG - SHUTTERSTOCK.COM

Un mois d'activités célébrant la fierté et la diversité, le tout culminant avec le Pride Weekend et son incontournable défilé.

$ $ $

QUAND Y ALLER

JUILLET

MONTRÉAL

15° / 27°

VANCOUVER

13° / 13°

CALGARY STAMPEDE
(CALGARY)
Réveillez le côté country et cowboy qui sommeille en vous le temps de quelques jours et participez à la folie de ce grand rodéo !

DAWSON CITY MUSIC FESTIVAL
(DAWSON CITY)
La ville minière de Dawson est prise d'assaut tout au long de l'année mais, en juillet, c'est la musique qui fait vibrer la ville.

MONTRÉAL COMPLÈTEMENT CIRQUE
(MONTRÉAL)
Le cœur de Montréal bat au rythme des acrobaties, des péripéties et des numéros de jonglage des troupes d'ici et d'ailleurs.

$ $ $

AOÛT

MONTRÉAL

14° / 26°

VANCOUVER

12° / 12°

FESTIVAL ACADIEN DE CARAQUET
(CARAQUET)
La culture acadienne est ici célébrée en grande pompe avec une riche programmation s'étendant sur plus d'une dizaine de jours.

NATIONAL BANK OPEN
(TORONTO)
Pour voir la crème du tennis professionnel de l'ATP World Tour et de la WTA, c'est à Toronto et Montréal qu'il faut venir !

OSHEAGA
(MONTRÉAL)
Un festival de musique et d'arts qui attire la jeunesse mondiale. Des dizaines d'artistes chaque jour, en plein air sur une île.

$ $ $

SEPTEMBRE

MONTRÉAL

10° / 22°

VANCOUVER

10° / 10°

OKANAGAN WINE FESTIVAL
(KELOWNA)
Kelowna honore, de par son festival, les vins de la région de l'Okanagan, l'une des seules régions vinicoles de l'ouest du Canada.

BIÈRES ET SAVEURS DE CHAMBLY
(CHAMBLY)
Grande fête en plein air qui rassemble pratiquement toute l'industrie brassicole québécoise. Un must pour les amateurs de bières !

TORONTO INTERNATIONAL FILM FESTIVAL
(TORONTO)

© NJENE - SHUTTERSTOCK.COM

Clairement une des rencontres les plus attendues de l'industrie du 7e art, le tout dans une ambiance digne d'Hollywood !

$ $ $

OCTOBRE

MONTRÉAL

4° / 14°

VANCOUVER

7° / 7°

BANFF CENTRE MOUNTAIN FILM AND BOOK FESTIVAL
(BANFF)
Un événement phare pour tous les aventuriers et passionnés de montagne et un tas de découvertes cinématographiques et éducatives.

JASPER DARK SKY FESTIVAL
(JASPER)
Embarquez vers les étoiles pour une nuit absolument magique au sein de l'un des plus grands parcs nationaux de l'Ouest canadien.

NOVEMBRE

MONTRÉAL

-2° / 7°

VANCOUVER

3° / 3°

RENCONTRES INTERNATIONALES DU DOCUMENTAIRE
(MONTRÉAL)
L'un des plus importants festivals de films documentaires du continent, avec plus de 150 films d'ici et des quatre coins du globe.

COUP DE CŒUR FRANCOPHONE
(MONTRÉAL)
Un bel événement dédié à la chanson francophone, lequel se déroule d'un océan à l'autre pour le plus grand plaisir des mélomanes.

DÉCEMBRE

MONTRÉAL

-9° / 0°

VANCOUVER

2° / 2°

SALON DES MÉTIERS D'ART DU QUÉBEC
(MONTRÉAL)
Les métiers d'art du Québec et d'ailleurs rayonnent ici pendant près de deux semaines. L'occasion en or pour (se) faire plaisir !

TOBOGGAN
(QUÉBEC)
Des célébrations hautement festives pour souligner les fêtes de fin d'année, le tout dans un cadre historique époustouflant.

LES BONNES RAISONS D'Y ALLER

© GALYNA ANDRUSHKO - SHUTTERSTOCK.COM

UNE VARIÉTÉ DE PAYSAGES SANS ÉGALE

Du désert d'Osoyoos dans l'Okanagan aux confins de l'arctique du Grand Nord canadien.

© FIONA M. DONNELLY - SHUTTERSTOCK.COM

UN PAYS EN TERRES AUTOCHTONES

Premiers habitants du continent, leur culture est d'une richesse inouïe. Incontournable !

© LISEGAGNE - ISTOCKPHOTO.COM

LA GASTRONOMIE BORÉALE LOCALE

Une tendance culinaire incontournable mettant en vedette les produits nordiques canadiens.

DES SITES HISTORIQUES D'IMPORTANCE

Ils retracent l'occupation du pays, dont une vingtaine figurant au patrimoine mondial.

DES FESTIVITÉS SANS TEMPS MORT

Destination réputée pour ses nombreux festivals, on ne s'y ennuie jamais, même par -20 °C.

UN VÉRITABLE MELTING-POT CULTUREL

Terre d'immigration, la diversité ethnique est omniprésente d'un bout à l'autre du pays.

DES VILLES À LA NORD-AMÉRICAINE

Avec leurs grands boulevards, leur *skyline* de gratte-ciel et leur frénésie incessante.

LES BONNES RAISONS D'Y ALLER

DES ACTIVITÉS DE PLEIN AIR À GOGO

Avec un terrain de jeu naturel aussi immense, les possibilités de plein air sont infinies.

© KELLY SHEN - SHUTTERSTOCK.COM

© LEOPATRIZI - ISTOCKPHOTO.COM

LA GENTILLESSE DES CANADIENS

Leur réputation les précède et leur hospitalité légendaire donne envie d'y retourner.

© ROB CRANDALL - SHUTTERSTOCK.COM

UNE DESTINATION SÉCURITAIRE

Le Canada est aux antipodes de son voisin américain en matière de crimes et de violence.

LES 12 MOTS-CLÉS

#AUTOCHTONES

Présents d'un océan à l'autre dans plus de 600 communautés, ce sont les Premiers Peuples du continent, les racines du pays. Au Canada, ils sont composés des membres des Premières Nations (Amérindiens), des Métis et des Inuit, et constituent près de 5 % de la population, sans oublier l'incroyable richesse de leurs cultures et traditions ancestrales.

#CERCLE ARCTIQUE

Situé très exactement au parallèle 66° 33' 49,7 » de latitude nord, le cercle polaire arctique traverse chacun des trois territoires du Nord canadien, soit le Yukon, les Territoires du Nord-Ouest et le Nunavut. Les plus aventuriers pourront immortaliser le moment près du panneau officiel sur la Dempster Highway, à 330 kilomètres au sud d'Inuvik.

© MADY MACDONALD - SHUTTERSTOCK.COM

#DÉPANNEURS

Appelés *convenience stores* du côté anglophone, ces commerces ouvrent très tard le soir et tous les jours de la semaine. Certains fonctionnent même jour et nuit. On y achète le journal, les cigarettes, la bière (pas partout), du lait, des conserves, quelques produits frais, etc. Les tarifs y sont plus élevés qu'au supermarché, mais cela dépanne.

#EH ?

C'est probablement le plus gros cliché de la parlure anglaise au pays, mais non sans raison. Il est vrai que les Canadiens anglais ont souvent tendance à conclure leurs phrases avec ce fameux « Eh ? », lequel se traduit plus souvent qu'autrement par « Ne trouves-tu pas ? ». On l'utilise également en remplacement de « Pouvez-vous répéter ? ».

#ÉRABLE

Grand symbole canadien, c'est l'arbre le plus connu du pays. Non seulement sa feuille trône fièrement au centre du drapeau national, mais il fournit également le seigneur des sirops, lequel est produit à partir de la sève naturelle de l'érable à sucre. Bonus : il se pare de couleurs flamboyantes l'automne venu, un spectacle à ne pas manquer.

© LIUSOL - SHUTTERSTOCK.COM

#FRANCOPHONIE

Si le Québec est la figure de proue de la langue de Molière au pays, les francophones sont toutefois présents sur l'ensemble du territoire canadien. L'Ontario compte d'ailleurs le plus grand nombre de francophones hors Québec et le Nouveau-Brunswick est une province officiellement bilingue. Et c'est sans compter les nombreux francophiles...

#HOCKEY

C'est le sport national et le Canada compte sept équipes membres de la Ligue nationale de hockey : les Canucks de Vancouver, les Oilers d'Edmonton, les Flames de Calgary, les Jets de Winnipeg, les Maple Leafs de Toronto, les Senators d'Ottawa et les Canadiens de Montréal. Si vous avez l'occasion d'assister à un match, ne ratez pas votre chance !

© JOHNALEXANDR - ISTOCKPHOTO.COM

#INGÉNIOSITÉ

Elle donne naissance à des inventions canadiennes qui marquent leur temps, comme le basketball, le beurre de cacahuètes, la cuisinière électrique, le hockey, l'insuline, la motoneige, la pile alcaline, les raquettes à neige, le rouleau de peinture, le sac à ordures, le sirop d'érable, le sonar, la souffleuse à neige, Superman et le walkie-talkie.

#MELTING-POT

Le Canada est un pays où, d'un océan à l'autre, les cultures du monde entier cohabitent et donnent lieu à un formidable melting-pot. Les vagues d'immigration se succèdent sans relâche depuis des siècles, ce qui correspond d'ailleurs à une politique délibérée du pays, et les villes de Vancouver, Toronto et Montréal en sont devenues le symbole.

#MOUNTIES

C'est le surnom donné à la Gendarmerie royale du Canada (en anglais Royal Canadian Mounted Police), la police fédérale du pays. Elle fait aussi office de corps de police territorial pour les provinces et territoires canadiens, à l'exception de l'Ontario, du Québec et de Terre-Neuve-et-Labrador qui bénéficient de leur propre police provinciale.

#OR NOIR

Source de revenus considérables et pilier de l'économie albertaine, l'exploitation des sables bitumineux emploie de très nombreux Canadiens venus des autres provinces pour tenter d'y faire fortune. Le sujet est brûlant, compte tenu des dégâts causés à l'environnement, des réserves qui s'épuisent et de la conjoncture économique incertaine.

#WEXIT

Si vous pensez que seul le Québec a des envies de séparatisme, détrompez-vous ! Exacerbé par l'attitude du fédéral et de l'est du pays face à son économie régionale - exploitation des sables bitumineux en tête de liste -, l'Ouest canadien a lancé le mouvement Wexit, lequel a vu naître un parti politique en 2020, devenu depuis le Maverick Party.

VOUS ÊTES D'ICI, SI...

- **La météo est votre principal sujet de conversation.** Vous êtes d'ailleurs le premier à vous installer torse nu en terrasse dès que le mercure atteint 10 °C au printemps. Vous enfilez toutefois vos plus beaux lainages l'automne venu avec ces mêmes 10 °C...
- **Vos *road trips*** ne se mesurent pas en dizaines ou centaines mais bien en milliers de kilomètres, démesure canadienne oblige.
- **Vous faites la file d'attente** pour prendre les transports en commun, et vous n'oubliez jamais le pourboire au restaurant, dans les bars ou les taxis.
- **Vous passez votre temps à vous excuser** pour tout et pour rien.
- **Vous commandez un *double-double* chez Timmies,** puis payez avec vos *loonies* et *toonies*.
- **Votre garde-robe comprend** un pantalon jogger en molleton et un sweat-shirt avec capuche de marque Roots, ou alors un vêtement avec les inscriptions We the North.
- **Votre fierté est à son comble lors des Jeux olympiques d'hiver** et des Championnats du monde de hockey sur glace, le pays s'y illustrant toujours avec brio.

INTERVIEW

MON CANADA

RENCONTRE AVEC VALÉRIE FORTIER, AUTEURE DU GUIDE

La meilleure façon de découvrir le pays

Terre de démesure oblige, la voiture est un allié précieux. Mieux encore, le camping-car ou le minivan aménagé, permettant ainsi une véritable autonomie tout en économisant sur l'hébergement. C'est également le meilleur moyen pour séjourner dans des lieux reculés, comme un écrin de montagnes ou une plage sauvage en bord de mer. Le top : la fameuse traversée du Canada !

Le road trip le plus ultime

Sans contredit la Dempster Highway ! Cette route mythique s'étire sur plus de 700 km entre Dawson City au Yukon (point de départ à une heure à l'est de la ville) et Inuvik dans les Territoires du Nord-Ouest, en passant par le cercle polaire arctique. Mais il ne faudrait pas s'arrêter ici, une route toutes saisons se faufilant jusqu'aux rives de l'océan Arctique à Tuktoyaktuk.

À vivre d'un océan à l'autre

Les membres des Premières Nations (Amérindiens), des Métis et des Inuit sont présents à travers tout le pays. Ces communautés autochtones, dont la présence remonte pour certaines à la nuit des temps, accueillent les visiteurs à bras ouverts. On plonge ainsi au cœur de leurs cultures, de leurs traditions et de leurs savoir-faire, lesquels sont d'une richesse inouïe.

À savourer sans modération

Les poissons et fruits de mer en Colombie-Britannique et dans les Maritimes, le bœuf en Alberta, l'assiette de fish & chips dans la région des Grands Lacs en Ontario, la poutine et le sirop d'érable au Québec, le muktuk (peau et graisse de baleine, narval ou béluga) dans l'Arctique, etc., sans oublier les saveurs du monde, le Canada étant une terre d'immigration. Dans le verre, les bières artisanales et le vin de glace sont à tester absolument !

Mon péché mignon

La villégiature en chalet, un véritable art de vivre au pays. En bois rond ou en mode insolite, blotti en forêt ou posé sur les rives d'un lac, c'est LE bon plan hébergement et ce, peu importe la saison.

DISTANCES

TEMPS DE TRAJET

	CALGARY	CHARLOTTE-TOWN	HALIFAX	MONCTON	MONTRÉAL
CALGARY		4754 KM voiture 48h	213 KM voiture 2h	4590 KM voiture 46h	3523 KM voiture 36h
CHARLOTTETOWN	4754 KM voiture 48h		326 KM voiture 3h30 bus 5h15	164 KM voiture 2h bus 3h15	1147 KM voiture 11h15 bus 22h30
HALIFAX	213 KM voiture 2h	326 KM voiture 3h30 bus 5h15		262 KM voiture 2h45 bus 4h15	1243 KM voiture 12h bus 22h30
MONCTON	4590 KM voiture 46h	164 KM voiture 2h bus 3h15	262 KM voiture 2h45 bus 4h15		984 KM voiture 9h30 bus 17h45
MONTRÉAL	3523 KM voiture 36h	1147 KM voiture 11h15 bus 22h30	1243 KM voiture 12h bus 22h30	984 KM voiture 9h30 bus 17h45	
OTTAWA	3327 KM voiture 34h	1338 KM voiture 13h15 bus 1j2h	1434 KM voiture 14h bus 1j2h	1175 KM voiture 11h30 bus 21h45	198 KM voiture 2h bus 2h
QUÉBEC	3850 KM voiture 39h	922 KM voiture 9h bus 20h	1019 KM voiture 10h bus 20h	760 KM voiture 7h30 bus 15h15	262 KM voiture 2h45 bus 3h30
REGINA	757 KM voiture 8h	3984 KM voiture 41h	4081 KM voiture 41h	3821 KM voiture 39h	2856 KM voiture 30h
TORONTO	3414 KM voiture 32h	1697 KM voiture 17h	1793 KM voiture 17h bus 1j5h	1534 KM voiture 15h bus 1j	542 KM voiture 5h30 bus 5h
VANCOUVER	973 KM voiture 11h	5694 KM voiture 56h	5790 KM voiture 56h bus 5j22h	5531 KM voiture 54h bus 5j18h	4554 KM voiture 45h bus 4j17h
WHITEHORSE	2253 KM voiture 25h	6703 KM voiture 69h	6800 KM voiture 70h	6540 KM voiture 68h	5573 KM voiture 59h
WINNIPEG	1336 KM voiture 13h30	3402 KM voiture 35h bus 3j9h	3499 KM voiture 36h bus 3j9h	3239 KM voiture 33h bus 3j4h	2272 KM voiture 25h bus 2j4h

Le Canada, c'est près de10 millions de km^2 de démesure. Nul besoin de préciser que les distances sont donc très grandes entre les villes et les différentes destinations touristiques. Pour éviter de passer vos vacances en voiture, tenez-en bien compte lors de la création de votre itinéraire. Et sachez qu'en région, les routes n'ont souvent qu'une seule voie et sont très fréquentées par les poids lourds, ce qui peut considérablement vous ralentir. Pour planifier votre itinéraire : triptik.aaa.com

OTTAWA	QUÉBEC	REGINA	TORONTO	VANCOUVER	WHITEHORSE	WINNIPEG
3327 KM 34h	3850 KM 39h	757 KM 8h	3414 KM 32h	973 KM 11h	2253 KM 25h	1336 KM 13h30
1338 KM 13h15 1j2h	922 KM 9h 20h	3984 KM 41h	1697 KM 17h	5694 KM 56h	6703 KM 69h	3402 KM 35h 3j9h
1434 KM 14h 1j2h	1019 KM 10h 20h	4081 KM 41h	1793 KM 17h 1j5h	5790 KM 56h 5j22h	6800 KM 70h	3499 KM 36h 3j9h
1175 KM 11h30 21h45	760 KM 7h30 15h15	3821 KM 39h	1534 KM 15h 1j	5531 KM 54h 5j18h	6540 KM 68h	3239 KM 33h 3j4h
198 KM 2h 2h	262 KM 2h45 3h30	2856 KM 30h	542 KM 5h30 5h	4554 KM 45h 4j17h	5573 KM 59h	2272 KM 25h 2j4h
	444 KM 4h30 6h	495 KM 5h 7h15	403 KM 4h30 4h30	4358 KM 43h 4j16h	5440 KM 57h	2139 KM 22h45 2j3h
444 KM 4h30 6h		3086 KM 32h	807 KM 8h 9h	4809 KM 47h 4j21h	5805 KM 61h	2504 KM 27h 2j8h
495 KM 5h 7h15	3086 KM 32h		2694 KM 26h 3j13h	1726 KM 18h45 3j	2769 KM 30h	576 KM 6h 9h15
403 KM 4h30 4h30	807 KM 8h 9h	2694 KM 26h 3j13h		4375 KM 40h 4j	5454 KM 54h	2224 KM 21h 1j11h
4358 KM 43h 4j16h	4809 KM 47h 4j21h	1726 KM 18h45 3j	4375 KM 40h 4j		2396 KM 28h	2303 KM 24h 2j5h
5440 KM 57h	5805 KM 61h	2769 KM 30h	5454 KM 54h	2396 KM 28h		3288 KM 35h
2139 KM 22h45 2j3h	2504 KM 27h 2j8h	576 KM 6h 9h15	2224 KM 21h 1j11h	2303 KM 24h 2j5h	3288 KM 35h	

IDÉES DE SÉJOUR

Ce ne sont certainement pas les idées de séjour qui manqueront lorsque viendra le moment de planifier votre voyage, mais le temps. Et il faut le rappeler : le Canada est immense, vraiment immense. Alors à moins d'avoir plusieurs semaines devant vous, il sera impossible de voir le pays d'est en ouest ou d'explorer de fond en comble le Grand Nord canadien.

Il vaut la peine de consulter le site web de Destination Canada, l'office du tourisme national (voyages.destinationcanada.com). Il permet d'explorer les provinces et territoires canadiens ainsi que les grandes villes du pays, et de découvrir tout un tas d'idées de voyage et de bonnes adresses par thématique. Vous y trouverez également les liens pour chaque office du tourisme provincial et territorial. Permettez-nous aussi d'intervenir et de faire quelques suggestions afin de ne rien louper de la destination, avec quelques thématiques incontournables.

DE VANCOUVER À L'ÎLE DE VANCOUVER : UN CONDENSÉ DE CULTURES ET DE RICHESSES NATURELLES

La côte Pacifique Nord-Ouest est le berceau de multiples nations amérindiennes qui ont trouvé leur inspiration dans les ressources naturelles environnantes afin de cultiver différentes formes d'art (la sculpture sur bois notamment). La diversité des paysages y est exceptionnelle : forêts tropicales, plages sauvages, montagnes côtières... refuges de nombreux animaux (marins et terrestres).

› Jour 1 - Vancouver

La ville de **Vancouver** ★★★ (p.135) mérite que l'on s'y attarde au moins trois jours. Commencez votre visite par Chinatown et Gastown, ce dernier étant le plus vieux quartier de la ville avec sa célèbre horloge à vapeur (*steam clock*). Après avoir entendu siffler l'horloge (elle sonne tous les quarts d'heure), empruntez la rue Water et longez le bord de l'eau jusqu'au centre des congrès **Canada Place** (p.140). Terminez la journée au coeur du quartier branché de Yaletown où vous aurez l'embarras du choix pour dîner et sortir dans les bars favoris des Vancouvérois ! Nuit à Vancouver.

© PGIAM - ISTOCKPHOTO

Totem du Stanley Park.

› Jour 2 - Vancouver

Brunch sur l'île de Granville chez Sophie's Cosmic Café et passage chez Lee's Donuts pour un arrêt gourmand au marché public. Visite des galeries d'art et chalets d'artisans locaux de l'île. Traversée de False Creek en bateau pour rejoindre le quartier de Kitsilano, d'où vous pourrez découvrir le **Vancouver Maritime Museum** (p.144) et profiter de la **plage de Kitsilano** (p.144) (vue imprenable sur les *buildings* de Vancouver), au soleil couchant. Dîner à Salmon'n Bannock, seul restaurant autochtone de la ville, où vous pourrez déguster le célèbre pain bannock. Nuit à Vancouver.

› Jour 3 - Vancouver et Nanaimo

Empruntez un vélo pour faire le tour de **Stanley Park** (p.143) (1h) sur la piste cyclable du Seawall (10km) le long du front de mer. Ne manquez pas le jardin des mâts totémiques, immenses sculptures en bois, très symboliques et représentatives de l'art autochtone. Si vous avez le temps, direction la **Vancouver Art Gallery** (p.141) ou la **Bill Reid Gallery** (p.140), deux musées d'art qui mettent en valeur la culture et l'artisanat amérindiens. Dans l'après-midi, louez une voiture pour vous rendre au pont suspendu **Capilano Bridge** (p.157) et profitez d'un balade bucolique haut perchée. En fin de journée, prendre le traversier d'**Horseshoe Bay** ★ (p.156) à **Nanaimo** ★★ (p.165), sur l'île de Vancouver. Dîner et nuit à Nanaimo.

› Jour 4 - Nanaimo

Balade matinale dans le vieux quartier de Nanaimo ★★ (p.165), l'Old City Quarter, où vous passerez devant la gare E&N Rail Station, ayant accueilli le premier train venant de Victoria ★★★ (p.159) en 1883. Poursuivez dans le même quartier, en direction de Commercial Street, pour dénicher de belles affaires dans les boutiques alentour, puis direction The Modern Café pour déjeuner et déguster LA spécialité de la ville, la Nanaimo Bar (un gâteau chocolaté et croustillant sur plusieurs étages). Une fois rassasié, visitez le Nanaimo Museum & The Bastion (p.165), ancien poste militaire de la ville. Dîner et nuit à Nanaimo.

› Jour 5 - Victoria

Direction la capitale de la Colombie-Britannique, Victoria ★★★ (p.159). Passage au Butchart Gardens (p.163), en pleine floraison l'été, avant d'entrer dans le centre-ville de Victoria. Déjeuner dans Market Square, visite du quartier et de ses nombreuses bâtisses historiques. Rejoignez la rue Wharf jusqu'au port Fisherman's Wharf. Visite gratuite du parlement (p.160). Dîner et nuit à l'hôtel historique Fairmont Empress.

› Jour 6 - Victoria

Petit déjeuner et balade sur les rues Government et Douglas, principales artères commerçantes de la ville. Traversée du parc Beacon Hill (p.159) d'où vous pourrez admirer des panoramas à couper le souffle sur l'océan. Visite du Royal BC Museum (p.161) et de l'incroyable Thunderbird Park, parc de l'oiseau-tonnerre en français, situé juste à côté du musée et reflétant la culture des Premières Nations de la région. Dîner et nuit à Victoria ★★★ (p.159).

› Jour 7 - Victoria, Sooke et Port Renfrew

Au départ de Victoria ★★★ (p.159), longez l'emblématique route panoramique Pacific Marine Circle. Déjeuner à Sooke ★ (p.164), où l'océan rencontre la forêt tropicale, comme vous pourrez le constater au coeur du parc régional East Sooke (p.164) ou plus au nord, dans le parc provincial Juan de Fuca (p.164). Une randonnée dans un de ces deux parcs vous donnera un aperçu de la légendaire West Coast Trail (p.170) (sentier côtier de 75 km du parc national voisin Pacific Rim ★★★ (p.169)). Dîner et nuit à Sooke Harbour House si vous avez choisi de vous balader dans le parc régional East Sooke, sinon nuit au camping du Juan de Fuca Provincial Park près de Port renfrew ★ (p.164) (réserver à l'avance).

› Jour 8 - Lake Cowichan, Duncan et Parksville

Direction Lake Cowichan, pour se rafraîchir dans le lac, pêcher, se dorloter sur la plage ou en flottant sur une bouée, *floating on a tube* en anglais (activité très prisée en été). Passage à Duncan ★ (p.165), petit ville surnommée « The City of Totems », où vous pourrez à nouveau découvrir un intéressant patrimoine historique consacré aux Premières Nations. En route vers Parksville ★★ (p.166) pour un moment de pure relaxation au Tigh-Na-Mara Resort and Spa. Dîner au restaurant de l'hôtel Treetop Tapas & Grill et nuit sur place.

› Jour 9 - Parksville, Campbell River et Strathcona Provincial Park

De Parksville ★★ (p.166) à Campbell River ★★ (p.170), longez l'océan par la route 19 et profitez des nombreux points de vue pour admirer le paysage. Connue pour être la capitale du saumon, Campbell River compte de nombreuses fermes d'élevage de saumons, que vous pourrez visiter. En route vers le Strathcona Provincial Park, plus ancien parc provincial de l'île qui constitue à lui seul un paradis naturel avec ses lacs, sa forêt peuplée de Douglas, sa cascade Della Falls (440 m) et la plus haute montagne de l'île, Golden Hinde, culminant à 2195 m. Camping au sein du parc.

› Jour 10 - Strathcona Provincial Park, MacMillan Provincial Park et Port Alberni

Après avoir levé le camp et apprécié une belle matinée de plein air dans le parc ★★ (p.171), roulez en direction de MacMillan Provincial Park ★★ (p.166). Au sein de celui-ci, rendez-vous à Cathedral Grove (p.166) pour déambuler aux côtés d'époustouflants arbres centenaires (le plus vieil arbre, King of Tree, serait âgé de 800 ans !). Dîner de *fish & chips* à Port Alberni ★ (p.167) au restaurant Clam Bucket. Nuit à Port Alberni.

› Jour 11 - Tofino

Départ vers Tofino ★★★ (p.168), paradis des surfeurs et kayakistes, au sein du Pacific Rim National Park ★★★ (p.169). Déjeuner dans la ville et croisière en bateau pour partir à la rencontre des stars locales, les baleines et les orques, avec Adventure Tofino Wildlife Tours (p.168). L'agence propose également des excursions pour observer les ours ou même profiter des sources thermales chaudes. Promenade dans le port de Tofino, dîner et nuit sur place.

› Jour 12 - Tofino et Ucluelet

Les plus courageux pourront débuter la journée en courant, randonnant ou même en surfant le long de la plage Long Beach, tandis que d'autres préféreront opter pour un début de journée farniente sur la plage (prévoir un pique-nique). Route vers Ucluelet ★★ (p.167), toujours dans le Pacific Rim National Park ★★★ (p.169), pour dîner et passer la nuit.

› Jour 13 - Ucluelet et Broken Group Islands

Depuis **Ucluelet** ★★ (p.167), prendre un petit bateau menant aux **Broken Group Islands** (p.169) et profitez d'une excursion en kayak pour admirer les eaux turquoises transparentes et les plages de sable blanc. Il n'est pas rare d'avoir, en guise de compagnons, quelques otaries qui se prélassent ça et là. Retour à Ucluelet pour dîner et passer la nuit, avant de repartir en ferry depuis **Nanaimo** ★★ (p.165) vers Vancouver le lendemain.

ROAD TRIP HIVERNAL DANS LES ROCHEUSES

Les Rocheuses s'étendent sur deux provinces canadiennes, la Colombie-Britannique et l'Alberta, et jusqu'aux États-Unis sur près de 5 000 km. Un *road trip* au coeur des Rocheuses, en hiver, s'annonce féérique mais demande une certaine préparation (pneus neige, habillement en conséquence, etc). Voici une suggestion d'itinéraire, dépaysant à souhait, qui devrait plaire aux amateurs de sports d'hiver.

› Jour 1 - Arrivée à Calgary

Arrivée à **Calgary** ★★★ (p.211) en Alberta. Découverte de la vue à 360° sur la ville et les Rocheuses depuis la **tour de Calgary** (p.214). Déjeuner au River Café dans le parc de l'île du Prince et balade vers le quartier de Kensington pour déguster le meilleur café de la ville à Higher Ground Coffee (traverser le pont Peace Bridge). Direction le Scotiabank Saddldome pour assister à un match de hockey sur glace de l'équipe des Flames. Dîner et nuit sur place.

› Jour 2 - Calgary et Canmore

En partance vers **Canmore** ★★ (p.226), arrêt au **Parc olympique Winsport** (p.216) pour y voir les installations ayant servi au XVe Jeux Olympiques en 1988. Avant de quitter **Calgary** ★★★ (p.211), sur la route, brunch au restaurant Notable. Arrivée à Canmore en début d'après-midi pour fouler les nombreux sentiers alentour en ski de fond ou vélo sur neige (*fat-bike*) au départ du Canmore Nordic Centre. Dîner et nuit sur place.

› Jour 3 - Canmore et Banff

Petit déjeuner à Sage Bistro et flânerie dans le centre-ville. Au bout de la rue principale, ne manquez pas la randonnée Policeman's Creek (3,9 km) pour une vue imprenable sur les Three Sisters. Direction **Banff** ★★★ (p.227), prenez la route Tunnel Mountain menant au point de vue Hoodoos pour admirer les cheminées de fées et la vue au soleil couchant. Nuit chargée d'histoire à l'hôtel Fairmont Banff Springs.

› Jour 4 - Banff

Visite de l'incontournable **lieu historique national Cave and Basin** (p.228), à l'origine du premier parc national canadien, celui de Banff. Dégustation d'un fondue au bison à Grizzly House. Par temps clair, montez au sommet de la montagne Sulphur, via le téléphérique **Banff Gondola** (p.228), et admirez la vue tout en dînant au Sky Bistro. Détente aux sources thermales, **Banff Upper Hot Springs** (p.227). Nuit à l'hôtel Fairmont Banff Springs.

› Jour 5 - Banff

Profitez de la journée pour skier dans l'une des trois stations phares des Rocheuses, surnommées « The Big 3 », à savoir Lake Louise, Banff Sunshine Village (réputée pour son ensoleillement) et Banff Norquay (familiale et plus abordable que les deux autres). Retour dans le centre-ville de **Banff** ★★★ (p.227) pour se réchauffer et chiner dans les boutiques artisanales et galeries d'art. Dîner et nuit à l'hôtel Fairmont Banff Springs.

› Jour 6 - Banff et Lake Louise

Petit déjeuner à la boulangerie Wild Flour. Randonnée au **Johnston Canyon** (p.232) pour observer la formation des cascades de glace. Départ de **Lake Louise** ★★★ (p.234) pour une balade contemplative en traîneau à chiens dans la poudreuse (Pensez à réserver à l'avance auprès des agences telles que Banff Tours). Ouvrez grands vos yeux, vous pourriez voir des élans ou autres animaux de la région. Dîner et nuit sur place.

› Jour 7 - Jasper

Départ vers le **parc national Jasper** ★★★ (p.238), via la promenade des glaciers (**Icefields Parkway** (p.239) - autoroute 93), célèbre route panoramique qui serpente entre glaciers, lacs et vallées. Fin de journée au planétarium pour observer le ciel étoilé de **Jasper** ★★ (p.236) avec des professionnels de l'astronomie et peut-être observer des aurores boréales... Dîner et nuit sur place.

› Jour 8 - Parc national Jasper

À cette période de l'année, il n'est pas rare de croiser sur son chemin, mouflons, loups, coyotes, élans et autres animaux du Grand Nord, mais encore faut-il savoir où les trouver. Pour vous donner toutes les chances de partir à leur rencontre, l'agence Sundog Tours vous emmène aux quatre coins du **parc** ★★★ (p.238) pour apercevoir la faune dans son habitat naturel. Une expérience magique ! Dîner et nuit à **Jasper** ★★ (p.236).

› Jour 9 - Jasper et Banff

Petit déjeuner à **Jasper** ★★ (p.236). Découverte de la ville et de son histoire, liée à l'arrivée du chemin de fer (Canadian Pacific Railway).

Arrêt devant le train à vapeur historique datant de 1923. Ne manquez pas le mât totémique de la nation Haïda, situé tout près de la gare. Retour plus au sud. Nuit à l'auberge HI Mosquito Creek Wilderness Hostel pour une immersion totale dans la nature (prévoir un repas ou de quoi cuisiner sur place).

› Jour 10 - Golden

Direction **Golden** ★ (p.202) (dans les Rocheuses de Kootenay ★★★, en **Colombie-Britannique** ★★★★ (p.129)), connue comme étant la capitale de la poudreuse en hiver, pour une virée sensationnelle en motoneige ! Déjeuner dans un des restaurants de la ville. Rendez-vous au centre d'interprétation du loup, le **Northern Lights Wildlife Wolf Centre** (p.203), pour une randonnée aux côtés de ces carnassiers si importants pour l'environnement. Nuit sur place.

› Jour 11 - Revelstoke

Poursuivez encore plus à l'est, vers **Revelstoke** ★ (p.204), qui tient sa réputation du célèbre Nels Nelson (champion du saut à ski dans les années 1920). Il est possible de voir le tremplin du saut à ski, au pied du mont Revelstoke. Dernière journée ski, et pas des moindres, au Revelstoke Mountain Resort, plus long dénivelé d'Amérique du Nord (1 713 m de descente). Nuit sur place.

› Jour 12 - Revelstoke et Calgary

Promenade le long de la Mackenzie Avenue (ne manquez pas la Grizzly Plaza) et visite du musée **Revelstoke Museum & Archives** (p.205) pour découvrir le riche passé de la région (Premières Nations, ski, etc), les phénomènes naturels (dont les avalanches de Roger's Pass), le travail minier... Retour à **Calgary** ★★★ (p.211) dans l'après-midi et dîner dans une des *steakhouses* pour goûter au fameux steak de l'Alberta !

ENTRE GRATTE-CIEL, PLAGES ET FORÊTS DENSES

Un circuit de deux semaines qui mène, entre autres, à deux capitales (ontarienne et canadienne), à des chutes grandioses, à trois des Grands Lacs, à la plus grande île en eau douce au monde, à des sites autochtones, à des parcs d'une beauté remarquable et à des dizaines de plages de sable fin.

› Jour 1 - Kingston

Départ tôt le matin en direction de **Gananoque** ★★★ (p.302). Baladez-vous sur son front de lac en admirant le fleuve et les Mille-Îles. Lunchez en terrasse dans l'un des restaurants de Gananoque et dirigez-vous vers **Kingston** ★★★ (p.303) en début d'après-midi. Arrivé à Kingston, prenez le bus touristique (Kingston Trolley Tours) pour un tour complet de cette charmante ville historique. Terminez votre journée par un dîner dans les voûtes du **Fort Henry** (p.304), lieu chargé d'histoire. Pour ceux qui n'auraient pas fait de croisière à Gananoque, offrez-vous le bonheur d'une croisière-repas au coucher de soleil à bord du bateau-mouche de **Kingston 1000 Islands Cruises** (p.304). Mémorable !

› Jour 2 - Toronto

Si vous partez assez tôt le matin, nous vous suggérons fortement d'emprunter la route 33 depuis **Kingston** ★★★ (p.303) jusqu'au ferry de Glenora. Faites un arrêt rapide dans la charmante petite ville de **Picton** ★★ (p.305) et dirigez-vous vers les dunes de sable fin du **parc provincial Sandbanks** (p.306). Rejoignez ensuite l'autoroute 401 en direction de **Toronto** ★★★★ (p.307). Une fois en ville, laissez votre voiture dans le stationnement de l'hôtel et prenez le métro ou marchez. Découvrez le centre-ville et ses nombreux magasins, notamment sur la rue Queen West, et visitez le **Musée des beaux-arts de l'Ontario** (p.319). Terminez votre journée par un dîner dans l'un des nombreux restaurants *rooftop* de la ville.

› Jour 3 - Toronto

Dirigez-vous vers le lac Ontario et faites une visite de la **Tour CN** (p.317), l'une des plus hautes tours du monde. Prenez le ferry en direction des **îles de Toronto** (p.316) et finissez votre matinée par un pique-nique. De retour en ville, prenez l'après-midi pour visiter Chinatown et, juste à côté, le quartier bohème de Kensington Market. Le soir, profitez de votre présence dans l'une des villes les plus culturelles d'Amérique du Nord pour assister à un concert, une pièce de théâtre ou un spectacle de type Broadway.

› Jour 4 - Péninsule de Niagara

Prenez l'autoroute Queen Elizabeth Way (QEW) en direction de **Niagara-on-the-Lake** ★★★ (p.335), région réputée pour son vin de glace et la cueillette de fruits frais. Profitez des dégustations et déjeunez dans l'un des restaurants des environs. Suivez ensuite la Niagara Parkway, belle route longeant la rivière Niagara, jusqu'à **Niagara Falls** ★★★★ (p.337). Découvrez la beauté des chutes du Niagara au coucher du soleil et dînez au restaurant panoramique de la Tour Skylon, d'où vous pourrez admirer la vue sur la ville et les chutes. Terminez votre journée par un tour au casino.

› Jour 5 - Région de Niagara et rives du lac Érié

Visitez **Journey Behind the Falls** (p.337) pour découvrir l'envers du décor des chutes ou faites une croisière au pied de ces dernières à bord du catamaran de Hornblower (p.338). Suivez ensuite la Niagara Parkway jusqu'à Fort Erie ★★ (p.339) pour visiter Old Fort Erie (p.339), haut lieu de la reconstitution de la guerre de 1812 au Canada. Si vous disposez d'assez de temps et de formalités remplies (douane oblige), allez faire un tour à Buffalo, ville américaine située juste en face. Prenez ensuite la route 3 et faites quelques arrêts dans les jolies villes côtières comme Port Dover ★★. Rendez-vous après à Port Stanley ★★ (p.342) où vous passerez la nuit.

› Jour 6 - Parc national de la Pointe-Pelée

Situé à quelque 160 km à l'ouest de Port Stanley ★★ (p.342), le parc national de la Pointe-Pelée (p.342) est situé à la même latitude que Rome. À l'automne et au printemps, des centaines de milliers d'oiseaux viennent faire une pause au parc avant de continuer leur route. Pour profiter de ce merveilleux spectacle de migration, rien de mieux qu'un arrêt dans cette oasis qui s'ouvre sur le lac Érié. Passez la nuit au parc, à Leamington ★★★ (p.342) ou à Kingsville ★.

› Jour 7 - Goderich

Départ vers Goderich ★★ (p.345) par la 401 jusqu'à London ★ (p.340), puis la route 4 vers le nord. Cette jolie ville bâtie sur une falaise surplombant le lac Huron offre des vues incroyables de ce Grand Lac. Faites une balade dans les environs de Courthouse Park, le secteur hébergeant cafés, restos et boutiques, et détendez-vous en sirotant votre boisson préférée sur l'une des terrasses de cette charmante localité ou encore au soleil à la plage. Passez la nuit dans l'une des auberges de la ville.

› Jour 8 - Rives du lac Huron

Journée à profiter du lac Huron et de ses charmants villages côtiers. Prenez votre temps et suivez le littoral via la route 21. Faites un arrêt à Kincardine ★★ (p.345). Quelques bons petits restos jalonnent les rues Queen et Harbour, mais ne serait-ce que pour la vue qu'offre sa terrasse, nous vous suggérons The Bruce. Selon vos intérêts, visitez le phare-musée de Kincardine (p.346) ou optez pour des activités nautiques. Pour le repas du soir et la nuit, la localité côtière de Southampton ★ (p.346) est une excellente destination. Si les stations balnéaires bondées vous plaisent davantage, continuez jusqu'à Sauble Beach (p.347).

› Jour 9 - Péninsule Bruce

En empruntant la route 6, rendez-vous à Tobermory ★★ (p.347). Bordée à l'est par la baie Georgienne et à l'ouest par le lac Huron, la minuscule localité de Tobermory attire tous les ans de nombreux pêcheurs et plongeurs. Les eaux cristallines nous rappellent la beauté des eaux d'une île comme la Corse. La visite de cette région ne peut être complète sans la visite du magnifique parc national de la Péninsule-Bruce (p.348).

Pour dormir, quelques hôtels à Tobermory ou encore le terrain de camping à Cyprus Lake, à 15 km de Tobermory.

› Jour 10 - Île Manitoulin

Prenez le ferry vers l'île Manitoulin ★★★ (p.352), un lieu sacré pour les Autochtones. Ceux en quête d'une expérience spirituelle et inusitée y passeront la nuit et nous vous le recommandons vivement. Cette île est d'ailleurs considérée comme étant la plus grande au monde en eau douce.

› Jour 11 - Région du lac Simcoe

Départ vers Parry Sound ★★ (p.351) via Sudbury ★ (p.358). Profitez de votre journée pour visiter les magnifiques parcs provinciaux en bordure de la baie Georgienne (French River, Killbear, The Massasauga...). Poursuivez ensuite votre route vers le lac Simcoe et la ville de Barrie ★★ (p.354). Vous trouverez bon nombre d'hébergements et de restos sur place.

› Jour 12 - Muskoka

Départ pour Huntsville ★★★ (p.355) via la route 11 (nous vous recommandons de visiter Gravenhurst ★★ (p.355) et Bracebridge ★★, deux jolies petites villes sur la route). Un arrêt s'impose dans cette région que l'on nomme « Muskoka ». Le relief y est saisissant. Si Huntsville offre des possibilités d'hébergement tout à fait adéquates, c'est au milieu de la campagne que vous trouverez des auberges de grande qualité. Profitez de votre passage pour visiter le Muskoka Heritage Place, un village historique reconstitué.

› Jour 13 - Parc provincial Algonquin

Départ tôt le matin vers le parc provincial Algonquin (p.357). Passez la journée à découvrir les richesses de ce parc et profitez du beau temps pour faire un pique-nique. Ceux qui aiment le plein air pourront également dormir dans l'une des installations disponibles sur le site ou encore dans l'une des auberges en périphérie du parc.

› Jour 14 - Ottawa

À votre arrivée à Ottawa ★★★ (p.285), faites un tour sur la Colline du Parlement et longez le canal Rideau (p.290). Visitez les nombreux musées de la capitale, dont l'incontournable Musée canadien de l'histoire (à Gatineau au Québec, juste en face d'Ottawa). Faites une pause à la cafétéria du Musée des beaux-arts du Canada (p.289) et profitez de la vue saisissante sur la rivière et le **Parlement** (p.289), puis partez à la découverte du Marché By, de ses nombreuses boutiques et de ses restaurants. Le soir, un dîner dans l'une des bonnes tables de la ville s'impose suivi, pour les plus courageux, de la **marche « hantée »** (p.287) de la capitale nationale. Une expérience qui vous donnera la chair de poule !

LA ROUTE DES NAVIGATEURS ET LE TOUR DE LA GASPÉSIE

Un des plus beaux circuits de la province, où s'emplir les poumons d'air salin et ses yeux de paysages tout simplement grandioses. À noter que ce road trip est à réaliser de juin à fin septembre, nombreux attraits touristiques fermant hors saison.

› Jour 1. La Côte-du-Sud

Départ pour la région de Chaudière-Appalaches ★★ sur la rive sud de **Québec** ★★★★ (p.431). Selon les intérêts de chacun, plusieurs découvertes sont possibles en cours de route : le **lieu historique de la Grosse-Île-et-le-Mémorial-des-Irlandais** (p.412), l'Isle-aux-Grues ou encore le Musée maritime du Québec à L'Islet ★★. Les villages de la Côte-du-Sud sont parmi les plus beaux de la province, notamment celui où vous passerez la nuit, **Saint-Jean-Port-Joli** ★★★ (p.412), qui regorge en plus de bonnes adresses gourmandes et de points d'intérêt.

› Jour 2. Rimouski

Départ vers **Rimouski** ★★ (p.415) dans la région du Bas-Saint-Laurent ★★★. En cours de route, vous pourrez aller faire une excursion en mer dans les **Îles du Bas-Saint-Laurent** ★★ (p.414), découvrir les merveilles naturelles du **parc national du Bic** (p.415) ou bien plonger au cœur de l'histoire maritime à **Pointe-au-Père** (p.416).

› Jour 3. La Côte

En matinée, dirigez-vous vers la Gaspésie ★★★★ et faites absolument une pause à Sainte-Flavie ★, ne serait-ce que pour son centre d'art, son hydromellerie et ses cantines aux saveurs de la mer. Filez ensuite vers **Grand-Métis** ★★ (p.417) pour visiter les **Jardins de Métis** (p.417), une attraction phare de la région. Puis reprenez la route vers **Sainte-Anne-des-Monts** ★★★ (p.417) où se trouvent **Exploramer** (p.417) (découverte des différents écosystèmes marins du Saint-Laurent) et de belles auberges pour passer la nuit.

› Jour 4. Parc national de la Gaspésie

Journée entière consacrée à l'exploration du **parc national de la Gaspésie** (p.418) (le centre de services du parc est à environ 40 km au sud de **Sainte-Anne-des-Monts** ★★★ (p.417) via la route 299).

› Jour 5. Gaspé

Route pour **Gaspé** ★★★ (p.419) avec quelques arrêts possibles au choix le long de la côte, notamment le **site historique de Pointe-à-la-Renommée** (p.418), **L'Anse-au-Griffon** ★★ (p.419) et Cap-des-Rosiers ★★. Arrivé à Gaspé, allez visiter le **Site d'interprétation micmac de Gespeg** (p.420) et/ou le **Musée de la Gaspésie** (p.419).

› Jour 6. Parc national Forillon et Percé

Visite du **parc national Forillon** (p.420) (possibilité de croisière aux baleines à **Grande-Grave** ★★ (p.419)) et route pour **Percé** ★★★ (p.420) en fin d'après-midi. Les hébergements, adresses gourmandes et boutiques se succèdent sans temps mort sur la route 132, au cœur du village.

› Jour 7. Percé

Deux activités incontournables au programme : une excursion en bateau pour visiter le **parc national de l'Île-Bonaventure-et-du-Rocher-Percé** (p.422) et la découverte du **Géoparc de Percé** (p.421), membre des géoparcs mondiaux UNESCO. Pour la soirée, on conseille de jeter un œil à la programmation des spectacles de La Vieille Usine de L'Anse-à-Beaufils ★★.

› Jour 8. Baie des Chaleurs

Départ pour la baie des Chaleurs. En route, arrêt à L'Anse-à-Beaufils ★★ pour le Magasin Général Historique Authentique, à **Paspébiac** ★ (p.421) pour le **Site historique national de Paspébiac** (p.423) et à New Carlisle pour l'Espace René-Lévesque dédié au fondateur du Parti québécois. Route vers **Bonaventure** ★★ (p.423) où passer la nuit.

› Jour 9. Baie des Chaleurs

Visite du **Bioparc de la Gaspésie** (p.423) ou du **Musée acadien du Québec** (p.423). Autres possibilités : pêche en haute mer, activités de plein air à CIME Aventures. À ne pas rater : une descente en canot sur les eaux transparentes de la rivière Bonaventure.

Départ pour Nouvelle et visite du **parc national de Miguasha** (p.424) et son lieu fossilifère, classé site naturel au patrimoine mondial de l'UNESCO. Soirée et nuit à **Carleton-sur-Mer** ★★ (p.424).

› Jour 10 - Jour 10. Vallée de la Matapédia et Rivière-du-Loup

La boucle du tour de la Gaspésie ★★★★ se termine aujourd'hui en traversant la vallée de la Matapédia. Route vers **Rivière-du-Loup** ★★

(p.414) dans la région du Bas-Saint-Laurent ★★★ (comme vous reprendrez la route en sens inverse, c'est l'occasion parfaite de visiter certains points d'intérêt pour lesquels vous manquiez de temps à l'aller).

› Jour 11. Kamouraska et la Côte-du-Sud

En quittant Rivière-du-Loup ★★ (p.414), on recommande absolument un arrêt à Kamouraska ★★★ (p.413) et prévoyez du temps pour explorer toutes ses adresses gourmandes. Par la suite, soit vous terminez votre circuit aujourd'hui, soit vous ajoutez une nuit dans la Côte-du-Sud pour profiter une dernière fois des attraits de la région de Chaudière-Appalaches ★★.

ROAD TRIP ESTIVAL DANS LES MARITIMES

Les Maritimes désignent les trois provinces voisines du Nouveau-Brunswick, de l'Île-du-Prince-Édouard et de la Nouvelle-Écosse (le terme « provinces de l'Atlantique » inclut en plus Terre-Neuve-et-Labrador). C'est le pays des Acadiens, du homard, des plus grandes marées du monde, d'*Anne... la maison aux pignons verts*, des plages à l'infini et des *Highlands* surplombant la mer.

› Jour 1 - Campbellton et Caraquet

On conseille de jumeler ce voyage à un séjour au Québec, d'où les points de départ et d'arrivée près de la frontière québécoise. À partir de Campbellton, suivre la route 11 en direction de Bertrand avec quelques arrêts pour profiter du paysage (Bathurst, Grande-Anse...). Visite du Village historique acadien (p.483) (prévoir plusieurs heures, lunch sur place). Dîner à Caraquet ★★ (p.483), nuit sur place ou dans un chalet à Bas-Caraquet avec accès la plage.

› Jour 2 - Péninsule acadienne

Petit déjeuner à la boulangerie du village et route vers Shippagan ★ (p.484). Visite de l'Aquarium et Centre marin du Nouveau-Brunswick puis direction les îles ★ (p.485)Lamèque et Miscou. Au programme : un parc écologique, des phares (dont celui de Miscou « au bout du monde »), des belles plages tranquilles, des *shacks* à homard et fruits de mer... Les vraies vacances ! Dîner et nuit à Caraquet. Bon plan en soirée : le bar La Brôkerie sur le site du Carrefour de la mer.

› Jour 3 - Kouchibouguac, Bouctouche et Shediac

Petit déjeuner et reprendre la route 11 en direction de Kouchibouguac. Le parc national Kouchibouguac ★ (p.486) vaut le détour pour les adeptes de plein air (lunch dans les environs). À Bouctouche, la visite des dunes à l'Eco-centre Irving (p.486) est un must, tout comme Le Pays de la Sagouine (p.487) qui fait revivre l'Acadie d'antan. Dîner sur place et nuit à Shediac.

› Jour 4 - Shediac et Charlottetown

Petit déjeuner et embarquement tôt le matin pour une excursion de pêche en mer. Ceux qui préfèrent la baignade iront faire un tour à la plage Parlee. Route vers Charlottetown ★★ (p.504) à l'Île-du-Prince-Édouard via le pont de la Confédération (payant). Arrivée dans la capitale de l'île et visite de son centre historique et de son joli *waterfront*. Plusieurs bonnes adresses pour manger et sortir dans le quadrilatère formé par les rues Grafton, Queen, Water et Prince. Nuit sur place.

› Jour 5 - Cavendish et ses environs

Petit déjeuner et départ tôt le matin vers Cavendish et son site patrimonial Green Gables (p.510) dédié à l'héroïne des romans d'*Anne... la maison aux pignons verts*. Lunch sur place et visite du parc national de l'Île-du-Prince-Édouard dont une partie est accessible depuis Cavendish. Dîner de homard dans un des restaurants réputés de North Rustico ou de New Glasgow. Nuit à Charlottetown.

› Jour 6 - Summerside et région Évangéline

Petit déjeuner et route vers Summerside ★★ (p.501), charmante petite ville côtière. Son site touristique, Spinnakers' Landing (p.501), est particulièrement animé en été avec des spectacles, des arts de la rue, des boutiques en tous genres et des restaurants pour toutes les faims. Un peu à l'ouest débute la région Évangéline habitée par les Acadiens de l'île. Dîner et nuit à Charlottetown.

› Jour 7 - Route vers l'île du Cap-Breton

Petit déjeuner et route vers Wood Islands pour la traversée en ferry vers Caribou en Nouvelle-Écosse. Route vers Chéticamp ★★★ (p.539) via la Ceilidh Trail (routes 19 et 219). Pour vivre pleinement l'héritage écossais de ce coin de pays, faites un arrêt au Celtic Music Interpretive Centre (p.538) à Judique et à la distillerie de Glenora. En fonction de l'heure d'arrivée à Chéticamp, sachez que des sorties en mer sont proposées en fin de journée pour l'observation des baleines. Dîner et nuit sur place.

› Jour 8 - Parc national des Hautes-Terres-du-Cap-Breton

Une belle journée de plein air dans un des plus beaux (p.539)parcs du pays ! Vous pouvez soit vous adonner à vos activités préférées de manière autonome ou prendre un forfait auprès d'une des nombreuses entreprises en tourisme d'aventure qui opère sur place. Il est possible de dormir dans le parc, en camping, prêt-à-camper, etc. Prévoyez par contre les repas en conséquence.

› Jour 9 - Cabot Trail vers Ingonish Beach

Profitez de la matinée pour faire une petite randonnée contemplative avant de prendre la route **Cabot Trail** (p.539) (prévoyez une pause lunch). La portion entre Neils Harbour et Ingonish Beach est d'une beauté remarquable, considérée comme l'une des plus belles routes au Canada. Dîner et nuit dans un des *resorts* ou auberges d'**Ingonish Beach** ★★ (p.541).

Option pour prolonger le séjour : il est possible d'ajouter une semaine avec une virée à Terre-Neuve. Au jour 10, plutôt que de partir vers Halifax, prendre la route en direction de North Sydney pour le ferry. À Terre-Neuve, on recommande particulièrement la visite de **St. John's** ★★★ (p.549) et de Quidi Vidi, l'observation des icebergs à Twilingate, l'île Fogo, le parc national du Gros-Morne et le site viking de L'Anse aux Meadows.

› Jour 10 - Cabot Trail et Halifax

Petit déjeuner et s'il fait beau, profitez un peu de la plage d'Ingonish Beach. Reprendre la Cabot Trail vers le sud jusqu'à la Transcanadienne et filer vers Halifax (lunch sur la route ou à Halifax). Visiter la ville et ses attractions comme la **citadelle** (p.524), le musée maritime ou encore celui de l'immigration du Quai 21. Pour un verre en soirée, plusieurs brasseries artisanales, bars à spectacles et autres du genre se trouvent au centre-ville. Dîner et nuit à Halifax.

› Jour 11 - Peggy's Cove et Lunenburg

Petit déjeuner et route vers **Peggy's Cove** ★★★ (p.528) et son phare, l'un des plus photographiés au monde. Ensuite, direction **Lunenburg** ★★★ (p.529), village coloré de pêcheurs classé au patrimoine mondial de l'UNESCO (lunch sur place). Ne manquez pas une visite ou excursion à bord de sa fameuse goélette *Bluenose II*. Dîner sur place dans un des excellents restaurants de Lunenburg (fruits de mer en abondance). Nuit à Halifax.

› Jour 12 - Halifax et ses environs

Petit déjeuner et suite des visites dans la capitale néo-écossaise. Plusieurs croisiéristes se trouvent dans le port d'**Halifax** ★★★ (p.523). Quelques adresses intéressantes également du côté de Dartmouth qu'on rejoint en ferry ou en voiture. Pour un peu de farniente et de baignade, de nombreuses belles plages se trouvent à proximité sur la Eastern Shore (Lawrencetown Beach, Martinique Beach…). Dîner et nuit à Halifax.

› Jour 13 - Moncton

Petit déjeuner et route vers Moncton au Nouveau-Brunswick, ville à forte concentration francophone (prévoir un arrêt pour le lunch). Visite de **Moncton** ★★ (p.489), dîner et nuit sur place.

› Jour 14 - Hopewell Cape et parc national Fundy

Petit déjeuner et route vers la baie de Fundy qui enregistre les plus hautes marées du monde. Des excursionnistes organisent des forfaits de kayak de mer très prisés dans ce coin de pays. Premier arrêt à Hopewell Cape, lieu ultra connu pour les fameux monolithes du **parc provincial Hopewell Rocks** (p.491), puis route vers Alma et le parc national Fundy. Hébergement possible à Alma ou dans le parc (camping, prêt-à-camper, yourte, chalet rustique). Prévoyez par contre les repas en conséquence.

› Jour 15 - Saint John

Petit déjeuner et profitez encore un peu du superbe paysage de la baie de Fundy. Route vers **Saint John** ★★ (p.493) (prévoir un arrêt pour le lunch). Visite de la ville, de ses rapides réversibles, du géoparc mondial UNESCO Stonehammer, du marché fermier, etc. Dîner et nuit à Saint John.

› Jour 16 - Saint Andrews

Petit déjeuner et route vers **Saint Andrews** ★★ (p.495), à la frontière de l'État du Maine (prévoir un arrêt pour le lunch et ne pas hésiter à quitter la route 1 pour découvrir les petits villages côtiers au sud). Des auberges haut de gamme et d'excellentes tables vous y attendent. Selon ses intérêts, faire une croisière d'observation des baleines ou une partie de pêche en mer, jouer au golf, visiter les galeries d'art, etc. Dîner et nuit à Saint Andrews.

› Jour 17 - Fredericton

Petit déjeuner et départ vers Fredericton, capitale du Nouveau-Brunswick (prévoir un arrêt pour le lunch). Visite du **Quartier historique de garnison** (p.481), du **Musée des beaux-arts Beaverbrook** (p.481) ou encore du **Village historique de King's Landing** (p.480) à Prince William. Dîner et nuit à Fredericton avant de prendre la route pour le Québec le lendemain.

SE REPÉRER / SE DÉPLACER

DE L'AÉROPORT AU CENTRE-VILLE

Plusieurs aéroports accueillent les vols internationaux, dont les plus importants et achalandés se trouvent à Vancouver (yvr.ca), Toronto (torontopearson.com) et Montréal (admtl.com). Toutes les capitales et grandes villes des provinces et territoires ont un aéroport, auxquels s'ajoute une panoplie d'aéroports régionaux servant aux vols intérieurs. À savoir que les tarifs des vols intérieurs sont souvent assez chers, mais certaines compagnies *low cost* comme Flair Airlines (https://flyflair.com/), Lynx Air (www.flylynx.com) et Swoop (www.flyswoop.com) offrent des tarifs intéressants (mais ne couvrent pas nécessairement l'ensemble des provinces et territoires).

Les grands aéroports du pays peuvent compter sur un bon réseau de transport pour rallier le centre-ville, dont le transport en commun et des services de navettes express en bus ou en train. Bien entendu, vous retrouverez également des taxis (y compris les services comme Eva, Lyft et Uber), des limousines, des compagnies de location de voiture et des navettes d'hôtel dans les grands aéroports. Pour planifier vos déplacements jusqu'au centre-ville, consultez le site web de l'aéroport concerné.

ARRIVÉE EN TRAIN

VIA Rail dessert tout le Canada d'est en ouest (viarail.ca), à l'exception de Terre-Neuve-et-Labrador et des trois territoires. En plus des grandes lignes comme le Canadien (Vancouver-Toronto), le Corridor Windsor-Québec et l'Océan (Montréal-Halifax), on retrouve aussi des trains régionaux comme la ligne Jasper-Prince Rupert dans l'Ouest canadien, Winnipeg-Churchill au Manitoba ou encore Montréal-Jonquière au Québec. Depuis Vancouver, Toronto et Montréal, la compagnie ferroviaire Amtrak (francais.amtrak.com) permet de voyager aux États-Unis. S'il est plutôt sympathique de voyager en train, les tarifs peuvent être plus élevés qu'en bus. Toutefois, sachez que des cartes-voyages sont proposées afin d'offrir flexibilité et économies pour ceux qui comptent utiliser le train à quelques reprises pendant leur voyage.

À ces réseaux nationaux s'ajoutent des lignes privées comme l'incontournable Rocky Mountaineer qui relie Vancouver à Banff/Lake Louise et Jasper, le White Pass & Yukon Route Railway qui opère en Alaska, au Yukon et dans le nord de la Colombie-Britannique, ou encore le Train de Charlevoix qui suit le fleuve Saint-Laurent entre Québec et La Malbaie. Une belle manière de jumeler ses déplacements à une excursion touristique !

ARRIVÉE EN BATEAU

Avec un réseau hydrographique aussi démesuré, nul ne sera surpris d'apprendre qu'il existe un nombre incalculable de *ferries* au Canada. Parmi les plus populaires, BC Ferries dessert des dizaines de ports tout le long de la côte Ouest (bcferries.com), Ontario Ferries permet de rallier certaines îles en Ontario (ontarioferries.com), la Société des traversiers du Québec propose plus d'une dizaine de services maritimes dans les environs du fleuve et du golfe du Saint-Laurent (traversiers.com), sans oublier Marine Atlantique (marineatlantique.ca), Bay Ferries et Northumberland Ferries (ferries.ca) qui offrent plusieurs liaisons dans les provinces de l'Atlantique.

Des liaisons maritimes sont également offertes entre le Canada et les États-Unis, notamment avec Washington State Ferries qui relie la Colombie-Britannique à l'État de Washington (wsdot.wa.gov/ferries), Alaska Marine Highway System qui dessert l'Alaska, la Colombie-Britannique et l'État de Washington (ferryalaska.com), et Bay Ferries qui offre un service entre la Nouvelle-Écosse et l'État du Maine (ferries.ca).

TRANSPORTS EN COMMUN

Bus interurbains. Outre le train VIA Rail qui dessert la majorité des provinces canadiennes, le pays bénéficie d'un réseau de bus interurbains, lesquels varient selon les provinces et territoires ou selon les destinations (peuvent être inexistants dans certaines municipalités et aucun service dans les Territoires du Nord-Ouest et le Nunavut). On retrouve ainsi, par exemple, BC Bus North en Colombie-Britannique (bcbus.ca), Rider Express de la Colombie-Britannique à l'Ontario (et bientôt le Québec, riderexpress.ca), Megabus en Ontario (ca.megabus.com, dessert également Montréal au Québec et plusieurs villes américaines), Orléans Express au Québec et jusqu'à Ottawa en Ontario (orleansexpress.com), Maritime Bus dans les trois provinces maritimes (maritimebus.com), etc. Il n'existe cependant pas de réseau pancanadien, chaque compagnie opérant dans sa province ou territoire ou en combinant plusieurs. Traverser le pays en bus relève donc du défi. Cela dit, avec le départ définitif de la compagnie américaine Greyhound en 2021 (hormis pour quelques destinations frontalières), les transporteurs interurbains du pays désirent instaurer un système pancanadien permettant l'achat d'un seul billet, peu importe le nombre d'autocaristes empruntés.

Transports urbains. Chaque moyenne et grande ville du pays bénéficie également d'un réseau de transport en commun. Les villes comme Vancouver, Toronto et Montréal, par exemple, ont des réseaux très bien développés avec bus, métro et/ou train léger, sans compter le service couvrant la région métropolitaine en bus et/ou train de banlieue. Il est possible de se procurer des pass à la journée, pour plusieurs jours, à la semaine ou au mois, selon la durée du séjour.

© BENEDEK - ISTOCKPHOTO.COM

Tramway de Toronto.

VÉLO, TROTTINETTE & CO

Plusieurs villes canadiennes offrent un service de vélos en libre-service (plusieurs forfaits disponibles, vélos électriques aussi offerts selon les villes), que ce soit avec des compagnies locales comme Mobi by Shaw Go à Vancouver (mobibikes.ca), Bike Share Toronto dans la capitale économique du pays (bikesharetoronto.com) et BIXI à Montréal (bixi.com), ou les géants que sont Bird et Lime. Ces derniers offrent aussi des trottinettes électriques en libre-service à certains endroits, mais après des projets pilotes où l'anarchie a pris le dessus, plusieurs villes ont décidé de l'interdire sur la voie publique. Vous trouverez la liste des villes participantes sur leur application respective, et renseignez-vous bien sur les conditions requises (âge minimal, dépôt, port du casque, etc.).

AVEC UN CHAUFFEUR

Il y a des taxis presque partout au Canada, même dans les villages. Les compagnies établies dans les grandes villes ont pour la plupart leur propre appli. Le service Uber (uber.com/ca/fr-ca/ride) est aussi offert dans plus d'une trentaine de villes canadiennes, alors que Lyft est présent en Colombie-Britannique et en Ontario (lyft.com/rider/cities). Pour les plus longues distances, et pour faire des économies sur les trajets, il vaut également la peine de consulter les systèmes centralisés de covoiturage. On suggère les compagnies AmigoExpress (amigoexpress.com), Covoiturage.ca (covoiturage.ca) et Poparide (poparide.com/fr).

EN VOITURE

▶ **Les distances sont très grandes au Canada** et le réseau routier se fait de plus en plus rare à mesure que l'on progresse vers le nord. Dans le sud du pays, la route Transcanadienne s'étend de la Colombie-Britannique à Terre-Neuve, et elle est symbolisée par une feuille d'érable (l'île de Terre-Neuve n'est toutefois accessible que par *ferry* ou avion). À savoir que le Nunavut n'est pas relié au réseau routier canadien, ce qui implique un vol particulièrement cher d'ailleurs, et qu'à de nombreux endroits reculés au pays, les routes n'ont pas de revêtement.

Les permis de conduire français, belges et suisses sont acceptés pour une période ne dépassant pas trois, six ou douze mois (variable selon la province ou le territoire) ; le cas échéant, vous devrez vous munir du permis international (hautement recommandé hors Québec, peu importe la durée du séjour). Si vous désirez louer une voiture au Canada, il faut être âgé de 21 ans, voire 25 ans pour certains modèles, et être en possession d'une carte de crédit. L'essence, qui se vend au litre, est moins chère qu'en Europe, et son prix varie grandement d'un jour à l'autre et d'une compagnie à l'autre, au grand dam des Canadiens.

© PATRICKLAUZON PHOTOGRAPHE - SHUTTERSTOCK.COM

▶ **Au niveau de la réglementation,** la limitation de vitesse est de 100 km/h sur les autoroutes (ou 110 ou 120 km/h dans certaines provinces), de 70 à 90 km/h sur les routes régionales et de 50 km/h (parfois moins) en ville. L'autoroute est toujours gratuite sauf la 407 au nord de Toronto, l'A30 Express au sud-ouest de Montréal et la Cobequid Pass au nord-ouest de Truro en Nouvelle-Écosse, et une vingtaine de ponts sont également à péage, incluant ceux reliant le Canada à son voisin américain. Le port de la ceinture de sécurité est obligatoire pour tous les passagers et le siège-auto pour les plus jeunes. Le taux maximal d'alcoolémie toléré est de 0,08 g/l, la conduite avec des facultés amoindries menant à l'amende, voire plus (contrôles fréquents). En hiver, les autoroutes sont en général déblayées, mais la conduite demande des réflexes particuliers et les pneus neige sont fortement recommandés (obligatoires à certains endroits, renseignez-vous).

Le code de la route et la signalisation sont sensiblement les mêmes qu'en Europe, à quelques différences près. Les feux de circulation sont placés de l'autre côté de l'intersection des rues. Il n'y a pas de priorité à droite au Canada (la priorité échoit au premier arrivé) et il est permis de tourner à droite au feu rouge partout sauf dans le cas où un panneau indique que c'est interdit ainsi que sur l'île de Montréal. L'arrêt total est obligatoire lorsqu'on suit ou qu'on croise un bus scolaire (presque toujours jaune) arrêté dont les clignotants rouges fonctionnent. Dans les villes où circulent des tramways (appelés *streetcars*), comme à Toronto, les véhicules doivent également faire un arrêt complet au moins 2 mètres derrière la porte arrière d'un *streetcar* à l'arrêt, afin d'assurer la sécurité des passagers.

Quant au stationnement, pas de problème en région. Mais en ville se garer est souvent difficile et, avant d'arrêter son véhicule, il faut lire parfois trois ou quatre panneaux pour savoir si l'on est sur le bon trottoir, dans la bonne tranche horaire et ainsi éviter la contravention ou, pire, la mise en fourrière ! Vérifiez également si les places sont payantes, ce qui risque fort d'être le cas. Attention : il est formellement interdit de stationner devant une borne d'incendie. En cas d'erreur, soyez assuré que vous aurez, dans les 5 minutes suivantes, votre contravention. Aussi, sachez qu'on ne peut généralement garer son véhicule que dans le sens de la circulation. Si vous comptez rester plusieurs jours dans une grande ville canadienne, vérifiez sur le site web de la mairie si des *pass* temporaires de stationnement sont disponibles. Ils permettent de stationner son véhicule dans un secteur précis pour 24h, 48h ou une semaine et les formalités sont simples et peuvent se faire en ligne. Vous pourrez ainsi laisser votre véhicule garé pendant votre séjour, ce qui vous évitera bien des maux de tête.

LES PHRASES CLÉS

Bonjour, comment puis-je me rendre à…
Excuse me, how can I get to…

Est-ce loin à pied ? Y a-t-il le métro ou un bus... pour y aller ?
Is it far to walk? Is there a subway or a bus that goes there?

Pouvez-vous me montrer cet endroit sur la carte s'il vous plait ?
Can you please show me this place on the map?

Où puis-je acheter les tickets de transport ? Est-ce que je peux payer en carte de crédit ?
Where can I buy transit tickets? Can I pay with a credit card?

Où est la sortie ? A gauche, à droite ou tout droit ?
Where is the exit? Is it on the left, the right, or straight ahead?

Je suis perdu et je suis en retard, s'il vous plait, aidez-moi ! Merci beaucoup !
I'm lost and running late. Could you please help me? Thank you very much!

PRATIQUE

A VOIR / A FAIRE

HORAIRES

Il faut ici distinguer les centres urbains des régions. Dans les villes, les points d'intérêt sont généralement ouverts toute l'année, avec un horaire restreint hors saison estivale (ex. : fermeture le lundi). En région, ils sont souvent saisonniers avec une période d'ouverture qui va de mai à octobre. S'ils sont ouverts tous les jours en été, l'horaire est souvent réduit de la fête des Patriotes ou fête de la Reine (lundi précédant le 25 mai) au 24 juin et de la fête du Travail (1er lundi de septembre) à l'Action de grâce (2e lundi d'octobre).

A RÉSERVER

Les réservations sont rarement nécessaires, hormis pour les visites guidées, les spectacles immersifs ou encore les ateliers et activités spéciales dans les musées et galeries. Cependant, suite à la pandémie, plusieurs attraits recommandent, voire exigent, de réserver ses billets au préalable. À savoir aussi que certains points d'intérêt proposent en plus un hébergement à même le site, souvent expérientiel. Dans ce cas, il est fortement conseillé de réserver son forfait à l'avance.

BUDGET / BONS PLANS

Il faut généralement compter entre 10 et 30 CAN $ pour une entrée au tarif adulte. Des réductions sont pratiquement toujours offertes aux enfants, étudiants et seniors, voire même la gratuité. Par exemple, l'accès aux parcs et lieux historiques nationaux est toujours gratuit pour les moins de 18 ans. Plusieurs points d'intérêt sont également entièrement gratuits, certains demandant parfois une contribution volontaire. Dans les villes, comme Montréal et Toronto, des *pass* combinant divers musées et attractions permettent de faire de belles économies, pour autant que l'on soit sur place pour au moins 2-3 jours.

LES ÉVÉNEMENTS

D'innombrables festivals et événements se déroulent chaque année au Canada, avec des thématiques aussi variées que le documentaire, la bière, la musique, la diversité ethnique, l'humour, le rodéo ou la course de traîneau à chiens. Parmi les principaux et les plus célèbres, notons le Toronto International Film Festival (TIFF) qui se positionne comme l'un des plus importants au monde, le Stampede de Calgary qui est l'un des plus grands rodéos de la planète, ou encore l'immense festival de musique Osheaga à Montréal qui accueille les chanteurs et groupes les plus cool du moment. Il ne faut pas non plus manquer les différents festivals dédiés au vin, notamment dans la vallée de l'Okanagan et dans la péninsule de Niagara, et ceux voués au théâtre et aux performances artistiques, dont PuSh à Vancouver et Shaw Festival à Niagara-on-the-Lake.

© LEOPATRIZI - ISTOCKPHOTO.COM

VISITES GUIDÉES

Toutes sortes de visites guidées sont proposées au Canada, allant des traditionnels tours de ville en bus au souper-croisière sur l'un des nombreux plans d'eau du pays. Des thématiques pour tous les goûts font également partie de l'offre : tournée des brasseries artisanales ou des vignobles, arrêts gourmands dans un quartier émergent, découverte des fresques murales et graffitis, marche « hantée » à la lueur de lanternes, visite historique avec personnages en habits d'époque, excursion en *snowcoach* pour voir les glaciers ou en bateau pour admirer les icebergs, chasse aux aurores boréales, etc.

Une quinzaine de villes canadiennes sont aussi membres du réseau international Stroll Buddy (anciennement Greeter), dont Calgary, Montréal, Ottawa, Vancouver et Winnipeg (strollbuddy.com).

FUMEURS

Que ce soit lors d'une visite guidée ou dans un musée, il est interdit de fumer. Pour les points d'intérêt situés en plein air, comme les sites d'interprétation et les lieux historiques nationaux, des aires pour fumeurs sont parfois aménagées.

LES ATTRAPE-TOURISTES

Si vous participez à une visite guidée à Montréal ou à Québec, assurez-vous que votre guide est bien accrédité et qu'il possède un permis de la ville (celui-ci doit toujours être visible pendant l'exercice de ses fonctions). Pour ces deux villes québécoises, les guides ont suivi un programme de formation obligatoire reconnu par le ministère du Tourisme et le ministère de l'Éducation du Québec. Cela permet d'assurer la qualité et la véracité des informations transmises au cours des visites.

LES PHRASES CLÉS

Bonjour, puis-je avoir deux entrées adultes et un enfant s'il vous plait ?
Hello. Could I please have tickets for two adults and one child?

Le tarif enfant est jusqu'à quel âge ? Et pour les seniors, est-ce qu'il y a une réduction ?
What is the age limit for the children's rate? Is there a senior discount?

Est-ce qu'il y a des visites guidées en français ou un audioguide ?
Do you offer guided tours or an audio guide?

Combien de temps faut-il pour faire la visite ?
How long does the tour take?

J'ai du mal à monter les escaliers, avez-vous un ascenseur ?
I have difficulty climbing stairs. Do you have an elevator?

Excusez-moi, pouvez-vous me dire où sont les toilettes ? Merci beaucoup.
Excuse me, could you please tell me where are the toilets? Thank you very much.

SE RÉGALER

HORAIRES

Il n'existe pas d'horaires plus variables que ceux du monde de la restauration. Non seulement ils varient selon la saison, mais aussi plusieurs fois au cours d'une même saison. Les restaurants des grandes villes ont tendance à avoir un horaire relativement fixe à l'année, alors qu'en région certains établissements ferment même leurs portes hors saison. Et comme partout, les week-ends et jours fériés sont synonymes de grande affluence, notamment pour le fameux brunch servi jusqu'à 14h ou 15h. À savoir également que les Canadiens mangent plus tôt que les Européens. Par conséquent, les heures d'ouverture des cuisines ne sont pas très tardives, excepté pour les restaurants de type *pub* ou encore ceux dans les quartiers les plus branchés et/ou très touristiques.

BUDGET / BONS PLANS

On peut aisément manger sur le pouce pour moins de 10-15 CAN $. Il faut compter au moins 20-25 CAN $ le midi et minimum 30-40 CAN $ le soir. Le menu du jour le midi et la table d'hôtes le soir permettent de faire quelques économies et incluent l'entrée, le plat principal, le dessert et le café. Les restaurants plus haut de gamme proposent aussi souvent un menu dégustation se déclinant en plusieurs services. Son coût peut varier de 60 à 150 CAN $, voire plus, et un accord avec des vins sélectionnés est proposé en sus.

Tous les modes de paiement sont acceptés, mais les petits restaurants se limitent parfois à l'argent comptant et/ou la carte de débit.

EN SUPPLÉMENT

En règle générale, les prix affichés sur les menus sont toujours hors taxes. Il faut non seulement y ajouter la ou les taxes de vente (entre 5 et 15 % selon la province ou le territoire), mais aussi le service de 15 %. Pour savoir ce que l'on doit payer, il faut donc majorer les prix de 20 à 30 % !

C'EST TRÈS LOCAL

- **Manger du saumon et une barre Nanaïmo** en Colombie-Britannique, du bœuf en Alberta, un sandwich *peameal bacon* à Toronto, une tartelette au beurre dans les Kawarthas, une poutine au Québec, des ployes en Acadie, du homard dans les Maritimes, du *muktuk* et du poisson cru dans le Grand Nord, et une queue de castor n'importe où au pays.

Peameal bacon.

▸ **S'habituer aux portions souvent gigantesques** à la nord-américaine, notamment dans les *pubs* et les brasseries sportives.

▸ **Dans l'est du pays,** réserver une grande tablée dans une cabane à sucre au printemps pour faire bombance jusqu'à plus faim.

▸ **Au Canada, on peut aussi** rapporter chez soi le reste de son repas ou encore apporter sa propre bouteille de vin au restaurant. Le concept « Apportez votre vin / *Bring your own wine* » n'est peut-être pas aussi répandu qu'au Québec, mais nombreux restaurants au pays le permettent. Informez-vous cependant sur le droit de bouchon, lequel peut être gratuit à certains endroits et atteindre jusqu'à 50 CAN $ dans d'autres.

À ÉVITER

Ce n'est pas parce qu'on est en Amérique qu'il faut faire comme les Américains ! De grâce, évitez donc les grandes bannières de *fast food* et optez pour les tables locales afin de savourer le Canada.

ENFANTS

Vos marmots sont les bienvenus dans la majorité des restaurants, à l'exception des sections où un permis de bar s'applique. Chaises d'appoint sont souvent à disposition. Plusieurs restaurants offrent un menu spécialement concocté pour les petits.

FUMEURS

Il est interdit de fumer dans les restaurants ainsi que sur leur terrasse. On doit également fumer à distance de la porte de l'établissement et de ses terrasses (généralement 9 mètres).

LES ATTRAPE-TOURISTES

Dans les quartiers très prisés des visiteurs, prenez le temps de comparer les restaurants et les menus, plusieurs ayant tendance à *booster* leurs tarifs pour profiter de la manne touristique.

LES PHRASES CLÉS

Bonjour, je voudrais réserver une table pour deux personnes pour ce midi ou ce soir.
Hello, I'd like to reserve a table for two for lunch or dinner today.

Avez-vous un menu en français ou en anglais ?
Do you have a menu in French or in English?

Je suis végétarien, y a t-il des plats sans viande ?
I'm a vegetarian. Do you offer any meatless dishes?

Je n'ai vraiment plus faim mais avez-vous une carte des desserts ?
I'm not really hungry anymore, but do you have a dessert menu?

Puis-je avoir l'addition s'il vous plait ? Je peux payer par carte ou en espèces ?
Could I get the check, please? Can I pay by card or cash?

C'était très bon, nous reviendrons. Merci et à bientôt.
It was excellent. We'll be back. Thank you and see you soon.

FAIRE UNE PAUSE

HORAIRES

Les commerces gourmands (pâtisseries, chocolateries, etc.), les cafés et les salons de thé sont généralement ouverts tous les jours, du matin jusqu'en milieu ou fin d'après-midi (certains peuvent être ouverts jusqu'en soirée, notamment les cafés). Il peut cependant y avoir des jours de relâche dans les plus petits commerces ou alors en région, habituellement en début de semaine. L'horaire peut également être réduit hors saison. Quant aux bars, ils sont nombreux à ouvrir leurs portes dès 11h ou midi, surtout en ville. Sinon, on peut s'attendre à une ouverture vers le milieu ou la fin d'après-midi au plus tard. L'heure de fermeture est généralement fixée à 2h du matin maximum (3h au Québec), mais certains ferment plus tôt (minuit ou 1h du matin) en début de semaine ou hors saison. S'ils ont tendance à être ouverts 7 jours sur 7, des jours de fermeture sont tout de même à prévoir (ex. : dimanche, lundi, mardi), notamment en région.

BUDGET / BONS PLANS

Le prix des pauses gourmandes et des consommations alcoolisées est relativement semblable à ce que l'on trouve en Europe, quoiqu'un peu plus cher, même avec le taux de change. Pour faire des économies, des passeports vendus à petits prix permettent de visiter un nombre prédéterminé d'établissements participants et d'obtenir une dégustation ou une consommation gratuite ou à prix ridicule (pourboire en sus). C'est le cas du Craft Beer Passport en Ontario (craftbeerpassport.ca) et du passeport Je bois local au Québec (jeboislocal.ca) pour les microbrasseries et brasseries artisanales.
Il faut se rappeler que les prix affichés sont toujours hors taxes. Il faut non seulement y ajouter la ou les taxes de vente (entre 5 et 15 % selon la province ou le territoire), mais aussi le service de 15 %. Tous les modes de paiement sont acceptés, mais les petits commerces se limitent parfois à l'argent comptant et/ou à la carte de débit.

© JEFFBERGEN - ISTOCKPHOTO.COM

A PARTIR DE QUEL ÂGE

Au Canada, l'âge légal pour consommer de l'alcool est 18 ou 19 ans selon la province ou le territoire. Partout où un permis de bar s'applique, seules les personnes majeures y sont autorisées. Toutefois, certains lieux détiennent un permis différent (restaurant, production artisanale...) qui permet d'accueillir les mineurs. A noter que si vous avez l'air d'avoir moins de 25 ans, on vous demandera probablement une carte d'identité officielle avec photo.

C'EST TRÈS LOCAL

Dans les bars et brasseries se tient souvent en semaine le rituel du *happy hour* (appelé « 5 à 7 » du côté francophone). Il se déroule habituellement de 16h ou 17h jusqu'à 19h, voire plus, et permet de faire des économies sur l'alcool et/ou la nourriture. Il va sans dire que l'affluence va de pair durant un 5 à 7...

ENFANTS

Les enfants sont acceptés partout où un permis de bar n'est pas en vigueur. Cependant, ils peuvent parfois être acceptés sur la terrasse d'un bar jusqu'en début de soirée.

FUMEURS

Il est interdit de fumer dans les commerces gourmands, les cafés, les salons de thé et les bars, ainsi que sur leur terrasse. On doit également fumer à distance de la porte de l'établissement et de ses terrasses (généralement 9 mètres).

LES PHRASES CLÉS

Bonjour, quelle est la spécialité de la maison ? Nous voulons découvrir.
Hello, what is the specialty here? We'd like to try it.

Avez-vous de la place en terrasse ?
Do you have a table available outside?

Quel est votre nom ? Je m'appelle... Ravi de vous rencontrer !
What is your name? My name is ... Pleased to meet you!

A votre santé ! Zut, j'ai renversé mon verre... pouvez-vous m'aider ?
Cheers! Oh, no, I've spilled my drink. Can you help me?

C'était très bon. Nous allons reprendre la même chose s'il vous plait.
It was very good. We'll have the same again, please

(SE) FAIRE PLAISIR

HORAIRES

Les horaires d'ouverture peuvent varier d'un établissement à l'autre, mais en général ils ouvrent le matin entre 9h et 11h et ferment entre 18h et 21h. Le dimanche, les horaires sont souvent restreints (12h à 17h ou 18h). Les horaires peuvent varier d'une ville à l'autre et sont souvent réduits hors saison, et les établissements sont parfois même fermés (il est toutefois généralement possible de prendre rendez-vous). Dans les villes et petites municipalités, il peut également y avoir des jours de fermeture, la plupart du temps le dimanche et/ou le lundi. Et peu importe la saison, la plupart des commerces sont ouverts 7 jours sur 7 dans les grandes villes.

BUDGET / BONS PLANS

Si le coût de la vie au Canada est relativement bas, il en va tout autrement à Vancouver et Toronto, villes les plus chères du pays, sans compter le Grand Nord où le long transport des marchandises fait exploser leur coût. Côté shopping, on s'en sort plutôt bien grâce, notamment, à un taux de change favorable. Certains produits sont en revanche plus onéreux, notamment dans le secteur gourmand (fromages, alcools...). Si le prix affiché peut sembler séduisant, il ne faut pas oublier que les taxes de vente ne sont jamais incluses, à moins d'un avis contraire. Il faut donc ajouter entre 5 et 15 % de taxes sur ses achats (certains produits bénéficient d'une exemption partielle ou totale des taxes comme les livres imprimés, la nourriture non transformée, etc.). Les paiements par carte de débit ou de crédit sont généralement acceptés partout, même dans les régions les plus éloignées. À noter qu'il n'y a plus de programme de remboursement des taxes aux visiteurs depuis de nombreuses années.

SOLDES

Les soldes sont une pratique courante au Canada, sur une certaine période (fin de saison) ou alors ponctuellement dans un type de commerce spécialisé (les quincailleries et centres de rénovation juste avant l'été). Le Canada participe aussi aux grandes ventes que sont le Black Friday (vendredi suivant le Thanksgiving américain en novembre) et le Boxing Day (lendemain de Noël), mais la frénésie des consommateurs est bien moins palpable ici que chez le voisin américain.

C'EST TRÈS LOCAL

Il y a bien entendu quelques grands classiques à rapporter d'un séjour au Canada comme, par exemple, des vêtements ou accessoires Roots ou Canada Goose, ou encore à l'effigie d'une des équipes sportives professionnelles du pays (notamment le hockey, sport chéri des Canadiens). On recommande également les bières et spiritueux locaux, sans oublier les vins de la Colombie-Britannique et de l'Ontario, notamment le vin de glace. L'artisanat et l'art autochtones ont aussi la cote, tout comme les produits de l'érable. Sachez toutefois que le marchandage n'est pas du tout une pratique courante au pays, sauf peut-être dans certains quartiers ethniques des grandes villes canadiennes.

LES ATTRAPE-TOURISTES

Les grands classiques à l'effigie de la destination ont toujours la cote auprès des visiteurs. Malheureusement très souvent remplies d'articles *made in China*, les boutiques de souvenirs sont omniprésentes dans les grandes villes et les destinations hautement touristiques. Il en va de même pour certaines boutiques d'artisanat. Assurez-vous donc d'acheter local et authentique afin d'encourager l'économie locale.

LES PHRASES CLÉS

Bonjour, c'est superbe, mais combien ça coûte ?
Hello. This is really nice. How much does it cost?

Vous auriez ma taille ? Où se trouvent les cabines d'essayage ?
Do you have my size? Where are the fitting rooms?

Est ce que je pourrai vous le rapporter et l'échanger si ça ne va pas ?
Will I be able to return it for an exchange if it doesn't fit?

J'ai trop dépensé aujourd'hui, pouvez-vous me faire une réduction sympa ?
I've spent too much today. Could you give me a nice discount?

Je prendrai celui-ci. Pouvez-vous me faire un paquet cadeau ?
I'll take this one. Could you gift wrap it for me?

Vous prenez la carte de crédit ? Où puis-je trouver un distributeur de billets ?
Do you take credit cards? Where can I find an ATM?

BOUGER & BULLER

BUDGET / BONS PLANS

Il y a moyen de se dégourdir les jambes sans avoir à débourser un sou. Les mairies des villes et villages mettent à disposition des installations sportives variées, des piscines aux terrains de baseball. L'accès est généralement gratuit ou à prix dérisoire. Il y a aussi tout un réseau de sentiers multifonctionnels gratuits au Canada, tant pour les randonneurs que les cyclistes et les fondeurs. Quelques dollars sont en revanche exigés dans les parcs nationaux et certaines réserves naturelles. Pour se lancer dans des aventures comme le rafting, l'héliski ou encore la motoneige, il faut toutefois prévoir un budget conséquent.

C'EST TRÈS LOCAL

En hiver, dans les parcs et autres terrains assez grands, les patinoires poussent comme des champignons. La plupart du temps, il faut fournir son propre équipement mais certaines patinoires proposent la location de patins à glace sur place. Et le tout est magnifiquement bien entretenu tout au long de la saison ! Autre particularité au Canada : les pourvoiries (*outfitting camps* ou *hunting & fishing lodges*). Peu importe la saison, on y pratique toutes les activités de plein air possibles, à commencer par la chasse et la pêche, les deux grandes vedettes.

VOS PAPIERS SVP

Certaines activités demandent une certification ou un permis valide. C'est le cas si, par exemple, vous désirez louer une embarcation nautique motorisée, participer à une partie de pêche ou encore faire de la plongée sous-marine. Il en va de même pour la conduite d'une motoneige qui requiert que vous ayez sur vous votre permis de conduire. Bref renseignez-vous au préalable sur les exigences requises.

A RÉSERVER

Les places étant souvent limitées, il est recommandé, voire indispensable, de réserver pour les sorties guidées en plein air, les longues randonnées (comme par exemple la West Coast Trail en Colombie-Britannique et les Long Range Mountains à Terre-Neuve), les excursions multi-activités, les raids (motoneige, traîneau à chiens...), les activités d'adrénaline (rafting, tyrolienne, parachutisme, héliski, etc.), les parties de golf ou encore les soins et massages proposés dans les spas. Il en va de même pour les matchs des équipes sportives professionnelles du pays, surtout lorsqu'il s'agit de hockey, le sport chéri des Canadiens. Bien qu'on puisse généralement acheter ses billets sur place, lors des séries éliminatoires les réservations deviennent indispensables pour s'assurer une place.

© GROGL - ISTOCKPHOTO.COM

LES ÉVÉNEMENTS

Il y a plusieurs événements sportifs de haut calibre au Canada, à commencer par les matchs des équipes sportives professionnelles du pays (baseball, basketball, football, hockey et soccer), mais aussi ceux des ligues junior ou universitaires qui font rayonner la relève. Plusieurs marathons sont également organisés au pays, ainsi que des courses de traîneau à chiens telle la Yukon Quest, des courses de motoneige comme la Bonnechere Cup à Eganville (Ontario) et le Grand Prix Ski-Doo de Valcourt (Québec), des courses automobiles comme le Honda Indy Toronto (IndyCar) et le Grand Prix du Canada à Montréal (F1), ou encore l'Omnium Banque Nationale (National Bank Open) qui accueille chaque année la crème du tennis mondial à Toronto et à Montréal alternativement. Il ne faut pas non plus rater les compétitions sportives hors du commun des Jeux d'hiver de l'Arctique (Arctic Winter Games) et les fameux rodéos du Stampede de Calgary.

LES ATTRAPE-TOURISTES

Lors de manifestations sportives, les revendeurs sont omniprésents dans les environs du lieu de l'événement. Même s'il est vrai qu'on peut économiser quelques dollars en s'approvisionnant auprès d'eux, il serait dommage de perdre son argent pour de faux billets d'entrée. Passez donc par les billetteries officielles.

LES PHRASES CLÉS

Bonjour, comment puis-je me rendre à… ? Est-ce loin ?
Excuse me, how can I get to... ? Is it far?

J'aimerais aller courir. Il y a un coin sympa pour cela dans la ville ?
I'd like to go running. Is there a nice place to run in the city?

J'adore cuisiner. Savez-vous où je peux trouver des cours de cuisine ?
I love cooking. Do you know where I can take a cooking class?

Vous pourriez m'indiquer une salle de sport pas très loin ?
Could you tell me where there is a gym nearby?

Quel est le sport national ?
What is the national sport?

Pensez-vous que nous pourrions voir cela ou même participer ?
Do you think we could watch it, or maybe even try it?

HORAIRES

Principalement situées en ville, les boîtes de nuit sont généralement ouvertes les vendredis et samedis (et d'autres soirs selon les clubs) de 22h à 3h, voire plus tard. Pour tout ce qui touche les activités entre amis (cinéma, billard, bowling, karting, jeux d'évasion, etc.), les horaires varient grandement selon le type d'établissement. Il y a également des casinos au Canada, lesquels proposent un horaire étendu, voire une ouverture 24h/24. Pour les arts de la scène (musique, humour, théâtre, etc.), la programmation annuelle se concentre surtout hors saison estivale, en soirée la plupart du temps.

BUDGET / BONS PLANS

Sortir en boîte coûte généralement moins cher au Canada qu'en Europe (il faut dire que l'on n'y retrouve pas nécessairement le même standing non plus). Comme partout, l'entrée est souvent gratuite avant une certaine heure (habituellement 23h) ou encore en s'inscrivant sur la *guest list*. Les dames bénéficient également de la gratuité lors des *ladies nights* (au moins un soir par semaine). Pour le cinéma, des rabais sont offerts lors de la journée hebdomadaire à prix réduit (généralement le mardi).

Bons plans pour les spectacles : plusieurs sites web proposent des billets de dernière minute pour des spectacles et des manifestations sportives. Par exemple, Gametime propose des billets de dernière minute pour des spectacles et manifestations sportives dans plusieurs grandes villes canadiennes (gametime.co), TodayTix offre des tarifs de dernière minute pour le théâtre à Toronto (todaytix.com/toronto), et La Vitrine propose des offres spéciales et des tarifs avantageux sur les préventes pour toute sorte de spectacles et d'événements au Québec (lavitrine.com).

Il faut se rappeler que les prix affichés sont toujours hors taxes. Il faut non seulement y ajouter la ou les taxes de vente (entre 5 et 15 % selon la province ou le territoire), mais aussi le service de 15 % lorsque applicable. Tous les modes de paiement sont acceptés, mais il peut arriver que le comptoir bar d'une salle de spectacles, par exemple, n'accepte que l'argent comptant et/ou la carte de débit.

À RÉSERVER

Pour s'assurer d'avoir une place, les réservations sont hautement recommandées pour les spectacles, voire obligatoires parfois. Dans le cas de certaines activités telles que le karting, le paintball et les jeux d'évasion, la réservation est souvent impérative et un dépôt peut être exigé. Pour le reste, vous n'avez qu'à vous présenter sur place le jour même.

Elgin Theatre à Toronto.

TRANSPORTS NOCTURNES

Dans certaines grandes villes du pays, aucun problème pour rentrer chez soi à une heure tardive. Par exemple, Vancouver, Edmonton et Montréal offrent un service de bus nocturne et la plupart des lignes de *streetcar* à Toronto sont en opération 24h/24. Ailleurs au Canada, il n'y a généralement pas de service de transport en commun de nuit, hormis les taxis, Eva, Uber, Lyft et autres du genre qui offrent un service 24h/24.
À savoir toutefois que plusieurs villes - et même des villages - ont des services de raccompagnement offerts toute l'année, mais il faut généralement être membre pour bénéficier de ces services.

A PARTIR DE QUEL ÂGE

Au Canada, l'âge légal pour consommer de l'alcool est 18 ou 19 ans selon la province ou le territoire. Partout où un permis de bar s'applique, seules les personnes majeures y sont autorisées. Toutefois, certains lieux détiennent un permis différent (restaurant, production artisanale...) qui permet d'accueillir les mineurs. À noter que si vous avez l'air d'avoir moins de 25 ans, on vous demandera probablement une carte d'identité officielle avec photo.

C'EST TRÈS LOCAL

Rien de particulier de ce côté si ce n'est qu'une tenue correcte est exigée dans la majorité des boîtes de nuit ainsi que dans les casinos. Et si vous aimez la comédie musicale de style Broadway, sachez que Toronto s'illustre avec brio dans le domaine. Les grands classiques, comme *Cats* ou *Les Misérables*, sont généralement présentés dans l'un des théâtres gérés par Mirvish Productions.

FUMEURS

Il est interdit de fumer dans les clubs, salles de spectacles, casinos, ainsi que sur leur terrasse. Idem pour les salons de billard, les centres d'activités (karting, jeux d'évasion...), etc. On doit également fumer à distance de la porte de l'établissement et de ses terrasses (généralement 9 mètres).

LES ATTRAPE-TOURISTES

Tout comme pour les manifestations sportives, la revente de billets de spectacle est omniprésente en ligne, et parfois même dans la rue. Même s'il est vrai qu'on peut économiser quelques dollars en s'approvisionnant auprès des revendeurs, il serait dommage de perdre son argent pour de faux billets d'entrée. Passez donc par les billetteries officielles.

LES PHRASES CLÉS

Bonsoir, comment puis-je me rendre à…
Good evening, how can I get to…
Est ce que cet endroit est tranquille ? Il n'y a pas de problème de sécurité ?
Is this a quiet area? Are there any safety issues?
J'aimerais voir un spectacle typique ! Qu'est-ce qu'il y a en ce moment ?
I would love to see a traditional show! What is available at the moment?
Je ne comprends pas… pouvez-vous répéter s'il vous plait ? Merci.
I don't understand... Could you please repeat that? Thank you.
Est-ce que je peux vous offrir un verre ? Quel est le meilleur cocktail de la maison ?
Can I buy you a drink? What is your best signature cocktail?
J'ai la gueule de bois, auriez-vous quelque chose pour que j'aille mieux ?
I have a hangover. Do you have anything to help me feel better?

PRATIQUE

SE LOGER

BUDGET / BONS PLANS

Bien évidemment, les tarifs varient grandement selon le type d'hébergement choisi. Il n'en coûtera donc pas le même prix si on opte pour un lit en dortoir dans une auberge de jeunesse plutôt qu'une suite dans un hôtel 5-étoiles. En basse saison, on peut dénicher une belle chambre dans une auberge ou un hôtel dans une fourchette de prix allant de 80 à 150 CAN $, tarif qui augmente - et qui peut même doubler, voire plus, dans les grandes villes - en haute saison ou lors d'événements majeurs. Il faut aussi savoir qu'en règle générale l'hébergement est cher à Vancouver et Toronto comparativement à d'autres grandes villes canadiennes. Et cela s'applique à tous les types d'hébergement.

Il faut se rappeler que les prix affichés sont toujours hors taxes. Il faut non seulement y ajouter la ou les taxes de vente (entre 5 et 15 % selon la province ou le territoire), mais aussi la taxe hôtelière (ou taxe de séjour) qui diffère d'une ville ou province à l'autre (par exemple 5 % du prix de la nuitée pour Winnipeg, 4 % pour Calgary, Ottawa et Toronto, 3,5 % pour Montréal, etc.). Tous les modes de paiement sont acceptés, mais les petits établissements hôteliers se limitent parfois à l'argent comptant, les chèques de voyage et/ou la carte de débit.

À RÉSERVER

Destination populaire oblige, il est conseillé de réserver au Canada, surtout en hautes saisons estivale et hivernale. Ne pas non plus attendre à la dernière minute pour réserver si vous comptez assister au Stampede de Calgary, au Toronto International Film Festival ou au Festival d'été de Québec, les établissements hôteliers affichant complet durant ces événements. Bien évidemment, il est plus facile d'obtenir une réservation de dernière minute en région qu'en ville, sauf quand il s'agit des grandes destinations touristiques où les réservations ne sont pas un luxe.

C'EST TRÈS LOCAL

Le chalet est un véritable art de vivre au Canada et il y en a partout, que ce soit dans un parc national, sur une île ou dans un complexe privé en nature. Et les Canadiens sont tout autant charmés par les chalets en bois rond que les visiteurs qui rêvent de leur « cabane au Canada ». Il y a également les pourvoiries, ces camps de chasse, pêche et villégiature qui se comptent par centaines au pays. Authentiques « tout inclus » d'expériences grande nature, on y dort en camping, en auberge, en chalet et même en hébergements insolites (maison-bateau, tipi amérindien, yourte, etc.).

POUR LES GOURMANDS

Le petit déjeuner est très souvent inclus dans le tarif (ou alors avec un léger supplément) et, en ville comme en région, les produits régionaux y sont légion. Nombreux hôtels et auberges hébergent également des restaurants de renom mettant en vedette la cuisine locale, qu'elle soit traditionnelle ou contemporaine. Et avec nombreuses communautés autochtones à travers le pays, on peut même s'offrir un séjour gourmand à saveur amérindienne ou inuit.

LES PHRASES CLÉS

Bonjour, avez-vous de la disponibilité pour une chambre double pour ce soir ou demain soir ?
Hello, do you have any vacancies for a double room for tonight or tomorrow night?

Avez-vous un code wifi… les enfants ne tiendront pas sans !
Do you have Wi-Fi available? The kids can't live without it!

C'est bruyant, est ce que je peux changer de chambre ?
It's noisy. Could I change rooms?

Jusqu'à quelle heure est-ce que nous pouvons aller à la salle de sport et à la piscine ?
What time do the gym and the swimming pool close?

Est-ce que je peux laisser mon bagage et revenir plus tard le récupérer ?
Can I leave my luggage and come back for it later?

Est-ce que vous pouvez nous appeler un taxi ? Merci beaucoup.
Could you call us a taxi? Thank you very much.

ALLO ?

Sur un mobile, les appels à l'intérieur du pays sont gratuits, pour autant que vous ayez un numéro canadien. Pour faire un appel, il faut toujours composer le code régional (3 chiffres) + les sept chiffres du numéro local. Les numéros de téléphone débutant par 1 800, 1 833, 1 844, 1 855, 1 866, 1 877 et 1 888 sont l'équivalent des numéros verts en France, donc gratuits. Pour les appels interurbains et outre-mer depuis le Canada, optez plutôt pour une carte d'appel prépayée. Vous les trouverez facilement (grands magasins, épiceries, pharmacies, dépanneurs, boutique de téléphonie mobile, etc.). Au Canada, plusieurs compagnies de téléphone vendent des cartes SIM prépayées ou en forfait mensuel et vous obtiendrez alors un numéro de téléphone local. C'est l'option la plus économique si vous avez l'intention de vous servir de votre téléphone fréquemment et de passer des appels locaux. Sachez cependant qu'en règle générale un téléphone acheté chez un opérateur français est « bloqué » et accepte uniquement les cartes SIM provenant de celui-ci. Vous devez faire la demande de déblocage auprès de votre opérateur avant le départ (ce qui n'est pas toujours possible).

ACCESSIBILITÉ

Bien qu'il y ait encore du chemin à faire, le Canada se fait de plus en plus accessible aux personnes à capacité physique restreinte. Déjà, dans nombreuses grandes villes, la plupart des réseaux de transport en commun rendent accessible les stations, métros, bus et trains, en totalité ou en partie. Il en va de même pour le transport longue distance alors que plusieurs compagnies mettent en œuvre les meilleures pratiques de l'industrie en matière d'accessibilité universelle. Aux quatre coins du pays, des rampes sont aussi installées à l'entrée de divers commerces et attraits touristiques, etc. On recommande toutefois de bien vérifier à l'avance le niveau d'accessibilité, notamment pour les

© MARIDAV - SHUTTERSTOCK.COM

transports. Pour en savoir plus sur le tourisme accessible, consultez le site web des offices de tourisme provinciaux et territoriaux. Des organismes locaux, comme Kéroul au Québec, permettent également d'obtenir la liste des établissements totalement ou partiellement accessibles pour les personnes à mobilité réduite, ou offrant des services aux personnes ayant une déficience visuelle ou auditive.

SANTÉ

Toutes les régions du pays ont des hôpitaux et des cliniques. Les centres spécialisés se trouvent dans les grandes villes. Vous trouverez la liste des installations de soins de santé sur le site web du ministère de la Santé et des services sociaux de chaque province et territoire.

En ce qui concerne les médicaments, ils ne sont pas vendus prêts à l'emploi, dans des flacons étiquetés par les laboratoires, comme en Europe. Ici c'est le pharmacien qui se charge de la préparation du flacon, en le remplissant du nombre exact de comprimés prescrits par le médecin, et qui reporte la posologie de l'ordonnance (prescription) sur l'étiquette, ce qui évite le gaspillage et l'abus de médicaments. Si on pense avoir besoin de médicaments délivrés sur ordonnance, mieux vaut donc emporter l'ordonnance avec soi. Les pharmacies se présentent comme des supermarchés de parapharmacie, avec un comptoir « Prescriptions » tenu par un pharmacien. Quelques grandes chaînes au Canada : Familiprix, Guardian, Jean Coutu, London Drugs, PharmaChoice, Pharmaprix/Shoppers Drug Mart, Rexall. Les magasins à grande surface offrent également, dans la plupart des cas, un service de pharmacie sur place.

URGENCES SUR PLACE

Partout au Canada le 911 est le numéro d'appel d'urgence pour contacter une ambulance, les pompiers ou la police. Ce numéro est gratuit, qu'il soit composé sur un téléphone fixe, un portable ou depuis une cabine téléphonique. Le 911 est accessible 24h/24.

SÉCURITÉ

Même s'il reste bas, l'indice de criminalité est légèrement en hausse depuis quelques années au Canada. Il faut toutefois noter que la majorité des crimes commis au pays sont en fait des infractions contre la propriété. Bien que le Canada demeure un pays sécuritaire, bien davantage que son cousin français et sans commune mesure avec le voisin américain, certaines attaques récentes ont marqué l'imaginaire : en 2018, à Toronto, celle au camion-bélier sur la rue Finch dans le nord de la ville puis la fusillade sur Danforth Avenue, toutes deux ayant fait des victimes, ou encore la tuerie d'avril 2020 en Nouvelle-Écosse, entraînant la mort de plus d'une vingtaine de personnes. Ce sont peut-être des phénomènes isolés, mais ils ont tout de même augmenté au cours des dernières années. Cela dit, en règle générale, il n'y a pas matière à s'inquiéter au Canada, même en étant une femme voyageant seule.

LGBTQ

Les personnes lesbiennes, gaies, bisexuelles, transgenres, queers et bispirituelles (LGBTQ2) sont protégées contre la discrimination et le harcèlement basés sur le sexe, l'orientation sexuelle ou l'identité ou l'expression de genre. Qui plus est, le mariage entre conjoints de même sexe est légalisé au Canada depuis 2005.

Si le Canada est particulièrement *gay friendly*, avec des quartiers aux couleurs de l'arc-en-ciel dans plusieurs villes, certains dérapages peuvent survenir sous forme d'agressions verbales et/ou physiques. Ce sont peut-être des cas isolés, mais ce seront toujours des cas de trop.

AMBASSADE ET CONSULATS

Toutes les ambassades se trouvent à Ottawa, notamment celles de la France (ca.ambafrance.org), de la Belgique (canada.diplomatie.belgium.be/fr) et de la Suisse (eda.admin.ch/countries/canada/fr/home.html). Pour obtenir les coordonnées des consulats généraux et honoraires présents au Canada, il suffit de consulter le site web de l'ambassade.

POSTE

Au 1er janvier 2023, affranchir une lettre normale (enveloppes format lettre et cartes postales, 30 grammes maximum) coûte 1,07 CAN $ pour l'intérieur du Canada, 1,30 CAN $ pour les États-Unis et 2,71 CAN $ pour l'international (compter 4 à 7 jours ouvrables pour l'Europe). Les bureaux de poste ouvrent habituellement en semaine de 8h à 17h. Certains magasins, tels que les pharmacies, disposent de centres postaux ouverts généralement plus tard ainsi que le week-end.

MÉDIAS LOCAUX

Plusieurs quotidiens et hebdomadaires sont en vente dans les différentes régions du pays. S'ils sont plus souvent en anglais hors du Québec, tout un réseau de presse écrite et numérique francophone existe à travers le pays. Parmi ceux-ci, *L'Acadie Nouvelle* au Nouveau-Brunswick (acadienouvelle.com), *L'Express* dans le Grand Toronto et Centre-Sud de l'Ontario (l-express.ca), *La Liberté* au Manitoba (la-liberte.ca), *Le Franco* en Alberta (lefranco.ab.ca) ou encore *L'Aurore boréale* au Yukon (aurorebo-reale.ca). Pour suivre l'actualité francophone canadienne, on recommande également le site web de Francopresse qui couvre tout le pays, notamment les communautés en milieu minoritaire (francopresse.ca), sans oublier #ONfr qui couvre non seulement l'actualité francophone de l'Ontario, mais aussi celle des quatre coins du Canada (onfr.tfo.org).

Côté radio, il existe une panoplie de stations à travers le pays, dont plusieurs francophones. Vous trouverez la liste de nombre d'entre elles sur les sites web de l'Association des radios régionales francophones (arrf.ca) et de l'Alliance des radios communautaires du Canada (radiorfa.com).

ICI Radio-Canada (ici.radio-canada.ca) et son penchant anglophone CBC (cbc.ca) sont les diffuseurs publics canadiens, tant à la télévision qu'à la radio. Au petit écran, les chaînes privées généralistes les plus populaires sont Noovo et TVA en français et CTV et Global en anglais. Il y a aussi TFO, la chaîne de télévision francophone de l'Ontario (tfo.org), Unis TV, chaîne présentant du contenu original à l'extérieur du Québec (tv5unis.ca), et APTN, le réseau des peuples autochtones qui diffuse plusieurs émissions en français (aptn.ca). À noter que la chaîne TV5 retransmet une partie des émissions françaises, belges et suisses. Les journaux de France 2 y sont d'ailleurs retransmis.

Et comme partout, les médias communautaires (journal, radio, télévision, web) sont bien présents au Canada.

LES PHRASES CLÉS

Bonjour, mon téléphone ne fonctionne pas, pouvez-vous m'aider s'il vous plait ?
Excuse me, my phone isn't working. Could you please help me?

Je ne me sens pas bien, pouvez-vous m'amener à l'hôpital le plus proche ?
I'm not feeling well. Could you take me to the nearest hospital?

Est-ce que vous avez un médecin qui parle français ?
Do you have a French-speaking doctor?

Je viens de me faire voler mes papiers, où est le poste de Police le plus proche ?
My documents have been stolen. Where is the nearest police station?

Est-ce un quartier dangereux ou je peux y aller sans crainte ?
Is it a dangerous neighborhood, or can I feel safe going there?

Avez-vous des timbres pour une carte postale à envoyer en France ? C'est combien ?
Do you have stamps to mail a postcard to France? How much is it?

DÉCOUVRIR

Avec ses villes à la nord-américaine, ses grands espaces naturels et ses plans d'eau à l'infini, sans oublier son hospitalité légendaire et sa joie de vivre contagieuse, le Canada fait partie des destinations privilégiées des visiteurs internationaux. Il va sans dire qu'un pays aussi immense est une véritable terre de contraste, passant des zones arides et des prairies au sud aux régions arctiques du Grand Nord canadien. Il y a également son histoire qui remonte à la présence millénaire des autochtones et son incroyable *melting pot* culturel issu des différentes vagues d'immigration. Pays festif avec un nombre incalculable d'événements et de festivals à l'année longue, c'est aussi un terreau fertile dans les domaines des arts, toutes disciplines confondues. Et il ne faut pas rater sa scène culinaire reflétant sa diversité, ses activités de plein air offertes à foison et son sport national chéri, le hockey sur glace.

GÉOGRAPHIE

Deuxième plus grand pays du monde derrière la Russie, le Canada s'impose en géant du continent nord-américain avec ses quelque 9 984 670 km², soit près de 20 fois la superficie de la France. Nul sera donc surpris d'y retrouver la plus longue frontière terrestre séparant deux États, soit celle entre le Canada et les États-Unis, s'étirant sur 8 891 km et qui, par le fait même, remporte aussi le titre de plus longue frontière non militarisée du globe. Le pays est également bordé par trois océans - le Pacifique à l'ouest, l'Arctique au Nord et l'Atlantique à l'est -, et par quatre des Grands Lacs d'Amérique du Nord, sans oublier son impressionnant réseau hydrographique. Englobant six fuseaux horaires, cette immense nation se divise en dix provinces, alignées d'est en ouest au nord de la frontière américaine, ainsi qu'en trois territoires qui s'étendent au-delà du cercle polaire dans le Grand Nord canadien. Une vraie terre de démesure !

Le pays des superlatifs

Qui dit deuxième plus grand pays du globe dit démesure. Et si vous n'êtes toujours pas convaincu du gigantisme canadien, voici quelques faits qui ne laisseront planer aucun doute sur le sujet. Outre ses près de 10 millions de km² et la présence de la plus longue frontière terrestre au monde sur son territoire, le Canada possède également le plus long littoral de la planète, soit 243 042 km répartis sur trois océans. On peut d'ailleurs y observer les plus grandes marées du monde (16,1 mètres en moyenne), dans la baie de Fundy qui sépare le Nouveau-Brunswick de la Nouvelle-Écosse. Quant à l'eau douce, sa superficie couvre près de 900 000 km², dont une grande partie (environ 177 000 km²) se trouve au Québec. C'est cependant dans les Territoires du Nord-Ouest que l'on retrouve le plus grand lac du pays, le Grand lac de l'Ours (31 328 km²), ainsi que le plus profond, le Grand lac des Esclaves (614 mètres). Puis vient le plus long fleuve du Canada, l'incontournable Mackenzie (4 241 km), lequel prend sa source dans le Grand lac des Esclaves avant de se déverser dans la mer de Beaufort dans l'océan Arctique. Dans le secteur des Grands Lacs en Ontario, l'île Manitoulin remporte le titre de plus grande île en eau douce du monde (2 765 km²), alors que du côté des eaux salées, l'île de Baffin constitue la plus grande île canadienne (507 451 km²). Finalement, pour ceux qui aiment prendre de la hauteur, la plus haute montagne du pays se trouve au Yukon, soit le fameux mont Logan qui culmine à 5 959 mètres d'altitude.

Une panoplie de reliefs

Un pays aussi vaste que le Canada offre bien entendu une grande diversité au niveau géographique.

▸ **La cordillère de l'Ouest.** Dans l'Ouest canadien, des rangées de montagnes séparent l'océan Pacifique des vastes plaines de l'Alberta, recouvrant ainsi la quasi totalité de la Colombie-Britannique et du Yukon ainsi qu'une partie du sud-ouest de l'Alberta. Elles sont composées des chaînes côtières du Pacifique et des montagnes de l'Est, ces dernières étant plus communément appelées « les Rocheuses », et s'étendent de l'Alaska au Mexique avant de se prolonger en Amérique du Sud avec la cordillère des Andes. Deux autres éléments intéressants dans cette partie du Canada : la présence d'un désert dans le sud de la Colombie-Britannique, plus précisément à Osoyoos (prolongement d'un désert qui naît plus au sud, au Mexique, en passant par celui du Mojave, en Californie), et le Passage Intérieur dans l'ouest de la Colombie-Britannique, une voie maritime côtière reliant les États de l'Alaska et de Washington et évitant les eaux difficiles du Pacifique.

▸ **Les grandes plaines intérieures,** aussi appelées « Prairies canadiennes », recouvrent une grande partie des provinces de l'Alberta, de la Saskatchewan et du Manitoba. Ces vastes plaines sédimentaires s'étirent du delta du Mackenzie au nord vers le sud jusqu'aux États-Unis, et elles représentent une des régions agricoles majeures dans le monde, notamment avec la culture du blé et l'élevage bovin.

▸ **Le Bouclier canadien.** Cet immense plateau rocheux occupe près de la moitié de la superficie du pays : le nord de la Saskatchewan, du Manitoba, de l'Ontario et du Québec, ainsi que la plus grande partie du Labrador. On y trouve des roches parmi les plus vieilles au monde, rien de moins. La forêt boréale y règne en maître et des rivières d'importance servent à la production de l'hydroélectricité, notamment en Ontario et au Québec. Le Bouclier canadien compte également une région marécageuse, les Basses-terres d'Hudson, ainsi que des chaînes de montagnes telles que les Laurentides et les monts Torngat.

▸ **Les Basses-terres du Saint-Laurent et des Grands Lacs.** Elles s'étendent autour des Grands Lacs en Ontario et le long du fleuve Saint-

Cascade Takakkaw au Yoho National Park.

Laurent au Québec. Cette région, qui constitue une des plus grandes réserves mondiales d'eau douce du monde, possède en plus un sol fertile propice à l'agriculture et à l'élevage, comme en témoignent ses innombrables terres agricoles et sites agrotouristiques.

▸ **Les Appalaches.** Cette chaîne de montagnes parcourt l'est de l'Amérique du Nord sur près de 2 000 km, se frayant un chemin depuis le centre de l'État de l'Alabama, dans le sud des États-Unis, jusqu'à Terre-Neuve au Canada. Elle sépare la plaine côtière atlantique, à l'est, du bassin du fleuve Mississippi et des Grands Lacs, à l'ouest.

▸ **Le Nord canadien.** C'est le royaume des régions arctiques et certainement l'endroit le plus dépaysant au Canada. Cet immense territoire couvre 40 % de la superficie du pays sur quelque 3,4 millions km^2. Avec la fonte annoncée de la banquise et de l'inlandsis, le Nord canadien se veut désormais un enjeu géostratégique majeur en ce qui concerne le passage maritime du Nord-Ouest - convoité par les États-Unis et l'Europe qui y voient un raccourci vers l'Asie orientale - et les immenses réserves d'hydrocarbures.

Des merveilles naturelles

Réparties d'un océan à l'autre, jusqu'aux confins de l'Arctique, elles offrent des paysages saisissants et des expériences qui sont tout sauf banales. Si certaines jouissent d'une notoriété qui dépasse les frontières du pays, d'autres sont seulement connues des initiés. En voici quelques-unes à inscrire au carnet de route.

Dans la région des Kootenay Rocheuses, les sources chaudes se comptent par dizaines, que ce soit au **Fairmont Hot Springs Resort** (p.201) en Colombie-Britannique, au **Banff Upper Hot Springs** (p.227) et au **Miette Hot Springs** (p.241) en Alberta, ou encore au **Takhini Hot Pools** (p.578) au Yukon. Parfaites pour se détendre dans un cadre naturel magnifique, ces sources chaudes sont un immanquable d'un séjour dans l'Ouest canadien. L'eau reste au cœur du sujet avec bon nombre de chutes grandioses à travers le pays, à commencer par les plus connues d'entre toutes, celles du Niagara en Ontario. Mais il y a aussi la Della au Strathcona Provincial Park et la Takakkaw au Yoho National Park en Colombie-Britannique, celles du parc provincial Kakabeka Falls en Ontario et du **parc de la Chute-Montmorency** (p.449) au Québec, sans oublier la chute Pissing Mare du **parc national du Gros-Morne** (p.560) à Terre-Neuve et la Victoria au **Nahanni National Park** (p.593) dans les Territoires du Nord-Ouest.

Le Canada compte aussi plusieurs dunes de sable, les plus impressionnantes se trouvant au Athabasca Sand Dunes Provincial Park dans le nord de la Saskatchewan, considérées parmi les dunes actives les plus septentrionales du monde. D'autres sites valent le détour, comme les Great Sandhills en Saskatchewan, les dunes de Tadoussac et celles des îles de la Madeleine au Québec, ou encore celles de Sable Island National Park en Nouvelle-Écosse.

Puis viennent les phénomènes géomorphologiques, comme les monolithes d'érosion qui s'observent entre autres dans le **parc marin national Fathom Five** (p.347) (Ontario), la **réserve de parc national de l'Archipel-de-Mingan** (p.468) (Québec) et le **parc national Fundy** (p.492) (Nouveau-Brunswick), ou encore les canyons qui alignent leurs parois encaissées comme le Maligne Canyon dans le **Jasper National Park** (p.236), le **Horseshoe Canyon** (p.250) à Drumheller et le **Miles Canyon** (p.578) près de Whitehorse. Si vous êtes plutôt du type fjord, vous serez ici servi alors que la Colombie-Britannique et le Nunavut en comptent des dizaines chacun (mention aux sublimes fjords du **parc national Auyuittuq** (p.596) dans le Grand Nord).

Columbia Icefield, Jasper National Park.

Pour les admirer dans l'est du pays, faites un saut du côté du **parc national du Fjord-du-Saguenay** (p.457), lequel protège le seul fjord navigable d'Amérique du Nord, et du **parc national du Gros-Morne** (p.560), notamment dans les environs de Western Brook Pond.

Finalement, il ne faut pas rater le ballet des icebergs au printemps, qu'on pourra aller observer de près à Terre-Neuve avec **Iceberg Quest Ocean Tours** (p.558), ni les imposants glaciers du pays, notamment le **Columbia Icefield** (p.239) au Jasper National Park (Alberta), la **Plaine des Six Glaciers** (p.235) à Lake Louise (Alberta), et les glaciers Donjek et Lowell au **Kluane National Park** ★★ (p.582) (Yukon).

Les Grands Lacs et la Voie maritime du Saint-Laurent

Considérés comme l'une des plus grandes réserves d'eau douce du monde, les Grands Lacs couvrent une superficie d'environ 246 050 km², c'est-à-dire une surface presque égale à la moitié de celle de la France. Longeant l'extrémité sud du Bouclier canadien en Ontario, les cinq Grands Lacs (Supérieur, Michigan, Huron, Érié et Ontario) sont implantés à la frontière des États-Unis et du Canada, à l'exception du lac Michigan situé entièrement du côté américain.

Entouré de milliers de lacs plus petits et d'un réseau complexe de chenaux, de canaux et d'écluses, et relié à l'océan Atlantique par le fleuve Saint-Laurent, cet ensemble est considéré comme le berceau historique et économique du pays. Les progrès des deux derniers siècles dans le domaine de la navigation ont permis d'effectuer de nombreuses améliorations à cette immense voie navigable en eau profonde, laquelle fut officiellement ouverte en 1959. Devenue un véritable poumon industriel et agricole, et considérée comme l'une des plus grandes réalisations techniques du XXe siècle, elle permet de faciliter les échanges commerciaux vers l'est grâce à la voie maritime du fleuve Saint-Laurent, mais aussi vers le sud des États-Unis grâce aux fleuves affluents des Grands Lacs.

La souveraineté canadienne dans l'Arctique

Devenue un enjeu géostratégique majeur qui attire la convoitise de plusieurs pays, la souveraineté de l'Arctique est l'un des sujets chauds du XXIe siècle. On doit l'intérêt que cette région suscite à son grand potentiel de développement des ressources naturelles, mais surtout pour le contrôle de son passage maritime du Nord-Ouest au nord du Canada, lequel s'étend du détroit de Davis et la baie de Baffin à l'est jusqu'à la mer de Beaufort à l'ouest. Si la souveraineté canadienne dans l'Arctique est un fait historique reconnu, il reste que le territoire n'est pas entièrement surveillé et le consensus international sur la région ne concerne que les terres. Les voies d'accès et détroits, comme le fameux passage du Nord-Ouest, ne sont donc pas reconnus comme une possession du Canada, au grand dam de ce dernier mais au grand bonheur des États-Unis qui ont accru leur présence dans le secteur sous l'administration Trump, ce qui a nui aux relations canado-américaines.

En plus du Canada, les sept autres États de l'Arctique sont les États-Unis (Alaska), le Danemark (Groenland), l'Islande, la Norvège, la Suède, la Finlande et la Russie (à savoir que l'Islande, la Suède et la Finlande ne font pas partie des États côtiers de l'océan Arctique, aussi appelés A5). Tous sont signataires du Conseil de l'Arctique, un forum intergouvernemental qui inclut également les peuples autochtones de la région, dont six organisations autochtones canadiennes ayant le statut de participant permanent au Conseil.

NATURE

Réputé pour ses espaces sauvages et son immense territoire, le Canada abrite des dizaines de milliers d'espèces végétales et animales ainsi que d'habitats. Ces espèces sont réparties selon plusieurs facteurs naturels tels que le climat, la géologie, la physiographie et l'hydrographie, et peuplent des milieux aussi variés que les zones urbaines, les terres agricoles, les marais, les tourbières, les lacs et rivières, les milieux marins, les forêts de feuillus ou de conifères, ou encore la toundra arctique.

Mais comme partout ailleurs sur le globe, des espèces sont perturbées, voire menacées par l'activité humaine. L'urbanisation, les coupes forestières, le drainage des milieux humides, les transports et, bien sûr, la pollution de l'air, de l'eau et du sol, ont des conséquences désastreuses sur les habitats. Ainsi, à la grandeur du Canada, plus de 500 espèces de la flore sauvage et espèces fauniques sont considérées en péril.

Les côtes Pacifique et Atlantique

Elles accueillent d'innombrables oiseaux de mer, dont le Macareux moine et le Fou de Bassan dans l'est et le Starique du Cassin et le Pygargue à tête blanche dans l'ouest, sans oublier les nombreux mammifères marins, souvent menacés. On pense notamment au béluga qui fréquente l'estuaire et le golfe du Saint-Laurent ou encore à l'orque qui vit au large de la côte Pacifique. Les plus belles côtes sont protégées par des aires de conservation comme le **parc national Forillon** (p.420), au Québec, où l'on peut facilement observer plusieurs espèces de baleines, ou la **réserve de parc national Pacific Rim** ★★★ (p.169), sur l'île de Vancouver, qui abrite des loutres de mer, espèce en danger de disparition, des baleines grises et des otaries. Nos destinations préférées pour observer ces majestueux mammifères marins sont Tofino et Telegraph Cove en Colombie-Britannique, Churchill au Manitoba, Tadoussac au Québec, St. Andrews au Nouveau-Brunswick, le secteur du **parc national des Hautes-Terres-du-Cap-Breton** (p.539) en Nouvelle-Écosse et Twillingate à Terre-Neuve.

Le long de l'océan Pacifique s'étend la forêt pluviale côtière tempérée et ses végétaux luxuriants. Au niveau des arbres, on y trouve des conifères (thuya géant, cyprès jaune, douglas de Menzies, épinette de Sitka) principalement couverts de mousse. La forêt pluviale abrite de nombreux écosystèmes allant des mammifères aux oiseaux, sans oublier les poissons qui vivent dans les rivières. La forêt pluviale du grand ours (Great Bear Rainforest) vaut le détour, sans oublier l'incontournable **West Coast Trail** (p.170) sur l'île de Vancouver, exposant toutes deux leurs arbres dont certains sont âgés de 1 000 ans. Dans l'est du pays, la zone boréale occupe la majeure partie des côtes le long du golfe du Saint-Laurent et de l'Atlantique, alors que la forêt acadienne recouvre le Nouveau-Brunswick, l'Île-du-Prince-Édouard et la Nouvelle-Écosse. On y trouve toutes sortes d'espèces comme le hêtre américain, le chêne rouge, l'orme blanc, l'épinette noire, le sapin baumier, la pruche et l'érable à sucre, qu'on ira entre autres admirer au **parc national des Hautes-Terres-du-Cap-Breton** (p.539), en Nouvelle-Écosse.

Macareaux moine.

© T. SCHNEIDER - SHUTTERSTOCK.COM
Sapins de Douglas, Vancouver.

Les chaînes de montagnes de l'Ouest canadien

Elles sont composées des montagnes Rocheuses en Colombie-Britannique et en Alberta, puis au nord vers l'Alaska, le Yukon et les Territoires du Nord-Ouest, des monts Mackenzie et des montagnes Columbia. Plusieurs types de forêts couvrent ce grand territoire, à commencer par la forêt montagnarde, bien installée sur le plateau central de la Colombie-Britannique, sans oublier une partie de la région des Kootenays et plusieurs vallées près de l'Alberta. Le sapin Douglas, le pin tordu latifolié et le peuplier faux-tremble figurent parmi les arbres les plus communs, mais aussi l'épinette blanche ou encore le sapin subalpin. Puis, entre le plateau central de la Colombie-Britannique et les montagnes Rocheuses, vient la forêt du Columbia, semblable à la région côtière avec ses impressionnants conifères. Les montagnes Rocheuses sont, quant à elle, recouvertes de la forêt subalpine caractérisée par les conifères. Des fleurs sauvages, l'airelle, le rhododendron à fleurs blanches parsèment les lieux. Outre l'humidité présente dans le sol, la forêt subalpine est sillonnée d'une infinité de plans d'eau, permettant l'existence de très nombreux milieux humides : étangs entourés de végétation, tourbières, marécages et marais d'eau douce ou salée. Les Rocheuses sont aussi le territoire du mouflon, du cerf, du wapiti, du caribou, de l'orignal, de l'ours, du carcajou, du loup, des petits animaux à fourrure, etc. et, dans les régions reculées, comme au lac Moraine à Banff, ainsi qu'au Yukon, on peut y apercevoir l'imposant grizzli. Plus au nord, la forêt boréale et la toundra prennent le dessus. Nombreux parcs provinciaux et nationaux visent à protéger ce joyau que sont les Rocheuses canadiennes, dont les plus connus, ceux de **Banff** (p.235) et de **Jasper** (p.236), tous deux en Alberta, ou encore **Kootenay** ★★ (p.201) et Yoho en Colombie-Britannique.

Les Badlands d'Alberta et les grandes plaines du Centre

Les fameux Badlands, c'est cette région du centre-est de l'Alberta très aride où les cactus poussent et où les dinosaures vivaient autrefois. Paysage lunaire hors du commun, le **Dinosaur Provincial Park** (p.249), où a été retrouvé le plus grand nombre d'ossements de dinosaures au monde, et le **Horseshoe Canyon** (p.250), creusé et façonné par les glaciers occupant autrefois le territoire, sont deux sites incontournables à Drumheller en Alberta, tout comme le **Royal Tyrell Museum of Paleontology** (p.250)également à Drumheller et le **T.rex Discovery Centre** (p.257) à Eastend en Saskatchewan, tous deux braquant les projecteurs sur l'étude des dinosaures et leur milieu.

Dans le sud de l'Alberta, de la Saskatchewan et du Manitoba, les grandes plaines du centre des États-Unis atteignent leur limite septentrionale. Les étendues de prairies ont peu à peu disparu devant les champs. Symbole de ces immensités, le bison vit entre autres en liberté dans certains parcs nationaux, notamment ceux de **Banff** (p.235), **Elk Island** (p.245) et de **Wood Buffalo** (p.593) en Alberta, et **des Prairies** (p.256) dans le sud de la Saskatchewan. On peut également admirer ces grands bovidés ruminants dans leur enclos du **parc national du Mont-Riding** (p.274), au Manitoba. Le parc Wood Buffalo constitue aussi l'unique site de nidification de la grue blanche d'Amérique, qui a failli disparaître. Sinon, la grande star des plaines est le chien de prairie, un petit rongeur qui peut entre autres s'observer au parc national des Prairies. Ce parc est d'ailleurs un must, lui qui protège l'une des rares prairies naturelles ayant survécu sur le continent.

La forêt des Grands Lacs et du Saint-Laurent

Elle parcourt le sud de l'Ontario et du Québec, s'étirant à l'ouest du lac Supérieur, le long de la frontière avec l'État du Minnesota, jusqu'à la péninsule gaspésienne et le golfe du Saint-Laurent. Sur les sols pauvres poussent le pin blanc et le chêne, alors que sur les sols riches des hautes-terres, souvent devenus agricoles, poussent des bois durs, l'érable à sucre, le hêtre à grandes feuilles, le bouleau, ainsi qu'un bois mou, la pruche. Sur les basses-terres humides poussent l'orme, le frêne, l'érable rouge et le thuya occidental. Plus on monte en latitude, plus les conifères se mélangent aux feuillus. C'est la forêt de feuillus qui, en automne, s'embrase : les feuilles prennent avant leur chute des couleurs enchanteresses.

Cette région est le royaume du grand pic et divers oiseaux migrateurs, des petits mammifères comme le rat musqué, la loutre et le castor, des grands ondulés comme le cerf de Virginie et l'original, et des redoutables prédateurs que sont le loup et l'ours noir. Ces deux derniers sont la figure de proue du parc provincial Algonquin en Ontario, particulièrement le loup de l'Est, une espèce menacée pour qui le parc constitue l'un des derniers refuges où il n'est pas traqué. Et comme le hurlement du loup a toujours enfiévré l'être humain, vous pourrez entendre cette complainte bouleversante en compagnie des guides du parc en soirée l'été, question de découvrir ce noble et inquiétant personnage des forêts.

On ne pourrait passer sous silence la plus petite région forestière du pays, royaume de la forêt décidue (aussi appelée forêt de feuillus). Elle longe les rives des lacs Ontario et Érié et est aussi présente dans le secteur sud du lac Huron, en Ontario. Dominée par l'agriculture et les zones urbaines, sur près de 3 millions d'hectares, c'est dans cette région que l'on retrouve le plus d'espèces d'arbres. Des espèces que l'on retrouve généralement aux États-Unis y sont présentes (noyer noir, noyer cendré, tulipier, magnolia, nyssa sylvestre, nombreux types de chênes, caryers, sassafras, gainier rouge), auxquelles s'ajoutent d'autres de la forêt mixte.

Cette région abrite également des mammifères, oiseaux, insectes, reptiles et amphibiens plutôt rares au pays, comme le petit polatouche ou encore la couleuvre obscure. Dans les environs du parc national de la Pointe-Pelée (p.342), l'observation des oiseaux est l'activité vedette et permet de voir des centaines d'espèces telles que la paruline des ruisseaux, le héron, le butor et la sauvagine. C'est par ici aussi que passe la migration du papillon monarque, un insecte emblématique de l'Amérique du Nord, très reconnaissable à l'orange intense de ses ailes cerclées et veinées de bandes noires à points blancs.

La zone boréale

De la côte est à la côte ouest du Canada, la zone boréale - aussi appelée la taïga - recouvre la majeure partie du pays et est le territoire de nombreux animaux. Un habitant caractéristique en est l'élan, que les Canadiens appellent orignal, reconnaissable à ses larges andouillers. Le plus grand des cervidés se nourrit de brindilles, d'arbrisseaux, de feuilles et même d'écorce. Il s'abreuve dans les multiples lacs de la forêt, où il consomme aussi des plantes aquatiques comme les nénuphars. Cette zone abrite d'autres cervidés, notamment le wapiti et le caribou des bois : ce dernier est protégé entre autres dans le parc national Jasper (p.236) en Alberta et le parc national de la Gaspésie (p.418) au Québec. Sur les arbres vit en outre le porc-épic du Canada, qui se nourrit principalement d'écorce.

Dans ces grands espaces, les prédateurs sont très dispersés. Le loup chasse l'orignal, mais aussi de nombreux petits mammifères et oiseaux, et régule utilement les populations de ces animaux. Le lynx du Canada, grand félin réputé pour sa vue mais aussi pour son ouïe, est étroitement lié aux populations de lièvres. Le renard roux est, au contraire, très répandu et a un régime alimentaire varié. La martre, de la famille des mustélidés, dont la fourrure varie du fauve au noir, est elle aussi omnivore, et donc moins vulnérable que les prédateurs spécialisés. Il en est de même de l'ours noir, particulièrement friand de baies, et assez familier pour fouiller les poubelles et venir voler votre pique-nique sous votre nez !

Outre l'humidité omniprésente dans le sol, la taïga est sillonnée d'une infinité de plans d'eau, les uns un peu plus hauts que les autres, qui communiquent : c'est un jeu de lacs dont l'eau se déverse par niveaux de l'un à l'autre pour aboutir à des rivières, puis à la mer.

Loups de l'Est dans le parc provincial Algonquin.

Les innombrables rivières, souvent longues et larges, fonctionnent aussi comme des escaliers : de grandes étendues d'eau entrecoupées de rapides et de chutes. Lacs et rivières permettent l'existence de très nombreux milieux humides, étendues d'eau peu profondes liées au sol qui les accueille : étangs entourés de végétation, tourbières, marécages et marais d'eau douce ou salée. Ces milieux aquatiques accueillent - excepté les tourbières - une vie importante : poissons (truites, saumons, brochets, etc.), batraciens, insectes, innombrables oiseaux d'eau. L'animal le plus caractéristique en est le castor, qui se nourrit de brindilles, d'écorces, de bouts de bois, avec une prédilection pour le bouleau, ainsi que de plantes et de baies. Il nage remarquablement bien au moyen de sa large queue plate qu'il utilise comme un gouvernail. Ses longues incisives lui permettent de construire des barrages ou des digues, des canaux pour le transport du bois et une hutte qu'il habite. Deux autres mammifères à fourrure, la loutre et le vison, sont eux aussi d'excellents nageurs.

De nombreux parcs naturels sont entièrement ou en partie constitués de taïga, tels que les parcs nationaux **Nahanni** (p.593) dans les Territoires du Nord-Ouest, **Prince Albert** (p.261) en Saskatchewan et d'**Aiguebelle** (p.406) au Québec. S'ils permettent l'observation de la faune de la zone boréale, on peut aussi partir à sa rencontre dans des sites animaliers qui, en plus d'offrir éducation et interprétation, œuvrent à la conservation et à la réhabilitation de ces espèces. C'est le cas de la Yukon Wildlife Preserve au Yukon, et du **Refuge Pageau** (p.406) et du **Parc Oméga** (p.399) au Québec

La toundra et l'arctique canadien

Dans le Nord canadien, soit au Yukon, dans les Territoires du Nord-Ouest et au Nunavut, ainsi que l'extrême nord du Québec et du Labrador, la taïga disparaît au profit de la toundra arctique. Si quelques mélèzes isolés parviennent à pousser dans des endroits abrités, ils deviennent bien vite nains ou rampants, comme les autres arbres et arbustes : conifères aux troncs tordus, mais aussi bouleau, sorbier, thé du Labrador.

Le sol est spongieux et humide. La végétation est principalement constituée d'herbes, de mousses et de lichens qui s'accrochent au moindre rocher et aussi de multiples plantes à baies : les myrtilles, qu'on appelle bleuets au Canada, les chicoutés, les groseilles à maquereau, les airelles ou graines rouges, la camarine noire. Cette végétation très pauvre disparaît parfois, laissant nue la roche d'origine glaciaire. La toundra est aussi parsemée de petits lacs et de tourbières dotés d'une végétation particulière.

Dans ce milieu difficile, la faune est très dispersée et se retrouve dans toute la zone arctique : le renne ou caribou, le bœuf musqué, le lièvre arctique, le lemming, le loup, le renard polaire. Sur les côtes, on peut observer l'ours polaire, notamment en prenant le train de Winnipeg à Churchill, au bord de la baie d'Hudson, dans le nord du Manitoba (ceux ne pouvant se rendre aussi loin peuvent aller au **Canadian Polar Bear Habitat** (p.360) à Cochrane, en Ontario). Parmi les oiseaux de la toundra, le courlis esquimau est en danger de disparition.

Les déserts de glace et les montagnes de l'arctique canadien constituent des milieux pratiquement privés de vie : dans les premiers, le sol, uniquement glaciaire, interdit toute flore et donc toute faune, tandis que dans les secondes, les vents violents et l'altitude s'ajoutent aux rigueurs du climat polaire. Ces milieux sont protégés dans le **parc national Auyuittuq** (p.596), qui englobe la calotte glaciaire de Penny sur l'île de Baffin, au Nunavut.

Ours polaire dans l'arctique canadien.

TOP 10

FAUNE

Un petit répertoire imagé de dix espèces animales représentant à merveille la diversité de la faune canadienne. Si certaines espèces nous inspirent à partir à leur rencontre, il faut toujours se rappeler de les observer à distance, tant pour notre propre sécurité que pour la leur.

MOUFLON

Le mouflon de Dall et celui des Rocheuses peuplent les chaines de montagnes de l'Ouest canadien.

© MARTIN RUDLOF PHOTOGRAPHY - SHUTTERSTOCK.COM

BELUGA

Cette baleine arctique vit dans le Saint-Laurent à l'année. Sa population est toutefois en déclin.

© MATTHIAS BRIX-SHUTTERSTOCK. COM

CASTOR

Symbole national, ce rongeur architecte des cours d'eau fut longtemps convoité pour sa fourrure.

© DR

ORIGNAL

Un géant des forêts ! Le mâle adulte, doté de son panache complet, peut peser jusqu'à 600 kilos.

© MARK BYER- SHUTTERSTOCK.COM

CARCAJOU

Celui que l'on surnomme « glouton » est très présent dans le folklore des Premières Nations du pays.

© AB PHOTOGRAPHY - ISTOCKPHOTO.COM

HARFANG DES NEIGES

Magnifique, timide et silencieux, ce rapace peut supporter une température allant jusqu'à -50 °C.

© FOTOREQUEST - STOCK.ADOBE.COM

ORQUE

Aussi appelé « épaulard », c'est le plus emblématique des mammifères marins de la côte Ouest.

© SLOWMOTIONGLI - ISTOCKPHOTO.COM

CARIBOU

Grand seigneur du Nord canadien, il fréquente les forêts nordiques et la toundra partout au pays.

© LEFION - ISTOCKPHOTO.COM

MACAREUX MOINE

Surnommé « perroquet de mer », cet oiseau au bec coloré fréquente toute la côte est du Canada.

© GGW - SHUTTERSTOCK.COM

OURS

Trois espèces se partagent le territoire, soit l'ours noir, l'ours brun (grizzli) et l'ours polaire.

© GLASS AND NATURE - SHUTTERSTOCK.COM

CLIMAT

Avec un territoire aussi démesuré, le Canada connaît conséquemment une grande variété de climats, ces derniers variant selon leur distance par rapport aux océans : les villes côtières jouissent d'un climat plus doux par rapport à celles se trouvant au beau milieu du pays. L'humeur des Canadiens s'accorde d'ailleurs parfaitement à la tendance météo, fluctuant selon la température, les précipitations et les petits excès de Dame Nature.

Bien que l'été soit beau et chaud dans nombreuses régions du pays, c'est l'hiver qui marque les esprits, notamment chez les visiteurs internationaux et les expatriés. Vivre son premier hiver est certes une expérience marquante. La neige, le froid et le vent peuvent faire craindre le pire, mais non seulement on s'y habitue, on en profite, à condition toutefois d'être bien habillé. Mais tout n'est pas si idyllique, le Canada - comme partout ailleurs - subissant les impacts des changements climatiques.

Le grand portrait du climat canadien

Le pays se divise en sept zones climatiques bien distinctes, chacune étant influencée par divers facteurs comme la proximité de plans d'eau majeurs (océans, Grands Lacs...), l'altitude et la latitude.

Côte Ouest. Elle bénéficie d'un microclimat en raison de sa situation géographique entre l'océan Pacifique et les Rocheuses. En hiver, la température oscille entre 0 °C et 15 °C avec des précipitations généreuses sous forme de pluie, alors qu'en été, le temps est sec et les températures sont également fort agréables (environ 25 °C).

Région de la Cordillère. Le climat diffère grandement selon la position géographique : les vallées du sud de la Colombie-Britannique jouissent des climats les plus secs au pays alors que des calottes glaciaires permanentes se trouvent aux altitudes élevées, notamment au Yukon. Cette région connaît aussi un phénomène particulier, le Chinook, un vent chaud venu du Pacifique. Chargé d'humidité, le vent s'élève à la rencontre de la Cordillère, causant nuages et précipitations du côté ouest, et lors de sa descente vers les Prairies, la température grimpe soudainement du côté est.

Prairies. Terre de contraste, les étés y sont très chauds et les hivers y sont particulièrement rigoureux et venteux. Les conditions au-dessus ou au-dessous de la moyenne sont fréquentes et reviennent de façon cyclique. Autre phénomène cyclique : les années de pluie et d'inondations suivies de grandes sécheresses.

Grands Lacs. En été, l'air chaud et humide du golfe du Mexique domine et le passage de fronts froids peut déclencher des orages assez violents. Le sud de la région bénéficie de beaucoup d'ensoleillement et de chaleur. L'hiver y est plus clément que dans les régions continentales situées plus loin des rives, et les tempêtes de neige peuvent se changer en pluie verglaçante ou même en pluie plus au sud. Les zones côtières subissent souvent des bourrasques de neige causées par le vent dominant appelé « Snow Belt ».

Côte Est. Le climat humide du sud du Saint-Laurent et de la frange atlantique se traduit, l'été, par une atmosphère lourde et moite et, l'hiver, par un fort enneigement, des brouillards et des tempêtes. Les provinces de l'Atlantique ont droit a davantage de précipitations à longueur d'année, notamment à Terre-Neuve, et les écarts de température y sont moins extrêmes qu'au Québec.

Zones subarctique et arctique. Le climat subarctique se retrouve au centre, dans le Bouclier canadien, et apporte des hivers rigoureux et des étés courts et frais. Les précipitations ont généralement lieu en été, quoique aussi présentes en hiver dans l'Ungava-Labrador qui reçoit plus de neige que le Nord-Ouest. Quant au climat arctique du Grand Nord, l'hiver domine la majeure partie de l'année avec des températures ne dépassant pas 10°C en été. Il y a peu de précipitations annuelles, causant ce qu'on appelle la sécheresse arctique.

Le soleil de minuit et la nuit polaire

Ces deux phénomènes se produisent dans les régions les plus septentrionales et méridionales du monde, plus précisément dans les cercles polaires. Ainsi, le nombre de jours d'ensoleillement ou de noirceur continus augmente à mesure que l'on progresse vers le nord : d'une durée de 24 heures à sa latitude la plus basse, il atteint six mois au Pôle Nord. Nul besoin de préciser que ces phénomènes sont à bien prendre en compte pour quiconque planifie un voyage dans le Grand Nord canadien.

© PHOTOSCAPEART - SHUTTERSTOCK.COM

Soleil de Minuit dans la région du Yukon.

Refroidissement éolien et humidex : quésaco ?

Au Canada, si vous consultez les nouvelles météo ou une appli comme MétéoMédia, vous verrez qu'il y a toujours deux températures : actuelle et ressentie. Mais qu'est-ce que cette fameuse « température ressentie » ? C'est en fait une sensation plutôt qu'une donnée mesurable. Elle tient compte de deux facteurs, soit le refroidissement éolien (FRE) en hiver et l'humidex en été.

Dans le cas du refroidissement éolien, il s'agit de la sensation de froid causée par le vent et ressentie sur la peau exposée. Quant à l'humidex, il prend en compte le taux d'humidité dans l'air. Dans un cas comme dans l'autre, ils servent à mesurer le niveau d'inconfort et les risques pour le corps.

Dans un avenir rapproché, ces deux indices pourraient toutefois être remplacés par l'indice universel du climat thermique (IUCT). Ne combinant pas la température à un autre facteur, il en intègre plutôt quatre : la température, l'humidité de l'air, la vitesse du vent et l'ensoleillement, c'est-à-dire, la quantité de radiation solaire que l'on reçoit.

Les impacts des changements climatiques au Canada

Grand sujet d'actualité, les impacts des changements climatiques sévissent partout dans le monde et le Canada n'y échappe pas. Selon un rapport d'Environnement Canada publié en avril 2019, les températures annuelles moyennes sur la terre ferme ont subi une hausse de 1,7 à 2,3 °C depuis 1948, un rythme deux fois plus rapide que sur le reste de la planète. Les impacts qui en découlent sont nombreux, notamment sur la santé et la sécurité de la population (problèmes respiratoires et cardiovasculaire dus à l'augmentation du nombre et de la durée des vagues de chaleur ou à l'accroissement de la pollution atmosphérique). Certaines espèces animales et végétales pourraient disparaître et d'autres se déplacer plus au nord, alors que des espèces exotiques ou nuisibles ont déjà fait leur apparition, comme en témoigne la progression rapide de tiques porteuses de la maladie de Lyme dans le sud du pays. La hausse du niveau marin, la diminution du couvert de glace - notamment dans l'Arctique -, le dégel du pergélisol, les pluies diluviennes, l'augmentation des tempêtes et de la fréquence des cycles gel-dégel, les conditions extrêmes favorisant les feux de forêt et les pénuries d'eau l'été, ont également des effets désastreux sur les infrastructures, mais aussi sur certains secteurs de l'économie tels que l'agriculture, la foresterie, les mines et le tourisme. Des solutions existent et le Canada clame tout haut vouloir respecter l'Accord de Paris qu'il a ratifié en 2015, mais encore faut-il s'y mettre sérieusement sans attendre plus longtemps.

ENVIRONNEMENT

Le Canada est avant tout connu pour ses grandes étendues et ses paysages sauvages. Pourtant, tout n'est pas si vert. Car si la nature semble avoir particulièrement gâté le pays à la feuille d'érable, elle l'a aussi doté de généreuses réserves en pétrole, à tel point qu'il est le premier fournisseur des États-Unis. Pourtant, l'exploitation pétrolière s'avère particulièrement destructrice. En fait, l'impact environnemental du Canada est tel, que, selon Global Footprint Network, il est le sixième pays au monde à la pire empreinte écologique par habitant. C'est le résultat d'années de politique pétrolière, auxquelles ont participé les différents partis au pouvoir, qu'ils soient de gauche ou de droite. Pourtant, les Canadiens sont globalement très impliqués dans les problématiques environnementales. Ainsi, un sondage a révélé qu'en 2019, pour la première fois depuis 10 ans, l'écologie était au sommet des préoccupations, bien devant l'emploi et la santé.

La forêt boréale face aux géants pétroliers

La forêt boréale d'Alberta abrite un trésor dont elle se serait bien passée : les sables bitumineux. Ces produits pétroliers sont composés d'un mélange solidifié de pétrole, de sable, d'argile et d'eau. La forêt boréale d'Alberta en abrite la plus grande exploitation mondiale, juste sous la surface du sol. Pour les extraire, on doit d'abord raser la végétation, pour dégager la surface exploitable que l'on va ensuite creuser. Cette exploitation détruit ainsi en profondeur ces écosystèmes vierges. Vieille de 5 000 ans, cette forêt joue pourtant un rôle crucial : elle abrite des réserves d'eau douce considérables et des écosystèmes fragiles, comme les tourbières, zones humides résultant de milliers d'années d'accumulation de matière organique, et qui seraient bien incapables de ressusciter après une telle perturbation.

Enfin, l'acheminement de cet or noir est lui aussi source de controverse. Car parmi les 840 000 km de *pipelines* qui traversent le Canada pour acheminer le pétrole et le gaz naturel, l'un en particulier fait polémique : le *pipeline* Trans Mountain. Depuis 1953, il livre chaque jour jusqu'à 300 000 barils de pétrole, de l'Alberta à la Colombie-Britannique. L'annonce d'un projet d'agrandissement du réseau Trans Mountain en 2013 a soulevé la colère des écologistes et peuples autochtones. Ils gardent d'abord le souvenir amer des couacs que l'oléoduc a connus par le passé, dont de nombreuses fuites de centaines de milliers de litres de pétrole, qui ont au fil des années profondément perturbé l'environnement. Ce n'est pas la première fois qu'un projet de *pipeline* fait débat. L'oléoduc américano-canadien Keystone XL avait fait polémique pendant plusieurs années, jusqu'à ce que le président américain Joe Biden annonce son interdiction en 2021.

La politique de l'environnement

Que ce soit dans le camp des conservateurs ou dans celui des libéraux, la politique canadienne en matière d'environnement est souvent accusée d'immobilisme. Ainsi, alors que le pays était signataire du protocole de Kyoto visant à réduire les émissions de gaz à effet de serre, il les a en fait augmentées de 25 % entre 1990 et 2005 !

Le parti conservateur, ayant été au pouvoir de 2006 à 2015, a un bilan très mitigé. Son inaction a d'ailleurs été ironiquement récompensée en 2009, quand le réseau d'ONG environnementales Climate Action Network a décerné au Canada le Fossil of the day Award : un prix satirique récompensant les pays qui ralentissent le plus les négociations climatiques. Le Premier ministre conservateur Harper est même allé jusqu'à faire de son pays le premier à quitter le protocole de Kyoto, en 2011.

Si les espoirs ont repris avec l'élection de Justin Trudeau, du Parti Libéral, les écologistes semblent déçus. En dépit de nombreuses promesses écologistes (réduire de 30 % les émissions d'ici 2030, et atteindre zéro émission d'ici 2050), le nouveau Premier ministre soutient indéfectiblement l'industrie pétrolière, au point d'avoir nationalisé le *pipeline* Trans Moutain pour 4,5 milliards de dollars canadiens, pour s'assurer de mener à terme son agrandissement. Pour se défendre, il annonce que les bénéfices seront utilisés pour la protection de l'environnement : un argument qui attise la colère des écologistes. Pendant le mandat de Trudeau, l'élevage du saumon transgénique aura aussi été autorisé.

Toutefois, tout n'est pas noir. En 2022, Justin Trudeau a ainsi annoncé l'interdiction des plastiques à usage unique, et débloqué 9 milliards de dollars d'investissement pour l'environnement, qui seront utilisés pour différentes mesures, parmi lesquelles l'énergie renouvelable et les voitures électriques. La Canada mise en effet sur les véhicules électriques, au point d'avoir annoncé que d'ici 2035 il exigera que la totalité des voitures vendues n'émettent aucune émission. En plus de cela, l'investissement concernera des bâtiments à émissions nettes de zéro gaz à effets de serre, et des projets d'énergie solaire et éolienne.

L'énergie au Canada

Grâce à sa richesse de paysages et de ressources, le Canada dispose de nombreuses sources d'énergie, au point d'être le sixième plus gros producteur d'énergie au monde, mais le quatrième quand il s'agit des sources renouvelables. Chose rare et appréciable : la majorité (67 %) de sa consommation d'électricité vient de sources renouvelables, grâce à un impressionnant parc hydraulique. Le Canada est ainsi le deuxième plus grand producteur d'hydroélectricité au monde. Toutefois, cette source d'énergie dépend du réseau fluvial de chacun, si bien que les provinces sont assez inégales dans leur production, avec le Québec largement en tête.

La ville la plus verte au monde ?

Après son élection en tant que maire de Vancouver en 2008, Gregor Robertson a fait une promesse : d'ici 2020, sa ville sera la plus verte au monde ! Dix ans plus tard, la ville n'a atteint que 8 de ses 18 objectifs... et ne s'est pas classée ville la plus verte au monde. Pour autant, le programme est loin d'être un échec, puisque même sans avoir franchi la ligne d'arrivée, les progrès réalisés sont significatifs. Ainsi, les bâtiments récemment construits sont maintenant 50 % moins gourmands en énergie que ceux déjà présents. Les pistes cyclables ont quant à elles été significativement allongées, passant de près de 1 800 km à près de 4 700 km à la fin du projet. Résultat : en faisant passer les trajets à pied, à vélo ou en transports en commun de 40 à 54 %, la ville a atteint son objectif de moitié des trajets réalisés sans voiture. Quant à l'objectif de réduire de 20 % la distance moyenne parcourue en voiture par les Vancouvérois, il a été largement dépassé, avec une réduction de 37 % !

D'autres résultats sont moins impressionnants, mais méritent tout de même d'être soulignés, comme la baisse de 9 % des émissions de gaz à effet de serre, pour un objectif de 30 %.

Une biodiversité riche et menacée

Le long de ses près de 10 millions de km², le Canada regorge d'une biodiversité extrêmement riche et de très nombreux biomes. Pourtant, cette biodiversité subit de nombreuses menaces, à commencer par la destruction des environnements. Avec 1 million de kilomètres carrés de forêt intacte, c'est-à-dire ni morcelée ni dégradée, rasés entre 2000 et 2013, le Canada est même le pays ayant le plus haut taux de déforestation de forêt intacte. Toutefois, il faut remettre dans son contexte ce chiffre largement dû à la superficie du deuxième plus grand pays du monde. En effet, à l'échelle nationale, le Canada a perdu 7,8 % de sa forêt intacte dans la même période, un chiffre en dessous de la moyenne mondiale.

Malgré tout, cette destruction des habitats, couplée à l'utilisation de pesticides, à l'introduction d'espèces exotiques envahissantes, à la surpêche, la chasse et la pollution cause une hécatombe parmi la vie sauvage. Depuis 2003, le nombre d'espèces en danger de disparition que compte le pays est ainsi passé de 233 à 800.

Centrale hydroélectrique au Québec.

© RUSS HEINL - SHUTTERSTOCK.COM

Wood Buffalo National Park.

Une chaleur dangereuse

Comme beaucoup de pays dans le monde, le Canada connaît des épisodes de fortes chaleurs de plus en plus longs et intenses. En 2021, une canicule historique s'est abattue sur tout le pays, et en particulier l'ouest, avec un nouveau record de température national : 49,6 °C enregistrés en Colombie-Britannique. Ces températures affolantes auront déclenché plusieurs centaines d'incendies, particulièrement dans cet État.

Si les études ont aussitôt prouvé le lien de la canicule avec le réchauffement climatique, c'est loin d'être la seule conséquence. En effet, le Canada, en raison de sa position au nord du globe, est particulièrement touché, et se réchauffe deux fois plus rapidement qu'ailleurs. Ainsi, les glaciers, nombreux dans le nord du pays, fondent à une vitesse impressionnante. Ils se liquéfient même sept fois plus vite qu'il y a vingt ans, selon une étude de 2022 de l'Université du Nord de la Colombie-Britannique (UNBC). Cela laisse craindre le pire pour le permafrost de la vallée du Mackenzie, qui se réchauffe de 0,2 °C par an depuis 1980.

Les parcs nationaux

Avec 42 parcs nationaux, le Canada a une longue tradition d'aires protégées : la première remonte en effet à 1885 ! Il s'agit du **Banff National Park** (p.235), situé dans les Rocheuses. Remarquable par ses reliefs ponctués de lacs de montagne, il est d'une haute importance écologique, puisqu'il abrite plusieurs glaciers, des forêts de conifères, et des animaux fascinants, tels que le wapiti (*Cervus canadensis*) ou la marmotte des Rocheuses (*Marmota caligata*).

Si Banff est le parc le plus visité du pays, ce n'est toutefois pas le plus grand. Ce record est détenu par **Wood Buffalo National Park** (p.593) et ses 45 000 km² de superficie : plus que la Suisse ! Comme son nom le suggère, il a été créé en 1922 pour protéger le bison d'Amérique (*Bison bison*), dont il abrite aujourd'hui le plus grand troupeau sauvage. Plus de la moitié des bisons canadiens sont atteints de la tuberculose et de la brucellose bovine : deux maladies transmises par les bœufs venus d'Europe. Leur population est donc fragile et il est d'autant plus essentiel de les protéger. Enfin, le parc est également l'un des deux seuls sites de nidification de la grue blanche (*Grus americana*), le plus grand oiseau d'Amérique du Nord, qui est menacé d'extinction.

Le parc national de la Mauricie, au Québec, est principalement recouvert de forêt. Parmi les 440 espèces de plantes vasculaires qui s'y épanouissent, on compte 70 espèces rares. La forêt abrite également des espèces animales menacées, comme la petite chauve-souris brune (*Myotis lucifugus*), en danger d'extinction.

Aux parcs nationaux s'ajoutent quatre aires de protection marines, dont l'importance est capitale. En effet, la faune et la flore marines canadiennes sont tout particulièrement vulnérables, et leur protection est essentielle. La zone de protection marine de Tuvaijuittuq, annoncée en 2019, est la dernière en date, bien qu'elle attende encore un cadre juridique définitif. Elle couvre 320 000 km², ce qui en fait de loin la plus grande aire marine canadienne. Cette aire protégée a notamment pour but d'étudier la banquise épaisse de l'extrême Arctique et sa réaction face au réchauffement climatique. La réglementation protège strictement la vie sauvage du parc, comme les ours polaires (*Ursus maritimus*), les morses (*Odobenus rosmarus*) et les phoques barbus (*Erignathus barbatus*). Les peuples inuits bénéficient toutefois d'une exception et peuvent donc, selon l'accord signé, « collecter la vie sauvage ».

TOP 10

PARCS NATIONAUX

Les 42 parcs nationaux que compte le Canada sont autant de gardiens de sa biodiversité. Le long de ses près de 10 millions de km² de superficie, ils abritent des paysages extrêmement variés, mais toujours très sauvages : forêts, banquises, hautes montagnes, glaciers, grands lacs, chutes d'eau, prairies…

GROS-MORNE (TERRE-NEUVE-ET-LABRADOR)

Villages de pêcheurs et fjords donnent à ce parc une allure singulière, qui lui a valu d'être classé à l'Unesco.

© FEDEVPHOTO - ISTOCKPHOTO.COM

BANFF (ALBERTA)

Le parc le plus fréquenté du pays abrite des paysages indomptables de forêts, lacs turquoise...

© LUBOMIR CHUDOBA - SHUTTERSTOCK.COM

JASPER (ALBERTA)

Une alternative à Banff plus tranquille, et surtout plus sauvage encore. C'est aussi le plus grand parc des Rocheuses.

© DELPIXART - ISTOCKPHOTO.COM

BIC (QUÉBEC)

Champs de glace et grizzlis entourent le mont Logan, sommet le plus élevé du Canada, haut de 5 659 m.

© KIEV.VICTOR - ISTOCKPHOTO.COM

PACIFIC RIM (COLOMBIE-BRITANNIQUE)

Ce parc littoral accueille aussi bien des baleines à observer depuis ses somptueuses plages que des ours noirs.

© DANITA DELIMONT - SHUTTERSTOCK.COM

PÉNINSULE-BRUCE (ONTARIO)

Les falaises se jetant dans les eaux cristallines du lac Huron offrent des randonnées panoramiques spectaculaires.

© JUN ZHANG - ISTOCKPHOTO.COM

WRITING-ON-STONE (ALBERTA)

Des colonnes de pierre, appelées hoodoo, ornées de gravures rupestres forment des paysages lunaires.

© RONNIECHUA - ISTOCKPHOTO.COM

YOHO (COLOMBIE-BRITANNIQUE)

Les Rocheuses presque sans foule, pour y observer en toute tranquillité mouflons, élans et wapitis.

© MARCIN SZYMCZAK - ISTOCKPHOTO.COM

MILLE-ÎLES (ONTARIO)

Précisément 1 865 îles ponctuent le fleuve Saint-Laurent, offrant un paysage unique au monde.

© LESPALENIK - SHUTTERSTOCK.COM

WOOD BUFFALO (ALBERTA)

Le plus grand parc national canadien abrite un géant : le bison d'Amérique, qui forme ici son plus grand troupeau.

© NORIKKO - SHUTTERSTOCK.COM

HISTOIRE

Le peuplement du continent nord-américain s'est effectué il y a plus de 12 000 ans, à la fin de la période glaciaire, par des peuplades de chasseurs venues de Sibérie. Par vagues successives, elles franchirent le détroit de Béring, alors gelé, à la poursuite de gibier. Elles se dispersèrent ensuite sur l'ensemble du continent, développant des modes de vie spécifiques adaptés à leur milieu : ce sont ces indigènes que les premiers Européens, croyant être parvenus aux Indes, baptisèrent Indiens. Puis vinrent les Vikings qui visitèrent la Terre de Baffin et la côte du Labrador, avant de s'installer sur la côte nord-ouest de Terre-Neuve pour quelques temps. Ensuite le continent retomba dans l'oubli, et il faudra attendre le XVe siècle et les progrès de la navigation pour que les Européens se lancent à la conquête des océans, à la recherche d'une nouvelle route vers les Indes. Ainsi, en 1534, accosta à Gaspé un certain Jacques Cartier...

35 000 AV. J.-C.

Arrivée des premiers Asiatiques en Amérique à travers le détroit de Béring, alors un isthme.

12 000 AV. J.-C.

Les Inuit arrivent de la Sibérie et occupent l'Arctique canadien.

1 000 AP. J.-C.

Le Viking Leif Eriksson est l'un des premiers Européens à explorer la côte est du continent, notamment les régions qui composent aujourd'hui les provinces de l'Atlantique et l'Arctique canadien.

1497

Envoyé par le roi d'Angleterre Henri VII, Jean Cabot s'embarque pour trouver la route des Indes. Il fait trois voyages, dont celui de 1497 qui le mène à longer les côtes du Labrador et de l'île de Terre-Neuve et à y découvrir d'importants bancs de morue.

1534 - FIN DU XVIe SIÈCLE

Le 24 juillet 1534, le Malouin Jacques Cartier quitte Saint-Malo avec trois bateaux : la *Grande Hermine*, la *Petite Hermine* et *l'Émerillon*. Il débarque à Gaspé, explore le golfe du Saint-Laurent, remonte le fleuve jusqu'à Hochelaga (Montréal) après s'être arrêté au village de Stadaconé (Québec), entre en contact avec les Iroquois, au cours de trois expéditions qui s'échelonnent jusqu'en 1542, et prend possession de tous ces territoires au nom du roi de France, François 1er. C'est lui qui donne son nom au Canada (de *Kanata*, signifiant « village »). Mais il est vite déçu par cette terre qu'il juge inhospitalière, glacée et dénuée d'intérêt. La France délaissera donc le Canada jusqu'à la fin du XVIe siècle.

1592-1774 Alors que les premiers navigateurs européens posent pied à terre à l'est du continent depuis quelques temps, plusieurs nations autochtones peuplent déjà l'ouest du Canada. Les Haïdas et les Nootkas occupent le littoral Pacifique, les Blackfoots, les Cris et les Athabascans vivent dans les grandes prairies jusqu'au pied des montagnes Rocheuses, et les Inuit sont un peuple nomade de l'Arctique.

Les premiers conquistadors espagnols débarquent dans le Nootka Sound sur l'île de Vancouver engageant un commerce épisodique avec les Autochtones, fins chasseurs de baleines et de phoques.

1599 À défaut d'épices, les Européens découvrent une autre richesse, celle des fourrures. La France décide alors de créer un vaste réseau de postes de traite (lieux de commerce avec les Amérindiens) sur les rives du Saint-Laurent. En 1599, le premier comptoir de commerce provisoire, dit tabagie, est installé à Tadoussac. Le commerce des fourrures restera, durant tout le XVIIe siècle, la principale activité économique de la colonie.

DÉBUT DU XVIIE SIÈCLE Fondation de Port-Royal en Acadie (aujourd'hui Annapolis Royal en Nouvelle-Écosse). L'Acadie devient la première colonie française.

Pour organiser le commerce français des peaux, Samuel de Champlain accoste, le 3 juillet 1608, sur la rive nord du Saint-Laurent et fonde le premier poste de traite permanent, à *Kebek*, mot algonquin signifiant « endroit où le fleuve se rétrécit ». Un lent processus de colonisation commence alors.

Les premiers explorateurs européens s'aventurent dans l'actuelle Ontario : Henry Hudson explore la côte de la baie James, alors qu'Etienne Brûlé et Samuel de Champlain voyagent le long de la rivière des Outaouais jusqu'au centre de l'Ontario. Brûlé, considéré comme le premier Européen franco-ontarien, vivra d'ailleurs parmi les Amérindiens jusqu'à sa mort.

1567-1635

Samuel de Champlain

Né à Brouage, en Saintonge, cet explorateur et colonisateur est envoyé par Louis XIII, en 1603, en mission de reconnaissance au Canada où il explore le Saint-Laurent jusqu'aux rapides de Lachine. Lors d'un second voyage, il explore la côte Atlantique du Canada (1604-1607), avant d'établir une colonie française à Québec en 1608, s'alliant aux Algonquins et aux Hurons contre les Iroquois. Durant son séjour au Canada, il explore une partie des Grands Lacs (lacs Nipissing, Huron, Ontario et Champlain) en 1615-1616 mais se consacre surtout à l'organisation de la colonie dont il est nommé lieutenant-gouverneur par le duc de Montmorency en 1619.

CHAMPLAIN.

1621 Pour favoriser la colonisation, Richelieu fonde la Compagnie de la Nouvelle-France, ou des Cent-Associés, qui détient le monopole du commerce des fourrures. Pendant ce temps, les Anglais tentent de coloniser Terre-Neuve et la Nouvelle-Écosse.

1629-1632 Les Anglais veulent ravir la nouvelle colonie des Amériques à la France. On assiste alors à la première conquête, menée par les frères Kirk. Ils occupent tout d'abord Tadoussac avant de mettre le siège devant Québec, poussant Champlain à capituler et à quitter la colonie. Ils occuperont Québec pendant trois ans jusqu'à la signature du traité de Saint-Germain-en-Laye entre les rois de France et d'Angleterre, qui rend la terre à la Couronne française.

1648-1660 Les différentes tribus amérindiennes s'allient aux Européens dans le commerce des fourrures, entraînant ainsi une série d'attaques entre ces différentes nations qui cherchent à profiter de cette lucrative activité commerciale. S'en suivra le déclin du commerce des fourrures et celui de la jeune colonie française.

1654-1667 Les Anglais occupent l'Acadie (Nouvelle-Écosse) qu'ils considèrent comme une possession illégitime des Français. Elle sera restituée à la France en échange d'îles dans les Antilles suite au traité de Bréda.
En 1663, sur décision de Louis XIV, la Neuve France, ou Nouvelle-France, devient province française rattachée au domaine royal.

1670 Fondation de la Compagnie de la Baie d'Hudson qui devient une importante rivale des trappeurs de la Nouvelle-France. Créée dans le but d'explorer l'intérieur du continent via la baie d'Hudson, la compagnie obtient également le droit exclusif de traiter dans l'immense Terre de Rupert, représentant alors un tiers du Canada actuel. La Compagnie de la Baie d'Hudson existe toujours, connue sous le nom La Baie / The Bay.

1672-1698 Motivés par la curiosité scientifique, les préoccupations commerciales et l'évangélisation, les Français explorent le cœur du continent.

1701 Le 4 août, le traité de la Grande Paix de Montréal est signé par Louis-Hector de Callière et 39 nations amérindiennes afin de mettre un terme aux guerres intermittentes du XVIIe siècle et d'améliorer les relations franco-amérindiennes.

1713 Les conflits franco-britanniques en Europe ont des répercussions sur les colonies : le traité d'Utrecht, qui met fin à la guerre de Succession d'Espagne, permet aux Britanniques d'annexer les territoires de la baie d'Hudson, de Terre-Neuve et de l'Acadie rebaptisée Nouvelle-Écosse.
La guerre franco-britannique de 1741-1748 se terminera avec le traité d'Aix-la-Chapelle qui permettra le rétablissement du statu quo.

1755-1763 En 1755, le colonel britannique Sir Charles Lawrence ordonne la déportation des Acadiens, agriculteurs venus du Poitou, de Touraine et du Berry, implantés depuis 1604 autour de la baie de Fundy (Nouvelle-Écosse actuelle). À leur place, il a pour projet d'installer des fermiers anglais : le Grand Dérangement, qui a lieu de 1755 à 1763, touchera plus de 10 000 Acadiens. Beaucoup d'entre eux s'enfuiront en Louisiane et se disperseront un peu partout.

1759-1760 Les Français, conduits par le général Montcalm, sont défaits devant Québec par les Britanniques du général Wolfe, à la bataille des plaines d'Abraham (1759), ce qui entraînera la reddition de la ville de Québec puis, en 1760, la capitulation de Montréal. La Nouvelle-France ne compte alors que 80 000 habitants de souche française, tandis que les Britanniques, au nombre de deux millions, n'ont qu'une idée : chasser les Français.

1763 Le traité de Paris cède la Nouvelle-France à la Grande-Bretagne. La France a définitivement perdu ses possessions canadiennes, sauf l'archipel de Saint-Pierre-et-Miquelon.

1783 La Grande-Bretagne reconnaît l'indépendance des États-Unis, ses anciennes colonies américaines. Les premiers loyalistes américains, restés fidèles à la Couronne britannique, arrivent au Canada.

1791 L'Acte constitutionnel instituant un gouvernement représentatif partage le pays en deux provinces : le Haut-Canada anglophone (Ontario) et le Bas-Canada francophone (Québec).

1792 Le capitaine George Vancouver débarque à bord du *HMS Discovery* en lieu et place de la future ville qui portera son nom, missionné par la Couronne d'Angleterre.

1757-1798

George Vancouver

Grand navigateur britannique, il est reconnu pour son exploration de la côte Pacifique, de l'Alaska à l'État de l'Oregon en passant par la Colombie-Britannique. Il a notamment cherché à prouver l'existence d'un corridor maritime le long de la côte nord de l'Amérique du Nord, le fameux passage du Nord-Ouest. La ville de Vancouver ainsi que l'île de Vancouver portent son nom.

1793 Alexander Mackenzie traverse pour la première fois par voie terrestre le territoire jusqu'au Pacifique.

La découverte de ces terres riches en fourrures de castors attire l'intérêt des populations de l'est du pays. S'ensuit alors une lente mais considérable colonisation du territoire. Les villages puis les villes se multiplient en Alberta, poussant les Amérindiens dans leurs retranchements. Les pionniers échangent fusils, munitions, outils mais aussi alcools en échange de leurs terres et de leurs peaux. Bien vite, une chasse excessive des bisons va les conduire à la pauvreté et à l'exclusion à l'intérieur de réserves.

1808 Le premier explorateur atteignant la région de la future Vancouver par l'est sera Simon Fraser, un riche négociant en fourrures. Cependant, sa visite est elle aussi de courte durée, car ne parvenant pas à conclure d'accords commerciaux avec les nations côtières, il se repliera plus à l'est.

1812-1815 La guerre anglo-américaine éclate et se conclura par la signature du traité de paix à Gand qui rétablira le statu quo.

DU XVIE AU XXE SIÈCLE Des pêcheurs français (normands, basques, bretons), mais aussi basques espagnols, portugais et anglais partent chaque année du continent européen afin d'aller pêcher la morue au large de Terre-Neuve. Surnommés Terre-Neuvas, ils partent en campagne de pêche pendant plusieurs mois. Entre 1820 et 1840, ils sont plus de 10 000 à faire la traversée pour cette grande aventure. Les Terre-Neuvas sont également à l'origine de la colonisation et du développement de l'archipel de Saint-Pierre-et-Miquelon, toujours rattaché à la France. Mais la surpêche permise par l'utilisation des chaluts a eu raison d'eux, raréfiant les stocks de morue au XXe siècle. Le moratoire sur la morue imposé par le Canada en juin 1992, pour cause de quasi-disparition de la ressource, priva des milliers de personnes de leur gagne-pain dans l'est du pays.

1827 Établissement du comptoir de commerce de Fort Langley par la Compagnie de la Baie d'Hudson, première installation permanente d'Européens sur le site de Vancouver.

1837-1838 Des rébellions contre la Couronne britannique éclatent dans le Haut et le Bas-Canada. La situation politique est également au cœur du sujet, notamment dans le Bas-Canada où le soulèvement est bien plus violent. Le tout se solde par un échec.

1840 Les premiers marchands de fourrure établissent des postes de traite le long de la rivière Yukon.

1841 Suite à la suspension de la Constitution de 1791, le gouverneur général britannique Lord Durham propose l'union du Bas et du Haut-Canada, connue sous le nom d'Acte d'Union, créant le Canada-Uni.

1858 L'exploration en profondeur des Rocheuses et du Nord mène à la découverte de ressources naturelles bien plus lucratives que le commerce de fourrures, alors en pleine perte de croissance due à la disparition progressive des castors. Après les premières découvertes d'or au Colorado et en Californie (États-Unis), les prospecteurs s'intéressent à des gisements révélés dans le nord de la Colombie-Britannique dans le lit d'un affluent de la rivière Fraser. C'est la première véritable ruée vers l'or que connaît la Colombie-Britannique, appelée Fraser Canyon Gold Rush, amenant au moins 30 000 chercheurs d'or.

L'équilibre qui existait entre les marchands de fourrures de la Compagnie de la Baie d'Hudson et les nations amérindiennes est rompu et plusieurs conflits éclatent (comme la Fraser Canyon War) entre les Amérindiens et les mineurs venus d'Amérique, où les relations avec les Autochtones sont houleuses.

1861-1865 Une deuxième ruée va débuter dans le nord de la province et durera trois ans. C'est la plus célèbre de Colombie-Britannique. Elle attire de nombreux prospecteurs dans la chaîne de montagnes Cariboo après qu'un filon d'or a été découvert dans la rivière Horsefly. En 1863, Lillooet devient la deuxième plus grande ville de l'ouest du continent après San Francisco. Cette Cariboo Gold Rush engendre la construction de la Cariboo Road (ou Cariboo Wagon Road), un important projet routier permettant de désenclaver la région et ses gisements d'or.

1867 L'Acte de l'Amérique du Nord britannique crée la Confédération canadienne qui regroupe les provinces de l'Ontario, du Québec, du Nouveau-Brunswick et de la Nouvelle-Écosse et, par la suite, le Manitoba et les Territoires du Nord-Ouest (1870), la Colombie-Britannique (1871), l'Île-du-Prince-Édouard (1873), le Yukon (1898), la Saskatchewan et l'Alberta (1905), Terre-Neuve-et-Labrador (1949) et, enfin, le Nunavut (1999). Le nouvel État, aussi appelé Dominion du Canada, obtient la totale maîtrise de ses affaires étrangères, mais la Couronne britannique reste toutefois représentée.

1873-1875 Dans les nouvelles villes de l'ouest du pays, des trafics d'alcool, en particulier de whisky américain, créent des conflits et des rixes. C'est pour tenter de ramener l'ordre que la Police à cheval du Nord-Ouest est instaurée ainsi que plusieurs de ses forts dans le sud de l'Alberta. Fort McLeod, en Alberta, devient l'un des premiers postes permanents de cette police, en 1875. Son but premier : veiller au respect des nouveaux arrivants envers les Amérindiens des Prairies et assurer l'ordre au sein du territoire, notamment durant la construction du chemin de fer mais aussi pendant la ruée vers l'or du Yukon dans les années à venir.

1876 La *Loi sur les Indiens*, qui ne concerne que les Premières Nations, est introduite par le gouvernement fédéral et vise à éradiquer la culture des Amérindiens et à promouvoir leur assimilation dans la société euro-canadienne. C'est cette même loi, malheureusement encore en vigueur de nos jours, qui régit les réserves dans lesquelles ils vivent partout au pays.

1885 Résistance des Métis sous la direction de Louis Riel, chef métis, également appelée Rébellion du Nord-Ouest. Louis Riel est accusé de haute trahison et pendu à Regina en 1885. Création du parc national Banff, le plus ancien du Canada.

1844-1885

Louis Riel

Métis francophone et considéré comme le « père du Manitoba », il incite les siens à se révolter contre l'hégémonie anglophone, notamment en s'emparant de Fort Garry en 1869, principal établissement de la Compagnie de la Baie d'Hudson. Cet acte de résistance vaut aux Métis l'obtention d'un statut particulier, consigné dans le Manitoba Act en 1870. Leur langue est alors reconnue au même titre que l'anglais. Mais Louis Riel, accusé du meurtre de Scott, leader des Sang-Mêlés ontariens (anglophones), est condamné à un exil de cinq ans. Au début des années 1880, il revient au Canada pour prendre la tête de la rébellion. Le 19 mars 1885, il s'empare de l'église de Batoche et forme un gouvernement provisoire. Mais, contrairement à 1869, le gouvernement fédéral réplique. Mis en échec, accusé de trahison et condamné à mort, il sera pendu le 16 novembre 1885 à Regina.

DÉCOUVRIR

1887

La construction du premier chemin de fer transcontinental, le Canadian Pacific Railway, déclenche un immense mouvement d'immigration vers l'Ouest. Elle a joué un rôle essentiel dans le désenclavement de la Colombie-Britannique, séparée du reste du pays par les montagnes Rocheuses.

1896-1899

George Carmack découvre la première pépite d'or près de Dawson Creek. La grande dernière ruée vers l'or bat son plein, celle du Klondike au Yukon. Cette ruée vers l'or désenclave le territoire du Yukon et développe les villes comme Vancouver et Edmonton dans lesquelles beaucoup de prospecteurs s'arrêteront exténués et démotivés de leur périple. La ruée est tellement importante - plus de 100 000 prospecteurs - qu'un chemin de fer est même construit en 1898, le White Pass and Yukon Route Railway, reliant Skagway (Alaska) à Bennett (Yukon) et classé au patrimoine du génie civil.

Klondike Gold Rush.

1914-1920

Le début du XXe siècle marque un tournant majeur dans l'économie de l'Ouest. En Alberta, on découvre du gaz à Medecine Hat ainsi que du pétrole à Turner Valley. C'est le début de l'exploitation des ressources naturelles de l'Alberta et de l'enrichissement de la province tout au long du siècle.

Pendant la Première Guerre mondiale, le Canada se range sans hésitation aux côtés du Royaume-Uni. La signature du traité de Versailles, le 28 juin 1919, par des délégués du dominion, donne au Canada le statut d'État souverain. Dans les années d'après-guerre, le Canada attire un million d'immigrants. La culture du blé devient une des principales sources de richesse, tandis que l'industrie se développe rapidement.

1919

Du 15 mai au 25 juin a lieu la grève générale de Winnipeg. C'est la plus importante de l'histoire canadienne alors que 30 000 travailleurs de tous horizons manifestent pour de meilleures conditions, paralysant ainsi la ville.

1926-1930

Avec la Conférence impériale, le Canada rompt ses liens de subordination avec la Grande-Bretagne. Puis le statut de Westminster abolissant les derniers liens coloniaux confère au Canada sa pleine et entière souveraineté, mais des limites demeurent. Par exemple, le droit d'amender la Constitution demeure l'exclusivité du Parlement britannique jusqu'en 1982.

1939

Huit jours après la Grande-Bretagne, le Canada déclare la guerre à l'Allemagne. La participation à l'effort allié est considérable.

1942 Début de la construction de l'Alaska Highway, des centaines de travailleurs arrivent au Yukon. Véritable exploit civil, sa construction n'est pas simple dû au froid, rivières, marécages et autres conditions naturelles. Elle sera en effet complétée près de 20 ans plus tard et deviendra un lien économique d'importance pour le commerce et le transport des ressources entre l'Alaska, le nord du pays et les États américains frontaliers de la Colombie-Britannique.

1945 Le Canada est membre fondateur de l'Organisation des Nations Unies (ONU). Le pays se dote également d'une loi de la citoyenneté canadienne, les habitants étant toujours des citoyens britanniques.

1947-1960 Découverte de l'un des plus importants champs pétrolifères du Canada, à Leduc. Le boom pétrolier qui suivra dans les années 1960 donnera un véritable poids économique et décisionnel à l'Alberta. Face à la perte de vitesse de l'Ontario et du Québec, la province devient un modèle socio-économique avec de hauts revenus et le quasi plein-emploi pendant plusieurs années.

1949 Le Canada signe le pacte de l'Atlantique du Nord.
Ayant contribué au dénouement de la crise de Suez, le ministre des Affaires étrangères, L. B. Pearson, reçoit le prix Nobel de la paix.

ANNÉES 1960 Début de la Révolution tranquille au Québec : le gouvernement provincial prend d'importantes mesures économiques, sociales et culturelles.Les Autochtones obtiennent enfin le droit de vote aux élections fédérales.En 1964, le drapeau national est choisi et la même année, l'exploitation des sables bitumineux de l'Athabasca débute à Fort McMurray en Alberta. En 1967, le général de Gaulle, alors en visite officielle au Québec, prononce lefameux « Vive le Québec libre ! » à la fin de son discours à Montréal, ce qui déclenche une crise politique entre le Canada et la France. Par contre, cela a aussi pour effet de faire connaître le Québec et sa situation politique aux quatre coins du globe, d'autant plus que l'Exposition universelle se déroule à Montréal du 28 avril au 29 octobre.

1970 Fondé au début des années 1960, le Front de libération du Québec - ou FLQ - est un mouvement clandestin œuvrant pour l'indépendance du Québec, souvent de manière violente. Il commet plusieurs actes terroristes dès 1963 et procède même à des enlèvements en octobre 1970 : le commissaire commercial britannique James Richard Cross, libéré deux mois plus tard, et le vice-premier ministre et ministre du Travail québécois Pierre Laporte, retrouvé mort une semaine après son enlèvement. Ces événements sont connus sous le nom de « crise d'Octobre ».

1976 Montréal est l'hôte des Jeux de la XXIe olympiade de l'ère moderne, du 17 juillet au 1er août.

1980 Premier référendum sur la souveraineté du Québec, organisé à l'initiative du gouvernement péquiste. Le résultat se solde par un échec : 59,56 % votent non. Un deuxième référendum est organisé en 1995 et subit le même sort, alors que le « non » l'emporte par quelques dizaines de milliers de voix seulement.

1982 Le rapatriement de la Constitution (*Loi constitutionnelle de 1982*), qui donne enfin le droit au Canada de modifier ses textes fondamentaux sans l'aval de Westminster, marque l'indépendance totale (y est ajoutée la Charte canadienne des droits et libertés). Ayant été écarté des négociations, le Québec n'a jamais approuvé officiellement la Constitution.

DÉCOUVRIR

1986 Vancouver est l'hôte de l'Exposition universelle.

1987-1990 Échec de l'accord du lac Meech : les provinces canadiennes refusant l'attribution d'un statut distinct pour le Québec, ce dernier maintient son refus d'adhérer à la Constitution de 1982.

1988 Le Canada est admis dans le G7 et Calgary accueille les premiers Jeux olympiques d'hiver du pays.

1994 Entrée en vigueur de l'ALENA : accord de libre-échange entre le Canada, les États-Unis et le Mexique. Il fut renégocié puis renommé ACEUM en 2020.

2005 Le gouvernement fédéral légifère sur le mariage des couples de même sexe avec la *Loi sur le mariage civil*.

2010 Vancouver accueille les Jeux olympiques d'hiver.

2012 Le Québec vit une véritable crise sociale qui a débuté avec la grève étudiante contre la hausse faramineuse des frais de scolarité. On la surnomme le « Printemps érable ». Les images des manifestations feront le tour du monde pendant plusieurs mois.

2018 Le 17 octobre, le Canada devient le deuxième pays au monde à légaliser et réglementer l'usage récréatif du cannabis.

2020 En début d'année, le réseau ferroviaire canadien est paralysé par nombreux blocages de manifestants autochtones en soutient à la communauté Wet'suwet'en qui conteste le passage d'un gazoduc sur son territoire ancestral en Colombie-Britannique.

2021 Les restes de centaines d'enfants sont retrouvés sur les sites d'anciens pensionnats autochtones. Le pays est sous le choc et les recherches s'activent d'un océan à l'autre afin de trouver les corps d'écoliers autochtones.

2022 À la fin janvier, Ottawa, la capitale canadienne, est assiégée pendant près d'un mois par le Convoi de la liberté, un mouvement de protestation contre les mesures sanitaires, notamment l'obligation vaccinale aux frontières pour les camionneurs. Les sièges s'étendront à plusieurs provinces, le mouvement trouvant écho presque partout au pays, et même à l'international.
Du 24 au 29 juillet, le pape François se rend au Canada dans le cadre d'une réconciliation entre l'Église catholique et les peuples autochtones. Il se rend en Alberta, au Québec et au Nunavut.
À la fin septembre, la tempête Fiona frappe de plein fouet le Québec maritime et les provinces de l'Atlantique. Les dégâts sont considérables mais heureusement, seulement deux décès sont à déplorer.

PROTESTATIONS
QUELQUES MOUVEMENTS MARQUANTS

Le gouvernement canadien n'a pas fait que des heureux au fil des siècles, d'où la naissance de mouvements de contestation politique dans le but d'améliorer le sort des habitants du pays. Petit survol de trois mouvements qui ont marqué l'histoire du Canada.

Droit de vote des femmes

C'est vers la fin du XIXe siècle que les Canadiennes commencent à militer pour l'extension du droit de vote aux femmes, lequel est offert uniquement aux hommes blancs qui sont d'ailleurs les seuls à bénéficier de la pleine citoyenneté. Menées par le mouvement des suffragettes et appuyées par des abolitionnistes noires, des syndicalistes, des socialistes et même des militantes du mouvement pour la tempérance, elles ont gain de cause en 1917 alors que les autorités fédérales accordent enfin le droit de vote à certaines femmes, puis à la grande majorité un an plus tard. Au niveau des élections provinciales, le Manitoba fait office de précurseur en 1916 alors que le Québec sera la dernière province à accorder le droit de vote aux femmes.

Il faut ici noter qu'aux termes de la *Loi de 1867 sur l'Amérique du Nord britannique*, il fut convenu que seul un homme était considéré comme une personne. Qu'à cela ne tienne, cinq femmes, mieux connues sous le nom des Célèbres cinq, se lancent dans une contestation judiciaire auprès de la Cour suprême du Canada en 1927, laquelle tranchera que les femmes sont exclues du mot « personne » dans le fameux article 24 de la loi. C'est finalement le Comité judiciaire du conseil privé britannique à Londres - le plus haut tribunal d'appel du Canada à cette époque - qui leur donnera raison le 18 octobre 1929, statuant que « l'exclusion des femmes de toute charge publique est un vestige d'une époque plus barbare ».

Souveraineté du Québec

Si le mouvement souverainiste remonte pratiquement aussi loin que la colonisation française, c'est réellement à partir des années 1960 qu'il occupe le cœur des débats. Les partisans du fédéralisme représentés par Pierre Elliott Trudeau, Premier ministre du Canada de 1968 à 1979 et de 1980 à 1984, s'opposent aux partisans de la souveraineté conduits par René Lévesque, chef du Parti québécois (fondé en 1968) et Premier ministre du Québec de 1976 à 1985. Mais le référendum de 1980 sur l'indépendance du Québec est un échec, la majorité des Québécois s'étant prononcée contre la séparation. Les tensions entre la province du Québec et le gouvernement fédéral vont encore s'aggraver avec le refus du Québec de signer la Constitution canadienne de 1982. Entre 1987 et 1990, l'accord du lac Meech qui prévoit, pour le Québec, un statut spécial de société distincte n'aboutira pas, en raison de l'opposition du Manitoba et de Terre-Neuve. Le second référendum de 1995 sur la souveraineté du Québec, qui se solde par un « non » à une très courte majorité, est un nouvel échec pour les indépendantistes. En 1997, la déclaration de Calgary reconnaît toutefois « le caractère unique de la société québécoise au sein du Canada », mais pas le Québec en tant que société distincte. Elle fut signée par les premiers ministres et chefs de gouvernement des provinces et territoires du Canada, à l'exception, sans surprise, du Premier ministre du Québec de l'époque, Lucien Bouchard. Depuis le début des années 2000, la question de la souveraineté du Québec est en perte constante de vitesse. Mais alors que partout dans le monde l'immigration et la religion créent des divisions profondes dans la société, on assiste tranquillement à une nouvelle montée du nationalisme et le Québec n'y échappe pas.

Idle No More

Idle No More, qui se traduit en français par « Jamais plus l'inaction », désigne le mouvement de contestation des Premières Nations, Métis et Inuit du Canada déployé en réaction à l'adoption par l'ancien gouvernement Harper d'une loi omnibus, la fameuse loi C-45, sanctionnée par le Parlement canadien, qui entraînait, selon les manifestants, la violation des traités ancestraux.

Le mouvement a été lancé dans l'Ouest canadien en décembre 2012 et s'est répandu dans tout le pays depuis. Il s'implique également dans tout ce qui regarde les droits des peuples autochtones et la protection de la Terre Mère. Plusieurs organisations appuient ce mouvement dont Amnesty International Canada et Lawyers Rights Watch Canada.

Toujours actif, le mouvement s'est infiltré dans tous les champs : artistiques, littéraires et politiques. Même avec la naissance de mouvements communautaires et l'augmentation d'intervenants autochtones dans la sphère publique, le combat est pourtant loin d'être terminé. Pour en savoir plus : idlenomore.ca

TOP 10

PERSONNAGES HISTORIQUES

Plusieurs personnalités ont marqué l'histoire du pays, des premiers peuplements européens à l'ère contemporaine. Ainsi, explorateurs, alliés autochtones, rebelles et politiciens ont tous contribué à façonner le Canada d'aujourd'hui, toujours riche de ses racines autochtone, française et britannique.

RENÉ LÉVESQUE
Fondateur et chef du Parti québécois, on lui doit notamment le référendum sur la souveraineté de 1980.

KONDIARONK
Chef wendat, il joue un rôle fondamental auprès des artisans de la Grande Paix de Montréal de 1701.

ELIJAH HARPER
Politicien oji-cri du Manitoba célèbre pour son rôle menant à l'échec de l'accord du Lac Meech en 1990.

ÉTIENNE BRÛLÉ
Coureur des bois et aventurier, il vit parmi les Hurons et sert d'interprète et guide pour Champlain.

© REISEGRAF.CH - SHUTTERSTOCK.COM

GEORGE CARMACK
Prospecteur américain considéré comme le pionnier de la ruée vers l'or du Klondike qui débute en 1896 au Yukon.

ALBERT LACOMBE
Né en 1827 et membre de la congrégation des Oblats, c'est l'une des figures de proue des missions de l'Ouest.

KATERI TEKAKWHITA
Figure catholique canadienne, c'est la première Autochtone d'Amérique du Nord à être canonisée.

JOHN GRAVES SIMCOE
Il est le premier lieutenant-gouverneur du Haut-Canada ainsi que le fondateur de York (Toronto) en 1793.

© POWEROFFOREVER - ISTOCKPHOTO.COM

LOUIS-JOSEPH PAPINEAU
Un des principaux chefs de la Rébellion des Patriotes (1837-1838) et grand symbole du nationalisme québécois.

© POWEROFFOREVER - ISTOCKPHOTO.COM

ALEXANDER MACKENZIE
Découvreur et marchand de fourrures, c'est le premier Européen à traverser l'Amérique du Nord en 1792.

© POWEROFFOREVER - ISTOCKPHOTO.COM

LES ENJEUX ACTUELS

Mère nourricière pour les Premiers Peuples, terre convoitée par les colonisateurs européens, le Canada base encore de nos jours une partie de son économie sur ses abondantes richesses naturelles. Mais le pays jouit avant tout d'une économie diversifiée et relativement équilibrée, axée principalement sur les industries manufacturières et le secteur des services financiers et commerciaux. Il est également un terreau fertile dans les domaines de l'innovation et des nouvelles technologies, par exemple, ainsi qu'un lieu propice pour les entreprises en démarrage (*start-ups*).

Si le contexte socio-économique se porte plutôt bien au Canada, attirant quantité de visiteurs et de nouveaux arrivants, tout n'est pas au beau fixe. La pénurie de main-d'œuvre, la montée des mouvements populistes ou encore les tensions récurrentes entre les autorités et les Autochtones sont des sujets chauds au cœur des débats de société actuels.

L'économie canadienne en bref

Pays démesuré oblige, l'économie canadienne est fort diversifiée et reflète les particularités régionales d'un océan à l'autre.

Du côté des quatre provinces de l'Atlantique, la pêche et la transformation des poissons, mollusques et crustacés sont sans surprise des activités économiques majeures, et ce, malgré le moratoire sur la pêche de la morue qui mena à l'effondrement de cette industrie à Terre-Neuve-et-Labrador dans les années 1990. D'ailleurs cette province, qui fut longtemps moins développée que ses consœurs de l'Atlantique, a su tirer profit de l'exploitation de ses ressources minérales, hydroélectriques et hydrocarbures extracôtiers ces dernières années.

Le gouvernement fédéral a également mis sur pied une Stratégie de croissance pour l'Atlantique en 2016, laquelle vise entre autres l'industrie alimentaire, l'énergie propre et l'innovation, notamment en sciences biologiques, aquaculture et technologies océaniques.

Au Québec, c'est l'abondance des ressources naturelles qui fait la force de son économie. La province dispose de vastes forêts, d'industries extractives, de terres agricoles riches, d'innombrables plans d'eau et, surtout, d'un énorme potentiel hydroélectrique.

Le Québec bénéficie aussi de créneaux d'excellence comme les ressources, sciences et technologies marines dans le Bas-Saint-Laurent, l'AgroBoréal au Saguenay-Lac-Saint-Jean, les bio-industries environnementales en Estrie ou encore le tourisme de villégiature quatre saisons dans les Laurentides. Certaines régions ont aussi développé des compétences spécialisées dont la renommée dépasse les frontières de la province : l'extraction de minerais précieux en Abitibi ; les jeux vidéo, le multimédia, l'intelligence artificielle, l'aérospatiale et la production cinématographique à Montréal ; l'aluminium au Saguenay, etc. Il faut aussi noter que Montréal est la 2e métropole du Canada et le 2e centre économique du pays.

Province la plus peuplée du Canada, l'Ontario est le foyer économique du pays. C'est le plus grand pôle informatique d'Amérique du Nord après la Silicon Valley et c'est ici également que l'on retrouve les plus grands secteurs manufacturiers du continent. L'industrie automobile arrive bonne première, incluant le développement du transport intelligent grâce à la Supergrappe de la fabrication de pointe basée dans la province. L'Ontario héberge aussi bon nombre d'entreprises de technologies propres ainsi que la plus importante industrie des services financiers au pays, sans oublier la présence du gouvernement fédéral à Ottawa qui attire de nombreuses entreprises et organismes internationaux. Il y a bien entendu plusieurs autres secteurs clés, comme l'aérospatiale, l'automatisation industrielle et la robotique, l'exploitation forestière, les sciences de la vie (notamment les produits pharmaceutiques, les instruments médicaux et les biotechnologies), etc.

À l'ouest de l'Ontario, on ne pourrait passer sous silence l'exploitation des sables bitumineux en Alberta, particulièrement dans la région de Fort McMurray, ainsi que l'exploitation de l'uranium, de la potasse et de l'huile de schiste en Saskatchewan. Les grandes plaines intérieures, recouvrant une grande partie des provinces du Manitoba, de la Saskatchewan et de l'Alberta, représentent une des régions agricoles majeures dans le monde, notamment avec la culture du blé et l'élevage bovin.

Du côté de la Colombie-Britannique, en plus de ses nombreuses ressources naturelles (pêcheries, foresterie, etc.), la province profite d'un secteur immobilier solide, boosté par les riches investisseurs asiatiques. Sa métropole, Vancouver, est sans conteste une plaque tournante majeure pour le transport dans l'océan Pacifique et Calgary, plus grande ville de l'Alberta, est une autre place financière d'importance au pays.

Vient finalement le Nord canadien et ses trois territoires, lesquels sont hautement réputés pour l'exploitation minière (diamant, or, minerai de fer, etc.). Et avec la fonte annoncée de la banquise et de l'inlandsis, le Nord canadien se veut désormais un enjeu géostratégique majeur en ce qui concerne le passage maritime du Nord-Ouest - convoité par les États-Unis et l'Europe qui y voient un raccourci vers l'Asie orientale - et les immenses réserves d'hydrocarbures.

Les relations internationales

Depuis la fin du règne de Stephen Harper (Parti conservateur) et l'élection de Justin Trudeau (Parti libéral) en 2015, le Canada fait de nouveau bonne figure à l'international, même si tout n'est pas parfait. On se rappelle d'ailleurs la fameuse phrase lancée par Trudeau lors de la Conférence de Paris sur le climat (COP21) en 2015 : « *Canada is back, my friends !* » (Le Canada est de retour, chers amis !). On en profite pour souligner un retour à la normale dans les relations canado-américaines suite à l'élection du démocrate Joe Biden à la Maison-Blanche en 2020, un répit bien mérité après le séisme Trump.

Le Canada est bien présent sur la scène internationale et est membre de nombreuses organisations telles que le G7, le G20, l'OCDE, l'OMC, l'Organisation internationale de la Francophonie, l'ONU, l'OTAN ou encore l'UNESCO. À cela s'ajoutent des accords commerciaux avec, par exemple, une dizaine de pays de l'Asie-Pacifique (PTPGP), les États-Unis et le Mexique (ACEUM - anciennement ALÉNA) et l'UE (AECG), ainsi que des partenariats pour l'aide multilatérale comme la Banque africaine de développement, le Commonwealth, l'OMS et le Programme alimentaire mondial. Et la liste des accords et partenariats internationaux est encore longue (pour plus d'infos : international.gc.ca/world-monde).

À noter que le Québec possède son propre réseau de représentations diplomatiques à l'étranger avec plus d'une trentaine de représentations (délégation générale, délégation, bureau ou antenne) présentes dans 18 pays. Relevant du ministère des Relations Internationales et de la Francophonie, ce réseau touche les secteurs de l'économie, de l'éducation, de la culture, de l'immigration et des affaires publiques.

Une destination touristique au top

Le tourisme était au beau fixe au Canada... jusqu'à ce que la pandémie frappe de plein fouet le pays en mars 2020. Juste avant, l'année 2019 battait un 3e record d'affilé avec quelque 22,1 millions de visiteurs, soit un million de plus que l'année précédente. C'est d'ailleurs la première fois que le pays franchissait la barre des 22 millions. Il faut dire que la faiblesse du dollar canadien joue un rôle non-négligeable, incitant les Canadiens à passer leurs vacances

© POWEROFFOREVER - SHUTTERSTOCK.COM

Terres agricoles au Québec.

© ATTILIO PREGNOLATO - SHUTTERSTOCK.COM

Touriste dans les Rocheuses.

au pays et attirant du même coup les visiteurs internationaux pour qui le taux de change est plus qu'intéressant.

Destination Canada, l'organisme national de marketing touristique, visait particulièrement une dizaine de pays dans ses promotions, soit l'Allemagne, l'Australie, la Chine, la Corée du Sud, les États-Unis, la France, l'Inde, le Japon, le Mexique et le Royaume-Uni.

À savoir que près de 750 000 emplois sont directement soutenus par le tourisme. À ce chiffre s'ajoutent 1,9 million d'emplois dans des industries dépendantes du tourisme, soit un emploi sur dix au pays. On compte également environ 232 000 établissements touristiques au Canada. En 2019, la part du PIB revenant au tourisme était de 2,03 %, une contribution de près de 43,5 milliards de dollars au produit intérieur brut, et les recettes touristiques étaient de l'ordre de près de 105 milliards de dollars.

Si le Québec et l'Ontario raflent une grande partie du marché touristique, les visiteurs sont également nombreux à se rendre dans les Rocheuses et sur la côte ouest du pays. Le Canada compte d'ailleurs treize aéroports internationaux, dont Toronto Pearson qui figure 2e en termes d'achalandage en Amérique du Nord, et plus d'une centaine de postes frontaliers terrestres avec son voisin américain.

Les enjeux politiques et sociaux

Après quasiment une décennie de règne des Conservateurs, c'est le Parti libéral de Justin Trudeau qui tient les rênes du pays depuis 2015. Ses politiques sont aux antipodes de son prédécesseur, notamment en ce qui a trait à la protection de l'environnement, aux relations avec les Autochtones et les différentes minorités culturelles, à la hausse des seuils d'immigration ou encore à l'accroissement de la population des communautés francophones en situation minoritaire. Le pays doit aussi composer avec d'autres enjeux, comme par exemple la hausse de la criminalité dans les grandes villes, l'amélioration des conditions de vie dans le Nord canadien, et le manque de main-d'œuvre grandissant lié au vieillissement de la population et au ralentissement de l'immigration en raison de la COVID-19. Fort de ses ressources naturelles, le Canada doit aussi maintenir son rôle de grand producteur énergétique sans toutefois nuire aux générations futures, donc d'assurer le développement durable de l'industrie énergétique. Et de bonnes relations internationales sont primordiales, d'autant que le pays retrouve enfin des rapports cordiaux avec son voisin et grand allié américain depuis l'élection de Joe Biden en 2020. Mais le protectionnisme américain persiste, malgré l'arrivée des démocrates à la Maison-Blanche, ce qui pourrait mettre des bâtons dans les roues au niveau du commerce entre les deux pays. Il faut aussi surveiller d'autres enjeux qui touchent le Canada - comme presque partout ailleurs -, soit les nouvelles technologiques (intelligence artificielle, *big data*, cryptomonnaies, etc.), l'antiféminisme, le harcèlement sexuel, le racisme systémique, les paradis fiscaux, la réforme du mode de scrutin, les *fake news* et le phénomène du conspirationnisme, la transformation des villes et la *gentrification*... Bref les défis sont nombreux, notamment avec la pandémie qui affecte plusieurs secteurs de l'économie canadienne tels que l'hôtellerie, la restauration, le tourisme et les arts de la scène.

ARCHITECTURE

L'extraordinaire richesse de sa nature et de ses paysages attire les fous d'aventure et de dépaysement... Mais que les amateurs d'architecture se rassurent, le Canada leur réserve également de très belles surprises, à commencer par les richesses de l'habitat autochtone, dont les origines sont millénaires. La période coloniale, elle, a laissé son empreinte sous la forme de puissants forts et d'édifices se parant d'atours tantôt français, tantôt britanniques. Puis le XIXe siècle, mû par un élan de prospérité et d'optimisme, transporta le pays dans un tourbillon éclectique, essaimant de somptueuses réalisations jusque sur la Côte Ouest grâce au chemin de fer. Oscillant entre tradition et modernité, le pays s'est progressivement forgé sa propre identité architecturale pour devenir aujourd'hui un fascinant terrain d'expérimentation pour l'architecture de demain, se plaçant en pionnier de l'éco-construction notamment. Alors, prêt pour l'aventure ?

Richesse des origines

Le site historique de l'Anse aux Meadows, sur l'île de Terre-Neuve, abrite les vestiges d'un établissement viking du XIe siècle. Les fouilles ont permis de montrer que l'habitat se composait d'une charpente en bois et d'un toit à pignon, l'ensemble étant recouvert de mottes de tourbe extraites des tourbières environnantes. Mais cette première présence européenne ne doit pas faire oublier que les premiers habitants du Canada sont les peuples autochtones aux traditions millénaires. Il ne s'agit pas pour eux de se rendre maîtres de la nature, mais de cohabiter avec elle. L'habitat revêt également une très forte dimension symbolique, les formes structurelles correspondant aux valeurs culturelles et les espaces étant pensés de manière à représenter le cosmos. Les peuples appartenant à la nation iroquoise étaient organisés en villages entourés de palissades de pieux aiguisés, dont les plus grands pouvaient atteindre plusieurs centaines d'habitants. L'habitat traditionnel y était la maison longue composée d'une ossature en bois de thuya recourbé, elle-même recouverte d'écorces. Les peuples des Plaines, eux, ont développé les wigwams. Ces habitations circulaires et allongées en forme de dômes étaient composées de jeunes troncs plantés verticalement, reliés entre eux par des lanières de racines et renforcés par des membranes horizontales. L'ensemble était recouvert de nattes tressées et de feuilles d'écorces. Le tipi était également très répandu. Ces maisons portatives de forme conique inclinée étaient faites en mâts de bois et recouvertes de peaux de bisons maintenues par des pierres ou des piquets.

Afin de se prémunir des courants d'air et de l'humidité, tout en évitant de voir les ombres se projeter sur la paroi extérieure, une doublure intérieure en peau de bison, baptisée « écran à fantômes », était ajoutée. Suite à la disparition des bisons, les peaux ont progressivement été remplacées par de la toile.

Sur la côte pacifique, les peuples amérindiens ont développé une architecture plus « sédentaire ». L'élément le plus important y est le mât totémique. Mesurant de 10 à 30 m de haut, taillés dans du cèdre rouge, ces mâts sont ornés de formes animales et humaines relatant l'histoire du clan. Le plus souvent, les maisons de ces villages sont faites de planches savamment taillées et agencées via un système d'encoche et impressionnent par leurs structures de poutres et poteaux sculptés aux couleurs du clan. En parallèle, ces peuples ont également imaginé des maisons semi-souterraines, à la structure composée d'un système de chevrons disposés de façon concentrique, de manière à supporter les rondins de bois ajustés et calfeutrés avec d'épaisses couches d'herbes. A côté de la maison d'hiver semi-souterraine, aux murs de pierre et à la structure portante souvent en os de baleine, les Inuits et les peuples du Grand Nord ont développé l'igloo, dont la voûte n'est soutenue par aucun support extérieur et dont l'intérieur est recouvert de peaux et l'entrée en tunnel protégée d'un rempart de terre ou de neige de façon à se prémunir du froid. Les Heritage Villages et Heritage Parks jalonnant le pays conservent d'étonnants témoins de cet habitat autochtone. La rencontre de ces traditions millénaires avec les influences venues d'Europe a également donné naissance à un étonnant syncrétisme, comme le montrent bien l'église Kateri Tekakwitha à Gesgapegiag, tipi fait d'aluminium et orné de croix et d'attrape-rêves, ou les églises en forme d'igloos dans le Nunavut.

Sur un air de France

Le site Sainte-Marie-among-the-Hurons est la reconstitution d'un établissement fondé par les Jésuites en pays huron en 1639. Le village,

© NAGEL PHOTOGRAPHY - SHUTTERSTOCK.COM

Architecture viking, Anse aux Meadows.

entouré d'une palissade en bois, était alors séparé en 2 secteurs : l'un pour les Français avec chapelle et ateliers, l'autre pour les Hurons avec les traditionnelles maisons longues. Les missionnaires jésuites firent venir des artisans de France pour construire le village. Les colons ont également développé une architecture défensive, établissant de nombreux postes défensifs, à l'image du fort de Castle Hill ou de la forteresse de Louisbourg. Québec, elle, est la seule ville d'Amérique du Nord à avoir conservé ses remparts d'origine qui regroupent de nombreux bastions, portes et ouvrages défensifs qui ceignaient alors la ville répartie en deux secteurs : la Haute-Ville, le centre religieux et administratif au sommet de la falaise, et la Basse-Ville avec ses anciens faubourgs. Pour asseoir dans le Nouveau-Monde le prestige de leur roi, les maîtres d'œuvre formés en France reprennent les codes de l'architecture classique Grand Siècle. En parallèle d'édifices publics et de châteaux s'est développée une riche architecture religieuse. L'église Notre-Dame des Victoires à Québec, sobre édifice de pierre, l'église Sainte-Anne-de-Beaupré avec son double tambour et ses coupoles ou bien encore les monastères des Récollets ou des Ursulines témoignent de ce classicisme à la française.

La ville de Tadoussac, elle, abrite l'une des plus vieilles églises en bois du pays, témoignant de la nécessité pour les colons de s'adapter au climat et à l'environnement. Une évolution que l'on observe aussi dans l'habitat résidentiel. Au départ, les colons français développent un habitat entièrement basé sur les styles et formes qu'ils connaissent… Voilà comment le Québec notamment voit naître une architecture aux accents bretons (toit à double pente et murs pignons), basques (colombages) ou normands (toits à 4 pans). Ces maisons sont alors faites en pierre ou dans un mélange de pierre et de terre, et se composent d'une charpente apparente couverte d'un toit de chaume, et d'un sol en terre battue ou recouvert de planches. Mais ces modèles ne sont pas faits pour résister au climat canadien. Dès lors, les colons vont adapter leur architecture, s'inspirant notamment de la construction navale, en privilégiant le bois, les doubles cloisons et l'usage de matériaux isolants (mousses, chiffons). Le solage est désormais en pierre et les toits sont très pentus pour éviter l'amoncellement de neige. A la fin du XVIIe et au début du XVIIIe siècle, cependant, de nombreux incendies poussent les municipalités à se doter de lois d'aménagement urbain. Le bois est interdit et les maisons en pierre de taille sont privilégiées. La toiture à double pente est portée par une charpente plus légère et surtout amovible en cas d'incendie. Une manière de figer et transmettre à travers le temps l'image de cette Nouvelle-France. Enfin, impossible de parler de cette influence française sans évoquer le cas particulier des Acadiens. Leurs réalisations sont d'inspiration française mais immédiatement adaptées au climat. Ossatures en bois, fondation de pierre puis utilisant la technique des poteaux en terre pour renforcer les murs et créer des vides sanitaires, habile système de tenons et mortaises, murs en torchis et toits de chaume ou en bardeaux caractérisent ces maisons. Élément phare des communautés acadiennes, l'église est le plus généralement construite en pierre et dispose de très beaux ornements décoratifs. Pour découvrir ce bel héritage, rendez-vous au Village Historique Acadien de Rivière Nord au Nouveau-Brunswick.

© FIREFIGHTER MONTREAL - SHUTTERSTOCK.COM

Parc du Mont-Royal.

Influence britannique

Le Vieux Lunenburg est un très bel exemple d'établissement colonial britannique planifié en Amérique du Nord. Fondé en 1753, il conserve intacte sa structure d'origine obéissant à un plan en damier. A l'origine, ce noyau urbain était entouré de fortifications. En matière stylistique, on y observe une harmonie d'échelle, de disposition et d'emploi des matériaux (principalement le bois). Cette recherche d'harmonie est une constante dans l'architecture britannique de cette époque. Le style privilégié alors est un savant mélange d'emprunts aux codes antiques (colonnes ioniques monumentales, frontons, pilastres, armoiries royales) via les styles palladien et georgien, ainsi qu'aux codes de l'architecture coloniale telle qu'elle a pu se développer aux États-Unis avec ses grandes demeures de plantation aux allures de palais grecs, puis, à partir du XIXe siècle, à l'éclectisme victorien, privilégiant notamment le néo-Renaissance dans les rues commerçantes avec des maisons aux corniches reliées en accolades, et le néogothique de brique pour les édifices publics. L'architecture religieuse n'est pas en reste, comme le montre l'imposante cathédrale Holy Trinity de Québec, première cathédrale anglicane érigée hors des îles britanniques. Ses lignes sobres et symétriques en font l'exemple du style palladien colonial. Les villes se développent, voyant naître de nouveaux faubourgs reliés par de grandes rues marchandes aux centres-villes devenus des centres institutionnels. En parallèle, un nouvel habitat individuel se déploie, notamment sous la forme de row-houses, maisons mitoyennes aux parements uniformes et à la décoration épurée. Avec sa citadelle en étoile, ses Historic Properties, élégantes bâtisses en pierre le long des quais, sa Government House, sa tour d'horloge et son élégante Province House, plus ancien bâtiment législatif du Canada, Halifax est immanquable. Si son plan en étoile a été imaginé par l'ingénieur royal français Vauban, la Citadelle de Québec a été entièrement réalisée sous la direction du colonel Dunford. N'y manquez pas la Résidence du Gouverneur Général avec son double escalier central et son vestibule en marbre. En parallèle de ces imposantes citadelles, les Britanniques ont également construit de nombreux forts à travers le pays. Dans la région des Grands Lacs, le Fort George montre comment, à l'abri d'une enceinte de terre et de bois, se développait une véritable petite ville avec casernes, corps de garde, quartiers des officiers… Fort Wellington et Old Fort Henry comptent parmi les autres célèbres forts britanniques. En parallèle de ces avant-postes militaires s'est également développé un autre type de fort : les comptoirs commerciaux de la Compagnie de la Baie d'Hudson. Au départ simples entrepôts protégés par une palissade, ces comptoirs sont devenus de véritables forts regroupant entrepôts, logements ouvriers, forges, ateliers et parfois même un hôpital. Fort Albany en Ontario et Lower Fort Garry dans le Manitoba en sont de bons exemples.

Bouillonnant XIXe siècle

Autour des nouvelles exploitations forestières, minières et charbonnières naissent les boomtowns ou villes-champignons. Crées ex-nihilo, elles se caractérisent par un style bien particulier qui suit toujours les mêmes étapes. On construit d'abord un bâtiment cubique en bois avec un ou deux étages et un toit presque plat pour minimiser les pertes d'espace, puis on ajoute une façade postiche qui s'étend au-delà de la limite du toit, conférant à chaque édifice un style unique. Dawson City dans le Yukon en est la plus célèbre. Dans les grandes métropoles, le gouvernement fédéral impose sa nouvelle puissance. Au départ, le style très largement utilisé est le néo-roman avec ses édifices à grandes arches. Puis progressivement le néogothique et le néoclassique font leur apparition comme le montrent le Parlement du Canada à Ottawa, tout de grès et calcaire taillés à la main et aux dômes vert de gris, l'Hôtel de Ville de Kingston avec ses colonnes toscanes, ou bien encore le Parlement d'Ontario à Toronto avec sa façade néo-romane. Les édifices religieux aussi se parent de ces atours néo. L'église presbytérienne de Niagara on the Lake avec ses colonnades doriques est un exemple parfait de néo-grec, tandis que la basilique Marie-Reine-du-Monde de Montréal, copie de la basilique Saint-Pierre de Rome, se fait la quintessence du néo-baroque. L'University of Toronto, elle, est un parfait exemple de la mode des campus britannique avec sa Soldier's Tower néogothique et son très néo-roman University College. Le pays voit également se développer une architecture commerciale avec la Compagnie de la Baie d'Hudson qui érige de grands magasins aux façades néo-baroques, tandis que les grandes villes se dotent d'immeubles inspirés des gratte-ciel américains, à l'image de l'immeuble Henry Birks de Vancouver, un des premiers immeubles de 10 étages. Mais ce XIXe siècle est aussi et surtout celui du rail. En plus de superbes gares, la toute puissante Canadian Pacific Railway finance la réalisation de véritables châteaux. À Québec, Fairmont Le Château Frontenac, réalisé par Bruce Price, a été pensé sur le modèle des châteaux de la Loire et impose un style Renaissance teinté d'une forme de romantisme à l'anglaise que l'on qualifiera de « style château ». Mêlant néo-Renaissance et néogothique victorien, l'Hôtel Banff Springs et le Château du Lac Louise illustrent l'essor de cette architecture touristique. Ils sont tous deux l'œuvre de Francis Mawson Rattenbury, qui œuvra surtout en Colombie-Britannique. On lui doit des édifices publics d'importance comme le Parlement de Victoria ou l'ancien Palais de Justice de Vancouver. On lui doit aussi une étonnante architecture résidentielle dont le Craigdarroch Castle de Victoria est le plus célèbre représentant. Mêlant roman et gothique, ce vrai-faux château écossais impressionne, tout comme la Casa Loma de Toronto que l'on doit à E.J. Lennox et qui mêle style normand, néogothique et roman tardif dans un ensemble inspiré du château de Balmoral ! Plus rustique et intime avec ses briques rouges décorées de jolis ornements moulés, le style Queen Anne est très prisé des grandes fortunes qui se font partout construire des demeures aux allures de châteaux. Mêlant la sobriété des styles Arts and Crafts et Craftsman, la simplicité des bungalows californiens (tous ces styles sublimant le bois), et l'extravagance des styles néo, l'architecte Samuel Mclure imagine, lui, des chalets balnéaires de type Shingle Style. Ces superbes demeures sont indissociables de la Côte Ouest, tout comme les plus modestes maisons sur pilotis de l'île de Vancouver que l'on reconnaît à leurs couleurs vives. Des couleurs que l'on retrouve sur les très pittoresques petites maisons aux planches de bois colorées des villages de pêcheurs côtiers. Pittoresque et rusticité sont aussi l'apanage des cabanes en rondins de bois. Ces « cabins » vont de simples structures en rondins de bois, avec une pièce unique de plan carré ou rectangulaire, un toit à deux pans dont le pignon, s'avançant en porte à faux, est soutenu par des poteaux de bois créant une sorte de porche, et des fondations de pierre, à des structures à étages plus élaborées. Style que l'on retrouve également dans les pourvoiries du Québec, anciens clubs privés de chasse aujourd'hui transformés en structures touristiques.

© FELIX LIPOV - SHUTTERSTOCK.COM

Hôtel de ville de Kingston.

Entre tradition et modernité

Le tournant du XXe siècle est marqué par un regain d'intérêt pour les parcs et espaces verts, comme le montre bien le Parc du Mont-Royal à Montréal, réalisé par Frederick Law Olmsted, le paysagiste de Central Park à New York. Les styles néo sont encore très à la mode, notamment dans l'importante communauté ukrainienne très présente en Ontario et dans le Saskatchewan, comme en témoignent la cathédrale néo-byzantine Saint-Josaphat d'Edmonton ou l'église Saint-Mary's de Yorkton à l'étonnante coupole et aux très belles icônes et peintures. La vague romantique se poursuit également dans l'architecture des hôtels et centres de villégiature aux allures de châteaux. En revanche, bâtiments commerciaux et édifices publics se tournent vers un style résolument plus classique. C'est l'avènement du style Beaux-arts mêlant rigueur, élégance et monumentalisme. Le Royal York Hotel et l'Union Station de Toronto avec leurs colonnades doriques, leurs portiques et leurs imposantes façades en sont de superbes exemples. Fervent défenseur d'une architecture ouvertement canadienne, l'architecte John Lyle prônait, lui, un mélange de classicisme européen et de régionalisme, notamment dans l'ajout de fresques, mosaïques et motifs sculpturaux illustrant l'histoire du pays.

Puis, dans les années 1930, ce style se fait plus épuré et on commence à parler de « classicisme dénudé » pour décrire l'évolution vers des formes géométriques annonçant la modernité, à commencer par celle de l'Art déco. Avec sa façade jouant sur la verticalité et les effets de retraits, son grand portail voûté et son spectaculaire hall richement décoré, le Marine Building de Vancouver est la quintessence de ce style sobre mais qui n'hésite pas à puiser dans un registre plus exotique pour son ornementation. En parallèle, des édifices « usuels » vont également inspirer les modernes : les élévateurs à grains et silos des grandes plaines, surnommés les cathédrales ou sentinelles des Prairies. Le Corbusier lui-même vanta la simplicité de leur structure, leur forme géométrique épurée et leur manière de faire parfaitement coïncider forme et structure. Cylindriques au XIXe siècle, ils deviennent carrés, puis se dotent d'un toit pyramidal avec coupole ou d'un toit à pignon.

L'Art déco va ensuite faire place au modernisme proprement dit avec ses édifices massifs et ses lignes épurées, puis au fonctionnalisme aux surfaces planes, faisant la part belle au verre et prônant un design où priment l'utilité et la fonction avant l'ornementation. L'immeuble BC Electric (Tour Electra) de Vancouver avec sa paroi extérieure recouverte d'une couche d'immenses panneaux en verre maintenus par une fine grille métallique – le célèbre mur-rideau – est un des plus célèbres gratte-ciel de l'époque. Ce fonctionnalisme va également se développer à Toronto. John B. Parkin et Viljo Revell y ont imaginé le nouvel Hôtel de Ville, impressionnant avec ses deux tours courbées et son extérieur alternant entre grandes surfaces vitrées et béton nervuré. Le légendaire Ludwig Mies Van der Rohe y réalisa, lui, les deux premières tours du Toronto Dominion Centre, laissant s'exprimer, dans sa dernière grande réalisation, son style tout en sobriété, légèreté et modularité, consacrant l'alliance du béton, de l'acier et du verre. Les années 1940-1950 marquent un fort accroissement des banlieues périphériques organisées selon des plans géométriques, tandis qu'un nouveau type d'habitat s'y fait jour. Le bungalow est toujours très populaire, mais s'y ajoute désormais un nouveau style : le West Coast Style, version vernaculaire du modernisme, que l'on retrouve beaucoup sur la Côte Ouest bien sûr, mais un peu partout dans le pays. Ce style emprunte à la fois au style international dans l'aspect « boîtes à imbriquer », mais aussi à l'architecture japonaise et à l'architecture organique de Frank Lloyd Wright dans sa manière de chercher à intégrer l'édifice à l'environnement. Dans les banlieues industrielles se déploie également un habitat pratique et peu cher, reconnaissable à sa structure en forme de boîte, avec un toit à charpente très basse… Un style dont on a très vite critiqué l'aspect répétitif et sans âme, critiques auxquelles n'échappa pas Moshe Safdie. En 1967, dans le cadre de l'EXPO 67 de Montréal, celui qui n'est alors qu'un jeune étudiant présente son projet de fin d'études : Habitat 67, une réflexion sur les grands ensembles qui prend la forme de modules cubiques de béton préfabriqués empilables et montés en quinconce. Ce rendu se voulait une réponse originale à la monotonie habituelle des grands ensembles standardisés. Mais la véritable fantaisie de l'époque est plutôt à lire dans les balcons de Montréal. Pour gagner de la surface habitable dans les maisons à logements multiples, chaque appartement se dote d'un balcon relié à la rue par des escaliers en fer forgé aux formes les plus diverses. Une expressivité tout en sobriété qui annonce le postmodernisme, tout comme les réalisations tout en courbes d'Uno Prii à Toronto, tel l'Immeuble Vincennes avec son élégante canopée.

Architecture contemporaine

Au début des années 1970, Ieoh Ming Pei est choisi pour repenser la place Ville-Marie de Montréal, dont le plan en croix et les tours donnent à la ville une allure résolument nord-américaine. En 1976, l'architecte Roger Taillibert imagine le nouveau stade de Montréal, de forme elliptique, et dont l'ossature est faite de 34 consoles composées de 1 500 pièces supportées par des porte-à-faux de 50 m. Une véritable prouesse architecturale. Tout comme le légendaire Sad-

Château du Lac Louise.

dledome de Calgary, « l'amphithéâtre sans colonnes » au toit en forme de selle de cheval… Calgary est la capitale nationale du rodéo ! En 1988, la ville accueille les Jeux olympiques d'hiver, pour lesquels a notamment été construit l'Olympic Oval, première structure en anneau entièrement couverte que l'on peut admirer du haut des 191 m de la Calgary Tower. Deux ans auparavant, c'est l'Expo 86 de Vancouver qui avait marqué le pays. Comprendre le patrimoine historique, le préserver et l'intégrer à de nouvelles créations comptaient parmi les grands objectifs de la nouvelle architecture défendue par l'exposition. Le Pavillon des Territoires du Nord-Ouest au verre réfléchissant rappelant les glaciers et le Pavillon du Canada aux 5 grandes voiles y firent sensation, sans oublier le Classical Chinese Garden, reconstitution d'un jardin de la dynastie Ming réalisée par plus de 50 artisans venus de Suzhou, la cité-jardin de la Chine. Un chef-d'œuvre qui montre l'importance de la communauté chinoise au Canada. Toutes les grandes villes ont un quartier baptisé Chinatown. Celui de Vancouver est particulièrement beau avec ses maisons aux toits élégamment courbés et aux balcons de bois peints et ornés. En parallèle, de grands noms de l'architecture continuent d'apposer leur marque via la réalisation de gratte-ciel notamment, comme la TD Canada Trust Tower et la Bay Wellington Tower de Toronto, toutes deux réalisées par l'agence SOM et Santiago Calatrava, ou the Bow à Calgary, tour de 236 m de haut tout en courbes réalisée par Norman Foster. Délaissant ses « boîtes à habiter », Moshe Safdie imagine une architecture davantage ancrée dans l'histoire. On lui doit notamment le Library Square de Vancouver dont la forme elliptique englobe le bâtiment historique de la bibliothèque. Un étonnant dialogue entre passé et présent que l'on retrouve dans le Royal Ontario Museum à Toronto, structure en acier revêtue d'aluminium et ponctuée de grandes baies vitrées imaginée par Daniel Libeskind. Frank Gehry, natif de Toronto, a transformé le Art Gallery of Ontario en y ajoutant sa Nouvelle Galerie bleu titane au toit ondulé couvert de panneaux de verre, soutenu par des poutres incurvées. Quasiment terminé, le nouveau palais de justice de Toronto, grande baie vitrée de 20 m de haut, sera la première réalisation au Canada du célèbre architecte Renzo Piano. Un projet aux visées résolument écologiques, comme bien d'autres réalisations dans le pays. En Gaspésie, la Route des Belvédères impressionne avec ses structures surprenantes s'intégrant au paysage comme le Belvédère des Deux-Rivières, étonnant tunnel torsadé de bois. Pionnière dans le développement urbain à haute densité avec une approche mêlant gratte-ciel, immeubles bas et espaces verts, Vancouver l'est aussi dans l'architecture de bois. Spécialisée dans la construction en bois lamellé, matériau solide, résistant aux incendies et capable de stocker le CO_2, l'agence de Michael Green multiplie les projets, dont le plus célèbre est la Brock Commons Tallwood House, résidence étudiante de 54 m de haut qui fut, à son inauguration en 2017, la plus haute tour en bois lamellé du monde. En parallèle, nombreuses sont les villes à faire le choix de la préservation et de la réhabilitation, de sites industriels notamment, tout en imaginant des espaces toujours plus verts et accessibles à tous, à l'image de Vancouver qui, avec son projet Arbutus Corridor, rêve de transformer 9 km de voie ferrée désaffectée en une grande coulée verte. Et nombreux sont les habitants à s'insurger contre des projets pharaoniques dénaturant le cœur des villes, à l'image du projet « Phare » à Québec, rebaptisé Humaniti, consistant en plusieurs grandes tours… mais toujours pas réalisé. Les Canadiens sont prêts à tout pour défendre la beauté unique de leurs villes !

BEAUX-ARTS

Le territoire du Canada est aussi spacieux que sa culture est diverse. D'est en ouest, un fabuleux melting-pot se renouvelle depuis des siècles. Pour saisir l'âme locale, nous recommandons une plongée au cœur des traditions des Premières Nations. Les collections dédiées sont magnifiquement documentées. Dans la plupart des musées on découvre aussi le Groupe des Sept, ces peintres qui ont posé les bases de l'identité visuelle locale. Après une série d'influences européennes, la mouvance contemporaine dispose d'une infinité de lieux pour présenter son travail. La bouillonnante Montréal abrite une multitude de musées, de galeries et d'évènements. Fresques, jardins de sculptures et festivals raviront les promeneurs que ce soit à Montréal, Toronto ou dans la capitale. A Ottawa, la rencontre des traditions francophones et anglophones se traduit par une explosion de créativité. Tout ceci au cœur d'une nature époustouflante.

L'art des Premières Nations

Les peuples autochtones occupent le vaste territoire du Canada depuis des dizaines de milliers d'années, jusqu'à 26 500 ans dans le Yukon. Chacun de ces peuples amérindiens a développé ses propres caractéristiques culturelles.

Les Canadiens d'aujourd'hui ont hérité des premiers occupants leur art de vivre en symbiose avec la nature. De nos jours, la reconnaissance des Natifs passe par la mise en valeur de leurs traditions artistiques. A Vancouver, les totems rappellent la complexité d'un patrimoine indissociable de sa mythologie. Les promeneurs ne manqueront pas de flâner dans **Stanley Park** (p.143) pour admirer ces sculptures en bois fièrement érigées en pleine nature. Le MOA - Musée anthropologique de Vancouver - invite à mieux cerner l'identité culturelle du Canada à travers sa collection unique au monde. La vie des Premières Nations est relatée au gré des totems mais aussi des œuvres d'art dont des sculptures inuites sur pierre ou sur os et des gravures. Les vitrines d'artefacts et d'objets usuels couronnent ce vaste aperçu de l'univers des Amérindiens.

Héritage pictural

Au Canada, la création s'appuie dès ses balbutiements sur les formes artistiques en vigueur en France et en Angleterre. La peinture est tout d'abord religieuse. L'abbé Hugues Pommier quitte la France pour Québec en 1662. Ses tableaux de chevalet inspirés par la foi font longtemps école.

Au début du XIXe siècle, le portrait connaît un succès considérable. Au milieu du siècle, des artistes torontois tel Georges Théodore Berthon s'installent comme portraitistes. Leurs carrières sont favorisées par l'essor économique.

Le peintre Paul Kane (1810-1871), né en Irlande et mort à Toronto, accomplit un véritable travail documentaire en peignant la vie des peuples natifs. Le **Glenbow Museum** (p.214) de Calgary propose un parcours à la fois historique et artistique. Illustrations réalisées par des artistes itinérants, scènes de chemin de fer sponsorisées par la Canadian Pacific Railway, explorateurs de l'Arctique se succèdent dans ses salles. Bien que les gravures et les dessins soient plus nombreux, tous les moyens d'expression participent à cet exposé qui raconte le Canada du XIXe siècle à nos jours.

Tournant artistique

En 1842, la photographie fait son apparition. Cette percée sonne la fin de la grande époque du portrait peint. Les peintres sont contraints de se renouveler pour faire face à la concurrence. En Ontario, Robert Whale se tourne vers la peinture décorative et devient le paysagiste le plus populaire. A la fin du XIXe siècle, l'influence impressionniste puis expressionniste se ressent dans le milieu de la création.

La fièvre romantique qui touche le Canada est scellée par la fondation de l'Académie royale canadienne des Arts. Les premiers grands noms de l'Académie sont Robert Harris, Homer Watson, Otto Jacobi et John A. Fraser qui collaborent avec le photographe Notman. La rigueur de l'académisme encourage l'éclosion d'une nouvelle peinture canadienne avide de changements.

Groupe des Sept

Du côté de Montréal, le début du XXe siècle voit s'épanouir un art harmonieux, celui des paysages au charme naïf. Montréal traverse alors une phase de croissance sans précédent. Après-guerre, elle devient la ville de tous les plaisirs. Cela dure jusqu'au krach de 1929. Le chômage frappe alors durement la population.

C'est dans ce contexte que le Groupe des Sept se forme à Toronto, la rivale de Montréal. Sept

© PGIAM - ISTOCKPHOTO

Totem du Stanley Park.

peintres paysagistes redéfinissent radicalement l'identité visuelle du pays en peignant les vastes étendues sauvages du Canada. Les membres fondateurs sont Franklin Carmichael, Lawren Harris, A.Y. Jackson, Franz Johnston, Arthur Lismer, J.E.H. MacDonald et F.H. Varley. Ces révolutionnaires du pinceau se revendiquent du postimpressionnisme et de la tradition scandinave. Ils peignent des panoramas du Bouclier canadien, empreints de romantisme, qui participent à la définition d'une « vision nationale ». L'influence que Tom Thomson exerça sur la formation du Groupe ne fut jamais niée par ses membres. Avant sa mort précoce qui survint en 1917, ce garde-forestier les convertit assurément aux plaisirs de la vie au grand air. C'est sous son impulsion que les futurs Sept entreprennent de représenter les paysages sauvages l'Ontario. Ensemble, ils réalisent des esquisses et peignent en pleine nature, s'inspirant et se critiquant mutuellement. Mort noyé dans le lac Canoe, Tom Thompson n'assista pas à l'éclosion du Groupe, mais ses membres n'ont jamais cessé de saluer le rôle majeur qu'il a eu dans leur évolution.

Leur influence s'exercera sur plusieurs générations. De nos jours, la plupart des musées publics canadiens possèdent des peintures du Groupe des Sept. Signalons entre autres le **Musée des beaux-arts du Canada** (p.289) à Ottawa, l'**Art Gallery of Ontario** (p.319) à Toronto et la **McMichael Canadian Art Collection** (p.333).

Il convient de mentionner Emily Carr (1871-1945) dont le travail est fortement marqué par le Groupe des Sept. Reconnue comme une figure de proue de l'art canadien, ses peintures ont pour thème les forêts et l'art totémique de la région Pacifique. A la **Vancouver Art Gallery** (p.141), ses nombreuses peintures visibles dans la collection offrent une excellente approche de sa vision de la nature et du peuple indigène de la Colombie-Britannique.

La Société des Sculpteurs du Canada

Fondée par de prestigieux sculpteurs canadiens, The Sculptors Society of Canada défend la sculpture canadienne depuis 1928. L'association créée par Emanuel Hahn, Frances Loring et Henri Hébert a pour vocation de développer cette pratique artistique tout en assurant la promotion de la sculpture canadienne sur le plan à la fois local et international. L'engagement de la SSC est soutenu par des galeries, des festivals et des musées dont le **Musée des beaux-arts du Canada** (p.289). Des expositions itinérantes ont emmené leurs travaux en Europe, à travers les États-Unis ainsi qu'à la première Biennale Internationale de Beijing en 2003. L'organisation accueille dans ses locaux situés au 500 Church Street des expositions et des débats, accompagne les jeunes talents, surtout les plus novateurs.

Influences modernes

A la suite du Groupe des Sept, les artistes canadiens s'imposent à un niveau international.

Localement, le passage au XXe siècle se caractérise par l'expression individuelle et la liberté stylistique. Dans la première moitié du XXe siècle, les artistes d'Alberta sont influencés par leurs pairs venus enseigner dans la région. Des associations d'artistes professionnels et des écoles spécialisées voient le jour. Ce terrain est favorable à l'éclosion d'une génération d'artistes locaux. Le paysage reste le thème majeur mais les courants qui révolutionnent l'art en Europe imprègnent peu à peu le style canadien.

Alfred Pellan (1906-1988) se détache ouvertement de l'influence des Sept. Dans les années 1930, il séjourne à Paris, où il est marqué par sa rencontre avec Picasso, Miro et les surréalistes. Son retour au Canada en 1940 sonne le réveil de la peinture créative au Québec. Celle-ci ose s'écarter des traditions pour se rallier à l'École de Paris. L'expressionnisme, le surréalisme et le cubisme s'ajoutent aux précédentes inspirations.

Aux alentours de 1950, les principales influences proviennent des États-Unis, à commencer par l'expressionnisme abstrait. Au Canada l'abstraction évoque la nature plus que nulle part ailleurs. La technique élargit le champ des possibles : expériences photographiques et technologiques enrichissent les explorations visuelles. Dans cette effervescence sont fondés Fusion des Arts à Montréal en 1964 puis Intermedia, en 1967, à Vancouver. Deux groupes informels qui abattent les frontières en alliant tous les médias disponibles (cinéma, musique, danse, poésie). Les artistes de Fusion, regroupés autour de Richard Lacroix, François Soucy, François Rousseau et Yves Robillard, produisent des happenings et des performances publiques.

Riopelle

En 1948, un manifeste artistique signé Paul-Émile Borduas est publié sous le manteau à Montréal par les Automatistes. L'auteur du *Refus Global* questionne dans ces pages les valeurs de la société québécoise, rejette toute contrainte, et prône la liberté individuelle. Parmi les signataires, on dénombre des psychiatres, des acteurs, des designers, ainsi que le peintre et sculpteur Marcel Barbeau, le photographe Maurice Perron et Jean-Paul Riopelle.

Peintre, graveur et sculpteur né à Montréal, Riopelle (1923-2002) s'installe à Paris en 1947 où il se lie d'amitié avec les surréalistes, avant de regagner sa terre natale. C'est en 1958 qu'il entame une carrière de sculpteur. De retour à Paris, il expose ses sculptures et se forme au pastel, à la gravure, au collage ou encore à la céramique. La nature puis les éléments figuratifs occupent une place croissante dans sa démarche créatrice. Son succès se confirmant, il répond à des commandes des deux côtés de l'Atlantique. Entre abstraction et figuration, Riopelle aime se renouveler, explorant aussi bien la peinture au pochoir que les bombes aérosol. Le musée des beaux-arts de Montréal (p.384), qui lui a consacré une grande exposition en 2006, conserve plusieurs de ses œuvres : *La Roue*, *Hommage à Grey Owl*, *Soleil de Minuit* ou encore *Hibou*. Sa fontaine « La Joute » trône sur une place qui porte son nom, en face du Palais des Congrès.

Vers un art autochtone contemporain

Le Musée des beaux-arts du Canada (p.289) à Ottawa réunit grâce à une scénographie remarquable l'art autochtone et l'art canadien. Près de mille œuvres couvrent une vaste période de plus de 7 000 ans. On constate que l'art des Natifs se met à l'heure contemporaine.

Le Musée Bill Reid à Vancouver est l'un des rares lieux culturels consacré aux œuvres contemporaines des autochtones de la côte nord-ouest du Canada. En plus de la collection permanente, des expositions temporaires sont réservées aux jeunes artistes indigènes. Le musée doit son nom au peintre, sculpteur, orfèvre et écrivain canadien Bill Reid (1920-1998) d'origine haida. Pour rappel, les Haidas forment une communauté autochtone de la Colombie-Britannique. Selon le célèbre anthropologue et ethnologue Claude Lévi-Strauss, Bill Reid a littéralement sauvé la culture haida. Bill Reid débute sa carrière à l'âge de 30 ans, dans l'objectif de faire revivre la tradition artistique des Haidas. C'est grâce à son intervention que les mâts totémiques des îles de la Reine-Charlotte (archipel Haida Gwaii) purent être sauvés. Ils trouvèrent ensuite leur place devant le Museum of Anthropology à Vancouver. Ce même musée accueille à présent son imposante sculpture datée de 1973, *Le Corbeau et les premiers hommes*, qui représente l'origine de la communauté haida. Pour la petite histoire, dans la mythologie haida, le corbeau engendra l'humanité en libérant les humains enfermés dans une immense coquille de palourde. Les voyageurs qui feront halte à l'aéroport international de Vancouver auront la chance de contempler sa majestueuse sculpture *Esprit de Haida Gwaii*.

Street art

A Vancouver. Les premières œuvres publiques grand format qui sont apparues à Vancouver sont probablement les silos peints d'Ocean Concrete sur l'île de Granville. A voir également : la magnifique fresque *Canada Secret Mountains* (au 325 West 4th avenue), peinte par l'artiste international Okuda San Miguel ; les *Lady Mermaids* de Chazillah / Nik Martin ; la palissade bleue réalisée par Khelsilem qui a inscrit en langage musqueam (un peuple de Colombie-Britannique) : *Est-ce notre terre ?*

Le street art n'est autorisé à Vancouver que depuis peu de temps. Parmi les pionniers, le mystérieux artiste local iHeart dispersait avant l'heure des créations au pochoir qui étaient régulièrement effacées. Mais tout a changé en 2016 grâce au Vancouver Mural Festival. L'association a pour mission d'apaiser les tensions sociales en faisant la part belle aux communautés artistiques. Son action s'inscrit dans le cadre de la politique de réconciliation avec les Premières Nations. Désormais, l'art urbain a officiellement sa place grâce au dévouement des organisateurs du festival qui travaillent en collaboration avec la Ville. Les artistes, venus du Canada ou des quatre coins du monde, planchent sur le su-

© DARRYL BROOKS - SHUTTERSTOCK.COM

Silos peints par Gustavo et Otavio Pandolfo sur l'île Granville, à Vancouver.

jet de leur choix. Seul impératif : obtenir l'autorisation du propriétaire du support que ce soit un mur, le sol, une poubelle ou toute autre surface utilisable.

A Toronto, le programme StART implique les communautés dans l'embellissement des rues. Ce faisant, StART espère en prime encourager les moyens de transports doux comme la marche et le vélo. A découvrir dans Kensington Market, le quartier bohème où il fait bon chiner. L'allée Orbital Arts est entièrement recouverte de graffitis. A dix minutes à pied, Graffiti Alley est le territoire par excellence de la fresque urbaine. Au sud de Chinatown entre Spadina Avenue et Portland Street, Rush Lane est un symbole du programme StART. Cette ruelle d'un kilomètre est devenue le terrain de jeu privilégié des artistes. A ne pas manquer : le gigantesque aquarium de l'artiste canadien Uber5000 dont la vision du monde sous-marin donne le sourire. Pour l'anecdote, les portraits titrés *Remove me* (Efface-moi) font référence au maire Rob Ford qui partit en 2011 à la chasse aux graffitis armé d'un jet d'eau.

Fort du succès qu'il rencontre à Montréal depuis 2013, le Festival international d'art public Mural s'est transporté à Toronto. L'événement met en vedette des artistes du monde entier par le biais d'expositions, d'installations et de concerts au Stackt Market.

A Montréal, l'art urbain est partout. Ouvrez l'œil ! Il se niche dans des endroits inattendus : parkings, mobilier urbain, impasses ou cages d'escalier. Quelques pistes ? Sur le plateau Mont Royal, entre les stations de métro Laurier et Mont-Royal, de sublimes fresques ornent notamment le boulevard Saint-Laurent. Le charmant quartier de la petite Italie cache lui aussi ses trésors légués par les muralistes.

Ambiance contemporaine

Depuis l'an 2000, la Foire internationale d'art contemporain de Toronto est l'une des manifestations annuelles majeures du Canada. Au cœur de la ville, l'événement réunit des galeries locales et internationales.

La collection du **musée d'art contemporain de Montréal** (p.384) est ouverte à toutes les techniques : vidéo, sculpture, photographie, peinture, installation, œuvre sonore et numérique, dessin. Les audacieuses sculptures de Louise Bourgeois partagent l'espace avec les autoportraits de la photographe Raymonde April (née au Canada en 1953), les peintures de Janet Werner (née au Canada en 1959) et le travail de Jon Rafman. Né à Montréal en 1981, Rafman associe sculpture, peinture, installation et photographie pour dénoncer la part de la technologie dans le monde actuel.

Une partie de la collection jalonne les rues de Montréal dans l'intention de rendre l'art plus accessible. Ainsi qu'en attestent les actions d'Art Souterrain, l'art public occupe une place de choix au sein du patrimoine montréalais. Dans ce domaine, la ville souterraine est connue comme un haut lieu de l'art public.

Le Quartier International du vieux Montréal accueille une multitude de galeries d'art. Les quartiers du Canal réunissent antiquaires, art moderne, artistes confirmés et émergents. Plus précisément, Griffintown est devenu en peu de temps une destination en vogue. Les rues William, Ottawa et Notre-Dame Ouest abritent un tourbillon d'ateliers de créateurs et de galeries. Le Centre d'art de Montréal dispose d'ateliers pouvant accueillir 100 artistes membres, ainsi que de deux galeries d'art : la Galerie William au premier étage et la Galerie Griffintown au second niveau.

MUSIQUES ET SCÈNES

Si l'on vous dit « musique canadienne », vous répondrez sans doute Céline Dion. Peut-être ajouterez-vous Garou ou Cœur de Pirate. Il est vrai que ce que nous, Français, savons de la musique canadienne est surtout lié à… la chanson française… Question de langue, sans doute. Et pourtant le pays a infiniment plus à offrir. Drake, Justin Bieber, Neil Young… : autant de Canadiens qui ont bouleversé leur domaine et ont conquis le monde avec leur talent. Et c'est peu dire que l'industrie musicale canadienne est solide. Elle s'apparente en beaucoup de points à sa fausse jumelle étasunienne et rivalise avec elle de dynamisme. Godspeed You ! Black Emperor, Rufus Wainwright, Arcade Fire, Caribou, Grimes, Mac DeMarco ou Chilly Gonzales ne sont que quelques noms démontrant le talent et la capacité du pays à produire de grands artistes. Sans surprise, les villes principales du pays sont gorgées de lieux et d'événements pour approcher cette scène et se laisser porter par son ébullition.

Les musiques et danses traditionnelles

Selon le dernier recensement de 2021 de Statistiques Canada, 5 % de la population canadienne est d'origine autochtone - c'est-à-dire issue des Premières Nations, des Métis et des Inuits. La musique et les danses jouent un rôle essentiel dans la transmission de la culture et de l'identité autochtones. Bien que les pratiques et les usages varient énormément selon les peuples, on trouve un tronc commun à tous ces usages. En général, la musique vocale des Premières Nations canadiennes est syllabique et peut être exécutée aussi bien en solo qu'en chœur et prend souvent la forme d'appel et réponse. La musique, bien que très axée autour de la voix, s'accompagne de tambours et de flûtes ou sifflets.

Épaulés par un Gouvernement Trudeau plus attentif aux minorités du pays, les peuples premiers ont progressivement gagné en visibilité au fil de la dernière décennie, ce qui a pour conséquence immédiate dans le champ culturel de propulser plus d'artistes autochtones sur le devant de la scène musicale canadienne, notamment via des festivals d'ampleur comme Innu Nikamu ou Présence Autochtone, tous deux installés au Québec.

En 2016, 2,3 % de la population québécoise était d'origine autochtone. Les principales populations autochtones présentes sont les Algonquins, les Cris, les Mohawks, les Innus et les Inuits. Leurs chants se distinguent par « l'antiphonie » (l'appel et réponse), des rythmiques complexes et l'usage de flûtes et sifflets comme instruments solistes - en plus d'une grande variété de tambours.

Parmi les artistes autochtones québécois à suivre, les plus traditionnels sont à trouver au sein du groupe de chanteurs et joueurs de tambour Black Bear. Tout simplement épatants. Un grand nom de la scène canadienne vient du Québec, à son extrême nord (le Nunavik) : Élisapie Isaac. Chantant en français, anglais et inuktitut - sa langue maternelle - les splendeurs et réalités du peuple inuit d'aujourd'hui, elle caresse aussi bien dans sa musique le folk que les tradition de sa terre natale.

Très installé également, le rappeur engagé Samian est un emblème de la scène autochtone. Issu de la Première Nation Abitibiwinni, il rappe aussi bien en français qu'en algonquin. Au nord du Québec, tous deux originaires de la réserve de Maliotenam, Florent Vollant et Shauit sont devenus, dans des genres très différents, des noms reconnus de la musique canadienne. Chacun à leur façon, il font orbiter leur musique autour d'un noyau traditionnel.

En Ontario réside 15 % de la population autochtone du pays, soit la plus forte concentration du Canada. Vivent ici principalement des Algonquins, des Cris, des Delaware, des Haudenosaunee, des Odawa, des Ojibway et des Potawatomi. Les chants de la région partagent des structures communes faites de courtes phrases itératives, de nombreux cris, de gammes pentatoniques et de rythmes simples.

Dans l'Ouest canadien, ce sont les peuples Tsimshian, Salish, Haïda, Kutenai, Athabaskan et Blackfoot qui prédominent. Et si dans l'ensemble les chants et les danses partagent une dimension sacrée, une richesse percussive et une pratique axée autour de la voix, des singularités s'affirment au sein de chaque groupe. Dans les Prairies canadiennes, terre des Blackfoot, par exemple, le chant est nasal, reconnaissable à ses aigus très fréquents et l'on croise souvent de grands tambours à double peau tandis qu'en Colombie-Britannique, territoire Tsimshian, les monophonies sont légion et les chants sont caractérisés par des rythmes complexes et déclamatoires.

© MEUNIERD - SHUTTERSTOCK.COM

Statue de Félix Leclerc.

Quelques artistes amérindiens d'ici ont mené leur barque jusqu'à une notoriété nationale, notamment Jerry Alfred, issu de la communauté amérindienne de Selkirk (au Yukon), Crystal Plamondon, artiste francophone venant d'Alberta, mélangeant sonorités traditionnelles cadiennes et chansons country, folk et pop (elle chante aussi en Cris) ou encore la fameuse Buffy Sainte-Marie, chanteuse de folk amérindienne connue dans le monde entier ou presque.

Autrement, le pays propose deux beaux rendez-vous pour découvrir les musiques traditionnelles et ses artistes : Talking Stick Festival à Vancouver, un bel événement pour en apprendre davantage sur les Premières Nations, et le Calgary International Native Arts Festival, rendez-vous d'art et artisanat comprenant quelques concerts et danses.

Au Nunavut, terre inuite, on peut entendre le fameux chant de gorge nommé katajjaq. Ce chant diphonique envoûtant - et surprenant pour l'oreille profane - est ici l'apanage des femmes et se pratique originellement comme un jeu. Une artiste est célèbre pour avoir emmené cette tradition vers des esthétiques modernes : Tanya Tagaq. Cette étonnante artiste connaît un succès mondial et a été récompensée deux fois par un Prix Juno et une fois d'un Polaris Prize.

Aussi, en 2014, le très bon label américain Light in the Attic a édité la compilation Native North America, rassemblant de nombreuses chansons rares et de musiciens oubliés des Premières Nations et Inuits. Un document très précieux pour obtenir un panorama ample sur ces artistes et la manière dont ils ont embrassé la musique moderne.

Autrement, la Journée Nationale des Autochtones, célébrée chaque année le 21 juin, est un rendez-vous incontournable. Comme son nom l'indique, cette journée spéciale célèbre le patrimoine unique, la diversité culturelle et les contributions remarquables des membres des Premières Nations, des Inuits et des Métis au Canada et comprend son lot de démonstrations de pratiques traditionnelles.

La musique classique

Étant donné une histoire nationale relativement jeune, on ne peut pas parler de « tradition de la musique classique » au Canada. Les premiers opéras du Canada remontent à la fin du XVIIIe siècle avec le compositeur, poète et dramaturge Joseph Quesnel (1746-1809) et son œuvre *Colas et Colinette* (1790) parfois considérée comme le premier opéra d'Amérique du Nord.

Un des pionniers de la musique canadienne est le compositeur et pianiste Robert Nathaniel Dett (1882-1943). Il demeure l'un des premiers compositeurs afro-américains de l'histoire et reste remémoré pour son style unique, mélange d'influences de Samuel Coleridge-Taylor, Nadia Boulanger - avec qui il a étudié à Paris - et Dvořák, ainsi que du spiritual. Longtemps oublié, il est peu à peu redécouvert et joué ces dernières années.

Les autres compositeurs de renom interviennent longtemps après, dans le registre contemporain entre les années 1950 et 1970, avec des noms comme Pierre Mercure, Serge Garant, Gilles Tremblay ou encore le génie sombre Claude Vivier. Jacques Hétu est quant à lui le compositeur canadien le plus joué à l'étranger, un poète lyrique à la fois néoclassique et profondément moderne. Aussi, lié au mouvement minimaliste et de musique concrète, n'oublions pas de mentionner R. Murray Schafer, (presque) célèbre inventeur des concepts de paysages et d'écologie sonores qui placent l'environnement acoustique au cœur de la composition.

De tous les musiciens canadiens, le plus célèbre - et le plus impressionnant - est bien entendu le fabuleux pianiste Glenn Gould. Prodige. Talent précoce, il intègre à 14 ans l'Orchestre symphonique de Toronto (TSO) puis devient célèbre avec son interprétation d'une autre planète des *Variations Goldberg* de Bach (deux enregistrements en 1955 et 1981). Virtuose confinant au génie, Glenn Gould se retire pourtant brusquement de la scène (et de la vie publique) en 1964 pour se consacrer aux studios d'enregistrement. Il se concentre dès lors sur la composition ainsi que la création d'émissions radiophoniques et télévisées. Son style unique aux tempi élastiques et intenses a divisé la communauté musicale autant qu'il a fasciné le public. Véritable emblème de sa ville, l'âme de Gould est partout dans Toronto, notamment au 250 Front Street Ouest, devant les locaux de CBC Radio-Canada, où vous pouvez vous asseoir aux côtés de sa statue en bronze.

Le Canada possède également quelques autres pianistes moins célèbres mais remarquables comme Jan Lisiecki, prodige précoce qui jeune déjà jouait aux côtés des plus prestigieux ensembles symphoniques du monde, Louis Lortie, grand interprète de Chopin à la discographie pléthorique et au style piquant, Alain Lefèvre, star de son instrument, ou Marc-André Hamelin, pianiste souvent qualifié de virtuose, connu aussi pour son immense répertoire et sa passion pour les compositeurs considérés injouables.

Outre ses pianistes, le pays compte aussi quelques talents lyriques qui l'ont fait rayonner hors de ses frontières. À commencer, dès le début du XXe siècle, par la contralto Portia White (1911-1968), première chanteuse afro-canadienne à atteindre une renommée internationale. Plus tard, ce sont George London (1920-1985), baryton-basse et premier non-Russe à avoir incarné *Boris Godounov* au Bolchoï, Louis Quilico (1925-2000), baryton surnommé « Monsieur Rigoletto » qui a joué 25 ans d'affilée au Met de New York, son contemporain Jon Vickers, ténor puissant qui joua au même endroit pendant 27 ans dans presque 300 performances, et enfin la basse Joseph Rouleau, qui s'est produit sur les plus grandes scènes aux côtés des meilleurs.

Côté direction, la pays brille entre les mains du Québécois Walter Boudreau, icône et iconoclaste, à la tête de la Société de musique contemporaine du Québec, Peter Oundjian qui fut un temps à la tête de la symphonie de Toronto et enfin (et surtout) Yannick Nézet-Séguin, immense chef qui a bousculé et rafraîchi l'Orchestre philharmonique de Rotterdam et dirige toujours l'Orchestre de Philadelphie, un des piliers du « Big Five » américain. Mais ce n'est pas tout. Ce dernier est aussi le directeur à vie de l'Orchestre métropolitain de Montréal, réputé pour ses très bons enregistrements et officiant la plupart du temps à la Maison symphonique de la Place des Arts.

C'est d'ailleurs dans cette même salle que l'on trouve la grande entité philharmonique canadienne : l'Orchestre symphonique de Montréal. Dirigé par le grand Kent Nagano qui a imprimé sa marque entre 2006 et 2020, l'OSM est considéré comme le plus prestigieux orchestre symphonique du Canada et l'un des meilleurs d'Amérique, voire du monde. Dans la même ville, n'oublions pas non plus de mentionner I Musici, l'orchestre de chambre de Montréal, fondé en 1983 par le violoncelliste et chef d'orchestre Yuli Turovsky et composé de quinze musiciens s'illustrant dans un large répertoire allant du baroque au contemporain.

Québec, de son côté, dispose elle aussi d'un ensemble de chambre réputé mondialement : Les Violons du Roy. Spécialisé dans le répertoire classique baroque, l'orchestre ne s'interdit pas pour autant quelques détours de temps à autre par les XIXe et XXe siècles. Pour les voir, il faut se rendre dans ce beau bâtiment du Vieux Québec qu'est le Palais Montcalm, une salle fort réputée. Il est d'ailleurs toujours bon de feuilleter la programmation de ce dernier car elle est très variée.

En Ontario aussi les amateurs d'art lyrique sont chez eux. On y trouve une salle iconique, le Massey Hall, construite en 1894 (la plus ancienne du pays) accueillant des spectacles musicaux de grande qualité mais aussi des établissements plus modernes comme le Four Seasons Centre for the Performing Arts, doté d'un auditorium magnifique de plus de 2 000 places et résidence de la Canadian Opera Company, l'un des ensembles d'opéra les plus renommés d'Amérique du Nord. L'Ontario jouit aussi de quelques grands ensembles. Un des meilleurs exemples est l'Orchestre symphonique de Toronto (TSO), autrefois mené par des sommités telles que le Japonais Seiji Ozawa ou le Finlandais Jukka-Pekka Saraste, et qui se produit au Roy Thomson Hall depuis 1982.

La chanson française

Un Canadien sur cinq ayant le français comme langue maternelle, la chanson francophone est naturellement un gros marché national. Un marché d'ailleurs porté, non seulement par un quota local imposé de 65 % de chansons en langue française sur les radios francophones mais aussi par la possibilité d'exporter des artistes dans tout le monde francophone (un bassin d'environ 300 millions d'auditeurs potentiels quand même). Qui ici n'a jamais entendu (parler de) Céline Dion ?

Mais bien avant Céline, celle qui fut considérée comme la première auteure-compositrice-interprète du Canada français se nomme Mary Travers. Surnommée « La Bolduc », cette illustre Gaspésienne

a raconté comme nulle autre la réalité du Québec de l'entre-deux-guerres et le quotidien des petites gens.
C'est elle qui a ouvert la porte aux chansonniers comme Robert Charlebois, Félix Leclerc, Gilles Vigneault - des monuments équivalents de Brassens en France - ou les plus contre-culturels Plume Latraverse et Richard Desjardins. Dans un registre différent mais pas si éloigné, quelques décennies plus tard, toute une génération de stars internationales, plus axées autour de la variété, comme Céline Dion (évidemment) mais aussi Garou, Roch Voisine, Isabelle Boulay ou Lynda Lemay ont envahi les ondes du monde en enchaînant les tubes. Aujourd'hui, ce sont les Cœur de Pirate ou Pierre Lapointe qui portent le renouveau de cette chanson francophone québécoise hors de leurs frontières avec des textes sensibles plus intimes.
Quiconque a envie d'entendre des chansonniers sur scène au Québec devra se rendre dans une « boîte à chansons ». Typiquement québécoises, ces salles de spectacle de poche sont les scènes privilégiés des chanteurs locaux. C'est ici que vous entendrez les nouveau Félix Leclerc, Gilles Vigneault ou Robert Charlebois faire leurs premiers pas. Quelques bonnes adresses : Le 2 Pierrots à Montréal, La P'tite Grenouille et Les Voûtes de Napoléon à Québec.

La musique populaire

Au sortir de la Grande Dépression, la musique canadienne connaît un élan quasi similaire à celle du voisin américain, notamment portée par la succès du « Maharaja du clavier », le pianiste et virtuose du jazz montréalais Oscar Peterson (1925-2007).
Mais c'est vraiment après la Seconde Guerre mondiale que la première idole canadienne de la musique émerge au travers de la figure de Paul Anka. Dès sa première chanson *Diana*, l'artiste connaît une célébrité instantanée. Débute alors une période où le Canada fournit parmi les artistes les plus importants et influents de leur siècle, d'abord Leonard Cohen (1934-2016), auteur-compositeur-interprète montréalais figure de la folk au timbre grave. Puis Neil Young. Artiste incontournable, ce natif de Toronto incarne à lui seul la folk et ses évolutions au travers de sa carrière, riche en projets et rebondissements. Que ce soit en groupe (comme le fameux Crosby, Stills, Nash and Young) ou via ses projets solos (l'album *Harvest* est largement considéré comme un des plus importants de l'histoire de la musique), Neil Young est perçu par ses fans - mais pas seulement - comme un des meilleurs musiciens des trente dernières années. Pour compléter ce trio, mentionnons une artiste de l'Alberta, Joni Mitchell, qui elle aussi figure parmi les légendes folk. Après eux, ce sont les rockeurs au cœur tendre comme Bryan Adams (et son tube *Everything I Do* sur la B.O. du film *Robin des Bois*), plus énervée comme Alanis Morissette et plus country comme Shania Twain qui ont tenu le haut de l'affiche à la fin du XXe siècle. Sans revenir sur Céline Dion, évidemment.
Plus récemment, le Canada s'exporte à l'international avec les albums de Michael Bublé, crooner moderne célèbre pour ses tubes mièvres de Noël, Nelly Furtado, grande popstar des années 2000, égérie du producteur Timbaland, ou encore Justin Bieber et Carly Rae Jepsen.
Hormis ces stars très « grand public », n'oublions de mentionner une passion de l'Ouest canadien : la country. Originaire de la région des Appalaches aux États-Unis, la country apparaît au Canada à la fin des années 1920, popularisée par des musiciens comme les violonistes Don Messer et George Wade. Bien que le genre ait toujours su séduire les populations de l'Ouest – il s'accommode sans doute bien avec les grands espaces de la région -, il a connu un regain de popularité dans les années 1990 via le succès d'artistes canadiens comme Garth Brooks (énorme star du domaine) ou Terri Clark et plus récemment K. D. Lang, artiste albertaine sans concession et affichant publiquement son homosexualité, fait très rare dans un univers plutôt réfractaire.

Les musiques actuelles

Faite peu ou prou du même bois que sa fausse jumelle étasunienne, la scène canadienne brille par sa vivacité et sa richesse dans le domaine des musiques indépendantes. On trouve ici des monstres sacrés comme Godspeed You! Black Emperor, Rufus Wainwright et Arcade Fire, des champions de l'électro comme Caribou, A-Trak, Kaytranada, Jessy Lanza ou Chromeo, des icônes excentriques comme Grimes, le fanfaron Mac DeMarco ou le superbe pianiste Chilly Gonzales, ou encore des expérimentateurs tels que Dirty Beaches, Sarah Davachi et Kara-Lis Coverdale. Sans oublier un paquet d'autres noms adorés des fans d'indie comme Alvvays, rock très sentimental, Gord Downie et son groupe culte pour le public local The Tragically Hip,
Men I Trust, électro-pop relaxante, Daniel Bejar, l'homme-orchestre derrière le groupe Destroyer, Timber Timbre et son folk rock sombre, la chanteuse Feist connue pour sa pop badine, Metric, les descendants des Pixies, ou encore Broken Social Scene, super groupe de rock composé entre autres de Leslie Feist ou Emily Haines de Metric.
Côté francophone, ça n'est pas plus timide puisqu'on trouve des pépites comme Marie Davidson et sa new wave très mécanique et sensuelle, Klo Pelgag et sa folk haute en couleur, le prodigieux glam rock d'Hubert Lenoir, l'indie pop bouleversée de Safia Nolin (que certains connaissent pour ses nombreux duos avec Pomme - dont elle est d'ailleurs l'épouse) ou encore la pop voyageuse de Karim Ouellet.

On ne le sait que trop peu mais une des spécialités canadiennes, c'est le rap. D'ailleurs, on dit « canadienne » mais la quasi-totalité des rappeurs importants viennent d'une seule et même ville : Toronto. Depuis les années 2000, elle devenue une des capitales du genre, statut qu'elle doit à l'ascension de l'iconique Drake. Poulain du grand Lil Wayne à ses débuts, il est devenu en deux décennies une des figures incontournables du rap mondial, éclairant dans son succès, toute la scène de sa ville natale. Ainsi, aujourd'hui, Toronto est au même titre que New York, Los Angeles ou Atlanta une grande ville du rap américain, portée par des vedettes comme The Weeknd ou PARTYNEXTDOOR et des stars en devenir comme Dvsn, Jazz Cartier ou NAV et K-os. Plus récemment, un nom à retenir est celui de Mustafa The Poet, originaire de Toronto : sa voix et ses paroles bouleversantes s'accordent parfaitement avec son mélange rap et folk.

Vu le dynamisme du pays, on devine qu'il ne manque pas d'endroits pour voir un concert. À Montréal, une des scènes les plus prisées des amateurs de musiques actuelles est le MTELUS. Située en plein cœur de la ville, cette salle mythique longtemps connue sous le nom de Métropolis peut accueillir 2 300 personnes. Tous les grands noms de la pop y sont passés, de David Bowie aux Rita Mitsouko en passant par Björk. Côté festival, les amoureux de musique foncent tous à l'unisson à Pop Montréal, le rendez-vous de la scène indépendante internationale ou, durant l'hiver, à l'Igloofest, époustouflant festival de musique électronique les pieds dans la neige.

À Québec, le centre névralgique du renouveau créatif de la ville, c'est le Pantoum. Studio, salle de concert, maison de disques... : l'endroit est un incontournable de la création locale. Tout comme le Festival d'été qui, chaque année, propose durant onze jours d'allier grandes pointures - Metallica, The Rolling Stones ou IAM - et jeunes talents locaux. Une belle visibilité pour la création de Québec.

À Toronto, la ville est le théâtre d'un très bon festival, le North By Northeast, réponse canadienne au South By Southwest texan, très réputé pour sa programmation de musique, cinéma, comédie et arts visuels, tandis qu'à Calgary, l'endroit à ne pas rater est le Broken City Social Club. Largement populaire auprès des jeunes branchés de la ville, cette adresse est à la fois un bar-restaurant et une salle de concert programmant rock, punk, country ou jazz.

Le théâtre et l'humour

La France ne peut l'ignorer, le Québec est un pays amoureux de théâtre. Nos scènes hexagonales ont mis en scène, adapté, joué, édité des dramaturges phares comme Wajdi Mouawad, Michel Tremblay, Larry Tremblay, Évelyne de la Chenelière, Marie Laberge ou encore Carole Fréchette. Sans surprise, on trouve quantité de lieux où approcher la dramaturgie québécoise. À Montréal, une des scènes les plus importantes est le Théâtre du Nouveau Monde avec sa belle salle à l'italienne et ses superbes productions d'œuvres majeures des répertoires nationaux et internationaux, de Molière à Koltès, en passant par Shakespeare et Michel Tremblay. Autre pilier de la ville, le Théâtre du Rideau Vert a vu en 70 ans la crème de la dramaturgie locale déclamer sa plus belle prose sur ses planches : Antonine Maillet, Michel Tremblay, Gratien Gélinas ou Marie-Claire Blais pour ne citer qu'eux. Pour être certain de trouver la nouvelle création québécoise, direction le Centre du Théâtre d'Aujourd'hui, qui, depuis 1968, valorise et diffuse la dramaturgie locale et canadienne d'expression française via des créations ou reprises du répertoire.

Aussi, la ville accueille chaque printemps un événement particulièrement intéressant, le Festival St-Ambroise Fringe de Montréal, festival international d'expression libre mêlant théâtre, danse et musique.

Étant donné la quantité d'humoristes canadiens ayant fait carrière en France, on mesure sans mal la place qu'entretient l'humour au Québec. Les Québécois prennent l'humour très au sérieux, à tel point qu'une École nationale de l'humour fut fondée à Montréal en 1988. L'école a depuis diplômé plus de 400 auteurs et humoristes, dont des Français (comme Roman Frayssinet) et une foule de noms contemporains de l'humour québécois comme Jean-Marc Parent, Lise Dion, Laurent Paquin, Jean-Michel Anctil, Martin Matte, Guillaume Wagner, François Bellefeuille ou Philippe Laprise. Sans surprise, Montréal, d'ailleurs lieu de naissance d'un très grand rendez-vous dédié à l'humour au monde, le célèbre festival Juste pour Rire, regorge de lieux dédiés à l'humour. Le plus en vue en ville ? Sans aucun doute, le **Bordel Comédie Club** (p.396), ancienne maison close (d'où le nom) reconvertie en scène à l'américaine où chaque soir cinq artistes se suivent à un rythme endiablé.

Achevons enfin ce tour des scènes canadiennes par l'art québécois du cirque et plus particulièrement le Cirque du Soleil. Cherchant à insuffler un vent de modernité dans la discipline sans rompre avec la tradition, ce cirque d'une créativité étonnante réconcilie avec le genre ceux qui croyaient s'en être lassés. Troublants de grâce, ses spectacles voyagent partout dans le monde mais ne manquent jamais de revenir s'installer quelque temps au Québec.

Moins connues mais tout aussi intéressantes, d'autres compagnies québécoises, comme le Cirque Eloize ou Les 7 Doigts de la Main, se démarquent également par leur originalité.

TOP 10

MUSIQUE

Non il n'y a pas que Céline Dion et des chansonniers. Terre aussi riche que vaste, le Canada a une diversité musicale passionnante qu'il est impératif d'explorer au même rythme que le pays. Au programme : du chant de gorge, des génies, une méga star, un album culte et le rappeur le plus suivi de notre époque. Bon voyage !

© BEN HOUDIJK - SHUTTERSTOCK.COM

NEIL YOUNG

Harvest (1972), à écouter et réécouter. Pour beaucoup un des meilleurs albums de tous les temps.

© BEN HOUDIJK - SHUTTERSTOCK.COM

ARCADE FIRE

L'album *The Suburbs* est un bijou racontant le quotidien des banlieues résidentielles canadiennes.

ÉLISAPIE ISAAC

L'album solo *There Will Be Stars* aborde la réalité inuite en anglais, inuktitut et jazz-folk feutré.

YANNICK NÉZET-SÉGUIN

Toutes les symphonies de Bruckner qu'il a dirigées avec l'Orchestre Métropolitain de Montréal.

GLENN GOULD

Toutes ses interprétations des *Variations Goldberg* de Bach sont des chefs-d'œuvre que l'on se doit d'avoir écoutés.

ROBERT NATHANIEL DETT

The Ordering of Moses par le Cincinnati Symphony Orchestra et James Conlon en 2016. Une valeur sûre.

LEONARD COHEN

En 1984, il compose *Hallelujah*, qui deviendra mondialement célèbre dix ans plus tard, interprétée par Jeff Buckley.

© ROUTE66 - SHUTTERSTOCK.COM

TANYA TAGAQ

Retribution (2016) est le plus puissant des albums de la reine du chant de gorge katajjaq.

© HOWARD SANDLER - SHUTTERSTOCK.COM

CÉLINE DION

En 1993, Céline connaît son premier succès en France avec *Un garçon pas comme les autres*.

© JSTONE-SHUTTERSTOCK.COM

DRAKE

Rien ne raconte mieux le spleen du rap moderne que sa discographie.

© KATHY HUTCHINS - SHUTTERSTOCK.COM

LITTÉRATURE

Bien qu'aussi vaste que ce pays qui est le deuxième plus grand de la planète, la littérature canadienne a dû commencer par résoudre nombre de questions liées à la découverte de ce « Nouveau Monde » avant de prétendre rencontrer un écho international. Comment répondre au fantasme d'un ailleurs à conquérir, tout en préservant la culture des habitants natifs, les « Premières Nations » et Inuits, qui n'ont été officiellement reconnus que tardivement ? Comment trouver sa place puis exister au regard – et auprès – d'autres territoires aussi anciens que l'Europe ou emblématiques que les États-Unis ? Comment concilier l'histoire et les langues des colons tout en définissant une identité nationale commune ? Comment appréhender les grands espaces qui inspirent autant qu'ils inquiètent ? Telles sont les problématiques que cette « nouvelle littérature » a dû explorer lors du XIXe siècle avant de trouver l'équilibre au cours de la seconde partie du siècle suivant.

Du mythe à la réalité

Vinland, Norembergue, Kanata, Acadie, Nouveau-Monde, Nouvelle-France... : à combien de noms répond le Canada avant de devenir celui que nous connaissons aujourd'hui, à combien de mythes fait-il écho, à combien de rêves correspond-il ? Il apparaît tout d'abord dans les *Sagas Islandaises*, ce corpus qui mêle légendes et faits réels, et rappelle que le premier Européen (connu, d'autres l'ont sans doute précédé) à avoir dépassé le Groenland pour poser pied aux abords du Golfe du Saint-Laurent est un Viking, Leif Erikson. Si cette première expédition, vers l'an 1000, fut racontée dans *La Saga d'Erik le Rouge* et dans *La Saga des Groenlandais*, rédigées deux siècles plus tard, et que des fouilles archéologiques ont confirmé une présence viking (qui ne semble pas avoir été pérennisée, peut-être à cause de conflits avec les autochtones), il reste difficile de préciser à quel territoire correspondait exactement le Vinland évoqué. Il est tout aussi complexe d'évaluer si Norembergue, apparaissant sur les premières cartes d'Amérique du Nord, tient plutôt du mythe ou de la réalité. Ce pays fantôme fait en tout cas écho à la tradition irlandaise qui voudrait que Brendan, saint du VIe siècle, ait traversé l'océan Atlantique sur un « currach », bateau léger qui se manœuvre avec des avirons, ce que s'attellera à démontrer l'explorateur Tim Severin qui parvient à reproduire le voyage et à débarquer à Terre-Neuve en 1976. La frontière poreuse qui sépare la fiction de la vérité historique ne fera que se renforcer, de nouveaux mythes venant s'ajouter aux anciens pour tenter de prouver que Christophe Colomb n'était pas à l'origine de la découverte de ce Nouveau Monde qui déjà alimentait tous les fantasmes. Nous pourrions ainsi penser au Canton de Madoc, en Ontario, qui tire son nom d'un prince gallois – dont l'existence même n'est pas avérée – qui en aurait fait la conquête dès 1170 et pris le temps d'initier les indiens Tuscaroras aux mystères de sa langue. Enfin, comment ne pas évoquer la culture des peuples autochtones qui, s'ils ne possédaient pas de système d'écriture (mais de nombreux idiomes), étaient néanmoins riches de leurs croyances (proches de l'animisme) et de leurs légendes qui ont été sauvegardées grâce à la tradition orale.

On imagine aisément que les premiers navigateurs à avoir exploré les côtes canadiennes avaient à l'esprit toutes ces images d'un pays de cocagne, mais la colonisation s'avéra pourtant périlleuse. Si la littérature n'était certainement pas la préoccupation majeure à l'époque, cela ne fera pas, a posteriori, négliger l'intérêt des écrits d'alors, des *Relations* de Jacques Cartier (qui, dit-on, donna son nom au pays en s'inspirant du mot iroquois « kanata » signifiant « village ») à *Des Sauvages* (éditions Typo) de Samuel de Champlain qui fonda la ville de Québec en 1608. Le siècle suivant ne sera pas non plus sinécure : la Guerre des Sept ans opposera, entre autres, les Français aux Anglais et aura pour conséquence, de ce côté-ci de l'Atlantique, la signature en 1763 du Traité de Paris par lequel les premiers cèderont aux seconds le Canada. De cette longue période troublée, il est tout de même intéressant de retenir l'ample correspondance de Marie de l'Incarnation, une Ursuline qui en 1639 quitta Tours pour Québec. De vocation d'abord contrariée, la missionnaire est en effet mère, et c'est à son fils Claude, resté sur le Vieux continent, qu'elle raconte ce qu'elle vit, jusqu'à son décès en 1672. La rencontre avec les peuples autochtones inspire aussi les chroniques, l'œuvre de l'anthropologue Louis-Armand de Lom d'Arce (1666-1716) fait sensation au XVIIIe siècle et rivalise d'intérêt avec celle de l'historien Pierre-François-Xavier de Charlevoix (1682-1761). Enfin, le célèbre Louis-Antoine de Bougainville a participé à la Guerre de Conquête contre la Nouvelle-Angleterre et même si, en sa qualité de bilingue, il eût à malheureusement négocier la capitulation de son pays, ces épisodes figurent en bonne place dans ses *Mémoires*.

Tandis que la littérature française résiste…

Le régime britannique tente alors, sans succès, une assimilation des colons franco-catholiques, ce n'est que la première étape de la mise en place d'un fragile équilibre qui, au cours des ans, devra faire cohabiter deux langues, deux cultures et deux religions. Au-delà de l'aspect politique et de ses nombreux rebondissements, c'est bien de la langue française québécoise dont il est question, tout autant par les menaces dont elle sera l'objet, que dans sa spécificité, elle qui désormais évoluera loin de l'influence parisienne. Une lutte qui prit des accents patriotiques au cours de ce XIXe siècle qui débuta par une publication qu'il est d'usage de retenir comme le premier roman canadien français : *L'Influence d'un livre*, de Philippe Aubert de Gaspé fils (1814-1841), paru en 1837 puis réédité en 1864, après quelques coupes, par Henri-Raymond Casgrain sous le titre *Le Chercheur de trésors*. Notre bon censeur, qui était également homme d'Église, a beaucoup œuvré pour la sauvegarde de la littérature canadienne dont il fut précurseur dans l'approche critique. Sa rencontre avec Octave Crémazie (1827-1879), le « premier poète national québécois », par ailleurs libraire, fut décisive et entraîna la création de L'École littéraire (ou patriotique) de Québec. Ce mouvement, plutôt romantique et d'influence catholique, se réunissait autour de deux publications : *Les Soirées canadiennes*, créée en 1861, puis *Le Foyer canadien*, en 1863. Des membres éminents de ce cénacle, nous retiendrons plus particulièrement Antoine Gérin-Lajoie (1824-1882), qui a signé le roman Jean Rivard et la chanson *Un Canadien errant*, et Hubert LaRue (1833-1881), médecin qui écrivait aussi pour d'autres revues, même si l'Abbé Casgrain ne minimisa jamais l'influence de leur aîné François-Xavier Garneau (1809-1866), célèbre pour *L'Histoire du Canada* qui est demeuré un classique, et dont il écrira la biographie. Henri-Raymond Casgrain se consacra ensuite aux voyages, certaines de ses œuvres furent couronnées par l'Académie française, et il perdit la vie en même temps que le nouveau siècle naissait, en 1904, à Québec, laissant de lui l'image d'un activiste littéraire d'importance.

La flamme n'eut heureusement pas le temps de s'éteindre que déjà elle était alimentée par L'École littéraire de Montréal. Sur l'initiative du poète Jean Charbonneau et de son acolyte écrivain Paul de Martigny, la première séance se tint le 7 novembre 1895. Germain Beaulieu était alors président et Louvigny de Montigny apporta son aide. Les « exotistes » puisèrent leur inspiration dans l'ailleurs, bénéficiant d'influences aussi diverses que le symbolisme ou les Parnassiens français. En 1897, le cercle accueillit un tout jeune homme, Émile Nelligan, comète fulgurante qui illumina la poésie québécoise. Cet ardent admirateur de Baudelaire, romantique absolu dans tous les thèmes qu'il aborda, de la nostalgie de l'enfance à la beauté féminine, suscita l'admiration de tous en déclamant *La Romance du vin* le 26 mai 1899. Il s'agissait là pourtant de son chant du cygne puisque, peu de temps après, et alors qu'il n'avait pas 20 ans, il sera interné pour troubles mentaux et restera enfermé jusqu'à son dernier souffle, en 1941. Son ami Louis Dantin (1865-1945) rassemblera ses écrits et les fera publier en 1903, commençant sa préface par ces terribles mots : « Émile Nelligan est mort », présageant ainsi que l'inspiration divine s'était définitivement tarie.

L'École littéraire de Montréal, quant à elle, fait paraître en 1900 *Les Soirées du château de Ramezay*, œuvre collective qui donna à lire les conférences tenues jusqu'alors, puis sembla tomber dans une certaine léthargie dont elle ne sortit vraiment qu'en 1909, avec le lancement d'une nouvelle revue, *Terroir*. Le succès relatif de celle-ci s'explique peut-être par une ligne éditoriale qui s'éloignait trop des buts premiers de l'association, mais qui dans le même temps ne convainquit pas les férus d'un courant qui était alors en passe de devenir prédominant, celui des « terroiristes ». En effet, la littérature régionaliste existait depuis le milieu du XIXe siècle, mais le mouvement s'était intensifié au début du XXe avec la création de la Société du parler français au Canada, sur l'impulsion de deux professeurs de l'Université de Laval, Adjutor Rivard et Stanislas-Alfred Lortie. Dans le même temps, l'ecclésiastique et futur recteur Camille Roy avait débuté la rédaction d'un manuel de littérature canadienne-française, dont la première mouture, en 1907, rencontra un succès immédiat. L'enjeu était double : affirmer le québécois dans son originalité, en détachement voire en opposition au français de France, et vanter des valeurs traditionnelles telles que la terre, la famille et la religion. L'exemple le plus parlant est certainement *Maria Chapdelaine* qui, pourtant, fut écrit en 1913 par un Brestois exilé, Louis Hémon.

… la littérature anglaise tente d'exister

Jusqu'au XIXe siècle, du côté de la langue anglaise, la littérature a suivi peu ou prou le même cheminement que celle des Français : récits d'explorateurs, chroniques de colons, poésies, romans.

Margaret Atwood.

Ainsi, l'Anglaise Frances Brooke s'arrogea le titre de première romancière canadienne avec *The History of Emily Montague*, roman que lui avait inspiré son séjour de cinq ans au Québec, tandis que Samuel Hearne passionna les foules avec *Le Piéton du Grand Nord* : première traversée de la toundra canadienne 1769-1772 (éditions Payot). David Thompson (1770-1857) les subjugua avec son travail d'arpenteur et ses travaux topographiques. Nous pourrions aussi citer Susanna Moodie (1803-1885) restée célèbre pour le récit qu'elle livra de son installation dans une colonie ontarienne, où elle ne dissimula ni sa difficulté à s'acclimater ni sa fascination pour les traditions amérindiennes qu'elle documenta. Ses deux titres à succès – *Roughing in the Bush* (1852) et *Life in the Clearings Versus the Bush* (1853) – n'ont pas été traduits dans notre langue, mais son existence a inspiré à Margaret Atwood une évocation poétique qu'il est au moins possible de se procurer en version bilingue chez Doucey éditeur. Le milieu du siècle est également marqué par un long poème épique que l'Américain Henry Longfellow (1807-1882) dédia à la mémoire des Acadiens et à la déportation dont ils furent victimes durant le Grand Dérangement. Symbole de cet épisode historique tragique, *Evangeline* (aux éditions Guérin) est aussi une magnifique histoire d'amour, de celles qui ne s'oublient pas. Acadie rima encore avec poésie dans l'œuvre de William Bliss Carman qui louait les grands espaces et la magnificence de la province du Nouveau-Brunswick qui l'avait vu naître en 1861. Avec trois autres de ses pairs – Charles GD Roberts (1860-1943), Archibald Lampman (1861-1899) et Duncan Campbell Scott (1862-1947) –, il forma le quatuor dit des Poètes de la Confédération dont le double point commun était d'user des codes stylistiques de la tradition victorienne tout en s'inspirant de la nature qui les environnait. Cousin de Carman, Charles GD Roberts, surnommé « le père de la poésie canadienne » malgré la qualité variable de ses vers, publia ainsi plusieurs recueils (*Songs of the Common Day*, *The Vagrant of Time*...) mais aussi des histoires racontées du point de vue d'animaux. Lampman, dont la réputation est restée intacte, s'absorba dans de mélancoliques méditations, confrontant le calme de la vie à la campagne avec l'agitation des grandes villes (*The City of the End of Things*, *Lyrics of Earth*, *A Gift of the Sun*). Enfin, Scott publia huit livres de poésie (*The Magic House and Other Poems*, *Beauty and Life*, *The Green Cloister*...) mais aussi des recueils de courts portraits (*In the Village of Viger*, *The Witching of Elspie*, *The Circle of Affection*). Bien qu'ils constituèrent la première incarnation d'un cercle littéraire purement canadien, ces poètes se revendiquaient plutôt cosmopolites. Certains – et d'autres qui leur sont affiliés – firent d'ailleurs le choix de quitter leur terre natale pour s'installer aux États-Unis. A contrario, des Anglais continuèrent de traverser l'océan, à l'instar de Stephen Leacock (1869-1944), célèbre humoriste dont les romans se dégustent toujours chez Wombat (*Au pays des riches oisifs : aventures en Arcadie*, *L'île de la tentation et autres naufrages amoureux*, *Bienvenue à Mariposa*). Ces échanges et migrations furent peut-être le signe de la difficulté que rencontra la littérature canadienne de langue anglaise à trouver sa place, entre le poids de tradition britannique et celui de l'influence américaine.

Et pourtant, les auteurs canadiens finirent par provoquer un certain retentissement international tout en continuant à écrire sur leur terre nourricière. Ainsi, Lucy Maud Montgomery (1874-1942) s'inspira en 1905 d'un fait divers pour son histoire d'un couple qui, voulant adopter un garçon pour aider à la ferme, vit débarquer une fillette à la flamboyante chevelure rousse. Trois ans plus tard, le manuscrit enfin accepté, l'héroïne, Anne Shirley, séduisit à tel point les foules que 60 millions d'exemplaires de la série de romans qui lui fut consacrée ont depuis été vendus à travers le monde. Les éditions françaises Monsieur Toussaint Louverture les ont d'ailleurs retraduits et republiés dans un magnifique coffret en 2020, toujours avec le même succès. Dans la même veine, Mazo de la Roche, née à Newmarket en 1879, se consacra à une saga prenant comme décor Jalna, manoir qui lui donne son nom. En seize romans (réédités en 2023 par J'ai Lu), et autant de best-sellers, elle imagina les péripéties d'une famille, les Whiteoak, sur plusieurs générations. Décédée en 1961 à Toronto, son corps repose désormais non loin de celui de Stephen Leacock à Sibbald Point (Ontario). Frederick Philip Grove (1879-1948) se lança quant à lui dans l'écriture de livres mettant en scène les pionniers de l'Ouest canadien. Grâce à son œuvre – dont *Fruits of the Earth*, son roman le plus célèbre –, il initia le courant réaliste, dans lequel s'engouffra Martin Allerdale Grainger (1874-1941) avec *Woodsmen of the West*, et auquel Hugh MacLennan (1907-1990) ajouta une touche contemporaine en mettant en exergue dans *Deux solitudes* (1945) les relations conflictuelles entre francophones et anglophones.

Une double littérature affranchie

Paradoxalement, cet ouvrage – et peut-être encore plus le précédent de Hugh MacLennan, *Barometer Rising* (*Le Temps tournera au beau*, 1941) – parut à une époque charnière pour la littérature canadienne (dans ses deux langues) car celle-ci réussit à s'affranchir, enfin, d'un trop lourd formalisme. Elle revendiqua sa spécificité, la question des « québécismes » (qui se pose également en anglais) n'étant que la partie la plus visible de cette petite révolution.

Stylistiquement, cela se concrétisa notamment dans le théâtre du côté anglophone avec, par exemple, les pièces radiophoniques de Merrill Denison (1893-1975) ou les travaux du théoricien Robertson Davies qui sut prendre du recul sur ses expériences londoniennes (*Shakespeare for Young Players*) pour produire une œuvre originale (*Eros at Breakfast*, *Fortune, My Foe*, *At My Heart's Core*). Côté francophone, outre l'exubérant Abraham Moses Klein (1909-1972) qui aurait pu se targuer de son habilité à faire sonner les mots et à tournebouler la syntaxe, le tout avec un humour féroce (*La Chaise berçante* aux éditions du Noroît, *Le Second rouleau* chez Boréal), le groupe des « automatistes » mené par Paul-Émile Borduas agita les années 1940. Les artistes qu'il fédéra autour de lui – issus de milieux aussi divers que la photographie, la danse, le design, et bien sûr la littérature – publièrent leur manifeste *Refus Global* le 9 août 1948. Dans celui-ci, ils revendiquaient le rejet de l'immobilisme et une ouverture radicale, artistique et sociale. L'accueil fut glacial, certains signataires n'eurent pas d'autres choix que de se plier à l'exil, mais le ver était dans le fruit et, au tout début des années 1960, se dessina la Révolution tranquille, véritable période de rupture qui se montra favorable à l'apparition d'une écriture plus réaliste, d'autant plus affirmée. Un parcours qui sera aussi celui de Gaston Miron (1928-1996) qui renoncera à sa vocation religieuse pour se consacrer à la poésie, cofondant en 1953 la première maison d'édition consacrée à cet art, L'Hexagone, puis n'hésitant pas ensuite à s'engager politiquement. Son remarquable investissement en tant que passeur et en tant qu'écrivain lui vaudront des obsèques nationales. Il faut de lui retenir le recueil *L'Homme repaillé* (éditions Typo) paru en 1970, œuvre majeure de la littérature québécoise.

De nouvelles plumes fleurirent, des noms s'imposèrent. Le fort discret Réjean Ducharme publia en 1966 *L'Avalée des avalés* chez Gallimard, son manuscrit n'ayant pas trouvé preneur au Québec. Il sera nommé pour le Goncourt et recevra le Prix du Gouverneur général pour ce livre si sombre et si original qu'il conquit derechef le statut de roman culte. La même année, une Québécoise remporta le prestigieux Prix Médicis : Marie-Claire Blais, née en 1939 à Québec, avec *Une saison dans la vie d'Emmanuel*, grande fresque qui campait une famille de 16 enfants ! Si les comportements déviants de certains de ces personnages purent heurter lors de la publication, cet ouvrage reste important car il restitue avec justesse la transition entre valeurs conservatrices et idées progressistes. En 1967, Gabrielle Roy reçut pour sa part le titre de Compagnon de l'Ordre du Canada, une nouvelle reconnaissance pour celle qui avait déjà honorée par bien des distinctions. Figure importante de la littérature franco-manitobaine, l'auteure perdit la vie en 1983 à Québec, laissant à son public nouvelles, poésies et récits à découvrir, ou à redécouvrir, tels que *Bonheur d'occasion*, *La Montagne secrète* ou *La Rivière sans repos*. Enfin, impossible d'évoquer la littérature québécoise sans citer « l'écrivain national » Michel Tremblay. C'est par le théâtre que l'homme entra en littérature, avec un certain fracas quand on songe au scandale causé par *Les Belles-Sœurs*, pièce jouée pour la première fois en 1968. En 1978 il entama avec *La Grosse femme d'à côté est enceinte* le cycle des *Chroniques du Plateau Mont-Royal*, et ne cessera plus de publier des romans qui allient tendresse, humour, vision critique et mise en valeur du « joual », ce fameux français populaire canadien.

Les anglophones n'ont pas à rougir de la comparaison grâce à Margaret Laurence (1926-1987) – abondamment traduite par Alto au Québec (*Une Maison dans les nuages*, *L'Ange de pierre*, *Ta Maison est en feu*...), Joëlle Losfeld en France (*Un Oiseau dans la maison*, *Les Devins*, *Les Habitants du feu*...). C'est une femme, encore, qui consolida l'édifice en s'aventurant dans une dystopie qui sut si bien questionner la société. Avec *La Servante écarlate* – Prix du Gouverneur général en 1985 –, Margaret Atwood (née en 1939 à Ottawa) gagna sa réputation de représentante émérite de la littérature contemporaine canadienne, un statut qu'elle partagea avec Michael Ondaatje (né au Sri Lanka en 1943, citoyen canadien depuis 1965) dont le roman *Le Patient anglais* (Points) fut adapté au cinéma, et désormais avec une nouvelle génération prolixe à laquelle appartiennent Jane Urquhat (*Niagara*, *Ciel Changeant*...) et Rohinton Mistry, (*Un si long voyage*, *L'Équilibre du monde*, *Une simple affaire de famille*...), natif de Bombay.

La littérature québécoise ne cesse, elle aussi, de prendre de l'envergure et de s'ouvrir aux autres cultures avec l'apparition des « écritures migrantes », notamment grâce aux voix de Kim Thuy, Dany Laferrière et Wadji Mouawad qui s'élèvent avec brio. Aujourd'hui, son écho est international, les succès se multiplient, du *Jour des Corneilles* de Jean-François Beauchemin, Prix France-Québec 2004, à *Taqawan* d'Éric Plamondon (Quidam) qui reçut la même récompense en 2018. Les maisons d'éditions québécoises (La Peuplade, Mémoire d'encrier, Les 400 coups, Le Quartanier, Alire, etc.) trouvent place sur les tables des librairies françaises, proposent à la découverte des textes forts et novateurs, et devant une telle richesse de la langue, rares sont les éditeurs français qui s'interrogent encore sur le lieu de naissance des auteurs qui leur soumettent des manuscrits. Notre langue commune, belle dans ses différences, a su faire fi des frontières.

TOP 10

LECTURE

Il serait vain de vouloir réduire le Canada, deuxième pays le plus grand du monde, à dix livres. Sans viser l'exhaustivité mais en prônant la diversité, voici une liste de lectures, pour tous les âges, tous les goûts et tous les publics afin de s'y retrouver quelque peu dans la littérature de nos « cousins » qui écrivent beaucoup, et surtout très bien !

JOURNAL D'UN BIBLIOTHÉCAIRE DE SURVIE

© ÉDITION LA PEUPLADE

Un beau matin, Charles Sagalane se découvre une vocation : construire dans les coins les plus sauvages et reculés des bibliothèques de survie.
Charles Sagalane, *éditions La Peuplade.*

TROP DE BONHEUR

© ÉDITIONS DE L'OLIVIER

Un nouveau recueil de nouvelles où la lauréate du prix Nobel de littérature 2013 campe dix personnages à la poursuite du bonheur, malgré tout.
Alice Munro, *éditions L'Olivier.*

LA BALLADE DU SOLDAT ODAWAA

© ÉDITIONS CASTERMAN

L'histoire méconnue d'un Indien intégré à un commando canadien durant la Première Guerre mondiale, et dont la violence sema la panique chez l'ennemi.
Cédric Apikian et Christian Rossi, *éditions Casterman.*

LA FORÊT POURPRE

© ÉDITIONS DE L'ARBRE VENGEUR

Un recueil de récits qui ont deux points communs : prendre l'arrière-pays canadien comme décor, et terrifier le lecteur confronté à des phénomènes surnaturels.
Algernon Blackwood, *éditions l'Arbre vengeur.*

CANADA

© ÉDITIONS BROQUET

Il ne fallait pas moins de 200 photographies pour tenter de restituer les ambiances canadiennes, des cafés de Montréal aux superbes paysages du Pacifique.
Norah Myers, *éditions Broquet.*

CANADA : GÉOGRAPHIE DE L'UTOPIE

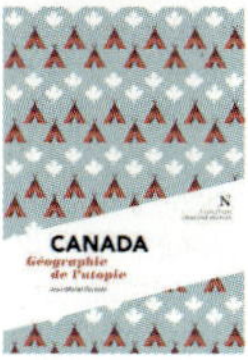

© ÉDITIONS NEVICATA

Un essai, suivi de trois entretiens, pour appréhender le Canada dans sa globalité, de son histoire à sa culture en passant par ses réalités socio-économiques.
Jean-Michel Demetz, *éditions Nevicata.*

UNE SAISON POUR LES OMBRES

© ÉDITIONS SONATINE

Canada, 1972 : le cadavre d'une adolescente est retrouvé. Montréal, 2011 : l'assassin court toujours.
Roger Jon Ellory, *éditions Sonatine.*

POUTINE NATION

© ÉDITIONS FIDES

Qui aurait misé sur un mets aussi simple ? Et pourtant, en 50 ans à peine, la poutine a conquis le monde entier, après bien des péripéties.
Sylvain Charlebois, *éditions Fides.*

LE PIONNIER DU NOUVEAU MONDE

© ÉDITIONS TERTIUM

En 1657, Jacques Baudrier a 14 ans et quitte son Perche natal pour s'embarquer avec ses parents à la découverte du Nouveau Monde. Dès 10 ans.
Michel Piquemal, *éditions Tertium.*

ASTRA

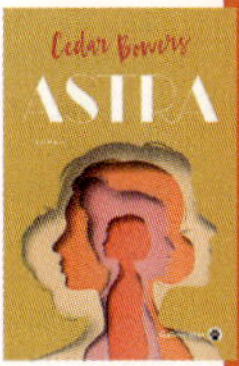

© ÉDITIONS GALLMEISTER

Négligée par son père qui lui reproche la mort de sa mère à sa naissance, Astra grandit isolée, sauvage et libre.
Cedar Bowers, *éditions Gallmeister.*

A L'ÉCRAN

Loin d'être simplement une extension du marché états-unien, le Canada est dès le début du XXe siècle un pays de cinéma. Et si la production a quelque peu diminué, submergée par le mastodonte hollywoodien, plusieurs cinéastes ont su imposer leur style et leur patte dès les années 1920. Aujourd'hui, David Cronenberg ou Xavier Dolan font partie des figures de proue de ce septième art varié, qui recèle également une grande histoire de documentaire et d'animation. L'industrie cinématographique a aussi – on ne peut le nier – bénéficié grandement des tournages américains, pour qui le Canada représente une manne de décors inépuisables, avec des opportunités offertes par un Office National du Film installé depuis 1939. *X-Men*, *Twilight*, ou les séries *Lucifer*, *Smallville* et *Supernatural*, les exemples sont nombreux. Et pour les cinéphiles avides de découvertes, les festivals de Toronto ou de Vancouver sont des rendez-vous incontournables.

Aux origines du cinéma canadien

Dès 1896, les premières projections ont lieu à Saint-Laurent et à Montréal. Les inventions d'Edison et des frères Lumière sont présentées des deux côtés de la frontière linguistique, et le cinéma se développe rapidement dans le pays. En 1897, James Freer, agriculteur et reporter de formation, devient le premier cinéaste canadien. Ses films tournent autour de son quotidien, et il y capture les plaines et grands espaces du pays. En 1914, le premier long-métrage canadien, *Evangeline*, sort dans les salles américaines et canadiennes. Adaptation d'un poème de l'auteur américain Henry Wadsworth Longfellow, cette production de Edward P. Sullivan et William Cavanaugh est, à l'instar des premiers films de James Freer, considérée comme perdue. Les années qui vont suivre voient se développer l'industrie canadienne, en parallèle de celle, de plus en plus imposante, des États-Unis. En 1926, près de 95 % des films projetés au Canada sont américains, et les réalisateurs du pays partent travailler à Hollywood. Jack Warner, l'un des quatre fondateurs de la Warner Bros, né en Ontario, s'installe à Los Angeles à cette période, tandis que Mack Sennett, originaire de l'Estrie, devient l'un des grands réalisateurs de comédies du cinéma muet d'Hollywood, avant de lancer des carrières comme celles de Charlie Chaplin. Pour soutenir la production cinématographique nationale, l'Office National du Film est fondé en 1939. À l'origine outil destiné à la propagande de guerre, l'Office reste actif après la fin du conflit mondial, et devient la structure de soutien principale du cinéma canadien. Le septième art canadien se développe alors autour du documentaire, de l'animation, et de la fiction indépendante. De cette période, découvrez le film *Pour la suite du monde*, de Pierre Perrault et Michel Brault (1963). Un documentaire unique, portrait intimiste de traditions d'un monde aujourd'hui disparu, et qui reste encore l'un des grands films canadiens, selon la critique. C'est également le premier film du pays à être projeté au Festival de Cannes. Parallèlement, le cinéma canadien rayonne à l'international au travers de l'animation indépendante. Norman McLaren, artiste principal de ce courant canadien soutenu par l'ONF, remporte l'Oscar du meilleur court-métrage en 1952 avec *Voisins*, puis la Palme d'Or du court-métrage au Festival de Cannes 1955. À la même époque, Evelyn Lambart devient la première canadienne réalisatrice de films d'animation. Elle marche dans les pas de Nell Shipman qui, dès 1920, produit, tourne et joue dans ses propres films de fiction muets. N'hésitez pas à satisfaire votre curiosité en découvrant les films de ces trois cinéastes, dont certains sont accessibles gratuitement en ligne.

Dans les années 1970, sous l'impulsion de l'ONF et en s'inscrivant dans les questionnements du cinéma documentaire de l'époque, la production se diversifie. Claude Jutra, formé à Montréal, remporte un grand succès critique avec *Mon oncle Antoine* (1971). Quelques années plus tard, Don Shebib tourne *Goin' Down the Road* (1978), une sorte de road movie entre documentaire et réalisme social, qui fait date. À l'international, la cinéaste Beverly Shaffer remporte l'Oscar du meilleur court-métrage en 1977 pour son film *I'll Find a Way*. Et des réalisateurs américains émigrent au Canada, attirés par ce bouillonnement, parmi lesquels l'exemple le plus notable est Bob Clark. Né à la Nouvelle-Orléans, il travaille au Canada durant près de quinze ans, et livre certains des plus grands succès du box-office canadien, dont la comédie grivoise *Porky's* (1982). Un film un peu daté, mais qui peut plaire aux fans du genre. C'est également dans ce nouvel âge d'or du cinéma canadien que David Cronenberg réalise ses premiers longs métrages, *Stereo* (1969) puis

© POEMNIST - SHUTTERSTOCK.COM

Le château de Hatley à Vancouver, lieu de décor dans le film X-Men 2.

Les Crimes du futur (1970). Avec *La Mouche* (1986), sa renommée devient internationale. Une carrière unique, où technologie et humain s'entremêlent en permanence, pour un cinéma entre horreur et thriller, selon les films. *Crash* (1996), *eXistenZ* (1999) avec Jude Law et Jennifer Jason Leigh, *A History of Violence* (2005) avec Viggo Mortensen, ou encore tout récemment le remake de son propre film *Les Crimes du futur* (2021), avec Léa Seydoux, font partie de ses œuvres les plus intéressantes. Plus récemment, une autre figure majeure a émergé, cette fois au Québec, en la personne de Xavier Dolan. Également porteur d'un style très particulier, Dolan est révélé au Festival de Cannes en 2009. Son premier long-métrage *J'ai tué ma mère* est projeté à la Quinzaine des réalisateurs, après avoir été récompensé dans près d'une dizaine de festivals à travers la francophonie. Au-delà d'œuvres notoires comme *Mommy* (2014), Prix du Jury à Cannes, ou *Juste la fin du monde* (2017), doublement récompensé aux Césars, Xavier Dolan est également doubleur pour les versions québécoises de certaines sagas bien connues. Ainsi, c'est lui qui incarne la voix de l'acteur Rupert Grint, Ron Weasley dans *Harry Potter*, ainsi que celle de Taylor Lautner, Jacob Black dans *Twilight*. Une manière également de pouvoir continuer à produire un cinéma avec un style à nul autre pareil, à l'image de ce que peut être le cinéma canadien d'aujourd'hui.

Lieux de tournage mythiques et anecdotiques du Canada

Avec des centres de production et des studios à Montréal, Toronto ou notamment Vancouver, le Canada accueille régulièrement les tournages d'Hollywood et d'ailleurs. Et ce grâce à des aides offertes par le pays pour booster l'industrie, qui se sont révélées plus qu'efficaces. Pour l'anecdote, le film *300*, mettant en scène la lutte de Léonidas, roi de Sparte, contre l'empereur Xerxès, maître de la Perse, a été principalement filmé aux Icestorm Studios de Montréal. La ville de Toronto, de son côté, est très régulièrement utilisée comme « sosie » de New York. Il y est en effet beaucoup plus facile d'installer un tournage que dans la mégapole américaine. *American Psycho* (2000), thriller cynique mettant en scène Christian Bale, est ainsi tourné en quasi-intégralité à Toronto. Vous pourrez y reconnaître les restaurants Le Montana (aujourd'hui Le Ballroom) et Le Senator, ainsi que le Phoenix Concert Theater, tous les trois encore en activité aujourd'hui. Toronto a également servi de lieu de tournage *L'Incroyable Hulk* (2010), et accueille les séries à succès *La Servante écarlate* (2017-), ou encore *The Boys* (2019-). L'œil avisé reconnaîtra le quartier général de la compagnie Vought en se retrouvant face à face avec le Roy Thomson Hall, au demeurant une magnifique salle de spectacles.

De l'autre côté du pays, Vancouver et sa région accueillent des tournages de séries comme de films. Les deux premières saisons de *Lucifer* (2016-2021), avec Tom Ellis, ont été tournées dans la ville. On peut notamment retrouver la Oceanic Plaza dans certains épisodes, admirer le Telus Studio Theatre, ou encore ou prendre un café au Waves Coffee House sur la Main Street, vu dans le cinquième épisode de cette série croustillante. *Arrow, Supernatural, The Flash, X-Files, Supergirl, Legion* : difficile de les citer toutes tant elles sont nombreuses dans cet « Hollywood du Nord ». Côté cinéma, on ne peut passer à côté des lieux de tournage de la saga *Twilight*. Au Parthenon Park, vous pourrez revivre le sauvetage de Bella par Jacob. Avant de vous installer dans la même salle de cinéma que les deux âmes en peine, au Paramount Gentleman's Club. Le mariage de Bella et Edward est quant à lui célébré au Stawamus Chief Provincial Park, et la David Thompson High School est devenue l'école de Forks le temps de deux films. La presse de l'époque raconte que les étudiants se bousculaient autour de l'établissement pour essayer d'apercevoir le casting ! Enfin, ne passez pas à côté d'une visite du Hatley Castle, un monument emblématique de la ville mais aussi et surtout la mythique école du professeur Xavier dans *X-Men 2, X-Men : l'affrontement final*, et la saga *Deadpool*. Vous reconnaîtrez aussi ce château dans la série *Smallville*, et de nombreux autres films. N'hésitez pas à interroger l'accueil du château sur son passé de décor de cinéma lors de votre visite.

Il fait bon être cinéphile au Canada

En 2015, il y avait plus de 3 000 écrans de cinéma au Canada, soit une concentration plus forte que la France, malgré une population d'à peine quarante millions d'habitants. Une aubaine pour les amateurs de septième art, qui peuvent d'ailleurs compter sur des grands festivals de renommée internationale dans les grandes villes du pays. À Toronto, le TIFF est devenu un événement incontournable, accueillant chaque mois de septembre plus de 280 000 spectateurs, cinéphiles et professionnels du cinéma. Du côté de Vancouver, c'est également à cette période qu'a lieu un festival majeur, dans une ville qui accueille 13 autres festivals de films de plus petite ampleur.

Du côté des salles, la plus ancienne en activité – le Patricia Theatre à Powell River, près de Vancouver – fêtera prochainement son 110e anniversaire. Un cadre idyllique religieusement préservé par les gérants, malgré tout équipé des dernières technologies. Autre lieu insolite, le Park Theatre de Manitoba, le plus grand cinéma en rondins d'Amérique du Nord ! Et là aussi, ce n'est pas le côté pittoresque qui vous empêchera de profiter de votre séance avec un matériel de pointe. À Toronto, rendez-vous au quartier général du TIFF, le Bell Lightbox, un cinéma cosy doublé d'une vidéothèque et de salles d'exposition. À Montréal, rendez-vous dans les cinémas Beaubien, Du Parc ou Du Musée. Trois lieux qui proposent une belle sélection de films indépendants comme des blockbusters, en version originale. Enfin, si vous souhaitez bénéficier d'une expérience de cinéma totale, rendez-vous au Landmark Cinema de West Kelowna, pour une séance en son Dolby 360°, ou encore au Cinesphere de Toronto, le plus grand écran IMAX de la région. Profitez-en, les cinémas sont un havre de chaleur durant les longues journées de l'hiver canadien.

Le film American Psycho a quasiment été entièrement tourné dans la ville de Toronto.

POPULATION

Le Canada a beau être le deuxième plus grand pays du monde, il n'abrite qu'environ 38 millions d'habitants, pour la plupart répartis dans le sud du pays, le long de la frontière américaine, des Grands Lacs et du Saint-Laurent. L'Ontario est de loin la province la plus peuplée, avec près de 40 % de la population canadienne, suivie du Québec, de la Colombie-Britannique et de l'Alberta. Si la densité de population peut atteindre plusieurs milliers d'habitants par km^2 dans les grandes villes du pays, elle descend sous la barre des dix en région et dans les territoires du Nord canadien. Selon les données de Statistique Canada lors du dernier recensement en 2016, l'anglais est la langue maternelle de près de 19,5 millions de personnes et le français, d'un peu plus de 7 millions. Environ 165 000 personnes ont grandi dans les deux langues officielles, tandis que plus de 7 millions ont une autre langue maternelle que celles officielles.

Une mosaïque ethnique

À l'image de son histoire, la population canadienne est d'une grande diversité ethnoculturelle. Le Canada est d'ailleurs l'un des pays ayant le plus haut taux d'immigration au monde par habitant. Reconnu pour ses élans humanitaires, le Canada est aussi le seul pays à avoir reçu le Prix Nansen, lequel est décerné par le Haut Commissariat des Nations Unies pour les réfugiés.

Le Canada s'est façonné ce visage au fil des nombreuses vagues migratoires, à commencer par les Autochtones dont la présence est millénaire. Puis vinrent les premiers Européens avec la colonisation, principalement de France et des îles Britanniques. Ce n'est qu'à partir de la deuxième moitié du XIXe siècle que l'immigration va se diversifier, avec l'arrivée de communautés chinoises, japonaises, hollandaises, ukrainiennes, italiennes, finlandaises, hongroises, caribéennes, chiliennes, vietnamiennes, iraniennes, indiennes, syriennes, etc. Face à la nécessité d'une intégration de chaque Canadien, le gouvernement a mis en place dès les années 1970 une politique fédérale du multiculturalisme. Aujourd'hui, dans un pays où au moins un tiers de la population n'est ni d'origine française ni d'origine britannique, la continuation et l'actualisation d'une telle politique est nécessaire, afin que descendants de Français et Britanniques, Autochtones et nouveaux immigrants puissent participer de la même manière à la vie de leur pays.

Sans surprise, le Canada est aussi une véritable mosaïque linguistique, avec plus de 200 langues parlées par les différentes communautés installées au pays. Ne soyez donc pas surpris d'y entendre des langues des quatre coins du monde. Parmi les langues les plus parlées dans les foyers canadiens, outre les deux langues officielles et les langues autochtones, notons le mandarin, le cantonais, le pendjabi, le tagalog (filipino), l'espagnol, l'arabe, l'italien, l'allemand, l'ourdou et le portugais.

Les peuples autochtones

Selon les données du dernier recensement (2016), 4,9 % de la population canadienne est d'origine autochtone, soit 1 673 780 personnes d'ascendance amérindienne, métis ou inuite enregistrées auprès du gouvernement fédéral (résidents et non-résidents). Les Autochtones sont composés des peuples des Premières Nations (Amérindiens), des Métis et des Inuit, répartis d'un océan à l'autre dans plus de 600 communautés. Une journée leur est d'ailleurs dédiée : le 21 juin, Journée nationale des Autochtones.

La plus importante population autochtone du pays se trouve en Ontario, suivie des provinces de la Colombie-Britannique, de l'Alberta et du Manitoba qui ont toutes une population supérieure à 200 000 personnes. Dans les provinces canadiennes, c'est dans la région de Thunder Bay en Ontario que l'on retrouve la proportion d'Autochtones la plus élevée au Canada. Quant aux trois territoires, les Autochtones comptent pour près du quart de la population au Yukon, la moitié dans les Territoires du Nord-Ouest et la quasi totalité (85 %) au Nunavut. À savoir qu'on recense également plus de 70 langues autochtones, lesquelles sont regroupées au sein d'une douzaine de familles linguistiques. Les langues algonquiennes, parlées de l'Alberta à la Nouvelle-Écosse, viennent en tête de liste, suivies des langues inuites, athabascanes, salishennes, siouennes, iroquoiennes, tsimshennes et wakashanes, puis du Mitchif, Haïda, Tlingit et Kutenai. Pour plonger au cœur de la culture et des traditions autochtones, des sites d'interprétation, des musées et galeries d'art, des boutiques d'art traditionnel et toute une panoplie d'expériences authentiques (nuitée en tipi, expédition en canoë, atelier sur les plantes médicinales, construction d'igloo, initiation à la trappe, etc.) sont proposés par les différentes nations du pays.

Il faut toutefois savoir que le clivage perdure entre les Autochtones et les Blancs, accentué par une méconnaissance réciproque. Les Amérindiens, par exemple, ont un statut fiscal privilégié et bénéficient de certains avantages particuliers, notamment un statut dérogatoire pour la chasse et la pêche. Mais lorsqu'on prend le temps de lire la *Loi sur les Indiens,* on découvre que la vie sous un statut d'Amérindien est loin d'être rose. Une vie au crochet de l'État où le décrochage scolaire, l'alcoolisme et la violence font tristement partie de la routine quotidienne. Une vie où pendant des siècles, on a tenté de faire disparaître toute trace de culture, de langue et les coutumes chez les peuples autochtones. Le Canada actuel s'efforce, plus que par le passé, de se préoccuper des Autochtones. Une *Commission de vérité et réconciliation* s'est conclue en mai 2015 au sujet des pensionnats autochtones, enjoignant le gouvernement à mettre en œuvre les recommandations de la Commission, notamment celle d'appuyer sans restriction la *Déclaration sur les droits des peuples autochtones* de l'ONU, abandonnant ainsi la position d'objecteur permanent qu'il maintenait jusqu'à maintenant. Ce qu'il a fait. Et après des années de pression auprès de l'ancien gouvernement, les Libéraux de Justin Trudeau ont mené une enquête nationale indépendante sur les quelque 1 200 femmes et filles autochtones disparues ou assassinées. Son rapport coup-de-poing, rendu public en juin 2019, conclut que de « nombreuses violations des droits des femmes et des filles autochtones » sont survenues au pays, utilisant même des dizaines de fois le mot « génocide » à travers le rapport final de quelque 1 200 pages. Plus récemment, en 2021, des centaines de restes d'enfants ont été retrouvés enfouis sur les sites d'anciens pensionnats. Des fouilles sont alors lancées d'un océan à l'autre, avec le support des gouvernements.

Les communautés francophones et acadiennes

Si le Québec est considéré comme le bastion francophone d'Amérique du Nord, il ne faut surtout pas croire que le français ne rayonne pas ailleurs dans le pays. Dans chaque province et territoire canadien, des communautés francophones en situation minoritaire perpétuent la langue de Molière et leur héritage culturel. Plusieurs sont descendants de colons venus s'établir aux quatre coins du pays il y a quelques siècles, alors que d'autres, notamment les personnes issues de l'immigration, choisissent de faire leur vie en français au sein de ces communautés.

Dans l'est du pays, on retrouve les Acadiens, descendants de colons français venus s'établir dans l'actuelle Nouvelle-Écosse durant la première moitié du XVIIe siècle, pour la plupart recrutés dans le centre et l'ouest de la France (en Touraine, dans le Berry mais surtout en Poitou-Charentes). Si on les définit dorénavant comme les francophones des provinces de l'Atlantique, avec le Nouveau-Brunswick en tête de pont, on retrouve la diaspora acadienne à d'autres endroits sur le continent. En effet, de 1755 à 1763 a eu lieu le Grand Dérangement, soit la déportation des Acadiens vers les colonies américaines, l'Angleterre et la France. S'ils ont pu revenir vivre en Nouvelle-Écosse et au Nouveau-Brunswick suite à la loi de 1840 permettant leur retour officiel, nombre de descendants de ces Acadiens se trouvent aujourd'hui au Québec, à Saint-Pierre-et-Miquelon ou encore en Louisiane. Peuple à l'identité forte, ils possèdent leur propre drapeau et célèbrent leur fête nationale le 15 août.

Journée nationale des autochtones à Toronto.

© YINGNA CAI - SHUTTERSTOCK.COM

Musée acadien à Bonaventure.

Pour se familiariser avec l'histoire et la culture acadiennes, on recommande la visite du **Musée acadien du Québec** (p.423) à Bonaventure, du **Village historique acadien** (p.483) à Bertrand au Nouveau-Brunswick, du **Musée acadien de l'Île-du-Prince-Édouard** (p.502) à Miscouche, et du **Village historique acadien de la Nouvelle-Écosse** (p.531) à Pubnico. La francophonie canadienne hors Québec se découvre aussi en quelques clics sur le site web de la Fédération des communautés francophones et acadienne du Canada (fcfa.ca/carte-interactive).

Quelques particularités linguistiques

Le français québécois. On l'appelle « français québécois », mais aussi « français du Québec », « québécois » et même « français canadien ». Toutes ces dénominations représentent la variété de la langue française parlée par la majorité des francophones du Canada, principalement par les Québécois. Elle est toutefois à différencier de celle de l'Acadie et de Terre-Neuve. Si son origine puise dans la langue parisienne du XVIIIe siècle, le français québécois a sans conteste conservé des éléments issus des langues d'oïl régionales comme le normand, le saintongeais ou encore le gallo.

Ce qui frappe en arrivant au Québec, c'est bien sûr l'accent, mais également la prononciation, les expressions particulières et la syntaxe parfois étonnante. Et comme partout ailleurs dans la Francophonie, ces éléments varient d'une région à l'autre. Mais sachez que tous apprennent le même français à l'école, peu importe le pays, ce qui s'applique également au Québec. Ensuite, s'ajoute une certaine couleur locale. À ce sujet, position géographique oblige, les Québécois utilisent beaucoup d'anglicismes tout en prônant la défense de la langue française. Si certains mots ont carrément été inventés afin d'éviter d'employer un mot anglais, comme magasinage au lieu de shopping ou fin de semaine plutôt que week-end, les anglicismes sont monnaie courante : *anyway, chill, cocktail, fun, gang, grilled-cheese, joke, legging, party*... Plusieurs se sont même taillé une place à l'Office québécois de la langue française avec l'adoption de la Politique des emprunts linguistiques. Tout un paradoxe !

Le français acadien et le chiac. Parlé par les Acadiens dans les provinces maritimes, certaines régions du Québec (Gaspésie, Îles de la Madeleine et Basse-Côte-Nord) et la vallée de la rivière Saint-Jean dans l'État du Maine (États-Unis), l'origine du français acadien divise les linguistes. Contrairement au français québécois qui puise son origine dans la langue parisienne du XVIIIe siècle, le français acadien est associé aux langues d'oïl du Grand Ouest (l'angevin, le manceau, le tourangeau et le poitevin-saintongeais), sans oublier sa forte ressemblance avec le jersiais dans la conjugaison au plus-que-parfait de la 1ère personne du pluriel. C'est aussi l'ancêtre du français cadien, une langue régionale parlée en Louisiane. Certaines des spécificités de l'acadien : le r alvéolaire roulé qui n'est pas sans charme, et la prononciation de la syllabe finale sous la forme plurielle du verbe à la troisième personne. À savoir que les autres francophones du Canada ont souvent de la difficulté à comprendre le français acadien.

Quant au chiac, c'est du « franglais » parlé principalement par les jeunes du Nouveau-Brunswick, notamment à Moncton et dans les environs. Ce dialecte emploie la syntaxe française avec du vocabulaire et des expressions anglaises, résultat du mélange des populations francophones et anglophones dans cette province. Pour avoir un bon exemple, il suffit d'écouter quelques morceaux du groupe Radio Radio ou encore de la chanteuse folk Lisa LeBlanc.

RELIGIONS

Le Canada n'a pas de religion officielle et prône le pluralisme religieux, même si l'influence du christianisme est notable dans certains domaines, particulièrement dans l'organisation des jours fériés. Dès le début de l'arrivée des Européens en Amérique, le christianisme s'est développé à vitesse grand V dans une volonté d'évangélisation des différentes confessions chrétiennes, notamment auprès des Autochtones. Propriété de la Couronne française, la Nouvelle-France s'affichait alors fièrement catholique, jusqu'à appliquer l'Edit de Fontainebleau exigeant que seuls les catholiques soient admis dans la colonie. Ils ont d'ailleurs laissé derrière eux un héritage architectural religieux d'une grande richesse, notamment dans les collectivités francophones du pays. La liberté religieuse n'a pointé le bout de son nez qu'avec l'arrivée du régime britannique, lequel accueillit nombreux immigrants protestants, anglicans et orthodoxes.

L'immigration et sa diversité

Si de nos jours, l'Église protestante et l'Église catholique (romaine) sont les plus grandes dénominations religieuses au Canada, le Canada multiculturel d'aujourd'hui s'est construit au fil des vagues d'immigration, ces dernières ayant enrichi son histoire mais aussi son paysage religieux. Toutefois ce n'est vraiment qu'à partir des années 1960 qu'on a commencé à parler d'ouverture et de pluralisme, alors que l'immigration se diversifiait grandement, permettant à toutes les confessions de se côtoyer, de l'islam à l'hindouisme, en passant par le christianisme orthodoxe, le judaïsme, le sikhisme et le bouddhisme. Par conséquent, on trouve aisément temples, synagogues, mosquées, églises et autres lieux de culte aux quatre coins du pays, notamment dans les quartiers ethniques des grandes villes canadiennes. Le cas le plus frappant est celui de Toronto qui est non seulement la plus grande ville du pays mais aussi la plus multiculturelle. Rien de surprenant quand on sait que l'Ontario est la province qui accueille le plus d'immigrants au Canada. Mais malgré toute cette diversité, le christianisme s'affiche souvent majoritaire loin des grands centres urbains et dans les régions francophones.

Les groupes religieux minoritaires

Beaucoup d'Huttérites vivent en communauté au cœur des plaines de l'Alberta, de la Saskatchewan et du Manitoba. Immigrants d'Allemagne, des familles entières sont arrivées au début du XIXe siècle au Canada, rejetées par leur pays d'origine pour leurs croyances. Vivre ensemble et partager sont les maîtres mots de ces communautés constituées de 100 personnes environ. Évangéliques et protestants, ils se rendent à l'Église ensemble, se réunissent pour manger et échanger tous les jours, leurs activités sont directement liées à leurs besoins, le travail varie en fonction des saisons et s'articule autour du secteur agricole, dans les fermes. Des écoles spéciales sont dédiées pour ces peuples, en marge de la société, qui pourtant s'intègrent plus ou moins selon les domaines. Par exemple, on les rencontre souvent sur les marchés. Leur style vestimentaire est singulier ; vêtues d'habits recouvrant les parties du corps et d'un foulard, les femmes sont celles que l'on repère le plus facilement de par leur allure. Une importante colonie d'huttérites se trouve à Pincher Creek, à 2h15 environ de Calgary.

On retrouve également des groupes de mormons, deux d'entre eux ayant fondé la localité Bountiful, en Colombie-Britannique. Ces communautés ont soulevé de nombreux débats et conduit à une loi constitutionnelle contre la polygamie, encore pratiquée chez certains groupes mormons.

Les mennonites, pour la plupart d'origines allemande et hollandaise, sont une communauté très représentative au Canada avec plus de 200 000 mennonites répartis aujourd'hui dans tout le territoire. Très attachés à leurs traditions, ils vivent principalement de l'agriculture et se sont établis dans les plaines du Canada à partir du XVIIIe siècle.

La spiritualité chez les Autochtones

Avant l'arrivée des premiers colons français au XVIe siècle, les différentes nations autochtones qui peuplaient le territoire pratiquaient leur propre spiritualité. Celle-ci préconisait l'harmonie et la relation d'interdépendance entre toutes les formes de vies, ce qu'on appelle le grand cercle de la vie. Par exemple, la nourriture, qui était considérée comme un cadeau offert par l'esprit des animaux, revêtait un caractère sacré. Aussi les repas étaient-ils accompagnés de rituels, de chants et de battements de tambour, et se terminaient par une danse d'action de grâce appelée « makoucham ».

À noter que la spiritualité autochtone s'appuie principalement sur l'animisme, cette croyance en un esprit ou une force vitale animant les êtres vivants, les objets et les éléments naturels, ainsi qu'en des génies protecteurs. Les légendes autochtones qui circulent encore de nos jours y font souvent référence.

Révolution tranquille : début d'un temps nouveau au Québec

À la fin des années 1950, on assiste au denier tour de piste de la période de la « Grande Noirceur », incarnée par Maurice Duplessis et son parti Union nationale qui gouvernent selon l'idéologie conservatrice en prônant, notamment, des valeurs traditionnelles dépassées. Si la religion s'immisçait constamment dans la vie sociale, politique et économique, il en fut tout autrement à partir des années 1960, période connue sous le nom de « Révolution tranquille ». Ce pan de l'histoire contemporaine du Québec se caractérise donc par la séparation de l'Église catholique et de l'État, mais également par l'émergence d'une nouvelle identité nationale québécoise qui se distingue de celle des autres Canadiens français. C'est aussi à ce moment que les appellations à connotation religieuse se sont laïcisées et qu'on parla d'ouverture et de pluralisme.

La religion dans le Canada du XXIe siècle

Preuve de l'ouverture du pays, le politicien Jagmeet Singh fut le premier sikh à porter le turban à devenir membre de l'Assemblée législative ontarienne. De député provincial dans le Grand Toronto, il est dorénavant chef du Nouveau Parti démocratique du Canada, une autre première en ce qui concerne un parti de la scène politique fédérale. Mais les positions du Canada sur la question de la neutralité religieuse et des pratiques d'accommodements liées aux différences culturelles sont aux antipodes de celles du Québec. En effet, depuis le début des années 2000, le débat y fait rage sur les pratiques d'accommodements liées aux différences culturelles (compromis faits par une société par rapport aux exigences - surtout religieuses - des minorités culturelles qui la composent), donnant ainsi naissance à différents projets de loi sous quatre gouvernements provinciaux. Le plus récent en date est le projet de loi 21, devenu la Loi sur la laïcité de l'État depuis le 16 juin 2019. Promesse électorale tenue par le gouvernement Legault, la nouvelle loi interdit le port de signes religieux chez certains fonctionnaires en état d'autorité, tels que les policiers, les juges et les enseignants du réseau scolaire public. Malgré les protestations publiques et les contestations en justice, une majorité de la population québécoise se montre satisfaite de l'adoption de la loi.

SOCIÉTÉ

Le mode de vie au Canada présente de nombreuses similitudes avec celui des autres pays occidentaux. L'éducation, le travail, la famille, les droits et libertés, etc., s'apparentent également à ce que l'on retrouve en Europe de l'Ouest, à quelques exceptions près, notamment certaines couvertures sociales.

Ce qui peut frapper le plus, différences culturelles obligent, ce sont les codes sociaux auxquels sont confrontés visiteurs et expatriés. Ainsi, par exemple, les salutations se font généralement d'une poignée de main, seuls les amis plus intimes se font la bise et, au Québec, on se tutoie généralement. Les relations sont moins formelles au travail et on fait la queue à la caisse et au guichet, à l'arrêt de bus et au restaurant (pas de bousculades !). Le « politiquement correct » est aussi un usage répandu dans les rencontres sociales. Retenue, idées simples, thèmes fédérateurs et sourires faciles permettent ainsi d'éviter la controverse.

Sur les bancs de l'école

Excepté pour les écoles privées, fréquentées par une minorité de Canadiens, l'instruction dans le réseau public provincial ou territorial est gratuite pour l'école primaire et secondaire, de façon générale, jusqu'à l'âge de 17 ans. Partout au Canada, l'école secondaire dure six ans alors qu'au Québec, elle se termine après cinq ans. Ensuite, les élèves ou leurs parents doivent subvenir aux frais qui varient selon le programme d'étude et le type d'établissement scolaire.

Au niveau des études supérieures (postsecondaires), le tout est assez uniforme dans le pays à l'exception du Québec et de son système collégial obligatoire, le Cégep. Ce dernier offre des formations techniques (trois ans, accès direct au marché du travail) et des programmes d'études préuniversitaires (deux ans). Ces deux cursus mènent à l'obtention du diplôme d'études collégiales (DEC), nécessaire pour poursuivre ses études à l'université. Dans le reste du Canada, c'est le collège communautaire ou universitaire, d'une durée de deux ans, qui fait le pont entre l'école secondaire et l'université. Il est toutefois possible de passer directement au baccalauréat universitaire après l'école secondaire, lequel dure quatre ans.

Le phénomène de décrochage ou d'abandon scolaire n'est pas indépendant du fait que plusieurs étudiants doivent payer eux-mêmes leurs études postsecondaires. Chez certains étudiants qui doivent travailler tout en poursuivant leurs études, l'argent gagné facilement au travail peut leur paraître plus gratifiant qu'un diplôme universitaire. Le coût des études universitaires varie selon les provinces mais, en moyenne, un étudiant de premier cycle paye 6 838 CAN $ de frais de scolarité par an au Canada (chiffres de 2018-19), un montant bien inférieur à celui des universités américaines.

Au boulot

En date de décembre 2022, la population active du Canada se composait de plus de 31,5 millions de personnes. Toutefois, avec le vieillissement de la population et le faible taux de natalité, le pays est confronté à un manque grandissant de main-d'œuvre. Pour preuve, un taux de chômage à seulement 5 %. Ainsi, de nombreux postes en technologies de l'information, en industrie, en transport, en services financiers, en tourisme, en service à la clientèle, en éducation ou en santé, cherchent désespérément preneurs, surtout en région où le nombre de postes vacants explose. L'entrepreneuriat est également fortement encouragé, avec à l'appui des incitations fiscales, des subventions, de l'accompagnement au démarrage et à la gestion de la croissance. L'immigration économique est donc sur toutes les lèvres et tous les moyens sont bons pour attirer les candidats potentiels à s'établir au Canada, notamment les francophones afin de maintenir, voire augmenter, le bassin de cette population au sein des communautés francophones en situation minoritaire.

Unions et naissances

Le gouvernement canadien a redéfini la notion de famille pendant le dernier mandat du Premier ministre Jean Chrétien. En 2000, se basant sur la Charte des droits et des libertés canadiennes, le Parlement étendait les obligations des couples et les avantages dont ils peuvent bénéficier à tous les couples, y compris ceux de même sexe. En résumé, les concubins, de même sexe ou non, ont les mêmes droits que les époux mariés. Une grande majorité d'entre eux vit donc en union libre (union de fait) alors que l'institution du mariage est en baisse.

Cette ouverture d'esprit s'est confirmée en juin 2005 lorsque le gouvernement fédéral a légiféré sur le mariage des couples de même sexe avec

© SHAWN GOLDBERG - SHUTTERSTOCK.COM

Toronto Pride.

la *Loi sur le mariage civil*. À savoir toutefois qu'à l'adoption de cette loi, le mariage entre conjoints de même sexe était déjà légal dans la majorité des provinces et territoires, suite à la décision rendue par leur Cour d'appel respective entre 2003 et 2005.

Quant au taux de natalité, il est en baisse depuis le pic historique du *baby-boom* dans les années 1950. Il se situe aujourd'hui à environ 10 enfants pour 1 000 habitants, un niveau assez stable depuis quelques années. Toutefois, on observe un taux de croissance quatre fois plus élevé dans les communautés autochtones.

Diversité sexuelle

Les personnes lesbiennes, gaies, bisexuelles, transgenres, queers et bispirituelles (LGBTQ2) sont protégées contre la discrimination et le harcèlement basés sur le sexe, l'orientation sexuelle ou l'identité ou l'expression de genre. Ces droits sont protégés par la Charte canadienne des droits et libertés, la *Loi canadienne sur les droits de la personne*, et des lois spécifiques aux provinces et territoires. Le Canada est aussi l'un des rares pays au monde à permettre le mariage entre conjoints de même sexe, et ce, depuis 2005.

Plusieurs grandes villes canadiennes ont leur propre village gay : Vancouver (Davie Village), Edmonton (Jasper Avenue), Winnipeg (Osborne Village), Toronto (The Village ou Church-Wellesley) ou encore Montréal (Le Village).

Droits et libertés

Incluse dans la Constitution du Canada depuis la *Loi constitutionnelle de 1982*, la Charte canadienne des droits et libertés protège la société libre et démocratique du pays. Estimés essentiels, ces droits et libertés sont protégés et sont reconnus tant aux citoyens canadiens qu'aux résidents permanents et nouveaux arrivants : liberté d'expression, droit de vote, liberté de conscience et de religion, droit à l'égalité pour tous, droits des peuples autochtones, droit des minorités linguistiques francophones et anglophones à une instruction dans leur langue, etc. On recommande d'ailleurs la visite du **Musée canadien pour les droits de la personne** (p.266) à Winnipeg, au Manitoba.

Légalisation du cannabis

Le 17 octobre 2018, le Canada est devenu le deuxième pays au monde - après l'Uruguay en 2013 - à légaliser et réglementer l'usage récréatif du cannabis. Trois ans après son élection, le Premier ministre Justin Trudeau a ainsi mis en œuvre l'une de ses promesses électorales les plus symboliques. La mise en application de la loi suscite toutefois de nombreux questionnements et problèmes, chaque province, territoire, ville et municipalité ayant édicté ses propres règles. Pour tout savoir sur la législation en vigueur et les points de vente : canada.ca/fr/sante-canada/services/drogues-medicaments/cannabis.html

À noter également que depuis le 31 janvier 2023, la Colombie-Britannique a décriminalisé la possession de petites quantités de drogues dures dans le cadre d'un projet pilote approuvé par Santé Canada, lequel s'échelonnera sur trois ans. La province fait face à un véritable fléau de surdoses ayant fait plus de 12 000 morts dans la dernière décennie et désire ainsi lutter contre la crise de drogues toxiques.

QUE RAPPORTER ?

Images, saveurs, odeurs, rencontres : difficile de faire plus immatériel qu'un voyage ! Afin d'avoir un - ou plusieurs - symbole de son aventure à l'étranger, le souvenir devient quasi capital. Certains le font par tradition et/ou pour se remémorer leur expérience de voyage, d'autres accumulent bibelots de toutes sortes, qu'ils soient kitsch ou non. En tous les cas, il est difficile de résister à la tentation, surtout lorsque le séjour tire à sa fin et qu'il faut rapporter des cadeaux à toute la famille. Ayez toutefois en tête les limites douanières autorisées pour l'alcool, sans quoi vos souvenirs finiront à la poubelle de l'aéroport.

Il y a bien sûr mille et une choses à rapporter d'un voyage dans les provinces et territoires canadiens, que ce soit décoratif, d'usage courant ou alors gourmand. On vous donne donc quelques bonnes pistes pour vous assurer de faire un tabac lors de votre retour au pays.

Panier gourmand

Rien de tel qu'un souvenir gourmand pour se rappeler les bonnes saveurs du pays visité. L'est du Canada, notamment le Québec, est une référence dans le domaine de l'acériculture. Les produits de l'érable y prennent de multiples formes, allant du sirop à la tire, en passant par le beurre, le sucre, les flocons et la gelée. On retrouve aussi l'érable sous forme de liqueurs et crèmes alcoolisées ou encore incorporé dans le brassage de certaines bières artisanales. Mais au-delà du seigneur des sirops, le Canada a acquis une bonne réputation dans le domaine fromager, cumulant prix et reconnaissances au pays comme à l'international. Et on ne pourrait passer sous silence les fameuses tartelettes au beurre, une spécialité créée au nord de Toronto et qui bénéficie même d'une route gourmande officielle dans la région Kawarthas Northumberland, les succulentes barres Nanaïmo, un dessert chocolaté originaire de la Colombie-Britannique, ou encore le poisson fumé sous-vide des côtes Pacifique et Atlantique, notamment le saumon très populaire au pays.

Côté alcool, le Canada est en train de passer maître dans l'art de la distillation, créant gins, vodkas et autres délicieux spiritueux artisanaux. Les bières artisanales sont aussi à découvrir, désormais omniprésentes à travers le pays. La réputation des brasseurs canadiens n'est plus à faire et ils n'hésitent pas à intégrer le terroir dans leurs savoureux nectars. Un autre produit phare du pays est le vin, notamment sa version de glace qui fait la renommée des régions de la péninsule de Niagara (Ontario) et de l'Okanagan (Colombie-Britannique). Question de faire une pierre deux coups, profitez d'une visite chez le vigneron pour dénicher les meilleurs crus.

Art & design

Demeuré très vivace, l'artisanat canadien est celui d'une société rurale qui privilégie le

DÉCOUVRIR

© CINDY CREIGHTON- SHUTTERSTOCK.COM

Le sirop d'érable, le cadeau qui fait toujours plaisir.

travail du bois et la ferronnerie pour créer des objets utilitaires. Il s'est diversifié depuis le temps, incluant d'autres matériaux, notamment recyclés, pour créer des objets décoratifs, des bijoux, etc. Aussi, dès les débuts de la colonisation, la nécessité de se protéger des grands froids de l'hiver a contribué au développement du tissage et de la broderie, pour la confection de couvre-lits en courtepointe (assemblage de bouts de tissu de diverses couleurs), de châles, d'écharpes de laine, de mitaines, de tuques et de chaussons.

▸ **Les Autochtones** sont réputés dans l'artisanat traditionnel, travaillant perles d'os, pierres, coquillages, poils et peaux d'animaux, piquants de porc-épic, écorces et bois, bref tout ce qui se trouve dans la nature. Dans les communautés autochtones ainsi que dans des boutiques spécialisées, vous pourrez vous procurer capteurs de rêves, raquettes en babiche, bijoux, sacs, vestes de suède (daim) ou de cuir, vêtements et accessoires traditionnels en tous genres, mocassins d'intérieur et d'extérieur, encens traditionnels, œuvres d'art, etc. Il y a aussi l'art inuit contemporain, essentiellement représenté par les sculptures en stéatite (ou pierre à savon), serpentine verte, dolomite ou quartz. Les sculptures modernes, qui peuvent atteindre des tailles impressionnantes, représentent presque toujours la faune et les hommes du Grand Nord. Les Inuit pratiquent aussi la sculpture sur bois de caribou, la gravure sur pierre et la broderie. À ne pas manquer : l'art autochtone de la côte nord-ouest du Pacifique, notamment celui des Haïdas, hautement réputé aux quatre coins du globe pour son style et son originalité.

▸ **Bien évidemment, il y a également bon nombre d'artistes canadiens** spécialisés en arts visuels, en design, etc. Des secteurs comme Grandville Island à Vancouver, le Distillery Historic District à Toronto et le Vieux-Montréal dans la métropole québécoise, ainsi que les nombreux centres d'art dédiés aux différentes disciplines, les mettent de l'avant. Si vous aimez la peinture, il n'y a rien de plus incontournable qu'une toile d'un des membres du Groupe des Sept, d'Emily Carr ou encore d'Alex Colville. Côté mode vestimentaire, Wayne Clark, Greta Constantine, Maram, Lucian Matis et UNTTLD sont des designers incontournables en haute couture. Les jeunes griffes locales sont aussi à découvrir et sont particulièrement prolifiques à Toronto et Montréal.

Lectures

Si vous aimez bouquiner, plusieurs ouvrages vous sont recommandés : *Guide des parcs nationaux du Canada* du National Geographic, pour découvrir les splendeurs naturelles du pays ; *Testé et approuvé : le Québec en plus de 100 expériences extraordinaires*, un ouvrage collectif à faire rêver ; *Le Garde-manger boréal* de Jean-Luc Boulay et Arnaud Marchand, un recueil de 80 recettes saisonnières aux arômes de la forêt boréale ; *In the Footsteps of the Group of Seven* de Jim et Sue Waddington, l'aboutissement d'un travail qui aura duré 36 ans afin de retracer les lieux qui ont inspiré ce fameux groupe d'artistes ontariens ; *Histoire(s) et vérité(s) : récits autochtones* de Thomas King, une réflexion sur la relation des Canadiens envers les peuples autochtones ; *Canada-Québec 1534-2018* de Jacques Lacoursière, Jean Provencher et Denis Vaugeois, un regard inédit sur l'histoire du pays depuis sa colonisation ; *Paul à Montréal* et *Paul à Québec*, des bédés de Michel Rabagliati qui ont fait sensation à leur parution ; *Toronto Architecture: A City Guide* de Patricia McHugh et Alex Bozikovic, avec près d'une trentaine d'itinéraires pour découvrir l'architecture de Toronto au fil du temps.

© SVETLANASF - SHUTTERSTOCK.COM

Souvenirs de l'art de la côte Ouest.

Esprit d'équipe

Avec un sport national connu mondialement et deux équipes qui occupent les 1er et 2e rangs au nombre de championnats remportés (24 Coupes Stanley pour les Canadiens de Montréal et 13 pour les Maples Leafs de Toronto), nul besoin de mentionner que les articles à l'effigie de ces deux clubs de hockey se vendent comme des petits pains. Le pays compte cinq autres équipes membres de la Ligue nationale de hockey (LNH), sans oublier les équipes professionnelles d'autres sports tels que le baseball, le basketball, le football et le soccer. On retrouve toujours une boutique officielle dans les stades et arénas qui servent de domiciles à ces équipes, mais nombreux magasins de sports vendent également les article des équipes professionnelles canadiennes ainsi qu'américaines, tous sports confondus.

SPORTS ET LOISIRS

Le Canada offre des possibilités quasi infinies pour les amateurs de sport et de plein air. Il faut dire que la nature est omniprésente dans le pays, sans compter les nombreuses installations récréatives en ville comme en région. Que vous vouliez dévaler les pistes en ski alpin ou en snowboard, entreprendre une expédition en traîneau à chiens ou faire une randonnée en motoneige, escalader des parois glacées ou rocheuses, vivre l'expérience du canoë-camping ou partir pour un trip en cyclotourisme, descendre une rivière en rafting ou dompter les vagues du Pacifique en surf, pêcher la truite géante dans le Grand Nord ou chasser le petit gibier en pourvoirie : tout est possible et dépendra uniquement des cordons de votre bourse. Si vous êtes plutôt du type contemplatif, le Canada compte plusieurs équipes sportives membres des ligues majeures, sans oublier les ligues juniors et universitaires qui font rayonner la relève.

Mon pays, ce n'est pas un pays, c'est l'hiver !

Grâce aux conditions d'enneigement exceptionnelles, l'engouement pour la pratique des sports d'hiver est palpable au Canada. La saison s'étale généralement de décembre à fin mars, voire plus dans certaines régions montagneuses comme les Rocheuses en Colombie-Britannique et en Alberta ou le massif des Laurentides au Québec.

Les sports de glisse arrivent en tête de liste avec environ 300 stations de ski réparties principalement dans l'ouest et l'est du pays, dont les très réputées **Whistler Blackcomb** (p.182) et Sun Peaks (Colombie-Britannique), **Sunshine Village** (p.232), **Lake Louise** (p.236) et **Norquay** (p.231) (Alberta), et **Tremblant** (p.404) et **Le Massif** (p.452) (Québec). La palme du plus grand domaine de ski revient à Whistler Blackcomb (plus de 3 200 hectares), celle du domaine ayant le plus haut dénivelé au pays à **Revelstoke** (p.206) (1 713 mètres), et celle de la station la plus haute en altitude à Sunshine Village (2 730 mètres). Les plus expérimentés opteront pour du ski hors-piste dans le décor féérique des monts Chic-Chocs au Québec ou encore l'expérience de l'héliski dans les Rocheuses, un must. Le ski de fond a également la cote, tout comme la randonnée en raquettes, deux sports facilement accessibles dans les parcs régionaux et nationaux du pays et à moindre frais. Puis vient le patin à glace, ce qui n'est nullement surprenant quand on sait à quel point les Canadiens sont mordus de hockey. Ces derniers patinent dès leur plus jeune âge et on dit même qu'ils apprennent le patin à glace avant de savoir marcher ! Pour ceux qui voudraient tenter l'expérience, aucun problème, les patinoires extérieures et intérieures étant légion au Canada. Et on ne pourrait passer sous silence les deux activités les plus convoitées des visiteurs, soit la motoneige et le traîneau à chiens. Nombreux sont les excursionnistes et pourvoiries proposant ces expériences uniques en formule tout inclus, équipement grand froid en sus sur demande. Mais bien entendu, une foule d'autres activités hivernales sont au programme comme, par exemple, l'escalade de glace, le snowkite, le canoë à glace (oui, ça existe !), le télémark ou encore la glissade sur chambre à air (appelée glissade sur tube au Canada).

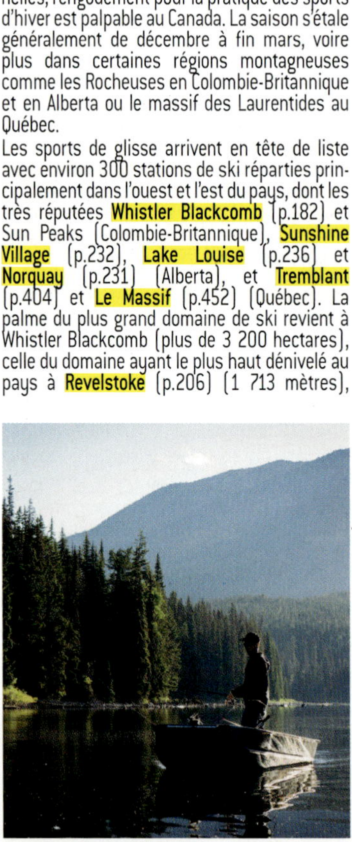

Pêche en Colombie-Britannique.

En été, un paradis pour le plein air

Les grands espaces naturels, les innombrables lacs et rivières, le majestueux Saint-Laurent, les Grands Lacs et les océans, sans oublier les parcs et réserves, sont propices à de nombreuses activités de plein air.

On peut enfourcher son vélo et s'élancer sur le Sentier Transcanadien, une piste récréative qui s'étend sur 27 000 km d'un océan à l'autre et même jusqu'à l'Arctique ! Certains tronçons sont réservés au canotage alors que d'autres sont praticables à vélo, en rando, en ski de fond

© VLAD G - SHUTTERSTOCK.COM

Ski au Mont-Tremblant.

et même en motoneige. Les sentiers de randonnée sont également légion aux quatre coins du pays, de quoi satisfaire les contemplatifs et les sportifs, et des treks de plusieurs jours sont proposés dans une nature sauvage et intacte. L'eau est également un élément omniprésent au Canada. La descente de rivière en kayak/canoë d'eau vive ou en rafting se pratique beaucoup, notamment sur les rivières Tatshenshini au Yukon, Kicking Horse en Colombie-Britannique et des Outaouais entre l'Ontario et le Québec, et des expéditions de plusieurs jours sont même organisées par certaines agences. On peut aussi s'essayer au canoë-camping, une activité phare lors de la belle saison. Et le Canada ne manque pas de lieux mythiques comme le fleuve Yukon (Alaska et Yukon), la rivière Mackenzie (Territoires du Nord-Ouest), le circuit canotable de la Powell Forest (Colombie-Britannique), la rivière Churchill (Saskatchewan) ou encore les parcs **Jasper** (p.236) (Alberta), Quetico (Ontario), Algonquin (Ontario), **de la Mauricie** (p.430) (Québec) et **Gros-Morne** (p.560) (Terre-Neuve, kayak-camping seulement).

Bien entendu, une foule d'autres activités sont praticables au Canada, comme le kitesurf, le surf (la côte ouest de l'île de Vancouver en est La Mecque), la voile, la plongée sous-marine (mention spéciale au **parc marin Fathom Five** (p.347) et sa vingtaine d'épaves en Ontario), l'escalade, les parcours aériens ou de via ferrata, le canyoning, la spéléologie, le parachutisme et le deltaplane, le vélo de montagne, l'équitation, le golf… Et pour vous remettre de vos émotions, profitez d'un moment de détente dans les installations thermales de l'un des nombreux spas du pays.

Taquiner le poisson ou le gibier

La chasse et la pêche sont d'autres activités très prisées. Les fameuses pourvoiries (*outfitting camps* ou *hunting & fishing lodges*) exploitent un territoire tout en offrant leurs services. Ainsi elles proposent des séjours à la carte pour les plus autonomes ainsi que des forfaits pour des expéditions - parfois assez coûteuses selon la destination - qu'il faut réserver longtemps à l'avance, mais elles se chargent de tout : transport, hébergement, équipement et accompagnement avec guides qualifiés.

Pour plus d'informations sur les espèces, la saisonnalité et les zones de pêche et de chasse, la réglementation en cours et l'achat de permis, consultez le site web du ministère de la faune de la province ou du territoire concerné.

Des compétitions à ne pas manquer

Outre les équipes sportives professionnelles du pays, mais aussi celles des ligues junior ou universitaires qui font rayonner la relève, le Canada accueille plusieurs événements sportifs de haut calibre tout au long de l'année.

On pense notamment aux nombreux marathons organisés d'un océan à l'autre, aux fameux triathlons IRONMAN (Calgary, Muskoka, Penticton, Mont-Tremblant, Victoria) ou encore aux Grands Prix Cyclistes de Québec et Montréal (UCI World Tour). Le pays accueille aussi des courses automobiles comme le Honda Indy Toronto (IndyCar) et le Grand Prix du Canada à Montréal (F1), des rodéos d'envergure comme ceux de Calgary (Alberta), Morris (Manitoba) et St-Tite (Québec), la course transatlantique en équipage Transat Québec-Saint-Malo (tous les quatre ans), sans oublier la crème du tennis mondial qui se réunit chaque année à Toronto et Montréal dans le cadre de l'Omnium Banque Nationale (National Bank Open). Petit rappel aux fans de football : le Canada sera l'un des trois pays hôtes - avec le Mexique et les États-Unis - de la Coupe du monde de football de la FIFA en 2026.

© VISUALCOMMUNICATIONS - ISTOCKPHOTO.COM

Le hockey sur glace, sport national.

Les compétitions ne prennent pas de répit en hiver, bien au contraire, pays nordique oblige. Parmi les grands classiques, notons les courses de traîneau à chiens telle que la prestigieuse Yukon Quest (Yukon & Alaska), les courses de motoneige comme la Bonnechere Cup à Eganville (Ontario), le Grand Prix Ski-Doo de Valcourt (Québec) et la Cain's Quest (Labrador), ou encore les nombreuses compétitions de ski et snowboard prenant d'assaut les stations de l'Ouest et de l'Est canadiens. Et pour se dépayser totalement, il ne faut pas rater les compétitions sportives hors du commun des Jeux d'hiver de l'Arctique (Arctic Winter Games). La prochaine édition se déroulera à Wood Buffalo (nord-est de l'Alberta) en 2023.

Du côté des ligues professionnelles

Ici le hockey sur glace est non seulement LE sport national, mais une véritable religion ! C'est d'ailleurs au Canada qu'il aurait été inventé au XIXe siècle. Depuis, partout au pays, on court les patinoires et, dès que reprend le championnat de la LNH (Ligue nationale de hockey) qui regroupe les franchises du Canada et des États-Unis, rares sont ceux à ne pas être devant leur poste de télévision en famille ou entre amis, une bonne bière fraîche à la main.

De début octobre, à l'occasion du match d'ouverture, jusqu'à la finale en juin, le Canada vit au rythme des rencontres nord-américaines. C'est d'ailleurs à Montréal que l'on grave le nom des vainqueurs sur la mythique Coupe Stanley, la récompense la plus prestigieuse du monde. Et s'il y a une équipe emblématique dans la Ligue, ce sont bien les Canadiens de Montréal. Vénérable pensionnaire de la LNH, c'est tout simplement la plus vieille équipe au monde. Fondée le 4 décembre 1909, elle est aussi la plus titrée avec 24 Coupes Stanley remportées.

Des 32 équipes membres de la LNH, sept se partagent la vedette au pays : les Canucks de Vancouver, les Oilers d'Edmonton, les Flames de Calgary, les Jets de Winnipeg, les Maple Leafs de Toronto, les Sénateurs d'Ottawa et les Canadiens de Montréal. Pour ceux qui aimeraient voir les futures stars de la LNH à l'œuvre, le Ligue canadienne de hockey (liguecanadiennedehockey.ca) compte dans ses rangs 52 équipes du pays et 8 des États-Unis, lesquelles sont réparties au sein de trois ligues : la Ligue de hockey junior majeur du Québec (LHJMQ), la Ligue de l'Ontario (OHL) et la Ligue de l'Ouest (WHL).

Puis vient le football canadien, très proche du football américain à quelques règles près. Le Canada possède sa propre ligue, la Ligue canadienne de football (LCF), dans laquelle s'affrontent ses neuf équipes membres, soit les Lions de la Colombie-Britannique, les Elks d'Edmonton (anciennement les Eskimos), les Stampeders de Calgary, les Roughriders de la Saskatchewan, les Blue Bombers de Winnipeg, les Tiger-Cats d'Hamilton, les Argonauts de Toronto, les Redblacks d'Ottawa et les Alouettes de Montréal. L'équipe la plus titrée au pays est celle de Toronto avec 17 Coupes Grey (la dernière en 2017). La saison régulière s'étend de début juillet à début novembre, suivie des demi-finales et finales pour le championnat. Le football universitaire est également très prisé avec le réseau U Sports qui regroupe toutes les équipes du pays (usports.ca).

À côté de ces deux sports très suivis, on retrouve également le soccer (avec les équipes Whitecaps de Vancouver, Toronto FC - qui a remporté la MLS, le championnat nord-américain, en 2017 - et le CF Montréal - anciennement l'Impact), le baseball (avec les Toronto Blue Jays) et le basketball (avec les Toronto Raptors, champion de la NBA en 2019, une première pour une équipe canadienne).

GASTRONOMIE

Fidèle à ses racines, la cuisine canadienne est un heureux mélange des traditions culinaires française, britannique et autochtone. Mais au fil des vagues d'immigration, elle a aussi incorporé des influences des quatre coins du globe, particulièrement dans les grandes villes où à peu près toutes les cuisines du monde sont accessibles. Toutefois, position géographique oblige, la cuisine nord-américaine est surreprésentée dans certaines régions, mais elle fait place de plus en plus aux nouvelles tendances axées sur la proximité. Chaque région du pays propose une cuisine qui reflète aussi ses particularités géographiques. Ainsi l'abondance des océans, lacs, rivières et forêts font du gibier, des poissons, mollusques et crustacés des mets de choix. On est également gâté dans le verre avec toutes sortes d'alcools du cru, dont la bière artisanale, le vin de glace, la liqueur d'érable ou encore le gin aux aromates de la forêt boréale.

La tradition dans l'assiette

Ce sont les recettes typiques de nos grands-mères, des plats consommés essentiellement sur les tables familiales lors des fêtes et réunions et dans certains restaurants spécialisés dans la cuisine traditionnelle. Importée par les premiers colons européens, elle s'est adaptée au climat rigoureux du pays, intégrant légumes-racines, gibier et viande d'élevage pour un résultat des plus caloriques : soupe de gourganes (grosses fèves) ou aux pois jaunes avec porc salé, crêtons (terrine de porc haché ressemblant aux rillettes), fèves au lard, canard au sirop d'érable, gibelotte de lapin au cidre, ragoût de pattes (pattes de porc, pommes de terre et épices), ragoût de boulettes de porc, cipaille (sipaille, cipâte - pâté de viande aux pommes de terre), et diverses tourtières (tourtes), à l'origine à base de gibiers, aujourd'hui confectionnées avec des viandes de porc et de veau mélangées dont les recettes varient d'une région à l'autre (la plus connue : la tourtière du Lac-Saint-Jean au Québec). Les dents sucrées couronneront ce copieux repas avec une pointe de tarte au sucre ou un pouding chômeur. À noter que ce type de cuisine est davantage présent dans l'Est canadien, notamment en Ontario, au Québec et en Acadie dans les provinces maritimes.

Mais au delà de la cuisine canadienne traditionnelle influencée par les colons européens, le pays possède de grands espaces qui ont su partiellement préserver des traditions ancestrales. La cuisine autochtone du Canada est basée sur un mélange de chasse, de pêche, de cueillette (baies, champignons, herbes, noix, racines) et de produits agricoles. Les Autochtones font la distinction entre la nourriture de bois, qui est à la base de leur régime alimentaire traditionnel, et celle des Blancs, achetée au supermarché.

Les gibiers traditionnellement chassés comptent un grand nombreux d'animaux, variant selon la région, comme le bison (autrefois), l'ours, l'orignal, le wapiti, le castor, le porc-épic, le canard et des lagopèdes dans les prairies et les forêts. Plus au nord, dans les steppes arctiques, le caribou et le bœuf musqué sont prisés. Les produits à base de viande séchée tels que les *pânsâwân* et le pemmican sont couramment consommés par les peuples autochtones des plaines, en particulier le premier, qui est un prédécesseur du bœuf séché ou *jerky beef*. Sur les côtes Pacifique et Atlantique, les poissons, mollusques et crustacés sont une ressource alimentaire importante pour les peuples autochtones, tout comme certains mammifères marins. Le saumon, notamment, est consommé frais ou fumé à sec pour créer un aliment pouvant être conservé toute l'année. Dans l'Arctique, les Inuit survivent traditionnellement grâce à un régime composé de mammifères terrestres et marins, de poissons et de rares aliments végétaux.

Guédille au homard.

La poutine est une spécialité du Québec.

Les viandes sont consommées fraîches mais aussi souvent préparées, mises en cache et laissées à fermenter, c'est le cas de l'*igunaq* (à base de viande de morse) ou de *kiviak* (à base de phoque et d'oiseaux de mer). Les collations telles que le *muktuk*, qui se composent de peau et de graisse de baleine boréale, narval ou béluga, sont consommées nature.

Les repas sont souvent accompagnés de thé et de la fameuse bannique amérindienne, sorte de pain ayant la consistance d'un gâteau. Aujourd'hui, il est possible de déguster la cuisine autochtone dans les différentes communautés du pays, et certaines proposent même des versions plus contemporaines de leur alimentation traditionnelle.

Quelques spécialités populaires

Elles se dégustent principalement sur le pouce et figurent au menu de nombreux restaurants au pays, à commencer par l'indétrônable poutine, ce plat de frites garnies de fromage en grains et nappées d'une sauce brune (*gravy*). Elle s'offre aussi en version gastronomique (foie gras, boudin de cochon, homard...), végé, saveurs du monde... Bien qu'elle soit originaire du Québec, la poutine a conquis le pays tout entier et se trouve désormais facilement d'un océan à l'autre.

Il y a également le *smoked meat*, une viande de bœuf fumée servie sur pain de seigle ou en sandwich, accompagnée de cornichons à l'aneth. Le *smoked meat* de Montréal est réputé à travers tout le Canada et de nombreux restaurants hors Québec le préparent à la montréalaise. À Toronto, un autre sandwich est aussi fort populaire, le *peameal bacon* composé de lard enrobé de farine de maïs et de moutarde maison.

Dans les cantines et restaurants des régions maritimes de l'est du Canada, mais également ailleurs au pays, l'été rime avec guédille au homard (*lobster roll*), un pain à hot dog dans lequel on met une généreuse portion de salade de homard (ou de crabe, crevette...). Le poisson d'eau douce, plus spécialement la perche, l'aiglefin et le flétan, est quant à lui hautement convoité dans sa version panée et accompagnée des pommes de terre frites : c'est le fameux plat de *fish & chips*. Bien qu'il s'affiche à l'ardoise de la majorité des *diners*, pubs, brasseries et autres du genre, rien ne vaut l'expérience de la dégustation dans une localité riveraine des Grands Lacs en Ontario, notamment le long du lac Érié.

Et pour se sucrer le bec, il faut absolument goûter à la queue de castor (*beaver tail*), une pâte frite recouverte de chocolat et bananes, sucre et cannelle, etc.

Les nouvelles tendances

La cuisine canadienne actuelle va au-delà des clichés véhiculés - à tort ou à raison - depuis fort longtemps. Finie l'époque des recettes nord-américaines des années 1950, et il en va de même pour la cuisine gastronomique qui se résumait, jusqu'aux années 2000, à de la cuisine française. Et tout n'est pas que *fast food* non plus. Terroir, proximité et créativité sont désormais les mots d'ordre d'une scène culinaire en pleine ébullition, sans perdre de vue racines et traditions. Pleins feux sur deux tendances qui ont le vent dans les voiles.

Cuisine du marché. Alors que pendant longtemps, il était tendance de travailler avec des produits importés des quatre coins du monde, les chefs canadiens se sont dorénavant donné pour mandat de cuisiner dans une optique de proximité, de disponibilité et de saison. Il faut dire que les consommateurs sont de plus en plus sensibilisés à la cause, désirant s'assurer que les aliments aient parcouru le moins de distance possible entre le champ et l'assiette, et que les approvisionnements se fassent selon la disponibilité saisonnière des produits (ex. : jeunes pousses - comme les têtes de violon - au printemps, fruits des champs en été, cucurbitacées en automne...). En période hivernale, nul besoin de dire que ce concept présente toutefois quelques difficultés. Certains chefs vont également cuisiner avec des bières ou spiritueux artisanaux canadiens, faire leur propre pain maison frais du jour, ou encore installer des jardins derrière le resto ou sur le toit afin de cultiver eux-mêmes leurs légumes et aromates. Quelques-uns ont même pousser l'expérience jusqu'à avoir une ruche urbaine pour récolter un miel on ne peut plus local. La cuisine du marché étant devenue incontournable, elle se trouve facilement sur les bonnes tables du pays.

De la forêt à la table. Les forêts canadiennes regorgent de succulents produits comestibles. Très utilisés autrefois, notamment par les Autochtones qui s'en servent encore aujourd'hui, ils gagnent en popularité depuis quelques années chez les restaurateurs et artisans du pays. Champignons sauvages (chanterelle, bolet orangé, morille, pleurote, cèpe d'Amérique...), légumes et petits fruits forestiers (amélanche, airelle, argousier, bleuet sauvage, camerise, chicoutai, courges, légumes-racines, sureau...), plantes et fleurs comestibles (asclépiade, monarde, tanaisie...), noix nordiques (noix de noyer noir, de noyer cendré, noix de cœur...), thés et tisanes (thé des bois, thé du Labrador...) ou encore épices et aromates (myrique baumier, salicorne...), ils se dégustent nature ou sous forme de produits transformés. Pour goûter à toute la richesse des produits forestiers comestibles du Canada, des restaurants spécialisés en cuisine boréale ou nordique, dont plusieurs se trouvent au Québec, sont hautement recommandés.

Au Québec, il faut aussi souligner le programme de certification Fourchette bleue qui encourage les restaurants et les poissonneries à offrir des saveurs méconnues parmi les nombreuses espèces comestibles du Saint-Laurent, le tout dans une perspective de développement durable et de protection de la biodiversité. Au menu : la clovisse arctique, la mactre de Stimpson, la mye commune, l'oursin vert, le phoque gris, certaines espèces d'algues... Le logo Fourchette bleue permet d'identifier les produits certifiés dans les établissements partenaires.

Vancouver, Toronto et Montréal : capitales gourmandes

Elles ne sont rien de moins que les destinations les plus prisées du pays en termes de gastronomie. De la cuisine de rue au chic resto en mode *rooftop*, sans oublier les cafés végans très en vogue ces temps-ci, impossible de rester sur sa faim. Ça en devient d'ailleurs presque aliénant tellement les options sont nombreuses, notamment dans les secteurs branchés et les quartiers ethniques de ces métropoles. On recommande d'ailleurs la cuisine japonaise à Vancouver, indienne à Toronto et haïtienne à Montréal.

Boire local, un must !

De loin la plus populaire, l'industrie de la bière artisanale fait fureur depuis une décennie, une tendance qui n'est pas près de s'essouffler. Bien qu'il y ait des grandes compagnies industrielles dominant le marché (Molson-Coors, AB InBev-Labatt...), les microbrasseries et brasseries artisanales (*craft breweries*) se multiplient aux quatre coins du pays. Elles incorporent souvent des ingrédients locaux dans le brassage afin de donner un caractère bien régional aux différentes bières maison. Les brasseries sont également le lieu par excellence pour savourer une cuisine faite à base de produits régionaux, et elles offrent souvent une programmation culturelle et artistique mettant en valeur la scène locale.

Le Canada produit aussi du vin. Les régions vinicoles les plus réputées du pays se trouvent dans la vallée de l'Okanagan en Colombie-Britannique et la péninsule de Niagara en Ontario, mais on retrouve également des vignobles au Québec et en Nouvelle-Écosse, par exemple. Une spécialité à découvrir est sans conteste le vin de glace : les raisins sont vendangés gelés, ce qui leur fait conserver une forte teneur en sucre. Un pur délice !

Puis on ne pourrait passer sous silence le cidre, dont le cidre de feu ou de glace, les liqueurs d'érable, le caribou (un mélange détonant d'alcool fort, de vin rouge et d'aromates) et autres délices issus du riche terroir canadien. Et depuis quelques années, le pays s'est mis à l'heure de la distillation en produisant gins, vodkas et autres spiritueux, dont plusieurs incorporent des aromates locaux.

Queues de castor.

AGENDA

Sa réputation le précède : le Canada sait faire la fête, et même par -20 °C, rien ne refroidit son ardeur. Et tout est prétexte à célébrer, du vin de glace à la bière artisanale, en passant par le documentaire, le street art, le western et le cirque. La scène culturelle jouit aussi d'une belle visibilité. D'ailleurs, on ne compte plus le nombre de festivals dédiés à la musique à travers tout le pays. D'autres disciplines des arts de la scène rayonnent également, notamment le théâtre avec des festivals de renommée mondiale d'un océan à l'autre. Et comme le Canada est un véritable melting pot culturel, pratiquement chaque communauté organise un festival aux couleurs de ses origines. Puis viennent les grands rendez-vous sportifs de calibre international, mettant en vedette la course automobile, le rodéo, le tennis, la motoneige, etc. Pour ne rien louper, consultez le site web de chaque province et territoire du pays.

NIAGARA ICEWINE FESTIVAL

Divers endroits dans la région de Niagara
ST. CATHARINES ✆ +1 905 688 0212
www.niagarawinefestival.com
Trois week-ends (vendredi au dimanche) en janvier.

Si vous êtes de passage dans la péninsule de Niagara durant le mois de janvier, ne manquez pas cette manifestation, l'une des plus prestigieuses de la scène vinicole au Canada, mettant en vedette des vins de glace de renommée internationale. Le passeport découverte vous permettra de profiter de six expériences de dégustation accords mets et vins dans l'un des trente vignobles participants de Twenty Valley et Niagara-on-the-Lake. Si vous venez à une autre période, consultez quand même le site web, de nombreux événements se tenant tout au long de l'année.

PUSH - INTERNATIONAL PERFORMING ARTS FESTIVAL

Divers endroits à Vancouver
VANCOUVER
✆ +1 604 605 8284
www.pushfestival.ca
Mi-janvier à début février. Billets à l'unité et pass disponibles.

Un des festivals signatures de Vancouver qui met à l'honneur les arts de la scène sous toutes leurs formes à travers de nombreuses performances. Certaines d'entre elles sont accessibles librement dans divers endroits de la ville. Les thèmes sont tous confondus et mis en lumière de manière artistique : théâtre, danse, multimédia, audiovisuel, musique... Il y en a pour tous les goûts ! Consultez le site Internet pour connaître toute la programmation.

IGLOOFEST

Quai Jacques-Cartier
MONTRÉAL
igloofest.ca
Mi-janvier à mi-février. 18 ans et plus. Autre événement à Québec.

Sortez vos *moonboots* et votre habit de neige « une pièce » et venez vivre les soirées les plus électrisantes de l'hiver ! Pendant quatre week-ends consécutifs, du jeudi au samedi, les meilleurs artistes de la scène électronique et hip-hop se rassemblent sur un site extérieur époustouflant, devant des milliers de festivaliers le sourire aux lèvres : c'est ça Igloofest. De quoi vous faire oublier les rigueurs de l'hiver ! L'équipe organise aussi une version estivale au parc Jean-Drapeau de mi ou fin mai à début octobre : *Piknic Électronik* (piknicelectronik.com).

CARNAVAL DE QUÉBEC

QUÉBEC
✆ +1 866 422 7628
carnaval.qc.ca
Début à mi-février.

Qui n'a pas entendu parlé du fameux Carnaval de Québec et de son illustre Bonhomme ? C'est l'occasion en or pour aller jouer dehors avec une foule d'activités offertes dans les différents quartiers de la ville. Expériences urbaines, gourmandes, sportives et de plein air : il y en a pour tous les goûts et tous les publics ! Ne ratez pas les deux défilés de nuit (Grande Allée et 3e Avenue), le bain de neige pour les moins frileux (maillot de bain requis), ainsi que la course de canots à glace sur le fleuve Saint-Laurent. Un incontournable de l'hiver québécois !

Besoin de nature ? Par ici la sortie !
petit futé.com
Avis et conseils rédigés par des auteurs du cru depuis 45 ans
© FILATBOBO - ISTOCKPHOTO.COM
SELJALANDSFOSS - ISLANDE
63° 36' 56.243'' N 19° 59' 18.848'' W

GRAND PRIX SKI-DOO DE VALCOURT

917, route 222 - **VALCOURT**
✆ +1 450 532 3443
www.grandprixvalcourt.com
Vers la mi-février. Billets journaliers et forfaits week-end disponibles.

Février venu, la « capitale de la motoneige » se met sur son trente-et-un pour accueillir l'un des plus importants événements du genre au monde, attirant la crème des pilotes de partout en Amérique du Nord, et parfois même aussi loin que l'Europe. Entre autres au programme, du snocross et du snowbike sur circuit routier, des courses de motoneige sur ovale de glace et celles de moto et VTT sur ovale de glace et circuit routier. Zone familiale en journée et spectacles en soirée.

ARCTIC WINTER GAMES

www.arcticwintergames.org
En mars.

Les Jeux d'hiver de l'Arctique se tiennent tous les deux ans dans divers pays nordiques. Neuf régions circumpolaires envoient des équipes, soit l'Alaska, le Yukon, les Territoires du Nord-Ouest, le nord de l'Alberta, le Nunavut, le Groenland, le Yamal (Russie), le Nunavik (Québec) et le Sapmi (Scandinavie). Il s'agit du plus important événement nordique, culturel et multisports du monde, d'autant plus que les sports arctiques sont mis en vedette. Les éditions 2028, 2030 et 2032 se tiendront dans les territoires canadiens. À voir !

YUKON QUEST

First Avenue
WHITEHORSE
✆ +1 867 668 4711
www.yukonquest.com
Vers la mi-février (des activités grand public se tiennent également les jours précédents).

La Yukon Quest, la course de traîneaux à chiens réputée la plus difficile du monde, se déroule sur plus de 1 600 km (1 000 miles) à travers le Grand Nord canadien et l'Alaska. Les années impaires, les concurrents partent de Whitehorse pour arriver à Fairbanks et les années paires, la course est dans le sens inverse. Lors de l'édition 2023, ce sont plutôt trois courses (100, 250 et 450 miles) qui ont été présentées. Il est possible de participer à condition d'être extrêmement bien préparé. Les inscriptions sont accessibles sur le site Internet.

SHAW FESTIVAL

Divers endroits dans la région
NIAGARA-ON-THE-LAKE ✆ +1 905 468 2172
www.shawfest.com
Représentations et événements de mars au 23 décembre. Forfaits disponibles.

Événement théâtral parmi les plus renommés du Canada, le festival Shaw attire annuellement plus de 250 000 spectateurs à Niagara-on-the-Lake. Présentées par l'une des troupes de répertoire les plus prestigieuses des Amériques, les pièces de George Bernard Shaw et de ses contemporains (Brecht, Tchekhov, Coward, Ibsen, Wilde, pour n'en nommer que quelques-uns) sont à l'affiche pendant le festival. On y constate à quel point l'humour, la satire, le paradoxe et la fantaisie d'alors demeurent d'actualité. Un événement incontournable de très, très haut calibre.

FESTIVAL DU VOYAGEUR

836 rue St Joseph
WINNIPEG
✆ +1 204 237 7692
heho.ca
Mi à fin février.

En février, le parc Whittier du quartier Saint-Boniface à Winnipeg devient le théâtre de festivités qui évoquent l'époque des voyageurs de 1815. Pendant cette grande fête d'hiver se déroulent de nombreux spectacles sur différentes scènes, des animations historiques, des sculptures de neige, de la gastronomie traditionnelle et bien plus encore, le tout avec une emphase sur les artistes francophones et autochtones. Pour profiter de l'événement, il faut se procurer le pass festival qui donne accès au site et à toutes ses activités.

PACIFIC RIM WHALE FESTIVAL

PACIFIC RIM NATIONAL PARK RESERVE
www.pacificrimwhalefestival.com
Mi à fin mars. L'événement se déroule à Tofino, à Ucluelet et au Pacific Rim National Park Reserve.

Migration annuelle des baleines grises sur la côte ouest de l'île de Vancouver. Plusieurs événements sont organisés en parallèle entre Tofino et Ucluelet : projection de documentaires, expositions d'art, spectacles musicaux, etc. Dans le but d'éduquer et de perpétuer les traditions de la côte Pacifique, les baleines sont accueillies chaque année avec engouement. Des artisans et artistes locaux sont exposés pendant le festival ainsi que des photographes.

ROYAL MANITOBA WINTER FAIR

1175 18th Street
BRANDON
✆ +1 204 726 3590
www.provincialexhibition.com
Fin mars à début avril. Billets à la journée et pass disponibles.

Le Royal Manitoba Winter Fair est la plus importante foire agricole organisée à l'ouest de l'Ontario. Sa riche programmation comprend l'exposition de bétail, des présentations diverses dans le domaine agricole, des concours de chevaux, des courses de poneys attelés et beaucoup plus encore. Le Provincial Exhibition of Manitoba présente également un événement en juin (Manitoba Summer Fair) et un autre en octobre (Manitoba AG EX), tous deux à Brandon.

STRATFORD FESTIVAL

55 Queen Street
STRATFORD
✆ +1 519 273 1600
www.stratfordfestival.ca
Début avril à fin octobre. Service de navette avec Toronto (34 CAN $ l'aller-retour).

Depuis 1953, ce festival consacré à Shakespeare et au théâtre ravit les foules qui viennent de loin pour assister aux différentes représentations offertes pendant la saison. Ce sont plus d'un demi-million de spectateurs qui assistent au festival de Stratford tous les ans. Quatre salles accueillent les représentations, soit l'Avon Theatre, le Festival Theatre, le Studio Theatre et le Tom Patterson Theatre. À savoir qu'un service de navette payant est offert depuis le centre-ville de Toronto. Un incontournable pour les amateurs du style !

WORLD SKI & SNOWBOARD FESTIVAL

Au village et à la station de ski
WHISTLER
www.wssf.com
Vers la mi-avril. Certaines activités gratuites, d'autres payantes.

Un des plus importants évènements de sports d'hiver et de musique d'Amérique du Nord a lieu chaque année à Whistler. La station de ski Blackcomb, réputée depuis les Jeux olympiques de 2010, est largement sollicitée lors de cet évènement où de nombreux skieurs et planchistes se réunissent. Des évènements viennent compléter ces exploits sportifs tels que des concerts, des activités artistiques, des compétitions et des festivités en tout genre. Un immanquable !

HOT DOCS

506 Bloor Street West
TORONTO
www.hotdocs.ca
Fin avril à début mai. Billets à l'unité ou au forfait, et pass festival disponibles.

Une tribune unique en Amérique du Nord pour le cinéma documentaire de création, ouvrant une réflexion sur les réalités du monde actuel. Rencontres avec les cinéastes et artisans, projections-débats et autres activités animent également le site du festival, en plus du volet entièrement dédié aux différents acteurs de l'industrie, lieu de réseautage et de perfectionnement. À savoir que le Hot Docs Ted Rogers Cinema, qui sert de QG pendant l'événement, offre une programmation de films et de documentaires tous les jours de l'année.

FESTIVAL CANADIEN DES TULIPES

Commissioners Park
OTTAWA
✆ +1 800 668 8547
tulipfestival.ca
En mai.

Le festival canadien des tulipes d'Ottawa, devenu le plus important festival des tulipes du monde, est né sous la forme d'un cadeau offert par la princesse Juliana des Pays-Bas en 1945 sous le signe de l'amitié internationale. Depuis, chaque printemps, plus d'un million de belles tulipes sont exposées au public avec au programme des spectacles et de l'animation pour toute la famille. Il n'y a plus belle manière de célébrer le printemps et la hausse du mercure !

INSIDE OUT

350 King Street West
TORONTO
✆ +1 416 977 6847
insideout.ca
Fin mai à début juin.

Inside Out est le plus grand festival dédié au cinéma LGBTQ2 au Canada. La grande majorité des représentations et des événements spéciaux a lieu au TIFF Bell Lightbox mais aussi à d'autres endroits comme, par exemple, l'Artscape Sandbox. Entre deux films, vous pourrez aller prendre un verre au Festival Lounge, le QG de l'événement où sont notamment organisés les *after partys*. Un festival de courts et longs-métrages qui vaut vraiment le détour ! À noter que ce festival se tient également dans la capitale canadienne, Ottawa, à l'automne.

YUKON RIVERSIDE ARTS FESTIVAL

Au centre-ville, en bordure de la rivière Yukon
DAWSON CITY
www.yraf.ca
Début juin. Gratuit.

Cet événement annuel accueille des artistes du Yukon, des Territoires du Nord-Ouest et de l'Alaska afin de faire découvrir l'art et l'artisanat du Grand Nord. Le festival a lieu dans la ville de Dawson City et ses alentours. Le but est d'éduquer et de mettre en avant les diverses œuvres d'art allant de l'art public à la musique. Afin de compléter le programme, des ateliers animés par les artistes en personne, des projections de films et des spectacles sont organisés sur place.

PRIDE TORONTO

Divers endroits à Toronto
TORONTO
www.pridetoronto.com
En juin. Certaines activités gratuites, d'autres payantes.

Les joyeuses festivités de la Gay Pride débutent en juin avec le Pride Month (qui dure tout le mois, comme son nom l'indique), suivi du très couru Pride Weekend vers la fin du mois, lequel propose un grand nombre d'activités et d'événements organisés principalement dans le Village (Church-Wellesley Village), mais aussi au centre-ville et dans d'autres quartiers de la ville. Le tout culmine avec le défilé de la Gay Pride, un événement haut en couleur et ô combien festif qui célèbre la fierté et la diversité. À voir absolument !

FESTIVAL MURAL

Boulevard Saint-Laurent
MONTRÉAL
www.muralfestival.com/fr
Une dizaine de jours en juin.

MURAL récidive année après année avec un superbe *happening* célébrant la créativité et l'art urbain. Un véritable musée à ciel ouvert avec des fresques murales, des installations et des expositions, des ateliers, de la musique... Pour la liste des emplacements de toutes les fresques murales, consultez le site web du festival. Sachez également que des visites guidées des murales sont proposées pendant l'événement (des visites guidées du même genre sont aussi proposées toute l'année avec la compagnie Spade & Palacio). À voir absolument !

NORTH BY NORTHEAST [NXNE]

Divers endroits à Toronto - **TORONTO**
✆ +1 416 901 6963
www.nxne.com
Vers la mi-juin. Billets à l'unité et pass festival disponibles.

Un énorme festival de musique parmi les plus attendus au pays. Hautement réputé dans le milieu de la musique, artistes et professionnels de l'industrie s'y retrouvent chaque année. D'ailleurs en nouveauté pour 2023, le festival aura son propre QG, le NX HQ, où seront présentés toutes sortes d'événements spéciaux (468 Queen Street West). Certainement un des événements les plus cools de Toronto. Site extérieur gratuit pendant quelques jours sur la rue Yonge, entre Queen et Dundas.

JOURNÉE NATIONALE DES AUTOCHTONES

Le 21 juin.

Comme son nom l'indique, cette journée spéciale célèbre le patrimoine unique, la diversité culturelle et les contributions remarquables des membres des Premières Nations, des Inuit et des Métis au Canada. Des célébrations sont organisées aux quatre coins du pays par les différentes nations. Pourquoi le 21 juin ? Le solstice d'été étant le jour le plus long de l'année, il représente la fête de la lumière et possède une signification spirituelle auprès des communautés autochtones.

ALIANAIT ARTS FESTIVAL

IQALUIT
✆ +1 867 979 6000
www.alianait.ca
Fin juin à début juillet.

Événement annuel qui se tient dans la capitale du territoire du Nunavut, entièrement dédié aux arts sous toutes leurs formes (musique, danse, théâtre, conte, arts visuels, etc.). Le tout se déroule dans une atmosphère familiale et sans alcool, tout en collaborant avec les écoles et les organismes communautaires afin de promouvoir la créativité, les saines habitudes de vie et les performances culturelles traditionnelles. Un bel événement qui permet de plonger au cœur de la culture et des traditions inuites. À voir si vous êtes dans le coin !

FESTIVAL INTERNATIONAL DE JAZZ DE MONTREAL

Quartier des spectacles - **MONTRÉAL**
✆ +1 514 871 1881
www.montrealjazzfest.com
Fin juin à début juillet. Nombreux spectacles gratuits (notamment tous ceux présentés à l'extérieur).

De grande renommée, il se classe comme le plus grand festival de jazz de la planète selon les *Guinness World Records*. Artistes légendaires ou découvertes, c'est au travers de 350 concerts, dont les deux tiers sont gratuits, que la ville devient pour une dizaine de jours un véritable berceau du jazz. Les spectacles en salle ou en extérieur constituent la plus grande célébration musicale de l'été dans la métropole ! Programmation intérieure le reste de l'année également.

CAVENDISH BEACH MUSIC FESTIVAL

8779 Route 6 - **CAVENDISH**
www.cavendishbeachmusic.com
Début juillet. Billets à l'unité et différents types de pass disponibles.

Énorme festival en plein air sur le site d'Avonlea Village où la musique country règne en roi et maître ! Des dizaines de groupes et chanteurs solo foulent les planches de la scène du site dont des artistes émergents. Le tout se déroule dans un lieu enchanteur, en plein cœur du pays de Green Gables. Il est possible de camper non loin au Route 6 Ranch, à condition d'avoir un pass festival 3 jours (un service de navette est offert entre le camping et le site du festival).

FÊTE DU CANADA DANS LA CAPITALE NATIONALE

Divers endroits à Ottawa-Gatineau
OTTAWA
canada.ca/fete-du-canada
Le 1er juillet. Gratuit.

La région de la capitale nationale célèbre en grande pompe l'anniversaire de la Confédération canadienne. Déjà plus de 150 ans depuis la fondation du pays et chaque année la région offre une foule d'activités pour toute la famille, dont l'incontournable grand spectacle en soirée suivi de feux d'artifice. La ville grouillant de monde pour l'événement, on vous suggère de réserver votre hébergement bien à l'avance, les hôtels affichant quasi complet.

CALGARY STAMPEDE

2200 Stampede Trail SE
CALGARY
✆ +1 403 261 0101
www.calgarystampede.com
Début à mi-juillet.

L'événement à ne manquer sous aucun prétexte lors d'un séjour à Calgary. C'est l'un des plus grands rodéos du monde rappelant le passé cowboy de la ville. Pendant une dizaine de jours, la ville vibre autour des compétitions, d'une parade, de spectacles musicaux, d'animations, d'expositions, de concerts, etc. Quelques-uns des plus grands noms du rodéo se donnent en spectacle lors de cet événement incontournable. Des billets pour les spectacles musicaux et des forfaits sont aussi disponibles sur le site Internet en plus des billets pour le rodéo.

ANTIGONISH HIGHLAND GAMES

Divers endroits à Antigonish
ANTIGONISH
✆ +1 902 863 4275
www.antigonishhighlandgames.ca
Début juillet.

Fière de son héritage écossais, la petite ville d'Antigonish tient annuellement ses jeux des Highlands au Columbus Field (principalement des compétitions de force tels que le lancer de poids, de marteau, le tir à la corde en équipe, etc.). Le tout est jumelé à toutes sortes d'activités qui se tiennent un peu partout en ville, comme de la danse traditionnelle, des compétitions et fanfares de cornemuses, des défilés, un marché d'artisans, etc. Ambiance garantie !

FESTIVAL D'ÉTÉ DE QUÉBEC

QUÉBEC
✆ +1 418 529 5200
www.feq.ca
Début à mi-juillet. Spectacles extérieurs et en salle. Certains sites et spectacles sont gratuits.

Sa réputation dépasse largement les frontières du Québec. Le Festival d'été est l'un des plus gros événements de musique dans la province, accueillant les artistes du monde francophone et d'ailleurs. Rien de moins que onze jours de festivités et d'effervescence axés sur la musique et les arts de la rue. Des grandes pointures, comme Metallica, Elton John, Stevie Wonder, Paul McCartney, Lady Gaga, The Rolling Stones, Red Hot Chili Peppers, Muse, Pink, IAM et Ice Cube, y ont donné des spectacles mémorables. Belle place réservée aux artistes québécois également.

MONTRÉAL COMPLÈTEMENT CIRQUE

MONTRÉAL

✆ +1 514 376 8648

montrealcompletementcirque.com

Début à mi-juillet. Programmation extérieure gratuite et participative dans certains lieux.

Né de l'initiative de la TOHU, maître d'œuvre du projet, avec le soutien du Cirque Éloize, des 7 Doigts de la Main, du Cirque du Soleil, de l'École Nationale de Cirque et d'En Piste, cet événement annuel braque les projecteurs sur la diversité de formes et d'expressions des arts du cirque. Il faut dire que Montréal jouit d'une belle réputation dans le domaine et se positionne comme capitale de cet art. Un événement tellement merveilleux et rafraîchissant !

FOLK ON THE ROCKS

YELLOWKNIFE

✆ +1 867 920 7806

www.folkontherocks.com

Vers la mi-juillet. Service de navette à divers endroits de la ville. Billets à la journée et pass 3 jours disponibles.

Depuis plus de 40 ans, le festival Folk on the Rocks regroupe chaque année une multitude de musiciens provenant de tout le Canada. Il se déroule aux abords d'un lac et les scènes sont installées sur diverses plages. Plus de 24 heures de performances sont réparties sur différentes scènes. Un espace destiné aux enfants, des tentes pour la vente d'art local et d'objets artisanaux et un espace de restauration sur place... Tout est bien pensé pour que vous puissiez passer un excellent moment. Consultez le site Internet pour connaître la programmation.

OTTAWA BLUESFEST

LeBreton Flats

OTTAWA

✆ +1 613 247 1188

ottawabluesfest.ca

Début à mi-juillet. Billets à la journée et pass festival disponibles.

L'événement estival à ne pas manquer avec une programmation du tonnerre. The Roots, Wu-Tang Clan, Ben Harper, Steve Miller Band, The Black Keys, Peter Frampton, Rage Against The Machine, Jane's Addiction, Blink 182, DJ Shadow, Femi Kuti, The Cat Empire, The Tragically Hip et Björk ont entre autres foulé les planches du festival lors des dernières éditions. Des services de restauration aux saveurs du monde sont offerts sur le site, ainsi que plusieurs activités pour occuper les festivaliers entre deux concerts. Un immanquable !

DAWSON CITY MUSIC FESTIVAL

DAWSON CITY

www.dcmf.com

Fin juillet.

Festival de musique très attendu chaque année dans la ville de Dawson, au Yukon, qui dure trois jours au mois de juillet. Le journal *Georgia Straight* de Vancouver l'a nommé « meilleur plus petit festival de musique au Canada ». Fondé en 1979, le festival est devenu un point de rencontres passionnant des musiques actuelles de plusieurs genres. Il est possible de camper sur place à quelques minutes seulement des scènes de concert. L'ambiance champêtre et festive est au rendez-vous.

COUNTRY THUNDER

CRAVEN

✆ +1 866 388 0007

www.countrythunder.com/sk

Vers la mi-juillet. Billets à la journée et pass festival disponibles.

Fans de musique country, vous avez rendez-vous ici ! Chaque été, la localité de Craven accueille des dizaines de milliers de festivaliers venus voir les grands noms de la musique country et les artistes émergents. Pour prolonger le plaisir, un terrain de camping est à disposition non loin du site du festival (un pass festival 4 jours est requis pour le camping). À savoir que l'événement tient également des éditions en Alberta (à Calgary en août) ainsi que dans différents États américains (Arizona, Floride, Tennessee et Wisconsin).

OSHEAGA

Parc Jean-Drapeau

MONTRÉAL

✆ +1 855 310 2525

www.osheaga.com/fr

Début août. Forfaits quotidiens et week-end disponibles.

Il n'a plus besoin de présentation. Il attire toute la jeunesse du pays et même bien au-delà. Installé en pleine nature sur l'île Saint-Hélène, Osheaga attire chaque année les grands noms de la musique dans une programmation répartie sur plusieurs scènes extérieures. Le site est énorme, mais somme toute bien géré, avec une belle offre en restauration (style food-truck) et bars, des aires pour chiller, des activités, etc. Probablement l'un des événements musicaux les plus cool du pays, dans la même lignée que Coachella et Lollapalooza.

THE ROYAL ST. JOHN'S REGATTA

Quidi Vidi Lake
ST. JOHN'S
✆ +1 709 576 8921
stjohnsregatta.ca
Début août.

Plus ancien événement sportif de l'Amérique du Nord (1816), le Royal St. John's Regatta consiste en des courses d'aviron sur le lac Quidi Vidi. Chaque année, environ 50 000 personnes se donnent rendez-vous dans ce charmant village pour assister aux compétitions, le tout dans une ambiance festive avec des stands gourmands, de la musique live et tutti quanti, sans oublier les spectacles à la microbrasserie en soirée. Une tradition à vivre, laquelle remonte à déjà plus de 200 ans !

NATIONAL BANK OPEN

1 Shoreham Drive
TORONTO
✆ +1 877 283 6647
nationalbankopen.com
Début à mi-août. Billets individuels, forfaits à la semaine et salons privés disponibles.

Chaque été, les étoiles du tennis mondial viennent fouler les courts du Sobeys Stadium sur le campus de l'université York à Toronto. Ce tournoi fait partie du circuit professionnel de l'ATP World Tour et de la WTA, et les championnats masculin et féminin sont présentés en alternance avec Montréal. En 2023, ce sera au tour de la crème du tennis masculin de jouer dans la capitale provinciale. Conseil pour une agréable journée : un coussin pour s'asseoir, des lunettes de soleil, un chapeau et de la crème solaire ne sont pas un luxe superflu.

WATERFRONT NIGHT MARKET

West Island
TORONTO
www.waterfrontnightmarket.com
Vers la mi-août.

Un des plus beaux événements gourmands de Toronto, ne serait-ce que pour le lieu, sur les rives du lac Ontario, lequel prend des airs féeriques en soirée. Des dizaines de kiosques proposent de la bouffe de rue de tous les recoins de l'Asie. On y retrouve également une section dédiée aux créations artistiques (art, mode, film, photographie...) ainsi qu'une autre qui fait office de bar à bières artisanales. Il faut se procurer un billet pour accéder au marché gourmand, à l'événement Waterfront Beercraft Festival et aux spectacles en soirée (valide 1 jour).

EDMONTON FOLK MUSIC FESTIVAL

Gallagher Park
EDMONTON
✆ +1 780 429 1999
edmontonfolkfest.org
Vers la mi-août. Billets à la journée, la soirée et pass festival disponibles.

Un des festivals de musique les plus importants de la capitale de l'Alberta depuis 1980. Spectacles de danse et concerts sur le site extérieur et dans diverses salles de la ville. Des artistes du Canada et du monde entier sont invités à l'occasion de ce festival de musique folk pendant quatre jours. Des stands de nourriture, des commerçants ainsi que la possibilité d'acheter sur place les albums de vos artistes préférés à la suite du festival. Ambiance festive garantie !

FESTIVAL ACADIEN DE CARAQUET

CARAQUET
✆ +1 506 727 2787
www.festivalacadien.ca
Début à mi-août.

Leader de la promotion culturelle en Acadie depuis plus d'une soixantaine d'années, cet événement attire chaque été des milliers de festivaliers dans une grande fête de la musique. Nombreux artistes défilent sur scène et une foule d'activités figurent au programme : course de tacots, parade des bateaux, expositions, Festival acadien de poésie, Gala de la chanson de Caraquet, etc. À vivre : le célèbre Tintamarre, le plus grand (et le plus bruyant) rassemblement populaire en Acadie !

CONGRÈS MONDIAL ACADIEN 2024

YARMOUTH
✆ +1 902 648 2400
www.cma2024.ca
Du 10 au 18 août 2024.

Tout les cinq ans se tient un grand rassemblement d'Acadiens et Cadiens venant de partout dans le monde. Depuis la première édition en 1994, les Maritimes ont toujours accueilli l'événement à l'exception de 1999 (Louisiane). Ce rendez-vous culturel comprend entre autres des réunions de familles, des grandes fêtes populaires, des activités thématiques et communautaires, des conférences, etc. Prochain rendez-vous en 2024 dans le sud-ouest de la Nouvelle-Écosse !

BIÈRES ET SAVEURS DE CHAMBLY

Parc du Fort-Chambly - **CHAMBLY**
✆ +1 450 700 1726
www.bieresetsaveurs.com
Week-end de la fête du Travail. Billet journalier et passeport 4 jours disponibles. Tarifs réduits en prévente.

Alors que l'été tirera bientôt sa révérence, les amateurs de saveurs sont invités à déguster des produits brassicoles québécois, en plus de pouvoir découvrir de nouveaux menus associés à la bière. Des dizaines et dizaines de kiosques de produits de dégustation, de l'animation, des spectacles, un espace famille pour divertir la marmaille, des grandes terrasses pour se relaxer entre amis, tout y est pour une expérience mémorable dans le cadre enchanteur du bassin de Chambly.

TORONTO INTERNATIONAL FILM FESTIVAL

350 King Street West
TORONTO
✆ +1 416 599 2033
www.tiff.net
En septembre.

Tous les ans, les grandes vedettes du cinéma viennent présenter leurs nouveaux chefs-d'œuvre au Festival international du film de Toronto (TIFF), une manifestation des plus attendues dans l'industrie et le circuit des compétitions du 7e art. De nombreux artistes y ont été révélés, comme Paul Haggis, Jason Reitman, Michael Moore, David Cronenberg ou encore John Woo. À l'aube de l'automne, il règne au centre-ville de Toronto une ambiance digne d'Hollywood !

FESTIVAL WESTERN DE ST-TITE

Dans tout le village de Saint-Tite - **SAINT-TITE**
✆ +1 418 365 7524
www.festivalwestern.com
Vers la mi-septembre. Certaines activités gratuites, d'autres payantes.

Le Festival Western de St-Tite en Mauricie est de renommée internationale : la plus grande attraction western de l'est du Canada crée une ambiance exceptionnelle à travers tout le cœur du village. Rodéos professionnels, défilé de carrioles tirées par des chevaux, danse country, spectacles de musique country, marchands en tous genres et animation permanente. À vivre, c'est un must ! Pensez toutefois à réserver à l'avance votre hébergement et vos places pour les rodéos.

JASPER DARK SKY FESTIVAL

JASPER
jasperdarksky.travel
Mi à fin octobre.

Depuis 2013, ce festival célèbre les nuits étoilées du parc, qualifié de 2e plus grande Réserve de ciel étoilé au monde, derrière le parc national Wood Buffalo, aussi présent en Alberta. Des astronomes et professionnels du monde entier sont conviés à cet événement chaque année et de nombreuses activités alliant musique, science et expérimentation sont proposées. Au programme, des ateliers de découverte animés par le planétarium, des soirées d'observation avec des moyens et des équipements performants, des randonnées et des montées en téléphérique en nocturne...

THE VANCOUVER WRITERS FEST

VANCOUVER
✆ +1 604 681 6330
www.writersfest.bc.ca
Mi à fin octobre.

Inauguré en 1988, ce festival littéraire d'une semaine est classé comme le plus important en Amérique du Nord depuis 2010 par le comité du tourisme du Canada. Les Vancouvérois, fervents lecteurs, y rencontrent leurs auteurs préférés, autant locaux qu'internationaux, et profitent des activités offertes. Un événement inspirant dans le but de promouvoir la lecture et de faire découvrir certains des meilleurs ouvrages du monde par le biais d'ateliers et de conférences.

BANFF CENTRE MOUNTAIN FILM AND BOOK FESTIVAL

107 Tunnel Mountain Drive
BANFF
✆ +1 403 762 6301
banffcentre.ca/banffmountainfestival
Fin octobre à début novembre.

Ce « Festival de Cannes » des films de montagne se déroule chaque année au Banff Centre, dans les Rocheuses canadiennes, et récompense les meilleures œuvres d'aventure. Des personnages renommés du monde de la montagne sont invités chaque année. Au programme : ski dans la poudreuse, expédition aux Pôles, escalade à suspens et autres disciplines de haut vol filmés et mis en scène avec brio. À ne pas manquer si vous vous trouvez dans les parages lors des festivités !

Marre de passer des heures sur internet pour trouver des bons plans ?
my petit fute
M'A FAIT GAGNER UN TEMPS FOU AVEC SES RECOMMANDATIONS D'ITINÉRAIRES ET SES BONS PLANS TESTÉS PAR DES RÉDACTEURS LOCAUX.
© VIKTOR GL - ISTOCKPHOTO.COM
VOTRE GUIDE NUMÉRIQUE SUR MESURE EN MOINS DE 5 MINUTES POUR 2,99 €
mypetitfute.fr

COLOMBIE-BRITANNIQUE

Imaginez un territoire presque deux fois plus grand que la France, entre les Rocheuses et l'océan Pacifique, et où la mer, la montagne, les lacs et les rivières côtoient d'immenses forêts tropicales et même des vignes. Ces espaces mythiques continuent d'être une source d'inspiration inépuisable pour les nombreuses nations autochtones de la région, mais aussi pour de nombreuses personnes séduites par une qualité de vie inégalable. 7 parcs nationaux, plus de 600 parcs provinciaux, des milliers d'îles offrent une diversité de paysages, des activités de plein air innombrables, des rencontres fortuites avec la faune sauvage et ont même servi de décor pour le cinéma, ce qui a valu à la ville de Vancouver, plus grande ville de la province, le surnom « Hollywood North ». Sa capitale, Victoria, se situe sur l'île de Vancouver. Grandiose en toute saison, la Colombie-Britannique a quelque chose de magique en automne !

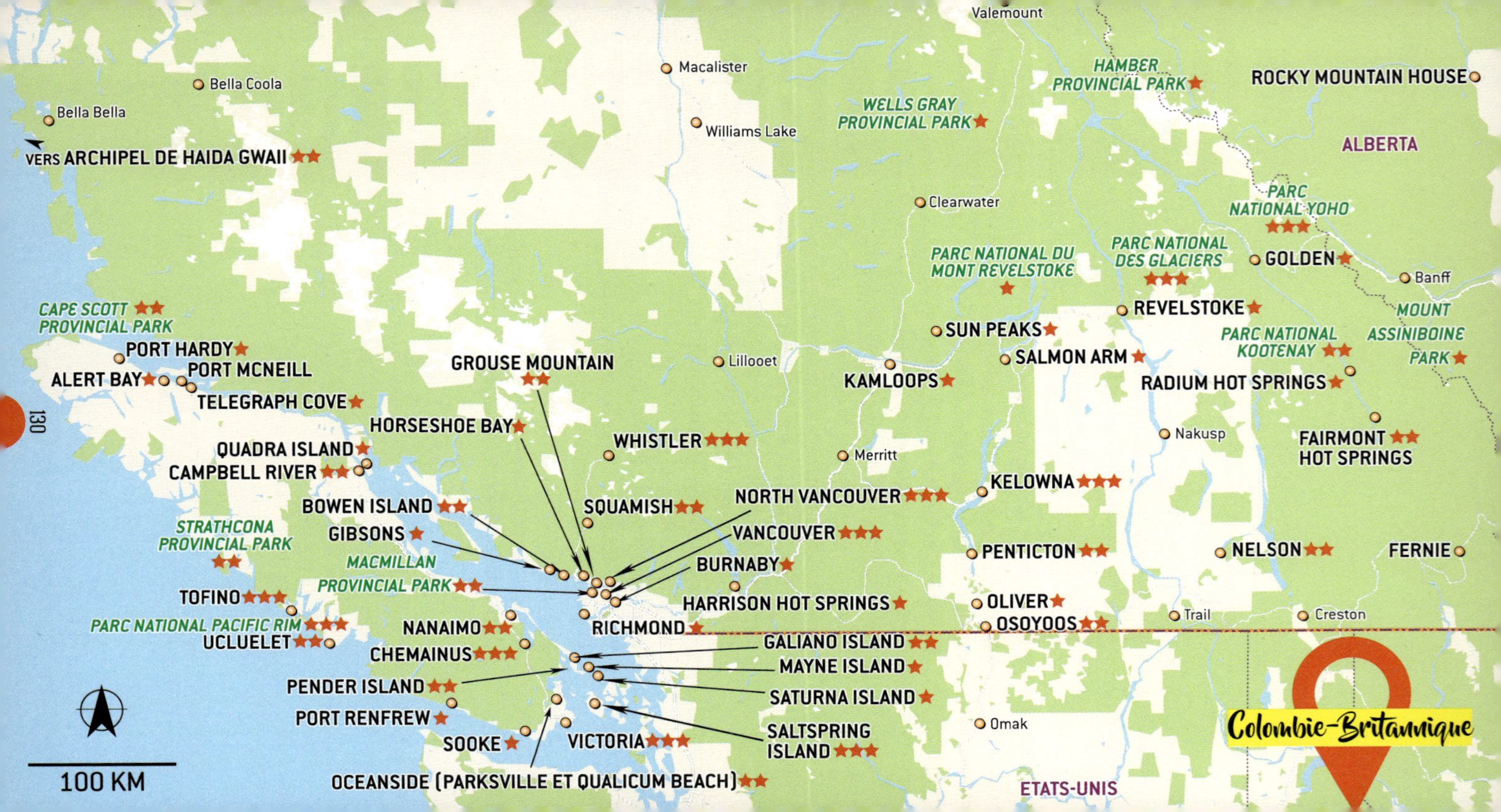
Colombie-Britannique
ROCKY MOUNTAIN HOUSE
ALBERTA
HAMBER PROVINCIAL PARK ★
WELLS GRAY PROVINCIAL PARK ★
Valemount
Macalister
Williams Lake
Bella Coola
Bella Bella
VERS ARCHIPEL DE HAIDA GWAII ★★
Clearwater
PARC NATIONAL YOHO ★★★
GOLDEN ★
Banff
PARC NATIONAL DU MONT REVELSTOKE ★
PARC NATIONAL DES GLACIERS ★★★
REVELSTOKE ★
MOUNT ASSINIBOINE PARK ★
PARC NATIONAL KOOTENAY ★★
SUN PEAKS ★
SALMON ARM ★
RADIUM HOT SPRINGS ★
CAPE SCOTT PROVINCIAL PARK ★★
PORT HARDY ★
PORT MCNEILL
ALERT BAY ★
TELEGRAPH COVE ★
GROUSE MOUNTAIN ★★
Lillooet
KAMLOOPS ★
HORSESHOE BAY ★
WHISTLER ★★★
Merritt
Nakusp
FAIRMONT HOT SPRINGS ★★
QUADRA ISLAND ★
CAMPBELL RIVER ★★
KELOWNA ★★★
NORTH VANCOUVER ★★★
BOWEN ISLAND ★★
SQUAMISH ★★
VANCOUVER ★★★
GIBSONS ★
STRATHCONA PROVINCIAL PARK ★★
PENTICTON ★★
NELSON ★★
FERNIE
MACMILLAN PROVINCIAL PARK ★★
BURNABY ★
TOFINO ★★★
HARRISON HOT SPRINGS ★
OLIVER ★
Trail
Creston
PARC NATIONAL PACIFIC RIM ★★★
NANAIMO ★★
RICHMOND ★
OSOYOOS ★★
UCLUELET ★★
GALIANO ISLAND ★★
CHEMAINUS ★★★
MAYNE ISLAND ★
PENDER ISLAND ★★
SATURNA ISLAND ★
PORT RENFREW ★
SALTSPRING ISLAND ★★★
Omak
SOOKE ★
VICTORIA ★★★
100 KM
OCEANSIDE (PARKSVILLE ET QUALICUM BEACH) ★★
ETATS-UNIS

PAGES

PAGES

●● GULF ISLANDS

Les îles du Golfe (Gulf Islands), au nombre de 200 environ, bénéficient d'un climat semi-méditerranéen et sont devenues des destinations de villégiature ou de retraite incomparables. Depuis fort longtemps, leurs paysages sont des sources d'inspiration, c'est pourquoi ces îles sont à présent la résidence de nombreux artistes ou d'anciens citadins lassés de la folie urbaine.

●● CHAÎNE CÔTIÈRE ET FRASER VALLEY

Depuis Vancouver, en prenant la Highway 99 (Sea to sky Highway) vers le nord, le panorama est incroyable : montagnes, falaises, lacs, forêts et une faune très présente et préservée. En remontant la côte du Howe Sound, vous suivrez les falaises jusqu'à Squamish et continuerez le long du parc glaciaire pour arriver enfin à Whistler, au milieu de deux montagnes jumelles, Whistler et Blackcomb.

La Fraser Valley, à l'est de Vancouver, tient son nom de Simon Fraser, qui fut le premier Européen à naviguer sur ce fleuve. Très fertile, la vallée Fraser, parsemée de fermes, de cultures, de lacs, de parcs et de rivières, est le poumon vert de la Colombie-Britannique et recèle les trésors de ses diverses communautés, depuis l'époque des Premières Nations jusqu'à nos jours.

Le paradis des grimpeurs pour ses falaises rocailleuses de renommée mondiale ! Squamish apparaît comme une banlieue un peu excentrée des deux pôles touristiques de Vancouver et de Whistler. La ville attire de plus en plus d'habitants préférant la nature à la vie trépidante de la ville.

Harrison Hot Springs est une destination thermale par excellence. Avec ses 60 kilomètres, ce lac est la plus vaste étendue d'eau douce de Colombie-Britannique. Un lieu de vacances et de cures grâce à deux sources minérales pures, une plage de sable ainsi qu'un lagon.

PAGES

184 ## NORD

Deux régions forment le nord de la province : North by Northwest et Peace River-Alaska Highway. On y trouve la plus grande quantité de parcs de la région, mais aussi des villes dynamiques, telles Prince George, Fort St. John ou Prince Rupert. La fameuse Yellowhead (route 16), qui traverse la province, permet de constater la transformation progressive du climat et des paysages.

188 ## ARCHIPEL HAIDA GWAII

L'archipel de Haida Gwaii, appelé « îles de la Reine-Charlotte » jusqu'au 3 juin 2010, est un ensemble de territoires sauvages, paisibles et mystérieux, à 130 km des côtes du nord-ouest de la Colombie-Britannique. Reconnues comme les Galápagos canadiennes, ces îles forment un ensemble de beautés naturelles peuplé d'animaux sauvages.

192 ## THOMPSON-OKANAGAN

La vallée de la Thompson River attire les amateurs de plaisance qui apprécient l'étendue de ses lacs et rivières (plus de 1 000 km à disposition). L'Okanagan, célèbre pour ses vignes, est une véritable oasis de lacs aux eaux tempérées et de « jardins fruitiers », et se découvre à pied, à vélo, en canoë ou à cheval, comme l'ont fait le peuple amérindien et les premiers Européens au XIXe siècle.

192 **OSOYOOS ★★**

Présentant un visage singulier, unique au Canada, la ville d'Osoyoos, située à seulement quelques kilomètres de l'État de Washington, à l'extrémité sud de la vallée de l'Okanagan, est l'endroit le plus chaud du pays. En été, la ville attire de nombreux touristes, qui viennent de Vancouver ou des États-Unis.

COLOMBIE-BRITANNIQUE

PAGES

●● KOOTENAY ROCKIES

A l'est de l'Okanagan, vous traverserez la Kootenay Valley et les Rocheuses de Colombie-Britannique, les Kootenay Rockies. Les parcs nationaux de Yoho et Kootenay sont plus confidentiels que leurs voisins albertains de Banff et Jasper, superstars des Rocheuses. Pourtant, ces parcs forment à eux quatre le parc des montagnes Rocheuses canadiennes inscrit au patrimoine mondial de l'Unesco.

Quatrième parc national à constituer le parc des Montagnes Rocheuses canadiennes inscrit au patrimoine mondial de l'UNESCO et totalisant une surface de 1 406 kilomètres carrés, cette terre de contraste offre une panoplie d'activités et d'expériences tout au long de l'année.

Ce parc provincial, avec ses glaciers, pics et autres lacs, fait partie des sept parcs des montagnes Rocheuses canadiennes (quatre parcs nationaux et trois parcs provinciaux) classés au patrimoine mondial de l'UNESCO.

VANCOUVER

© STEPHAN SZEREMETA

Une ville capitale, qui n'en a pas le titre, mais qui se comporte comme telle. Hôtels luxueux et sièges de nombreuses entreprises sont concentrés dans un centre-ville qui met en appétit les investisseurs immobiliers, notamment asiatiques. Mais Vancouver ne se limite pas à ce bouquet de gratte-ciel. C'est aussi une opulente et résidentielle ville verte (ville la plus écolo au monde, d'après Arte), au climat clément et à la qualité de vie exceptionnelle, qui puise ses principales ressources dans la forêt, le tourisme, la pêche et l'extraction de minerais. Classée en tête des villes du monde où il fait bon vivre, Vancouver attire de plus en plus d'habitants chaque année. Nichée entre l'océan Pacifique et les vigoureuses montagnes côtières, Vancouver est de loin la plus pittoresque des villes canadiennes entre nature et urbanité cosmopolite, et unique par ses diversités culturelles des « Premières Nations ».

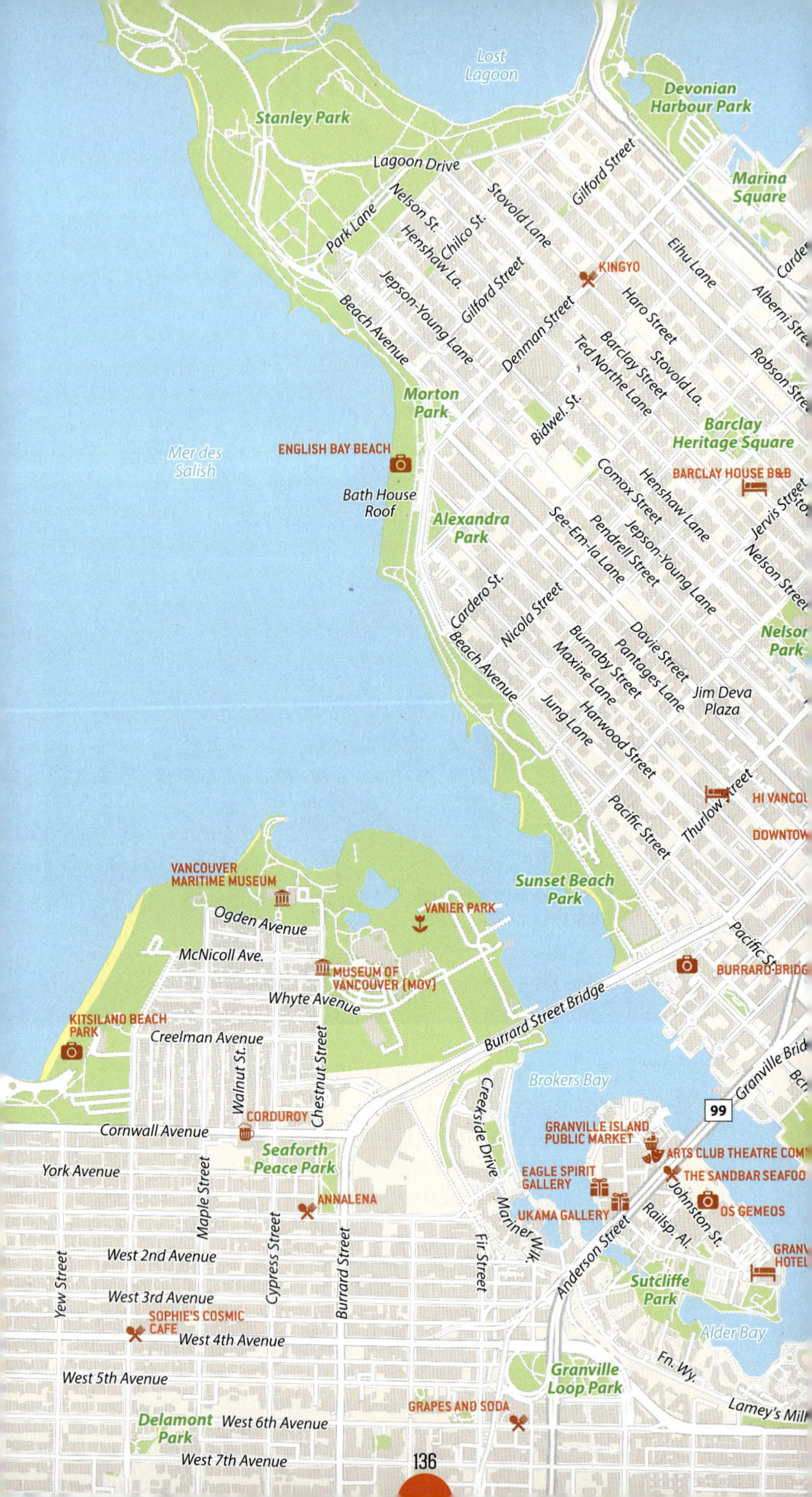

Lost Lagoon
Stanley Park
Devonian Harbour Park
Marina Square
Lagoon Drive
Park Lane
Nelson St.
Henshaw La.
Chilco St.
Stovold Lane
Gilford Street
Jepson-Young Lane
Beach Avenue
Gilford Street
KINGYO
Eihu Lane
Alberni Street
Robson Street
Haro Street
Denman Street
Barclay Street
Ted Northe Lane
Stovold La.
Bidwel. St.
Morton Park
Barclay Heritage Square
Mer des Salish
ENGLISH BAY BEACH
BARCLAY HOUSE B&B
Bath House Roof
Alexandra Park
Comox Street
Henshaw Lane
Jervis Street
See-Em-la Lane
Pendrell Street
Jepson-Young Lane
Nelson Street
Cardero St.
Nicola Street
Beach Avenue
Burnaby Street
Davie Street
Pantages Lane
Nelson Park
Maxine Lane
Jim Deva Plaza
Jung Lane
Harwood Street
Pacific Street
Thurlow Street
HI VANCOU
DOWNTOW
VANCOUVER MARITIME MUSEUM
Sunset Beach Park
VANIER PARK
Ogden Avenue
Pacific St.
McNicoll Ave.
MUSEUM OF VANCOUVER (MOV)
BURRARD BRIDG
Whyte Avenue
Burrard Street Bridge
KITSILANO BEACH PARK
Creelman Avenue
Walnut St.
Chestnut Street
Brokers Bay
Creekside Drive
Granville Brid
99
CORDUROY
Cornwall Avenue
GRANVILLE ISLAND PUBLIC MARKET
Seaforth Peace Park
ARTS CLUB THEATRE COM
York Avenue
Maple Street
EAGLE SPIRIT GALLERY
THE SANDBAR SEAFOO
ANNALENA
Johnston St.
UKAMA GALLERY
OS GEMEOS
Railsp. Al.
Mariner Wk.
West 2nd Avenue
Cypress Street
Burrard Street
Fir Street
Anderson Street
GRANV HOTEL
Yew Street
West 3rd Avenue
Sutcliffe Park
SOPHIE'S COSMIC CAFE
West 4th Avenue
Alder Bay
West 5th Avenue
Fn. Wy.
Granville Loop Park
Delamont Park
West 6th Avenue
GRAPES AND SODA
Lamey's Mill
West 7th Avenue

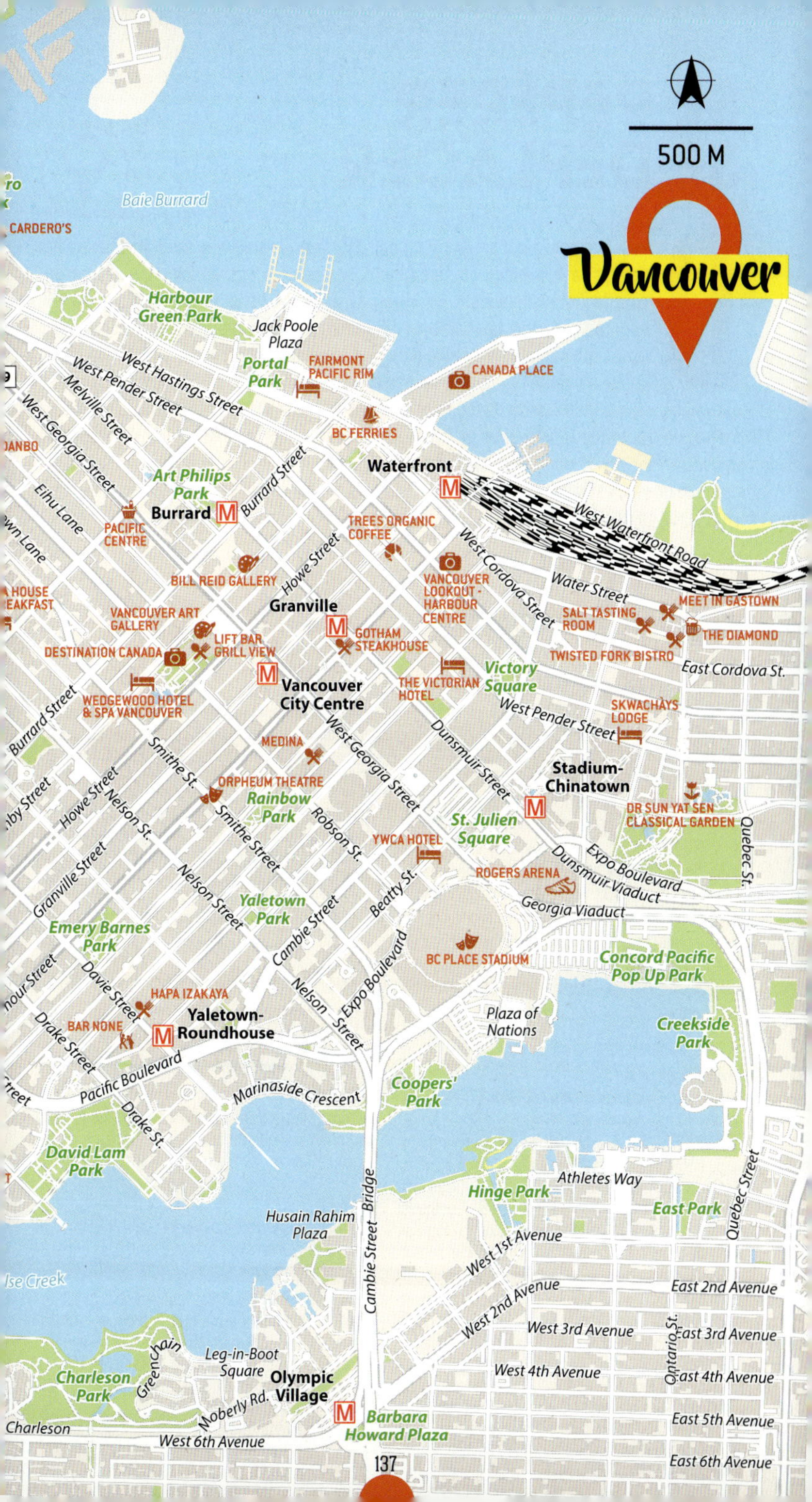

500 M
Vancouver
Baie Burrard
CARDERO'S
Harbour Green Park
Jack Poole Plaza
Portal Park
FAIRMONT PACIFIC RIM
CANADA PLACE
BC FERRIES
West Hastings Street
West Pender Street
Melville Street
West Georgia Street
Eihu Lane
Art Philips Park
Burrard
Burrard Street
PACIFIC CENTRE
Waterfront
TREES ORGANIC COFFEE
West Cordova Street
West Waterfront Road
Water Street
VANCOUVER LOOKOUT - HARBOUR CENTRE
BILL REID GALLERY
Howe Street
Granville
VANCOUVER ART GALLERY
LIFT BAR GRILL VIEW
DESTINATION CANADA
GOTHAM STEAKHOUSE
SALT TASTING ROOM
MEET IN GASTOWN
THE DIAMOND
TWISTED FORK BISTRO
East Cordova St.
THE VICTORIAN HOTEL
Victory Square
Vancouver City Centre
WEDGEWOOD HOTEL & SPA VANCOUVER
Burrard Street
SKWACHAYS LODGE
West Pender Street
MEDINA
Smithe St.
West Georgia Street
Dunsmuir Street
Stadium-Chinatown
ORPHEUM THEATRE
Rainbow Park
Robson St.
Howe Street
Nelson St.
St. Julien Square
DR SUN YAT SEN CLASSICAL GARDEN
Quebec St.
Smithe Street
YWCA HOTEL
Expo Boulevard
Dunsmuir Viaduct
ROGERS ARENA
Georgia Viaduct
Granville Street
Nelson Street
Yaletown Park
Cambie Street
Beatty St.
Emery Barnes Park
BC PLACE STADIUM
Concord Pacific Pop Up Park
Davie Street
HAPA IZAKAYA
Nelson Street
Expo Boulevard
Yaletown-Roundhouse
BAR NONE
Drake Street
Plaza of Nations
Creekside Park
Pacific Boulevard
Marinaside Crescent
Coopers' Park
Drake St.
David Lam Park
Athletes Way
Hinge Park
East Park
Quebec Street
Cambie Street Bridge
Husain Rahim Plaza
West 1st Avenue
West 2nd Avenue
East 2nd Avenue
West 3rd Avenue
Ontario St.
East 3rd Avenue
West 4th Avenue
East 4th Avenue
Greenchain
Leg-in-Boot Square
Olympic Village
Charleson Park
Moberly Rd.
Barbara Howard Plaza
East 5th Avenue
Charleson
West 6th Avenue
East 6th Avenue

SE REPÉRER SE DÉPLACER

Desservie par l'aéroport international YVR, c'est la seule ville nord-américaine qui ne soit pas traversée par une autoroute. Les deux grands axes qui se croisent sont la Transcanadienne (Highway 1), orientée est-ouest, et la Highway 99, orientée nord-sud. Le « métro » (Skytrain) de Vancouver permet d'emprunter 3 lignes qui parcourent la ville, dont une construite à l'occasion des J.O. de 2010. Pensez à garder votre titre de transport oblitéré : les contrôles sont inopinés. Il est valable 90 minutes à partir du moment du compostage et valable autant sur le réseau de métro que d'autobus et de *seabus* de la ville. Le taxi est un des moyens de transport les plus utilisés à Vancouver, sûr et plutôt bon marché. Les pistes cyclables sont nombreuses car la pratique du vélo est favorisée. Le plan des rues se présente de manière perpendiculaire. Pour se repérer, gardez en tête que la vue sur les montagnes annonce le nord et l'océan l'ouest.

YVR VANCOUVER INTERNATIONAL AIRPORT

RICHMOND

www.yvr.ca

À 15 km au sud du centre-ville de Vancouver.

L'aéroport se divise en deux parties : les vols intérieurs et les vols internationaux et vers les USA. Air Canada et WestJet sont les deux principales compagnies aériennes présentes à YVR.

- **Un taxi pour le centre-ville** vous coûtera environ 35 CAN $ (compter 25 minutes, selon la circulation).
- **La ligne Canada Line du Skytrain** permet de rejoindre facilement le centre-ville en 20 min (9,25 CAN $).
- **Une navette gratuite** permet de rejoindre certains des hôtels locaux.

MOBI BIKE

✆ +1 778 655 1800

www.mobibikes.ca

Pass à la journée à 15 CAN $, 1 mois à 30 CAN $. Différentes options de 30 ou 60 minutes.

Depuis 2016, Mobi Bike, vélo en libre-service, est présent partout dans la ville de Vancouver et autour de Stanley Park (réputé pour son mythique *Seawall* de 28 km, très convoité par les cyclistes). Si vous dépassez les 30 ou 60 minutes, vous paierez des frais supplémentaires. Après une inscription très facile sur l'application mobile, un identifiant vous sera attribué et vous choisirez un code. Ensuite, il suffit de trouver un vélo à une station, de le débloquer et de rouler sereinement grâce au vaste réseau de pistes cyclables aménagé par la ville ! Casque fourni.

SEABUS

✆ +1 604 953 3333

www.translink.ca

Seabus de 6h à 1h du matin (de 8h à 23h le dimanche) Tarif : 3,10 CAN $.

Au début du XXe siècle, les ferries permettaient aux habitants de passer d'une rive à l'autre. Mais la popularité croissante des voitures les a contraint à disparaître en 1958. Quelques années plus tard, l'augmentation de la population de North Vancouver a favorisé leur retour graduel.

Les Seabus fonctionnent au diesel et peuvent contenir 400 passagers à une vitesse de 11,5 nœuds. Le Seabus relie exclusivement le centre-ville (embarquement à la station Waterfront du Skytrain) à North Vancouver. La traversée de 12 minutes vous fera passer d'une rive à l'autre.

TRANSLINK

✆ +1 604 953 3333 - www.translink.ca

À partir de 3,10 CAN $ pour n'importe quel trajet en ville. Pass à la journée : 11 CAN $.

Compagnie de transport en commun de l'agglomération regroupant les bus, le Skytrain et les Seabus (entre North Vancouver et Vancouver, pour éviter les embouteillages sur le Lions Gate Bridge).

5 lignes de métro desservent la ville : Millennium Line, Expo Line, West Coast Express, Evergreen Line et Canada Line.

- **Canada Line :** elle relie les stations de Waterfront et Richmond ainsi que l'aéroport international YVR en passant par le centre-ville, Yaletown, Broadway et le sud de Vancouver. C'est la ligne la plus récente du Skytrain, ouverte pour les J.O. de 2010.

À VOIR / À FAIRE

Les habitants de Vancouver vous le diront, l'intérêt de la ville n'est pas la ville elle-même, mais plutôt son environnement. Vous êtes sur une plaque tournante donnant accès à la mer comme à la montagne, d'immenses terrains de jeux à ciel ouvert. Vancouver est une ville particulièrement agréable à découvrir en famille. Les nombreux espaces de nature et d'activités en plein air, facilement accessibles et souvent gratuits, rendent la planification simple pour tous. Dans cet esprit, un des principaux attraits de la métropole est son ensemble de parcs, à commencer par le parc Stanley, dans lequel se ruent les Vancouvérois dès que le soleil pointe son nez ! Mais la ville est également dynamique en termes de culture, et les musées ne manquent pas. Laissez-vous tenter par la perspective d'une simple balade dans l'un des quartiers qui font l'identité de la ville, puis arrêtez-vous pour manger dans l'un des innombrables camions-restaurants.

VANCOUVER TOURIST INFO CENTRE

200 Burrard Street
✆ +1 604 682 2222
www.destinationvancouver.com
Bureau de Destination Vancouver, ouvert de 9h à 15h30 en semaine.

Office de tourisme de Vancouver et ses environs. Sur place ou sur le site Internet, une foule d'informations est disponible pour la préparation de son séjour.

▸ **Le Vancouver City Passport** (www.citypassports.com), qui coûte 39,99 CAN $ et qui est valide pour les individuels, couples ou familles avec deux enfants, permet d'économiser sur le billet d'entrée de plus de 50 attractions, musées, tours de la ville, restaurants, spas, locations de vélos, ballets, symphonies et excursions.

FANS OF VANCOUVER AMUSEMENT TOURS

1360 Hornby Street
✆ +1 604 352 9631
www.fansofvancouver.com
Ouvert de 11h à 16h. Fermé le jeudi et le dimanche. Compter 40 CAN $.

Saviez-vous que la ville de Vancouver est surnommée *Hollywood North*, en raison des nombreux films tournés dans la ville ces dernières années (*Smallville, Sauvez Willy, Twilight, Mission impossible*, *Deadpool,* etc.) ? Si vous souhaitez visiter la ville différemment et que vous êtes cinéphile, la visite guidée *Hollywood North Walking Tour* est faite pour vous ! Peut-être aurez-vous la chance d'apercevoir des tournages en pleine action lors de votre visite...

BE WILD ADVENTURES

938 Howe St
✆ +1 778 385 9394
www.bewildadventures.com
Du lundi au samedi, compter 55 CAN $ pour une visite guidée de Vancouver. Dès 210 CAN $ à Whistler.

Été comme hiver, des visites privées ou en petit groupe (5 à 6 personnes maximum) au départ de Vancouver. Nul besoin de louer une voiture ou planifier votre itinéraire, Amber (la très enthousiaste guide et gérante de *Be Wild*) veillera à votre confort du début à la fin ! L'une des visites les plus populaires, *Waterfall & Whistler Guided Hiking Tour*, vous permettra de découvrir les belles cascades le long de la route panoramique *Sea to Sky* et le village olympique de Whistler. Temps libre sur place également pour faire des activités en toute autonomie.

VANCOUVER FOODIE TOURS

1592 Johnston Street
✆ +1 604 295 8844
www.foodietours.ca
Dès 89,99 CAN $ par personne le tour du marché de Granville de 2 heures.

Épicuriens et amateurs de découvertes culinaires, voici des tours guidés de 2 à 3 heures, faits pour vous, sur le thème de la gastronomie de Vancouver. Parmi les trois visites les plus populaires de l'agence : le Gastronomic Gastown Tour, mais aussi le tour parcourant le Marché de Granville Island ou encore Authentic Asian Eats Tour qui vous confrontera à votre péché de gourmandise. Chaque visite inclut un guide local donnant de nombreuses indications culturelles et culinaires sur la ville ainsi que des dégustations. Une manière gourmande de visiter la ville !

QUARTIERS DE VANCOUVER

D'une superficie de 115 km^2, Vancouver possède plus d'une vingtaine de quartiers officiels. Vous ne pourrez pas manquer le centre-ville, représentatif des grandes villes américaines avec ses hauts *buildings*. Le centre-ville à lui seul se divise en plusieurs quartiers dont Gastown, quartier le plus ancien de Vancouver, et Chinatown, plus ancien quartier chinois du Canada.

Tout proche de la place du Canada, Gastown est le nom du tout premier établissement de la ville, développé autour d'une scierie en 1867. C'est donc le plus vieux quartier et le berceau de la ville. Jadis, le volubile (et soiffard) Jack Deighton, dit Gassy Jack, y installa le premier bar. La statue de cet « aventurier » se dresse sur Maple Tree Square (au coin de Water et Carrall Streets), face au plus vieux bâtiment du quartier reconnaissable à sa forme allongée (il était en bois à l'origine). Aujourd'hui, dans cette poche de résistance en brique rouge et au sol pavé règne une ambiance de dilettantisme, « méditerranéenne », qui change agréablement de l'austérité du quartier d'affaires.

Au sud, le quartier Yaletown est un des plus branchés de la ville. Au début des années 1990, ces vastes entrepôts déserts ont séduit certains artistes, ainsi que des petites entreprises d'informatique attirées autant par le charme du lieu que par le faible coût des loyers. Vous y trouverez des bars et des restaurants qui proposent un cadre chaleureux et branché et quelques-unes des boutiques les plus *in* de la ville.

West End est le quartier situé à l'ouest du centre-ville, mitoyen de Stanley Park. Dès sa naissance, vers la fin du XIXe siècle, le West End a été un quartier résidentiel plutôt huppé. La population aisée de la jeune ville de Vancouver n'était que trop contente de s'éloigner des odeurs nauséabondes des entrepôts de Gastown, et de profiter de la vue sur les eaux calmes du Burrard Inlet et des charmes du tout nouveau Stanley Park.

Chaque quartier et point d'intérêt touristique peut se rejoindre facilement grâce au métro Skytrain, qui dessert tous les quartiers de Vancouver et au-delà. Le plan des rues se présente généralement comme une grille de mots fléchés, de manière perpendiculaire. Pour votre orientation dans la ville, sachez que lorsque vous faites face aux montagnes depuis Vancouver, vous vous dirigez vers le nord et si vous faites face à l'océan, vers l'ouest. Centre Street délimite l'ouest et l'est de la ville.

VANCOUVER

BILL REID GALLERY ★★★

639 Hornby Street
✆ +1 604 682 3455
www.billreidgallery.ca
Ouvert du mercredi au dimanche de 10h à 17h. Entrée 13 CAN $. Visite guidée 15 CAN $ (minimum 10 personnes).

Bill Reid est un artiste amérindien de la nation haïda, né en 1920 et mort en 1998. Ses sculptures notamment sont connues à travers une grande partie du Canada mais vous découvrirez également des bijoux, totems et esquisses. En prolongement de votre visite à la Vancouver Art Gallery, cette petite galerie située au centre-ville présente de nombreuses œuvres de l'art autochtone de la côte Nord-Ouest du continent américain. Visite incontournable dans un cadre magnifique, à l'intérieur comme à l'extérieur, pour comprendre la place prépondérante de l'art dans la culture amérindienne. Quelques installations vidéo retracent l'histoire de Bill Reid, depuis son enfance. Des panneaux explicatifs devant chaque pièce vous permettent de connaître l'histoire et le contexte de création de chacune d'elles. Vous découvrirez une grande fresque dédiée à la culture des Inuits, mais également des expositions sur les textiles indigènes, l'art et la tradition du tatouage (rituels de scarification). Sur deux étages, le charme opère également à l'extérieur avec sa verdure, ses jardins dans lesquels vous pouvez déambuler, et la façade magnifique de la galerie. A la fin de votre visite, faites un tour à la boutique qui propose de jolis produits, notamment de beaux bijoux pour femmes et des livres retraçant la vie de Bill Reid ou plus globalement sur l'art autochtone. Attention, l'entrée de la galerie peut être difficile à trouver si vous n'avez pas l'adresse exacte. Elle ne se voit pas au premier coup d'œil depuis le trottoir.

CANADA PLACE ★★

999 Canada Place
www.canadaplace.ca
Flyover Canada ouvert de 10h à 20h. Adulte : 31 CAN $.

Ce bâtiment, mi-bateau mi-meccano, est devenu un point de repère emblématique depuis l'Exposition internationale de 1986 à Vancouver : 5 grandes voiles hissées haut dont 10 points représentant les 10 provinces du Canada. Canada Place abrite, entre autres attractions, le cinéma IMAX Fly Over Canada. Les grands paquebots en partance pour l'Alaska larguent ici les amarres. C'est là également que se sont tenues la plupart des cérémonies des Jeux olympiques de 2010. Depuis la plateforme, admirez la vue et prenez le temps de lire les panneaux explicatifs alentour.

DR SUN YAT SEN CLASSICAL GARDEN ★★

578 Carrall Street ✆ +1 604 662 3207
www.vancouverchinesegarden.com
Ouvert de 9h30 à 19h en été, horaires réduits hors saison et fermé le lundi et mardi en hiver. Entrée : 16 CAN $.

Premier jardin à la façon de la dynastie Ming construit hors de la Chine en 1985 et 1986. Il s'agit d'une création des architectes Joe Wai et Donald Vaughan. Il est similaire au jardin de Suzhou en Chine car cette ville possède le même climat que Vancouver. Les plantes vivent ici en concordance parfaite avec les saisons, en respectant l'harmonie et le rythme des floraisons mais aussi le Feng Shui ! Des visites guidées permettent de comprendre les diverses significations de ce jardin.

VANCOUVER LOOKOUT - HARBOUR CENTRE ★★

555 West Hastings Street
✆ +1 604 689 0421
www.vancouverlookout.com
Ouvert tous les jours de 11h à 18h. Entrée 18,25 CAN $. Possibilité d'achat en ligne.

La tour, de 216 mètres (168 mètres pour l'étage d'observation), offre un magnifique point de vue sur Vancouver. L'effet est le même que dans tous les édifices semblables partout dans le monde, cela dit, la vue à 360° sur la ville et ses environs est saisissante. La montée en ascenseur vitré fait elle-même son petit effet. Il faut savoir que cette tour est à 3 550 km d'Ottawa et à 7 921 km de Paris. L'entrée payante permet de remonter au sommet de la tour en nocturne le même jour.

VANCOUVER ART GALLERY ★★★

750 Hornby Street
✆ +1 604 662 4700
www.vanartgallery.bc.ca
Ouvert tous les jours de 10h à 17h. Mardi, jeudi et vendredi nocturne jusqu'à 20h. Entrée 29 CAN $.

Fondée en 1931, Vancouver Art Gallery est reconnue comme l'un des plus importantes d'Amérique du Nord. Sans conteste la plus belle galerie d'art de Vancouver avec plus de 10 000 œuvres d'art ! Dans cet ancien palais de justice sont exposées différentes collections d'art contemporain ou régional. Vous y découvrirez des expositions divertissantes et animées qui changent habituellement plusieurs fois par an.

On s'attardera tout particulièrement dans l'exposition permanente consacrée à Emily Carr (née à Victoria en 1871), connue pour ses peintures, ses écrits et sa forte personnalité. Ses œuvres sont exposées toute l'année au dernier étage du musée. Elles permettent d'admirer son formidable talent pour immortaliser en peinture la nature intouchée du siècle dernier et la nature des autochtones de l'archipel d'Haida Gwaii où l'artiste s'est de nombreuses fois rendue pour trouver l'inspiration. On pourra également admirer certaines œuvres du Groupe de Sept, mouvement pictural mené par sept artistes canadiens qui ont beaucoup œuvré en Colombie-Britannique à partir de la fin du XIXe siècle pour peindre les grands espaces canadiens et ainsi s'affranchir de la peinture européenne. Au total, on compte près de 200 œuvres parmi les plus importantes d'Emily Carr et du Groupe des Sept. On pourra aussi admirer des œuvres historiques issues des Premières Nations ou des projets plus contemporains d'artistes de la région, comme Jeff Wall, ou d'artistes asiatiques contemporains. Possibilité de manger sur place.

Canada Place.

© STEPHANIE BRACONNIER - SHUTTERSTOCK.COM

English Bay beach.

ENGLISH BAY BEACH ★★

Stanley Park

Proche du centre-ville, English Bay est à Vancouver, en moins rectiligne, ce que la Promenade des Anglais est à Nice. On peut venir s'y faire bronzer, boire un verre (tant que ce n'est pas alcoolisé…), louer un kayak ou participer le 1er janvier à l'événement traditionnel Polar Bear Swim (bain de l'ours polaire). Il est possible sur place, en haute saison, de louer des parasols et des transats. La plage est surveillée pendant l'été. Deux terrains de volley-ball sont mis à disposition sur place pour occuper vos après-midi ensoleillés.

SECOND BEACH ET THIRD BEACH ★★

Stanley Park

Les plages de Second et Third Beach se trouvent dans le parc Stanley, au nord d'English Bay. Une piscine extérieure se trouve devant Second Beach, très familiale avec ses différents terrains de jeu, tandis que Third Beach, un peu moins grand public, est prise d'assaut chaque soir par une population jeune et bruyante. Des tables de pique-nique et des barbecues sont mis à disposition. Occasionnellement l'été, des soirées cinéma en plein air sont organisées sur la plage.

LIONS GATE BRIDGE ★

Lions Gate Bridge Rd

Tout au bout de la péninsule du Stanley Park, deux lions majestueux encadrent le pont suspendu qui enjambe le Burrard Inlet. Il est l'un des seuls moyens de rejoindre North Vancouver depuis le centre-ville, avec le ferry Seabus. Son nom fait référence aux deux sommets rapprochés des montagnes de North Shore (dans le Cypress Provincial Park) que l'on peut admirer depuis le pont. Il est possible de traverser le pont à pied par un passage piétonnier des deux côtés de la passerelle, en une dizaine de minutes. Belles photos en perspective !

VANCOUVER AQUARIUM ★★

845 Avison Way

✆ +1 604 659 3400

www.vanaqua.org

Ouvert tous les jours en été de 10h à 19h. Le reste de l'année : fermeture à 17h. Adulte : 38 CAN $, enfant : 21 CAN $.

Le plus grand et plus prestigieux aquarium du Canada. L'aquarium décrit la vie de 4 écosystèmes (les Tropiques, le monde sous-marin du Pacifique, les côtes de Colombie-Britannique et l'océan Arctique). Plus de 8 000 animaux. À l'extérieur, dans un des deux bassins jouent des dauphins ; dans l'autre s'ébattent des bélugas. Des galeries sous-marines facilitent l'observation de ces mammifères. L'Aquarium appartient à une société privée qui utilise les fonds récoltés pour financer les recherches menées par son équipe de chercheurs.

STANLEY PARK ★★★

Gratuit et en libre accès. Compter 50 CAN $ pour un tour en calèche en haute saison.

Poumon vert de la ville de Vancouver, les Vancouvérois viennent faire leur promenade dominicale, pratiquer leur entraînement de vélo ou de course à pied, prendre le soleil sur l'une des trois plages bordant English Bay ou encore regarder les feux d'artifices le soir du Canada Day.

En 1863, les mille acres (405 hectares) de la péninsule du Stanley Park sont devenus une réserve militaire destinée à prévenir une possible invasion de l'armée américaine qui occupait à ce moment San Juan Island, dans le golfe de Georgia. Le célèbre parc doit son nom à Lord Stanley, qui était le gouverneur de l'époque. Il est aujourd'hui le troisième plus grand parc urbain au monde, 10 % plus étendu que Central Park à New York !

Ses 405 hectares dominés par les grands cèdres rouges invitent aux promenades et aux sports de plein air et contrastent véritablement avec les hauts buildings de la ville. Le parc est recouvert par un demi-million d'arbres dont certains sont de véritables vedettes en raison de leur taille (jusqu'à 76 mètres de haut) ou de leur âge (plus de 100 ans). Escortés par les écureuils gris, les marcheurs seront surpris de rencontrer, au détour d'un sentier, des vendeurs de tableaux, des portraitistes et des caricaturistes qui donnent à l'endroit une allure de Montmartre. Pour faire un tour du parc en calèche, Horse-Drawn Tours, à l'entrée du parc, après le Rowing Club, permet de ne rien perdre des beautés du parc, dont Deadman's Island, Coastal Red Cedar Forest et *The Girl in a Wet Suit Statue* sont quelques exemples. Le bus shuttle vous permet de monter et descendre quand vous voulez et de faire le tour à votre rythme. On peut également prendre son temps et visiter le parc à pied, par ses sentiers (200 kilomètres au total). Il faut prévoir une heure ou une heure et demie pour faire un tour du parc à vélo par le Seawall (10 kilomètres de circonférence) et 3 à 5 heures de marche à pied. On ne dirait pas sur la carte, mais le territoire est immense. Vous ne serez bien sûr pas seul car le parc est utilisé par à peu près 8 millions de visiteurs chaque année. Mais hormis les plages et les attraits touristiques qui drainent beaucoup de passage, il est toujours possible de trouver au Stanley Park un banc intime ou un sentier désert. Parmi les innombrables lieux au sein de ce parc, ne manquez pas de découvrir les incontournables sites ci-dessous :

- **Deadman's Island.** Autrefois cimetière amérindien puis un lieu de quarantaine pour les victimes de la variole, épidémie apportée par les colons. Cette petite île, située au sud-est de Stanley Park, dans Coal Harbor, est aujourd'hui le site de la Réserve Navale de la ville de Vancouver.

- **9 O'Clock Gun.** Ce canon, rapporté d'Angleterre et installé dans le parc en 1894 avait pour mission originelle de prévenir les pêcheurs de la fin de la pêche le dimanche à 18h. Réglé par la suite à 21h, il permettait aux bateaux du port et à toute la population de régler sa montre avec précision. Automatisé depuis lors, il fonctionne toujours aujourd'hui.

- **Brockton Point lighthouse.** Ce joli petit phare à la pointe est du parc a été construit en 1914 et marque l'entrée du port de Coal Harbour.

- **Totem Poles.** L'un des sites les plus visités du parc, le jardin des Mâts Totémiques se trouve à Brockton Point, dans le secteur est du parc (autrefois, territoire des Premières Nations Musqueam, Squamish et Tsleil-Waututh). Certains de ces Mâts Totémiques sont des vrais, d'autres des répliques d'œuvres amérindiennes trouvées sur les plages de l'archipel des îles Haïda Gwaii, au nord de la province de Colombie-Britannique. Le totem le plus récent est l'œuvre d'un artiste de la nation des Squamish et a été ajouté en 2009.

- ***The Girl in a Wet Suit Statue.*** Belle et imposante sirène moderne posée sur son caillou le long de la rive nord du parc, cette statue de bronze, grandeur nature, date de 1972 et fait référence à celle de Copenhague. A la différence de cette dernière, si on la regarde bien, on peut voir qu'elle porte un masque, des palmes ainsi qu'une combinaison de plongée.

- **Coastal Red Cedar Forest.** Plusieurs grosses tempêtes ont endommagé l'impressionnante forêt de cèdres rouges qui recouvre la majorité du parc, dont son ancien plus gros spécimen de treize mètres de circonférence. Toutefois, il reste encore plusieurs géants à admirer depuis les sentiers qui sillonnent le parc, un spectacle dont on ne se lasse pas.

- **First, Second et Third Beaches.** Ces trois plages sont situées au sud du parc, face à English Bay. Elles sont accessibles par la piste du Seawall et offrent de très beaux couchers de soleil sur l'océan. Des endroits appropriés pour un pique-nique et une baignade.

- **Lost Lagoon**. Marqué par la fontaine Jubilee, le lagon fait vivre la biodiversité du parc, amenant de nombreuses espèces d'oiseaux sur les lieux. Il est possible d'assister à des visites guidées portant sur la biodiversité, notamment la faune et la flore ici présentes.

- **Prospect Point.** Point de vue idéal pour admirer le Lions Gate Bridge, North Shore Mountains et Burrard Inlet.

- **A vélo,** tâchez de bien respecter les règles de circulation sur le Seawall : on roule à sens unique, du nord vers le sud. La piste cyclable est bien délimitée pour votre confort et votre sécurité.

- **Les jardins**. Le parc Stanley possède une quantité incroyable de jardins fleuris au sein du site tels que le Ted and Mary Greig Rhododendron Garden, qui regroupe à lui seul plus de 4 500 plantes au total. Vous pourrez également explorer le jardin de roses, établi en 1920, et le Shakespeare Garden.

BURRARD BRIDGE

Burrard Street

Le Burrard Bridge long de 836 m a été construit au-dessus de la baie de False Creek entre 1930 et 1932 dans le style Art-déco. Ses cinq voies pénètrent au cœur de la ville. Imaginée par l'ingénieur John R. Grant et dessinée par l'architecte George Sharp, la traversée du pont a été conçue de manière à ce que les automobiles puissent rouler tout en ayant la possibilité d'admirer la baie. Il en résulte un effet visuel stroboscopique fort. Le pont est aussi praticable à vélo ou à pied en longeant les plateformes sécurisées de ses rebords.

OS GEMEOS ★

Au coin de Johnston Street et Old Bridge Street

www.osgemeos.com.br/pt

Six silos en béton sont devenus, sous le jet de peinture des célèbres graffeurs, *street artists* en anglais, brésiliens Gustavo et Otavio Pandolfo, une attraction emblématique de Granville Island depuis 2014. Appelés *Os* Gêmeos (« Les jumeaux » en portugais), ces personnages colorés peints sur les silos rompent désormais avec le gris du décor industriel de ce secteur longtemps abandonné. Un détour de quelques minutes à ne pas manquer lors d'une visite du quartier pour admirer ces nombreux graffitis représentant les scènes brésiliennes.

KITSILANO BEACH PARK ★★

Cornwall Ave

De l'autre côté de English Bay, la plage de Kitsilano est l'une des plus appréciées des habitants et des visiteurs de la ville de Vancouver. Pendant l'été, c'est le royaume des amateurs de bronzage, des joueurs de beach volley, des pique-niqueurs et des enfants qui barbotent dans l'eau. Une piscine d'eau de mer permet de faire des longueurs sans être gêné par les vagues des gros cargos qui font des allers et venues entre l'océan et le port. Des courts de tennis ainsi que des terrains de basket sont disponibles pour les sportifs.

VANCOUVER MARITIME MUSEUM ★

1905 Ogden Avenue

✆ +1 604 257 8300

www.vancouvermaritimemuseum.com

Ouvert du mardi au dimanche de 10h à 17h. Adulte : 13,50 CAN $.

Le musée retrace l'histoire navale de la ville, celle notamment du *Discovery*, le navire de George Vancouver. Et celle aussi, plus émouvante peut-être, du bateau à vapeur *The Beaver*, échoué en 1888, après 50 ans de loyaux services. On y verra aussi de belles maquettes et un vrai bateau de plus de 30 mètres, le *Saint-Roch*, ayant patrouillé dans l'Arctique entre 1928 et 1950. En 1954, il revient à Vancouver où il profite depuis de sa retraite. Des visites guidées sont proposées.

MUSEUM OF VANCOUVER (MOV) ★

1100 Chestnut Street ✆ +1 604 736 4431

www.museumofvancouver.ca

Ouvert du dimanche au mercredi de 10h à 17h, jusqu'à 20h le jeudi, 21h le vendredi et le samedi. Adulte : 20,50 CAN $.

Le musée se trouve sur un territoire non cédé des nations Musqueam, Tsleil-Waututh et Skwxwú7mesh (Squamish). Présentant l'histoire de la Colombie-Britannique à travers les explications d'archéologues et ethnologues, il est très intéressant d'y voir de vieilles photos du Vancouver d'autrefois, d'apprendre que New Westminster fut longtemps la capitale de la Colombie-Britannique et que le Stanley Park était destiné à être un bastion militaire pour protéger la ville contre les Japonais !

VANIER PARK ★

1000 Chestnut Street

Ouvert du lever du soleil à la tombée de la nuit, été comme hiver.

Le parc municipal de Vanier, créé en 1967, était autrefois un grand site amérindien de la nation des Squamish, puis enfin une base aérienne de la Royal Canadian Air Force. Ce large domaine verdoyant, au bord de l'English Bay, est aujourd'hui un agréable parc offrant une très belle vue sur le centre-ville de Vancouver. On y trouve une marina, une promenade piétonne qui mène jusqu'à la plage de Kitsilano ainsi que trois musées importants de la ville : le Museum of Vancouver, le Vancouver Maritime Museum et le H.R. MacMillan Space Centre.

JERICHO BEACH PARK ★

3941 Point Grey Road

A l'ouest du quartier Kitsilano, Jericho Beach Park offre l'"une des plus belles vues sur les gratte-ciels du centre-ville de Vancouver, avec les cargos sur l'océan et les montagnes en arrière-plan. La plage de Jericho est agrémentée d'un grand parc, de sentiers de marche et d'un lac. La plage est accessible aux personnes à mobilité réduite. C'est ici qu'a lieu en juillet le festival de musique folk de Vancouver. Un terrain de volley-ball est à disposition. L'est de la plage est plutôt réservé aux nageurs tandis que l'ouest est prisé par les surfeurs du coin.

PACIFIC SPIRIT REGIONAL PARK ★

5495 Chancellor Blvd ✆ +1 604 224 5739

Ouvert tous les jours de 7h à 17h. Accès gratuit.

Parc régional situé en bordure de l'océan et à l'intérieur du domaine de l'Université de Colombie-Britannique (UBC). Parfait pour se balader, faire un jogging ou simplement flâner pour une parenthèse paisible. Différentes atmosphères le composent : sentiers serpentant au milieu de cèdres géants, agréables pistes cyclables en bordure de la forêt et plages de cailloux avec vue sur le Georgia Strait, dont la fameuse Wreck Beach, où les vêtements sont optionnels !

UBC BOTANICAL GARDEN ★

6804 NW Marine Drive

✆ +1 604 822 9666

www.botanicalgarden.ubc.ca

Entrée 9 CAN $. Ouvert tous les jours de 10h à 16h30.

Créé en 1916, le parc s'étend sur 44 hectares et regroupe de nombreuses espèces de plantes. Encyclopédie grandeur nature de la flore mondiale, le jardin botanique de l'University of British Columbia propose une balade instructive. On y apprend autant sur les plantes exotiques que sur les plantes potagères. Il est désormais possible de marcher sur un long parcours de ponts suspendus, à la Indiana Jones, et sillonner la forêt depuis la cime des arbres. Le Greenheart TreeWalk est comparable au Capilano Suspension Bridge Park à North Vancouver.

MUSEUM OF ANTHROPOLOGY (MOA) ★★★

6393 NW Marine Drive ✆ +1 604 822 5087

www.moa.ubc.ca

Ouvert tous les jours de 10h à 17h (jusqu'à 21h le jeudi). Fermé le lundi d'octobre à mai. Adulte : 18 CAN $.

Rouvert fin 2023 à la suite de gros travaux de réorganisation, le musée est connu pour ses collections d'objets fabriqués par des peuples autochtones de la Colombie-Britannique. L'architecture du musée, signée de l'architecte vancouvérois Arthur Erickson, est magnifique avec comme pièce maîtresse le Great Hall, un espace spectaculaire composé d'un mur de verre de 15 mètres de hauteur. Ses vastes pans vitrés font face à l'océan Pacifique et permettent à la lumière d'effleurer les immenses totems des Premières Nations de la région du Pacifique Nord-Ouest ; la force sereine qui se dégage de leurs formes massives semble remplir l'espace. On y trouve entre autres un magnifique totem d'entrée de maison wuikinuxv, un canoë haisla, ou encore les œuvres *Welcome Figure* de l'artiste Joe David du peuple des Nuu-chah-nulth, *Bone Box* de l'artiste Michael Nicoll Yahgulanaas du peuple Haida et *Yaahl Kingnganggang (Raven Calling)* de l'artiste Robert Davidson, Haida lui aussi. Certaines sculptures de Bill Reid, comme *The Raven and the First Men*, exposée dans la Bill Reid Rotunda, sont impressionnantes.

Parmi les autres expositions permanentes du musée, ne manquez pas l'exposition Multiversity Galleries qui rassemble des milliers d'objets, mais aussi la Koerner European Ceramics Gallery (comptant plus de 600 céramiques !), le Museum Grounds (avec une maison Haida) et le Welcome Plaza.

Après votre visite, poursuivez vers l'Université pour contempler la Long House et le Totem de la Réconciliation.

© STÉPHAN SZEREMETA

SE LOGER

Bien que Vancouver soit la ville la plus chère du pays, elle reste malgré tout accessible aux voyageurs à petit budget, si l'on se renseigne sur les endroits bon marché et attractifs de la ville. Le prix des auberges de jeunesse est semblable à celui d'autres villes du Canada. Ville attirant de plus en plus de jeunes, on y trouve d'ailleurs plus d'auberges de jeunesse que dans n'importe quelle autre ville au Canada. Trouver des hôtels de première catégorie est ici un jeu d'enfant : Vancouver est la seule ville d'Amérique du Nord qui dispose, avec le Sutton Place et le Pan Pacific Hotel, de deux hôtels classés 5-diamants AAA (American Automobile Association). L'option Airbnb est aussi présente dans la ville offrant le confort de la maison et souvent des avantages en plus que l'on ne retrouve pas dans l'hôtellerie. Pour les budgets plus conséquents, quelques B&B charmants se feront un plaisir de vous accueillir.

HI VANCOUVER DOWNTOWN €

1114 Burnaby Street
✆ +1 604 684 4565
www.hihostels.ca
Entre 41 et 68 CAN $ en dortoir, 98 et 150 CAN $ en chambre double.

Rénovée en 2023, l'auberge de jeunesse gérée par la centrale Hi Canada, est située en plein Downtown, près de l'aquarium et du jardin botanique VanDusen. Les chambres en dortoir sont équipées de lits superposés et de salles de bain communes. Comme dans toutes les auberges HI, des chambres doubles et familiales sont également disponibles pour ceux qui désirent plus de confort. Des soirées à thèmes sont organisées plusieurs fois par semaine. Une buanderie est à disposition avec machine à laver et sèche-linge. Le petit déjeuner copieux est servi tous les jours.

HI VANCOUVER JERICHO BEACH €

1515 Discovery Street
✆ +1 778 328 2220
www.hihostels.ca
Dortoir : à partir de 36 CAN $, chambre privée : 80 CAN $.

Légèrement excentrée, à 15 minutes du centre-ville (bus 4), proche de la jolie plage de Jericho. Membre de la chaîne Hostelling International, qui gère trois auberges de jeunesse à Vancouver. Celle-ci possède en plus une atmosphère « plage et surf », avec de très grands dortoirs. Services sur place : cuisine équipée à disposition, BBQ, restaurant, cour arrière, location de vélos, etc. Pour les voyageurs au petit budget pas forcément à cheval sur la propreté.

YWCA HOTEL €

733 Beatty Street
✆ +1 604 895 5830
www.ywcavan.org/hotel
Chambre double à partir de 90 CAN $. Wifi gratuit, cuisines équipées sur place.

Bon rapport qualité-prix en ville pour des voyageurs à petit budget, l'hôtel du YWCA propose différents types de chambres pour des clients en solo, des couples, des petits groupes d'amis ou encore des familles avec enfants. Les chambres sont modernes et confortables, avec plusieurs salles de bains à partager sur chaque étage. Tous les services essentiels à un court ou long séjour : buanderie, cuisines collectives, salons télé et salle de fitness. Un excellent compromis de prix et d'intimité entre l'auberge de jeunesse et l'hôtel.

BARCLAY HOUSE B&B €€

1351 Barclay Street
✆ +1 604 605 1351
www.barclayhouse.com
A partir de 305 CAN $ la chambre double.

Cette maison de 1904, au décor victorien, abrite un Bed & Breakfast haut de gamme dans le quartier de West End, à deux pas du centre-ville de Vancouver. Les six chambres portent toutes un nom différent, elles sont de prix et de confort assez différents les unes des autres, mais toutes sont charmantes. Vos hôtes vous mettront tout de suite à l'aise et prendront plaisir à vous donner des conseils sur la ville. Le petit-déjeuner est copieux et différent chaque jour. L'un des établissements coup de cœur de la ville de Vancouver !

GRANVILLE ISLAND HOTEL €€

1253 Johnston Street
✆ +1 604 683 7373
www.granvilleislandhotel.com
A partir de 267 CAN $ la chambre double, 539 CAN $ en haute saison.

L'unique hôtel situé sur Granville Island, proche du célèbre marché local et des attractions touristiques. L'établissement propose plusieurs chambres confortables et épurées à la décoration soignée, et toutes différentes les unes des autres. La plupart d'entre elles offrent une belle vue, et certaines possèdent leur balcon privé, n'hésitez pas à spécifier votre préférence lors de la réservation. Personnel attentif, chambres propres et confortables. Une adresse de charme à deux pas du marché de l'île et à quelques minutes des plages de Kitsilano.

O CANADA HOUSE BED & BREAKFAST €€

1114 Barclay Street
✆ +1 604 688 0555
www.ocanadahouse.com
A partir de 179 CAN $ la chambre double en basse saison, 359 CAN $ l'été.

O Canada House Bed & Breakfast est l'un des rares Bed & Breakfast du centre-ville, dans une de ses rares maisons victoriennes au milieu des gratte-ciel de Vancouver. Une belle occasion de combiner l'accueil chez l'habitant et la proximité des attractions touristiques à ne pas manquer. Si vous bénéficiez d'un budget plus conséquent, la Penthouse suite est la plus grande chambre de O Canada, une réelle petite merveille. Le petit déjeuner varie tous les jours.

SKWACHÀYS LODGE €€

29-31 West Pender Street
✆ +1 604 687 3589
www.skwachays.com
Chambre double à partir de 179 CAN $.

Ce bel hôtel-boutique nous plonge dans l'univers des Premières Nations de Colombie-Britannique. Situé en centre-ville, le Skwachàys Lodge propose une vingtaine de chambres toutes uniques, décorées de pièces d'art autochtone. Ouvert en 2012, l'hôtel était à but non lucratif et hébergeait des autochtones sans abri ou dans le besoin, grâce à des dons. Dave, le créateur du *business model*, a engagé 6 artistes autochtones ayant chacun pour mission de créer un thème et une vision pour 3 chambres par artiste. Une boutique de créations autochtones au rez-de-chaussée.

THE VICTORIAN HOTEL €€

514 Homer Street
✆ +1 604 681 6369
www.victorianhotel.ca
A partir de 104 CAN $ la nuit en basse saison, 275 CAN $ l'été.

En plein cœur de Vancouver (à 5 minutes à pied du Waterfront), ce petit hôtel restauré dans un beau bâtiment du XIXe siècle aux allures « début de siècle » est un nid douillet. Les chambres et les salles de bain sont spacieuses, joliment décorées dans le style victorien ; la lumière s'infiltre par les grandes fenêtres. Le petit déjeuner copieux est à base de confitures maison, croissants et baguettes fraîches. A l'accueil, on vous répond en français si vous le désirez. A deux pas des quartiers de Yaletown et de Gastown, c'est une très bonne adresse !

FAIRMONT PACIFIC RIM €€€

1038 Canada Place
✆ +1 604 695 5300
A partir de 575 CAN $ la chambre double.

Sans conteste le plus luxueux des hôtels de la chaîne Fairmont, qui en compte trois dans la ville (et un à l'aéroport). Ses 367 chambres de luxe ont vue sur le bord de mer et les montagnes de North Shore. Si le brouillard s'installe sur Vancouver, pas d'inquiétude, la vue par-dessus les nuages est aussi absolument extraordinaire. Les chambres sont spacieuses, contemporaines avec des matériaux inspirés de la nature, entre boiseries et pierres polies. Une piscine, à votre disposition sur le toit, est à elle seule une parfaite excuse pour séjourner dans ce palace.

WEDGEWOOD HOTEL & SPA VANCOUVER €€€

845 Hornby Street
✆ +1 800 663 0666
www.wedgewoodhotel.com
A partir de 266 CAN $ la chambre double. Ajouter 200 CAN $/nuit en haute saison.

Appartenant à la chaîne Relais & Châteaux, avec laquelle on a rarement de mauvaises surprises, le Wedgewood vous offre un confort exceptionnel. Les chambres sont décorées avec une sobriété raffinée, et les services proposés sont à la hauteur. Certaines suites dont la Penthouse possèdent un salon, une cheminée, un bain bouillonnant et une terrasse. C'est aussi l'occasion de se faire masser ou de profiter des spas à disposition. Literie très confortable. Excellent petit-déjeuner.

SE RÉGALER

Toutes les cuisines du monde (ou presque) sont présentes à Vancouver pour combler les fins gourmets. Du petit restaurant au food-truck en passant par les tables gastronomiques, se restaurer ou se régaler ne pose vraiment aucun problème. De tous les Canadiens, ce sont les Vancouvérois qui pratiquent le plus le restaurant. On y trouvera donc de la qualité avant tout et, grâce à la compétition, sans trop dépenser. Les restaurants asiatiques sont présents dans chaque quartier et les cuisines chinoise, thaïe et japonaise sont très prisées à Vancouver. Manger sainement fait partie des valeurs de la ville. Les marchés locaux et les halles gourmandes couvertes proposent des produits frais, notamment en provenance de la mer compte tenu de la proximité avec l'océan, et locaux qui, en plus de vous rassasier, profitent à l'économie locale de la ville. L'application Street Food Vancouver permet de trouver un restaurant ambulant près de vous.

Crabe Dungeness, au menu des restaurants de Vancouver.

BAO BEI €€

163 Keefer Street
✆ +1 604 688 0876
www.bao-bei.ca
Ouvert du lundi au samedi de 17h30 à 00h, le dimanche jusqu'à 23h. Comptez 40 CAN $ pour un dîner.

Bao Bei se définit comme une brasserie chinoise. Et il s'agit bien là d'un mélange de cultures : la base est définitivement asiatique, mais revisitée à la manière de tapas, petits plats qui permettent de goûter plusieurs saveurs. Il faut compter environ deux plats pour une petite faim, trois plats pour être complètement rassasié. Ne manquez pas le dim sum, un vrai régal et une spécialité asiatique incontournable ! Si vous avez l'occasion de vous y rendre le samedi, vous pourrez vous balader en sortant dans le marché de nuit à Chinatown, dans la même rue.

GOTHAM STEAKHOUSE €€€

615 Seymour Street ✆ +1 604 605 8282
www.gothamsteakhouse.com
Ouvert du lundi au vendredi de 11h30 à 23h, le samedi et le dimanche de 16h à 23h. Environ 80 à 150 CAN $ par personne.

Gotham Steakhouse ou le luxe à l'américaine : nappe blanche, argenterie, bougeoirs, tableaux dans le style Tamara de Lempicka et grands miroirs dans ce magnifique building authentique de l'époque Art déco. La maison propose des viandes tendres, des plateaux de fruits de mer et de bons vins notables de la région. On peut aussi venir seulement pour siroter un cocktail raffiné au bar, ou, en fin de semaine, pour écouter un concert de jazz en *live*. Le service est impeccable et les steaks, spécialités du restaurant, sont succulents. Une adresse pour les gourmets.

MEDINA €

780 Richards St
✆ +1 604 879 3114
www.medinacafe.com
Ouvert du lundi au vendredi de 8h à 15h et le week-end à partir de 9h. Brunch entre 11 et 35 CAN $.

Que ce soit pour le petit-déjeuner ou pour le brunch, on y vient pour ses délicieuses gaufres ou pour le traditionnel œuf bacon. Le café Medina propose un large choix de thés et de cafés, dont le *Coffee Spike*, un café à la liqueur et à la crème de cacao. Medina est une adresse très fréquentée dans la ville de Vancouver. Les plats sont sains et peu onéreux pour la qualité et le service fournis. Une ambiance effervescente et chaleureuse règne dans cet établissement, préparez-vous à faire la queue si vous arrivez après 11h30 pour le lunch.

MEET IN GASTOWN €

12 Water St
✆ +1 604 696 1111
www.meetonmain.com
Ouvert du dimanche au jeudi de 11h à 23h, le vendredi et le samedi jusqu'à 00h. Plat : moins de 20 CAN $.

Installez-vous dans la grande salle ou bien, si le temps le permet, sur la petite terrasse qui donne sur la cour. Le service est souriant et rapide. Un large choix de plats végétariens, sans gluten ou très *healthy* est proposé. Testez ici la boisson acidulée réputée pour ses bienfaits sur la santé, *kombucha*, qui est délicieuse. Côté plats, vous pourrez commander burgers, pâtes, tacos, soupes, etc., le tout végétarien mais très copieux. Une adresse à ne pas manquer dans le quartier de Gastown et un véritable délice pour les papilles !

SALT TASTING ROOM €€

45 Blood Alley Square
✆ +1 604 633 1912
www.salttastingroom.com
Ouvert tous les jours de 16h à 23h. Compter moins de 25 CAN $.

Excellente adresse pour des dégustations raffinées de vins et de fromages artisanaux de la région. Comment ça marche : choisissez trois plats parmi la sélection de fromages et de viandes inscrite sur le tableau noir, accompagnés de trois condiments (cornichons, tomates confites, etc.). Ensuite, libre à vous d'ajouter une dégustation de trois vins ou de cocktails sans alcool. Plusieurs choix de sandwichs pour le lunch et un menu en trois services (entrée, plat, dessert) au dîner également. Une adresse originale pour adoucir vos journées de visite.

TWISTED FORK BISTRO €

213 Carrall St
✆ +1 604 568 0749
www.forkandfriends.ca
Ouvert tous les jours de 8h à 15h. Compter entre 15 et 35 CAN $.

Début 2020, Twisted Fork Bistro a déménagé du quartier de Granville pour s'établir dans le quartier de Gastown, dans la rue animée de Carrall Street. Une adresse fort appréciée des Vancouvérois pour sa cuisine canadienne (canard, porc et flétan provenant de la province de la Colombie-Britannique, bières et vins de la région). On retiendra particulièrement l'ambiance jeune qui règne dans l'établissement et les murs décorés d'œuvres d'artistes locaux. En pleine heure de brunch, on peut s'y sentir un peu à l'étroit mais les serveurs restent aimables et sympathiques.

CARDERO'S €€

1583 Coal Harbour Quay
✆ +1 604 669 7666
www.vancouverdine.com/carderos

Ouvert tous les jours de 11h30 à minuit. Carte : 10 à 100 CAN $.

Le poisson y est à l'honneur (le saumon cuit au feu de bois de cèdre est un régal), et l'on peut contempler, depuis la salle de restaurant située face au port de Coal Harbour, l'activité nautique et terrestre des alentours. Au menu, en plus des classiques de la cuisine du Pacifique Nord-Ouest, vous retrouverez des plats de pâtes élaborés, de la viande, des pizzas et des burgers. Côté sucré, vous pourrez finir sur une note gourmande en commandant la crème brûlée. Une super adresse pour passer la soirée au bord de l'eau en dégustant un bon repas.

HAPA IZAKAYA €

1193 Hamilton Street
✆ +1 604 689 4272
www.hapaizakaya.com

Ouvert tous les jours à partir de 17h. De 9 CAN $ à 19 CAN $. Réservation recommandée.

Très bon service dans ce restaurant japonais idéalement situé dans le quartier de Yaletown. La nourriture y est excellente notamment les sushis, le carpaccio de bœuf, les huîtres, etc. Choix de riz et de noodles à un prix raisonnable. C'est bruyant, oui, mais c'est bon signe ! Les prix des plats les plus élaborés peuvent paraître élevés mais ils sont adaptés à la qualité du service et du menu. Accompagnez vos plats d'un verre de saké, et profitez du cadre de l'établissement. Si vous avez encore un peu de place, goûtez aux desserts, très créatifs.

KINGYO €€

871 Denman Street
✆ +1 604 608 1677
www.kingyo-izakaya.ca

Ouvert tous les jours, consultez les horaires sur le site. Formules spéciales le midi, comptez 25 CAN $ pour un dîner.

Dans les vrais restaurants japonais, comme ici au Kingyo, les serveurs crient le nom des plats quand vous les commandez. Au début ça surprend, puis on s'y fait... et cela ne nuit en rien à la qualité des plats, tous plus fins les uns que les autres, dans un décor japonisant... branché lui aussi. Les plats sont très variés et savoureux, et une véritable découverte culinaire vous attend à cette adresse. Les férus de sushis seront comblés et pourront compléter leur repas en commandant un bon verre de saké pour relever le tout !

LIFT BAR GRILL VIEW €

333 Menchions Mews ✆ +1 604 689 5438
www.liftbarandgrill.com

Ouvert du lundi au vendredi de 11h30 à 22h, le samedi et le dimanche à partir de 11h. Compter 40 CAN $.

Lift Bar Grill View vous accueille dans un cadre exceptionnel avec vue sur la baie de Vancouver. On paie plus pour la vue sur l'eau et les montagnes que pour la qualité de la cuisine. Le bâtiment est facilement reconnaissable par son architecture ultramoderne sur un quai de la marina de Coal Harbour. Le menu est varié : tartare de bœuf, salade Caesar, sushis, etc. Il est intéressant de venir pour l'happy hour, de 15h à 18h, afin de profiter des prix bas. Le soir, ne manquez pas d'admirer les lumières de la ville depuis les grandes terrasses au-dessus de l'eau.

RAMEN DANBO €

1333 Robson St
✆ +1 604 559 8112
www.ramendanbo.com

Ouvert tous les jours de 11h à 23h. Bol de ramen entre 11,95 et 18,45 CAN $.

La parfaite adresse pour les petits budgets en quête de nourriture japonaise authentique. Ici, pas de chichis, le service est rapide et efficace et le menu succinct. Il est possible d'attendre une quinzaine de minutes dehors tant l'endroit est fréquenté par les locaux et les voyageurs de passage. Plus de 20 restaurants de la chaîne sont répartis dans l'ensemble du Canada et même jusqu'à Seattle, aux États-Unis. Vous pourrez goûter à de nombreuses recettes originales et typiques comme le Fukuoka Tonkotsu Ramen. Le rapport qualité-prix est excellent.

THE TEAHOUSE €€

Stanley Park Drive
✆ +1 604 669 3281
www.vancouverdine.com

Ouvert du lundi au vendredi de 11h30 à 22h, le samedi et le dimanche à partir de 10h30. Plats entre 10 et 45 CAN $.

Dans Stanley Park, une halte bien agréable pour un déjeuner face à la baie ou le soir pour dîner après avoir admiré le coucher de soleil. Différents choix côté restauration : simples pâtes et pizzas, fruits de mer, moules, saumon sous toutes ses formes y compris en burger, viandes grillées. Le brunch est servi le samedi et le dimanche. Ambiance plus cosy le soir à l'intérieur. Service très détendu et sympathique en terrasse aux beaux jours. Très beau cadre face à l'océan en plein cœur du Stanley Park, dans une salle de restaurant agréable et tranquille.

ANNALENA €€

1809 W. 1st Avenue
✆ + 1 778 379 4052
www.annalena.ca
Ouvert du mardi au dimanche de 17h à 21h. Menu dégustation dès 98 CAN $.

Ambiance moderne en noir et blanc et assemblages de Lego dans la salle du restaurant AnnaLena, cette table gourmande du quartier de Kitsilano a reçu une étoile dans le guide *Michelin* en 2022. On y sert une cuisine raffinée et branchée dans des assiettes superbement préparées. Le chef mélange les saveurs de l'entrée au dessert. Un menu dégustation avec sélection de mets et de vins est disponible pour les épicuriens. Les produits sont frais et cuisinés à la perfection. Un lieu sympa pour prendre un verre ou pour prendre un brunch également !

EAST IS EAST €€

3035 west Broadway
✆ +1 604 734 5881
www.eastiseast.ca
Ouvert tous les jours de 12h à 22h. Menu dégustation à 29 CAN $.

Ce restaurant atypique, entièrement décoré de meubles en bois et de luminaires, offre un cadre intime et chaleureux. On y trouve une cuisine épicée et pleine de saveurs qui vous transportera dans un voyage culinaire autour de la route de la soie. S'il s'agit de votre première fois dans ce restaurant, optez pour le menu dégustation « Chai Feast » (une salade, une soupe et 12 mets que vous pourrez choisir à volonté !). Les boissons sont également délicieuses (cocktails Chai, *Soy Masala Chai, etc*). Le restaurant accueille des musiciens tous les jours dès 18h30.

GRAPES AND SODA €€

1541 W 6th Ave
✆ +1 604 336 2456
www.grapesandsoda.ca
Ouvert du mardi au samedi, de 17h à 22h. Comptez 60 CAN $ par personne avec le vin.

Grapes and Soda est le premier restaurant à proposer une carte de vins purement naturels dans la ville de Vancouver ! Une expérience unique autour d'assiettes créatives généreusement remplies, de saveurs douces et pointues, de vins biodynamiques dans une ambiance feutrée, chic et très intime (seulement 30 couverts au total) ! Les plats affichés au menu sont soigneusement présentés et ni trop copieux ni trop maigre en quantité. Qui plus est, les cocktails maison du restaurant, à base de vin, sont divinement bons et préparés minutieusement.

SALMON N' BANNOCK €€

1128 West Broadway #7
✆ +1 604 568 8971
www.salmonandbannock.net
Ouvert le soir seulement du lundi au samedi dès 17h. Plats de 16 à 38 CAN $.

Si vous voulez goûter aux saveurs amérindiennes lors de votre passage à Vancouver, un repas chez Salmon n' Bannock s'impose. Cette enseigne met fièrement en lumière l'art des Premières Nations, sur les murs et à travers la cuisine dans des assiettes colorées et raffinées. Au menu du chef : saucisses de gibier, tranches de bison, saumon sockeye sauvage, chutney de baies sauvages ainsi que les fameuses banniques (*bannock* en anglais), un délicieux pain amérindien, que l'on retrouve sous plusieurs formes comme en burgers, crackers, flatbread ou tacos.

SOPHIE'S COSMIC CAFE €

2095 West 4th Avenue
✆ +1 604 732 6810
www.sophiescosmiccafe.com
Ouvert tous les jours de 8h à 15h. Carte : moins de 25 CAN $.

L'endroit, au décor unique, est réputé pour ses brunchs et ce n'est pas sans raison, comme en témoigne la longue file d'attente sur le trottoir. Ce restaurant, dans le quartier de Kitsilano, est typiquement américain ! C'est un véritable capharnaüm excentrique et séduisant où les œufs Bénédicte au saumon, parmi tant d'autres recettes américaines, sont un vrai délice ! On dégustera également un excellent *milkshake* à la vanille pour finir sur une note sucrée. Vous pourrez aussi profiter de la petite terrasse aux beaux jours...

THE SANDBAR SEAFOOD RESTAURANT €€

1535 Johnston St
✆ +1 604 669 9030
www.vancouverdine.com/sandbar
Ouvert tous les jours de 11h30 à 22h30. Plat : 10 à 50 CAN $.

Le Sandbar est parfait pour partager des fruits de mer, seul ou à plusieurs, grâce au grand plateau de fruits de mer préparé par l'établissement. Pour les plus gourmands, optez pour la Sandbar Tower composée de 8 crevettes géantes, 12 huîtres, poké, sashimis, crabe et homard. Son emplacement sur le quai est idéal, la vue depuis la table à manger est parfaite sur Granville Island, en journée comme à la tombée de la nuit avec toutes les lumières de la ville.

FAIRE UNE PAUSE

Incontournable fournisseur quotidien de milliers de Vancouvérois, la chaîne internationale Starbucks (dont le siège est dans la ville voisine de Seattle, aux États-Unis) est partout dans la ville, devenue capitale mondiale de la caféine, antidote à la morosité de certains jours pluvieux. Les cafés sont des lieux de rencontre et de divertissement. Toutefois, les puristes évitent Starbucks et ne jurent que par le *coffee house* de leur quartier, plus personnel et plus chaleureux. Vous pouvez également opter pour l'équivalent canadien du Starbucks, le Blenz, ou encore Waves Coffee. Une grande tradition à Vancouver est la bière artisanale. Les plus anciennes *breweries* (brasseries) de Vancouver ont vu le jour dans les années 1980, la première en 1982. Depuis 1984, l'institution Granville Island Brewing tourne dans la ville et de plus en plus de brasseries s'ouvrent dans tous les quartiers de Vancouver et en particulier celui de Main Street.

ALIBI ROOM

157 Alexander St
✆ +1 604 623 3383
www.alibi.ca
Ouvert tous les jours (horaires variables). Brunch à 8 CAN $. Boissons pour moins de 10 CAN $.

Probablement le meilleur endroit dans la ville de Vancouver pour les amateurs de bière. Établi dans le quartier de Gastown, au sein d'un bâtiment historique, Alibi Room propose un très large choix de bières artisanales et locales de la province de la Colombie-Britannique : belges, IPA, lagers, etc, et de tapas. Pour ceux qui préfèrent le vin, la carte est tout aussi attrayante. Les burgers y sont également très bons et les desserts gourmands, un plaisir non négligeable s'il vous reste encore un peu de place à la fin de votre repas.

CORDUROY

1943 Cornwall Avenue
✆ +1 604 733 0162
www.corduroyrestaurant.com
Ouvert tous les jours à partir de 16h jusqu'à 2h (jusqu'à 00h le dimanche).

Situé juste à côté de Kits Beach, Corduroy est un bar intime qui donne sa chance aux jeunes talents locaux, représentations musicales ou théâtrales, selon le jour de la semaine. Corduroy, c'est aussi une adresse branchée qui offre un très bon rapport qualité-prix. L'établissement reçoit beaucoup de monde le week-end. Son cadre branché et animé fait la réputation festive des lieux et attire la population dynamique et éclectique de Vancouver. En cas de fringales, l'établissement sert quelques plats, n'hésitez pas à demander le menu directement au bar.

THE DIAMOND

6 Powell Street
www.di6mond.com
Lundi-jeudi, 17h-1h ; vendredi-samedi, 17h-2h ; dimanche, 17h-00h. Cocktail entre 14 et 23 CAN $.

The Diamond affiche une liste impressionnante de cocktails, et pour cause, ce bar branché du quartier de Gastown est aussi une école de barmans. Les lieux sont agréables autant en fin de journée qu'en soirée avec de grandes fenêtres donnant sur l'extérieur et de longues banquettes. Côté menu, plein de petits plats succulents d'inspiration internationale tels que des *mac & cheese*, toasts, et autres snacks. Vous pourrez finir sur une note sucrée en commandant un gâteau à la carotte ou une mousse au chocolat. Un DJ est souvent convié pour animer les soirées.

TREES ORGANIC COFFEE

450 Granville Street
✆ +1 604 684 5022
www.treescoffee.com
Ouvert tous les jours de 6h à 22h. Carte : moins de 15 CAN $. Plusieurs succursales dans la grande région de Vancouver.

Cette enseigne est très réputée dans la ville pour offrir les meilleurs *cheesecakes* de Vancouver (le classique New-yorkais, celui aux fruits rouges ou encore celui aux noix et au sirop d'érable). Le *coffee shop* Trees Organic prépare également d'excellents thés et des cafés de très bonne qualité. De ce fait, l'endroit est souvent très fréquenté et apprécié, notamment par les locaux qui viennent s'y installer avec leur ordinateur pour profiter du wifi gratuit et pour travailler tout en sirotant un bon café. A déguster sur place ou à emporter.

(SE) FAIRE PLAISIR

Les as du shopping ne seront pas en reste à Vancouver et pourront culminer dans Robson Street, Granville Street, une partie de 4th Avenue, de Broadway et de 10th Avenue (ces zones sont clairement indiquées sur les plans distribués par le Travel Info Center). Ajoutons que Granville Island est l'épicentre des activités nautiques et Gastown celui de l'artisanat des Premières Nations. Comme toute ville nord-américaine, Vancouver compte d'innombrables centres commerciaux, du très huppé Pacific Centre (Howe/Granville) au gigantesque Metrotown, mais aussi quelques magasins spécialisés fort intéressants, notamment dans le quartier Main Street ou le quartier branché de Yaletown. De nombreuses boutiques artisanales valent également le détour. Enfin, sachez que la majorité des magasins sont ouverts tous les jours de 10h à 18h et le dimanche de 12h à 18h. Des ouvertures nocturnes sont organisées les jeudis et vendredis jusqu'à 21h.

GRANVILLE ISLAND PUBLIC MARKET

1689 Johnston Street
✆ +1 604 666 6655
www.granvilleisland.com
Ouvert tous les jours de 9h à 19h.

Le marché de Granville Island est un marché couvert pour touristes, soyons réalistes. Mais cela n'empêche qu'il propose de nombreux produits de très bonne qualité, plutôt haut de gamme. Produits tout droit venus de la mer ou de la terre, de cultures et cuisines diverses à l'image de Vancouver et de sa renommée cosmopolite. Ne manquez pas Edible BC, un producteur régional, Oyama Sausage Company et son assortiment de saucisses incroyable, ou South China Seas et ses épices rares.

PACIFIC CENTRE

701 Georgia Street
✆ +1 604 688 7236
www.cfshops.com/pacific-centre
Ouvert du lundi au samedi de 10h à 21h et le dimanche de 11h à 19h.

Situé en plein centre-ville, en face de la Vancouver Art Gallery, le Pacific Centre, sur deux étages, est un building plus large que haut, au dôme en verre, au milieu d'un paysage fourni en gratte-ciels. Construit dans les années 1970, ce grand *mall* abrite plus de 145 boutiques de prêt-à-porter et autres marques. Les magasins sont pour la plupart de catégorie haut de gamme avec quelques enseignes abordables tout de même. De nombreux restaurants s'y trouvent pour apprécier une petite pause entre deux emplettes. Vous pourrez ici bénéficier du wifi gratuitement.

EAGLE SPIRIT GALLERY

1803 Maritime Mews
✆ +1 604 801 5277
www.eaglespiritgallery.com
Ouvert tous les jours de 11h à 17h.

L'endroit où le passé et le présent créent un chemin vers le futur ! Eagle Spirit est la plus grande galerie de la ville de Vancouver à vendre les œuvres d'artistes des Premières Nations et des Inuits. Elle soutient la promotion de l'art des autochtones du Nord-Ouest canadien depuis plus de 30 ans. N'hésitez pas à consulter le profil de chaque artiste sur le site Internet, ainsi que leurs œuvres afin de vous faire une idée sur des achats potentiels avant de visiter. Sachez qu'il est possible de faire envoyer votre achat vers la France directement.

UKAMA GALLERY

802 Maritime Mews, Granville Island
✆ +1 778 379 0666
www.ukama.ca
Ouvert tous les jours de 11h à 17h.

Ukama Gallery rend un bel hommage à l'art canadien mais aussi international à travers des sculptures et des peintures. Vous pourrez consulter librement les œuvres exposées sur le site Internet et poser vos questions par e-mail si vous êtes intéressé par un potentiel achat. Vous trouverez également à votre disposition une sélection de petits cadeaux avec de très belles sculptures pour offrir ou pour garder en guise de souvenir. La galerie sur deux niveaux a ouvert ses portes en 2015 et ses curiosités ne cessent d'attirer de nombreux visiteurs.

BOUGER & BULLER

Les Vancouvérois sont des amoureux des activités de plein air. Pas étonnant lorsque l'on voit à quel point les environs de la ville sont spectaculaires, et à quel point une multitude d'activités est facilement accessible depuis le centre-ville. Plages, montagnes, rivières, autant d'éléments qui permettent la pratique de toutes sortes de sports et d'activités tout au long de l'année. Activités nautiques l'été et activités de glisse l'hiver, les divers points d'eau font le bonheur des habitants. Les pistes de ski sont à seulement quelques minutes de la ville. Ceux qui préfèrent rester au cœur de la ville pourront également profiter des nombreuses activités *indoor*, salles de gym, yoga, massage, etc. Et si vos envies sont moins actives, une sieste sur la plage, dans l'un des parcs ou même un spa sont toujours envisageables ! Qui plus est, les Canucks, la célèbre équipe de hockey de Vancouver, font vibrer la ville à chacun de leurs matchs.

ECOMARINE PADDLESPORT CENTRES

1668 Duranleau Street
✆ +1 888 425 2925
www.ecomarine.com
Ouvert du mardi au dimanche de 10h à 18h.
Tour de l'île de Granville à partir de 79 CAN $.

Située sur Granville Island, cette école de kayak propose plusieurs visites guidées et dispense des cours destinés à n'importe quel niveau, aux alentours de Vancouver, voire un peu plus loin. Ecomarine Paddlesport Centres assure également des sorties en Stand Up Paddleboard ainsi que la location d'équipement (kayak et SUP). Si vous voulez bénéficier de vues imprenables sur les gratte-ciel de Vancouver et même profiter d'un coucher de soleil, c'est l'endroit idéal !

PISCINE DE KITSILANO

2305 Cornwall Avenue
✆ +1 604 731 0011
Ouverte en moyenne de 7h à 21h, de mai à mi-septembre. Entrée 6,86 CAN $.

Longue de 138 mètres, cette piscine d'eau salée est la plus grande d'Amérique du Nord (et sûrement du monde). Très fréquentée en été, c'est un véritable incontournable ! Vous pourrez faire quelques brasses tout en ayant une vue imprenable sur la *skyline* de Vancouver. Plusieurs transats sont dispersés autour de la piscine pour que vous puissiez vous détendre et prendre le soleil. Quelques glissades sont disponibles pour les enfants. Une piscine immense et surveillée, qui vaut amplement le détour, que vous soyez en famille, seul, ou entre amis.

ROGERS ARENA

800 Griffiths Way
✆ +1 604 899 7400
www.rogersarena.ca
Comptez de 30 CAN $ à plusieurs centaines de dollars pour un match des Canucks.

La Rogers Arena est l'antre des Canucks. Cette salle omnisports accueille de nombreux artistes et athlètes et il s'agit du deuxième plus gros stade de l'Ouest canadien. Comme beaucoup de stades, la Rogers Arena abrite également de nombreux concerts et manifestations. On peut le visiter et découvrir les loges, les vestiaires ainsi que les diverses pièces où se relaient les joueurs de hockey. Si vous avez la chance d'être présent lors d'un match des Canucks, l'ambiance festive et les retranscriptions sur les quelques écrans du stade sont grandioses.

UNIVERSITY GOLF CLUB

5185 University Boulevard
✆ +1 604 224 7799
www.universitygolf.com
Partie à partir de 62 CAN $.

Depuis 1929, le très populaire club de golf de l'université de Vancouver UBC attire des golfeurs de tous les niveaux sur un beau terrain de golf 18-trous près de la forêt. Bien moins cher que tout autre terrain de golf traditionnel, ce golf public est le coin idéal pour pratiquer dans un cadre naturel, tout en restant proche de la ville de Vancouver, à dix minutes en voiture pour être précis. Pour augmenter le plaisir, un très bon restaurant est également présent sur place pour vous récompenser de vos efforts sur le terrain.

La scène nocturne de Vancouver a pris de l'ampleur au cours des dernières années. Il faut dire que la jeunesse est bel et bien présente dans la ville et que les bars et clubs ne manquent pas de les accueillir. Les hebdomadaires gratuits de la ville sont une bonne source d'information pour se tenir informé des bons plans. *The Georgia Straight* fait le point sur l'actualité culturelle de Vancouver, il est distribué dans presque tous les magasins. Le soir, l'animation se concentre surtout dans quelques rues (Robson, Granville, Davie et Denman). Le quartier de Gastown reste assez vivant. La vie culturelle est intéressante et active, de nombreuses salles de spectacles et théâtres ainsi que des casinos viennent dynamiser la métropole. Bien évidemment toutes les salles de spectacle ou presque vendent les billets à l'entrée mais pour plus de facilité et pour obtenir des réductions, rendez-vous sur ticketmaster.ca ou ticketstonight.ca.

BAR NONE

1222 Hamilton Street
✆ +1 604 689 7000
www.barnoneclub.com
Ouvert vendredi et samedi de 22h à 3h.

Ambiance très *hype* new-yorkaise pour ce *nightclub* où le Vancouver riche et branché se rencontre, dans le quartier non moins riche et branché de Yaletown. Il est prudent d'appeler pour être sur la *guestlist*. Un dress code est de rigueur pour entrer dans l'établissement alors... c'est l'occasion de vous mettre sur votre 31. L'intérieur de la salle est très cosy avec des canapés et des tables basses. De nombreux DJ sont régulièrement conviés pour animer les soirées. Si vous souhaitez découvrir la vie nocturne trépidante de Vancouver, vous êtes à la bonne adresse !

ARTS CLUB THEATRE COMPANY

1585 Johnston Street
✆ +1 604 687 1644
www.artsclub.com
Billets entre 35 et 105 CAN $.

Cette compagnie de théâtre professionnelle, établie dans la ville de Vancouver depuis 1958, est la plus importante de l'Ouest canadien. Arts Club Theatre Company propose d'importantes productions théâtrales et musicales canadiennes et internationales et se produit également au Stanley Theatre, sur Granville Street. Près de 20 représentations se produisent chaque année, un événement incontournable dans la ville si vous êtes de passage lorsque celles-ci sont à l'affiche !

BC PLACE STADIUM

777 Pacific Blvd
✆ +1 604 669 2300
www.bcplace.com
Desservi par la station Stadium-Chinatown du Skytrain (métro).

Avec jusqu'à 54 500 places, cet établissement est le plus grand complexe de l'Ouest canadien à accueillir des évènements sportifs et artistiques, inauguré en 1983 dans le but d'accueillir l'Expo 86. Le stade a accueilli des événements d'envergure comme le concert de Madonna en 2008, les Jeux olympiques et paralympiques de 2010 ainsi que la finale de la Coupe Grey de football américain. Terrain de jeu officiel des Lions de Colombie-Britannique (football) et des Whitecaps de Vancouver (soccer). Des visites guidées sont possibles sur place.

ORPHEUM THEATRE

601 Smithe Street
✆ +1 604 665 3050
www.vancouvercivictheatres.com
Visite guidée de juillet à fin août, tous les mardis, jeudis et samedis à 11h (10 CAN $ par personne).

Ce magnifique théâtre, construit en 1927 abrite les représentations de l'Orchestre symphonique de la métropole de Vancouver, et est presque intégralement dédié à la musique. L'Orpheum est le plus grand théâtre de Vaudeville à être encore debout de nos jours en ville. Allez-y, ne serait-ce que pour la beauté de sa salle de style rococo et baroque espagnol, un style très à la mode dans les années 1920. Il est également possible, pour ceux qui souhaiteraient seulement s'imprégner du lieu, de visiter le théâtre sans avoir à assister à une représentation.

WEST VANCOUVER ★

Un genre de Beverly Hills sur les hauteurs, surplombant le Pacifique. Les British Properties abritent un golf et des demeures qui rivalisent de taille et d'opulence. De nombreux acteurs et autres millionnaires (sinon milliardaires) habitent sur la côte ; leurs propriétés ne sont souvent visibles que d'un bateau. Ambleside Park, sous le Lions Gate Bridge, est un petit paradis au bord de l'eau. Enfin, le Lighthouse Park est très prisé des familles le week-end. On comprend facilement pourquoi ce district est autant prisé pour le cinéma quand les environs réunissent plages, parcs, falaises et bâtiments historiques au sein d'un seul et même endroit.

MOUNT GARDNER ★

Stationnement du départ du sentier à 3 km du terminal de ferry, sur la route principale.

Cette randonnée d'une quinzaine de kilomètres permet d'atteindre un superbe point de vue sur la métropole de Vancouver, la rive nord de la ville ainsi que les îles alentour depuis le sommet du mont Gardner, le point culminant de Bowen Island. Il s'agit d'une randonnée à travers la forêt assez exigeante puisqu'elle est très longue (il faut compter entre 5 et 7 heures de marche) et escarpée (719 mètres de dénivelé). Cette expérience représente un beau défi sportif et personnel pour pimenter sa visite sur Bowen Island et découvrir la grandeur de cette région.

HORSESHOE BAY ★

La Highway 1 y mène après 20 km, mais il vaut mieux continuer sur 3rd Main Street et Marine Drive (à West Vancouver, en sortant du Lions Gate Bridge). Cette route étroite offre, entre les arbres et les maisons en bois, une vue panoramique et romantique sur la grande baie de Vancouver. Horsehoe Bay est surtout connu pour abriter le terminal de ferrys menant à Nanaimo sur Vancouver Island et à la Sunshine Coast. Mais c'est également un joli village portuaire plein de charme au bord de l'eau, encaissé entre de spectaculaires montagnes. Des restaurants et de cafés permettent de profiter de son ambiance reposante tout en observant les bateaux entrer et sortir du port.

CYPRESS PROVINCIAL PARK ★

Délimité à l'Ouest par Howe Sound, au nord et à l'est par les crêtes du mont Strachan et de Hollyburn, et au sud par West Vancouver, ce parc de plus de 3 000 ha se dresse majestueusement au-dessus de Vancouver. Planté de cèdres rouges et jaunes, il abrite de nombreuses espèces animales sauvages. Une randonnée (haletante) conduit aux Strachan Meadows, où la vue sur Bowen Island et Howe Sound est époustouflante lorsque le temps le permet. Le parc est accessible et agréable tout au long de l'année y compris en hiver pour le ski. À 25 minutes de Vancouver, il offre une panoplie d'activités telles que la randonnée, le camping, le cyclisme.

BOWEN ISLAND ★★

A 15 minutes en ferry d'Horseshoe Bay, cette petite île côtière de Colombie-Britannique est idéale pour échapper au tracas de la ville le temps d'une journée. Même en plein été, vous n'aurez aucun mal à vous isoler de la foule : l'île a beau être petite, son parc (Crippen Regional Park) et ses plages sont suffisamment grands pour qu'on puisse se croire sur une île déserte. L'esprit local et artisanal est bel et bien présent et d'intéressantes petites galeries d'art valent le détour. Les plages offrent des vues spectaculaires sur les montagnes. Une bonne façon de se reconnecter à la nature tout en restant proche de l'agglomération. Une escapade prisée des Vancouvérois.

Élans, Cypress Provincial Park.

NORTH VANCOUVER ★★★

Au nord du Downtown de Vancouver, sur l'autre rive du Burrard Inlet, cette ville est le centre historique des Premières Nations, Squamish First. Dans ses environs proches on ira voir les parcs de Capilano et de Lynn Canyon avant de monter vers Grouse Mountain pour rejoindre les stations de ski et admirer le panorama de la ville depuis le téléphérique. Dotée d'un centre-ville et de ses gratte-ciel, North Vancouver peut faire l'objet d'une balade, et est facilement accessible depuis Vancouver par le Seabus (ferry). Sur les rives du nord de Vancouver, les *piers* et les quais offrent des points de vue privilégiés sur la ville et ses alentours.

CAPILANO SUSPENSION BRIDGE PARK ★★

3735 Capilano Road ✆ +1 877 985 7474
www.capbridge.com
Entrée 65,95 CAN $/adulte. Navettes gratuites depuis/vers le centre-ville de Vancouver.

Sur la route de Grouse Mountain, Capilano Suspension Bridge Park compte parmi les expériences les plus populaires de Vancouver. Le parc regroupe plusieurs attractions et explications sur la biodiversité, ce qui fait de ce lieu un terrain de découvertes destiné à tout le monde.

- **Capilano Suspension Bridge.** Construit en 1889, ce pont suspendu de 150 mètres de longueur, à 70 mètres du sol, permet de traverser la rivière. Ce pont est le point de départ de nombreux sentiers de randonnée qui mènent à des points d'observation et des sites d'intérêt comme un refuge d'aigles à tête blanche.
- **Canopy Walk.** On peut également emprunter la Canopy Walk et ses 7 passerelles suspendues offrant une vue spectaculaire de plus de 100 mètres au-dessus de la forêt.
- **Le Cliffwalk** suit un précipice de granit le long de la rivière Capilano avec une série labyrinthique de ponts, d'escaliers et de plates-formes étroites avec seulement 16 points d'ancrage dans la falaise soutenant la structure ! Attention si vous avez le vertige ! En revanche, les amateurs de sensations seront ravis.
- **La Treetop Adventure** vous emmène au-dessus d'arbres de plus de 1 300 ans. Vous marcherez au-dessus d'une nature majestueuse et impressionnante de grandeur. Vous vous sentirez probablement tout petit car ici la nature est reine.
- **Kia'palano.** Le site possède la plus grande collection privée de mâts totémiques d'Amérique du Nord et, pendant l'été, on peut y voir les artistes des Premières Nations, en personne, sculptant le bois.

LYNN CANYON PARK AND SUSPENSION BRIDGE ★★

3993 Peters Road
✆ +1 604 990 3755
lynncanyon.ca
Entrée gratuite. Ouvert de juin à septembre de 10h à 17h et d'octobre à mai de 12h à 16h.

Superbe parc au milieu duquel se trouve une rivière de couleur émeraude encadrée de forêts et de falaises rocheuses. De nombreux sentiers pédestres sillonnent le territoire et un pont suspendu à 50 m au-dessus du canyon (presque aussi impressionnant que celui du Capilano Park) traverse le canyon. Une belle destination familiale où se rafraîchir lors des journées d'été. Pour y accéder, prenez l'autobus 229 au départ de Lonsdale Quay (terminal du Seabus) jusqu'à l'entrée du parc.

GROUSE MOUNTAIN ★★

Sommet de Vancouver avec ses 1 177 m d'altitude, on utilisera le Skyride pour y accéder, à moins de crapahuter sur le Grouse Grind, une randonnée de 2,9 km bien connue qui fait l'objet d'une course annuelle. Un incontournable pour profiter d'une vue splendide sur Vancouver ou se laisser glisser sur quelques pentes enneigées de décembre à mars. L'hiver, cette station de ski est la plus proche de la ville. Ne manquez pas la visite des deux grizzlis Grinder et Coola, recueillis bébés et aujourd'hui adultes, menant une vie tranquille dans leur gigantesque enclos. Dernière attraction en date, une cabine, The Eye of the Wind, a été aménagée en haut de l'éolienne qui surplombe le site.

GROUSE MOUNTAIN

6400 Nancy Greene Way
✆ +1 604 980 9311
www.grousemountain.com
Ouvert tous les jours, de 9h à 22h. Pour monter au sommet (Skyride), compter 74 CAN $, journée de ski : 84 CAN $.

Ce domaine skiable est l'une des attractions phares de la région. Montez à bord du Skyride et profitez de la vue imprenable depuis le sommet. Ce décor alpin, à couper le souffle, vous subjugue été comme hiver. Les pistes de ski font le bonheur des amateurs de glisse l'hiver et un parc d'accrobranches avec tyroliennes est accessible l'été. Plusieurs restaurants vous accueillent pour un repas en altitude, avec en prime un cadre époustouflant ! Vous pourrez aussi rendre visite à Grinder et Coola, deux résidents grizzlis (l'été).

DEEP COVE

A l'extrême est de North Vancouver, Deep Cove est un des joyaux de Vancouver ! Cette crique dans un bras de mer (Indian Arm) est le paradis des pêcheurs, des kayakistes et de tous les amoureux de l'eau, à seulement quelques kilomètres de la ville. Cette halte balnéaire est le point de départ d'une randonnée de 41 km qui suit le Baden Powell Trail. Vous pouvez aussi ne randonner que pendant une heure et vous retrouver à surplomber l'Indian Arm. Lors d'une journée ensoleillée, ne manquez pas de louer un bateau et de partir en balade au large de Deep Cove. Une véritable oasis de nature toute proche du centre dynamique et des buildings de Vancouver.

MOUNT SEYMOUR PROVINCIAL PARK ★★

À l'est de cette partie nord de Vancouver, en empruntant le Second Narrows Bridge par la Highway 1, le Mount Seymour Provincial Park offre une vue imprenable sur la région, à 1 508 mètres d'altitude. Il y a bien plus à faire que de grimper au sommet, comme dévaler les sentiers en vélo de montagne, pique-niquer et parcourir les chemins de randonnées (accessibles à tous les niveaux et propices à l'observation de la faune locale dont les aigles, ours, etc.). Le parc, Lynn Headwaters Park (à l'ouest), donne la preuve que la nature sauvage est aux portes de Vancouver. Ne manquez pas le vieux moulin de 1908 et surtout une piscine naturelle en forme de cœur !

Deep Cove.

STEVESTON ★

Commune de la ville de Richmond, Steveston est un ancien village de pêcheurs fondé en 1880 par le dénommé William Herbert Steves. Ce petit port coquet, à 20 minutes du centre-ville de Vancouver, est de nos jours une destination très agréable pour une escapade à la journée. On peut admirer le ballet incessant des bateaux de pêcheurs dans le port, manger sur une terrasse face à la marina ou encore visiter le lieu historique national Gulf of Georgia Cannery, une ancienne conserverie de poissons, une industrie très importante pour la région à la fin du XIXe siècle. De plus, Steveston servit de lieu de tournage pour la série télévisée *Once upon a time.*

DEEP COVE CANOE AND KAYAK

2156 Banbury Road
✆ + 1 604 929 2268
www.deepcovekayak.com

Ouvert du 31 mars à octobre. Compter 45 CAN $ pour 2h en kayak ou 95 CAN $ par jour. Tour guidé de 3h : dès 89 CAN $.

A 20 minutes de Vancouver, cette compagnie de location d'équipements aquatiques (canoë, kayak, Stand Up Paddleboard) est la plus importante de Deep Cove. Elle propose également plusieurs services tels que des tours guidés dans la baie, de jour comme de nuit, pour tous les types de pagayeurs, novices à experts. En plus de cette opportunité unique de louer ces équipements aquatiques, la belle région de Deep Cove vous remplira la tête d'un tas de souvenirs.

GULF OF GEORGIA CANNERY NATIONAL HISTORIC SITE ★

12138 Fourth Avenue
✆ +1 604 664 9009
www.gulfofgeorgiacannery.org

Ouvert tous les jours de 10h à 17h. Tarif : 12,50 CAN $/adulte.

Conserverie parmi les plus importantes de la province, ce musée vous replonge à l'âge d'or de la pêche au saumon et de l'exportation des boîtes de conserve dans le monde entier. L'exposition retrace les différentes étapes de la mise en conserve, du bateau à la chaîne de production. Munissez-vous d'un manteau car l'usine est traversée de courants d'air venant de la mer. Hors-saison, un Winter Farmers' Market propose des stands de producteurs, certains dimanches d'octobre à avril.

VICTORIA ★★★

Élégante capitale de la Colombie-Britannique, la ville de Victoria bénéficie d'un climat doux, d'une population chaleureuse et d'une atmosphère balnéaire inattendue dans une capitale. La ville la plus britannique du Canada raconte son histoire à travers ses bâtiments centenaires fort bien préservés, ses rues entretenues, ses parcs ombragés parsemés de totems, ses vieilles maisons restaurées devenues des boutiques à la mode et ses promenades en calèche ou ses bus à étage : chère vieille Angleterre ! La ville portuaire se parcourt facilement à pied et les résidents de Victoria vivent selon un rythme plus lent, celui des saisons et des marées.

Transports

▶ **La ville de Victoria est desservie par un aéroport international,** le YYJ Victoria International Airport, lequel relie la capitale de la Colombie-Britannique à d'autres villes canadiennes ainsi qu'à d'autres destinations aux États-Unis. Pour rejoindre le centre-ville, il faut prendre un taxi (Victoria Taxi, Yellow Cab), Uber ou le bus (n°72 ou 70 - BC Transit). Cinq compagnies de location de voiture possèdent un comptoir à l'aéroport.

▶ **La compagnie BC Transit** dessert de nombreuses destinations de l'île, de Victoria à Port Hardy. Trois terminaux de ferry sont basés à Victoria : Swartz Bay (liaisons de BC Ferries depuis/vers le terminal Tsawwassen de Vancouver, depuis/vers les Gulf Islands), Sidney (liaisons depuis/vers les USA - San Juan Islands et Anacortes), Victoria Harbour (liaisons depuis/vers les USA - Seattle et Port Angeles).

BEACON HILL PARK ★

1 Centennial Square
✆ +1 250 361 0600
www.beaconhillpark.ca
Dans le prolongement de Douglas Street

Beacon Hill Park est le plus grand parc de la ville de Victoria avec ses 75 hectares. Agréable et bien ombragé, le parc, avec ses quelques fontaines, ses jardins et ses infrastructures sportives, est très apprécié des locaux et des visiteurs. On aime s'y promener et flâner au milieu de ces espaces bien entretenus. Le jeudi soir, on peut assister aux cours de danses écossaises. Certains événements sont organisés, occasionnellement, comme des concerts de plein air. Par temps clair, on peut apercevoir le mont Olympic aux Etats-Unis, de l'autre côté du détroit Juan de Fuca. On vient à Beacon Hill Park pour pratiquer son sport favori sur le terrain de cricket, de baseball, de tennis ou bien de golf. Si vous venez avec vos enfants, ils pourront choisir entre les deux grands parcs de jeux ou bien aller observer les animaux au Petting Zoo. Le Rose Garden rassemble 150 rosiers, à découvrir en fleur au moment du printemps.

▶ **Le totem Story Pole** est sans aucun doute la star du parc, érigé le 30 juin 1956, qui domine majestueusement le détroit Juan de Fuca. Il fut sculpté par une équipe dirigée par Mungo Martin, chef de tribu Kwakiutl et sculpteur de renom. En 2011 est venu le temps de la rénovation. La ville de Victoria a travaillé en partenariat avec les artistes des Premières Nations, Jonathan Livingston et Calvin Hunt pour nettoyer et repeindre le totem Story Pole, qui se montrait vieillissant. Celui-ci est resté debout pendant que les travaux se déroulaient sur des échafaudages d'une hauteur maximale de 37 mètres.

CRAIGDARROCH CASTLE ★

1050 Joan Crescent
✆ +1 250 592 5323
www.thecastle.ca
Ouvert du jeudi au dimanche (horaires variables). Entrée : 20,60 CAN $/adulte

Désignée lieu historique national du Canada, cette prestigieuse demeure a été construite à la fin du siècle dernier pour Robert Dunsmuir, l'homme le plus influent de l'île (qui mourut avant la fin des travaux). Le château Craigdarroch, de style victorien, s'étend sur quatre étages et dispose d'une quarantaine de chambres. La visite du château est passionnante et nous donne un bon aperçu de ce à quoi pouvait ressembler la vie de personnes aisées en 1890. Ne pas manquer de gravir les 87 marches de la tour pour admirer un joli point de vue sur Victoria et sa région.

EMILY CARR HOUSE ★

207 Government Street
✆ +1 250 383 5843
https://carrhouse.ca/
Ouvert du mardi au samedi de 11h à 16h. Fermé d'octobre à fin avril.

L'artiste peintre Emily Carr, née à Victoria, a su faire danser les arbres de sa région comme personne. On peut visiter la maison de style victorien et le jardin où elle a vécu et travaillé, aujourd'hui classée comme monument national historique. A noter que la maison est de nouveau ouverte à la visite depuis mai 2019 après des travaux de rénovation. Il est très intéressant de voir ce à quoi pouvait ressembler la vie, de par les meubles et les objets de la maison, à l'époque victorienne. Plusieurs de ses peintures sont exposées et ornent les murs de la maison.

BRITISH COLUMBIA PARLIAMENT BUILDINGS ★★

501 Belleville Street ✆ +1 250 387 3046
www.leg.bc.ca
Ouvert du lundi au vendredi de 8h30 à 16h30, le samedi et le dimanche de 9h à 17h. Visite gratuite.

C'est le siège de l'Assemblée législative de la province de Colombie-Britannique. Edifié entre 1893 et 1897 dans un style qualifié de « romanesque », l'impressionnant bâtiment est coiffé d'un dôme central surmonté par la statue dorée du capitaine George Vancouver. On y entre comme dans un moulin, et l'on y apprend tout de l'histoire (plutôt courte) de la province lors des visites guidées gratuites. Ces visites avec un guide sont l'occasion d'en apprendre davantage sur l'histoire de la province de Colombie-Britannique mais aussi sur la construction du bâtiment. Il n'est pas nécessaire de réserver à l'avance, il vous suffit de vous présenter à l'entrée du bâtiment et de rejoindre la prochaine visite programmée. Vous y trouverez également de la documentation en français si vous souhaitez faire la visite en toute autonomie. Comptez une quarantaine de minutes pour la visite des trois salles. Renseignez-vous sur les séances parlementaires, certaines salles sont alors inaccessibles. Possibilité d'assister à une séance : vous pourrez alors vous rendre compte de la présence féminine au Parlement ! Le soir, toute la façade du splendide bâtiment est illuminée : un décor féerique !

Les jardins du Parlement, qui descendent vers le port, présentent plusieurs statues dignes d'intérêt, comme le monument au soldat inconnu (*Cenotaph*), la statue de la reine Victoria, une statue en hommage à tous les combattants du feu qui ont perdu la vie, ou encore le coloré Knowledge Totem Pole.

© STÉPHAN SZEREMETA

MARITIME MUSEUM OF BRITISH COLUMBIA ★

634 Humboldt St
✆ +1 250 385 4222
www.mmbc.bc.ca
Ouvert tous les jours de 10h à 17h, été comme hiver. Entrée : 15 CAN $.

Le musée maritime de la province de la Colombie-Britannique est un véritable incontournable lors de votre passage ! Des maquettes (plus de 400 !), des uniformes ainsi que des documents racontent l'histoire de la Royal Navy, des ferries de Colombie-Britannique et des paquebots de la Canadian Pacific Steamships. On peut facilement y passer la journée à flâner et à découvrir de nombreux faits intéressants. Vous pourrez d'abord faire une visite guidée du port avant de découvrir le musée.

ORCA SPIRIT WHALE WATCHING ADVENTURES

146 Kingston Street
✆ +1 250 383 4111
www.orcaspirit.com
Ouvert du 1er avril au 31 octobre. Adulte : 145 CAN $. Forfaits disponibles, service gratuit de navette.

La compagnie d'aventure la plus écologique du coin pour aller observer les baleines est Orca Spirit Whale Watching Adventures. Elle est toutefois située de l'autre côté de la rive, au 146 rue Kingston. On peut les appeler, ils viendront vous chercher, ou bien vous indiqueront clairement comment vous y rendre. La visite dure 3 heures et est commentée par un biologiste partenaire d'une équipe qui participe à la conservation de ces mammifères marins.

MV COHO - BLACK BALL FERRY LINE

430 Belleville Street
✆ +1 250 386 2202
www.cohoferry.com
Compter 21 US $ pour un adulte et 70 US $ avec une voiture.

En service depuis 1959, le ferry *Coho* effectue la traversée du détroit de San Juan de Fuca afin de desservir les villes de Port Angeles, aux Etats-Unis, et de Victoria, dans la province de la Colombie-Britannique. Quatre départs par jour sont prévus en haute saison, deux seulement en automne et en hiver. En plus des passagers, le ferry peut transporter les véhicules moyennant un tarif un peu plus élevé. De très belles vues s'offrent à vous pendant le trajet.

ROYAL BC MUSEUM ★★★

675 Belleville Street ✆ +1 250 356 7226
www.royalbcmuseum.bc.ca
Ouvert tous les jours de 10h à 17h. Adulte : 18 CAN $.

On se perd un peu dans toutes ses galeries, mais quel plaisir de découvrir la culture autochtone et l'histoire de la province aussi élégamment et intelligemment présentées ! La collection, pléthorique, est répartie en trois grandes galeries.

Galerie des Premières Nations. Documents sonores, diaporamas interactifs, vidéos, photos, sculptures et vestiges témoignent des civilisations disparues. La salle Totem Hall est impressionnante, hérissée d'une multitude de totems monumentaux réalisés par les nations kwakwaka'wakw, heiltsuk, nuxalk, gitxsan, haida et nuuchah-nulth. On ne manquera pas non plus de pénétrer dans la Jonathan Hunt House, la maison cérémonielle d'un chef kwakwaka'wakw, avant d'aller admirer la collection de masques ou de sculptures haïda en argilite.

Galerie de l'histoire moderne. Ici, c'est l'histoire des 200 dernières années de la province de Colombie-Britannique qui est traitée. Le Century Hall présente d'abord un grand nombre d'objets d'époque et de répliques. Ensuite, sur tout un étage, la ville de Victoria des années 1870 à 1920 (Old Town) est entièrement reconstituée grandeur nature, avec des rues pavées, des maisons, des magasins ou des hôtels plus vrais que nature, ce qui nous donne l'impression de déambuler dans une bourgade du début du siècle dernier.

Galerie d'histoire naturelle. Ne manquez pas au deuxième étage l'impressionnant mammouth laineux, réplique plus vraie que nature qui ravira les enfants ! La galerie va de la préhistoire et ses fossiles jusqu'aux thématiques du changement climatique.

Autres attractions. Le parc administre aussi certains sites rassemblés au sein du Thunderbird Park. En plus des expositions permanentes sur l'histoire naturelle et humaine, vous y découvrirez une exposition temporaire de grande qualité qui change régulièrement. A noter également que le musée abrite le plus grand écran de la Colombie-Britannique, l'Imax 18,59 m x 25,9 m, pour une expérience visuelle unique en fin de visite. Vous pourrez voir un film en 4K sur cet écran issu des toutes dernières technologies, offrant bien plus qu'une simple séance de cinéma ! La boutique est tout aussi magnifique avec de beaux objets pour vous faire plaisir. Les prix y sont cependant un peu élevés.

Un musée immanquable à Victoria pour un moment éducatif en famille. Les enfants y sont les bienvenus et pourront apprécier les animations ludiques. Privilégiez donc une arrivée le matin pas trop tard pour avoir le temps nécessaire devant vous pour pouvoir effectuer une visite complète de cet incroyable musée.

WEST COAST TRAIL EXPRESS

475 Head Street
✆ +1 250 477 8700
www.trailbus.com
Service assuré tous les jours du 1er juin au 30 septembre. Plus irrégulier en mai. Réserver à l'avance.

La compagnie de bus désert les points d'accès du sentier West Coast depuis Victoria ou Nanaimo entre début mai et fin septembre, ainsi que le Juan de Fuca marine Trail, dans le parc du même nom. Pour le West Coast Trail, les arrêts sont : Victoria, Sooke, Port Renfrew, Gordon River, Mesachie Lake, Honeymoon Bay, Nanaimo, Nitinat, Pachena Bay et Bamfield. Compter 2h entre Victoria et Port Renfrew (60 CAN $), 5h jusqu'à Nitinat (110 CAN $) et 6h45h jusqu'à Pachena Bay (120 CAN $). Compter 3h30 de Nanaimo à Nitinat (135 CAN $) et 4h10 jusqu'à Pachena Bay (145 CAN $).

HI VICTORIA HOSTEL €

516 Yates Street
✆ +1 778 328 2220
www.hihostels.ca
Dortoir : dès 26 CAN $, chambre privée : dès 57 CAN $.

Très bien située à 5 minutes du front de mer et de Market Square, cette auberge de jeunesse, membre de la chaîne Hostelling International, dispose de 104 lits. L'auberge est divisée en dortoirs et en chambres privées. De nombreux services sont disponibles sur place tels qu'une cuisine équipée, le wifi gratuit, des casiers pour bagages et vélos, une laverie, une salle commune avec un billard, un coin lecture, etc. Un petit déjeuner, certes très léger, est servi chaque jour. Si vous êtes véhiculé, un parking payant est disponible sur place.

OCEAN ISLAND INN €

791 Pandora Street
✆ +1 250 385 1789
www.oceanisland.com
Dortoir : dès 36 CAN $, chambre privée : dès 56 CAN $. Stationnement sur place (15 CAN $ par jour).

Cette auberge de jeunesse, propre et colorée, respire la bonne humeur. On y trouve tout le confort moderne nécessaire. Elle offre de nombreuses formules intéressantes pour les chambres en proposant des tarifs à la semaine et au mois. Le rapport qualité-prix est imbattable. Un petit déjeuner continental est inclus dans le prix de la chambre. Des espaces communs sont à votre disposition dont une cuisine équipée, un café lounge, une buanderie, etc. Certains soirs, l'auberge organise des événements tels que des soirées avec musique live.

SWANS HOTEL & BREWPUB €€

506 Pandora Avenue
✆ +1 250 361 3310
www.swanshotel.com
Chambres à partir de 250 CAN $

Le Swans Hotel & Brewpub, au décor rustique, se trouve dans un immeuble rénové idéalement situé en plein centre-ville et tout proche du quartier chinois de Victoria. Cet hôtel-boutique propose un grand choix de chambres confortables, équipées d'une cuisine et d'un écran plat. L'hôtel dispose du wifi et met à disposition chaque jour des journaux gratuits. Le Swans est aussi un excellent pub-restaurant où l'on sert de la bière maison. Un petit conseil, évitez les chambres au-dessus du pub qui peuvent être assez bruyantes jusqu'à 1h du matin.

FAIRMONT EMPRESS €€€

721 Government Street
✆ +1 250 384 8111
www.fairmont.com/empress-victoria
A partir de 339 CAN $ la nuit.

Bien plus qu'un hôtel, c'est le « monument » de la ville en raison de son emplacement privilégié sur le port et de son architecture anglaise typique. Construit au début du XXe siècle pour accueillir les voyageurs de la haute bourgeoisie, les 477 chambres et suites sont luxueuses mais très classiques, à la décoration ancienne. Sur place, un spa, une piscine et une salle de fitness. C'est surtout pour le caractère des lieux et la vue sur le port de Victoria que l'on y loge. L'hôtel accueille également les clients de l'extérieur pour un thé, *so british* !

THE OAK BAY BEACH HOTEL €€€

1175 Beach Drive ✆ +1250 598 4556
www.oakbaybeachhotel.com
Chambre double à partir de 279 CAN $/nuit.

Niché sur les bords de l'océan Pacifique, cet hôtel-boutique de luxe, aux allures de manoir anglais, surplombe le détroit de Juan de Fuca et offre une vue imprenable sur le mont Baker enneigé au loin. Héritage digne de son célèbre prédécesseur avec une histoire remontant à 1927, le nouvel hôtel Oak Bay Beach dispose de plusieurs éléments d'origine restaurés tout en offrant le confort et les équipements d'un complexe moderne. Des services de spa de classe mondiale, des bains de mer chauffés au bord de la mer et des saveurs locales sont à découvrir au Snug Pub.

RED FISH BLUE FISH €

1006 Wharf Street
✆ +1 250 298 6877
www.redfish-bluefish.com
Fermé en hiver. A partir de 15 CAN $.

Red Fish Blue Fish est l'une des meilleures adresses de *fish & chips* de Victoria. Ce camion-restaurant se trouve sur les quais du port de Victoria et l'on emporte son sandwich pour le manger sur les tables extérieures qui font face à la marina. Tous les poissons utilisés pour les sandwichs ont été pêchés selon les principes de la pêche durable. Les locaux autant que les touristes raffolent de cette enseigne, ce qui explique qu'il y a très souvent une longue file d'attente devant. Armez-vous de patience, cela vaut largement le détour !

BODEGA €€

1210 Broad St
✆ +1 778 406 1210
www.bodegabar.ca
Ouvert tous les jours, horaires variables. Tapas pour moins de 20 CAN $. Superbe ardoise de xérès et vermouths.

La Bodega, c'est l'Espagne au Canada ! Les planches de tapas sont excellentes et variées. Grand choix de tapas froides ou chaudes. Gambas, papas bravas, sardines, carpaccio de bœuf, tout y est. En dessert, laissez-vous tenter par une crème catalane. Côté vin, la carte offre un large choix de rouges, blancs ou rosés, venant tout droit d'Espagne, du Portugal mais aussi de la région. Au-delà des mets et vins raffinés présentés sur la carte, le service est chaleureux et l'ambiance générale conviviale. On s'y sent bien et surtout on y mange bien !

FERRIS' GRILL & GARDEN PATIO €€

536 Yates Street
✆ +1 250 382 2344
www.ferrisoysterbar.com
Ouvert tous les jours dès 11h30, horaires de fermeture variables. Comptez 30 à 40 CAN $ pour un dîner.

Ferris' Grill & Garden Patio s'étend sur deux étages, et possède deux ambiances bien distinctes. A l'étage on trouve un élégant et intime bar à huîtres, tandis qu'au rez-de-chaussée se tient un restaurant plus détendu et plus traditionnel. Les férus de fruits de mer se rendront donc directement à l'étage et les amateurs de bonnes viandes grillées et de burgers au rez-de-chaussée. L'happy hour offre des rabais intéressants tous les jours de 17h à 18h.

BIG BAD JOHN'S

919 Douglas Street
✆ +1 250 383 7137
Ouvert tous les jours de 12h à 2h. Happy hour tous les jours de 16h à 18h. Lunch ou dîner pour moins de 20 CAN $.

Big Bad John's est un très vieux pub réputé de la ville de Victoria où il est de rigueur de jeter par terre les écorces de cacahuètes et de coller un billet dédicacé sur le mur. Un endroit peu banal mais dans le bon sens ! Un bar country à la décoration intéressante et c'est le moins que l'on puisse dire : bric-à-brac d'objets en tout genre, guirlandes lumineuses, etc. On pourrait passer des heures à déchiffrer toutes les affiches et à découvrir chaque recoin de la salle. Très décontracté, c'est l'endroit idéal pour déguster de bonnes bières du coin.

SPINNAKERS GASTRO BREWPUB

308 Catherine Street ✆ +1 250 386 2739
www.spinnakers.com
Ouvert tous les jours de 9h à 23h. Terrasse. Happy hour de 15h30 à 17h en semaine. Plat de 10 à 29 CAN $.

En bord de mer, soirées arrosées de bières maison, dans un style vieille Europe. Grande variété de bières, avec notamment l'IPA (Indian Pale Ale) mais aussi de la bière au miel, à la noisette ou bien à la framboise. Plus de 26 bières à la pression sont proposées au menu du Spinnakers Gastro Brewpub. Côté salé, des petits plats de style tapas sont élaborés tels que des falafels, des nachos, etc. Sachez que des chambres d'hôtes sont également disponibles au sein de l'établissement.

ROYAL & MCPHERSON THEATRES SOCIETY

625 Fisgard Street
✆ +1 250 386 6121
www.rmts.bc.ca
Consultez le site Internet pour connaître la programmation et les tarifs.

Ouvert en 1913, le Royal Theatre propose des opéras et des récitals des orchestres philharmoniques et symphoniques de la ville de Victoria, pour un voyage dans le temps. La McPherson Playhouse (surnommée The Mac) est, elle, plus orientée vers le théâtre. L'acoustique des salles est spectaculaire et le décor rappelle le style de l'époque. De nombreuses représentations opèrent dans ce lieu telles que des ballets, de la musique classique et même de la danse contemporaine.

BRENTWOOD BAY

Situé dans le détroit de Saanich à 30 minutes au nord de Victoria, Brentwood Bay est un village en plein essor. La baie doit son nom à la ville du même nom à Essex au Royaume-Uni, ville de naissance de Robert Montgomery Horne-Payne, président de la British Columbia Electric Company dans les années 1920. C'est ici que sont situés les jardins connus dans le monde entier : Butchart Gardens. Brentwood Bay est également un point de départ aussi bien pour les kayakistes que pour les randonneurs. La baie offre de beaux logements ainsi qu'une restauration de qualité au bord de l'eau. Ne manquez pas les jardins Victoria Butterfly, si vous avez le temps !

THE BUTCHART GARDENS

800 Benvenuto Avenue
✆ +1 250 652 5256
www.butchartgardens.com
Ouvert toute l'année. Adulte 34,80 CAN $

Situés à 21 km au nord de Victoria, les Butchart Gardens méritent le détour. Le visiteur se promène le long de leurs allées paisibles et découvre au passage des centaines de fleurs odorantes et colorées. Aucun panneau n'en indique le nom – certains pourraient le regretter – mais les Butchart Gardens invitent davantage au plaisir des sens qu'à celui de la connaissance. Toutefois, des salles plus didactiques sont prévues pour renseigner ceux qui le désirent. Feux d'artifice en juillet et août, les samedis soir. Restaurants et boutiques sur place.

VICTORIA BUTTERFLY GARDENS

1461 Benvenuto Avenue
✆ +1 250 652 3822
www.butterflygardens.com
Ouvert toute l'année (horaires variables selon la saison) dès 9h30/10h. Adulte : 18,50 CAN $.

Le jardin tropical de Victoria est un endroit bucolique en plein centre-ville où plus de 3 000 papillons (75 espèces) mais aussi des flamants roses, des perroquets et autres oiseaux colorés évoluent dans une sorte de cage géante où l'on se promène. Environ 6 000 animaux vivent ici. On peut aussi découvrir des plantes carnivores et plus de 200 espèces d'orchidées. Selon une croyance locale, si un papillon vient se poser sur vous, c'est un signe de chance.

BLUE'S BAYOU CAFE €

899 Marchant Road
✆ +1 250 544 1194
www.bluesbayoucafe.com
Ouvert du mardi au samedi de 11h30 à 20h. Menu déjeuner à partir de 15 CAN $.

Parfait, surtout en terrasse l'été, avec la vue imprenable sur la marina. Blue's Bayou Café cuisine des mets créoles et cajuns du sud des Etats-Unis vraiment abordables. Les plats sont tellement dépaysants que l'on se croirait à la Nouvelle-Orléans. Au menu, vous retrouverez des plats tels que des salades, des soupes maison, ainsi que des plats plus typiques tels que le *Creole Queen Crab & Shrimp Cakes* ou le *Rajin' Cajun Alligator Sausage*. De quoi goûter à de nouvelles saveurs tout en savourant l'air frais de la côte pacifique.

SUNNY SHORES RESORT €

5621 Sooke Road
✆ 1 855 642 5731
www.sunnyshoresresort.com
Ouvert toute l'année. Camping : dès 20 CAN $. Hôtel : dès 70 CAN $.

A 30 kilomètres à l'ouest de Victoria, cet établissement à bon prix est à la fois un hôtel et un terrain de camping pour les tentes et camping-cars. Les emplacements sont équipés de bornes électriques et le camping dispose de sanitaires. Sur place, on trouve également une marina, une rampe de mise à l'eau pour les embarcations nautiques ainsi qu'une buanderie, un magasin d'équipement pour la pêche et un terrain de jeux pour les enfants. Un minigolf, une piscine et plusieurs tables de pique-nique viennent compléter les services.

SOOKE ★

Deux autoroutes permettent de sortir de Victoria : la 14 vers l'ouest et la 1 vers le nord. La côte sud de l'île est relativement escarpée mais offre de jolis paysages. Vers l'ouest, empruntez la Transcanadienne (Highway 1) et aventurez-vous sur la Highway 1A (Sooke Road) : prenez le temps de vous promener sur le campus de Royal Roads University avant de continuer sur la Highway 14 pour rejoindre Sooke et Port Renfrew. Sooke est une ville chaleureuse de 15 000 âmes, avec ses galeries d'art, son musée et ses très bons restaurants. Évadez-vous ensuite dans le French Beach Provincial Park avec, si vous avez de la chance, les baleines grises pour compagnie.

PORT RENFREW ★

Berceau de la nation amérindienne Pacheedaht (qui signifie poétiquement « peuple de l'écume de mer »), cette petite bourgade côtière de moins de 200 habitants, vivant avant tout de la pêche et de l'industrie forestière, est populaire auprès des randonneurs qui y terminent (à Gordon River plus exactement, à 5 km juste au nord) leur périple à pied sur le célèbre West Coast Trail. Cet ancien sentier était un refuge pour les marins victimes de naufrage le long de la côte de l'île et est aujourd'hui protégé au sein du Pacific Rim National Park. Ne manquez pas le Red Creek Fir, l'un des sapins Douglas parmi les plus hauts et larges du Canada.

EAST SOOKE REGIONAL PARK ★

Sur Sooke Road, prendre à gauche sur Gillespie Road avant d'atteindre l'entrée du parc. Egalement accessible facilement depuis Victoria par la route en voiture : depuis le centre-ville, prenez la Douglas Street, qui deviendra la route 14 vers l'ouest, en direction de Sooke. ✆ +1 250 478 3344

L'East Sooke Regional Park (1 420 ha) est l'endroit où se rendre pour randonner (50 km de sentiers) et pique-niquer. C'est une sorte de hors-d'œuvre du célèbre sentier West Coast Trail, situé dans le Pacific Rim National Park voisin. Le sentier qui vous conduit à l'extrémité du parc fait 10 km. Trois sites du parc à ne pas manquer : Ayland Farm dont le sentier mène à une petite plage intime, Anderson Cove (point d'accès au sentier du Mont Maguire) et Pike Road qui permet, à marée basse, la découverte de la vie marine déposée sur le sable de sa plage.

JUAN DE FUCA PROVINCIAL PARK ★★

www.env.gov.bc.ca/bcparks

Situé au sud de Port Renfrew et à 60 km de Victoria, le parc offre plusieurs randonnées d'une journée.

- **Juan de Fuca Marine Trail.** 47 km de sentiers sauvages qui longent la côte de l'île et donnent un bon aperçu de la West Coast Trail du parc national de Pacific Rim voisin.
- **Botanical Beach.** Véritable musée botanique à ciel ouvert, la plage Botanical Beach permet d'observer étoiles de mer, petits poissons et coquillages dans ses petits bassins rocheux découverts à marée basse.

DUNCAN ★

A 50 km au nord de Victoria, cette petite ville au cœur de la Cowichan Valley abrite un intéressant patrimoine historique consacré aux Premières Nations. Vous pourrez étudier plus de 80 totems disséminés au centre de la ville, ce qui vaut à celle-ci le surnom de *City of Totems*. Il s'agit de l'une des plus grandes collections de totems présentés en extérieur. Erigés à partir de 1985, ces totems sont la belle représentation de l'union de deux cultures ; le peuple Quw'utsun' (Cowichan) et la population (symbole de l'acceptation et de la valorisation des artistes des Premières Nations). Ils sont aussi et surtout magnifiques et font l'attrait de la ville.

OCEAN ECOVENTURES

1721 Cowichan Bay Road
https://oceanecoventures.com/
Compter 159 CAN $ pour une excursion à la demi-journée.

Ocean Ecoventures organise des excursions pour partir à la rencontre des baleines, dauphins, phoques, ours et autres animaux de la région, tout en respectant leur habitat naturel et leur tranquillité. Toute l'année, des guides naturalistes expérimentés œuvrent pour vous faire vivre une expérience unique dans une démarche d'éducation pour assurer la protection de ces espèces. Plusieurs excursions à la demi-journée, à la journée ou même quelques expéditions de plusieurs jours pour découvrir les environs de l'île et au-delà (Gulf Islands, Greatbear rainforest, etc.).

NANAIMO ★★

Nanaimo doit une partie de son développement au ferry qui la relie à Vancouver via le terminal d'Horseshoe Bay. Sa position centrale à l'est de l'île de Vancouver et son port protégé par deux îles (Newcastle et Protection) lui ont valu dans le passé le surnom « Hub City » (la ville pivot). Son histoire commence en 1854, quand 24 familles de mineurs anglais viennent s'y installer, après 5 mois et demi de voyage (en passant le cap Horn). Une pierre (Pioneer Rock) et une proue de bateau, rappelant celle du *Princess Royal*, commémorent l'établissement de ces colons. Puis la ville se développe grâce à l'exploitation de la houille et de l'industrie du bois.

NANAIMO MUSEUM & THE BASTION ★

100 Museum Way
✆ +1 250 753 1821
www.nanaimomuseum.ca
Fin mai à début septembre : tous les jours de 10h à 17h. Tarif Adulte : 2 CAN $.

Cette construction militaire, édifiée par la Compagnie de la Baie d'Hudson en 1853 et maintes fois sauvée de la destruction, assurait la protection des résidents de la région de Nanaimo. Poste militaire, prison et aujourd'hui musée de l'Histoire locale, le « bastion » sert aussi, en saison, de centre d'informations touristiques. Le bastion de Nanaimo, unique en son genre, est la plus ancienne structure de la ville, reconnue comme un symbole et protégée en tant que patrimoine.

HI NANAIMO PAINTED TURTLE GUESTHOUSE €

121 Bastion Street
✆ +1 250 753 4432
hihostels.ca/fr
Dortoir dès 33,25 CAN $. Chambre double : dès 64,12 CAN $.

Cette belle auberge de jeunesse, aux allures de gîte, est située à quelques pas seulement de la plage, en plein centre de la ville de Nanaimo. Bien qu'elle soit en plein centre-ville, l'auberge est particulièrement calme malgré tout. En plus des dortoirs, des chambres privées sont disponibles. Une buanderie, une cuisine équipée, une connexion Internet, et des forfaits touristiques sont proposés. La cuisine partagée est très bien équipée et les sanitaires sont très propres.

THE MODERN CAFE €€

221 Commercial Street
✆ +1 250 754 5022
www.moderncafebc.com
Ouvert tous les jours de 11h30 à 21h. Compter environ 20 CAN $.

Idéalement situé dans le centre-ville de Nanaimo, on retiendra les termes « sophistication » et « recherche » pour ce restaurant qui marie parfaitement l'art contemporain avec une excentricité culinaire intéressante. Lorsque le temps le permet, vous pourrez vous asseoir en terrasse. Des groupes en live viennent occasionnellement pour accompagner votre repas en musique. Les plats sont copieux et bien présentés et la carte est assez variée. Burgers faits maison, poissons, viandes, peu importe votre commande, vous ne serez pas déçu par la qualité du restaurant.

OCEANSIDE (PARKSVILLE ET QUALICUM BEACH) ★★

Désormais connues sous le nom d'Oceanside, les villes jumelles de Parksville et Qualicum Beach sont devenues une destination pour des vacances en famille. Avec 19 km de plages de sable et 140 festivals annuels, Oceanside offre de très nombreuses activités de plein air. Parksville n'a pas de centre-ville, elle est toute tournée vers son front de mer. Qualicum Beach possède son bourg, avec des commerces et des cafés, dans les terres. En novembre, les tempêtes sont l'attraction principale sur les plages immenses et désertes, sous des ciels aux couleurs stupéfiantes.

HORNE LAKE CAVES PROVINCIAL PARK ★

3905 Horne Lake Caves Rd
✆ +1 250 248 7829
www.hornelake.com
Entre 54 et 199 CAN $ par personne pour une excursion de spéléologie (de 3 à 5 heures).

Ce parc provincial abrite les grottes du lac Horne. Vous pourrez partir à l'aventure pour découvrir ou redécouvrir la spéléologie en étant accompagné par des professionnels. La visite simple de la grotte dure deux heures et vous donne de très nombreuses explications sur les grottes. Vous pourrez louer le matériel sur place (emporter deux lampes torches) et vous renseigner sur les tours les plus appropriés pour les enfants sur le site Internet. Les sensations sont garanties !

RATHTREVOR BEACH PROVINCIAL PARK

1240 Rath Rd
www.env.gov.bc.ca/bcparks

Dans ce parc provincial de 348 hectares se trouvent les plus belles plages préservées à l'est de Parksville. Pour la petite histoire, le parc porte le nom d'un chercheur d'or, William Rath, qui s'installa dans la région avec sa femme et ses enfants en 1886. A marée haute et en été, la baignade est agréable car le niveau de la mer est peu élevé et l'eau a été réchauffée par le soleil durant la marée basse. Les oiseaux sont nombreux à se rendre dans la région.

TIGH-NA-MARA SEASIDE SPA RESORT €€

1155 Resort Drive
✆ +1 800 663 7373
www.tigh-na-mara.com
Studio à partir de 280 CAN $ en basse saison, 400 CAN $ en été.

Outre sa vue sur l'océan, le complexe hôtelier luxueux Tigh-Na-Mara Seaside Spa Resort propose des cottages très bien conçus et le plus grand spa de la province de la Colombie-Britannique (Grotto Spa). 53 chambres confortables, au décor rustique, vous accueillent dans une atmosphère familiale. Qui plus est, le restaurant du resort (Treetop Tapas & Grill) sert une cuisine de qualité. Proche de toutes les commodités, ce resort est l'endroit idéal pour passer un agréable séjour !

MACMILLAN PROVINCIAL PARK ★★

Ce parc provincial de 301 hectares abrite quelques arbres géants (pins et cèdres rouges) épargnés par les entreprises forestières (le site est d'ailleurs le don de l'une d'entre elles). La forêt Cathedral Grove, située au sein du parc, offre la possibilité de déambuler au côté de ces grands arbres connus sous le nom de Douglas Fir. L'un d'entre eux mesure 9 m de circonférence. Des sentiers de randonnée sont dispatchés à chaque recoin du parc, faisant le bonheur des cyclistes, des randonneurs, ainsi que des curieux venus pour observer et photographier la beauté du lieu et sa faune locale (vous pourriez apercevoir des ours noirs, élans, cerfs, etc.).

CATHEDRAL GROVE ★★

MacMillan Provincial Park

Cathedral Grove se trouve dans le parc provincial de Macmillan, au nord de Nanaimo, en direction de Port Alberni (Highway 4) en passant par Parksville. La zone de Cathedral Grove regroupe des pins Douglas et des cèdres rouges géants, précieux vestiges des forêts disparues de l'île de Vancouver. L'enchevêtrement et la position de certains troncs sont époustouflants. D'après les estimations, le plus vieil arbre (« King of Tree ») serait âgé de huit siècles. Une belle découverte qui nous rappelle à quel point nous sommes petits face à ces grandeurs de la nature.

PORT ALBERNI ★

A quelques minutes du parc provincial MacMillan, Port Alberni, avec ses quelque 18 000 habitants, est plus une halte vers la côte ouest pour remplir votre réservoir ou votre estomac qu'une véritable halte touristique. Cependant, les plus aventuriers pourront embarquer sur le bateau de la poste, le *M.V. Frances Barkley*, géré par Lady Rose Marine Services. Port Alberni tient son nom de Don Pedro Alberni, commandant espagnol du Fort San Miguel de la baie de Nootka. Désignée capitale mondiale pour la pêche du saumon, son esprit villageois contribue à l'équilibre et à la qualité de vie de la ville. Sur place, les parcs et marchés fermiers sont à faire.

M.V. FRANCES BARKLEY

5425 Argyle Street
✆ +1 250 723 8313
www.ladyrosemarine.com
Aller simple vers Kildonan (33 CAN $), Bamfield (42 CAN $), Ucluelet (44 CAN $), Sechart (42 CAN $).

En plus du courrier, le cargo postal M.V. Frances Barkley apporte des vivres aux communautés reculées. Sur le parcours de l'Alberni Inlet et du Barkley Sound, vous pourrez croiser des orques et des ours. L'expédition part du nord de Harbour Quay, à Port Alberni et rejoint Bamfield (départ du West Coast Trail) via Kildonan, pour franchir ensuite les eaux du Barkley Sound et du Broken Group Islands avant d'arriver à Ucluelet. Les kayakistes peuvent embarquer, et seront déposés à Sechart, point de départ des expéditions en kayak à travers les Broken Group Islands.

CLAM BUCKET €

4479 Victoria Quay
✆ +1 250 723 1315
www.clambucket.ca
Ouvert tous les jours de 11h à 21h. Carte : moins de 20 CAN $.

En plein cœur de Port Alberni, ce lieu est largement réputé parmi la clientèle locale et l'ambiance y est fort agréable. Clam Bucket offre un large choix de produits de la mer (moules, crevettes, palourdes, huîtres, saumon, calamars) préparés sous de multiples façons : en burger, en tacos, fish & chips ou au barbecue. Pour goûter toutes ces spécialités, rien de mieux qu'un grand plat à partager. Les burgers et la *clam chowder* sont délicieux. Les portions sont assez copieuses. On appréciera la terrasse pour manger à l'extérieur aux beaux jours.

UCLUELET ★★

Prononcé « you-clou-lette ». Dans la langue amérindienne, le nom de ce village de pêcheurs signifie « port sûr et accueillant ». En effet, tout y est axé sur l'océan, de la pêche à l'observation des baleines en passant par les croisières « nature ». Le village, moins cher que son voisin Tofino, offre un accès direct à la réserve du Pacific Rim National Park.

L'île de Vancouver est un refuge idéal pour les saumons lors de leur remontée vers le nord. De Ucluelet à Qualicum, en passant par Port Alberni, que vous soyez pêcheur ou non, ouvrez grand vos yeux. Ces escapades en mer sont également ponctuées d'apparitions de dauphins, de lions de mer et d'aigles.

AMPHITRITE POINT LIGHTHOUSE

www.wildpacifictrail.com
Ouvert 24h/24.

Ce petit phare fut tout d'abord construit en bois en 1906. Détruit en 1914 par un orage, il fut alors reconstruit et érigé en 1915, marquant l'entrée du Barkley Sound et ses îles de Broken Group. On y accède par le Lighthouse Loop du Wild Pacific Trail, un sentier de randonnée qui longe la côte d'Ucluelet. Une belle petite escapade offrant de très beaux points de vue entre océan et forêt. Vous pourrez voir sur les rochers des oursins, crabes et autres petits animaux marins.

SURF'S INN €

1874 Peninsula road
✆ +1 250 726 4426
www.surfsinn.ca
Entre 22 et 28 CAN $ en dortoir, entre 60 et 75 CAN $ la chambre privée. Cottage : de 135 à 260 CAN $.

Cette auberge de jeunesse, installée en haut d'une colline, est une bonne destination pour les voyageurs économes. Il est possible de choisir un lit en dortoir ou en chambre privée à l'intérieur de la maison principale. Si vous êtes plusieurs personnes, le *must* est sans doute de choisir l'un des trois cottages de Surf's Inn, qui offrent un meilleur confort et une atmosphère de bon goût. Les cottages disponibles peuvent accueillir 4 à 6 personnes. Accueil sympathique et décontracté. Leçons de surf et location d'équipement sur place.

TOFINO ★★★

La péninsule offre de jolies plages qui se succèdent, comme Mackenzie Beach, Chesterman Beach Cox Bay Beach. Tofino, paradis pour les kayakistes et les surfers, est également réputé pour la visite régulière des baleines, qui jouent un rôle déterminant dans l'activité de la région. Elles sont visibles de la plage mais il est plus excitant de s'en approcher en bateau (les propositions de « Whale Watching » fleurissent dans le village). La meilleure période pour les observer est de la mi-mars à la mi-avril, lors du Whales Festival où quelque 20 000 baleines grises migrent. C'est aussi un port de pêche où pêcheurs et ostréiculteurs vendent leurs produits.

ADVENTURE TOFINO WILDLIFE TOURS

421 Main Street
✆ +1 250 725 2895
www.adventuretofino.com

Compter 149 CAN $ pour une excursion à la demi-journée.

Outre l'observation des cétacés, de nombreuses formules sont possibles pour observer les ours ou profiter des sources thermales chaudes (Hot Springs Cove). En petit groupe (12 personnes maximum), à bord de votre zodiac ou en randonnée, vous apprendrez un tas d'informations sur la faune locale grâce à l'expertise des guides certifiés qui vous accompagneront au cours de votre excursion. N'oubliez pas d'emporter votre appareil photo, vos jumelles et votre crème solaire !

HI TOFINO - WHALERS ON THE POINT GUESTHOUSE €

81 West Street ✆ +1 250 725 3443
hihostels.ca/fr

Entre 35 et 59 CAN $ en dortoir. Entre 75 et 249 CAN $ la chambre privée.

Auberge de jeunesse de style chalet en rondins, Hi Tofino est l'hébergement le plus abordable au sein de la ville. Idéalement situé, proche de tous les services, vous retrouverez un certain confort sur place : salle à manger et salon avec une vue imprenable sur l'océan, stationnement gratuit, table de billard, une buanderie, une cuisine tout équipée, etc. Le personnel est très accueillant et serviable, et toujours très heureux de vous donner des conseils sur les activités à proximité.

MIDDLE BEACH LODGE €€€

400 Mackenzie Beach Road
✆ +1 250 725 2900
www.middlebeach.com

A partir de 340 CAN $ les 2 nuits. Comptez 100 CAN $ de plus en été. 2 nuits minimum.

Middle Beach Lodge possède un emplacement privilégié au milieu de la forêt pluviale et donnant tout droit sur l'océan Pacifique. Les chambres sont très confortables avec une vue imprenable sur la forêt ou directement sur l'océan, selon votre préférence. Le lodge est vraiment situé dans un havre de nature incroyable avec une plage privée, l'idéal pour ressentir l'esprit de la côte Ouest. Un patio extérieur vous permet de vous relaxer face à l'océan et un restaurant est présent dans l'établissement. C'est l'occasion de se faire plaisir !

WICKANINNISH INN €€€

500 Osprey Lane
✆ +1 250 725 3100
www.wickinn.com

A partir de 360 CAN $ en basse saison, jusqu'à 720 CAN $ en été. 2 nuits minimum.

Entre l'océan Pacifique et la forêt pluviale, ce boutique-hôtel luxueux et spectaculaire, labellisé Relais & Châteaux, est idéalement placé sur Chesterman Beach à environ deux kilomètres de la ville de Tofino. Vous pouvez profiter du spa et de la salle de sport, au sein même de l'établissement, et réserver un massage. Les chambres ont une vue imprenable sur l'océan et sont élégantes et épurées. Certaines chambres possèdent également un Jacuzzi privé. Faites-y une halte, ne serait-ce que pour admirer la vue imprenable sur l'océan !

SURFSIDE GRILL €

1421-B Pacific Rim Hwy
✆ +1 250 725 8299
www.surfsidegrill.ca

Ouvert tous les jours de 11h à 19h. Burger ou sandwich pour une quinzaine de dollars.

Ce restaurant appartient à Jesse Blake et au pêcheur Jeff Mikus, qui possèdent déjà un restaurant réputé dans la ville, Wildside Grill. Surfside Grill, quant à lui, est un restaurant de type fast-food sur la plage, offrant des options plus simples pour déguster un burger avec des frites, sur place ou à emporter sur la plage par exemple. Les produits sont de bonne qualité et le service est rapide. Burger au saumon, végétarien, poutine, tacos au poisson, etc. Tout y est délicieux, mais attention à ne pas trop commander, les portions étant très copieuses !

WOLF IN THE FOG €€

150 4th street
✆ +1 250 725 9653
www.wolfinthefog.com
Ouvert tous les jours à partir de 10h. Compter environ 25 CAN $.

L'enseigne a plusieurs fois été sacrée meilleur restaurant du Canada par le magazine *En Route* ! Avec son équipe de surfeurs aux chemises en flanelle et à la barbe de plusieurs jours, Wolf in the Fog est devenu *the place to be* à Tofino. On y sert des cocktails originaux comme le Bollywood Bowl (rhum épicé à la mangue, tranches d'abricot et coriandre) ainsi que des plats aux saveurs iodées comme des huîtres frites et fumées et des pétoncles cuits à point. Ambiance *West Coast* avec, en décor, des planches ayant appartenu aux surfeurs du coin.

PACIFIC SURF SCHOOL

441 Campbell Street
✆ +1 888 777 9961
www.pacificsurfschool.com
Cours en groupe à partir de 89 CAN $ (3 heures). Cours privé 199 CAN $. Surf camp de 3 jours à partir de 399 CAN $.

La ville de Tofino est la capitale du surf au Canada. Toute l'année des surfeurs de partout dans le monde viennent s'essayer sur les vagues de Tofino. Équipée de magasins, d'écoles de surf, etc., c'est LA destination pour surfer. Quitte à se trouver au bord de l'océan, pourquoi ne pas affronter les vagues déferlantes sur une planche de surf ? Fous rires et sensations au rendez-vous ! Pour les initiés, il est possible de louer tout le matériel nécessaire à des prix démocratiques et de prendre des leçons avec des professionnels de la glisse.

TOFINO SEA KAYAKING

320 Main St
✆ +1 800 863 4664
www.tofinoseakayaking.com
Tour à la journée ou sur plusieurs jours dans les îles et le Clayoquot Sound. Location kayak 69 CAN $/jour.

La région se prête vraiment à la pratique du kayak. Les excursions en kayak peuvent être accompagnées d'un guide ou non, tout dépend de votre préférence. Si vous ne souhaitez pas partir en tour organisé, vous pourrez librement louer un kayak. Pendant la balade, n'hésitez pas à vous diriger vers les îles Meares, où vous pourrez descendre de votre kayak pour marcher au cœur de la forêt humide - ces petites îles valent vraiment le détour. Les paysages sont tellement à couper le souffle que l'on en oublierait presque l'effort ! Un incontournable !

PACIFIC RIM NATIONAL PARK RESERVE ★★★

Pacific Rim National Park longe la côte sud-ouest de l'île de Vancouver, s'étendant sur 125 km de Tofino, au nord, à Port Renfrew, au sud. Magnifiques îles, plages et paysages spectaculaires font sa richesse et sa diversité. Le paysage côtier, entre forêt et océan, offre un refuge pour une grande variété d'animaux terrestres et marins.
Le parc se divise en 3 parties distinctes : Long Beach (la plus accessible, au nord, entre Tofino et Ucluelet), Broken Group Islands (regroupant une centaine d'îles et îlots dans le Barkley Sound, au large d'Ucluelet), le West Coast Trail et ses célèbres 75 kilomètres (au sud, entre Bamfield et Port Renfrew).

© JENIFOTO - ISTOCKPHOTO.COM

Le West Coast Trail, qui traverse le parc de bout en bout.

BROKEN GROUP ISLANDS ★★

Au milieu du Barkley Sound, au sud-est d'Ucluelet, se trouve une myriade d'îles et d'îlots portant le nom de Broken Group Islands protégées par le parc national Pacific Rim. Accessibles uniquement par bateau, depuis Ucluelet principalement (mais aussi Port Alberni). Ces îles appartiennent encore en majorité à la nation Toquaht qui laisse aux visiteurs un droit de passage et de camping.

Les îles sont accessibles par kayak depuis Secret Beach, au nord-est de la jonction Tofino-Ucluelet-Port Alberni, à moins que vous préfériez réserver par le biais d'une agence.

WEST COAST TRAIL ★★★

✆ +1 250 726 7721 - www.pc.gc.ca

Du 1er mai au 30 septembre. Entrée : 10,50 CAN $. Campings : 34,50 CAN $, 62,50 CAN $ pour le ferry A/R.

Le West Coast Trail est un chemin côtier qui longe l'océan Pacifique et dévoile sa *rainforest*, son joli phare de Pachena Point, ses chutes d'eau, ses caves, ses arches formées par la mer, ses rochers recouverts de lions de mer et ses plages sauvages sur 75 km.

Édifié en 1907 pour faciliter le sauvetage des naufragés le long de cette côte dangereuse, et calqué sur des voies utilisées par les Premières Nations, il fait désormais partie du Parc National Pacific Rim. Grand défi pour les aventuriers chevronnés, il faut savoir que certains passages ne peuvent être franchis qu'à l'aide de ponts de corde, échelles de bois et bacs à câble (tyroliennes) et demandent donc une préparation et une condition physique excellente.

Compter 5 à 7 jours de randonnée, ou bien 3 à 5 jours si on passe par Nitinat. Seulement trois endroits donnent accès au West Coast Trail :

- **Pachena Bay** au nord, près du village de Bamfield. C'est traditionnellement le point de départ de la randonnée. Pour s'y rendre, compter 2h en voiture sur un chemin de graviers depuis Port Alberni, 3h depuis Duncan. Possibilité de s'y rendre en bus depuis Victoria (5h30) ou de Nanaimo (3h30) avec la compagnie West Coast Trail Express. Pour plus d'aventure, on peut aussi s'y rendre en bateau depuis Port Alberni à bord du M.V. Frances Barkley (4h30). Le ferry n'embarque pas les voitures.
- **Gordon River** au sud, à 5 km en aval du village de Port Renfrew. Plus proche de Victoria (2 heures en voiture), c'est la portion la plus difficile du sentier et traditionnellement le point d'arrivée. Compter 2h de trajet par la route 14 depuis Victoria en véhicule privé ou en bus West Coast Trail Express.
- **Passage Nitinat.** Cette étape à mi-chemin sur le West Coast Trail est accessible via le village amérindien de Nitinat, géré par la Première Nation Ditidaht, à 2h de chemin non goudronné de Port Alberni en voiture, 2h30 de Duncan. Un traversier part ensuite de ce village de Nitinat vers le sentier tous les jours en saison à 8h30 et en repart à 17h30. Le village dispose d'un motel et d'un camping.
- **Il est indispensable de réserver à l'avance** (ouverture des réservations dès mars pour la saison de mai à septembre) sur le site Internet (www.reservation.pc.gc.ca) en ayant en sa possession les informations suivantes : les dates de préférence et choix alternatifs, le nom des randonneurs, le nom du contact d'urgence, le point de départ choisi et un moyen de paiement (règlement du permis de fréquentation nocturne, du laissez-passer du Parc National Pacific Rim et des traversiers sur la rivière Gordon et le passage Nitinat).

CAMPBELL RIVER ★★

Située à 266 km de Victoria, Campbell River est une petite ville entourée de nature mais aussi une région réputée pour la pâte à papier. On y fait de belles randonnées en montagne, des balades en kayak ou à vélo, on explore les cascades du coin telles que Elk Falls. Sa proximité avec Quadra et Cortes Islands en fait une aire récréative idéale pour les amateurs de nature. Malgré les précipitations fréquentes, il y a toujours de quoi faire pour profiter de ce lieu féerique. Les animaux marins tels que les baleines et les orques se montrent facilement, et il est possible de partir en randonnée guidée pour observer les ours à l'état sauvage.

MARINE LINK TOURS

7990 Island Hwy

✆ +1 250 286 3347

www.marinelinktours.com

Départs réguliers de mars à fin octobre.

Croisières de 5 jours à bord du bateau de fret Aurora *Explorer*, au départ de la ville de Campbell River, le long des détroits de Georgia, Johnstone et Queen Charlotte. Vous apprécierez le paysage côtier de la Colombie-Britannique et pourrez observer les baleines et autres animaux marins, selon la période. Une bonne expérience pour comprendre le fonctionnement d'un bateau à fret, de son chargement jusqu'à son déchargement, et en apprendre davantage sur la vie des pionniers de l'ouest du Canada. Les chambres à bord sont confortables.

QUADRA ISLAND ★

A 10 minutes de ferry de Campbell River (le Discovery Passage ne fait que 1,6 km entre les deux rives), Quadra Island offre un spectacle naturel idyllique et une qualité de vie exemplaire. Arrêtez-vous au Cape Mudge Lighthouse, construit en 1898 pour guider les bateaux sur les eaux tumultueuses de la région. La vue sur les montagnes depuis l'île est tout simplement incroyable, particulièrement lors des couchers de soleil. Dauphins, baleines, oiseaux sont observables dans la région en plus des nombreuses activités sportives possibles sur place. Entre art et nature, Quadra Island offre également une diversité de bons petits restaurants locaux.

STRATHCONA PROVINCIAL PARK ★★

À 60 km au nord de Port Alberni, sur la route 28 en direction de Gold River, on accède au Strathcona Provincial Park. Il s'agit du plus ancien parc provincial de Colombie-Britannique, désigné comme tel en 1921. Avec plus de 250 000 hectares de montagnes, lacs, rivières, sentiers, le parc est situé presque exactement au centre de l'île de Vancouver, divisé en 2 parties distinctes, Buttle Lake et Vicinity puis Forbidden plateau. Quatre des plus grands sommets de la province s'y trouvent ainsi que les célèbres chutes d'eau Della Falls (440 m). Un paradis pour les passionnés d'escalade, de canoë, vélo, pêche et randonnée, qui pourront pratiquer sur place.

TELEGRAPH COVE ★

Son nom date de 1911, période à laquelle fut érigé un poste de télégraphe, éloigné à 200 km au nord de Campbell River. Vous débouchez droit sur une petite marina charmante avec des maisons sur pilotis qui résistent à l'assaut de l'océan depuis quelques dizaines d'années. L'occasion aussi d'y louer des kayaks. L'endroit par excellence pour l'observation de mammifères marins et en particulier d'orques dans leur habitat naturel. Les sportifs et amateurs d'activités de plein air auront l'embarras du choix, de la plongée sous-marine à la pêche. Les trottoirs en bois et l'allure western de la ville viennent ajouter un charme historique au village portuaire.

WHALE INTERPRETIVE CENTER

✆ +1 250 928 3129

www.killerwhalecentre.org

Admission : 5 CAN $. Ouvert tous les jours de 9h à 17h de mai à septembre.

L'occasion d'admirer plusieurs spécimens de la faune de la région, tels qu'une collection impressionnante de squelettes d'orques, de loutres, de dauphins, de phoques ou encore de baleines. Le personnel répond avec plaisir à toutes les questions que l'on se pourrait se poser sur l'environnement marin des lieux. Tourné vers l'éducation, le centre donne de réelles informations scientifiques et se concentre particulièrement sur la conservation de ces animaux.

TELEGRAPH COVE RESORT €€

Telegraph Cove ✆ +1 800 200 4665

www.telegraphcoveresort.com

Cabanes et chalets avec cuisine à partir de 185 CAN $.

Dépaysement garanti « au milieu de nulle part ». Simples, fonctionnels et idéalement situés, la vingtaine de chalets et de cabanes, au décor très rustique, vous plongent au cœur de l'histoire et de l'authenticité de la côte Ouest, un véritable retour en arrière. Les logements offrent tous un confort remarquable. Pensez à rejoindre les résidents pour le *potluck* dominical (chacun apporte un plat et tout le monde partage). Les activités sur place ne manquent pas : randonnées, sorties en kayak, bateau et pêche sont également à proximité.

NORTH ISLAND KAYAK

✆ +1 250 928 3114

kayakbc.ca

A partir de 80 CAN $ par personne pour 2 heures d'excursion guidée, 899 CAN $ pour deux jours et plus.

Le bureau est situé à côté de la marina, facilement reconnaissable grâce aux kayaks rangés à l'extérieur. Après quelques consignes de sécurité indispensables, vous pourrez embarquer pour un après-midi ou plusieurs jours d'aventure. C'est l'occasion de vivre une expérience unique si l'idée de voguer entre les orques et les baleines ne vous effraye pas. Par ailleurs, pour ceux qui décident de camper, le sentiment de totale liberté sera au rendez-vous. Autorisation sans restriction de planter votre tente où bon vous semble, sur la côte ou sur une petite île déserte.

ALERT BAY ★

Authentique village de pêche qui a su garder son charme des années 1800. Le patrimoine des Premières Nations y est préservé, dans son architecture et ses artefacts, grâce au village des Kwakwaka'wakw. Sur Front Street, vous pouvez voir la trace de l'immigration écossaise, sous la forme notamment d'une église anglicane. Ne manquez pas le totem le plus haut du monde (53 mètres), situé tout à côté de la Big House, centre communautaire de la tribu. L'été, le T'sasala Cultural Group y présente des spectacles de danse. Vous apprendrez bien des choses de cette culture, notamment par l'observation des peintures et des sculptures figurant sur le totem.

U'MISTA CULTURAL CENTRE

1 Front Street
✆ +1 250 974 5403
www.umista.ca
Horaires variables en fonction de la saison.
Adulte : 10 CAN $. Boutique sur place.

U'mista signifie « le retour de quelque chose d'important ». En effet, le U'Mista Cultural Centre, tout proche de la Big House, rassemble les artefacts spécialement créés pour les « potlatch », ce système d'échanges de dons entre peuples des Premières Nations. En 1880, le gouvernement canadien avait interdit ces manifestations et confisqué les objets d'art dans l'intention de « civiliser » la tribu des Kwagiulth. En 1980, après des changements au gouvernement et la pression exercée par les tribus amérindiennes, la communauté a récupéré une partie de ces objets.

PORT HARDY ★

Live the adventure, telle est la devise de Port Hardy. Dernière ville sur la Island Highway, Port Hardy abandonne peu à peu son économie traditionnelle, basée sur la forêt, la pêche et les mines, pour se tourner de plus en plus vers le tourisme et le plein air (randonnée, kayak). Point de départ du ferry pour Prince-Rupert, les veilles de départ le village se remplit de touristes sur le point de quitter l'île. Témoignant d'une histoire remontant à plus de 8 000 ans, les premières nations Kwagu'l, Gwa'Sala-'Nakwaxda'xw et Quatsino furent les pionnières de ces terres bénies. Leur patrimoine est conté à travers l'art et les totems de la ville.

NORTH COAST TRAIL BACKPACKERS €

101-8635 Granville Street
✆ +1 250 949 9441
www.northcoasthostel.ca
40 CAN $ par personne pour une chambre de 6 à 8 lits. Chambres privées également disponibles.

Bien que cette auberge de jeunesse ne soit pas des plus modernes, elle est idéalement située en plein centre de Port Hardy, et très prisée des randonneurs qui commencent ou terminent la North Coast Trail. Les chambres sont grandes et correctes, les salles de bains sont propres et on trouve d'immenses parties communes avec tables de ping-pong, dvd et jeux de société. La propriétaire des lieux est très serviable et accueillante et les locaux sont d'une propreté irréprochable.

CAPE SCOTT PROVINCIAL PARK ★★

Les sentiers du parc traversent une forêt tropicale grandiose à l'extrémité nord-ouest de l'île de Vancouver. Il est recommandé de prévoir un séjour d'au moins une nuit sous la tente pour pouvoir apprécier les charmes du territoire. Plusieurs campements sont accessibles, attention aux ours et aux loups toutefois, très nombreux dans la région (prévoir un spray à ours). Plusieurs sentiers longent les plages de sable blanc, ne manquez pas d'emprunter le chemin San Joseph Bay afin de profiter le temps d'une journée de la beauté du parc. Les plus aventuriers pourront parcourir le Cape Scott Trail sur 16 km ou même entreprendre un trek de plusieurs jours.

NORTH COAST TRAIL ★★

Randonnée de tous les superlatifs, le North Coast Trail est un joyau du nord de l'île de Vancouver. Traversant le parc provincial du Cape Scott d'est en ouest sur un peu plus de 40 kilomètres, ce sentier côtier et forestier est réputé pour être l'un des plus beaux et difficiles au Canada. Souvent peu balisé et très peu aménagé, le sentier sillonne la forêt pluviale où il faut grimper sur des troncs d'arbres géants tombés lors des tempêtes hivernales, traverser des rivières en *cable car* et éviter les nombreuses mares de boue, puis la côte où l'on doit surveiller la présence d'ours et de loups ainsi que les marées pour être capable de longer les plages de sable blond et blanc. Attention, cette belle et difficile randonnée est habituellement réalisée en 4 jours (5 ou 6 si l'on souhaite faire un détour par le Cape Scott et la San Joseph Bay) demande une autonomie complète (camping sauvage sur la plage ou emplacements rustiques en forêt), un équipement technique (spray contre les ours, pastilles ou purificateur d'eau, GPS ou téléphone satellite en cas d'urgence, tente et matériel de camping) et une sérieuse expérience en randonnée (il est vivement recommandé de savoir faire un feu même sous la pluie, et primordial de se protéger des ours et de prendre les mesures nécessaires, connaître les règles de sécurité par rapport à la gestion de la nourriture sur place, etc.). Comme vous l'aurez compris, c'est une aventure avec un grand A qui permet d'explorer un vaste territoire sauvage et époustouflant sur fond de dépassement de soi.

SALT SPRING ISLAND ★★★

La plus grande des îles du Golfe est surtout réputée pour ses galeries et ses studios d'art. Ses fermes, ses vignobles et ses paysages grandioses attirent de plus en plus de personnes du milieu des affaires ou de l'industrie du cinéma. Ganges, le centre de l'île, accueille des coffee-shops, des galeries, et un marché le samedi (d'avril à octobre). Il existe trois terminaux de ferry sur l'île de Salt Spring dont Long Harbour, Vesuvius Bay et Fulford Harbour. Seule île du Golfe à posséder son réseau de transport public, il existe un arrêt de bus à chacun des trois terminaux de ferry de l'île et l'heure de passage correspond à l'arrivée du bateau.

© ROXANA GONZALEZ - SHUTTERSTOCK.COM

Salt Spring Island.

RUCKLE PROVINCIAL PARK

A 10 km du terminal de Fulford Harbour

Ruckle Park est le plus grand parc provincial des îles du Golfe. Historiquement parlant, cet endroit abrite toujours une ferme, désormais protégée par le parc, qui appartenait à une famille irlandaise. On y trouve des forêts rocheuses propices aux randonnées et des piscines naturelles formées par les marées. Un terrain de camping est présent sur place si vous souhaitez profiter de l'endroit de jour comme de nuit pour une expérience complète. Les couchers de soleil y sont majestueux. Des tables de pique-nique sont disponibles au sein du parc.

GULF ISLANDS WATER TAXI

✆ +1 250 537 2510

www.gulfislandswatertaxi.com

25 CAN $ par personne l'aller simple, 35 CAN $ l'aller-retour. Argent comptant seulement.

Depuis 1978, la compagnie locale Gulf Islands Water Taxi opère sur l'île pour transporter marchandises et personnes d'un point à un autre. Les bateaux-taxis servent également à transporter environ 100 élèves, chaque jour d'école, des Gulf Islands à Salt Spring Island. Une façon originale et efficace de se déplacer. Un bateau navette fait la liaison quotidienne entre Salt Spring, Galiano, Mayne et Pender Islands, une fois en début de matinée et une autre en fin d'après-midi. Il est possible de transporter son vélo à bord pour les cyclistes.

SALT SPRING STUDIO TOUR

Carte des 28 studios de l'île disponible dans les principales infrastructures touristiques.

Parmi l'une des 10 meilleures colonies artistiques d'Amérique du Nord, l'île de Salt Spring accueille près de 30 artistes qu'ils soient peintres, sculpteurs sur bois, créateurs de bijoux, souffleurs de verre ou encore photographes et artisans-producteurs. Tous ouvrent leurs portes aux visiteurs. Leurs ateliers étant répartis sur toute l'île, il faut nécessairement une voiture pour aller leur rendre visite (sauf ceux situés dans le centre-ville de Ganges). Procurez-vous une carte Salt Spring Studio Tour avant de démarrer votre visite.

CEDAR BEACH RESORT €

1136 North End Road

✆ +1 888 537 4366

www.saltspring-accommodations.com

Ouvert toute l'année. Camping : 50 CAN $. Chalet : dès 150 CAN $.

Cedar Beach Resort est idéalement situé sur les rives du lac St. Mary. Ce grand camping de 5 hectares offre 23 emplacements de camping (pour tentes et camping-cars) ainsi que 17 cabines à louer, certaines extrêmement rustiques, d'autres ultra-modernes (avec télévision et barbecue à votre disposition). Cedar Beach Resort possède également sa propre plage de sable sur le lac ainsi qu'une piscine chauffée, un bain bouillonnant et des espaces de pique-nique avec barbecues. Une adresse idéale pour passer de superbes vacances en famille !

QUARRYSTONE HOUSE B&B €€

1340 Sunset Drive
✆ +1 250 537 5980
www.quarrystone.com
À partir de 275 CAN $ la chambre.

Touche rurale au milieu de vergers et de pâtures à moutons, ce Bed & Breakfast offre un confort sans égal. Ses 4 chambres et suites propres et confortables possèdent toutes un balcon et/ou un accès au patio offrant de très belles vues sur l'océan mais également une cheminée, un bain bouillonnant, un micro-ondes et un réfrigérateur. Qui plus est, un petit déjeuner gargantuesque est servi le matin dans la maison principale. Le cadre paisible et le calme du coin sont deux atouts majeurs qui font tout le charme de l'établissement.

SALT SPRING HARBOUR HOUSE €€

121 Upper Ganges Road
✆ +1250 537 4700
www.saltspringharbourhouse.com
A partir de 239 CAN $ la nuit.

Hôtel de 31 chambres situé face à la marina de Salt Spring, à 5 min à pied du centre-ville de Ganges. L'établissement a la particularité de posséder une immense ferme qui produit tous les fruits, les légumes et le miel utilisés dans les plats de son restaurant. Cette ferme peut être visitée librement ou de manière accompagnée tous les jours à 11h par son personnel. Les chambres situées à l'avant du bâtiment jouissent d'une très belle vue sur le port de Ganges.

MARINERS LOFT €€€

118 Rainbow Rd
✆ +1 778 967 3894
www.marinersloftsaltspring.ca
A partir de 249 CAN $ avec 2 chambres. 2 nuits minimum.

Ce loft possède des vues imprenables et un emplacement imbattable. Proche du port de Ganges, où vous pourrez vous rendre à pied, vous avez accès à toutes les commodités et activités incontournables. Mariners Loft met tout en œuvre pour vous faire sentir comme chez vous. Les 7 suites spacieuses et luxueuses sont propres et confortables. En plus d'être complètement équipées, les suites possèdent un grand balcon donnant sur la baie, parfait pour y admirer le coucher du soleil tout en sirotant un verre de vin. Chaque suite peut accueillir jusqu'à 6 personnes.

AL'S GOURMET FALAFEL & FRIES €

151 Rainbow Rd
✆ +1 250 538 7573
www.alsgourmetfalafel.com
Ouvert du lundi au vendredi de 10h à 16h. Comptez moins de 12 CAN $.

Food-truck servant une nourriture délicieuse. Qui plus est, les produits sont d'une qualité exceptionnelle, très frais et locaux. La pita, l'houmous, le poulet et les falafels valent le détour, surtout leurs falafels d'ailleurs, réputés comme étant les meilleurs de la ville ! Quelques tables de pique-nique sont disponibles pour s'asseoir et manger. Le service est rapide même s'il y a souvent une file d'attente, en raison de sa grande popularité auprès des locaux et des visiteurs.

OYSTERCATCHER SEAFOOD BAR & GRILL €€

110 Purvis Lane
✆ +1 250 537 5041
oystercatcher1.com
Carte : 12-45 CAN $. Terrasse.

Oystercatcher Seafood Bar & Grill propose une cuisine raffinée, dans une atmosphère de pub, sur le port de Ganges. Les amoureux de fruits de mer auront envie de goûter à tous les plats. Au menu : huîtres et moules fraîches et locales, crabes, saumons, etc. Les bières et les vins proposés sont locaux, de la province de la Colombie-Britannique. Le service est jeune et sympathique et l'atmosphère conviviale. Certains soirs, des musiciens viennent pour animer la salle du restaurant.

FERNWOOD ROAD CAFE

325 Fernwood road
✆ +1 250 931 2233
www.fernwoodcafe.com
Ouvert toute l'année (horaire variable selon la saison). Carte : moins de 15 CAN $.

Sympathique petit café situé face au quai de Fernwood. On y vient prendre le thé accompagné d'une généreuse part de gâteau aux pommes ou au citron. Idéal pour passer agréablement le temps lors d'une journée pluvieuse. Le Fernwood Road Café propose également des petits plats rapides pour le petit déjeuner comme pour le déjeuner. Au menu, sandwiches, mac & cheese, salades, soupes faites maison, wraps, etc. Les boissons chaudes y sont bien sûr délicieuses : cappuccino, moka, latte, etc., tout est mis en œuvre pour que vous puissiez commencer la journée du bon pied !

TREE HOUSE CAFE

106 Purvis Lane
✆ +1 250 537 5379
www.treehousecafe.ca
Ouvert tous les jours de 8h à 22h. Comptez entre 13 et 25 CAN $.

Tree House est un adorable petit café-restaurant construit, comme son nom l'indique, à partir de ce qui semble être les branches et le tronc d'un arbre. L'endroit est très réputé pour son menu simple et gourmand et surtout pour ses concerts organisés tous les soirs de l'été. L'occasion d'écouter plusieurs artistes locaux de l'île dans un bel environnement. Au menu, des plats simples mais faits maison tels que des burgers, sandwiches, salades, et même des burritos. On y vient surtout pour son ambiance décontractée et conviviale !

SALT SPRING ISLAND'S SATURDAY MARKET

www.saltspringmarket.com
Tous les samedis d'avril à octobre de 9h à 16h.

Ce marché, qui se tient chaque samedi en haute saison, est prétexte à une balade instructive et à une rencontre avec les habitants de l'île Salt Spring. Quelle est sa particularité ? Chaque produit vendu doit systématiquement être « fabriqué, cuisiné ou cultivé » par le vendeur lui-même. Un marché pour la vente directe du producteur au consommateur, en somme. Vous y trouverez de l'artisanat local, des poteries, des fromages et autres produits du cru.

SALT SPRING ADVENTURES

126 Upper Ganges Road
✆ +1 250 537 2764
www.saltspringadventures.com
Ouvert tous les jours de 9h à 18h. Excursion en kayak : à partir de 55 CAN $.

Entreprise de plein air située aux abords du village de Ganges. Ils organisent tous les jours des excursions en kayak de mer dans le Ganges Harbour au départ de la Salt Spring Marina. Plusieurs forfaits intéressants sur le thème de la faune marine ou excursion gourmande avec pique-nique à base de produits locaux (saumon, fromage, etc.). Salt Spring Adventures propose également plusieurs excursions pour partir à la rencontre des baleines, la possibilité de louer des canoës-kayaks, des vélos et même des planches de stand-up paddle.

PENDER ISLANDS ★★

Ces deux îles, réputées pour leurs criques protégées et leurs plages, sont reliées par un pont de bois qui enjambe un canal. Le Nord de l'île plus développé que le Sud semble s'être quelque peu détourné de sa vieille vocation fermière. Le terminal de ferry se trouve à North Pender dans la baie de Otter. On peut s'y rendre en ferry, à partir de Tsawwassen (1h45) en passant par Galiano Island (45 min) et Mayne Island (45 min) ou à partir de Swartz Bay (2 h) en passant par Salt Spring Island (40 min). Le bateau-taxi est un bon moyen de déplacement sur les îles, à préférer plutôt que la voiture. Des taxis y sont également disponibles si besoin.

MOUNT NORMAN REGIONAL PARK ★

Le sentier démarre de la route Ainslie Point.

Au sud de Pender Island, le parc régional du Mount Norman est adjacent au parc Beaumont Marine Parc. C'est l'un des derniers parcs recensés de la réserve Gulf Islands National Park Reserve, dont le but est de préserver l'archipel et son riche écosystème. Des sentiers pédestres s'enfoncent dans la forêt dense et débouchent parfois sur des plages sauvages et des points de vue étonnants. N'oubliez pas de vous munir d'une paire de jumelles, indispensable pour observer la faune locale !

POET'S COVE RESORT & SPA €€€

9801 Spalding road
✆ +1 250 629 2100
www.poetscove.com
A partir de 154 CAN $.

Sans doute l'un des endroits les plus luxueux de Pender Islands. Une décoration soignée avec des patios qui offrent une superbe vue sur l'océan. Au restaurant, choix incroyable de plats locaux et internationaux. Vous serez sans doute surpris par la grandeur et le confort des salles de bains. La magie du lieu réside aussi dans son centre de spa, idéal pour se relaxer dans un cadre propice à la détente. Les chambres sont spacieuses et confortables, équipées d'une cheminée. Une bonne étape pour se relaxer dans les vapeurs d'eucalyptus…

MAYNE ISLAND ★

Longtemps connue comme étant le centre de l'agriculture insulaire, Mayne Island s'emploie à préserver ses pâturages et sa qualité de vie. Autrefois point de chute pour les nombreux chercheurs d'or qui rejoignaient le continent, il en reste quelques sites historiques, notamment quelques chapelles édifiées par les pionniers. Outre cela, Mayne Island est aussi un repaire d'écrivains et d'artistes en tout genre. L'île est desservie deux fois par jour (matinée et après-midi) par le ferry au départ de Vancouver (Tsawwassen) en passant par les autres îles du Golfe ainsi que par le ferry au départ de Victoria (Swartz Bay) plusieurs fois par jour.

MINER'S BAY

Nommée d'après les chercheurs d'or qui fréquentaient les lieux entre 1858 et 1860, la baie de Miner (Miner's Bay en anglais) était l'endroit idéal pour permettre aux prospecteurs de se reposer avant d'entreprendre leur expédition jusqu'à la rivière Fraser et la ville de Barkerville. Devenue le centre névralgique et commercial de l'île, Miner's Bay dispose de plusieurs hébergements et de restaurants de renommée nationale. Toutefois elle a bien d'autres atouts, plus vrais et plus discrets. A vous de les découvrir pendant votre séjour…

PLAGES ★

Les plages de Mayne Island sont idylliques. De nombreux visiteurs et locaux aiment s'y prélasser ou y passer la journée pour profiter des nombreuses activités possibles et des sentiers de randonnée dans les alentours. Bennett Bay, en plus d'être un endroit privilégié des kayakistes, est probablement la meilleure plage pour nager. Campbell Bay et Dinner Bay Park sont des plages parfaites pour un pique-nique au bord de l'eau. Dinner Bay Park est une plage particulièrement orientée vers les familles, avec son grand terrain de jeux.

MAYNE ISLAND CAMPING & SEAL BEACH COTTAGE €

359 Maple Drive
✆ +1 250 889 7366
www.mayneislandcamping.com
Avril à octobre. Camping : dès 25 CAN $. Cottage : 350 CAN $

Son fonctionnement, très écologique et responsable, en fait un lieu exemplaire sur l'île. Les douches sont littéralement installées en plein air, entre les arbres. C'est un point de chute idéal si vous visitez les environs en kayak. Les sites de campement offrent une vue exceptionnelle sur l'océan. Pour plus de confort, il est possible de louer un cottage tout équipé sur place. C'est un véritable havre de paix où vous pourrez ressentir pleinement l'atmosphère de la nature !

BLUE VISTA RESORT €€

536 Arbutus Drive
✆ +1 250 539 2463
www.bluevistaresort.com
A partir de 140 CAN $ pour un studio, 180 CAN $ pour une à deux chambres.

Dans cet établissement confortable, pas de fioritures, juste ce qui est utile pour une escapade sur une île : un grand balcon, un barbecue et des possibilités de location d'équipements sportifs. L'ambiance est plutôt old-school. Ces 9 cabanes, nichées dans les bois, sont toutes équipées d'une cuisine, d'un salon et d'une ou deux chambres selon l'option choisie. A quelques minutes de la Bennett Bay, vous êtes au cœur de la réserve national de Gulf Islands. Un terrain de jeu sur place, pour faire le bonheur de vos enfants, si vous voyagez en famille.

KAYAKING GULF ISLANDS

494 Arbutus Drive ✆ +1 250 539 0864
www.kayakinggulfislands.com
Excursion : 66 CAN $ par personne. Location de kayak (2 heures) dès 39 CAN $, Stand-up paddle 29 CAN $/heure.

Cette agence d'aventures propose de chouettes excursions guidées en kayak de mer à la rencontre des animaux marins (une visite guidée de 2 heures 30 environ). Au printemps (jusqu'à mi-mai) et à l'automne (à partir de fin septembre), des visites spéciales sont organisées pour aller observer les *sea lions*. Si vous préférez explorer en toute autonomie, l'agence propose la location de kayaks et de stand-up paddle boards sur place également. Une valeur sûre pour faire de vos excursions une réussite et pour que vous passiez un bon moment, en toute sécurité !

SATURNA ISLAND ★

Saturna est une île montagneuse, qui possède des plages idylliques et organise, chaque 1er juillet, un grand méchoui pour ses 350 habitants et ses visiteurs. L'île dispose de petits vignobles intéressants pour les amateurs de bon vin. Les plus aventuriers préféreront gravir à vélo ou à pied le mont Warburton. Pour rejoindre l'île au départ du terminal de Vancouver (Tsawwassen), il faut nécessairement prendre un ferry jusqu'à Mayne Island puis un second jusqu'à l'île. Une fois par jour, il existe par ailleurs une liaison directe au départ de Swartz Bay sur l'île de Vancouver. Une fois sur place, des bateaux-taxis permettent d'accéder aux îles du Golfe.

EAST POINT PARK ★

Membre du parc national de Gulf Island depuis 2006 et situé à la pointe est de l'île de Saturna, le parc East Point est à voir pour ses nombreuses plages idylliques (Russel Reef, Veruna Bay, Sheel Beach) et son phare construit dans les années 1880. Les randonneurs peuvent rejoindre le Mount Warburton Pike et suivre ensuite le Brown Ridge Nature Trail : les vues y sont imprenables. Les kayakistes, quant à eux, pagaieront autour de Tumbo Island pour admirer ce beau cadre naturel et sauvage. Des tables de pique-nique sont disponibles dans le parc.

SATURNA LODGE & RESTAURANT €€

130 Payne Road
✆ +1 250 539 2254
www.saturna.ca
A partir de 149 CAN $ (basse saison), 169 CAN $ (haute saison).

Pourquoi ne pas s'offrir une nuit loin de tout, confortable et charmante ? Le Saturna Lodge & Restaurant est l'ancienne maison d'un meunier de l'île dans les années 1920. On trouve la réception et un restaurant de très bonne cuisine au niveau principal, puis quatre chambres à l'étage ainsi que trois au niveau du jardin. L'établissement offre, en prime, de superbes vues sur la baie de Boot Cove. Une très bonne adresse pour passer un séjour détente en famille ou entre amis.

GALIANO ISLAND ★★

L'île est devenue une terre d'élection pour les résidences secondaires de quelques personnalités du continent. Le soir venu, ne vous attendez pas à des attractions rythmées et illuminées. Ne soyez pas non plus effrayé par le côté très commercial des environs du terminal de ferry. Il n'est pas représentatif du reste de l'île. Au fur et à mesure que vous vous en écartez, la forêt et le calme reprennent leurs droits. Également joignable en ferry depuis les ports principaux de Vancouver et de Victoria, l'île s'explore au rythme de chacun à vélo, à pied ou en voiture. L'absence de banque et les petits commerces vous obligeront à prévoir de la monnaie.

WOODSTONE MANOR €€

743 Georgeson Bay Rd
✆ +1 604 374 0192
www.woodstonegaliano.com
Chambre double à partir de 185 CAN $ en basse saison, 225 CAN $ en haute saison.

Idéalement situé à 5 minutes de route du ferry, le Woodstone Manor se trouve en pleine nature, dans une forêt privée de 9 hectares. Vous serez chaleureusement accueilli dans l'une des 12 chambres confortables offrant une vue privilégiée sur les pâturages et les chevaux. Votre hôte Donna vous fera sentir comme un membre de la famille. Le petit-déjeuner copieux est compris dans le prix de la chambre, composé de croissants frais, fromage, fruits, boissons chaudes, etc. Très bon rapport qualité-prix et expérience relaxante dans un environnement propice à la détente !

GALIANO OCEANFRONT INN & SPA €€€

134 Madrona Drive
✆ +1 250 539 3388
www.galianoinn.com
Chambre à partir de 468 CAN $ la nuit.

A proximité du ferry, le Galiano Oceanfront Inn & Spa offre une vue incroyable sur le passage des bateaux depuis les chambres. Celles-ci sont réparties dans deux pavillons : les 10 plus luxueuses (certaines avec bain à remous, barbecue et cheminée sur la terrasse) à l'extrémité du domaine, 20 autres plus traditionnelles près du bâtiment d'accueil. Une plage est accessible à marée basse ainsi qu'un ponton réservé à l'usage des clients. Location de voitures, spa et restaurants sur place.

VANCOUVER

BODEGA RIDGE €€€

120 Manastee Road
✆ +1 877 604 2677
www.bodegaridge.com
A partir de 425 CAN $ la nuit.

L'endroit idéal pour se retirer au calme, en pleine nature. Bodega Ridge est d'ailleurs connu pour les retraites. Les 7 petits chalets privés, en bois de cèdre, offrent des chambres épurées, confortables et luxueuses. Chaque cabine peut contenir un maximum de 6 personnes. Les chalets sont tout équipés, avec cuisine, salon, et salle de bains, et possèdent une belle terrasse pour profiter de la nature au calme. Il est possible de louer des vélos sur place pour parcourir les nombreux sentiers du coin. Des cours de yoga sont également dispensés certains jours.

DRIFTWOOD VILLAGE €€

205 Bluff Road East
✆ +1 250 539 5457
www.driftwoodvillage.com
Studio à partir de 150 CAN $, cottage 1 chambre à partir de 185 CAN $.

Au milieu des fleurs, des bassins et des vergers, dix cottages tout confort forment un petit village idéal pour les vacances. Trois d'entre eux sont des studios, trois possèdent une chambre, trois ont deux chambres et il existe également une suite avec bain bouillonnant. Les logements sont décorés différemment, sur le thème de la faune, de la forêt ou des oiseaux, et possèdent tous une salle de bains privée, une cuisinette ainsi qu'un feu extérieur et une terrasse pour certains. Une adresse privilégiée pour passer un séjour paisible et relaxant.

BABES IN THE WOODS €

2540 Sturdies Bay Rd
✆ +1 250 539 2817
Ouvert tous les jours de 9h à 21h. Plats pour moins de 15 CAN $.

Depuis 2014, Lisa, la cheffe du restaurant, vous accueille dans les bois pour un repas divinement bon ! L'endroit parfait pour ressentir l'esprit communautaire de l'île de Galiano tout en dégustant des tacos, des quesadillas ou une pizza. Des options sans gluten sont à la carte. Faits maison, les plats sont de qualité avec des ingrédients locaux et frais. Le choix de bières, de cidres et de vins de la maison est intéressant pour accompagner vos plats. L'atmosphère est agréable et le service chaleureux. Une bonne adresse, à retenir !

PILGRIMME €€€

2806 Montague Road ✆ +1 250 539 5392
www.pilgrimme.ca
Ouvert du vendredi au dimanche, dès 17h. Menu dégustation : 85 CAN $ (45 CAN $ pour l'accord des vins).

Le paradis des gourmets, en pleine forêt ! Pilgrimme vous accueille dans un cadre boisé enchanteur. Ce restaurant de charme situé à proximité du port de Montague fonctionne sur le principe « de la ferme à la table », caractérisé par une cuisine fraîche et locale. L'enseigne a justement été récompensée par le magazine *En Route* comme étant l'une des meilleures nouvelles tables au Canada. Le menu propose des plats végétariens et non végétariens ainsi que des options sans gluten. Vous pourrez goûter aux salades composées, un vrai délice ! Adresse coup de cœur !

MANZANITA VILLE SHOPS

33 Manzanita Road
✆ +1 250 539 2954
Ouvert tous les jours de 9h à 17h et le dimanche de 11h à 17h.

Esplanade colorée et vivante où se sont regroupés plusieurs commerces de Sturdies Bay village. On y trouve plusieurs boutiques et galeries d'art, des magasins de vêtements, ainsi qu'une boulangerie, un salon de coiffure, un restaurant et un glacier. Ce petit village commerçant a été créé en 2005 pour soutenir les petits commerces et dynamiser l'île. Un bel arrêt qui vaut le détour pour prendre le pouls de la communauté sur l'île et flâner dans ses petites ruelles aux façades boisées et colorées. Plusieurs places sont disponibles pour se garer dans la ville.

GULF ISLAND KAYAKING

3451 Montague Rd
✆ +1 250 539 2442
www.seakayak.ca
Location kayak à partir de 49 CAN $ les 2 heures.

Sorties quotidiennes en kayak autour de l'île en journée ou au coucher du soleil. Plusieurs forfaits sont offerts, à consulter sur le site Internet de l'agence. Des excursions de plusieurs jours sont également réservables et des locations de kayak sont proposées pour ceux qui souhaiteraient pagayer en toute autonomie. Les guides aiment emmener leurs clients dans le Montague Harbour Marine Provincial Park aux eaux calmes et peu dangereuses. Les débutants sont les bienvenus ! L'agence loue également des équipements de qualité sur place, pour votre sécurité.

SQUAMISH ★★

Squamish signifie « mère du vent » en langue salish. La ville vit de l'industrie du bois, mais son activité économique se tourne de plus en plus vers la construction. A mi-chemin entre Vancouver et Whistler, l'aventure n'est pas un vain mot dans cette région et attire de plus en plus d'habitants. A commencer par le Stawamus Chief, montagne sacrée des grimpeurs de Squamish qui profitent des falaises granitiques de la région pour pratiquer l'escalade et la via ferrata. C'est aussi une destination prisée pour le vélo de montagne. Les aventuriers de tous les niveaux seront émerveillés par la géographie de ce lieu mêlant montagnes, points d'eau et forêts.

SHANNON FALLS PROVINCIAL PARK ★★

www.env.gov.bc.ca/bcparks

Accessible été comme hiver.

Un peu au nord de Murrin Provincial Park, arrêtez-vous au Shannon Falls Provincial Park : les chutes éponymes de 335 mètres de haut sont tout simplement impressionnantes. Troisièmes plus grandes chutes d'eau de la Colombie-Britannique, elles sont très convoitées par les locaux et les visiteurs qui apprécient le spectacle et le bruit des chutes autour d'un pique-nique. Entourée d'une forêt ancienne, la cascade s'observe depuis deux plateformes aménagées au sein du parc.

PORTEAU COVE PROVINCIAL PARK ★

Zone de plongée réputée (avec 4 bateaux naufragés au fond de l'eau), mais également spot de planche à voile idéal grâce à ses vents forts. Vous pouvez camper au sein du parc, mais cette autorisation de camper est limitée à maximum 7 nuits à cause d'une haute fréquentation l'été. Le parc provincial Porteau Cove est également l'endroit idéal pour observer le ciel étoilé à la nuit tombée. Rendez-vous des kayakistes et lieu très convoité en été pour pique-niquer.

HOWE SOUND BREW PUB

37801 Cleveland Avenue ✆ +1 778 654 3358

www.howesound.com

Ouvert tous les jours de 11h à minuit, jusqu'à 1h le vendredi et le samedi. Carte : moins de 30 CAN $.

Le lieu de prédilection pour tous les amateurs de bière (élue meilleure brasserie de l'année en 2022 par *Canadian Brewing Award*). Ce pub avec un lounge (North Beach Lounge) vous accueille dans un cadre très alpin et décontracté. Un large choix de bières artisanales à savourer, des blanches les plus légères aux *Stout* bien amères, depuis la terrasse face aux montagnes environnantes. Howe Sound Brewery est une place de choix pour se rafraîchir et se restaurer (soupes, pizzas, salades, etc) après une longue journée de randonnée ou d'escalade sur le sommet du Chief.

SEA TO SKY GONDOLA ★★★

36800 Hwy 99

✆ +1 604 892 2550

www.seatoskygondola.com

Ouvert tous les jours de 10h à 17h. Admission : 65,95 CAN $ sur place.

Ce téléphérique (ou *gondola* en anglais) transporte ses passagers à 885 mètres au-dessus du sol, proche du sommet de Stawamus Chief. Trajet des plus impressionnants qui offre un panorama spectaculaire puisque, dès votre arrivée au sommet, vous pourrez vous balader sur les trois plateformes pour admirer la vue exceptionnelle sur les Coastal Mountains et la rivière Squamish à leur pied. Depuis le sommet partent six très belles randonnées de niveaux de difficulté variés en forêt ou en arrière-pays. Si vous le pouvez, allez-y pour le coucher du soleil !

SQUAMISH ROCK GUIDES

✆ +1 604 892 7816

www.squamishrockguides.com

A partir de 180 CAN $ la journée (pour quatre personnes).

Squamish est LA destination de prédilection dans le monde entier pour pratiquer l'escalade, sur les parois de granit de la région, comme le fameux Stawamus Chief. L'agence Squamish Rock Guides vous donne l'opportunité d'escalader les hauts lieux de la région, tout en étant accompagné de moniteurs expérimentés. Plus de 2 000 routes, de niveau facile à difficile, sont possibles dans les environs, ce qui fait le bonheur des personnes avides d'escalade. Une aventure fascinante, à la portée de tous, qui vous conduira vers des zones spécifiques et réputées de la région.

GARIBALDI PROVINCIAL PARK ★★

Nommé d'après le mont Garibaldi, ce parc provincial est né en 1927 en l'honneur de Giuseppe Garibaldi, patriote et aventurier italien. Le parc possède 5 entrées le long de la Highway 99 et propose, sur ses 1 950 km^2, des campings (environ 200), des sentiers de grande randonnée (plus de 90 km au total) et des hauts sommets (Garibaldi, 2 678 m, et Sir Richard, 2 438 m). Son riche passé géologique, ses monts enneigés et sa faune variée en font une destination privilégiée pour les amateurs de nature. Les plus courageux pourront entreprendre la randonnée du lac Garibaldi de 18 km et profiter de toute sa beauté. Pensez à réserver à l'avance pour le camping.

WHISTLER ★★★

Nichée au pied de deux sommets, Whistler (2 182 m) et Blackcomb (2 284 m), la station recense près de 14 000 habitants, dont plus de la moitié sont des saisonniers. Whistler a des airs alpins évidents et son côté village lui permet de caracoler en tête des meilleures stations de ski en Amérique du Nord. Whistler est devenue LA station de ski très réputée, le Megève de l'Ouest canadien. Le coût de la vie y était déjà relativement élevé avant que Vancouver ne soit sélectionnée pour accueillir les J.O. d'hiver de 2010. Mais, depuis, les prix ont fait un sacré bond. Et pourtant son cadre inégalé donne à chacun de ses visiteurs un goût de « revenez-y ».

PEAK 2 PEAK GONDOLA ★★★

4545 Blackcomb Way ✆ + 1 800 766 0449
www.whistlerblackcomb.com
Ouvert tous les jours de 10h30 à 17h (haute saison), de 8h30 à 15h-16h (basse saison). Adulte : 82 CAN $.

Plus long (4,4 km) et plus haut téléphérique au monde (436 mètres), le Peak 2 Peak figure au Guinness des Records et s'envole au-dessus de la vallée de Whistler pour rejoindre la station du mont Blackcomb. Depuis la cabine, on admire la Sunshine Coast, des sommets de ses belles montagnes alpines à la forêt pluviale qui tapisse la vallée. Arrivé à Blackcomb, on peut partir en randonnée, manger dans un restaurant d'altitude, participer à un tour d'orientation gratuit (tous les jours à 11h15 et 13h15), assister à une projection sur la région au Alpine Theatre, etc.

SQUAMISH LIL'WAT CULTURAL CENTRE

4584 Blackcomb Way
✆ +1 866 441 7522
www.slcc.ca
Ouvert du mardi au dimanche de 10h à 17h. Entrée 20 CAN $.

Le prix de l'entrée vous donne droit à une heure de visite guidée originale, avec au programme une chanson traditionnelle de bienvenue, un film de 15 minutes et un tour commenté des expositions. C'est une belle expérience présentée par un guide Squamish ou Lil'wat qui partagera avec vous un style de vie ancestral. Le musée est moderne et spacieux, très bien agencé avec de nombreux artefacts (objets, vêtements, créations artisanales, canoës, etc.). Pensez à réserver.

BLACKCOMB HELICOPTERS

9960 Heliport Rd
✆ +1 604 938 1700
www.blackcombhelicopters.com
Whistler Explorer (vol de 15 min) à 195 CAN $.

Comme son nom l'indique, l'agence, leader dans son domaine dans la région du Pacifique Nord-Ouest, propose depuis plus de 30 ans des tours en hélicoptère au-dessus de la ville de Whistler et de ses hauts pics montagneux. Bien sûr ce n'est pas donné, mais la vue est tout simplement splendide. Blackcomb Helicopters propose aussi des trajets en hélicoptères ou en jets privés au départ de la vile de Vancouver et de plusieurs autres endroits de la Colombie-Britannique. Certains vols en hélicoptère vous déposent en zones peu accessibles et permettent des randonnées.

CANADIAN WILDERNESS ADVENTURES

4314 Main st
✆ +1 604 938 1616
www.canadianwilderness.com
Ouvert de 7h à 19h. Consulter les offres en ligne.

Canadian Wilderness Adventures propose des expériences guidées, parmi les meilleures de Whistler, toute l'année ! Que vous souhaitiez vous initier à la motoneige, fouler les sentiers enneigés en raquettes au milieu des grands cèdres, faire une fondue en pleine nature, partir en traîneau à chiens, faire du canoë… Les guides certifiés vous feront vivre une expérience hors du commun, telle que vous l'avez imaginée. Le bureau de l'agence se situe à l'intérieur du Carleton Lodge.

THE ADVENTURE GROUP

4293 Mountain Square

✆ +1 855 824 9955

www.tagwhistler.com

Ouvert de 8h à 18h. Possibilité de réserver une ou plusieurs activités (packages).

Cette agence propose les meilleures activités de Whistler, été comme hiver (randonnées guidées, excursion en traîneau à chiens, etc.). Une antenne est présente dans la ville pour réserver votre activité et vous enregistrer, mais les activités se déroulent depuis l'autre antenne, sur la route de *Cougar Mountain* (il vous faudra un véhicule pour vous y rendre, sinon des taxis peuvent vous y amener). Depuis cet endroit, vous aurez accès à la tyrolienne (*Superfly Ziplines*) puis, à la nuit tombée, à un spectacle de son et lumière (*Vallea Lumina*) dans la forêt.

HI WHISTLER €

1035 Legacy Way

✆ +1 778 328 2220

www.hihostels.ca

Lit en dortoir : à partir de 42 CAN $, 148 CAN $ la chambre double avec salle de bains.

Bien que situé un peu loin du village, l'établissement Hi Whistler est desservi par des bus fréquents qui font l'aller-retour avec la station de Whistler. Les dortoirs de 4 lits ont chacun leur salle de bains, et les chambres doubles sont dignes d'un établissement 3-étoiles. Le bar installé au rez-de-chaussée sert des sandwichs et des plats du jour pour vos petites faims. Une cuisine équipée et une salle commune permettent à chaque client de se sentir comme à la maison dans une ambiance conviviale. Plusieurs sorties sont organisées en fonction de la période !

CRYSTAL LODGE & SUITES €€

4154 Village Green

✆ +1 604 932 2221

www.crystal-lodge.com

Chambre à partir de 459 CAN $. 2 nuits minimum.

L'établissement Crystal Lodge & Suites est idéalement situé, à seulement cinq minutes de route des télécabines du village de Whistler. Après une journée de randonnée ou de ski, vous pourrez dîner dans l'un des six restaurants de l'hôtel et vous relaxer dans le sauna et le bain à remous en plein air. Si vous n'êtes pas trop fatigué de vos visites, la salle de sport sera pour vous, accessible 24h/24 ! Si vous aimez le golf, le club se trouve à trois minutes à pied de l'hôtel. Le wifi est présent dans toutes les chambres, spacieuses et confortables.

FAIRMONT CHATEAU WHISTLER €€€

4599 Chateau Boulevard

✆ + 1 604 938 8000

www.fairmont.com/whistler/

A partir de 499 CAN $ en basse saison, 759 CAN $ en haute saison.

Au pied du Mont Blackcomb, cet hôtel de luxe possède plusieurs options de restauration (bar Mallard avec terrasse extérieure éclairée au feu de bois, The Chalet pour les fondues, The Grillroom Chophouse & Wine Bar pour les soupers gastronomiques, etc.). Les chambres et suites sont toutes très grandes et bénéficient d'une vue, soit sur les pistes, soit sur l'Upper Village ou encore la vallée. Golf 18 trous et centre de remise en forme et spa sur place.

DUBH LINN GATE €

4320 Sundial Crescent ✆ +1 604 905 4047

https://whistler.dubhlinngate.com/

Ouvert tous les jours de 7h à 1h du matin. Compter 3,60 CAN $ pour une bière et 15 CAN $ pour un plat.

Ce pub irlandais, à deux pas des pistes de ski, est une excellente adresse pour déguster une bonne bière artisanale, regarder un match entre amis, se détendre auprès du feu en terrasse après une journée de glisse et déguster les plats copieux du pub (*Clam chowder* servie avec du pain à la bière, soupes, salades, sandwichs...) ! Une ambiance décontractée et festive à toute heure, que vous soyez au bar ou confortablement installé sur les tables du pub. Des évènements viennent couronner le tout, *live music* tous les jours dès 21h ainsi qu'un happy hour de 17h à 19h.

HUNTER GATHER €

4368 Main St

✆ +1 604 966 2372

www.huntergatherwhistler.com

Ouvert tous les jours de 9h à 22h. Compter entre 15 et 20 CAN $.

Ce restaurant est un lieu idéal pour prendre le petit déjeuner ou le brunch, ou pour prendre un sandwich à emporter avant de rejoindre les pistes de ski. Les amateurs de bières artisanales pourront également choisir parmi les bières à la pression proposées, en réduction lors de l'Happy hour (tous les jours de 15h à 17h et de 20h à 22h). Les ingrédients, frais et locaux, sont cuisinés devant vous et le personnel est très serviable. Vous pourrez également profiter du grand patio extérieur, calme en raison de son emplacement, un peu à l'écart du centre-ville.

ALTA BISTRO €€

4319 Main Street, Unit 104
✆ +1 604 932 2582
www.altabistro.com
Ouvert tous les jours de 17h30 à 23h. Compter 40 CAN $ pour un plat.

Voici l'un des restaurants les plus réputés de Whistler. Dans une ambiance bistro, détendue et conviviale, vous dégusterez des plats d'une grande fraîcheur, confectionnés avec des produits biologiques, locaux et de qualité. La carte des vins vaut le détour et s'accompagne parfaitement avec une sélection de plats mariant viandes et produits de la mer. N'hésitez pas à demander d'où provient ce qui se dépose dans votre assiette, une belle histoire peut être à la clé ! Une adresse pour se faire plaisir, comme les tarifs restent assez élevés.

LONGHORN SALOON & GRILL

4280 Mountain Square
✆ +1 604 932 5999
www.longhornsaloon.ca
Ouvert tous les jours de 9h à 1h.

Littéralement au pied des pistes de ski (du côté Whistler), Longhorn Saloon & Grill propose une carte variée avec quelques spécialités mexicaines. Le restaurant, facilement reconnaissable avec sa musique prenante, anime les lieux et offre une belle sélection de bières. Il est toujours agréable de prendre un verre « après-ski » pour se détendre et se retrouver. Dès les beaux jours, le restaurant installe une jolie terrasse pour profiter du décor et de l'atmosphère vivante des pistes de ski. Une adresse incontournable pour finir la journée avec le sourire.

WHISTLER BLACKCOMB

4545 Blackcomb Way ✆ +1 604 967 8950
www.whistlerblackcomb.com
Ouvert de mi-novembre à fin avril pour Blackcomb et de fin novembre à mi-juin pour Whistler. Comptez 192 CAN $.

Whistler et Blackcomb attirent 2 millions de skieurs par an. Plus de 200 pistes à explorer, dont l'une fait 11 km. 38 remonte-pentes vous transportent aux sommets et la « peak to peak gondola », téléphérique de 4,4 km, permet de passer d'un sommet à l'autre en 11 minutes sans redescendre jusqu'au village. Les plus experts apprécieront le merveilleux enneigement des 12 cols, dont certains ne sont accessibles qu'en hélicoptère.

Plus de 15 boutiques assurent la location d'équipements. Côté astuce : achetez votre forfait dans un 7-eleven pour économiser jusqu'à 15 %.

WHISTLER OLYMPIC PLAZA

4365 Blackcomb Way
✆ +1 604 932 5535
www.whistler.ca
Ouvert de décembre à avril, de 8h à 22h tous les jours. Accès gratuit. Location de patins : 9 CAN $.

Chaque hiver, l'Olympic Plaza se transforme en une grande patinoire ouverte en plein cœur du village de Whistler. Méfiez-vous, les Canadiens sont de véritables prodiges et ce dès le plus jeune âge quand il s'agit de patiner. Une belle activité familiale à prévoir après une journée de ski ou de randonnée en raquettes. De nombreuses animations ont lieu sur place tout au long de l'hiver, surtout le week-end. Des concerts y sont souvent organisés. Ne manquez pas de prendre une photo à côté des anneaux olympiques célébrant le déroulement des épreuves de 2010.

BUFFALO BILL'S

4122 Village Green
✆ +1 604 932 6613
Ouvert tous les jours de 15h à 2h.

Buffalo Bill's est une véritable institution dans le monde de la nuit de Whistler. L'établissement tient son nom d'un célèbre chasseur, figure mythique de la conquête de l'Ouest. Buffalo Bill's est à la fois un bar et une discothèque où se retrouvent tous les fêtards de la ville, les danseurs et les amateurs de bonnes bières, qu'ils soient locaux ou seulement de passage. Le DJ anime le *dancefloor* comme personne sur des rythmes pop rock qui plaisent au plus grand nombre. Coup de chaleur garanti dans l'espace bien aménagé entre les deux bars et la piste de danse.

JOFFRE LAKES PROVINCIAL PARK ★★★

Joffre Lakes Provincial Park invite ses visiteurs à admirer trois lacs de couleur émeraude-turquoise, accessibles par une randonnée pédestre assez exigeante. Le parc se trouve sur la Duffey Lake Road entre Whistler et Lillooet. Le premier lac se trouve en contrebas du stationnement et son accès est court et facile. Les deux autres lacs, situés au pied de glaciers impressionnants, nécessitent une marche escarpée sur rochers en partie. Il est nécessaire de prévoir la journée entière pour l'aller-retour jusqu'au troisième lac. A condition d'avoir un permis, le camping sauvage est autorisé au sein du parc permettant une expérience en harmonie avec le lieu.

YALE

Yale était un centre forestier, un relais de chercheurs d'or et un poste de traite des fourrures. Jusqu'en 1886, le village était le terminus du transport de marchandises en bateau à vapeur pour la côte ouest. St John The Divine Church, datant de 1859, est la plus ancienne église de la province. Son passé historique est expliqué au musée de la ville exposant plusieurs artefacts datant de l'époque de la ruée vers l'or ainsi que de la construction du chemin de fer au XIXe siècle. Une visite guidée historique de la ville vous permettra d'explorer les facettes de l'une des plus importantes villes minières de l'époque (30 000 habitants en 1858).

HELL'S GATE AIRTRAM ★★

✆ +1 604 867 92771

www.hellsgateairtram.com

Ouvert de mi-avril à mi-octobre. Admission : 24 CAN $ par adulte.

Hell's Gate Airtram vous emmène dans les gorges du Fraser, appelées aussi « portes de l'enfer ». La plongée depuis le haut de la falaise est saisissante. Le téléphérique descend vers la rivière lors d'une traversée de 5 min environ. Sur place (une fois les gorges traversées) : une exposition sur la pêche au saumon, une boutique souvenir dédiée à la ruée vers l'or dans la région, un petit café ainsi que des belvédères offrant de superbes points de vue sur les gorges. Pensez à prendre une photo du canyon lorsque le train passe avec son interminable convoi de wagons.

HARRISON HOT SPRINGS ★

On dit qu'en 1859 un chercheur d'or, qui s'était égaré sur le Harrison Lake en canoë, tomba à l'eau. Loin de périr dans l'onde glacée, il trouva l'eau chaude et plaisante. En 1886, un hôtel fut construit sur les bords du lac. Ces sources chaudes émergent des rives sud du lac ; leur température varie de 155 °C (sulfure) à 160 °C (potasse). Les eaux du lac, assez fraîches quoi qu'en dise la légende, sont propices aux sports nautiques.

En septembre, le World Championship of Sand Sculpture (championnat du monde de sculpture sur sable) est unique en son genre : en l'absence de marée, les sculptures restent debout pendant un mois après la sélection du jury.

HARRISON HOT SPRINGS RESORT €€€

100 Esplanade Avenue

✆ +1 800 663 2266

www.harrisonresort.com

A partir de 199 CAN $. Accès aux bains publics : 9 CAN $.

Seul ce grand complexe hôtelier, au charme rustique, possède un accès direct aux piscines de sources chaudes. Cinq d'entre elles sont réservées exclusivement à la clientèle de l'hôtel tandis que des bains publics sont ouverts à l'année. Harrison Hot Springs Resort comprend environ 300 chambres confortables et spacieuses avec vue imprenable sur le lac pour la plupart. N'hésitez pas à demander une chambre avec vue dès la réservation si tel est votre souhait.

LANGLEY ★

A seulement 30 minutes à l'est de Vancouver, les étendues de verdure et de parcs, si près du niveau de la mer, font de cette ville une destination idéale pour les cyclistes et les marcheurs. C'est aussi l'occasion, en s'écartant de l'autoroute, de faire la route des vins de la région. Langley est LA destination pour déguster le vin dans la vallée Fraser, toutefois la présence agricole est elle aussi bien marquée. Ainsi, vous pourrez visiter et goûter aux produits locaux dans les fermes du coin. Sept communautés sont réparties à Langley, toutes ayant leurs spécificités locales bonnes à découvrir. En bref, on déguste du bon vin en prenant le temps !

FORT LANGLEY NATIONAL HISTORIC SITE ★

23433 Mavis Ave

www.pc.gc.ca/fr/lhn-nhs/bc/langley

Lieu de naissance de la Colombie-Britannique en 1858. Le fort fut construit en 1827 car la limite entre les possessions du Canada et des Etats-Unis n'était pas encore établie dans cette région (elle le sera en 1846 avec le traité de l'Oregon). Le fort recrée ce que la Hudson's Bay Company utilisait comme un relais de poste et d'échange pour l'Ouest canadien. Commerçants en fourrures et en saumons, explorateurs et chercheurs d'or se dirigeaient vers les mines d'or dans le Nord.

PRINCE RUPERT ★★

Ancien port de pêche à l'architecture victorienne, Prince Rupert est le berceau des Premières Nations Tsimshian. La ville connait une transition économique, cherchant à se tourner de plus en plus vers l'écotourisme. Idéalement située au bord de l'océan et à l'embouchure de la Skeena River, on comprend d'emblée ce qui attire les visiteurs du monde entier ! C'est un lieu de rencontre invitant au métissage, à l'image des totems qui peuplent les rues aux noms anglais. Terminus du chemin de fer VIA Rail et des traversiers arrivant de Port Hardy ou partant vers Haida Gwaii, Prince Rupert est le troisième port naturel libre de glace le plus profond du monde.

© RONSMITH - SHUTTERSTOCK.COM

Prince Rupert.

MUSEUM OF NORTHERN BRITISH COLUMBIA

100 1st Avenue
✆ +1 250 624 3207
Haute saison : lundi-samedi (9h-20h). Hors saison : lundi-samedi (9h-17h). Entrée : 6 CAN $.

Un musée véritablement fascinant et instructif, qui expose des objets des peuples amérindiens haida, tsimshian et nisga'a. La côte du Pacifique Nord-Ouest a longtemps été habitée par les peuples des Premières Nations qui étaient incroyablement doués pour l'art, sous toutes ses formes, et notamment la sculpture sur bois. Le musée comprend plusieurs expositions, permanentes et temporaires, qui ont pour but de protéger et préserver le patrimoine du nord de la Colombie-Britannique.

NORTH PACIFIC HISTORIC FISHING VILLAGE ★

Port Edward
✆ +1 250 628 3538
www.cannery.ca
Horaires variables selon la saison. Entrée : 14 CAN $.

Ce village de pêcheurs historique abrite toute l'histoire du saumon et de la vieille conserverie du XIXe siècle qui employait des Autochtones, des Japonais, des Chinois et des Européens. Après de très bonnes années de succès, la conserverie a fermé ses portes en 1968. North Pacific Historic Fishing Village est une attraction de Prince Rupert qui vaut le détour, pour apprécier l'évolution des populations de la côte Ouest et de l'industrie de la pêche.

PRINCE RUPERT ADVENTURE TOURS

C2-215 Cow Bay Road
✆ +1 800 201 8377
www.adventuretours.net

Des excursions pour aller voir des ours et des sorties en mer pour approcher les baleines et les animaux marins de la côte du Pacifique Nord-Ouest. Cette expérience au cœur de la biodiversité est un voyage inoubliable. N'oubliez pas d'emporter votre appareil photo et vos jumelles ! Le personnel passionné vous donne un tas d'informations et s'assure de vous offrir l'opportunité d'approcher ces animaux tout en respectant leur tranquillité et leur milieu de vie.

INLAND AIR CHARTERS

✆ +1 888 624 2577
inlandair.bc.ca

Inland Air Charters est une compagnie locale d'hydravions qui débuta en 1981, à l'origine pour l'industrie du bois et de la pêche. Cette compagnie opère désormais principalement pour le tourisme et offre des liaisons au départ de Prince-Rupert vers l'archipel Haida Gwaii. Renseignez-vous sur la fréquence des vols sur le site Internet de la compagnie. Inland Air Charters propose également des vols panoramiques pour observer en vue aérienne la province de la Colombie-Britannique ainsi que des circuits touristiques à couper le souffle.

HI PRINCE RUPERT €

167 3rd Avenue East
✆ +1 250 624 2334
hihostels.ca/fr
Dortoir à partir de 30 CAN $, chambre double à partir de 60 CAN $.

Une auberge de jeunesse confortable et accueillante, couleur bleu ciel, avec plusieurs types de chambres pouvant accommoder des voyageurs seuls (lits à étage), des couples et des familles (chambres privées avec salle de bains à partager, appartement privatif). L'établissement a l'avantage d'être bien situé au centre-ville, dans le quartier touristique de Cow Bay, à deux coins de rue du *waterfront*. Les espaces communs sont chaleureux et propres. Une cuisine tout équipée et une laverie sur place. Joli extérieur avec barbecue et terrasse.

EAGLE BLUFF LIGHTHOUSE BED & BREAKFAST €€

201 Cow Bay Road
✆ +1 250 627 4955
www.eaglebluff.ca
A partir de 160 CAN $ en haute saison. Minimum deux nuits.

Construite sur pilotis, cette maison possède un charme particulier en raison de sa belle décoration et de sa vue imprenable sur la marina. L'établissement propose sept chambres confortables et spacieuses dont une suite familiale pouvant loger jusqu'à sept personnes. Les pièces communes sont agréables : une cuisine et un salon permettent de rencontrer les autres invités et un congélateur est accessible pour y stocker les poissons attrapés par les pêcheurs du jour.

TALL TREES BED & BREAKFAST €€

412 8th Avenue East
✆ +1 778 884 6588
www.talltreesbedbreakfast.com
Occupation double : à partir de 99 CAN $, petit déjeuner inclus.

Cet établissement, construit en 1930, a été réhabilité depuis toutes ces années pour devenir un logement touristique accueillant, mêlant l'ancien au moderne. Quatre chambres sont proposées, dont deux familiales avec tous les équipements pour se sentir comme à la maison. Les amateurs de vin apprécieront particulièrement la cave de l'établissement, mettant en avant de nombreux vins canadiens. Un établissement idéal pour explorer la région et ses nombreuses activités alentour.

WATERFRONT RESTAURANT €€

222 1st Avenue West ✆ +1 250 624 6771
www.cresthotel.bc.ca
Mardi-vendredi, 18h30-21h ; samedi-dimanche, 7h-21h. Compter 50 CAN $ pour un dîner.

Le Waterfront Restaurant est une adresse raffinée comme on les aime, sur le port de Prince Rupert. Les nappes blanches et les verres en cristal sont de sortie, on y vient principalement pour le saumon provenant directement de la rivière Skeena. Un véritable régal ! La carte des vins sublimera votre repas, celle-ci affichant des vins choisis avec précision, de la province de la Colombie-Britannique et d'ailleurs. Le service est irréprochable et la vue incroyable depuis votre table vous donnera envie de prendre votre temps et d'apprécier chaque instant.

SKEENA KAYAKING

215 Cow Bay Road
✆ +1 250 624 1921
www.skeenakayaking.ca
Ouvert de mai à septembre.

Steve, le guide certifié de Skeena Kayaking, vous emmène en kayak dans les alentours de Prince Rupert (excursions dans les criques de Work Channel & Quottoon, balades autour de Porcher Island, de Kloiya Bay, etc.). L'agence accepte que vous veniez avec votre propre équipement, mais propose également la location de kayaks et autres équipements sur place. Vous pourrez, si vous le souhaitez, partir un week-end entier pour pêcher tout en explorant et pagayant dans les eaux tranquilles de la région, au rythme de la nature ! Ouvert aux expérimentés et aux débutants.

GREAT BEAR RAINFOREST

La Great Bear Rainforest est une forêt pluviale de 6,4 millions d'hectares sur la côte nord du Pacifique (soit une superficie équivalente à celle de l'Irlande). Ce trésor naturel, unique et préservé, offre de multiples chances d'observer des grizzlis et l'ours Kermode, également appelé *Spirit bear* (concentré particulièrement dans cette région). Joignable en hydravion ou en bateau (très peu de routes sur place), l'accès à l'île est une aventure en elle-même ! Parmi les nombreuses activités à faire sur place, on retrouve le kayak, la randonnée au milieu d'arbres millénaires, l'observation de la vie sauvage (ours, baleines, aigles, etc.).

FORT ST. JAMES NATIONAL HISTORIC SITE ★

A 59 km de Vanderhoof par la Highway 27 et à 160 km au nord-ouest de Prince George, le site historique du Fort Saint James se trouve sur la berge sud du lac Stuart, entre la réserve des Premières Nations Nak'azdli et le quartier d'affaires de Fort St. James. Il s'agit du premier site colonisé par les Européens sans qu'il ait été habité par un peuple des Premières Nations. Prévoyez une journée complète pour visiter l'ensemble des bâtiments en bois restaurés comme les bâtiments d'époque qui servirent à la traite des fourrures. Vous pouvez également remonter le temps en 1896 en logeant dans les résidences des Murray ou des employés.

FORT SAINT JAMES NATIONAL HISTORIC SITE ★

Fort St James
✆ +1 250 996 7191
www.parks.canada.ca
Ouvert tous les jours de juin à septembre. Adulte : 8,50 CAN $.

© T.SCHOFIELD - SHUTTERSTOCK.COM

Apprenez-en plus sur la traite de la fourrure dans l'Ouest canadien dans ce site historique qui renferme la plus grande collection de bâtiments en bois de cette époque. L'occasion de découvrir également le passé de Fort Saint James, ancienne capitale de la Nouvelle-Calédonie. Parmi les activités sur place : assistez à une course de poulets organisée tous les jours dans un champs ou bien dormez dans la résidence de l'ancien chef de traite du fort.

PRINCE GEORGE ★★

Ne confondez pas les deux Princes de la province ! L'un est à la jonction de deux rivières, Fraser et Nechako, au milieu des terres (Prince George) et l'autre a les pieds dans le Pacifique (Prince Rupert) ; tous deux le théâtre d'un ballet d'amoureux de la nature. Au début du XIXe siècle, les trappeurs et coureurs des bois naviguaient sur ces rivières pour rejoindre les territoires du Nord. Dès 1821, la ville fut un grand comptoir des fourrures avant de devenir en 1908 un point important de distribution pour le chemin de fer. En 1914, la voie de chemin de fer Grand Trunk a valu à la ville de Prince George d'être reconnue et de figurer sur la carte.

PRINCE GEORGE RAILWAY & FOREST INDUSTRY MUSEUM

850 River Road
✆ +1 250 563 7351
www.pgrfm.bc.ca
Ouvert tous les jours de 10h à 17h (horaires variables hors saison). Entrée : 8 CAN $.

Ce musée abrite une collection importante de trains et de voitures d'époque. Quelques pièces uniques, dont un chasse-neige datant de 1903, sont exposées sur le site. Un véritable retour dans le passé et c'est toute une page d'histoire qui se raconte une fois que vous passez l'entrée. La collection du musée regroupe également plusieurs artefacts d'époque portant sur l'industrie forestière. Quelques programmes et visites guidées sont organisés et vous pourrez monter à bord des trains.

TWO RIVERS GALLERY

725 Canada Games Way
✆ +1 250 614 7800
www.tworiversgallery.ca
Lundi-samedi, 10h-17h (jusqu'à 21h le jeudi) ; dimanche, 12h-17h. Adulte : 7,50 CAN $.

A l'angle de Patricia Boulevard et de Dominion Street, un espace stylé devenu une icône culturelle du nord de la province puisqu'il réunit les créations d'artistes locaux et régionaux. De là, rendez-vous au Connaught Hill Park : d'en haut, on peut voir la vallée et le centre-ville de Prince George. Cette galerie d'art, située à l'intérieur d'un bâtiment très moderne de la ville, met à l'honneur l'art contemporain du Canada et la créativité locale de Prince George, par le biais de nombreuses expositions de styles et de techniques différents.

WHITE GOOSE BISTRO €

1205 3rd Avenue
✆ +1 250 561 1002
Entre 8 et 32 CAN $ le plat.

Idéalement situé dans le centre-ville de Prince George, cet endroit offre une touche de raffinement avec son menu à la française. On y trouve des bonnes salades composées, des sandwiches, des pâtes et même du bœuf bourguignon. Les plats sont très joliment présentés, Le chef Cyre propose un menu délicieux en 5 étapes accompagné de grands vins de la région et d'ailleurs. N'oubliez pas de terminer par un dessert, un véritable délice pour les papilles et pour les yeux, de par sa présentation minutieuse. Portions copieuses et ambiance agréable, à ne pas manquer !

DAWSON CREEK ★

Jadis, circuler sur l'Alaska Highway relevait de l'exploit. Aujourd'hui, presque toute la route est bitumée et bordée sur toute sa longueur de petits hôtels. Ce qui n'a pas changé, c'est la vue. C'est toujours cette vieille magie des Rocheuses, avec une faune abondante et de magnifiques rivières préservées. Dawson Creek est le km 0 de l'Alaska Highway : une borne indique les distances des grandes villes le long de l'autoroute. Dawson Creek tient son nom de George Mercer Dawson, un géologue canadien présent dans la ville en 1879. Ville pétrolière, elle est un véritable centre d'approvisionnement dans les années 1960. Ne manquez pas le musée de la ville.

ALASKA MILEPOST

www.themilepost.com

Pour plus d'informations sur cette autoroute, procurez-vous l'*Alaska Milepost*, publié chaque année. Ce guide complet couvre l'Alaska, les territoires du Yukon et du Nord-Ouest ainsi que la province de la Colombie-Britannique. Apparu en 1949 afin de guider les visiteurs sur la route de l'Alaska, aussi appelée « Alcan », cet ouvrage est considéré comme la bible du nord ! Il s'agit d'une mine d'or qui ne laisse rien au hasard pour quiconque ayant le désir d'entreprendre ce périple. D'importantes ressources se trouvent dans les pages du guide ainsi que des cartes.

FORT NELSON ★

A 374 km de Fort Saint John, après la traversée de forêts boréales et de paysages de plus en plus montagneux, on arrive à Fort Nelson. Les rivières Muska, Prophet et Sikanni Chief convergent ici et forment la Liard River. Le Fort Nelson Historical Museum retrace l'ambitieuse épopée de la construction de l'Alaska Highway, un projet gigantesque pour l'époque. Toujours plus au nord, et avant d'entrer dans le Yukon, on gagne encore de l'altitude jusqu'au Summit Pass (1 295 m), après avoir traversé le Stone Mountain Provincial Park, connu pour le Summit Lake (à 140 km à l'ouest de Fort Nelson). La route continue à travers le Muncho Lake Provincial Park.

FORT NELSON HERITAGE MUSEUM

Au nord de la ville
✆ +1 250 774 3536
www.fortnelsonmuseum.ca
Entrée : 7 CAN $. Ouvert tous les jours de mi-mai à septembre, de 10h à 19h.

Opéré par le Fort Nelson Historical Society, ce musée retrace l'histoire de cet ancien poste de fourrure en 1805. Situé sur l'Alaska Highway, vous y verrez de nombreux artefacts, collectionnés par Marl Brown (le fondateur du musée ayant dédié sa vie au Fort Nelson, décédé depuis 2021, mais qui continue de vivre à travers cet établissement). Le musée expose de nombreuses voitures de collection, des équipements de toute sorte incluant également des objets de la Seconde Guerre mondiale.

BLUE BELL INN €

4203-50th Avenue South
✆ +1 250 774 6961
www.karo-ent.com/bluebellinn.htm
A partir de 95 CAN $.

Un établissement simple, qui a vécu, certes, mais qui est assez confortable pour que vous passiez une bonne nuit avant de reprendre votre route en direction de l'Alaska. Les chambres sont équipées d'une kitchenette. Elles sont petites mais elles possèdent tout le mobilier et la literie nécessaires pour se reposer convenablement. Des commodités basiques, dont une épicerie et plusieurs restaurants, sont à proximité de l'établissement. Le rapport qualité-prix et le confort de l'établissement sont plutôt satisfaisants pour ce motel.

QUEEN CHARLOTTE CITY ★

Appelé « Charlotte » par les locaux, le village de pêcheurs, entre océan et montagnes, est perché le long des rives de Bearskin Bay, à 5 km à l'ouest du terminal du ferry. Le village est né grâce à la construction d'une scierie dans les années 1908, supervisée par la compagnie nord-américaine Timber Holding. L'opération de cette scierie et les opportunités minières de la région amenèrent de nombreux colons. L'un des premiers bâtiments à être construit fut l'hôpital en 1909 afin de servir à assurer la santé de la communauté. La ville est aussi le point de départ de nombreuses activités telles que la pêche, le canoë, les balades sur la plage, etc.

BALANCE ROCK

A 1 km au nord de Skidegate

Ce très gros caillou défie les lois de l'apesanteur et les tempêtes de la côte pacifique. Pour certains locaux, il représente le centre spirituel de leur univers. Plusieurs mythes se racontent sur ce rocher en équilibre, suscitant un intérêt et une certaine fascination auprès de ses visiteurs. Comme des centaines de visiteurs chaque année, vous pourrez reproduire la photographie, c'est plutôt cliché mais amusant, en train d'essayer de pousser le rocher à plusieurs. Un arrêt rapide sur la route, qui vaut le détour si l'on passe par là.

PORT DE PÊCHE

En fin de journée, lorsque les nombreux bateaux de pêche reviennent, réapprovisionnés et satisfaits, au port, il est amusant de se promener près de l'entrepôt de conserverie de poissons. Outre le vidage de poissons, vous pourrez observer les nombreux requins qui viennent se régaler des déchets rejetés à la mer. Un spectacle impressionnant et peu commun. Il faut savoir que la plupart des restaurants de la ville de Queen Charlotte s'approvisionnent de la pêche locale pour garantir une cuisine fraîche, participant à la communauté.

HAIDA HERITAGE CENTRE ★★

#2 Second Beach Road ✆ +1 250 559 4643

www.haidaheritagecentre.com

Ouvert du mardi au samedi de 9h à 17h. Tarif adulte : 15 CAN $.

Deux options s'offrent à vous pour accéder à l'île d'Haida Gwaii, par voie aérienne ou par voie maritime. La compagnie Air Canada opère tous les jours un vol de Vancouver à Sandspit. La compagnie BC Ferries fait la traversée de Prince Rupert à Skidegate tout au long de l'année. De nombreux points d'intérêt sont à découvrir au centre d'héritage Haida. Situé à Kay Llnagaay, appelé *Sea-Lion Town*, cet ancien village de la communauté Haida rassemble les cultures et traditions de ce peuple en harmonie avec la nature et connu pour ses mâts totémiques. Des visites gratuites sont proposées par des membres Haida.

- **Haida Gwaii Museum.** Ouvrant sur six totems incomparables, ce musée est non seulement un lieu de rassemblement, mais aussi le domicile du Bill Reid Teaching Centre, Bill Reid étant un artiste Haida Gwaii de renommée internationale. On peut y admirer la plus grande collection de sculptures d'*argillite* et de bois au monde, des artefacts des premiers pionniers, des bijoux, des lithographies et des objets retraçant l'histoire locale.
- **Carving House.** Atelier de sculpture montrant les divers objets de la vie quotidienne du peuple, allant du canoë comme principal moyen de transport aux *totems poles*, tradition autochtone visant à marquer l'identité d'une communauté, d'une famille mais aussi à souhaiter la bienvenue ou à célébrer un événement important.
- **Canoe House.** Centre d'interprétation sur l'histoire, le mode de vie de la communauté Haida, et son moyen de transport facilitant ses échanges avec le continent dans les années 1800.

PREMIER CREEK LODGE & HOSTEL €

3101 3rd Avenue

✆ +1 250 559 8415

www.qcislands.net/premier

De 79 à 135 CAN $ la nuit.

Premier Creek Lodge & Hostel est le plus vieil hébergement de tout l'archipel, construit en 1910 et entièrement rénové récemment. L'établissement historique possède un confort basique, avec « cuisinettes », barbecue, location de vélos et vue sur le port. Les chambres sont spacieuses, avec un balcon et tout équipées, elles bénéficient d'une vue spectaculaire sur l'océan. Le jardin de l'hôtel est particulièrement agréable et regroupe plusieurs espèces de plantes.

SWORDFERN INN €€

3127 2nd Avenue
+1 250 559 8439
www.swordferninn.com
Chambres à partir de 79 CAN $, avec ou sans salle de bains.

Anciennement appelé Dorothy and Mike's Guesthouse, l'établissement a été racheté en 2018 par une famille locale, engagée pour faire perdurer l'âme de ce petit havre de paix. Proche des restaurants du coin et du point de départ des hydravions, cet établissement à la délicate atmosphère insulaire vous offre un aperçu des antiquités et de l'art local. La vue est superbe, surtout de la terrasse qui est en même temps un parfait solarium. Des chambres de tailles et de prix différents permettent un large choix et certaines sont également équipées d'une kitchenette.

GOLDEN SPRUCE TREE TRAIL

Cette courte randonnée, à peine une demi-heure de marche à pied, retrace l'histoire d'un épicéa qui avait « ressuscité » après qu'un bûcheron l'eut abattu en 1997. L'arbre avait laissé quelques graines, essentielles, qui, confirmant la croyance du peuple autochtone haida, ont permis l'apparition d'un nouveau petit épicéa, qui est maintenant replanté et entretenu au Millenium Memorial Park à Port Clements. Cette belle et facile randonnée, en plus d'être instructive, est idéale si vous désirez vous retrouver en pleine nature verdoyante.

THE PESUTA TRAIL

Sur la route quittant Skidegate pour se rendre à Tlell, juste après avoir traversé la Tlell River.

Cette promenade, facile et agréable, de 10 kilomètres aller-retour (randonnée de 2 à 3 heures), traverse une superbe forêt avant de longer l'océan, offrant des vues somptueuses sur les paysages environnants. Au terme de cette belle randonnée, vous découvrirez l'épave d'un bateau, le *Pésuta*, échoué en 1928 dans une tempête d'hiver. Il ne reste que la proue mais elle est le témoin de la violence du naufrage. Le *Pésuta* était un bateau de 80 mètres de long, et son vestige fait l'objet d'un fort intérêt chez les touristes du coin.

MASSET ★

Masset est la plus vieille ville de l'archipel, sur la pointe nord de l'île Graham, la plus grande des îles. Elle est fondée en 1909, à l'est d'une communauté haida appelée Massett. Du fait de la présence d'une ancienne base militaire, Masset offre des services tels que la communication par fibre optique, ce qui surprend dans un tel lieu. Son économie est principalement axée sur la pêche commerciale et le tourisme, mais Masset est également reconnue pour ses orfèvres et mâts totémiques. Promenez-vous sur l'immense plage à Tow Hill, au nord de l'île, et flânez au bord de l'eau devant le coucher de soleil offrant un cadre spectaculaire.

NAIKOON PROVINCIAL PARK

Un parc avec plus de 100 kilomètres de plages, dont le calme est de temps en temps troublé par le « chant » des baleines grises qui migrent entre mai et juin. On y rencontre aussi des ours noirs, des daims et des loutres. Le long de cette belle plage rocheuse, vous pourrez constater les nombreuses pierres d'agate qui ajoutent de la couleur au sol rocailleux. On peut également faire un bref arrêt au petit village de Tlell, dépourvu de « centre-ville » et habité par des artistes. Un incontournable pour votre visite au cœur d'Haida Gwaii. Camping possible sur place.

TOW HILL ET NORTH BEACH

Situé à une vingtaine de kilomètres de Masset, ce site est un incontournable. Vous avez deux options. Soit, entamer une promenade sur l'interminable plage de North Beach, soit suivre le sentier du Cape Fife (Tow Hill Trail). Pour ce dernier, il vous faudra parcourir 10 km dans une forêt absolument étonnante avec ses allures tropicales. Au final, vous arriverez sur la plage souvent sujette au vent mais offrant solitude et beauté. Un refuge gratuit offre six planches en bois pour y étendre son matelas. Premier arrivé, premier servi.

COPPER BEECH HOUSE €€

1590 Delkatla
✆ +1 250 626 5441
www.copperbeechhouse.com
180 CAN $ la chambre double.

Un arrêt recommandé pour apprécier la belle nature, celle de David, excellent cuisinier, celle des gens du coin et celle de la région… Les chambres se trouvent dans la maison principale et sont toutes décorées de très bon goût. Plusieurs partagent une salle de bains commune. La suite possède une entrée privée pour ceux qui préféreraient avoir davantage d'intimité. Les repas ainsi que le petit déjeuner se partagent ensemble, si vous le souhaitez, dans la salle à manger commune de la maison. Vues imprenables sur le port de Masset, l'endroit est paisible et unique !

BEACH CABINS €

✆ +1 250 626 5472
www.beachcabins.com
De 110 à 195 CAN $ par jour.

En plein cœur du parc Naikoon, sur la route Tow Hill, à 10 kilomètres de Masset. Ici eau froide, pas d'électricité, mais cuisine équipée et chauffage au bois. L'établissement atypique possède un look local assuré avec bouées et filet de pêcheur en guise de décoration. Depuis votre chalet, vous bénéficiez d'une vue imprenable sur l'océan. Plusieurs cabines sont en location. Ecotouristiques et confortables, ces logements en pleine nature sont très relaxants. C'est un lieu de séjour parfait pour une vraie retraite, entre le camping et l'hôtel !

CHINOOK LODGE €€

2076 Maple Crescent
✆ +1 877 244 6665
www.chinooklodge.bc.ca
Ouvert de mai à septembre. De 120 à 195 CAN $ la nuit.

De l'appartement à la caravane de luxe, en passant par un emplacement pour amarrer votre bateau (utile autour des îles). Les hébergements proposés sont confortables et spacieux, dotés d'une kitchenette tout équipée, de trois chambres, d'une salle de bains ainsi que d'un petit salon agréable. Un barbecue est mis à votre disposition. Plusieurs activités sont possibles depuis l'établissement : pêche, randonnée, plage, canoë et vélo. A savoir : la location d'équipements est gratuite pour les hôtes de trois nuits ou plus. Un bon établissement qui ne manque de rien !

MILE ZERO PUB €

Collison Avenue et Main Street
✆ +1 250 626 3210
A partir de 6 CAN $.

Mile Zero Pub est un restaurant de type pub bistro bien simple mais idéal pour une pinte de bière, du poisson frais ou un burger. La carte du restaurant est étoffée et variée. Un magasin d'alcools est présent sur place pour faire vos achats. Plusieurs écrans plats au sein du restaurant permettent d'animer les journées et les soirées à l'occasion d'événements sportifs. Une bonne adresse comme point de chute à la fin de la journée pour se réconforter des efforts ou tout simplement pour se retrouver autour d'un verre à plusieurs !

GWAII HAANAS NATIONAL PARK ★★

La petite île a été classée sur la liste du patrimoine mondial de l'UNESCO en 1981, soit 97 ans après que les dernières familles Haidas ont abandonné leurs maisons. Certains vestiges restent présents tels que les totems, quelques maisons traditionnelles... Les villages autochtones, aujourd'hui valorisés au sein du patrimoine, se visitent pour comprendre l'histoire de ces peuples. Dans cette végétation luxuriante, comprenant une forêt terrestre et une sous-marine, le territoire abrite une faune et une flore d'exception. Gwaii Haanas représente 138 îles sur les 150 de l'archipel, surnommées les « îles de beauté ». L'idéal pour les amoureux de la nature.

© CFARISH - ISTOCKPHOTO.COM

Gwaii Haanas National Park.

GWAII HAANAS NATIONAL PARK RESERVE ★★

A Sandspit, tout près de l'aéroport de l'archipel
✆ +1 250 559 8818
Adulte : 19,60 CAN $.

Le parc national de Gwaii Haanas est renommé pour sa concentration de totems à l'entrée des anciens villages haidas. La flore est luxuriante et dense, suivie d'une mousse épaisse et spongieuse ainsi que de plages interminables et presque désertes, et d'eaux d'une clarté surréelle. En descendant jusqu'à Anthony Island, on arrive à Ninstints (ou SGang Gwaay), village de totems le mieux préservé au monde. Les Haïdas sont le peuple des Premières Nations de la région.

SGANG GWAAY - NAN SDINS NATIONAL HISTORIC SITE ★★

Anthony Island

Situé sur la côte ouest de Anthony Island (au sud de l'archipel), le village Haida de SGang Gwaay est inscrit sur la liste du patrimoine mondial de l'UNESCO. Le site est également qualifié de lieu historique national de Nan Sdins car il protège de très beaux modèles de mâts totémiques funéraires et de vestiges de maisons du peuple autochtone haïda. Site unique de commémoration de leur culture vivante, fondée sur leur relation avec la terre et la mer.

BLUEWATER ADVENTURES

✆ +1 888 877 1770
www.bluewateradventures.ca
De 6 890 à 9 650 CAN $ par personne pour un séjour de 8 à 9 jours tout compris.

L'agence canadienne Bluewater Adventures offre, parmi ses voyages, un séjour en voilier tout compris (hormis le vol au départ de Vancouver) dans le parc avec activités diverses comme des tours en kayak pour aller observer la faune marine comme les baleines et les orques, des excursions culturelles ainsi que des randonnées. Une manière privilégiée de découvrir les richesses de la région du Pacifique Nord-Ouest et d'explorer les nombreuses possibilités d'observation de la faune. Une expérience culturelle et enrichissante unique !

BUTTERFLY TOURS GREAT EXPEDITIONS

✆ +1 866 568 3770
www.butterflytours.bc.ca
À partir de 1 780 CAN$ pour 7 jours, 4 200 CAN$ pour deux semaines.

Cette agence propose des expéditions en kayak de mer de 7 à 15 jours avec hébergement en lodges ou sous tentes pour les kayakistes novices, intermédiaires et experts. Quoi de mieux que de découvrir la région sur un kayak, accompagné de guides spécialisés sur la région ? Lors de votre visite, vous pourrez passer devant l'ancien village Haida « SGang Gwaay » où tiennent encore debout quelques totems. Un réel sentiment de liberté et un tas de découvertes vous attendent pour cette aventure.

MORESBY EXPLORERS

✆ +1 250 637 2215
www.moresbyexplorers.com
361 CAN $ pour une journée, 1 076 CAN $ pour deux jours.

Depuis 1988, l'agence Moresby Explorers propose des sorties en bateau sur une ou plusieurs journées avec nuit en lodge flottant ainsi que des visites d'une ou plusieurs îles. L'agence commença lorsque deux bûcherons, Doug Gould et Billy Blount, se lancèrent le défi de proposer un service qui fasse rêver les visiteurs tout en donnant une dimension éducative au lieu. Moresby Explorers propose également la location de kayaks pour que vous puissiez explorer, en totale autonomie, la région. Plus abordable que ses concurrentes, l'agence est très fiable !

MORESBY ISLAND GUEST HOUSE €

385 Beach Road
✆ +1 250 637 5300
www.moresbyislandguesthouse.com
De 75 à 125 CAN $ par jour, petit déjeuner compris.

Point de ralliement populaire des mordus de kayak. L'établissement met à disposition des chambres avec salles de bains et cuisine à partager. Différents types de chambres sont proposées, privées ou communes, et toutes les commodités de base sont présentes sur place (Internet, buanderie, barbecue, etc.). Les chambres spacieuses et propres ont le privilège de faire face à l'océan Pacifique. Un des rares hébergements du coin, au top pour ce petit havre de paix !

OSOYOOS ★★

Soyoos signifie « l'endroit où les deux lacs se rencontrent » en amérindien. Oasis de verdure, de vergers et de vignobles, c'est aussi l'endroit où commence un désert, le seul du Canada, qui traverse les États-Unis en passant par le Nevada pour aboutir au Mexique. Alors que d'un côté du sommet du Mount Kobau, qui se dresse au nord-ouest dans la vallée, règnent le froid et le silence et que les immenses conifères et la neige sont balayés par le vent, Osoyoos baigne dans la chaleur, parmi les cactus et les serpents à sonnette... Une montagne de distance et deux écosystèmes distincts abritant une faune diversifiée dont 300 espèces d'invertébrés.

NK'MIP DESERT CULTURAL CENTRE ★

1000 Rancher Creek

✆ +1 250 495 7901

www.nkmipdesert.com

Ouvert du mercredi au dimanche de 9h à 16h. Entrée : 16 CAN $.

Ce centre culturel souhaite faire connaître la culture amérindienne de la vallée Okanagan. Parmi les activités qu'il propose, une randonnée guidée dans le désert permet de découvrir 26,8 hectares d'un écosystème très fragile, peuplé notamment de serpents à sonnettes, *rattlesnake* en anglais. Plusieurs galeries, autant à l'intérieur qu'à l'extérieur, pour exposer la richesse de cette culture. Un arrêt à la boutique souvenir à la fin de votre visite s'impose !

CATHEDRAL PROVINCIAL PARK ★

A l'ouest de la ville par l'autoroute 3, à 30 km de Keremeos.

Parc de 33 000 hectares qui comprend une montagne de 2 621 m et 5 pistes de randonnée (de 16 à 28 km). C'est l'endroit idéal pour observer les très nombreuses chèvres de montagne. Il faut toutefois rester vigilant et garder ses distances car les chèvres de montagne, contrairement à d'autres animaux sauvages, ne semblent pas effrayées par la présence humaine. D'allure inoffensive, elles sont très agiles et rapides et peuvent devenir très dangereuses si l'on s'en approche trop près.

OSOYOOS LAKE ★

www.osoyoos.ca

Situé au cœur de la ville d'Osoyoos, tout près de la frontière avec les États-Unis, ce merveilleux lac aux eaux chaudes et exceptionnellement peu profondes est coupé en deux par une langue de terre : le parc provincial Haynes Point. Le lac Osoyoos, à 277 mètres d'altitude, peut enregistrer une température entre 26 et 33 °C en août. Il s'agit de la région la plus chaude et désertique du Canada. Un bel endroit pour profiter d'un pique-nique et de la plage. La baignade est autorisée et recommandée lors des pics de chaleur dans cette région.

MOUNT KOBAU

9013 3 Hwy E

Entrée libre.

5 km de sentiers et une vue sur la vallée de l'Okanagan et de Simikameen. Prenez la route 3 sur 11 km vers l'ouest d'Osoyoos, jusqu'à l'entrée d'un chemin de gravier (17 km) qui vous mènera à la montagne (suivez les indications). Les gouvernements canadien, français et américain, en 1970, choisirent cet endroit pour y installer un immense télescope, à des fins de recherche internationale, mais malgré les travaux en cours, c'est l'île d'Hawaï qui a été préférée. C'est tout de même grâce à ce projet non abouti qu'aujourd'hui une route est aménagée jusqu'au sommet.

OSOYOOS MUSEUM

Dans Community Park

✆ +1 250 495 2582

www.osoyoosmuseum.ca

Juillet et août : tous les jours de 10h à 16h. Horaires variables le reste de l'année. Entrée : 5 CAN $.

Ouvert en 1963, le musée d'Osoyoos explique le système de l'irrigation dans la région et présente une exposition sur la police lors de la ruée vers l'or. Le musée historique sur la région d'Osoyoos réunit des objets de l'artisanat amérindien et reconstitue une école en bois datant de 1891. Depuis le musée, vous pourrez également rejoindre une visite guidée historique au cœur de la ville, disponible en été seulement. Cet établissement représente une halte intéressante, que vous soyez passionné d'histoire ou juste de passage dans la région.

SPOTTED LAKE ★

Sur la Highway 3, à 8 km à l'ouest de la ville.

Phénomène naturel très particulier, ce lac contient plus de minéraux que d'eau, ce qui fait qu'on peut le traverser à pied. Constitué d'une concentration de calcium, de sodium, de sulfate, d'argent et de titane. Les NK'Mip, peuple des Premières Nations de la région, l'appellent le « KT Lix », ou « eau et boue curatives », et s'en sont longtemps servis à des fins thérapeutiques. En été, les rayons du soleil cristallisent les minéraux et d'énormes cercles de couleur se forment sur le lac. Observable depuis la route seulement, car situé sur une réserve indienne.

THE OWL PUB

7603 Spartan Drive
© +1 778 437 3838
www.owlpubosoyoos.com
Ouvert tous les jours de 11h à 1h.

Un des endroits les plus prisés par les jeunes habitants de la ville d'Osoyoos. Certains soirs, le pub propose aussi des divertissements amusants comme des quiz de chansons et des soirées karaoké (le jeudi). Menu de type pub pour les affamés (burgers, salades, fajitas). Un magasin d'alcools est disponible sur place également. La carte des vins et des bières est bien garnie et les prix sont plutôt attrayants. Plusieurs écrans géants sont dispersés dans le pub pour accueillir les supporters pendant les événements sportifs. Super ambiance à la clef !

WALNUT BEACH RESORT €€

4200 Lakeshore Dr
www.walnutbeachresort.com
Chambres à partir de 179 CAN $ la nuit.

Ce beau complexe hôtelier avec piscine donne sur le lac Osoyoos. Depuis les chambres ou la terrasse de la piscine, vous pourrez apprécier la vue imprenable sur les montagnes et le lac. Un endroit privilégié pour se relaxer, profiter de la plage privée (*Palapa beach*) à deux pas de l'hôtel et se prélasser après une bonne dégustation dans les vignobles de la vallée d'Okanagan ! L'hôtel dispose de plusieurs chambres et suites (équipées d'une cuisine), d'un restaurant, d'un bain à remous, d'une salle de sport et de bien d'autres services pour parfaire votre séjour !

NK'MIP CELLARS ★★

1400 Rancher Creek Road
© +1 250 495 2985
www.nkmipcellars.com
Dégustation : 15 CAN $ par personne.

Il s'agit du premier vignoble d'Amérique du Nord exploité par des Amérindiens. Au programme, visites guidées et dégustation des produits du domaine. Un restaurant avec terrasse vous permet de prolonger votre moment de plaisir sur place. Qui plus est, la vue sur le vignoble et la vallée est tout simplement sublime. Vous pourrez goûter au vin de glace, produit sur place et réputé dans le Canada. Ici, la devise est « Qwam Qwmt », qui veut dire, en langue autochtone parlée par le peuple des Premières Nations d'Osoyoos, « l'excellence ».

JOJO'S CAFE

8316 Main Street
© +1 250 495 6652
www.jojoscafe.ca
Ouvert tous les jours de 7h à 15h.

Une bonne adresse, dans la rue principale d'Osoyoos et proche des petites boutiques et autres cafés du coin. On aime s'y retrouver pour prendre le petit déjeuner ou même pour un déjeuner rapide. L'enseigne sert de très bons cafés et cappuccinos. De plus, les pâtisseries sont délicieuses : *scones*, muffins, etc. Côté salé, des sandwichs et salades sont proposés. Jojo's Café affiche sur ses murs certaines œuvres des artistes locaux de la région. Un véritable coup de cœur et l'adresse préférée des locaux, à tester lors de votre passage !

OSOYOOS GOLF & COUNTRY CLUB

12300 Golf Course Drive
© +1 250 495 7003
www.golfosoyoos.com

Terrain de golf de 36 trous situé dans le désert d'Osoyoos. Établi à l'origine en 1973, le terrain ne disposait alors que de 9 trous. Le terrain met en lumière deux expériences distinctes, l'une sur un terrain désertique et l'autre plus vert parsemé d'une belle pelouse, comme pour les terrains de golf traditionnels. Attention aux serpents à sonnette, très actifs dans cette région désertique de l'Okanagan… Profitez également des nombreuses installations sur place, dont le restaurant.

OLIVER ★

Située au cœur du vignoble ouest-canadien (le Golden Mile est au sud de la ville), Oliver a été une terre d'accueil pour les soldats de retour de la Première Guerre mondiale. On y verra de nombreux vergers et des vendeurs de fruits sur le bord de la route. Ses 4 500 habitants ne vivent pas au rythme des sports nautiques ni des grands complexes hôteliers, mais prennent grand soin de leurs vignes, plus discrètes que certaines des exploitations viticoles du Golden Mile. Connue comme la « capitale du vin » du Canada, la ville détient la plus grande concentration de vignobles en Colombie-Britannique. Laissez-vous tenter par ses vins lors de votre venue !

PENTICTON ★★

Située entre Kelowna et Osoyoos, entre l'Okanagan Lake (au nord) et le Skaha Lake (au sud), la ville de Penticton a des faux airs d'Osoyoos (bien que plus grande). En amérindien, son nom signifie « un endroit où rester pour toujours ». Sur les rives du lac Okanagan, on peut visiter un ancien bateau à aubes du Canadian Pacifique : le *SS Sicamous*. Chaque année se déroule dans la ville une étape du championnat international de triathlon. Au mois de mai s'y tient le festival de Meadowlark qui célèbre le patrimoine écologique de la vallée. Cette petite ville mérite un arrêt, ne serait-ce que pour profiter de ses belles plages quand le temps le permet.

LAKESHORE DRIVE ★

Là où tout (ou quasiment) se passe : promenades le long de la plage, jeux de beach-volley, etc. Meilleur endroit pour voir et être vu. Des activités à foison pour les enfants, si vous cherchez de quoi les occuper toute une journée, c'est bien ici qu'il faut vous rendre ! Vous pourrez également vous restaurer et vous loger tout près. C'est ici que se trouve également le musée du bateau à aubes, très intéressant si vous avez le temps d'explorer la région. Ne manquez pas un arrêt à l'enseigne Patio Burgers & Ice Cream afin de clôturer cette belle journée.

S.S. SICAMOUS PADDLE WHEELER AND HERITAGE PARK

1099 Lakeshore Drive West
✆ +1 250 492 0403
sssicamous.ca
Ouvert du lundi au samedi de 10h à 16h. Entrée adulte : 10 CAN $.

Témoin rescapé d'une époque révolue, le magnifique bateau à aubes et à vapeur S.S. Sicamous sillona le lac Okanagan du nord au sud de 1914 à 1937, pour transporter passagers, courrier, fruits, médicaments, etc. Aujourd'hui, le bateau à aubes est restauré et est devenu la propriété de la ville de Penticton. Celui-ci est échoué sur une plage de Lakeshore Drive et est ouvert à la visite. Le petit musée sur place vous donnera de nombreuses informations intéressantes.

HI PENTICTON €

464 Ellis Street
✆ +1 250 492 3992
www.hihostels.ca
A partir de 34 CAN $ en dortoir, 76 CAN $ la chambre privée.

En plein centre-ville, dans un bâtiment historique, cette auberge de jeunesse de la chaîne Hostelling International est agréable et confortable pour les petits comme pour les moyens budgets. Situé à un bloc de nombreux restaurants et boutiques et à quelques minutes à pied des plages de l'Okanagan Lake, c'est l'adresse idéale pour découvrir la région. Les chambres privées, les dortoirs et les parties communes sont confortables. L'hostel est équipé d'une cuisine commune et d'un coin salon. Trois brasseries sont à quelques minutes à pied pour les amateurs de bière.

PENTICTON LAKESIDE RESORT €€€

21 Lakeshore Drive W
✆ +1 800 663 9400
A partir de 294 CAN $.

Etablissement de style resort de près de 200 chambres confortables et épurées avec balcon et Jacuzzi. Ce n'est pas ce qu'on fait de plus intime, mais la vue sur l'Okanagan Lake est tout de même magnifique. Cet hébergement luxueux propose plusieurs services sur place tels qu'un restaurant de très bonne qualité, un bar, une salle de fitness pour se maintenir en forme et même un casino. C'est une très bonne adresse pour se relaxer tout en restant actif.

SALTY'S BEACH HOUSE €€

1000 Lakeshore Dr
✆ +1 250 493 5001
saltysbeachhouse.com
Ouvert tous les jours, de 11h à 22h. Plats entre 17 et 43 CAN $.

Voici un bar et restaurant branché et populaire, idéalement situé, à deux pas d'Okanagan Beach. On y vient pour savourer de délicieux cocktails à la tombée de la nuit tout en partageant quelques tacos au poisson ou encore l'original saumon au bourbon et au miel. Dans une ambiance détendue, il flotte chez Salty's comme un air de vacances en bord de mer. Des happy hours avec tapas ont lieu tous les jours. Les plats sont délicieux et très bien présentés et le service est très agréable. La très belle vue sur le lac Okanagan est un des plus de l'établissement.

COYOTE CRUISES

215 Riverside Drive
✆ +1 250 492 2115
www.coyotecruises.com
Tarif : 18 CAN $ pour la descente (location de la bouée incluse) et le retour en bus.

C'est ici l'attrait familial par excellence en été ! Activité typique d'Amérique du Nord en été, on se doit de descendre l'Okanagan River Channel entre les lacs Okanagan et Skaha, sur une distance de 7 kilomètres, sur de grosses bouées, bateaux à boudins ou sur n'importe quoi qui flotte. Vous le ferez aux côtés de centaines d'autres mordus, et n'en sortirez probablement pas sec mais bien vivant. Il faut participer à cet événement au moins une fois si vous êtes sur place. Délirante et amusante, cette expérience vous donnera l'occasion d'apprécier les paysages.

KELOWNA ★★★

En langue salish, Kelowna signifie « grizzly ». Destination culturelle majeure, c'est dans ses paysages multicolores et la beauté de ses contrastes naturels que réside son patrimoine artistique. De nombreux artistes célébrant le vin ou la sculpture exposent et vendent leurs œuvres. Kelowna compte 107 000 habitants, mais ce chiffre augmente de quelques milliers pendant l'été, quand des jeunes travailleurs affluent dans la région pour ramasser les fruits dans les nombreux vergers. Depuis le premier pommier planté en 1884, par le père Pandosy, un missionnaire marseillais, la production de fruits représente la principale activité économique de la ville.

BEAR CREEKS PROVINCIAL PARK

10 km à l'ouest de Kelowna (par la Highway 97). Entrée libre.

Ce parc provincial est situé au milieu des paysages majestueux de la vallée de l'Okanagan, trois chemins de randonnée sont aménagés : Canyon (1 heure 30), Mid-Canyon (30 minutes) et Creek Side (15 minutes). Quelques aires de détente jalonnent les différentes pistes. La végétation, mixte et représentative du reste de la vallée, est dominée par les pins de Ponderosa, immenses conifères légèrement dégarnis, dont l'écorce a la propriété d'être résistante au feu.

CITY PARK BEACH

Au cœur du centre-ville

City Park Beach, c'est LA plage la plus prisée de la ville de Kelowna. Sa grande plage avec vue sur la vallée est propice à la détente et à la baignade l'été. Un grand terrain de volley-ball anime la plage lors des beaux jours, de quoi vous occuper pour une bonne journée si vous avez des enfants, sinon vous pourrez vous relaxer confortablement sur le sable chaud. L'été, certains événements y sont organisés, tels que des concerts, etc. Les commodités basiques sont présentes sur les lieux et, en haute saison, des vendeurs de snacks viennent marchander.

CULTURAL DISTRICT ★

1435 Water Street
✆ +1 866 903 3384
www.kelownaculturaldistrict.com

Le Cultural District est situé dans le centre-ville de Kelowna, sur Water et Ellis Streets, entre les avenues Clement et Queensway. Dans ce quartier culturel dédié à l'art sous toutes ses formes, les visiteurs pourront probablement dénicher une œuvre ou un objet qui comblera leurs vœux. Des visites guidées, gratuites en juillet et août, y sont organisées pour découvrir son histoire et les 18 œuvres d'art publiques dispersées dans ce quartier. Devenu un véritable hub culturel pour la région, il est très intéressant de découvrir ce quartier.

OKANAGAN LAKE PROVINCIAL PARK ★★

Suivre Lakeshore Road vers le sud, en traversant le quartier de Mission. A 10 minutes du centre-ville.

Créé en 1955, le parc regroupe plusieurs sentiers pédestres aménagés, ainsi qu'une flore et une faune d'une richesse inestimable. Après les terribles feux de forêt qui avaient dévasté le parc en 2003, la nature a repris ses droits... Vous pourrez également y dormir, grâce aux plusieurs terrains de camping installés dans la zone, réputés pour leurs vues panoramiques. Attention aux serpents à sonnette, qui sont assez nombreux dans la région. Des aires de pique-nique sont disponibles.

OKANAGAN LAVENDER & HERB FARM

4380 Takla Road

✆ +1 250 764 7795

www.okanaganlavender.com

Ouvert de mi-mai à fin septembre. Visite guidée : 15 CAN $ (une heure).

Ferme familiale proposant la visite de champs de plus de 60 variétés de lavande. La boutique propose de nombreux produits à base de lavande et d'ingrédients naturels dont des produits de beauté, des bougies et des parfums, des produits culinaires, etc. Considéré comme un écomusée à ciel ouvert de la région Okanagan, le site propose plusieurs visites guidées intéressantes au niveau culturel pour en apprendre davantage sur la ferme et visiter sa distillerie.

OKANAGAN WINE AND ORCHARD MUSEUM ★

1304 Ellis Street

✆ +1 250 868 0441

www.kelownamuseums.ca

Ouvert du lundi au samedi de 10h à 17h, le dimanche de 10h à 16h. Don suggéré à l'entrée.

Rénové et agrandi en 2017, le musée Okanagan Wine et Orchard relate l'histoire du vin dans la vallée de l'Okanagan. Les expositions retracent en particulier le boom qu'a connu l'industrie vinicole ainsi que ses répercussions sur la région. Une section met en valeur les histoires de certains viticulteurs et entrepreneurs, de leurs premières tentatives à leurs réussites. Vous aurez la possibilité, bien sûr, de goûter à quelques cépages de cette vallée réputée pour son vin.

KELOWNA INTERNATIONAL HOSTEL €

2343 Pandosy Street

✆ +1 250 763 6024

A partir de 30 CAN $ la nuit en dortoir, 80 CAN $ la chambre privée.

Kelowna International Hostel est une petite auberge de jeunesse conviviale où l'on se sent comme à la maison. Crystal, la jeune et dynamique propriétaire de cette toute petite auberge très familiale, prend soin de ses locataires comme de ses propres enfants. Elle leur sert des crêpes (gratuitement) tous les matins et chaque jour propose plusieurs activités. Le centre-ville n'est qu'à 10 minutes à pied et les restaurants et commodités sont à quelques minutes également.

BEAVER LAKE RESORT €€

6350 Beaver Lake Road

✆ +1 250 762 2225

www.beaverlakeresort.com

A partir de 125 CAN $ pour un chalet. Camping : 39 CAN $.

A quelques minutes de la ville de Kelowna, pour le prix d'une chambre dans le centre-ville, vous avez une cabane ou un chalet à flanc de montagne et les pieds dans l'eau (verte). Tout le confort nécessaire est fourni sur place et de nombreuses activités sont à votre disposition dont la possibilité de louer un kayak, un canoë ou même un bateau. Des emplacements pour tentes et camping-cars sont également disponibles, excepté l'hiver. L'accès aux nombreux sentiers de randonnée, à vélo ou à pied, dans les alentours, ajoute un charme certain à l'endroit.

DELTA GRAND OKANAGAN €€€

1310 Water Street

✆ +1 250 763 4500

www.deltaokanagan.com

A partir de 273 CAN $.

Du grand luxe, autant dans les aires d'accueil que dans les chambres et, partout, une décoration moderne qui n'est pas sans évoquer le Miami des années 1920. L'établissement, membre de la chaîne hôtelière Marriott, rassemble tous les services d'un hôtel digne d'une grande chaîne (spa, restaurants, casino, fitness, piscine, sens de l'accueil irréprochable) face au superbe lac Okanagan et aux montagnes environnantes. Les chambres sont spacieuses et épurées et certaines possèdent un balcon pour apprécier le panorama exceptionnel de la région.

BOHEMIAN CAFE & CATERING CO. €

524 Bernard Avenue
✆ +1 250 862 3517
www.bohemiancater.com
Ouvert du mercredi au vendredi, de 7h30 à 14h30 et à partir de 8h30 le samedi et dimanche.

Ce petit café, plusieurs fois récompensé, a été créé en 1991 par deux frères et sœurs. Le duo s'est inspiré des recettes familiales afin de préparer de succulents petits plats cuisinés. Comme à la maison, Oma et Opa misent sur les produits locaux et de bonne qualité. Le brunch ne vous décevra pas et la carte propose plusieurs belles options pour les végétariens. Une adresse à tester, qui vaut le détour et vous donnera le sentiment d'être à la maison !

DOC WILLOUGHBY'S €

353 Bernard Avenue
✆ +1 250 868 8288
docwilloughbys.com
Ouvert tous les jours de 11h à 2h. A partir de 12 CAN $.

Sa structure et sa grande cheminée lui donnent l'aspect d'un immense chalet suisse. Après 20h, l'ambiance est plus celle d'un pub irlandais que d'un restaurant familial. Dans ce restaurant atypique, en plein centre-ville, la viande fumée est à l'honneur, mais le chef propose aussi d'autres plats tels que pâtes, burgers, fruits de mer, steaks… La carte offre, qui plus est, une très grande variété de bières. Des écrans plats sont disponibles pour visionner les matchs. Des soirées spéciales ont lieu de temps en temps, consultez le site web avant de vous y rendre.

RAUDZ REGIONAL TABLE €€

1560 Water Street
✆ +1 250 868 8805
www.raudz.com
Ouvert tous les soirs dès 17h. A partir de 18 CAN $.

Une adresse pour les fins gourmets et amateurs de vin ! Misant sur les ingrédients frais et locaux, de même que les vins de la vallée de l'Okanagan, l'ambiance bar à vins feutrée, accompagnés de plats d'une grande finesse, font de ce restaurant l'une des meilleures enseignes en ville. Laissez-vous tenter par les délicieux cocktails. La décoration à la fois rustique et moderne, avec son intérieur en brique, laisse échapper une atmosphère agréable et décontractée. De plus, le rapport qualité-prix est très bon. Une belle découverte !

MISSION HILL

1730 Mission Hill Road
✆ +1 250 768 6448
www.missionhillwinery.com
Ouvert tous les jours de 12h à 17h.

L'adresse la plus connue et la plus récompensée de la région ! Mission Hill est une très belle exploitation, restée familiale, et dont la visite est fort intéressante. Le tout bien sûr conclu par la traditionnelle dégustation, pour les « fans de wine » ! Pensez à réserver votre table si vous souhaitez essayer le restaurant, qui accompagnera les vins de mets exceptionnels. La vue panoramique sur la vallée est magnifique et le service du personnel, très connaisseur, est l'un des atouts supplémentaires de cette belle expérience.

QUAIL'S GATE

3303 Boucherie Road
✆ +1 800 420 9463
www.quailsgate.com
Ouvert toute l'année. Horaires variables selon la saison. Différents forfaits et prix de dégustation proposés.

Jolie *winery*, parmi les meilleures du coin selon les locaux, qui propose des visites et dégustations. Le restaurant attenant est une bonne option pour un déjeuner ou un dîner. Cependant, les réservations sont nécessaires. Les tables sont prises d'assaut des semaines à l'avance, même en basse saison. Vous pouvez également opter (également sur réservation) pour une audacieuse dégustation accords chocolats et vins ! À moins que vous ne préfériez assister à l'un des cours qui vous donnera les bases que se doit d'avoir tout fin gourmet.

SALMON ARM ★

À 108 km à l'est de Kamloops, Salmon Arm est une ville paisible où l'on privilégie le golf, les sports aquatiques et la randonnée, notamment dans le Shuswap Lake Provincial Park et dans le parc de Copper Island. L'Adams River, accessible en suivant les indications au nord de Roderick Haig-Brown Provincial Park, offre tous les 4 ans un spectacle saisissant : en octobre, 2 millions de saumons y affluent pour se reproduire ou mourir. Chaque premier week-end de juillet, à l'occasion du Salmon Arm Roots and Blues Festival, la ville accueille des artistes dans le R.J. Haney Heritage Park. Sa richesse culturelle et sa beauté en font une destination de choix.

SALMON RUN ★

Un cadeau de la nature ! Environ deux millions de saumons (sockeye, espèce de saumon de l'océan Pacifique) affluent tous les quatre ans, au mois d'octobre, dans l'Adams River, pour s'y reproduire ou mourir. La rivière Adams étant peu profonde et l'eau étant cristalline, la visibilité est parfaite et le spectacle saisissant. Suivez les indications au nord de Roderick Haig-Brown Provincial Park pour y accéder. Une fois sur place, vous pourrez longer la rivière. Les prochaines occasions de prendre part à ce spectacle seront prévues pour 2026.

QUAAOUT LODGE & SPA AT TALKING ROCK GOLF RESORT €€

1663 Little Shuswap Lake Road

✆ +1 250 679 3090

www.quaaoutlodge.com

À partir de 129 CAN $.

Tenu par le peuple des Premières Nations Secwepemc, cet établissement propose, à travers ses infrastructures modernes et luxueuses, une atmosphère délicatement empreinte de culture locale et autochtone. Sur place : golf, spa, suites et chambres confortables, restaurant et dîner-spectacle. Le terrain de golf à 18 trous satisfera à la fois les débutants et les golfeurs confirmés et offrira des vues panoramiques exceptionnelles dans chacune des directions.

KAMLOOPS ★

Kamloops se trouve au croisement des rivières North Thompson et Thompson et tient son nom du terme Shuswap « Tk'emlúps » qui signifie « où les rivières se rencontrent ». Ses paysages variés se composent de montagnes massives et colorées, avec des eaux paisibles et puissantes qui charrient des convois de troncs d'arbres, des centaines de lacs étant des hauts lieux de pêche (une variété de truite a pris le nom de Kamloops), et une station de ski au nord (Sun Peak Resort). Kamloops allie parfaitement les activités de nature à la vie trépidante de tous les jours. Centre agricole important, son esprit de village attire de plus en plus de retraités.

KAMLOOPS ART GALLERY

101 - 465 Victoria Street

✆ +1 250 377 2400

www.kag.bc.ca

Lundi-samedi, 10h-17h (jusqu'à 21h le jeudi). Adulte : 5 CAN $. Entrée gratuite les jeudis.

La scène culturelle et artistique de la ville de Kamloops est importante et les artistes locaux sont engagés. Il s'agit de la plus grande galerie d'art publique de l'intérieur de la province. Elle expose les travaux de plus de 1 200 artistes canadiens. Un beau choix d'œuvres contemporaines et historiques, ainsi qu'une occasion à ne pas rater pour avoir un aperçu de la valorisation de l'art contemporain dans l'Ouest canadien, même dans des villes de taille moyenne. Des ateliers sont organisés assez souvent pour impliquer la communauté.

THE BALANCING ROCK ★

Une curiosité locale peu connue des touristes, ce rocher en équilibre depuis environ 9 000 ans, résultat de l'érosion, surplombe le lac Kamloops. Après Savona, s'arrêter sur l'aire de repos qui offre un beau point de vue sur le lac. En revenant à pied le long de la route, on verra le rocher situé en contrebas. Appelé « Coyote Rock » par les Premières Nations de la région, ce rocher formant une sculpture intéressante marquait le territoire du peuple Shuswap. Il est également possible de s'y rapprocher en entreprenant une simple et rapide petite randonnée.

PAUL LAKE PROVINCIAL PARK CAMPGROUND €

Paul Lake Provincial Park

✆ +1 250 828 9533

À 30 min au nord de la ville. Comptez 15 CAN $ à 30 CAN $.

Ce camping du parc provincial Paul Lake ne dispose pas de douches, mais il offre la meilleure vue sur la ville. 90 emplacements pour tentes et camping-cars avec ou sans services sont à disposition. Sur place également, il est possible de pratiquer la baignade dans le lac et vous pourrez profiter de 7 kilomètres de sentiers pédestres. Plusieurs tables de pique-nique à disposition. Il est recommandé d'arriver assez tôt, le camping marche sur le principe du premier arrivé premier servi.

DELTA HOTELS KAMLOOPS €€

540 Victoria Street
✆ +1 250 372 2281
Chambre double à partir de 169 CAN $.

Surplombant la rivière North Thompson, cet hôtel de la chaîne Marriott est situé au cœur du centre-ville de Kamloops et propose diverses catégories de chambres allant de la chambre standard à la suite de luxe, en passant par la chambre familiale. Si vous recherchez un établissement où séjourner pour la détente, vous pourrez ici profiter de la piscine et du bain à remous sur le toit, offrant une vue imprenable sur la ville de Kamloops. On y retrouve aussi une salle de fitness ouverte 24 heures sur 24 et un restaurant-lounge.

HELLO TOAST €

428 Victoria Street
www.hellotoast.ca
Ouvert tous les jours, de 7h30 à 15h (8h, le dimanche).

En centre-ville, Hello Toast est une adresse bien connue des locaux qui viennent y déguster de délicieux petits déjeuners, servis toute la journée, selon la formule du « *all day breakfast* ». La carte du restaurant propose des burritos, œufs bénédictine et un beau choix de wraps, salades et soupes maison. Des options sans gluten et pour les végétariens sont également proposées au menu. Les ingrédients sont sélectionnés localement et sont très frais pour assurer une qualité optimale. Le service est agréable et l'ambiance décontractée.

TOBIANO GOLF

38 Holloway Dr.
✆ +1 250 434 7373
www.tobianogolf.com
Horaires et tarifs variables en fonction de la saison, consultez le site Internet.

Kamloops est l'une des destinations les plus diversifiées du Canada pour le golf. Les amateurs de ce sport pourront s'épanouir dans cet espace renommé. Le paysage de Kamloops s'adapte parfaitement à la pratique du golf et challenge ses visiteurs grâce aux nombreuses falaises, aux points d'eau, etc. Tous les niveaux apprécieront le terrain de golf Tobiano, qui surplombe le lac Kamloops et la vallée. Vous pourrez bénéficier d'une vue exceptionnelle sur le canyon depuis chaque poste de tir. Ce terrain de 7 trous se situe sur le site historique Six Mile Ranch.

SUN PEAKS ★

Anciennement appelée Tod Mountain, la station est située au nord-est de Kamloops et date de 1961. Elle ne sera baptisée de son nom actuel qu'en 1993. En hiver, ce complexe accueille de nombreux skieurs, bien que la station ne soit pas aussi courue que celle de Whistler, et, en été, de nombreux amateurs de randonnées à pied et à vélo profitent des sentiers naturels. Destination familiale pour se ressourcer, pratiquer les sports de glisse, le vélo de montagne. Plusieurs fois considérée comme l'une des meilleures stations d'Amérique du Nord, Sun Peaks Resort continue chaque année d'attirer de plus en plus de skieurs venus des quatre coins du monde.

SUN PEAKS RESORT

✆ +1 800 807 3257
www.sunpeaksresort.com
Prendre la Highway 5 vers le nord (Jasper) et tourner à Heffley Creek (19 km). Ski : 149 CAN $. Vélo : 72 CAN $.

La moyenne d'ensoleillement de la station est de 2 000 heures par an, ce qui explique son nom ! En hiver, le domaine skiable de la station est le deuxième plus grand au Canada avec 133 pistes, dont 16 sous-bois, une longueur maximale de 8 km pour une seule piste et un dénivelé de 882 mètres. Il y a également une quarantaine de pistes de ski de fond et 17 km de ski de randonnée. En été, le golf (18 trous), la randonnée pédestre (16 sentiers) et le vélo de montagne (descente et cross-country) remplacent le ski. Camping pour tentes et camping-cars sur place.

WELLS GRAY PROVINCIAL PARK ★

Troisième plus grand parc de Colombie-Britannique, de plus de 500 000 hectares, Wells Gray Provincial Park regorge de montagnes, rivières, lacs, formations volcaniques, glaciers et forêts. En outre, ours, élans, castors, loups et aigles sont ici chez eux. On peut y pratiquer tous les sports de plein air (randonnée, canoë, etc.). Les sports aquatiques se pratiquent sur les lacs Clearwater, Azure, Mahood et Murtle, le long desquels se trouve la majorité des campings du parc. Parmi les cascades du parc, les plus réputées sont les Helmcken Falls, qui font deux fois la taille des chutes du Niagara et sont facilement accessibles par la route.

NELSON ★★

De toutes les villes de l'intérieur de la province, Nelson est sans doute la plus séduisante, grâce à son architecture du XIXe siècle encore intacte. Plus de 10 000 habitants ont la chance de profiter d'un centre-ville historique qui a conservé son style victorien. Surnommée la « Queen City » pendant plus de cent ans, on y recense pas moins de 350 bâtiments historiques. Jusqu'en 1900, la ville était considérée comme la plus importante entre Winnipeg et Vancouver. La proximité des lacs, des montagnes Selkirk et des rivières attire à Nelson un nombre sans cesse croissant d'artistes, qui y trouvent matière à inspiration et s'y installent.

TOUCHSTONES NELSON : MUSEUM OF ART AND HISTORY

502 Vernon Street ✆ +1 250 352 9813

www.nelsonmuseum.ca

Horaires variables en fonction de la saison.

Entrée : 8 CAN $.

Ce petit musée était autrefois un bureau de poste et la mairie de Nelson. Des collections d'objets du peuple aborigène ktunaxa et des Dukhobors, membres d'une secte chrétienne russe implantée dans la région à la fin du XIXe siècle, sont exposées dans le musée. Des expositions permanentes et temporaires sur des artistes de la région sont représentées et il est possible d'acheter leurs objets d'artisanat au sein de la boutique. Beaucoup d'informations intéressantes sur la région !

HI NELSON DANCING BEAR INN €

171 Baker Street

✆ +1 250 352 7573

www.dancingbearinn.com

A partir de 35 CAN $ en dortoir ou 77 CAN $ la chambre double privée (haute saison). Prix spéciaux pour les membres HI.

Auberge inattendue qui tient plus du B&B par son confort, son arrangement et ses services. Membre du réseau Hostelling International, le Dancing Bear Inn est implanté dans la communauté de Nelson depuis le début des années 1990. L'ambiance familiale vous permettra de profiter de la région sous un angle particulièrement sympathique. L'équipe fait tout son possible pour vous donner les meilleures infos et profiter de la vie festive et artistique de Nelson !

HUME HOTEL & SPA €€

422 Vernon Street

✆ +1 250 352 5331

www.humehotel.com

A partir de 190 CAN $.

En plein centre-ville de Nelson, ce confortable boutique-hôtel historique de 43 chambres spacieuses fut construit en 1898. Intelligemment rénové, il propose des restaurants et des bars ainsi qu'un spa tout confort. La décoration de l'entrée mérite un coup d'œil. Hume Hotel & Spa marie à la perfection l'antiquité avec la modernité. C'est une véritable institution de la ville qu'il faut visiter impérativement lors de votre visite à Nelson ! Accueil aux petits oignons, vous vous sentirez ici comme à la maison dans un environnement plutôt luxueux.

OSO NEGRO

604 Ward Street

✆ +1 250 352 7661

www.osonegrocoffee.com

Ouvert du lundi au samedi de 7h à 18h et le dimanche de 8h à 16h.

Véritable institution dans la ville de Nelson depuis 1993. En hiver, pendant la saison de ski, de nombreux skieurs se ruent et forment une file d'attente afin de prendre leur café chez Oso Negro. Le café est torréfié sur place et il est d'excellente qualité. Oso Negro est niché à l'intérieur d'une grande maison avec un beau jardin et une petite terrasse pour prendre son café. Il est possible de commander quelques petits plats faits maison pour manger. Leurs grains de café se trouvent également dans la plupart des magasins et supermarchés de l'Ouest canadien.

AINSWORTH HOT SPRINGS

3609 Balfour-Kaslo-Galena Bay Hwy

✆ +1 800 668 1171

www.hotnaturally.com

Ouvert tous les jours de 10h à 21h (dès 8h pour les clients de l'hôtel). Entrée : 18 CAN $.

A 40 kilomètres au nord de Nelson se trouvent les sources chaudes d'Ainsworth, utilisées, à la fin du XIXe siècle, par les Amérindiens, et notamment ceux de la première nation Ktunaxa, pour soigner leurs blessures et autres maux causés par leurs vies trépidantes. Le complexe propose aussi des massages, des bains de vapeur et tout ce qu'il faut pour vous dorloter. La vue imprenable sur le lac Kootenay et les montagnes avoisinantes est un plus non négligeable. Un petit nid douillet en plein cœur de la région Kootenay, dont on ne se passerait presque plus !

STATION DE SKI DE WHITEWATER

+1 800 666 9420
www.skiwhitewater.com
Forfait ski à partir de 125 CAN $ (75 CAN $ la demi-journée). Navette gratuite au départ de Nelson.

A seulement 16 kilomètres au sud (Highway 6), cette station de ski reçoit une moyenne de 12 mètres de neige par an ! Le dénivelé maximum est de 623 mètres et 81 pistes avec une bonne répartition des difficultés sont accessibles sur le site de Whitewater. Pour les amateurs de randonnée, des sentiers de ski de fond et raquette sont aménagés sur place également. Le paysage depuis les pistes est tout à fait unique et cette station plus reculée des Rocheuses est moins courue des visiteurs.

FAIRMONT HOT SPRINGS ★★

Surnommé « The land of smoking water » par les premiers explorateurs dans les années 1800, Fairmont Hot Springs vit exclusivement du tourisme, et ce, à longueur d'année. Situé au cœur de la vallée Columbia, entre les montagnes Purcell et les rocheuses, les activités de nature se pratiquent à foison et les vues spectaculaires depuis le village donnent un sentiment pur de bien-être à chacun de ses visiteurs. Le complexe de villégiature de la chaîne Fairmont constitue le cœur de la municipalité. On y pratique le ski en hiver, le golf en été et on profite de ses sources d'eaux chaudes thermales, réputées comme étant les plus importantes du Canada.

FAIRMONT HOT SPRINGS RESORT €€€

5225 Fairmont Resort Road
+ 1 250 345 6070
www.fairmonthotsprings.com
A partir de 229 CAN $ par nuit (lodge, cottage et chalets), à partir de 35 CAN $ par emplacement de camping.

En plein cœur de la Columbia Valley, l'immense resort Fairmont Hot Springs, de la taille d'un village, offre tous les services et toutes les activités dont on peut rêver. Ses points forts restent tout de même les sources d'eau chaude avec vue panoramique sur les montagnes environnantes (accessibles gratuitement aux clients du resort), le terrain de golf en été et les pistes de ski toutes proches en hiver. Un petit luxe à se payer sur la route des vacances.

RADIUM HOT SPRINGS ★

Radium compte 1 000 habitants et possède plus de 30 motels : c'est dire la densité des visiteurs dans la région. Hormis les sources chaudes, la ville est connue pour être sur le chemin de migration de nombreux oiseaux (le Pacific Flyway). Le Kootenay National Park abonde en sentiers, canyons et animaux sauvages. On peut parcourir le Marble Canyon et descendre aux Paint Pots, là où les minéraux de fer colorent les piscines naturelles en rouge et jaune. A la Hector Gorge, on s'arrêtera pour chercher les mouflons du côté du Mount Wardle. En redescendant vers Radium, on pourra passer le Sinclair Canyon : 10 km de méandres formés par les eaux glaciaires.

KOOTENAY NATIONAL PARK ★★

Créé en 1920 de part et d'autre de la route panoramique Banff-Windermere Highway (autoroute 93 aujourd'hui), le parc offre deux portes d'entrée : la première par Radium Hot Springs (Colombie-Britannique) sur l'autoroute 95, l'autre par Castle Junction (Alberta), entre Lake Louise et Banff, sur l'autoroute Transcanadienne. Moins couru que les parcs voisins, le parc national de Kootenay est pourtant une belle oasis de paix et de nature, où l'on peut facilement observer la faune et pratiquer la randonnée et le vélo. D'un côté, la vallée de la rivière Vermillon avec ses glaciers, et de l'autre, la rivière Kootenay où poussent des cactus !

KOOTENAY VALLEY VIEWPOINT ★

Des panneaux explicatifs permettent d'en apprendre plus sur l'histoire du parc et de la belle vallée Kootenay. Ceux-ci sont installés sur le belvédère situé près de l'entrée sud du parc (par l'autoroute 93). Le panorama sur la vallée, avec comme arrière-plan le pic des montagnes, est tout simplement spectaculaire. Lieu de contrastes exceptionnel, préférez une virée l'après-midi pour avoir une vue plus globale et plus nette du paysage, en particulier si la journée est ensoleillée.

MARBLE CANYON ★

© FREIDENSONSPHOTO - SHUTTERSTOCK.COM

Proche de l'entrée de Vermillon Pass, un impressionnant torrent s'est creusé un passage dans la roche. Le sentier Marble Canyon trail (3,2 km de long) offre, depuis plusieurs ponts aménagés au-dessus des gorges étroites, de jolis points de vue sur la rivière en furie et la chute d'eau qui se trouve à l'extrémité du sentier. Il est connu sous le nom de Paint Pots, car à cet endroit le fer présent dans l'eau donne une curieuse couleur orange à la rivière. Avant l'arrivée des Européens, les Autochtones présents dans la région considéraient cette zone comme sacrée.

PAINT POTS

Ces « pots de peinture », situés près de l'extrémité nord de la Highway 93, sont en fait des gisements d'ocre, une terre rouge orangé, dont se servaient les tribus Stoney et Pieds-Noirs comme teinture pour la peau et les habits. En effet, les autochtones furent les premiers à découvrir l'ocre qui se forme naturellement dans les rivières de la plaine du Vermillon. Des panneaux donnent des explications historiques et scientifiques le long d'un court sentier de 20 minutes menant aussi à plusieurs sources minérales (3 petites sources aux eaux ferrugineuses).

MOUNT ASSINIBOINE PROVINCIAL PARK ★

Niché entre les deux parcs nationaux de Kootenay et de Banff, ce petit parc provincial, membre de l'UNESCO, de 390,5 km² tient son nom du mont Assiniboine qui se situe à la frontière entre l'Alberta et la Colombie-Britannique. Du haut de ses 3 618 m, c'est le sommet du parc national de Banff. Celui-ci est parfois surnommé « le mont Cervin des Rocheuses canadiennes » du fait de sa ressemblance, en forme de pyramide, avec le célèbre pic Matterhorn qui se trouve en Suisse. Aucune route ne permet d'entrer dans le parc, les sentiers sont la seule voie d'accès. Sur place, camping, escalade, randonnée, pêche ou encore balade à cheval vous seront proposés.

ASSINIBOINE LODGE €

✆ +1 403 678 2883

assiniboinelodge.com

10 CAN $ pour le camping sauvage ; lodge à partir de 290 CAN $; en dortoir à partir de 25 CAN $ par personne.

Construit en 1928, Assiniboine Lodge est le premier hébergement reculé de haute montagne d'Amérique du Nord. En plein cœur d'une nature sauvage, à 28 kilomètres de la route la plus proche, le Lodge propose différents types d'hébergement selon les budgets : camping sauvage, chalet en dortoir ou chambre privée. Les passionnés de montagne et d'activités de nature s'y donnent rendez-vous chaque année. L'ambiance y est particulièrement conviviale et ressourçante et la décoration très rustique, à l'image du lieu. Le personnel d'accueil est incroyable et très disponible.

GOLDEN ★

D'abord point d'embranchement sur le tracé du Canadian Pacific Railway, puis terminus du bateau à vapeur sur la Columbia River, la ville historique de Golden est désormais réputée pour sa situation à 1h30 de route de 5 grands parcs nationaux dont le plus proche est le Parc National Yoho. Grâce à cette proximité, les agences de sport et aventure, n'ayant pas le droit de s'implanter dans les parcs, ont investi dans la ville de Golden. Ainsi, vous pourrez pratiquer dans la région une multitude de sports d'aventure tels que l'héli-ski, le rafting... Les Ktunaxa, peuple autochtone, habitaient la région, vivant principalement de la chasse et de la pêche.

COLUMBIA RIVER WETLANDS

210 Fisher Rd

www.columbiavalley.ca

S'étendant à 144 kilomètres au sud de la ville de Golden, les marais de la rivière Columbia sont parmi les plus intacts d'Amérique du Nord et abritent près de 300 espèces d'oiseaux ainsi que de nombreux poissons et reptiles. Le fleuve Columbia est le plus grand cours d'eau de la région Pacifique Nord-Ouest de l'Amérique du Nord, qui se poursuit dans l'État de Washington, jusqu'à celui de l'Oregon, aux États-Unis, avant de se jeter dans l'océan Pacifique au niveau de la ville d'Astoria, dans l'Oregon. Sa source est le lac Columbia, en Colombie-Britannique.

CEDAR HOUSE €€

735 Hefti Road

✆ +1 250 290 0001

www.cedarhousechalets.com

Au sud de Golden sur la Highway 95. Dès 250 CAN $ par nuit.

Surplombant la Columbia Valley, Cedar House propose plusieurs chalets luxueux (jusqu'à 10 personnes) en pleine nature pour se relaxer comme il se doit et profiter des nombreuses activités alentour (randonnées, golf, rafting, motoneige, etc.). Les chalets disposent d'un bain à remous privé, d'une cuisine équipée, d'un barbecue et d'un coin près du feu. La vue sur les montagnes Kicking Horse offre un cadre unique et reposant. Si vous réservez pour la semaine complète, une nuit vous sera offerte. Un petit havre de paix vous y attend !

NORTHERN LIGHTS WILDLIFE WOLF CENTRE

1745 Short Road ✆ + 1 250 344 6798

www.northernlightswildlife.com

Ouvert toute l'année (horaires variables selon la saison). Entrée tarif adulte : 15 CAN $. Randonnée : 380 CAN $.

Centre d'observation du loup dans son milieu naturel dans le but de préserver cette espèce jouant un rôle si important pour la nature. Ce sanctuaire de loups rassemble 9 loups en résidence permanente, choyés par les soigneurs et les équipes du centre. La visite *Interpretive tours* vise à donner plus de détails sur les loups. Pour les photographes, il est possible de faire une randonnée guidée dans la forêt afin de capturer de superbes clichés (durée : 1h30 - réservation requise).

KICKING HORSE MOUNTAIN RESORT

1500 Kicking Horse Trail

✆ +1 250 439 5425

www.kickinghorseresort.com

Navette quotidienne depuis Golden et trois fois par semaine depuis l'aéroport de Calgary.

La station de ski Kicking Horse Mountain Resort est ouverte toute l'année depuis 2001, et offre des pistes plutôt verticales aux skieurs et surfeurs expérimentés. La télécabine Golden Eagle Express vous emmène en 12 minutes au sommet, d'où vous observerez une vue inégalée sur les Rocheuses. Vous pourrez également faire des randonnées pédestres et à VTT, avec des élévations de 1 000 mètres ! Les logements sur place sont de grands appartements de type chalets de montagne de luxe.

ALPINE MEADOWS LODGE BED & BREAKFAST €€

717 Elk Road

✆ +1 888 700 4477

alpinemeadowsgolden.com

A partir de 129 CAN $.

Très calme, ce Bed & Breakfast offre des chambres et des chalets confortables avec bain à remous dans la salle de bains. A seulement 10 minutes des pistes de ski, des terrains de golf et des sentiers de randonnée, c'est une adresse idéale pour passer des vacances à la fois relaxantes et actives dans un cadre unique à la campagne. Bien que la décoration soit un peu vieillotte, les chambres et les espaces communs sont propres et agréables. Le petit déjeuner est copieux et inclus.

PURCELL HELICOPTER SKIING

✆ +1 877 435 4754

purcellheliskiing.com

Compter 1179 CAN $ pour cinq vols dans une journée (groupe de 9 personnes max).

Un hélicoptère vous dépose en 15 minutes dans plusieurs endroits stratégiques des montagnes, afin que vous puissiez skier sur la meilleure neige qui soit. Inclus dans la journée : vols, ski en compagnie de guides expérimentés, pique-nique du midi, location des skis. Il existe également des packages pour partir skier plusieurs jours. Certaines offres sont toutefois réservées aux confirmés. Depuis plus de 45 ans, Purcell Helicopter Skiing s'assure avant tout de la sécurité de tous !

YOHO NATIONAL PARK ★★★

En suivant la Highway 1 en direction de Banff, vous allez entrer dans le parc national de Yoho, lui aussi classé au patrimoine mondial par l'UNESCO sous l'appellation Parcs des montagnes Rocheuses canadiennes. En parcourant ses nombreux sites naturels (dont les chutes de 254 m Takakkaw Falls, le Mont Goodsir à 3 562 m d'altitude, l'Emerald Lake recouvert de glace la majeure partie de l'année, etc.), il est facile de comprendre pourquoi son nom provient d'une expression du peuple Cris qui signifie l'émerveillement. Plus de 300 km de sentiers sillonnent le parc, mais les conditions d'accès de ce dernier peuvent être difficiles (se renseigner sur place).

CHUTES WAPTA

Accessibles de la mi-juin à la mi-octobre.

En plein cœur du parc national de Yoho, cette chute de 30 mètres de hauteur et de 150 mètres de largeur est la plus imposante de la rivière Kicking Horse. Elle se situe à 52 kilomètres à l'ouest de Lake Louise (dans la province de l'Alberta) et à 26 kilomètres à l'ouest de Field (dans la province de la Colombie-Britannique). Son débit d'eau est impressionnant, pouvant atteindre plus de 250 mètres cubes par seconde. Le sentier qui y mène, à partir de la Transcanadienne, vous offre la possibilité de faire une randonnée exceptionnelle de 2,4 kilomètres.

LAC EMERALD ET PONT NATUREL

Ce lac turquoise est situé à 36 km à l'ouest de Lake Louise, sur la route du Lac Emerald. De nombreuses activités sont accessibles sur place : randonnées, excursions en bateau, ski de fond et raquette. Sur la route qui mène au lac, arrêtez-vous au pont naturel et observez la rivière Kicking Horse qui passe au cœur de la roche. Attention, de novembre à juin, la rive gauche du lac est une zone d'avalanche. Renseignez-vous à l'accueil du parc pour éviter toute imprudence.

LAKE O'HARA ★★★

Le stationnement du lac O'Hara est situé à 12 km à l'ouest de Lake Louise et à 13 km à l'est de Field, tout près de la Transcanadienne.

✆ +1 250 343 6433

Horaires variables en fonction de la saison, consultez le site Internet. Autobus, tarif adulte : 14,70 CAN $.

Il serait dommage de manquer la découverte du lac O'Hara, une zone alpine fragile au cœur d'une nature sauvage. Afin de protéger cette zone, Parcs Canada impose un quota de visiteurs : l'autorisation est limitée à 42 visiteurs diurnes, ainsi qu'aux visiteurs qui passent la nuit à l'un des 30 emplacements de camping, dans l'un des deux refuges du Club alpin du Canada ou à la petite auberge privée. Pour ce faire, un service d'autobus dessert le lac O'Hara et permet de contingenter le nombre de visiteurs sur place. Les réservations anticipées sont obligatoires.

GLACIER NATIONAL PARK ★★★

Dans les hauteurs des monts Purcell et Selkirk, les sommets les plus hauts de la chaîne de montagnes du sud-est de la Colombie-Britannique. Le parc compte plus de 400 glaciers sur ses 2 168 km², dont 14 % sont toujours enneigés. Premier parc national de la Colombie-Britannique (et le deuxième du Canada après Banff), le parc reçoit plus de 10 mètres de neige fraîche chaque hiver. La saison de ski s'étend de novembre à avril et les sentiers de la vallée ouvrent en mai. Avant de grimper, renseignez-vous sur les éventuels risques d'avalanches de la région. Plusieurs randonnées partent du Rogers Pass (Abandoned Rails Trail, Balu Pass Trail, etc).

REVELSTOKE ★

Au pied du Mount Revelstoke National Park, cette ville charmante et paisible avec ses nombreux petits cafés, semble coincée dans une vallée étroite, mais quelle vallée ! Le centre-ville a gardé son charme des années 1880, et les hôtels et les magasins sont logés dans des bâtiments de l'époque. Lieu renommé pour le saut à ski, rendu célèbre par Nels Nelsen, icône internationale de ce sport d'hiver et membre organisateur du club de ski de Revelstoke. L'héliski, le rafting, la randonnée et l'équitation figurent parmi les autres activités possibles. Revelstoke est une station de ski qui rivalise facilement avec les parcs nationaux de Banff et de Jasper !

COLUMBIA RIVER

✆ +1 250 814 6697
www.bchydro.com
Ouvert de mai à septembre. Accès libre.

Troisième plus grande rivière en Amérique du Nord en termes de débit. Allant de la Colombie-Britannique jusque dans l'État de l'Oregon, le traité de la Columbia River a été signé en 1964 entre les gouvernements canadien et américain pour la construction de barrages afin de limiter les inondations. Parmi tous les barrages qui la contrôlent, l'un des plus puissants, situé à 8 km au nord de Revelstoke, se visite. 175 m de haut et 470 m de long, ou comment se sentir minuscule ! Des tours guidés sont proposés afin d'en apprendre davantage sur le barrage.

GRIZZLY PLAZA

Dans le centre-ville, une place de brique rouge avec un ours énorme. C'est le lieu de rassemblement des habitants et la place animée de la ville. Située sur la rue principale de McKenzie, à proximité des restaurants et des nombreuses adresses attractives de la ville, le marché fermier s'y tient tous les samedis. Du 1er juillet au premier lundi de septembre, en semaine, à 19h, on y donne des concerts gratuits. Le Summer Street festival a lieu sur cette place pendant l'été de fin juin à fin août accueillant de nombreux musiciens.

REVELSTOKE MUSEUM & ARCHIVES

315 First Street West
✆ +1 250 837 3067
www.revelstokemuseum.ca
Ouvert du lundi au samedi de 10h à 17h. Entrée adulte : 5 CAN $.

Musée retraçant l'histoire locale de la ville de Revelstoke, autrefois appelée Farwell. Les deux étages de ce petit musée traitent de l'arrivée du ski dans la région et de son importance internationale, des premières nations appelées Sinixt, des zones d'avalanche de la région dont Rogers pass, de la traite de la fourrure, du travail dans les mines, mais aussi de l'influence des diverses communautés ukrainienne, scandinave, japonaise, italienne et chinoise installées à Revelstoke.

GLACIER HOUSE RESORT €€

1870 Glacier Lane
✆ +1 250 837 9594
www.glacierhouse.com
Dès 140 CAN $ (chambre double), comptez 200 CAN $ (chalet). Petit déjeuner inclus.

Hôtel et chalet écoresponsable situé à 10 minutes de Revelstoke. Dans une atmosphère qui invite à la détente, vous pourrez profiter de la piscine intérieure, du sauna et du bain bouillonnant. Les chambres sont spacieuses et confortables, équipées d'une cheminée. La vue sur les montagnes est imprenable depuis les chambres et la salle du petit déjeuner. Les chemins de randonnée sont au pied de l'hôtel et des locations de moto-neige sont proposées au sein même de l'hôtel. Un restaurant et un bar de style *speakeasy* viennent compléter le confort de votre séjour.

REGENT HOTEL €€€

112 First Street East
✆ +1 888 245 5523
www.regenthotel.ca
A partir de 140 CAN $ en haute saison. Parking privé gratuit.

Un des très beaux hôtels du centre-ville de Revelstoke et l'un des plus anciens, datant de 1920. Chambres spacieuses avec vue sur la rue principale ou la voie de chemin de fer du Canadian Pacific en arrière de l'hôtel (pas de circulation de trains la nuit). Petit déjeuner inclus de type buffet frais et complet. Une escale parfaite pour profiter des stations de ski et des douceurs de la ville. Le personnel est très charmant, le bar-pub accueille des concerts de temps en temps et son restaurant est renommé dans la ville : cette adresse est une valeur sûre.

MAIN STREET CAFÉ €

317 Mackenzie Avenue
✆ +1 250 837 6888
www.mainstcaferevy.com
Ouvert du mardi au dimanche de 8h à 15h. Sandwichs et soupes à partir de 8 CAN $.

Dans une jolie maison victorienne, un endroit parfait pour petit-déjeuner, déjeuner ou prendre un bon café. Des choix variés sont également disponibles pour les végétariens et végans. C'est le coin favori des locaux qui viennent se regrouper autour d'un brunch. L'été, il est possible de s'installer en terrasse. Le service y est agréable et les plats sont bien garnis. Un bon point de départ pour commencer la journée bien rassasié dans un cadre cosy et accueillant. Testez le « Death by brownie » qui vaut le détour ! Un des meilleurs cafés de la ville !

112 RESTAURANT & LOUNGE €€

112 1st Street East ✆ +1 250 837 2107
www.regenthotel.ca
Ouvert tous les jours pour le dîner seulement. Autres restaurants sur place.

Ouvert depuis 1978, ce restaurant (situé dans l'hôtel Regent) figure parmi les meilleures adresses de la ville et offre une cuisine traditionnelle raffinée préparée par des chefs expérimentés : saumon de Colombie-Britannique, agneau braisé, homard de la côte Est. Les ingrédients sont frais et locaux. Dans un cadre élégant, autour d'une belle cheminée, voici une adresse idéale pour un dîner en amoureux, ou bien même pour tester la sélection de bières régionales avec quelques amis. Le service y est personnalisé et très professionnel.

DOSE CAFÉ

101 Second street East
✆ +1 250 837 6215
www.dosecoffee.ca
Ouvert tous les jours de 7h à 16h. Lunch proposé.

Ouvert depuis 2016, ce café est un havre de paix au cœur du centre-ville. Personnel aux petits soins, la décoration révèle l'enfant qui est en vous et le côté créatif du *coffee shop* vous donne un sentiment de bien-être. Plats faits maison, les ingrédients sont frais et locaux : soupes, toasts, sandwichs, c'est un petit déjeuner très sain qui vous attend chez Dose. Le menu pour le lunch propose également des salades et bagels ainsi qu'un pudding aux graines de chia, à tester ! Le café est excellent et le service rapide. Parmi les meilleures adresses de la ville.

REVELSTOKE MOUNTAIN RESORT

2950 Camozzi Road
✆ +1 250 814 0087
www.revelstokemountainresort.com
Compter 159 CAN $ pour une journée.

Revelstoke est réputée pour son fort enneigement (18 m de neige par an) et ses pentes vertigineuses (c'est au cœur de Revelstoke Mountain Resort que se trouve le plus long dénivelé d'Amérique du Nord, avec 1 713 m de descente). Élue meilleure destination au monde pour la pratique de l'héliski, il est possible de suivre une préparation au Revelstoke Mountain Resort pour les débutants. C'est donc l'occasion ou jamais de se faire parachuter en hélicoptère pour skier en hiver.

MOUNT REVELSTOKE NATIONAL PARK ★

Fort de ses 26 000 hectares, le Mount Revelstoke National Park permet de vivre l'expérience alpine (presque) sans effort. Il est possible d'accéder au sommet du Mont 5 minutes après être sorti de son véhicule ! Sa végétation variée autour des deux sommets, le Mount Coursier et le Mount Inverness, tous deux à 2 637 mètres, inclut des cèdres et des sapins. Plusieurs randonnées : Eagle Knoll Trail, Parapets et Eva Lake Trail. Depuis la Highway 1, on peut accéder au parc par le Skunk Cabbage Trail ou le Giant Cedars Trail. Les cyclistes peuvent s'aventurer sur 26 km, le long de la promenade des Prés-dans-le-Ciel, où une course est organisée chaque année.

HAMBER PROVINCIAL PARK ★

Ce parc provincial sauvage de 240 km^2 est assez difficile d'accès et dispose de peu d'équipement. C'est pourtant l'un des sept parcs des montagnes Rocheuses canadiennes inscrits au patrimoine mondial de l'UNESCO depuis 1990 (quatre parcs nationaux et trois parcs provinciaux). Nommé en l'honneur de Eric Werge Hamber, lieutenant-gouverneur de la province entre 1926 et 1941, le parc est accolé à son célèbre homologue albertain du Jasper National park et situé au sud du Mount Robson Provincial Park. Les pêcheurs s'adonneront à leur passion dans les eaux de Fortress Lake, entouré de pics et de glaciers, tout en appréciant la végétation luxuriante alentour.

MOUNT ROBSON PROVINCIAL PARK ★

Perché à 3 954 mètres, le Mount Robson attire de nombreux visiteurs dans le parc. D'une superficie d'environ 225 000 hectares, le parc a été créé en 1913 dans le but de préserver la beauté sauvage des canyons, des forêts, des glaciers et de la montagne. Les plus courageux attaqueront les 23 km (aller) du célèbre Berg Lake Trail (une belle randonnée de 725 m d'élévation). Des tours en hélicoptère permettent de rejoindre le lac pour randonner autour de celui-ci. Le Berg Lake se trouve sur la face nord du Mount Robson, à 2 400 m. Renseignez-vous au centre d'information touristique situé au pied du mont Robson afin d'organiser votre séjour (camping, etc.).

ALBERTA

Bordée à l'ouest par les Rocheuses et à l'est par les prairies. Les Rocheuses étonnent et éblouissent par leur grandeur et leur beauté naturelle incomparable. Il y règne un calme sauvage, les villes y paraissent incongrues. Calgary et Edmonton, les deux principales agglomérations de cette province, grandissent, plus à l'est, dans les prairies. Boudées par ceux qui les trouvent monotones, ces vastes étendues, planes mais colorées, méritent elles aussi que l'on s'y arrête, ne serait-ce que pour la gentillesse des habitants qui s'y trouvent et pour leur côté western que l'on vient célébrer lors du célèbre Stampede rodéo de Calgary. L'Alberta, baptisée en l'honneur de la quatrième fille de la reine Victoria (princesse Louise-Caroline-Alberta), est une province riche de cinq parcs nationaux (Jasper, Banff, Elk Island, Wood Buffalo et Waterton Lakes) et de 68 parcs provinciaux et possède un charme incomparable, appréciable en toute saison.

Alberta
Fort Smith
WOOD BUFFALO NATIONAL PARK ★★
Lac Athabasca
Chateh
High Level
Lac Claire
Fort Chipewyan
Manning
FORT MCMURRAY ★
Peace River
Dawson Creek
Slave Lake
Grande Prairie
Athabasca
Cold Lake
Fox Creek
Whitecourt
Grande Cache
ELK ISLAND NATIONAL PARK ★
EDMONTON ★
Hinton
PARC NATIONAL JASPER-ENTRÉE EST ★★★
DRAYTON VALLEY ★★
Camrose
Jasper
Rocky Mountain House
Red Deer
COLOMBIE-BRITANNIQUE
LAKE LOUISE ★★★
DRUMHELLER ★★
BANFF NATIONAL PARK ★★★★
GOLDEN ★
BANFF ★★★
CALGARY ★★★
CANMORE ★★
DINOSAUR PROVINCIAL PARK ★★
SUN PEAKS ★
BAR U RANCH NATIONAL HISTORIC SITE OF CANADA ★
RADIUM HOT SPRINGS ★
BROOKS
FAIRMONT HOT SPRINGS ★★
Stavely
MEDICINE HAT ★
FORT MACLEOD ★
LETHBRIDGE ★
NELSON ★★
FERNIE
HEAD-SMASHED-IN BUFFALO JUMP ★★★
CYPRESS HILLS INTERPROVINCIAL PAR
200 KM
Creston
WRITING-ON-STONE NATIONAL PARK ★★
WATERTON LAKES NATIONAL PARK ★★★

PAGES

211 ## CALGARY

226 ## ROCHEUSES DE L'ALBERTA

Réglez vos montres, on passe à l'heure des montagnes, soit GMT - 7, ou huit heures de moins qu'à Paris. Joyaux du patrimoine du Canada, les Rocheuses canadiennes offrent un environnement majestueux à cheval sur deux provinces, l'Alberta et la Colombie-Britannique. Le décor du côté albertain est constitué de montagnes aux pics acérés, de lacs et de rivières aux eaux cristallines ainsi que de glaciers.

226 **CANMORE ★★**

227 **BANFF ★★★**

A 38 km à l'est de la frontière de la Colombie-Britannique et à 128 km à l'ouest de Calgary, Banff est séparée d'est en ouest par la rivière Bow, elle s'étend de part et d'autre de Banff Avenue, où sont installés divers magasins. Les plus chics d'entre eux affichent volontiers leurs prix en monnaie japonaise, car plus de 15 % des touristes internationaux viennent du pays du Soleil Levant.

232 **BANFF NATIONAL PARK ★★★★**

234 **LAKE LOUISE ★★★**

236 **JASPER ★★**

238 **JASPER NATIONAL PARK ★★★**

242 ## NORD

Au-dessus des Badlands, l'Alberta offre un tout autre visage dans la partie centre et nord de son territoire. Cette région est le territoire des premiers pionniers de l'Alberta. Le nord est divisé en deux, le nord-ouest est tapissé de champs de colza, de blé et de luzerne tandis que le nord-est est dominé par les lacs et la forêt boréale, d'ailleurs plus peuplée d'animaux sauvages que d'humains.

242 **EDMONTON ★**

Jusqu'en 1905, le français dominait presque partout et surtout dans les petits villages autour d'Edmonton. Capitale de la province, Edmonton est une ville en plein développement, autant économique que culturel avec ses quelque 40 festivals tout au long de l'année. Elle est aussi la porte d'entrée des régions boréales.

245 **ELK ISLAND NATIONAL PARK ★**

245 **FORT MCMURRAY ★**

245 **WOOD BUFFALO NATIONAL PARK ★★**

Le parc national Wood Buffalo, abrite de nombreuses espèces d'animaux typiques de la forêt boréale du Nord : ours, loups, orignaux, lynx, martres, carcajous, renards, castors et lièvres d'Amérique, des mammifères que vous pouvez observer dans leur habitat naturel. De plus, il s'agit de la plus grande réserve de ciel étoilé au monde.

PAGES

246 ● ● SUD

Au sud-ouest de Calgary, l'esprit « cow-boy » se prolonge dans cette région où « les montagnes rencontrent les prairies », entre ranches, chevaux et anciens forts de pionniers. Plus excentrée et moins accessible, la région du sud des Rocheuses albertaines est souvent boudée par les touristes. Elle offre cependant une quiétude et des paysages hors du commun qu'il serait dommage de manquer.

Au sud-est de l'Alberta, la région des Badlands est réputée pour son aridité d'où son surnom péjoratif de « mauvais sols », jugés infertiles par les colons français. Fascinants, ses paysages désertiques font penser à la « Rift Valley », en Afrique. Les milliers d'années d'érosion ont révélé des œufs de dinosaure près de Milk River et ont sculpté des hoodoos, mystérieux pinacles rocheux et colorés.

246 **BAR U RANCH NATIONAL HISTORIC SITE ★**

WATERTON LAKES NATIONAL PARK ★★★

246 Sans conteste le joyau du secteur avec son impressionnant hôtel Prince of Wales et ses lacs aux eaux turquoise. Le parc national des Lacs-Waterton fait partie des cinq parcs nationaux des Rocheuses canadiennes. Ses limites ont changé au fil des ans, mais il occupe aujourd'hui une superficie 505 km^2, ce qui fait de lui le plus petit parc des Rocheuses canadiennes.

HEAD-SMASHED-IN BUFFALO JUMP ★★★

247 Dans une plaine aride, véritable décor de Far West hollywoodien, se dresse, massif, ce « Saut où les bisons se fracassaient la tête ». Pendant près de 6 000 ans, les Amérindiens des plaines (et plus précisément la nation Blackfoot) ont mené les bisons au haut de la falaise. Dissimulé dans la montagne, tel un bunker, le musée fournit des explications sur cette chasse et son utilité.

248 **FORT MACLEOD ★**

248 **WRITING-ON-STONE PROVINCIAL PARK ★★**

249 **CYPRESS HILLS INTERPROVINCIAL PARK ★**

249 **MEDECINE HAT ★**

249 **DINOSAUR PROVINCIAL PARK ★★**

DRUMHELLER ★★

250 « Capitale mondiale des dinosaures », la vallée de Drumheller avec ses cheminées de fées compte quelque 150 sites d'ossements de dinosaures. Cette richesse paléontologique peut être également observée dans le Dinosaur Provincial Park à 174 km au sud-est de Drumheller, inscrit sur la liste du patrimoine mondial de l'Unesco et où vivent plus de 200 oiseaux sauvages.

CALGARY

© JEFF WHYTE - SHUTTERSTOCK.COM

Malgré les hauts buildings de son centre-ville et son statut de capitale pétrolière, Calgary est une métropole tournée vers la nature et vers ses traditions. Construite au confluent de deux rivières (Bow et Elbow Rivers) et entourée de collines, cette ville (la plus ensoleillée de tout le Canada) est aux portes des Rocheuses canadiennes à l'ouest, et des Badlands à l'est. En juillet, le festival annuel du rodéo, le Stampede, vient rappeler à tous les habitants leur passé de cow-boys, et confère à cette ville paisible le reste de l'année une atmosphère particulière et une effervescence hors du commun. Il a d'ailleurs valu à la ville le surnom de « Cowtown ». La ville de Calgary se divise en plusieurs quartiers dont Downtown avec sa rue commerçante (Stephen Avenue) où sont reliés des centres commerciaux via des couloirs aériens (+15), le quartier historique Inglewood et le Southeast, Mission et le Southwest, puis Kensington et le Nord.

SE REPÉRER SE DÉPLACER

Plusieurs options sont envisageables pour rejoindre la ville depuis l'aéroport et circuler au sein du centre-ville. L'aéroport de Calgary est bien desservi. Le tramway appelé C-Train est le meilleur moyen de naviguer dans la ville, reliant chaque quartier de Calgary. Sachez qu'une zone du C-Train est gratuite tout le long de la 7th avenue, principale artère de la ville. Côté orientation, il n'est pas très difficile de se repérer dans Calgary, le plan de la ville est un quadrillage divisé en quatre parties : Nord-Ouest, Nord-Est, Sud-Ouest et Sud-Est. Des passages surélevés, « +15 », permettent l'accès d'un bâtiment à un autre sans avoir à mettre le nez dehors, pratique en hiver. Louer une voiture est possible depuis l'aéroport ou depuis le centre-ville et se garer dans la rue est gratuit à partir de 18h du lundi au samedi et toute la journée le dimanche. Bien sûr, les taxis et Uber sont disponibles dans la ville (calgarytransit.com).

AÉROPORT INTERNATIONAL DE CALGARY

2000 Airport Road N.E.
✆ +1 403 735 1200
www.calgaryairport.com

Desservi par une quinzaine de compagnies aériennes opérant des vols nationaux et internationaux, l'aéroport de Calgary est le troisième plus important du Canada avec plus de 12 millions de passagers y transitant chaque année. Pour se rendre de l'aéroport au centre-ville, la ligne d'autobus 300 est opérationnelle tous les jours de 4h30 à 23h (compter 3,60 CAN $). D'autres moyens de transport comme le taxi ou Uber sont disponibles 24h/24 (compter 35 CAN $ environ).

C TRAIN

✆ +1 403 262 1000
www.calgarytransit.com

Comptez 3,60 CAN $ pour un ticket de transport, valide 90 min. Pass journalier : 11,25 CAN $.

Le tramway de la ville fonctionne depuis 2001. Il couvre 40 km dans la ville et sa périphérie. Deux lignes desservent les recoins de la ville du nord-ouest au sud-ouest, la ligne bleue « CTrain Blue Line » et du sud-ouest au nord-est la ligne rouge « CTrain Red Line ». Une portion gratuite, le long de la 7th Avenue, permet de visiter la ville en toute liberté et ne requiert pas l'achat d'un billet, les entrées et les sorties sont illimitées de la station « Downtown West-Kerby » jusqu'à la station « City Hall ». Les trams sont confortables et spacieux.

BOW CYCLE

632 Confluence Way SE
✆ +1 403 265 5422
www.bowcycle.com

Ouvert du mercredi au dimanche de 11h à 18h et jusqu'à 17h le week-end. Location de vélo dès 7 CAN $.

Bow Cycle est le spécialiste du vélo à Calgary et dispose d'équipements haut de gamme. Deux enseignes, en centre-ville et au nord de la ville, proposent la location et la vente de vélos (vélos de route, fat bikes, vélos électriques, VTT) pour parcourir le vaste réseau cyclable de Calgary (le long de la rivière Bow, Bowness park, Bowmont park...). Un atelier de réparation et de nombreux conseillers sont disponibles pour vous renseigner. L'hiver, testez le fatbike électrique, adapté pour la neige, avec gants intégrés sur le guidon... Plus d'excuses même par -25 °C !

RÉSEAU DE TRANSPORT CALGARY TRANSIT

Comptez 3,60 CAN $ pour un ticket A/R, valide 90 min. Pass journalier : 11,25 CAN $.

Téléchargez l'application Calgary Transit pour voir en temps réel les horaires de bus, les éventuelles informations liées au trafic ou tout simplement planifier votre itinéraire. Le réseau Calgary Transit fait le lien entre les bus et le C-Train, ainsi vous pourrez acheter votre ticket dans l'une des stations de tram de la ville ou dans le bus directement. 166 bus desservent Calgary et sa périphérie, la plupart équipés d'un rack de stockage pour transporter les skis ou les vélos.

À VOIR / À FAIRE

La métropole de Calgary réserve une panoplie d'activités pour chaque typologie de visiteurs. Des microbrasseries, des visites guidées thématiques et culturelles, de nombreux musées de thématiques différentes dont le musée d'art Glenbow et le récent Studio Bell portant sur la musique, etc. Calgary Greeters offre des visites pour vous faire découvrir la ville d'un point de vue local. N'hésitez pas à vous perdre dans les rues de la ville, plusieurs sites historiques attestent de son passé et les alentours verdoyants de Calgary font le bonheur de ceux qui souhaitent s'évader ou se promener autour de la ville. Si vous êtes chanceux, il n'est pas rare d'apercevoir certains animaux sauvages. Le calendrier de la ville affiche un bon nombre de festivités tout au long de l'année dont le célèbre Stampede Rodeo en juillet. A travers la ville, l'art est omniprésent allant des graffitis aux statues en bronze et aux quelques galeries d'art.

VISIT CALGARY

101 9th avenue SW
✆ +1 800 661 1678
www.visitcalgary.com
Office de tourisme de Calgary.

Découvrez toutes les informations nécessaires pour votre séjour dans la ville de Calgary, les meilleures adresses pour se loger, se restaurer, sortir, les évènements à ne pas manquer, mais aussi les bons plans pour se déplacer facilement et visiter les immanquables de la ville. Des idées de visites sont proposées sur le site Internet et des brochures thématiques sont disponibles en fonction de vos préférences : art et culture, sport et loisirs, nature et parcs, shopping... Le site propose en fonction des saisons des offres exceptionnelles.

CALGARY WALKS AND BUS TOURS

101 9 avenue SW
✆ +1 855 620 6520
www.calgarywbtours.com
Visite guidée dès 32 CAN $.

À pied ou en minibus, partez à la découverte de la ville grâce aux guides locaux de Calgary Walks and Bus Tours (architecture, *street art*, histoire, bonnes adresses à tester pendant le séjour, etc.) ! Si vous optez pour la visite guidée en bus, vous pourrez également découvrir le parc *Heritage*, au sud de la ville. Un forfait de 2 jours vous permettra d'étendre votre visite jusqu'à Drumheller ou Banff, au choix, en plus de la visite guidée de Calgary et du *Stampede Park*.

CALGARY

CALGARY BREWERY TOUR

101 9 avenue SW
✆ +1 778 320 3409
www.canadiancrafttours.ca
Dès 95 CAN $. Tous les samedis à 11h30, 15h et 19h.

Une manière originale et conviviale de visiter Calgary, pour découvrir les nombreuses microbrasseries qui fleurissent un peu partout. Pendant 3h30, laissez-vous guider pour déguster les meilleures bières de la ville et apprendre les techniques de ce savoir-faire artisanal. À bord d'une navette, le guide local vous conduira aux quatre coins de la ville. Si vous êtes déjà en groupe d'amis, vous pourrez privatiser votre navette et inclure également un *food tour* pour découvrir la gastronomie locale (maximum 8 personnes par groupe).

TOONIE TOURS

101 9 avenue SW
✆ +1 778 244 8648
www.toonietours.ca
Visite guidée gratuite : tous les lundis, mercredis et vendredis à 10h et le dimanche à 13h.

Toonie Tours propose des visites guidées gratuites de 3h dans Calgary (au départ de la Calgary Tower). À travers les yeux de locaux, suivez ces guides passionnés (également appelés *Greeters*) sur 5,5 km pour découvrir un tas de choses sur la ville (son histoire des Premières Nations à l'arrivée du chemin de fer, son surnom de *Cow Town* et son *Stampede Rodeo* en juillet, les meilleures adresses pour manger et sortir, etc.). Les guides vous mèneront hors des sentiers battus et même au-dessus de la ville (via les *skywalks*). Fin de la visite à la Tour de Calgary.

BOW HABITAT STATION

1440 17A St SE
✆ +1 403 297 6561
www.bowhabitat.alberta.ca
Ouvert du mardi au samedi de 10h à 16h. Entrée : 10 CAN $.

Visite du centre d'interprétation Bow Habitat pour comprendre la biodiversité (espèces aquatiques, faune et flore locales, etc.) et le rôle des zones marécageuses de la région (vous pourrez vous balader au cœur de cet écosystème, au Pearce Estate Park Interpretative Wetland), visite guidée de la station piscicole Sam Livingston (berceau de plus de 50 millions de truites depuis 1973), visite de l'étang où vous pourrez pêcher des truites (à condition de les relâcher immédiatement). Une visite pédagogique intéressante, à partager en famille !

CALGARY TOWER ★★

101 9th Avenue SW
✆ +1 403 266 7171
www.calgarytower.com
Ouvert à partir de 10h, jusqu'à 22h en juillet et août. Entrée : 21 CAN $ pour les adultes.

Symbole de la ville, cette tour édifiée en 1967, en 24 jours, mesure 191 m de haut et offre une vue panoramique à 360° exceptionnelle sur les Rocheuses. Sa terrasse d'observation se trouve à 1 229 m au-dessus du niveau de la mer. Testez votre courage en marchant sur le sol en verre et téléchargez le QR Code (à l'entrée) pour suivre une visite interactive depuis votre téléphone, laquelle vous donnera des explications sur les lieux emblématiques de la ville. Allez-y un peu avant le coucher de soleil, afin de découvrir la vue de jour comme de nuit.

FORT CALGARY HISTORIC PARK ★

750 9th Avenue SE
✆ +1 403 290 1875
www.fortcalgary.com
Ouvert toute l'année de 10h à 17h. Adulte : 10 CAN $.

Bâtie sur les rives de l'Elbow River, cette ancienne place forte de la police montée canadienne (arrivée en 1875 sur les lieux) sert de cadre à une reconstitution historique (et architecturale) du Calgary du siècle dernier. Vous y trouverez un centre interactif où vous pourrez envoyer des messages par télégraphe et faire un tour dans un tramway de 1928. Une maison centenaire, ancienne demeure d'un superintendant, accueille aujourd'hui le superbe restaurant The Deane House.

GLENBOW MUSEUM ★★

130 9th Avenue SE
✆ +1 403 268 4100
www.glenbow.org
Ouvert toute l'année de 9h à 17h (dès midi le dimanche, fermé le lundi). Adulte : 16 CAN $.

Rénovée en 2022, cette galerie d'art contemporain met régulièrement à l'honneur de jeunes peintres canadiens. Les expositions permanentes mettent en lumière le mode de vie, entre autres, des peuples amérindiens des plaines. Le musée retrace également l'histoire du Canada et de l'Alberta en proposant, comme il se doit, des reconstitutions de maisons anciennes. L'art militaire est aussi à l'honneur, où d'effrayantes armures de samouraïs, des mousquetons et des arbalètes côtoient des armes plus récentes. Des millions d'artefacts et plus de 30 000 œuvres d'art.

STUDIO BELL

850 4 Street SE Calgary
✆ +1 403 543 5115
nmc.ca/studiobell
Ouvert du mercredi au dimanche de 10h à 17h. Entrée adulte : 18 CAN $.

Le Centre National de Musique est l'établissement culturel phare de Calgary. Destination de choix pour les amoureux de la musique, sa collection couvre plus de 450 ans d'histoire des technologies et de l'innovation en musique. Avec son impressionnante collection d'instruments historiques et de souvenirs d'artistes, le centre axe sa philosophie autour de la préservation et l'exploration des sons et de l'histoire. Il offre également aux artistes un lieu de résidence propice à l'émergence de nouvelles musiques. Le studio Bell propose aussi une programmation unique.

TELUS SPARK

220 St. George's Drive NE
✆ 4038176800
www.sparkscience.ca
Ouvert tous les jours dès 10h. Entrée adulte : 26 CAN $.

Une visite qui intéressera les enfants en leur faisant découvrir le monde scientifique au moyen de jeux multimédias interactifs à propos du corps humain, de la planète ou encore des nouvelles technologies. Le planétarium *The Dome Theatre* propose des projections à couper le souffle. Des expériences immersives sont à disposition pour les enfants mais aussi pour les plus grands afin de mettre en lumière les faits scientifiques. Pensez à consulter la programmation car de nombreux ateliers sont régulièrement organisés sur des thématiques variées.

CALGARY STAMPEDE

2200 Stampede Trail SE ✆ +1 403 261 0101
www.calgarystampede.com
De début à mi-juillet. Rodéo : 39 à 390 CAN $.

La ville a beau avoir l'habitude d'accueillir de nombreux festivals, leur succès et leur ampleur ne sauraient cependant rivaliser avec cet événement par excellence qu'est le Stampede, le plus grand rodéo du monde. Chaque année, au mois de juillet, ses parades, ses spectacles et ses compétitions attirent plus d'un million de spectateurs. Pendant cette dizaine de jours, la ville entière se métamorphose.

La parade du Stampede, composée d'une trentaine de groupes de musique, de dignitaires à cheval et de vieux véhicules, parcourt la 6th Avenue en partant de MacLeod Trail SE jusqu'à la 9th Street SW, puis prend la direction du sud vers la 9th Avenue SW avant de s'en revenir vers la 4th Street. Les chevaux qui participent aux rodéos partent traditionnellement du Stampede Ranch, près de Hanna, au nord de Calgary, et traversent les plaines et la ville pour prendre leurs quartiers au Scotiabank Saddledome, stade omnisports en forme de selle de cheval.

Le rodéo comprend six épreuves principales, à savoir le Saddle Bronc (monte avec selle d'un cheval sauvage), le Bareback (l'épreuve la plus physique où le cavalier monte un cheval à cru, sans selle ni bride), le Bull Riding (les chevaux sont remplacés par des taureaux - un spectacle hors du commun !), le Steer Wrestling (monte sur un cheval lancé au galop, le cow-boy doit immobiliser un jeune bœuf le plus rapidement possible), le Calf Roping (le cow-boy doit attraper un jeune taureau au lasso) et le Barrel Racing (épreuve féminine de course autour de tonneaux).

Le gagnant de chaque épreuve empoche plusieurs milliers de dollars. Certains y laissent la vie, ce qui ne freine pas les cow-boys aguerris qui se disputent la place pour assister à cet événement, tant attendu chaque année. La manifestation comprend aussi les mêmes épreuves pour les juniors. Le Mutton Busting consiste, pour des jeunes cow-boys, à se faire malmener par des moutons. Le soir, les courses de chariots attelés offrent un spectacle inoubliable dans une ambiance surchauffée.

En marge des épreuves, le Stampede propose aussi une exposition agricole où sont montrés les plus beaux spécimens bovins, une présentation de chevaux ainsi qu'un village indien (sic !) où sont représentées toutes les tribus locales.

Consultez le site Internet pour réserver vos billets, il est recommandé de s'y prendre très à l'avance. Il est également possible de réserver vos places pour les spectacles musicaux et des forfaits sont également disponibles. Pensez aussi à trouver votre logement le plus tôt possible, très demandé à cette période.

© STÉPHAN SZEREMETA

Stampede de Calgary.

GRANARY ROAD

226034 112th street west
✆ +1 403 453 7623
www.granaryroad.com
Ouvert de mai à septembre. Entrée : 15,95 CAN $.

Ce parc a pour vocation de sensibiliser les enfants à l'agriculture et à la biodiversité, par le biais d'activités pédagogiques (une ferme, des structures d'animaux géantes, une tyrolienne, des excursions en wagon guidées, etc.). Le parc est ouvert de mai à septembre seulement, mais quelques évènements ponctuels viennent rythmer l'année (*Christmas Farmer's Market, Pumpkin harvest*...). Une idée originale qui rend un bel hommage à l'histoire de Calgary, très basée sur l'agriculture, à la manière d'un parc d'attractions. Une échappée idéale à faire en famille !

HERITAGE PARK

1900 Heritage Drive SW
✆ +1 403 268 8500
www.heritagepark.ca
Ouvert de 10h à 16h, tous les jours de mai à septembre. Entrée adulte : 26,25 CAN $.

Cet immense parc reconstitue, en grandeur nature, une ville du début du siècle. Les bâtiments d'origine ont seulement été déplacés de leur site initial et remis en état. Des figurants en tenue d'époque leur redonnent vie. C'est amusant et vraiment instructif. Le visiteur éprouve le sentiment étrange de pénétrer dans l'intimité d'une famille. Il peut faire quelques achats (confiseries, pâtisseries) dans de vieilles boutiques, avant de grimper dans un vénérable train qui, circulant autour du parc, laisse échapper un épais nuage de fumée.

BOWNESS PARK

8900 48th avenue NW
✆ +1 403 268 2489
www.calgary.ca/parks
Accès libre toute l'année.

Ce parc urbain de 30 hectares, situé au nord de la ville, est un terrain de jeux réputé été comme hiver. De nombreux sentiers pour randonner et faire du vélo (vélo de neige l'hiver) et un endroit idéal pour pique-niquer aux beaux jours. Encerclé par la rivière Bow, le parc est l'endroit idéal pour se baigner et faire du canoë-kayak ou paddle l'été (location de bateaux sur place également, en haute saison) et pour patiner l'hiver. Bowness Park est le lieu idéal pour une journée sportive ou une journée détente, en pleine nature !

CALGARY ZOO ★

210 St. George's Drive NE
✆ +1 403 232 9300
www.calgaryzoo.com
Ouvert tous les jours de l'année de 9h à 17h.
Tarif adulte : 29,95 CAN $

© AIVRAD - SHUTTERSTOCK.COM

Il abrite plus de 1 000 animaux du monde entier. Le Calgary Zoo est l'un des plus grands zoos du Canada et le plus visité du pays. Le site comprend aussi des jardins botaniques et un parc préhistorique où vous pourrez voir des répliques grandeur nature de dinosaures. Le zoo est très actif pour la préservation des espèces animales et œuvre à diffuser largement ses recherches dans le monde. Le zoo propose des nuits insolites au sein de la savane, une expérience inédite pour voir les animaux interagir la nuit et émerveiller les petits autant que les grands.

CANADA OLYMPIC PARK

88 Canada Olympic Road SW
✆ +1 403 247 5452
www.winsport.ca
Ouvert tous les jours de 9h à 17h.

En venant de Banff, vous verrez tout d'abord les installations qui ont servi pour les épreuves des XVe Jeux olympiques en 1988, telles que la piste de bobsleigh, ou de luge. Les tremplins de saut sont encore là : grâce à leur revêtement de fibres synthétiques, ils permettent aux champions de s'entraîner tout au long de l'année. De loin, le site paraît minuscule. L'été, il sert de terrain pour le vélo de montagne, l'hiver les habitants de Calgary prennent désormais leur abonnement pour descendre en ski sur la piste ou en bouée sur le terrain du *Tube park* situé juste à côté de la piste de ski. Fermé deux mois dans l'année uniquement pour passer d'une saison à l'autre, ce complexe (à seulement 10 minutes du centre-ville) fait le bonheur de ceux qui aiment passer du temps à l'extérieur et s'adonner aux activités sportives. Winsport propose également des cours de ski pour ceux qui souhaiteraient s'améliorer avant de s'engager sur les pistes de ski des Rocheuses. Les autres constructions nécessaires aux épreuves des Jeux olympiques font désormais partie des infrastructures permanentes de la ville, tel le stade en forme de selle, *Scotiabank Saddledome*, qui accueille aujourd'hui les compétitions de hockey sur glace de l'équipe des Flames de Calgary.

Sur le site olympique *Winsport*, un centre d'informations touristiques renseigne les visiteurs. Il leur fournit aussi des cartes indiquant les pistes cyclables - le vélo est en effet idéal pour découvrir Calgary - et notamment sa retenue d'eau appréciée par les adeptes de sports nautiques.

PEACE BRIDGE

memorial drive NW
✆ +1 403 268 2489
Libre accès, ouvert toute l'année.

En 2008, la ville de Calgary a accepté le projet de construction d'un nouveau pont, *Peace bridge* (Pont de la paix, en français), réservé exclusivement aux piétons et aux cyclistes pour traverser la rivière Bow, du centre-ville vers le quartier de Kensington plus au nord. Cette structure architecturale métallique s'est construite en 2 ans et a vu le jour en mars 2012. Environ 6 000 personnes empruntent ce pont, de 126 mètres de long et 8 mètres de large, chaque jour. Le pont est devenu un lieu incontournable et emblématique dans la ville !

SE LOGER

Le centre-ville de Calgary comporte un grand nombre d'hôtels de toutes catégories, pour la plupart appartenant à de grandes chaînes. En revanche, vous aurez plus de difficultés à trouver un hébergement bon marché à Calgary comparé à Vancouver, qui, plus touristique, possède des options plus intéressantes telles que les auberges de jeunesse. Toutefois, une solution avantageuse est proposée par les Bed & Breakfast qui se développent autour de la ville, parfois à deux pas (ou quelques arrêts de bus) du centre-ville, « Downtown » en anglais. Les prix varient en fonction des saisons et des événements de la ville. De ce fait, durant le Stampede en juillet, qui génère une forte attractivité dans la ville, il faut prévoir un budget presque 3 fois supérieur à la normale. Les logements Airbnb sont présents partout dans la ville et offrent un beau standing et une prestation plus personnelle que les hôtels.

HI CALGARY CITY CENTRE €

520 7th Avenue SE
✆ +1 778 328 2220
www.hihostels.ca
Chambre partagée : à partir de 45 CAN $, chambre privée : à partir de 129 CAN $.

Auberge de jeunesse idéalement située au cœur du récent quartier East Village, à deux pas du centre-ville et à un coin de rue du C-Train. Le personnel est disponible et les chambres et espaces communs sont propres et agréables. Un petit-déjeuner est servi tous les matins dans la cuisine dont les larges fenêtres donnent sur le tramway et les hautes tours du centre-ville. D'autres services dont une cuisine équipée, des machines à laver, la location de vélos, une table de billard, un salon de lecture, une salle télé sont proposés.

HOTEL ARTS €€

119 12th Ave SW
✆ +1 403 266 4611
www.hotelarts.ca
Chambre standard entre 160 CAN $ et 350 CAN $, en fonction de la saison.

En plein cœur du centre-ville de Calgary, dans un esprit de boutique-hôtel, l'Hôtel Arts possède 185 chambres design et modernes. Voulant mettre à l'honneur un esprit *arty*, cet hôtel conviendra aux citadins souhaitant être au cœur des activités et attractions. L'hôtel offre une cuisine contemporaine au sein de son Raw Bar et du Yellow Door Bistro, deux restaurants décorés avec originalité. Une piscine extérieure est ouverte en saison estivale. Le service est d'une qualité irréprochable et le personnel est disponible en continu.

FAIRMONT PALLISER €€€

133 9th Avenue SW
✆ +1 403 262 1234
www.fairmont.com/palliser
407 chambres et suites à partir de 300 CAN $. Forfaits disponibles. Centre de santé, restaurants.

Cet hôtel historique de 407 chambres porte le nom de l'expédition anglaise qui a conduit à la découverte, en 1858, du col Kicking Horse dans les Rocheuses. Le sol du vaste hall d'entrée est en marbre, un indice du luxe qui règne dans cet établissement. Trois gammes de chambres et de suites sont disponibles en fonction des besoins des clients. L'hôtel se trouve à une courte distance de marche du quartier financier, à deux pas de la Calgary Tower et des principales attractions du centre-ville. Un spa et un golf viendront également compléter votre séjour sur place.

THE DORIAN €€€

525 5th avenue SW
✆ +1 403 300 6630
www.thedorianhotel.com
Chambres dès 265 CAN $.

Ouvert depuis juillet 2022, ce nouvel hôtel du groupe hôtelier Marriott offre 129 chambres et 8 suites luxueuses au cœur du quartier d'affaires de Calgary. Entre chic et modernité, mêlant un style contemporain et British, l'hôtel The Dorian a été nommé d'après le roman d'Oscar Wilde *The Picture of Dorian Gray*. Comme vous pourrez le voir, de nombreux clins d'œil artistiques rendent hommage à la vie et à l'œuvre de l'écrivain. L'hôtel dispose également de trois restaurants (dont un avec une vue imprenable sur les buildings de Calgary) et d'une salle de sport.

SE RÉGALER

Longtemps réputée comme la capitale de la viande, Calgary a réussi brillamment son passage vers l'image d'une ville davantage axée sur la santé, écoresponsable et dans l'air du temps. Mettant toujours à l'honneur son statut de ville agricole avec ses produits locaux et particulièrement le célèbre bœuf de la région, les assiettes se sont néanmoins diversifiées grâce à l'influence de la cuisine étrangère, notamment asiatique. Dans le sud du centre-ville, dans Kensington, l'East Village, le long de la 17th Avenue et de la 4th Street, vous trouverez absolument toutes les cuisines possibles. La fameuse Stephen Avenue, aussi appelée 8th Avenue, regorge de restaurants agréables et de bonne qualité, qui n'hésitent pas à étaler leur terrasse dès que le soleil tape sur la ville. En bref, le choix des restaurants est varié et les établissements sont plutôt bon marché dans la ville. On y mange bien et on s'y sent bien !

© HERO IMAGES - ISTOCKPHOTO.OCM

AÑEJO €

2116 4th Street SW
✆ +1 587 353 2656
www.anejo.ca
Ouvert tous les jours à partir de 11h. Comptez 6 CAN $ les margaritas et les bières. Tarifs spéciaux certains jours.

Situé dans un bâtiment historique de la 4e rue, l'établissement Añejo vous fera vivre une expérience culinaire mexicaine d'un haut niveau avec ses recettes artisanales cuites à la perfection. Superbe salle éclairée à plusieurs niveaux pour une cuisine mexicaine inspirée, audacieuse et interactive, arrosée de plus de 200 tequilas différentes à tester et de la meilleure margarita de Calgary. Le restaurant sert le repas du midi, le dîner et reste ouvert tardivement si vous prévoyez d'étendre la soirée. Tous les ingrédients sont bien sûr frais et locaux.

CUCINA €€

515 8th Avenue SW
✆ +1 587 353 6565
eatcucina.com
Ouvert du lundi au vendredi dès 7h et dès 17h le samedi (fermé le dimanche). Compter 30 CAN $ pour un plat.

Situé en plein cœur du centre-ville de Calgary, sur la Stephen Avenue également appelée 8th Avenue, rue animée de la ville, ce petit bistro a été pensé dans le pur style italien. Ouvert en octobre 2012 comme une antenne du Teatro Restaurant, plus gastronomique, Cucina dispose aussi d'un espace café et sert des produits biologiques provenant des producteurs de la région. Le service est très personnalisé et de qualité, les plats sont copieux et une belle carte des vins (dont certains de la vallée d'Okanagan, en Colombie-Britannique) complète l'ensemble.

OEB BREAKFAST €

110 5th avenue SW
✆ +1 403 278 3447
www.eatoeb.com
Ouvert de 7h à 14h45 tous les jours. Compter entre 15 et 25 CAN $.

Le lieu de prédilection pour prendre un petit déjeuner/brunch à la canadienne ! Née en 2019 à Calgary, où la culture du brunch est de rigueur, cette enseigne populaire s'est développée à plusieurs endroits du centre-ville, à Edmonton et même vers d'autres provinces du Canada. Le service est agréable et aux petits soins (on vous servira le café à volonté !) et l'ambiance est décontractée. Les produits proposés sont frais et proviennent pour la plupart de fermes locales (OEB Breakfast possède même son propre poulailler de volailles élevées en liberté !

SALTLIK €€

101 8th Avenue SW
✆ +1 403 537 1160
www.saltlik.com
Ouvert tous les jours de 15h à 22h. Comptez environ 35 CAN $ pour un plat.

Ce restaurant raffiné de type *steakhouse* est l'adresse incontournable de Calgary pour manger de la très bonne viande et notamment goûter au bœuf de l'Alberta. Certes un peu plus onéreux que d'autres restaurants de la ville, le service et les plats servis justifient totalement cela. Ambiance lounge et cosy, vous pourrez choisir de manger sur les tables avec banquettes ou sur les tables en hauteur, plus proches du bar. Si le temps le permet, le repas peut se déguster en terrasse. Très bonne carte des vins, bières et cocktails pour accompagner vos plats.

TEATRO €€€

200 8th Avenue SE ✆ +1 430 290 1012
www.teatro.ca
Ouvert midi et soir en semaine, uniquement le soir le week-end. Environ 50 CAN $ pour un dîner à la carte.

Une belle adresse pour apprécier une cuisine méditerranéenne et tout particulièrement italienne de qualité, dans un cadre raffiné. Le tout dans un bâtiment historique, Dominion Bank, sur l'une des plus charmantes places de la ville, l'Olympic Plaza, en plein cœur du centre-ville. Le restaurant réputé Teatro offre une cuisine de qualité, accompagnée d'une belle sélection de vins dont certains ayant gagné des récompenses. Les ingrédients sont frais et issus du commerce local, en plus d'être divinement bien présentés dans vos assiettes. Le service est irréprochable !

THE PALOMINO SMOKEHOUSE €

109 7th Avenue Southwest ✆ +1 403 532 1911
www.thepalomino.ca
Ouvert tous les jours à partir de 11h, dès 10h30 les fins de semaine. Compter entre 15 et 25 CAN $.

L'une des plus importantes *smokehouses* de l'Alberta. Ambiance country et barbecue au menu de cette excellente adresse. Vous ne résisterez certainement pas au fondant *pulled pork* (porc effiloché) ou aux différentes options pour accompagner votre poutine ! Des concerts et évènements y sont souvent organisés, pensez à jeter un œil à la programmation sur le site Internet avant d'aller y faire un tour ! A l'occasion d'évènements sportifs, le restaurant possède des écrans pour regarder le match entre amis. L'*happy hour* de 15h à 18h propose des tarifs très intéressants.

BONTERRA RESTAURANT €€€

1016 8th Street SW
✆ +1 403 262 8480
www.bonterra.ca
Ouvert le midi en semaine et tous les soirs du lundi au dimanche.

Une trattoria de style, avec un plafond voûté et des poutres apparentes version Méditerranée italienne. La carte des vins est incroyable même si celle-ci affiche peu de bouteilles en dessous de 30 CAN $. Le chef Benjamin Mills prépare une cuisine italienne contemporaine de très grande qualité, à base d'ingrédients simples et frais, inspirés de la Toscane. Une terrasse et une salle de dégustation ajoutent une touche sympathique à cet établissement bien établi dans le paysage gastronomique de Calgary. Une adresse à retenir pour les gourmets !

CHARBAR €€

618 Confluence Way SE
✆ +1 403 452 3115
www.charbar.ca
Ouvert du lundi au jeudi de 11h30 à 22h, jusqu'à 00h vendredi et samedi et 22h le dimanche. 30 CAN $ pour un plat.

Charbar est situé dans l'immeuble tendance de la ville : l'historique Simmons Building, qui était autrefois une fabrique de matelas. À deux pas de la Bow River, ce restaurant propose une superbe sélection de viandes et de produits de la mer ainsi qu'un menu « Brunch » le week-end. Tous les plats sont fraîchement préparés par la Cheffe Jessica Pelland, l'une des pointures montantes de la gastronomie canadienne. Dans le même bâtiment se trouve l'enseigne Phil & Sebastian, à ne pas manquer si vous souhaitez emporter votre café après votre repas chez Charbar !

MAJOR TOM BAR €€

700 2 street sw
✆ +1 403 990 3954
www.majortombar.ca
Ouvert du mardi au dimanche de 15h à 23h. Compter environ 40 CAN $ pour un plat.

Classé parmi les 10 nouveaux meilleurs restaurants du Canada par *En Route*, Major Tom Bar est une *steakhouse* moderne, située au 40e étage du centre commercial Scotia Centre, sur la Stephen Avenue. C'est l'endroit idéal pour goûter le bœuf de l'Alberta et les délicieux cocktails concoctés par le bar, avec en prime, une vue panoramique sur le centre-ville de Calgary ! L'*happy hour*, appelé ici *Golden hour*, se déroule de 15h à 17h... Un menu est également disponible pour vos fringales en milieu d'après-midi ! À tester : les *Potato Doughnuts* !

PIGEONHOLE €€

306 17th Avenue SW ✆ + 1 403 452 4694
pigeonholeyyc.ca
Ouvert du mercredi au dimanche de 17h à 22h, jusqu'à 1h vendredi et samedi. 30 à 56 CAN $ pour un plat.

Ouvert en 2015, le restaurant Pigeonhole est une adresse branchée et raffinée du quartier Mission. Sa cuisine est un savant mélange de saveurs européennes et asiatiques concoctée par Justin Leboe, un jeune chef émérite de la ville de Calgary. Ambiance victorienne moderne en salle de restaurant, déjà très populaire auprès d'une clientèle jeune et aisée. Les petits plats proposés sont de style tapas, et la carte des vins est très généreuse pour accompagner vos mets. Les ingrédients sont locaux et choisis avec soin, afin de proposer la meilleure qualité aux clients.

RANCHMAN'S COOKHOUSE AND DANCEHALL €€

9615 MacLeod Trail South
✆ +1 403 253 1100
www.ranchmans.com
Ouvert tous les jours dès 16h (fermé le dimanche et lundi). Happy hour avant 18h. Compter environ 16 CAN $ pour un plat.

Serveurs en bottes et chapeaux de cowboys, billards, écrans de télé diffusant hockey et basketball, rodéo mécanique, piste de danse où des cours de *line dancing* ont lieu gratuitement tous les jeudis... Vous commencez à avoir une idée de l'ambiance ? Ranchman's est une véritable expérience culturelle ! Quant au samedi, une soirée *Saturday Jam* met à l'honneur la musique country, de quoi passer une vraie soirée western tout en dégustant un bon plat copieux !

THE HOSE AND HOUND €€

1030 9th Avenue SE
✆ +1 403 234 0508
www.thehose.ca
Ouvert tous les jours dès 11h. Carte : moins de 25 CAN $. Menu sans gluten disponible.

Tentez l'expérience chez The Hose and Hound, un restaurant et pub sympathique qui sert une quinzaine de bières différentes. On peut y jouer aux fléchettes, au billard et surtout manger sandwichs, burgers et pizzas dans une ambiance très *friendly*. Des petits concerts sont organisés de 19h à 22h tous le vendredis et samedis. Pour la petite histoire, le bâtiment a servi de caserne de 1907 à 1952 avant de voir ses pompiers déménager dans un nouveau lieu pour pouvoir garer leur camion, devenu trop gros pour les portes de l'immeuble.

HAYDEN BLOCK SMOKE & WHISKEY €

1136 Kensington Rd NW
✆ +1 403 283 3021
www.haydenblockyyc.com
Ouvert tous les jours de 11h à 1h du matin. Compter 15 CAN $ pour un plat.

Ce restaurant offre, chaque jour, une spécialité à prix réduits (le lundi *Brisket & bourbon*, *Tacos* le mardi, ailes de poulet avec dégustation de whiskey le mercredi, cocktails spéciaux le jeudi et *Brunch* le week-end de 11h à 14h). *Happy hour* du lundi au vendredi de 15h à 18h et *live music* au deuxième étage tous les vendredis et samedis, à partir de 20h30 (programmation à consulter sur le site Internet). Une adresse de prédilection pour les amateurs de grillades.

HIGHER GROUND CAFÉ €

1126 Kensington Road
✆ +1 403 270 3780
highergroundcafe.ca
Ouvert tous les jours de 8h à 22h. Petit déjeuner toute la journée.

Voici LE café de Kensington. Endroit favori des locaux, on y vient pour travailler et lire, en solo ou entre amis, au coin du feu ou près de l'une des grandes fenêtres qui donnent sur la rue. L'endroit est réputé pour son café biologique. La carte propose aussi de succulentes tartes sucrées et autres pâtisseries, des salades, soupes et un petit-déjeuner de burritos et d'œufs, servis toute la journée et préparés avec des produits de l'agriculture locale. L'ambiance conviviale permet de se ressourcer en hiver et de commencer la journée du bon pied en été.

IKEMEN RAMEN BAR €

217 10 Street NW
✆ +1 403 4522148
Du lundi au jeudi (11h30-14h30 et 17h-23h), vendredi et samedi (11h30-23h), dimanche (12h-21h). Plat dès 12 CAN $.

Dans un décor épuré, au son d'une musique moderne, voici l'endroit idéal où venir manger sur le pouce le midi, si vous êtes de passage dans le quartier éclectique de Kensington. Le soir, le restaurant Ikemen Ramen Bar accueille la population jeune et tendance du quartier. Les bols de ramen sont généreux et mettent en valeur des produits locaux de la terre (le porc d'Alberta, très réputé de la région) ainsi que de la mer. Vous pourrez également agrémenter comme vous le souhaitez votre bol de ramen. Les serveurs sont aux petits soins.

MÔT TÔ €€

1609 Centre St NW
✆ +1 825 910 8488
www.mottovietnamese.com
Ouvert du mardi au dimanche de 11h à 20h. Compter 16 CAN $.

Ce restaurant vietnamien a été classé dans le top 10 des meilleurs restaurants du Canada par *En Route*. L'ambiance y est jeune et décontractée et les plats sont préparés avec des ingrédients frais et locaux, à toute heure de la journée. Les plats mettent en lumière la cuisine vietnamienne (soupe *Pho*, viandes caramélisées, *Banh Mi*, *spring rolls*, etc.) tout en revisitant et en modernisant certains plats (sandwichs, *grilled cheese*, etc.). À ne pas manquer : le *Pho Grilled Cheese* (un des meilleurs *Pho* de Calgary). Service agréable et professionnel !

NOTABLE €€

4611 Bowness Road NW
✆ +1 403 288 4372
www.notabletherestaurant.ca
Ouvert tous les jours. Brunch pour moins de 25 CAN $. Viande ou poisson entre 30 et 50 CAN $.

Dégustez votre dîner en vous divertissant avec une vue complète sur la cuisine et son four à bois. NOtaBLE se consacre à l'approvisionnement local. Les fruits de mer et les poissons d'une qualité exceptionnelle proviennent des côtes canadiennes. Le chef est renommé dans la ville et a reçu plusieurs récompenses culinaires. Le service y est excellent et très personnalisé. Goûtez la salade de poulet rôti au four et, si vous y allez le week-end, ne manquez pas les *Cinnamon buns* faits maison, accompagnés d'un délicieux *cream cheese*.

RIVER CAFÉ €€

25 Prince's Island Park
✆ +1 403 261 7670
https://river-cafe.com
Ouvert tous les jours de 11h à 22h. Compter environ 30 CAN $ pour un plat. Brunch le week-end. Fermé en janvier.

Dans le parc de l'île du Prince, au bord de la rivière Bow, ce grand chalet en bois abrite un restaurant aux allures de cahute de pêcheurs, très cosy, avec vue sur le parc et les tours de la ville. Cuisine locale fermière et de saison, ce restaurant raffiné affiche de nombreux prix gastronomiques, une valeur sûre vérifiée et approuvée ! Commandez un steak de bœuf, spécialité culinaire de l'Alberta, accompagné d'un verre de vin de la vallée d'Okanagan (région viticole la plus proche) et profitez de l'ambiance chaleureuse du lieu, au coin de la cheminée.

FAIRE UNE PAUSE

Les bars et cafés ne manquent pas dans la ville de Calgary, où il fait bon vivre. Les habitants ne manquent pour rien au monde leur rendez-vous habituel autour d'un café et un bon nombre d'entre eux utilisent les *coffee shops* pour travailler. Bien que Tim Hortons soit une chaîne canadienne réputée pour son café et ses beignets, des institutions plus locales telles que OEB Breakfast proposent des cafés et boissons chaudes plus élaborés et participent à l'économie locale, comme le veut la région. Vos pauses gourmandes pourront être complétées par les célèbres pancakes au sirop d'érable, qui se dégustent dans la plupart des enseignes de la ville. Dans les bars, les cocktails sont au rendez-vous, presque à égalité avec les bières artisanales des nombreuses microbrasseries de la ville. Retenez donc la 17th Avenue, la Stephen Avenue ainsi que le quartier de Kensington pour déguster un verre dans l'agglomération.

COLD GARDEN

1100 11 St SE
✆ +1 403 764 2653
www.coldgarden.ca
Ouvert tous les jours de 11h à 00h, jusqu'à 1h vendredi et samedi. Compter 5,95 CAN $ la pinte de bière.

Impossible de passer à côté de cette enseigne qui scintille de mille feux ! Dans un style éclectique et rétro, cette microbrasserie du quartier d'Inglewood est le rendez-vous des locaux, qui s'y rendent pour la plupart avec leur animal de compagnie. Vous y trouverez des bières artisanales insolites (*cupcake, cappuccino, hot chocolate*, etc.)… De quoi déstabiliser, au premier abord, les friands de bières qui pourront y voir un nouveau challenge en dégustant 4 bières au choix, sur l'un des nombreux fauteuils et canapés *cosy* de la salle !

THE ROSE AND CROWN

1503 4th SW
✆ + 1 403 244 7757
www.roseandcrowncalgary.ca
Ouvert tous les jours dès 11h (10h le week-end). Happy hours.

Depuis 1985, ce pub irlandais à la canadienne propose un vaste choix d'une trentaine de bières pression. Avec une ambiance rustique, cet établissement est géré par la même famille depuis son ouverture, et tient une bonne réputation auprès des locaux de Calgary qui aiment se retrouver autour d'un verre ainsi que des fameux *fish & chips*. Concerts variés en fin de semaine et menu de sandwichs et autres plats à prendre sur le pouce en sirotant une bonne Guinness. Les prix sont très abordables et le service, sans aucune prétention, est très agréable.

PROOF COCKTAIL BAR

1302 1 St SW
✆ +1 403 246 2414
www.proofyyc.com
Ouvert tous les jours de 16h à 1h du matin. Compter entre 15 et 18 CAN $ le cocktail.

Ce bar à cocktails réputé est l'un des meilleurs du Canada, tant au niveau de ses cocktails créatifs que de la décoration intérieure du bar ! Les quatre mixologues de Proof vous feront vivre une expérience significative, de votre commande jusqu'à votre dégustation (présentation impeccable et une attention particulière sur les détails de votre cocktail). À emporter ou sur place, n'hésitez pas à venir lors de l'*happy hour*, de 16h à 19h, pour bénéficier de réductions. À noter que le bar a également été listé parmi les 50 meilleurs bars du monde, rien que ça !

WHISKEY ROSE SALOON

1012 17 Ave SW
✆ +1 403 474 7673
www.whiskeyrosesaloon.com
Ouvert tous les jours de 16 à 2h. Happy hour du mardi au vendredi de 16 à 19h (compter 3 CAN $ pour une Margherita).

Ce nouveau bar branché, situé sur la 17th Avenue (réputée pour ses bars et son ambiance festive), a ouvert ses portes fin 2021. Billard, grand bar central, écrans pour suivre l'actualité sportive et de nombreuses tables où s'installer pour prendre un verre entre amis… L'atmosphère du lieu a un côté un peu western, qui nous rappelle que nous sommes bien à Calgary (la ville des cowboys après tout !). Les cocktails valent le détour, surtout lors de l'happy hour (Margarita à 3 CAN $) et des concerts ont lieu tous les vendredis et samedis de 20h30 à 21h !

(SE) FAIRE PLAISIR

Paradis pour tous les amateurs de shopping, qui seront ravis de pouvoir basculer d'un bâtiment à un autre en utilisant les ponts aériens (+15), pratiques lorsque les températures atteignent des pics négatifs. Il y a plein de petites boutiques locales ainsi que des centres commerciaux affichant les plus grandes marques dont The Core, qui s'étend sur 4 rues et 4 étages. Par chance, vous êtes dans l'une des provinces exonérées de la taxe provinciale sur les ventes, ce qui vous permet d'économiser en consommant dans l'Alberta plutôt qu'ailleurs. Bon point de départ pour se préparer et acheter tout le matériel nécessaire avant de partir à l'aventure dans les Rocheuses, les magasins de sport sont de qualité inégale. Ville Western qui se respecte, les boutiques artisanales de cow-boy sont les trésors cachés de la ville. Explorez au-delà des centres commerciaux et visitez les quartiers Inglewood, Kensigton, la Stephen Avenue et la 17th Avenue.

CENTRE COMMERCIAL THE CORE

324 8 Ave SW
✆ +1 403 441 4940
www.coreshopping.ca
Ouvert tous les jours dès 10h (à midi le dimanche).

Principal centre commercial de Calgary, en plein centre-ville le long de la rue piétonne. On y trouve les plus grandes marques canadiennes. Il est relié à d'autres centres commerciaux, par un réseau de *walkways*, ponts aériens au-dessus des rues, qui permettent de faire son shopping sans mettre le nez dehors. Ne manquez pas les Devonian Gardens, au dernier étage ! Véritable oasis de verdure, ces jardins intérieurs publics offrent aux habitants un vrai dépaysement en plein centre-ville.

EAU CLAIRE MARKET

200 Barclay Parade SW #202
✆ +1 403 2646450
www.eauclairemarket.com
Ouvert dès 10h tous les jours (dès midi le dimanche). Les horaires changent pendant les vacances et jours de fêtes.

Ce centre commercial est situé le long de Bow River et de Prince's Island Park. Outre ses restaurants, ses magasins, sa salle de jeux d'arcades, son complexe cinématographique, il abrite un marché de produits frais (poissons, viandes, vins, fleurs, produits exotiques, charcuterie et boulangerie). L'édifice s'est récemment lancé dans d'importants travaux de restructuration afin d'attirer de nouveaux clients. Ces dernières années, les lieux avaient été quelque peu délaissés au profit des artères plus tendances du sud de la ville.

SUNNYSIDE NATUREL MARKET

338 10 St NW Unit 10 ✆ +1 403 2707477
www.sunnysidemarket.ca
Ouvert tous les jours dès 9h.

La référence incontestée de Kensington, voire de la ville de Calgary, en matière de produits locaux et biologiques. Les rayons débordent de gourmandises éthiques, de fruits de saison et de chocolats végan. Au sein du magasin, vous trouverez également une petite boulangerie qui vend des salades et des pâtisseries succulentes. Une belle adresse pour les amoureux de bons produits. La relation entre les fermiers locaux et le magasin est véritable et les meilleurs produits sont ici sélectionnés pour les clients. Bonne sélection de fromages, de viandes et de pains.

PAGES

1135 Kensington Rd NW
✆ +1 403 2836655
www.pageskensington.com
Horaires variables en fonction de la saison.

L'une des plus anciennes librairies indépendantes de la métropole de Calgary est située au cœur du quartier tendance de Kensington. Sur deux étages, la petite librairie et ses étagères en bois proposent plus de 10 000 livres, des romans d'occasion aux dernières parutions. Voici l'endroit idéal où flâner lors d'un après-midi froid d'hiver. De nombreux fauteuils sont à disposition pour que vous puissiez vous blottir confortablement dans l'un d'entre eux et bouquiner tranquillement. Les vendeurs sont des passionnés de lecture et donc de très bons conseils.

BOUGER & BULLER

Rythmée par les 4 saisons, Calgary est une ville qui se visite tout au long de l'année. Toutefois, en fonction de vos préférences, il est important de prévoir la période à laquelle vous souhaitez vous y rendre. L'hiver, la ville met à disposition plusieurs infrastructures pour la pratique des sports de glisse telles qu'une patinoire extérieure sur la place olympique, donnant un côté féerique à la métropole canadienne. Son complexe Winsport propose des forfaits et des *pass* pour toute la saison pour skier ou faire de la luge à seulement quelques minutes du centre-ville. Des chemins de randonnée sont dispersés un peu partout dans la ville et les nombreux parcs permettent de se dégourdir tout en restant dans l'agglomération. L'automne est une bonne saison pour assister aux matchs de hockey qui débutent au mois d'octobre. Des instituts de massage et spa sont présents dans la ville pour ceux qui souhaiteraient simplement se relaxer.

BATL AXE THROWING

2151 32 St NE

✆ +1 587 747 7606

www.batlgrounds.com

Compter 30 CAN $ par personne pour une partie d'une heure.

Si vous voulez suivre les clichés jusqu'au bout, enfilez votre chemise à carreaux (en mode bûcheron) et faites vos équipes ! Guidées par un membre de l'enseigne, toutes les techniques de lancer de haches n'auront plus aucun secret pour vous ! Face à la cible, en concurrence avec l'équipe adverse, l'adrénaline monte quand il faut faire un maximum de points en un temps imparti ! Il va sans dire qu'un petit briefing sur les règles de sécurité est inclus avant de commencer la partie ! Les enfants sont autorisés à partir de l'âge de 12 ans. Amusement garanti !

THE PADDLE STATION

5227 13 Ave NW

✆ +1 587 200 4446

www.paddlestation.ca

Ouvert de mai à septembre.

Depuis votre embarcation sur la rivière Bow, vous pourrez apprécier la vue de Calgary depuis une tout autre perspective. Réservez en ligne votre kayak (une ou deux places), votre stand-up paddle ou votre raft (pouvant accueillir jusqu'à 12 personnes) et laissez-vous porter par la rivière de Shouldice Park à Saint Patrick's Island. Cette excursion de 2 heures vous permettra d'apprécier la vue du centre-ville depuis la rivière et de côtoyer la nature environnante alentour, tout en vous surpassant. Une expérience à faire pendant l'été sous un soleil éclatant !

BEARSPAW GOLF CLUB

61 Hamilton Dr

✆ +1 403 239 7444

www.golfbearspaw.com

Ouvert du lundi au samedi de 9h à 17h.

Niché au nord de Calgary, en direction des Rocheuses, ce beau terrain de golf de 9 et 18 trous est l'un des meilleurs de la province de l'Alberta. Vous aurez le choix entre différents parcours (le terrain est ponctué de petits étangs, d'un petit dénivelé et arboré) offrant de belles vues sur la nature environnante du lieu. Après l'effort, le réconfort… que vous pourrez trouver au sein du restaurant gastronomique de l'établissement. Ouvert aux débutants, vous pourrez prendre des cours sur place pour vous perfectionner à votre rythme.

RIVERSIDE SPA

110 Pt McKay Cres NW

✆ +1 403 270 7500

www.riversidespa.ca

Ouvert tous les jours de 8h30 à 18h. M assage dès 145 CAN $.

Pour une durée d'une heure ou pour la journée, le Riverside Spa est lové entre les arbres au bord de la rivière Bow, pour une reconnexion totale avec soi-même et avec la nature. Dès votre arrivée, vous serez pris en charge par des professionnels qui vous proposeront divers massages, soins du visage, manucures, pédicures, modelages (hydrothérapie, enveloppe exfoliante, etc.) ainsi que des forfaits incluant plusieurs services (hammam, bain à remous, soins esthétiques également disponibles sur place). Un moment de détente absolu !

Clubs dansants, salles de spectacles, revues musicales et casinos, Calgary aura toujours quelque chose à vous proposer pour faire de vos soirées un succès. Ville dynamique qui sait faire la fête, le quartier animé d'Inglewood invite à des soirées branchées avec musique *live*. Pour les sorties culturelles, les journaux gratuits de la ville et le magazine *Where* (disponible au Calgary Visitor Information Centre, entre autres) informent de l'actualité culturelle ainsi que des bonnes adresses où sortir. Saviez-vous que le Bloody Caesar a été inventé à Calgary ? Mélange de jus de tomates, de palourdes et de vodka, ce célèbre cocktail a été créé par Walter Chell, le barman d'un hôtel de la ville en 1969. Vous trouverez un choix de cocktails bien colorés au menu des pubs, bars et boîtes de nuit de la ville. Traditionnels ou à l'ambiance western, ces établissements sont nombreux sur Stephen Avenue ainsi que sur la 17th Avenue.

TWISTED ELEMENT

1006 11th Avenue SW
www.twistedelement.ca
Club gay. Ouvert du jeudi au dimanche. Horaires variables selon la saison.

Ouvert en 2004, cet établissement renommé, situé en plein cœur du centre-ville, se vante d'être le plus grand club de danse gay de la ville et de l'Ouest canadien. Cette boîte de nuit, établie sur deux étages, est une adresse haute en couleur composée de sa grande piste de danse et de sa musique à l'ambiance *deep house*. Les spectacles thématiques, les soirées karaoké le mercredi soir et les *drag-shows* du vendredi au dimanche valent largement la curiosité et promettent des soirées inoubliables ! Les prix très raisonnables et le service ajoute un plus au club !

ARTS COMMONS

205 8th avenue SE
✆ + 1 403 294 9494
www.artscommons.ca
Compter au moins 50 CAN $ pour un billet de spectacle.

L'un des centres d'art les plus importants de l'Ouest canadien, situé en plein centre de Calgary. Théâtre, concerts et danse se côtoient sous le toit du Arts Commons (ancien Epcor Centre for the Performing Arts) de Calgary. On peut assister aux représentations contemporaines de l'Alberta Theatre Projects ainsi qu'aux concerts du Calgary Philharmonic Orchestra. Plus de 1 800 événements et performances sont présentés chaque année. Le centre propose également des locations de salle pour des événements tels que les mariages. Sortez la cravate et les hauts talons !

JUBILEE AUDITORIUM

1415 14th Avenue NW
✆ +1 403 297 8000
www.jubileeauditorium.com
Pour acheter ses billets en ligne : www.ticketmaster.ca

Construite en 1957, c'est l'une des salles de spectacles les plus importantes de la ville qui accueille les spectacles du Calgary Opera et de l'Alberta Ballet. Les amateurs de rock, de folk ou de pop ont toutefois droit, eux aussi, à leurs concerts préférés tout au long de l'année ! Prévoyez d'arriver 45 minutes avant le début de chaque représentation afin d'être sûr de profiter du spectacle en temps et en heure. L'acoustique de la salle est extraordinaire et les performances sont minutieusement sélectionnées. Un bar est disponible pour l'entracte.

SCOTIABANK SADDLEDOME

555 Saddledome Rise SE
✆ +1 403 777 4646
www.scotiabanksaddledome.com
Environ 45 CAN $ pour assister à un match de hockey sur glace.

Construit en 1983 en vue des Jeux olympiques d'hiver de Calgary de 1988, le Scotiabank Saddledome (anciennement appelé Olympic Saddledome) est une immense patinoire intérieure pouvant accueillir près de 20 000 spectateurs. situé dans le parc du Stampede, il doit sa forme à l'architecte Graham McCourt qui s'inspira d'une selle de cheval. C'est ici qu'ont lieu les matchs de hockey sur glace de l'équipe des Flames de Calgary ! Les billets se réservent en ligne, et s'achètent aux portes du stade ou encore à des revendeurs à l'entrée.

CANMORE ★★

Au pied des Three Sisters, dans la Bow Valley, à 28 km à l'est de Banff, Canmore, porte d'entrée du Kananaskis Country, a vu sa population tripler en 20 ans. Est-ce pour avoir prêté son décor à quelques grands films (*Légendes d'automne, Snow Dogs* ou encore *Shanghai Noon*) ? Ou pour sa situation au cœur des Rocheuses, où elle est éclipsée par Banff la rutilante, donc moins courue et plus abordable ? Encerclée par les montagnes, Canmore est réputée pour les chiens de traîneau l'hiver et ses nombreux sentiers pour randonner toute l'année (contrairement à Banff, l'entrée est gratuite). Les bus (Roam Transit) sont également gratuits au sein de la ville.

THREE SISTERS ★★

Suivre Bridge Road puis Rundle Road en direction du stationnement des Three Sisters, les 3 sommets les plus connus de la région nommés respectivement Big Sister, Middle Sister et Little Sister. Ces 3 sommets (autrefois appelés « les trois religieuses », *The Three Nuns* en anglais, par Albert Rogers en 1883) constituent le cœur de Canmore et du Kananaskis Country. Un superbe panorama vous attend à la clé. Vous pourrez également apercevoir leur reflet dans la rivière Bow depuis Policeman's Creek, à quelques minutes seulement du centre de Canmore.

GROTTO CANYON ★

Pour les plus sportifs, la randonnée suivant Grotto Canyon (départ à 10 minutes de Canmore sur la Transcanadienne) vous mène jusqu'à un spectaculaire point de vue sur Canmore et le lac Gap. Il faut compter environ 2 heures aller-retour. Le sentier longe une cascade, et près de celle-ci se trouve une paroi rocheuse où vous pourrez encore apercevoir des pétroglyphes de la tribu Hopi, datant d'il y a plus de 1 000 ans. Le lieu est prisé pour l'escalade. Attention à bien vous équiper de chaussures avec de bons crampons car l'endroit peut être très glissant.

CANMORE CAVE TOURS

129 Bow Meadows Crescent
✆ +1 877 317 1178
www.canmorecavetours.com
Ouvert toute l'année, tous les jours de 9h à 18h.
À partir de 135 CAN $. Dès 10 ans.

Partir à la montagne rime souvent avec randonnées au grand air autour des lacs, rivières ou encore ski... Mais vous êtes-vous déjà demandé ce qu'il se passait au cœur même de la montagne ? Deux excursions guidées par des professionnels passionnés (Adventure ou Explorer Cave Tour), de 4 à 6h, sont proposées pour découvrir la grotte *Rat's Nest Cave*. Vous vous faufilerez dans des endroits étroits, descendrez en rappel et apprendrez un tas de faits sur la spéléologie et l'environnement qui vous entoure. Une expérience inoubliable qui vous emmènera 55 m sous terre !

HA LING PEAK ★

Pour les randonneurs les plus chevronnés, le ha Ling Peak Trail propose une ascension de 3 à 4 heures relativement difficile jusqu'au sommet du pic ha Ling, situé à l'extrémité nord-ouest de la montagne Lawrence Grassi. Le chemin n'est pas très balisé, attention de ne pas vous perdre. Mais la vue imprenable et panoramique sur la ville de Canmore et les alentours récompense l'effort. Veillez à bien vous équiper car ça grimpe dès le début et quelques endroits nécessitent l'utilisation de bonnes chaussures de randonnée. Très populaire, allez-y assez tôt !

HI CANMORE €

201 Indian Flats Road ✆ +1 403 678 3200
www.hihostels.ca
En bas de Grotto Mountain. A partir de 50 CAN $ en dortoir, 110 CAN $ en chambre privée et 225 CAN $ en chalet.

Bien qu'un peu excentrée du centre-ville, cette auberge de jeunesse tout confort, membre de la chaîne HI et Alpine Club, dispose de nombreux services qui vous donneront l'impression d'être « comme à la maison » (barbecue, jeux de société, salon avec cheminée, bibliothèque, sauna, billard, cuisine tout équipée, etc.). Point de départ idéal pour les amoureux de nature et de randonnée qui pourront rejoindre le sentier Grotto Mountain (juste en bas de la rue). Les familles ou amis pourront également réserver un chalet entier, avec vue sensationnelle sur les montagnes.

THE GRIZZLY PAW BREWING COMPANY €

622 Maine Street
✆ + 1 403 678 2487
thegrizzlypaw.com
Ouvert tous les jours de 11h à 23h (minuit vendredi et samedi).

Depuis 1996, The Grizzly Paw Brewing Company est un sympathique restaurant qui sert une cuisine canadienne typique et surtout de délicieuses bières maison que vous pourrez toutes déguster sur place ! L'enseigne est très réputée dans la région. L'enseigne propose également de faire des visites guidées spéciales de 45 minutes à une heure, au sein de la brasserie pour expliquer le fonctionnement de chaque machine, le processus de transformation, etc.

SAGE BISTRO €€

1712 Bow Valley Trail ✆ +1 403 678 4878
www.sagebistro.ca
A la fois bistrot (de 11h à 17h), restaurant (dîner de 17h à 22h) et bar à vin (de 17h à 23h). Compter environ 20 CAN $.

Sage Bistro est un beau restaurant niché dans un chalet rustique en bois rond à proximité de l'autoroute, avec vue imprenable sur les montagnes alentour. Les plats sont variés et succulents, tous issus d'une cuisine canadienne raffinée et de produits locaux. Au menu, vous retrouverez un tas de spécialités locales : les moules de l'île du Prince Édouard, le célèbre steak de la province de l'Alberta ou encore le saumon de la province de la Colombie-Britannique. Bonne adresse pour s'offrir un brunch avec une carte des vins qui saura accompagner vos mets avec goût.

CANMORE NORDIC CENTRE

1988 Olympic Way
✆ +1 403 678 5696
www.canmorenordic.com
Ouvert tous les jours de 9h à 17h30.

Le Canmore Nordic Centre a été construit en 1986 pour accueillir les Jeux olympiques d'hiver de Calgary de 1988 et depuis il est utilisé comme centre d'entraînement des athlètes de ski de fond et de biathlon. Consultez le programme afin de connaître les dates des courses et des événements régulièrement organisés. Des visiteurs du monde entier viennent profiter des nombreux sentiers pour le vélo de montagne, le ski de fond et pour participer aux événements saisonniers du parc provincial de Canmore Nordic Centre. Un petit musée sur les sports et athlètes du Canada.

MARTHA'S HELI HIKES

132 Rundle Crescent
✆ +1 403 609 0824
marthashelihikes.com
Départs de juin à octobre. Réservations requises. À partir de 575 CAN $ pour une expédition de 5 à 10 heures.

La propriétaire de l'agence, Martha, est une maniaque de la randonnée, de l'hélicoptère et des montagnes Rocheuses ! Elle propose à ses clients une expérience unique qui consiste à se faire déposer en hélicoptère dans des secteurs très peu accessibles afin de randonner au beau milieu de la nature et surtout loin de la foule. Elle propose également des excursions d'héli-yoga, pour aller méditer tout seul au sommet d'une montagne ! Une expérience riche et unique en plein cœur des Rocheuses canadiennes et de leurs paysages grandioses !

BANFF ★★★

Très touristique en été comme en hiver, Banff est LA destination privilégiée des Rocheuses. Connue et appréciée pour ses pistes de ski, ses paysages grandioses mais aussi pour ses deux sources thermales chaudes, Banff est bouillonnante de vie. La ville a été bâtie au cœur d'un couloir naturel de migration de certaines espèces animales, dont le wapiti. Vous pourrez donc croiser une de ces bêtes, reconnaissables à leur panache et à leur démarche distinguée, en train de déambuler dans la ville, tandis que vous ferez du lèche-vitrines sur l'avenue principale. Située à 1 372 m au-dessus du niveau de la mer, Banff est la ville la plus haute du Canada.

BANFF UPPER HOT SPRINGS ★★

Au sommet de Mountain Avenue
✆ +1 403 762 1515 - www.hotsprings.ca
Horaires variables selon la saison. Entrée : 9,25 CAN $. Location de maillots de bain et serviettes : 2 CAN $.

Les Hot Springs sont des sources d'eau extérieures extrêmement chaudes. Tirant toute sa chaleur des profondeurs de la terre, l'eau chargée de minéraux remonte à la surface, pour le plus grand plaisir de tous. Sans conteste le remède le plus appréciable après une bonne journée à arpenter les quatre coins du parc. Allez-y un peu avant le coucher de soleil pour voir le décor de jour et pouvoir observer la lune (nichée entre les montagnes) à la nuit tombée. Possibilité de louer sur place un maillot de bain de l'époque pour une expérience rétro !

BUFFALO NATIONS LUXTON MUSEUM

1 Birch Avenue
✆ +1 403 762 2388
buffalonationsmuseum.com
Ouvert en été tous les jours de 10h à 19h, en hiver (octobre à avril) de 11h à 17h. Entrée 9 CAN $.

Fondé par Norman Luxton en 1953, ce musée s'intéresse à la vie des Premières Nations de la région. Les deux salles exposent des objets et des vêtements ayant appartenu aux nations Sarcees et Blackfoot et plusieurs reconstitutions de scènes de vie (cérémonies, chasse...) permettent d'appréhender la culture amérindienne du territoire. Vous pourrez également y visionner une vidéo, réalisée par des autochtones pour approfondir le sujet (récits historiques, traditions, enjeux actuels, etc).

CAVE AND BASIN NATIONAL HISTORIC SITE ★★

311 Cave Avenue
✆ +1 403 762 1566
www.pc.gc.ca/cave
Ouvert toute l'année, mais horaires variables en fonction de la saison. Entrée adulte : 8.50 CAN $.

A l'automne de 1883, trois travailleurs ferroviaires du Chemin de fer Canadien Pacifique trouvent par hasard sur le flanc est des Rocheuses une caverne d'où jaillissent des sources thermales. Cette découverte entraînera la création du parc national de Banff, premier parc national du Canada et troisième parc national au monde. La réserve de Banff Hot Springs est d'abord créée en 1885, puis est englobée dans le parc des Montagnes-Rocheuses créé en l'an 1887. Il est aujourd'hui possible de visiter ce haut lieu historique, dénommé Cave and Basin, situé proche du centre-ville de Banff.

Site historique renommé et classé au Patrimoine mondial par l'Unesco, son petit musée permet d'en apprendre beaucoup sur l'histoire de la découverte de l'Ouest canadien, la création du parc et son évolution au fil des années et pour les années à venir (notamment vis-à-vis des enjeux environnementaux et des efforts mis en œuvre pour limiter les risques et améliorer la cohabitation entre les hommes et les animaux sauvages). Mais son attraction principale est la visite de la grotte où fut découverte la première source thermale et où vit une espèce endémique d'escargots (très protégée car menacée d'extinction). De nombreux sentiers sont également aménagés afin de permettre l'exploration de la faune (en particulier les oiseaux) et de la flore. Le musée est entièrement traduit en français et des visites guidées en français et en anglais sont disponibles à la réservation.

LIEU HISTORIQUE NATIONAL DU MUSÉE-DU-PARC-BANFF ★

91 Banff Avenue ✆ +1 403 762 1558
www.pc.gc.ca/museeduparcbanff
Ouvert du jeudi au lundi de 9h30 à 17h. Uniquement le week-end hors saison. Tarif adulte : 4,25 CAN $.

L'un des plus anciens musées de l'Ouest canadien, cette maison de bois, conçue de façon à ce que la lumière du jour éclaire les collections, reflète toute la faune des Rocheuses : loup, cougar, bison, mouflon d'Amérique, orignal, etc. On y apprend à distinguer un grizzly d'un ours noir et l'on se plaît à imaginer la vie de Norman Bethune Sanson, conservateur du musée au début du siècle, qui escaladait chaque jour le mont Sulphur pour recueillir des informations météorologiques.

SULPHUR MOUTAIN - BANFF GONDOLA ★★★

Mountain Avenue ✆ +1 403 762 2523
www.explorerockies.com/banff-gondola/
Adulte : 66 CAN $, 6-15 ans : 42,90 CAN $. Horaires variables en fonction de la saison.

Deux options s'offrent à vous afin que vous puissiez arpenter le mont Sulphur (sommet s'élevant à 2 285 mètres) et contempler le superbe panorama où les Rocheuses s'y découvrent dans toute leur splendeur :

- **Téléphérique.** Les cabines de la Banff Gondola permettent d'atteindre, en une durée de 8 minutes seulement, le sommet du mont Sulphur. Le trajet est accessible aux personnes à mobilité réduite et permet d'apprécier tout en douceur la montée en altitude depuis la base de Banff Gondola. Le contraste des paysages vers la toundra alpine est impressionnant. La plateforme d'observation vient d'être entièrement réaménagée et de nombreux panneaux explicatifs sont disséminés à chaque recoin du point de vue panoramique pour expliquer tel ou tel phénomène naturel des environs. Des passerelles permettent d'observer différents points de vue sur une longueur totale d'un kilomètre, et de voir l'ancienne station d'étude des rayons cosmiques (!). Cette activité prisée est incontournable au sein du parc national de Banff (13 millions de visiteurs chaque année) ! Il est possible de se restaurer au sommet (compter de 7 à 30 CAN $). Un petit centre d'interprétation est ouvert à tous au sommet ! Pensez à vous habiller chaudement.

- **Randonnée.** Depuis Hot Springs, 11,4 km de marche, environ 4 heures. Une randonnée engagée, avec un dénivelé important, qui vous mènera au point d'arrivée de la Banff Gondola. Vous pourrez d'ailleurs redescendre avec le téléphérique en payant moitié-prix.

© STÉPHAN SZEREMETA

Banff vu du sommet de Sulphur Mountain.

DISCOVER BANFF TOURS

215 Banff Ave
✆ 877 565 9372
www.banfftours.com
De 45 à 1195 CAN $ selon l'activité choisie. Excursions en été et en hiver.

Point de départ depuis votre hébergement, montez à bord du minibus et laissez-vous guider par un expert local pour découvrir Banff et sa région comme il se doit ! Faits historiques, anecdotes, activités sportives (rafting, randonnées, balades en traîneau, etc), observation de la faune, découverte des points de vue et sites emblématiques du territoire (lac Louise, Johnston Canyon, etc)... Vous ne verrez plus Banff de la même manière après cette excursion de quelques heures en petit groupe ! N'oubliez pas d'emporter avec vous l'appareil photo et les jumelles !

BREWSTER EXPRESS

✆ +1 888 2850376
www.brewster.ca
Aller simple depuis Calgary (adulte) : à partir de 79 CAN $. 10 départs par jour de l'aéroport de Calgary et de Banff.

Créée à Banff en 1892, cette agence proposait à l'époque des visites guidées à cheval. Aujourd'hui, elle assure un transport quotidien entre Banff et Calgary, mais aussi entre les autres villes des Rocheuses comme Canmore, Kananaskis, Lake Louise et Jasper. Les cars sont particulièrement confortables, avec de grandes fenêtres et le wifi gratuit à bord. Le Brewster Express est une option rêvée pour toute personne n'ayant aucun moyen de locomotion pour se rendre au sein du parc. Qui plus est, le voyage est agréable, passant par de très nombreux beaux paysages.

HI BANFF ALPINE CENTRE €

801 Hidden Ridge Way
✆ +1 778 328 2220
www.hihostels.ca
A partir de 39 CAN $ en dortoir et de 93 CAN $ pour une chambre privée. Tarifs membres HI.

À 2 km du centre-ville, cette auberge tout confort propose tout un tas d'activités (été comme hiver) pour parfaire votre séjour ! Au sous-sol, un bar accueille presque tous les soirs des évènements et un café-restaurant propose une belle carte pour les petits-déjeuners, lunchs et repas du soir. Deux bâtiments, côte à côte, offrent différentes catégories de chambres (du dortoir à la chambre double). Un ticket de bus vous sera distribué à votre arrivée pour vous inciter à utiliser le bus pour vous rendre au centre-ville (l'arrêt se trouve à deux pas de l'auberge).

BANFF BOUTIQUE INN €€

121 Cave Avenue
✆ + 1 403 762 4636
www.banffboutiqueinn.com
Compter environ 220 CAN $ la nuit.

La pension Tannenhof, proche du Buffalo Nations Luxton Museum, est le point de départ idéal pour un séjour à Banff. Les gérants Becky et Lee O'Donnel et employés de l'établissement sont à l'écoute et feront tout pour que votre séjour soit des plus agréable. Tout de suite, on se sent ici chez soi, confortablement installés dans des chambres spacieuses, modernes et décorées avec goût. Le granola maison, le café équitable, les fruits et la sélection de thés locaux apportent le petit plus à cet hôtel où il est agréable de venir s'y cocooner, seul ou en couple.

CANALTA LODGE €€

545 Banff Avenue
✆ +1 403 762 2112
www.canaltalodge.com
À partir de 190 CAN $ la nuit.

Bien qu'un peu excentré du centre-ville, cet hôtel ne manque pas d'atouts pour que vous puissiez passer un séjour cocooning et relaxant au cœur des Rocheuses canadiennes. 120 chambres et suites dans un style boisé et moderne, dont certaines équipées d'une cuisine. Sur place, de nombreux services : stationnement gratuit, bar, restaurant, bain bouillonnant, salle de sport, petit déjeuner inclus dans votre réservation et même un coin près du feu qui vous permettra de décompresser à la fin de la journée ou de griller des marshmallows en famille ou entre amis.

LLOYD HALL HOTEL €€

107 Tunnel Mountain Drive
✆ +1 403 762 6148
www.banffcentre.ca/hotels
Chambre double à partir de 348 CAN $.

Cet hôtel vient tout juste d'être rénové. La décoration épurée et le design moderne de l'hôtel côtoient des œuvres d'art de la collection permanente du centre des arts dans chaque chambre. En étant client, vous pourrez accéder gratuitement au centre des arts et admirer les différentes œuvres. Les chambres et les suites sont spacieuses et confortables et la vue sur les montagnes alentour est à couper le souffle. De nombreux services tels qu'une salle de fitness et de nombreuses adresses de restaurants à proximité rendront votre séjour confortable et agréable !

THE FAIRMONT BANFF SPRINGS HOTEL €€€

405 Spray Avenue
✆ +1 403 762 2211
www.fairmont.com/banffsprings
Chambres à partir de 386 CAN $. Possibilité de visiter l'hôtel que l'on soit client ou non.

Construit en 1888 par la Canadian Pacific Railway avec les pierres de la montagne Rundle, et classé en tant que monument historique canadien un siècle plus tard, cet hôtel de 739 chambres et suites ressemble à un gigantesque relais de chasse dominant la Bow river. Tout comme le Château du Lake Louise, c'est devenu une icône des parcs nationaux des Rocheuses. L'établissement dispose également d'un spa. Une adresse incontournable pour vous immerger dans l'histoire de Banff.

THREE BEARS BREWERY & RESTAURANT €

205 Bear St
✆ +1 403 985 8038
https://threebearsbanff.com/
Ouvert tous les jours de 11h30 à 21h. Compter entre 15 et 30 CAN $ pour un plat.

À la fois brasserie et restaurant, Three Bears est une enseigne réputée de Banff où il fait bon se retrouver pour un bon repas accompagné d'une bière locale et artisanale, le tout dans un cadre chic et relaxant ! Service agréable et possibilité de goûter aux bières avant de faire son choix ! Au menu : pizzas, burgers, mac & cheese, salades, poke bowl... Un menu enfant et des options végétariennes, véganes et sans gluten sont disponibles. *Happy hour* tous les jours de 15h à 18h.

BLOCK KITCHEN €€

5 Banff Ave
✆ +1 403 985 2887
Ouvert tous les jours de 11h30 à 22h. Compter environ 20 CAN $ le plat.

Sur l'avenue de Banff, ce petit bar-restaurant indépendant sert des cocktails créatifs succulents et des tapas originales aux notes asiatiques et bien relevées en épices ! Au menu : sandwichs, poke bowls, salades, fruits de mer, viandes, soupes du moment et autres mets appétissants. Si vous êtes gourmand, vous pourrez également vous laisser tenter par le matcha cheesecake ou alors le tiramisu brûlé (un mélange de tiramisu et de crème brûlée, revisité à merveille) ! Vous l'aurez compris, si vous cherchez un effet de surprise et de la nouveauté, c'est par ici !

GRIZZLY HOUSE €€

207 Banff Avenue
✆ +1 403 762 4055
banffgrizzlyhouse.com
Ouvert tous les jours de 11h30 à minuit. A partir de 45 CAN $.

Ce restaurant a ouvert ses portes en 1967 et il est depuis devenu un attrait incontournable de Banff. On y trouve au menu des spécialités de fondues (14 variétés) dont les fameuses fondues savoyardes, fondues au bison ou encore fondue au chocolat, le tout dans un décor western assez unique. Réservations recommandées les soirs de week-end et pendant les vacances. Une terrasse extérieure opérationnelle pour chaque saison, chauffée pendant l'hiver, une grande salle à manger et une plus petite donnant sur les rues de Banff vous accueillent chaleureusement.

MAPLE LEAF €€

137 Banff Ave
✆ +1 403 760 7680
https://banffmapleleaf.com/
Ouvert tous les jours de 11h30 à 21h. Compter 30 CAN $ le plat.

Ce restaurant canadien, chic et cosy, propose une carte alléchante composée de produits frais, locaux et de saison. De nombreux classiques revisités à la canadienne, dont le saumon au sirop d'érable, la soupe de butternut au sirop d'érable, un vrai régal pour les papilles ! Également au menu, de la viande de bison ! Une carte des vins extraordinaire avec plus de 700 bouteilles, [illegible] le fameux vin de glace (spécialité d[illegible]a, à goûter pendant votre séjour). Service agréable et aux petits soins, parfait pour un dîner romantique !

BLUEBIRD €€€

218 Lynx St
✆ +1 403 985 9163
www.bluebirdbanff.com
Ouvert tous les jours de 8h à 23h. Entre 30 et 80 CAN $ selon le plat.

Déjà classé parmi les meilleurs restaurants de Banff, ce nouveau venu ouvert en septembre 2022 est un véritable coup de cœur ! Conseil : y venir lors de l'*happy hour*, du lundi au vendredi de 17h à 18h, pour bénéficier de prix réduits sur les cocktails signatures et tapas (à noter que les portions sont copieuses et pourraient bien faire office d'un repas complet) ! Autre bon plan : rôti de côte de bœuf à 35 CAN $ tous les dimanches ! Un brunch est également servi tous les jours de 8h à 14h. Une *steakhouse* à tester, bien qu'assez onéreuse.

ROSE AND CROWN

202 Banff Avenue
✆ +1 403 762 2121
www.roseandcrown.ca
Ouvert tous les jours de 11h à 2h. Carte : moins de 25 CAN $.

Situé sur l'avenue principale de Banff, c'est le bar le plus fréquenté de la ville. Les Québécois qui travaillent dans la région l'ayant adopté massivement, il n'est pas rare d'y entendre de la musique francophone. Des concerts sont souvent organisés au sein du bar. Si vous souhaitez commencer la soirée un peu plus tôt, il est possible de manger sur place et d'y rester pour boire un verre. Chaque jour a sa particularité, des offres spéciales sont sélectionnées, ainsi le vendredi les pintes de bières et les fish & chips sont à prix réduit, etc.

WILD FLOUR BANFF'S ARTISAN BAKERY

211 Bear St #101
wildflourbakery.ca
Ouvert tous les jours de 7h à 16h.

Petite boulangerie locale et indépendante située au cœur de Banff. Voici l'endroit où les locaux se retrouvent avant d'aller skier ou après une séance de yoga au centre Rocky Mountain Yoga situé juste à côté. Est-ce parce que l'endroit vend de délicieuses baguettes croustillantes tout juste sorties du four ? Qui plus est, il n'est pas rare d'y entendre parler français. Des soupes, salades et sandwichs sont aussi proposés pour le déjeuner en plus de ses succulentes pâtisseries.

BANFF NORQUAY

2 Mt Norquay Road
✆ +1 403 762 4421
www.banffnorquay.com
Tarif adulte : 115 CAN $ la journée. Via Ferrata, 185 CAN $ pour 2h30 de sortie (deux à trois départs par jour).

La montagne se trouve à quelques minutes de Banff, en direction de Canmore. Ce domaine alpin a ouvert ses portes en 1926. Moins populaire que Sunshine Village ou Lake Louise, la station du mont Norquay se différencie des autres par son approche familiale et plus abordable. Les enfants adoreront les glissades. Les pistes de neige dédiées au ski et à la descente sur de grosses bouées gonflables, *tubing* en anglais, occuperont petits et grands toute la journée ! En été, on peut profiter de la montagne lors d'une époustouflante via ferrata le long des falaises.

CANADIAN MOUNTAIN HOLIDAYS

217 Bear Street
✆ +1 403 762 7100
www.canadianmountainholidays.com
À partir de 1 515 CAN $ la journée en héli-ski.

Pour les aventuriers tentés par une combinaison vol-descente en héliski, Canadian Mountain Holidays propose son expérience vieille de plusieurs dizaines d'années. Différentes formules à la semaine ou pour les groupes. Vous pourrez également gravir le Mont Nimbus en empruntant la plus grande via ferrata d'Amérique du Nord. Grace à cette compagnie d'aventures, vous pourrez parcourir des lieux explorés par peu de personnes et vivre une expérience frissonnante et exceptionnelle.

SUNSHINE VILLAGE SKI & SNOWBOARD RESORT

1 Sunshine access Road
✆ +1 877 542 2633
www.skibanff.com
Adulte : 156 CAN $ la journée.

A 8 km à l'ouest de Banff, par l'autoroute Transcanadienne. Dans la région, c'est le premier choix des planchistes. Le domaine skiable est nationalement réputé pour son ensoleillement – d'où le nom de Sunshine – et le paysage alpin dans lequel serpentent les pistes. On y trouve un large choix de descentes (20 % pour les débutants, 55 % intermédiaires et 25 % experts) ainsi que de nombreuses activités familiales sur place (randonnées en raquette, cours pour enfants, etc.).

BANFF NATIONAL PARK ★★★★

Premier parc national ouvert au Canada, le Banff National Park jouit d'une grande popularité : Banff et sa région sont la destination n° 1 des visiteurs au Canada (plus de 5 millions de visiteurs par an). La visite du parc débute généralement par le somptueux lac Louise. La région est facile d'accès par la Transcanadienne et le chemin de fer. Ensuite, la voiture s'impose dans le parc pour sortir des sentiers battus et explorer en toute liberté. En 2017, en l'honneur du 150e anniversaire du pays et de son plus ancien parc, 16 bisons furent réintégrés au parc national de Banff alors qu'ils en avaient été absents depuis plus d'un siècle.

THE FAIRMONT BANFF SPRINGS GOLF COURSE

405 Spray Avenue
✆ +1 403 762 6801
www.fairmont.com/banff-springs/golf/
Ouvert de fin avril à fin septembre.

Deux terrains de golf de 18 et 9 trous parmi les plus réputés au Canada pour leurs vues imprenables sur les Monts Sulphur et Rundle et la rivière. Les terrains de golf sont l'œuvre de l'architecte Stanley Thompsons, qui les a créés en 1928. Adjacent à l'hôtel historique Fairmont Banff Springs et à la rivière Bow, un restaurant de haute qualité est présent sur le domaine. Ce lieu renommé pour le golf figure parmi le top 100 des meilleurs endroits où pratiquer le golf dans le monde.

JOHNSTON CANYON ★★

6 km de randonnée depuis Banff menant à plusieurs belles cascades, avec possibilité de se rendre à la première chute seulement (1,1 km - Lower Falls). L'été vous admirerez un canyon à l'eau couleur émeraude, l'hiver le paysage recouvert de glace et les chutes d'eau gelées, un décor féerique dans chacun des cas. Des passerelles aménagées sur une partie du sentier facilitent la randonnée et l'on peut également traverser un petit tunnel pour aller voir les premières chutes de plus près. Les plus aventuriers pourront continuer vers les sources minérales Ink Pots.

CALGARY

BANFF CENTRE

107 Tunnel Mountain Dr
✆ +1 403 762 6100
www.banffcentre.ca

Un incontournable de Banff ! Que ce soit pour aller voir un ballet de danse, une pièce de théâtre ou assister à une conférence, le centre offre une diversité d'activités artistiques inspirantes. Des expositions y sont souvent organisées et son restaurant Three Ravens est l'un des plus beaux endroits de la ville pour manger avec une vue panoramique sur les montagnes. Le centre accueille tout au long de l'année des artistes en résidence. Enfin, le Banff Centre est l'hôte du réputé Banff Mountain Film + Book Festival, qui a lieu chaque automne.

LAKE MINNEWANKA ★

A 10 minutes du centre-ville. 4 campings autour du lac.

Un lac magnifique où les cerfs et autres bêtes sauvages se rafraîchissent régulièrement. En amérindien, « *minnewanka* » signifie « l'eau des esprits ». La « Minnewanka Loop » (fléché) vous permet de suivre un circuit d'une dizaine de kilomètres, passant par le lac Minnewanka tout d'abord, puis par les lacs Two Jack et Johnson, beaucoup plus petits, mais qui valent le détour. Notamment le lac Johnson, dont les eaux ont une couleur inoubliable. En hiver, les bords du lac sont l'un des plus beaux endroits de Banff où observer les aurores boréales.

MISTAYA CANYON ★★

À 160 kilomètres au nord de Lake Louise et 73 kilomètres au sud du parc national de Jasper, quelques minutes de marche depuis l'Icefields Parkway vous conduiront au cœur d'un magnifique canyon, le long d'une rivière aux eaux tumultueuses. Une bonne halte qui en vaut la peine, si vous entreprenez les lacs Bow et Peyto, le Mistaya Canyon ne vous fera pas faire un détour compliqué puisqu'il se situe sur la même route. La randonnée d'un kilomètre est facile et agréable avec une vue spectaculaire révélant la splendeur du canyon et sa féerie.

PEYTO LAKE ★★

A 40 km au nord de Lake Louise.

Incontournable pour sa couleur turquoise et son immensité, ce lac doit son nom à un certain Bill Peyto, pionnier et guide de haute montagne originaire du Royaume-Uni, l'un des premiers gardiens du parc national de Banff. En 1898, au cours d'une expédition, ayant cherché quelques moments de solitude, Bill s'est égaré, a glissé, et ses compagnons de route l'ont retrouvé endormi au bord de ce lac. Joli réveil ! Allez jusqu'au Bow Summit Parking, suivez un petit sentier, et vous voilà arrivé pour profiter d'une belle journée ou d'un pique-nique au bord de l'eau.

CAMPING - PARC NATIONAL DE BANFF €

✆ +1 403 522 1264

www.pc.gc.ca/banff

Ce site Internet est une mine d'or pour trouver des informations sur les 2 500 sites de camping dans le parc national de Banff. Autour de la ville de Banff, il existe quelques grands sites de camping d'Etat avec douches, toilettes et eau. Les prix oscillent entre 17 et 28 CAN $ selon le lieu et le confort offerts. Notez qu'un permis de 9 CAN $ pour faire du feu doit être rajouté ! La plupart des campings fonctionnent sur le principe du premier arrivé, premier servi.

TRAIL OF THE GREAT BEAR

Internationalement réputé, ce circuit de plus de 3 300 kilomètres s'étire du parc national américain de Yellowstone, dans l'État du Wyoming, jusqu'à celui du parc national de Jasper, dans la province de l'Alberta du Canada, en passant par les deux autres parcs nationaux Waterton et Banff. Cet itinéraire traverse les paysages les plus sauvages de l'Ouest canadien, avec ses immenses forêts et sa nature sauvage. Le grizzly est en liberté dans ces vastes étendues et la probabilité de le croiser et d'apercevoir d'autres animaux sauvages n'est pas rare.

CALGARY

Paysage du Banff National Park.

LAKE LOUISE ★★★

Découverts en 1882 par un guide de la compagnie des chemins de fer Canadian Pacific, le lac et le mont Victoria qui le surplombe sont vite devenus La Mecque des grimpeurs et des skieurs. Avec l'arrivée du train, nombreux sont ceux qui ont emboîté le pas à ces pionniers. Un véritable décor de carte postale, accessible été comme hiver. Le Fairmont Château Lake Louise, grand hôtel de 500 chambres, domine le lac et abrite des restaurants, des boutiques et un service de location de canoës. Situé 4 km en contrebas, un centre touristique rassemble les commerces nécessaires au confort des vacanciers (poste, restaurants, épicerie, magasins, etc.).

Lac Louise.

LAKE LOUISE GONDOLA ★★★

✆ +1 800 258 7669

www.lakelouisegondola.com

Compter 55 CAN $ pour les adultes.

Le téléphérique grimpe à 2 101 m d'altitude. A cette hauteur, il est difficile de résister au charme panoramique des Rocheuses canadiennes, et en particulier du lac Louise que l'on domine depuis le téléphérique, pendant une quinzaine de minutes. L'été, un centre d'interprétation permet de se renseigner sur la faune et la flore du coin et des grizzlys, cougars, élans, mouflons et autres bestioles sympathiques sont souvent visibles dans les parages. L'hiver, vous pourrez y accéder pour skier, faire des balades en raquettes ou descendre en luge.

LAKE LOUISE ★★★

Ce célèbre lac est assurément un lieu touristique incontournable et le joyau du parc national de Banff. Sa réputation lui vient de ses eaux d'un bleu-vert crémeux, tout simplement uniques (attention, par beau temps seulement !). En 1884, le lac prend le nom de la princesse Louise, quatrième fille de la reine Victoria et l'épouse du gouverneur général, le marquis de Lorne. On ne peut malheureusement pas faire le tour entier du lac à pied, puisque d'impressionnantes montagnes encadrent sa partie sud-est, mais on peut tout de même emprunter une promenade panoramique d'une trentaine de minutes depuis le Fairmont Chateau Lake Louise longeant la rive nord du lac. Il est également possible de se rendre jusqu'au Lake Agnes et à la Plain of Six Glaciers depuis le stationnement du Lake Louise (souvent plein en été).

D'autres activités permettent de profiter des lieux comme des excursions en canoë et l'escalade du « Back of the Lake », pour les plus téméraires. Cet immense rocher escarpé est le terrain de jeu des grimpeurs de la région et offre de très belles voies qui donnent sur le lac aux eaux émeraude. Le site est accessible à pied depuis le sentier panoramique. Vous trouverez de l'équipement d'escalade à louer à la boutique Wilson Mountain Sports.

Une remontée mécanique offre également une promenade inoubliable jusqu'à 2 000 m d'altitude : vue spectaculaire du lac Louise, des glaciers, de la flore... et, régulièrement, de la faune de la région. La remontée permet de passer un après-midi paisible au cœur des « Rockies ».

MORAINE LAKE ★★★

A 12,5 km du lac Louise.

Accès fermé aux voitures en hiver.

Ce lac d'un bleu turquoise eut l'honneur d'illustrer l'ancienne coupure de 20 CAN $. Un sentier conduit au point de vue que reproduit le billet. De cette étendue d'eau, ceinturée par la vallée des Dix Pics, partent de nombreuses randonnées de tous niveaux. En haute saison, la route est parfois coupée avant le stationnement du lac afin de réguler la circulation qui peut être très dense. Pensez à vous y rendre tôt en matinée ou assez tard l'après-midi. Le sentier Tower of Babel permet de voir les Consolations Lakes et de grimper 450 mètres jusqu'aux hauteurs du lac.

PLAINE DES SIX GLACIERS ★★

Dans le prolongement du lac Agnes, cette promenade est assez difficile et longue (11 km aller-retour, prévoir entre 3 et 5 heures). Un petit chalet niché dans les bois offre un peu de ravitaillement. A partir de ce point, il vous reste un petit kilomètre sur un sentier plus étroit pour atteindre le clou du spectacle. Si vous disposez de la journée, l'idéal est de démarrer du Lake Louise par la promenade des six glaciers. Au retour, il est possible de bifurquer vers le lac Agnes, de redescendre par le lac Mirror et de terminer ainsi par une vue sur le lac Louise.

BANFF NATIONAL PARK

Samson Mall, 201 Village Rd
✆ +1 403 762 8421
www.banfflakelouise.com
Entrée du parc : 10,50 CAN $ par adulte

Le centre d'information du parc se trouve sur votre droite, en venant de la route principale. Ne le ratez pas avant de continuer tout droit vers le Lake Louise. Vous y trouverez cartes, dépliants, laissez-passer. Possibilité de faire des réservations pour un séjour dans l'arrière-pays. Informations à jour sur le parc, les campings, les bulletins météo, l'état des routes, les sentiers et les risques d'avalanche, panneaux et activités d'interprétation. Pour la plupart des services publics, Lake Louise dépend de Banff situé à 56 km.

GREAT DIVIDE NATURE INTERPRETATION

✆ +1 403 522 2735
www.greatdivide.ca
Randonnée : début juin à fin septembre. Excursion en raquettes : fin novembre à fin mars. Consulter tarifs sur le site.

Cette agence organise des excursions accompagnées par des guides professionnels et très connaisseurs des lieux dans le parc national Yoho et autour du lac Louise. Les excursions sont choisies en fonction de l'aptitude physique des visiteurs et du temps imparti. Les guides vous présenteront la nature et l'histoire de la région. Une partie des bénéfices est reversée pour la conservation et la recherche animale. Les réservations anticipées sont fortement recommandées.

HI LAKE LOUISE ALPINE CENTRE €

203 Village Road ✆ +1 778 328 2220
www.hihostels.ca
A partir de 45 CAN $ en dortoir, 131 CAN $ pour une chambre privée. Réservation indispensable l'été.

Logé dans une superbe auberge de jeunesse en bois composée de deux grands chalets, cet hostel est une belle adresse pour les petites bourses. A quelques minutes du lac Louise, et à une heure du Parc National de Yoho, sa situation est idéale. Un sauna, une cuisine, des casiers pour ses affaires de ski, un salon avec billard et une cheminée, voici les quelques ingrédients qui donnent envie de prolonger son séjour. L'auberge possède même un café-restaurant recommandé par les locaux.

PARADISE LODGE & BUNGALOWS €€

105 Lake Louise Drive
✆ +1 403 522 3595
www.paradiselodge.com
A partir de 160 CAN $. Pensez à réserver bien à l'avance. En opération l'été seulement.

Pas très loin du lac Louise, à 20 minutes de marche environ, un petit complexe de 45 chambres et chalets en pleine nature. Tous de bois décorés, les chalets offrent une vue sur les montagnes alentour et peuvent accueillir soit deux personnes, soit deux adultes et deux enfants. Les chambres, quant à elles, situées dans le bâtiment principal, logent jusqu'à quatre personnes. Bien qu'il n'y ait pas de petit déjeuner sur place, une petite collation est proposée gratuitement.

FAIRMONT CHATEAU LAKE LOUISE €€€

111 Lake Louise Drive
✆ +1 403 522 3511
www.fairmont.com/lakelouise
Chambre double à partir de 371 CAN $ la nuit. Promotions et forfaits disponibles.

Sur les rives du lac et composé de 500 chambres, le château est une véritable vedette dans l'hôtellerie nord-américaine. Sa construction se réalisa entre la fin du XIXe et le début du XXe siècle, entreprise par la compagnie de chemin de fer du Canadian Pacific. C'était censé être l'équivalent à l'ouest du Château Frontenac, célèbre hôtel devenu le symbole de la ville de Québec. Plusieurs feux lors du XXe siècle ont détruit certaines ailes du bâtiment, toutes reconstruites par la suite.

POST HOTEL & SPA €€€

200 Pipestone Road
✆ +1 403 522 3989
www.posthotel.com
A partir de 390 CAN $ et 500 CAN $ en haute saison (Noël, janvier et été).

Du très haut de gamme pour cet établissement membre de la prestigieuse association Relais & Châteaux. Service et qualité irréprochables ! On peut loger dans une chambre ou une suite de l'hôtel, dans un chalet pour couple et famille ou bien dans une véritable maison de quatre chambres, la Watson House. On trouve dans le bâtiment principal un Spa et un restaurant de cuisine gastronomique. L'hôtel a été élu en 2016 par le *CNN Travel News* l'un des dix plus beaux chalets du monde. Un séjour inoubliable pour se faire plaisir dans un cadre somptueux à la montagne.

LAKE AGNES TEA HOUSE

127, Lake Louise
✆ +1 403 7637242
www.lakeagnesteahouse.com
Ouvert de juin à octobre.

Un établissement qui honore comme il se doit la tradition du thé à l'anglaise ! Cette « maison du thé » tient son nom de la Première Dame (*First Lady*) du Canada, Lady Agnès MacDonald. La femme du premier Premier ministre canadien, Sir John A. Macdonald, visita le Lac Agnès en 1886 et fut tellement éblouie par la beauté des paysages que les lieux retinrent son nom. A une altitude de 2 135 mètres et à la suite d'une petite randonnée de 3,5 kilomètres, la sélection de thés, sandwichs et soupes se mérite et se déguste sans modération !

LAKE LOUISE MOUNTAIN RESORT

✆ +1 800 258 7669
www.skilouise.com
Ski alpin. Forfait à partir de 119 CAN $ la journée.

En 2019, la station du Lake Louise fut élue meilleure station de ski du Canada. A l'image de son cadre naturel : l'expérience est stupéfiante ! Le domaine skiable couvre quatre versants sur lesquels les skieurs, débutants ou confirmés, peuvent dévaler plus de 130 pistes de niveaux différents. Certaines, de très haut calibre, accueillent d'ailleurs des épreuves de la Coupe du monde de ski et de snowboard. Vous pourrez louer tout l'équipement nécessaire sur place.

JASPER ★★

Petite ville touristique s'étirant le long de la voie ferrée où passe le fameux train transcanadien, Jasper est en effet un grand centre ferroviaire depuis le début du siècle et son nom lui vient d'un employé de la Compagnie du Nord-Ouest, Jasper Hawes, qui vécut au début du XIXe siècle. Au premier abord, Jasper semble être la sœur jumelle de Banff, mais elle est plus calme et plus sereine, plus estivale qu'hivernale, nichée à l'entrée de l'Alberta et de ses plaines interminables, et à quelques heures de route d'Edmonton... Vivant en harmonie avec son parc, Jasper reçoit la visite de nombreux animaux, peu dérangés par la civilisation.

JASPER NATIONAL PARK ★★★★

500 Connaught Drive ✆ +1 780 852 6176
www.pc.gc.ca/jasper
Ouvert à l'année de 9h à 17h et jusqu'à 19h de mai à octobre. Entrée Adulte : 10,50 CAN $.

Le lieu historique national du centre d'information du parc Jasper offre un tas d'informations pratiques et utiles en français sur le parc, la météo, l'accès, les activités, l'état des routes, etc. Des activités, des itinéraires et des visites guidées vous sont proposés. Vous trouverez à l'intérieur de nombreux renseignements sur les restaurants, les hôtels et les services du coin. L'association *Les amis du parc de Jasper* est une organisation sans but lucratif, membre du centre d'information, offrant des expériences pour faire découvrir le parc.

JASPER ADVENTURE CENTRE

414 Connaught Drive
✆ +1 780 852 5595
www.jasperadventurecentre.com
Ouvert tous les jours de 9h à 17h.

Cette agence de voyages organise diverses visites guidées pour découvrir les merveilles du parc national de Jasper, comme la vallée de la Maligne, la vallée d'Athabasca, le lac Louise, etc. Des navettes sont disponibles pour la prise en charge des visiteurs vers les lieux de visites. L'occasion rêvée pour une découverte originale des Rocheuses avec notamment la visite des grottes de Cadomin, du rafting, canoë, équitation, et même l'observation de la faune, des excursions dans les glaciers, etc. A noter que le programme diffère selon la saison.

SUN DOG TOURS

607 Connaught Drive
✆ +1 888 786 3641
www.sundogtours.com
En opération à l'année. Tarifs selon le circuit choisi.

Sun Dog Tours est une agence touristique offrant une multitude de services et d'excursions en Alberta, dans l'Ouest canadien. Basée dans la petite ville de Jasper, cette compagnie propose des tours grand public été comme hiver (forfaits avantageux disponibles), des excursions personnalisées pour les groupes et le corporatif, et des services de navettes à destination des aéroports de Calgary et d'Edmonton et de plusieurs centres de villégiature. De la promenade sur les glaciers à l'observation de la faune sauvage, c'est LA référence dans le domaine !

HI JASPER €

708 Sleepy Hollow Road
✆ +1 866 762 4122
Ouvert toute l'année. Dortoir à partir de 36,90 CAN $ et chambre double à partir de 118 CAN $. Parking. Sauna.

Ouverte le 4 juin 2019, cette auberge de jeunesse moderne et épurée offre tout le confort nécessaire pour les randonneurs en vadrouille dans le Parc national de Jasper. A quelques minutes à pied seulement du centre-ville de Jasper, c'est l'adresse idéale pour se ressourcer en famille ou entre amis. Profitez du sauna et d'un grand espace de détente à tout moment pendant votre séjour. Une cuisine équipée et un café sont également à votre disposition au sein même de l'auberge et le personnel de la réception est présent jour et nuit.

MOUNT ROBSON INN €€

902 Connaught Drive
✆ +1 855 552 7737
www.mountrobsoninn.com
Chambre double 170 CAN $ à 387 CAN $ en haute saison.

A l'extrême sud de la rue principale de Jasper, à quelques minutes à pied du centre-ville. Son emplacement est idéal puisque situé tout près de la route Icefield Parkway. L'hôtel est géré par une famille, qui porte une attention particulière au confort de ses clients. Le propriétaire est un motocycliste aguerri, qui n'hésite pas à faire partager sa passion auprès de ses clients. De fait, vous pourrez bénéficier de 15 % sur la location de motos avec le prestataire Jasper Motorcycle Tours. Deux bains bouillonnants et une salle de rangement des skis sont sur le site.

TEKARRA LODGE €€

Highway 93A South ✆ +1 780 852 3058
www.tekarralodge.com
Ouvert de mai à octobre. A deux pas du centre, le long de la rivière Athabasca. A partir de 300 CAN $.

Ce lodge typiquement canadien est un petit bijou de par sa situation aux abords de la rivière Athabasca. Il propose quatre chalets tout confort avec vue sur la rivière et plusieurs chambres dans l'auberge principale. Tous les logements sont dotés d'une grosse cheminée, d'une cuisine équipée et de lits confortables. Il est possible de louer des vélos sur place et de partir en randonnée à pied ou à cheval grâce au centre équestre voisin. Un restaurant haut de gamme se trouve sur place. Une escapade relaxante, qui propose également des forfaits rafting, yoga, etc.

FAIRMONT JASPER PARK LODGE €€€

1 Old Lodge Road
✆ +1 780 852 3301
www.fairmont.com/jasper
A partir de 450 CAN $ la chambre double (800 CAN $ en haute saison).

Version canadienne du Club Med de luxe, cet hôtel de la chaîne Fairmont offre un hébergement grand confort dans un environnement de rêve, au milieu des montagnes, en face de Jasper de l'autre côté de la rivière Athabasca. Les chambres, halls d'entrée et salles de restaurant sont modernes tout en gardant une touche rustique, montagnarde. Sur place : un Spa, un golf, des chalets à louer, des sentiers de randonnée ou de ski de fond et raquette en hiver.

COCO'S CAFE €

608-B Patricia St ✆ 780 852 4550
cocoscafe.ca
Fermé le mercredi. Compter 15 CAN $.

Entreprise locale de la ville de Jasper, le Coco's Cafe est un petit établissement sans prétention et très décontracté, spécialisé dans les plats végétariens, végétaliens et sans gluten. On y vient pour prendre le petit déjeuner, acheter du bon pain au levain ou déguster un bon café ! Le sandwich au thon est particulièrement copieux et gourmand, et il est servi, tout comme les autres sandwichs, ou wraps d'ailleurs, avec une soupe ou une salade en guise d'accompagnement. Les cafés et espressos sont commandés, torréfiés, livrés et servis la même semaine.

DE'D DOG BAR AND GRILL €

404 Connaught Drive
✆ +1 780 852 3351
www.deddog.com
Ouvert tous les jours dès midi. Carte : moins de 25 CAN $. Chaque soir, un « special », menu ou boisson en promotion.

Ouvert depuis 1927, l'établissement est le lieu de regroupement des locaux où il fait bon de venir se divertir autour d'une bière entre amis. Vous pourrez regarder un match de hockey sur écran géant, jouer au billard, manger un hamburger ou une soupe du jour. Les murs de l'établissement témoignent du passé de la ville de Jasper ainsi que de ses habitants. Des photos et des artefacts sont disposés à chaque recoin de la salle. Un mur est même dédié aux personnes ayant perdu la vie en montagne... Goûtez au Pub Burger, légendaire selon les habitués du coin !

FAMOSO €€

607 Patricia St
✆ 780 852 5577
www.famoso.ca
Ouvert tous les jours de 11h30 à minuit. Compter 40 CAN $.

Le restaurant Famoso est réputé pour cuisiner les meilleures pizzas de la ville de Jasper et même de plusieurs lieues à la ronde. Elles sont faites avec des ingrédients importés tout droit d'Italie, cuites comme à Napoli, dans un four traditionnel. Ambiance décontractée, surtout les soirs de match de hockey, vous pourrez aussi vous laisser tenter par un plat de pâtes ou même un risotto. En dessert, des classiques, tiramisu, panna cotta, etc. Bonne carte des vins et bières locales. Une adresse agréable, pour changer de la poutine.

TEKARRA RESTAURANT €€

HWY 93A South
✆ +1 780 852 4624
www.tekarrarestaurant.ca
Horaires variables en fonction de la saison. Plats compris entre 17 CAN $ et 35 CAN $.

Bienvenue dans LE restaurant ultime, qui vous permet de goûter une viande de bison certifiée d'Alberta. Une expérience unique vous attend dans ce chalet dans les bois, situé un peu à l'écart de la ville de Jasper. Ouvert depuis 1952, le restaurant propose également d'autres viandes typiques telles que la viande d'élan, le bœuf d'Alberta ainsi que du poisson tel que la truite *raimbow trout* très présente dans la région. L'établissement offre la possibilité de pique-niquer sur une crête, à quelques pas du restaurant, avec une vue superbe sur la rivière Athabasca.

COLD FIRE CREEK DOGSLEDDING

11865 Hwy 16
✆ +1 250 968 6808
www.dogsleddinginjasper.com
Tarif adulte : 225 CAN $.

Prenez une grande bouffée d'air pur et reconnectez-vous avec la nature. Parcourez de majestueux paysages hivernaux, entre Jasper et Banff, en faisant du traîneau à chiens, la plus ancienne forme de transport hivernal au Canada. Une façon originale de découvrir les Rocheuses canadiennes en compagnie d'huskies d'Alaska enthousiastes et amicaux. Vous serez émerveillé par la beauté des bois enneigés, des chutes d'eau gelées, des eaux glacées et des vues panoramiques infinies.

JASPER NATIONAL PARK ★★★

Plus grand parc des Rocheuses canadiennes avec ses 10 878 km² et ses 1 500 km de sentiers. Malgré son succès, Jasper conserve un caractère sauvage et secret qui le distingue de son voisin, le parc national de Banff. L'hiver, le ski de fond est la discipline favorite à Jasper. Le parc peut être divisé en six différents secteurs : la promenade des glaciers (Icefield Parkway), la route de la vallée de la Maligne, les sources thermales de Miette (au nord-est de Jasper) où il est possible de prendre un bain dans des eaux à la température du corps, le mont Whistlers, le mont Edith-Cavell (3 363 m) et la région des Lacs (Patricia et Pyramid).

ATHABASCA FALLS ★

A 32 km au sud de Jasper. En sortant de la ville, roulez jusqu'à l'autoroute 93A, tournez à droite et suivez les indications.

A 30 kilomètres au sud de Jasper, les chutes d'Athabasca, mesurant 23 m de haut, figurent parmi les plus puissantes des Rocheuses canadiennes. Un superbe site pour communier avec les forces de la nature ! La randonnée qui y mène est très simple et rapide. Les effets dus à l'érosion, dont elles sont les actrices au cours du temps, sont spectaculaires et l'on peut observer le débit de l'eau se déverser sur cette couche de quartzite qui forme depuis des années un impressionnant canyon et des marmites de géants. Divers sentiers vous permettent d'admirer ce spectacle.

COLUMBIA ICEFIELD ★★★

Highway 93

✆ +1 780 852 6288

www.pc.gc.ca/jasper

Centre d'information ouvert de mai à octobre. Expositions, excursions vers le glacier.

Situé à 130 km au nord de Lake Louise et à 100 km au sud de Jasper, il s'agit sans doute d'un incontournable sur cette route. Ce glacier, le plus grand au sud du cercle Arctique (325 km², une superficie égale à celle de la ville de Vancouver), sert de trait d'union avec le parc national de Banff. Il est le vestige de l'épaisse masse de glace qui recouvrait autrefois les montagnes de l'Ouest canadien jusqu'aux prairies. Près des trois quarts des plus hauts sommets du parc se trouvent près de ce champ de glace qui a perdu la moitié de son volume et connu un retrait de plus de 1,5 km ces dernières années.

Un centre d'information, sur place, vous donnera toutes les informations nécessaires sur les promenades du coin ainsi que toutes les options possibles pour visiter le glacier. Bien que ce soit totalement interdit, beaucoup de touristes se promènent sur le glacier, entre les crevasses, risquant ainsi leur vie et celle des secouristes dans le pire des cas. Des visites avec guide, et équipement fourni, sont proposées pour aller sur le glacier. Il est également possible d'admirer le glacier depuis une plateforme panoramique. Ne réfléchissez pas à deux fois... Qui plus est, un sentier d'un kilomètre permet de rejoindre la base d'un des huit glaciers du champ de glace Columbia, le glacier Athabasca, en toute sécurité et présente un gain d'altitude de 30 mètres. Attention toutefois, les champs de glace créent leur propre microclimat, de ce fait des vents catabatiques y soufflent très fort, surtout à l'automne.

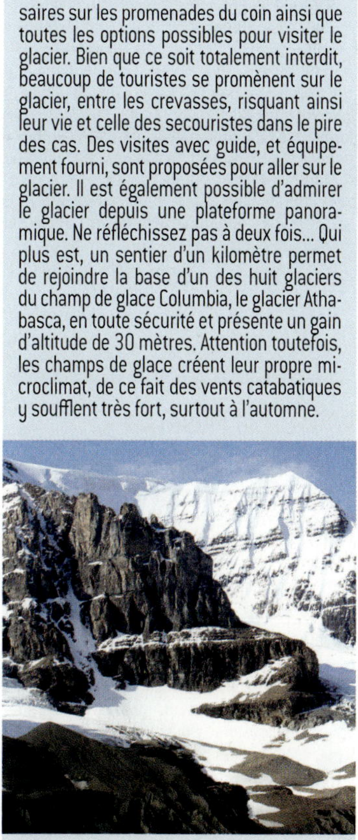

© STÉPHAN SZEREMETA

GLACIER SKYWALK 📷 ★

Highway 93

Ouvert tous les jours de mai à octobre. Tarifs : 89 CAN $ par adulte.

Depuis le Columbia Icefield Discovery Center (comptoir d'information de Parcs Canada), on peut prendre une navette jusqu'à l'attraction du Glacier Skywalk, une passerelle vitrée suspendue à 280 mètres au-dessus de la vallée Sunwapta. La vue sur la Sunwapta Valley, les chutes d'eau et les glaciers alentours est saisissante ! Sensibles au vertige s'abstenir. Petite astuce, le meilleur moment pour la visite est avant 13h ou après 15h, afin d'éviter le flot de touristes et d'avoir la chance d'apercevoir des animaux sauvages depuis la passerelle.

ICEFIELDS PARKWAY 📷 ★★

www.icefieldsparkway.ca

La promenade des Glaciers, aussi connue sous le nom d'autoroute 93, est une route située en Alberta au Canada. Elle traverse les Montagnes Rocheuses à travers le parc national Banff et le parc national Jasper. Le trajet (232 km) suit l'incontournable « promenade des champs de glace », surplombée par des pics brisés, des masses rocheuses déchiquetées et des glaciers. On roule pendant des heures sur une autoroute entourée de glaciers à perte de vue, gracieuseté datant de l'époque préhistorique. L'autoroute à elle seule vaut le déplacement. Cette voie, que traversent parfois de blanches chèvres de montagne, passe notamment près des vigoureuses chutes d'Athabasca (32 km au sud de Jasper) et du champ de glace Columbia.

Il vous faudra payer les droits d'accès au parc national pour circuler sur cette route (10,50 CAN $ par personne et par jour). La limitation est de 90 km/h et les animaux n'y sont pas rares. Soyez donc vigilants et prudents. Demandez le dépliant détaillé sur cette route au centre d'information touristique du parc. Ceux-ci pourront aussi vous conseiller sur toutes les randonnées disponibles sur le parcours avec leurs conditions et restrictions (mauvais temps, présence d'ours, éboulement...).

Les principales attractions qui vous attendent sur la route sont : les chutes Athabasca (km 31), les chutes Sunwapta (km 55), le champ de glace Columbia, le glacier Athabasca, et l'Icefield Center (km 103), le col Sunwapta (2 035 m) qui marque la limite entre les parcs nationaux Jasper et Banff (km 108) et le lac Peyto (km 190).

CALGARY

HI CANADA WILDERNESS HOSTELS

Membres du réseau mondial Hostelling International, les *wilderness hostels* sont de petites auberges rustiques en pleine nature. Présentes seulement en Alberta, le long de la promenade des glaciers (Icefield Parkway) et dans la région de Kananaskis et Yoho, cette offre unique permet de se retrouver en immersion totale dans la nature (certaines auberges sont accessibles seulement via une randonnée). Au nombre de 10 à ce jour, 3 catégories se distinguent, *wilderness lite, classic wilderness* et *wildest wilderness*, sachant que ces dernières ont un accès très limité à l'eau et à l'électricité ! Une expérience qui ravira les plus aventuriers en quête de l'essentiel !

MALIGNE LAKE ★★

A une cinquantaine de kilomètres au sud-est de Jasper (par Maligne Lake Road, à 2 km au nord-est par la Highway 16). Faisant partie du Jasper National Park, c'est le plus long lac (23 km) des Rocheuses canadiennes et le lac glaciaire le plus vaste du monde (donc pas de baignade). Il y a peu de lacs dans le monde qui peuvent rivaliser avec sa splendeur. Les épais massifs forestiers qui l'entourent abritent une faune très variée. Les élans, impressionnants cervidés, apprécient – tout comme les moustiques – l'humidité des lieux. Son nom lui a été donné par un jésuite, le père Pierre de Smet, dont les chevaux avaient été emportés par le courant violent d'un cours d'eau.

Le lac doit sa renommée, en grande partie, à la compagnie Kodak. En effet, un dénommé Pete Gales fit la photographie du lac Maligne pour la promotion de l'enseigne, depuis de nombreux visiteurs et photographes s'y rendent.

Il est possible de louer un bateau ou un canoë, de faire une croisière sur le lac, de faire une excursion à cheval, à pied ou en rafting et/ou de pêcher la truite. A noter qu'en 1980 une truite de 9,3 kg a été pêchée. Une cafétéria (ouverte seulement en été) permet de se restaurer après une longue balade, surtout si l'on a poussé jusqu'à Spirit Island, île sacrée des Premières Nations, accessible en randonnée ou en croisière, qui offre une vision du Canada tenant du beau cliché. L'aventure débute au Maligne Lake Day Lodge qui offre, en plus d'une bonne nourriture, une vue imprenable sur les montagnes et glaciers environnants.

PYRAMID LAKE ★★

Le lac et l'île doivent leur nom au mont Pyramid d'une altitude de 2 763 mètres, qui, en effet, à cet endroit, accapare toute notre attention. Ses tons roses et orangés sont une réaction de la pyrite aux intempéries. Seuls les bateaux à moteur électrique sont autorisés sur ce lac. Il est possible de louer des canoës et des bateaux sur le site. Les alentours du lac, très fréquenté en été pour ses activités nautiques, sont un territoire de migration pour les loups. Le lac se déverse dans la rivière Athabasca par le ruisseau Pyramid, d'une longueur de 2 kilomètres.

SUNWAPTA FALLS ★

A 55 kilomètres au sud de Jasper, les chutes Sunwapta sont accessibles via l'Icefield Parkway. Ces chutes tonitruantes de 18 mètres de haut sont divisées en deux : Upper Falls, très accessibles, et Lower Falls, plus petites qui demandent de marcher 4 km. L'eau des chutes provient du glacier Athabasca qui déverse un flot continu de neige fondue au printemps. Impressionnant ! Les chutes offrent une vue privilégiée sur les montagnes qui se dressent en arrière-plan. Attention à ne pas déraper sur les sentiers, car la bruine provenant des chutes rend le sol glissant.

WHISTLERS MOUNTAIN - JASPER SKYTRAM ★★

✆ +1 780 852 3093

www.jasperskytram.com

A 6 km au sud de Jasper. Skytram ouvert d'avril à novembre. Tarif : 57,30 CAN $.

Deux possibilités pour aller arpenter le mont Whistlers :

- **A pied, 3 heures de marche facile** (7 km aller), le long d'un sentier tracé, permettent d'atteindre le poste d'observation agrémenté d'un restaurant. Une trentaine de minutes sont ensuite nécessaires pour parvenir au sommet. De là, se dévoile un panorama époustouflant.
- **Un téléphérique, le Jasper Skytram,** propose une alternative à cette randonnée et vous emmène à l'aire de pique-nique au sommet.

HI MALIGNE CANYON €

Maligne Lake Road

✆ +1 778 328 2220

Dortoir à partir de 37,15 CAN $. Ouvert tous les jours. Fermé le mercredi d'octobre à avril.

A 11 km à l'est de Jasper, le long de la rivière Maligne, l'auberge propose uniquement des dortoirs. Une des quatre auberges Hostelling International proches de Jasper, elle offre des rabais conséquents à ses membres. Celle-ci fait partie des « wilderness hostels » du réseau, c'est-à-dire que c'est une auberge rustique située au milieu de la nature. Il y a moins de services que dans une auberge urbaine mais on y trouve quand même un stationnement, des casiers, une cuisine commune et un barbecue. Plusieurs sentiers de randonnée débutent à proximité de l'auberge.

PYRAMID LAKE RESORT €€

6 km au nord sur Pyramid Lake Road

✆ +1 888 852 7737

www.mpljasper.com

Chambre de 199 CAN $ (hors saison) à 409 CAN $ (en été).

Situé à 6 kilomètres de la ville de Jasper, Pyramid Lake Resort est le seul hôtel de Jasper qui offre un accès direct au paisible Pyramid Lake. Sa terrasse panoramique offre une vue imprenable sur les Rocheuses qui à elle seule vaut le détour. Le chalet typique en bois dispose de 62 chambres confortables avec cheminée. Pensez à réserver une chambre avec vue sur le lac ou les montagnes. Certaines chambres disposent d'une kitchenette. En été, l'hôtel propose des locations de vélos de montagne, kayak et canoë. Peu importe la saison, les activités ne manquent pas.

SHOVEL PASS LODGE €€

Skyline Trail

✆ +1 250 838 0908

www.skylinetrail.com

A partir de 329 CAN $ par personne et par nuit incluant les 3 repas. Ouvert en juillet et en août.

Ce lodge de montagne date de 1921. C'est le plus ancien écolodge du parc. Bien sûr, depuis sa création, il a bien changé, et a été rénové dans les années 1990 par ses propriétaires, dont Lynda qui est francophone. Il peut accueillir jusqu'à 18 personnes et se compose de sept cabines et d'un chalet principal où se restaurer (cuisine maison). Attention, situé dans l'arrière-pays, le refuge n'est accessible que par des sentiers, sur 22 km, soit à pied soit à cheval. Le forfait comprend le transport des bagages avec des chevaux jusqu'au refuge.

JASPER PHOTO TOURS

✆ +1 780 931 4373

www.jasperphototours.com/

Comptez environ 150 CAN $. Sur réservation uniquement.

Le talentueux Mike Gere propose des excursions guidées au sein du Parc National de Jasper. Très flexible, il vous conduira au fur et à mesure de la visite dans les coins les plus insolites afin de pouvoir photographier les plus beaux endroits du parc, que vous ayez envie de photographier la faune, le paysage de jour, le ciel de nuit ainsi que les aurores boréales si le temps le permet, ou bien d'expérimenter le *light painting*... Le photographe renommé Mike Gere est un connaisseur des lieux et vous donnera des conseils précieux que vous soyez débutant ou confirmé.

JASPER RAFT TOURS

611 Patricia Street

✆ +1 780 852 2665

www.jasperrafttours.com

A partir de 85 CAN $ par adulte. Tarifs réduits pour les enfants.

Pour braver en rafting les chutes du site historique de la rivière Athabasca, les bateaux iconiques orange de Jasper Raft Tours permettent de parcourir un bout du chemin emprunté par les coureurs de fourrures de l'époque, il y a plus de deux siècles en arrière. L'agence propose des circuits adaptés à tous les niveaux, ainsi les enfants et les personnes âgées pourront se joindre à la partie de plaisir ! Les itinéraires varient entre 2 et 3 heures, transport inclus. Les guides certifiés vous donneront plusieurs indications sur l'histoire de la région.

MIETTE HOT SPRINGS ★

✆ +1 800 767 1611

Ouvert de début mai à mi-octobre. Compter environ 7,75 CAN $ par personne.

A 60 kilomètres à l'est de la ville de Jasper par l'autoroute Yellowhead. Les sources thermales de Miette sont basées sur le même concept que celles de Banff, dans une piscine, au beau milieu de la nature. Cadre naturel et propice à la relaxation, les sources thermales de Miette sont réputées pour être les plus chaudes des Rocheuses canadiennes. En effet, l'eau coule de la montagne à une température qui avoisine les 54 °C avant d'être refroidie à une température agréable pour l'homme (40 °C). Malheureusement, le site est fermé en hiver.

EDMONTON ★

Capitale de la province de l'Alberta, Edmonton compte 981 280 d'habitants (selon le dernier recensement de 2017). Elle doit sa prospérité d'abord aux fourrures et à l'or, puis au gaz et au pétrole, dont elle est la capitale mondiale (on y trouve le plus long *pipeline* du monde, qui part de la ville et parcourt 2 856 km pour acheminer le pétrole jusqu'à Buffalo, NY - près des chutes du Niagara). C'est une grande ville moderne, où le coût de la vie est le plus bas du Canada (pas de taxes de vente provinciales), très connue pour son immense centre commercial West Edmonton Mall et son festival de jazz qui se déroule pendant les premiers jours de juillet.

Transports

- **Edmonton est desservie par un aéroport international**, lequel relie la capitale Albertaine à d'autres villes canadiennes ainsi qu'à quelques destinations des États-Unis et du Mexique. Pour rejoindre le centre-ville, il faut prendre un taxi (Greater Edmonton Taxi Service, etc.), Uber ou le bus 747. Huit compagnies de location de voiture ont un comptoir à l'aéroport.
- **La compagnie de bus** Red Arrow assure la liaison avec Calgary, Banff, Lake Louise, Fort McMurray et Red Deer, sans oublier VIA Rail qui dessert Edmonton sur la ligne Vancouver-Toronto.
- **Dans la ville même,** Edmonton Transit gère la ligne de métro Light Rail Transit ainsi que 190 lignes de bus. Un tramway historique, High Level Bridge Streetcar permet de relier le centre-ville à Old Strathcona et un funiculaire (100 Street Funicular) permet de traverser gratuitement la River Valley.

FORT EDMONTON PARK ★

Fox Drive & Whitemud Drive
✆ +1 780 442 5311
www.fortedmontonpark.ca
Ouvert en été de 10h à 18h, de mai à juin la semaine jusqu'à 16h, fermé le reste de l'année. Adulte : 26,20 CAN $.

Depuis plus de 40 ans, le fort est ouvert au public et raconte, au travers de ses visites et activités ludiques, l'histoire de la ville, vue et commentée à travers les reconstitutions de Fort Edmonton et de quatre villages historiques. On en apprendra un peu plus sur le commerce des fourrures et l'époque de la colonisation notamment. Une véritable expérience culturelle, et un voyage dans le temps animé par des guides costumés. La visite peut facilement s'étendre sur une journée pour les passionnés d'histoire, qui pourront échanger avec les guides du site.

MUTTART CONSERVATORY

9626 96th Street
✆ +1 780 442 5311
www.muttartconservatory.ca
Sur la rive est de la rivière Saskatchewan. Entrée adulte : 14,95 CAN $.

Jardins botaniques installés sous quatre pyramides : exploration d'une jungle exotique (Tropical Pyramid), marche à travers une oasis (Arid Pyramid), balade dans une forêt parfumée (Temperate Pyramid) et, enfin, découverte d'une exposition florale (Show Pyramid). En tout, plus de 800 espèces de plantes du monde entier sont représentées et conservées au sein de ce jardin. Depuis Muttart Conservatory, le point de vue sur la ville d'Edmonton est exceptionnel ! C'est l'une des attractions vedettes de la ville, et une activité originale proche du centre-ville.

ROYAL ALBERTA MUSEUM ★

9810 103a Ave NW
✆ +1 825 468 6000
www.royalalbertamuseum.ca
Ouvert du mercredi au dimanche de 10h à 16h. Tarif adulte : 21 CAN $.

Le Royal Alberta Museum, considéré comme le musée le plus important de l'Ouest canadien, est à la fois un lieu d'exposition riche et varié sur l'histoire et la biodiversité du territoire, un café, une boutique de souvenirs, ainsi qu'un théâtre. Ce musée vous donnera un tas d'informations sur la région, de sa préhistoire en passant par les époques fastes qui ont marqué le territoire telles que la traite des fourrures, la découverte du pétrole... Ainsi que des reproductions incroyables sur l'habitat des animaux de la province !

TRAVEL ALBERTA

✆ +1 780 427 4321
www.travelalberta.com
Site Internet en anglais uniquement.

Site officiel du tourisme en Alberta. Les dernières informations et nouveautés touristiques sont mises à jour et de nombreuses idées de road-trips sont à découvrir tout comme des recommandations sur les endroits à ne pas manquer, les meilleures activités à découvrir sur place, les hébergements et restaurants de qualité.

Le site offre la possibilité de réserver des prestations touristiques telles que des visites guidées et des packages de plusieurs jours.

Vous pourrez également vous renseigner sur le site sur les événements et les festivités locales.

HI EDMONTON €

10647 81st Avenue
✆ +1 778 328 2220
www.hihostels.ca
A partir de 33 CAN $ en dortoir. Chambres privées avec salle de bain aussi disponibles.

Idéalement situé au cœur de Old Strathcona, et donc près de tous les restaurants, bars et petites boutiques qui pourraient agrémenter votre séjour. L'auberge de jeunesse est un peu vieillotte, mais les chambres sont propres bien que très basiques et l'accueil est amical. Les espaces communs sont agréables avec un petit espace pour lire ainsi qu'un espace à l'extérieur avec deux tables de pique-nique. Plusieurs soirées sont organisées tout au long de la semaine : soirées hot-dog et barbecue, *pub crawl*... Si vous venez en voiture, un petit parking est disponible.

COAST EDMONTON PLAZA €€

10155 105th Street
✆ +1 800 663 1144
www.coasthotels.com
A partir de 103 CAN $ la chambre double.

Sûrement l'un des établissements au meilleur rapport qualité-prix de la ville d'Edmonton. Au cœur du centre-ville, proche de la plupart des magasins, restaurants, et attractions principales, l'hôtel offre de nombreuses prestations (parking gratuit, piscine, bain à remous, navette pour l'aéroport). Si vous êtes flexible, rendez-vous sur le site Internet de l'hébergement, de nombreuses promotions sont possibles incluant le petit déjeuner et des certificats cadeaux. Les chambres sont confortables et le personnel est chaleureux, toujours aux petits soins.

FAIRMONT HOTEL MACDONALD €€€

10065 100th Street ✆ +1 780 424 5181
www.fairmont.com/macdonald-edmonton/
À partir de 239 CAN $ la chambre double. Promotions et forfaits disponibles.

Le palace Fairmont Hotel Macdonald d'Edmonton surplombe la rivière Saskatchewan et une partie de la ville. La nuit, ses façades sont éclairées, ce qui le rend encore plus imposant. Cet établissement du groupe Accor est iconique, vieux de plus d'un siècle. Très belle adresse à ne pas manquer si vous êtes de passage dans la ville et que vous souhaitez vous offrir un séjour mêlant luxe et histoire. Au 7e étage, les chambres sont les plus luxueuses et offrent une vue imprenable sur la plus grande superficie de parcs urbains d'Amérique du Nord.

BLOCK 1912 €

10361 82 Ave NW
✆ +1 780 433 6575
block1912.com
Ouvert tous les jours, de 10h à 21h (22h le samedi).

Élu meilleur café d'Edmonton pour ses desserts et soupes délicieuses mais aussi, surtout, pour ses *gelatos* ! Dans un bâtiment historique, superbement rénové, les murs de briques, le personnel attentionné et les canapés confortables voient défiler de nombreux évènements artistiques tout au long de l'année. Qu'un romancier vienne y lire les pages de son dernier roman, ou bien qu'un groupe local s'y produise, ce café est certainement l'une des meilleures adresses de Whyte Avenue. Un immanquable donc, si vous souhaitez passer une soirée dans la ville !

DA-DE-O €€

10548 Whyte Avenue
✆ +1 780 433 0930
www.dadeo.ca
Ouvert tous les jours dès 11h30 (fermé le mercredi). Compter de 20 à 25 CAN $ le repas.

Cuisine cajun et créole dans un décor de Louisiane et plus particulièrement de la Nouvelle-Orléans des années 1950. Vous avez le choix entre Po'Boys (sandwichs), gumbos (soupes), huîtres ou encore jambalayas (paellas créoles), et bananes flambées pour le dessert. L'ambiance vintage est exceptionnelle avec de nombreuses expositions de vinyles, de jukebox, et une musique d'ambiance des années 1950. Les réservations sont vivement encouragées par téléphone. Attention les mineurs ne sont pas autorisés et une carte d'identité est demandée à l'entrée.

ROSTIZADO €€€

102 – 10359 104 St ✆ 780 761 0911
www.rostizado.com
De lundi à vendredi 11h-14h, de lundi à jeudi et dimanche 17h-21h, vendredi et samedi 17h-22h. Compter 58 CAN $.

Parmi les meilleurs restaurants mexicains d'Amérique du Nord, l'établissement Rostizado s'est inspiré de l'alimentation de rue et s'est imposé comme l'une des meilleures adresses de la ville. Ce restaurant et bar réputé, de 70 places, combine le style de cuisine et de restauration inoubliable des *rosticerias* mexicaines avec une modernité passionnante. Les diverses richesses culinaires des 32 États du Mexique sont représentées avec authenticité et servent d'inspiration au Rostizado d'Edmonton. Consultez le site Internet pour découvrir les spécialités du jour.

BAIJIU

104 st nw edmonton
www.baijiuyeg.com
Ouvert du mardi au jeudi de 17h à minuit, vendredi et samedi de 17h à 1h. Entre 15 et 36 CAN $ le plat.

L'établissement Baijiu est un bar à cocktails et un restaurant animé d'inspiration asiatique avec quelques plats fusion, canado-vietnamiens, japonais, thaïlandais. L'atmosphère générale est branchée, le service est très décontracté et les serveuses sont souriantes et agréables. L'enseigne est située au cœur du centre-ville d'Edmonton, à l'intérieur du bâtiment historique Mercer. Le bar arrière est l'un des plus grands d'Edmonton, avec plus de 200 bouteilles à la carte. Bonne programmation musicale avec DJ, pour un début de soirée réussi !

EL CORTEZ MEXICAN KITCHEN + TEQUILA BAR

8230 Gateway Boulevard
www.elcortezcantina.com
Ouvert tous les soirs en semaine dès 16h et dès 11h du vendredi au dimanche.

L'une des adresses cultes du Old Strathcona ! La Cheffe Lindsay Porter y élabore chaque soir un menu où les influences se croisent : tapas, « bouffe de rue » élaborée, tacos, cuisine fusion latino. La cuisine reste ouverte tardivement : vous pourrez commander certains hors d'œuvre jusqu'à 1h du matin. Autre intérêt de l'endroit : leur sélection de 140 tequilas et *mezcals*, tous garantis 100% agave. Tous les vendredis, le bar accueille des soirées DJ et des concerts.

JACEK

10140 104 St NW,
✆ 780 705 9927
www.jacekchocolate.com
Boite Classic collection à 13,50 CAN $.

Amateurs de chocolat, c'est ici que vous devez absolument vous rendre si vous êtes en manque. Jacqueline Jacek, la propriétaire de l'établissement, propose les plus gourmands mais aussi les plus glamours chocolats d'Edmonton. Son parcours de styliste de mode en est sûrement l'explication. Des collections saisonnières sont proposées trois à quatre fois par an, mais certaines bouchées se sont révélées comme incontournables et sont présentes tout au long de l'année, comme le Milk & Maple, l'Atomic Orange, le Vibrant Raspberry... Une adresse gourmande à tester !

WEST EDMONTON MALL ★

8882 170th Street
✆ +1 800 661 8890
www.wem.ca
Entrée libre de 10h à 19h. Certains accès payants tels que le Galaxyland et le Waterpark.

Le plus grand centre commercial en Amérique du Nord, comprenant 800 magasins, 110 restaurants, 58 entrées, 26 salles de cinéma, 325 000 lumières, 23 500 employés... Le site couvre 8 rues (de la 170th à la 178th) et 3 avenues (de la 87th à la 90th), soit 500 km^2 de surface. Outre ses innombrables magasins, le West Edmonton Mall propose : une patinoire olympique ; deux rues à thème (Bourbon Street et Europa Boulevard) ; le Galaxyland, plus grand parc d'attractions couvert du monde ; le World Waterpark, la deuxième plus grande piscine à vagues couverte du monde.

ROGERS PLACE

300 – 10214 104 Ave NW
✆ +1 780 414 5483
rogersplace.com

Cet amphithéâtre, inauguré en 2016, accueille certains concerts et spectacles d'envergure à Edmonton. Mais c'est surtout également la patinoire de l'équipe de hockey des Oilers, qui évolue en ligue nationale, remplaçant ainsi le vieux Rexall Hall pour recevoir les matchs dans de meilleures conditions. La statue de Wayne Gretzky, capitaine de l'équipe d'Edmonton de 1978 à 1988 et meilleur joueur de tous les temps, y est érigée soulevant la Coupe Stanley 1988. Celle-ci trônait devant le Rexall Hall, et a suivi le mouvement jusqu'au Rogers Place.

ELK ISLAND NATIONAL PARK ★

A l'est d'Edmonton, vous traverserez le Elk Island National Park qui abrite plus de 3 000 mammifères, dont le wapiti et le bison, qui, grâce à ce parc, subsistent encore aujourd'hui. Loin de la pollution visuelle des villes, il s'agit d'un endroit privilégié pour observer le ciel étoilé et les aurores boréales, si vous êtes chanceux. Paradis des randonneurs, profitez pleinement de l'ambiance en campant une nuit au sein du parc à la lueur des étoiles. Juste à l'est du parc, à 50 km d'Edmonton, vous pouvez visiter l'Ukrainian Cultural Heritage Village : cette reconstitution du village des premiers immigrants d'Ukraine est stupéfiante de vraisemblance.

ELK ISLAND NATIONAL PARK ★

1 - 54401 Range Road 203 ✆ + 1 780 922 5790
www.pc.gc.ca/elkisland
Ouvert à l'année. Camping de mai à octobre.

Fondé en 1906 pour protéger les populations de wapitis en déclin dans les collines Beaver, le parc national de Elk Island abrite aujourd'hui une foule d'animaux : orignaux, cerfs et oiseaux à profusion. La zone est clôturée, notamment pour préserver les deux espèces emblématiques du parc : les bisons des plaines et les bisons des forêts, que l'on peut voir déambuler en toute liberté. Vous avez le choix entre 12 sentiers pour la randonnée pédestre en été, dont le Shoreline Trail (3 km), le Lakeview Trail (3,3 km) et le Wood Bison Trail (19 km aller-retour).

UKRAINIAN CULTURAL HERITAGE VILLAGE ★

Highway 16 E ✆ + 1 780 662 3640
www.history.alberta.ca
Ouvert tous les jours de 10h à 17h de mi-mai à début septembre. Admission : 15 CAN $ par adulte.

Musée en plein air témoignant de la culture ukrainienne et de l'histoire de cette communauté immigrante au Canada et particulièrement en Alberta dans les années 1930. Des guides vous accompagnent en costumes d'époque pour redonner vie à ces pionniers ukrainiens. Vous pourrez redécouvrir l'aspect du village avec les bâtiments d'antan restaurés sous forme d'un village agricole typique. Lors de votre visite, ne manquez pas les trois églises d'architecture byzantine au cœur du village !

FORT MCMURRAY ★

Au nord-est de l'Alberta, à 450 km au nord d'Edmonton, les sols de la région regorgent de pétrole. Avec ses quelque 66 500 habitants, la ville de Fort McMurray a connu l'une des plus rapides croissances démographiques dans le pays, en raison de ses sables bitumineux, qui amenèrent ici de nombreuses âmes désireuses de faire fortune. Il est possible de visiter le centre de découverte Oil Sands pour en savoir plus sur les propriétés pétrolifères du sous-sol de l'Athabasca, plus grand gisement de l'Alberta situé autour de Fort McMurray, et de comprendre l'impact majeur de cette industrie pétrolière d'un point de vue socio-économique et environnemental.

La ville aujourd'hui

L'extraction minière des sables bitumineux a un impact majeur sur les écosystèmes. En Alberta, cette forme d'extraction détruit complètement, dès l'ouverture de la mine à ciel ouvert, la forêt boréale, et a des conséquences directes sur l'air, engendrant une augmentation des émissions de gaz à effet de serre (80 kg de GES sont générés pour l'extraction d'un seul baril de pétrole). Aussi, la forêt boréale est composée de tourbières, qui sont des réservoirs naturels de dioxyde de carbone. En détruisant la forêt, on détruit ces tourbières, ce qui engendre une augmentation des émissions de gaz à effet de serre. Aujourd'hui, la compagnie d'exploitation des sables bitumineux Suncor rejette 600 tonnes de gaz naturel à l'heure.

WOOD BUFFALO NATIONAL PARK ★★

Plus grand des parcs nationaux du pays et l'un des plus vastes du monde, créé en 1922 pour protéger les derniers troupeaux de bisons du nord du Canada. Aujourd'hui, il protège un immense territoire représentatif des plaines boréales nordiques du Canada. Prévoyez une longue excursion dans les coins reculés du parc, à pied ou en canot. Les grandes rivières qui sillonnent le parc offre de nombreuses possibilités de randonnées en canot de plusieurs jours dans l'arrière-pays. Un grand choix de randonnées s'offre à tous, de la courte promenade en famille à l'excursion d'une journée, sans oublier la grande randonnée avec nuits dans l'arrière-pays.

BAR U RANCH NATIONAL HISTORIC SITE ★

Unique lieu historique national à commémorer l'histoire et l'importance de l'élevage du bétail au Canada. Établi dans les années 1880, le Ranch Bar U avait la réputation d'être le plus grand centre de reproduction de percherons au monde dans les années 1900. Devenu aujourd'hui un musée vivant et reconstituant la vie de l'époque avec des guides en costumes et des conteurs de la vie de cowboys, le site est opéré par Park Canada depuis 1991, ayant largement contribué à la rénovation des bâtiments historiques du ranch. Le Bar U Cafe permet de déguster de la bannique, le pain amérindien cuit sur le feu de bois, en écoutant de vieilles histoires d'aventure.

© BUTLER STOCK PHOTOGRAPHY - SHUTTERSTOCK.COM

Bar U Ranch National Historic Site.

BAR U RANCH NATIONAL HISTORIC SITE 📷

Township Road 171B ✆ + 1 403 395 2331
www.pc.gc.ca/baruranch

Ouvert de fin mai à fin septembre de 10h à 17h. Entrée : 7,80 CAN $ par adulte, 3,90 CAN $ par enfant.

Ce site national a été conçu afin de vous faire découvrir de manière ludique la vie des ranchers d'Alberta, à la fin du XIXe siècle. Entourés par ce cadre historique – les habitations rustiques sont encore d'époque ! – vous pourrez vous asseoir autour du feu pour écouter des histoires de cette époque mystique. Des visites en charrette et des visites thématiques sur la vie des cowboys sont proposées au sein de l'établissement afin de revivre quelques grands moments des années 1800.

WATERTON LAKES NATIONAL PARK ★★★

Avec le parc américain du Glacier National Park, il forme le parc international de la Paix Waterton-Glacier, classé à l'UNESCO. F.W. Godsal, éleveur du sud-ouest de l'Alberta, fit les premiers pas en vue de sa préservation. En 1893, il soumet à Ottawa une proposition recommandant que la région des lacs Waterton soit constituée en parc national.

Le parc englobe la région naturelle du sud des Rocheuses, là où la prairie rencontre abruptement les montagnes et contient plus de la moitié des espèces végétales de l'Alberta. Le parc renferme deux lieux historiques nationaux : le Prince of Wales Hotel et le premier puits de pétrole de l'Ouest canadien.

BISON PADDOCK 📷 ★★

Situé juste à l'intérieur des limites du parc, « l'enclos des bisons » mérite le détour. Dans leur habitat naturel, ces superbes animaux des prairies se laissent admirer dans toute la splendeur du décor montagneux alentour. Le bison est le plus gros mammifère terrestre d'Amérique du Nord, pouvant mesurer jusqu'à deux mètres et peser plus d'une tonne. Estimés à plus de 168 000 autrefois, ils ne seraient aujourd'hui que 10 000 sur le territoire. Roulez au pas puisqu'il n'est pas rare de voir un groupe de bisons traverser la route.

CAMERON FALLS 📷 ★

Point d'intérêt majeur du Parc national de Waterton, les Cameron Falls s'écoulent paisiblement sur fond de Montagnes Rocheuses. On y accède facilement à pied ou en voiture depuis le village par Evergreen Avenue. Le chemin qui y mène est facile et rapide (moins de 5 minutes), à la portée de tous ! Bien qu'elles ne soient pas si grandes, ces chutes d'eau sont assez impressionnantes et sont très prisées par les photographes amateurs et professionnels. Vous pourrez même sentir la brume de la chute et vous relaxer le temps d'un instant en écoutant le bruit de l'eau.

PARC NATIONAL DES LACS-WATERTON ★★★

✆ +1 403 859 5133

www.pc.gc.ca/waterton

Parc ouvert à l'année, services limités de mi-octobre à mi-mai. Entrée : 7,80 CAN $ par adulte.

Le parc national des Lacs-Waterton accueille quelque 425 000 visiteurs par an et fait partie des 5 parcs nationaux des Rocheuses canadiennes. Ses limites ont changé au fil des ans, mais il occupe aujourd'hui une superficie 505 km², ce qui fait de lui le plus petit parc des Rocheuses canadiennes. Façonné par le vent, le feu et les inondations, ce parc protège un riche éventail de plantes et d'animaux sauvages tels que le loup, l'ours noir, le cougar, etc.

PREMIER PUITS DE PÉTROLE DE L'OUEST CANADIEN ★

✆ +1 888 773 8888

www.pc.gc.ca

Lieu historique. Accès gratuit.

Les premiers suintements de pétrole sont découverts en 1889 dans le sud de l'Alberta. Avant de devenir de l'or noir, le pétrole est utilisé comme lubrifiant et comme médicament. Il faudra attendre une dizaine d'années pour que les premières concessions s'installent dans la région et développent l'industrie. John Lineham fonde la Rocky Mountain Development Company et c'est le premier puits de son entreprise que l'on peut encore voir au lieu historique de Waterton.

PRINCE OF WALES HOTEL €€€

✆ +1 844 868 7474

Ouvert de fin mai à fin septembre. Chambre à partir de 259 CAN $.

Légendaire établissement des Rocheuses canadiennes, le Prince of Wales est un « château d'inspiration suisse » construit en 1926-1927 par la compagnie américaine de chemins de fer Great Northern Railway en retrait du village de Waterton, sur une butte herbeuse qui domine le lac. Une visite dans le hall d'entrée et dans le salon de thé est recommandée afin de s'immerger dans l'ambiance historique et huppée des lieux. Pour ceux qui souhaiteraient passer la nuit dans l'une des chambres de l'hôtel, soyez avertis : elles sont petites et pas de première jeunesse...

PEARL'S CAFE €

305 Windflower Ave

✆ +1 403 859 2660

www.pearlscafe.ca

Ouvert en été. Comptez 13 CAN $ le plat. Ouvert du lundi au jeudi de 7h à 22h, vendredi et samedi jusqu'à 23h.

Cuisine simple, très saine et rapide autant pour le petit déjeuner que pour le repas du midi. Le restaurant étend son service pour le dîner depuis 2019, tout en proposant des salades, des pizzas, et toutes sortes de pâtes. Parmi les propositions du restaurant, vous pourrez vous procurer plusieurs douceurs du menu telles que café, thé, sandwichs, salades et pâtisseries. Cette petite halte sympathique est tout à fait idéale avant de partir sur les sentiers, l'établissement est d'ailleurs reconnu comme le point de rassemblement des randonneurs.

HEAD-SMASHED-IN BUFFALO JUMP ★★★

Haut lieu de la chasse amérindienne classé au patrimoine mondial de l'UNESCO en 1981. Organisée comme une cérémonie (The Iniskim), la chasse s'organisait en différentes étapes : selon la légende, un appel spirituel était d'abord lancé pour garantir le succès de l'entreprise (Tipi Ring) ; une fois dans la plaine, les bisons étaient « guidés », dans un couloir de pierre de 8 km, vers un enclos (Gathering Basin) puis vers les bords du précipice. D'autres sites de la région étaient utilisés à cette fin par les Amérindiens, comme le Dry Island Buffalo Jump Provincial Park. La chasse servait pour l'alimentation, le chauffage, les vêtements, les tipis...

HEAD-SMASHED-IN BUFFALO JUMP

A 66 km à l'ouest de Lethbridge, à 18 km à l'ouest de Fort MacLeod et à 3 km de la Highway 2 par la route 785. ✆ +1 403 553 2731

www.head-smashed-in.com

Ouvert tous les jours de 10h à 17h. Adulte : 15 CAN $.

Classé à l'Unesco depuis 1981, ce centre d'interprétation regroupe toutes les informations pour apprendre les méthodes ingénieuses de chasse des peuples autochtones. Vêtus de peaux de bisons, le chasseur courait vers la falaise et sautait sur un rocher, plus bas, afin que les bisons suivent et s'effondrent. Le chasseur descendait ensuite là où les bisons agonisaient et finissait de les tuer pour leur peau et leur viande. Les os servaient aussi, notamment à fabriquer des outils.

FORT MACLEOD ★

Ensemble de baraquements de la police montée du Nord-Ouest autrefois, Fort Macleod (fondée en 1874) est devenue une ville de 3 000 habitants d'où l'on peut apercevoir les majestueuses Rocheuses, au loin. En 1890, le premier terrain de golf fut construit au Fort Macleod, entre Winnipeg et la côte ouest. Longtemps habitée par les Premières Nations Blackfoot, de nombreux petits évènements et expositions antiques rythment les mois de l'année dans la ville. Désormais tournée vers l'agriculture, elle est considérée comme le premier centre d'élevage du bétail dans l'Ouest canadien. Visitez le musée du fort de la police montée du Nord-Ouest.

WRITING-ON-STONE PROVINCIAL PARK ★★

Situé à l'extrême sud de l'Alberta, ce parc abrite le lieu historique national Áísínai'pi comprenant la plus importante concentration d'images rupestres dans les grandes plaines. La région a gardé des traces de son histoire et de sa préhistoire : les milliers d'années d'érosion due aux vents et aux mouvements d'eau ont révélé des œufs de dinosaures près de Milk River et ont sculpté des hoodoos, ces mystérieux pinacles rocheux et colorés. Ces inscriptions gravées dans la roche reflètent la culture des Niitsítapi, ou Pieds-Noirs. Des sentiers d'interprétation permettent de s'approcher de ces impressionnants pétroglyphes. Visites guidées sur réservation.

THE FORT MUSEUM ★

219 Jerry Pots Boulevard
✆ +1 403 557 4703
www.nwmpmuseum.com
Ouvert de mai à mi-octobre. Adulte 12 CAN $.

Construit par la police montée en 1874, pour lutter contre le trafic d'alcool au fort Wooh-Up (Lethbridge). Le fort actuel, parc provincial, en est une réplique datant de la fin des années 1950 et n'est, en fait, qu'une bâtisse en bois. On peut tout de même y observer une exposition retraçant la vie des pionniers ainsi que celle des nations Kainah et Pégane des plaines. Un spectacle de police à cheval a lieu 4 fois par jour en été (deux représentations le matin, deux l'après-midi). L'une des attractions principales du sud de l'Alberta avec près de 9 000 artefacts.

WRITING-ON-STONE PROVINCIAL PARK ★★

511 Road Report
✆ +1 403 647 2364
Gratuit. Un camping sur place est ouvert à l'année. À partir de 26 CAN $ l'emplacement.

Le parc provincial Writing-On-Stone, classé au patrimoine de l'Unesco depuis 2019, est situé à 129 km au sud de Lethbridge et à 256 km au sud de Calgary. Ce lieu historique est le berceau du peuple autochtone Siksikaitsitapi, nation des Pieds-Noirs. Le site, autrement appelé *Áísínai'pi,* signifie « là où il est écrit » en langue autochtone pied-noir. Des milliers de gravures et peintures en tout genre illustrent ces pierres. Les peuples habitaient la région depuis des millénaires déjà...

CALGARY

Writing-On-Stone Provincial Park.

CYPRESS HILLS INTERPROVINCIAL PARK ★

A 81 km au sud-est de Medicine Hat, le Cypress Hills Provincial Park est le deuxième plus grand parc de l'Alberta. Ouvert toute l'année, il s'étend dans les prairies, ce qui lui vaut le nom de Rocky Mountain Forest. Même si le parc est assez excentré, il abrite une faune variée (élans, cerfs, etc.), habituelle des Rocheuses, et une grande variété d'orchidées qui valent le détour. Le pin de Murray (« cypress », qui n'a rien de commun avec notre cyprès) orne tous les sentiers et les montagnes du parc. De nombreuses activités et des sentiers de randonnée s'adaptent à tous les niveaux. La pratique du camping est possible, à condition d'avoir un permis.

CYPRESS HILLS INTERPROVINCIAL PARK

✆ +1 403 893 3833

www.cypresshills.com

Ouvert toute l'année. Consultez le site Internet pour la liste des activités et des services.

Le premier parc inter-provincial de Cypress Hills s'étend du sud-est de la province de l'Alberta au sud-ouest de la province de Saskatchewan et abrite le site national historique de Fort Walsh. Le Fort Walsh fut l'un des forts de la police montée canadienne. Des forêts aux prairies, ce parc, aux nuits bien étoilées, offre une large panoplie d'activités dont la tyrolienne, la randonnée, la possibilité de louer un canoë, etc. Plusieurs campings sont disponibles sur le site.

ELKWATER LAKE LODGE & RESORT €€

À Elkwater dans les Cypress Hills

✆ +1 403 893 3811

www.elkwaterlakelodge.com

Tarifs selon la saison et le type d'hébergement choisi. Forfaits disponibles.

Magnifique centre de villégiature au cœur de la nature et des montagnes Cypress. L'hébergement, ouvert en 2005, propose divers logements dont 31 suites, 23 condos et 6 chalets rustiques. Une belle adresse pour les amoureux du plein air et de la détente ! Un restaurant, un centre de santé et un centre aquatique figurent parmi les services sur place. De nombreuses activités sont disponibles dans les alentours. Un terrain de golf se trouve non loin de l'établissement pour les amateurs !

MEDECINE HAT ★

Selon une légende, la ville doit son nom à un sorcier Cree, lequel, lors d'une bataille avec la tribu des Blackfoot, déserta et perdit sa coiffe en plumes, ce qui entraîna le massacre des siens. Située au sud-est de l'Alberta, Medicine Hat est une oasis boisée au milieu des prairies qui doit l'essentiel de sa prospérité à l'exploitation du gaz (l'une des plus grandes nappes de gaz naturel de l'Ouest canadien). La poterie et la faïence font la renommée mondiale de la ville (de riches dépôts d'argile abondent sur les rives de la South Saskatchewan River). En juillet, son « stampede » est le deuxième plus grand rodéo en Alberta après celui de Calgary.

DINOSAUR PROVINCIAL PARK ★★

Depuis Calgary par l'autoroute Transcanadienne, on roule un peu moins de 200 km vers l'est avant d'arriver aux portes du parc. Le Dinosaur Park est comme un grand cimetière ; il regroupe plus de 300 dinosaures de 35 espèces différentes. Classée site du patrimoine mondial par l'UNESCO en 1979, cette réserve naturelle est un véritable paradis pour les paléontologues amateurs. Des sentiers autoguidés ainsi que des excursions organisées permettent d'en apprendre davantage sur les créatures qui ont jadis foulé le sol du parc. Deux squelettes de dinosaures sont à admirer à l'endroit même où ils ont été découverts ainsi que plusieurs sites de fouilles.

DINOSAUR PROVINCIAL PARK ★★

A 50 km au nord-est de Brooks.

✆ +1 403 378 4342

Entrée gratuite. Camping sur place.

Ce parc provincial est un lieu unique en son genre, où fut retrouvé un nombre incroyable de squelettes de dinosaures dont 35 espèces différentes datant d'il y a plus de 75 millions d'années. Vous pourrez participer à une fouille archéologique, contempler les *badlands* et vous promener dans les canyons. La géologie du lieu est exceptionnelle, les paysages sculptés ont été formés par des siècles d'érosion. Plusieurs randonnées sont disponibles dans les alentours. Le centre d'interprétation expose quelques squelettes retrouvés sur le site.

DRUMHELLER ★★

La piste des Dinosaures (Dinosaur Trail) se trouve dans la vallée de Drumheller, à 138 km au nord-est de Calgary. Il y a plus de 10 000 ans, la fonte des glaciers a creusé une vallée profonde dans cette région et a mis à nu les fossiles de dinosaures qui vivaient dans ces plaines au climat subtropical. La rivière Red Deer est l'axe principal de ces territoires, dits Badlands, ou « mauvaises terres », qui brisent l'étendue des plaines de l'Alberta. La visite du musée Royal Tyrrell Museum est un incontournable qui doit être complétée par un tour sur la route 898, permettant d'admirer le panorama du point de vue appelé « Horsethief Canyon ».

HORSESHOE CANYON ★

Horseshoe Canyon est un site touristique incontournable situé à 18 kilomètres au sud-ouest de Drumheller. Ce canyon en forme de fer à cheval plonge les visiteurs 70 millions d'années en arrière. De quoi faire un sacré retour vers le passé ! Les pinacles rocheux et colorés que l'on observe ici sont les mêmes que ceux du Grand Canyon, dans l'État du Nevada, aux États-Unis. Cette visite instructive et ses paysages magnifiques ne vous laisseront guère indifférent. Presque 400 000 visiteurs viennent s'émerveiller devant cette beauté naturelle chaque année !

HOODOOS ★★

Les *hoodoos* se trouvent à 16 kilomètres au sud-est de Drumheller, sur la route 10. Appelées également « cheminées de fées », ce sont des colonnes de roches friables sculptées par l'érosion qui se dressent au bord de la route. Un Hoodoo Trail permet de déambuler parmi ces étranges silhouettes, ressemblant à des champignons géants. Le spectacle est fascinant et rappelle un peu le Bryce Canyon, dans l'Utah, aux États-Unis. Un immanquable dans la région et surtout un paysage hors du temps, à ne pas manquer si vous voyagez dans le sud de la province de l'Alberta.

ROYAL TYRELL MUSEUM OF PALEONTOLOGY ★★★

A 6 km au nord-ouest de Drumheller.

✆ +1 888 440 4240

www.tyrrellmuseum.com

En été : ouvert tous les jours de 9h à 21h. Le reste de l'année : mardi-dimanche, 10h-17h. Adulte : 21 CAN $.

C'est un des plus importants musées au monde consacrés à l'étude des dinosaures et leur milieu. La visite suit les grandes étapes que sont la découverte des fossiles et leur examen scientifique : la maquette d'un Tyrannosaurus Rex ; la reconstitution de l'environnement de l'ouest du Canada à l'époque géologique, avec sa flore (visiter aussi la paléo-serre voisine) et sa faune ; et, enfin, le Dinosaur Hall, moment fort de cette visite aussi intéressante qu'instructive.

Les formations rocheuses de Hoodoos, Drumheller.

SASKATCHEWAN

Ceux qui traversent cette région par la Transcanadienne (autoroute 1) ne voient d'elle que ses calmes et immenses plaines céréalières, la province étant en effet le « grenier à blé » du Canada. La route déroule nonchalamment son tracé rectiligne et les petites collines ondulent de-ci, de-là, sans brusquer ces champs dorés aux couleurs changeantes comme la soie, parsemés de silos à blé qui se tiennent debout comme des sentinelles. Visible sur les plaques d'immatriculation des véhicules, sa devise est « Le pays du ciel vivant », et il est vrai que les mouvements des nuages dans ce ciel infini, surtout lorsque survient un orage, sont particulièrement impressionnants. Au-delà de l'horizon plat, commence une région peu explorée, dentelée, où la terre joue avec l'eau. Peu de routes y conduisent, l'hydravion et les canoës sont rois dans ce lieu considéré comme l'un des royaumes de la meilleure pêche sportive du pays.

Saskatchewan
Lac Athabasca
ATHABASCA SAND DUNES PROVINCIAL PARK
Stony Rapids
Fort Chipewyan
Lac Brochet
Cree
Cree Lake
Lac des Rennes
Lynn Lake
Fort McMurray
MANITOBA
MISSINIPE ★★
ALBERTA
La Ronge
Flin Flon
Cold Lake
Meadow Lake
WASKESIU LAKE
Lloydminster
Prince Albert
Hudson Bay
North Battleford
BATOCHE
SASKATOON ★
Biggar
Swan River
Kindersley
Yorkton
Eston
SCEPTRE ★★
FORT QU'APPELLE ★
Morse
REGINA ★★
MEDICINE HAT ★
Laflèche
EASTEND
Weyburn
PARC NATIONAL DES PRAIRIES ★★★
CORONACH
Estevan
200 KM

REGINA ★★

Dans cette province rurale constellée de minuscules « villes » - appellation usitée dès qu'une soixantaine d'habitants sont rassemblés autour d'un « general store » -, Regina, la capitale provinciale, fait figure de grande métropole avec 226 400 habitants en incluant la région métropolitaine (2021). Deuxième plus grande ville de la province après Saskatoon, elle doit son nom à la reine Victoria (*regina* voulant dire « reine » en latin). Parmi ses incontournables, notons le Centre du patrimoine de la Gendarmerie royale du Canada ainsi que l'immense espace vert en plein cœur de la ville, le Wascana Centre, où sont rassemblés plusieurs points d'intérêt.

Transports

- **La ville de Regina est desservie par un aéroport international,** le Regina International Airport, lequel relie la capitale saskatoise à d'autres villes canadiennes ainsi qu'à quelques destinations aux États-Unis et dans les Caraïbes.
- **Pour rejoindre le centre-ville,** il faut prendre un taxi (Capital Cabs, Co-op Taxi Regina, etc.) ou un Uber. Cinq compagnies de location de voitures ont également un comptoir à l'aéroport.
- **La compagnie de bus** interurbains Rider Express dessert aussi Regina et permet de se rendre ailleurs dans la province et au Canada.
- **Dans la ville même,** Regina Transit prend le relais et propose plus d'une vingtaine de lignes de bus dont quatre Express (aucun service de nuit).

MACKENZIE ART GALLERY ★★

3475 Albert Street
✆ +1 306 584 4250
mackenzie.art
Mardi-vendredi, 10h-17h30 (21h le jeudi), samedi-dimanche, 11h-17h30. Adulte : 12 CAN $. Boutique et café sur place.

Cette galerie d'art publique est la plus ancienne de la province. Sa collection couvre 5 000 ans d'art avec une collection qui avoisine les 5 000 œuvres. Une grande place est accordée à l'art autochtone et à la diversité, et toutes les formes d'art sont ici explorées, notamment l'art numérique. Des installations permanentes, comme le jardin de sculptures extérieur et l'installation multimédia *Bird Radio*, côtoient les expositions, ateliers et activités spéciales. Définitivement une galerie à découvrir, réputée comme l'une des meilleures de l'ouest du Canada.

RCMP HERITAGE CENTER ★★

5907 Dewdney Avenue
✆ +1 306 522 7333
rcmphc.com/fr
Mercredi-dimanche, 11h-17h. Adulte : 10 CAN $.

Le seul centre de formation des agents de la Gendarmerie royale du Canada se trouve à Regina. Il est possible de visiter quelques bâtiments en saison. Sur le même site se trouve le Centre du patrimoine de la GRC qui retrace les plus illustres épisodes de l'histoire de la fameuse police montée canadienne par le biais d'expositions (dont certaines interactives) et d'activités spéciales. Si vous avez la chance de vous trouver sur les lieux lors d'une des parades du Sergent-Major (le 1er juillet par exemple pour la fête nationale du Canada), ne la manquez pas !

ROYAL SASKATCHEWAN MUSEUM ★

2445 Albert Street ✆ +1 306 787 2815
royalsaskmuseum.ca
Ouvert tous les jours de 9h30 à 17h. Entrée libre (don suggéré de 5 CAN $ par personne). Boutique sur place.

Il s'occupe de la préservation de spécimens en histoire naturelle et d'objets d'intérêt historique et ethnologique. La culture autochtone d'hier à aujourd'hui y est également présentée. Il abrite, parmi d'autres curiosités, le célèbre Megamunch, un dinosaure articulé qui y tient la vedette. Plusieurs galeries composent le musée : sciences de la vie, sciences de la terre et Premières Nations, sans oublier les expositions temporaires. Autre musée : le T.rex Discovery Centre à Eastend.

SASKATCHEWAN LEGISLATIVE BUILDING

2405 Legislative Drive
✆ +1 306 787 5416
www.legassembly.sk.ca
Visites guidées gratuites tous les jours ; en français à 10h et 15h en semaine. Durée : environ 30 minutes.

Situé sur les rives du lac Wascana et construit entre 1908 et 1912 dans le style Beaux-Arts, ce superbe bâtiment abrite l'Assemblée législative de la Saskatchewan. Classé site historique national, il intègre entre autres dans son décor une trentaine de sortes de marbres. À voir sur place : la Chambre législative et la librairie avec ses 40 000 volumes. À noter que les visites guidées sont axées sur l'histoire, l'architecture et le rôle politique du bâtiment.

WASCANA CENTRE ★

2900 Wascana Drive
✆ +1 306 522 3661
www.wascana.sk.ca
Ouvert toute l'année. Certaines activités gratuites, d'autres payantes.

C'est le poumon vert de la ville ! Cet immense site de 930 hectares abrite un grand lac sur lequel il est possible de se balader en canoë, en kayak ou le long de pontons. Plusieurs bâtiments se trouvent également sur les lieux tels le Legislative Building, la MacKenzie Art Gallery, le Royal Saskatchewan Museum ou encore le Saskatchewan Science Centre, par exemple. Des terrains de jeux, un *skatepark*, de l'art public et des complexes sportifs attendent également les visiteurs. Voir le site web pour la liste complète des activités et des points d'intérêt.

TOURISM REGINA

200-1965 Broad Street
✆ +1 306 789 5099
www.tourismregina.com

Le site web de Tourism Regina est le point de départ pour organiser son séjour dans la capitale saskatoise. Outre les informations incontournables comme les hébergements, les adresses gourmandes ou encore les festivals et événements, le site comprend une section de guides en ligne ciblant, par exemple, le shopping, les activités familiales, les activités saisonnières ou les différents quartiers de la ville. Il est possible d'aller à l'office de tourisme sur rendez-vous, en semaine entre 9h et 17h (locaux situés au Path Cowork).

DRAGON'S NEST B&B €€

2200 Angus Street
✆ +1 306 525 2109
www.dragonsnestbb.com
Occupation double : à partir de 90 CAN $, petit déjeuner gourmand inclus.

Comme son nom pourrait le laisser deviner, le zen et la sagesse orientale sont à l'honneur dans ce charmant Bed & Breakfast tenu par Denise et Rick Urbanski, le tout situé à quelques pas à peine du centre-ville. Cinq chambres sont à votre disposition, dont certaines avec bain à remous et/ou foyer. Calme assuré et accueil tout en douceur garanti ! La maison propose également des tarifs préférentiels pour les longs séjours. Bonus : tous les hôtes ont ici accès à des aires communes, des kitchenettes et un bain à remous extérieur.

THE HOTEL SASKATCHEWAN €€€

2125 Victoria Avenue ✆ +1 306 522 7691
www.marriott.com
Occupation double : à partir de 215 CAN $. Promotions et forfaits disponibles.

Membre en règle de l'Autograph Collection Hotels de Marriott Bonvoy, ce superbe établissement est sans nul doute le plus luxueux de la capitale saskatoise. Établi en plein centre-ville, il offre un peu plus de 200 chambres et suites grand confort. Pour ceux qui aimeraient vivre l'expérience du luxe ultime, la Suite Royale est pour vous ! Nombreux services sont proposés sur place : café, resto-bar lounge, salle à manger pour le petit déjeuner, centre de santé spa, salle de fitness, stationnement payant, wifi gratuit et plus encore.

SKYE CAFE & BISTRO €

2903 Powerhouse Drive
✆ +1 306 352 7593
skyecafeandbistro.com
Mercredi-dimanche, 9h-15h. Repas du soir le vendredi sur réservation. Carte : moins de 25 CAN $. Terrasse.

Installé à même le Saskatchewan Science Centre, sur le merveilleux site naturel de Wascana Centre, ce café-bistro concocte de savoureux petits plats à base de produits locaux et de saison. La cuisine s'inspire des saveurs du monde avec, par exemple, le bol méditerranéen, le ramen au bœuf, les tacos aux crevettes, le burger de bison ou encore le bol de curry thaï. Le week-end, son brunch attire les foules et on le recommande fortement. À savoir que le menu comporte plusieurs plats sans gluten ainsi que pour les régimes végétariens et végans.

AVENUE €€

100-2201 11th Avenue
✆ +1 306 525 1919
avenuerestaurantandbar.com
Ouvert du mardi au samedi dès 17h30. Carte : 10 à 55 CAN $.

Inclus dans la liste des meilleures nouvelles tables du pays à son ouverture, Avenue est le rejeton du groupe Grassroots Restaurant, lequel tient également Ayden Kitchen and Bar à Saskatoon. La beauté historique du bâtiment qui héberge le resto vaut le déplacement : hauts plafonds, moulures, hautes fenêtres, etc. La cuisine s'inspire du *comfort food* avec des influences françaises et internationales. À plusieurs, on recommande de prendre diverses petites assiettes, histoire de goûter à presque tout. Belle liste de cocktails et de bières locales.

CRAVE KITCHEN + WINE BAR €€

1925 Victoria Avenue
✆ +1 306 525 8777
www.cravekwb.com
Ouvert du mardi au vendredi dès 11h30, 16h le samedi. Carte : 10 à 40 CAN $.

À l'intérieur, une atmosphère feutrée et une musique discrète. À l'extérieur, une terrasse qui donne sur la principale rue du centre-ville (qui n'est pas bruyante, rassurez-vous !). On y propose une cuisine variée et tout à fait bien exécutée avec, notamment, la pièce du boucher, le confit de canard, la poitrine de poulet avec kimchi, la brisket de bœuf fumé, le burger de bison ou encore la truite arc-en-ciel du lac Diefenbaker. Belle sélection de plats à partager également (planche de dégustation, dumplings de porc, calamars frits, etc.).

REBELLION BREWING

1901 Dewdney Avenue
✆ +1 306 522 4666
www.rebellionbrewing.ca
Ouvert du mardi au dimanche dès 11h.

Fondée en 2014 dans le Warehouse District, Rebellion est une microbrasserie bien connue de Regina. On retrouve d'ailleurs ses bières un peu partout dans la province et même au-delà. Son salon de dégustation permet de découvrir les différentes nectars conçus sur place tels que l'ambrée vieillie en barriques, la IPA à base de malt de la Saskatchewan, la lager de type mexicaine ou encore la blanche belge houblonnée. Pour casser la croûte, El Tropezon propose de nombreuses spécialités mexicaines en formule à partager ou pas. Coin boutique sur place.

HOMESTEAD BAR À VIN

338C University Park Drive
✆ +1 306 586 9720
naturalwinecanada.com/homestead-home
Ouvert du mardi au samedi dès 17h.

Situé à l'écart du centre-ville, dans un quartier où on ne s'attendrait pas à découvrir un tel spot gourmand, ce bar à vin vaut vraiment le détour et ravira sans nul doute les amateurs. Ici on mise sur les vins biodynamiques et nature via l'entreprise sœur Merawine, un importateur spécialisé dans ce type de nectars. Et qui dit vin dit bouchées et bons petits plats comme les huîtres, le bœuf braisé ou encore le thon. Pour l'ensemble de la table, un menu incluant différents petits ou grands plats avec accord des vins est également proposé.

THE EVERYDAY KITCHEN

1378 Hamilton Street
✆ +1 306 737 9603
www.theeverydaykitchen.ca
Lundi-vendredi, 7h-16h ; samedi, 8h-16h.

Pour un délicieux café préparé selon les règles de l'art, c'est ici qu'il faut venir ! Preuve du savoir-faire de l'endroit, des cours y sont même proposés afin de faire de nous de véritables *baristas*. Mais outre la caféine, un autre délice attire les foules en ce lieu : les beignets faits maison (goûtez à celui aux bananes et caramel salé). Il faut avouer qu'on est complètement fan de beignets artisanaux et qu'on ne rate pas une occasion de découvrir une nouvelle adresse spécialisée dans ce péché gourmand. À mettre au carnet de route !

MALTY NATIONAL BREWING

1130 15th Avenue
✆ +1 306 525 5001
www.maltynational.com
Ouvert tous les jours dès midi. Terrasse. Bières pour emporter.

C'est dans un secteur résidentiel à un jet de pierre du centre qu'est établie la microbrasserie Malty National. Ses grandes spécialités : des bières de style IPA et stout, sans oublier la famille des lagers avec la pilsner tchèque ou encore la dunkelweizen. Et tout est ici brassé en petite quantité, question d'expérimenter et de varier les créations. Des options sans alcool sont également proposées ainsi que le café du torréfacteur local 33 1/3. Les enfants sont les bienvenus et la microbrasserie a de quoi les divertir (jeux de société ou vidéo, etc.).

REGINA FARMERS' MARKET

2190 Victoria Avenue
✆ +1 306 210 0103
reginafarmersmarket.ca
De début mai à début octobre, mercredi et samedi de 9h à 13h.

Il n'y a pas meilleur endroit qu'un marché public de producteurs locaux pour savourer la destination. Se tenant deux fois par semaine lors de la belle saison, on s'y procure des produits de boulangerie, des fromages, des œufs frais, des produits maraîchers, des viandes et charcuteries, des mets préparés, des conserves et tutti quanti. Des kiosques d'artisans et des food-trucks sont également présents sur les lieux. Il peut arriver que la saison se prolonge en octobre et, si tel est le cas, le marché se tient uniquement le samedi.

FORT QU'APPELLE ★

À une heure de route au nord-est de Regina, au beau milieu des prairies, se trouve une vallée qui vaut largement une petite visite. La rivière Qu'Appelle a creusé son sillon et créé autour de la petite ville de Fort Qu'Appelle, ville de moins de 2 000 habitants, une série de lacs au bord desquels il fait bon se poser pour apprécier le paysage. Quant à ce nom intrigant, il viendrait d'une légende crie. Un jour, se promenant près d'un lac, un jeune homme entend quelqu'un l'appeler par son nom. Il s'exclame alors : « Qui appelle ? », mais seul l'écho répond. Plus tard, il apprend qu'il s'agissait de sa fiancée, l'appelant dans son dernier souffle.

ECHO VALLEY PROVINCIAL PARK

Highway 210
✆ +1 306 332 3215
tourismsaskatchewan.com
Droits d'accès quotidien par véhicule : 10 CAN $. Accès une semaine aussi disponible.

Situé à 8 km de Fort Qu'Appelle, ce parc longe le lac Echo. Il offre des points de vue spectaculaires sur la vallée. Si votre emploi du temps vous le permet, n'hésitez pas à camper sur l'un des sites du parc : le Lakeview offre des emplacements isolés permettant vraiment de se sentir en pleine nature. Les deux autres campings, situés sur le haut de la colline, offrent une très belle vue. Vous pouvez aussi faire le tour du lac en voiture et vous arrêter dans le petit village de Lebret.

CORONACH

Située à l'extrême sud de la province, non loin de la frontière américaine, la localité de Coronach a été fondée en 1926 par le Canadian Pacific Railway et incorporée deux ans plus tard. Elle fut nommée en l'honneur du cheval ayant remporté le Derby cette année-là en Angleterre. Elle est surtout connue pour deux choses : sa mine de charbon, la Poplar River Mine gérée par Westmorland Mining Holdings LLC, et les Big Muddy Badlands, un territoire très aride et accidenté traversé de ravins et parsemé de grottes. Comme une grande partie de ce site naturel se trouve sur des propriétés privées, il faut opter pour une visite guidée des lieux.

PARC NATIONAL DES PRAIRIES ★★★

Seul parc national qui protège l'écosystème de la prairie mixte au pays, il représente de manière significative la région naturelle des Prairies. Situé près de la frontière canado-américaine, il offre des paysages de plaines légèrement ondulées, ainsi que des *badlands* (terres dénudées, ravinées et érodées par le ruissellement de l'eau), des rivières sinueuses et des bourbiers fertiles. Le parc dispose de deux centres d'accueil ouverts en saison estivale : le bloc Ouest à Val Marie est accessible par les routes 4 ou 18, et le bloc Est près de Wood Mountain est joignable par la route 18. Mais attention, plus de 200 km séparent ces deux centres !

PARC NATIONAL DES PRAIRIES ★★★

✆ +1 306 476 2018
www.pc.gc.ca/prairies
Ouvert à l'année ; bureaux d'accueil ouverts de mai à mi-octobre. Adulte : 6,25 CAN $, gratuit pour les 17 ans et moins.

C'est l'une des rares prairies naturelles ayant survécu sur le continent et le tout reflète ce qu'ont été les prairies pendant des millénaires, avant qu'elles ne soient labourées par les pionniers. L'histoire de ce territoire remonte à des millions d'années. En effet, la découverte de milliers de fossiles dans le parc révèle que des dinosaures terrestres et aquatiques ont vécu ici. On y retrouve aussi d'anciens cercles de tipis et des couloirs de rabattage du bison, quelques-uns des vestiges laissés par les Premières Nations qui vivaient autrefois dans ces étendues sauvages. La faune du parc est diversifiée et comprend notamment le bison, le chevreuil, l'antilocapre, le coyote, le renard roux, le putois d'Amérique et le chien de prairie à queue noire. Le long de la vallée de la rivière Frenchman vivent également des espèces de reptiles et d'amphibiens que l'on ne retrouve pratiquement pas ailleurs au Canada, dont le crotale des prairies et le crapaud cornu.

Plusieurs activités sont proposées sur place : sentiers d'interprétation, route panoramique de 11 km (promenade des Badlands), randonnée équestre, vélo de montagne, kayak, géocachette, visites guidées, etc. Il est également possible de passer la nuit sur place en camping (dont du camping dans l'arrière-pays en été comme en hiver) ou dans une tente de type prêt-à-camper. À noter que si le parc est ouvert toute l'année, plusieurs services et installations ne sont pas disponibles à certaines périodes.

Parc National des Prairies.

EASTEND

Située aux confins sud-ouest de la Saskatchewan, près de l'Alberta et de l'État du Montana, la localité d'Eastend se trouve dans la vallée historique de la rivière Frenchman. Si la tranquillité règne ici en maître, l'endroit a acquis une certaine notoriété lors de la découverte d'un squelette de *Tyrannosaurus rex* qu'on surnomme Scotty et qui est désormais exposé au T.rex Discovery Centre, l'attrait principal d'Eastend. Le village héberge aussi un petit musée dédié à l'histoire locale, le Eastend Historical Museum, et quelques adresses pour un café et casser la croûte (mention à The Blue Dog, ses bons petits plats et son côté artistique).

SCEPTRE ★★

Village miniature du sud-ouest de la province de moins d'une centaine d'âmes, Sceptre se situe juste au nord des Great Sandhills, un immense secteur composé de prairies arides et de dunes de sable. C'est d'ailleurs dans ce site naturel unique qu'on retrouve le rat-kangourou d'Ord, une espèce en voie de disparition. Avant de vous y aventurer, visitez le musée et centre d'interprétation dédié à la cause, le Great Sandhills Museum & Interpretive Centre, lequel est ouvert en saison estivale uniquement. À noter que le village de Sceptre héberge diverses œuvres d'art public dont la plus grande sculpture métallique de blé au monde, rien de moins.

T.REX DISCOVERY CENTRE 🏛 ★

1 T-Rex Drive ✆ +1 306 295 4009
royalsaskmuseum.ca/trex
Fin mai à début septembre : tous les jours de 10h à 18h. Entrée libre (don suggéré de 10 CAN $, 20 CAN $ par famille).

Faisant partie du Royal Saskatchewan Museum de Regina, ce centre de découverte attire les foules venues voir de plus près Scotty, le plus imposant spécimen de *Tyrannosaurus rex* au monde. Outre la grande star des lieux, plusieurs expositions y sont présentées, comme celle sur les animaux préhistoriques qui peuplaient la Saskatchewan lors de l'extinction des dinosaures ou celle traitant d'une météorite tombée près de Buzzard Coulee. On peut également se glisser dans la peau d'un paléontologue avec l'activité Paleo Lab Experience. Une sortie géniale en famille !

GREAT SANDHILLS MUSEUM & INTERPRETIVE CENTRE 🏛 ★

Highway 32
✆ +1 306 623 4345
www.greatsandhillsmuseum.com
Ouvert de mi-mai à début septembre, tous les jours de 9h à 17h. Adulte : 5 CAN $.

Les Great Sandhills sont un phénomène unique dans le sud-ouest de la province. Les dunes de sable couvrent une superficie de 1 900 km², avec de forts vents qui changent le paysage sans cesse. Certaines dunes peuvent atteindre une hauteur de 15 à 20 mètres. Quelques arbres arrivent à pousser dans ce lieu hostile. Une visite dans ce musée et centre d'interprétation est donc recommandée avant de s'aventurer dans les dunes. Le musée expose aussi l'histoire du village et de ses pionniers.

SASKATOON ★

Première ville de la province, à 263 km au nord-ouest de Regina, Saskatoon s'orne de splendides jardins (Kiwanis Park) le long de la rivière qui la traverse. Elle est réputée comme étant la ville universitaire de la Saskatchewan. La ville a grandi dans l'environnement boisé qui caractérise le nord de la province. Elle est au centre d'une riche région agricole (blé, colza et élevage) et minière (potasse). Ces dernières années, la ville a connu un développement sans précédent, et les rives de la rivière ont été réaménagées complètement. Le quartier de Riversdale, autrefois plutôt mal fréquenté, attire désormais une population jeune et branchée.

REMAI MODERN ★★

102 Spadina Crescent East ✆ +1 306 975 7610
remaimodern.org

Mercredi-dimanche, 10h-17h (jusqu'à 21h jeudi-vendredi). Entrée libre (don suggéré), gratuit pour les 17 ans et moins.

Difficile de rater le bâtiment du musée, une création signée par Bruce Kuwabara de la firme canadienne d'architectes KPMB en partenariat avec Architecture 49. Le musée abrite une collection permanente de quelque 8 000 œuvres en tous genres couvrant un peu plus d'un siècle et provenant tant d'artistes du pays que d'ailleurs. On y admire entre autres la plus grande collection de linogravures de Pablo Picasso. Sur place, on retrouve aussi une boutique d'art et de design, sans oublier une table gourmande qui propose les succulents plats du restaurant Hearth.

BROADWAY DISTRICT

Broadway Avenue
broadwayyxe.com

Situé au sud du Central Business District, de l'autre côté de la rivière Saskatchewan Sud, c'est un district commercial particulièrement dynamique du quartier Nutana, à découvrir à pied de préférence. Boulangeries et pâtisseries, restaurants, cafés, bars et pubs, boutiques en tous genres, galeries d'art et autres se succèdent sans temps mort sur l'avenue Broadway et dans les environs. Plusieurs événements s'y tiennent au fil des mois (marché fermier, vente trottoir, etc.). C'est LA destination pour le shopping et la *nightlife* !

WANUSKEWIN HERITAGE PARK ★

RR #4, Penner Road ✆ +1 306 931 6767
www.wanuskewin.com

Ouvert toute l'année (horaires variables). Adulte : 14 CAN $, stationnement : 5 CAN $.

Situé à quelques km au nord-est de Saskatoon, ce site de découverte et parc historique raconte 6 000 ans d'histoire, et notamment celle des Premières Nations qui, pendant longtemps, furent les seuls habitants de la région. On y découvre d'ailleurs le lien sacré qui les unissait à la Terre Mère. Le site héberge également plusieurs sites archéologiques, un troupeau de bisons, des programmes d'interprétation à l'extérieur, des galeries d'art, un boutique de souvenirs et d'artisanat et un restaurant. Possibilité d'hébergement en tipi sur place (minimum 6 personnes).

Skyline de Saskatoon.

WESTERN DEVELOPMENT MUSEUM

2610 Lorne Avenue
✆ +1 306 931 1910
wdm.ca

Ouvert tous les jours de 9h à 17h. Café ouvert tous les jours de 8h30 à 16h. Adulte : 12,57 CAN $.

Le Western Development Museum, ce sont en fait quatre musées en Saskatchewan offrant chacun une expérience différente. Au total, près de 80 000 artefacts constituent sa collection permanente qui retrace l'histoire humaine de la province, de la colonisation à nos jours, ce qui en fait le plus important du genre en Saskatchewan. Sujets explorés : les transports à Moose Jaw, la vie rurale à North Battleford, le Boomtown de 1910, l'innovation à Saskatoon et l'immigration à Yorkton.

DELTA BESSBOROUGH €€

601 Spadina Crescent East
✆ +1 306 244 5521
www.marriott.com

Occupation double : à partir de 195 CAN $. Promotions et forfaits disponibles.

Appartenant à la chaîne d'hôtels Marriott Bonvoy et établi à un jet de pierre de la rivière Saskatchewan Sud, ce « château » construit entre 1930 et 1932 est un lieu où le grand confort, le raffinement et la bonne chère se côtoient. Comme on peut s'y attendre dans un hôtel Delta, de nombreux services sont disponibles comme, par exemple, un stationnement, une piscine et un bain à remous intérieurs, une salle de fitness, un centre de santé spa, un restaurant et un café-bistro. Les chambres auraient toutefois besoin d'une petite cure de rajeunissement...

THE JAMES HOTEL €€€

620 Spadina Crescent East
✆ +1 306 244 6446
www.thejameshotel.ca

Occupation double : à partir de 259 CAN $, petit déjeuner et stationnement inclus. Promotions et forfaits disponibles.

Bénéficiant d'une localisation hyper centrale, en plein cœur du Central Business Distrcit sur les rives de la rivière Saskatchewan Sud, le James est un hôtel aux lignes épurées offrant des chambres et suites haut de gamme, dont certaines avec salon et kitchenette. Comme toute adresse de ce standing, les services sont nombreux, allant du bar-lounge proposant des cocktails vintage, des vins d'importation et une cuisine d'inspiration européenne, au centre de fitness ouvert 24h/24. Clairement l'une de nos meilleures adresses en ville !

ODD COUPLE €

228 20th Street West
✆ +1 306 668 8889
oddcouple.ca

Lundi-samedi, 11h30-14h et 16h30-22h. Carte : moins de 30 CAN $.

Originaire de Hong Kong, la famille Yuen est bien connue sur la scène gourmande de la province. Avec cette chouette adresse, les Yuen désirent offrir une expérience canado-asiatique avec des plats combinant les saveurs de l'Est à celle de l'Ouest. Les ingrédients et techniques de cuisson s'inspirent des cuisines cantonaise, japonaise et vietnamienne. Prenons par exemple le riz jasmin frit au bacon fumé à l'érable avec porc barbecue chinois et œuf miroir. Informez-vous également sur le menu dégustation. Belle carte des alcools, notamment les cocktails.

AYDEN KITCHEN AND BAR €€

265 3rd Avenue ✆ +1 306 954 2590
www.aydenkitchenandbar.com

Ouvert le soir du mardi au samedi. Carte : 5 à 40 CAN $, menu dégustation : 65 CAN $ (45 CAN $ pour l'accord des vins).

Une table comme on les aime, où l'emphase est mise sur les savoureux produits de la région et les charcuteries maison, apprêtés avec justesse par le chef Dale Mackay, le chef exécutif Benet Hunt et leur fine équipe en cuisine. Pour vivre pleinement l'expérience, on recommande le menu dégustation 4 services avec l'accord des vins. Un endroit définitivement branché, avec une belle liste de cocktails préparés par leur mixologue, des bières artisanales et quelques bons crus. Une excellente adresse à découvrir pour l'apéro, pour le repas ou pour terminer la soirée !

BON TEMPS CAFE €€

223 2nd Avenue South
✆ +1 306 242 6617
www.bontempscafe.ca

Ouvert tous les jours dès 16h. Carte : 10 à 45 CAN $. Programmation de spectacles.

Bon Temps Cafe est certainement l'une des tables les plus animées de la ville ! L'endroit se spécialise dans la cuisine cajun et créole avec des spécialités incontournables comme les huîtres Bienville, le jambalaya, l'assiette gourmande de viandes cuites au barbecue, la muffuletta ou encore le po-boy, ce sandwich traditionnel de La Nouvelle-Orléans. En dessert, il ne faut pas rater le fameux beignet. Sur réservation à l'avance et pour au moins quatre personnes, il est possible d'avoir le festin « Spice Boil » typique de la Louisiane.

HEARTH RESTAURANT €€

2404 Melrose Avenue
✆ +1 306 664 6677
hearth.restaurant
Mercredi-dimanche, 17h-22h. Carte : 10 à 45 CAN $, menu dégustation : 65 CAN $ (accord des vins en sus). Terrasse.

Classé au fameux palmarès du Canada's 100 Best Restaurants, Hearth met en vedette les produits du terroir saskatchewanais dans une cuisine sans prétention mais ô combien délicieuse. L'ardoise affiche entre autres le tartare de bison, la truite ou encore le bœuf de l'Ouest. Un menu dégustation 5 services est également proposé, lequel peut être bonifié de l'accord des vins. Couronnez le tout d'un succulent dessert maison. Mention au menu des cocktails et mocktails. À savoir que depuis 2023, Hearth s'occupe aussi du restaurant du musée Remai Modern.

COHEN'S BEER REPUBLIC

101 20th Street West
✆ +1 306 955 0116
www.cohensyxe.com
Ouvert du lundi au samedi dès 11h30. Terrasse.

Adresse hautement fréquentée de Saskatoon, le resto-bar Cohen's est surtout réputé pour sa belle sélection de bières artisanales (dont des crus de la Saskatchewan en rotation) et de scotchs et whiskies (plus d'une trentaine à l'ardoise). L'endroit propose également un menu gourmand de style pub composé entre autres d'ailes de poulet, de burgers et sandwichs, de poutines, de *mac & cheese* et autres du genre, avec quelques spécialités internationales (riz teriyaki, poulet au beurre, *pierogis*...). Mention à la jolie déco derrière le bar.

PRIMAL €€

423 20th Street West
✆ +1 306 974 8111
primalpasta.ca
Ouvert tous les jours de 17h à 22h. Carte : 5 à 45 CAN $, menu dégustation : 80 CAN $ (45 CAN $ pour l'accord des vins).

La table des chefs Kyle Michael et Christie Peters rend honneur à la savoureuse cuisine italienne. Et comme dans toute bonne table de ce genre, les pâtes sont ici faites maison. Le mardi est d'ailleurs la soirée « pâtes et vins », avec une belle sélection à prix spéciaux. Les viandes et les poissons sont également à l'ardoise, sans oublier les desserts typiques comme le délicieux tiramisu... Pour ceux qui aimeraient dévorer une pizza (six choix différents), sachez qu'elles ne sont offertes que pour emporter et en format unique.

DRIFT SASKATOON

339 Avenue A South
✆ +1 306 653 2256
driftcafe.ca
Ouvert tous les jours de 9h à 16h. Terrasse.

Situé dans le chouette quartier Riversdale, ce café-bar est à découvrir absolument. Déjà la déco nous fait voyager dans un lieu plutôt tropical et on adore l'aménagement des lieux : zone café au rez-de chaussée pour prendre un café et luncher sur le pouce (salades, sandwichs, burgers, poutines...), bar au 2ᵉ étage pour savourer l'apéro entre amis (cocktails, bières artisanales, cafés alcoolisés, etc.) et terrasse sur le toit pour se la couler douce. Cerise sur le gâteau : un savoureux brunch est proposé le week-end jusqu'à 14h.

9 MILE LEGACY BREWING COMPANY

229 20th Street West
✆ +1 306 373 2337
9milelegacy.com
Ouvert du mardi au dimanche dès 14h. Programmation culturelle et musicale.

Anciens brasseurs maison, Shwan Moen et Garrett Pederson ont ouvert les portes de leur nanobrasserie en 2015. Dans le verre, à peu près tous les styles de bières sont représentés, allant de la Dubbel vieillie en barrique à la IPA d'inspiration West Coast. La brasserie n'a pas de cuisine, mais des *food trucks* viennent parfois s'installer à l'extérieur. Et pour être au parfum de la programmation (tournois de cartes, spectacles musicaux, etc.), surveillez la page Facebook.

POP WINE BAR

334 20th Street West
✆ +1 306 952 0269
popwinebar.ca
Ouvert du mardi au samedi de 15h à minuit. Happy hour jusqu'à 17h. Terrasse.

Finaliste dans les meilleurs nouveaux restos canadiens en 2022 selon enRoute, POP Wine Bar se spécialise dans les vins nature. Les crus proviennent des quatre coins du monde, de la France à l'Australie, en passant par le Chili et l'Ouest canadien, et sont pour la plupart offerts à la bouteille (quelques options au verre). Quelques cocktails, bières artisanales et shooters complètent l'ardoise des alcools. Jetez aussi un œil au menu gourmand, lequel comprend des planches de dégustation, des huîtres, du caviar, des snacks et des plats à partager. On recommande !

SASKATOON FARMERS' MARKET

2600 Koyl Avenue
✆ +1 306 384 6262
www.saskatoonfarmersmarket.com
Ouvert toute l'année : samedi, 8h-14h ; dimanche, 10h-15h.

Tous les week-ends, locaux et visiteurs viennent ici faire le plein de produits locaux et régionaux. Fruits et légumes, viandes et charcuteries, poissons, produits de boulangerie, œufs frais, boissons en tous genres et tutti quanti sont vendus ici. On y retrouve également des mets préparés, des plantes et fleurs ainsi que des produits d'artisans. Des événements spéciaux s'y tiennent, notamment la visite du père Noël en décembre qui plaira à votre marmaille.

BATOCHE

La localité de Batoche se trouve à environ 90 kilomètres au nord-est de Saskatoon et à une heure au sud de Prince Albert. Batoche a été le théâtre d'une des plus importantes batailles de la rébellion du Nord-Ouest, en 1885. Bien que l'église et le presbytère soient les seules constructions encore debout, Batoche est aujourd'hui un lieu historique national intéressant à découvrir et à parcourir. Vous en apprendrez davantage sur les luttes menées par les rebelles métis et autochtones, mais aussi sur le mode de vie de la communauté métis. Le site permet de faire une balade en canoë sur les eaux paisibles de la rivière Saskatchewan Sud.

LIEU HISTORIQUE NATIONAL DE BATOCHE

Highway 225 ✆ +1 306 423 6227
www.pc.gc.ca/batoche
Ouvert de mai à octobre (horaires variables). Adulte : 12,50 CAN $, gratuit pour les 17 ans et moins.

Les traces de la défaite des rebelles métis et autochtones, dirigés par Louis Riel et Gabriel Dumont, contre les milices du gouvernement fédéral le 9 mai 1885, marquent encore les lieux. Gabriel Dumont et d'autres dirigeants métis sont enterrés dans le cimetière près de l'église. Un centre d'accueil propose aux visiteurs une interprétation des événements de cette bataille, tout en présentant le mode de vie traditionnel des Métis, qui allait bientôt être bouleversé à jamais.

WASKESIU LAKE

Située à 225 km au nord de Saskatoon, Waskesiu Lake est la seule communauté incluse dans les limites du parc national de Prince Albert. Ce dernier présente de très beaux paysages d'une grande diversité. Ses guides-naturalistes proposent des visites thématiques qui en facilitent la découverte. Le site est idéal pour faire de la randonnée ou de simples promenades, notamment sur les rives calmes et sauvages du lac Waskesiu. Le lieu se prête aussi aux joies du canoë et du camping ainsi qu'à l'observation des animaux sauvages (orignal, ours, renard roux et castor principalement). En hiver, les sentiers ravissent les adeptes de ski de fond et de raquettes.

PARC NATIONAL DE PRINCE ALBERT ★★★

969 Lakeview Drive
✆ +1 306 663 4522
www.pc.gc.ca/princealbert
Ouvert toute l'année (horaires variables). Adulte : 8,25 CAN $, gratuit pour les 17 ans et moins.

Accessible par les routes 2 et 264 ou par la route panoramique 263, ce parc national préserve une partie de la forêt de conifères du Nord (forêt boréale) ainsi qu'une faune diversifiée et abondante. Parmi ses particularités naturelles et culturelles exceptionnelles, on y retrouve la seule colonie nicheuse entièrement protégée de pélicans blancs d'Amérique, des bisons et la cabane isolée de Grey Owl au bord du lac. Ce dernier, de son vrai nom Archibald Belaney, était un Britannique qui s'inventa une identité amérindienne une fois adulte. Il fut connu dans les années 1930 en tant qu'écrivain mais aussi comme l'un des tout premiers défenseurs de la nature et un précurseur du courant écologique moderne. Un film librement inspiré de sa vie a été tourné en 1999, *Grey Owl*, dont le rôle principal fut confié à Pierce Brosnan.

Le centre d'accueil du parc fournit des renseignements sur les écosystèmes, la faune et la flore du parc. Des expositions éducatives y sont régulièrement organisées, et vous y trouverez toutes les informations nécessaires sur les promenades possibles dans le parc. Plusieurs activités sont ici praticables telles que la randonnée, le vélo de montagne, le canotage, le canoë-camping, la pêche, le golf, le ski de fond, la raquette, etc. On peut dormir sur place en camping et en tente de type prêt-à-camper. Comme la majeure partie du parc est sauvage, vous retrouverez une foule de service à Waskesiu Lake, localité située dans les limites du parc.

ELK RIDGE RESORT €€

1 Elk Ridge Road
✆ +1 306 663 4653
www.elkridgeresort.com
Tarifs variables selon le type d'hébergement choisi. Promotions et forfaits disponibles.

Pour des vacances sous le signe du confort, de la gastronomie et de la détente, le Elk Ridge Resort est incontournable. L'hébergement est offert en chambre dans le lodge ou dans un des chalets/maisons répartis sur le site. Parmi les services offerts sur place, notons les nombreuses activités incluses en été comme en hiver, le centre de santé spa et les deux restaurants, l'un de style resto-pub (mention aux pizzas) et l'autre proposant de la fine cuisine. À savoir que les proprios tiennent un autre site de villégiature dans les environs, le Elk Ridge on the Lake.

KAPASIWIN BUNGALOWS €€

2500 Northshore Road
✆ +1 877 963 5225
www.kapasiwin.com
Ouvert toute l'année. Chalet à partir de 308 CAN $ la nuit. Un minimum de deux nuits est exigé. Forfaits disponibles.

Blotti sur les rives du lac Waskesiu, ce site de villégiature, qui se refait une beauté, propose l'hébergement dans de tout nouveaux chalets 4 saisons vraiment superbes. Pouvant accueillir jusqu'à 6 personnes, ils sont entre autres munis d'un foyer électrique, d'une cuisine complète, d'une terrasse et d'un barbecue. Sur le site, vous avez accès à une plage privée, au prêt d'équipement (canoë, kayak, raquettes), à des sentiers de randonnée et à des aires de pique-nique. Votre pied-à-terre au cœur du parc national de Prince Albert !

SUNDOGS SLED EXCURSIONS

Highway 953
✆ +1 306 960 1654
www.sundogs.sk.ca
Tarifs selon l'excursion ou l'activité choisie. Forfaits multijours disponibles.

Avec un tel nom, difficile de ne pas deviner la grande spécialité de la maison. Cette petite entreprise d'écotourisme se spécialise en effet dans les excursions en traîneau à chiens, le tout dans le superbe cadre naturel du parc national de Prince Albert. Lors de la belle saison, elle propose des excursions guidées accompagnées de naturalistes, à pied ou en bateau, à la découverte de la forêt boréale (ces activités se tiennent sur différents sites et non pas que dans le parc national). Le camp de base est accessible par la route 2 puis la route 953.

MISSINIPE ★★

Missinipe est une petite communauté d'une trentaine d'habitants située près du parc provincial Lac La Ronge. On y accède par la route 102 ou en hydravion, et on y vient pour ses grands espaces et ses lacs et rivières qui se prêtent à merveille à la pêche et au canotage. C'est d'ailleurs le point d'accès principal à la rivière Churchill et, sans surprise, les services sur place sont surtout axés sur le tourisme (magasin général, compagnie d'hydravion, entreprise d'écotourisme pour le canotage, resort avec forfaits d'aventure, camping, etc.). À voir au nord-est de Missinipe : les chutes Nistowiak, accessibles seulement par hydravion ou par bateau.

CHURCHILL RIVER CANOE OUTFITTERS

✆ +1 877 511 2726
www.churchillrivercanoe.com
Tarifs selon l'activité ou le forfait choisi. Différents cours de canoë avec certification aussi offerts.

Grand spécialiste des excursions en canoë (autonomes ou guidées) sur la rivière Churchill, cette entreprise propose une vaste gamme de services : location de matériel de canotage et de camping en région éloignée, planification d'excursions en canoë (cartes, routes, niveaux d'eau, portages, etc.), service de navette et de réservation d'hydravion, et plus encore. Il est également possible de faire des parties de pêche, guidées ou non. Hébergement sur place en camping ou en hostel.

ATHABASCA SAND DUNES PROVINCIAL PARK

Situé aux confins nord-ouest de la Saskatchewan, sur les rives du lac Athabasca, ce parc provincial détonne complètement avec les paysages auxquels nous sommes habitués dans le nord du pays. Ici les dunes de sable semblent s'étendre à l'infini, sur environ 100 kilomètres le long du lac et atteignant une hauteur de 30 mètres à certains endroits. Le parc est divisé en trois zones, chacune ayant ses règles concernant le camping et la pratique d'activités. Il est uniquement accessible par hydravion et s'adresse aux aventuriers autonomes, aucun service n'étant offert sur place. Certains pourvoyeurs y offrent cependant des forfaits guidés.

MANITOBA

Situé au centre géographique du Canada, le Manitoba, sixième plus grande province du pays, est constitué de trois différentes régions géographiques : les Prairies au sud, le Bouclier canadien au centre et la toundra au nord. C'est dans cette toundra que bon nombre de visiteurs se rendent pour l'observation de l'ours polaire, plus précisément à Churchill, sur les rives de la baie d'Hudson. La province compte également des milliers de lacs, dont le lac Winnipeg, sixième plus grand lac d'eau douce au pays, sans oublier ses rivières offrant descentes de rapides et circuits canotables. À Winnipeg, on découvre l'histoire de Louis Riel, leader métis considéré comme le « père du Manitoba », et les droits de la personne dans un superbe musée réalisé par l'architecte américain Antoine Predock, ainsi qu'une francophonie bien présente et vivante, notamment dans les quartiers de Saint-Boniface, Saint-Vital et Saint-Norbert.

Manitoba
Caribou
Baie d'Hudson
Tadoule Lake
CHURCHILL ★★★
Lac Reindeer
Lynn Lake
Leaf Rapids
Granville Lake
Split Lake
rivière Hayes
Shamattawa
Nelson House
Thompson
Oxford House
God's River
Flin Flon
Cross Lake
Norway House
The Pas
Mosakahiken
Grand Rapids
Sandy Lake
Hudson Bay
Lac Winnipegosis
Lac Winnipeg
Swan River
ONTARIO
Yorkton
Dauphin
Russell
WASAGAMING ★★
Fort Alexander
Lac Manitoba
WHITESHELL PROVINCIAL PARK
Kipling
BRANDON ★
WINNIPEG ★★
Estevan
Winkler
200 KM

WINNIPEG ★★

Elle est la capitale administrative du Manitoba, tout en étant aussi la capitale économique et culturelle. Fief de la francophonie, elle accueille la plus grande communauté francophone des provinces de l'Ouest et ses habitants se serrent les coudes pour que perdure la langue de Molière. Depuis plusieurs années, il souffle sur la scène gastronomique et culturelle de Winnipeg un vent de renouveau. Des quartiers comme The Forks, à deux pas du superbe Musée canadien pour les droits de la personne, ou le Exchange District, avec ses adresses tendance, témoignent de cette brise de fraîcheur. Winnipeg est une ville à (re) découvrir en toute saison.

Transports

- **La ville est desservie par un aéroport international,** le Winnipeg Richardson International Airport, lequel relie la capitale manitobaine à d'autres villes canadiennes ainsi qu'à quelques destinations aux États-Unis, au Mexique et dans les Caraïbes.
- **Pour rejoindre le centre-ville,** il faut prendre un taxi (Unicity Taxi), ReRyde ou Uber, ou encore les transports en commun avec les lignes de bus 15 et 20. Quatre compagnies de location de voitures ont également un comptoir à l'aéroport.
- **La compagnie de bus** interurbains Rider Express dessert Winnipeg et permet de se rendre ailleurs dans la province et au Canada, sans oublier VIA Rail qui dessert Winnipeg sur la ligne Toronto-Vancouver et offre également une liaison entre Winnipeg et Churchill.
- **Dans la ville même,** Winnipeg Transit prend le relais et propose près de 90 lignes de bus (aucun service de nuit).

ASSINIBOINE PARK

55 Pavilion Crescent
✆ +1 204 927 6000
www.assiniboinepark.ca
Ouvert toute l'année (horaires variables selon l'activité). Certaines activités gratuites, d'autres payantes.

Cet immense espace vert réserve bien des surprises ! Jardins, terrains de jeux, art public, pavillon avec expositions d'art visuel, train à vapeur, location de vélos, théâtre lyrique avec programmation de spectacles en été, sentiers de ski de fond, patinoire, glissades sur neige et plusieurs autres activités attendent les visiteurs. Parmi les nombreuses galeries d'exposition, vous y trouverez celle dédiée à Winnie l'Ourson (« The Pooh Gallery »). En 1914, le lieutenant canadien Harry Colebourn sauve un ours orphelin à qui il décide de donner le nom de la ville dans laquelle il vivait avant la guerre : Winnipeg. Au fil du temps, l'ours se fait appeler Winnie, voyage en Angleterre et termine ses jours dans un zoo de Londres. C'est là qu'il inspirera à l'auteur A.A. Milne le célèbre conte pour enfants. Fière de cette histoire, la ville a même célébré en 2014 le centenaire de l'ourson en présence du prince Charles. Le site héberge également le fameux Assiniboine Zoo, avec ses quelque 150 espèces différentes (l'entrée du zoo se trouve au 2595 Roblin Boulevard), ainsi que The Leaf, une nouvelle attraction dédiée à l'horticulture avec quatre habitats distincts dans le pavillon et six jardins extérieurs répartis sur une douzaine d'hectares pour le Gardens at The Leaf. Pour casser la croûte, faites un saut du côté du Park Café, ouvert tous les jours de 9h à 16h (petit déjeuner servi toute la journée, sandwichs, burgers, etc.). Prévoyez quelques heures pour la visite de l'ensemble du site (visites guidées possibles pour les groupes).

CATHÉDRALE DE SAINT-BONIFACE

180 Cathedrale Avenue
✆ +1 204 233 7304
www.cathedralestboniface.ca

La plus vieille église de l'ouest du Canada fut érigée en 1818, mais de cette époque il ne reste plus que la façade, la cathédrale ayant été détruite à plusieurs reprises par des incendies. En fait, deux églises et quatre cathédrales se sont succédé sur ce lieu, ce dernier étant hautement symbolique de la présence francophone dans l'Ouest. La nef a donc été reconstruite en 1970 à l'intérieur des ruines, une réalisation de l'architecte Étienne Gaboury.

LIEU HISTORIQUE NATIONAL DE LA FOURCHE

Forks Market Road
✆ +1 204 927 7874
www.pc.gc.ca/fourche
Ouvert toute l'année, programmation en été seulement. Entrée libre.

Ce lieu servait de point de rencontre entre les différentes tribus autochtones. C'est aujourd'hui un espace de verdure et de silence à la confluence des rivières Rouge et Assiniboine. Le circuit pédestre « Un cœur, deux rivières, quatre directions » permet d'ailleurs de découvrir la relation des autochtones avec La Fourche dans ce parcours en neuf étapes. À noter que le comptoir de renseignements de Parcs Canada est situé dans le Centre d'Information de Voyage Manitoba à La Fourche.

LIEU HISTORIQUE NATIONAL DE LA MAISON-RIEL ★★

330 River Road
✆ +1 204 983 6757
www.pc.gc.ca/riel
Ouvert tous les jours en été. Adulte : 4,25 CAN $, 17 ans et moins : gratuit.

Résidence familiale de Louis Riel, le grand leader des Métis qui est aussi considéré comme le « Père du Manitoba ». Il a dirigé, avec d'autres, les rébellions menées au Manitoba pour revendiquer les droits territoriaux des Métis. Sa tombe se trouve dans le cimetière des ruines de la cathédrale de Saint-Boniface. On y découvre aussi le quotidien de la communauté Métis à cette époque tumultueuse de l'histoire qui a donné naissance à la province du Manitoba.

MAISON GABRIELLE-ROY ★

375 rue Deschambault
✆ +1 204 231 3853
maisongabrielleroy.mb.ca
Horaires variables. Droits d'entrée.

Ce musée et centre d'interprétation rend hommage à la célèbre auteure franco-manitobaine Gabrielle Roy (1909-1983) en faisant revivre sa maison natale, laquelle fut entièrement restaurée dans son état d'origine. D'ailleurs, son roman *Rue Deschambault* se déroule dans cette maison. Vous y trouverez des expositions relatives à la vie et à l'œuvre de cette auteure de grande renommée. Une manière idéale de se plonger dans l'univers des romans de l'auteure de *Bonheur d'occasion* (prix Femina 1947). Le musée accueille souvent des évènements littéraires.

MUSÉE DE SAINT-BONIFACE ★

494 avenue Taché
✆ +1 204 237 4500
www.msbm.mb.ca
Horaires variables selon la saison. Entrée libre (dons encouragés).

Situé dans le quartier francophone de la ville, ce musée est installé dans la plus vieille maison de Winnipeg, bâtie dans les années 1840 comme couvent par et pour les Sœurs de la Charité de Montréal. Il vise à faire découvrir l'histoire et l'évolution des communautés francophones et métis, au Manitoba comme dans l'ouest du pays. Sa collection permanente comprend quelque 30 000 artefacts divisés en quatre catégories : histoire, ethnologie, archives et beaux-arts (la majorité n'est pas exposée). Boutique de souvenirs sur place (La Belle Boutique Blanche).

MUSÉE CANADIEN POUR LES DROITS DE LA PERSONNE ★★★

85 Israel Asper Way ✆ +1 204 289 2000
www.droitsdelapersonne.ca
Mardi-dimanche, 10h-17h (jusqu'à 21h le vendredi). Adulte : 18 CAN $ (gratuit le vendredi dès 17h). Boutique sur place.

Impossible de rater ce bâtiment à l'architecture unique, une superbe réalisation de l'architecte américain Antoine Predock. Il fut érigé sur le territoire visé par le Traité n° 1, non loin de l'endroit où les Métis se sont rebellés sous l'impulsion de Louis Riel, en 1870. D'ailleurs, avant le début des travaux de construction, des fouilles archéologiques ont permis la découverte de plus d'un demi-million d'objets racontant l'histoire de ce site. Inauguré en 2014, ce musée national est le premier à avoir ouvert à l'extérieur de la région de la capitale nationale (Ottawa). Il présente diverses galeries aux installations interactives, à la pointe des technologies multimédias, dont : *Que sont les droits de la personne ?* (à voir : les 100 moments choisis de l'histoire des droits de la personne au fil du temps aux quatre coins du globe), *Perspectives autochtones* (superbe théâtre circulaire où est projeté un film à 360° présentant des histoires sur les droits et les responsabilités selon les Autochtones - Amérindiens, Métis et Inuits), *La protection des droits au Canada* (présentation de l'évolution du système juridique et des lois au Canada avec plusieurs documents originaux dont la Proclamation de la *Loi constitutionnelle de 1982*), *Examiner l'Holocauste* (exploration en profondeur de la fragilité des droits de la personne sous le régime nazi et de ce qui cause les génocides à travers le monde), *Les droits aujourd'hui* (galerie présentant les portraits des défenseurs des droits de la personne et qui axe ses expositions sur la conscientisation et la pensée critique dans le monde actuel), *Inspirer le changement* (galerie destinée à la réflexion personnelle sur le changement social positif et l'avancement des droits de la personne), etc. Au total, 100 heures de vidéo ont été réalisées pour l'ensemble des expositions. Comptez un minimum de 3 heures sur place. A visiter absolument !

▸ **Télécharger gratuitement l'application du musée**. Très bien faite, riche d'informations, de vidéos et d'images. L'idéal est d'effectuer, avant votre venue, une visite virtuelle afin de repérer ce que vous souhaitez découvrir en priorité. Vous pouvez aussi emprunter gratuitement un appareil contenant déjà l'appli en vous adressant à la billetterie ou au comptoir. À noter que des visites (en français) sont aussi organisées par des guides passionnés. En saison estivale, le musée organise des journées thématiques pendant la semaine et des activités familiales le week-end.

Musée Canadien pour les Droits de la Personne.

THE FORKS ★

www.theforks.com

The Forks est un des sites urbains les plus populaires de Winnipeg. Outre les nombreux restaurants et boutiques, le site héberge également plusieurs points d'intérêt et services comme le marché public, l'hôtel Inn at The Forks, l'office de tourisme de Travel Manitoba, le Musée canadien pour les droits de la personne, le lieu historique national de La Fourche, le musée pour enfants, un skatepark, des jardins et plus encore. The Forks vit également au rythme des événements, dont le fameux village d'hiver : l'Arctic Glacier Winter Park.

THE MANITOBA MUSEUM ★

190 Rupert Avenue ✆ +1 204 956 2830

www.manitobamuseum.ca

Ouvert toute l'année (horaires variables). Adulte : 8 à 23 CAN $ selon le nombre d'attractions visitées.

Ce musée est le plus grand centre du patrimoine de la province, combinant les thèmes de l'homme et de la nature. Sur place, on retrouve trois attractions : les salles d'exposition du musée, le centre des sciences et le planétarium. Après des rénovations, le musée a inauguré de nouvelles galeries d'exposition dont la « Winnipeg Gallery », pour célébrer le 350e anniversaire de la Compagnie de la Baie d'Hudson et le 50e anniversaire du musée en 2020. Bon plan : une programmation spéciale chaque premier vendredi du mois (entrée gratuite entre 16h et 21h).

WINNIPEG ART GALLERY ★★

300 Memorial Boulevard

✆ +1 204 786 6641

www.wag.ca

Ouvert du mardi au dimanche de 11h à 17h (jusqu'à 21h le vendredi). Adulte : 18 CAN $. Boutique et café sur place.

Fondée en 1912, la WAG est la plus ancienne galerie d'art municipale du pays. Elle compte parmi les galeries d'art majeures du Canada, avec plus de 27 000 œuvres, et accueille la plus importante collection publique d'art inuit contemporain au monde. L'ensemble fait preuve d'un très grand éclectisme et d'une belle audace en matière d'art contemporain. À ne pas manquer : le nouveau centre d'art inuit Qaumajuq, ouvert en 2021, avec près de 14 000 œuvres incluant notamment des sculptures, des dessins, des imprimés, des textiles et des nouveaux médias.

TOURISM WINNIPEG

1802 One Lombard Place

✆ +1 204 943 1970

www.tourismwinnipeg.com

Une petite virée sur le site web de l'office de tourisme n'est pas à négliger quand vient le temps d'organiser son séjour dans la capitale manitobaine. Tout y est, des options d'hébergement à celles de restauration, en passant par les points d'intérêt et les événements. L'onglet « Plan your trip » permet de découvrir les quartiers de la ville, les transports et autres éléments utiles au séjour. Il est possible de télécharger ou de commander la brochure touristique depuis le site web. À savoir que Travel Manitoba tient un bureau d'information à The Forks.

TOURS BY LOCAL

www.toursbylocals.com/Winnipeg-Tours

Tours à partir de 265 CAN $ (maximum de 4 personnes). Réservation impérative.

Comme son nom l'indique, on vous propose ici de découvrir la ville comme un local. Votre guide, Jean-Louis, un natif du Manitoba, connaît Winnipeg comme sa poche et peut en plus faire votre visite dans la langue de Molière. Il propose trois visites guidées privées : la visite à pied de la ville d'une demi-journée, celle d'une journée complète et celle des meilleures attractions de la ville. Jean-Louis peut également concevoir un itinéraire sur mesure selon vos goûts et intérêts. Un super moyen pour découvrir la ville autrement !

WINNIPEG TROLLEY COMPANY

1 Forks Market Road ✆ +1 204 226 8687

winnipegtrolley.ca

En opération en saison estivale. Adulte : à partir de 30 CAN $. Réservation conseillée.

Winnipeg Trolley Company organise différentes visites guidées de la ville. La plus populaire, le City Tour, dure deux heures et permet de découvrir le quartier Saint-Boniface, l'aréna de l'équipe de hockey Jets (membre de la LHN), le parc Assiniboine, l'Assemblée législative du Manitoba, etc. Deux autres tours sont également proposés, soit le Ghost Tour qui inclut la visite de trois lieux hantés et The Ale & Cocktail Trail avec la visite de deux microbrasseries et d'une distillerie. Toutes les visites débutent au Fort Garry Hotel.

UWINNIPEG DOWNTOWN HOSTEL €

370 Langside Street

✆ +1 204 789 1486

uwhostel.com

Ouvert de mai à fin août (chambres VIP disponibles à l'année). Chambre à partir de 68 CAN $.

Située en plein cœur du centre-ville, l'université de Winnipeg est une excellente option pour un hébergement confortable à très bons prix. Notre coup de cœur va aux suites VIP très colorées qui vous feront sentir comme à la maison (salle de bains privée, salon avec téléviseur, kitchenette, etc.). L'université offre également des chambres simples ainsi que des chambres doubles avec kitchenette. Toutes les unités sont munies du wifi gratuit et d'une salle de bains privée.

INN AT THE FORKS €€€

75 Forks Market Road

✆ +1 204 942 6555

www.innforks.com

Occupation double : à partir de 219 CAN $, petit déjeuner inclus. Promotions et forfaits disponibles.

The Forks est sans conteste un des sites urbains les plus agréables de la capitale provinciale, et cet hôtel en est le cœur. Situé à quelques pas du marché public, des principales attractions et du quartier Saint-Boniface, cet hôtel-boutique donne dans le design et le confort. Son restaurant, SMITH, mise sur les produits locaux et de saison et est également réputé pour ses cocktails signatures, sa musique *live* et son brunch du week-end. Finalement, pour la détente, le Riverstone Spa propose un sanctuaire de bien-être et de soins sur place.

THE FORT GARRY HOTEL €€€

222 Broadway Avenue

✆ +1 204 942 8251

www.fortgarryhotel.com

Occupation double : à partir de 195 CAN $. Promotions et forfaits disponibles.

Situé en plein centre-ville, près du fameux site The Forks, The Fort Garry Hotel est l'un des hôtels les plus connus en ville. Construit au début du siècle dernier, il a carrément des allures de château. Outre ses coquettes chambres et suites (possibilité de chambres communicantes), ses installations comprennent entre autres un centre de santé spa avec hammam turc, une salle de fitness ouverte 24h/24, un restaurant de type brasserie et un restaurant-terrasse ouvert en saison. L'adresse idéale pour les fervents de luxe et de gastronomie, le tout à moindre prix !

LA ROCA €

155 Smith Street

✆ +1 204 615 9605

www.laroca.ca

Mardi-jeudi, 16h-23h ; vendredi-samedi, 16h-2h. Carte : moins de 30 CAN $. Terrasses, musique live et DJ.

Pour une soirée gourmande et fort animée, La Roca est une adresse à retenir. Au menu, les grands classiques de la cuisine mexicaine : *ceviche, tostada, tacos, burritos, fajitas, enchiladas* à couronner de quelques excellents *churros*. Le verre n'est pas en reste avec, entre autres, de bons cocktails (mule mexicaine, pisco sour, mojito, etc.), des margaritas et une large sélection de téquilas et mezcals. Bonus : une ambiance festive, de la musique *live* du jeudi au samedi dès 19h et deux sublimes terrasses pour profiter des beaux jours.

DEER + ALMOND €€

85 Princess Street
✆ +1 204 504 8562
www.deerandalmond.com
Mardi-samedi, dès 17h. Carte : 10-40 CAN $, menu 4 services : 77 CAN $ (accord des vins en sus).

Une très bonne table établie depuis une dizaine d'années dans le secteur du Exchange District, où le chef Mandel Hitzer et son équipe combinent les produits locaux et de saison dans un menu de type *comfort food* aux inspirations internationales. De la terre, de la mer ou de la forêt, tout est simplement délicieux. Pour vivre l'expérience totale, on recommande de prendre le menu 4 services avec l'accord des vins (réservation requise). Belle ambiance et déco résolument branchée. Une adresse gourmande à découvrir pour savourer le pays !

MAQUE €€

909 Dorchester Avenue
✆ +1 204 284 3385
maque.ca/maque
Mercredi-dimanche, dès 17h. Carte : moins de 30 CAN $ le plat. Terrasse.

Le chef Scott Bagshaw a ouvert cette adresse gourmande en 2016 et l'endroit ne désemplit pas depuis. Acclamé par la critique et figurant dans le palmarès du *Canada's 100 Best*, qui honore les meilleurs restaurants du pays, Maque propose des plats s'inspirant des cuisines asiatiques (japonaise, chinoise, coréenne, vietnamienne), le tout préparé selon les techniques de la cuisine française. À plusieurs, on recommande de partager quelques plats pour savourer un maximum de spécialités. Autre restaurant du chef à découvrir à Winnipeg : Enoteca.

NOLA €€

101-300 avenue Taché ✆ +1 204 505 0760
www.nolawpg.com
Mardi-vendredi, 11h-15h et 17h-22h (23h le vendredi) ; samedi, 17h-23h. Carte : moins de 40 CAN $.

Avant toute chose, le nom de ce resto n'a rien à voir avec la Louisiane. Établi dans le quartier Saint-Boniface et figurant parmi les 30 finalistes des meilleurs nouveaux restaurants au Canada en 2022 par enRoute, Nola est le rejeton de la chef Emily Butcher et du Burnley Place Hospitality Group. Les racines sino-britanno-colombiennes de la chef s'expriment dans chacune de ses créations gourmandes (menu végan également proposé), de succulents plats de bistronomie où les saveurs asiatiques et canadiennes se mélangent. Belle carte des vins et cocktails en prime.

ONE SIXTEEN €€

116 Sherbrook Street
✆ +1 431 887 2337
www.onesixteenwpg.com
Ouvert tous les jours sauf mardi (horaires variables). Terrasse. Programmation culturelle et musicale.

Le One Sixteen présente deux expériences distinctes réunies sous un même toit. Premièrement le restaurant Two Hands qui concocte des plats de bistronomie en formule à partager. Pour pousser plus loin l'expérience gourmande, la table du chef propose un menu dégustation avec accord des vins tout en pouvant admirer l'équipe à l'œuvre en cuisine. Vient ensuite la microbrasserie Good Neighbour avec son salon de dégustation permettant de découvrir les nectars maison. Il est possible de manger sur place, les plats provenant du resto attenant.

PEASANT COOKERY €€

283 Bannatyne Avenue
✆ +1 204 989 7700
peasantcookery.ca
Horaires variables selon la saison. Carte : 10 à 40 CAN $. Terrasse.

La cuisine de la chef exécutive Melissa Makarenko puise son inspiration tant sur le Vieux Continent qu'au Canada. Huîtres, foies de poulet, plateau de charcuteries ou fromages, poutine, mac & cheese végan, steak frites, tarte flambée, gnocchis au cheddar vieilli, tourtière maison, moules du Pacifique et autres délices figurent à la carte midi et soir. Des spéciaux intéressants sont proposés plusieurs soirs par semaine : rabais sur le vin le mardi, huîtres à 1 CAN $ le mercredi, etc. Belle carte des vins et des cocktails en prime. Une excellente adresse !

BARN HAMMER BREWING CO.

595 Wall Street
barnhammerbrewing.ca
Horaires variables selon la saison. Terrasse.

Située à l'écart du centre-ville, dans le secteur du West End, la microbrasserie Barn Hammer propose environ une dizaine de bières maison sur ses lignes de fût. On peut ainsi déguster une *witbier* belge, un *stout* à l'avoine, une *lager* au riz, une *gose* margarita ou encore une *pale ale* aux pêches. On y retrouve également des cocktails et les cidres de l'entreprise Next Friend. Un coin boutique permet de prendre ses nectars préférés pour emporter et l'endroit organise également des spectacles musicaux et autres événements spéciaux.

MANITOBA

LA BELLE BAGUETTE

248 avenue de la Cathédrale

✆ +1 204 219 2123

www.labellebaguette.ca

Mardi-samedi, 8h-15h ; dimanche, 9h-13h. Terrasse.

Boulangerie réputée du quartier français de Saint-Boniface, La Belle Baguette propose une foule de bons produits maison sur ses étals : des pains de toutes sortes, des quiches, des croque-monsieur, des viennoiseries (dont le croissant avec crème au chocolat à l'intérieur, le tout trempé dans le chocolat et garni de guimauves), des pâtisseries (tarte tiramisu ou à la crème d'érable, etc.), des produits signatures, des produits saisonniers (pour Halloween, Noël, Pâques, etc.) et même des épices maison (Al's Spice). Vous vous régalerez !

CAFÉ POSTAL

202 boulevard Provencher

✆ +1 204 414 3654

www.cafepostal.ca

Horaires variables selon la saison.

Petit *coffee shop* fort agréable du quartier Saint-Boniface, le Café Postal fait partie de ce qu'on appelle les cafés de troisième vague. L'endroit fait affaire notamment avec des torréfacteurs du pays comme, par exemple, Epoch (Nouveau-Brunswick), Firebat (Ontario) ou encore 33 1/3 (Saskatchewan). En fait, un torréfacteur est mis de l'avant chaque mois afin de nous faire découvrir ses savoureux cafés. L'équipe s'y connaît d'ailleurs très bien en la matière et vous pouvez être assuré que votre café sera préparé selon les règles de l'art.

FOOLS & HORSES

1 Forks Market Road

✆ +1 204 415 3902

www.foolsandhorses.ca

Ouvert tous les jours de 7h à 20h.

Pour une pause caféine pendant votre balade sur le site The Forks, Fools & Horses est définitivement recommandé. Que vous désiriez un americano, un espresso, un latte ou un café glacé, ici on ne sert que le café provenant du torréfacteur Pilot Coffee Roasters (Ontario). On y retrouve aussi les thés de Boreal Wildcraft Tea Company (Manitoba) ainsi que quelques douceurs à se mettre sous la dent (brownies, biscuits, etc.). À savoir que Fools & Horses tient deux autres succursales en ville, à Hargrave Street Market et à Lacoste Garden Centre.

LITTLE BROWN JUG

336 William Avenue

✆ +1 204 500 0441

www.littlebrownjug.ca

Ouvert du mardi au dimanche dès midi. Terrasse.

Située dans l'Exchange District, cette microbrasserie occupe un bâtiment fidèle à l'histoire architecturale de ce quartier historique. Ouverte en 2016, elle ne proposait à ses débuts que la 1919, une Pale Ale de type belge. Si cette dernière demeure l'emblème de Little Brown Jug, la gamme s'est depuis passablement élargie avec une Hefeweizen, une Saison, une IPA brut ou encore une Lager noire. Mention à la jolie terrasse lounge attenante à la brasserie ainsi qu'à la programmation (soirées quiz, spectacles *live*, bingo musical, etc.).

NONSUCH BREWING

125 Pacific Avenue

✆ +1 204 666 7824

www.nonsuch.beer

Ouvert du mardi au samedi dès midi.

Avant de tomber dans le vif du sujet, il faut absolument souligner la beauté incroyable des lieux qui nous plongent dans un décor digne de la série *Mad Men*, une superbe création de la firme Fireside Design Build. C'est dans cette atmosphère qui la distingue de ses consœurs que cette microbrasserie vous invite à venir découvrir ses crus maison. Il faut également mentionner le menu gourmand qui propose des plats à partager, des plateaux de charcuteries ou fromages, des burgers et sandwichs (comme le succulent sandwich au poulet frit). Une adresse à découvrir !

PARLOUR COFFEE

468 Main Street

✆ +1 204 942 7679

www.parlourcoffee.ca

Lundi-vendredi, 8h-15h ; samedi, 9h-13h.

Situé au cœur du fameux quartier historique Exchange District, le Parlour est LE spot pour un café de spécialité. Les propriétaires font affaire avec des torréfacteurs bien connus tels que Quietly Coffee (Ontario), Bows (Colombie-Britannique) et Little Sister (Manitoba). Le café fait aussi affaire avec des entreprises locales afin d'offrir des produits gourmands à son comptoir. Bonus : des expositions d'art visuel et un coin boutique (cafés, thés, accessoires pour le café, articles de cuisine, chocolats, puzzles, etc.). On adore !

PATENT 5

108 Alexander Avenue
✆ +1 204 808 8614
patent5.ca
Bar ouvert du mercredi au samedi de 16h à 23h. Boutique ouverte du lundi au samedi de 10h à 17h.

Patent 5 est une distillerie artisanale située dans le bâtiment historique de l'ancienne Dominion Express Company. Chaque spiritueux est conçu en petite quantité dans des équipements faits sur mesure. Le gin est la grande spécialité des lieux, avec plusieurs déclinaisons, mais on y retrouve aussi une vodka, des liqueurs et le tout premier whisky à base de blé depuis les années 1880. On peut découvrir les nectars maison au bar de la distillerie, sur glace comme en cocktail, ou encore opter pour une visite guidée avec dégustations.

THE ROOST ON CORYDON

651 Corydon Avenue
✆ +1 204 414 9313
www.theroostwpg.com
Ouvert du mardi au dimanche dès 17h. Terrasse.

Sans conteste un des meilleurs bars à cocktails de Winnipeg. Niché comme à la maison, en terrasse ou au bar, avec des huîtres, des dumplings, un tartare de bœuf ou encore un burger signature, vous devriez vous y sentir merveilleusement bien (à noter que le menu comprend également des plats végans et sans gluten). La déco a été pensée avec soin, comme la carte et les astucieuses mixtures de délices dans les verres. Pour ne rien gâcher à l'expédition, le bar se situe en plein cœur de Corydon Avenue, un endroit très tendance de la ville.

THE FORKS MARKET

1 Forks Market Road
www.theforks.com
Ouvert tous les jours de 7h à 22h (les horaires peuvent varier d'un commerçant à l'autre).

Voici la destination des gourmands ! De nombreuses boutiques, des restaurants et des cafés se partagent les bâtiments du Forks Market et de Johnston Terminal. Des produits locaux de toutes sortes garnissent les étals : une occasion en or pour savourer ce coin de pays. On y trouve également des créations d'artisans, de l'art autochtone, des vêtements et une foule d'autres articles des quatre coins du globe. Une dégustation des bières The Common, située au cœur du marché, vaut le détour. À moins que vous ne préfériez faire votre choix dans une des caves à vin.

THERMËA BY NORDIK SPA-NATURE

775 Crescent Drive
✆ +1 855 284 6868
www.thermea.ca
Ouvert tous les jours de 8h30 à 22h. Accès à l'expérience thermale : 79 CAN $.

Petit frère du réputé Nordik Spa-Nature de Chelsea (Québec), le Thermëa invite à l'évasion et au bien-être dans un cadre enchanteur où sont proposés des bains nordiques, de la massothérapie et des soins détente. Nous vous suggérons d'inclure à l'expérience thermale le rituel Aufguss qui se décline ici en trois versions. On retrouve également sur place un restaurant avec section lounge, foyer et terrasse, lieu de prédilection pour se la couler douce.

CENTRE CULTUREL FRANCO-MANITOBAIN

340 boulevard Provencher
✆ +1 204 233 8972
www.ccfm.mb.ca
Voir site web pour la programmation et les billets.

Diffuseur d'importance et carrefour de la vie culturelle en français au Manitoba, le Centre culturel franco-manitobain braque les projecteurs sur les arts de la scène et les arts visuels. Sa programmation est riche et propose toutes sortes d'activités et de spectacles : ligue d'improvisation, spectacles de jazz, ateliers d'écriture de slam, humour, etc. Il fait d'ailleurs office de lieu de diffusion lors du festival Coup de cœur francophone qui se déroule à travers le pays.

THE GOOD WILL SOCIAL CLUB

625 Portage Avenue
✆ +1 204 221 1577
www.thegoodwill.ca
Voir site web pour la programmation et les billets.

Espace de création et de diffusion, The Good Will est une des salles de spectacles les plus appréciées en ville pour son éclectisme et la qualité de ses shows. Outre les artistes musicaux de tous genres qui foulent ses planches, incluant plusieurs lancements d'albums, l'endroit organise également des soirées thématiques comme le karaoké, les soirées DJ ou quiz, etc. On peut aussi y casser la croûte, le restaurant Khao House y servant une cuisine d'inspiration asiatique.

THE HANDSOME DAUGHTER

61 Sherbrook Street
✆ +1 204 615 2977
thehandsomedaughter.com
Horaires variables.

À la fois bar, resto et petite salle de spectacles, The Handsome Daughter est un spot très fréquenté par les gens du coin. Il se passe toujours quelque chose à cette adresse, notamment des spectacles d'artistes de Winnipeg et d'ailleurs ou encore des soirées DJ, qui s'enchaînent sans temps mort (consultez la page Facebook pour être au parfum de la programmation). Côté bouffe, Magic Bird Friend Chicken est installé sur place. Sa spécialité de poulet frit, en morceaux ou en sandwich, s'accompagne à merveille d'une bière artisanale.

THÉÂTRE CERCLE MOLIÈRE

340 boulevard Provencher
✆ +1 204 233 8053
www.cerclemoliere.com
Voir site web pour la programmation et les billets.

Fondée en 1925 et établie dans le quartier Saint-Boniface, cette compagnie de théâtre est la doyenne au pays, toutes langues confondues. À ses débuts, elle présentait des pièces du répertoire classique, suivies d'œuvres québécoises et canadiennes, avant de braquer les projecteurs sur les créations du Manitoba. Sa programmation est entièrement dédiée à la langue française et comprend également un volet jeunesse ainsi qu'une école où des ateliers sont dispensés (comédie musicale, marionnettes, improvisation, narration et interprétation, etc.).

BRANDON ★

Située dans le sud-ouest de la province, sur les berges de la rivière Assiniboine, Brandon est la deuxième plus grande agglomération du Manitoba avec plus de 50 000 habitants. L'éducation supérieure y occupe une grande place avec plusieurs campus en ville, dont la Brandon University et l'Assiniboine Community College. Les points d'intérêt sont ici limités, mais la visite du campus universitaire mérite un détour, pour une promenade agréable dans ses allées, ainsi que l'Art Gallery of Southwestern Manitoba et le Commonwealth Air Training Plan Museum. À ne pas manquer en mars : la Royal Manitoba Winter Fair, une des plus grandes foires agricoles du pays.

ART GALLERY OF SOUTHWESTERN MANITOBA

710 Rosser Avenue
✆ +1 204 727 1036
www.agsm.ca
Lundi, 16h-21h ; mardi-vendredi, 10h-17h (jusqu'à 21h le jeudi) ; samedi, 12h-17h. Entrée libre.

Cette galerie d'art visuel, une des premières fondées au pays, met en valeur, par le biais de ses expositions et programmes, les influences, les éléments historiques et les diverses cultures de la région de Brandon et du sud-ouest de la province, mais aussi du reste du Manitoba et du Canada. Avant de quitter les lieux, faites un saut du côté de la boutique qui rassemble les œuvres de dizaines d'artistes et artisans de la province et du reste du pays.

COMMONWEALTH AIR TRAINING PLAN MUSEUM ★★

300 Commonwealth Way ✆ +1 204 727 2444
www.airmuseum.ca
Mai à fin septembre : tous les jours de 10h à 16h. Le reste de l'année : ouverture à 13h. Adulte : 10 CAN $. Boutique.

Les passionnés d'aviation trouveront ici leur bonheur, sans oublier les plus jeunes qui s'en donneront à cœur joie. Situé à 1,6 km au nord de Brandon, ce musée rend hommage au vaste programme d'entraînement des pilotes de l'air du Commonwealth, mis au point durant la Seconde Guerre mondiale. Vous en apprendrez beaucoup sur l'entraînement suivi par les Royal Air Force et circulerez parmi les avions militaires, bombardiers et autres artefacts qui ont été parfaitement conservés.

SPRUCE WOODS PROVINCIAL PARK

Provincial Trunk Highway 5 - **CARBERRY**
✆ +1 204 945 6784
www.gov.mb.ca/sd/parks
Ouvert à l'année. Droits d'accès par voiture : 9,50 CAN $ par jour, 16,50 CAN $ pour 3 jours consécutifs.

Au sud-est de Brandon, entre Carberry et Glenboro, ce parc provincial exceptionnel comporte des espèces animales rares comme la guêpe « Bembix » et une espèce de loup dite « wolf-spider ». Le parc comprend également des forêts et des prairies vierges où pousse l'herbe dont raffolent les wapitis. Nombreuses activités de plein air (randonnée, vélo, activités nautiques, ski de fond, etc.) et possibilité de camping et d'hébergement en yourte sur place.

WHITE HOUSE BED & BREAKFAST €€

1705 Middleton Avenue
✆ +1 204 901 2509
www.bbcanada.com/whitehouse
Occupation double : à partir de 85 CAN $, petit déjeuner inclus.

Datant de 1917 et arborant un cachet indéniable, cette belle maison blanche est de loin notre meilleure adresse pour séjourner à Brandon et dans ses environs. Situé au nord de la ville, tout près d'un accès à la Transcanadienne, ce Bed & Breakfast propose quatre chambres tout confort dont une avec salle de bains privée. Vous avez également accès au salon, à la salle à manger, à la terrasse avec barbecue et à la cour. Ça change des bannières hôtelières omniprésentes dans le coin !

NATURE'S HIDEAWAY €€

Road 108 West
NESBITT
✆ +1 204 728 2631
natureshideaway.ca
Chalet à partir de 159 CAN $ en semaine et 179 CAN $ le week-end.

Envie d'une douce évasion au cœur de la nature ? Les beaux chalets rustiques de bois de Nature's Hideaway sont vivement recommandés, situés à seulement quelques kilomètres au sud de Brandon, sur les rives d'un petit lac dans le secteur de Brandon Hills (plusieurs sentiers pour la randonnée dans le coin, avis aux intéressés !). Tous sont entièrement équipés, avec kitchenette, bain à remous, télévision par satellite, cheminée électrique et terrasse avec barbecue. Votre cabane au Canada, c'est ici que ça se passe, en été comme en hiver !

BROWNS SOCIALHOUSE €

1260 18th Street
✆ +1 204 717 8888
brownssocialhouse.com/brandon
Lundi-vendredi, 11h-minuit ; samedi-dimanche : 10h-minuit. Carte : moins de 35 CAN $. Brunch le week-end. Terrasse.

Situé à deux pas du Keystone Centre, c'est le spot branché de Brandon. La déco donne déjà le ton : un grand espace moderne et amplement vitré, mais surtout une superbe terrasse lounge 4 saisons avec divans, coussins et cheminée. L'endroit idéal pour sociabiliser, comme le suggère le nom de l'établissement. Au menu, les incontournables du *pub food* (burgers, poulet frit, grillades, etc.) et des plats d'inspiration internationale fort variés. Belle sélection de cocktails et prix spéciaux différents sur l'alcool tous les jours. Plusieurs autres succursales au pays.

BLACKWHEAT BREWING CO.

402 10th Street
blackwheatbrewing.ca
Ouvert du mardi au dimanche (horaires variables). Programmation culturelle et musicale.

Situé à une dizaine de pâtés de maisons de l'université de Brandon, cette microbrasserie a ouvert ses portes en août 2021. Son nom fait référence à l'histoire de la ville, intimement liée à la culture du blé (*wheat* en anglais), et même des bières offrent un clin d'œil au passé, comme la Empire Ale (IPA de type West Coast) qui rappelle la première brasserie de Brandon, Empire Brewing, fermée depuis près d'un siècle. Plusieurs autres types de bières sont proposés au salon de dégustation, à consommer sur place ou à rapporter avec soi.

WASAGAMING ★★

Principale localité du superbe parc national du Mont-Riding, Wasagaming est située à son entrée sud, sur les rives du lac Clear, à une centaine de kilomètres au nord de Brandon. Réputé pour ses paysages variés et sa riche faune, c'est l'un des parcs naturels les plus visités du Manitoba. Quand la haute saison bat son plein, soit de fin mai à début octobre, les touristes déferlent dans cette petite localité entièrement touristique. Les possibilités d'hébergement sont nombreuses sur place et dans les environs (terrains de camping, chalets, resorts, etc.) et c'est ici que l'on retrouve tous les services, y compris le centre d'accueil du parc national.

LAKEHOUSE €€

128 Wasagaming Drive ✆ +1 204 848 7366
www.staylakehouse.ca
Occupation double : à partir de 99 CAN $. Un minimum de nuits peut être requis. Café, restaurant, terrasse, boutique.

Le McTavish Motel, qui avait pignon sur rue depuis les années 1930, s'est refait une beauté afin de devenir un superbe hôtel-boutique, le Lakehouse. Situé à quelques pas du lac Clear, l'endroit a su conserver son charme rustique qui s'harmonise parfaitement avec le cadre naturel de Wasagaming. L'hébergement se fait en studio ou en suite d'une chambre, chaque unité ayant récemment été rénovée et redécorée. Bonus : l'endroit héberge également un café, un restaurant et une boutique offrant des produits de la marque maison et d'autres minutieusement sélectionnés.

PARC NATIONAL DU MONT-RIDING ★

Highway 10 ✆ +1 204 848 7272
www.pc.gc.ca/riding
Ouvert toute l'année [certains postes d'accueil sont fermés en hiver]. Adulte : 8,50 CAN $, 17 ans et moins : gratuit.

Un des plus beaux parcs de la province, à découvrir absolument. On y accède après avoir parcouru les longues routes droites, bordées de paysages plats, donnant une petite ambiance Far West. D'une superficie de près de 3 000 km², il inclut notamment une vaste forêt boréale, une bande de forêt à feuilles caduques et de grands prés de fétuque scabre, sans oublier de nombreux marais et des plaines alluviales. Côté faune, des centaines d'espèces d'oiseaux sont à observer, mais aussi des castors, des tortues, des orignaux, des wapitis, des loups, des renards roux, des ours noirs et un troupeau de bisons en captivité qu'on peut voir autour du lac Audy.

Les activités sont nombreuses en été comme en hiver : baignade, activités nautiques, croisière sur le lac Clear, randonnée pédestre et équestre, vélo, pêche, plongée autonome, ski de fond, raquettes, etc. On y propose également des expériences guidées avec un interprète de Parcs Canada, des soirées d'animation au coin du feu au centre d'accueil, des activités spécialement conçues pour les plus jeunes et plus encore.

À noter que le parc offre de nombreuses possibilités d'hébergement : les tentes aménagées et confortables oTENTik, l'original Micro-cube [sorte de « tiny house » accueillant 2 personnes maximum], les yourtes pouvant accueillir au maximum 4 personnes, et des espaces de camping dans l'avant et l'arrière-pays. Consultez le site Internet du parc pour voir les disponibilités et réserver [en avance !].

THE CHOCOLATE FOX

112 Wasagaming Drive
✆ +1 204 848 7578
www.chocolatefox.ca
Horaires variables selon la saison.

Cette charmante boutique familiale a ouvert ses portes en 2008. Elle fait notamment office de boutique de prêt-à-porter avec, par exemple, les sacs végans Matt & Nat, les chaussures Birkenstock ou Blundstone, les couvertures de laine Pendleton ou encore les vêtements Free People. Mais surtout, c'est ici l'endroit idéal pour une pause gourmande. La carte des chocolats est impressionnante et variée. Les délicieuses glaces sont confectionnées sur place, tout comme le pop-corn. Une adresse détente parfaite après une journée passée au bord du lac.

WHITESHELL PROVINCIAL PARK

Situé à l'extrême est du Manitoba, ce parc provincial marque un bel arrêt sur la route en allant ou en arrivant de l'Ontario par la Transcanadienne. Ouvert toute l'année, il est réputé pour son lac de cratère d'impact météoritique où les baigneurs et plongeurs s'en donnent à cœur joie. Avec plus de 200 lacs, c'est également une destination prisée des pêcheurs venus taquiner le grand brochet, l'achigan, le doré, la truite grise et la truite arc-en-ciel. Parmi les points d'intérêt du parc, notons la réserve de bernaches Alfred-Hole, le centre d'interprétation de l'écloserie, le musée d'histoire naturelle du Whiteshell et le Musée West Hawk.

CHURCHILL ★★★

Cette localité est située à l'extrême nord de la province, à l'embouchure de la rivière Churchill sur les rives de la baie d'Hudson. Chaque automne, elle se transforme en capitale des ours polaires, étant sur la route de leur migration alors qu'ils repartent vers les glaces de la baie d'Hudson pour s'y nourrir de phoques durant l'hiver. Ainsi, chaque année, des milliers de touristes affluent afin d'observer de près le majestueux animal, menacé de disparition à cause du réchauffement climatique [fonte de la banquise]. On peut aussi y observer les bélugas [juillet et août] ainsi que de nombreuses espèces d'oiseaux, notamment dans la toundra subarctique.

Transports

Aucune route ne permet d'accéder à Churchill. Dès lors, deux options s'offrent à vous : en train [VIA Rail] ou en avion [Calm Air]. Vous pouvez également vous rendre jusqu'à la ville de Thompson en train [environ 24 heures à partir de Winnipeg] ou par la route [environ 9 heures], et de là prendre l'avion jusqu'à Churchill. À noter que Churchill est une destination très chère, qu'il peut être compliqué de découvrir par soi-même. La plupart des touristes font appel à des voyagistes. L'offre en séjours organisés ne manque pas à Churchill et de nombreuses compagnies proposent des tours d'observation de l'ours polaire et du béluga, des excursions en traîneau à chiens, etc.

ITSANITAQ MUSEUM

242 La Verendrye Avenue
✆ +1 204 675 2030
Ouvert toute l'année (horaire variable selon la saison). Entrée libre (dons encouragés).

Créé il y a plusieurs décennies par des missionnaires catholiques, le musée Itsanitaq peut se targuer d'avoir une des plus vieilles et des plus belles collections de sculptures et d'objets fabriqués par les Inuit, certains datant d'aussi loin que la culture pré-Dorset (de l'an 2000 à l'an 500 av. J.-C.), soit la période qui marque la première présence des Paléo-inuit dans la zone arctique du continent nord-américain. La boutique du musée vend de l'art inuit, des livres traitant du Nord canadien, de l'artisanat, des délices à base de baies sauvages locales, etc.

LIEU HISTORIQUE NATIONAL FORT PRINCE-DE-GALLES ★★

✆ +1 204 675 8863
www.pc.gc.ca/fr/lhn-nhs/mb/prince
Voir site web pour les horaires complets. La collecte des droits par un opérateur indépendant est en vigueur.

© WLKELLAR - SHUTTERSTOCK.COM

Construit il y a 250 ans sur la côte dénudée de la baie d'Hudson, et uniquement accessible par la voie des eaux ou des airs, on y découvre la vie des commerçants de fourrure des régions subarctiques dans cet avant-poste éloigné. Reconstruit dans les années 1930 puis 1960, l'endroit rappelle à tous la lutte entre les Français et les Anglais pour le contrôle du commerce de la fourrure. On recommande aussi de visiter le cap Merry (accès en voiture) et l'anse Sloop (accès en bateau).

LIEU HISTORIQUE NATIONAL YORK FACTORY ★

Hayes River
✆ +1 204 675 8863
www.pc.gc.ca/fr/lhn-nhs/mb/yorkfactory
Ouvert en été. Entrée libre. Possibilités de camping rustique sur place.

Construit en 1832, cet ancien poste de traite accueillit des agents de la Compagnie de la Baie d'Hudson, des colons et des soldats. C'est d'ailleurs la plus vieille et plus grande construction en bois qui persiste sur le pergélisol. Cet immense entrepôt fut un carrefour vital du commerce des fourrures pendant près de trois siècles ainsi qu'une porte d'entrée des marchandises britanniques. Le site comprend également un cimetière où sont enterrés des officiers, commerçants et chasseurs.

PARC NATIONAL WAPUSK ★★

Accueil à la gare ferroviaire patrimoniale de Churchill ✆ +1 204 675 8863
www.pc.gc.ca/wapusk
Les visites du parc se font principalement par l'entremise d'entreprises de voyagistes autorisées à Churchill.

Créé en 1996, le parc couvre un immense territoire de 11 475 km^2 dans la région naturelle des Basses-terres Hudson-James, à la limite de la forêt boréale et de la toundra arctique. Il abrite la population d'ours polaires de l'ouest de la baie d'Hudson et protège une aire de mise bas de cette espèce parmi les plus vastes au monde. La faune y est variée : renards et lièvres arctiques, loups, caribous, carcajous, plus de 200 espèces d'oiseaux... Quelques activités proposées : observation de l'ours polaire, survol en hélicoptère, excursion en canot sur la rivière Owl.

CHURCHILL WILD

26 Selkirk Street
✆ +1 204 878 5090
www.churchillwild.com
Tarifs selon le forfait choisi. Prix par personne : à partir de 12 595 CAN $. Réservation indispensable.

Churchill Wild propose différents séjours tout compris d'observation de l'ours polaire dans un de leurs lodges en région éloignée (accès par avion uniquement) : le Dymond Lake Ecolodge, le Nanuk Polar Bear Lodge et le Seal River Heritage Lodge. D'autres forfaits sont proposés comme le kayak de mer avec les bélugas, les safaris photos, l'observation des aurores boréales ou de la faune arctique, etc. Bonus : une cuisine tout à fait délicieuse et des hôtes plus que charmants. A noter que certains séjours sont organisés en partenariat avec le National Geographic.

FRONTIERS NORTH ADVENTURES

+1 204 949 2050
www.frontiersnorth.com
Tarifs selon le forfait choisi. Réservation indispensable.

Une agence d'aventures et d'écotourisme spécialisée dans les territoires nordiques, principalement à Churchill et dans ses environs. Plusieurs excursions sont offertes, d'une journée ou plus, pour l'observation de l'ours polaire, dont au fameux spot de Cape Churchill, ainsi que des safaris photos, des excursions d'observation des baleines et bélugas ou encore des aurores boréales, etc. Hébergement à Churchill au Tundra Buggy Lodge, propriété de l'agence.

GREAT WHITE BEAR TOURS

174 Kelsey Boulevard
+1 204 487 7633
www.greatwhitebeartours.com
Excursions offertes en octobre et novembre. Forfait 1 jour : 500 CAN $, lunch compris. Réservation indispensable.

Comme son nom l'indique clairement, l'entreprise se spécialise dans l'observation de l'ours polaire. Son excursion d'une journée est de loin la plus populaire et on recommande de réserver longtemps d'avance pour s'assurer une place à bord du Polar Rover, un véhicule tout-terrain adapté à cette visite. Des forfaits de 6 à 9 jours sont également proposés : observation et photographie des aurores boréales, observation des bélugas en bateau pneumatique, forfait famille (tour d'hélicoptère, traîneau à chiens et plus encore), etc.

SEA NORTH TOURS

153 Kelsey Boulevard
+1 204 765 2195
www.seanorthtours.com
Tarifs selon le forfait choisi. À partir de 125 CAN $ par personne. Réservation indispensable.

Cette entreprise familiale se démarque par le simple fait qu'elle offre autre chose que des safaris à l'ours polaire. En effet, elle nous fait plutôt prendre le large à bord de son bateau le *Sea North II* ou un de ses zodiacs (bateaux pneumatiques). L'observation des baleines, des bélugas, des phoques et des oiseaux est de loin l'activité phare, mais d'autres excursions sont proposées comme le kayak de mer, la planche à pagaie et la randonnée d'interprétation à l'anse Sloop. Possibilité de nolisement d'un zodiac pour son petit groupe.

LAZY BEAR LODGE €€

313 Kelsey Boulevard
+1 204 663 9377
www.lazybearlodge.com
Tarifs sur demande. Forfaits disponibles. Café-resto sur place.

Plus qu'un simple hébergement, le Lazy Bear Lodge offre une expérience authentique et propose de nombreux forfaits aventure allant du kayak de mer à l'observation de l'ours polaire, la grande spécialité de la maison. Les chambres se trouvent dans un bâtiment en bois rond et comprennent toutes une salle de bains privée, le wifi gratuit

et la télévision par câble. Dans ce même bâtiment loge le café-restaurant aux saveurs locales et aux portions généreuses (fermé en hiver et au printemps) ainsi qu'une boutique de souvenirs. Une excellente adresse !

POLAR BOUTIQUE INN & SUITES €€

153 Kelsey Boulevard
+1 204 675 8878
www.polarinn.com
Occupation simple ou double : à partir de 225 CAN $, petit déjeuner inclus. Forfaits disponibles.

Entièrement rénové, ce petit hôtel propose 25 unités allant de la chambre standard à la suite avec kitchenette, en passant par l'appartement-studio avec cuisine complète. Chaque chambre peut accueillir un maximum de deux personnes en tout confort. Plusieurs services sont offerts sur place : laverie payante, navette gratuite pour l'aéroport en été, etc. Bon plan : vous obtenez un rabais sur le vol A/R avec Calm Air en présentant votre confirmation de réservation à cet hôtel.

THE ARCTIC TRADING COMPANY

141 Kelsey Boulevard
+1 204 675 8804
arctictradingco.com
Horaires variables.

Impossible de passer outre cette boutique d'art et d'artisanat ! Vu de l'extérieur, le bâtiment nous plonge à l'époque de la ruée vers l'or. À l'intérieur, des trésors issus du savoir-faire des Premières Nations et des Inuit : mocassins, « mukluks » (bottes de neige ultra chaudes), mitaines, peintures, photographies, sculptures en pierre à savon, os de baleine, griffes d'ours polaire, etc. À voir aussi : la collection de broderies perlées, confectionnées par les femmes de la région.

ONTARIO

D'Ottawa, capitale du Canada, à Toronto, grand centre économique d'Amérique du Nord, en passant par les chutes du Niagara, vedettes incontestées de l'Ontario, et de la campagne luxuriante jusqu'aux innombrables lacs, c'est une multitude d'attraits qui s'offrent aux touristes chaque année plus nombreux à venir découvrir la plus peuplée des provinces canadiennes. L'Ontario, dont les plaques minéralogiques sont affublées du slogan « yours to discover » (à vous de la découvrir), est aussi, après le Québec, la deuxième province quant au nombre de francophones (et francophiles), sans oublier son statut incontestable de « territoire des grandes mers d'eau douce », avec des plages de sable fin et les Grands Lacs dont on ne voit pas la fin, sans oublier l'archipel des Mille-Îles abritant de cossues résidences d'été. Cette belle région est un compromis exceptionnel entre modernité et authenticité, paysages urbains et nature exubérante.

Geraldton
Longlac
Hearst
Kapuskasing
Hornepayne
Manitouwadge
Nipigon
Schreiber
Marathon
PARC NATIONAL PUKASKWA
THUNDER BAY
VERS ATIKOKAN
Foleyet
Lac Supérieur
Wawa
Chapleau
LAKE SUPERIOR PROVINCIAL PARK
ÉTATS-UNIS
Marquette
Munising
SAULT STE. MARIE
Thessalon
Escanaba
Rhinelander
ÎLE MAN
Petoskey
Marinette
Wausau
Alpena
Traverse City
Green Bay
Lac Huron
Cadillac
Manitowoc
Portage
Lac Michigan
Saginaw
Madison
Milwaukee
Grand Rapids
Lansing
Détroit
WIND
AMHERSTBURG
LEAMINGTON
Chicago
Toledo
100 KM
Fort Wayne

Ontario
Smooth Rock Falls
COCHRANE
La Sarre
QUÉBEC
TIMMINS
Rouyn-Noranda
Kirkland Lake
Val-d'Or
Gogama
Cobalt
TEMAGAMI
SUDBURY
NORTH BAY
Maniwaki
KILLARNEY
PARC PROVINCIAL ALGONQUIN
Pembroke
FORESTERS FALLS
OTTAWA
PARRY SOUND
HUNTSVILLE
TOBERMORY
CARP
BRACEBRIDGE
HALIBURTON
Bancroft
SAUBLE BEACH
HONEY HARBOUR
GRAVENHURST
MORRISBURG
MIDLAND
COLLINGWOOD
ORILLIA
WOODVIEW
WASAGA BEACH
BARRIE
FENELON FALLS
ROCKPORT
PETERBOROUGH
KINGSTON
GANANOQUE
KINCARDINE
PICTON
VAUGHAN
THE SANDBANKS
WELLINGTON
SCARBOROUGH
ST. JACOBS
TORONTO
Lac Ontario
STRATFORD
BURLINGTON
HAMILTON
NIAGARA-ON-THE-LAKE
SAINT CATHARINES
QUEENSTON
Rochester
NIAGARA FALLS
LONDON
Syracuse
Buffalo
FORT ERIE
PORT STANLEY
LONG POINT
Lac Erie
Ithaca
ÉTATS-UNIS
Erie
Cleveland
Saint Marys

PAGES

285 ## ●● OTTAWA

302 ## ●● EST

Portion historique de la province, cette région abrite de belles villes comme Kingston, mais également de charmants villages et paysages le long du canal Rideau et du fleuve Saint-Laurent. Dans cette contrée au riche passé, vous découvrirez les plus vieux villages de l'Ontario, datant de l'époque de la traite des fourrures et des loyalistes de l'Empire-Uni. Mais l'est de la province n'est pas uniquement un lieu d'histoire et de culture, il est également un lieu de découverte de la nature. Les routes intérieures de cette région conjuguent les campagnes tranquilles aux contrées sauvages du Bouclier canadien et offrent des activités de plein air toute l'année. Enfin, les zones agricoles comme le comté de Prince Edward ou encore celui de Prescott-Russell sauront exciter vos sens.

302 ### ROCKPORT ★★

Pour vivre à fond l'expérience des Mille-Îles, c'est ici qu'il faut venir. Non seulement on y trouve le parc national qui protège ce joyau naturel depuis plus d'un siècle, mais on peut également prendre le large avec l'une des croisières proposées au départ de Rockport.

302 ### GANANOQUE ★★★

Localité bien connue de la région des Mille-Îles, Gananoque a vraiment des airs de vacances. Que ce soit pour flâner dans ses petites rues au bord du fleuve, admirer des bateaux anciens ou même prendre le large dans les îles, cette destination demeure un grand classique.

303 ### KINGSTON ★★★

Ville étudiante, militaire, historique et pleine de charme, c'est une de nos villes préférées de la province. Même si les nouvelles adresses se font plutôt rares, on prend plaisir à (re)découvrir les spots et activités qui en font sa renommée.

305 ### PICTON ★★

306 ### SANDBANKS ★★

Une destination estivale qui vaut le détour, avec des plages et des dunes de sable à l'infini. Un spot parfait pour une escapade d'un week-end comme pour une semaine de vacances en camping. Si vous cherchez plutôt un endroit calme ou isolé, passez votre chemin.

306 ### WELLINGTON ★★

307 ## ●● TORONTO

333 ## ●● GRAND TORONTO

D'une superficie d'un peu plus de 5 900 km², le Grand Toronto regroupe, en plus de la capitale provinciale, les municipalités régionales de Halton, Peel, York et Durham. Mais la région métropolitaine rayonne sur un bien plus grand territoire, allant vers Guelph et Kitchener à l'est ou encore Hamilton au sud-ouest.

PAGES

333 **SCARBOROUGH** ★★

L'endroit vaut le détour, ne serait-ce que pour ses spectaculaires falaises qui se jettent dans le lac Ontario. C'est ici aussi que se sont installés le plus grand parc urbain du continent et le zoo de Toronto. Bref, selon vos centres d'intérêt, prévoyez quelques heures.

333 **VAUGHAN** ★

333 **BURLINGTON** ★

334 **HAMILTON** ★

335

●● PÉNINSULE DE NIAGARA

Au sud du lac Ontario et de Toronto s'étire un bras de terre reliant la province aux États-Unis. Cette magnifique région est reconnue mondialement pour ses chutes, mais également pour son terroir que l'on découvre dans chacun de ses pittoresques villages. Si les chutes du Niagara, majestueuses et impressionnantes, attirent des visiteurs du monde entier, il en est de même pour la route des vins de la péninsule, la plus grande et la plus prestigieuse région productrice de vin de glace. Il ne faut pas non plus rater Niagara-on-the-Lake, localité raffinée où l'on retrouve parmi les meilleurs restaurants et hôtels de luxe de l'Ontario.

335 **ST. CATHARINES** ★

335 **NIAGARA-ON-THE-LAKE** ★★★

Absolument coquette et hautement historique, la jolie ville de Niagara-on-the-Lake se doit de figurer à l'itinéraire. Outre ses auberges haut de gamme et ses bonnes tables, nombreux vignobles réputés y ont élu domicile et promettent de belles découvertes, notamment le vin de glace.

336 **QUEENSTON** ★★

337 **NIAGARA FALLS** ★★★★

C'est l'endroit le plus couru de la province, celui qui figure inlassablement sur tout circuit guidé proposé en Ontario. N'empêche qu'il faut voir les fameuses chutes du Niagara au moins une fois dans sa vie. Et il ne faut pas non plus louper une excursion en bateau au pied de cette incroyable force de la nature.

339 **FORT ERIE** ★★

340

●● SUD-OUEST

Encerclée par les lacs Érié et Huron, cette contrée du sud-ouest de l'Ontario nous enivre. Les raisons sont multiples : avec le site exceptionnel de son parc national de la Pointe-Pelée, royaume incontesté des oiseaux migrateurs et des papillons monarques, avec ses parcs Wheatley et Rondeau, écosystèmes richissimes, et avec Pelée, petite île au climat californien à la vie arrêtée dans le temps. London, à la touche *British*, et Stratford, berceau d'art et de théâtre, sauront aussi vous séduire. C'est aussi l'occasion rêvée pour faire un saut du côté américain, notamment l'État du Michigan situé tout près.

340 **ST. JACOBS** ★★

340 **STRATFORD** ★★★

À l'allure on ne peut plus britannique, Stratford s'impose comme le centre de théâtre de répertoire classique le plus reconnu en Amérique du Nord. On peut assister à des pièces de tous les genres, pour les petits et les grands, qu'ils soient mordus de Shakespeare ou amateurs d'œuvres contemporaines.

PAGES

351 **HONEY HARBOUR ★★**

Petite localité maritime, elle est surtout fréquentée par les amateurs de camping et de plein air qui viennent ici prendre la navette fluviale vers le parc national des Îles-de-la-baie-Georgienne. Cette aire de conservation est une pure merveille naturelle !

351 **PARRY SOUND ★★**

352 **KILLARNEY ★★**

Le territoire grandiose désormais occupé par le parc provincial fut l'un des lieux qui inspirèrent le Groupe des Sept au début du siècle dernier. Un des artistes du groupe, A. Y. Jackson, est d'ailleurs considéré comme le « père » du parc Killarney, lui qui s'est battu contre l'exploitation forestière qui menaçait une partie du territoire dans les années 1950. L'endroit vaut le détour.

352 **ÎLE MANITOULIN ★★★**

Accessible en ferry depuis Tobermory ou en voiture par la route 6 près de Killarney, cette immense île vous plongera au cœur de l'histoire et des traditions des Premières Nations de Manitoulin. Un bel endroit aussi pour les excursions en vélo, la randonnée et la baignade (on y retrouve parmi les plus belles plages de la province).

353 ●● CENTRE

On y découvre un vaste réseau invitant de 134 lacs et rivières que l'on appelle les Kawarthas, mais aussi un parc de plus de 7 600 km² de forêts denses et de lacs inaltérés (parc provincial Algonquin, royaume du canoë-camping). Une contrée loyaliste aux airs de Nouvelle-Angleterre où les petits hôtels de luxe et les centres de villégiature de prestige sont prisés des amateurs de nautisme et de golf. Les clubs de golf de Muskoka sont d'ailleurs hautement réputés. En résumé, cette région est l'image authentique de l'Ontario passée et future, qui a inspiré tant d'artistes dont le Groupe des sept.

353 **PETERBOROUGH ★**

353 **WOODVIEW ★★**

Réputée pour son offre de villégiature, la localité de Woodview est surtout prisée des visiteurs pour son parc qui héberge la plus grande concentration connue de gravures rupestres autochtones (pétroglyphes) au pays, le parc provincial Petroglyphs.

354 **FENELON FALLS ★**

354 **BARRIE ★★**

C'est la grande ville de la région du lac Simcoe. L'endroit regorge de bonnes adresses, que l'on ait envie de pratiquer des activités de plein air au Horseshoe Resort, de faire du wakeboard avec Flawless Wakes, de savourer une mousse locale chez Barnstormer ou Flying Monkeys, ou encore d'admirer des photographies vintage de presse soviétique au MacLaren Art Centre.

355 **ORILLIA ★**

355 **GRAVENHURST ★★**

PAGES

355 **HUNTSVILLE ★★★**

Son festival des arts attire les foules, avec une programmation qui s'étale sur quatre saisons. Ses resorts sont aussi prisés des visiteurs en quête de loisirs et de bon temps. Puis le parc Algonquin n'est qu'à quelques dizaines de minutes de route de là. Avez-vous vraiment besoin d'autres arguments ?

356 **HALIBURTON ★★**

Joli village des Highlands de la région d'Haliburton. Il est plaisant de se balader sur la rue Highland où sont réunis cafés, restos et boutiques. On peut aussi prendre le large sur l'un des nombreux lacs des environs, faire une partie de golf sur un magnifique terrain dans les Highlands ou même observer des loups dans une réserve naturelle.

356 **PARC PROVINCIAL ALGONQUIN ★★★**

Pour se la couler douce sur le bord d'un lac, découvrir l'arrière-pays sauvage en canoë-camping, troquer ses bottines pour des raquettes et parcourir des sentiers enneigés, ou encore diriger un attelage de chiens de traîneau, c'est ici qu'il faut venir.

357 **FORESTERS FALLS ★★**

C'est LA destination pour le rafting en Ontario, la réputation de la rivière des Outaouais (Ottawa River) dépassant largement les frontières de la province. Que l'on veuille s'initier aux aventures en eau vive ou perfectionner sa technique, on trouve ici de quoi s'éclater !

ONTARIO

358 ●● NORD

Immensité boréale où ont grandi à l'arraché des communautés en quête d'un ailleurs plus serein, dans l'écrin brut d'un Bouclier canadien fort comme le roc. Souvenirs impétueux d'une compagnie prolifique du nom de la baie d'Hudson qui emplissait jadis ses poches au rythme des courants des rivières et des sifflements des trains. Grenier d'or et d'argent, villes fières d'un riche passé. Héritage français également, avec plusieurs communautés francophones. Puis un lac immense, démesuré : le lac Supérieur. Cette région qui couvre la majeure partie de l'Ontario, c'est le silence des forêts, le déferlement des cascades, le clapotis des lacs, mais surtout, et pour toujours, l'écho autochtone.

358 **SUDBURY ★**

358 **NORTH BAY ★**

359 **TEMAGAMI ★★**

360 **COCHRANE ★★**

360 **SAULT STE. MARIE ★**

361 **PARC PROVINCIAL LAKE SUPERIOR ★★**

361 **PARC NATIONAL PUKASKWA ★★★**

Un joyau naturel d'une richesse inouïe, protégé et mis en valeur par le réseau des parcs nationaux du Canada. Amateurs de randonnée pédestre, vous devez absolument faire le sentier du pont suspendu de la rivière White, un incontournable du parc !

361 **THUNDER BAY ★**

362 **ATIKOKAN ★★**

OTTAWA

© ADAM KORZEKWA - ISTOCKPHOTO.COM

La capitale canadienne doit son indéniable cachet au Premier ministre sir Wilfrid Laurier qui rêvait d'en faire la Washington du Nord. Les édifices historiques, notamment les bâtiments néogothiques du Parlement, ainsi que les nombreux espaces verts, la distinguent des autres villes nord-américaines. D'ailleurs le canal Rideau, qui se faufile au cœur de la ville, est un lieu de détente très apprécié des résidents et visiteurs. En 2017, à l'occasion du 150e anniversaire de la Confédération canadienne, la ville a redoublé d'efforts afin d'attirer les visiteurs. Et ça se voit. Les musées se sont refait une beauté, les restaurants ont fleuri, les hôtels aussi, et les derniers quartiers tendance (Hintonburg, Wellington West...) disposent de toutes les attractions culturelles et gastronomiques du moment. Située à la frontière de l'Ontario et du Québec, cette sereine cité offre au voyageur le meilleur des deux cultures.

SE REPÉRER SE DÉPLACER

La capitale canadienne est desservie par l'aéroport international d'Ottawa. Pour rejoindre le centre-ville, le moyen le plus efficace est le taxi ou Uber, mais on peut aussi prendre la ligne de bus 97 jusqu'à la station Hurdman puis le O-Train jusqu'au centre. Une fois en ville, le réseau de transport en commun (OC Transpo) vous mène partout, ou presque. Ottawa bénéficie de deux lignes de train léger ainsi qu'un réseau étendu de bus, dont six offrant un service nocturne. Certains autobus d'OC Transpo et de la STO (transport en commun de Gatineau au Québec) effectuent la liaison entre les deux villes. Pour sortir de la ville, il y a les bus interurbains comme, par exemple, Megabus, Orléans Express et Rider Express (les arrêts diffèrent selon la compagnie de bus) et le train VIA Rail (gare accessible par le O-Train). À noter qu'il n'y a pas de vélos ou de trottinettes en libre-service à Ottawa.

AÉROPORT INTERNATIONAL D'OTTAWA

1000 Airport Parkway
yow.ca/fr

Une dizaine de compagnies aériennes desservent l'aéroport d'Ottawa dont, entre autres, Air Canada, Porter et Westjet qui assurent les liaisons intérieures au pays. Pour se rendre de l'aéroport jusqu'au centre-ville, les moyens les plus efficaces sont le taxi (compter au moins 30 CAN $) ou la ligne de bus 97 d'OC Transpo (en service 24h/24, 3,70 CAN $ sur carte Presto ou 3,75 CAN $ en argent comptant). Service additionnel de minibus offert vers certains hôtels.

OC TRANSPO

50 Rideau Street
✆ +1 613 560 5000
www.octranspo.com/fr

Réseau de transport d'Ottawa (autobus, O-Train, transport adapté). Horaires et tarifs sur le site web.

Le réseau de transport en commun vous mène partout, ou presque. Il offre différents types de services : O-Train (trains légers), Rapide (service par autobus rapide entre les stations qui emprunte le Transitway ou l'autoroute), Fréquent (service toutes les 15 minutes ou moins, de 6h à 18h en semaine), Connexion (liaison rapide entre la banlieue et la Ligne 1 de l'O-Train) et Local (circuits vers des destinations locales). Il y a également six lignes de bus de nuit ainsi que des circuits directs pour les événements au parc Lansdowne et au Centre Canadian Tire.

O-TRAIN

50 Rideau Street
✆ +1 613 560 5000
www.octranspo.com/fr

Horaires et tarifs sur le site web (mêmes tarifs que pour le bus).

La ville bénéficie d'un nouveau réseau de TLR (train léger sur rail électrique) à la fine pointe. La ligne 1, appelée « Ligne de la Confédération », s'étend sur 12,5 kilomètres et mène de la station Blair à l'est à Tunney's Pasture à l'ouest. Elle comprend un tunnel de 2,5 kilomètres à travers le centre-ville ainsi que 13 stations. Elle ouvre tôt le matin et ferme entre 23h et 2h selon le jour. À l'ouest du centre-ville, la ligne 2, appelée « Ligne Trilium », s'étire sur 8 km de la station Bayview au nord à Greenboro au sud (fermée pour travaux de prolongement).

RENTABIKE

2 Rideau Street
✆ +1 613 241 4140
www.rentabike.ca

Ouvert de mai à fin octobre. Voir site web pour les tarifs de location et les tours guidés.

Installée au cœur de la ville depuis quelques décennies, RentABike est une compagnie de location et de tours guidés à vélo fort réputée. On y propose différents types de montures, dont des vélos de route, de montagne, en aluminium ou encore tandem. Selon le vélo choisi, les locations sont offertes à l'heure, pour 4 heures, pour 24 heures, à la journée, la semaine ou plus. L'entreprise offre également des tours guidés qui vous mèneront dans les plus beaux lieux de la capitale nationale. Des services de réparation sont aussi offerts sur place.

À VOIR / À FAIRE

La région de la capitale nationale regroupe la plus grande concentration de musées du pays, dont sept musées nationaux touchant des sujets aussi variés que les beaux-arts, l'histoire, les sciences et technologies, la nature ou encore l'aviation et l'espace. Pour souligner le 150e anniversaire de la Confédération canadienne en 2017, Ottawa s'est d'ailleurs engagée dans un ambitieux plan de rénovation de plusieurs de ses musées et lieux patrimoniaux. Le plus important chantier est sans nul doute celui des différents édifices du Parlement (les visites guidées sont maintenues dans certains édifices). Si vous préférez plutôt être pris en charge pour découvrir Ottawa, sachez qu'un nombre incalculable de visites guidées sont proposées en ville. Que ce soit pour découvrir les attraits majeurs, les saveurs locales ou bien avoir quelques frissons lors d'une visite hantée, vous trouverez ici chaussure à votre pied !

TOURISME OTTAWA - KIOSQUE D'INFORMATION

90 Wellington Street
✆ +1 613 236 0044
ottawatourism.ca/fr

Ouvert tous les jours de 9h à 17h (fermé du 23 décembre au 2 janvier).

Pour planifier votre séjour dans la région d'Ottawa, le site web de l'office du tourisme est une véritable mine d'informations. Tout y est, des hébergements aux idées de sorties, en passant par les attraits incontournables, les festivals et les bons plans shopping. On recommande aussi la rubrique « Les coulisses d'Ottawa » qui contient une foule d'articles écrits par des locaux. Une fois sur place, n'hésitez pas à passer au kiosque d'information.

C'EST BON OTTAWA

200 Dalhousie Street
✆ +1 613 722 8687
cestbonottawa.ca

Visites gourmandes (guidées ou auto-guidées) : à partir de 65 CAN $. Ateliers culinaires aussi proposés.

On doit la création de cette école culinaire à la chef Andrée Riffou, une épicurienne passionnée de cuisine et d'alimentation dûment diplomée. Puis, en 2016, elle a passé le flambeau au chef Georges Laurier et à Stefanie Siska. Parmi les services offerts, vous allez littéralement craquer pour les visites gastronomiques. N'y a-t-il pas en effet meilleur moyen pour découvrir une ville que de la savourer ? Les différentes excursions vous feront découvrir la scène culinaire locale par le biais de ses quartiers, restos, chefs, marchands et artisans. Vous allez adorer !

GRAY LINE OTTAWA

44 Sparks Street
✆ +1 613 223 6211
grayline-ottawa.com/fr

Voir site web pour l'horaire des tours selon la saison. Tarifs variables selon le tour choisi et les activités en extra.

Impossible de rater ces bus à impériale qui sillonnent la capitale canadienne lors de la belle saison. Gray Line y propose trois visites guidées : la visite touristique de 90 minutes (sans possibilité de débarquement, également offerte de novembre à fin avril, point de départ au 74 George Street) et les visites en formule « *hop on hop off* » (embarquez et débarquez aux arrêts qui vous plaisent) valides 24h ou 48h. Vous pouvez aussi bonifier votre visite avec d'autres activités offertes en extra : croisière, tyrolienne, tour d'avion, musée, etc. Le bon plan !

LA MARCHE HANTÉE D'OTTAWA

46½ Sparks Street
✆ +1 613 232 0344
www.hauntedwalk.com

Tours toute l'année. Visite originale offerte de mai à début novembre. Adulte : 24,99 CAN $. Réservation recommandée.

Les gens du coin et les touristes sont fascinés par les côtés sombres et lugubres de l'histoire de la capitale nationale. Toutes les histoires racontées lors des visites à pied ont fait l'objet d'une recherche intensive et même les plus sceptiques seront séduits. Les visites sont organisées en journée (visites privées) et en soirée, pour le grand public, elles se font à la lueur d'une lanterne. Autres visites possibles dans les villes de Kingston et Toronto.

BASILIQUE-CATHÉDRALE NOTRE-DAME D'OTTAWA

385 Sussex Drive
✆ +1 613 241 7496
www.notredameottawa.com
Ouvert tous les jours (horaires variables).

Désignée monument d'intérêt historique en 1978 par la Commission de la capitale nationale et la Corporation de la ville d'Ottawa, la cathédrale d'Ottawa, avec ses deux clochers argentés entourant une statue grandeur nature de la Vierge, a été construite de 1841 à 1858, et restaurée à la fin des années 1990. Les messes sont données en anglais, en français et même bilingues. Des visites guidées payantes sont aussi proposées sur réservation (temporairement suspendues).

CENTRE DU CARROUSEL DE LA GRC ★★

1 Sandridge Road
✆ +1 613 993 7521
www.rcmp-grc.gc.ca/fr/le-carrousel
Grande réouverture en 2023 (voir site web pour les horaires). Entrée libre. Boutique souvenirs Mountie sur place.

Fière tradition canadienne qu'est la police montée, il est possible de visiter les écuries et le musée du Carrousel de la Gendarmerie royale du Canada (GRC). Lorsque le Carrousel est en ville (à savoir qu'il est en tournée à l'extérieur d'Ottawa de mai à octobre), vous aurez peut-être la chance de rencontrer les cavaliers et les chevaux. La visite des lieux vous fera voir les écuries, l'école d'équitation, l'atelier du maréchal-ferrant et la sellerie.

GALERIE D'ART D'OTTAWA ★

50 Mackenzie King Bridge
✆ +1 613 233 8699
oaggao.ca/fr
Ouvert toute l'année (horaires variables). Entrée libre. Boutique et resto-bar sur place.

La nouvelle GAO a rouvert ses portes en 2018 dans un superbe espace couvrant cinq étages et plus de 5 000 m² d'espace d'exposition. On y retrouve une salle pour la collection permanente, des espaces pour les expos contemporaines et historiques, deux terrasses sur le toit (la vue est magnifique !), un studio pour différents programmes et ateliers, sans oublier son atout principal, sa salle dédiée à la Collection Firestone d'art canadien, laquelle comprend des œuvres du fameux Groupe des Sept. Avant ou après votre visite, faites un saut du côté du resto-bar Jackson.

MUSÉE BYTOWN

1 Canal Lane
✆ +1 613 234 4570
www.bytownmuseum.com/fr
Ouvert toute l'année (horaires variables, sur rendez-vous hors saison). Adulte : 8 CAN $.

Situé en plein cœur de la ville dans le plus vieux bâtiment en pierre, entre la Colline du Parlement et le Fairmont Château Laurier, ce musée explore les récits d'une ville en plein essor et de ses habitants, des premiers jours de Bytown à l'Ottawa actuelle. En plus de l'exposition permanente (audio-guide inclus avec l'admission), le musée accueille quelques expositions temporaires par année. Également sur place : un jardin patrimonial et un café (breuvages chauds ou froids, snacks, sandwichs, crèmes glacées, etc. - certains produits sont saisonniers).

MUSÉE DE L'AVIATION ET DE L'ESPACE DU CANADA ★★

11 Aviation Parkway
✆ +1 613 991 3044
ingeniumcanada.org/fr/aviation
Ouvert à l'année (horaires variables). Adulte : 16,25 CAN $. Entrée libre entre 16h et 17h. Café et boutique sur place.

Situé à l'aéroport Rockcliffe, le musée permet un retour sur l'évolution de cette machine volante à travers le temps. Comme le Canada contribue de plus en plus au domaine de l'aviation et de l'aérospatial, il intègre également la représentation du vol spatial humain. À voir dans le grand hall d'entrée : le jet Tutor des Snowbirds, célèbre escadron acrobatique de l'Aviation royale canadienne. À faire : vol en biplan ou en hélicoptère, simulateur d'initiation au vol Redbird FMX.

RIDEAU HALL ★

1 Sussex Drive
✆ +1 613 991 4422
www.gg.ca/fr
Voir site web pour les horaires du domaine et des visites. Visite guidée sur réservation hors saison. Gratuit.

C'est la résidence officielle et le lieu de travail de la gouverneure générale du Canada. L'immense domaine vaut le détour, avec plus de 10 000 arbres dont plusieurs plantés par des chefs d'État en visite. Un lieu idéal pour pique-niquer ou même assister à une partie de cricket. Quand à la demeure, des visites guidées vous feront voir les salles de cérémonies, une magnifique collection d'œuvres d'art et de mobilier canadiens, et une exposition sur les distinctions honorifiques. Patinoire extérieure en hiver (gratuite), ouverte au grand public le week-end.

MUSÉE DES BEAUX-ARTS DU CANADA ★★★

380 Sussex Drive
✆ +1 613 990 1985
www.beaux-arts.ca
Ouvert toute l'année (horaires variables). Adulte : 20 CAN $. Entrée libre le jeudi après 17h. Boutique, restaurants.

L'architecture et la richesse des collections laissent rêveur. L'architecte Moshe Safdie a conçu un superbe musée qui laisse filtrer la lumière du jour et ménage des zones de repos. Ainsi le visiteur apprécie la paix du cloître, celle de l'atrium et des différents jardins, ou encore le silence du jardin de la chapelle Rideau qui offre un bel exemple de l'art décoratif religieux canadien. Mais il ne faut pas rater non plus les environs du musée qui hébergent diverses œuvres et installations d'art, comme par exemple l'araignée géante « Maman » de Louise Bourgeois, les différents jardins conçus par Cornelia Hahn Oberlander (le jardin d'hiver, le jardin de la taïga, etc.), la sculpture autochtone « Les Trois sentinelles » de Jim Hart, ou encore l'installation « Majestic » de Michel de Broin.

Inauguré en mai 1988, le Musée des beaux-arts du Canada compte plus de 75 000 œuvres d'art réparties dans 12 400 m² de salles d'exposition, lesquelles sont regroupées en six aires distinctes avec, chacune, son propre style architectural : l'art canadien, l'art européen, américain et asiatique, les voies autochtones et la décolonisation, l'art contemporain (incluant les vidéos), les dessins et estampes, et la photographie. Il fait une incursion dans l'histoire artistique canadienne, en commémorant les travaux de l'incontournable Groupe des Sept, d'Alfred Pellan, de Jean-Paul Lemieux et de Paul-Emile Borduas. La salle réunissant les œuvres du Groupe des Sept et celle dédiée à Emily Carr sont toutes deux absolument captivantes. La galerie d'art indigène et les collections d'œuvres américaines et européennes sont tout aussi remarquables. De Rembrandt à Monet jusqu'à Emily Carr et Riopelle. Informez-vous d'ailleurs sur les différents ateliers et causeries offerts chaque jour dans le cadre de la programmation d'activités. Soulignons la formidable tenue de la librairie et les œuvres des meilleurs photographes d'art et documentaires du Canada.

À savoir que le musée a ouvert en juin 2017 une nouvelle salle d'œuvres canadiennes où l'art autochtone se mêle à l'art non autochtone. Il a également aménagé au début de 2018 son jardin Fred et Elizabeth Fountain, situé dans les salles d'art canadien et autochtone. L'architecte paysagiste Cornelia Hahn Oberlander s'est occupée de créer « un espace de contemplation évoquant les paysages emblématiques du Bouclier canadien ». À surveiller : la réinvention des collections présentement en cours au musée.

PARLEMENT DU CANADA ★★★

111 Wellington Street ✆ +1 613 992 4793
www.parl.ca
Visites guidées gratuites (réservation recommandée). Voir site web pour les horaires selon l'édifice.

Le Parlement a ouvert ses portes officiellement en 1867 avec l'entrée en vigueur de l'Acte de l'Amérique du Nord britannique, marquant du coup l'indépendance du Canada face à l'Empire britannique. Est alors fondé le Dominion du Canada, regroupant en une seule entité la Province unie du Canada (Canada-Uni), la Nouvelle-Écosse et le Nouveau-Brunswick. Le nouveau Parlement ainsi créé est composé de la Reine d'Angleterre (représentée par le gouverneur général), le Sénat et la Chambres des Communes. Il faudra toutefois attendre jusqu'en 1982 avant que soit abrogé le pouvoir du Parlement britannique de légiférer pour le Canada, réalisant ainsi le rapatriement de la Constitution du Canada (*Loi de 1982 sur le Canada*).

La Colline du Parlement accueille les trois superbes édifices gothiques du gouvernement fédéral. Le plus important, situé au centre, héberge habituellement le Sénat et la Chambre des communes. Toutefois, des travaux majeurs de restauration ayant cours à l'édifice du Centre jusqu'en 2030-31, la Chambre des communes s'est installée dans l'édifice de l'Ouest et le Sénat, dans l'ancienne gare ferroviaire d'Ottawa sur la rue Rideau. Le Parlement accueille de nombreuses visites guidées qui permettent non seulement d'apprécier l'architecture des édifices, mais aussi de comprendre la répartition des pouvoirs entre les différentes institutions canadiennes. En saison estivale à 10h, la relève de la garde est exécutée avec le sérieux qui convient à cet étrange et immuable cérémonial. Une visite immanquable !

© DENISTANGNEYJR

OTTAWA

CANAL RIDEAU ★★

whc.unesco.org/fr/list/1221

C'est une voie navigable qui relie la ville d'Ottawa, sur la rivière des Outaouais, à la ville de Kingston, sur le lac Ontario, via les rivières Rideau et Cataraqui. Cet axe fluvial traverse la ville. En été, c'est un lieu convoité des kayakistes, cyclistes et flâneurs. En hiver, ses eaux gelées se transforment en la plus longue patinoire du monde (7,8 km), sauf durant l'hiver 2022-2023 où elle est restée fermée pour la première fois de son histoire, symbole du réchauffement climatique.

Circuit patrimonial Rideau. Ceux qui se laisseront emporter par la rivière pourront se rendre jusqu'à Kingston, tout en visitant les principaux postes d'éclusage de Merrickville, Jones Falls et Kington Mills. D'Ottawa à Merrickville, 45 km de villages, tous plus pittoresques les uns que les autres, évoquent une époque où les États-Unis, nouvellement indépendants, représentaient une menace pour le Canada. Maisons, moulins et boutiques témoignent du faste de la fin du XIXe siècle. Dès Manotick, à 15 km au sud d'Ottawa, vous saurez apprécier les bâtiments historiques du Square Dickinson. Ensuite, à Kars, vous entendrez peut-être encore résonner les échos de la drave (transport du bois sur l'eau), qui a assuré la fortune de cette localité, avant l'arrivée de la voie ferrée. Puis viendra le parc provincial de la rivière Rideau, Burritt Rapids et Merrickville. Si vous poursuivez la route, vous déboucherez sur Smiths Falls où se trouvent le musée patrimonial, dans une maison aménagée à la mode de 1867, ainsi que le centre des visiteurs du canal Rideau.

LANSDOWNE ★

1525 Princess Patricia Way

ottawa.ca/fr/lansdowne

Situé dans le quartier du Glebe, cet immense site urbain de 16 hectares comprend des espaces verts aménagés, une patinoire extérieure, le pavillon Aberdeen où se tient notamment le marché fermier, des boutiques et restaurants, un cinéma, et la Place TD (domicile des Redblacks, l'équipe professionnelle de la Ligue canadienne de football). Lansdowne est également l'hôte de nombreux événements, spectacles et festivals tout au long de l'année, notamment son beau marché de Noël à l'européenne qui se tient de fin novembre jusqu'à la veille du temps des Fêtes.

MUSÉE CANADIEN DE LA NATURE ★

240 McLeod Street ✆ +1 613 566 4700

www.nature.ca/fr

Ouvert à l'année (horaires variables). Voir site web pour les tarifs. Galeries permanentes gratuites le jeudi dès 17h.

Fier de ses dix millions de spécimens recueillis pendant plus de 150 ans et qui retracent l'histoire de la Terre depuis quatre milliards d'années, ce musée est le gardien d'un des atouts les plus précieux du Canada : ses collections d'histoire naturelle. À ne pas manquer : la galerie des fossiles et celle sur l'Arctique canadien, ainsi que les expositions temporaires toujours fort intéressantes et qui se relayent sans temps mort. Également sur place : un café et une boutique.

La patinoire du canal Rideau à Ottawa.

SE LOGER

Capitale du Canada, ville cosmopolite, grand centre culturel... Avec toutes ces caractéristiques, Ottawa a sans surprise développé un tissu hôtelier d'une grande variété. Que ce soit pour la clientèle d'affaires (ici très nombreuse) ou pour les touristes de passage, pour les amateurs d'étape confort ou les voyageurs sans le sou, on y trouve des solutions d'hébergement pour tous les goûts et budgets. Si les environs de la Colline du Parlement regroupent surtout de grands hôtels aux prix parfois élevés, de jolies auberges et hôtels particuliers se trouvent dans des quartiers comme le Marché By ou Lowertown. Une réservation en dernière minute n'est pas un souci la majeure partie de l'année, mais attention, les nombreux congrès, festivals et événements culturels de tous ordres attirent de nombreux visiteurs et pourraient obliger les voyageurs les moins prévoyants à se porter sur un second choix...

SAINTLO OTTAWA JAIL €

75 Nicholas Street
✆ +1 613 235 2595
saintlo.ca/ottawa
Grande réouverture au printemps 2023. Voir site web pour les tarifs. Petit déjeuner inclus. Cuisine, activités, etc.

Une auberge de jeunesse peu conformiste puisque installée dans l'ancienne prison du comté de Carleton (1862-1972). Certaines chambres ont été aménagées dans les cellules, tandis que d'autres se trouvent dans la partie rénovée de l'auberge. La cellule du dernier condamné à mort demeure intacte, prête à l'emploi, et la chapelle de cette prison est aujourd'hui une salle à manger. Des visites guidées y sont d'ailleurs organisées et c'est gratuit. Bonus : une localisation hyper-centrale à quelques pas du quartier du Marché By et de la Colline du Parlement.

ALT HOTEL OTTAWA €€

185 Slater Street
✆ +1 613 691 6882
germainhotels.com/fr/hotel-alt/ottawa
Occupation double : à partir de 189 CAN $. Promotions et forfaits disponibles.

Établissement écoproactif et de construction récente, le ALT Hotel Ottawa propose des chambres aux lignes stylées et contemporaines pour un prix raisonnable. C'est en tout près de 150 chambres à un ou deux lits qui s'offrent à vous. Ambiance zen, téléviseur HD à écran plat, couette en duvet d'oie, literie au confort exceptionnel, salle de douche moderne... Tout est là pour vous faire passer une nuit des plus agréables ! Bonus : une super localisation à deux pas du Parlement. Services sur place : café Happy Goat, café-lounge Altcetera et salle de sport 24h/24.

MCGEE'S INN €€

185 Daly Avenue
✆ +1 613 237 6089
www.mcgeesinn.com
Occupation simple ou double : à partir de 109 CAN $, petit déjeuner inclus.

Située dans un quartier marqué par l'époque victorienne, cette maison historique aux briques rouges a su préserver son authenticité et attend les touristes nostalgiques qui désirent passer la nuit dans une demeure du XIXe siècle. L'auberge se classe d'ailleurs régulièrement parmi les meilleurs bed & breakfast du pays, avec raison. On y retrouve près d'une quinzaine de chambres dont deux situées dans l'annexe. Pour vous faciliter la vie, la maison propose un espace de stationnement par chambre (10 CAN $ la nuit). Une belle adresse !

NOVOTEL OTTAWA €€

33 Nicholas Street
✆ +1 613 230 3033
www.novotelottawa.com
Occupation double : à partir de 211 CAN $. Promotions et forfaits disponibles.

Situé à deux pas du Marché By, en plein cœur de Downtown Rideau, le Novotel Ottawa est un excellent établissement hôtelier. Outre sa localisation extraordinaire, ses chambres et suites modernes allient style et grand confort avec toutes les commodités nécessaires. Le service est gentil tout plein et son restaurant-lounge est un des secrets les mieux gardés de la ville. Une adresse qui ne déçoit jamais. Services sur place : restaurant et lounge The Albion Rooms, piscine et bain à remous intérieurs, salle de fitness, stationnement intérieur payant, etc.

SWISS HOTEL €€

89 Daly Avenue
✆ +1 613 237 0335
www.swisshotel.ca
Occupation double : à partir de 149 CAN $. Jardin-terrasse sur place.

Rénové en 2010 pour en faire un superbe petit hôtel-boutique, cet établissement est tenu par un couple suisse très accueillant. Les chambres (plus d'une vingtaine), à la décoration résolument tendance, sont toutes équipées d'un téléviseur intelligent HD et d'une machine à café Nespresso, et certaines de catégorie supérieure ont même un bain à remous et/ou une cheminée. Une belle adresse pour ceux qui aiment profiter de tout le confort moderne. À savoir qu'il est possible de garer sa voiture sur place (12 CAN $ par nuit, places limitées).

THE METCALFE HOTEL €€

123 Metcalfe Street
✆ +1 613 231 6555
www.themetcalfehotel.com/fr
Occupation double : à partir de 220 CAN $. Promotions et forfaits disponibles.

Gros coup de cœur pour ce superbe hôtel-boutique indépendant en plein cœur du centre-ville et à deux pas de toutes les attractions. Déjà son lobby-atrium a un petit je-ne-sais-quoi qui nous rappelle les films d'Harry Potter. Puis viennent les chambres et suites qui offrent une déco à la Mad Men et un confort incomparable. L'hôtel offre également plusieurs services : bistro français Cocotte, lounge, stationnement intérieur payant avec service de voiturier, etc. Bonus : des employés adorables et aux petits soins. On recommande chaudement !

ANDAZ OTTAWA BYWARD MARKET €€€

325 Dalhousie Street
✆ +1 613 321 1234
ottawa.andaz.hyatt.com
Occupation double : à partir de 209 CAN $. Restaurant, bar lounge rooftop, gym avec vue surplombante sur la ville.

Ce bel hôtel de la chaîne Andaz, idéalement situé au cœur du Marché By et à proximité du Parlement, offre un service et un cadre incroyables. Demandez une des chambres avec vue sur le Parlement, profitez de son toit-terrasse et de ses superbes cocktails, savourez les produits locaux lors du brunch, sans oublier les avantages du service à la chambre et du stationnement (payant) sur place. Une belle adresse où contemporain et confort vont très bien ensemble.

FAIRMONT CHÂTEAU LAURIER €€€

1 Rideau Street ✆ +1 613 241 1414
www.fairmont.fr/laurier-ottawa
Occupation double : à partir de 359 CAN $, petit déjeuner inclus. Promotions et forfaits disponibles.

Dès l'entrée, vous serez ébloui par la décoration somptueuse du *lobby*. Un hôtel qui a su concilier harmonieusement l'élégance victorienne et le confort du XXIe siècle. Construit entre 1909 et 1912, il incarne tout simplement la beauté de la capitale nationale en plus d'être idéalement situé : en bordure du canal Rideau et à deux pas de la Colline du Parlement. Les nombreux services sont également à la hauteur de la réputation du Fairmont : piscine intérieure Art déco, gym, service de massothérapie, boutiques haut de gamme, restaurant gastronomique, bar-salon, etc.

HÔTEL LE GERMAIN OTTAWA €€€

30 Daly Avenue ✆ +1 613 691 3230
www.legermainhotels.com/fr/ottawa
Occupation double : à partir de 289 CAN $. Promotions et forfaits disponibles. Stationnement avec service de voiturier.

Bannière canadienne haut de gamme bien connue au pays, Le Germain a ouvert ce bel hôtel en 2018. Son emplacement est idéal : à deux pas du Marché By, mais surtout au cœur d'un projet de mise en valeur des arts. L'hôtel a ainsi collaboré au projet d'agrandissement de la Galerie des arts d'Ottawa (GAO) ainsi qu'au réaménagement de la Cour des arts (accueillant des artistes). Le Germain, avec ses chambres élégantes et tous les services dignes de son rang, est sans nul doute l'une des meilleures adresses d'Ottawa. Restaurant-bar Norca et gym 24h/24 aussi sur place.

LORD ELGIN HOTEL €€€

100 Elgin Street
✆ +1 613 235 3333
www.lordelginhotel.ca
Occupation double : à partir de 219 CAN $. Promotions et forfaits disponibles.

Sa rénovation a coûté 11 millions de dollars et son imposante façade historique fait de l'ombre à son vis-à-vis, le Centre national des Arts. Situé à quelques pas de la Colline du Parlement et de toutes les attractions de la capitale, il fait partie des meilleurs établissements hôteliers de la ville d'Ottawa. Il offre de nombreux services sur place : lobby avec cheminée, restaurant-bar Grill 41, boutique de souvenirs, piscine et bain à remous intérieurs, sauna, salle de fitness ouverte 24h/24, service de voiturier (payant), etc.

SE RÉGALER

La scène culinaire ottavienne a le vent dans les voiles depuis plusieurs années. Les bonnes adresses poussent comme des champignons dans la ville, notamment dans les quartiers The Glebe, Hintonburg ou encore Wellington West où plusieurs restos sympas ont élu domicile. Ottawa est aussi dotée d'un *food hall* en plein cœur du centre-ville, un concept réunissant divers restaurateurs sous un même toit et qui fait fureur un peu partout au pays. Puis viennent les grands classiques, comme le Marché By et ses innombrables produits d'artisans gourmands. Mais plus qu'un marché, c'est tout le quartier qui regorge d'options pour casser la croûte, que l'on ait envie d'un sandwich sur le pouce ou de gastronomie de haut vol. Et comme partout, l'accent est de plus en plus mis sur l'approvisionnement local et le « fait maison ». Sachez finalement que plusieurs visites gourmandes sont proposées aux quatre coins de la ville.

Le marché couvert de Byward.

AIANA €€€

50 O'Connor Street
✆ +1 613 680 8100
aiana.ca
Ouvert du mardi au samedi (horaires variables). Carte : 10-185 CAN $, menu dégustation : 225 CAN $. Terrasse.

Établie en 2019 à deux pas du Parlement, Aiana est une adresse de haute voltige sous la houlette du chef Raghav Chaudhary. Et ce dernier n'en est pas à son galop d'essai, lui qui a œuvré dans des restaurants de renom à San Francisco et en Europe. Il s'inspire ici des cuisines nordiques, européennes et de la côte Ouest, le tout avec une touche résolument canadienne dans un esprit « de la ferme à la table ». Pour ceux qui peuvent se l'offrir, le menu 10 services est un *must*, et il vaut la peine de débourser le supplément pour l'accord des vins.

E18HTEEN €€€

18 York Street
✆ +1 613 244 1188
www.restaurant18.com
Dimanche-jeudi, 16h-22h ; vendredi-samedi, 16h-23h. Carte : 20-185 CAN $. Menu dégustation : 120 CAN $ (vins en sus).

Tout d'abord, quel superbe endroit : de beaux murs de pierre, une énorme cheminée, les tables avec leur nappe blanche et un petit bouquet de fleurs posé sur chacune, les œuvres d'art, la lumière tamisée... C'est chic et classique. Le chef et sa brigade y préparent une cuisine de haute voltige où figurent notamment les huîtres, le foie gras, le homard et le bœuf Réserve Angus AAA. Pour se faire plaisir, le menu dégustation est un must, variant selon les saisons et les arrivages. Il va sans dire que la carte des vins qui accompagne le tout est un pur bijou.

PLAY FOOD & WINE €€

1 York Street
✆ +1 613 667 9207
www.playfood.ca
Ouvert midi (mercredi-samedi) et soir (7 jours). Formule 2 plats : 28 CAN $ le midi, 45 CAN $ le soir.

Création de Stephen Beckta, également à la barre du Beckta Dining & Wine et de Gezellig, le Play Food & Wine propose une ardoise de petits plats avec un penchant pour les fromages et les charcuteries. L'inspiration en cuisine est indéniablement européenne, mais le tout est concocté avec des produits bien canadiens, dans la mesure du possible. Question d'accompagner ces petits délices, une carte des vins fort étoffée vient compléter l'expérience (belle sélection de vins au verre), et pour chaque plat, un cru est proposé pour l'accord.

QUEEN ST. FARE €

170 Queen Street
✆ +1 613 782 3885
queenstfare.ca
Horaires variables selon les restaurants et bars. Carte : moins de 20 CAN $.

C'est le tout premier *food hall* de la capitale canadienne. On y retrouve six restaurants locaux qui plairont à toutes les envies : *street food* mexicain, cuisine du sud-est asiatique, plats végétariens, burgers gourmands, pizzas à croûte mince..., à vous de choisir ! À savoir que l'endroit ouvre dès 8h du matin en semaine pour le café et le petit déjeuner (essayez les fameux sandwichs de Bar Robo). Quant au Q Bar, réputé pour ses cocktails maison et ses bières artisanales, il est l'endroit de prédilection pour l'apéro ou le digestif.

STARLING €€

54 York Street ✆ +1 613 421 0820
www.starlingottawa.ca
Ouvert tous les jours (horaires variables). Brunch le week-end. Carte : 10-55 CAN $. Terrasses dont une sur le toit.

Avant toute chose, mentionnons le superbe design des lieux. Blotti dans un des plus anciens bâtiments d'Ottawa, le York on William, le restaurant affiche une déco résolument Mid-Century. Des étourneaux ornent les murs, une table est installée dans une cage à oiseau semi-ouverte... Quand on sait que *starling* veut dire étourneau, on comprend mieux le concept. La cuisine est du marché, en évolution avec les saisons et les arrivages. Le brunch vaut aussi le détour, notamment pour son assiette de poulet frit et gaufres. Et les cocktails sont à découvrir absolument !

THE ALBION ROOMS €€

33 Nicholas Street
✆ +1 613 760 4771
www.thealbionrooms.com
Ouvert en semaine dès 11h30, 11h le week-end. Brunch le week-end. Carte : 10-45 CAN $.

L'hôtel est lui-même parfait, The Albion Rooms est la cerise sur le gâteau. L'endroit est divisé en différents espaces aux ambiances différentes : le bar-lounge avec ses divans et son foyer, la zone restaurant chaleureuse et intime, et la grande salle au fond où sont servis le petit déjeuner et le brunch. Un lieu idéal pour l'apéro ou un bon repas entre amis. Pour notre part, nous avons craqué pour l'incroyable plateau de charcuteries et fromages. Le menu bar a aussi de quoi faire sourire, surtout pour les cocktails qui font la réputation de l'endroit. On adore !

ATELIER €€€

540 Rochester Street
✆ +1 613 321 3537
www.atelierrestaurant.ca
Mardi-samedi, 17h30-20h30. Menu 44 services à prix fixe : 225 CAN $ (ajouter 100 à 300 CAN $ pour l'accord des vins).

Le concept ? Pour un prix fixe, vous pourrez tester une ribambelles de plats d'inspiration « cuisine canadienne », à partir de produits locaux et frais. Pour un peu plus, vous aurez également droit à une dégustation de vins choisis pour leur accord avec les saveurs de chaque mets. Comptez environ quatre heures pour ce véritable atelier culinaire, qui porte bien son nom. L'établissement se hisse fréquemment dans le classement des meilleurs restaurants d'Ottawa, et même du Canada. Il va sans dire qu'une réservation est impérative dans ce temple de la gastronomie.

BELMONT €€

1169 Bank Street
✆ +1 613 979 3663
www.belmontottawa.com
Ouvert tous les soirs dès 17h (fermé lundi). Brunch le week-end de 9h à 14h. Carte : 5-50 CAN $.

Situé dans le quartier Old Ottawa South, le Belmont est réputé pour sa cuisine créative et ses cocktails maison. On y propose des petits plats comme le thon cru, la fondue gruyère et champignons, le poulet piri-piri ou le tataki de bœuf, et des plus grands à partager entre amis appelés « Family Style ». Le brunch du week-end est également très couru et pour les gros appétits, on recommande le « Full Belmont » qui, comme son nom l'indique, vous remplira jusqu'à plus faim. À découvrir également : The Cameron, autre resto du groupe situé non loin.

EL CAMINO €

380 Elgin Street
✆ +1 613 422 2800
eatelcamino.com
Ouvert du mardi au dimanche dès 17h30. Carte : moins de 25 CAN $. Terrasse.

L'endroit par excellence pour savourer de succulents et généreux tacos. Le menu comporte également d'autres petites sélections à prix dérisoires comme la guacamole et chips ou encore la salade verte à la papaye. L'endroit grouille souvent de monde, et l'ambiance est conviviale, quoique assez bruyante le week-end, encore plus à la fermeture des bars où l'endroit s'emplit d'âmes festives. Goûtez également à une des nombreuses tequilas proposées à l'ardoise. Autre succursale dans le quartier du Marché By (rue Clarence, ouverte dès midi, 15h le lundi).

FAUNA FOOD + BAR €€

425 Bank Street
✆ +1 613 563 2862
www.faunaottawa.ca
Ouvert tous les soirs dès 17h30. Carte : 15-50 CAN $, plat pour deux : 110 CAN $. Terrasse.

Voici une belle adresse pour les amateurs de plats raffinés qui se soucient d'où viennent les produits qu'ils consomment. Ici les plats de type « nouvelle cuisine canadienne » sont élaborés avec des ingrédients locaux, certains même bio. En duo, on recommande le plat pour deux (faux-filet vieilli à sec pendant 80 jours). La carte des vins - très étoffée - est dans la même lignée et offre, entre autres, une sélection de vins naturels. Mention aux cocktails créatifs, notamment le Sugarbush Sour. Une adresse appréciée par les Ottaviens du coin de Centretown.

THE WHALESBONE €€€

231 Elgin Street
✆ +1 613 505 4300
thewhalesbone.com
Ouvert en semaine dès 11h30, 17h le week-end. Carte : 10 à 130 CAN $. Terrasse.

Avec quatre adresses gourmandes à Ottawa, les amateurs d'huîtres et de fruits de mer sont ici comblés. Si les huîtres sont la grande vedette des lieux (en spécial à 2 CAN $ l'unité le dimanche toute la soirée), elles ne doivent pas faire ombrage au reste du menu, notamment les généreux plateaux de fruits de mer froids ou chauds et les steaks vieillis à sec. Mention également à la sélection de vins au verre, aux cocktails (essayez le Negroni vieilli en barriques ou le Oyster House Caesar) et aux bières artisanales, notamment la Stout aux huîtres.

TOWN €€

296 Elgin Street
✆ +1 613 695 8696
towncitizen.ca
Ouvert du mardi au samedi de 17h à 22h. Plats et bouteilles pour emporter dès 15h. Carte : 5-45 CAN $.

Propriété du chef Marc Doiron et de sa conjointe Jennifer Wojcik, cette adresse de la scène gourmande ottavienne est un gastro-pub fort en vogue dans la capitale. D'inspiration italienne, sa cuisine est une ode aux saveurs, à la fois simple et réconfortante, mais toujours en constante évolution. Que ce soit pour un repas ou un apéro, Town est définitivement une adresse à mettre à son carnet. Comble de bonheur, ils ont également un deuxième resto, Citizen, qui propose de petits plats dans la même lignée, des vins et des cocktails.

CARBEN FOOD + DRINK €€

1100 Wellington Street West
✆ +1 613 792 4000
www.carbenrestaurant.com
Ouvert du mercredi au dimanche dès 17h. Carte : 10 à 45 CAN $, menu dégustation : 85 CAN $.

Adresse branchée du quartier Hintonburg, Carben est le rejeton du couple formé par Caroline Ngo et Kevin Benes (le nom du resto est d'ailleurs une contraction de leurs deux noms). Ils offrent une expérience gourmande qui s'inspire des saveurs du monde, de la saisonnalité et des produits locaux. Et que dire de la présentation des plats ? C'est de toute beauté, telles des œuvres d'art posées délicatement dans une assiette. Le menu dégustation à l'aveugle vaut vraiment le coup et doit être commandé par l'ensemble de la tablée. Une adresse qui ne déçoit pas.

STOFA €€€

1356 Wellington Street West
✆ +1 613 722 6555
www.stofarestaurant.com
Ouvert du mercredi au samedi dès 17h30. Menu dégustation 5 services : 110 CAN $. Réservation impérative. Terrasse.

Blotti dans une jolie maison du quartier Wellington Village, le restaurant Stofa est l'adresse gourmande du chef Jason Sawision, ce dernier ayant œuvré dans des tables ultra connues comme Atelier (Ottawa) et Canoe (Toronto), sans compter qu'il a remporté l'or au Championnat canadien culinaire en 2012 et 2016. Il propose ici un menu 5 services qui varie constamment et qui pioche dans différentes traditions culinaires. Les produits canadiens ont la cote, notamment le gibier, le tout saupoudré d'ingrédients provenant des quatre coins du monde.

PERCH €€€

300 Preston Street
✆ +1 613 515 0535
www.perchottawa.ca
Ouvert du jeudi au dimanche dès 17h. Menu 5 services : 100 CAN $, 9 services : 145 CAN $. Réservation impérative.

Classé parmi les finalistes des meilleurs nouveaux restos canadiens par enRoute en 2022, le restaurant Perch est dans une ligue à part. Non seulement on y vit une expérience gastronomique de haute voltige sans l'attitude qui va généralement de pair, mais en plus on mise ici sur des pratiques éthiques et durables afin de mettre en valeur les savoureux produits gourmands canadiens et d'éviter le gaspillage alimentaire. La cuisine à aire ouverte permet d'ailleurs de voir le chef Justin Champagne et sa brigade à l'œuvre. Une belle expérience !

SUPPLY AND DEMAND €€

1335 Wellington Street West
✆ +1 613 680 2949
www.supplyanddemandfoods.ca
Mardi-samedi, 17h-22h. Carte : 15-45 CAN $.

Une adresse à retenir sur la carte des restos branchés d'Ottawa, avec une belle salle ouverte sur la cuisine où s'affairent les cuistots. La déco, plutôt épurée, s'ornent de miroirs de toutes tailles, de belles banquettes de cuir et d'un mobilier de bois. Simple et efficace ! Nous vous recommandons sans hésitation le plateau d'huîtres, le tartare de bœuf ou encore les savoureuses pâtes fraîches faites maison chaque jour (des cours y sont même donnés pour apprendre à faire ses pâtes). Définitivement un endroit à découvrir hors des zones touristiques.

RETRO GUSTO €

122 Preston Street
✆ +1 613 234 5747
www.retrogustoeats.com
Ouvert du mercredi au dimanche dès 17h. Carte : moins de 30 CAN $. Autre resto du groupe : Farinella.

À la jonction des quartiers Little Italy et Chinatown se trouve ce petit bijou de resto italien. Ouvert en 2022 par Cesare Agostini et sa sœur Nina, il nous plonge dans un ambiance de pizzeria rétro avec un décor qui combine le cool et le kitsch : murs de bois, vieilles affiches italiennes, vaisselle d'une autre époque, fausse fourrure sur la banquette du fond, etc. On y vient principalement pour ses pizzas à croûte mince garnies d'ingrédients ultra frais. Le reste du menu vaut également le détour, sans oublier le côté bar avec ses savoureux cocktails.

THE HINTONBURG PUBLIC HOUSE €

1020 Wellington Street West
✆ +1 613 421 5087
www.hintonburgpublichouse.ca
Ouvert en semaine dès 11h30 (16h le mardi), 11h le week-end. Brunch le week-end. Carte : moins de 30 CAN $.

Voici une adresse où il y a tout ce qu'il faut : une très belle sélection de bières locales (souvent renouvelées), une carte avec des plats classiques d'un pub mais aussi des plus audacieux. Avec son long bar en bois et ses grandes fenêtres, ce pub d'Hintonburg est des plus agréables. Venez pour un succulent brunch le week-end ou pour une soirée avec des amis en semaine. Vous pourrez prendre la température de ce quartier en pleine « hipsterisation ».

FAIRE UNE PAUSE

Tôt le matin, l'odeur du café fraîchement torréfié attire les Ottaviens dans de petits commerces gourmands, très souvent artisanaux et écoresponsables. Les cafés dits de troisième vague sont d'ailleurs de plus en plus nombreux dans la capitale, et certains font même office de bar en soirée, offrant une tout autre ambiance. Les rayons pâtisseries, chocolats et autres douceurs sont aussi faits selon les règles de l'art. Il faut dire que l'apport d'artisans français venus s'établir ici y joue pour beaucoup. Dès l'heure du midi ou en milieu de journée, la plupart des buvettes de quartier, bars et tutti quanti ouvrent leurs portes généralement jusqu'à 2 heures du matin, parfois moins (minuit ou 1h), notamment en début de semaine. Et comme partout au pays, les brasseries artisanales et microbrasseries se multiplient à un rythme effréné, sans oublier les micro-distilleries qui ont le vent dans les voiles dans la grande région d'Ottawa.

BAR LUPULUS

1242 Wellington Street West
✆ +1 613 759 4677
barlupulus.ca
Ouvert tous les jours (horaires variables). Terrasse chauffée.

Si la bière n'est pas votre tasse de thé, passez votre chemin. Sinon vous voilà au paradis. Si une vingtaine de crus sont offerts aux pompes, dont la majorité proviennent d'Ontario, le menu des bouteilles a de quoi laisser pantois. Les bières sont classées par style, incluant un choix assez hallucinant de lambics. Si vous ne trouvez pas votre bonheur ici, rien n'y fera. À cela s'ajoute une très belle sélection de vins naturels et un menu comprenant des fromages et charcuteries et des plats de saison qui ne sont pas sans rappeler la cuisine méditerranéenne.

BEAVERTAILS

69 George Street
✆ +1 613 241 1230
beavertails.com
Dimanche-jeudi, 11h-23h ; vendredi-samedi, 11h-0h. Autres succursales à Ottawa, en Amérique du Nord et dans le monde.

Véritable institution du Marché By, le petit kiosque rouge de BeaverTails (Queues de Castor en français) sert des beignets frits confectionnés sur place, étendus à la main devant vos yeux. Vous pourrez choisir de revêtir votre pâtisserie d'une variété de garnitures : sucre et cannelle (le classique), choco-noisette et tranches de bananes ou encore tranches de pomme et sauce caramel. Des poutines et autres gourmandises légères sont aussi en vente. Particulièrement savoureux en hiver, après un tour de patins à glace sur le canal Rideau !

BEYOND THE PALE

250 City Centre Avenue
✆ +1 613 668 2337
www.beyondthepale.ca
Ouvert tous les jours dès 11h. Terrasse.

Ouverte depuis 2012, cette microbrasserie a su se tailler une belle place dans le paysage brassicole de la capitale. Un grand salon de dégustation, flanqué d'une magnifique et énorme murale, est annexé aux installations de brassage pour permettre aux convives de déguster les crus maison. Comble de bonheur, l'endroit offre aussi un menu pour les petits et grands creux, à commencer par toutes sortes de succulentes viandes fumées sur place. Envie de rapporter un souvenir ? La boutique vend les bières, mais aussi les produits dérivés à l'effigie de Beyond the Pale.

BLACK SQUIRREL BOOKS

1073 Bank Street
✆ +1 613 422 9050
www.blacksquirrelbooks.ca
Ouvert tous les jours dès 9h. Musique live, lancements de livres, discussions, vernissages, etc.

Un lieu qui fait double emploi et qui nous a plu énormément. D'abord un café à la conscience locale qui s'approvisionne auprès de torréfacteurs et artisans gourmands de la région et du reste de l'Ontario. L'endroit est chaleureux, avec ses divans anciens, et sert surtout de QG aux étudiants et travailleurs autonomes. Puis, juste derrière, des livres usagés à vendre. Des tas, et ce n'est rien encore : le sous-sol est plein à craquer de livres sur tous les sujets possibles. On peut d'ailleurs vendre nos bouquins avec option cash ou crédit en boutique. Au top !

CORNER PEACH

802 Sommerset Street West
✆ +1 613 302 6829
cornerpeach.com
Mercredi-samedi, 11h-22h. Horaire sujet à changements. Boutique gourmande Corner Store à deux pas.

Occupant les anciens locaux d'une épicerie du sud-est asiatique (on est ici au cœur de Chinatown), Corner Peach est un spot branché pour boire un verre et bien manger. Le midi, on y sert des petites assiettes gourmandes, avant de faire place au bar en milieu d'après-midi avec quelques snacks à l'ardoise. En soirée, on y vient pour prendre un verre ou pour savourer une délicieuse cuisine locale. Il faut également découvrir sa boutique gourmande qui vend les produits maison comme les sauces, les trempettes, des plats préparés, des douceurs, etc.

FLORA HALL BREWING

37 Flora Street
✆ +1 613 695 2339
www.florahallbrewing.ca
Ouvert en semaine à partir de 16h, dès midi le week-end. Terrasse.

L'ambition de Dave Longbottom, propriétaire de cette microbrasserie ouverte depuis 2017, est de partager son expérience de grand voyageur et d'amateur de bières. Dans cet ancien garage converti en bar, il offre une belle variété de bières maison comme sa IPA du Nord-Est, sa bière sure houblonnée à sec ou encore son Stout Impérial (un coin boutique permet de faire le plein pour emporter). S'ajoute un menu gourmand avec les perogies, le confit de canard, la morue poêlée..., le tout couronné de succulents desserts comme le gâteau au fromage et chocolat blanc.

CHEZ LUCIEN

137 Murray Street
✆ +1 613 241 3533
Ouvert tous les jours de 11h à 2h. Brunch le dimanche. Jukebox gratuit.

Ce petit bar de quartier aux allures de pub, surnommé « Chez-chez » par les gens du coin, fait partie du paysage ottavien depuis près de 20 ans. C'est l'endroit idéal pour l'apéro en fin de journée, accompagné d'un burger gourmet ou de nachos. On aime le grand bar, les murs de briques, la petite verrière à l'entrée, les photos et objets de hockey (le proprio est un grand fan des Canadiens de Montréal) et la simplicité des lieux. Un endroit convivial, sans chichi ! Un seul conseil : si vous désirez passer une soirée tranquille, venez en début de semaine.

SPARK BEER

702 Sommerset Street West
✆ +1 613 663 9997
spark.beer
Horaires variables selon la saison. Terrasse.

Ouverte depuis début janvier 2020, cette adresse tendance tranche drastiquement avec les commerces de Chinatown aux alentours, Spark Beer est une petite brasserie artisanale qui aime bien le houblon et le surette, mais pas que. Pour accompagner notre pinte, la maison propose de savoureuses pizzas préparées avec des produits régionaux comme les fromages de St. Albert ou encore les saucisses de Valley Sausage Co. S'ajoute une programmation d'événements tels que le Happy Hour Drag, les soirées vinyles, etc. Une adresse souvent bondée de monde, c'est bon signe !

SUZYQ DOUGHNUTS

1015 Wellington Street West
✆ +1 613 695 5176
www.suzyq.ca
Ouvert tous les jours de 8h à 18h. Deux autres succursales à Ottawa.

Une adresse phare du quartier d'Hintonburg. On se bouscule chez SuzyQ pour venir goûter à ses délicieux beignets qui ont fait sa renommée. Pour ceux que les beignets ne séduisent pas particulièrement, voici venu le temps de (re) tester : *doughnuts* au chocolat noir, au caramel salé, à la cannelle et sucre brun, aux framboises et cassis, à l'érable et bacon... Il y en a pour tous les goûts et même des versions véganes ! À noter que l'endroit n'offre pas de places intérieures, le commerce n'ayant qu'un comptoir de ventes pour emporter à même le trottoir.

THE MINISTRY OF COFFEE AND SOCIAL AFFAIRS

1013 Wellington Street West
www.theministryofcoffee.com
Ouvert dès 8h du lundi au samedi, 9h le dimanche.

The Ministry of Coffee and Social Affairs, c'est un café branché du quartier Hintonburg qui l'est tout autant. Un de ces beaux lieux au look industriel-chic qu'adoptent de nombreux autres établissements du genre. Ses cafés proviennent des meilleurs torréfacteurs de la région, du pays et même d'ailleurs dans le monde. On raffole également de son chocolat chaud au Nutella... un délice ! Trois autres succursales à Ottawa et deux adresses affiliées au Qatar.

(SE) FAIRE PLAISIR

Débutons par un grand classique qu'il faut absolument mettre à l'itinéraire : le Marché By et ses environs. Il est sans rival pour les produits frais et les épiceries gourmandes, et le quartier abrite également des galeries d'art et des boutiques en tous genres. Son voisin, le Centre Rideau, plus prestigieuse galerie marchande d'Ottawa, couvre l'ensemble des besoins et des envies. À quelques minutes en voiture du centre-ville, le centre commercial St. Laurent propose presque tout autant de boutiques et de services. À l'opposé, à l'ouest, les quartiers à la mode d'Hintonburg, Wellington West et Westboro Village hébergent de chouettes commerces indépendants, du disquaire à l'échoppe de métiers d'art. Plusieurs boutiques également dans Centretown et The Glebe, dans les environs de Bank Street. Et si c'est la haute couture qui vous branche, c'est sur la promenade Sussex, en plein cœur du centre-ville, qu'il faut vous rendre.

CENTRE RIDEAU

50 Rideau Street
✆ +1 613 236 6565
cfshops.com/fr_CA/rideau-centre.html
Lundi-samedi, 10h-21h ; dimanche, 10h-18h.

Première destination shopping d'Ottawa, à deux pas du Parlement et du Marché By. Avec ses innombrables boutiques et services en tous genres, vous risquez fort de trouver l'objet ou le vêtement tant désiré. À noter que le Centre Rideau fut l'objet d'un grand projet de revitalisation et d'agrandissement au cours des dernières années. Les travaux incluaient une nouvelle aire de restauration, une rénovation intérieure complète, l'ajout de nouvelles boutiques dont Nordstrom et Simons, un nouveau stationnement souterrain de 3 niveaux, et une nouvelle façade extérieure.

MARCHÉ BY

ByWard Market Square
✆ +1 613 562 3325
fr.byward-market.com
Marché intérieur ouvert toute l'année, de mai à octobre pour le marché fermier à l'extérieur.

Établi en 1826, c'est l'un des plus vieux, mais aussi des plus grands marchés publics du pays. C'est donc l'endroit idéal pour faire le plein de produits frais et locaux lors de la belle saison. Le marché couvert, ouvert toute l'année, héberge des boutiques d'art et d'artisanat, de souvenirs, une boulangerie, des comptoirs-snacks, etc. Des boutiques en tous genres, dont plusieurs commerces ethniques, sont également regroupées tout autour de la place publique du marché, sans oublier l'ensemble du quartier du Marché By qui regorge de cafés, bars et restos.

MAKER HOUSE

987 Wellington Street West
✆ +1 613 422 6253
makerhouse.com
Lundi-vendredi, 11h-19h ; samedi, 10h-18h ; dimanche, 11h-17h. Boutique en ligne également.

On remercie le flair de notre collaboratrice à Ottawa qui nous a mis sur la piste de Maker House. C'est dans le quartier tendance d'Hintonburg que cette chouette boutique a posé ses valises. Elle se consacre entièrement aux créations d'artistes et artisans de la région mais aussi du reste du pays. Il n'y a pas meilleur endroit pour rapporter un souvenir *made in Ontario/Canada* ! Et on y trouve vraiment de tout, comme le miel à la cannelle d'Heritage Bee, les couvertures de laine MacAusland ou les superbes bancs en bois de Springwater Woodcraft. On adore !

THE SNOW GOOSE

83 Sparks Street
✆ +1 613 232 2213
www.snowgoose.ca
Horaires variables selon la saison. Boutique en ligne également.

Les artistes et artisans autochtones canadiens sont à découvrir absolument, et The Snow Goose en fait sa spécialité depuis plus d'un demi-siècle. Situé à un jet de pierre de la Colline du Parlement, l'endroit fait à la fois office de *showroom* et de boutique de vente pour les superbes créations qui s'inspirent tant de la nature que des traditions de ces peuples millénaires. Le site web expose plusieurs des œuvres avec une fiche descriptive présentant également les artistes amérindiens et inuit. Vous serez ici assuré de trouver un souvenir des plus authentique.

BOUGER & BULLER

Bien évidemment, à chaque saison ses activités. En été, les nombreux parcs de la ville comme les environs immédiats sont prétextes à plusieurs activités de plein air. Avec la rivière des Outaouais, le canal et la rivière Rideau, nul besoin de préciser que les activités nautiques ont la cote. On peut louer toutes sortes d'embarcations nautiques ou encore s'offrir des cours de SUP, le dernier sport à la mode. Il y a aussi un vaste réseau de plus de 600 km de sentiers polyvalents, le Sentier de la capitale, invitant à la promenade à pied ou à vélo. Le magnifique canal Rideau, qui serpente dans la ville, est tout aussi fréquenté, encore plus l'hiver alors qu'il se transforme en la plus grande patinoire du monde. Comble de bonheur, l'endroit prend des airs festifs lors de l'annuel Bal de Neige qui se déroule la première quinzaine de février. Rien que pour cela, on recommande fortement un séjour dans la capitale au cœur de l'hiver.

PATINOIRE DU CANAL RIDEAU

Canal Rideau
✆ +1 613 239 5000
ccn-ncc.gc.ca/endroits
Fin janvier à début mars, selon la météo. Voir site web pour les conditions de la glace et les secteurs ouverts ou non.

Depuis plus de 50 ans, petits et grands enfilent leurs patins à glace pour s'amuser sur la plus grande patinoire au monde, un titre décerné par le *Livre Guinness des records*. Rien de moins. Comble du bonheur, la patinoire est ouverte jour et nuit, mais les services cessent à 20h, 21h ou 22h selon le jour. L'endroit est d'ailleurs carrément féerique la nuit tombée. Si vous n'avez pas de patins, vous pourrez en louer sur place à trois endroits différents. Aires de restauration sur place.

SENTIER DE LA CAPITALE

✆ +1 613 239 5000
ccn-ncc.gc.ca/endroits
Accès gratuit.

On compte plus de 600 km de sentiers polyvalents dans la région, dont 236 km gérés par la Commission de la capitale nationale (CCN). De nombreux sentiers composent ce réseau reliant le Québec à l'Ontario, dans des paysages urbains, agricoles ou forestiers, ce qui en fait l'un des plus vastes du continent nord-américain. À pied, en rollers, à vélo, en ski de fond ou en raquette, c'est une superbe balade qui vous attend. Les compagnies de location de vélos du centre-ville sont d'ailleurs installées en bordure du Sentier de la Capitale.

PAVILLON DU LAC DOW

1001 Queen Elizabeth Drive
✆ +1 613 232 1001
www.dowslake.com
Ouvert toute l'année (horaires variables). Tarifs variables selon l'activité choisie.

Blotti sur les rives du lac Dow et du canal Rideau, ce beau havre de nature abrite une marina, mais aussi un pavillon offrant la location d'équipements de plein air. Avec ce plan d'eau à portée de main, autant en profiter avec une petite excursion en canoë, kayak, bateau à pédalier ou planche à pagaie. Quand l'hiver s'est bien installé, on enfile alors nos patins pour s'élancer sur la plus grande patinoire du monde, celle du canal Rideau. On peut également y louer des raquettes ou un traîneau géant. Une fringale ? Choisissez parmi deux restaurants sur place.

URBAN OCEAN

✆ +1 613 808 6655
urbanoceansup.com
Tarifs variables selon le cours choisis.

L'équipe d'Urban Ocean est passionnée de SUP (planche à pagaie) et vous permet d'en faire l'expérience tout en étant bien encadré. Lors des beaux jours, les sorties se multiplient, comme celle au coucher du soleil, lors de la pleine lune ou encore lors des feux d'artifice. On peut aussi s'adonner au SUP Yoga ou bien s'inscrire à des cours de quelques jours ou des immersions de quelques semaines pour perfectionner ses techniques et/ou passer la certification d'instructeur. En hiver, des cours de SUP Fitness en piscine sont proposés.

SORTIR

Les soirées ottaviennes offrent plusieurs possibilités. Entre les salles de concert, les boîtes de nuit, les comédie clubs, les festivals et les cinémas indépendants, la liste est bien fournie. En général, les concerts et pièces de théâtre commencent vers 20h. On peut facilement aller voir un petit concert dans un bar pour 5 ou 10 CAN $ ou même gratuitement. Les spectacles du Centre national des Arts (CNA), le plus grand complexe culturel de la ville, ou encore ceux du Canadian Tire Centre, qui fait également office de domicile pour les Sénateurs d'Ottawa (hockey), sont bien plus chers, surtout si vous allez voir un opéra, une star de la pop ou l'orchestre symphonique du CNA. Du point de vue vestimentaire, les Ottaviens sont très décontractés. Vous n'aurez donc pas besoin de vous mettre sur votre trente-et-un pour sortir, hormis dans les boîtes de nuit et les casinos qui exigent généralement la tenue de ville.

CENTRE NATIONAL DES ARTS

1 Elgin Street
✆ +1 613 947 7000
www.nac-cna.ca/fr
Billetterie sur place, par téléphone et en ligne. Consultez le site web pour connaître toute la programmation.

Ce grand complexe culturel et artistique est divisé en trois sections : l'une consacrée au théâtre anglophone, une autre au répertoire en français et la dernière au théâtre autochtone, auxquelles s'ajoutent l'orchestre du CNA, des spectacles de danse et de musique. Des prestations de grande qualité sont au programme chaque année. Avant ou après votre spectacle, rendez-vous au restaurant du CNA, le 1 Elgin (nouvelle cuisine canadienne), pour une expérience culinaire d'exception. Les réservations sont toutefois recommandées vu sa grande popularité.

LA NOUVELLE SCÈNE GILLES DESJARDINS

333 King Edward Avenue ✆ +1 613 241 2727
www.nouvellescene.com
Billetterie sur place, par téléphone et en ligne. Consultez le site web pour connaître toute la programmation.

Ce centre de théâtre francophone est la résidence de quatre compagnies locales qui y présentent différentes pièces au cours de la saison, sans oublier les compagnies invitées. Des spectacles de musique, de danse ainsi que d'autres événements figurent à la programmation annuelle. La Nouvelle Scène est depuis 2016 installée dans de nouveaux locaux dotés, entre autres, d'un beau jardin intérieur, d'une salle de 173 places, d'une autre de 80 places et d'un studio multifonctionnel.

TD PLACE

1015 Bank Street
✆ +1 613 232 6767
www.tdplace.ca
Tarifs variables selon l'événement. Voir site web pour la programmation.

Situé au cœur de l'immense site urbain Lansdowne, dans le quartier The Glebe, le stade TD Place sert de résidence pour l'équipe professionnelle de football de la LCF, les Redblacks d'Ottawa. L'ambiance est à son comble lors des matchs à domicile en saison ! Mais le TD Place sert également à la présentation de différents événements, allant de spectacles d'humour à ceux de musique, en passant par des matchs sportifs de diverses disciplines. Pour les billets, l'achat se fait en ligne, par téléphone ou directement à la billetterie sur place.

THE RAINBOW

76 Murray Street
✆ +1 613 859 5123
www.therainbow.ca
Horaires variables selon la saison.

Située en plein cœur du quartier du Marché By, la salle de spectacles The Rainbow est une adresse légendaire de la musique blues (mais pas que) depuis près de quarante ans. Les lieux, répartis sur deux étages, ont des airs de chalet de montagne avec foyer, grandes poutres de bois, murs de briques et de pierres. Les prix au bar sont raisonnables. Consultez le site web pour connaître toute la programmation (possibilité d'acheter les billets en ligne ou à la porte - parfois moins cher en prévente). Une véritable institution des soirées ottaviennes !

ROCKPORT ★★

Son histoire remonte à plus de 200 ans alors que les premiers colons écossais et irlandais vinrent s'y établir. Dans les années 1880, c'était même devenu un haut lieu de la construction de bateaux à vapeur, de transport et de ravitaillement en bois de chauffage. De nos jours, c'est une des portes d'entrée de la région des Mille-Îles. Des croisières permettent de découvrir cet archipel protégé par un parc national depuis 1904, et on peut même faire un saut du côté américain, pour voir de près l'imposant Boldt Castle sur Heart Island, dans l'État de New York. Près de Rockport, à Mallory Landing, se trouve le parc national qu'il faut absolument visiter.

ROCKPORT CRUISES

20 Front Street
✆ +1 613 659 3402
www.rockportcruises.com
Mai à fin octobre. Il peut y avoir des départs en avril selon la météo. Compter entre 34 et 130 CAN $ par adulte.

Rockport Cruises offre plusieurs croisières dans les Mille-Îles, d'une durée d'une à six heures selon l'excursion choisie. Que ce soit pour admirer le coucher de soleil sur le fleuve, prendre un savoureux repas le midi ou le soir, visiter l'incontournable Château Boldt dans l'État de New York, ou encore simplement découvrir les fameuses îles qui font la réputation de la région, vous trouverez ici chaussure à votre pied. Plusieurs départs par jour selon la période. Certaines croisières menant en zone américaine, vérifiez bien les conditions d'entrée.

PARC NATIONAL DES MILLE-ÎLES ★★

1121 Thousand Islands Parkway
✆ +1 613 923 5261
www.pc.gc.ca/milleiles
Ouvert de fin mai à début octobre. Entrée libre, stationnement : 8 CAN $.

Les fameuses Mille-Îles sont protégées par ce parc national. Le centre d'accueil du parc propose des expositions, une aire de pique-nique, des programmes et sentiers d'interprétation ainsi qu'un point de vue panoramique sur le fleuve.

Les sentiers de la partie terrestre sont ouverts toute l'année mais sans entretien hors saison. Plus de vingt îles sont dispersées dans le fleuve Saint-Laurent entre Kingston et Brockville. Le parc n'offre cependant pas de transport jusqu'à celles-ci, mais plusieurs portions terrestres se trouvent entre Mallorytown et Gananoque. Si vous avez votre propre embarcation (canoë, kayak, bateau), vous pouvez vous y aventurer seul (des cartes marines sont disponibles au centre d'accueil et il est possible de télécharger les trajets Thousand Islands Water Trails sur le site web). Sinon, sachez que de nombreuses croisières permettent d'aller slalomer entre ces îles, qui sont privées pour la très grande majorité ; Canadiens et Américains y ont leur chalet ou château pour passer leurs vacances. On pourra débarquer lors de ces croisières sur Heart Island pour visiter son Boldt Castle (côté américain, ayez tous vos papiers en règle).

Pour profiter pleinement de ce cadre naturel d'exception, il est possible de faire du camping rustique ou de séjourner dans une tente prêt-à-camper (tentes oTENTik), notamment sur les îles. Mais vu la popularité des lieux et le nombre limité d'espaces, on recommande de réserver sa place bien à l'avance.

GANANOQUE ★★★

C'est une des portes d'entrée les plus connues des Mille-Îles, une petite ville pittoresque blottie sur les rives du Saint-Laurent. Empruntez son sentier serpentant au bord des rives fluviales (Waterfront Trail) pour découvrir sur sa culture et son patrimoine régional, tout en contemplant la beauté et le charme de la région. Que ce soit pour une balade, une baignade à la plage, l'apéro, un repas en terrasse ou une croisière, un arrêt s'impose. D'autant plus qu'elle est en plein développement : des appartements s'y construisent, de nouveaux commerces ouvrent leurs portes, et les établissements ne sont plus uniquement saisonniers, signe que ça bouge.

THOUSAND ISLANDS BOAT MUSEUM ★

125 Water Street
✆ +1 613 382 8484
www.tiboatmuseum.org
Ouvert de fin mai à mi-octobre (horaires variables). Entrée libre (don encouragé).

Il y a tout d'abord la section intérieure du musée, puis sur un quai flottant, le tout récent pavillon qui abrite une superbe collection de bateaux antiques, dont certains construits par les étudiants de la Gananoque and Intermediate Secondary School. Pour en voir des dizaines, ne ratez pas le TIBM Boat Show qui se déroule annuellement en juillet (droits d'entrée minimes). Plusieurs activités sont au programme, comme les tours gratuits en bateau, de la musique, un *beer garden*, etc.

CITY CRUISES GANANOQUE

280 Main Street
✆ +1 888 717 4837
www.cityexperiences.com/gananoque
Fin avril ou mai à mi-octobre. Adulte : à partir de 29 CAN $.

City Cruises Gananoque propose des croisières touristiques de jour dans les Mille-Îles : 1 heure, 3 heures ou 5 heures avec arrêt au Château Boldt dans l'État de New York. Plusieurs départs sont offerts par jour pendant la saison. Certaines croisières menant en zone américaine, vérifiez bien les conditions d'entrée. En soirée, vous pouvez également faire une croisière au coucher du soleil. Une expérience mémorable ! À savoir que la compagnie est aussi présente à Toronto et à Niagara Falls où elle propose différentes croisières.

KINGSTON ★★★

Ville fortifiée qui ne manque pas de chic, située à la jonction du fleuve Saint-Laurent et du lac Ontario. Surnommée « the limestone city » (la ville de calcaire), on ne peut qu'être séduit par son centre-ville avec ses magnifiques bâtiments victoriens. Les touristes, nombreux, viennent goûter aux charmes d'une croisière dans les Mille-Îles ou assister à la cérémonie militaire du crépuscule à Fort Henry. La ravissante ville, ancienne capitale, se trouve au cœur des Mille-Îles et de la contrée des lacs, près du comté de Prince Edward et du canal Rideau. Sise sur les rives d'une mer douce et azurée, elle a des airs du Vieux Continent.

LAVERNE'S EATERY €

21 King Street East
✆ +1 613 463 8800
www.laverneseatery.com
Mardi-vendredi, 8h-16h (21h le vendredi) ; samedi-dimanche, 8h-15h. Carte : moins de 25 CAN $. Terrasse.

C'est clairement la meilleure adresse de la ville, voire de la région, pour bruncher ! On a adoré les toasts au levain garnis de purée d'avocat, de bacon, de chutney de tomates fumées et de graines de sésame rôties, le tout recouvert d'un œuf frit. Un pur délice ! Outre ses petits déjeuners servis jusqu'à tard en journée, l'endroit propose également, par exemple, des salades, pokés et sandwichs pour tous les appétits. Le vendredi soir, place à la cuisine mexicaine (tacos, fajitas, burritos, ceviche, etc.). Une adresse gourmande au top !

COLLÈGE MILITAIRE ROYAL DU CANADA ★★

4 Passchendaele Drive
✆ +1 613 541 6000
www.rmc-cmr.ca/fr
Le musée est temporairement fermé pour des travaux. Informez-vous avant d'y aller.

Le cmR est une académie militaire bilingue. Seule université fédérale au Canada, elle forme le personnel des Forces armées canadiennes. On y retrouve un musée, situé dans la tour Martello du Fort Frédérick, offrant une exposition portant sur le cmR, son histoire, les anciens élèves-officiers et le site. Il est aussi possible de se balader à l'extérieur sans guide afin de découvrir 13 grands sites de l'arsenal de la Marine royale (brochure du parcours disponible à la Maison Panet).

OTTAWA

© VALÉRIE FORTIER

Vue sur Kingston depuis Fort Henry.

FORT HENRY ★★

1 Fort Henry Drive
✆ +1 800 437 2233
www.forthenry.com
Ouvert de mi-mai à fin octobre (horaires variables). Adulte : 20 CAN $ (hors événements).

Le Fort Henry, construit entre 1832 et 1837, constituait à lui seul la plus grande unité défensive britannique à l'ouest de Québec. Il devait protéger le Haut-Canada de toute invasion des États-Unis, alors un voisin bien ennuyeux quand on se rappelle la fameuse guerre anglo-américaine de 1812. Aujourd'hui, ce lieu est l'une des meilleures attractions historiques au Canada, inscrite de surcroît au patrimoine mondial de l'UNESCO. Aussitôt les portes de bois des fortifications traversées, des guides en costume d'époque vous accueillent, puis vous racontent la vie au fort au XIXe siècle (visites guidées en français offertes le week-end seulement, trois départs par jour). Les exercices de tir sont particulièrement colorés. La place forte participe également à plusieurs événements spéciaux très intéressants, notamment l'incontournable cérémonie militaire au coucher du soleil (tous les mercredis soir en juillet et août, de 19h30 à 21h). Alors, pour profiter d'autres activités pendant votre visite, informez-vous à l'avance pour que votre passage coïncide avec celles-ci. Par exemple, en octobre, les lieux offrent une belle expérience familiale pendant le spécial Halloween *Pumkinferno*. Des visites hantées sont également organisées en saison par The Haunted Walk of Kingston (hauntedwalk.com/kingston-tours). Plusieurs options de restauration sont offertes sur place (bistro-terrasse, cantine, boulangerie, BeaverTails), et quelques boutiques permettent de rapporter des souvenirs ou de l'artisanat à la maison.

MARINE MUSEUM OF THE GREAT LAKES ★

55 Ontario Street ✆ +1 613 542 2261
www.marmuseum.ca
Fin mai à début septembre : lundi-dimanche, 10h-17h. Le reste de l'année : lundi-vendredi, 10h-16h. Entrée libre.

Ce musée abrite une collection d'artefacts et d'archives maritimes. Les expositions présentent l'évolution de la construction et des technologies navales. Après avoir été relocalisé au Portsmouth Olympic Harbour temporairement, il a réintégré son ancien site entièrement rénové. Des visites guidées payantes sont offertes (durée de 45 minutes) et une réservation à l'avance est nécessaire. Informez-vous également sur l'expérience Shipwrights en lien avec la construction de bateaux.

KINGSTON 1000 ISLANDS CRUISES

248 Ontario Street ✆ +1 613 549 5544
www.1000islandscruises.ca
Mi-avril à fin octobre. Tarifs selon la croisière choisie. Musique, animation et interprétation sur les croisières.

Magnifiques, de toutes les tailles, îles et îlots offrent un spectacle étonnant. Certains abritent quelques arbres, d'autres une véritable forêt, une cabane modeste ou encore une villa de sénateur. Ces croisières vous permettront d'admirer ce spectacle de plus près. Parmi toutes les croisières offertes, nous vous conseillons fortement celles du dîner au coucher de soleil ainsi que la touristique d'une durée de 3 heures (celle de 1h se concentre surtout sur Kingston et ses environs).

DELTA HOTELS KINGSTON WATERFRONT €€

1 Johnson Street
✆ +1 613 549 8100
www.marriott.com
Occupation double : à partir de 169 CAN $. Stationnement payant, piscine et bain à remous, gym, restaurant et lounge.

Installé sur un ancien quai, s'avançant doucement dans le lac Ontario, cet hôtel entièrement rénové est un havre de confort. Sa localisation lui confère d'ailleurs une vue sans pareil, tant des chambres que du restaurant. Ses installations sont dignes des grands hôtels du genre et son resto-bistro, AquaTerra, est un pur délice. Midi et soir, vous vous régalerez, sans oublier le petit déjeuner ainsi que le brunch du dimanche servi entre midi et 14h.

FRONTENAC CLUB €€€

225 King Street East
✆ +1 613 547 6167
www.frontenacclub.com
Occupation double : à partir de 369 CAN $, petit déjeuner et stationnement inclus. Forfaits disponibles.

Le Frontenac Club a subi une cure de rajeunissement en renouvelant entièrement le design de son bâtiment historique, de ses chambres et de ses installations. Et le résultat est à la hauteur ! Les travaux de restauration en ont fait un des premiers boutiques-hôtels de Kingston, proposant une vingtaine d'unités toutes différentes, dont certaines avec terrasse privée. L'endroit compte aussi un gastro-bar, The Bank Gastrobar, offrant une belle sélection de cocktails, whiskys et vins, à déguster à l'intérieur ou sur la belle et grande terrasse.

NORTHSIDE ESPRESSO + KITCHEN €

281 Princess Street
www.northsideespressoandkitchen.com
Horaires variables selon la saison. Carte : moins de 20 CAN $. Terrasse.

Le Northside Espresso + Kitchen est un superbe espace lumineux arborant un cachet indéniable, tout à fait dans le style hipster. C'est l'endroit idéal pour savourer un bon café du torréfacteur Monogram Coffee (Alberta), un cocktail et/ou de bons petits plats maison fort créatifs, dont nombreux sont sans gluten et/ou végétariens et faits à partir de produits biologiques de saison. C'est bon, c'est frais et c'est parfait pour un petit déjeuner ou lunch santé !

DIANNE'S FISH SHACK & SMOKEHOUSE €€

195 Ontario Street
✆ +1 613 507 3474
www.dianneskingston.com
Dimanche-jeudi, 11h30-21h ; vendredi-samedi, 11h30-23h. Carte : 10-45 CAN $. Terrasse.

À deux pas du *waterfront*, Dianne's fait le bonheur des amateurs de produits de la mer avec des plats mariant la cuisine de la côte est nord-américaine et celle de la Basse-Californie. *Lobster rolls* (sandwichs au homard), *fish & chips*, huîtres, steak de thon, mais aussi tacos, sandwich de *brisket* fumé, grillades, etc. De quoi donner envie d'y aller tout de suite ! Belle sélection de *mocktails* pour ceux qui voudraient boire autre chose que des *drinks* alcoolisés.

THE EVERLY €€

103-171 Wellington Street
✆ +1 613 547 5864
theeverly.ca
Ouvert du mercredi au samedi dès 16h. Carte : 10-45 CAN $. Terrasse.

Jamie Hodges et Amber Thom sont derrière cette adresse gourmande ouverte en 2019. Autrefois propriétaires du Juniper Cafe, ils l'ont vendu afin de créer leur propre resto, établi dans le centre historique de la ville. Avec sa belle déco de style Mid-Century, on y propose des petits et grands plats de bistronomie, le tout concocté à partir d'aliments saisonniers provenant d'une vingtaine de fermiers et producteurs locaux. La carte des vins et celle des cocktails valent le détour. Bonus : une boutique de vins pour emporter, ouverte les mêmes jours de midi à 18h.

KINGSTON BREWING COMPANY

34 Clarence Street
✆ +1 613 542 4978
www.kingstonbrewing.ca
Ouvert tous les jours dès 11h30 ou 12h. Terrasses.

Fondée en 1986, cette brasserie artisanale fut la pionnière en Ontario, et elle est définitivement une adresse immanquable pour vos sorties. En plus des bières brassées sur place, la longue liste de scotchs single malt et de whiskys vous étonnera. On y aussi propose des plats simples, généreux et ô combien délicieux ! Burgers, sandwichs, grillades, *fish & chips* et autres spécialités des lieux s'accompagneront volontiers d'un verre de bière maison. À déguster dans leur superbe cour à l'arrière ou sur la terrasse avant en saison !

PICTON ★★

Fondé en 1837, Picton est le siège du gouvernement du comté de Prince Edward. Son nom rend hommage au général sir Thomas Picton, deuxième commandant du duc de Wellington lors de la bataille de Waterloo en Belgique. La petite ville de près de 5 000 habitants compte de belles boutiques, des restaurants de cuisine du marché, des auberges haut de gamme, une belle marina et plusieurs espaces verts. La rue Main est l'épicentre du village, là où tout se trouve (ou presque), notamment l'office du tourisme. Avis aux amateurs de bières artisanales : vous serez ici gâtés, alors que plusieurs brasseries ont installé leurs pénates dans la ville et ses environs.

THE JUNE MOTEL €€

12351 Loyalist Parkway
✆ +1 888 604 0409
thejunemotel.com
Ouvert de fin avril à fin décembre + week-ends hors saison. Occupation double : à partir de 235 CAN $.

Pour une ambiance rétro d'une beauté à couper le souffle, The June Motel est définitivement une adresse à retenir. On y propose quatre catégories de chambres et suites différentes, dont certaines munies d'un balcon privatif. Elles peuvent accueillir de 2 à 4 personnes en tout confort, à quelques pas seulement de la baie Picton. Pour l'apéro, direction le Lobby Bar et son joli coin terrasse. The June Motel est aussi présent à Sauble Beach avec, en plus, un restaurant et une piscine extérieure. À noter qu'un minimum de nuitées peut être exigé selon la période.

PARSONS BREWING COMPANY

876 County Road 49
✆ +1 613 476 9977
www.parsonsbrewing.com
Lundi-jeudi, 12h-18h ; vendredi-samedi, 12h-20h ; dimanche (brunch), 10h-15h. Beer garden et boutique sur place.

C'est clairement une des brasseries les plus champêtres de l'Ontario, tenue par la famille Parsons. Le bâtiment abritant le salon de dégustation et la boutique de bières est fait à partir de bois récupéré, le tout posé entre un champ d'orge et une houblonnière, avec un superbe *beer garden* en pleine nature. Six bières régulières figurent à l'ardoise, auxquelles s'ajoutent d'innombrables bières saisonnières et expérimentales des plus créatives. On y sert aussi une cuisine aux saveurs du monde concoctée à partir des produits de la région. Un *must* !

PARC PROVINCIAL SANDBANKS ★★

3004 County Road 12 ✆ +1 613 393 3319
www.ontarioparks.com/fr
Ouvert de fin avril à fin octobre. Chalets disponibles à l'année. Voir site web pour les tarifs (entrée, camping, etc.).

Ce parc est l'un des plus prisés des campeurs, pour ses buttes sablonneuses aux plantes foisonnantes et son paysage féerique. Ses berges, qualifiées des plus belles dans cette partie de l'Ontario, font le bonheur de tant de campeurs qu'il est préférable de réserver son terrain de camping plusieurs semaines à l'avance. S'il affiche complet, rien ne vous empêche d'y passer la journée, les pieds dans l'eau, et de vous émerveiller devant ses immenses dunes safran, hautes de 25 mètres.

SANDBANKS ★★

Le secteur de Sandbanks est LE terrain de jeu du comté de Prince Edward, avec un peu plus d'une dizaine de kilomètres de plages et presque tout autant de dunes de sable qui composent son littoral en bordure du lac Ontario. Une partie de ces fameuses dunes est incluse dans le parc provincial Sandbanks. Outre ses plages, on retrouve ici une eau chaude plus que propice à la baignade. Bien entendu, dans un lieu aussi populaire, nul besoin de préciser que les possibilités d'hébergement sont au rendez-vous. Des campings à n'en plus finir, des chalets, des maisons de vacances et même un resort familial accueillent les visiteurs de tous horizons.

WELLINGTON ★★

Posée sur les rives du lac Ontario, la localité de Wellington suscite un véritable engouement depuis quelques années. Il faut dire que l'arrivée de l'entreprise hôtelière torontoise Drake Hotel Properties a joué pour beaucoup. Non seulement y a-t-elle ouvert le Drake Devonshire en 2014, mais elle y a ajouté une nouvelle destination branchée en 2019, le Drake Motor Inn. Et c'est dorénavant tout le village qui voit fleurir de nouveaux commerces indépendants, que ce soit pour s'offrir un superbe bijou d'une créatrice canadienne, savourer une cuisine mexicaine authentique, boire une bière artisanale ou un whisky, ou encore acquérir une œuvre d'art.

Sandbanks.

DRAKE DEVONSHIRE €€€

24 Wharf Street
✆ +1 613 399 3338
www.thedrake.ca/drakedevonshire
Occupation double : à partir de 227 CAN $. Forfaits disponibles.

Si le nom « Drake » vous dit quelque chose, c'est que vous pensez sûrement au Drake Hotel de Toronto. Vous devinerez donc qui sont les propriétaires du Drake Devonshire. Les lieux sont magnifiques et l'hôtel a même remporté le prix *Hotel Design Awards* d'enRoute en 2015. En plus d'un hébergement impeccable, on retrouve sur les lieux un restaurant de fine cuisine du marché, des installations artistiques, des événements en tous genres et une multitude de services pour rendre votre séjour mémorable. À découvrir également : le Drake Motor Inn, leur motel haut de gamme.

TORONTO

© INTUILAPSE

Flanquée de ses innombrables gratte-ciel et de son incontournable Tour CN, la plus haute de l'hémisphère ouest, Toronto séduit avec ses airs typiques de grandes cités nord-américaines. Il faut dire qu'elle affiche un dynamisme sans égal, elle qui figure comme première destination touristique et plus grande ville du pays. La diversité ethnique est également au rendez-vous avec, pour le plus grand bonheur de nos papilles, une incroyable richesse culinaire qui permet de savourer le monde partout en ville. Arts de la scène, culture et *street art* sont aussi omniprésents, sans oublier une vie nocturne fort agréable, même si elle ne se termine pas particulièrement tard. Pour reprendre son souffle, les grands parcs, les îles (avec vue imprenable sur le *waterfront* de Toronto) et les plages permettent de se la couler douce dans cette cité qui vit au rythme effréné des grandes métropoles d'Amérique du Nord.

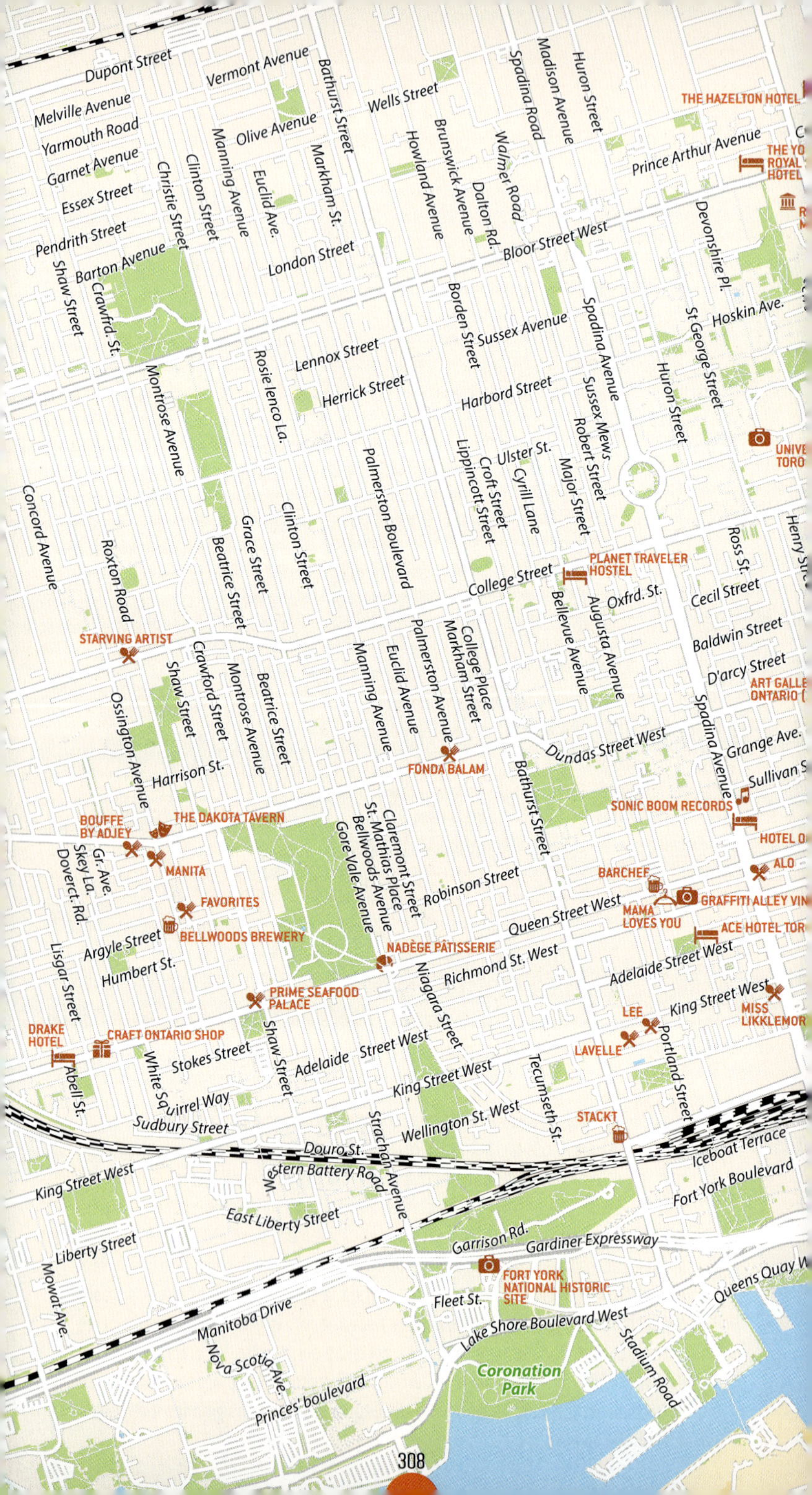

THE HAZELTON HOTEL
STARVING ARTIST
FONDA BALAM
PLANET TRAVELER HOSTEL
BOUFFE BY ADJEY
THE DAKOTA TAVERN
MANITA
FAVORITES
BELLWOODS BREWERY
NADÈGE PÂTISSERIE
PRIME SEAFOOD PALACE
DRAKE HOTEL
CRAFT ONTARIO SHOP
SONIC BOOM RECORDS
BARCHEF
MAMA LOVES YOU
GRAFFITI ALLEY
ACE HOTEL
LEE
LAVELLE
MISS LIKKLEMOR
STACKT
ALO
FORT YORK NATIONAL HISTORIC SITE
Coronation Park

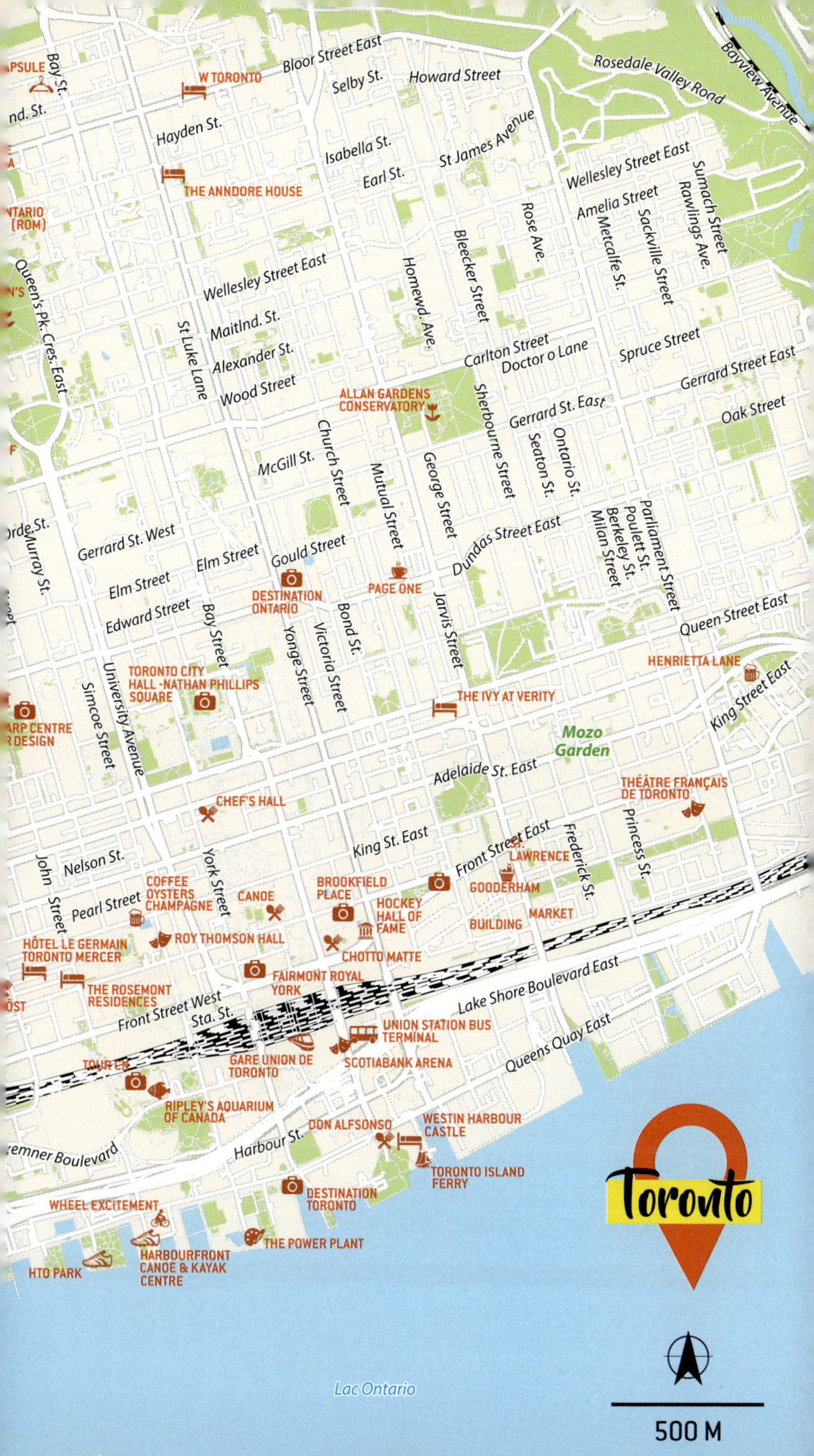
Toronto
W TORONTO
THE ANNDORE HOUSE
ALLAN GARDENS CONSERVATORY
DESTINATION ONTARIO
PAGE ONE
TORONTO CITY HALL -NATHAN PHILLIPS SQUARE
THE IVY AT VERITY
HENRIETTA LANE
Mozo Garden
THÉATRE FRANÇAIS DE TORONTO
CHEF'S HALL
COFFEE OYSTERS CHAMPAGNE
CANOE
BROOKFIELD PLACE
HOCKEY HALL OF FAME
ST. LAWRENCE
GOODERHAM
BUILDING
MARKET
ROY THOMSON HALL
CHOTTO MATTE
HÔTEL LE GERMAIN TORONTO MERCER
THE ROSEMONT RESIDENCES
FAIRMONT ROYAL YORK
UNION STATION BUS TERMINAL
GARE UNION DE TORONTO
SCOTIABANK ARENA
TOUR CN
RIPLEY'S AQUARIUM OF CANADA
DON ALFONSO
WESTIN HARBOUR CASTLE
TORONTO ISLAND FERRY
DESTINATION TORONTO
WHEEL EXCITEMENT
THE POWER PLANT
HARBOURFRONT CANOE & KAYAK CENTRE
HTO PARK
Bloor Street East
Selby St.
Howard Street
Rosedale Valley Road
Bayview Avenue
Bay St.
Hayden St.
Isabella St.
St James Avenue
Earl St.
Wellesley Street East
Amelia Street
Sumach Street
Rawlings Ave.
Rose Ave.
Metcalfe St.
Sackville Street
Bleecker Street
Homewd. Ave.
Queen's Pk. Cres. East
Maitlnd. St.
Alexander St.
Wood Street
St Luke Lane
Carlton Street
Doctor o Lane
Spruce Street
Gerrard Street East
Oak Street
Gerrard St. East
Church Street
McGill St.
Mutual Street
George Street
Sherbourne Street
Seaton St.
Ontario St.
Dundas Street East
Milan Street
Berkeley St.
Poulett St.
Parliament Street
Murray St.
Gerrard St. West
Elm Street
Gould Street
Edward Street
Bay Street
Yonge Street
Victoria Street
Bond St.
Jarvis Street
Queen Street East
University Avenue
Simcoe Street
King Street East
Adelaide St. East
Frederick St.
Princess St.
Front Street East
King St. East
Nelson St.
John Street
Pearl Street
York Street
Front Street West
Sta. St.
Lake Shore Boulevard East
Queens Quay East
Harbour St.
Lac Ontario
500 M

SE REPÉRER SE DÉPLACER

La capitale ontarienne est desservie par le covoiturage, les bus interurbains et le train, ainsi que par deux aéroports : Billy Bishop Toronto City Airport (vols intérieurs et certaines destinations américaines) et Toronto Pearson International Airport (aéroport principal). Pour rejoindre le centre-ville depuis Toronto Pearson, le moyen le plus efficace est le train Union Pearson Express. Plusieurs lignes de bus de la TTC et de Go Transit relient également l'aéroport à la ville de Toronto. En ville, le réseau de transport en commun de la TTC est la meilleure option pour se déplacer. Il dispose d'un métro (75 stations réparties sur 4 lignes) et d'un vaste réseau de bus et de streetcars. S'il n'y a pas de service la nuit pour le métro et les bus, la plupart des lignes de streetcar sont en opération 24h/24. Lors de la belle saison, le vélo est fort populaire, notamment le système en libre-service Bike Share Toronto.

TORONTO PEARSON INTERNATIONAL AIRPORT

6301 Silver Dart Drive
MISSISSAUGA
✆ +1 416 247 7678
www.torontopearson.com/fr

Plus d'une quarantaine de compagnies aériennes y opèrent des vols nationaux et internationaux. Pour se rendre de l'aéroport jusqu'au centre-ville, les moyens les plus efficaces sont le train Union Pearson Express (en service depuis l'aéroport de 5h27 à 11h27, 12,35 CAN $ l'aller, 24,70 aller-retour), le taxi, Uber ou Lyft (50-60 CAN $). Plusieurs lignes de bus de la TTC et de Go Transit relient aussi l'aéroport à la ville. Service additionnel de minibus offert vers certains hôtels.

GO TRANSIT

✆ +1 416 869 3200
www.gotransit.com/fr

Horaires, tarifs et billets sur le site web.

Go Transit est une compagnie interrégionale de bus et de trains desservant la région métropolitaine de Toronto et même aussi loin qu'Oshawa et Peterborough à l'est, Hamilton et Niagara Falls au sud, Kitchener-Waterloo à l'ouest, et la région du lac Simcoe au nord. Les tarifs sont souvent moins chers qu'avec les compagnies de bus comme Megabus, mais le trajet est plus long en raison des nombreux arrêts et des possibles correspondances. Sachez qu'un centre de services à la clientèle se trouve à Union Station (ouvert de 5h45 à 00h45, à partir de 6h le week-end).

TORONTO ISLAND FERRY

9 Queens Quay West
✆ +1 416 392 8193
www.toronto.ca/ferry

Adulte : 8,70 CAN $ l'aller-retour. Nombreux départs par jour (horaire réduit en hiver).

Situé au pied de Bay Street, à seulement 10 minutes de marche d'Union Station, un service de traversier permet de voguer vers les îles de Toronto. La billetterie et l'embarquement se trouvent au Jack Layton Ferry Terminal et trois lignes desservent les îles : Hanlan's Point (aucune service l'hiver), Centre Island (aucun service l'hiver) et Ward's Island (toute l'année). Aucun service n'est disponible l'hiver sur les îles Hanlan's Point et Center Island, hormis les toilettes. À savoir qu'il est possible d'embarquer son vélo sur le bateau sans frais supplémentaire.

TORONTO TRANSIT COMMISSION

1900 Yonge Street
✆ +1 416 393 4636
www.ttc.ca

Réseau de transport de la métropole (métro, autobus, streetcar, transport adapté). Horaires et tarifs sur le site web.

Le réseau de transport en commun vous mène partout, ou presque. La ville bénéficie d'un métro (75 stations réparties sur 4 lignes) et d'un vaste réseau de bus et de streetcars. S'il n'y a pas de service la nuit pour le métro et les bus, la plupart des lignes de *streetcars* sont en opération 24h/24. Vous trouverez dans toutes les stations de métro les plans des lignes (en général également à disposition dans les hôtels et lieux publics) et les horaires.

QUARTIERS DE TORONTO

La plus grande ville du Canada comprend une multitude de quartiers qu'il nous est impossible de lister au grand complet. Nous avons donc divisé la ville en six grands secteurs et avons inclus les sous-quartiers incontournables. Pour vous orienter, sachez que les rues à la « verticale » sur les plans de la ville commencent toujours au sud, le n° 1 étant le plus proche du lac Ontario. Les rues à « l'horizontale », lorsqu'elles croisent Yonge Street, sont complétées du mot « East » si elles sont à l'est de Yonge Street, ou du mot « West » si elles sont à l'ouest. Leur numérotation commence aussi à Yonge Street. À noter qu'il est très fréquent de voir la ville découpée en trois secteurs : Downtown qui va du lac Ontario à Bloor Street, Midtown qui va de Bloor Street à St. Lawrence Avenue et, enfin, North Toronto. À cela s'ajoute la région métropolitaine qui couvre, en incluant la ville de Toronto, une superficie de près de 6 000 km^2.

Harbourfront, Toronto Islands et Downtown Core

Le cœur économique de la ville, et ses gratte-ciel typiques des villes nord-américaines, regroupe, près des rives du lac Ontario, le centre économique et financier ainsi que le quartier des spectacles. S'y ajoutent le Harbourfront et les îles de Toronto dont une hébergeant l'aéroport Billy Bishop.

▸ **Entertainment District.** C'est le quartier où l'on s'amuse. Théâtres, salles de concert, boîtes de nuit, restaurants et bars se succèdent autour des rues Queen, King et Front, entre University et Spadina. C'est aussi le siège de la CBC, la chaîne nationale de radiodiffusion canadienne de langue anglaise, de la Tour CN, du Ripley's Aquarium, du Roy Thomson Hall, du Rogers Centre et du Scotiabank Arena.

▸ **Financial District.** Il fallait un quartier à la hauteur de la réussite de celle qui appartient aujourd'hui au top 5 des places financières d'Amérique du Nord. Dans les années 1930 et 1940, la plus haute tour du Commonwealth se trouvait au coin des rues Bay et King et abritait la Bank of Commerce. Soixante ans plus tard, c'est le siège de puissants groupes financiers qui ont donné à la ville son renom international. Les principales banques, les plus grandes compagnies d'assurances, les principaux trusts du pays y ont leur siège, et la Bourse (Toronto Stock Exchange ou TSX), située sur Bay Street, est devenue la 2e d'Amérique du Nord en plus de figurer dans le top 10 mondial.

▸ **Harbourfront.** Ce quartier s'est édifié sur les remblais rejetés par la ville dans le lac au fur et à mesure de son développement. Dans les années 1970, Harbourfront n'était qu'une zone industrielle infréquentable, bourrée d'entrepôts et d'usines alignés le long des quais. C'est aujourd'hui un quartier fait de milliers d'appartements avec vue sur le lac, avec ses petits commerces dans Queen's Quay Terminal et les alentours. Il fait bon s'y balader l'été pour profiter de la légère brise qui vient du lac et on y trouve même deux plages urbaines (sans accès au lac). Les quais d'où partent les croisières touristiques et les ferries vers les îles sont alors très fréquentés, notamment les week-ends. Mais Harbourfront est surtout devenu en quelques années un lieu de culture animé dont le cœur bat au rythme des festivals, événements et expositions en tous genres.

▸ **Toronto Islands.** C'est une énorme tempête en 1858 qui a détruit la presqu'île qui avait été à l'origine du choix de Simcoe de construire un fort à cet endroit. Elle formait un port naturel abrité, rendant la place plus facile à défendre. La tempête a réduit la presqu'île à quelques îles. Tout au long de l'histoire de Toronto, elles ont attiré les visiteurs, au point que certains d'entre eux s'y sont installés, créant des commerces, construisant des écoles, des églises et même un cinéma. Mais après la Seconde Guerre mondiale, la ville a réclamé cet espace pour en faire un parc public, le Toronto Island Park. Malgré un long combat, le gros des habitants des îles a quitté l'endroit dans les années 1970. À savoir que c'est d'ici que vous prendrez les plus belles photos de Toronto, le point de vue sur le Harbourfront et la skyline y étant carrément superbes.

Downtown Yonge, Old Town et Downtown est

Le berceau historique de la ville, et ses anciennes industries reconverties en concentration de commerces à la mode, est également voisin de la rue la plus commerçante de la cité, Yonge Street.

QUARTIERS DE TORONTO

© SPIROVIEW INC - SHUTTERSTOCK.COM

Maisons victoriennes de Cabbagetown.

Cabbagetown. Le nom vient de l'habitude des ouvriers immigrants irlandais, qui habitaient ce quartier populaire au milieu du XIXe siècle, de faire pousser des choux devant chez eux. Cet endroit paisible, qui a eu autrefois la réputation d'être le plus grand taudis britannique d'Amérique du Nord, est aujourd'hui un quartier résidentiel aux agréables maisons victoriennes parfaitement rénovées.

Downtown Yonge. C'est le cœur touristique de Toronto avec un look de petit « Times Square ». On y trouve les « grands classiques » : boutiques (dont le fameux Eaton Centre), théâtres, cafés, restaurants, bars… En été, les festivals et événements prennent d'assaut le Yonge-Dundas Square et parfois même un tronçon de la rue.

The Distillery Historic District. À deux pas du centre-ville, ce quartier piétonnier consacre plus d'une dizaine d'hectares exclusivement aux arts, à la culture et aux divertissements. On y trouve bars, studios, cafés, restaurants, galeries et boutiques, pêle-mêle à l'intérieur de plus d'une quarantaine d'édifices en brique rouge qui constituaient autrefois la plus grande distillerie du Commonwealth.

The Village. Connu aussi sous le nom de « Boystown » ou de « Church-Wellesley Village », le Village gay s'est développé sur la rue Church, aujourd'hui pavoisée aux couleurs arc-en-ciel de la communauté LGBTQ2. À quelques pas de Yonge Street et de son animation incessante, ce quartier se prête volontiers à la promenade avec ses commerces aux vitrines originales, ses vieilles demeures victoriennes transformées souvent avec goût en restaurants et ses cafés. Et si vous êtes de passage en juin, ne ratez pas les festivités de la Gay Pride.

Chinatown, Kensington Market et Downtown ouest

Au nord-ouest, mais toujours dans ce qui est considéré comme le centre-ville, se trouve la plus grande communauté asiatique du pays. À ses frontières, de petits quartiers à l'identité forte et à l'ambiance vintage.

Chinatown. Toronto n'est pas la seule ville au monde à posséder un quartier chinois. Mais peu sont aussi étendus et aussi résolument asiatiques. Lorsque vous êtes à Chinatown à Toronto, vous êtes en Chine. Point final. Outre les différents commerces, la diversité culinaire est spectaculaire et vous pourrez choisir des mets de toutes les régions de Chine, mais aussi thaïlandais, vietnamiens, etc., sans oublier le fameux marché du dimanche. Ce quartier s'étend autour du secteur de Spadina Avenue, entre les rues Dundas West et College.

Kensington Market. Friperies, magasins vintage, studios de tatouage et échoppes gourmandes, le tout dans un labyrinthe de petites rues dont certaines bordées de maisons victoriennes. Kensington Market est un bouillon multiculturel classé parmi les meilleurs marchés de rue d'Amérique du Nord. Et il s'y passe toujours quelque chose, que ce soit un concert improvisé ou simplement un artiste déclamant des poèmes. Côté culinaire, la tendance est au petit café de quartier ou au restaurant qui ne paie pas de mine mais à la cuisine inventive.

Little Italy. Si le quartier ouvre ses portes depuis quelques années à de nombreuses communautés et est par le fait moins 100 % italien, il n'en reste pas moins qu'il s'y dégage une atmosphère de *dolce vita* évidente. Bien entendu c'est le lieu idéal pour une véritable pizza ou un plat de pâtes « comme là-bas ». Sans parler de l'espresso !

Queen West & West Queen West. Haut lieu du shopping des Torontois, Queen West a subi une transformation impressionnante. Autrefois plutôt décati, le quartier est devenu hype et branché avec ses boutiques de vêtements vintage (mais aux prix bien actuels), antiquaires, galeries, restaurants à la mode, etc. Il est très chic d'habiter le quartier, qui a conséquemment vu les prix de l'immobilier s'enflammer. Mais depuis peu, les grandes bannières ont pris le dessus en remplaçant les petits commerces indépendants... Quant à West Queen West, ce secteur a su garder son esprit rebelle et artiste tout en voyant fleurir les dernières adresses à la mode.

Trinity-Bellwoods. Situé entre West Queen West et Little Italy, ce quartier englobe le parc du même nom, un havre de nature hyper convoité lors des beaux jours, voire trop. Sinon, c'est un quartier à la mode avec une foule de commerces branchés, allant des cafés indépendants aux nouveaux restos du moment, sans oublier de petites boutiques de marques locales et des bars de quartier qui valent le détour.

UToronto, Bloor-Yorkville et The Annex

Autour de l'immense parc abritant l'une des plus grandes concentrations d'universités d'Amérique du Nord s'étendent deux quartiers aux ambiances totalement opposées. S'y trouve également le quartier coréen.

Bloor-Yorkville. Joli quartier délimité par Bloor, Dundas, Davenport et Avenue. Pour tenter de faire couleur locale, mettez vos plus beaux habits et n'hésitez pas à mettre la main au portefeuille. Entre les grandes marques de luxe, les petites boutiques de design et les hôtels 4 étoiles, Yorkville est sans aucun doute le quartier le plus chic de la ville. Ici on est riche et on le montre. De très bonnes adresses dans le quartier, pour peu qu'on ait les finances qui vont avec. Les années 1960, pendant lesquelles l'ambiance y était plutôt baba-cool, sont bel et bien révolues.

Koreatown est également une curiosité communautaire comme on n'en voit qu'à Toronto (au nord de Little Italy sur Bloor Street, entre les rues Bathurst et Christie).

The Annex. À la rencontre de la communauté étudiante de la toute proche University of Toronto et des bobos en tout genre, The Annex est un quartier éclectique par essence. Tout autour, on trouve des petites boutiques tendance et kitsch, des librairies de quartier, et des restaurants et bars pour tous les goûts et tous les portefeuilles.

Toronto East et The Beaches

L'est de la ville est délimité au sud par le lac, à l'ouest par Don Valley Parkway, au nord par Steeles Avenue, et à l'est par Kennedy Road (le district de Scarborough débute à cet endroit). On y retrouve de nombreux sous-quartiers, pour la plupart résidentiels, qui s'étendent jusqu'aux limites de la ville.

East Chinatown. Largement moins fréquenté par les touristes que l'autre Chinatown de la ville, il n'en vaut pas moins le détour. En plus des commerces asiatiques, plusieurs bonnes adresses (cafés, bars, restos...) ont récemment installé leurs pénates dans ce quartier, notamment sur Gerrard Street East dans les environs de Broadview Avenue. D'ailleurs à l'angle de ces deux rues se trouve la grande arche chinoise annonçant les couleurs du quartier.

Greektown et Little India. Comme leurs noms l'indiquent, ces deux quartiers situés dans la partie est de la ville sont deux enclaves communautaires à l'identité forte. Greektown est une véritable Grèce miniature avec ses restaurants typiques et ses rues toujours animées, en particulier le week-end. Ce quartier se situe sur Danforth Avenue, entre Chester Avenue et Dewhurst Boulevard. Quant à Little India, aussi appelé Gerrard India Bazaar, il abrite le plus grand marché sud-asiatique d'Amérique du Nord à ciel ouvert. Bracelets multicolores, saris, écharpes et tuniques se chevauchent dans ses dizaines de boutiques le long de Gerrard Street East, entre les avenues Greenwood et Coxwell, le tout agrémenté d'une bonne odeur de curry aux heures des repas.

Riverside et Leslieville. Apparus il y a quelques années sur la scène des nouveaux quartiers branchés de la ville, ils plairont assurément aux épicuriens. Avec leurs petites épiceries garnies de bons produits, leurs nombreux bistros, cafés, brasseries et restaurants tendance, il règne dans les rues de Riverside et Leslieville une chouette ambiance. Légèrement excentrés du centre-ville, il est très facile de s'y rendre en streetcar. Un secret bien gardé des locaux !

The Beaches. Coincé entre le lac, Queen Street East, Coxwell Avenue et Victoria Park Avenue, The Beaches est à la fois un quartier résidentiel, un parc et une plage de sable longue de 3 km. Jusque dans les années 1930, il était un lieu de villégiature, à l'écart de la ville, rempli de cottages où les Torontois plutôt aisés venaient se reposer en famille au bord de l'eau. Ceux qui avaient moins d'argent y plantaient leur tente. Cela ressemblait au bord de mer avec sa plage de sable fin et ses promenades ombragées. Aujourd'hui ce quartier recherché et cher a un air plutôt californien, funky même, avec ses cafés et ses restaurants.

West, Midtown et North Toronto

West Toronto

Corso Italia. Le secteur Corso Italia est la partie la plus animée de St. Clair Avenue, à quelques minutes à peine du centre-ville. Le quartier est reconnu pour ses boutiques fashion qui reflètent les tendances européennes, ainsi que sa multitude de cafés et restaurants qui vous feront découvrir les saveurs régionales de l'Italie.

High Park. C'est le deuxième plus grand parc de la ville. Il était au XIXe siècle la propriété de John Howard, le premier architecte de la ville, qui y a édifié sa demeure, Colborne Lodge. À sa mort en 1890, il fit don de cette vaste propriété à la ville qui l'agrandit progressivement. Le quartier ne se développa réellement qu'à partir de 1900 lorsque Toronto s'étendit jusque-là. Aujourd'hui, High Park et les quartiers le jouxtant (Bloor West Village, Parkdale, Roncesvalles) abritent de vieilles maisons victoriennes du début du XXe siècle, et les commerces et les restaurants sur Bloor Street West et Roncesvalles Avenue, notamment, en ont fait un quartier apprécié des Torontois pour ses produits venus d'Ukraine et de Pologne. Autrefois appelé Little Poland, Roncesvalles est devenu un des quartiers à la mode de Toronto où les bonnes adresses poussent comme des champignons.

King West Village. Cousin de la très tendance Queen Street West où foisonnent édifices historiques, galeries d'art, studios d'artistes et bars à la mode. Ne manquez pas de faire un arrêt au Wheat Sheaf Tavern, un pub en opération depuis plus de 170 ans.

The Junction est un des récents quartiers hype de Toronto. Situé au nord de High Park, le long de Dundas Street West, on y trouve de jolis cafés servant des produits frais, des microbrasseries, des barbiers, ainsi que quelques magasins de santé et de design. Attention, à ne pas confondre avec Junction Triangle situé plus à l'est, lequel est aussi un quartier montant, comme en témoigne le nouveau MOCA (musée d'art contemporain) qui a choisi d'y emménager en 2018.

Midtown & North Toronto

Davisville Village. Habité principalement par des jeunes couples, c'est un quartier vibrant tant pour sortir que pour faire du shopping, notamment de l'art contemporain canadien.

Forest Hill. Le quartier le plus prestigieux de la ville, avec ses magnifiques villas et ses rues verdoyantes. Belles boutiques dans le secteur « Village ».

Yonge Street. Également appelée autoroute 11 et orientée nord-sud, elle marque la séparation entre la partie est et la partie ouest de la ville. À partir de Bloor Street, la rue Yonge est l'hôtesse d'une succession de petits quartiers : Yonge & St. Clair (joli quartier résidentiel, nombreux parcs), Yonge & Eglinton (quartier reconnu pour ses boutiques de mode), Lawrence Park (quartier résidentiel aux belles maisons historiques, parc avec jardin botanique), North Toronto (quartier chic aux boutiques haut de gamme) et Yonge & Sheppard (quartier cosmopolite, bon nombre de boutiques, restaurants, bars et discothèques).

High Park.

À VOIR / À FAIRE

Toronto est une ville à vivre plus qu'à visiter. Comme la plupart des villes nord-américaines, son histoire est assez récente, et elle n'a pas la beauté des capitales européennes. Mais cela ne veut pas dire qu'il n'y a rien à voir à Toronto, bien au contraire ! La meilleure façon de la découvrir est de le faire comme si vous étiez un local : baladez-vous dans ses quartiers si différents, perdez-vous dans les petites rues, arrêtez-vous au hasard dans un café ou un bistro... Laissez votre voiture au parking et n'utilisez que les transports en commun pour prendre le pouls de la vie quotidienne. Et « vivez » Toronto ! Et pour ceux qui aimeraient voir les grands classiques sans se ruiner, il faut se procurer le Toronto City Pass. Valide pendant 9 jours à partir de la première utilisation, il donne accès à la Casa Loma, au Ontario Science Centre ou au Toronto Zoo, au Ripley's Aquarium of Canada, au Royal Ontario Museum et à la Tour CN.

DESTINATION TORONTO

207 Queens Quay West
✆ +1 800 499 2514
www.destinationtoronto.com

Le centre d'information aux visiteurs (Ontario et Toronto) se trouve à Union Station. Des bornes mobiles d'information touristique INFOTOGO se déplacent aussi un peu partout en ville. Vous aurez donc sûrement la chance de les voir lors de certains événements ou sur les sites des principales attractions. Pour planifier votre séjour, le site web regorge de bonnes adresses et différentes idées de thématiques et d'itinéraires sont disponibles en ligne. À savoir que le site web de Destination Toronto offre également une version française complète.

CITY SIGHTSEEING TORONTO

✆ +1 416 410 0536
www.citysightseeingtoronto.com
En opération toute l'année. Double Decker City Tour : 53,10 CAN $ par adulte.

City Sightseeing Toronto propose une visite guidée en bus à deux étages avec 45 minutes de croisière (en saison), le grand classique de la maison. Vous pouvez soit faire le tour complet d'un coup, soit monter et descendre à l'un des 20 arrêts du circuit, le billet étant valide pour un maximum de 48 heures. L'entreprise propose d'autres tours guidés comme le Harbour & Island Cruise Tour (croisière de 45 minutes), le Niagara Falls Day Tour (escapade dans la péninsule de Niagara) et le combo Toronto-Niagara qui permet de voir le meilleur des deux mondes.

TASTY TOURS TORONTO

www.tastytourstoronto.com
Voir site web pour les horaires. Adulte : à partir de 59 CAN $. Réservation en ligne uniquement.

Envie de découvrir Toronto par le biais de ses arômes et de ses saveurs ? C'est exactement ce que propose Tasty Tours avec ses visites guidées gourmandes pour tous les goûts. Que ce soit pour découvrir les saveurs du monde dans le quartier du Kensington Market, les petites adresses qui valent le détour au centre-ville ou encore pour vivre un tour ultime mettant en vedette le chocolat, votre appétit sera ici comblé. Avis aux becs sucrés : certaines visites vous permettront de goûter au Toffle, une douceur bien torontoise. Tours privés possibles aussi.

TOUR GUYS

✆ +1 800 691 9320
www.tourguys.ca
Voir site web pour le descriptif de tous les tours et les réservations.

Rien de tel pour découvrir une ville que d'arpenter ses rues. C'est encore mieux quand notre guide est l'un des meilleurs pour nous faire découvrir la ville sous un autre angle. En plus des quatre visites touristiques à moindre coût (6 CAN $ de frais de réservation + pourboires), trois tours thématiques payants sont proposés : quartiers Kensington Market et Chinatown, histoire de la bière à Toronto, et découverte de la cuisine locale au St. Lawrence Market. Tour Guys offre également des visites à Hamilton et à Ottawa (Ontario).

BROOKFIELD PLACE

181 Bay Street ✆ +1 416 777 6480
axiistenantapp.com/bfpl-toronto-retail
Boutiques, restaurants et Hockey Hall of Fame sur place. Programmation d'activités culturelles et musicales.

L'architecte espagnol Santiago Calatrava est à l'origine de cette incroyable cathédrale de lumière qui s'étend des rues Bay à Yonge. Magnifique galerie de verre en forme d'ellipse, cet ensemble constitue l'Allen Lambert Galleria and Heritage Square. L'atrium de six étages, conçu en 1990, est formé de branches d'acier et d'un feuillage de verre provoquant un jeux d'ombres et de lumières. Cette structure moderne s'intègre étonnamment bien au côté des édifices historiques, tels que la banque RBC. Un endroit qui suspend le temps trépidant de ce quartier des affaires.

FAIRMONT ROYAL YORK ★

100 Front Street West
✆ +1 416 368 2511
www.fairmont.com/royal-york-toronto

Superbe réalisation des architectes Ross et Macdonald, en association avec Sproatt et Rolph, et érigé dans le style des hôtels-châteaux du Canadien Pacifique, le Royal York était le nec plus ultra lors de son ouverture en 1929. Avec ses 28 étages et ses 122 mètres de hauteur, il représentait le premier gratte-ciel de Toronto et la plus haute tour de l'Empire britannique avant de perdre son titre aux dépens de la Canadian Bank of Commerce érigée un an plus tard. Véritable temple du luxe, entièrement rénové au cours des dernières années, il vaut amplement la visite.

HOCKEY HALL OF FAME ★★

30 Yonge Street
✆ +1 416 360 7735
www.hhof.com
Ouvert tous les jours (horaires variables selon la saison). Adulte : 25 CAN $. Boutique sur place.

Le Temple de la renommée du hockey est un *must* pour quiconque s'intéresse de loin ou de près au sport national canadien. Installé en partie dans une ancienne banque datant de 1885, il propose la collection la plus complète du monde en terme d'objets liés au hockey. La célèbre Coupe Stanley – dont le musée possède la toute première version – trône en belle place non loin des expositions interactives et autres jeux virtuels permettant de se mesurer aux plus grands joueurs. Pour immortaliser votre journée, prenez-vous en photo aux côtés de la coupe légendaire.

RIPLEY'S AQUARIUM OF CANADA ★★

288 Bremner Boulevard ✆ +1 647 351 3474
www.ripleyaquariums.com/canada
Ouvert tous les jours de 9h à 21h (peut fermer plus tôt). Adulte : 44 CAN $. Boutique et restauration sur place.

Situé littéralement au pied de la Tour CN, ce magnifique aquarium fait partie des attractions incontournables de Toronto. Une dizaine de galeries différentes vous y attendent dont les eaux canadiennes, dont le monde des méduses et les coraux arc-en-ciel, avec plus de 20 000 animaux marins. Pour vivre l'expérience de près, empruntez le tunnel sous-marin, le plus long du genre en Amérique du Nord, ou profitez de l'un des bassins tactiles pour taquiner requins, raies et limules.

THE POWER PLANT ★

231 Queens Quay West
✆ +1 416 973 4949
www.thepowerplant.org
Mardi-dimanche, 10h-18h (jusqu'à 20h le mercredi). Entrée libre.

La tour de la Power Plant se repère facilement depuis le Harbourfront, d'autant plus que le nom de la galerie y est inscrit avec tout autant de démesure. Cette galerie, une des principales attractions du Harbourfront Centre, se dédie exclusivement aux arts contemporains depuis plus d'une trentaine d'années. Reconnue internationalement, vous êtes certain d'y trouver des installations qui font le « buzz » dans l'actualité de l'art. Mais notez que, la galerie fermant ses portes entre ses expositions, mieux vaut bien se renseigner avant d'y mettre les pieds.

TORONTO ISLAND PARK ★★

9 Queens Quay West
✆ +1 416 392 8193
www.toronto.ca/parks/island
Billet adulte pour le ferry : 8,70 CAN $ l'aller-retour. Nombreux départs par jour (horaires réduits en hiver).

Lieux de balade et même de résidence pour quelques chanceux, les îles reposent de l'agitation de la ville tout en la montrant sous son meilleur profil. Leur autre versant embrasse le lac Ontario dans toute son immensité. Central Island est la plus fréquentée, car elle concentre la plupart des activités : parc d'amusement, petite ferme, restauration, etc. Les autres sont plus tranquilles, dont une résidentielle, mais offrent de belles balades à pied comme à vélo. Vous pouvez aisément partir pour une demi-journée et parcourir l'intégralité des îles à vélo.

TOUR CN ★★★★

290 Bremner Boulevard ✆ +1 416 868 6937
www.latourcn.ca

Ouvert tous les jours de 9h à 21h (fermeture plus tardive en été). Adulte : à partir de 43 CAN $.

Ouverte au public en 1976 et anciennement propriété du Canadien National (CN, compagnie nationale des chemins de fer), la Tour CN était originellement prévue comme une antenne pour la radio et la télévision (elle fut d'ailleurs la plus haute du monde de ce genre jusqu'en 2011 alors que le Tokyo Skytree fut inauguré). Réalisée entre 1973 et 1976 par l'architecte australien John Andrews, on l'associe au brutalisme, type d'architecture issu du modernisme et qui rassemble toutes les constructions dures et imposantes en béton, généralement des édifices institutionnels, scolaires, commerciaux et résidentiels.

Elle est de nos jours la 9e plus haute tour au monde, derrière, entre autres, la tour Burj Khalifa (Émirats arabes unis), le Tokyo Skytree (Japon), l'Abraj Al Bait Towers (Arabie saoudite) et la Canton Tower (Chine). Elle est également la plus haute tour autoportante de l'hémisphère ouest et elle fait partie des sept merveilles du monde moderne, selon l'*American Society of Civil Engineers*, sans oublier qu'elle est un membre de la Fédération des grandes tours du monde. Bien plus haute que la tour Eiffel (553 mètres contre 321), la Tour CN est la figure emblématique de la ville et se retrouve sur moult cartes postales aux côtés de celles des Rocheuses, du Château Frontenac et des autres grands symboles du Canada. Et il faut la voir en soirée et pendant la nuit alors qu'elle s'illumine avec 1 330 LED permettant de produire 16 millions de couleurs, rien de moins. Les éclairages changent d'ailleurs au fil des mois selon les saisons et les événements (ex : blanc et rouge pour la fête du Canada, orange à Halloween, blanc et bleu au Jour de l'An, etc.). À savoir toutefois que pendant la saison de la migration des oiseaux, soit de fin septembre à fin octobre, son éclairage est réduit, voire éteint sur certaines parties, afin de ne pas perturber ces derniers.

La Tour CN offre un vaste panorama sur Toronto, le lac Ontario et ses îles, et marcher sur un plancher de verre à près de 350 mètres d'altitude est une expérience saisissante. De nombreuses attractions viennent compléter les galeries d'observation, et peuvent être groupées dans un forfait ou achetées à la carte :

- **Belvédère** : d'une hauteur de 346 mètres, accessible par ascenseur à parois de verre en seulement 58 secondes. Entièrement rénové avec des fenêtres de plain-pied, on y retrouve aussi les Bistros VUE (repas sur le pouce) et, à l'étage, le restaurant 360 (cuisine canadienne gastronomique, très belle carte des vins et vue imprenable).
- **Plancher de verre** : juste en dessous du belvédère, assorti d'une galerie d'observation extérieure pour ressentir les effets du vent. Déconseillé en hiver !
- **Nacelle** : à 447 mètres, accessible par un ascenseur séparé. La visibilité s'étend jusqu'à 160 km par beau temps.
- **L'Haut-Da Cieux** (de début avril à début janvier). C'est la plus haute promenade mains libres au monde sur un rebord de 1,50 mètre de largeur qui fait le tour de l'observatoire de la Tour. Les visiteurs se promènent en petit groupe, retenus à un rail de sécurité aérien grâce à un système comprenant un chariot et un harnais. L'expérience dure 90 minutes, dont 30 minutes à l'extérieur. Les billets débutent à 195 CAN $ et comprennent une vidéo souvenir, des photos et un certificat de réussite. Les participants recevront aussi un billet pour l'Expérience Tour donnant accès à toutes les autres attractions. Absolument déconseillé à ceux qui ont le vertige !

La skyline dominée par la tour CN.

ALLAN GARDENS CONSERVATORY ★

19 Horticultural Avenue
✆ +1 416 392 7288
www.toronto.ca/explore-enjoy
Ouvert tous les jours de 10h à 17h. Entrée libre.

Ce petit jardin botanique est un secret bien gardé de Toronto. Véritable havre de nature au cœur de la ville, il comprend six serres renfermant une végétation luxuriante de palmiers et de bananiers, de magnifiques fleurs tropicales comme l'hibiscus, les cycas et les orchidées, ou encore des zones arides, royaumes incontestés des cactus. Le bâtiment principal vaut aussi le détour avec ses jolis dômes de verre. Bref, une visite gratuite absolument géniale.

THE DISTILLERY HISTORIC DISTRICT ★★

9 Trinity Street
✆ +1 416 364 1177
www.thedistillerydistrict.com
Plusieurs compagnies proposent des visites guidées de ce quartier.

Créée en 1832, la distillerie Gooderham & Worts devait devenir la plus importante distillerie de l'Empire britannique. Aujourd'hui, les entrepôts rénovés abritent de nombreuses galeries d'art, des boutiques en tous genres, des bars et des restaurants. Vous découvrirez toute l'histoire de cette ancienne usine dans le hall où les anciennes machines sont exposées. De mi-novembre à fin décembre, il ne faut pas rater le marché de Noël et son ambiance féérique lors du Winter Village.

GOODERHAM BUILDING ★

49 Wellington Street East

Silhouette emblématique contrastant avec les immenses gratte-ciel du Financial District en arrière-plan, il est parfois appelé Flatiron building, tout comme quelques-uns de ses congénères nord-américains célèbres, de par sa forme triangulaire évoquant un fer à repasser. Achevé en 1892 par l'architecte David Roberts, Jr., l'édifice est classé bâtiment historique en 1975. *The Flatiron Mural*, un habile trompe-l'œil réalisé par Derek Michael Besant donne à l'arrière sur le petit Berczy Park, tandis que le sous-sol accueille un *pub* anglais, The Flatiron and Firkin.

TORONTO CITY HALL - NATHAN PHILLIPS SQUARE ★

100 Queen Street West
www.toronto.ca

L'architecture en miroir de l'hôtel de ville lui vaut sa notoriété. Son esplanade, le Nathan Phillips Square, accueille divers événements au fil des saisons dont les fameuses célébrations du Nouvel An. En hiver, une partie du square est transformée en patinoire, enjambée par les Arches de la Liberté. C'est aussi sur cette place que se trouve la grande enseigne colorée « Toronto » qui devait, à l'origine, ne rester que le temps des Jeux pan/parapanaméricains (2015)...

Gooderham building, quartier financier.

ART GALLERY OF ONTARIO [AGO] ★★

317 Dundas Street West ✆ +1 416 979 6648

www.ago.ca

Mardi et jeudi, 10h30-17h ; mercredi et vendredi, 10h30-21h ; samedi et dimanche, 10h-30-17h30. Adulte : 25 CAN $.

Voici l'une des visites culturelles incontournables de Toronto. Centre d'art moderne et dynamique, l'AGO a réussi à se tailler une belle réputation dans le monde de l'art en Amérique du Nord. Son architecture audacieuse - réalisation de l'architecte Frank Gehry - vaut à elle seule le détour. L'histoire de la construction du musée, à partir de l'ancienne demeure The Grange donnée par Harriet Dixon, est passionnante. Des visites gratuites données par des bénévoles sont régulièrement organisées et vous permettront de découvrir une foule de détails sur le musée. Pour une pause architecturale et gourmande, l'immense galerie vitrée située au deuxième étage est une belle option. Du côté des expositions permanentes, on y retrouve de nombreuses œuvres canadiennes dont celles du Groupe de Sept. Leurs toiles aux couleurs vives et aux formes simples sont largement représentées. Frederick Varley, A.Y. Jackson, Lawren Harris, Frank Johnston, Arthur Lismer, J.E.H. Mac Donald, Franklin Carmichael : tous les plus grands sont présents. Ne manquez pas non plus les expositions temporaires, en général d'excellente qualité. L'AGO est aussi particulièrement bien pensée pour les enfants. Des parcours ludiques sont souvent organisés et disponibles également en français. Bon plan : entrée gratuite le mercredi dès 18h et en tout temps pour les 25 ans et moins. Services sur place : boutique d'art et de souvenirs, café, bistro (brunch le week-end), espresso bar dans la Galleria Italia.

GRAFFITI ALLEY ★★

Graffiti Alley

© VALÉRIE FORTIER

Juste au sud de Queen West, entre les avenues Spadina et Portland, s'étend le plus grand site de *street art* de Toronto. Cette ruelle relativement bien cachée, connue sous le nom de Rush Lane, est un véritable musée à ciel ouvert et on y retrouve les œuvres de nombreux artistes, dont les Torontois Uber5000, Elicser, Poser, Skam et Spud. Inutile de mentionner qu'un appareil photo est de mise ! À savoir que plusieurs compagnies proposent des visites guidées du Graffiti Alley durant lesquelles plusieurs œuvres sont bien expliquées. À voir absolument !

FORT YORK NATIONAL HISTORIC SITE ★★

250 Fort York Boulevard

✆ +1 416 392 6907

www.toronto.ca/fortyork

Ouvert toute l'année (horaires variables selon la saison). Entrée et visite guidée gratuites.

Construit en 1793, c'est le lieu de naissance de Toronto. Ce fort a été établi par John Graves Simcoe, gouverneur de la province du Haut-Canada, pour servir de ligne de défense contre les États-Unis dont on redoutait alors l'invasion. Lors de la guerre de 1812, il fut le théâtre d'une violente bataille célèbre dans l'histoire du pays. Garnison active jusque dans les années 1930, il est aujourd'hui visité chaque année par des milliers de personnes venues voir ces vestiges de guerre.

SHARP CENTRE FOR DESIGN ★

100 McCaul Street

✆ +1 416 977 6000

ocadu.ca/about/sharp-centre-for-design

Cette sorte de curieuse table élevée, couverte de pixels noirs et blancs et soutenue par douze jambes d'acier multicolores, ne passe pas inaperçue. Haut de 26 mètres, l'édifice a été conçu en 2004 par l'architecte britannique Will Alsop pour l'école d'art et de design de l'Ontario (OCAD). Sous la table, le Butterfield Park est un espace public fréquenté par les étudiants, les gens du quartier et les amateurs d'architecture. L'édifice a reçu la plus haute distinction de la ville dans le domaine du design de la part du Toronto Architecture and Urban Design Awards.

TORONTO

Le ROM, Royal Ontario Museum.

QUEEN'S PARK ★

Queen's Park Crescent East

Au cœur de la ville, Queen's Park est surtout apprécié par les écureuils… et les amateurs de sieste, à l'ombre d'une statue équestre du roi Edouard VII. Le parc, qui a donné son nom à une rue et à une station de métro, appartenait à l'Université de Toronto qui l'a cédé au gouvernement provincial pour la somme symbolique d'un dollar par an pendant 999 ans. Dans la partie sud, on retrouve l'Assemblée législative de l'Ontario (parlement provincial) alors qu'au nord, le parc affiche des airs britanniques avec ses grands arbres matures et ses belles allées.

UNIVERSITY OF TORONTO ★

27 King's College Circle

✆ +1 416 978 2011

www.utoronto.ca

Trônant au 26e rang mondial (1er au Canada) des meilleures universités, selon le classement 2022 de la QS World University Rankings, c'est sans conteste la plus prestigieuse et sélective au pays, mais aussi la plus grande. Elle est composée de trois campus, dont St. George situé dans Queen's Park. Elle fut fondée en 1827 sous le nom de King's College et constituait le premier établissement d'enseignement supérieur du Haut-Canada. Son campus s'étend sur 71 hectares et comprend de nombreux bâtiments mêlant architecture romanesque et renaissance gothique. À voir !

ROYAL ONTARIO MUSEUM (ROM) ★★

100 Queen's Park

✆ +1 416 586 8000

www.rom.on.ca/fr

Ouvert tous les jours de 10h à 17h30 (fermé le lundi de septembre à fin juin). Adulte : 23 CAN $.

Aussi appelé ROM, le Musée royal de l'Ontario figure parmi les grands musées internationaux consacrés à l'histoire naturelle et aux cultures du monde. Multidisciplinaire, il attire un large public séduit par l'éclectisme et le raffinement des expositions. Célèbre pour ses collections d'antiquités chinoises et son tombeau des Ming, ce musée propose un tour du monde de l'art et des civilisations, dans un cadre agréable. Une trentaine de galeries composent cet incroyable musée, allant de l'ère des dinosaures aux Premiers Peuples, en passant par la biodiversité, l'âge des mammifères, les anciennes civilisations de Rome, de Byzance et de Nubie, ou encore les richesses de la Terre. Les plus jeunes préféreront la grotte des chauves-souris, la galerie CIBC des découvertes (mini-musée pour enfants) ou bien la galerie de la biodiversité interactive, pour ne nommer que celles-ci. Comme il faudrait au moins deux jours pour avoir le temps de l'explorer entièrement, sans exagération, voici notre conseil : regardez avec attention les différentes expositions proposées et choisissez-en seulement deux ou trois pour avoir le temps de bien les apprécier. Pour ceux que ça intéresse, des visites guidées en français sont également proposées et sont incluses dans les droits d'entrée. Bon plan : la soirée gratuite du 3e mardi du mois, de 16h30 à 20h30. À savoir : il y a une tarification supplémentaire lors d'expositions spéciales (voir site web). Restauration et boutique sur place.

SE LOGER

À Toronto, les formules d'hébergement sont nombreuses, allant de l'hôtel classique aux résidences universitaires, en passant par les appartements équipés, les grandes chaînes internationales, les auberges de jeunesse et les chambres d'hôtes. On ne pourrait passer sous silence l'incroyable vue panoramique qu'offrent les grands hôtels riverains du lac Ontario. Et comme toute grande ville du même standing, Toronto compte un nombre incalculable d'hôtels de luxe, pour la plupart établis sur les rives du lac, au cœur du centre-ville et dans le quartier de Yorkville. Destination populaire oblige, il est conseillé de réserver, surtout en été. Ne pas non plus attendre à la dernière minute pour réserver si vous comptez assister au Toronto International Film Festival (TIFF), les établissements hôteliers affichant complet durant cet événement. Mais une chose reste certaine : le coût de l'hébergement à Toronto est relativement élevé.

PLANET TRAVELER HOSTEL €

357 College Street
✆ + 1 647 352 8747
www.theplanettraveler.com
Chambre partagée : 38 CAN $, privée : à partir de 93 CAN $. Petit déjeuner inclus.

Voici l'adresse « dodo-écolo » de Toronto ! De nombreuses technologies vertes ont été intégrées au bâtiment historique de cette auberge de jeunesse : géothermique/transfert de chaleur, électricité photovoltaïque, panneaux solaires pour l'eau chaude, etc. Parmi les services sur place, notons une cuisine équipée, une buanderie et un superbe bar-terrasse avec barbecue sur le toit. Très moderne, propre et accueillant, ce petit îlot mérite d'être salué pour son initiative. Une excellente adresse à quelques pas de Kensington Market !

THE ONLY BACKPACKER'S INN €

972 Danforth Avenue
✆ +1 416 463 3249
www.theonlyinn.com
Chambre partagée : à partir de 46 CAN $, privée : à partir de 120 CAN $. Petit déjeuner inclus. Belles terrasses.

Vous cherchez une adresse décontractée et bon marché ? Voici une excellente option ! Située dans le quartier Danforth, cette auberge de jeunesse aux couleurs excentriques–- vous ne pourrez pas la rater depuis la rue – propose des chambres partagées ainsi que de belles chambres privées dans deux petits appartements avec cuisine, salon et terrasse. Au rez-de-chaussée, The Only Cafe est l'endroit du coin où prendre un bon café le matin ou encore l'apéro en soirée.

SONDER THE SLATE €€

348 Adelaide Sreet West
www.sonder.com/fr-ca
Occupation double : à partir de 170 CAN $. Un minimum de deux nuits est exigé.

Présente principalement en Amérique du Nord et en Europe, la chaîne hôtelière Sonder tient plusieurs établissements dans les quartiers à la mode de Toronto, dont celui-ci au cœur de l'Entertainment District. Différents types d'unités sont en location, de la chambre avec lit Queen au loft sur deux étages avec cuisine et balcon privatif, le tout au design très moderne et épuré. Parmi les services offerts, notons l'enregistrement sans contact, le wifi gratuit et un lounge/espace de travail commun. À noter qu'il n'y a pas de stationnement gratuit dans les environs.

ACE HOTEL TORONTO €€€

51 Camden Street ✆ +1 416 637 1200
acehotel.com/toronto
Occupation double : à partir de 369 CAN $. Promotions disponibles. Restaurant, bars, boutique, événements.

Dernier-né de la chaîne hôtelière Ace Hotels, qui tient notamment des établissements à Brooklyn, Kyoto ou encore Sydney, c'est le premier sur le sol canadien et un des plus beaux hôtels de Toronto. Ouvert en 2022, son design signé par Shim-Sutcliffe Architects est à couper le souffle, sans compter que l'hôtel héberge les œuvres d'une quarantaine d'artistes canadiens. En plus de ses superbes chambres et suites, l'hôtel accueille en ses murs l'excellente table Alder, le bar The Lobby et le bar-terrasse quatre saisons Evangeline. La nouvelle adresse à la mode !

DRAKE HOTEL €€€

1150 Queen Street West ✆ +1 416 531 5042

www.thedrake.ca/thedrakehotel

Occ. double : à partir de 349 CAN $. Promotions et forfaits disponibles. Plusieurs propriétés à Toronto et à Wellington.

Voici l'adresse « arty » de Toronto. On y vient non seulement pour ses magnifiques chambres à la décoration moderne époustouflante, mais également pour son restaurant-bar sous la direction de la cheffe Laura Maxwell et sa salle *underground* où se produisent des événements musicaux et culturels, dont des soirées DJ. Des endroits branchés et très appréciés de la clientèle locale. Pour ceux qui n'ont pas les moyens de passer la nuit au Drake, nous vous conseillons vivement d'y prendre un verre et d'arpenter ses corridors pour y découvrir les dernières œuvres exposées.

GLADSTONE HOUSE €€€

1214 Queen Street West

✆ +1 416 531 4635

www.gladstonehouse.ca

Occupation double : à partir de 469 CAN $. Promotions et forfaits disponibles.

Situé à quelques pas du Drake, le Gladstone fait partie des adresses branchées de l'ouest de la ville. Chacune des chambres offre un design différent créé par un artiste local. Pour ceux dont les moyens le permettent, les suites de l'hôtel valent franchement le détour. À noter que le Gladstone est très impliqué au niveau artistique en organisant fréquemment des expositions d'art visuel et en offrant des activités, performances et ateliers des plus variés. Bistro-bar (ouvert tous les jours dès 7h), Drag Brunch le dimanche et salle de fitness sur place.

THE ANNDORE HOUSE €€€

15 Charles Street East

✆ +1 416 924 1222

theanndorehouse.com

Occupation double : à partir de 266 CAN $. Promotions disponibles.

Ouvert en 2018 et situé à un jet de pierre du très chic quartier de Yorkville, The Anndore House est un hôtel de luxe proposant un peu plus d'une centaine de chambres, suites, studios et appartements de toute beauté, le tout dans un décor mêlant les looks industriel et rétro. L'hôtel héberge également un café, le HotBlack Coffee, et une excellente table, Constantine (cuisine d'inspiration méditerranéenne). Messieurs, vous avez même disposition un barbier, le Crows Nest Barber Shop qui a ici emménagé ses pénates. Tout sous un même toit !

THE BROADVIEW HOTEL €€€

106 Broadview Avenue

✆ +1 416 362 8439

www.thebroadviewhotel.ca

Occupation double : à partir de 301 CAN $. Promotions et forfaits disponibles.

C'est à l'été 2017 que le Broadview a ouvert ses portes dans un bâtiment historique datant de la fin du XIXe siècle. C'était sans conteste LA grande ouverture de l'année dans le domaine hôtelier. Et ce bel hôtel-boutique d'une cinquantaine de chambres ne désemplit pas depuis. Il faut dire que les chambres sont magnifiques, certaines ayant même leur petit coin terrasse. Coup de cœur pour la chambre The King Corner avec ses grandes fenêtres sur deux murs. L'hôtel compte également un restaurant, un bistro-bar et un *rooftop bar*, son plus grand atout.

W TORONTO €€€

90 Bloor Street East

✆ +1 416 961 8000

www.marriott.com

Occupation double : à partir de 518 CAN $. Promotions et forfaits disponibles.

Ouvert depuis l'été 2022 dans le quartier huppé de Yorkville, le W Toronto est un établissement haut de gamme qui ne lésine par sur la qualité et les services. Le design des lieux, absolument incroyable, veut refléter différentes dimensions de la ville comme l'architecture brutaliste, le *street art*, les espaces verts et la culture. Plus de 250 unités au look épuré sont à disposition des hôtes, ainsi que trois restaurants (dont un de tapas et un autre avec terrasse sur le toit) et une salle de fitness. Une adresse qui a du chic !

WESTIN HARBOUR CASTLE €€€

1 Harbour Square

✆ +1 416 869 1600

www.marriott.com

Occupation double : à partir de 244 CAN $. Promotions et forfaits disponibles. Nombreux services et installations.

Déjà la localisation est extraordinaire : à quelques mètres à peine des rives du lac Ontario (imaginez la vue des chambres). Ensuite, les différentes catégories de chambres ont de quoi satisfaire toutes les attentes et presque toutes les bourses, pour peu qu'on ait envie de se gâter. Bien évidemment, les nombreux services haut de gamme vont de pair avec le standing de l'établissement. Nos coups de cœur vont à la piscine et sa terrasse-lounge extérieure panoramique, ainsi qu'au restaurant Don Alfonso 1890 qui s'est vu décerner une étoile Michelin en 2022.

SE RÉGALER

Si vous appréciez les mélanges culturels dans votre assiette, si pour vous le brunch est LE repas incontournable et que vous n'envisagez pas de visiter une ville sans au moins découvrir un bon resto, Toronto comblera toutes vos attentes. Ici de nouveaux établissements poussent toutes les semaines. Les plus grands chefs du monde y ont une adresse et les chefs locaux sont des stars. Il faut dire que le terrain est fertile : avec sa diversité culturelle et le développement de nouveaux quartiers, Toronto jouit d'une impressionnante créativité gastronomique. Nous avons suivi deux mots d'ordre pour notre sélection d'adresses : découverte et incontournable. Ainsi, vous trouverez un mélange de restaurants « classiques », mais aussi quelques adresses plus décalées et récentes. Et avec une telle diversité culinaire, nul besoin de préciser que les festivals dédiés à la gastronomie s'enchaînent ici sans temps morts.

St. Lawrence Market à Toronto.

ALO €€€

163 Spadina Avenue
✆ +1 416 260 2222
www.alorestaurant.com
Ouvert du mardi au samedi dès 17h. Menus dégustation : à partir de 135 CAN $.

Membre de Relais & Châteaux et doté d'une étoile Michelin, la table du chef ontarien Patrick Kriss ravira les plus gourmets d'entre vous. Il faut dire qu'il a entre autres fait ses classes auprès du chef étoilé Daniel Boulud à New York ainsi qu'en France chez Régis Marcon et chez Troisgros. On y exécute une cuisine française gastronomique impeccable à base de produits régionaux. Pas de menu à la carte, ici on vit l'expérience gourmande totale avec un menu dégustation qui se renouvelle sans cesse. Autres établissements à découvrir : Alobar Yorkville et Aloette.

CANOE €€€

66 Wellington Street West ✆ +1 416 364 0054
www.canoerestaurant.com
Lundi-vendredi 11h30-13h45 et 17h-21h30 (bar de 11h30 à 23h30). Carte : 10-100 CAN $. Menu dégustation : 185 CAN $.

Le chef du Canoe n'utilise que des produits canadiens comme l'agneau de l'Alberta, le homard de l'Atlantique, les chanterelles de la Saskatchewan ou encore les fromages et le foie gras du Québec. Cette carte est un véritable hymne aux saveurs et produits locaux. Et la superbe vue sur le lac Ontario ne gâche rien à l'affaire ! Si le midi l'endroit est surtout fréquenté pour des rendez-vous d'affaires, l'ambiance se transforme en soirée. Pour une expérience « totale », nous vous conseillons le menu dégustation du Canoe, avec l'accord des vins (en sus), bien entendu.

CHEF'S HALL €

111 Richmond Street West
✆ + 1 416 300 9081
www.chefshall.com
Ouvert du lundi au samedi dès 11h. Les horaires peuvent varier d'un kiosque à l'autre. Carte : moins de 25 CAN $.

Ce endroit conceptuel du quartier des affaires attire une clientèle jeune et tendance. Une dizaine de restaurateurs se sont regroupés sous un même toit : un grand espace à la décoration mi-moderne mi-vintage. Chacun offre sa spécialité qu'on peut acheter directement dans l'un des kiosques, comme dans un marché. Et dans une ville aussi cosmopolite que Toronto, nul besoin de préciser que les saveurs du monde sont ici omniprésentes. La nourriture ne déçoit pas et la convivialité est au rendez-vous. Aussi sur place : bars et terrasse.

CHOTTO MATTE €€

161 Bay Street
✆ +1 416 988 8097
chotto-matte.com/toronto
Ouvert tous les jours. Brunch le samedi de 12h à 16h. Carte : 10-70 CAN $ (les menus à partager sont plus chers).

C'est un des spots gourmands du centre-ville, ouvert en juin 2019 et membre de la famille Chotto Matte qui a des restos à Londres, Los Angeles, Miami, Riyad, etc. L'endroit à lui seul vaut le détour : un décor signé Andy Martin Architecture et qui s'inspire de l'urbanité de Tokyo avec des graffitis bien en évidence au-dessus du bar. Dans l'assiette, la cuisine Nikkei, c'est-à-dire d'inspiration japonaise et péruvienne, une tendance très à la mode en ce moment. L'endroit se prête également aux sorties en soirée, d'autant plus qu'il y a souvent un DJ.

DON ALFSONSO €€€

1 Harbour Square
✆ +1 416 214 5888
www.donalfonsotoronto.com
Ouvert du mardi au dimanche dès 17h. Menu 3 services : 140 CAN $, menu signature : 220 CAN $ (accord des vins en sus).

Perchée au 38e étage de l'hôtel Westin Harbour Castle, cette table de haute voltige est la première et seule adresse en Amérique du Nord des chefs étoilés Alfonso et Ernesto Iaccarino. Ce restaurant de fine cuisine italienne s'est d'ailleurs vu décerner une étoile au guide *Michelin* pour la toute première édition sur Toronto en 2022. Il va sans dire que l'expérience qui vous y attend sera impeccable et résolument gourmande, sans oublier une vue à couper le souffle sur la *skyline* de la ville, le port et le lac Ontario. Pour se gâter, c'est ici qu'il faut venir !

KŌST €€

80 Blue Jays Way
✆ +1 437 800 5938
kosttoronto.com
Dimanche-mercredi, 8h-22h30 ; jeudi-samedi, 8h-23h30. Brunch le week-end. Carte : 10 à 70 CAN $. Terrasse.

Perché au 44e étage du Bisha Hotel, le restaurant Kōst est d'une beauté à couper le souffle. Non seulement l'intérieur est magnifique avec ses airs californiens et ses grandes baies vitrées, mais la terrasse extérieure est dotée de divans et d'une piscine, le tout avec vue panoramique sur la Tour CN et le centre-ville. Le restaurant se spécialise dans la cuisine de la côte californienne et de la péninsule de Basse-Californie, avec des cocktails qui s'alignent au concept. L'idéal pour mettre un peu de soleil dans sa journée !

FAVORITES €€

141 Ossington Avenue
✆ +1 647 867 3283
www.myfavethai.com
Ouvert du mardi au samedi dès 18h. Carte : 10 à 45 CAN $. Terrasse. Belle carte des vins.

Table gourmande ouverte par l'équipe derrière Khao San Road et Paris Paris, Favorites est l'adresse en ville pour savourer de la cuisine barbecue thaïe sur charbon binchotan. Déjà, imaginez les arômes qui se répandent dans le resto... À savoir qu'afin d'éviter les contaminations, les légumes bénéficient de leur propre gril. Poissons, fruits de mer et viandes sont à l'ardoise, rehaussés d'ingrédients et d'épices asiatiques, mais pas que. On adore aussi la décoration, simple mais efficace, sans oublier l'impeccable présentation des plats.

FONDA BALAM €

802 Dundas Street West
✆ +1 416 815 8484
fondabalam.com
Ouvert tous les jours de 16h à 22h. Carte : moins de 25 CAN $. Coin terrasse.

Grand finaliste au palmarès des meilleurs nouveaux restos 2022 par enRoute, Fonda Balam est le rejeton des chefs Kate Chomyshyn, Julio Guajardo et Matty Matheson. Le trio propose une cuisine mexicaine authentique, inspirée de leurs racines et/ou voyages dans ce pays, où les grands classiques côtoient le *street food*. Les tacos ont ici la cote, sans oublier le *birria*, un ragoût typique de l'État de Jalisco préparé ici avec du bœuf. Petite liste de cocktails fort intéressante et quelques bières artisanales (dont certaines du Mexique) complètent le menu.

LAVELLE €€€

627 King Street West
✆ +1 647 347 9353
www.chezlavelle.com
Horaires variables selon la saison. Carte : 10 à 275 CAN $. Bar-lounge, terrasse, trois piscines.

Un *lounge bar*, trois piscines extérieures, des petits cabanons, un superbe restaurant, tout cela entouré d'une vue sur Toronto à 360°, voici un rapide tour du propriétaire qui dit l'essentiel : on vient ici pour vivre une véritable « expérience *rooftop* ». Et on n'est pas déçu ! Côté assiette, la cuisine du chef German Bermudez s'inspire des saveurs du monde, plus particulièrement asiatiques et latines. La carte des vins et des cocktails offre un aussi beau choix. En somme, une agréable sortie vers les hauteurs chics de la ville.

LEE €€

601-603 King Street West
✆ +1 416 504 7867
www.leerestaurant.com
Dimanche-jeudi, 17h-22h ; vendredi-samedi, 17h-23h. Carte : 15 à 65 CAN $. Terrasse.

Membre en règle des destinations culinaires branchées de Toronto, cette adresse gourmande est tenue par nul autre que le réputé chef Susur Lee, celui-là même qui a ouvert à l'époque les défunts Susur et Madeline's. Inspiré par ses nombreux voyages, il vous fait découvrir une cuisine aux parfums multiples, aux influences asiatiques et françaises. Le concept tourne autour des plats à partager, des cocktails exotiques et de l'ambiance lounge. Belle sélection de vins au verre ou à la bouteille également. Réservation hautement conseillée le week-end.

MISS LIKKLEMORE'S €€

433 King Street West
✆ +1 647 484 8789
misslikklemores.com
Ouvert tous les soirs dès 17h. Carte : 10 à 85 CAN $. Terrasse.

Pour mettre un peu de soleil dans votre journée (et dans votre assiette en même temps !), Miss Likklemore's est l'adresse parfaite. Premier restaurant d'inspiration caribéenne haut de gamme de la ville, on y sert des spécialités venant des différentes îles des Antilles : bananes plantains, tempura de gombo, pâtés jamaïcains à la queue de bœuf braisée et bœuf épicé, poisson grillé, poulet à la *jerk*, etc. Certains plats sont offerts en format familial pour partager avec sa tablée. Bonus : de délicieux cocktails, tout aussi ensoleillés.

PRIME SEAFOOD PALACE €€€

944 Queen Street West
✆ +1 416 551 8038
primeseafoodpalace.ca
Ouvert du lundi au samedi de 17h30 à 23h. Carte : 15 à 275 CAN $ (excluant le caviar).

Ceux qui maîtrisent la langue de Shakespeare n'auront aucune difficulté à découvrir les grandes spécialités de la maison. En effet, les viandes, poissons et fruits de mer sont ici au cœur du concept de cette nouvelle table fondée par Matty Matheson, sous la houlette du chef Coulson Armstrong. Pour ceux qui en ont les moyens, sachez que le caviar Krystal est ici disponible, un des préférés des grands chefs de ce monde. Mention au superbe design des lieux, signé par la firme Omar Gandhi Architect. C'est hyper apaisant tout en ayant un look Mid-Century.

AVLING KITCHEN & BREWERY €

1042 Queen Street East
✆ +1 416 469 1010
www.avling.ca
Horaires variables selon la saison. Brunch le week-end de 11h30 à 15h. Carte : moins de 30 CAN $. Terrasse, boutique.

Adresse coup de cœur du quartier Leslieville, Avling joue à la fois la carte du restaurant et de la microbrasserie. Et ici le local prime, notamment grâce aux grands jardins installés sur le toit où sont cultivés légumes et aromates servant à la conception des plats et des bières. Dans l'assiette, une cuisine créative qui s'inspire des quatre coins du monde et des saisons, avec une touche résolument canadienne. Concernant les nectars maison, c'est un véritable vent de fraîcheur alors qu'Avling brasse des bières extrêmement typées et hors de l'ordinaire.

MIRA MIRA DINER €

1963 Queen Street East
✆ +1 416 792 6472
www.eatmiramira.com
Ouvert midi et soir du mercredi au dimanche. Brunch le week-end de 11h à 14h. Carte : 10 à 40 CAN $. Terrasse.

Les fameux *diners*, ce sont ces petits restos sans prétention qu'on trouve un peu partout en Amérique du Nord. On les adore pour leur cuisine de réconfort. Mira Mira l'a bien compris, tout en actualisant la formule avec une ardoise qui, midi et soir, oscille entre grands classiques (poulet rôti, steak et œufs, *hot chicken*, etc.) et plats bistro (thon albacore, tagliatelles aux champignons, etc.). Par contre, la manière d'apprêter le tout se distingue, la créativité est au rendez-vous. Jetez également un œil au menu du brunch du week-end, un des meilleurs en ville.

LAKE INEZ €€

1471 Gerrard Street East
lakeinezto.com
Ouvert du mercredi au samedi dès 17h30 (ouvert certains dimanches). Carte : moins de 40 CAN $. Terrasse.

Occupant les anciens locaux du Siddhartha, Lake Inez est une bonne table du quartier Little India spécialisé dans les plats d'inspiration internationale, épaulés par une très belle carte des vins. Déjà on adore l'intérieur avec son style éclectique et vintage (mention aux vieilles armoires de bois au bar). Chaque plat conçu par le chef et sa brigade est une invitation gourmande à découvrir les différentes saveurs du monde, sans pour autant tomber dans la cuisine traditionnelle. Le menu offre petits et grands plats, à partager ou non.

PINKERTON'S SNACK BAR €

1026 Gerrard Street East
www.pinkertons.ca
Horaires variables. Carte : moins de 25 CAN $.

Membre de la famille qui unit le Poor Romeo (*pub*) et The Vatican Gift Shop (*speakeasy*), Pinkerton's est un hybride entre le bar de quartier et le snack-bar asiatique. Le menu varie, mais on retrouve souvent le *satay* de poulet, le riz frit au canard ou encore les *bao buns* à la vapeur avec poulet frit à la coréenne, porc braisé ou tofu, par exemple. Si les plats sont peu onéreux, deux seront nécessaires pour assouvir les plus gros appétits. Côté bar, l'endroit est réputé pour ses cocktails maison mais aussi pour son ardoise de bières artisanales.

MESSINI AUTHENTIC GYROS €

445 Danforth Avenue
✆ +1 416 778 4861
www.messini.ca
Ouvert tous les jours dès midi. Carte : moins de 30 CAN $.

Ouvert depuis une vingtaine d'années, Messini est une véritable institution du quartier Greektown. Sa réputation tient d'abord et avant tout à ses gyros, que plusieurs considèrent comme les meilleurs de Toronto et même au-delà. Si la recette originale est à base de porc, Messini propose aussi des versions avec poulet, agneau ou bœuf. Parfait pour une fringale à toute heure de la journée ! Le restaurant propose aussi d'autres spécialités, comme les incontournables souvlakis, la pieuvre grillée ou encore l'assiette grecque terre et mer.

WYNONA €€

819 Gerrard Street East
✆ +1 416 778 5171
wynonatoronto.com
Ouvert du lundi au samedi dès 17h. Carte : 5 à 45 CAN $. Terrasse.

Wynona, c'est un restaurant italien branché un peu à l'est d'East Chinatown. Lors de notre passage, on en a entendu parler plus d'une fois ! Ce resto du chef-propriétaire Jeffrey Bovis met en valeur les produits de saison et canadiens comme, par exemple, l'espadon fumé de la Nouvelle-Écosse et le canard branchu de l'Ontario. Pratiquement tout est conçu sur place, comme les pâtes fraîches, les sauces, etc. La sélection de vins, dont certains bio et nature, en fera sourire plus d'un. Mention au joli design intérieur, conçu par le chef lui-même.

ANTLER KITCHEN & BAR €€

1454 Dundas Street West
✆ +1 647 345 8300
www.antlerkitchenbar.com
Mardi-vendredi, 17h-22h ; samedi-dimanche, 15h-22h. Carte : 5 à 60 CAN $. Terrasse.

On nous a beaucoup parlé de cette adresse. Le guide *Michelin* lui a aussi réservé une belle mention lors de son passage en 2022. Il faut dire qu'on vit ici la plus pure expérience de cuisine boréale où les aromates, champignons sauvages, petits fruits nordiques, gibiers, poissons et autres produits du terroir sont la figure de proue du menu. Et le chef Michael Hunter en connaît [illegible] sur le sujet, comme en témoigne son livre de recettes *The Hunter Chef Cookbook* qui se dédie entièrement au sujet. Bref, pour savourer le Canada, c'est ici qu'il faut venir !

BB'S €

5 Brock Avenue
✆ +1 416 668 2023
Ouvert du jeudi au samedi dès 18h. Brunch du vendredi au dimanche de 11h à 16h. Carte : moins de 25 CAN $.

Installé dans ses nouveaux locaux depuis septembre 2022, le restaurant BB's est une adresse hyper branchée du quartier Parkadale. Il est hautement réputé pour ses brunchs du week-end mettant en vedette la savoureuse cuisine des Philippines, le tout sous la gouverne du chef Robbie Hojilla qui œuvre dans les cuisines du BB's depuis un moment. Outre l'incontournable brunch, l'endroit est également ouvert en soirée pour des cocktails et des bons petits plats, toujours dans le même esprit. Et comme l'Asie raffole du karaoké, des soirées y sont organisées.

BOUFFE BY ADJEY €€

1173 Dundas Street West
✆ +1 416 530 2522
www.bouffebyadjey.com
Ouvert du mercredi au samedi dès 17h. Carte : 10 à 50 CAN $.

Bienvenue à la table du réputé chef David Adjey, qui plus est dans ses nouveaux locaux du quartier Little Portugal. Comme son nom l'indique, la cuisine française est ici à l'honneur, notamment les classiques de bistro comme les huîtres, le tartare de bœuf, les escargots à la crème et armagnac, la planche de fromages et charcuteries, la bouillabaisse marseillaise ou encore le fameux steak-frites. Les desserts sont dans la même lignée, allant de la crème brûlée à la tarte Tatin. Bref vous ne serez pas dépaysé, le tout dans une ambiance qui fleure bon la maison.

GIULIETTA €€

972 College Street
✆ +1 416 964 0606
giu.ca
Ouvert du lundi au samedi dès 17h. Carte : 10 à 55 CAN $. Terrasse.

La table du chef Rob Rossi s'est distinguée dès son ouverture en se classant à la 5e place des meilleurs nouveaux restaurants en 2018 selon Air Canada enRoute. Un départ canon ! Avec son partenaire David Minicucci, le chef a créé un menu simple mais ô combien efficace, mettant en valeur les douces saveurs de l'Italie. De l'avis de tous, les pâtes sont un must, tout comme les pizzas avec leur savoureuse pâte maison. En groupe (8-10 personnes), on suggère le menu du chef qui se décline en 5 services. Bonus : une carte des vins exhaustive.

HONEST WEIGHT €€

2766 Dundas Street West
✆ +1 416 604 9992
www.honestweight.ca
Mardi-mercredi, 12h-21h ; jeudi-vendredi, 12h-22h ; samedi, 11h-22h ; dimanche, 11h-21h. Carte : 10-50 CAN $.

Ce petit local est une ode aux produits frais de la mer. Mi-poissonnerie mi-restaurant, l'équipe se sert directement dans ses comptoirs de vente pour remplir votre assiette. Vous pouvez donc choisir de savourer votre repas sur place (quelques tables à disposition) ou alors de faire vos emplettes du côté boutique. À savoir que le menu change constamment, en fonction des saisons et des arrivages. Pour goûter l'Ontario, il suffit de regarder la provenance des poissons sur le menu. À découvrir également : le savoureux brunch du week-end.

MANITA €

210 Ossington Avenue
✆ +1 416 551 2230
www.manita.ca
Ouvert du lundi au samedi dès 9h, 10h le dimanche. Carte : moins de 30 CAN $. Coin terrasse.

Si vous avez connu la défunte *taqueria* Grand Electric, sachez que Manita est sous la gouverne des mêmes proprios tout en offrant une expérience totalement différente. Cette nouvelle adresse branchée du secteur de Trinity-Bellwoods fait office de café, bar et épicerie fine de quartier. Et l'endroit grouille de monde, que ce soit pour bruncher, prendre l'apéro ou savourer la cuisine d'inspiration méditerranéenne. Mention également à la carte des vins (moitié prix sur les bouteilles le mercredi). Un petit bijou d'adresse gourmande, surtout fréquentée par les locaux.

FAIRE UNE PAUSE

À Toronto, chaque quartier a son ambiance. Au centre-ville, l'atmosphère est plus chic et les bars roulent à plein régime à la fermeture des bureaux alors que les collègues se réunissent pour le 5 à 7 (*Happy Hour*). C'est d'ailleurs dans ce quartier qu'on retrouve certains des plus beaux *rooftops* de la ville. Les quartiers West Queen West, Trinity-Bellwoods, Riverside et Leslieville, par exemple, attirent les artistes et professionnels branchés, alors que les environs du Kensington Market sont le lieu de rendez-vous d'une clientèle plus bohème et plus jeune. Et comme partout au pays, les microbrasseries se multiplient à un rythme effréné, sans oublier l'émergence des micro-distilleries qui ont le vent dans les voiles. Sinon, il y a plusieurs salons de thé et brûleries de café fort sympathiques, sans oublier de nombreuses boulangeries, pâtisseries, chocolateries et autres du genre aux quatre coins de la ville.

BANDIT BREWERY

2125 Dundas Street West
✆ +1 647 348 1002
www.banditbrewery.ca
Ouvert tous les jours (horaires variables selon la saison). Boutique, terrasse.

De brasseurs amateurs à professionnels du monde de la bière, Stéphane et Shehzad sont derrière le beau projet qu'est Bandit Brewery. Établie au cœur de Roncesvalles, la microbrasserie ne désemplit pas depuis son ouverture, et pour cause. L'endroit est magnifique, surtout en été lorsqu'on peut savourer sa pinte dans le *beer garden*. Dans le verre, des bières de tous les styles dont une bière sure aux cerises et mûres, une IPA avec miel de fleurs sauvages ou encore vin d'orge vieilli en fût de bourbon. Le menu gourmand est aussi à la hauteur.

BARCHEF

472 Queen Street West
✆ +1 416 868 4800
www.barchef.com
Ouvert tous les jours de 17h à 2h.

C'est clairement un des meilleurs bars à cocktails de la ville, voire du pays. Cela dit, BarChef n'est pas à la portée de toutes les bourses, le prix des cocktails oscillant entre 20 et 45 CAN $ le verre, mais le jeu en vaut la chandelle. L'ardoise affiche également une belle sélection de spiritueux dont une liste assez hallucinante de scotchs et whiskys. Des petits plats comme le plateau de fromages et charcuteries, les tacos de poisson ou le tartare de bœuf complètent le menu. Bonus : des cocktails pour emporter pour savourer BarChef à la maison !

BELLWOODS BREWERY

124 Ossington Avenue
✆ +1 416 535 4586
www.bellwoodsbrewery.com
Lundi et mardi, 17h-minuit ; mercredi et dimanche, 12h-minuit ; jeudi et samedi, 12h-1h. Terrasse, boutique.

La microbrasserie Bellwoods, c'est notre grand classique à Toronto, et comment ne pas adorer les lieux ? La bière, déclinée en différents styles et saveurs, est tout à fait délicieuse (pour les coups de cœur, passez à la boutique annexée au bar pour faire le plein) ; la nourriture s'harmonise parfaitement avec le menu des bières ; et l'ambiance est géniale, particulièrement sur les grandes tablées de la terrasse. Bellwoods tient également une autre boutique dans le secteur de North York sur Hafis Road, question de doubler le plaisir !

COFFEE OYSTERS CHAMPAGNE

214 King Street West
✆ +1 416 408 4044
sipshucksip.com
Ouvert du mardi au samedi de 16h à 2h.

Située en plein cœur du Entertainment District, cette adresse rassemble trois spécialités sous un même toit. Elle propose du café de torréfacteurs locaux, une sélection d'huîtres qui varie chaque jour d'ouverture et la plus grande collection de bulles de toute la ville. La cheffe Olivia Seymour prépare de succulents plats gourmands qui s'agencent à merveille avec la carte des alcools : caviar, fromages et charcuteries, tartare de thon, carpaccio de bœuf, poulet frit, etc. Mention au décor épuré et chic ainsi qu'à son restaurant secret, À Toi.

GODSPEED BREWERY

242 Coxwell Avenue
✆ +1 416 551 2282
www.godspeedbrewery.com
Dimanche-jeudi, 11h-21h ; vendredi-samedi, 11h-minuit. Boutique, terrasse.

Luc « Bim » Lafontaine, ancien maître-brasseur chez Dieu du Ciel à Montréal, a ouvert sa propre brasserie dans l'est de Toronto après avoir passé quelque temps au Japon. Le pays du Soleil-Levant sert d'ailleurs d'inspiration dans le brassage de plusieurs bières maison (IPA au thé vert, Saison au yuzu...), alors que le volet gourmand est assuré par le restaurant italien Mattachioni. À savoir que la microbrasserie a également développé une belle gamme de lagers tchèques. Quant au décor, il est résolument industriel avec quelques clins d'œil au Japon, bien entendu.

NADÈGE PÂTISSERIE

780 Queen Street West
✆ +1 416 368 2009
www.nadege-patisserie.com
Lundi à samedi, 9h-20h ; dimanche, 9h-19h. Glacier en saison (entrée sur Gore Vale Avenue).

La pâtisserie de Nadège Nourian et Morgan McHugh est un temple de la gourmandise. Ces deux passionnés ont ouvert la première pâtisserie en 2009 sur Queen West. Depuis, Nadège à fait des petits : dans le quartier Bloor-Annex, dans celui de Rosedale et dans le réseau souterrain PATH au centre-ville. Ces adresses proposent de succulentes viennoiseries françaises, des pâtisseries décadentes, des macarons et chocolats, et toutes sortes d'autres gourmandises. Pour bien commencer la journée, venez vous y attabler pour un croissant au beurre et un espresso.

HENRIETTA LANE

394 King Street East
✆ +1 647 512 5549
henriettalane.com
Lundi-vendredi, 11h-2h ; samedi-dimanche, 10h-2h. Terrasse.

Dans le quartier de Corktown se trouve une adresse qui vaut le détour, ouverte par deux amis passionnés de café, de cocktails et de bonne bouffe. Et c'est toute cela Henrietta Lane : café le jour, bar à cocktails le soir et des snacks savoureux pour les petits creux. L'ardoise comprend également des bières artisanales (très belle sélection), des seltzers, des cidres, des vins (au verre ou à la bouteille) et tutti quanti. Un petit menu bouffe accompagne le tout sans oublier le coin provisions pour rapporter chez soi toutes sortes de produits gourmands et d'alcools.

PAGE ONE

106 Mutual Street
✆ +1 416 663 4920
pageonecafe.com
Ouvert tous les jours dès 8h. Terrasse.

À un jet de pierre du campus de la Ryerson University, Page One est un lieu caféiné comme on les aime. Les cafés sont ici préparés dans les règles de l'art, tous provenant de torréfacteurs locaux et d'ailleurs au pays. L'endroit propose aussi des douceurs, des soupes, des salades et des sandwichs. Le café fait également office de bar, proposant principalement des bières artisanales ontariennes, des vins et des cocktails. Mention à la déco qui met en valeur le monde de la rédaction, avec ses vieilles machines à écrire, ses bouquins d'une autre époque, etc.

MIDFIELD WINE BAR & TAVERN

1434 Dundas Street West
✆ +1 647 345 7005
www.midfieldwine.com
Ouvert du mardi au samedi dès 17h (fermeture de la cuisine à 22h). Terrasse.

Les œnophiles ont trouvé leur adresse en ville ! Dans ce petit bar-resto chaleureux, les étagères en bois mettent en évidence une belle sélection de vins, de la Toscane aux petits producteurs européens. La cuisine propose quelques mets, comme le poisson *kanpachi* (limon) cru, qui se marient parfaitement avec les savoureux élixirs. Sélectionnés avec amour, tous les vins sont disponibles au verre. Un gros plus, qui permet de varier les plaisirs, sans se ruiner.

STACKT

28 Bathurst Street
stacktmarket.com
Ouvert toute l'année (horaires variables selon la saison).

Situé non loin de Fort York, cet immense site rassemble des *containers* qui hébergent des restaurants, des bars et des boutiques, le tout avec des espaces extérieurs pour savourer le moment (chauffés en hiver). Outre l'apéro et la bonne bouffe, Stackt organise également une foule d'activités et d'événements, certains gratuits, d'autres payants : expositions d'art visuel, soirées DJ, spectacles musicaux ou d'humour, festivités pour le temps des Fêtes (dont une grande roue avec vue sur la Tour CN), etc. Un lieu unique à Toronto, à découvrir en toute saison !

(SE) FAIRE PLAISIR

La plus grande ville du Canada a de quoi satisfaire les accros du shopping. Si l'on a envie de s'offrir un peu de luxe, les centres commerciaux Yorkville Village et Bayview Village sont à inscrire au carnet de route. En dehors de ces zones commerçantes chic et BCBG, on trouve dans d'autres quartiers (The Junction, West Queen West, Riverside, Leslieville...) des boutiques nettement plus abordables, dont certaines proposent un choix de vêtements sympas, originaux et funky incluant des créations de designers canadiens promis à un bel avenir. Si vous aimez la fripe, Kensington Market est l'endroit idéal. Ne ratez pas non plus les échoppes gourmandes dans les divers quartiers ethniques de la ville ou encore le ô combien populaire Toronto Eaton Centre à côté du Yonge-Dundas Square. Et pour rapporter un souvenir totalement en vogue, optez pour des vêtements ou accessoires à l'effigie des Raptors ou arborant le fameux slogan « We the North ».

CRAFT ONTARIO SHOP

1106 Queen Street West
✆ +1 416 921 1721
www.craftontarioshop.com
Ouvert du mardi au samedi de 12h à 18h.

Cette boutique de West Queen West est à découvrir pour (s') offrir des cadeaux *made in* Canada. Plus de 200 artistes et artisans canadiens sont ici représentés, touchant des supports et des domaines aussi variés que la joaillerie, le prêt-à-porter, l'ébénisterie, la céramique, la sculpture ou encore le verre. Une partie du magasin est quant à elle dédiée aux arts des Premières Nations et des Inuit afin de soutenir la culture autochtone à Toronto. L'adresse parfaite pour rapporter un souvenir authentique. Boutique en ligne également.

PEACE COLLECTIVE

7 Trintiy Street
✆ +1 416 360 8836
www.peace-collective.com
Ouvert tous les jours dès 10h.

C'est la marque torontoise en vogue. Avec ses vêtements aux graphismes épurés, le plus souvent en noir ou blanc, Peace Collective vend des T-shirts, chandails à capuchon, pantalons jogging et autres du genre, le tout généralement orné d'un slogan. À sa sortie, « Toronto Vs Everybody » a fait un carton, et suite à la victoire des Raptors au championnat de la NBA en 2019, il va sans dire qu'on y trouve moult vêtements à l'effigie des champions torontois. Vous trouverez une autre succursale dans Union Station. Boutique en ligne également.

ST. LAWRENCE MARKET

92-95 Front Street East ✆ +1 416 392 7219
www.stlawrencemarket.com
South Market : mardi-vendredi, 9h-19h ; samedi, 7h-17h ; dimanche, 10h-17h. Marché fermier du samedi : 5h-15h.

Site d'un marché depuis plus de 200 ans, le marché St. Lawrence est un véritable voyage au cœur des saveurs locales et internationales. Vous y trouverez des produits locaux et en vrac à perte de vue sur deux étages. On raconte que le sandwich *peameal bacon* est le meilleur en ville et que les *fish & chips* sont toujours frais. De quoi faire le plein pour un pique-nique ! Des espaces vous permettent de vous attabler si vous souhaitez manger sur place. À savoir que tous les samedis se tient le marché fermier du côté nord de la rue Front, face à la halle principale.

SONIC BOOM RECORDS

215 Spadina Avenue
✆ +1 416 532 0334
www.sonicboommusic.com
Ouvert tous les jours de 12h à 20h.

Sonic Boom Records est le plus grand disquaire indépendant du pays. On y trouve vinyles, CD, DVD/Blu-ray, livres, T-shirts, tables tournantes et accessoires pour disques vinyles, ainsi que plein d'autres trucs assez variés et sans rapport avec la musique. La sélection en musique est, quant elle, hyper diversifiée, peu importe le style recherché. À savoir que l'endroit fait aussi l'achat de CD, DVD/Blu-ray, vinyles usagés auprès de particuliers. Mention aux locaux du disquaire qui sont vraiment chouettes et qui valent à eux seuls le déplacement.

BOUGER & BULLER

Que l'on ait envie d'une pause bien-être dans un spa ou de faire un peu de jogging, les options sont ici nombreuses et surtout il y en a pour tous les goûts. Les sentiers multifonctionnels et les nombreux parcs de la ville ont la cote. Son réseau cyclable s'étend d'ailleurs sur des centaines de kilomètres, que ce soit des voies cyclables ou des pistes hors-route. Des clubs de vélo, rando, ski de fond et tutti quanti offrent aussi des sorties à petits prix, en ville comme en région. La métropole compte également plusieurs plages, donc certaines avec accès au lac Ontario. Cette proximité avec le lac permet de pratiquer plusieurs activités nautiques, comme la planche à pagaie ou le kayak entre les îles de Toronto. La capitale ontarienne offre aussi toutes sortes d'autres expériences comme un centre d'escalade en intérieur ou encore une belle patinoire extérieure au Nathan Phillips Square lors de la saison froide.

HARBOURFRONT CANOE & KAYAK CENTRE

283 Queen's Quay West
✆ +1 416 203 2277
www.paddletoronto.com
Ouvert de fin mai à fin septembre. Tarifs variables selon l'activité ou le forfait choisi.

Envie de prendre le large à deux pas du centre-ville ? Situé sur le *waterfront*, ce centre d'activités nautiques offre un très grand choix de prestations pour tous les niveaux et tous les goûts. On peut y louer diverses embarcations comme un canoë, un kayak ou une planche à pagaie (SUP), y suivre des cours pour s'initier à ces sports ou encore développer sa technique, ou encore participer à une excursion guidée comme celle proposée dans un grand canoë voyageur (rabaska).

HTO PARK

339 Queens Quay West
www.toronto.ca
Gratuit.

Lors des beaux jours d'été, rien ne vaut une virée à la plage ! Bien que celle-ci ne permette pas de se saucer dans le lac Ontario, on peut s'installer dans une chaise Adirondack sous un parasol, les pieds dans le sable, et profiter du beau temps en admirant le lac et les îles. La plage comprend également un secteur ouest accessible depuis le 375 Queens Quay West. À savoir qu'il y a une autre plage urbaine bien connue à Toronto, Sugar Beach, située face à la raffinerie Redpath Sugar dans l'est du Harbourfront. Le décor est toutefois un peu plus industriel.

NATHAN PHILLIPS SQUARE'S ICE RINK

100 Queen Street West
✆ +1 647 380 1921
nathanphillipssquareskaterentals.com
Ouvert de fin novembre à mi ou fin mars. Location de patins pour 2 heures : 15 CAN $ par personne de 12 ans et plus.

La fameuse patinoire du Nathan Phillips Square attire chaque hiver des milliers de locaux et touristes venus tester leur talent sur glace, et ce depuis des générations. Vous n'avez pas l'équipement ? Aucun problème car il est possible de louer patins, casques et mitaines sur place. Un service payant d'aiguisage de patins est aussi proposé. À savoir qu'une carte d'identité officielle est requise en dépôt. Une belle activité à faire au cœur de la ville !

TORONTO ISLANDS SUP

Wards Island
✆ +1 416 899 1668
www.torontoislandsup.com
Ouvert de juin à septembre. Voir site web pour les tarifs des locations et activités.

Basé dans les îles de Toronto, sur Wards Island, Toronto Island SUP offre plusieurs cours de ce sport en vogue : le Stand Up Paddleboard, ou planche à pagaie pour les intimes. Yoga au lever du soleil, balade au coucher du soleil (avec lumières sur la pagaie !), éco-tour dans les lagons... Les options sont nombreuses pour découvrir les îles sous un autre angle ! On peut aussi suivre un cours de groupe ou privé, et pour ceux qui maîtrisent déjà bien ce sport, il est possible de louer tout l'équipement sur place. Une superbe activité estivale à Toronto !

Saviez-vous que la capitale ontarienne a longtemps été surnommée « Toronto the good » en raison de sa réputation de ville ennuyeuse et stricte ? Heureusement, les temps ont bien changé et les soirées torontoises offrent une multitude de possibilités. Entre les grandes salles de concert, les théâtres, les bars à spectacles, les boîtes de nuit, les comedy clubs, les festivals et les cinémas indépendants, la liste est longue. Toronto s'illustre d'ailleurs avec brio dans le domaine de la comédie musicale de style Broadway. À ne pas rater si vous aimez le genre ! Plusieurs institutions culturelles de renom sont installées dans le quartier Entertainment District au centre-ville, mais nous vous avons bien sûr déniché des bons plans aux quatre coins de la ville. Pour planifier vos sorties, on recommande aussi les sites web de blogTO (blogto.com), d'Exclaim (exclaim.ca) et de NOW (nowtoronto.com).

ROY THOMSON HALL

60 Simcoe Street
✆ +1 416 872 4255
roythomsonhall.mhrth.com
Tarifs variables selon l'événement. Voir site web pour la programmation.

Hautement réputée, cette salle principalement dédiée aux concerts symphoniques a été inaugurée en 1982. Son architecture très singulière vaut à elle seule le détour. Depuis sa rénovation en 2002, elle accueille en résidence l'Orchestre symphonique de Toronto. Des spectacles musicaux aux styles variés, des conférences, des projections et d'autres événements figurent à la programmation, notamment la série dédiée au *National Geographic*. À savoir que la corporation gère également les salles de spectacles Massey Hall et Allied Music Centre.

THE DAKOTA TAVERN

249 Ossington Avenue
www.dakotatavern.ca
Tarifs variables selon le spectacle (souvent à moins de 20 CAN $). Voir site web pour la programmation.

Une adresse mythique du quartier de Trinity-Bellwoods. Le Dakota Tavern, c'est l'endroit idéal pour prendre le pouls de la ville et célébrer « à la torontoise ». Les spectacles de musique indie, bluegrass, country, folk et autres s'enchaînent ici sans temps mort. Une belle place est d'ailleurs réservée aux artistes émergents de la scène musicale torontoise. On aime bien l'ambiance tamisée en soirée, avec les grandes banquettes, les murs de bois et la petite scène au fond. Il y a un bar au sous-sol, n'ayez pas peur de vous y aventurer !

SCOTIABANK ARENA

40 Bay Street ✆ +1 416 815 5982
www.scotiabankarena.com
Tarifs variables selon l'événement, le spectacle ou le match sportif. Voir site web pour la programmation.

Anciennement l'Air Canada Centre, ce grand complexe, d'une capacité maximale de près de 20 000 places, accueille de nombreux spectacles d'envergure. Musique, spectacles pour jeune public ou prouesses sur glace, il y a en a pour tous les goûts. Le Scotiabank Arena est aussi bien connu car il accueille les matchs sportifs des Maple Leafs (hockeyeurs professionnels membres de la NHL), des Raptors (basketteurs professionnels membres de la NBA) et des Rock (crosse, membres de la National Lacrosse League). Boutiques et restaurants sur place.

THÉÂTRE FRANÇAIS DE TORONTO

26 Berkeley Street
✆ +1 416 534 7303
www.theatrefrancais.com
Tarifs variables selon le spectacle (souvent à moins de 20 CAN $). Voir site web pour la programmation.

Le Théâtre français de Toronto est un théâtre professionnel de langue française, de répertoire et de création. De la comédie à la création contemporaine, en passant par le répertoire classique et moderne, le répertoire est vaste. Compagnie éclectique, il crée, produit et accueille des productions théâtrales d'ici et d'ailleurs. À savoir que la majorité des représentations se tient au Berkeley Street Theatre tout près du quartier Distillery Historic District.

SCARBOROUGH ★★

Bien qu'elle fasse partie du District Est de Toronto, Scarborough est encore souvent considérée comme une ville à part entière. Cette ville de banlieue, qui attire bon nombre d'immigrants, héberge des points d'intérêt qui valent le détour, à commencer par ses falaises, les Scarborough Bluffs, en bordure du lac Ontario, avec quelques plages en prime. Puis vient le parc urbain national de la Rouge, le plus grand du genre sur le continent. C'est dans ses limites que l'on retrouve également le Toronto Zoo. Certains secteurs de la ville sont accessibles depuis le centre de Toronto avec les lignes de métro 2 et 3, quoique le trajet soit un peu long.

TORONTO ZOO ★

2000 Meadowvale Road
✆ +1 416 392 5900
www.torontozoo.com

Ouvert tous les jours (horaires variables selon la saison). Voir site web pour les tarifs. Stationnement : 14 CAN $.

Le dépaysant jardin zoologique de Toronto héberge quelque 5 000 animaux, exotiques ou canadiens, représentant plus de 450 espèces. Les animaux qui y séjournent représentent sept régions géographiques du globe : Indomalais, Afrique, les Amériques, Australasie, Eurasie, territoire canadien et périple dans la toundra. On y retrouve aussi d'autres attractions telles que des jeux d'eau, des tyroliennes, un carrousel, un petit zoo pour enfants et plus encore. À voir : la nouvelle expérience immersive Terra Lumina. Camping, restaurants et boutiques sur place.

MCMICHAEL CANADIAN ART COLLECTION ★★★

10365 Islington Avenue ✆ +1 905 893 1121
www.mcmichael.com

Ouvert toute l'année (fermé le lundi hors saison). Adulte : 20 CAN $. Stationnement : 7 CAN $. Café sur place.

Il s'agit là d'une véritable plongée dans l'art canadien et les paysages majestueux qui l'ont inspiré. Près de 6 500 œuvres en retracent l'évolution et les temps forts, depuis les artistes des Premières Nations et les Inuit jusqu'aux peintres contemporains. Mais le véritable trésor de la galerie est sans nul doute l'impressionnante collection de peintures du célèbre Groupe des Sept (The Group of Seven), l'un des mouvements picturaux les plus emblématiques de l'Ontario en particulier, et du Canada tout entier. Car le Groupe des Sept veut s'affranchir des influences européennes pour imaginer une peinture mieux à même de retranscrire la majesté des grands espaces sauvages du Canada, que les habitants découvrent toujours plus grâce au train et à la voiture qui se développent alors. Les toiles représentent avec romantisme, puissance et force, les rivières tortueuses, les arbres rougissants ou les montagnes enneigées de l'immense territoire canadien. Les artistes de ce mouvement se regroupent en 1913 à Toronto, dans le Studio Building où ils installent leurs ateliers. Dans les premières décennies du XXe siècle, Franklin Carmichael, Lawren Harris, Frank Johnston, Arthur Lismer, J. E. H. MacDonald, Frederick Varley, A. Y. Jackson, auxquels on associe généralement Emily Carr et Tom Thomson, donnent ainsi naissance à une peinture radicalement canadienne. La visite de cette foisonnante collection est incontournable et sachez que la visite guidée est incluse dans les droits d'entrée.

VAUGHAN ★

Située juste au nord de Toronto le long de l'autoroute 400, Vaughan est composée de cinq localités, à savoir Woodbridge, Maple, Thornhill, Concord et Kleinburg. Grande ville de banlieue qui se classe d'ailleurs dans le top 20 en termes de population au pays, elle compte tout de même des attractions majeures. En famille, l'énorme parc d'attractions Canada's Wonderland et le zoo Reptilia dédié - comme son nom l'indique - aux reptiles sont des grands classiques. Les férus d'art canadien, quant à eux, ne manqueront pour rien au monde une visite à la McMichael Canadian Art Collection, avec ses quelque 6 500 œuvres dont celles du fameux Groupe des Sept.

BURLINGTON ★

En route vers la péninsule de Niagara depuis Toronto, la ville de Burlington est un passage obligatoire le long de la Queen Elizabeth Way. Face au lac Ontario et à proximité de l'escarpement du Niagara, elle marque un bel arrêt, d'autant plus qu'elle bénéficie d'une jolie promenade riveraine avec son quai, ses parcs, sa plage, son resto et son petit café. Les environs du *waterfront* constituent le cœur du centre-ville. On conseille d'ailleurs la Art Gallery of Burlington située dans ce secteur. Mais le plus grand atout de Burlington, ce sont ses superbes jardins, les Royal Botanical Gardens. Une randonnée sur les sentiers est chaudement recommandée.

TORONTO

ROYAL BOTANICAL GARDENS ★★

680 Plains Road West ✆ +1 905 527 1158
www.rbg.ca
Ouvert toute l'année (horaires variables). Adulte : 10 à 19,50 CAN $. Restauration et boutique sur place.

Parmi les espaces verts de la région, les Royal Botanical Gardens retiennent l'attention. De superbes jardins thématiques intégrés à des paysages sauvages recouvrent le site. Hautes falaises, splendides ravins, plates-bandes colorées et resplendissants marais servent de décor à cet immense site de 1 100 hectares. Une trentaine de kilomètres de sentiers attendent les amateurs de randonnée pédestre. Créés en 1929 et parmi les plus admirés d'Amérique du Nord, ces jardins procurent un véritable plaisir tant pour les yeux que pour les nez les plus fins !

HAMILTON ★

Ville d'importance, Hamilton est connue pour être la capitale canadienne de l'industrie lourde, notamment grâce à ArcelorMittal Dofasco, mais elle est également un employeur d'importance dans les secteurs de l'éducation (McMaster University), de la recherche et de l'innovation (McMaster Innovation Park). Elle accueille aussi une équipe professionnelle membre de la Ligue canadienne de football, les Tiger-Cats. Mais Hamilton dévoile un nouveau visage depuis quelques années, alors que les bonnes adresses y poussent comme des champignons. Pour les découvrir, on recommande une balade au centre-ville sur James Street et dans le secteur d'Hess Village.

PRING GUESTHOUSE €

158 Mary Street
✆ +1 289 440 8035
hamiltonguesthouse.ca
Chambre partagée : à partir de 50 CAN $, privée : à partir de 90 CAN $.

C'est dans la belle maison historique William Pring House qu'est établi le seul *hostel* de la ville. Et pas n'importe où : dans le quartier *hype* de Beasley, à quelques pas de James Street où tout se passe. Des chambres de type dortoir (mixtes ou pour femmes) et des unités privées sont à disposition, sans oublier une foule de services comme une cuisine entièrement équipée pour concocter ses repas, un superbe salon au cachet d'antan pour un brin de lecture ou encore une cour intérieure pour se la couler douce. Une adresse chaudement recommandée et une équipe au top !

THE MULE €

41 King William Street
✆ +1 289 389 2555
www.themule.ca
Lundi-vendredi, 11h30-2h ; samedi-dimanche, 11h-2h. Carte : moins de 20 CAN $. Terrasse, DJ le week-end.

Si une envie de tacos se fait sentir, c'est ici qu'il faut venir ! Grande spécialité de la maison, The Mule en propose une dizaine de déclinaisons allant des versions traditionnelles à celles plutôt originales. Le menu comprend aussi des plats « Not tacos » comme le guacamole et chips, le ceviche de poisson blanc, les calamars frits ou encore les ailes de poulet épicées, sans oublier le brunch du week-end servi jusqu'à 15h. The Mule est aussi un bar avec une ardoise bien remplie de tequilas, bourbons et cocktails maison. Trois autres succursales en Ontario.

COLLECTIVE ARTS BREWING

207 Burlington Street East
✆ +1 289 426 2374
collectiveartsbrewing.com
Ouvert tous les jours (horaires variables). Beer garden, programmation culturelle et musicale.

Difficile de rater le bâtiment de cette microbrasserie : il est couvert de grandes fresques murales. L'art est ici mis en valeur, jusque sur les étiquettes des bières mettant notamment en vedette des groupes de musique indie et des artistes d'art visuel. Pour découvrir les délicieux nectars maison, rien ne vaut une virée dans le superbe *beer garden* jouxtant les installations (plusieurs places à l'intérieur également). À savoir que l'endroit concocte aussi des cidres, gins et rhums artisanaux, sans oublier une seconde succursale à Toronto pour doubler le plaisir.

STEELTOWN GARAGE CO.

8 Barton Street East
✆ +1 289 389 7737
steeltowngarage.com
Horaires variables selon la saison.

Une blogueuse spécialisée dans les *coffee shops* rencontrée à notre *hostel* nous a mis sur la piste de cette adresse. Et on la remercie ! Steeltown Garage est un endroit unique, un repaire des motocyclistes du coin venus faire le plein de vêtements et accessoires moto, notamment de la marque maison, tout en savourant un café fait selon les règles de l'art. Très souvent, des dizaines de montures sont stationnées devant le *coffee shop*, encore plus lors des fameux Bike Nights. Bref, un endroit où jumeler caféine et motocyclisme, le tout dans une ambiance fort agréable.

ST. CATHARINES ★

Fondée par les loyalistes vers 1780, c'est aujourd'hui la plus grande ville de la péninsule en termes de superficie et elle en constitue le centre industriel. Malgré tout, elle a su garder son cachet d'antan comme en témoignent les écluses du canal Welland. Ce dernier traverse la péninsule de St. Catharines à Port Colborne. L'écluse n° 3, située à St. Catharines, abrite un centre d'interprétation et sa passerelle d'observation est l'endroit idéal pour voir de près des navires de tous les pays. Cette charmante ville est également un centre culturel intéressant : des galeries d'art, des musées et des festivals attendent les visiteurs.

NIAGARA-ON-THE-LAKE ★★★

Première capitale de l'Ontario (1792-1796), elle offre une ambiance d'antan. On peut aisément découvrir à pied ou à vélo cette illustre petite ville remplie d'histoire et d'attraits modernes. On ne la surnomme pas la « plus jolie ville du Canada » pour rien ! Nombreuses auberges de renom, des vignobles, des boutiques du terroir et des fermes, où cueillir une surabondance de fruits, ont élu domicile dans cette belle région. À seulement 30 minutes de Niagara Falls, vous pouvez naviguer facilement entre les deux villes. Si vous avez peu de temps, nous vous conseillons de privilégier Niagara-on-the-Lake à Niagara Falls, sans pour autant ignorer les chutes.

LIEU HISTORIQUE NATIONAL DU FORT-GEORGE ★

51 Queen's Parade
✆ +1 905 468 6614
www.pc.gc.ca/fortgeorge
Ouvert d'avril à fin octobre (horaires variables). Adulte : 12,50 CAN $. Stationnement : 6,25 CAN $.

Reconstruit fidèlement, il est tel qu'on pouvait le voir en 1812, juste avant la guerre anglo-américaine durant laquelle le fort défendait le Haut-Canada. On lui a ajouté le Brock, un monument élevé en l'honneur du héros de la bataille de Queenston. Des visites guidées ainsi que plusieurs activités et animations sont offerts par des guides-animateurs en costume d'époque, comme les démonstrations de tir au mousquet ou la musique militaire du Corps de fifres et tambours du 41e régiment.

HARBOUR HOUSE €€€

85 Melville Street
✆ +1 905 468 4683
niagarasfinest.com/harbour-house
Occupation double : à partir de 200 CAN $, petit déjeuner et stationnement inclus. Promotions et forfaits disponibles.

Membre en règle du réseau Niagara's Finest Hotels, le Harbour House est sans nul doute l'un des plus beaux hôtels de la ville, blotti dans une superbe maison d'époque à quelques pas de la rivière Niagara. Les chambres dépassent toutes nos attentes. La décoration est simple mais efficace, et les matériaux retenus sont de très grande qualité. Les matelas sont si confortables que vous passerez l'une des plus belles nuits de votre vie. À noter que les chambres et suites sont presque toutes équipées d'un bain à remous et d'un foyer au gaz.

OBAN INN SPA RESTAURANT €€€

160 Front Street ✆ +1 905 468 2165
www.oban.com
Occupation double : à partir de 205 CAN $, petit déjeuner inclus. Promotions et forfaits disponibles.

Trois mots symbolisent la beauté de ce lieu : confort, calme et détente. Ce havre de paix et de sérénité est une réelle invitation à la relaxation et à la méditation. Les chambres sont spacieuses et très belles. Le centre de santé spa permet de faire le plein d'énergie nécessaire pour débuter ses vacances. Le Oban est le lieu idéal pour une retraite de bien-être. Laissez-vous bichonner et profitez de cette expérience unique dans une des plus belles régions de l'Ontario. Aussi sur place : restaurant et cave à vin, piscine et bain à remous extérieur.

INNISKILLIN

1499 Line 3
+1 905 468 4637
www.inniskillin.com
Ouvert tous les jours dès 11h (fermeture entre 17h et 19h). Forfaits de visites guidées et de dégustations.

C'est grâce à cette demeure que la production du vin en Ontario a connu un essor important au pays comme à l'international. La salle d'accueil est logée dans une vieille étable datant de 1920 et abrite une boutique et un bar pour déguster les célèbres vins Inniskillin dont le pinot noir, le cabernet franc, le vin de glace et d'autres excellents produits du terroir. Pour les amateurs de la viticulture, des visites avec dégustations vous permettront de découvrir tous les secrets de cette cave et de ce grand art qu'est la viticulture. Autre domaine dans l'Okanagan.

JACKSON TRIGGS

2145 Niagara Stone Road
+1 905 468 4637
www.jacksontriggswinery.com
Ouvert tous les jours dès 11h (fermeture entre 17h et 19h). Forfaits de visites guidées et de dégustations.

Vignoble à la fine pointe de la technologie, il a ouvert ses portes à l'été 2004 et est dirigé par le vigneron Phillip Brown. L'architecture du bâtiment est une véritable réussite : son hall en pierre à la manière d'un loft qui sépare la zone de production de la salle d'accueil vaut à lui seul le détour. Mais, bien sûr, on y va surtout pour exciter nos papilles grâce aux bons vins. En saison estivale, le domaine présente une série de concerts à son amphithéâtre en plein air. Autre domaine dans l'Okanagan (Colombie-Britannique).

PELLER ESTATES

290 John Street East
+1 888 673 5537
www.peller.com
Ouvert tous les jours dès 10h, fermeture entre 19h et 21h selon le jour. Visites guidées et dégustations.

Cette grande propriété à la cave et boutique bien garnies possède également un des meilleurs restaurants de la région, The Winery Restaurant. Le chef exécutif Jason Parsons propose un menu dégustation midi et soir qui se décline en cinq services, un vin différent accompagnant chaque plat (menu à la carte aussi offert). Côté shopping gourmand, vous trouverez de tout, allant du cabernet sauvignon au riesling, en passant par le pinot gris et le succulent vin de glace. Bar à vin en terrasse et lounge également sur place au domaine.

QUEENSTON ★★

Incluse dans la ville de Niagara-on-the-Lake, cette communauté rurale se trouve dans l'escarpement du Niagara, en bordure de la rivière, et fait face à la ville américaine de Lewiston. Elle est connue pour avoir été le lieu de résidence de l'héroïne canadienne Laura Secord, laquelle parcourut 32 kilomètres à pied afin de prévenir les Britanniques d'une attaque surprise lors de la guerre anglo-américaine de 1812. C'est durant cette même guerre qu'eut lieu la bataille des Hauteurs-de-Queenston (Queenston Heights), l'une des plus célèbres. Un lieu historique national est d'ailleurs dédié à cette bataille, que l'on peut visiter de mai à octobre.

LAURA SECORD HOMESTEAD ★

29 Queenston Street
+1 905 262 4851
www.niagaraparks.com/fr
Ouvert de mi-mai à début octobre (horaires variables). 13 ans et plus : 9,85 CAN $. Stationnement gratuit sur place.

On est ici dans la demeure d'une héroïne de l'histoire canadienne, Laura Secord. Durant la Guerre de 1812, la jeune fille parcourut 32 kilomètres au péril de sa vie pour prévenir les Britanniques d'une attaque surprise préparée par l'envahissant voisin américain. La maison est décorée comme à l'époque (Laura y vécut de 1803 à 1835) et, tout au long de la journée, des guides costumés proposent des visites d'interprétation de cette maison historique. Avant de quitter les lieux, n'oubliez pas de vous procurer quelques délicieux chocolats Laura Secord.

LIEU HISTORIQUE NATIONAL DES HAUTEURS-DE-QUEENSTON ★

14184 Niagara Parkway
+1 905 468 6614
parcs.canada.ca/lhn-nhs/on/queenston
Site accessible toute l'année, service aux visiteurs de mai à octobre. Entrée tarifée.

C'est ici que s'est déroulée l'une des plus célèbres batailles de la guerre de 1812 qui opposait les forces britanniques, la Milice canadienne et les guerriers des Premières Nations aux troupes américaines afin de défendre le Haut-Canada. Des guides en costume d'époque vous raconteront ce jour sanglant d'octobre 1812, alors qu'un musée vous permettra d'en apprendre davantage. Pour admirer les champs de bataille, il est possible de gravir 235 marches vers le sommet du monument Brock.

NIAGARA FALLS ★★★★

Que dire qui n'ait pas déjà été dit ? Que les chutes demeurent la destination favorite des jeunes mariés, qu'elles sont le site le plus photographié au monde et qu'elles pourraient remplir un million de baignoires par seconde... Une chose est sûre, elles impressionnent même les plus blasés, et certains cinéastes y ont vu un potentiel dramatique incomparable, comme Henry Hathaway (*Niagara*, 1953, avec Marilyn Monroe). Mais en dehors de ces merveilles naturelles qui gagnent à être vues du côté canadien, le reste de la ville ressemble à un Luna Park. Fort heureusement, ce déploiement de lumières et d'agitation se tient légèrement en retrait des chutes.

© MIKEINLONDON

Chutes du Niagara.

JOURNEY BEHIND THE FALLS ★★

6650 Niagara Parkway ✆ +1 877 642 7275
www.niagaraparks.com/fr
Ouvert tous les jours dès 10h. 13 ans et plus : 15,50 CAN $.

Voyez le spectacle grandiose des chutes d'un autre angle : derrière son rideau puissant ! L'ascenseur conduit à des couloirs humides, des tunnels creusés dans la roche il y a quelque 130 ans, où résonnent les eaux rugissantes des chutes, dont vous ressentirez les vibrations (on confirme !). Tout près d'elles s'ébroue une ribambelle de petits ponchos jaunes sur la grande terrasse d'observation. Douche assurée ! À savoir que Journey Behind the Falls fait partie des activités incluses dans le Niagara Falls Wonder Pass (vendu au coût de 45 CAN $).

NIAGARA PARKS BUTTERFLY CONSERVATORY ★★

2565 Niagara Parkway
✆ +1 877 642 7275
www.niagaraparks.com/fr
Ouvert tous les jours dès 10h, fermeture entre 17h et 19h (selon la période de l'année). 13 ans et plus : 17 CAN $.

Le conservatoire des papillons propose une activité éducative sans pareille. Ces insectes aux ailes joliment colorées impressionnent par leur nombre et leur variété. L'expérience d'une véritable forêt tropicale humide, où plus de 2 000 papillons exotiques d'une quarantaine d'espèces voltigent en toute liberté, vous marquera à vie. À savoir que le Butterfly Conservatory fait partie des activités incluses dans le Niagara Falls Wonder Pass (vendu au coût de 45 CAN $).

NIAGARA PARKS POWER STATION

7005 Niagara Parkway ✆ +1 877 642 7275
www.niagaraparks.com
Ouvert tous les jours dès 10h (fermeture entre 17h et 19h). Centrale et tunnel : 28 à 38 CAN $, Currents : 30 CAN $.

Clairement une des nouvelles attractions les plus intéressantes de Niagara Falls ! L'ancienne centrale électrique, la première de cette ampleur du côté canadien de la rivière Niagara, accueille désormais les visiteurs pour une visite hors de l'ordinaire. Déroulement de la visite en trois temps :

- **La centrale électrique.** Avant tout chose, on recommande de payer le supplément pour avoir une visite guidée des lieux, une expérience bien plus enrichissante qu'une visite autonome. Les guides maitrisent l'histoire de la centrale sur le bout de doigts (anecdotes en prime), elle qui fut en opération pendant un siècle sous la direction de la Canadian Niagara Power Company, exploitant la puissante énergie des Horseshoe Falls. Artefacts, expositions interactives et installations d'interprétation sont à disposition et valent la peine qu'on s'y attarde après la visite guidée.
- **Le tunnel.** Une fois la visite terminée, on descend 55 m sous terre pour parcourir un tunnel long de 670 m qui mène à une plateforme d'observation juste à côté des chutes. Les ponchos sont fournis gratuitement mais pensez à vous habiller chaudement, le tunnel étant très, très humide.
- **L'expérience immersive Currents.** En soirée, la centrale se métamorphose en une incroyable expérience immersive, voire même interactive car certaines projections réagissent à nos mouvements. Le Niagara Falls Power Pass regroupe les trois expériences, mais il est possible de prendre un billet seulement pour le spectacle nocturne.

WHIRLPOOL AERO CAR ★★

3850 Niagara Parkway
✆ +1 877 642 7275
www.niagaraparks.com/fr

En opération de fin avril à mi-octobre (en fonction de la température). 13 ans et plus : 17 CAN $.

Le Téléphérique du Tourbillon, de conception espagnole, date de 1916. On monte à bord d'une antique nacelle colorée suspendue par six gros câbles pour un aller-retour assez spectaculaire d'environ un kilomètre au dessus des rapides de la rivière Niagara. On peut y observer un phénomène tout à fait singulier lorsque ces rapides changent brutalement de sens, créant ainsi le fameux « Tourbillon du Niagara ». Pour voir les rapides sous un autre angle, nous vous conseillons d'emprunter le White Water Walk et son long trottoir de bois qui longe les gorges du Niagara.

NIAGARA CITY CRUISES

5920 Niagara Parkway
✆ +1 800 459 8105
www.cityexperiences.com/niagara

Mai à fin novembre, selon les conditions météo. Adulte : à partir de 33 CAN $.

Le superbe catamaran de Niagara City Cruises est le bateau de croisières officiel du côté canadien. L'immanquable excursion au pied des chutes fait défiler les touristes trempés en ponchos rouges qui découvriront la puissance de ces dernières de très, très près. Une autre croisière, offerte en eaux plus calmes, permet d'admirer l'illumination des chutes en soirée avec un verre de vin, et peut-être même d'assister aux feux d'artifice. Des forfaits permettent aussi de combiner plusieurs activités dans la même journée. À faire absolument !

NIAGARA HELICOPTERS

3731 Victoria Avenue
✆ +1 905 357 5672
www.niagarahelicopters.com

Ouvert tous les jours dès 9h. 12 ans et plus : 160 CAN $. Durée du vol : 12 minutes.

Voyez les gorges et les chutes du Niagara sous un tout autre angle ! Cette entreprise propose des balades guidées en hélicoptère, dont le tour classique offert en une douzaine de langues. Des rapides aux chutes, en passant par les superbes parcs de la région et les emblèmes de la ville, vous ne raterez rien de ce spectacle grandiose. Une expérience des plus mémorable, de jour comme de soir, qui vaut son pesant d'or. Possibilité de jumeler le vol avec une visite des vignobles ou une partie de golf, par exemple. Tours personnalisés aussi disponibles.

FAIRFIELD BY MARRIOTT NIAGARA FALLS €€

5257 Ferry Street ✆ +1 905 356 2842
www.marriott.com

Occ. double : à partir de 119 CAN $, petit déjeuner inclus. Promotions disponibles. Piscine, fitness, stationnement.

Situé à un jet de pierre de Clifton Hill et des nombreux attraits de la ville, cet hôtel entièrement rénové offre un rapport qualité-prix quasi imbattable en ville. Ses chambres sont ultra confortables et munies de toutes les commodités imaginables. Servi entre 7h et 10h, le petit déjeuner en formule buffet permet de démarrer la journée du bon pied et pour la détente, la piscine intérieure est un must. Bonus : une équipe aux petits soins pour un séjour très agréable. On recommande !

HILTON NIAGARA FALLS / FALLSVIEW HOTEL & SUITES €€

6361 Fallsview Boulevard ✆ +1 888 370 0325
www.niagarafallshilton.com

Occupation double : à partir de 159 CAN $. Promotions et forfaits. Restaurants, café, lounges, stationnement payant.

Avec sa tour abritant ses suites, la plus haute à Niagara et dépassant la Tour Skylon de 12 mètres, le Hilton offre une vue des plus sublimes sur les chutes. Pour les moments de loisirs et de détente, une salle de fitness ainsi que deux piscines intérieures (dont une piscine infinie) feront le bonheur de toute la famille. En soirée, suivez la passerelle de verre qui vous mènera directement au réputé Fallsview Casino. Ajout récent : le complexe de divertissement OLG Stage au casino.

TABLE ROCK HOUSE RESTAURANT €€

6650 Niagara Parkway
✆ +1 877 642 7275
www.niagaraparks.com/fr

Ouvert tous les jours dès 11h30. Carte : 10-50 CAN $, menu 3 services le soir : 60 CAN $.

Cette bonne table de Niagara Parks, avec son énorme baie vitrée donnant directement sur les chutes, vous propose de savourer les produits gourmands de la région préparés avec soin par le chef Elbert Wiersema et sa brigade. La carte des vins comprend plusieurs grands crus de la péninsule, sans oublier les bières locales. Pour la liste des autres restaurants de Niagara Parks, consultez le site web, onglet « Culinaire » (nous vous recommandons chaudement d'essayer le Queenston Heights).

TIDE & VINE OYSTER HOUSE €€

3491 Portage Road ✆ +1 905 356 5782
www.tideandvine.com
Lundi-jeudi, 11h30-21h ; vendredi-samedi, 11h30-22h ; dimanche, 11h-21h. Carte : 10-80 CAN $. Terrasse.

Tide & Vine, c'est avant tout un bar à huîtres. C'est d'ailleurs ce resto qui organise annuellement en juin le fameux Oyster Fest Niagara (festival des huîtres). En plus de ce succulent mollusque, la maison propose toutes sortes de plats rendant honneur aux produits de la mer (saumon fumé maison, chaudrée de fruits de mer, moules, poisson du jour, mac & cheese au homard, etc.) et on recommande vivement l'assiette de la mer pour deux avec un petit extra de caviar. À ne pas manquer également : le brunch du dimanche qui attire les foules.

COUNTERPART BREWING

3659 Stanley Avenue
✆ +1 905 354 2739
counterpartbrewing.com
Ouvert tous les jours dès midi. Terrasse.

Clairement notre nouvelle adresse préférée en ville pour savourer une bonne bière artisanale, Counterpart Brewing est une nouveauté rafraîchissante. Ouverte depuis 2019, cette microbrasserie, située en retrait du brouhaha de Niagara Falls, concocte de savoureux nectars avec un net penchant pour les IPA. On accompagne le tout d'un plat gourmand aux portions généreuses comme le sandwich de poulet frit, les tacos de poisson grillé ou encore un des plats du jour. Bonus : une boutique sur place permet de rapporter des souvenirs houblonnés à la maison.

WHIRLPOOL JET BOAT TOURS

55 River Frontage Road
✆ +1 888 438 4444
www.whirlpooljet.com
Début mai à fin octobre. Wet Jet & Jet Dome : adulte 74,95 CAN $. Vérifier les conditions s'appliquant aux enfants.

Les gorges de Niagara et ses rapides vous promettent une expédition forte en adrénaline ! De puissants bateaux vous feront faire des virages à 360° à toute vitesse en eaux vives. Il ne reste qu'à choisir le type de bateau, selon que vous désirez être trempé de la tête aux pieds ou non. Pour ceux qui se le demandent, vous ne verrez pas Niagara Falls et les chutes durant cette excursion en eau vive. À savoir que l'entreprise opère également du côté américain à Lewiston (État de New York). Forfaits disponibles en combo avec d'autres activités de Niagara.

WILDPLAY ZIPLINE TO THE FALLS

5920 Niagara Parkway
✆ +1 800 263 7073
www.wildplay.com/niagara-falls
Ouvert toute l'année (horaires variables selon la saison). À partir de 69,99 CAN $ par personne.

Si vous raffolez de tyroliennes comme nous, vous serez ici comblé ! Et celle-ci a l'avantage de filer en direction des chutes, offrant une vue à couper le souffle sur cette force de la nature. Sachez que le harnais est très confortable et qu'il est muni d'une poche à l'arrière pour mettre ses effets personnels (car vous serez un peu mouillé en raison de la bruine formée par les chutes). À noter que l'entreprise tient également un parcours aérien à Niagara Falls (3500 Niagara Parkway).

FORT ERIE ★★

En 1784, des loyalistes s'établissent dans la région, suivis d'immigrants allemands. Toutefois, le fort Érié – à l'origine un poste de traite français et ensuite un fort britannique – veille déjà sur ce lieu stratégique depuis 1764. En 1931, le village, situé près du fort britannique du même nom, fusionne avec la ville de Bridgeburg et devient la ville de Fort Érié. Deux des premiers forts sont détruits par les glaces du lac Érié et la puissante rivière Niagara ; un troisième est partiellement détruit en 1814 par des soldats américains. La forêt et les terrains, restaurés de 1937 à 1939, relèvent aujourd'hui de la Commission des parcs du Niagara.

OLD FORT ERIE ★★

350 Lakeshore Road
✆ +1 905 871 0540
www.niagaraparks.com
Ouvert de mi-mai à début octobre (horaires variables). 13 ans et plus : 13,50 CAN $.

Construit à la fin du XVIIIe siècle, ce fort n'était pas terminé lorsque les États-Unis ont déclaré la guerre au Canada le 18 juin 1812. Partiellement détruit avec le temps, il a été entièrement restauré. Aujourd'hui il offre une des plus importantes reconstitutions des événements de 1812 au Canada. Les combats sont saisissants lors de l'annuelle reconstitution historique du siège du Old Fort Erie et rappellent les épisodes de 1814 qui ont fait du vieux fort Érié le champ de bataille le plus sanglant au Canada. Différentes animations sont au programme.

ST. JACOBS ★★

À l'ouest de Toronto, dans la région de Kitchener-Waterloo, ce village mennonite perpétue le passé. Plusieurs s'y déplacent encore en carriole et restent fidèles à leur sévère tenue sombre. Ils ont sciemment décidé de vivre selon les traditions et les valeurs du début du XIXe siècle. Leurs magnifiques fermes, le long des chemins des environs, sont des modèles d'efficacité. Mais St. Jacobs est également un district de shopping et un village des plus accueillants avec de jolies boutiques, de bons petits restos, des produits gourmands et d'artisans, et plusieurs activités culturelles. Ne ratez sous aucun prétexte son fameux marché fermier.

ST. JACOBS FARMERS' MARKET

878 Weber Street North

✆ +1 519 747 1830

stjacobsmarket.com

Ouvert le jeudi et le samedi toute l'année, ainsi que le mardi en été. Mini-ferme et tour de calèche en saison.

Un marché public hors de l'ordinaire vous attend à St. Jacobs. Des centaines d'étals vendent des délices du terroir, des meubles et des accessoires ménagers, des textiles et vêtements tissés, cousus ou faits à la main, des articles forgés à l'ancienne, c'est-à-dire à coups de soufflet et de marteau, le tout vendu par des marchands mennonites pour plusieurs. Dans ce même secteur, vous trouverez un marché d'antiquités et des boutiques de type « outlets ».

STRATFORD ★★★

Jolie ville très british, mondialement réputée dans le domaine du théâtre. En 1953, craignant le déclin de sa ville ferroviaire, Tom Patterson propose la création d'un festival consacré à Shakespeare. Aujourd'hui, plus d'un demi-million de spectateurs assistent au Festival de Stratford tous les ans. Outre le théâtre, les résidents de Stratford ont fait de l'art un mode de vie. De la courtepointe au récital, entre une salle de spectacle et un parc, la création s'exprime en permanence. Et pendant que vous êtes sur place, nous vous recommandons d'aller boire un thé glacé en admirant la rivière Avon et de vous balader dans les Shakespearean Gardens.

LONDON ★

Centre important de la culture iroquoise canadienne, vous pourrez vous familiariser avec cette culture amérindienne qui fascine tant. Avec son air définitivement *british* et l'empreinte de la culture iroquoise, London est un exemple d'harmonie entre Autochtones et Canadiens blancs. Elle porte encore les marques du passé glorieux des Iroquois et de la culture britannique léguée par John Graves Simcoe. Située au cœur d'une région agricole, London est un centre industriel important en Ontario, un centre de recherche médicale reconnu mondialement, et une ville jeune et dynamique avec collèges et universités, dont la réputée University of Western Ontario.

BANTING HOUSE NATIONAL HISTORIC SITE OF CANADA ★★

442 Adelaide Street North

✆ +1 519 673 1752

bantinghousenhs.ca

Mardi-vendredi, 12h-16h ; samedi-dimanche, 11h-16h. Dernier tour guidé à 15h. Adulte : 6 CAN $.

Ce site historique du Canada décrit la vie et les réalisations de Frederick Banting (1891-1941), célèbre médecin, qui formula le processus de l'isolation de l'insuline qui lui valut le prix Nobel de médecine en 1923. C'est dans cette maison, que l'on surnomme le « berceau de l'insuline », qu'il s'est réveillé en pleine nuit un certain 31 octobre 1920 avec l'idée qui le mènerait à cette incroyable découverte médicale, la plus grande du XXe siècle au pays.

FANSHAWE PIONEER VILLAGE ★

1424 Clarke Road ✆ +1 519 457 1296

www.fanshawepioneervillage.ca

Ouvert de fin mai à début octobre. Adulte : 10 CAN $. Ouvert à d'autres périodes lors d'événements spéciaux.

Superbe site d'un village reconstitué qui vous fera voyager dans le temps, entre 1820 et 1920, au sein du quotidien des communautés rurales des cantons de Westminster, London, North Dorchester, Delaware, West Nissouri et Lobo. On y retrouve des fermes, une petite école, la taverne du village, un magasin général, une imprimerie, une brasserie et bien plus encore. Question de rendre le tout vivant, plusieurs démonstrations sont offertes par des personnages en habits d'époque. Instructif et divertissant. Magasin général et aires de pique-nique sur place.

SKA-NAH-DOHT VILLAGE & MUSEUM ★

8348 Longwoods Road - **MOUNT BRYDGES**
✆ +1 519 264 2420
www.lowerthames-conservation.on.ca
Fin mai à début octobre : tous les jours de 9h à 16h30. Hors saison : même horaire mais sur rendez-vous les week-ends.

Pour tous ceux qui s'intéressent à l'art et à la culture amérindienne, ce village vaut le détour. Situé dans l'aire de conservation Lonwoods Road, ce site vous donnera l'occasion d'enrichir vos connaissances sur le style de vie du peuple iroquois durant les mille dernières années. Le musée expose des objets millénaires selon la société d'archéologie de l'Ontario. À savoir qu'un prix minime est exigé par voiture pour entrer dans l'aire de conservation.

HOTEL METRO €€

32 Covent Market Place
✆ +1 519 518 9000
www.hotelmetro.ca
Occupation double : à partir de 179 CAN $. Promotions disponibles.

Bel hôtel-boutique au cœur du centre-ville, à un jet de pierre du marché fermier (Covent Garden Market) et des bonnes adresses pour le *nightlife*. On y propose des chambres épurées et modernes au look européen, dont plusieurs avec mur de briques. Elle sont réparties en quatre catégories, de la chambre double au loft hyper tendance. Au rez-de-chaussée se trouve le restaurant-bar Gnosh Dining+Cocktails (gnoshdining.com, ouvert midi et soir, le soir seulement dimanche et lundi), une adresse bien connue et très fréquentée par les gens du coin. À découvrir !

HUNTER & CO. €€

349 Talbot Street
✆ +1 519 672 2555
www.hunterco.ca
Ouvert tous les jours dès 17h. Carte : 10 à 40 CAN $. Terrasse.

Clairement une des meilleures tables en ville, Hunter & Co. se veut une expérience gourmande basée sur le partage. Le chef et sa brigade concoctent toutes sortes de succulents petits plats s'inspirant des produits locaux et des saveurs du monde. Huîtres, charcuteries, os à moelle rôti, *grilled cheese* (le meilleur au monde, paraît-il), joue de bœuf braisée, *dumplings* au canard et autres délices sont à l'ardoise (possibilité d'un menu à l'aveugle, choisi par le chef). La carte des alcools qui épaule le tout vaut la mention, notamment pour les cocktails maison.

10EIGHTEEN

1018 Dundas Street
✆ +1 519 601 1118
www.10eighteen.ca
Mardi-vendredi, 7h-15h30 ; samedi, 8h-15h.

Autre bonne adresse du quartier Old East Village : ce petit café indépendant. L'endroit se spécialise dans le café infusé par versement (*pour-over coffee*), une tendance hautement à la mode dans les cafés de troisième vague, ainsi que l'espresso préparé avec les cafés du torréfacteur ontarien Trebilcock Coffee Roasters Inc. 10Eighteen propose également des petits plats faits maison ou provenant d'artisans du coin, comme les tartines, les sandwichs déjeuner, les bols santé, les brioches à la cannelle, etc. Parfait pour une pause !

PUB MILOS

420 Talbot Street North
✆ +1 519 601 4447
www.pubmilos.com
Horaires variables selon la saison. Terrasse.

Probablement la meilleure adresse en ville pour déguster des bières artisanales *made in Ontario*. Plus d'une vingtaine de crus de la province figurent à l'ardoise, incluant toujours au moins une bière servie en cask. On y retrouve des petits bijoux provenant entre autres des microbrasseries Bellwoods, Bench, Blood Brothers, Godspeed, The Exchange ou encore Wellington. Pour les petits creux, un menu de type gastropub est proposé avec un bel apport de produits régionaux ou encore faits maison. Une sympathique adresse à découvrir !

LONG POINT ★★

Cette longue pointe de terre, qui pénètre dans les eaux du lac Érié, est un lieu propice pour la flore et fait partie de la route migratoire de nombreux oiseaux. Il n'est donc pas surprenant d'apprendre que l'endroit compte parmi les réserves de la biosphère de l'UNESCO. Cette dernière se trouve tout au bout de la pointe de terre et elle n'est pas accessible au grand public. Plus près de la côte se trouvent le parc provincial Long Point ainsi que la Réserve nationale de faune du Ruisseau-Big. Pour profiter pleinement de ces sites naturels de toute beauté, il est possible de camper dans les environs, notamment au parc provincial, ou de louer un cottage.

PARC PROVINCIAL LONG POINT ★★

Erie Boulevard
✆ +1 519 586 2133
ontarioparks.com/park/longpoint/fr
Ouvert de mi-mai à mi-octobre. Voir site web pour les tarifs (entrée, camping, etc.).

Situé sur un site considéré comme Réserve de la biosphère par l'UNESCO, ce parc provincial offre 11 km de plage (environ 40 km dans tout le secteur de Long Point) et ravira les amateurs de nature qui pourront observer tortues et autres reptiles, amphibiens et oiseaux migrateurs. En automne et au printemps, le parc est le point d'escale pour les oiseaux migrateurs et un refuge réputé pour la sauvagine. Services sur place : camping, magasin et aires de pique-nique avec barbecues.

PORT STANLEY ★★

Promenez-vous sur Main Street où se concentrent quelques boutiques et galeries d'art, pour la plupart établies dans de jolies maisons historiques. Cette rue mène ultimement à Little Beach, une petite plage tranquille où profiter des plaisirs de la baignade. Au cœur de Port Stanley, sur Bridge Street, un arrêt s'impose au Art & Soul Cafe ou à la crèmerie Broderick's. Continuez sur Bridge et traversez le pont. En descendant William Street, vous arriverez à la grande plage (surveillée) de Port Stanley. Beaucoup plus bondée que Little Beach, elle bénéficie d'installations sportives et sanitaires, sans compter son fameux bar de plage GT's.

LEAMINGTON ★★★

Point d'entrée pour le parc national de la Pointe-Pelée et des excursions vers l'île Pelée, Leamington est une petite ville qui sert souvent d'escale pour les nombreux visiteurs attirés par cette région unique au Canada. Oasis de forêt carolinienne luxuriante à l'extrême sud du Canada, le parc national s'anime du chant des oiseaux migrateurs au printemps, bourdonne du crépitement des cigales tropicales en été, frémit des battements d'ailes des papillons monarques à l'automne et se tait en hiver pour laisser place à la quiétude. Destination vacances oblige, elle offre plusieurs options d'hébergement, notamment des chalets en bord de lac.

PARC NATIONAL DE LA POINTE-PELÉE ★★★

1118 Point Pelee Drive ✆ +1 519 322 2365
www.pc.gc.ca/pelee
Ouvert toute l'année (horaires variables). Adulte : 6,50 à 8,50 CAN $, 17 ans et moins : gratuit.

Cette région, qui couvre à peine 0,25 % de la superficie du Canada, recèle la plus grande diversité d'arbres, d'insectes, d'amphibiens, de reptiles et d'oiseaux de tout le pays. Les terres de la Pointe-Pelée profitent du climat le plus chaud et de la plus longue période sans gel de tout le pays. Bien qu'il s'agisse d'un des plus petits parcs nationaux du Canada, c'est un géant de la faune et de la flore nord-américaines, reconnu dans le monde entier. Au printemps et à l'automne, le ciel se couvre de millions d'oiseaux migrateurs (festival de la Plume en mai). Tout ornithologue sérieux doit y faire un pèlerinage. Que dire des papillons monarques : on les compte par millions ! Au moment de leur passage, à l'automne, des champs papillonnants, littéralement orangés, vous attendent. Le climat exceptionnel qui affecte cette région explique sa luxuriante végétation. Hôtesse de l'unique forêt carolinienne du Canada, elle abrite une flore qui pousse habituellement bien plus au sud. Mention aux superbes plages de sable blanc, parfaites pour le *farniente* et la baignade.

- **Activités :** randonnée pédestre, vélo, activités nautiques, baignade, observation de la faune et du ciel étoilé, photographie, programmes d'interprétation auto-guidés, événements spéciaux.
- **Services :** centre d'accueil des visiteurs et boutique Nature Nook, boutique de souvenirs au camping du Camp Henry, hébergement en tentes oTENTik, service de navette de mi-avril à fin octobre. Location d'équipement chez Pelee Wings.

ÎLE PELÉE ★★

Cette île est le point le plus au sud du Canada. Elle n'est qu'à un degré de Napa Valley et le climat s'y avère tout aussi agréable qu'en Californie. Dès les années 1860, les vignobles y lançaient la production commerciale de vin, ce qui leur confère le statut de plus anciens du pays. Le charme de cette île, qui compte quelque 200 résidents, passe aussi par son rythme, qu'on peut illustrer par l'absence de banque et de guichet automatique. Les cyclistes apprécieront la tournée riveraine de 56 km, dans son atmosphère à la fois champêtre et romantique. Le tour de l'île mène des ruines du premier vignoble du Canada au port de pêche, puis dans les marais.

PELEE ISLAND WINERY PAVILION ★

20 East West Road
✆ +1 519 724 2469
www.peleeisland.com
Ouvert de mi-mai à mi-octobre. Visite guidée et dégustation : 5 CAN $ par adulte (gratuit pour les 18 ans et moins).

Contrée vinicole commerciale la plus ancienne du pays, l'île Pelée compte les premiers vignobles du Canada établis il y a plus d'un siècle. Lorsque vous serez sur l'île, une visite au Pelee Island Pavilion s'impose. Vous y dégusterez des crus célèbres en profitant de la beauté des lieux. De mai à octobre, des événements spéciaux s'y déroulent pour le plus grand plaisir des visiteurs. Visites guidées offertes tous les jours. Autre vignoble à Kingsville.

AMHERSTBURG ★

La riche histoire d'Amherstburg, son passé militaire, sa mosaïque ethnique et son développement économique le long de la rivière Detroit font de ce lieu une escapade culturelle fort intéressante. C'est ici que se trouve le Amherstburg Freedom Museum et ses expositions traitant du chemin de fer clandestin, du règlement noir canadien et des accomplissements en termes de droits et de reconnaissance des Noirs nord-américains. Les villes de Chatham, Windsor et Lakeshore gardent aussi des traces de ce passé. Côté militaire, Amherstburg accueille le fort Malden, dorénavant un lieu historique animé avec des personnages d'époque et des démonstrations diverses.

LIEU HISTORIQUE NATIONAL DU FORT-MALDEN ★

100 Laird Avenue South
✆ +1 519 736 5416
www.pc.gc.ca/malden
Fin mai à début octobre : mercredi-dimanche, 10h-17h. Adulte : 4,25 CAN $, 17 ans et moins : gratuit.

Fort Malden a été construit en 1796 pour protéger le pays lors de la guerre de 1812 et la rébellion de 1837 qui opposaient le Canada aux États-Unis. Ce site historique offre de nombreuses activités, notamment des démonstrations et des spectacles qui illustrent la vie des soldats canadiens de l'époque. On ne manquera pas la démonstration de tir au fusil par un guide-interprète en costume d'époque (horaire selon la météo). Boutique de souvenirs sur place.

AMHERSTBURG FREEDOM MUSEUM ★★

277 King Street ✆ +1 519 736 5433
amherstburgfreedom.org
Mardi-vendredi, 12h-17h ; samedi-dimanche, 13h-17h. Adulte : 7,50 CAN $.

Ce musée d'histoire expose l'évolution des Noirs nord-américains, des origines africaines jusqu'à la société occidentale actuelle où ils occupent une place fondamentale. Les expositions portent sur le chemin de fer souterrain, le règlement noir canadien et les accomplissements en termes de droits et reconnaissance des peuples. En plus du musée, on retrouve deux bâtiments sur le site : la Taylor Log Cabin, ancienne maison d'esclaves, et la Nazrey A.M.E. Church, église reconnue site historique du Canada. À ne pas manquer : en février, alors que le Black History Month bat son plein, le musée organise toutes sortes d'activités spéciales. Il vaut d'ailleurs la peine de consulter la programmation mise en ligne sur le site du musée, plusieurs activités se tenant aux quatre coins de la région Windsor-Essex tout au long du mois.

Des hommes libres. Vestige d'un temps révolu, le chemin de fer souterrain demeure entouré de mystère. Combien d'esclaves en ont rêvé au milieu du XIXe siècle... Environ 30 000 serviteurs et travailleurs agricoles noirs ont, en l'empruntant, échappé à la servitude qui les écrasait aux États-Unis pour venir s'établir sur les terres fertiles d'ici. Çà et là, cette réalité est rappelée. Parmi les vestiges, citons le Musée de l'histoire afro-canadienne (Josiah Henson Museum of African-Canadian History) à Dresden et le Musée de la liberté (Amherstburg Freedom Musem) à Amherstburg. On retrouve d'autres traces de cette époque à Chatham, à Windsor et à Lakeshore.

WINDSOR

Windsor est la ville la plus méridionale du Canada, la seule située au sud de la frontière continentale américaine. Située en bordure de la rivière Detroit, face à la ville américaine du même nom, à l'extrême sud-ouest de la province de l'Ontario, elle est nichée dans la riche péninsule agricole située entre les lacs Érié et Sainte-Claire. Après la fusion de plusieurs municipalités le long de la rivière Detroit et du lac Sainte-Claire, le Grand Windsor comprend aujourd'hui les villes de Tecumseh, d'Essex et de Lakeshore, le village de St. Clair Beach, et les cantons de Sandwich West, de South Maidstone, de Rochester et de Colchester North.

TORONTO

CANADIAN AVIATION MUSEUM ★

2600 Airport Road ✆ +1 519 966 9742
canadianaviationmuseum.ca
Ouvert toute l'année (horaires variables selon la saison). Adulte : 11 CAN $.

Sous la gouverne de la Canadian Historical Aircraft Association et logé dans un des hangars de l'aéroport international de Windsor, vous découvrirez à ce musée l'histoire de l'aviation canadienne et verrez de plus près d'anciens modèles d'aéronefs tant militaires que civils, dont le *Mosquito KB161* et le bombardier *Lancaster*. Quelques événements spéciaux y sont organisés pendant l'année. Il s'y est d'ailleurs tenu pendant de nombreuses années l'incontournable Air Show qui épatait petits et grands. Boutique de souvenirs sur place.

LAKE ST. CLAIR ★

D'une superficie de plus de 1 000 km², ce lac sépare l'État américain du Michigan de la province canadienne de l'Ontario, avec les rivières Sainte-Claire et Detroit qui servent de lien entre les lacs Huron et Érié. Il faut se rendre dans le quartier Tecumseh, à quelques kilomètres à l'est de Windsor, pour atteindre son embouchure. Les sports nautiques et de voile y ont la cote, mais aussi la pêche, avec plusieurs espèces de poissons d'eau douce. Les croisières touristiques s'approchent de l'embouchure mais restent généralement dans les eaux de la rivière Detroit.

BEST WESTERN PLUS WATERFRONT HOTEL €€

277 Riverside Drive West
✆ +1 519 973 5555
Occupation double : à partir de 152 CAN $. Promotions disponibles.

Lors de votre séjour à Windsor, il serait dommage de ne pas profiter de la vue qui s'ouvre sur la rivière Detroit et sa ville homonyme. Cet hôtel vous l'offre pour un prix plus qu'intéressant, notamment ses chambres de catégorie panoramique. On y retrouve aussi un stationnement payant à deux pas, une piscine intérieure chauffée, une salle de fitness et un restaurant (The River Room). À noter que le petit déjeuner est offert avec un léger supplément.

THE TWISTED APRON €

1968 Wyandotte Street East
✆ +1 519 256 2665
www.thetwistedapron.com
Lundi-vendredi, 8h-16h ; samedi-dimanche, 9h-16h. Carte : moins de 25 CAN $.

Petit café-bistro très sympathique, le Twisted Apron propose une cuisine de type *comfort food* où les produits locaux ont la cote. Sa grande spécialité : le brunch. Et le menu offre une panoplie de choix, allant du petit déjeuner classique aux œufs Bénédicte avec saumon fumé, en passant par l'assiette de poulet frit et gaufres. Pour le lunch, salades, sandwichs, burgers, mac & cheese et autres délices sont au menu. Alors que ce soit pour un brunch gourmand le matin ou un café par un bel après-midi, l'endroit est à mettre au carnet de route.

ANCHOR COFFEE HOUSE

543 Lincoln Road
✆ +1 519 915 0626
www.anchorcoffeehouse.com
Ouvert tous les jours de 9h à 15h. Coin terrasse.

Définitivement notre meilleure adresse à Windsor pour un café. Anchor s'approvisionne auprès de torréfacteurs canadiens dont Chance Coffee (Windsor, Ontario), Monogram et Phil & Sebastian (Calgary, Alberta). L'endroit concocte également des douceurs (scones, biscuits, etc.), quelques petits déjeuners maison comme la frittata, le scone-sandwich avec œuf frit ou le bagel végétarien, ainsi que des lunchs sur le pouce (soupes, salades, sandwichs, etc.), et ce toujours frais du jour. Accessoires et cafés en vente sur place et en ligne.

CHAPTER TWO BREWING COMPANY

2345 Edna Street
✆ +1 519 915 3118
www.chaptertwobrewing.com
Ouvert du mardi au dimanche dès 13h. Terrasse.

Ouverte depuis l'hiver 2018, cette microbrasserie est à découvrir. Située à proximité de la gare ferroviaire, à cheval sur les quartiers Walkerville et Ford City, Chapter Two a installé un petit salon de dégustation adjacent à ses installations de brassage. Parmi les crus maison, notons sa ale anglaise aux saveurs bien maltées avec un petit côté sucré de caramel, ou encore sa West Coast IPA aux notes d'agrumes. Bonus : un menu gourmand et des spectacles live.

GRAND BEND ★

Communément appelée « The Bend » ou « GB », cette petite « Floride du Nord », avec ses superbes plages de sable blanc, est le centre culturel régional, sans oublier son circuit de course de grande renommée, le Grand Bend Motorplex. De 3 000 habitants à l'année, la population frôle les 50 000 lors de la belle saison. En effet, bon nombre de citadins ontariens, y compris des Américains, viennent passer les vacances d'été dans leur chalet ou cottage dans la région, que ce soit à Grand Bend, Oakwood Park, Southcott Pines ou Beach O'Pines. Ne quittez pas Grand Bend sans être allé voir les fameuses dunes de sable du parc provincial Pinery.

GODERICH ★★

Connaître Goderich, c'est vouloir y emménager. Récipiendaire de nombreux prix de développement touristique, cette perle est un mini-centre de villégiature tout naturellement envoûtant. Son aménagement hors du commun, l'architecture de ses bâtiments, l'amabilité de ses résidents, ses innombrables plages reliées entre elles par une promenade en bois (notre préférée est Rotary Cove Beach), ses restaurants pour fins gourmets, ses nombreuses boutiques et activités environnantes... Tout cela fait de Goderich une destination incontournable. Même Elizabeth II a qualifié l'endroit de « Canada's prettiest town » (la plus belle ville du Canada).

BENMILLER INN & SPA €€

81175 Benmiller Line
✆ +1 519 524 2191
www.benmiller.ca

Occupation double : à partir de 142 CAN $. Promotions et forfaits disponibles. Spa et restaurant sur place.

Logé au cœur d'une région fabuleuse, le Benmiller Inn & Spa met à la disposition de sa clientèle les plus belles chambres de la région. Dans un décor personnalisé et un confort digne des grands hôtels, cet établissement réputé est à l'écoute des moindres besoins des visiteurs. Le centre de santé Petit Aveda Spa est tout simplement excellent, et le restaurant gastronomique offre la meilleure cuisine en ville. Une adresse à retenir pour ceux qui en ont les moyens. Pour les autres, une escale au restaurant ou au spa s'impose absolument.

COLBORNE BED & BREAKFAST €€

72 Colborne Street ✆ +1 519 524 7400
www.colbornebandb.com

Occupation double : à partir de 130 CAN $, petit déjeuner inclus. Véranda, superbe cour arrière avec terrasse.

Nous n'avions jamais encore passé une nuit à Goderich et ce gîte nous semblait fort sympathique. L'expérience que nous y avons vécue fut bien audelà de nos attentes ! On y rencontre une clientèle fidèle, qui revient année après année, pour un séjour de charme dans une des plus belles régions de l'Ontario. Les chambres sont exquises, tout comme chaque pièce de la maison. Et la matin venu, préparez-vous à un petit déjeuner des plus gourmets, avec une succession de plats maison absolument délicieux. On rêve vraiment d'y retourner !

CAIT'S CAFE

168 Courthouse Square
✆ +1 519 612 2268
www.caitscafe.ca

Lundi-vendredi, 7h-16h30 ; samedi, 8h-16h30 ; dimanche, 9h-16h. Terrasse.

Dans ce beau petit local tout de blanc et de turquoise vêtu, on sert le meilleur café en ville. Les grains proviennent de deux torréfacteurs locaux, soit Coastal Coffee et Shop Bike Coffee Roasters. La philosophie d'approvisionnement local se poursuit dans l'assiette, alors que la fine équipe prépare toutes sortes de bonnes choses à se mettre sous la dent. Les pains au chocolat Lindt font fureur, tout comme les croissants au beurre et les danoises aux fruits de saison. Belle sélection de sandwichs et de salades pour le lunch.

KINCARDINE ★★

Un endroit où il fait toujours bon s'arrêter pour profiter un peu de la côte et se la couler douce. Plusieurs bonnes adresses gourmandes y ont élu domicile, certaines avec vue sur le lac Huron. En juillet, il ne faut pas rater le Scottish Festival & Highland Games. Profitez de votre séjour dans le coin pour découvrir le circuit de la route des phares. Se dressant majestueusement sur la côte ou sur une île, ils piquent encore notre curiosité et ils évoquent pour plusieurs un sentiment de romance et d'aventure. Essentiels pour les marins d'autrefois, ils témoignent aujourd'hui de ce riche passé maritime et nous invitent à les admirer, les visiter.

KINCARDINE LIGHTHOUSE & MUSEUM ★

236 Harbour Street
✆ +1 519 396 3150
Ouvert de juillet à début septembre. Droit d'entrée minime.

Construit en 1881 pour aider l'industrie de la pêche et du transport du sel, ce phare octogonal trône toujours en plein centre de Kincardine. Aucune visite guidée n'est offerte, mais une exposition à la base du phare permet d'en apprendre davantage sur l'histoire locale. À noter que de Point Clark, au sud de Kincardine, jusqu'à Tobermory, à l'extrême nord de la péninsule Bruce, vous pourrez suivre la route des phares qui en compte une quinzaine le long de la côte.

THE TUSK €€

217 Harbour Street
✆ +1 519 396 6000
www.thetuskdining.com
Mardi-samedi, 17h-21h. Brunch du vendredi au dimanche de 11h à 14h. Carte : 10-35 CAN $. Terrasse.

Occupant une jolie petite maison d'Harbour Street, le restaurant Tusk fait dans la cuisine de type gastropub. On y propose notamment les huîtres, les moules-frites, la planche de charcuteries et fromages artisanaux, le burger avec bœuf Wagyu et cheddar fumé, le poisson du jour et d'autres délicieux plats. Servi du vendredi au dimanche, le brunch gourmand vaut également le détour. De jour comme de soir, plusieurs plats peuvent être offerts en version végane sur demande. Belle sélection de cocktails et de bières artisanales au passage.

SOUTHAMPTON ★

Parmi les oasis que vous croiserez le long de la route 21, Southampton est à retenir, avec son horizon aquatique, ses élégants bateaux et ses couchers de soleil imprenables, sans oublier ses longues plages de sable fin. Les rues Albert et High en sont le cœur, là où la plupart des restos, cafés et autres commerces ont installé leurs pénates. C'est d'ailleurs au bout de High Street que se trouve la plage principale de Southampton, hautement fréquentée par les vacanciers – surtout des familles – en été. Pour faire une halte reposante d'une journée ou plus dans la région, l'endroit est idéal, étant nettement plus paisible que Sauble Beach.

CHANTRY BREEZES B&B €€

107 High Street
✆ +1 519 797 1818
www.chantrybreezes.com
Occupation double : à partir de 199 CAN $, petit déjeuner inclus. Petits chalets dans le jardin en location (été).

Cette magnifique maison de 1907 est maintenant un charmant Couette & Café tenu par un couple fort sympathique : Jenny et Don Amy. Les cinq chambres, au charme historique, sont décorées avec goût et notre coup de cœur va à la chambre Patio Room. Le petit déjeuner gourmand est servi dans la véranda, et la tarte fantastique vous donnera toute l'énergie nécessaire pour bien débuter la journée. Près de la plage de sable du lac Huron, des magasins et des restos de Southampton, le Chantry Breezes est définitivement une adresse à retenir.

Marina et phare de Kincardine, sur les rives du lac Huron.

SAUBLE BEACH

En 1877, la chaleur de l'eau de cette portion du lac Huron attira un premier vacancier qui s'y construisit une résidence secondaire. Depuis, la deuxième plus longue plage d'eau douce au monde après celle de Wasaga est très courue. On dit de Sauble Beach qu'elle est l'une des dix plus belles plages du Canada. Elle s'étend sur 11 kilomètres, à peine moins que l'achalandée Wasaga Beach. Réputée pour ses lueurs crépusculaires, elle procure un sentiment d'éternité, si l'on se donne la peine de s'éloigner un peu de l'entrée. Vous aurez également, il faut bien l'avouer, un brin d'envie à l'égard de ceux qui y louent ou y possèdent de si coquets chalets.

CASERO TACO BUS €

316 Main Street

www.caserofood.ca

Ouvert en saison estivale. Carte : moins de 20 CAN $.

Chaque été, le restaurant Casero Kitchen Table d'Owen Sound installe son bus à impériale au cœur de la station balnéaire de Sauble Beach. Tacos, burritos et quesadillas sont ici les grandes vedettes du savoureux menu. On choisit son ingrédient principal - porc, poulet, patates douces épicées, poisson blanc, etc. - puis son emballage (tacos, burritos, quesadillas). On couronne le tout d'un ou plusieurs churros avec abus de sauce chocolat. Quelques tables à pique-nique permettent de casser la croûte sur place. On recommande sans hésiter !

TWO CHICKS CAFE

7 2nd Avenue North

✆ +1 519 799 1300

www.2chickscafe.ca

Ouvert de mi-mai à début octobre (horaires variables).

Véritable lieu de rassemblement de la communauté et des visiteurs lors de la belle saison, Two Chicks Cafe est un incontournable à Sauble Beach. On y vient pour ses petits déjeuners et ses plats à prix dérisoires midi et soir. Les smoothies maison ont également la cote et on ne se fait pas prier pour en prendre un sous le chaud soleil d'été. Mais son attrait principal, c'est son grand terrain avant où sont installés chaises Adirondack, tables à pique-nique et bancs qui permettent de profiter des spectacles s'y tenant en journée comme en soirée.

TOBERMORY ★★

Ce paradis pour les amateurs de plein air propose des activités qui sauront capter l'intérêt de tous. Escaladez l'escarpement du Niagara, explorez le sentier Bruce, faites un tour de kayak dans les anses de la baie Georgienne ou plongez dans ses eaux limpides pour découvrir les épaves. Tobermory est l'endroit rêvé pour tout photographe, kayakiste, randonneur ou personne cherchant à se relaxer dans un décor enchanteur. C'est ici que se trouvent le parc national de la Péninsule-Bruce, endroit d'importance internationale, et le parc marin Fathom Five, lequel protège un riche patrimoine culturel comprenant vingt-deux épaves et plusieurs phares historiques.

PARC MARIN NATIONAL FATHOM FIVE ★★★

120 Chi sin tib dek Road

✆ +1 519 596 2364

www.pc.gc.ca/fathomfive

Adulte : 8,50 CAN $. Frais en sus pour la plongée, l'utilisation de l'arrière-pays et le camping sur l'île.

C'est ici que se termine le fameux escarpement de Niagara, s'étendant des chutes du même nom à Tobermory. Le parc marin Fathom Five est l'aire marine de conservation la plus prisée du Canada. Une vingtaine d'épaves gisent sous ses eaux cristallines et sur son relief sous-marin très varié où l'on retrouve d'ailleurs des rochers de dolomite vieux de 420 millions d'années. Cela en fait un endroit très apprécié par les plongeurs en eau douce de toute l'Amérique. Que vous préfériez l'apnée ou la plongée autonome, vous avez là de quoi passer des journées emballantes. Ceux qui préfèrent ne pas se mouiller choisiront une intéressante expédition à bord d'un bateau à fond vitré, levant l'ancre au village de Tobermory. À la surface, le parc s'avère tout aussi séduisant. L'île Pot de fleur (*Flowerpot Island*), avec sa géographie et sa flore particulières, fait la joie des photographes. On peut d'ailleurs y passer la nuit en camping (un permis de camping doit être acheté au centre d'accueil du parc au Tobermory). L'expérience est rustique (plateforme pour poser la tente, toilette au compost, pas d'électricité ni eau courante) et comme l'île est isolée, il faut apporter tout ce dont vous aurez besoin pendant votre séjour. À savoir également qu'en cas de mauvais temps, vous devrez peut-être séjourner une ou deux journées supplémentaires sur l'île. Bref, soyez prévoyant si vous choisissez le camping, mais vous serez vite récompensé par le son du clapotis des vagues de la baie Georgienne.

PARC NATIONAL DE LA PÉNINSULE-BRUCE ★★★★

120 Chi sin tib dek Road ✆ +1 519 596 2364
www.pc.gc.ca/bruce
Ouvert toute l'année. Adulte : 8,50 CAN $, 17 ans et moins : gratuit.

Le parc national de la Péninsule-Bruce, aujourd'hui sur la terre ferme, présenterait, s'il était encore sous l'eau, un environnement aquatique semblable aux récifs de la Grande Barrière d'Australie. On y trouve plutôt une roche calcaire à forte concentration de magnésium. En somme, le paysage se révèle à la fois différent et spectaculaire. Falaises massives, pins séculaires, nombreuses orchidées et eaux cristallines font partie d'un patrimoine naturel sans pareil.

Un passage au centre d'accueil des visiteurs s'impose. À la fois moderne et écolo, il permet d'en savoir plus sur les spectaculaires paysages qui l'entourent. Vous y trouverez un musée sur l'histoire naturelle et culturelle de la région ainsi qu'une tour de 20 mètres, avec une vue imprenable sur les deux parcs nationaux.

Avec ses 872 espèces végétales, dont 34 orchidées, et de superbes essences d'arbres, le parc Péninsule-Bruce est fabuleux. Plusieurs sentiers constituent le réseau de randonnée pédestre. Des excursions faciles commencent près de la plage Singing Sands (sables chantants), qui semble s'étirer à l'infini. Les plus sportifs opteront pour la boucle de 3 km (environ 3 heures) formée des sentiers Georgian Bay et Marr Lake. Dans le secteur Bruce Caves, cinq grottes se révèlent au fil du sentier facile de 1 km. Les randonnées difficiles sont nombreuses, néanmoins courtes, et valent les points de vue spectaculaires. Jones Bluff forme une boucle de 7,5 km faisant le tour d'un immense promontoire, d'où pas moins de cinq belvédères vous feront apprécier davantage cette charmante région. Lion's Head divulgue d'étonnantes formations rocheuses.

▶ **À voir absolument** : La Grotto, une grotte côtière pittoresque avec, en son centre, un bassin d'eau bleue cristalline (baignade autorisée). L'endroit est fabuleux, quoique hautement fréquenté au cœur de l'été.

▶ **Camping.** Ce magnifique parc national, l'un des plus beaux de l'Ontario, offre plus de 230 emplacements de camping, accessibles en voiture et répartis sur trois terrains situés au lac Cyprus, ainsi que des yourtes. Il n'y a pas d'emplacements avec services ni de douches, mais tous les sites ont une table de pique-nique et un foyer avec grille. Il est aussi possible de camper dans l'arrière-pays à Stormhaven et à la Passe à Billes High. Ces deux sites sont accessibles par le sentier Bruce, et on ne peut que s'y rendre à pied, sur un terrain accidenté. En automne et en hiver, le camping se fait de manière autonome.

BLUE HERON CRUISES

7425 Highway 6
✆ +1 855 596 2999
www.cruisetobermory.com
Ouvert de début mai à début octobre. Adulte : à partir de 53,10 CAN $. Frais du parc national à Flowerpot Island en sus.

Blue Heron Cruises propose trois croisières en partance de Tobermory à bord de son fameux bateau avec plancher de verre. Que ce soit pour explorer le site marin Fathom Five, visiter l'île Pot de fleur (Flowerpot Island), ou assister à un magnifique coucher de soleil, Blue Heron Cruises vous fera vivre une croisière inoubliable. Il est également possible de faire un tour panoramique en *jet boat* avec leur autre compagnie, Blue Heron Tours (tobermorytours.com). Possibilité d'hébergement dans une de leurs deux propriétés (motel et cottages).

BIG TUB HARBOUR RESORT €

236 Big Tub Road
✆ +1 519 596 2219
www.bigtubresort.ca
Ouvert de mi-mai à début octobre. Occupation double : à partir de 94 CAN $.

Propriété d'une famille du coin, le Big Tub Harbour Resort est un petit centre de villégiature très abordable possédant sa propre marina et un pub-restaurant. Les chambres sont de type motel et ont toutes été mises au goût du jour. Pour un petit chez-soi, le resort propose également en location un cottage de trois chambres entièrement équipé, The Lyons Den. Sur place, le Big Tub offre aussi un service de location de kayaks, canoës, planches à pagaie et vélos aquatiques. Un excellent pied-à-terre pour découvrir le nord de la péninsule !

OWEN SOUND

La région de Bruce regorge d'histoire, donc de musées en tous genres. Pénétrez dans d'anciens bâtiments reconstitués, observez des artefacts et faites même la rencontre de personnages déguisés en costumes d'époque. À la base de la péninsule Bruce, cette ville choyée par son environnement resplendissant offre à l'amateur de plein air un éventail d'activités, que vous cherchiez de sinueux sentiers pédestres, des aires de conservation à explorer ou encore des espèces florales à photographier. Avis aux amateurs d'art canadien : il ne faut pas rater la visite de la Tom Thomson Art Gallery, dédiée à cet enfant du pays qui fut membre du Groupe des Sept.

TOM THOMSON ART GALLERY ★★

840 1st Avenue West
✆ +1 519 376 1932
www.owensound.ca/en/tomthomson.aspx
Ouvert toute l'année (horaires variables). Entrée libre (don suggéré).

Un musée à ne pas manquer consacré au peintre Tom Thomson (1877-1917), originaire de la région (Leith) et dont la mort accidentelle dans le parc national Algonquin qu'il aimait peindre, lui confère une touche de mystère et de légende. Photos, objets, documents, ainsi que l'une des plus importantes collections des œuvres de ce peintre emblématique du Canada, grand inspirateur du fameux Groupe des Sept, sont rassemblés ici. La galerie présente aussi des œuvres du Groupe des Sept et d'autres artistes de la région et d'ailleurs au pays. Dans tous les cas, l'accent est mis sur les œuvres relatives au paysage et sur les nombreuses interprétations contemporaines de cette tradition. La collection permanente de la Tom Thomson Art Gallery contient des œuvres qui couvrent une période de plus de 150 ans et incluant diverses formes d'art : peintures, œuvres sur papier, photographies, sculptures, textiles, installations et même une moto Kawasaki. De nombreuses expositions temporaires se relayent également pendant l'année, toutes toujours fort intéressantes. La galerie désirant aussi créer un lieu de rassemblement et de discussion entre ses murs, elle organise des conférences, forums, projections de films, concerts et ateliers auxquels sont conviés tant les professionnels du milieu que le grand public. Avant de quitter les lieux, faites un tour du côté de l'atrium où se trouve la boutique de la galerie. En plus des livres et autres items en lien avec les expositions, on y retrouve plusieurs produits d'artisans.

COLLINGWOOD ★★

Aux abords des eaux cristallines de la baie Georgienne, cette localité est principalement réputée pour son centre de villégiature 4 saisons, le Blue Mountain Resort, lequel héberge une station de ski (le ski alpin est plutôt rare en Ontario) et des pistes de descente en vélo de montagne. À deux pas de là, Scenic Caves Nature Adventures vous emmène sous terre dans des grottes et cavernes, ou encore dans les airs en tyrolienne, en parcours aérien ou sur un pont suspendu. Si vous préférez vous tremper les orteils dans les eaux limpides de la baie Georgienne, rendez-vous à Sunset Point Beach ou au parc Craigleith (oubliez ici le sable...).

SCENIC CAVES NATURE ADVENTURES ★★

260 Scenic Caves Road
✆ +1 705 446 0256
sceniccaves.com
Ouvert toute l'année (horaires variables). Adulte : à partir de 26,50 CAN $.

On vient y contempler le rocher Ekarenniondi, puis on descend sous terre, dans un labyrinthe de grottes et de crevasses qui ont servi d'abri et de forteresse durant la guerre entre les Pétuns et les Iroquois. À la surface, une excursion mène à un étroit pont suspendu au-dessus de la forêt. Vous monterez le long de chênes vieux de 200 ans pour ensuite vous déplacer, de cime en cime, sur plus de 200 mètres. Ouvert en hiver pour le ski de fond et la raquette (location d'équipement).

BLUE MOUNTAIN RESORT €€

190 Gord Canning Drive
✆ +1 705 419 2409
www.bluemountain.ca
Nombreuses possibilités d'hébergement, forfaits disponibles. Location d'équipement, restaurants, boutiques, spas, etc.

Blue Mountain offre des séjours dans des installations bien aménagées et qui assurent un confort hors du commun. Tous les complexes d'hébergement sont à proximité des sites et services disponibles de ce grand centre de villégiature, voire même en plein coeur. Une panoplie d'activités est proposée en toute saison, notamment la réputée station de ski alpin l'hiver ou encore la descente en vélo de montagne l'été, toutes deux très populaires. Pour ceux qui aimeraient avoir une vue à couper le souffle, les remontées mécaniques sont ouvertes l'été.

WASAGA BEACH ★

Avec ses 14 kilomètres, la rive d'eau douce de Wasaga Beach est la plus longue du monde. S'y succèdent en enfilade des concours de châteaux de sable, des compétitions de beach-volley, une exposition de voitures historiques et plus encore. En bref, c'est une station balnéaire très prisée et bondée, avec une bonne dose de kitsch comme dans certaines stations côtières des États-Unis. C'est aussi un haut lieu de la fête lors de la belle saison, les bars de plage se succédant. Si vous cherchez plutôt une destination relax, passez votre chemin ou alors allez du côté du parc provincial qui offre tranquillité, beaux paysages et plages de sable fin.

PARC PROVINCIAL WASAGA BEACH ★★

11 22nd Street North
✆ +1 705 429 2516
www.ontarioparks.com/fr
Avril à début octobre et début décembre à mi-mars. Aucun camping. Voir site web pour les tarifs (entrée, etc.).

Cette longue plage sablonneuse de la baie Georgienne attire chaque été des milliers de visiteurs friands de soleil et de baignade. Profitez aussi des autres attraits du parc : des sentiers de randonnée, de raquette et de ski de fond qui sillonnent les dunes de sable et les forêts de pins et de chênes, de même qu'un site qui présente l'histoire maritime pittoresque de Wasaga et des reconstitutions militaires. Service de location de skis de fond et raquettes en hiver.

MIDLAND ★

Petit village portuaire, on y vient pour son musée de la Huronie, qui comprend une reconstitution d'habitations traditionnelles huronnes-wendat, et pour son site naturel en terres humides, le Wye Marsh Wildlife Centre. Envie de prendre le large ? Des croisières sont offertes sur la baie Georgienne. À noter : les silos à céréales qui dominent la baie sont décorés de l'image d'un jésuite et d'un Wendat. Ce n'est qu'une fresque murale parmi la trentaine que compte le centre-ville, relatant des bribes de l'histoire locale. Le pinceau de l'artiste allemand Fred Lenz a animé ces fresques qui font de la ville la capitale ontarienne des peintures murales.

FRESQUES MURALES ★

Le bureau d'information touristique de Midland offre une carte avec l'emplacement de chacune des fresques murales et une courte explication de leur signification. Sur la rue King, où sont peintes la majorité des œuvres, figurent des représentations de Sainte-Marie-au-pays-des-Hurons, du marais Wye, de publicités d'antan, de groupes communautaires et des scènes des premières décennies de Midland, avec ses moulins, son port, sa gare... D'une année à l'autre, les peintures murales s'ajoutent, apportant de la couleur au centre-ville.

HURONIA MUSEUM ★

549 Little Lake Park Road ✆ +1 705 526 2844
huroniamuseum.com
Ouvert tous les jours en été, en semaine seulement le reste de l'année. Droits d'entrée : 7 CAN $ par personne.

Impossible de visiter la Huronie sans consacrer du temps à la culture huronne-wendat. À Midland, le Huronia Museum livre un témoignage fidèle de la réalité huronne avant l'époque de Champlain et des colons européens. Dans ce village minutieusement recréé, on retrouve entre autres un wigwam et une maison longue, deux types d'habitations traditionnelles. Le musée héberge également une exposition fort intéressante qui rassemble des artefacts liés à l'histoire de la région, allant de photographies à des œuvres du Groupe de Sept, en passant par l'héritage maritime.

SAINTE-MARIE-AU-PAYS-DES-HURONS ★★

16164 Highway 12 East ✆ +1 705 526 7838
www.saintemarieamongthehurons.on.ca
Début mai à début octobre : tous les jours de 10h à 17h. Adulte : 12 à 14 CAN $. Restaurant et boutique sur place.

Cette forteresse du XVIIe siècle était jadis le siège de la mission jésuite française en Huronie. Recréée sur son site original, Sainte-Marie-au-pays-des-Hurons consiste en plus d'une vingtaine de bâtiments historiques, un musée et une prestation théâtrale avec des personnages en habits d'époque. Des figurants présentent les coutumes et habiletés des pionniers. Pour les petits creux, son restaurant offre une cuisine canadienne traditionnelle ainsi que des repas fins et légers.

WYE MARSH WILDLIFE CENTRE ★

16160 Highway 12 East ✆ +1 705 526 7809
www.wyemarsh.com
Ouvert tous les jours de 9h à 17h (fermeture des sentiers à 16h ou 16h30 selon la période). Adulte : 12 CAN $.

Occupant un terrain de plus de 1 200 hectares, le Wye Marsh Wildlife Centre se trouve au cœur de zones humides, marais et forêts de Midland. Évadez-vous et découvrez cette belle nature en toute saison. Marchez ou pédalez, skiez ou faites de la raquette dans les sentiers, participez à des ateliers ou programmes d'interprétation, ou encore admirez des démonstrations d'oiseaux de proie. Excursions guidées et location d'équipement (skis de fond, raquettes, etc.) sur place.

HONEY HARBOUR ★★

Ici se trouve le point d'embarquement pour le parc national des Îles-de-la-baie-Georgienne, un des trésors nationaux du Canada. D'Honey Harbour jusqu'à la baie Twelve Mile, vous découvrirez des paysages spectaculaires, des parois rocheuses usées par le temps, des habitats variés et la beauté sauvage du Bouclier canadien. Ces îles magnifiques ne sont accessibles que par la voie des eaux. La plus grande île - l'île Beausoleil (centre d'accueil Cedar Spring sur place) - offre un terrain de camping pour tentes, l'amarrage de jour ou de nuit, des programmes de sensibilisation au patrimoine et des sentiers de randonnée récemment réaménagés.

PARRY SOUND ★★

Parry Sound jouit du littoral de la baie Georgienne et de la généreuse région de Muskoka, en plus d'avoir le statut de Réserve de la biosphère par l'UNESCO depuis 2004. C'est d'ailleurs d'ici que partent de belles croisières vers la « baie aux 30 000 îles ». On peut aussi s'envoyer en l'air au-dessus de ce merveilleux archipel grâce à des survols panoramiques offerts en hydravion. Sinon, le secteur du port vaut le détour, avec son resto Turtle Jack's qui offre une belle vue sur la baie. Non loin, se trouve l'unique brasserie artisanale du coin, la Trestle Brewing Company, où vous pourrez savourer les crus maison et casser la croûte.

PARC NATIONAL DES ÎLES-DE-LA-BAIE-GEORGIENNE ★★

2611 Honey Harbour Road ✆ +1 705 526 8907
www.pc.gc.ca/baiegeorgienne
Mi-mai à mi-octobre. Accessible uniquement par bateau (tarif en sus). Adulte : 6,25 CAN $, 17 ans et moins : gratuit.

Le fantastique parc national des Îles-de-la-Baie-Georgienne n'est accessible que par embarcation nautique ou par avion. L'île Beausoleil, de loin la plus grande des 59 îles formant le parc situé à la frontière de la Huronie, est la seule que l'on puisse vraiment explorer de long en large. Elle comble les randonneurs avec une douzaine de sentiers offrant des points de vue sur des eaux émeraude. Elle comprend deux régions naturelles distinctes : au sud, la vaste forêt de feuillus s'étalant sur un terrain plat ; au nord, le Bouclier canadien avec ses rochers dénudés et ses pins blancs aux formes sculptées par le vent.

▸ **Accès :** ceux voulant voyager sur le *DayTripper* doivent se rendre au quai du parc, situé dans le village de Honey Harbour. Le service de navette est offert entre Honey Harbour et l'île Beausoleil (24,83 CAN $ par personne, les réservations doivent être faites en ligne ou en appelant au +1 877 737 3783), de mi-mai à mi-octobre. Seuls les visiteurs d'une demi-journée peuvent prendre le *DayTripper*. Pour les campeurs, il faut prendre un bateau-taxi (voir site pour les coordonnées).

▸ **Hébergement :** il est possible de faire du camping sauvage sur l'île Beausoleil ou encore de profiter de plus de services (toilettes à chasse d'eau, douches, eau potable) au camping de la Source aux Cèdres. Ce dernier, tout comme la plage Christian, offre également des chalets et tentes de type prêt-à-camper en location. Les réservations sont impératives pour s'assurer une place.

GEORGIAN BAY AIRWAYS

11 Bay Street
✆ +1 705 774 9884
georgianbayairways.com
Vol à partir de 142 CAN $ par adulte. Réservation impérative.

Pour ceux qui n'ont pas froid aux yeux, Georgian Bay Airways fait des allées et venues au-dessus de l'incroyable archipel. Les pilotes experts, aux commandes des meilleurs appareils, vous emmènent là où vous le voulez, que ce soit pour une heure ou pour une semaine, à prix raisonnables. L'entreprise propose également des forfaits fort intéressants permettant de jumeler le vol avec un dîner au restaurant, une partie de pêche ou de golf et plus encore. Pour les amoureux, la sortie au coucher du soleil ou celle des couleurs d'automne sont un must.

ISLAND QUEEN CRUISE

9 Bay Street
✆ +1 705 746 2311
www.islandqueencruise.com
De juin à début octobre. Adulte : à partir de 50 CAN $.

Venez découvrir la région des 30 000 îles lors d'une croisière de deux ou trois heures à bord de ce grand bateau à trois ponts d'une capacité de 550 passagers. D'une grande beauté naturelle, vous vous émerveillerez devant ces îles sculptées par les glaciers et ces forêts sauvages parsemées de luxueux chalets. À noter que la croisière de deux heures n'est offerte qu'en juillet et août, les mercredis et samedis. Une troisième croisière s'ajoute à l'offre, à destination de l'île Huckleberry où une escale d'environ une heure est d'ailleurs prévue.

TRESTLE BREWING COMPANY

9 Great North Road
✆ +1 705 751 9108
trestlebrewing.com
Ouvert toute l'année (horaires variables). Brunch le week-end, spectacles live, boutique de bières, terrasses.

C'est sur les berges de la rivière Seguin, avec vue imprenable sur le fameux pont ferroviaire, que cette petite microbrasserie a élu domicile. On adore le look de son salon de dégustation et, lors des beaux jours, ses belles terrasses sont hyper convoitées (avec dômes chauffés en hiver !). En fût, des crus réguliers comme la Ale lagerisée, produit phare de la maison, la IPA, la Kettle Sour et le Stout impérial vieilli en fût de bourbon, sans oublier les bières saisonnières en rotation. Menu gourmand alléchant également, ainsi qu'un brunch les week-ends.

KILLARNEY MOUNTAIN LODGE €€

3 Commissioner Street ✆ +1 705 287 2242
killarney.com
Tarifs variables selon le type d'hébergement choisi. Promotions et forfaits disponibles.

Killarney Mountain Lodge est un centre de villégiature situé en pleine nature, au nord de la baie Georgienne, adjacent au parc sauvage Killarney, offrant hébergement, restauration et activités de plein air sur demande comme une excursion de pêche guidée. Parmi les nombreux services sur place, notons une piscine extérieure, un sauna finlandais, des services de massothérapie, un bar-lounge, un terrain de tennis et une marina (location d'embarcations sur place, service de bar et de restauration). À noter que le resort est également ouvert en hiver.

KILLARNEY ★★

Le pittoresque village de Killarney est le plus vieux du nord de l'Ontario. Il est un lieu de rassemblement pour les mordus de la pêche, tout comme pour les propriétaires des plus beaux yachts des Grands Lacs. Baies divinement belles (dont une possédant plusieurs caractéristiques d'un fjord), eaux pures, grèves enchantées, tout cela se conjugue parfaitement avec kayak de mer. Ce village et son parc provincial font rêver les passionnés de plein air qui sont nombreux à venir séjourner dans la région. Pour ceux qui recherchent davantage une expérience en tout-inclus, le Killarney Mountain Lodge permet de combiner hébergement, restauration et activités.

ÎLE MANITOULIN ★★★

L'île Manitoulin est un pays merveilleux où s'exprime la sagesse d'une civilisation millénaire. Passionné de culture amérindienne, préparez-vous à vivre une expérience autochtone authentique, par le biais notamment d'hébergement typique, d'activités et de forfaits. Située à la frontière du lac Huron, elle est considérée comme la plus grande île d'eau douce au monde, avec 180 km de longueur et 50 km de largeur. Le nom Manitoulin vient d'un mot amérindien qui signifie « île des esprits ». C'est un lieu sacré pour les peuples autochtones. Les recherches archéologiques ont établi que l'île a accueilli ses premiers habitants il y a environ 9 000 ans.

PARC PROVINCIAL KILLARNEY ★★

960 Highway 637
✆ +1 705 287 2900
www.ontarioparks.com/fr
Ouvert toute l'année. Voir site web pour les tarifs (entrée, camping, etc.).

Cette étendue a tellement fasciné les artistes du Groupe des Sept qu'ils ont convaincu le gouvernement d'en faire un parc. Celui-ci est aujourd'hui considéré comme la perle des parcs provinciaux de l'Ontario. Autrefois plus hautes que les montagnes Rocheuses, les falaises de quartzite blanc de La Cloche brillent au loin comme des sommets enneigés. Les amateurs de canoë et de kayak, de randonnée, de ski et de raquette s'aventurent aujourd'hui dans ce paysage rocailleux et imposant.

BRIDAL VEIL FALLS ★

Le sentier qui mène aux chutes est accessible depuis la route 540 à l'entrée de Kagawong. Cette belle chute, nommée poétiquement « chute du voile de la mariée », d'une hauteur de 11 mètres, prend sa source dans la rivière Kagawong qui relie les lacs Huron et Kagawong. Depuis le site de pique-nique au sommet de la chute, vous pourrez accéder à la base facilement et des sentiers longent ensuite le ruisseau de chaque côté jusqu'à la baie. Il est possible de se baigner sur place et l'endroit est tout simplement magique. À voir absolument !

PETERBOROUGH ★

La contrée loyaliste de Peterborough a des airs de la Nouvelle-Angleterre. Les paysages champêtres bordent cette ville universitaire, sise sur le canal Trent, où culture et plein air se conjuguent. Déambulez dans la ville en longeant ce canal ou la rivière Otonabee. Vous y croiserez divers musées, dont le Canadian Canoe Museum qui vous plonge dans l'univers ancien et complexe de la fabrication de cette embarcation. Vous pouvez aussi explorer la région à vélo, en faisant des boucles urbaines ou en suivant les cours d'eau jusqu'aux Kawarthas et leurs jolies chutes, Fenelon Falls. L'été, le Peterborough Musicfest présente une foule de concerts gratuits.

CANADIAN CANOE MUSEUM ★★

2077 Ashburnham Drive
✆ +1 705 748 9153
canoemuseum.ca

Grande réouverture à l'été 2023 dans un tout nouveau bâtiment.

Ouvert depuis 1997, le Canadian Canoe Museum abrite une collection de plus de 600 canoës, kayaks et autres embarcations à rame, dont une centaine est exposée dans les différentes galeries. Ils représentent le pays d'un océan à l'autre : pirogues des Premières Nations du Pacifique Nord-Ouest, canots en écorce des Béothuks de Terre-Neuve, kayaks des peuples du Nord, embarcations entièrement en bois et recouvertes de toile fabriquées par des sociétés comme Herald, Peterborough, Chestnut, Lakefield et Canadian, etc. La collection est si riche sur le plan historique que le Sénat du Canada l'a même déclarée « Bien culturel d'importance nationale » en 2013. Mais le musée ne s'arrête pas là, conservant aussi des embarcations venant d'Amazonie afin d'inclure un volet international sur le sujet. Des visites guidées y sont offertes (voir site web pour les horaires). Plusieurs activités sont également organisées comme un atelier pour apprendre à sculpter une pagaie ou encore une excursion en canoë voyageur sur la voie navigable Trent-Severn.

Nouveau musée. Afin de moderniser ses installations, notamment pour la conservation, et d'avoir plus d'espace, un tout nouveau musée est en cours de construction et sera ouvert au public à l'été 2023. Il sera situé sur les rives de la voie navigable Trent-Severn, à côté du poste d'éclusage de Peterborough. Son bâtiment, à la superbe architecture, sera de conception durable avec une désignation LEED argent. Vous pouvez suivre l'évolution du projet sur le site web.

WOODVIEW ★★

Petite localité des Kawarthas, elle est réputée pour son terrain de golf, son centre de villégiature Viamede Resort (qui fait le bonheur des couples et familles) et son parc provincial Petroglyphs, lequel héberge une des plus importantes concentrations de gravures ciselées par les Autochtones au Canada. Sculptés dans une façade de marbre blanc il y a des centaines d'années, les quelque 900 pétroglyphes représentent des tortues, des serpents, des oiseaux et des humains. Des sentiers sillonnent les forêts, les terres humides et les crêtes rocheuses environnantes. L'endroit est toutefois uniquement ouvert de jour, sans possibilité de camping sur place.

PARC PROVINCIAL PETROGLYPHS ★★

2249 Northeys Bay Road
✆ +1 705 877 2552
www.ontarioparks.com/fr

Ouvert de mi-mai à début octobre. Aucun camping sur place.

Empreint de mystère, il nous renvoie en des temps immémoriaux dignes de Lascaux… ou presque ! En 1953, deux géologues, cherchant à percer l'énigme d'une rivière souterraine, découvrirent 900 illustrations relatant tous les aspects de la vie, une des plus grandes fresques de pétroglyphes en Amérique du Nord. Un centre d'interprétation vous éclaire sur l'aspect spirituel de ces ciselures baptisées « pierres apprenantes ». Sur demande, vous pourrez visionner un documentaire de 20 minutes.

VIAMEDE RESORT €€

595 Mount Julian-Viamede Road
✆ +1 705 654 3344
www.viamede.com

Occupation double : à partir de 240 CAN $, petit déjeuner et accès aux activités inclus. Forfaits disponibles.

Magnifique resort dont la réputation de villégiature remonte aussi loin que 1885. Situé près du mont Julian et directement sur les rives du lac Stoney, le Viamede occupe 67 hectares en pleine nature sauvage. Le resort compte trois restaurants ainsi que d'innombrables installations pour relaxer ou s'amuser : piscines intérieure et extérieure, saunas, embarcations nautiques, plage, 9 km de sentiers pédestres, petite ferme, etc. Si vous désirez vous unir à l'être cher dans ce cadre idyllique, sachez qu'une chapelle de mariage se trouve à même le site.

FENELON FALLS ★

Surnommée le joyau des Kawarthas, Fenelon Falls abrite les chutes du même nom ainsi que l'écluse 34 de la voie navigable Trent-Severn. D'ailleurs, pour parfaire ses connaissances sur l'histoire et l'environnement de la région des lacs Kawartha, on recommande une visite du Maryboro Lodge. Sinon, Fenelon Falls est une destination fort populaire en saison estivale, alors que les citadins viennent passer leurs vacances dans de petites maisons d'été, situées pour la plupart sur les berges des lacs Cameron et Sturgeon. Certains préfèrent le Eganridge, un resort réputé pour sa fine cuisine d'inspiration française, son golf et son centre de santé spa.

HORSESHOE RESORT €€ ★

1101 Horseshoe Valley Road West
✆ +1 705 835 2790
www.horseshoeresort.com

Tarifs variables selon le type d'hébergement choisi et la saison. Forfaits disponibles.

Un centre de villégiature très réputé, situé au cœur de la Horseshoe Valley. C'est l'endroit idéal pour un séjour entre amis ou en famille, et ce, peu importe la saison. Le resort comprend une station de ski, un terrain de golf, un centre de santé spa, des restaurants et un café, sans oublier l'hébergement offert en chambre, appartement ou condo. S'y ajoute une foule d'activités en toute saison (vélo de montagne, tyrolienne, parcours aérien, quad, ski alpin et de fond, raquette, fat bike, motoneige, etc.). Tout au même endroit !

BARRIE ★★

Facilement accessible par l'autoroute 400 depuis Toronto ou Parry Sound, ou encore l'autoroute 11 depuis la région de Muskoka, la grande région de Barrie est une destination à découvrir. Le centre-ville, notamment la rue Dunlop, regorge de boutiques, restos et bars pour tous les goûts, sans oublier quelques institutions culturelles. À deux pas se trouve le Heritage Park, sur les rives de la baie Kempenfelt du lac Simcoe. Lors de la belle saison, c'est le lieu par excellence pour pique-niquer, se détendre sur la plage et faire un brin de saucette. Des excursions sont d'ailleurs offertes sur le lac Simcoe en saison, notamment en wakesurf ou wakeboard.

B'SPOKE KITCHEN + MARKET €€

55 Collier Street ✆ +1 705 252 6653
www.bspokekitchen.com

Ouvert tous les jours (horaires variables). Carte : 10-50 CAN $, plats pour emporter : moins de 20 CAN $. Terrasse.

B'Spoke est un *food court* pas comme les autres. En mettant les pieds à l'intérieur, pas de kiosques gourmands mais plutôt une belle salle à manger, tout ce qu'il y a de plus conventionnel. En fait, chaque « kiosque » est un restaurant virtuel de plats gourmands pour emporter : pierogies, bols de poké, sandwichs ou tacos. Pour manger sur place, le B'Side Bar offre un menu plus complet, tout en intégrant les spécialités des quatre cuisines virtuelles. On en profite pour savourer un bon cocktail ou un verre de vin, en salle ou sur la terrasse lors de beaux jours.

MACLAREN ART CENTRE ★★

37 Mulcaster Street
✆ +1 705 721 9696
www.maclarenart.com

Dimanche-vendredi, 11h-16h ; samedi-dimanche, 10h-16h. Entrée libre (don suggéré de 5 CAN $).

Un des lieux d'art les plus en vue au pays, avec une collection permanente de plus de 4 300 œuvres. Si ce centre d'art existe depuis la fin des années 1980, ce n'est qu'en 2001 qu'il prendra possession de ses locaux actuels, une réalisation de Siamak Hariri de la firme Hariri Pontarini Architects. La collection permanente se consacre à la culture visuelle sous toutes ses formes au Canada avec l'emphase sur l'art contemporain, sans oublier les oeuvres d'artistes autochtones qui s'y taillent également une place. Café et boutique sur place.

THE WHEELED BREW BOTTLE SHOP

19 Clapperton Street
✆ +1 705 252 2739
www.craftbottleshop.ca

Ouvert tous les jours sauf lundi. Petite terrasse.

On aime bien le concept de l'endroit : on peut à la fois y faire ses emplettes de bières et cidres artisanaux, tout en savourant de délicieux nectars sur place. Le « bar » est vraiment chouette, donnant l'impression d'être reçu chez un ami. On peut même y amener son chien ! Et que dire de la terrasse avec son faux gazon et son mobilier rétro... L'endroit organise aussi des événements, comme des *tap takeover* (une microbrasserie prend le contrôle des pompes à fût), des soirées quiz, etc.

ORILLIA ★

Située entre les lacs Couchiching et Simcoe, Orillia donne un éclat bien spécial à cette magnifique région lacustre. Elle est entourée de trois parcs provinciaux - Bass Lake, Mara et McRae Point - qui se prêtent à merveille aux activités de plein air. Visitez l'ancienne demeure de Stephen Leacock, romancier et humoriste canadien reconnu, allez prendre un verre sur la populaire rue Mississaga, ou assistez à un spectacle d'opéra dans un bâtiment éblouissant d'autrefois. Vers la fin août, ne ratez pas l'Annual Starry Night, un événement dédié à l'art visuel, qui prend d'assaut le cœur du centre-ville, dans les galeries, les restaurants et la rue.

SAWDUST CITY BREWING

397 Muskoka Road North
✆ +1 705 681 1100
www.sawdustcitybrewing.com
Ouvert tous les jours (horaires variables). Terrasse, food truck et glacier en saison.

Les amateurs et les connaisseurs s'entendent tous : les bières de Sawdust City sont un pur bijou ! De la West Coast IPA au Porter Baltique, en passant par la Pilsner et la Best Bitter, elles vous feront voyager dans un fabuleux monde de saveurs. Pour les découvrir, faites un tour au salon de dégustation, surnommé le Saloon. On y retrouve un constance de 18 lignes de fût (bières maison et invitées) ainsi qu'un menu gourmand de type pub doublé d'un *food truck* en saison. Bonus : des spectacles live y sont présentés tous les samedis soir à 20h.

GRAVENHURST ★★

Vous pourrez admirer l'évolution du nautisme au Muskoka Steamships & Discovery Centre. À bord d'un bateau à vapeur historique de trois étages, le *RMS Segwun*, découvrez l'importance de la navigation pour la région, mais visitez aussi ces merveilles de chêne et d'acajou, parfois construites dans les années 1920, et qui demeurent propriété privée. C'est ici aussi que se déroule le Vintage Boat Show où admirer les bijoux nautiques de l'époque opulente des familles Eaton et Rockefeller. Dans ce dédale d'eau et de routes campagnardes, les kayakistes et cyclistes seront comblés (se renseigner auprès de Muskoka Tourism, sur la route 11 à Severn Bridge).

MUSKOKA STEAMSHIPS

185 Cherokee Lane
✆ +1 705 687 6667
realmuskoka.com
De mai à octobre. Tarifs selon la croisière choisie. Croisières à thèmes aussi offertes.

Construit en 1887, le *RMS Segwun* est le plus vieux navire à vapeur encore en exploitation en Amérique du Nord, et le dernier d'une flotte de navires à vapeur qui ont porté des passagers et le courrier partout dans Muskoka avant l'ère de l'automobile. Vous aurez la chance de naviguer à bord de cet authentique bateau à vapeur datant du XIXe siècle, ou encore à bord de son « frère », le *Wenonah II*. Pour compléter votre visite, faites un saut du côté du Discovery Centre, un musée dédié à l'histoire de Muskoka, notamment pour les bateaux à vapeur et ceux en bois.

HUNTSVILLE ★★★

C'est la plus grande ville de la région de Muskoka, où l'on trouve de tout dans un milieu où la nature est maître. Ses resorts, dont le ô combien renommé Deerhurst Resort (hôte du sommet du G8 en juin 2010), en font une destination de villégiature exceptionnelle. On y retrouve également de bonnes tables, de chouettes boutiques et une salle de spectacles bien connue, le Algonquin Theatre. Surveillez d'ailleurs la programmation annuelle du Huntsville Festival of the Arts qui offre en plus des événements ponctuels. À proximité du magnifique parc Algonquin, du parc provincial Arrowhead et de lacs splendides, Huntsville est une destination inoubliable !

DEERHURST RESORT €€

1235 Deerhurst Drive
✆ +1 705 789 6411
www.deerhurstresort.com
Occupation double : à partir de 189 CAN $. Promotions et forfaits disponibles.

Alliant faune et confort, patrimoine et élégance, le resort Deerhurst s'étend au bord du lac Peninsula et offre un décor exceptionnel. Il est composé de bâtiments de bois hauts de trois étages et abritant des chambres au confort irréprochable (certaines sont munies d'une cuisinette et d'un foyer). Mais plus que le calme et la nature, vous trouverez ici une multitude d'activités pour toute la famille : terrains de golf, Amba Spa, randonnées en quad ou en motoneige, parcours aérien, sports de glisse… Pour ce qui est des repas, vous n'aurez que l'embarras du choix.

HALIBURTON ★★

Haliburton est une région enclavée entre le parc Algonquin et Muskoka, parsemée de centres de villégiature, de chalets et de parcours de golf. Au cœur de la région se trouve la municipalité Dysart et al, incorporée en 1867, laquelle inclut le charmant village d'Haliburton. Les lacs sont légion dans les environs (Head Lake, Grass Lake, etc.) et invitent au nautisme lors de la belle saison. Vous pourrez d'ailleurs louer des embarcations nautiques sur place. Au nord du village, près du lac Kennisis, se trouve la Haliburton Forest & Wildlife Reserve. Profitez-en pour aller voir les loups dans leur habitat au Wolf Centre, situé à même la réserve.

PARC PROVINCIAL ALGONQUIN ★★★

Une seule route – la Highway 60 – traverse le parc, en fait seulement un petit tronçon de route au sud. On ne peut donc explorer l'arrière-pays qu'en canoë, en kayak, à pied, en raquette ou en ski de fond. Une multitude de sentiers et de voies navigables est à la disposition des intrépides. Des cabanes de gardes forestiers isolées ont été remises en état et attendent les plus téméraires pour la nuit. Certains terrains de camping ne proposent qu'un minimum de confort, alors que d'autres offrent tous les services modernes pour plaire à la famille « motorisée ». Ce parc exceptionnellement beau, ses campings et ses aventures guidées sont très convoités.

HALIBURTON FOREST & WILDLIFE RESERVE ★★

1095 Redkenn Road
✆ +1 705 754 2198
www.haliburtonforest.com
Ouvert toute l'année.

Haliburton Forest & Wildlife Reserve, œuvre d'un visionnaire, vaut vraiment le détour. Eté comme hiver, dans cette fantastique forêt, les amateurs de plein air sont servis : en canoë ou en kayak, à pied, à vélo, en motoneige… 17 des 50 lacs disposent de terrains de camping. Vous pouvez souvent apercevoir une meute de loups dans un immense enclos protégé. Un centre d'interprétation (Wolf Centre) en parle longuement. La nuit venue, un observatoire équipé de puissants télescopes permet de contempler, dans un ciel sans aucune interférence lumineuse, la scintillante Voie lactée, les nébuleuses, les lointaines galaxies, les constellations… Ceux qui souhaitent s'approcher des étoiles peuvent aussi le faire au cours d'une randonnée sur un parcours aérien, un guide vous accompagnera dans cette expédition de quatre heures entre rivière et cime, offerte deux fois par jour. L'excursion évidemment ne se fait pas toute la tête dans les nuages, puisqu'une fourgonnette vous ramènera les deux pieds sur terre, d'un site d'observation à l'autre. Mais peut-être voudrez-vous avoir des ailes, une fois que vous aurez connu les vertiges de la vie d'oiseau !

Consultez le site web pour en apprendre davantage sur toutes les activités - guidées ou non - offertes selon la saison. Possibilité d'hébergement dans la réserve, en camping (saisonnier) ou en chalet de deux chambres (toute l'année). Réservation recommandée pour l'hébergement (possibilité de réserver en ligne).

ALGONQUIN ART CENTRE ★

Au km 20 de l'autoroute 60
✆ +1 705 633 5555
algonquinartcentre.com
Ouvert de juin à mi-octobre : tous les jours de 10h à 17h. Entrée libre (don suggéré).

Jouissant d'une belle réputation, l'Algonquin Art Centre est une galerie d'art qui se consacre aux artistes canadiens mettant en valeur la faune et la flore du pays, avec une emphase sur le parc Algonquin. C'est d'ailleurs dans ce parc qu'elle a installé ses pénates, lequel est considéré parmi les plus beaux au Canada. La galerie organise aussi des activités et événements (classes artistiques, démonstrations, etc.) et un sentier à l'extérieur permet de découvrir l'œuvre et l'héritage de Tom Thomson, un artiste du Groupe des Sept. Boutique cadeaux sur place.

ALGONQUIN LOGGING MUSEUM ★

Km 54,5 du Highway 60
✆ +1 613 637 2828
www.algonquinpark.on.ca
Ouvert de fin juin à mi-octobre. Entrée libre.

Le Musée de la foresterie révèle l'histoire de cette industrie, de l'équarrissage de troncs d'antan aux pratiques des temps modernes. La visite débute avec une vidéo sur le sujet, lequel retrace 175 ans de foresterie dans la région d'Algonquin (vous pouvez également regarder le vidéo sur le site web, c'est fort instructif). Puis partez à la découverte sur le sentier d'interprétation de 1,5 kilomètre (sentier et expositions extérieures accessibles toute l'année). Vous trouverez aussi une librairie sur place, gérée par les Amis du parc Algonquin.

PARC PROVINCIAL ALGONQUIN ★★★

Km 43 du Highway 60 ✆ +1 613 637 2828
www.algonquinpark.on.ca
Centre des visiteurs ouvert toute l'année (horaires variables). Voir site web pour les tarifs (entrée, camping, etc.).

Gigantesque, c'est le mot qui nous vient à la bouche lorsqu'on parle du superbe parc provincial Algonquin. Avec plus de 7 600 km² de terrain de jeu, il n'est donc pas étonnant qu'on y trouve de tout pour tous, en débutant par les adeptes de randonnée pédestre qui disposent ici d'une vingtaine de sentiers pour un total de plus de 200 km à se mettre sous la semelle. De la très courte randonnée de 1 km à la très longue de 88 km, on n'a qu'à se servir et à se concocter des parcours répondant à ses attentes. Ici pas de hautes montagnes, mais des crêtes rocheuses, de beaux points de vue, des lacs envoûtants, des pins gigantesques, des tourbières animées et de paisibles étangs auprès desquels il fait bon prendre une pause. Sans oublier la faune abondante presque partout présente. Au détour d'un sentier, il n'est pas rare de surprendre un huard, un castor ou encore un orignal venu se désaltérer dans l'étang.

▸ **Parmi tous ces tracés enchanteurs, le sentier de la gorge de la rivière Barron** (1,5 km) plante un spectaculaire décor. Longez les falaises de 100 m, au fond desquelles la Barron suit son cours. En bas, quelques débarcadères permettent de mouiller son canot dans la placide rivière, avec quelques portages. On peut rejoindre le sentier Barron Canyon à partir de l'entrée Sand Lake du parc, à une trentaine de kilomètres à l'ouest de Pembroke.

▸ **Services au centre des visiteurs :** wifi gratuit, sites de pique-nique, restaurant, librairie, diorama et expositions, galerie d'art.

ALGONQUIN OUTFITTERS

Km 31,4 du Highway 60
✆ +1 705 633 5373
algonquinoutfitters.com
Voir site web pour tous les tarifs et forfaits.

Algonquin Outfitters est le leader pour la location de canoës et kayaks et les excursions guidées au parc Algonquin. Il est également possible de louer de l'équipement de camping et de plein air (été comme hiver), et des vélos de montagne. Une équipe hautement professionnelle et des tarifs très concurrentiels. À savoir qu'Algonquin Outfitters est aussi présent à de nombreux autres endroits dans la région (Bracebridge, Haliburton, Huntsville, Opeongo, Oxtongue Lake, Port Carling, etc.). Certains d'entre eux offrent des activités hivernales (voir site web).

VOYAGEUR QUEST

Round Lake
✆ +1 416 486 3605
www.voyageurquest.com
Tarifs variables selon l'activité ou le forfait choisi. Hébergement disponible sur place.

Souvent cité dans les médias comme une excellente adresse, Voyageur Quest offre une grande variété d'activités (aventures de plusieurs jours en canoë, en traîneau à chiens, multiactivités, etc.). La Commission canadienne du tourisme a notamment sélectionné ses excursions hivernales de trois jours (incluant balades en traîneau à chiens, raquettes, etc.) comme parmi les meilleures au Canada (Expérience Canadienne Distinctive). Il est possible de dormir sur place dans des chalets en hiver, en camping l'été. Service de bus depuis Toronto avec Ontario Northland.

FORESTERS FALLS ★★

Cette petite municipalité est surtout connue pour une chose : les sports d'aventure en eau vive. Située en bordure de la tumultueuse rivière des Outaouais, une des meilleures rivières de rafting au pays, elle accueille chaque année bon nombre d'*aficionados* de ce sport. Et l'offre ne manque pas sur place, avec entre autres deux entreprises spécialisées dans le domaine. Dans les deux cas, on peut également s'adonner au kayak en eau vive et profiter d'installations d'hébergement en camping ou chalet à même le site. Wilderness Tours a élargi son offre à d'autres activités et son resort est le plus complet du coin, spectacles live en prime.

WILDERNESS TOURS

1260 Grants Settlement Road
✆ +1 888 723 8669
www.wildernesstours.com
Rafting à partir de 129 CAN $. Voir site web pour les tarifs des autres activités, des forfaits et de l'hébergement.

Pour un séjour d'aventure aux abords de la tumultueuse rivière des Outaouais, Wilderness Tours est chaudement recommandé. Le rafting est de loin l'activité phare des lieux, offerte en versions douce, aventure et extrême. Le kayak en eau vive fait également partie de l'offre, tout comme le kayak de mer, la planche à pagaie ou encore le vélo de montagne. Le resort offre de l'hébergement sur place (différentes options) ainsi qu'une foule de services et installations (restaurant-bar, sauna, plage, terrains sportifs, spectacles live, etc.).

SUDBURY ★

Bienvenue dans le Nouvel-Ontario ! Développé dès les années 1870, ce coin de pays est devenu le centre névralgique de la francophonie ontarienne dans les années 1970. Ces Franco-Ontariens ont d'ailleurs leur propre drapeau, lequel fut hissé pour la première fois à l'Université de Sudbury en 1975 avant d'être officiellement reconnu par l'Assemblée législative en 2001. Littérature, théâtre, musique et drapeau y ont rayonné... et ça continue ! Cette ville dynamique s'impose comme l'un des plus grands centres francophones hors Québec. Elle héberge aussi des attractions comme Science Nord (centre des sciences) et Terre Dynamique (visite guidée sous terre).

SCIENCE NORD ★

100 Ramsey Lake Road
✆ +1 705 522 3701
sciencenorth.ca/fr
Ouvert toute l'année (horaires variables). Adulte : 20 CAN $.

Cette importante attraction nord-ontarienne vous offre des expériences scientifiques divertissantes de qualité pour tous. Science Nord, c'est un centre de sciences, une salle de projection IMAX, des films en 2D et 3D à la Caverne Vale, un Planétarium, une Galerie des papillons, d'excitants voyages virtuels, des démonstrations scientifiques et des expositions passionnantes. Petits et grands trouveront ici de quoi occuper toute une journée ! Passeport et combos disponibles avec Terre Dynamique, IMAX et le Planétarium. Restauration et boutique sur place.

TERRE DYNAMIQUE ★★

122 Big Nickel Road
✆ +1 705 522 3701
sciencenorth.ca/fr
Ouvert de mi-février à fin octobre (horaires variables). Adulte : 15-20 CAN $. Possibilité de jumeler les attractions.

Une autre attraction incontournable du nord de l'Ontario ! Descendez sept étages sous terre et faites une visite guidée souterraine. Ou encore parcourez les salles d'exposition afin de découvrir l'histoire fascinante de la formation de la Terre de même que l'histoire de l'industrie minière à Sudbury. Les plus jeunes adoreront rechercher de l'or à l'exemple des prospecteurs du Yukon et revivre l'impact de la météorite ayant donné forme au bassin de Sudbury. Et surtout, il ne faut pas manquer pas le Big Nickel, cette pièce géante de 5 ¢, emblème de la ville.

NORTH BAY ★

Porte d'entrée du Nord ontarien, North Bay s'est installée entre deux portages, à la fin du XIXe siècle. La ville a toujours fait office de carrefour de culture et de commerce. Implantée en bordure d'une paisible baie du grand lac Nipissing, réputé pour son eau chaude et ses nombreuses plages, elle a vu transiter sur ses berges les Amérindiens qui y avaient établi leurs postes de troc, les intrépides coureurs des bois pagayant vers la baie Georgienne, puis les avides entrepreneurs de l'ère industrielle intéressés par les richesses du Nord. Ces derniers ont transformé le village en cet important centre ferroviaire et routier d'aujourd'hui.

DIONNE QUINTS MUSEUM ★

181 Oak Street West
dionnequintshome.com
Grande réouverture à la fin mai 2023.

En 1934, les quintuplées Dionne sont devenues des vedettes internationales. Leur naissance a su estomper les rigueurs de la crise économique, conférant à North Bay le titre de destination voyage. Trois millions de visiteurs sont venus admirer les cinq jumelles dans leur pouponnière munie de galeries d'observation... La maison natale d'Annette, de Cécile, d'Émilie, de Marie et d'Yvonne, qui logeait déjà cinq aînés, est accessible au public et on peut y voir des reliques de leur enfance et revivre des moments qui firent la une des journaux à travers la planète.

CHIEF COMMANDA II

200 Memorial Drive
✆ +1 705 494 8167
chiefcommanda.com
Juin à début octobre. Tarifs selon la croisière choisie.

Avec ses trois étages, le *Chief Commanda II* peut accueillir jusqu'à 320 passagers en tout confort. Cinq croisières, d'une durée de 1 heure 30 à 4 heures, sont proposées depuis North Bay : îles Manitou (territoire ancestral autochtone), coucher de soleil sur la baie Callander (avec ou sans repas, dîner 3 services), rive nord du lac Nipissing (avec animation, offerte seulement l'automne), la rivière des Français (offerte seulement le dimanche), et croisière avec feux d'artifice (date précise pendant l'événement Rib Fest). Bars, cantine et menu barbecue à bord.

TORONTO

TEMAGAMI ★★

Pays de *Grey Owl* et toit de l'Ontario, Temagami offre une nature sauvage. Au pied de l'Ishpatina, le Britannique Archibald Belaney, mieux connu sous le nom de *Grey Owl*, a adopté la culture autochtone et nourri sa passion de l'environnement, avant de devenir un des fondateurs du mouvement écologique. C'était au début du XXe siècle. En langue ojibwée, Temagami signifie « eau profonde près de la rive ». En effet, le lac Temagami peut plonger de 30 m à quelques mètres des berges. En plus de ses 1 200 îles, le lac offre une vingtaine de circuits canotables à partir de la pointe Finlayson. L'arrière-pays fourmille également de 2 600 km de voies canotables.

PARC PROVINCIAL LADY EVELYN-SMOOTHWATER ★★

✆ +1 705 569 3205

www.ontarioparks.com/fr

Ouvert de fin avril à fin octobre. Voir site web pour les tarifs (entrée, camping, etc.).

Ce spectaculaire parc sauvage se caractérise par sa topographie accidentée, ses lacs clairs et ses rivières aux eaux mouvementées. Le cours de la rivière Lady Evelyn est interrompu par de nombreuses chutes d'eau. La cascade la plus impressionnante est Helen Falls dont la dénivellation est supérieure à 25 mètres. Nombre de reliefs exceptionnels sont représentés dans ce secteur du Bouclier canadien. Ici la roche précambrienne s'élève pour former un dôme, dont le sommet Ishpatina Ridge est le point culminant en Ontario. À la limite entre la forêt des Grands Lacs et du Saint-Laurent et la forêt boréale, le parc abrite une multitude de végétaux. La zone est connue pour ses anciens écosystèmes forestiers de pins blancs et de pins rouges. Les espèces sauvages telles que l'ours et l'orignal sont nombreuses dans la région. La multitude de lacs profonds et de cours d'eau rapides sont un milieu idéal pour le touladi et l'omble de fontaine.

Accès : le parc provincial Lady Evelyn-Smoothwater est accessible par la route en provenance du nord par le lac Elk. En provenance de l'est, l'accès se fait par embarcation de Mowat Landing sur la rivière Montréal. L'accès par embarcation en provenance de l'est est aussi possible par les points d'accès du lac Temagami. Enfin, l'accès par hydravion peut être effectué à partir du lac Elk, que ce soit de Sudbury ou de Temagami. À noter que tous les avions privés doivent obtenir un permis d'atterrissage de Parcs Ontario.

WHITE BEAR FOREST ★★

Jack Guppy Way

www.ancientforest.org/whitebear

Ce pays des baies est aussi celui des pins géants de 1 mètre de diamètre et qui font parfois 40 mètres de hauteur. Certains ont atteint l'âge vénérable de 350 ans. Ils ont donc été témoins des explorations, de la traite, de la construction navale et de la drave… Le plus vieux aurait pu voir passer l'explorateur Pierre de Troyes, en 1686 ! La forêt ancienne White Bear, accessible de la municipalité de Temagami, compte une trentaine de kilomètres de sentiers pédestres. Pour une première visite, on recommande le sentier White Bear Trail qui débute près de la Tour de Feu de Temagami. Ces pistes de tous les niveaux tracées par une tribu anishinabe auraient fait partie d'un système de portage utilisé il y a 3 000 ans. Le territoire a été maintes fois traversé, mais demeure pratiquement inchangé, si ce n'est pour un petit barrage et le site déserté d'une scierie. Les pins peuvent être admirés du haut des airs. Vous ferez ainsi d'une pierre deux coups : non seulement vous verrez les pins blancs du ciel, mais vous ferez l'expérience de l'hydravion ! Une compagnie aérienne suggère des envolées au-dessus des lacs et des forêts de la région, soit Lakeland Airways.

Accès. Il y a plusieurs accès pour les sentiers pédestres. Sur le site web, vous retrouverez des cartes indiquant les différents accès, les sentiers avec leur longueur totale et les lieux pour planter sa tente. Si vous êtes en voiture, vous pouvez aller la stationner au Caribou Mountain Ski Hill et accéder directement aux sentiers à partir de là.

SMOOTHWATER OUTFITTERS & LODGE €€

34 Smoothwater Road ✆ +1 705 868 6464

smoothwater.com

Tarifs variables selon l'hébergement. Repas à la carte sur place, pas de licence d'alcool (apportez le vôtre).

Les amoureux de la nature seront ici comblés, arpentant forêts anciennes de pins et montagnes, ou encore naviguant sur des eaux inconnues, cachées et presque intactes. La spécialité de la maison : le canoë, qu'on loue à la journée ou qu'on découvre en forfait tout inclus, guidé ou non. On y loue aussi de l'équipement de camping ; on y savoure une cuisine locale, bien attablés dans le lodge principal ; on se relaxe dans le sauna ou assis sur les rives du lac… Magique !

COCHRANE ★★

En arrivant à Cochrane, on est accueilli par Chimo, la grande statue d'ours polaire qui trône à l'entrée de la ville. Et c'est d'ailleurs les ours polaires qui attirent ici nombreux visiteurs. Il faut dire qu'on y retrouve l'Habitat de l'ours polaire, un centre de réhabilitation pour les orphelins qui n'auraient pas survécu dans la nature sauvage. L'endroit sert également de centre de recherche et d'éducation. Si vous avez le temps et les moyens, on suggère le Polar Bear Express, une expédition de près de 300 km en train le long des rivières Abitibi et Moose, jusqu'à Moosonee, premier poste de la Compagnie de la baie d'Hudson, aménagé en 1673.

COCHRANE POLAR BEAR HABITAT ★★

1 Drury Park Road ✆ +1 705 272 2327

www.polarbearhabitat.ca

Fin mai à début octobre : tous les jours de 9h à 17h. Le reste de l'année : de 10h à 16h. Adulte : 17,60 CAN $. Camping.

Ganuk, Henry et Inukshuk ont élu domicile à l'Habitat de l'ours polaire, un centre de réadaptation pour les orphelins. Tous les jours, on peut les observer et, avec un peu de chance, on assistera à leur repas. Les voir croquer dans une énorme carotte à quelques centimètres de soi a un petit quelque chose d'impressionnant ! Sur réservation, des expériences tarifées sont proposées permettant de découvrir l'envers du décor. Village d'antan et musée de motoneiges antiques aussi sur place.

POLAR BEAR EXPRESS

200 Railway Street

✆ +1 800 265 2356

www.ontarionorthland.ca/fr

Réservation en ligne ou au numéro sans frais.

La locomotive siffle ! « En voiture ! » pour une traversée historique à bord du *Polar Bear Express*. Près de 300 km de forêt boréale vous conduisent jusqu'à la réserve amérindienne crie de Moosonee, à l'embouchure de la rivière Moose et à vol d'oiseau de la baie James. Il y a quatre départs par semaine depuis Cochrane, les lundis, mardis, jeudis et vendredis à 9h (arrivée à Moosonee à 14h ; le train repart à 17h de Moosonee pour arriver à Cochrane à 22h). Une douzaine d'arrêts est prévue à l'itinéraire entre ces deux destinations.

SAULT STE. MARIE ★

Sault (prononcer « Sou ») Ste. Marie (on dit « The Soo ») est une petite ville qui n'a guère plus de français qu'un nom et son histoire (des missionnaires français l'ont fondée en 1669). Le pont qui la relie à sa jumelle américaine de l'État du Michigan sépare le lac Supérieur du lac Huron et voit passer les grands cargos de marchandises. Ce sont ses écluses qui ont fait la prospérité de la ville, devenues un site historique. Cette activité fluviale explique la relative aisance de Sault Ste. Marie, traversée par Queen Street où s'alignent magasins et restaurants en brique rouge, et où domine la vieille maison Ermatinger (1814) en pierre grise.

ART GALLERY OF ALGOMA ★

10 East Street

✆ +1 705 949 9067

www.artgalleryofalgoma.com

Ouvert toute l'année (horaires variables). Adulte : 7 CAN $.

L'AGA est est le seul musée d'art public de collection situé entre Sudbury et Thunder Bay. Sa riche collection comprend environ 5 000 œuvres incluant peintures, dessins, sculptures, photographies, installations et arts décoratifs. L'accent est mis sur l'art contemporain régional et canadien et inclut des œuvres des membres du Groupe des Sept (Franklin Carmichael, A. Y. Jackson, J. E. H. MacDonald et F. H. Varley), mais aussi de Carl Beam, AJ Casson, Jack Bush, Rita Letendre et Barbara Hepworth, par exemple. Café et boutique cadeaux sur place.

AGAWA CANYON TOUR TRAIN

87 Huron Street ✆ +1 844 246 9458

agawatrain.com

Tours d'août à mi-octobre. Départ à 8h, retour à 18h. Adulte : 140 à 155 CAN $ selon la période.

Pour traverser cette région magnifique (surtout en automne), riche de forêts, ravins et cascades, le moyen de transport le plus approprié est le train. Alors... embarquez ! Le train de l'Agawa Canyon vous mènera vers une fascinante épopée. Cette excursion est l'une des plus spectaculaires d'Amérique du Nord. Vous serez muet d'admiration devant le beau panorama exhibé. Des arrêts sont prévus pour les pêcheurs, les photographes, les alpinistes et même les chercheurs de pierres précieuses. Les réservations sont hautement conseillées.

PARC PROVINCIAL LAKE SUPERIOR ★★

D'une superficie d'environ 1 600 km², ce parc longe le lac du même nom et est traversé entièrement par la route 17 (Transcanadienne). La frontière sud du parc se trouve à 130 km au nord-ouest de Sault Ste. Marie, alors que la frontière nord se trouve à peine à 15 km au sud de Wawa. Du littoral accidenté du lac Supérieur, ce parc s'étend ensuite vers l'intérieur des terres et abrite des collines couvertes de brume et de profonds canyons dont la beauté exceptionnelle et les riches couleurs automnales ont inspiré les artistes du Groupe des Sept. Le sentier Coastal et une partie de la route 17 longent le littoral rocheux et accidenté du lac Supérieur.

PARC PROVINCIAL LAKE SUPERIOR ★★

Highway 17
✆ +1 705 856 2284
www.ontarioparks.com/fr
Ouvert de début mai à fin octobre. Voir site web pour les tarifs (entrée, camping, etc.).

Un parc aux paysages extraordinaires, lesquels ont inspiré les artistes du Groupe des Sept. Baigné par les eaux cristallines du lac Supérieur, il invite à la baignade, au canotage (parcours de classe mondiale) et au kayak de mer. Le long de la limite est du parc, le chemin de fer Algoma Central sillonne le canyon Agawa, et il ne faut pas rater les quelque 35 pictogrammes du rocher Agawa (site accessible à pied). À voir : le bassin naturel de l'île Bathtub situé près de Katherine Cove.

PARC NATIONAL PUKASKWA ★★★

Au sud-est de Marathon, faites une halte à ce parc (quittez la route 17 et prenez la route 627). Il est situé à mi-chemin entre les villes de Sault Ste. Marie et de Thunder Bay, sur les rives du plus grand lac d'eau douce au monde. D'une exceptionnelle beauté, il offre des vues panoramiques sur le lac Supérieur et un paysage accidenté ancien caractéristique du Bouclier canadien et de la forêt septentrionale. L'esprit de la nature habite tous ceux et celles qui choisissent de visiter et d'explorer ce lieu unique. Seul parc national sauvage de l'Ontario, Pukaskwa protège 1 878 km² d'un écosystème incluant la forêt boréale et la rive du lac Supérieur.

PARC NATIONAL PUKASKWA ★★★

Highway 627 ✆ +1 807 229 0801
www.pc.gc.ca/pukaskwa
Ouvert de mai à novembre. Adulte : 3,25 à 6,25 CAN $, 17 ans et moins : gratuit.

Sa crique invite à la baignade ou au canotage. Différents sentiers ou circuits permettent d'explorer l'intérieur de ces terres boisées ou de longer les rives du lac Supérieur. Les kayakistes confirmés peuvent notamment – non sans avoir été mis en garde contre les dangers des courants – suivre pendant 16 jours un tracé qui les amène à la limite sud du parc. Pour les randonneurs, un sentier de 70 km est balisé tout au long de la côte. Des aires de camping équipées d'un mât (pour suspendre la nourriture et la mettre hors de portée des ours) se répartissent sur l'ensemble de ces 1 878 km². En dehors de cette possibilité de camping sauvage, à Hattie Cove, un terrain de camping au confort moderne vous permettra de mesurer votre endurance nerveuse face à un animal tout aussi redoutable que l'ours : le moustique. Il est également possible de passer la nuit dans une tente oTENTik, une formule prêt-à-camper des plus populaires et confortables. Dans le parc national Pukaskwa (prononcer « Pok-a-sà »), c'est une nature rude et sauvage qui attend kayakistes ou randonneurs. L'esprit d'aventure et d'indépendance ne devra souffler que chez les plus entraînés. Pukaskwa signifie « un rivage sauvage sur une mer intérieure ».

À savoir que la plupart des services du camping sont en fonction de mi-mai à mi-septembre. Le centre d'accueil des visiteurs est ouvert de juin à fin septembre et le kiosque du parc de mi-mai à mi-octobre (auto-inscription hors saison). Les réservations pour le camping sont hautement recommandées en haute saison.

THUNDER BAY ★

Nichée dans une baie du lac Supérieur, la ville est cintrée de parcs. Le cœur touristique se trouve aux alentours du Waterfront District et des rues Red River et Cumberland où logent bon nombre de bars et restaurants. Elle compte plusieurs galeries d'art et musées thématiques, de même qu'un monument en l'honneur Terry Fox. Ce courageux jeune unijambiste a terminé à cet endroit une course de 5 342 kilomètres, avant de succomber à un cancer. Le port de Thunder Bay est exceptionnel. Autrefois lieu de rendez-vous des trappeurs, il est aujourd'hui un important port mondial avec une des installations de manutention de céréales les plus grandes du monde.

FORT WILLIAM HISTORICAL PARK ★★

1350 King Road
✆ +1 807 473 2344
www.fwhp.ca
Ouvert toute l'année (horaires variables).
Adulte : de 7,50 à 14 CAN $ selon la saison.

Au milieu du XIXe siècle, le fort William était le siège de la Compagnie du Nord-Ouest et le centre de la fourrure en Amérique du Nord. Aventuriers, trafiquants et voyageurs venaient y faire halte. De nos jours, ce lieu de reconstitution historique explore l'évolution de cette compagnie et du commerce de la fourrure au Canada, au moyen d'une quarantaine de structures historiques reconstruites, d'un camp autochtone et d'une ferme. Le site compte plus de 8 000 répliques et objets européens et des Premières Nations qui datent surtout de 1803 à 1821. Interprètes et artisans en costume d'époque offrent des visites ainsi que des démonstrations quotidiennes, sans oublier des programmes spéciaux qui sont présentés tous les week-ends. Également disponibles sur place : programmes éducatifs, programmes nocturnes, ateliers sur l'artisan, observatoire astronomique David Thompson, location de canoë et kayak, camping avec ou sans services (mi-mai à mi-octobre) et bon nombre d'activités en toute saison. Pour les petits creux, une cantine sert des repas sur le pouce lors de la belle saison (ouverte tous les jours) ; autres options de restauration pour les groupes. À noter que la visite guidée du site historique est offerte uniquement en semaine sur réservation de mi-septembre à mi-mai. Pour les heures des différents services et les tarifs des autres activité (observatoire astronomique, location d'embarcations nautiques, camping, etc.), visitez le site web.

SLEEPING GIANT BREWING CO.

712 Macdonell Street
✆ +1 807 344 5225
sleepinggiantbrewing.ca
Ouvert tous les jours de 12h à 21h15. La boutique a un horaire plus étendu. Terrasse.

Située dans la région du lac Supérieur et près de la Canada Malting Co., cette brasserie trouve une grande partie de ses matières premières sur place (eau et malt). Elle brasse toutes sortes de divins nectars dont un Stout à l'avoine, une Session IPA, une Saison au houblon Citra ou encore un Porter à la vanille. Dans son bâtiment industriel, elle a aménagé un salon de dégustation et un coin boutique assez sympas. L'endroit organise aussi quelques événements et soirées.

ATIKOKAN ★★

En empruntant la route 11, vous longerez un refuge sauvage où s'arrêtaient les Ojibwés et les commerçants de fourrure. Vous y découvrirez les mêmes portages, les cascades, les lacs aux eaux brillantes et pures que rencontra Radisson au XVIIe siècle. Atikokan se décrit comme la capitale canadienne du canotage. Tout près, le parc provincial Quetico se révèle un paradis du canotage. En effet, son réseau hydrographique de 1 500 km permet une centaine d'itinéraires canotables. Le sentier Dawson, près de la route 11, le traverse. On estime que 3 500 colons, en route vers les Prairies, ont emprunté cette route à la recherche d'un avenir meilleur.

BIGHT RESTAURANT + BAR €€

2201 Sleeping Giant Parkway
✆ +1 807 622 4448
bightrestaurant.ca
Horaires variables selon la saison.
Carte : 10 à 45 CAN $. Terrasse.

Installée dans le pavillon Water Garden à Prince Arthur's Landing, avec une vue imprenable sur la marina et le lac Supérieur, cette excellente table saura ravir les yeux comme le palais. La décoration fort tendance s'inspire de la nordicité, avec notamment des matériaux bruts, des couleurs profondes et un foyer central en pierres. Niveau menu, l'inspiration va de la cuisine boréale à celle des quatre coins du monde, et une très belle carte des vins vient épauler le tout. En été, la belle terrasse surplombant le lac est un must.

CANOE CANADA OUTFITTERS

300 O'Brien Street ✆ +1 807 597 6418
canoecanada.com
Tarifs variables selon l'activité ou le forfait choisi.

Un pourvoyeur d'aventure qui propose des expéditions clé en main ou guidées pour le canotage et la pêche, ses grandes spécialités. Canoe Canada Outfitters est une excellente référence qui s'occupera des moindres détails de votre aventure, de l'équipement complet aux consignes de sécurité, en passant par le transport et les repas. Le pourvoyeur offre aussi de l'hébergement dans l'arrière-pays, dans des chalets coupés du monde, ou presque (accès par hydravion, voiture ou canoë selon l'endroit). Une adresse chaudement recommandée pour vos aventures en canoë !

QUÉBEC

Province à l'hospitalité légendaire et bastion francophone d'Amérique du Nord, le Québec fait partie des destinations privilégiées, voire chouchou, des Européens francophones. Flanquée d'une nature immense et de villes vibrantes, elle conjugue à merveille la modernité nord-américaine et l'art de vivre à l'européenne. Elle abrite également un *melting-pot* culturel issu des différentes vagues d'immigration, sans oublier les Premiers Peuples qui habitent le territoire depuis des millénaires. Il faut également mentionner sa gastronomie qui ne se limite pas au sirop d'érable et à la poutine, son sport national - le hockey - qui fait office de véritable religion, ses artistes qui font rayonner la culture québécoise de par le monde, son climat qui peut pousser le mercure d'un extrême à l'autre ou encore son combat toujours très actuel pour assurer la pérennité du français pour les générations futures.

Québec ouest
VERS LE NORD QUÉBÉCOIS
La Sarre
AMOS
Senneterre
ROUYN-NORANDA
Malartic
VAL-D'OR
Winneway
Joncas
Tee Lake
Obedjiwan
Clova
Parent
Wemotaci
Manawan
La Tuque
MASHTEUIATSH
SAINT-FÉLICIEN
SAINT-HENRI-DE-TAILLON
LES BERGERONNES
SAINT-FULGENCE
SAINTE-ROSE-DU-NORD
CHAMBORD
RIVIÈRE-ÉTERNITÉ
ESSIPIT
VILLE DE SAGUENAY
L'ANSE-SAINT-JEAN
TADOUSSAC
VERS BAIE-SAINTE-CATHERINE
KAMOURASKA
SAINT-AIMÉ-DES-LACS
LA MALBAIE
LAC-ÉDOUARD
PETITE-RIVIÈRE-SAINT-FRANÇOIS
L'ISLE-AUX-COUDRES
BAIE-SAINT-PAUL
L'ÎLE-D'ORLÉANS
BEAUPRÉ
SAINT-JEAN-PORT-JOLI
STONEHAM-ET-TEWKESBURY
SAINTE-ANNE-DE-BEAUPRÉ
SAINT-GABRIEL-DE-VALCARTIER
BEAUPORT
WENDAKE
FERME-NEUVE
SAINT-MICHEL-DES-SAINTS
GRANDES-PILES
QUÉBEC
BERTHIER-SUR-MER
LAC-SAINT-PAUL
Shawinigan
Shawinigan
SAINTE-ANNE-DE-LA-PÉRADE
Sainte-Marie
SAINT-ÉLIE-DE-CAXTON
Maniwaki
TROIS-RIVIÈRES
LAC-SUPÉRIEUR
CHERTSEY
Nicolet
MONT-TREMBLANT
RAWDON
Saint-Georges
VAL-DAVID
JOLIETTE
SAINTE-ADÈLE
SAINT-SAUVEUR
DRUMMONDVILLE
Petawawa
Pembroke
Saint-Jérôme
WAKEFIELD
MONTEBELLO
ÉTATS-UNIS
MONT-SAINT-HILAIRE
OTTAWA
MONTRÉAL
VALCOURT
GATINEAU
CHAMBLY
SHERBROOKE
Renfrew
CHELSEA
OKA
ORFORD
NOTRE-DAME-DES-BOIS
BROMONT
SAINT-BENOÎT-DU-LAC
DUNHAM
MAGOG
SUTTON

Québec est
LONGUE-POINTE-DE-MINGAN
MINGAN
HAVRE-SAINT-PIERRE
VERS BASSE-CÔTE-NORD
NATASHQUAN
SEPT-ÎLES
Port-Cartier
Rivière-Pentecôte
Port-Menier
Île d'Anticosti
Chicotte
POINTE-DES-MONTS
BAIE-COMEAU
RIVIÈRE-AUX-OUTARDES
Betsiamites
MONT-SAINT-PIERRE
SAINTE-ANNE-DES-MONTS
L'ANSE-À-VALLEAU
Murdochville
L'ANSE-AU-GRIFFON
GASPÉ
GRANDE-GRAVE
Sept-Îles
MATANE
GRAND-MÉTIS
POINTE-AU-PÈRE
RIMOUSKI
LE BIC
Causapscal
Saint-Eugène-de-Ladrière
PERCÉ
L'ANSE-À-BEAUFILS
Chandler
golfe du Saint-Laurent
CARLETON-SUR-MER
BONAVENTURE
New Carlisle
PASPÉBIAC
Campbellton
NOUVEAU-BRUNSWICK
Bathurst
Pabineau First Nation
Tracadie-Sheila
100 KM
GRANDE-ENTRÉE
OLD-HARRY
CAP-AUX-MEULES
L'ÉTANG-DU-NORD
HAVRE-AUX-MAISONS
HAVRE-AUBERT
ÎLE D'ENTRÉE

PAGES

373 ## ●● MONTRÉAL

397 ## ●● OUEST

Située tout à l'ouest de la province et bordée par l'Ontario, la région de l'Outaouais est bien connue, entre autres, pour son terrain de jeu naturel qu'est le parc de la Gatineau, son fameux Parc Oméga hébergeant des animaux d'Amérique du Nord, ainsi que son incroyable Musée canadien de l'histoire offrant, en prime, une superbe vue sur Ottawa, la capitale canadienne. À l'est se trouve la région des Laurentides, appelée plus communément « le Nord ». Véritable paradis des skieurs et des mordus de plein air, elle est d'ailleurs l'une des principales destinations touristiques internationales du Québec. Puis, au nord de ces deux régions, l'Abitibi-Témiscamingue déroule ses forêts quasi infinies, mais aussi sa riche histoire minière qui a façonné le portrait de cet immense territoire.

397 ### GATINEAU ★★

CHELSEA ★★★

397 Une belle destination pour les amateurs de plein air et les gourmands. On y vient pour profiter des activités grande nature du parc de la Gatineau, mais aussi pour se détendre dans le plus grand spa du continent, déguster un repas aux saveurs du Québec ou siroter une bière locale de la microbrasserie Chelsea & Co.

MONTEBELLO ★★★

399 Flanqué de son emblème qu'est le Fairmont Le Château Montebello, le plus grand de son genre en rondins au monde, ce charmant village attire bon nombre de visiteurs avec ses producteurs gourmands et son parc animalier hors du commun.

400 ### GRENVILLE-SUR-LA-ROUGE ★★

400 ### OKA ★★

SAINT-SAUVEUR ★★★

400 Réputé pour l'animation de son village en toute saison, Saint-Sauveur est avant tout une station de ski très fréquentée par les habitants du Grand Montréal. C'est également un haut lieu du shopping avec les « Factoreries Tanger », ce concept américain de boutiques-entrepôts de grandes marques à prix réduits.

401 ### SAINTE-ADÈLE ★★

VAL-DAVID ★★★

401 Un village des Laurentides pas comme les autres, affichant des airs bohèmes et une belle douceur de vivre. Un lieu où la scène artistique et culturelle rayonne et où le plein air est un réel mode de vie avec des sites et installations à foison.

401 ### MONT-BLANC ★★

LAC-SUPÉRIEUR ★★★

402 Son superbe lac entouré de montagnes arrondies font sa réputation. Non loin de l'action de Tremblant (le Versant Nord de la station de ski s'y trouve d'ailleurs), Lac-Supérieur offre un cadre relaxant au cœur de la nature en toute saison.

MONT-TREMBLANT ★★★

403 Composée de plusieurs secteurs, dont un vieux village tout plein de charme, la ville de Mont-Tremblant est surtout connue pour sa station de villégiature hébergeant l'une des stations de ski les plus fréquentées de la province. Un incontournable des Laurentides !

PAGES

●● RIVE SUD DU SAINT-LAURENT

De la banlieue sud-est de Montréal aux portes de la péninsule gaspésienne, cinq régions touristiques se partagent ce grand territoire coincé entre le fleuve, d'une part, et les États-Unis et le Nouveau-Brunswick de l'autre. Les rives du Saint-Laurent sont bordées par de grandes plaines agricoles alors que le long de la frontière américaine fait place à la chaîne de montagnes des Appalaches. Les routes gourmandes s'y succèdent donc sans surprise, comme celle des vins dans Brome-Missisquoi, mais aussi les sites historiques et les grands espaces naturels, sans oublier les paysages côtiers plus à l'est qui donnent l'impression d'être en bord de mer.

Haut lieu de la pomme et réputé pour sa réserve naturelle qui couvre une partie de la montagne, Mont-Saint-Hilaire est une superbe destination à 30 minutes à peine de Montréal. Mention à son vieux village bordant les rives du Richelieu.

L'un des plus beaux villages de la région, membre en règle du réseau international *Creative Tourism Network*, un sceau de créativité qui regroupe des villes aux quatre coins du globe comme Bangkok, Barcelone et Medellin. Elle en fut même élue Meilleure Destination Créative en 2015.

On dit qu'ici commence la mer. On dit aussi que c'est l'un des villages les plus pittoresques du Québec. Et c'est dans ce lieu que fut filmé, en 1972, le film *Kamouraska* de Claude Jutra, tiré du célèbre récit de la Québécoise Anne Hébert.

PAGES

414 **LE BIC ★★★**

C'est l'un des panoramas les plus grandioses de la région, blotti dans un écrin de montagnes. On dit même que ses anses et ses îles recèlent de mille secrets et légendes. Le village ne manque pas de charme non plus, avec ses belles auberges et ses adresses gourmandes.

415 **RIMOUSKI ★★**

416 **POINTE-AU-PERE ★★**

417 ## ●● GASPÉSIE ET ÎLES DE LA MADELEINE

La péninsule gaspésienne est l'une des destinations privilégiées du Québec, et nous vous conseillons vivement d'en faire le tour complet. Ses parcs naturels (Gaspésie, Forillon) et ses réserves d'oiseaux (fous de Bassan de l'île Bonaventure) jouissent d'une réputation internationale. Au large, à quelque 215 km de la péninsule, s'égrène un archipel d'une douzaine d'îles. Vu du ciel, c'est un croissant de lune coloré, tombé tout droit en plein golfe du Saint-Laurent. « Aux Îles », comme on dit, tout est accentué : la langue, les falaises rouges, les dunes de sable et les couleurs éclatantes des maisons. Pour emplir vos poumons d'air salin et vos yeux de paysages sublimes, c'est dans ces deux régions qu'il faut venir !

417 **GRAND-METIS ★★**

417 **SAINTE-ANNE-DES-MONTS ★★★**

Une destination maritime à ne pas manquer, avec des attraits culturels et naturels de taille, comme le parc national de la Gaspésie, Exploramer (découverte de l'écosystème et de la biodiversité du Saint-Laurent) ou encore Eskamer Aventure (kayak de mer et canyoning).

418 **L'ANSE-À-VALLEAU ★**

419 **L'ANSE-AU-GRIFFON ★★**

419 **GRANDE-GRAVE ★★**

419 **GASPÉ ★★★**

Face au parc national Forillon, Gaspé s'affiche comme le berceau du Canada. Ville de services, on y trouve aussi plusieurs points d'intérêt liés à l'histoire de la région, comme le Musée de la Gaspésie et le Site d'interprétation Micmac de Gespeg. En été, ne ratez pas le spectacle son et lumière « Conte de Vents et Marées ».

420 **PERCÉ ★★★**

Longtemps isolé, Percé s'est développé grâce au tourisme. Son célèbre rocher, l'île Bonaventure et ses fous de Bassan, sans oublier son géoparc portant le label Géoparc mondial UNESCO, attirent les foules. Toutefois mieux vaut réserver son hébergement si on prévoit de s'y rendre entre la mi-juillet et la mi-août.

421 **PASPÉBIAC ★**

423 **BONAVENTURE ★★**

424 **CARLETON-SUR-MER ★★**

424 **ÎLE-D'ENTRÉE ★★**

PAGES

424 **HAVRE-AUBERT ★★★**

Une destination populaire pour son site historique La Grave qui prend vie l'été avec des petites boutiques, des cafés et restos, sans oublier plusieurs festivals et concours qui attirent les foules. Autre atout : la plage Sandy Hook qui figure parmi les plus belles des Îles.

425 **CAP-AUX-MEULES ★**

Son port est très actif grâce à la pêche et au transit vers le continent. C'est en effet le point d'arrivée de la majorité des vacanciers qui empruntent le ferry ou le bateau de croisière de la compagnie locale CTMA. C'est aussi ici que se concentre la plupart des services aux Îles.

425 **L'ÉTANG-DU-NORD ★★★**

Au sud de l'île, la municipalité de L'Étang-du-Nord propose de magnifiques panoramas côtiers, notamment au parc de Gros-Cap. Ne pas manquer non plus l'Anse de L'Étang-du-Nord et son petit port à l'ouest, ou encore l'église Saint-Pierre de La Vernière, la 2e plus grande église en bois du sous-continent.

426 **HAVRE-AUX-MAISONS ★★★**

Avec ses airs champêtres et son relief dénué d'arbres, Havre-aux-Maisons regorge de charmantes chambres d'hôtes et de producteurs agroalimentaires dignes de mention. On y retrouve également l'unique aéroport des Îles de la Madeleine, face à la lagune du Havre au nord-ouest de l'île.

426 **OLD-HARRY ★★**

426 **GRANDE-ENTRÉE ★**

427 ●● LANAUDIÈRE ET MAURICIE

Les régions de Lanaudière et de la Mauricie sont de véritables terrains de jeu naturels, à quelques kilomètres seulement de Montréal et Québec, entre le fleuve Saint-Laurent et le massif laurentien. Paradis du chalet, des pourvoiries, des lacs et des forêts, on y vient pour se ressourcer et prendre un grand bol d'air pur. On peut aussi y faire un séjour traditionnel en communauté autochtone ou encore se promener dans l'archipel du lac Saint-Pierre qui rappelle les bayous louisianais. On y retrouve les incontournables parcs du Mont-Tremblant et de la Mauricie, des réserves fauniques et un immense territoire de chasse, de pêche et de plein air. Côté urbain, la capitale régionale mauricienne, Trois-Rivières, est un must.

427 **CHERTSEY**

427 **JOLIETTE ★**

427 **SAINT-MICHEL-DES-SAINTS ★★★**

Nul doute que vous pourrez ici assouvir vos envies de chalet en rondins. C'est le territoire des grands espaces et des pourvoiries, pour la plupart réparties autour du magnifique lac Taureau. Un endroit où prendre le temps, entouré d'une nature sauvage et quasi intacte.

PAGES

428 **TROIS-RIVIÈRES ★★★**

Capitale culturelle de la région mauricienne, la ville jouit d'un dynamisme exceptionnel dans le domaine. Sa partie ancienne est le lieu où tout se passe, ou presque, et c'est ici également que se trouve le parc portuaire, une belle promenade aménagée en bordure du fleuve. Pour vous en mettre plein la vue, sachez que le Cirque du Soleil loge sur les planches de l'Amphithéâtre Cogeco chaque été.

429 **SAINTE-ANNE-DE-LA-PÉRADE ★★**

429 **LA TUQUE ★**

429 **SHAWINIGAN ★★★**

Sur la route 155 qui mène au lac Saint-Jean, Shawinigan mérite un arrêt, notamment pour sa principale attraction qu'est la Cité de l'énergie, un complexe muséal et touristique immersif axé sur les différentes formes d'énergies, mais aussi pour le fameux parc national de la Mauricie, La Mecque du canoë-camping.

431 **●● QUÉBEC**

448 **●● RÉGION DE QUÉBEC ET CHARLEVOIX**

Québec ne se limite pas à la capitale provinciale, c'est aussi une région touristique à part entière. Elle offre de grandes plaines rurales, comme celles de l'Île d'Orléans et de la Côte-de-Beaupré, des montagnes et des grands espaces, notamment au parc national de la Jacques-Cartier, des stations touristiques de grande qualité, comme à Beaupré ou à Stoneham, et plus encore. Elle est bordée à l'est par la magnifique région de Charlevoix, reconnue au Québec comme étant la région gastronomique et touristique par excellence. Ici la route 138 Est caresse le fleuve, en lacet de Sainte-Trinité-des-Caps (région de Québec) jusqu'à l'embouchure du fjord du Saguenay, à Baie-Sainte-Catherine. L'arrière-pays montagneux inclut une partie proclamée réserve mondiale de la biosphère par l'UNESCO en 1988.

448 **WENDAKE ★★**

448 **SAINT-GABRIEL-DE-VALCARTIER ★**

449 **STONEHAM-ET-TEWKESBURY ★★**

449 **BEAUPORT ★★**

450 **ÎLE D'ORLÉANS ★★★**

Une île magique, réputée pour ses villages pittoresques, ses maisons anciennes, ses airs bucoliques et ses innombrables adresses gourmandes. De coquettes auberges y ont élu domicile et accueillent leurs hôtes dans un décor qui fleure bon les vacances.

451 **SAINTE-ANNE-DE-BEAUPRÉ ★★**

451 **BEAUPRÉ ★★**

451 **PETITE-RIVIERE-SAINT-FRANÇOIS ★★**

452 **BAIE-SAINT-PAUL ★★★**

Charmante municipalité réputée pour ses paysages et sa quiétude qui attirèrent de tout temps les peintres, les sculpteurs et même les écrivains. En été, son Symposium international d'art contemporain est un incontournable. Nombreuses auberges de charme et tables gourmandes également.

PAGES

PAGES

463 ●● CÔTE-NORD

Elle s'étire le long de l'estuaire du golfe du Saint-Laurent, de Tadoussac jusqu'à Blanc-Sablon, à la frontière du Labrador. Cette longue côte se subdivise en deux secteurs : Manicouagan (de Tadoussac à Baie-Trinité) et Duplessis (de Pointe-aux-Anglais à Blanc-Sablon). La route s'arrête à Kegaska où commence la Basse-Côte-Nord, peuplée de communautés autochtones, anglophones et francophones, et dont les petits villages ne sont accessibles que par avion ou par bateau (circuit de la Route Blanche pour les motoneiges en hiver). La Côte-Nord plaira à tous ceux qui recherchent des vacances actives, qui sont attirés par la randonnée, le kayak, la voile, la pêche au saumon, la chasse et, en hiver, par le ski de fond, la raquette, la pêche blanche et la motoneige.

463 SACRE-CŒUR ★

TADOUSSAC ★★★

463 Ancien lieu d'échanges entre les Amérindiens, puis premier poste de traite des fourrures du Canada, Tadoussac attire de nos jours une quantité impressionnante de touristes venus voir de près les baleines. Outre ces stars incontestées, le village accueille également nombreux visiteurs lors de son fameux Festival de la chanson de Tadoussac qui se tient en juin.

465 LES BERGERONNES ★★

465 ESSIPIT ★★

465 BAIE-COMEAU

465 RIVIÈRE-AUX-OUTARDES ★★

466 POINTE-DES-MONTS ★★

466 SEPT-ILES ★★

467 LONGUE-POINTE-DE-MINGAN ★★

467 HAVRE-SAINT-PIERRE ★★

468 NATASHQUAN ★★

468 BASSE-COTE-NORD ★★★

469 ●● NORD QUÉBÉCOIS

Pays d'aventure et royaume des motoneigistes, des chasseurs et des pêcheurs, l'immense région d'Eeyou Istchee Baie-James s'ouvre de plus en plus au tourisme. Parmi les lieux les plus appréciés des visiteurs, signalons le village de la nation cri d'Oujé-Bougoumou, lauréat de l'UNESCO, et les centrales hydroélectriques au nord de la région (Radisson, Chisasibi). Si on pousse jusqu'aux confins du nord du Québec, la région arctique du Nunavik et ses quelque 14 000 habitants, majoritairement Inuit, s'ouvre à nous. Elle recèle de fabuleux phénomènes naturels, dont les plus hauts sommets du nord-est du continent (monts Torngat), le cratère météoritique des Pingualuit et son eau d'une pureté unique, ou encore les marées exceptionnelles du bassin aux Feuilles à Tasiujaq. À noter que la langue maternelle des Inuit est l'inuktitut, mais la jeune génération utilise aussi l'anglais et même le français. N'hésitez pas à apprendre quelques mots avant votre séjour !

469 CHIBOUGAMAU ★

469 OUJÉ-BOUGOUMOU ★

469 RADISSON ★★

470 KUUJJUAQ ★★

MONTRÉAL

© RENAUD ROY

Deuxième ville du Canada après Toronto, place financière, commerciale et technologique dynamique, centre portuaire de tout premier ordre sur la voie fluviale reliant les Grands Lacs à l'Atlantique, Montréal est la sixième ville francophone du monde. Elle est la seule ville au pays à avoir su concilier les influences du Vieux Continent et la modernité nord-américaine, à avoir pu réunir les communautés anglophone et francophone que l'histoire a longtemps opposées, et à avoir réussi à intégrer une mosaïque ethnique issue de l'immigration. C'est aussi un agglomérat de villes et villages jadis distincts et une métropole culturelle d'une grande vitalité. Et à voir le nombre d'événements qui s'y relayent sans temps mort, on comprend d'où vient son surnom de « capitale nord-américaine des festivals ». Finalement, Montréal figure parmi les grandes destinations gourmandes du globe, ce qui n'est pas pour déplaire aux épicuriens de ce monde.

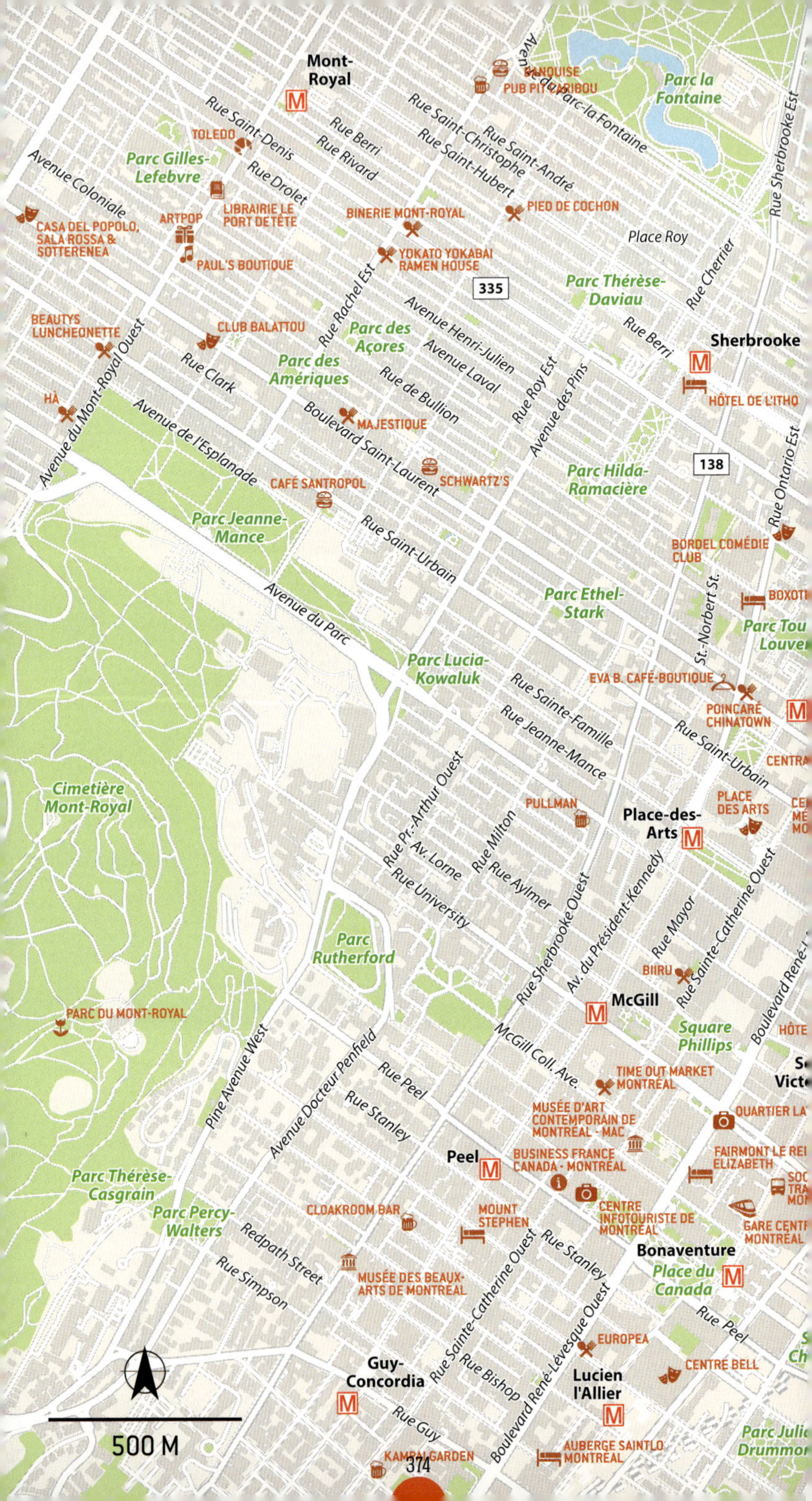

Mont-Royal
Banquise
Pub Pit Caribou
Avenue du Parc-la Fontaine
Parc la Fontaine
Rue Sherbrooke Est
Rue Saint-Denis
Toledo
Rue Berri
Rue Rivard
Rue Saint-Christophe
Rue Saint-Hubert
Rue Saint-André
Parc Gilles-Lefebvre
Rue Drolet
Avenue Coloniale
Artpop
Librairie le Port de Tête
Binerie Mont-Royal
Pied de Cochon
Casa del Popolo, Sala Rossa & Sotterenea
Place Roy
Paul's Boutique
Yokato Yokabai Ramen House
335
Parc Thérèse-Daviau
Rue Cherrier
Avenue Henri-Julien
Rue Rachel Est
Parc des Açores
Beautys Luncheonette
Club Balattou
Rue Berri
Sherbrooke
Avenue Laval
Avenue du Mont-Royal Ouest
Rue Clark
Parc des Amériques
Rue de Bullion
Rue Roy Est
Avenue des Pins
Hôtel de l'Itho
Hà
Avenue de l'Esplanade
Majestique
Boulevard Saint-Laurent
138
Rue Ontario Est
Schwartz's
Parc Hilda-Ramacière
Café Santropol
Parc Jeanne-Mance
Rue Saint-Urbain
Bordel Comédie Club
St.-Norbert St.
Parc Ethel-Stark
Avenue du Parc
Parc Lucia-Kowaluk
Rue Sainte-Famille
Eva B. Café-Boutique
Rue Jeanne-Mance
Poincaré Chinatown
Rue Saint-Urbain
Cimetière Mont-Royal
Rue Pr.-Arthur Ouest
Pullman
Place des Arts
Place-des-Arts
Av. Lorne
Rue Milton
Rue University
Rue Aylmer
Av. du Président-Kennedy
Rue Sainte-Catherine Ouest
Rue Sherbrooke Ouest
Rue Mayor
Parc Rutherford
Biiru
McGill
Square Phillips
Parc du Mont-Royal
Pine Avenue West
McGill Coll. Ave.
Avenue Docteur Penfield
Rue Peel
Time Out Market Montréal
Rue Stanley
Musée d'Art Contemporain de Montréal - MAC
Quartier Latin
Peel
Business France Canada - Montréal
Fairmont le Reine Elizabeth
Parc Thérèse-Casgrain
Parc Percy-Walters
Cloakroom Bar
Mount Stephen
Centre Infotouriste de Montréal
Gare Centrale Montréal
Redpath Street
Rue Stanley
Bonaventure
Rue Simpson
Musée des Beaux-Arts de Montréal
Rue Sainte-Catherine Ouest
Place du Canada
Boulevard René-Lévesque Ouest
Rue Peel
Europea
Guy-Concordia
Rue Bishop
Lucien l'Allier
Centre Bell
500 M
Rue Guy
Kampai Garden
Auberge Saintlo Montréal
Parc Julia Drummond

Montréal
Avenue de Lorimier
Parc des Vétérans
Papineau
Avenue Papineau
Rue Plessis
Rue Logan
Parc Raymond-Blain
134
Pont Jacques-Cartier
Avenue du Port
Île Sainte-Hélène
Boulevard René-Lévesque Est
Avenue Viger Est
Rue Notre-Dame Est
PALME
PASSÉ COMPOSÉ
RED TIGER
Beaudry
TENDRESSE
BLOSSOM
KAMEHAMENA SNACK-BAR
Parc Saint-Jacques
CABARET MADO
Rue Wolfe
Parc Émilie-Gamelin
M MONTREAL
Berri-Uqam
Rue Labelle
Rue Saint-Antoine Est
Rue du Port de Montréal
PARC JEAN-DRAPEAU
Débarcadère
NEWSPEAK
Rue Saint-Denis
Carré Viger
Square Dalhousie
MARCHÉ BONSECOURS
Avenue Einstein
Champ-de-Mars
CITÉ MÉMOIRE - MONTRÉAL EN HISTOIRES
SOCIÉTÉ DES ARTS TECHNOLOGIQUES
(SAT)
LABO CULINAIRE
BREWSKEY
SAUTE-MOUTONS
TYROLIENNE MTL
Champ-de-Mars
CLUB CHASSE ET PÊCHE
TERRASSES BONSECOURS
Fleuve Saint-Laurent
Boulevard Saint-Laurent
HÔTEL WILLIAM GRAY
VIEUX-PORT DE MONTRÉAL
NAVETTES FLUVIALES DE MONTRÉAL
NOUILLES DE LAN ZHOU
Pont de la Concorde
Place d'Armes
ÇA ROULE MONTRÉAL
Place d'Armes
SAINT-SULPICE HÔTEL MONTRÉAL
BASILIQUE NOTRE-DAME DE MONTRÉAL
Parc de Dieppe
TOMMY CAFÉ
HÔTEL ÉPIK MONTRÉAL
TOQUÉ !
RESTAURANT BONAPARTE
POINTE-À-CALLIÈRE CITÉ D'ARCHÉOLOGIE ET D'HISTOIRE
PINCETTE - BAR À HOMARD
DÉLICES ÉRABLE & CIE
COOPÉRATIVE L'EMPREINTE
LOFTS DU VIEUX-PORT
Rue Saint-Pierre
SÉSAME
CROISIÈRES AML
HÔTEL UVILLE
HÔTEL GAULT
LOV
OLIVE + GOURMANDO
Rue McGill
THE FARSIDES
Rue St-Henri
BOTA BOTA
Square des Frères-Charon
Robert-Bourassa
MÉLISSE
Rue Wellington
Rue King
Rue Prince
Parc Bonaventure
Avenue Pierre-Dupuy
Rue William
112

SE REPÉRER SE DÉPLACER

La métropole québécoise est desservie par l'aéroport international Montréal-Trudeau. Pour rejoindre le centre-ville, les moyens les plus efficaces sont la navette 747 ou le taxi. Une fois en ville, le réseau de transport en commun vous mène partout, ou presque. La ville bénéficie d'un métro (68 stations réparties sur 4 lignes) qui se rend même à Laval (Rive-Nord) et Longueuil (Rive-Sud). S'il n'est pas en opération la nuit, plus d'une vingtaine de bus de nuit prennent ensuite la relève et couvrent l'ensemble de la métropole. Lors de la belle saison, le vélo est fort populaire, notamment le système en libre-service Bixi. À savoir que Montréal compte près de 1 000 km de voies cyclables sur son territoire. Pour sortir de l'île, six lignes de train rejoignent la banlieue, sans compter les bus interurbains (Gare d'autocars au métro Berri-UQAM, sauf pour Megabus) et le train VIA Rail (Gare Centrale au métro Bonaventure).

AÉROPORT INTERNATIONAL MONTRÉAL-TRUDEAU

975, boulevard Roméo-Vachon Nord
✆ +1 514 633 3333
www.admtl.com

Une soixantaine de compagnies aériennes y opèrent des vols nationaux et internationaux. Pour se rendre de l'aéroport jusqu'au centre-ville, les moyens les plus efficaces sont la navette 747 (en service 24h/24, 11 CAN $ pour un billet valide 24h sur tout le réseau de la zone A), le taxi (tarif fixe de 41 CAN $ vers le centre-ville) et les services comme Eva et Uber. Service additionnel de minibus offert vers certains hôtels (contactez votre hôtel pour savoir si ce service y est offert).

BIXI

✆ +1 514 789 2494
www.bixi.com

Le service Bixi est disponible de mi-avril à mi-novembre et est accessible 24h/24. Voir site web pour les tarifs.

Le BIXI (contraction de BIcyclette et de taXI), un système de vélos publics en libre-service, est proposé dans plusieurs zones de la ville. Il permet d'emprunter un vélo à l'une des stations (environ 800) installées pour la belle saison, pour quelques heures ou pour la journée (nombreuses promotions sur les abonnements, mensuels ou saisonniers). Il est extrêmement avantageux pour les personnes effectuant des petits trajets à chaque fois. Si vous désirez avoir un vélo pour vos loisirs, nous vous conseillons de faire affaire avec un loueur.

EXO - RÉSEAU DE TRANSPORT MÉTROPOLITAIN

✆ +1 833 255 6396
exo.quebec

Le site web d'Exo donne tous les renseignements sur les trains de banlieue (cinq lignes reliant Montréal à Vaudreuil/Hudson, Saint-Jérôme, Mascouche, Mont-Saint-Hilaire et Candiac). Ce site web présente également toutes les Informations relatives au métro, au transport adapté ainsi qu'aux services de bus urbains dans la grande région de Montréal (île de Montréal, Couronne Nord et Couronne Sud). Projet en cours : le Réseau express métropolitain (rem.info).

SOCIÉTÉ DE TRANSPORT DE MONTRÉAL (STM)

✆ +1 514 786 4636
www.stm.info

Le réseau de transport de la métropole (métro, autobus, taxi collectif, transport adapté).

Le réseau de transport en commun vous mène partout, ou presque. La ville bénéficie d'un métro (68 stations réparties sur 4 lignes) qui se rend même à Laval (Rive-Nord) et Longueuil (Rive-Sud). S'il n'est pas en opération la nuit, plus d'une vingtaine de bus de nuit prennent ensuite la relève et couvrent l'ensemble de la métropole. À savoir que la ligne bleue de métro sera prolongée jusqu'à Anjou dans l'est de la ville (date d'inauguration en cours de révision).

QUARTIERS DE MONTRÉAL

La ville est divisée en deux parties, est et ouest, par le boulevard Saint-Laurent, qui traverse l'île du sud au nord, frontière entre les anglophones et les francophones. Mais attention, l'est et l'ouest ne se définissent pas par rapport aux points cardinaux, mais bien par rapport au boulevard Saint-Laurent. Ainsi, vous verrez le soleil se coucher au nord selon la définition montréalaise de l'est et de l'ouest ! Les numéros se correspondent exactement d'une rue à l'autre (le 1110 Sainte-Catherine Est équivaut au 1110 Sherbrooke Est). Difficile de se perdre dans Montréal, la ville étant construite en damier, comme toutes ses homologues nord-américaines d'ailleurs. En revanche, il faut faire attention aux coupures de certaines rues qui reprennent un pâté de maisons plus loin. À savoir que les principaux quartiers de la ville, du moins ceux qui intéressent majoritairement les touristes, sont tous accessibles en métro.

Vieux-Montréal et Parc Jean-Drapeau

▶ **Le Vieux-Montréal**, c'est l'histoire même de la ville, lieu de fondation de Ville-Marie en 1642 par Paul de Chomedey. Malgré les nombreux incendies ayant fait disparaître les plus anciens bâtiments, plusieurs travaux de restauration et d'aménagement ont donné un nouveau souffle à la vieille ville et au port qui accueillent dorénavant des milliers de touristes charmés par ce style européen et historique. Boutiques, bars et restaurants, musées et galeries d'art, places et promenades... Vous trouverez amplement de quoi remplir une journée !

Situé au sud du centre-ville, le Vieux-Montréal longe le fleuve, ou plutôt le port, car l'ancienne rive a été comblée par la construction du port actuel. La rue de la Commune, qui constitue la limite sud du Vieux-Montréal, correspond aux délimitations de l'enceinte des anciennes fortifications. Ces dernières n'ont guère servi, les édifices étant construits sur une hauteur qui leur permettait de les dominer. Les murs d'enceinte, assez fragiles, se sont avérés encombrants pour les commerçants et ont été détruits. Quelques rues, et parmi elles la plus ancienne, la rue Saint-Paul, ont conservé leur pavement ancien sur une partie de leur parcours.

Le Vieux-Port a été converti en parc récréo-touristique s'étendant sur plus de 2 km et offrant une vue imprenable sur le majestueux fleuve Saint-Laurent. Les activités y sont nombreuses, en été comme en hiver.

Le Vieux-Port.

© MARC BRUXELLE - SHUTTERSTOCK.COM

Quartier des spectacles.

Quant au canal de Lachine, qui débute dans l'ouest du Vieux-Port, son réaménagement a permis la revitalisation des berges qui servent maintenant de terrain de jeu aux Montréalais (kayak, vélo, etc.). La piste cyclable qui se rend du Vieux-Montréal au lac Saint-Louis suit le canal et est agréablement aménagée.

Parc Jean-Drapeau. Les îles Sainte-Hélène et Notre-Dame, toutes deux situées en face du Vieux-Port, sont aujourd'hui un important lieu de villégiature pour les Montréalais. La Ronde (parc d'attractions, propriété du groupe Six Flags), la Biosphère, la plage Jean-Doré, le casino et le circuit de Formule 1 sont très populaires, sans oublier les différents événements et festivals qui y sont organisés. L'île Sainte-Hélène porte le nom de la femme de Samuel de Champlain, qui débarqua sur l'île en 1611. L'Exposition universelle de 1967 ainsi que les Jeux olympiques de 1976 ont eu de fortes répercussions sur les îles. De nombreuses structures actuelles comme la Biosphère (musée de l'Environnement) et le casino ont été construites pendant l'Expo, alors que le bassin d'aviron a été édifié pour les Jeux olympiques.

Centre-ville et Westmount

Centre-ville. Situé juste au sud du mont Royal, le centre-ville de Montréal est le lieu par excellence des affaires et du shopping. La rue Sainte-Catherine, qui le traverse d'est en ouest, est l'artère principale du centre où se concentrent les grands noms de la mode, les restaurants et bars, ainsi que les boutiques en tout genre. L'architecture y est elle aussi très diversifiée, les gratte-ciel imposants côtoyant les bâtiments d'époque. Le centre-ville englobe plusieurs « sous-quartiers » : le Centre des affaires, le Quartier du Musée (au nord-ouest ; on y trouve également de nombreuses galeries d'art), le Quartier International et Chinatown (qui côtoient le Vieux-Montréal), et enfin le Quartier des spectacles (qui englobe de nombreuses salles autour de la Place des Arts ainsi que dans le Quartier latin). Mais le centre-ville ne se trouve pas qu'en surface… Une ville souterraine s'étend sous vos pieds : plus de 30 km de couloirs et passages piétonniers empruntés chaque jour par pas moins de 500 000 personnes.

Westmount. C'est sur l'un des trois sommets voisins formant le mont Royal, à l'ouest comme son nom l'indique, que s'est établie cette ville à majorité anglophone dont la population est parmi la plus riche du pays. Aujourd'hui entièrement entourée par la ville de Montréal, elle devient toutefois de plus en plus francophone. On y trouve, à flanc de montagne, de riches propriétés. Au sommet, un bois a été conservé dans son état sauvage pour rappeler l'aspect du site originel. Pour visiter Westmount, il faut être bon marcheur, car plusieurs rues sont en pente raide.

Quartier latin et Village gai

Quartier latin. Le Quartier latin, délimité par la rue Sherbrooke et le boulevard de Maisonneuve (nord-sud) et par les rues Berri et Sanguinet (est-ouest), est un concentré de lieux de culture et de savoir. La partie est du Quartier des spectacles s'y trouve d'ailleurs. Les étudiants de l'Université du Québec à Montréal (UQÀM) et du Cégep du Vieux-Montréal donnent au quartier un ton jeune et festif. D'importantes institutions culturelles comme le Théâtre Saint-Denis, la Grande Bibliothèque et la Cinémathèque québécoise attirent un public averti. Résultat : un quartier renommé pour sa vie culturelle, ses cafés, ses bistros et ses brasseries artisanales, sans oublier de belles terrasses.

Le Village. Le Village se veut un lieu d'ouverture d'esprit et de joie de vivre dans la métropole. La station de métro Beaudry affiche fièrement les couleurs du quartier. Jouissant d'une belle notoriété auprès de la communauté LGBTQ2 à travers le monde, il accueille chaque année des milliers de touristes. La rue Sainte-Catherine, principale artère du Village et transformée en rue piétonne l'été, réunit de nombreux cafés, bars, restaurants et boîtes de nuit. La communauté LGBTQ2 est aussi à la tête de plusieurs événements festifs tels que le Black & Blue, Mtl en Arts et Fierté Montréal, par exemple. Cela dit, le quartier n'a plus aussi bonne mine depuis quelques années en raison de plusieurs facteurs, notamment l'afflux d'itinérants et de vendeurs de drogues dans le secteur depuis la pandémie. Les différents acteurs municipaux et communautaires travaillent actuellement à redonner à ce quartier ses lettres de noblesse.

Plateau Mont-Royal et Mile End

Composé de quatre anciens villages autonomes (Saint-Jean-Baptiste, Saint-Louis du Mile End, Coteau-Saint-Louis et Côte-de-la-Visitation), ce quartier de Montréal – le Plateau comme on l'appelle familièrement – a connu un développement rapide au début du siècle. Il est aujourd'hui habité par une population assez jeune et très branchée, dont de nombreux expatriés français. Beaucoup de ses vieilles résidences ont été rénovées ou sont en passe de l'être. La rue Saint-Denis et l'avenue du Mont-Royal qui la croise en sont les principales artères.
Quant au Mile End, qui fait partie de l'arrondissement du Plateau, c'est le repaire des hipsters et d'artistes en tout genre, en plus de compter parmi les secteurs les plus bilingues de la ville. Restos et cafés branchés, ateliers de designers et lofts d'artistes y sont omniprésents. Ses principales artères sont le boulevard Saint-Laurent, la rue Saint-Urbain et l'avenue du Parc (axe nord-sud), et l'avenue Laurier, l'avenue Fairmount, la rue Saint-Viateur et la rue Bernard (axe est-ouest).

La Main. Le boulevard Saint-Laurent, baptisé familièrement « La Main » (pour *Main Street*), est l'une des vieilles rues de Montréal. D'abord un simple chemin, elle est ouverte au XIXe siècle sous le régime français. L'arrivée massive de juifs russes, qui s'y installent à partir de 1881, fait du yiddish la langue d'usage dans cette zone. D'autres groupes ethniques s'installent ensuite sur ce boulevard qui comporte de fait des sections portugaise, espagnole, juive, italienne, etc. Elle reste l'artère la plus cosmopolite de Montréal, avec ses boîtes de nuit, bars, restaurants et commerces ethniques. Jour et nuit, elle est envahie par une foule bigarrée.

Canal de Lachine à Montréal.

Sud-Ouest et Ouest

Le Sud-Ouest, situé comme son nom l'indique au sud-ouest du centre-ville, englobe plusieurs quartiers regroupés autour du canal de Lachine et du fleuve Saint-Laurent, dont Griffintown, Petite-Bourgogne, Saint-Henri, Pointe-Saint-Charles, Verdun, LaSalle et Lachine. La plupart de ces quartiers se sont développés avec l'essor industriel favorisé par l'ouverture du canal de Lachine, mais ils sont par la suite tombés en désuétude : les industries ont abandonné les lieux et les résidents se sont appauvris de concert avec l'habitat. De nos jours, ce sont des quartiers résidentiels florissants, de plus en plus dynamiques, notamment Saint-Henri et Verdun, où beaucoup de jeunes vont s'installer. Quant à Griffintown, cet ancien quartier ouvrier fait partie d'un projet d'envergure d'urbanisme et de revitalisation. Plusieurs immeubles d'habitation y sont construits, des bonnes tables y installent leurs pénates et différents commerces de services y ouvrent leurs portes.

Quant à l'Ouest, appelé aussi West Island, il se compose de villes autonomes comme Dorval, Pointe-Claire, Pierrefonds, Beaconsfield, Baie-d'Urfé, L'Île-Bizard, etc., où l'on retrouve une grande majorité d'anglophones. La pointe ouest de l'île mène à la région du Suroît, en Montérégie, avant d'arriver en Ontario.

Est

L'est de la ville, qui s'étend jusqu'au bout de l'île, est principalement composé de quartiers résidentiels et industriels. Toutefois, le quartier Hochelaga-Maisonneuve, qui longe la ligne verte de métro entre les stations Préfontaine et Viau, possède de nombreux attraits d'importance.

Hochelaga-Maisonneuve. Autrefois quartier ouvrier et populaire, Hochelaga-Maisonneuve garde les traces de ce passé qui joua un rôle d'importance dans l'essor industriel de Montréal. Une des principales attractions du quartier est le Jardin botanique, avec ses 20 000 taxons (dont 10 000 espèces), ses dix serres d'exposition, sa Maison de l'arbre Frédéric-Back et plus d'une quinzaine de jardins thématiques. Il est d'ailleurs classé parmi les plus importants et les plus beaux jardins au monde. Autres attraits : l'Insectarium, le Biodôme, le Planétarium, le Musée Dufresne-Nincheri et le Parc olympique, qui a accueilli les Jeux d'été en 1976.

Nord

Il englobe plusieurs quartiers au nord du mont Royal et du Plateau, dont certains valent le détour.

Outremont. Situé, comme son nom l'indique, sur l'autre versant (nord) de Montréal, Outremont se caractérise par ses imposantes résidences, particulièrement le long du chemin de la Côte-Sainte-Catherine, qui longe le flanc de la montagne. Ville résidentielle, Outremont compte plusieurs beaux parcs et peu de commerces. Elle est délimitée par le chemin de la Côte-Sainte-Catherine, l'avenue du Parc et par une voie de chemin de fer. Parmi les édifices dignes d'intérêt, on notera la façade Beaux-Arts de l'Académie Querbes (215, rue Bloomfield), l'église Saint-Viateur (rue Laurier) dont la façade sculptée est considérée comme unique en son genre à Montréal, et le pensionnat du Saint-Nom-de-Marie qui abrite l'école de musique Vincent-d'Indy. Le bâtiment se caractérise par une colonnade surmontée d'un fronton et d'un dôme.

Mile-Ex. Adjacent à la Petite Italie, juste au nord du Mile End, Mile-Ex est un quartier qui se développe à vitesse grand V et qui se compare au Mile End. C'est ici qu'ouvrent les toutes dernières adresses à la mode de la métropole, sans oublier que le quartier sert de QG aux entreprises spécialisées en intelligence artificielle (IA).

La Petite Italie. Bien nommée, la Petite Italie accueille de nombreux migrants d'origine italienne. Les premières vagues d'immigration italienne du début du XIXe siècle ont été suivies d'autres à la fin du même siècle. Mais les arrivées les plus importantes se sont succédé après la Seconde Guerre mondiale. C'est alors que des milliers d'ouvriers et de paysans se sont établis à Montréal, notamment dans ce quartier. De nos jours, la population tend à s'y mélanger : Maghrébins, Sud-Américains et Africains s'y installent. Au cours d'une promenade, on ne manquera pas de faire une halte au Marché Jean-Talon, le plus vaste marché d'alimentation de Montréal, ouvert été comme hiver. Un arrêt s'impose également dans un des nombreux cafés, trattorias et commerces des rues Saint-Laurent et Dante.

Rosemont–La Petite-Patrie. Quartier en vogue, il est en quelque sorte l'extension du Plateau, en moins cher et plus familial. Épiceries fines, bonnes tables, cafés, bars et brasseries artisanales jalonnent ses rues, sans oublier les nombreux parcs, les jolies ruelles vertes, les jardins communautaires et les institutions culturelles. Ses habitants sont définitivement à gauche de l'échiquier politique, très écolos, avec un fort esprit communautaire.

À VOIR / À FAIRE

La majorité des points d'intérêt sont répartis sur trois pôles : le Vieux-Montréal pour découvrir l'histoire de la ville et la beauté architecturale de ses bâtiments anciens, le centre-ville pour ses innombrables musées et galeries d'art, et le secteur du Parc olympique pour ses installations datant des Jeux olympiques d'été de 1976 et ses quatre institutions dédiées aux sciences naturelles. Il ne faut pas non plus hésiter à grimper au sommet du mont Royal, poumon vert de la métropole, ou encore arpenter le parc Jean-Drapeau où se trouvent, entre autres attractions, la Biosphère, La Ronde et le circuit de Formule 1. Pour faire de belles économies sur les attraits montréalais, renseignez-vous sur les Cartes Musées Montréal (cartes pour 2 à 5 jours consécutifs ainsi que pour une année complète - museesmontreal.org/fr/cartes-musees/forfaits) et le Passeport MTL (mtl.org/fr/quoi-faire/musees-et-culture/passeport-mtl).

CENTRE INFOTOURISTE DE MONTRÉAL

1255, rue Peel
✆ +1 514 873 2015
www.bonjourquebec.com
Ouvert toute l'année.

Ce bureau d'information touristique donne des informations sur la région de Montréal et sur le reste de la province. N'hésitez donc pas à y passer un moment pour planifier l'ensemble de votre séjour au Québec. L'accueil est très professionnel et le fonds documentaire impressionnant. Quelques intervenants touristiques sur place : Croisières AML (croisières touristiques et thématiques), Gray Line/Coach Canada (tours de ville, excursions touristiques commentées), etc.

CROISIÈRES AML

200, rue de la Commune Ouest
✆ +1 514 284 7792
www.croisieresaml.com
De mi-mai à début octobre. Voir site web pour la description des croisières, les horaires et les tarifs.

Embarquez à bord du *AML Cavalier Maxim* pour une découverte du fleuve Saint-Laurent. AML organise des croisières guidées de jour et de soir, des soupers-croisières, des brunchs, des croisières feux d'artifice, des escapades du temps des fêtes (de mi-novembre à mi-décembre), etc. Croisières AML opère aussi à Québec, ainsi qu'à Baie-Sainte-Catherine et Tadoussac (excursions d'observation des baleines) et Berthier sur-Mer (croisières assurées par Croisières Lachance). Navette fluviale offerte entre Québec et Sainte-Anne-de-Beaupré.

SPADE & PALACIO

✆ +1 514 806 3263
spadeandpalacio.com/fr
Réservation en ligne uniquement. Coûts des visites : 40-89 CAN $. Durée : 2 à 4 heures. Service de location de vélos.

Spade & Palacio, c'est avant tout des amoureux de la métropole qui vous la font découvrir dans une expérience authentique et locale. Le mot d'ordre est clair : ce sont des visites hors des sentiers battus mettant en vedette les jeunes entrepreneurs montréalais, le tout en petits groupes (certains tours ne sont proposés qu'en anglais). Art de rue, quartiers moins connus, petites échoppes gourmandes et entreprises locales en tous genres sont au programme par le biais de différentes visites à pied ou à vélo, le tout saupoudré d'un brin d'histoire et de culture.

TOURS DE LA TABLE

✆ +1 514 812 2003
www.toursdelatable.com
En opération toute l'année. Coût des visites : 115-200 CAN $. Réservation indispensable.

Pour découvrir la scène culinaire et gourmande de la métropole, empreinte des cultures du monde, près d'une dizaine de visites guidées sont proposées. Découvrez les coulisses de la gastronomie et l'histoire de certaines communautés culturelles qui ont façonné le caractère distinctif de la ville. Le Montréal juif, le Quartier chinois, le chocolat, les cafés troisième vague ou encore les distilleries sont quelques-uns des thèmes proposés, sans oublier la de la cuisine saisonnière locale végétale. Possibilité de tours personnalisés sur demande.

BASILIQUE NOTRE-DAME DE MONTRÉAL ★★★

110, rue Notre-Dame Ouest ✆ +1 514 842 2925
www.basiliquenotredame.ca
Voir site web pour l'horaire des messes, visites et spectacles. Adulte : 14 CAN $. Spectacle Aura : adulte 32 CAN $.

La basilique Notre-Dame de Montréal est bâtie en style néogothique, entre 1824 et 1829, par un architecte irlandais immigré à New York, James O'Donnell, dont le corps est enseveli sous l'un des piliers de la basilique. La décoration intérieure, œuvre de l'architecte canadien français Victor Bourgeau, date de 1876 et constitue son attrait majeur : abondance de sculptures, boiseries et dorures, retable du chœur, chaire en noyer noir sculptée par Louis-Philippe Hébert particulièrement remarquable, orgue monumental dû aux frères Casavant de Saint-Hyacinthe et qui serait l'un des plus grands du monde (concerts d'orgue), baptistère décoré par Ozias Leduc, beaux vitraux de la partie inférieure. Notons qu'on y trouve, derrière le chœur, la chapelle du Sacré-Cœur, reconstruite en 1982, à la suite d'un incendie qui a fait disparaître d'admirables œuvres d'artistes québécois. Elle se singularise par une voûte en acier recouvert de bois de tilleul, et surtout par un gigantesque retable de bronze, œuvre contemporaine de Charles Daudelin. Les tours jumelles, la *Tempérance* et la *Persévérance*, du haut de leurs 68 mètres, ont longtemps dominé le paysage montréalais.

Elle a été le théâtre de grands événements, des funérailles de Sir Georges Etienne Cartier en 1873, l'un des pères de la Confédération et ancien Premier ministre du Canada, jusqu'à celles de Pierre-Elliot Trudeau en octobre 2000, en passant par les funérailles de Maurice Richard, un des plus grands joueurs de hockey, celles du cinéaste Gille Carle, sans oublier le mariage de Céline Dion (son mari et impresario, René Angélil, a eu droit à des funérailles nationales à la basilique le 22 janvier 2016). Le grand Congrès eucharistique international de 1910 s'y est tenu et le pape Jean-Paul II y a reçu des enfants en 1984.

La basilique est ouverte tous les jours pour la prière, la confession, le recueillement et les offices religieux (aucun droit d'entrée à acquitter). Il est également possible de visiter les lieux sous forme de visite libre (billet à réserver à l'avance). Enfin, pour une expérience son et lumière hors du commun, la basilique offre des installations multimédias qui mettent en valeur les œuvres sous les jubés, tout comme le superbe spectacle immersif AURA créé par Moment Factory. Ce dernier a été renouvelé avec davantage de musiques et enrichi en images. Pour les horaires des représentations et la billetterie en ligne, consultez le site web (www.aurabasiliquemontreal.com).

MARCHÉ BONSECOURS ★

350, rue Saint-Paul Est
www.marchebonsecours.qc.ca
Ouvert tous les jours dès 10h, fermeture entre 18h et 21h selon la saison.

Il fait partie des emblèmes du quartier historique, notamment en raison de son dôme argenté. Construit entre 1844 et 1852 d'après les plans de William Footner, il est inauguré en janvier 1847 (l'aménagement intérieur ne sera toutefois terminé qu'en 1852). Il hébergea pendant quelques semaines les députés du Parlement du Canada-Uni, puis l'Hôtel de ville de 1852 à 1878. C'est de nos jours le siège du Conseil des métiers d'art du Québec et on y retrouve boutiques et restaurants, sans oublier les divers événements et expositions qui y sont organisés.

PARC JEAN-DRAPEAU ★★

Îles Sainte-Hélène et Notre-Dame
✆ +1 514 872 6120
www.parcjeandrapeau.com
Ouvert toute l'année. Certaines activités gratuites, d'autres payantes.

- **L'île Sainte-Hélène** est accessible par vélo, bateau, bus, métro ou voiture. Un peu à l'écart et épousée par le Saint-Laurent, elle offre une foule d'activités sur une surface particulièrement privilégiée. Ainsi, vous y trouverez un important belvédère pour admirer la ville et le fleuve, sans oublier la piscine extérieure, la Biosphère (musée de l'Environnement), les lacs (lac des Cygnes au sud, lac des Dauphins au nord), la marina et le parc d'attractions La Ronde. En été s'y déroule une des plus grandes compétitions d'art pyrotechnique du monde, l'International des feux Loto-Québec. C'est aussi le lieu des fameux rendez-vous du Piknic Électronik (mi ou fin mai à début octobre) et du festival de musique Osheaga (début août), pour ne nommer que ceux-ci. L'hiver, on enfile ses patins à glace, ses raquettes ou encore ses skis de fond, sans oublier la pente de ski urbaine. À noter que le parc a mis en oeuvre un Plan directeur de conservation, d'aménagement et de développement 2020-2030 afin d'en faire un des parcs contemporains les plus reconnus au pays.

- **Sur l'île Notre-Dame,** créée artificiellement à l'occasion de l'Expo 67 et accessible par le pont des Îles (prolongeant le pont de la Concorde), se trouvent entre autres le bassin olympique, le circuit automobile Gilles-Villeneuve sur lequel se dispute le Grand Prix de Formule 1 en juin, les superbes jardins des Floralies, l'agréable plage pour la baignade (avec son système de filtrage naturel totalement inédit), sans oublier le fameux casino.

© R.M. NUNES - SHUTTERSTOCK.COM

Parc Jean-Drapeau.

POINTE-À-CALLIÈRE CITÉ D'ARCHÉOLOGIE ET D'HISTOIRE ★★

350, place Royale ✆ +1 514 872 9150
pacmusee.qc.ca
Ouvert toute l'année (fermé le lundi hors saison). Adulte : 25 CAN $. Boutique et bistro L'Arrivage sur place.

Sur les lieux mêmes de la fondation de Montréal, ce musée met en valeur d'importants vestiges architecturaux et une collection unique d'objets et d'artefacts. Le site a fait l'objet de nombreuses fouilles dans les années 1980, menant à la découverte de 1 000 ans d'activité humaine et à la fondation du musée en 1992, lors des célébrations du 350e anniversaire de Montréal. Il fut d'ailleurs classé site historique et archéologique national au Canada en 1998 et, l'année suivante, au Québec. Le complexe muséal est composé de divers bâtiments : l'Éperon (pavillon d'accueil avec billetterie et vestiaire), la crypte archéologique, l'Ancienne-Douane, la Maison des Marins, la Station de pompage d'Youville et, depuis 2017, le Fort de Ville-Marie et le premier égout collecteur. Ne ratez pas le spectacle multimédia « Générations MTL » qui vous fera voyager au cœur des grands moments de l'histoire de Montréal et de son développement (représentation toutes les 30 minutes). Le musée abrite également des expositions temporaires des plus intéressantes et a accueilli par le passé des expositions sur les origines, les secrets et l'héritage de l'Empire inca, les traditions et tendances du repas français, les reines d'Égypte ancienne, la série télé culte *La Petite Vie*, le chamanisme et la mythologie des sociétés amazoniennes traditionnelles, etc. S'il n'y a qu'un musée à visiter pour découvrir l'histoire de la métropole, c'est bien Pointe-à-Callière. Un immanquable !

VIEUX-PORT DE MONTRÉAL ★★

Mº Champ-de-Mars, Place d'Armes ou Square-Victoria.
✆ +1 514 496 7678
www.vieuxportdemontreal.com
Stationnement payant sur place. Horaires et tarifs variables selon l'activité.

Converti en parc récréo-touristique, et ultra fréquenté en toute saison, le Vieux-Port de Montréal s'étend sur plus de 2 kilomètres et offre une vue imprenable sur le majestueux fleuve Saint-Laurent et les îles du parc Jean-Drapeau (apportez votre appareil-photo !). Haut lieu de divertissement, c'est LA destination par excellence pour passer quelques heures ou une journée entière en famille ou entre amis, avec une quantité phénoménale d'activités proposées, dont la Grande Roue et le Centre des sciences de Montréal, tous deux ouverts toute l'année. L'été, on y loue des bateaux à pédales, des motomarines, des quadricycles et des Segway ; on part en croisière sur le fleuve ou en excursion trépidante sur les rapides de Lachine ; on fait de la tyrolienne ou on se prélasse sur la plage urbaine ou au spa Bota Bota ; on profite des animations de rue et des festivités qui s'enchainent sans temps mort... L'hiver n'est pas en reste avec le patin à glace, le parc hivernal familial et encore des festivités. Les quais s'animent en toute saison, notamment lors des célébrations du Nouvel An, du festival hivernal de musique électro Igloofest (à vivre !) ou encore lors des événements gourmands PoutineFest et Festival Streetfood Montréal. Et comme si ce n'était pas assez, presque chaque année, le Cirque du Soleil y installe sa grande tente pour un spectacle haut en couleur. Consultez le site web pour avoir le détail de la programmation et surtout connaître les tarifs et horaires propres à chaque activité.

MUSÉE D'ART CONTEMPORAIN DE MONTRÉAL - MAC ★★

1, Place Ville Marie ✆ +1 514 847 6226
www.macm.org
Ouvert toute l'année (horaires variables). Adulte : 10 CAN $.

Le Musée d'art contemporain - le MAC pour les intimes - fait la promotion de l'art moderne en exposant des créations québécoises, canadiennes et étrangères. Toutes les formes d'expressions s'y trouvent : œuvres numériques et sonores, installations, peintures, sculptures, œuvres immatérielles, performances, etc. À savoir que la collection permanente regroupe près de 8 000 œuvres, dont la plus importante collection d'œuvres de Paul-Émile Borduas. Plusieurs activités culturelles y sont également organisées comme des rencontres, des conférences, des ateliers de création, des nocturnes, des SéminArts, des programmes pour le scolaire, un symposium annuel des collectionneurs et plus encore.

Note importante : le musée a entrepris d'importants travaux d'agrandissement de sa surface d'exposition (seulement 1 % des 8 000 œuvres de sa collection est actuellement exposé), le tout dans une superbe démonstration du savoir-faire artistique québécois. La fin des travaux est prévue en 2025. Pour garantir l'accès aux œuvres, le musée continue ses expositions et son activité dans une autre structure pendant la durée des travaux. Ainsi, il a déménagé temporairement dans la galerie PVM de la Place Ville Marie depuis le 1er décembre 2021. Les activités proposées pouvant varier en raison de la relocalisation, visitez le site web pour vous tenir au parfum de la programmation offerte sur place mais aussi en ligne. À voir : l'exposition virtuelle sur Leonard Cohen, offerte gratuitement jusqu'en 2024.

PARC DU MONT-ROYAL ★★

1260, chemin Remembrance
✆ +1 514 843 8240
www.lemontroyal.qc.ca
Accès en voiture ou bus (ligne 11) par la voie Camilien-Houde, ou accès à pied depuis les avenues des Pins ou du Parc.

Le poumon vert de Montréal où se côtoient randonneurs et cyclistes durant la belle saison. En hiver, on y pratique le ski de fond, la raquette, le patin à glace ou encore la luge. Deux belvédères offrent une vue exceptionnelle sur la ville. Location d'équipement à l'accueil du pavillon du Lac-aux-Castors et au kiosque près du quai sur le lac ; service de restauration (pavillon du Lac-aux-Castors, Chalet du Mont-Royal et Maison Smith). Activités de conservation et événements spéciaux. Parc Jeanne-Mance adjacent avec de nombreux terrains de sports aménagés.

MUSÉE DES BEAUX-ARTS DE MONTRÉAL ★★★

1380, rue Sherbrooke Ouest ✆ +1 514 285 2000
www.mbam.qc.ca
Mardi-dimanche 10h-17h. Grandes expositions ouvertes jusqu'à 21h le mercredi. Voir site web pour la tarification.

Le Musée des beaux-arts de Montréal est l'un des musées les plus visités du Québec, mais aussi l'un des plus fréquentés du pays, avec plus d'un million de visiteurs. Le plus ancien musée d'art du Canada (1860) peut se vanter de détenir une riche collection, estimée à plus de 45 000 œuvres, de l'Antiquité à nos jours. Celle-ci se répartit dans cinq pavillons et inclut l'art international, les cultures du monde, les arts décoratifs et le design, sans oublier l'art québécois et canadien. Parmi les œuvres phares de sa collection permanente, notons la présence au dernier étage d'un espace entièrement consacré à l'art autochtone où l'on retrouve des œuvres inuites et des artefacts amérindiens. Nombre d'œuvres du paysagiste québecois Marc-Aurèle Fortin sont également présentes, comme celles de Riopelle et d'autres représentants du mouvement des Automatistes. Dans sa collection internationale, le Musée des beaux-arts est le seul de la province à posséder des œuvres de Picasso, Monet, Renoir, Rodin, Véronèse, Goya ou Poussin.

Le Musée des beaux-arts est aussi l'un des plus importants éditeurs canadiens de livres d'art en français et en anglais, diffusés à l'international. L'Atelier international d'éducation et d'art-thérapie Michel de la Chenelière, le plus grand complexe éducatif dans un musée d'art en Amérique du Nord, est logé dans le Pavillon pour la Paix Michal et Renata Hornstein qui fut inauguré en novembre 2016. La salle Bourgie accueille des concerts de musique classique (aux lumières de ses vitraux Tiffany), tandis que le musée se fait régulièrement l'hôte de projections, de conférences et d'évènements culturels variés.

Du côté des expositions temporaires, celles-ci s'illustrent par leur volonté de croiser les disciplines artistiques (beaux-arts, musique, cinéma, mode, design) et sont exportées à travers le monde. À noter enfin que, depuis mai 2017, on peut admirer le *Mât totémique des pensionnats*, de l'artiste Charles Joseph (nation kwakiutl). L'œuvre magistrale de plus de 21 mètres de hauteur rend hommage aux enfants autochtones envoyés dans les pensionnats aux XIXe et XXe siècles.

Plusieurs services sur place, dont la boutique-librairie m (objets d'art ou de design), le Beaux-Arts Restaurant (cuisine aux saveurs du Québec sous la gouverne du chef Aymeric Halbmeyer), le Beaux-Arts Bistro (collations, viennoiseries, petits plats sur le pouce, cafés et thés) et le Cinéma du Musée (programmation disponible sur cinemadumusee.com).

BIODÔME DE MONTRÉAL ★★

4777, avenue Pierre-De Coubertin
✆ +1 514 868 3000
espacepourlavie.ca
Ouvert toute l'année (horaires variables). Adulte : 22,75 CAN $. Tarification réduite pour les résidents du Québec.

Dans cet « Espace pour la vie » complètement unique, les écosystèmes les plus extraordinaires des Amériques ont été reconstitués : le golfe et l'estuaire du Saint-Laurent, l'érablière des Laurentides, la forêt tropicale humide, et même les régions subpolaires des côtes du Labrador et des îles subantarctiques. L'idée est de sensibiliser la population à la précarité de notre environnement dans une optique de préservation de la biodiversité et d'adoption de comportements responsables. Hautement apprécié en toute saison, nous vous recommandons « l'expérience » d'une visite de la forêt tropicale en plein hiver. Cet écosystème truffé d'amphibiens, de reptiles, d'oiseaux et de poissons aux couleurs paradisiaques provoque un véritable choc culturel, en plus de vous faire oublier le froid qui sévit à l'extérieur. Le passeport « Espace pour la vie » donne accès aux quatre autres musées à un prix intéressant.

À savoir que le Biodôme de Montréal s'est refait une beauté avec d'importants travaux de modernisation. Sa réouverture a eu lieu en grande pompe à la fin août 2020 avec, entre autres, une grande nouveauté très attendue : le projet Migration, dont la scénographie mise sur des expériences immersives, interactives et innovantes. L'objectif : faire appel aux sens et offrir aux visiteurs une autre vision de leurs écosystèmes, le tout bonifié d'expériences audacieuses. Et c'est une belle réussite ! Également sur place : boutique de souvenirs et comptoir gourmand entièrement végétarien et végétalien.

JARDIN BOTANIQUE DE MONTRÉAL ★★

4101 rue Sherbrooke Est
✆ +1 514 868 3000
espacepourlavie.ca
Horaires variables. Adulte : 22,75 CAN $. Tarifs réduits pour les résidents du Québec. Restauration et boutique.

© TOURISME MONTRÉAL

Les citadins viennent s'y ressourcer à coup d'air pur et de verdure. Grâce à ses 75 hectares, ce vaste poumon de la métropole procure un dépaysement total. Il comprend 10 serres et une vingtaine de jardins thématiques dont les magnifiques jardins chinois et japonais, le jardin de plantes médicinales, la serre de la forêt tropicale humide ou encore celle des orchidées et aracées. Programmation variée au fil des saisons, dont l'incontournable événement Jardins de lumière à l'automne.

INSECTARIUM DE MONTRÉAL

4581 rue Sherbrooke Est
✆ +1 514 868 3000
espacepourlavie.ca
Ouvert toute l'année (horaires variables). Adulte : 22,75 CAN $. Tarifs réduits pour les résidents du Québec.

L'expérience offerte par les musées d'Espace pour la vie ne serait pas complète sans une visite de l'Insectarium. Lieu d'éveil et de sensibilisation au monde des insectes, vous y verrez les plus beaux spécimens des cinq continents, naturalisés ou vivants. D'importants travaux de transformations architecturales et scénographiques ont été faits dans l'Insectarium entre 2019 et 2022. Outre le parcours muséal immersif et éducatif, les visiteurs pourront vivre des expériences sensorielles et des rencontres inédites. À (re) découvrir !

PLANÉTARIUM RIO TINTO ALCAN ★

4801, avenue Pierre-De Coubertin
✆ +1 514 868 3000
espacepourlavie.ca
Ouvert toute l'année (horaires variables). Adulte : 22,75 CAN $. Tarification réduite pour les résidents du Québec.

Un nouveau Planétarium a vu le jour en 2013, dans un bâtiment créé spécialement à cet effet au cœur du Parc olympique, annexé au Biodôme. Son concept novateur fait corps avec son approche réinventée, qui le distingue des autres planétariums dans le monde. Outre ses expositions, ce sont surtout ses spectacles immersifs qui attirent les foules, dont *aurōrae* qui vous fera vivre l'intensité et la beauté des aurores boréales en 360°. Boutique de souvenirs et restaurant végé sur place.

SE LOGER

Capitale économique de la province, ville cosmopolite, grand centre culturel... Avec toutes ces caractéristiques, Montréal a sans surprise développé un tissu hôtelier d'une grande variété. Que ce soit pour la clientèle d'affaires ou pour les touristes de passage, pour les amateurs d'étape confort ou les voyageurs sans le sou, on y trouve des solutions d'hébergement pour tous les goûts. Si le centre-ville regroupe surtout les grandes bannières internationales, de jolies auberges et hôtels particuliers se trouvent dans des quartiers comme le Vieux-Montréal, le Village ou encore le Plateau Mont-Royal. Une réservation en dernière minute n'est pas un souci la majeure partie de l'année, mais attention, les nombreux festivals et les événements culturels et sportifs de tous ordres attirent de nombreux visiteurs et pourraient obliger les voyageurs les moins prévoyants à se porter sur un second choix...

AUBERGE SAINTLO MONTRÉAL €

1030, rue Mackay ✆ +1 514 843 3317
saintlo.ca/montreal

Chambre partagée : à partir de 28 CAN $, privée : à partir de 88 CAN $. Petit déj inclus. Forfaits, nombreux services.

Située au cœur du centre-ville, cette grande auberge accueille des visiteurs du monde entier et de tous les âges. Elle s'est d'ailleurs refait une beauté au cours des dernières années, de l'accueil aux chambres, en passant par les aires communes et le bar, et le résultat est carrément superbe. L'Auberge Saintlo Montréal organise également plusieurs activités, comme sa fameuse tournée des bars dont la réputation n'est plus à faire, et met à disposition des espaces de coworking et des salles de lecture pour les travailleurs nomades. Une adresse vraiment au top !

AUBERGE DE LA FONTAINE €€

1301, rue Rachel Est
✆ +1 514 597 0166
www.aubergedelafontaine.com

Occupation double : à partir de 178 CAN $, petit déjeuner en sus. Promotions disponibles.

Située en face du magnifique parc La Fontaine, cette auberge souvent primée offre un décor et un service dignes d'un grand hôtel. L'aspect victorien de la maison, datant du début du XIXe siècle, contraste avec sa décoration moderne, différente d'une chambre à l'autre (21 chambres sur place). Pour ceux désirant se gâter un peu, une des suites exécutives possède un bain à remous et une terrasse privée avec vue sur le parc. Enfin, une piste cyclable passe juste en face de l'établissement. Sans aucun doute la plus futée des auberges en ville !

M MONTREAL €

1245, rue Saint-André ✆ +1 514 845 9803
www.m-montreal.com/fr

Voir site web pour les tarifs. Petit déjeuner en sus. Café, bar, bains à remous sur le toit, stationnement payant, etc.

Une auberge de jeunesse vraiment au top et à l'ambiance festive. Les chambres partagées ont toutes une salle de bain privée, des casiers, des prises électriques individuelles, un rideau devant le lit pour plus d'intimité et autres petits plus. L'auberge propose également des chambres privées, studios et appartements de toute beauté et entièrement équipées. En soirée, le bar est un *must*, présentant gratuitement des spectacles d'artistes locaux, des soirées DJ et autres événements. Des visites sont également organisées en journée. Bref, une adresse incontournable !

HÔTEL DE L'ITHQ €€

3535, rue Saint-Denis
✆ +1 514 282 5120
www.ithq.qc.ca/hotel

Voir site web pour les tarifs. Petit déjeuner continental inclus. Stationnement intérieur et restaurants sur place.

Situé sur les lieux mêmes de l'Institut de tourisme et d'hôtellerie du Québec (ITHQ), cet hôtel offre des chambres et suites entièrement rénovées arborant un design chic et urbain. Elles sont toutes d'un grand confort et la plupart sont équipées d'un balcon pour profiter de la belle vue sur le centre-ville ou le mont Royal. Le service de conciergerie est impeccable et vous aidera à planifier votre séjour dans la métropole. Notez que l'hôtel de l'ITHQ est un lieu d'apprentissage stimulant pour les étudiants, car conforme à la réalité du marché du travail.

HÔTEL ÉPIK MONTRÉAL €€

171, rue Saint-Paul Ouest
✆ +1 514 842 2634
www.epikmontreal.com/fr
Occupation double : à partir de 169 CAN $, petit déjeuner inclus. Forfaits et promotions disponibles. Resto-terrasse.

Un petit hôtel impeccable au patrimoine architectural fort bien conservé, avec à peine dix chambres et suites d'une beauté incroyable. La décoration, à la fois classique et contemporaine, s'harmonise parfaitement avec le tout. Si vos finances le permettent, réservez le magnifique penthouse sur trois niveaux. Pour casser la croûte, le resto-terrasse propose des plats d'inspiration internationale dans lesquels poissons et fruits de mer tiennent la vedette (les moules & frites ont la cote). Une adresse chic, aux petits oignons avec sa clientèle. On recommande !

HÔTEL MONVILLE €€

1041, rue de Bleury
✆ +1 514 379 2000
www.hotelmonville.com
Occupation double : à partir de 221 CAN $. Restaurant, bar, lounge, gym 24h, terrasse panoramique, etc.

Cet hôtel au design unique et de concept « nouvelle génération » offre une expérience urbaine incomparable. Ici la technologie est au cœur du concept avec, entre autres, la possibilité de faire son *check-in/check-out* en ligne, des chambres connectées à votre *smartphone* ou encore le room service assuré par un robot. Coup de cœur pour les chambres des catégories Suite d'Angle et Suite Monville qui offrent en plus une vue panoramique sur les gratte-ciel de la métropole. À noter également : la belle fresque murale de l'hôtel qui représente l'histoire de la ville.

HÔTEL UVILLE €€

204, place d'Youville
✆ +1 514 289 4044
uvillehotelmontreal.com/fr
Occupation double : à partir de 199 CAN $, petit déjeuner inclus. Promotions et forfaits disponibles.

Plus qu'un hôtel où simplement passer la nuit, le Uville vous fera vivre un véritable voyage dans le Montréal des années 1960-70. Outre la déco résolument rétro (table tournante avec vinyles inclus !), chaque chambre comprend également un récit et des photos, sans oublier la sélection de films provenant de la collection de l'Office national du film du Canada. On frôle ici l'expérience muséale ! Parmi les services offerts, notons le stationnement payant sur place, le bar-lounge et des chambres pouvant accueillir votre animal de compagnie.

BOXOTEL €€€

175, rue Ontario Est
✆ +1 514 281 0202
www.boxotel.com/fr
Occupation double : à partir de 200 CAN $. Forfaits disponibles. Soins spa (massages, soins du corps et du visage).

Le Boxotel est un hybride entre l'hôtel-boutique et l'appart-hôtel. Studios, lofts et appartements sur deux étages : tous sont entièrement équipés, de la cuisine à la buanderie. L'hôtel encourage également les artisans, entreprises et produits locaux, sans oublier les nombreuses actions et technologies afin de réduire son empreinte écologique. Sur place, vous retrouverez un espace spa (bain à remous détente et un d'entraînement sur la terrasse, mini-gym avec sauna sec et bain turc, espace détente) ainsi qu'une terrasse avec vue panoramique.

HÔTEL WILLIAM GRAY €€€

421, rue Saint-Vincent
✆ +1 514 656 5600
hotelwilliamgray.com/fr
Occupation double : à partir de 270 CAN $. Promotions et forfaits disponibles.

Surplombant la place Jacques-Cartier, ce bel hôtel écolo propose luxe et grand confort dans ses chambres et suites au design intemporel et décorées d'œuvres d'artistes locaux. À cela s'ajoute une panoplie de services et d'installations comme trois restaurants (dont un saisonnier), un spa avec circuit thermal, un gym dernier cri, des terrasses sur le toit, une cour intérieure végétale, un *living room* (bibliothèque, table de billard et bar), une succursale du fameux café Olimpico et la boutique de *streewear* Le Cartel. Une adresse qui a du chic !

LE MOUNT STEPHEN €€€

1440, rue Drummond ✆ +1 514 313 1000
www.lemountstephen.com/fr
Occupation double : à partir de 479 CAN $. Restaurant-bar, spa urbain, gym, terrasse commune, service de voiturier, etc.

L'ancienne demeure de l'homme d'affaires George Stephen s'est métamorphosée en un établissement hôtelier haut de gamme exceptionnel, sous la bannière The Leading Hotels of the World. Nec plus ultra en matière de confort et de dernières technologies, l'hôtel compte 90 chambres et suites, dont les magnifiques Sky Loft avec terrasse privative. La gamme de services est bien entendu à la hauteur du standing de l'établissement et nous vous conseillons sans hésitation un repas ou l'apéro au Bar George doté d'un décor historique époustouflant.

SE RÉGALER

Les gastronomes seront comblés à Montréal, quelle que soit la taille de leur estomac et de leur portefeuille. Les Montréalais aiment bien manger et chaque quartier, qu'il soit touristique, résidentiel, commercial ou rien de tout cela, est équipé de son lot de restaurants. Vous ne mourrez donc pas de faim où que vous vous trouviez. Selon ce que vous dictent vos envies du moment, vous pourrez choisir votre destination en fonction des styles de cuisine qui prédominent. Les restaurants les plus en vogue nécessitent une réservation préalable, et un brunch le week-end peut vous amener à patienter quelques dizaines de minutes avant que l'on vous assigne une table. La rançon du succès, qui n'entame en rien la qualité ! Puis comme partout ailleurs, la cuisine de rue connaît également un succès monstre. Pour plus d'informations sur les food trucks et les comptoirs et pour les localiser : montreal.bestfoodtrucks.com

Marché Jean-Talon.

LE CLUB CHASSE ET PÊCHE €€€

423, rue Saint-Claude
✆ +1 514 861 1112
www.leclubchasseetpeche.com
Mercredi-samedi, 18h-22h30. Plats principaux : à partir de 35 CAN $.

Cette pourvoirie urbaine offre un nouveau territoire pour « pêcher » de bonnes chairs. Presque une chasse gardée. Aucun signe extérieur, tout juste un sigle de ralliement pour les initiés gourmands. Un décor ultra léché fait de pierres, de poutres, de cuir, mélange cosy de sophistication et d'authenticité : dandysme et rusticité contemporaine. Quant aux cuistots, ils élaborent une cuisine puissante, animale, esthétique, instinctive, alors que la brigade en salle veille à conserver l'eurythmie unique qui caractérise si bien les créations de cette équipe gagnante.

OLIVE + GOURMANDO €

351, rue Saint-Paul Ouest
✆ +1 514 350 1083
www.oliveetgourmando.com
Mardi-samedi, 9h-17h. Carte : moins de 25 CAN $.

L'un des café-boulangeries les plus branchés de Montréal. À l'entrée, un comptoir vend un assortiment de viennoiseries, biscuits, muffins et autres gâteries, sans oublier le café pour emporter. Au fond, le comptoir de petits déjeuners, sandwichs, salades et autres plats gourmands confectionne de délicieux repas diététiques à base de produits biologiques pour la plupart. Le choix des mets varie régulièrement, leur qualité et leur originalité ne déçoivent jamais. Un délicieux café conclut admirablement un bon repas. Attention, l'endroit est bondé le midi.

LOV €

464, rue McGill
✆ +1 514 287 1155
lov.com
Horaires variables selon la saison. Carte : moins de 25 CAN $. Autres succursales dans le Grand Montréal et à Toronto.

LOV signifie « Local, Organique, Végé ». Adresse dédiée à la cuisine « botanique », elle plaira assurément aux végétariens et végétaliens (branchés) de ce monde. L'espace est superbe, tout de blanc et de vert vêtu, dans une ambiance zen et relaxante qui cadre à merveille avec la philosophie de l'endroit. Le menu est élaboré par la chef Stéphanie Audet du défunt resto Crudessence, proposant des plats santé issus de l'agriculture locale et bio. Côté boissons, des vins natures et bio, des cocktails « botaniques » et des cafés de torréfacteurs de type 3e vague.

THE FARSIDES €€

690 rue Notre-Dame Ouest ✆ +1 514 951 8454
www.thefarsides.com
Ouvert du mercredi au dimanche dès 17h. Carte : 10-60 CAN $ (excluant les queues de homard). Terrasse.

Avant tout, The Farsides rend hommage à la culture hip-hop dans chaque recoin de son antre, allant de la déco (mention à la fresque murale où apparait Slick Rick) à la musique d'ambiance, en passant par le nom des cocktails. Côté gourmand, l'endroit offre une cuisine mélangeant les styles hawaïen et taïwanais où poissons et fruits de mer tiennent la vedette. Tout est délicieux et on rêve encore des savoureuses crevettes thaïes et de la salade de mangue... Les cocktails et sangrias maison sont aussi un must. Et comme l'endroit est hyper populaire, réservez !

MÉLISSE €€

719, rue William
✆ +1 514 379 3794
www.restaurantmelisse.com
Horaires variables selon la saison. Brunch le week-end. Carte : 10 à 50 CAN $. Terrasse.

Si le bâtiment qui accueille Mélisse manque un peu de charme de par sa modernité, l'intérieur, lui, vaut le détour. Épuré, mais tout à fait charmant ! Dans l'assiette, des produits de saison et locaux, le tout dans une optique santé. Midi et soir, l'ardoise affiche une belle sélection de plats à partager (ou non !) dont les falafels croustillants avec mayonnaise aux herbes, l'omble chevalier grillé ou encore le cru du jour. Pour le brunch, on recommande sans hésitation la tartine de gravlax de saumon. Belle sélection également de vins bio et cocktails.

TOQUÉ ! €€€

900, place Jean-Paul-Riopelle
✆ +1 514 499 2084
www.restaurant-toque.com
Ouvert le midi en semaine (sauf lundi) et le soir du mardi au samedi. Carte : 15-70 CAN $, menu dégustation : 182 CAN $.

L'identité gastronomique québécoise est ici à son meilleur. Normand Laprise, Grand Chef Relais & Châteaux, est aux commandes de cet établissement, veillant à ce que sa réputation demeure irréprochable. Le menu est d'une rigueur incroyable, mettant en valeur une cuisine de marché fraîche et raffinée. Pas de faux-semblants, les plats sont confectionnés telles des œuvres d'art et combinés à une carte des vins époustouflante élaborée par l'un des meilleurs sommeliers du pays. Tout est démesuré ici ! Il est recommandé de réserver à l'avance.

BIIRU €€

1433, City Councillors
✆ +1 514 903 1555
www.biiru.ca
Mardi-vendredi, 11h30-14h30 et dès 18h ; samedi, dès 18h. Carte : moins de 25 CAN $ le plat. Terrasse.

Située à un jet de pierre de l'église St. James, cette izakaya japonaise ne propose que des spécialités nippones ainsi que des versions revisitées telle que le Moshibekon Yakitori (brochettes de moshi et bacon). On accompagne le tout d'un cocktail typique, d'une bière japonaise ou encore d'un bon saké, bien entendu. L'endroit peut être bruyant par contre à l'heure du lunch, soyez avisé ! À découvrir également : sa petite sœur gourmande, Hanzo Izakaya, située sur la rue Saint-Nicolas au cœur du Vieux-Montréal. On recommande !

LE CENTRAL €

30 rue Sainte-Catherine Ouest
www.lecentral.ca
Horaires variables selon la saison.

Situé au cœur du Quartier des spectacles, Le Central fait rayonner la scène gastronomique montréalaise. On y retrouve plus d'une vingtaine de comptoirs gourmands où se côtoient des cuisines aussi variées que le *melting-pot* culturel de la ville : produits marins de la Gaspésie, tacos mexicains, poulet portugais, *pav bhaji* indien, poké hawaïen, tapas basques, galette bretonne... et la liste est encore longue ! La brasserie West Shefford y tient également un bar aux abords duquel s'installe une petite terrasse en été. Un arrêt gourmand qui vaut le détour !

EUROPEA €€€

1065, rue de la Montagne
✆ +1 514 398 9229
jeromeferrer.ca
Ouvert le soir du mercredi au dimanche. Menus entre 185 et 225 CAN $, accord des vins en sus. Réservation impérative.

La réputation du Grand Chef Relais & Châteaux Jérôme Ferrer n'est plus à faire. L'Europea, c'est la finesse de l'art culinaire avec une cuisine inventive et intuitive qui fait voyager tous nos sens. C'est l'une des meilleures tables en ville et elle offre une expérience gustative franchement à la hauteur. En soirée, laissez-vous tenter par le menu La Grande Table, un voyage culinaire épique décliné en 8 ou 10 services. La carte des vins qui accompagne le tout est un hymne au bonheur. À savoir qu'un menu végétarien est également proposé.

LABO CULINAIRE €€

1201, boulevard Saint-Laurent
✆ +1 514 844 2033
sat.qc.ca/fr/restaurant-labo-culinaire
Au 3e étage de la SAT. Mardi-samedi, 17h-22h. Carte : moins de 40 CAN $. Terrasse.

La cheffe Émilie Bégin concocte des plats à base de produits de saison, principalement biologiques, suivant la philosophie culinaire « de la terre à la table » (à savoir que le resto a aussi un jardin sur le toit). Lieu idéal pour partager quelques assiettes et quelques verres avant ou après un spectacle à la SAT... ou simplement pour profiter de la superbe terrasse, secret encore bien gardé à Montréal. L'équipe se fera un plaisir de présenter la carte et de conseiller les vins nature 100 % bio sélectionnés avec soin par son sommelier.

POINCARÉ CHINATOWN €€

1701, rue Saint-Laurent
poincarechinatown.com
Ouvert tous les jours dès 16h (cuisine dès 17h). Carte : moins de 30 CAN $ le plat. Terrasse.

On est entre de bonnes mains dans ce joli resto-bar installé au-dessus d'une épicerie asiatique. Les créateurs de Poincaré nous viennent tous de microbrasseries reconnues et le chef, passionné de lactofermentation, a imaginé plusieurs petits mets et conserves (tout est fait sur place) à picorer devant un bon verre. Excellents vins et cocktails, en plus de la fine sélection de bières. À goûter : les *sauer frites*, frites fermentées accompagnées d'une mayonnaise à l'échalote confite. Le lieu idéal après une visite de Chinatown ou avant un spectacle à la SAT.

TIME OUT MARKET MONTRÉAL €

705, rue Sainte-Catherine Ouest
✆ +1 514 370 3883
www.timeoutmarket.com/montreal
Ouvert tous les jours dès 11h30.

Après Lisbonne, Miami, New York, Boston et Chicago, c'est au tour de Montréal d'accueillir ce marché gastronomique et culturel. Plus d'une quinzaine de chefs, restaurateurs et mixologues ont été triés sur le volet pour occuper cet immense espace gourmand. On y trouve aussi une une école de cuisine, quatre bars (sodas, bières, cocktails, vins), une boutique ainsi que des espaces culturels et artistiques. Parmi l'offre sur place : Le Red Tiger, Paul Toussaint, Marusan, Burger T ! (du réputé chef Normand Laprise), Moleskine... On a l'eau à la bouche !

LA BANQUISE €

994, rue Rachel Est
✆ +1 514 525 2415
www.labanquise.com
Ouvert 24h/24, 7j/7. Carte : moins de 25 CAN $. Terrasse.

À toute heure du jour ou de la nuit, on y vient pour déguster l'une des 30 sortes de poutines figurant au menu. Plus que des frites, du fromage et de la sauce *gravy*, ici la créativité donne des résultats parfois surprenants, comme la Savoyarde au bacon, oignons, fromage suisse et crème sure. On y trouve aussi une sélection de sandwichs, clubs sandwichs, burgers, omelettes et autres petits plats, à accompagner d'une bière de microbrasserie. Bon choix également de petits déjeuners copieux à prix dérisoires. Un passage obligé dans la métropole !

LA BINERIE MONT-ROYAL €

4167, rue Saint-Denis
✆ +1 514 285 9078
www.labineriemontroyal.com
Ouvert en semaine dès 6h, 7h30 le week-end. Carte : moins de 30 CAN $.

La foule s'y presse à toute heure du jour car les petits déjeuners sont servis toute la journée et les assiettes sont bien garnies ! Ouverte depuis 1938, la Binerie a traversé bien des époques. Tourtière, pâté chinois et pouding chômeur sont les plats populaires et traditionnels de la région ; sans oublier les vedettes du lieu, les fameuses bines (fèves au lard). Vous voulez goûter à tout ? Le Repas Traditionnel Québécois est un must. Vous y trouverez aussi une sélection de bières, vins et alcools uniquement québécois. Une adresse incontournable !

HÀ €

243, avenue du Mont-Royal Ouest
✆ +1 514 848 0336
restaurantha.com
Mercredi-dimanche, 17h-22h30. Carte : moins de 30 CAN $. Terrasse. Autre succursale dans le Vieux-Montréal.

Situé juste en face du parc Jeanne-Mance, ce restaurant propose une cuisine vietnamienne des plus authentiques, inspirée des *bia hoi* (petits pubs de coins de rue à Hanoï). Aux commandes en cuisine, le chef Ross Louangsignotha qui apporte une vision moderne de la cuisine de l'Asie du Sud-Est tout en gardant l'essence des recettes traditionnelles. La soupe tonkinoise est un pur délice (on y ajoute volontiers du bœuf braisé), tout comme les rouleaux impériaux. Pour les oiseaux de nuit, la succursale du Vieux-Montréal s'est dotée d'un bar à cocktails, le Nhâu Bar.

ÎLE FLOTTANTE €€€

174-176 rue Saint-Viateur Ouest
✆ +1 514 278 6854
www.restaurantileflottante.com
Mercredi-samedi, 17h-22h. Menu dégustation : 102 CAN $.

Un menu unique avec une dominante végétale d'une grande finesse. Établi depuis 10 ans dans ces mêmes locaux, le chef Sean Murray Smith nous offre, à travers chaque service, un moment de poésie. C'est dans une salle sombre aux lumières discrètes que l'on déguste de très jolis plats, dont la couleur est autant visuelle que gustative. Les produits de saison s'accordent entre eux dans une assiette pleine de justesse. C'est une valeur sûre, avec des saveurs quelquefois surprenantes mais qui ne sont pas forcément exubérantes. C'est un beau moment qui vaut son prix.

LAWRENCE €€

9 avenue Fairmount Ouest
✆ +1 514 796 5686
lawrencemtl.com/lawrence
Ouvert le soir (horaires variables). Carte : 5-50 CAN $. Menus dégustation : 85-120 CAN $, accord des vins en sus.

Une simple inscription dans la fenêtre nous indique être au bon endroit. Si elle ne paie pas de mine vue de l'extérieur, la belle déco et l'atmosphère qui règne dans cette adresse gourmande nous séduisent dès la porte franchie. La carte, quant à elle, promet de belles découvertes : agnolotti à la cervelle et aux ris de veau, anguille fumée avec raifort et tartelette aux pommes, coeur de bœuf avec épinards, moelle et toast au jus, maquereau avec anchois et gnocchis à la ricotta... On vous recommande également le brunch avec son petit côté *british*.

SCHWARTZ'S €

3895, boulevard Saint-Laurent
✆ +1 514 842 4813
www.schwartzsdeli.com
Ouvert tous les jours de 8h à 23h (jusqu'à minuit vendredi et samedi). Carte : moins de 30 CAN $.

Connu et reconnu pour le goût unique de son *smoked meat*, un pastrami spécialement préparé de façon traditionnelle avec un mélange d'épices et d'herbes, Schwartz's fait profiter depuis 1928 sa clientèle de l'ambiance de *La Main*, avec sa longue file d'attente. La viande fumée est servie en version maigre, mi-maigre ou pas maigre du tout. Une telle institution à Montréal qu'une comédie musicale consacrée à son histoire a même été créée. Pour la petite histoire, Céline Dion et son défunt mari René Angélil font partie du conglomérat qui a racheté le restaurant en 2012.

FAIRE UNE PAUSE

Tôt le matin, l'odeur du café et des croissants frais du jour attirent les Montréalais dans de petits commerces gourmands, très souvent artisanaux et écoresponsables. Les rayons pâtisseries, chocolats et autres douceurs sont aussi faits selon les règles de l'art. Il faut dire que l'apport d'artisans français venus s'établir dans la métropole y joue pour beaucoup. Dès l'heure du midi ou en milieu de journée, la plupart des buvettes de quartier, bars, microbrasseries et tutti quanti ouvrent leurs portes jusque tard en soirée, généralement 3 heures du matin. Parmi ses grandes spécialités, il faut savoir que Montréal est très réputée dans le monde des cocktails et des bières artisanales. Un bon plan pour faire de faire de belles économies : le Passeport Je bois local (jeboislocal.ca) pour les microbrasseries et brasseries artisanales du Québec (l'application est disponible sur Google Play et l'App Store).

MONTRÉAL

LE BLOSSOM

1101, boulevard de Maisonneuve Est
✆ +1 514 379 3699
leblossom.ca
Ouvert tous les jours dès 17h (fermé lundi). Comptoir gourmand au Time Out Market également.

On ne pourrait passer sous silence le décor à couper le souffle du Blossom, le tout signé par le designer Guillaume Ménard : une ambiance japonaise futuriste au milieu de laquelle est flanqué un superbe cerisier à fleurs. Dans le verre, la plus grande sélection de sakés à Montréal issue d'importation privée ainsi que des vins et cocktails, alors que dans l'assiette, on mise sur le concept de Handroll Bar avec un menu qui fait honneur au pays du Soleil-Levant (makis, plats à partager, etc.). Sophistiqué et dépaysant à souhait !

BREWSKEY

380, rue Saint-Paul Est
✆ +1 514 507 2739
www.brewskey.ca
Horaires variables selon la saison. Terrasses.

Situé dans le Marché Bonsecours, BreWskey se divise en deux entités. D'abord le *pub* auquel on accède par la rue Saint-Paul, avec sa terrasse, ses bons petits plats (*mac & cheese*, côtes levées, etc.), ses bières maison et surtout une incroyable sélection de whiskies. Puis vient le *taproom* de la brasserie artisanale (rue de la Commune), comptant une trentaine de lignes de fûts et une ardoise d'alcools du pays, auxquelles s'ajoutent un menu gourmand (fromages et charcuteries, gravlax de saumon, poulet rôti, etc.) et une belle terrasse avec vue sur le Vieux-Port.

CLOAKROOM BAR

2175, rue de la Montagne
✆ +1 514 284 9393
www.cloakroombar.co
Ouvert du mardi au dimanche dès 16h.

L'expérience ultime du *speakeasy*. Une personne de la maison sort de nulle part pour accueillir les visiteurs et les installer dans cette toute petite pièce sombre à souhait. Ici, pas de carte. Le barman en service pose plusieurs questions et concocte des cocktails savoureux en s'inspirant des envies et des goûts de chacun. Endroit rêvé pour ceux qui souhaitent s'échapper des *happy hours* bruyants, ce bar secret ne dispose que de quelques places assises et le volume de la musique est tout simplement parfait. Bref, c'est un sans-faute !

MESSOREM BRACITORIUM

2233, rue Pitt
✆ +1 438 375 3776
messorem.co
Ouvert tous les jours. Grande terrasse, coin boutique.

Quand des amis biérophiles décident de marcher sur les traces de leurs brasseries préférées en créant eux-mêmes leurs « potions magiques », ça donne Messorem Bracitorium. La spécialité de la maison : les bières houblonnées et acidulées (bières sures), mais pas que. Et depuis 2021, Mitch Deli s'est installé sur place et propose entre autres le meilleur sandwich au poulet frit de toute la planète ! La terrasse, avec ses tables de pique-nique en bois et ses murs couverts de graffitis, donne envie de s'y attarder... et d'y revenir. Un incontournable du quartier !

PUB L'ÎLE NOIRE

1649, rue Saint-Denis
✆ +1 514 982 0866
ilenoire.com
Ouvert tous les jours dès 15h. Programmation culturelle et musicale. Terrasse.

C'est La Mecque des scotchs, des scotchs rares, pouvant atteindre les 150 CAN $ le verre ! Mais les amateurs d'un malt plus doux ne sont pas en reste et n'ont qu'à choisir parmi la sélection de bières en fût. Le pub développe aussi une large sélection de gins. Se la couler douce par quelques beaux après-midi et profiter du décor branché avec en main, sa boisson alcoolisée préférée, L'Île Noire est réellement une destination idéale. Pour les soirées, il faut soit arriver tôt et se cramponner à sa chaise, soit accepter de jouer du coude pour se tailler une place.

PUB PIT CARIBOU

951, rue Rachel Est
pitcaribou.com
Ouvert tous les jours dès 14h. Terrasse.

Qui ne connaît pas la microbrasserie gaspésienne Pit Caribou, créée à L'Anse-à-Beaufils en 2007 ? Près de dix ans plus tard, la fameuse enseigne s'est installée à Montréal afin d'apporter une brise du large aux *beer geeks* de la métropole, décor marin à l'appui. Il ne manque que l'air salin pour s'y croire ! À l'ardoise, les crus maison bien entendu, mais également ceux des autres microbrasseries de l'est du Québec, des importations privées uniques, des alcools québécois, des kombuchas, etc. Attention, rares sont ceux qui n'y « accostent » qu'une fois !

PULLMAN

3424, avenue du Parc
✆ +1 514 288 7779
www.pullman-mtl.com
Ouvert dès 16h30 (jours d'ouverture variables selon la saison).

Réparti sur trois niveaux, le Pullman accueille ses hôtes dans une atmosphère élégante mais décontractée, et leur fait partager une passion commune : l'amour du vin et de tout ce qui s'y rapporte. Ce bar à vin propose plus de 400 références sur sa carte, disponibles majoritairement à la bouteille. De quoi faire le bonheur des amateurs ! Pour accompagner votre verre, vous y trouverez également une belle sélection de plateaux de dégustation et d'amuse-bouches salés et sucrés. À découvrir également : son « petit frère », le restaurant Moleskine, situé à deux pas.

RIVERSIDE

5020, rue Saint-Ambroise
✆ +1 514 935 2335
www.riversidemtl.com
Ouvert de mai à septembre (horaires variables). Superbe terrasse. Bar de glace quelques semaines en hiver.

Aux abords du canal de Lachine, un site vacant sans charme a fait place à ce bar à ciel ouvert qui jouxte les silos de Canada Malting. Sur place, on retrouve un *food truck* de crème glacée ainsi que le Café Malté proposant des cafés nitro-infusés à froid, du thé glacé maison et tous les classiques typiques d'un café de type 3e vague. On peut aussi y casser la croûte (pizzas, tartare de saumon, etc.) et prendre un verre. Une foule de soirées avec DJ, spectacles musicaux et autres événements festifs y sont organisés. Une adresse au top !

LE TOLEDO

351, avenue du Mont-Royal Est
✆ +1 514 840 0999
www.letoledo.com
Ouvert tous les jours de 7h à 18h. Autre succursale dans le quartier Verdun.

Le Toledo, qui porte le nom d'une vieille balance commerciale trouvée dans le local, a ouvert ses portes en 2019. L'espace est joliment aménagé avec sa grande table, ses invitants fauteuils et ses belles lampes tentaculaires. Ici le pain règne en maître et il faut absolument goûter au « pain qui tue » (noisettes caramélisées, miel et huile d'olive), lequel porte bien son nom. Mais il ne faut pas passer outre les succulentes viennoiseries et pâtisseries qui valent aussi amplement la dégustation. Clairement une adresse qui crée une dépendance gourmande !

TOMMY CAFÉ

200, rue Notre-Dame Ouest
✆ +1 514 903 8669
tommycafe.ca
Ouvert tous les jours de 8h à 19h. Menu brunch et lunch. Autres succursales dans le Grand Montréal et une en Ontario.

Niché dans le British Empire Building (fin du XIXe siècle), Tommy Café épate quiconque y met les pieds. Un cachet historique d'une grande beauté avec des moulures à profusion, d'immenses fenêtres et une impressionnante hauteur sous plafond, différents niveaux, des coins et des recoins, de la verdure, des chaises dépareillées, des objets soigneusement choisis... Le résultat est superbe ! À la fois café et bar, c'est autant une adresse pour les lève-tôt en quête de caféine et d'un bon croissant que pour les collègues qui veulent boire un verre après le travail.

(SE) FAIRE PLAISIR

Se hissant parmi les grandes capitales de la mode en Amérique du Nord, Montréal abrite de nombreux créateurs québécois ainsi que les grands noms de la mode internationale. Les grands magasins et enseignes ont élu domicile au centre-ville, notamment le long de la rue Sainte-Catherine et dans les nombreux centres commerciaux (Complexe Desjardins, Promenades Cathédrale, Centre Eaton, Place Montréal Trust, etc.), la plupart reliés entre eux par le réseau piétonnier souterrain. Pour des adresses plus tendance (designers, friperies, librairies et disquaires indépendants, etc.), faites un saut du côté des quartiers Plateau Mont-Royal, Mile End, Mile-Ex, La Petite-Patrie, Saint-Henri ou encore Verdun. Bref, sortez des sentiers battus ! Pour les achats gourmands, les trois grands marchés publics (Atwater, Jean-Talon et Maisonneuve) vous permettront de découvrir les saveurs locales mais aussi exotiques.

DÉPANNEUR PELUSO

2500, rue Rachel Est
✆ +1 514 525 1203
www.depanneurpeluso.com
Lundi-vendredi, 7h-22h ; samedi, 9h-22h ; dimanche, 9h-21h. Conseillers sur place tous les jours.

C'est l'une des plus grandes références en bières artisanales de la province ! Il suffit de franchir la porte et de se diriger vers la grande salle du fond pour constater l'ampleur de la collection. Des centaines et des centaines de bières en provenance des quatre coins du Québec y trônent fièrement. Et pas besoin de vous dire que les arrivages sont constants, notamment en ce qui concerne les éditions limitées. Des fromages, charcuteries et autres produits du terroir québécois viennent compléter l'offre. Autre succursale sur la rue Beaubien Est.

MARCHÉ JEAN-TALON

7070, avenue Henri-Julien
www.marchespublics-mtl.com
Lundi-samedi, 8h-18h ; dimanche, 8h-17h.

Situé au cœur de la Petite Italie, c'est l'un des plus vieux marchés publics de Montréal. Il se distingue par son important rassemblement de producteurs locaux de fruits et légumes ainsi que par l'offre diversifiée des nombreux boutiquiers. C'est l'un des plus gros marchés d'Amérique du Nord, dont l'effervescence est constante, en été comme en hiver. On trouve sur place des fruits et légumes, mais aussi des fleurs, des épices, des huiles, des fromages, des viandes, des poissons, des boulangeries artisanales, sans oublier le Marché des Saveurs du Québec.

EVA B. CAFÉ-BOUTIQUE

2015, boulevard Saint-Laurent
✆ +1 514 849 8246
boutiqueevab.com/fr
Lundi-samedi, 11h-19h ; dimanche, 12h-18h. Boutique en ligne. Autre boutique : Eva D au 1611 boulevard Saint-Laurent.

Une véritable mine de trésors insolites sur plusieurs étages, avec des recoins qu'il faut explorer, des surprises à découvrir, si l'on emprunte cet escalier plutôt qu'un autre. On y trouve des vêtements vintage de collection ainsi qu'une friperie, avec un mélange de vêtements usagés et neufs qui ravira les amateurs de petits prix. Certains sont même fabriqués sur place. Cerise sur la gâteau, un café végé propose des bons petits plats sur le pouce et des boissons, à déguster dans l'un des petits coins salons ou sur la grande terrasse sous les arbres.

COOPÉRATIVE L'EMPREINTE

88, rue Saint-Paul Est
✆ +1 514 861 4427
lempreintecoop.com
Ouvert toute l'année (horaires variables). Boutique en ligne également.

Cette boutique-galerie est un espace coopératif en métiers d'art, l'un des plus importants de la province, avec des dizaines d'artisans québécois qui y exposent et vendent leurs petits chefs-d'œuvre. Vous y trouverez de tout, allant des arts de la table aux objets déco, en passant par les vêtements, les bijoux et les produits bien-être. Bonus : plusieurs artisans sont souvent présents en boutique, ce qui permet d'échanger sur leurs créations. Une adresse chaudement recommandée pour des cadeaux et souvenirs faits main au Québec.

BOUGER & BULLER

Bien évidemment, à chaque saison ses activités. En été, les nombreux parcs de la ville comme les environs immédiats sont prétexte à de nombreux sports de plein air. Mais Montréal est par-dessus tout la ville du vélo. Un réseau impressionnant de voies cyclables est à la disposition des amateurs (près de 1 000 km), en pleine ville, dans les parcs ou le long du canal de Lachine, du fleuve Saint-Laurent ou de la rivière des Prairies, par exemple. Les activités nautiques (rafting, surf...) et la baignade (plusieurs plages et piscines publiques) ont aussi la cote en saison. En hiver, les Montréalais sortent skis, patins et raquettes, toujours pour profiter de la nature, mais sous un autre angle. Le meilleur spot est sans conteste le parc du Mont-Royal. Il est couvert de pistes de ski de fond et de raquettes, sans oublier ses glissades sur neige et sa patinoire, le tout en plein cœur de la métropole.

PLAGE JEAN-DORÉ

Ile Notre-Dame
✆ +1 514 872 0199
www.parcjeandrapeau.com
Début juillet à fin aout. 14 ans et plus : 9 CAN $. Le tarif n'inclut pas l'accès à Aquazilla et la nage en eau libre.

Imaginez pouvoir profiter d'une plage et d'un point d'eau à quelques minutes à peine du centre-ville ! En plus de la baignade, dont un parcours en eau libre, des terrains de beach-volley y sont aménagés. Plusieurs services et activités sont offerts sur place : location d'embarcations nautiques (canoë, kayak, pédalo), parcours d'obstacles sur l'eau (Aquazilla), cours et location de planches pour le surf à pagaie (classes de SUP yoga et SUP fitness également), sauveteurs en fonction toute la journée, vestiaires, casiers, bar-terrasse et casse-croûte.

TYROLIENNE MTL

363, rue de la Commune Est
✆ +1 514 947 5463
mtlzipline.com
Ouvert toute l'année (horaires variables - journées d'ouverture restreintes hors saison). 13 ans et plus : 25 CAN $.

Érigée sur les quais du Vieux-Port en 2015, cette tyrolienne n'est vraiment pas passée inaperçue. Au contraire, elle a accueilli plus de 55 000 personnes lors de sa première saison, et elles sont toujours plus nombreuses depuis. Premier circuit de tyrolienne urbaine au pays, il offre une vue superbe sur le Vieux-Montréal, les quais et le Saint-Laurent, tout cela à plus de 24 mètres de hauteur. N'ayez crainte, le tout est très sécurisé et l'équipe vous donnera une petite formation avant de vous élancer dans le vide. On a testé et on recommande chaudement !

SAUTE-MOUTONS

1, rue Quai de l'Horloge
✆ +1 514 284 9607
jetboatingmontreal.com/fr
Ouvert de mai à octobre. Voir site web pour les horaires des départs. Adulte : 30 à 70 CAN $.

Trois excursions sur le fleuve sont ici proposées, à commencer par l'incontournable Saute-Moutons et son tour d'une heure dans les rapides turbulents de Lachine. Vient ensuite le Jet Saint-Laurent et sa balade de 20 minutes consistant en une poursuite riche en émotions dans de petits bateaux à haute vitesse capables d'effectuer des virages à 360°. Finalement, on peut faire un tour à vitesse grand V avec l'Excursion Panorama pour admirer la ville sous un nouvel angle (groupes seulement). Les combinaisons imperméables (fournies) ne sont pas un luxe superflu.

BOTA BOTA

Angle McGill et de la Commune Ouest
✆ +1 514 284 0333
botabota.ca
Lundi-jeudi, 10h-22h ; vendredi-dimanche, 9h-22h. Circuit d'eaux : 70-85 CAN $. Massothérapie, soins, forfaits, resto.

Inauguré au début décembre 2010, ce spa propose une expérience hors du commun. En effet, les installations occupent les locaux d'un ancien traversier (ferry) qui fut également un bateau-théâtre. Le circuit d'eau commence avec la chaleur des saunas, continue avec une plongée revigorante dans les bains glacés avant de se prélasser (et de se remettre de ses émotions) dans l'espace détente. Les offres de massages et de soins sont nombreuses et sont autant d'invitations à l'évasion. Avec ses 678 hublots et ses 5 ponts, c'est le plus gros bateau-spa au monde !

SORTIR

Les soirées montréalaises offrent une multitude de possibilités. Entre les grandes salles de concert, les boîtes de nuit, les *afterhours*, les comédie clubs, les festivals et les cinémas indépendants, la liste est longue. On peut facilement aller voir un petit concert dans un bar pour 5 ou 10 CAN $ ou même gratuitement. Les spectacles de la Place des Arts, le plus grand complexe culturel de la ville, ou encore ceux du Centre Bell, qui fait également office de domicile pour les Canadiens de Montréal, sont bien plus chers, surtout si vous allez voir un opéra, une star de la pop ou l'Orchestre symphonique de Montréal. Du point de vue vestimentaire, les Montréalais sont très décontractés, mais la tenue de ville est de mise dans les boîtes de nuit et les casinos. Pour planifier vos sorties, on recommande le site web *Sors-tu?* (webzine culturel - sorstu.ca) ainsi que *Fugues* (mensuel gratuit et site web pour la communauté LGBTQ2 - fugues.com).

NEWSPEAK

1403, rue Sainte-Elisabeth
newspeakmtl.com
Ouvert du vendredi au dimanche, de 22h à 3h.

Fans de musique électro émergente, vous êtes à la bonne adresse ! Située face au charmant pub Le Sainte-Elisabeth, dans une petite rue du Quartier latin, cette boîte de nuit minimaliste présente d'excellents spectacles d'artistes et DJ tant montréalais qu'internationaux. Ouverte depuis un peu moins d'une dizaine d'années, elle est considérée par plusieurs comme le temple de la musique électro d'avant-garde dans la métropole. Toute la programmation est disponible sur le site web, lequel permet aussi d'acheter ses billets en ligne.

LE BORDEL COMÉDIE CLUB

312, rue Ontario Est
✆ +1 514 845 4316
www.lebordel.ca
Représentations tous les jours. Prix unique de 25 CAN $ la place, réservation en ligne uniquement.

Commençons par un peu d'histoire : oui, Le Bordel a bien installé sa scène dans une ancienne maison close. La rencontre brute et sans détour d'une scène, donc, d'un micro et d'un public dense et survolté. Vous ne savez pas à quoi vous assisterez ni qui vous verrez. Les artistes se suivront à un rythme endiablé, des spectacles d'un humour décapant d'une vingtaine de minutes chacun. À noter qu'en avril 2022 Le Bordel s'est doté d'une seconde salle située à un jet de pierre (330, rue Ontario Est), question de doubler le plaisir !

SOCIÉTÉ DES ARTS TECHNOLOGIQUES (SAT) ★

1201, boulevard Saint-Laurent
✆ +1 514 844 2033
sat.qc.ca
Voir site web pour la programmation et les tarifs. Café SAT et restaurant Labo Culinaire sur place.

La SAT se voue au « développement des technologies immersives, de l'interactivité de groupe et des réalités mixtes ainsi que l'utilisation créative des réseaux à très haut débit ». Oscillant entre laboratoire de création, espace d'expositions, de concerts et de projections, lieu de débats et d'échanges, la SAT joue un rôle essentiel dans leur promotion. À découvrir : la Satosphère, premier théâtre immersif permanent dédié à la création artistique et aux activités de visualisation.

TOHU, LA CITÉ DES ARTS DU CIRQUE

2345, rue Jarry Est ✆ +1 514 376 8648
tohu.ca
Billetterie ouverte tous les jours de 9h à 17h et jusqu'à 30 minutes après le début de la représentation.

Au cœur de la Cité des arts du cirque, la TOHU propose dans son pavillon des spectacles mêlant toutes les disciplines du cirque, ainsi que des expositions, des conférences et même des événements indépendants. Riche programme alternant spectacles de troupes venues de tous les horizons et démonstrations des élèves de l'École nationale de cirque. À découvrir également : Montréal Complètement Cirque, festival annuel en juillet se déroulant aux quatre coins de la ville.

GATINEAU ★★

Gatineau regroupe les municipalités d'Aylmer, Hull (le Vieux-Hull est l'endroit où sortir en ville), Gatineau, Buckingham et Masson-Angers. La prospérité de la ville remonte au XIXe siècle, à l'époque de l'exploitation de la forêt qui couvrait alors la région et dont les pins rouges et blancs étaient utilisés pour la construction navale. Aujourd'hui Gatineau est renommée pour son Musée canadien de l'histoire, le plus important du genre au Canada, qui fait face, sur l'autre rive des Outaouais, à un autre musée non moins prestigieux, le Musée des beaux-arts du Canada. À découvrir : la patinoire du ruisseau de la Brasserie et le Sentier culturel.

INTERZIP ROGERS

40, rue Jos-Montferrand
✆ +1 613 695 5248
interzip.ca
Ouvert de mai à octobre. 40 CAN $ par personne, 30 CAN $ pour les 14 ans et moins. Réservation recommandée.

C'est en 2021 qu'a ouvert la toute première tyrolienne inter-provinciale au monde. Reliant Gatineau au Québec à Ottawa en Ontario, sur une longueur de 365 mètres, elle passe à 36 mètres au-dessus de la rivière des Outaouais. Nul besoin de mentionner la beauté de la vue panoramique qui s'ouvre sur le centre-ville de Gatineau, les chutes de la Chaudière et les édifices du Parlement d'Ottawa. Il faut compter au moins une heure pour l'ensemble de l'activité et des restrictions de poids et de grandeur sont applicables (renseignez-vous).

CHELSEA ★★★

La municipalité rurale de Chelsea est un havre de nature avec, en son territoire, la porte d'entrée du parc de la Gatineau. Après l'effort, on suggère un arrêt ressourçant au Nordik Spa-Nature, le plus grand spa d'Amérique du Nord. Chelsea est aussi un lieu de prédilection pour les gourmands avec d'excellentes tables misant sur les produits régionaux du Québec. À voir également dans le coin : la Galerie Old Chelsea (route 105) regroupant les œuvres de plus d'une dizaine d'artistes de la région de la capitale canadienne, et le Square Old Chelsea où casser la croûte (Biscotti & cie, Pub Old Chelsea) et séjourner (La Maison Bleue, Lofts du Village).

PARC DE LA GATINEAU ★★

33, chemin Scott
✆ +1 819 827 2020
ccn-ncc.gc.ca/endroits
Centre des visiteurs : lundi-dimanche, 9h-17h. Fermeture à 16h en semaine de novembre à fin avril.

Cette réserve de 361 km², coincée entre la rivière des Outaouais et celle de la Gatineau, aux collines parsemées de lacs, faisait partie du territoire des Algonquins. Elle doit son nom à Nicolas Gatineau, négociant en fourrures de Trois-Rivières qui disparut en 1683 au cours d'une expédition sur la rivière. C'est dans la maison Wilson (pavillon des rencontres officielles), au bord du lac Meech, que fut signé en 1987 le fameux Accord du lac Meech (projet de réforme constitutionnelle au Canada visant à convaincre le Québec de signer la *Loi constitutionnelle de 1982*).

Poussez jusqu'au belvédère Champlain (altitude 335 mètres) pour découvrir un panorama d'ensemble de la vallée des Outaouais. Visitez aussi le domaine Mackenzie-King, légué à l'État en 1950 par l'ancien Premier ministre du Canada (1921-1948). Couvrant 230 hectares, il comprend plusieurs bâtiments, dont les chalets Kingswood et la villa Moorside, aménagée en salon de thé. Il offre également des sentiers aménagés pour la promenade et des jardins décorés d'éléments architecturaux récupérés sur divers sites. Les activités sont nombreuses dans le parc : vélo de montagne (location possible chez Nomades du Parc), randonnée pédestre, activités nautiques, baignade, pêche, camping au lac Philippe, spéléologie à la caverne Lusk, escalade, ski de fond (plus de 200 km !), raquettes, etc. Consultez le site Web pour connaître les droits d'accès. À savoir que quelques routes sont fermées en hiver. Hébergement sur place en camping ou en prêt-à-camper.

GREAT CANADIAN BUNGEE

1780, route 105
✆ +1 819 459 3714
fr.bungee.ca
Ouvert de fin avril ou début mai à mi-novembre. Forfaits disponibles. Réservation nécessaire.

Amateurs d'adrénaline, voici l'endroit de rêve pour vous ! Imaginez sauter au-dessus d'un lac émeraude dans une ancienne carrière de calcaire. Vous pouvez choisir de vous faire tremper tout le corps, la tête ou rien du tout. La tyrolienne, quant à elle, vous permet de « glisser » sur une longueur de 1 015 pieds (309 mètres) et la vitesse dépasse les 85 km/h. Une expérience à vivre ! Pour connaître les horaires selon la période, ainsi que les tarifs du *bungee*, du *ripride* (tyrolienne) et des forfaits aventure, consultez le site web de l'entreprise.

MUSÉE CANADIEN DE L'HISTOIRE ★★★★

100, rue Laurier ✆ +1 819 776 7000
www.museedelhistoire.ca
Horaires variables selon la saison. Adulte : 21 CAN $. Visite guidée tarifée. Gratuit le jeudi dès 17h.

Ce vaste complexe muséologique ultramoderne offre 25 000 m² d'aires d'exposition réparties sur quatre étages, consacrées à l'histoire du Canada depuis les premiers peuples, à l'histoire du monde et des cultures, ainsi qu'aux arts et traditions des nations autochtones du Canada. Par l'impressionnante collection d'artefacts et de spécimens qu'il regroupe (plus de 3 millions), ses diaporamas, ses systèmes de projection de haute technologie et ses expositions interactives, il vise à mettre en valeur le patrimoine culturel canadien.

On ne pourrait passer sous silence son incroyable architecture conçue par Douglas Cardinal, reconnu pour avoir créé un « style d'architecture canadienne autochtone caractérisé par des formes organiques gracieuses, qui défie sans cesse les normes d'ingénierie les plus avancées ». Construit entre 1983 et 1989 sur le site du parc Laurier dans le secteur Hull de Gatineau, l'édifice évoque « l'évolution du continent, ses formes sculptées par le vent, les cours d'eau et les glaciers ».

Salle de l'histoire canadienne. Plus ambitieuse exposition jamais réalisée au musée, elle est répartie en trois aires d'exposition avec dix-huit chapitres racontant l'histoire du Canada, depuis l'époque des premiers établissements humains jusqu'à aujourd'hui.

Salle des Premiers Peuples. Cette salle d'exposition regroupe plus de 2 000 artefacts, images et documents historiques et contemporains retraçant la richesse culturelle, la survie, la capacité de régénération et la vitalité des peuples autochtones, sans oublier leur contribution au Canada et leur lien sacré avec la Terre Mère, lien qui remonte à la nuit des temps.

La Grande Galerie. Incontournable et amplement photographiée, elle constitue la pièce maîtresse de l'architecture du musée, rendant hommage aux Autochtones de la côte ouest canadienne. Ses gigantesques mâts totémiques attirent les foules, sans oublier le modèle en plâtre de la sculpture réalisée par le célèbre artiste haïda Bill Reid, *L'esprit de Haida Gwaii*, et la sculpture en bronze doré signée Robert Davidson, *Le Corbeau apportant la lumière au monde*.

La Collection de timbres du Canada. Réalisée en collaboration avec Postes Canada, cette collection regroupe plus de 3 000 timbres-poste, du tout premier émis en 1851 par la Province du Canada à nos jours.

Musée canadien des enfants. Une belle manière d'initier les enfants aux arts, à la culture et à l'histoire par le biais d'un voyage aux quatre coins du monde. Ils pourront monter à bord d'un bus pakistanais fort coloré, visiter une tente bédouine ou encore une maison typique indonésienne... En plus des expositions, costumes, accessoires et artefacts sont à disposition, ainsi qu'une collection exceptionnelle de jeux et de jouets.

Expérience Ciné +. Le musée offre plusieurs fois par jour la possibilité de découvrir une diversité de films au cœur de l'histoire et de la culture canadiennes. La technologie y est à la pointe : 2 écrans géants, projection en 4K, à la fois en 2D et 3D, dôme avec champ de vision à 180 degrés et puissant système de son. Les films durent de 20 à 45 minutes.

Expositions en ligne. Envie d'en apprendre davantage tout en restant dans le confort de votre maison ? Le Musée canadien de l'histoire met à disposition des dizaines d'expositions virtuelles accessibles depuis son site web, des courtepointes anciennes de la Nouvelle-Écosse aux mystères archéologiques de la région d'Ottawa.

Sculpture de Bill Reid, L'esprit de Haida Gwaii, au Musée canadien de l'histoire.

NORDIK SPA-NATURE

16, chemin Nordik
✆ +1 866 575 3700
chelsea.lenordik.com
Ouvert en semaine dès 9h, 8h30 le week-end. Expérience thermale : 88 CAN $. Hébergement, bars et restauration, boutique.

Installé en pleine nature, ce superbe complexe propose des bains nordiques, de la massothérapie et des soins détente. On recommande l'Aufguss et ses rituels d'infusions d'huiles essentielles sur les pierres chaudes du sauna finlandais, ou encore le traitement Källa (vaste bassin d'eau encastré dans le roc, avec 10 tonnes de sel d'Epsom dans 34 000 litres d'eau d'une qualité exceptionnelle). À noter que le spa est divisé en trois sections : silence, murmure et social. Un des plus beaux spas de la province et le plus grand en Amérique du Nord !

MONTEBELLO ★★★

Montebello compte plusieurs attraits d'importance parmi son patrimoine ainsi que de nombreux édifices en bois rond, à commencer par l'incontournable hôtel Fairmont Le Château Montebello (la visite vaut le coup, ne serait-ce que prendre l'apéro). À ce titre, elle se déclare d'ailleurs comme la « capitale mondiale des bâtiments en bois rond ». Le village est aussi célèbre grâce à son festival de musique rock, punk et métal, le Montebello Rock (on espère le retour de cet événement en 2023), qui attire des milliers de festivaliers de quatre coins du globe, sans oublier son incroyable site dédié à la nature, la faune et l'histoire du Québec, le Parc Oméga.

FAIRMONT LE CHÂTEAU MONTEBELLO €€€

392, rue Notre-Dame
✆ +1 819 423 6341
www.fairmont.fr/montebello
Occupation double : à partir de 395 CAN $, petit déjeuner inclus. Nombreux services et activités sur place.

Un complexe impressionnant, le plus grand de son genre en bois rond au monde, construit en un temps record sur un site magnifique, au bord de l'eau. Vaste hôtel de luxe, il reste un exemple unique de mariage entre nature et prestige. Avec un choix presque illimité d'activités, un port privé, un service de restauration haut de gamme, vous y trouverez votre bonheur, si bien sûr vous en avez les moyens, car les forfaits sont à la hauteur du prestige de l'endroit.

PARC OMÉGA ★★★

399, route 323 Nord ✆ +1 819 423 5487
www.parcomega.ca
Ouvert à l'année. Voir le site web pour tous les détails sur les horaires et les tarifs. Restauration et hébergement.

Le Parc Oméga est une fenêtre ouverte sur la nature, la faune et l'histoire du Canada et du Québec depuis les Premières Nations de la province, en passant par la colonisation et l'agriculture d'antan. C'est un lieu où petits et grands se trouveront en immersion dans une nature d'abord vierge au milieu de la faune sauvage, puis peu à peu habitée par leurs ancêtres. La visite du parc commence par un safari de 12 kilomètres dans votre voiture, depuis laquelle vous pourrez approcher et nourrir en toute sécurité certains animaux sauvages, dont les cervidés. Plusieurs aires de promenade permettent de sortir de votre voiture et de profiter des nombreuses activités et attractions proposées : le sentier des Premières Nations offre une balade d'un kilomètre décorée par les œuvres de l'artiste algonquin Denis Charette. Outre les décors symboliques de l'entrée se trouvent, le long du sentier, des totems évoquant les onze nations autochtones du Québec. Les nombreuses truites du lac peuvent être nourries. À mi-parcours se situe la Terre des Pionniers, le cœur du Parc Oméga. On y retrouve plusieurs attractions et animations ainsi qu'un restaurant de type casse-croute proposant des produits du terroir. De là partent de nombreux sentiers de promenade (raquettes en hiver), dont un chemin menant à l'observatoire des loups sur deux étages : une section à ciel ouvert offrant un véritable théâtre naturel et une section vitrée pour une immersion au plus près d'une meute de loups gris. Vous pourrez y rencontrer un guide interprète pour tout savoir de cette espèce légendaire. Le poste de traite rappelle les coureurs des bois et les trappeurs qui pénétraient la nature sauvage à la recherche des fourrures. Quant au Camp de Bûcheron, il met en lumière l'époque de la drave ainsi que les contes et légendes du Québec. Vous y trouverez également une magnifique boutique de souvenirs regorgeant de produits artisanaux.

- **Autres activités proposées sur place :** parcours aérien, chansonniers, aires de jeux pour enfants, cabane à sucre (février à avril), ferme d'antan et plus encore.
- **Hébergement sur le site :** le parc offre aussi des hébergements en pleine nature pour prolonger le plaisir, dans des tipis, Wi-tentes, cabanes en bois rond et maisons sur pilotis (formule prêt-à-camper). Les pods, avec leur style minimaliste, offrent également des séjours à l'année. Finalement, pour une expérience des plus uniques, on vous propose de dormir avec les loups, un hébergement unique en Amérique du Nord au milieu de la meute et tout à fait sécuritaire.

GRENVILLE-SUR-LA-ROUGE ★★

Située face à la rivière des Outaouais et à l'Ontario, cette municipalité est réputée pour les eaux tumultueuses de la rivière Rouge. C'est en effet l'un des meilleurs spots au Québec pour la pratique de sports tels que le rafting et le kayak de rivière. La rivière se divise en deux sections, le Canyon et les 7 Sœurs, offrant chacune des niveaux de rafting différents selon le niveau d'eau. Quelques compagnies sont installées dans les environs et offrent de très nombreux forfaits. Vous pourrez ainsi choisir une initiation sur une journée, voire une demi-journée, ou bien tenter l'expérience « complète » de la descente de rivière sur plusieurs jours.

OKA ★★

La municipalité d'Oka est située sur la rive nord du lac des Deux-Montagnes, à environ 50 km au nord-ouest de Montréal. Elle est également accessible par traversier (pont de glace en hiver) depuis Hudson en Montérégie. Oka est surtout réputée pour son parc national (camping et chalets sur place) ainsi que pour sa plage ultra fréquentée en saison. C'est un bel endroit pour s'adonner aux activités nautiques (kayak de mer, surf à pagaie, etc.), à la randonnée (pédestre ou en raquettes) et à la gourmandise (faites un tour du côté de l'abbaye). Pour plus d'infos, un bureau touristique se trouve au quai municipal (ouvert de fin mai à mi-octobre).

SAINT-SAUVEUR ★★★

Niché dans une vallée, il est l'avant-poste de la région des lieux de villégiature, le lieu de rencontre des skieurs en hiver (capitale du ski alpin nocturne ; à visiter : le Musée du ski des Laurentides) et le plus animé des villages laurentiens. Plusieurs galeries d'art et jolies maisons d'époque attireront votre attention dans les rues Principale et de la Gare, sans oublier les restaurants, bars et boutiques qui les jalonnent. Si vous êtes de passage en été, faites un tour au Festival des Arts de Saint-Sauveur, un événement culturel figurant parmi les plus importants au Québec. Pour préparer votre séjour, consultez le site de Vallée Saint-Sauveur.

DOMAINE NYMARK €€€

300, chemin du Mont Saint-Sauveur
✆ +1 450 227 2121
www.domainenymark.com
Tarifs variables selon le type d'unité choisi. Un minimum de nuitées est exigé.

Que diriez-vous d'avoir votre petit nid douillet à quelques pas de la station Sommet Saint-Sauveur ? C'est ce que vous offre le Domaine Nymark et ses luxueux condos-hôtels ! Munies d'équipements haut de gamme, toutes les unités proposent un confort exceptionnel, une terrasse ou un balcon, un foyer au gaz et une vue sur la montagne (vue partielle pour certaines unités). Pouvant accueillir de 2 à 8 personnes, elles sont idéales pour les escapades de quelques jours comme pour les vacances d'une semaine. Bonus : le domaine est à proximité de tous les services.

LES GLISSADES DOMAINE DES PAYS D'EN HAUT

440, chemin Avila - **PIEDMONT**
✆ +1 450 224 4014
glissades.ca
Ouvert de décembre à mi-mars, voire plus selon les conditions météo. Horaires et tarifs disponibles sur le site web.

Ce centre d'activités hivernales offre plus d'une soixantaine de pistes de glissade sur neige dans cinq types d'embarcations différentes (dont le bobsleigh !), le tout sur trois versants. Des heures de plaisir garanti, de jour comme de soir, pour petits et grands ! Services offerts : boutique de location de casque et lunettes, restauration (possibilité d'apporter son lunch), casiers de rangement (payants), tour d'hélicoptère (payant), cabane à sucre (La Cabane Arthur Raymond).

SOMMET SAINT-SAUVEUR

350, avenue Saint-Denis ✆ +1 450 227 4671
www.sommets.com
Consultez le site web pour les horaires des activités selon la saison. Tarifs variables selon l'activité choisie.

Sommet Saint-Sauveur héberge une station de ski (43 pistes avec le versant Avila, ski de soirée, snowpark, achat, location et réparation d'équipement), un parc aquatique (glissades d'eau, piscines à vagues et circuits d'eau en tout genre sur plus de 4 km en montagne, location de cabane privée, boutique), une montagne russe alpine (attraction hybride mélangeant montagnes russes et luge d'été en milieu montagnard, descente en forêt sur environ 1,5 km), une tyrolienne double, du vélo de montagne sur le versant Avila, des petits manèges et un minigolf 18 trous.

SAINTE-ADÈLE ★★

Sainte-Adèle s'étale au pied d'un lac, en haut de la côte Morin. Ici est né Claude-Henri Grignon, à la fois écrivain, polémiste et journaliste, dont le roman *Un homme et son péché* a fait l'objet d'une série TV diffusée pendant un nombre record d'années. Un parc porte d'ailleurs son nom, englobé dans ce que l'on appelle la Place des Citoyens où se tient le marché lors des beaux jours. L'endroit accueille aussi artistes et artisans dans une programmation qui se déploie sur toute l'année. La ville abrite également deux domaines skiables bien connus des Québécois, Ski Chantecler et Mont Gabriel (ce dernier bénéficie en plus d'un resort).

AU PETIT POUCET €

1030, route 117
✆ +1 819 322 2246
aupetitpoucet.ca
Salle à manger et comptoir de charcuterie : tous les jours de 6h30 à 16h.

Grand classique de la cuisine québécoise, il possède un cachet rustique indéniable, un brin kitsch, avec au centre une énorme cheminée de bois pour nous réchauffer en hiver. À goûter : l'incontournable jambon fumé au bois d'érable et les petits déjeuners, très copieux, sans oublier le menu « Repas du temps des sucres » proposé toute l'année. Un comptoir de vente à emporter propose aussi tourtière, ragoût de pattes, jambon fumé au bois d'érable, soupe aux pois, cretons, tarte au sirop d'érable, sucre à la crème et autres spécialités maison vous attendent.

LE P'TIT TRAIN DU NORD

1272, rue de la Traverse - **PREVOST**
✆ +1 450 224 7007
ptittraindunord.com
Ouvert suivant les secteurs de mai à octobre et de décembre à avril.

S'étirant sur environ 230 km entre Bois-des-Filion et Mont-Laurier, le sentier suit le tracé de l'ancien train du Nord. Il est surtout fréquenté par les cyclistes et skieurs de fond, mais aussi par les randonneurs et motoneigistes (sur certains tronçons autorisés). La traversée du parc linéaire dans son intégralité vous fera découvrir plusieurs municipalités, logées entre rivières, montagnes et lacs. Plusieurs services sont proposés : transport de vélo (et soi-même si désiré) aux gares, transport de bagages d'auberge en auberge (www.autobuslepetittraindunord.com).

LE BARIL ROULANT

2434, rue de l'Église
✆ +1 819 320 0069
www.barilroulant.com
Voir site web pour les horaires et les coordonnées des différentes installations. Pub à Tremblant également. Terrasses.

Fondé sous la forme d'une coopérative de travail, Le Baril Roulant s'est agrandi. Le pub aux airs bohèmes opère toujours à la même adresse, proposant bières maison et invitées ainsi qu'une panoplie d'événements allant des spectacles musicaux aux expositions d'art visuel, en passant par des soirées DJ. La microbrasserie, quant à elle, permet de faire le plein de bières à emporter. Puis vient l'auberge avec ses chambres toutes coquettes, doublée d'un bistro où les savoureux produits laurentiens et du reste de la province sont à l'honneur.

VAL-DAVID ★★★

Val-David est devenu depuis plusieurs années le refuge de citadins, artistes, hippies, « bobos » et autres citoyens attirés par un mode de vie plus simple et proche de la nature. Ses montagnes, ses forêts et son parc régional ont en effet de quoi séduire, de même que ses activités culturelles, de plus en plus nombreuses au fil des saisons. Ses microbrasseries et le théâtre de Val-Morin font fréquemment vibrer leurs planches à coup de spectacles et concerts donnés par des groupes et troupes renommés. Et dès la fin mai, la place face à l'église est prise d'assaut chaque samedi par les producteurs et artisans venus célébrer le goût des bonnes choses.

MONT-BLANC ★★

Ici s'ouvre la magnifique région de Mont-Tremblant, à quelques kilomètres au sud du parc du même nom. C'est un excellent camp de base pour profiter des activités de plein air, avec un choix d'hébergement allant du chalet entièrement équipé au refuge rustique perché dans les arbres. La municipalité, qui s'appelait jusqu'à récemment Saint-Faustin-Lac-Carré, compte également une plage, un belvédère au lac Carré, deux terrains de golf, une station de ski, le Sentier des cimes et plusieurs autres installations récréatives et sportives. Au village, ne ratez pas l'Arbre de l'Amour et ses cœurs messagers, une œuvre communautaire et participative.

SENTIER DES CIMES LAURENTIDES ★

737, rue de la Pisciculture ✆ +1 873 229 0363
www.sentierdescimes.ca

Ouvert tous les jours dès 9h30 (fermeture à 16h30, 19h ou 20h selon la saison). Adulte : 29 CAN $. Restaurant, terrasse.

Installée sur le site patrimonial de l'Ancienne pisciculture des Laurentides, cette attraction vaut le détour. On se balade ici en pleine nature sur un sentier aérien à la cime des arbres qui s'étire sur un peu plus d'un kilomètre. Si vous pensez que la vue est incroyable, attendez de voir celle qui s'ouvre sur 360° du haut de la tour d'observation (40 m). Des stations d'information sur la faune et la flore locales ponctuent le circuit. Accessible aux personnes à mobilité réduite.

LAC-SUPÉRIEUR ★★★

En passant par le chemin du Lac-Supérieur depuis la municipalité de Mont-Blanc ou le chemin Duplessis depuis la Station Tremblant, on parvient à l'un des plus beaux lacs de la région, le lac Supérieur, particulièrement majestueux, surtout en automne lorsqu'il est enclavé entre les montagnes colorées. On peut y louer de magnifiques studios avec vue sur le lac (doublés d'un club privé avec piscine, plage, etc.) ou encore des chalets haut de gamme avec tous les extras possibles propres à cette catégorie. Au cœur du village se trouve également un sublime restaurant de cuisine inventive du terroir, Le Rustique (réservation hautement recommandée le soir).

RCNT CHALETS €€€

1247, rue Saint-Faustin ✆ +1 450 327 6130
www.rcntchalets.com

Tarifs variables selon le type de chalet choisi et la saison. Promotions et forfaits, dont des tarifs multijours.

Construits sur des terrains boisés, de magnifiques et luxueux chalets en rondins tout confort offrent de quatre à cinq chambres à coucher. RCNT Chalets offre aux inconditionnels de la nature et aux visiteurs en quête d'authenticité une expérience et des services variés haut de gamme. À même le site, vous avez accès au lac Supérieur et à la rivière Boulée, et vous êtes à quelques minutes du parc national du Mont-Tremblant, de la station de ski et de nombreuses activités. Nombreux services sur place. Également en location : des condos de 2 chambres à Mont-Tremblant.

PARC NATIONAL DU MONT-TREMBLANT ★★

3824, chemin du Lac-Supérieur
✆ +1 800 665 6527 - www.sepaq.com/pq/mot

Ouvert toute l'année. Adulte : 9,25 CAN $, gratuit pour les 17 ans et moins.

Ce parc national est le plus grand parc du Québec hors Nunavik (1 510 km²) et le premier à avoir été créé. Vous y découvrirez un immense univers de lacs (400), rivières (6), chutes, cascades et montagnes où la faune vit en toute liberté. Un large choix d'activités en toute saison, une plongée dans l'intimité de la nature des Laurentides. Les paysages sont majestueux. Une beauté sauvage qu'on ne se lasse pas d'admirer.

Il y a plusieurs postes d'accueil pour le parc : secteur de la Diable (à Lac-Supérieur), secteur de la Pimbina (à Saint-Donat dans Lanaudière), secteur de L'Assomption (à Saint-Côme dans Lanaudière), secteur La Cachée (à La Macaza). Consultez le site web pour les coordonnées et les horaires des différents postes d'accueil. Sachez qu'il existe un service de navette entre Montréal et le parc, opéré par la Navette Nature (www.navettenature.com).

- **Hébergement :** chalets de villégiature (capacité de 2 à 10 personnes), chalets Nature, chalets EXP, chalets Écho, chalets Compact, tentes prêt-à-camper, prêt-à-camper Étoile, yourtes, refuges, camping aménagé et camping d'hiver.
- **Location d'équipement :** embarcations nautiques, vélos, raquettes, équipement de ski de fond, etc.
- **Activités :** observation de la faune, via ferrata, baignade, activités nautiques, canoë-camping, pêche à la journée ou avec hébergement, randonnée pédestre, longue randonnée avec nuit en refuge, vélo (fatbike en hiver), yoga sur neige, raquette, ski de fond, ski nordique, ski alpin à la Station Tremblant.

LE RUSTIQUE BAR & RESTAURANT €€

1993, chemin du Lac-Supérieur
✆ +1 819 713 0445
www.rustiquerestobar.com

Horaires variables selon la saison. Plats à la carte : 10-120 CAN $. Coin lounge avec billard, grande terrasse.

Situé à quelques pas du majestueux lac Supérieur, ce chalet en rondins offre une belle communion avec la nature, empreinte de calme et de sérénité, dans un intérieur rustique et chaleureux. Au menu, une cuisine réconfortante et inventive à base de produits régionaux du Québec, notamment les gibiers, les viandes sauvages et les poissons. Le tout est complété par une belle sélection de vins, dont une majorité en importation privée et des produits issus de la viticulture biodynamique.

MONT-TREMBLANT ★★★

Mont-Tremblant - la municipalité du Mont-Tremblant a été fondée en 1894 - est un parc national, le premier jamais créé au Québec. On y retrouve également la station de sports d'hiver la plus haute et la plus importante des Laurentides ainsi que de superbes terrains de golf. Tremblant, comme on l'appelle, propose une multitude d'activités quatre saisons dans son village à vocation touristique. Le Vieux-Tremblant, quant à lui, est un village pittoresque qui regorge d'auberges, maisons et chalets en rondins. La rivière du Diable, qui coule à proximité, est régulièrement descendue par les amateurs de rafting : elle ne porte pas son nom sans raison...

HÉLI-TREMBLANT

72, route 117
✆ +1 819 425 5662
www.heli-tremblant.com
En opération à l'année. À partir de 119 CAN $ par survol (minimum deux personnes). Avec repas : 269 CAN $ par personne.

La compagnie Héli-Tremblant vous propose des tours d'hélicoptère pour admirer le paysage d'une tout autre perspective. Des forfaits sont disponibles, dont le forfait romantique avec atterrissage directement à un restaurant gastronomique. Renseignez-vous aussi sur le forfait HélicoSpa comprenant l'accès au Scandinave Spa. Le personnel se fera également une joie de créer un vol personnalisé en fonction de vos besoins, question de rendre cette expérience inoubliable. Vols également offerts depuis le Musée de l'aviation et l'espace du Canada à Ottawa.

MAISON NAPOLÉON €€

2316 chemin du Village
✆ +1 855 741 2144
www.maisonnapoleon.com
Occupation double : à partir de 165 CAN $, petit déjeuner inclus.

Situé entre le vieux village de Mont-Tremblant et la station de villégiature, ce superbe Couette & Café est un havre de confort et de détente. Quatre chambres absolument magnifiques sont à disposition des hôtes et il est même possible de louer le gîte en entier pour les groupes. Côté déco, chaque pièce de la maison dégage une atmosphère montagnarde qui s'allie au paysage environnant. Comble de bonheur, on a accès à un bain à remous extérieur pour se la couler douce. À noter que le sentier multifonctionnel La Villageoise passe à côté du gîte.

LES SUITES TREMBLANT €€

Station Tremblant
✆ +1 514 764 7546
www.lessuitestremblant.com/fr
Tarifs variables selon le type d'unité choisie et la saison. Promotions disponibles.

Les Suites Tremblant regroupent sept lieux d'hébergement en plein cœur du village piétonnier de la Station Tremblant : Ermitage du Lac, Holiday Inn Express & Suites Tremblant, Lodge de la Montagne, Place St-Bernard, Sommet des Neiges et Tour des Voyageurs I & II. Tous ces hôtels ont une piscine et/ou un bain à remous, sauf la Place St-Bernard, et offrent des chambres traditionnelles ou de luxe, des studios, ainsi que des suites à 1, 2 ou 3 chambres. La grande majorité est équipée d'une kitchenette ou d'une cuisine complète, parfait pour les longs séjours !

Station de ski Tremblant.

FAIRMONT TREMBLANT €€€

3045, chemin de la Chapelle
✆ +1 819 681 7000
www.fairmont.fr/tremblant
Occupation double : à partir de 279 CAN $, petit déjeuner inclus. Nombreux forfaits disponibles.

Fidèle à la marque Fairmont, cet hôtel est un havre de confort et de luxe. Situé au pied des pistes (ski-in / ski-out), tout en haut du village, il offre une quantité inimaginable de services. On craque littéralement pour son restaurant Choux Gras, une brasserie culinaire qui propose entre autres des plats à partager complètement décadents. Superbe bar également avec des cocktails maison absolument délicieux. Mention à la piscine extérieure, la seule ouverte toute l'année à la Station Tremblant, avec *pool bar*, foyers et barbecue. Une adresse impeccable !

CENTRE D'ACTIVITÉS MONT-TREMBLANT

118, chemin de Kandahar
✆ +1 819 681 4848
www.tremblantactivities.com/fr
Horaires variables selon la saison. Tarifs variables selon l'activité choisie.

Véritable camp de base pour vos aventures dans la région, le Centre d'activités Tremblant propose une multitude d'activités en toute saison : équitation, tour d'hélicoptère ou de Dune Buggy, excursion de pêche, rafting, survie en forêt, réalité virtuelle, jeux d'évasion, tyroliennes et via ferrata, excursion en motoneige, escalade de glace, traîneau à chiens, etc. Des activités de groupes, de teambuilding et pour les familles sont également au programme.

CENTRE NAUTIQUE PIERRE PLOUFFE

2900, chemin du Village
✆ +1 819 681 5634
tremblantnautique.com
Ouvert tous les jours de mai à octobre. Tarifs selon l'activité ou la location choisie.

Champion canadien de ski nautique, Pierre Plouffe et toute son équipe vous attendent pour profiter des plaisirs de l'eau du lac Tremblant. On y loue des embarcations motorisées ou non, et des cours sont offerts. Que ce soit en pédalo, en canoë, en kayak, en SUP, en catamaran ou en bateau à moteur, profitez des paysages enchanteurs du lac Tremblant. Pour ceux qui aiment les sensations fortes, essayez le ski nautique, le wakeboard ou même le surf !

SCANDINAVE SPA

4280, montée Ryan
✆ +1 888 537 2263
www.scandinave.com/mont-tremblant/fr
Ouvert tous les jours de 10h à 21h (massage dès 9h). Parcours thermal : 75-110 CAN $. Forfaits disponibles.

Une douce aventure dans un cadre enchanteur où se mêlent l'eau, l'air pur et le bois, le long de la rivière du Diable. Les installations chaudes, froides et les aires de détente se partagent un site absolument magnifique où le silence et la déconnexion sont maîtres. À noter que le parcours thermal n'a pas de limite de temps. Des forfaits avec massages sont également offerts et un coin bistro surplombant le spa permet de déguster des plats santé cuisinés localement. Le Scandinave Spa est aussi présent à Montréal, en Ontario et en Colombie-Britannique.

TREMBLANT

1000, chemin des Voyageurs
✆ +1 514 764 7546
www.tremblant.ca
Ouvert toute l'année. Horaires et tarifs selon l'activité choisie.

Véritable village en lui-même, on peut y pratiquer une foule d'activités en toute saison, allant du ski alpin aux sports nautiques, en passant par le vélo de montagne ou fatbike, le golf, la tyrolienne, les randonnées en raquettes, et la liste est encore longue. Une multitude de boutiques, bars, restaurants et hôtels ont également élu domicile au pied de la montagne. À cela s'ajoutent un calendrier d'événements fort chargé et un parcours nocturne illuminé, immersif et interactif, Tonga Lumina, une expérience signée Moment Factory. Incontournable !

ZIPTREK ECOTOURS TREMBLANT

150, chemin au Pied de la Montagne
✆ +1 819 681 4448
tremblant.ziptrek.com
Plusieurs départs par jour de mai à octobre. 13 ans et plus : 140 CAN $, 7-12 ans : 110 CAN $.

Fondée à Whistler en Colombie-Britannique, cette entreprise d'éco-aventure aérienne vous propose de vous « envoyer en l'air » en survolant la cime des arbres sur un circuit de cinq tyroliennes, dont deux d'une longueur de plus de 1 km, offrant ainsi des vues spectaculaires sur les Laurentides. Informez-vous également sur le parcours express d'une tyrolienne (autres tarifs). L'accès au sommet en télécabine panoramique est toujours inclus dans le tarif.

CASINO DE MONT-TREMBLANT

300, chemin des Pléiades
✆ +1 819 429 4150
Ouvert tous les jours (horaires variables). 18 ans et plus. Entrée gratuite. Code vestimentaire en vigueur.

On retrouve au fameux casino de Mont-Tremblant des centaines de machines à sous, des tables de jeu avec croupiers (dont le fameux Ultimate Texas Hold'Em) ainsi qu'une aire de stations multi-jeux. Le casino héberge également le restaurant Altitude avec terrasse (spécialisé dans les grillades et fruits de mer, section bistro également), sans oublier le bar avec terrasse, écrans géants et prestations de DJ. On y accède en voiture ou en navette gratuite depuis le Chalet des Voyageurs et certains hôtels de la station (départ toutes les 30 minutes).

FERME-NEUVE ★★

Pour se rendre à Ferme-Neuve, il faut emprunter, depuis Mont-Laurier, la route 309 Nord qui offre des paysages plutôt campagnards. De là s'ouvrent les chemins menant aux différentes auberges de forêt, pourvoiries et ZEC (zones d'exploitation contrôlée) de la partie nord des Hautes-Laurentides. C'est aussi un passage obligatoire pour se rendre au réservoir Baskatong, quoique qu'il soit aussi possible d'y accéder par Grand-Remous (région de l'Outaouais). Le parc régional Montagne du Diable, l'un des points d'intérêt les plus fréquentés de Ferme-Neuve, est à découvrir, ne serait-ce que pour la chute Windigo sur laquelle certains téméraires s'élancent.

PARC RÉGIONAL MONTAGNE DU DIABLE ★

1100, chemin Léandre Meilleur
✆ +1 819 587 3882
www.parcmontagnedudiable.com
Accès journaliers : 7-10,50 CAN $. Gratuit pour les 18 ans et moins. Hébergement et location d'équipement sur place.

Il abrite le lac Windigo et la chute du même nom, et est louangé par les amateurs de plein air. Il faut dire qu'on peut y pratiquer un nombre incalculable d'activités, en été comme en hiver. Pour prolonger le plaisir, différents types d'hébergement y sont offerts, que ce soit en camping, en abri/refuge, en chalet ou même en mini-maison. L'endroit propose également un service de transport de bagages en saison hivernale. Autre accueil : 550, chemin des Chutes à Ferme-Neuve.

VAL-D'OR ★★

En 1935, les prospecteurs découvrent l'or qui fait en sorte que la ville s'érige et grandit rapidement. Aussitôt, la forêt, seconde force naturelle, voit l'arrivée des défricheurs. De ces ressources naissent le commerce, l'industrie et le tourisme, pour tout dire la vie. Pour revivre la ruée vers l'or, direction la Cité de l'Or afin de découvrir la mine Lamaque, autrefois la mine d'or la plus riche du Québec. Une virée à Malartic vaut également le détour pour approfondir le sujet. Autres points d'intérêt : la Tour Rotary, haute de 18 mètres, au parc Belvédère, et l'église orthodoxe russe érigée en 1954 à l'angle des boulevards Lamaque et Sigma.

CITÉ DE L'OR ET VILLAGE MINIER DE BOURLAMAQUE ★★

90, avenue Perreault
✆ +1 819 825 1274
www.citedelor.com
Ouvert en saison estivale. Visite complète : 42 CAN $ par adulte. Visite express aussi offerte.

Après vous être équipé comme il se doit, vous descendrez dans une mine à 91 mètres sous terre et vous assisterez à l'explication du travail des mineurs, du dynamitage, des techniques de forage, etc. L'expérience se poursuit à la surface avec, notamment, la découverte des installations hors terre et du village où vivaient les mineurs à l'époque. À découvrir également : l'exposition « Chez nous à Bourlamaque » à la maison historique. Boutique de souvenirs sur place.

MUSÉE MINÉRALOGIQUE DE L'ABITIBI-TÉMISCAMINGUE ★

650, rue de la Paix - **MALARTIC**
✆ +1 819 757 4677
www.museemalartic.qc.ca
Horaires variables selon la saison. Adulte : 9 CAN $.

Un musée de sciences naturelles permettant de parcourir différentes étapes d'un voyage peu banal à la découverte du monde magnifique de la géologie et des minéraux par le biais de son exposition permanente nouvellement réaménagée. Aussi sur place : exposition temporaire, jeux interactifs sur la géologie régionale et internationale, simulateur de tremblements de terre, véritable roche lunaire, pierre de fée et échantillons d'or. à surveiller en 2023 : l'expo minière et forestière.

AMOS ★

Saviez-vous qu'Amos possède une des eaux les plus pures au monde ? Il y a 12 000 ans, les glaciers y ont créé des eskers lors de leur passage. Fort convoitée, elle est même utilisée dans le brassage des bières de Belgh Brasse. Au sud d'Amos, à Saint-Mathieu-d'Harricana, un petit pavillon d'interprétation permet d'en apprendre davantage sur la formation des eskers et même de recueillir l'eau de la source Périgny. De passage à Amos, il faut absolument visiter le fameux Refuge Pageau qui héberge des animaux blessés ou égarés. Une occasion en or pour voir de près des orignaux, loups, renards, ours, oiseaux de proie et autres magnifiques bêtes.

ROUYN-NORANDA ★★

Au début des années 1900, ce n'était qu'une vaste forêt sauvage traversée de rivières et parsemée de nombreux lacs pratiquement inaccessibles. C'est un prospecteur de la Nouvelle-Écosse, Edmund Horne, qui y découvrira des gisements de cuivre d'une richesse inouïe. De partout, des gens vont affluer : une mine s'installe, des cabanes de bois apparaissent sur les rives du lac et on parle bientôt d'un village. Aujourd'hui, c'est le cœur urbain et capitale régionale de l'Abitibi-Témiscamingue. Restaurants, cafés, bars et boutiques jalonnent ses principales rues et sa vie culturelle est particulièrement florissante, avec de nombreux festivals d'importance.

ANISIPI

892, route 111 Est - **PIKOGAN**
✆ +1 819 727 1242
anisipi.com
Voir site web pour les horaires des différents lieux.
Adulte : à partir de 8 CAN $.

Inauguré pendant l'été 2022 en plein territoire de la nation autochtone anishinabe, ce tout nouveau circuit d'expériences à la découverte de l'eau propose des zones d'environnement immersif conçues par Moment Factory, dont une se situe au fameux Refuge Pageau. Outre ces zones, on y retrouve également une exposition d'oriflammes, un circuit de fontaines artistiques, un parcours de citations sur le thème de l'eau, le pavillon d'interprétation de l'*esker* et plus encore. À savoir que le mot *anisipi* signifie « eau pure », ou encore « source de vie », en algonquin.

REFUGE PAGEAU ★★

4241, chemin Croteau
✆ +1 819 732 8999
www.refugepageau.ca
Voir site web pour les horaires des visites.
Adulte : 26,52 CAN $. Forfaits disponibles.
Chalet en location sur place.

Ce refuge d'animaux blessés ou égarés, tenu par une famille de passionnés, a pris de l'ampleur au fil des ans, jusqu'à devenir un attrait majeur. Certains animaux y sont hébergés le temps de leur rétablissement, d'autres sont nés sur place et y passeront une vie paisible. Le refuge ouvre ses portes au public pour le plus grand plaisir des amateurs de la faune, et vous y verrez des loups, des orignaux, des oursons, des lynx et bien d'autres encore. À vivre : la visite VIP qui inclut la visite du refuge, des installations d'isolement et de la pouponnière.

PARC NATIONAL D'AIGUEBELLE ★★

12373, route d'Aiguebelle ✆ +1 800 665 6527
www.sepaq.com/pq/aig
Ouvert toute l'année. Adulte : 9,25 CAN $, gratuit pour les 17 ans et moins.

Situé à une cinquantaine de kilomètres de Rouyn-Noranda, le parc national d'Aiguebelle recèle de paysages magnifiques et diversifiés. Recouvrant une superficie de 268,3 km², vous y verrez les traces du passage des glaciers, des coulées de lave et des roches vieilles de 2,7 milliards d'années ! Une passerelle longue de 64 mètres et suspendue à 22 mètres de hauteur au-dessus du lac La Haie vous offrira un panorama exceptionnel. La faune y est abondante : on y retrouve la plus forte concentration d'orignaux en Abitibi, ainsi que des centaines de barrages de castors.

On y retrouve deux postes d'accueil, soit le Centre de services Mont-Brun, auquel on accède par le rang Hudon et la route d'Aiguebelle, et le Centre de services Taschereau, accessible par la route 390 et la montée d'Aiguebelle. Consultez le site web pour obtenir les horaires détaillés des postes d'accueil selon la saison.

- **Hébergement :** camps rustiques, chalets, camping, espace camping-car, tentes prêt-à-camper, prêt-à-camper Étoile.
- **Location d'équipement :** embarcations nautiques (canoë, kayak de mer, chaloupe, planche à pagaie, pédalo-ponton...), équipement de plein air (raquettes de montagne, skis hors-piste, fatbikes...). Trois Boutiques Nature sur place, aux deux centres de services et au camping Abijévis.
- **Activités :** activités nautiques, canoë/kayak-camping, pêche à la journée, observation de la faune, randonnée pédestre, expédition dans l'arrière-pays, raquettes, ski nordique, fatbike, escalade de glace, etc.

MONT-SAINT-HILAIRE ★★★

Patrie des célèbres peintres Ozias Leduc et Paul-Émile Borduas, Mont-Saint-Hilaire est un centre artistique réputé. Nous vous recommandons d'ailleurs une visite au Musée des beaux-arts. Au-dessus de la localité se dresse le mont Saint-Hilaire (nombreux sentiers de randonnée et quelques sommets accessibles), qui fait partie des collines montérégiennes et dont les versants sont couverts de pommiers. À l'automne, les vergers sont d'ailleurs pris d'assaut pour l'autocueillette, et qui dit pomme dit cidre ! Sinon, plusieurs bonnes adresses gourmandes, tant à Mont-Saint-Hilaire que dans le Vieux-Beloeil situé de l'autre côté de la rivière Richelieu.

BROMONT ★★

La ville de Bromont, nichée au pied du mont Brome, a été fondée par une famille d'entrepreneurs en 1964. Son vieux village, le Vieux-Bromont, s'étend dans les environs de la rue Shefford. On y trouve tout plein de commerces sympas, notamment gourmands. Sinon la réputation de Bromont tient à ses installations en nature pour la pratique d'activités de plein air aussi variées que plaisantes : randonnée en montagne, parties de golf, baignade au parc aquatique, équitation (dont la compétition d'envergure International Bromont), vélo de descente ou au Centre national de cyclisme, etc. Bromont est aussi, en hiver, une station de ski réputée et fort courue.

RÉSERVE NATURELLE GAULT ★★

422, chemin des Moulins ✆ +1 450 467 4010
gault.mcgill.ca

Site et accueil ouverts tous les jours. Adulte : 9-14 CAN $. Location d'équipement à l'accueil.

Situé à une quarantaine de kilomètres de Montréal, le mont Saint-Hilaire est une réserve de biosphère de l'Unesco. Son propriétaire, l'Université McGill, s'est engagé à préserver la montagne et effectuer des recherches en offrant, par ailleurs, des activités d'éducation et de loisir. Des sentiers de randonnée permettent de gagner certains sommets du mont d'où se découvre une vue étendue sur la vallée du Richelieu, le fleuve Saint-Laurent et même Montréal. C'est aussi un lieu idéal pour la pratique du ski de fond et de la raquette en hiver.

BEATNIK HÔTEL €€

279, chemin du Lac Gale
✆ +1 450 534 2212
beatnikhotel.com

Occupation double : à partir de 129 CAN $. Forfaits disponibles. Bistro, terrasse, piscine extérieure.

Un hôtel tendance, à deux pas du Balnea Réserve Thermale et des sentiers de randonnée du domaine naturel du lac Gale. Ici chaque pièce est unique, mêlant bois, matériaux bruts, vintage et industriel-chic. Pour le repos du corps et de l'âme, on y propose des chambres et suites de différentes catégories, plusieurs se trouvant dans le bâtiment donnant également accès aux aires communes et à la terrasse arrière. Envie d'un petit chez-vous ? Des studios (2 à 4 personnes) et un appartement (jusqu'à 9 personnes), tous avec kitchenette, sont aussi disponibles.

La rivière Richelieu et le mont Saint-Hilaire.

BALNEA RÉSERVE THERMALE

319, chemin du Lac Gale
✆ +1 450 534 0604
www.balnea.ca

Ouvert dès 10h ou 11h selon le jour et la saison. Bains nordiques : 80 CAN $, réductions en matinée et en soirée.

Plusieurs forfaits très originaux sont proposés à ce spa : vous pouvez combiner l'expérience thermale à un massage multi-sensoriel ou un repas au restaurant LUMAMI, ou encore construire votre propre forfait à partir des soins offerts à la carte, pour ne citer que quelques exemples. Plusieurs services sur place : saunas panoramiques, chute thermale, bains à remous extérieurs, bains turcs, bassin naturel, salon marocain, lounge, cônes acoustiques en forêt, club de plage, sentiers et lac privés, terrasses, restaurant LUMAMI, bar Orange (été seulement), etc.

BROMONT, MONTAGNE D'EXPÉRIENCES

150, rue Champlain ✆ +1 450 534 2200
www.bromontmontagne.com

Voir site web pour les horaires des activités selon la saison. Tarifs variables selon l'activité ou le forfait choisi.

Bromont, montagne d'expériences est un parc multiactivités qui s'adapte aux quatre saisons. En hiver, vous profiterez des plaisirs de la glisse dans des conditions exceptionnelles d'enneigement, et ce dans le plus grand domaine skiable éclairé en Amérique du Nord. En été, l'endroit reste très fréquenté pour son parc aquatique, sans oublier son Bike Park dédié au vélo de montagne. À découvrir également : la luge de montagne, le mur d'escalade et le parc de jeux aériens Divertigo.

DUNHAM ★★

Constituée en 1867, la municipalité de Dunham possède un patrimoine typique de l'époque loyaliste. Les nombreuses maisons de pierre et de brique qui bordent la rue principale ainsi que les églises datent de plus de 150 ans. Dunham est le berceau de la viticulture au Québec et la Route des vins offre une découverte intéressante des vignobles et du savoir-faire des vignerons. D'ailleurs, pour plonger au cœur du sujet, faites un saut du côté de l'économusée du Vignoble de l'Orpailleur et profitez-en pour faire quelques dégustations et emplettes. Plusieurs autres adresses également pour les épicuriens ainsi qu'un beergarden à l'Espace Dunham.

BRASSERIE DUNHAM

3809, rue Principale
✆ +1 450 295 1500
brasseriedunham.com

Horaires variables selon la saison. Boutique, terrasse. Auberge BOHO et Espace Dunham sur place.

Ouverte depuis plus de 10 ans, la Brasserie Dunham jouit d'une belle réputation amplement méritée. Elle mise sur l'exploration et le renouveau des genres, s'inscrivant ainsi dans la lignée du modernisme américain. Près d'une vingtaine de bières figurent à l'ardoise, comme la Propolis, une Saison au miel Les Trois Acres, la Bière de Foudre, une Grisette de seigle, ou encore la Lingua Ignota, une Neipa aux houblons Citra, Simcoe et Mosaic. Bonus : de bons petits plats gourmands axés sur les produits régionaux et un coin boutique pour faire le plein de bouteilles.

SUTTON ★★

La municipalité du canton de Sutton est appréciée pour ses paysages de campagne paisible. Les randonneurs apprécieront les sentiers du Parc d'environnement naturel de Sutton et ceux de la Réserve naturelle des Montagnes-Vertes. Le mont Sutton est très renommé pour la qualité de ses pistes de ski et l'aménagement de ses sous-bois. Le cœur du village, sur la rue Principale, est quant à lui propice à la balade et aux découvertes : boutiques gourmandes, petits cafés, bonnes tables, brasseries artisanales, boutiques déco, chocolaterie et confiserie, etc. Non loin, à Glen Sutton, se trouve ObservÉtoiles, un planétarium à ciel ouvert avec réalité augmentée.

PARC D'ENVIRONNEMENT NATUREL SUTTON ★

900, chemin Réal
✆ +1 450 538 4085
www.parcsutton.com

Ouvert toute l'année. Droits d'accès quotidien : 7 CAN $ par adulte (8 CAN $ en haute saison d'automne).

Organisme à but non lucratif, le Parc d'environnement naturel de Sutton protège la nature tout en donnant accès au grand public à cette merveille naturelle. Pas moins de 52 kilomètres de sentiers sont aménagés dans les monts Sutton pour une foule d'activités de plein air, et plusieurs activités et événements y sont organisés tout au long de l'année. Pour y passer la nuit, des établissements privés offrent l'hébergement à même le réseau de sentiers.

AU DIABLE VERT €

169, chemin Staines ✆ +1 450 538 5639
audiablevert.com

Options d'hébergement : appartement de montagne, pod, refuge rustique, dans les arbres ou perché, camping.

C'est une station de montagne spécialisée dans le tourisme durable. Pour profiter de la nature environnante, vous pouvez louer un kayak pour découvrir la rivière Missisquoi ou bien la descendre en chambre à air, louer des raquettes pour une balade dans les sentiers, ou encore visiter la petite ferme installée sur place. À essayer : le VéloVolant qui permet de pédaler dans les airs au-dessus de la cime des arbres dans un vélo modifié suspendu à un câble, ou encore le National Geographic ObservÉtoiles, premier planétarium à ciel ouvert en réalité augmentée au monde.

AUBERGE SUTTON BROUËRIE

27, rue Principale Sud
✆ +1 450 538 0005
aubergesuttonbrouerie.com

Horaires variables selon la saison. Carte : moins de 30 CAN $. Deux terrasses, dont une aux abords de la rivière.

C'est l'une de nos meilleures adresses en ville pour prendre un verre, manger et dormir. L'endroit est tout d'abord réputé pour ses bières maison, comme l'Arrière-Saison, une Saison Brett aux fruits, l'Amirye, une IPA au seigle, ou encore le Porter du Cowboy, un Porter brassé en collaboration avec la microbrasserie À la Fût de Saint-Tite. Pour accompagner votre verre, des plats gourmands aux saveurs locales figurent à l'ardoise et pour ceux qui ne voudraient pas quitter les lieux, de belles chambres sont à disposition dans le bâtiment principal et l'annexe.

MONT SUTTON

671, rue Maple
✆ +1 866 538 2545
montsutton.com

Voir site web pour les horaires et tarifs. Restaurants en montagne, bar-lounge.

Superbe station de ski, réputée pour ses pistes en sous-bois et bénéficiant d'un enneigement exceptionnel, où petits et grands trouveront assurément leur bonheur. Une boutique et un service de location permettent de s'équiper de la tête aux pieds et d'autres équipements sont disponibles en location, notamment pour la randonnée alpine. Activités offertes le reste de l'année : tyrolienne géante, randonnée pédestre, sentiers de vélo de montagne cross-country et enduro (location de vélo double suspension sur place), événements en tous genres, etc.

SAINT-BENOIT-DU-LAC ★

Saint-Benoît-du-Lac comprend une seule chose : son abbaye. La « municipalité » fut constituée en 1939 et est administrée par les moines qui y vivent selon la Règle de saint Benoît. L'abbaye fait partie de la congrégation bénédictine de Solesmes en France et abrite un monastère de vie contemplative où vivent une trentaine de moines. Les visiteurs peuvent d'ailleurs être accueillis pour de courts séjours spirituels, qu'ils soient croyants ou simplement à la recherche d'un lieu pour se ressourcer. Tout autour de l'abbaye, l'immense domaine héberge des vergers comptant environ 3 500 pommiers (activité d'autocueillette offerte en automne).

ABBAYE DE SAINT-BENOÎT-DU-LAC ★★

1, rue Principale ✆ +1 819 843 4080
www.abbaye.ca

Visite guidée de l'abbaye en été, tous les jours sauf dimanche. Adulte : 12 CAN $. Hébergement et boutique sur place.

C'est ici que sont fabriqués une douzaine de fromages et des cidres réputés au Québec. Plusieurs autres produits gourmands maison et du terroir québécois sont également en vente à la boutique. Nous vous recommandons la visite guidée qui vous permettra, entre autres, d'en apprendre davantage sur le quotidien de la vie monastique, d'admirer l'ensemble architectural de l'abbaye et, bien entendu, de découvrir la méthode de fabrication des délicieux produits gourmands de l'abbaye.

MAGOG ★★

C'est ici que s'arrêtent tous les touristes. En été sa rue principale est tout simplement bondée, comme ses plages qui bordent le lac. D'ailleurs, voici une petite histoire dont vous entendrez sûrement parler : le monstre légendaire du lac, Memphré, aurait été vu plus de 225 fois, et ce, depuis 1798. Mais que cela ne vous empêche pas de profiter d'un tour sur le lac ou d'une baignade. Si vous préférez les coins plus tranquilles, les sentiers du Marais de la Rivière aux Cerises offrent l'excursion idéale. Les vignobles alentour méritent aussi qu'on s'y attarde, notamment lors de la célèbre Fête des Vendanges Magog-Orford (début septembre).

BLEU LAVANDE ★★

2525, rue Principale Ouest
✆ +1 888 876 5851
bleulavande.com
Lavanderaie et boutique : 10h-17h (18h en été, fermé le lundi hors saison). Adulte : 16 CAN $, 5 CAN $ hors saison.

Récemment installée à l'entrée ouest de Magog, cette lavanderaie est un fleuron des Cantons-de-l'Est. Pour ceux qui ont connu l'entreprise à Fitch Bay, c'est une tout autre expérience qui vous attend ici ! Peu importe la saison, vous pourrez faire une visite des Espaces découverte intérieurs et extérieurs, accéder à l'Espace interactif signé Moment Factory et faire une balade dans les champs de lavande (floraison de la mi ou fin juin à fin juillet ou début août). N'oubliez pas de faire le plein de produits Bleu Lavande à l'Espace boutique !

ESCAPADES MEMPHRÉMAGOG

Quai MacPherson
✆ +1 819 843 7000
escapadesmemphremagog.com
En opération de juillet à mi-octobre. Voir le site web pour les horaires et tarifs. Forfaits disponibles.

Évadez-vous sous le signe du raffinement à bord du catamaran *Le Grand Cru*. Élégance et gastronomie sont au rendez-vous pour vous faire vivre une expérience inoubliable sur le lac Memphrémagog. Peut accueillir environ 170 personnes, grande salle à manger, cellier de 340 bouteilles, pont supérieur avec salon privé et terrasse ouverte à tous. Différentes options sont offertes : brunch/dîner et souper-croisière, apéro, etc. En soirée, et si les conditions le permettent, présentation d'un spectacle tridimensionnel et multimédia projeté sur un écran d'eau.

ORFORD ★★

Pendant longtemps, ce canton resta faiblement peuplé en raison de son relief montagneux ne facilitant pas la tâche des agriculteurs de l'époque. Ce sont des loyalistes américains qui sont d'abord venus et ils y ont fondé le village de Cherry River, devenu aujourd'hui le centre du village d'Orford. Sur son territoire se trouve le mont Orford. La création du parc national du Mont-Orford, en 1938, suivie de l'ouverture de la station de ski et du club de golf, a fait d'Orford une destination de villégiature quatre saisons. S'y trouve également une académie de musique classique hautement réputée, Orford Musique (festival de musique en été).

PARC NATIONAL DU MONT-ORFORD ★

3321, chemin du Parc ✆ +1 800 665 6527
www.sepaq.com/pq/mor
Ouvert toute l'année. Accès quotidien : 9,25 CAN $, gratuit pour les 17 ans et moins.

Le parc national du Mont-Orford (59,5 km²) offre une belle diversité avec ses forêts de feuillus et d'érables, ses vastes étangs, marécages et lacs ainsi que ses montagnes et collines. Les amateurs de plein air seront comblés par un large éventail d'activités, en été comme en hiver, en totale harmonie avec la nature.

Il y a deux postes d'accueil au parc national du Mont-Orford : le centre de services du secteur du Lac-Stukely (chemin du Camping), et le secteur du Lac-Fraser (chemin Alfred-Desrochers puis route 220 Ouest). Consultez le site web du parc pour obtenir les horaires des postes d'accueil selon la saison.

- **Hébergement :** camping, tentes prêt-à-camper, prêt-à-camper Étoile, prêt-à-camper Nova, chalets EXP, chalets Nature, refuges, centre de villégiature Jouvence.
- **Location d'équipement :** embarcations nautiques (canots, kayaks simples et doubles, pédalos, chaloupes, planches à pagaie...), vélos standards, vélos de montagne et fatbikes, équipements de ski de fond, raquettes, crampons de marche, bâtons télescopiques, traîneaux pour enfants.
- **Activités :** observation de la faune, baignade surveillée, activités nautiques, randonnée pédestre et longue randonnée sur les Sentiers de l'Estrie, escalade, vélo de route, vélo de montagne, fatbike, golf (à proximité), ski de fond (cours de ski de fond privés ou semi-privés aussi proposés), randonnée alpine, randonnée pédestre sur neige et en raquettes. Sports de glisse à la station de ski Mont Orford.

ORFORD MUSIQUE ★

3165, chemin du Parc
✆ +1 819 843 3981
www.orford.mu
Consultez le site web pour la programmation et les tarifs.

Cette académie de musique classique de haut niveau forme les jeunes musiciens. Chaque année, des centaines d'étudiants provenant des quatre coins du globe passent leur été ici à étudier avec des professeurs de renommée internationale. En saison estivale se tient le très réputé Festival Orford Musique, proposant des concerts professionnels, des concerts gratuits offerts par les étudiants et des expositions en art visuel. Pendant le reste de l'année, Orford Musique offre aussi une programmation fort intéressante de concerts et d'événements.

VALCOURT ★★

L'histoire de cette petite ville a été profondément marquée par le génie créateur de Joseph-Armand Bombardier. Les habitants profitent encore des retombées économiques de l'usine Bombardier (BRP), implantée en 1942. On y assemble de nos jours les motoneiges Ski-Doo et les roadsters Can-Am Spyder. Pour les curieux, sachez que l'usine se visite grâce à un forfait offert par le Musée de l'ingéniosité J. Armand Bombardier. Ce dernier est un must pour découvrir tout l'héritage laissé par ce génie. En février, la ville se met sur son trente-et-un pour accueillir le Grand Prix Ski-Doo, la plus prestigieuse compétition de motoneiges du pays.

MUSÉE DE L'INGÉNIOSITÉ J. ARMAND BOMBARDIER ★★

1001, avenue J.-A.-Bombardier
✆ +1 450 532 5300
museebombardier.com

Ouvert tous les jours en été, du jeudi au dimanche hors saison. Adulte : 12 CAN $. Coin boutique.

Entrez dans l'univers de Joseph-Armand Bombardier et voyez l'héritage que l'inventeur de la motoneige a légué au domaine du transport. L'exposition permanente du musée porte sur les innovations, les métiers et les produits-phares des entreprises Bombardier et BRP. Grâce à des installations immersives, les visiteurs plongeront dans l'univers de cette industrie hors du commun. Le musée propose également des visites guidées de l'usine BRP (réservation requise).

SHERBROOKE ★★

Ainsi nommée en l'honneur de John Coape Sherbrooke, gouverneur du Canada, Sherbrooke est la capitale régionale des Cantons-de-l'Est. Cette ville accueillante qui s'étale sur plusieurs collines est, à ce titre, un centre industriel, économique, commercial, culturel et universitaire réputé. Les rues King et Wellington où vous trouverez tout, ou presque, en constituent l'épicentre. Pour des produits frais du terroir québécois, rendez-vous au Marché de la Gare situé en bordure de la promenade du Lac-des-Nations. Si vous aimez l'art urbain, nous vous conseillons le « Circuit des murales » avec plus d'une quinzaine de fresques en trompe-l'œil.

NOTRE-DAME-DES-BOIS ★★

Vous voici dans la région de Mégantic, à l'extrême ouest des Cantons-de-l'Est. Perché à 555 mètres, Notre-Dame-des-Bois figure sur la portion sud de la Route des Sommets. Cette localité est l'une des portes d'entrée du parc national du Mont-Mégantic, un lieu ultra connu car il est le seul du Québec à abriter un observatoire astronomique populaire, l'ASTROLab. En août, lors des incroyables nuits des Perséides, vous pourrez y observer dans des conditions idéales la célèbre pluie d'étoiles filantes. Mais le parc est également idéal pour les activités de plein air, en été comme en hiver, et propose une multitude d'options d'hébergement en pleine nature.

PARC NATIONAL DU MONT-MÉGANTIC ★★

189, route du Parc ✆ +1 800 665 6527
www.sepaq.com/pq/mme

Ouvert toute l'année. Accès quotidien : 9,25 CAN $, gratuit pour les 17 ans et moins.

Le parc national du Mont-Mégantic est situé dans le petit village enchanteur de Notre-Dame-des-Bois - à ne pas confondre avec la ville de Lac-Mégantic, située à environ 50 km au nord-est du parc. Il est constitué de monts dont certains atteignent plus de 1 000 mètres d'altitude, de vallées, de crêtes et de collines. Ces sommets sont accessibles en randonnée pédestre et en raquettes. Vous pouvez apercevoir les montagnes blanches du New Hampshire et du Maine et les montagnes vertes du Vermont. La présence de l'ASTROLab, le centre de découverte en astronomie dédié au grand public, permet de combiner les activités de la terre et celles des étoiles (www.astrolab.qc.ca). D'ailleurs au mois d'août, c'est la grande fête des étoiles filantes (Perséides) et plusieurs activités sont organisées à l'ASTROLab. Une belle découverte en perspective.

Il y a deux postes d'accueil au parc national du Mont-Mégantic, au secteur de l'Observatoire et au secteur de Franceville. Ces derniers font également la location d'équipement. Consultez le site web pour les horaires des postes d'accueil selon la saison.

- **Hébergement :** camping d'été et d'hiver, refuges, camps rustiques, tentes prêt-à-camper, prêt-à-camper Étoile, chalets EXP, chalets Écho.
- **Activités :** observation de la faune, randonnée pédestre, longue randonnée avec nuit en refuge ou camp, vélo, ski de fond, ski nordique, randonnée en raquettes (dont des sorties aux flambeaux en soirée), observation des étoiles (soirées d'astronomie).

DRUMMONDVILLE ★★

Fondée en 1815 par le lieutenant-colonel Frederick George Hériot, sous les ordres du gouverneur Sir Gordon Drummond, Drummondville était, à l'origine, une garnison agro-militaire. Aujourd'hui, il s'agit d'un centre majeur, une ville à vocation industrielle en plein territoire agricole dans le Centre-du-Québec. Drummondville fait figure de véritable carrefour géographique, à l'intersection des autoroutes 20 et 55, à environ une heure de route de Montréal, Québec, Trois-Rivières et Sherbrooke. Cette situation particulière, avec la rivière Saint-François pour en compléter le potentiel, aura permis à cette municipalité de devenir un pôle industriel majeur.

VILLAGE QUÉBÉCOIS D'ANTAN ★★

1425, rue Montplaisir
✆ +1 819 478 1441
villagequebecois.com
Ouvert en été + activités hors saison (voir site web pour les horaires et tarifs).

Cette reconstitution fidèle d'un village québécois du XIXe siècle propose plus de 70 bâtiments d'origine et 10 000 objets anciens. Durant l'été, le village s'anime, de sorte qu'on se croirait vraiment entre les années 1810 et 1930. Les villageois se plongent dans la vie quotidienne de leurs ancêtres, pratiquent les métiers traditionnels, jouent de la musique et expliquent les us et coutumes d'autrefois. Le site comprend également des expositions variées, différentes visites immersives, des week-ends thématiques, des animations théâtrales, une véritable ferme du XIXe siècle, les jeux d'eau La Bassine et des activités pour toute la famille. En octobre, le village prend des airs d'épouvante pour le spécial Halloween. Des dizaines de comédiens vous font vivre vos pires cauchemars dans les rues et les maisons du village et sur 2 kilomètres de sentiers en forêt. En décembre et au début janvier, il est illuminé de 25 000 lumières et une foule d'activités traditionnelles du temps des Fêtes vous y attend. Au printemps, la cabane à sucre annonce le retour de la belle saison et c'est l'occasion de se sucrer le bec. En été, il est également possible d'apporter son propre repas, le Village mettant à disposition des aires de pique-nique aménagées à divers endroits sur le site, mais l'endroit propose aussi des services de restauration, et ce toute l'année. Une attraction incontournable du Centre-du-Québec ! Réservation recommandée, peu importe la saison.

BERTHIER-SUR-MER ★★

Ici le fleuve devient doucement estuaire. En vous promenant au quai et à la marina, le panorama s'ouvre sur l'archipel de l'Isle-aux-Grues, l'île d'Orléans et le mont Sainte-Anne, situé juste en face dans la région de Québec. Berthier-sur-Mer est également le point de départ des croisières vers le lieu historique national de la Grosse-Île-et-le-Mémorial-des-Irlandais, ancienne station de quarantaine au beau milieu du Saint-Laurent où se déroulèrent de nombreux drames humains (prévoir 6 heures pour la traversée A/R et la visite). Pour une excursion plus « légère », des croisières sont notamment offertes à destination de l'archipel de l'Isle-aux-Grues.

GROSSE-ÎLE-ET-LE-MÉMORIAL-DES-IRLANDAIS ★★

110, rue de la Marina ✆ +1 418 234 8841
www.pc.gc.ca/grosseile
De mi-mai à mi-octobre. Accès par bateau avec Croisières AML ou par avion avec Air Montmagny. Durée : environ 6 heures.

Située au milieu du fleuve Saint-Laurent, à 48 km à l'est de la ville de Québec, Grosse-Île sert de station de quarantaine pour le port de Québec de 1832 à 1937. En compagnie des guides de Parcs Canada, vous revivrez l'expérience troublante des immigrants qui ont navigué vers l'espoir d'un avenir meilleur. Vous découvrirez un lieu enchanteur où paysages évocateurs, nature inspirante et histoires fort émouvantes se conjuguent pour une expérience inoubliable.

SAINT-JEAN-PORT-JOLI ★★★

Capitale de la sculpture sur bois et des métiers d'art, c'est un petit village où le temps semble s'être arrêté. Galeries d'art et boutiques d'artisans jalonnent ses rues (Le Vivoir, Le Moule à Sucre), sans oublier son théâtre d'été (La Roche à Veillon), ses musées (Musée de la mémoire vivante, Musée de sculpture sur bois des Anciens Canadiens) et ses adresses gourmandes (vignoble, ferme d'élevage de bisons, entreprises maraîchères, boulangerie, microbrasserie, etc.). Parmi les événements à ne pas manquer: la Biennale de la sculpture en juillet, la Fête des chants de marins en août et la Fête d'hiver en février (sculpture sur neige).

CAFÉ LA COUREUSE DES GRÈVES €€

300, route de l'Église
✆ +1 418 598 9111
www.coureusedesgreves.com
Ouvert tous les jours dès 8h. Carte : 10 à 45 CAN $. Terrasse.

Ce restaurant de type café-bistro offre une fine cuisine dans une ambiance des plus champêtres. La carte est composée en grande partie de produits du terroir avec une nette préférence pour la cuisine régionale, française et même asiatique. Il y en a pour tous les goûts, selon les saisons, les arrivages et les envies du chef, Patrick Gonfond. Le menu est constamment réinventé, innové pour y ajouter de nouvelles pincées de couleurs et de saveurs. Bar sous les combles au 2e étage.

RAS L'BOCK

250, rue du Quai
✆ +1 418 371 0998
www.raslbock.com
Horaires variables selon la saison. Programmation culturelle et musicale. Grande terrasse.

Ras L'Bock, c'est un superbe pub à la déco rustique, face à la marina et au fleuve, proposant les bières du cru dont ses classiques, comme la Bitumineuse (Stout américain) et la Blanche d'Haberville (Hefeweizen), ou encore ses éphémères, telles que la Dieu Soleil (NEIPA) et la Razor (Göse à la camerise et basilic). C'est aussi une boutique à Saint-Jean-Port-Joli ainsi qu'une brasserie-boutique et une buvette à La Pocatière. Pour les petits creux, le Bistro OK a pignon sur rue sous le pub et on y retrouve quelques bières du Ras L'Bock en permanence.

KAMOURASKA ★★★

« *Là où il y a jonc au bord de l'eau* » : c'est ainsi que les Amérindiens désignaient cet endroit béni des dieux. C'est un des plus anciens villages de la côte sud et par conséquent un des plus pittoresques. Ici commence la mer : l'eau douce est maintenant salée. Arthur Buies, célèbre journaliste québécois, disait : « Aller à l'eau salée veut dire aller à Kamouraska ». À marée basse, vous pouvez traverser à pied vers les îles. Gourmandise et métiers d'art sont aussi au programme : poissonneries, chocolaterie, boulangerie, épiceries fines, fermes, savonnerie, galeries d'art et boutiques de métiers d'art, etc. Prévoyez quelques heures !

ZODIAC AVENTURE KAMOURASKA

Embarquement au quai municipal
✆ +1 418 863 3132
zodiacaventure.com
De mi-mai à mi-octobre. Deux départs par jour à marée haute, sur demande pour Charlevoix. Adulte : 60-140 CAN $.

À bord d'un Zodiac 10 passagers (bateau pneumatique), partez à la découverte des îles de Kamouraska (durée : 1 heure 30) ou encore de la côte charlevoisienne avec escales à Port-au-Persil et Cap-à-l'Aigle (durée : environ 8 heures). En plus des paysages à couper le souffle, vous aurez sûrement la chance d'apercevoir des mammifères marins et des colonies d'oiseaux à foison. Prévoyez toutefois des vêtements chauds car la température au large est vivifiante !

CÔTÉ EST €€

76, avenue Morel
✆ +1 418 308 0739
www.cote-est.ca
Différentes formules (marché gourmand, buvette, cantina, aventures culinaires). Terrasse et cour avec vue sur le fleuve.

Dans un lieu chargé d'histoire, embrassant du regard le fleuve et les îles, le chef Kim Côté et sa complice Perle Morency vous invitent à un voyage gourmand au cœur des saveurs régionales. L'Est du Québec se taille une place de choix dans l'assiette où se côtoient, notamment, des produits marins du Saint-Laurent, des viandes locales, des fromages québécois, du pain artisanal, des légumes du jardin, des petits fruits nordiques et des épices boréales. Des vins nature et des bières artisanales figurent entre autres à l'ardoise pour des accords bien réussis.

BOULANGERIE NIEMAND

82, avenue Morel
✆ +1 418 492 1236
boulangerieniemand.com
Ouvert de fin mai à mi-octobre (horaires variables).

Cette merveilleuse boulangerie se spécialise dans la confection de pains au levain et de viennoiseries, composés de grains de culture locale et de farine intégrale moulue sur place, le tout toujours frais du jour cuit sur la sole. Leurs différentes expérimentations mariant les saveurs locales à la tradition européenne ont donné naissance à des produits originaux. Question de vous gâter, une sélection de biscuits sablés pur beurre, de *strietzeln* aux fruits de saison, de *bretzeln*, de fougasses et autres produits maison n'attendent que vous.

SAINT-GERMAIN

Petit village côtier typique avec ses battures longeant le littoral de la plage, il est blotti dans la magnifique région du Kamouraska. Il vous charmera avec ses paysages s'ouvrant sur le fleuve et son côté champêtre et serein. Son attrait le plus visité est sans nul doute le Cirque de la Pointe-Sèche et son spectacle estival dans un amphithéâtre en plein air flanqué d'une paroi rocheuse de près de 20 mètres de haut. Pour prolonger le plaisir, Les Perchoirs du Cirque proposent une nuitée hors de l'ordinaire, s'inspirant des prouesses acrobatiques des artistes du cirque. Mentionnons également les superbes maisons de vacances Les Villas Kamouraska.

ÎLES DU BAS-SAINT-LAURENT ★★

Elles s'étendent de Montmagny à Rimouski. Au large de Rivière-du-Loup, on retrouve notamment l'archipel des Pèlerins. Il tire son nom du mirage provoqué par la rencontre des masses d'air chaud et froid qui, déformant le profil de ces quatre îles, les fait ressembler à des pèlerins coiffés d'une cagoule. Les 7,5 km de longueur sont colonisés par de petits pingouins, mais l'espace est disputé par d'autres oiseaux : grands hérons, guillemots à miroir... On ne peut pas débarquer sur les Pèlerins. Toutefois, d'autres îles sont accessibles juste au nord, notamment l'île aux Lièvres et l'île du Pot à l'Eau-de-Vie grâce aux excursions de la Société Duvetnor.

RIVIERE-DU-LOUP ★★

La ville est bâtie au flanc des monts Notre-Dame, face au massif laurentien. Ses trois collines abritent les paroisses de Saint-Ludger et Saint-François-Xavier. Saint-Patrice est une station balnéaire qui a reçu des gens aussi illustres que les Premiers ministres Louis Saint-Laurent et John A. Macdonald, dont on peut admirer les résidences. La région n'a vraiment connu son essor qu'au XIXe siècle avec l'expansion du chemin de fer puis a connu son heure de gloire quand le Transcanadien s'y arrêtait. Aujourd'hui elle vit au rythme du trafic fluvial sur le Saint-Laurent. Un traversier permet d'ailleurs de rallier Saint-Siméon, sur la rive nord.

SOCIÉTÉ DUVETNOR ★★

Marina de Rivière-du-Loup
✆ +1 418 867 1660
duvetnor.com

En opération de juin à fin septembre. Tarifs variables selon l'activité ou le forfait. Réservation obligatoire.

La Société Duvetnor est une corporation privée sans but lucratif vouée à la conservation des milieux naturels dans le Bas-Saint-Laurent. Elle offre un ensemble de services dans les îles et les sanctuaires d'oiseaux suivants : l'archipel des îles du Pot à l'Eau-de-Vie et l'île aux Lièvres. Ses activités : différentes excursions en mer, randonnée pédestre, nuitée en camping sauvage, auberge ou chalet à l'île aux Lièvres, ou au phare de l'île du Pot à l'Eau-de-Vie. À faire également : l'excursion en mer à destination de la côte charlevoisienne.

AUBERGE DE LA POINTE €€

10, boulevard Cartier ✆ +1 418 862 3514
www.aubergedelapointe.com

Occupation double : à partir de 153 CAN $, petit déjeuner, accès au pavillon récréatif et prêt de vélo inclus.

Blottie à flanc de colline surplombant le Saint-Laurent, l'Auberge de la Pointe offre un panorama à couper le souffle sur le fleuve et les montagnes de Charlevoix. Elle offre plus d'une centaine de chambres tout confort réparties dans sept pavillons, dont plusieurs munies d'un balcon privé pour profiter du superbe paysage. Envie d'un petit chez-soi ? La suite-chalet entièrement équipée est un must ! Mention à la grande terrasse panoramique avec divans et foyers, ainsi qu'à son café-bar avec terrasse. À noter que l'endroit est ouvert de mai à mi-octobre.

LE BIC ★★★

C'est le plus grandiose panorama du Bas-du-Fleuve. Une légende raconte qu'à la Création, l'ange chargé de distribuer les îles et les montagnes a vidé à cet endroit le reste de son sac. En sont sorties des îles d'une grande beauté. Bic est probablement un diminutif de bicoque, ou bien encore une erreur de typographie : on aurait dû lire Pic. Il y a aujourd'hui un village, hôte d'auberges des plus charmantes et d'adresses gourmandes, et un parc, le parc national du Bic qui jouit d'une grande popularité. En août s'y tient un festival de musique de chambre ainsi que dans des chapelles et églises des environs. Un beau concept alliant musique et nature !

PARC NATIONAL DU BIC ★★

3382, route 132 Ouest ✆ +1 800 665 6527
www.sepaq.com/pq/bic
Ouvert toute l'année. Accès quotidien : 9,25 CAN $, gratuit pour les 17 ans et moins.

Situé dans l'estuaire maritime du Saint-Laurent, le parc national du Bic (33,2 km²) se compose de caps, baies, anses, îles et montagnes. Le pic Champlain (baptisé par Champlain en 1603) est la plus haute montagne de ce parc qui comporte également le cap Enragé, l'île du Massacre, l'île Brûlée, l'île Ronde, la baie des Roses, la pointe aux Anglais, l'île Bicquette, l'anse à Mouille-Cul et l'anse des Pilotes. L'environnement est calme et paisible. Vous y apprécierez les bruits et les odeurs de la mer ainsi que le vent marin et les magnifiques couchers de soleil. Vous pourrez y voir s'ébattre des phoques gris et des phoques communs et observer les milliers d'oiseaux marins, dont l'eider à duvet, venant nicher. La mer, la forêt et la prairie rendent ce havre de nature exceptionnel.

Il y a trois postes d'accueil, tous accessibles par la route 132 : Rivière-du-Sud-Ouest (entrée principale et la seule ouverte en hiver), Cap-à-l'Orignal et Ferme Rioux. Consultez le site web pour les horaires selon la saison.

- **Hébergement :** camping aménagé et rustique (camping d'hiver disponible), Espace VR, chalet, chalets EXP, chalets Écho, yourtes, tentes prêt-à-camper, prêt-à-camper Étoile.
- **Location d'équipement :** vélo (adulte et enfant), fatbike, raquettes, crampons, trottinette des neiges.
- **Activités :** kayak de mer, vélo/fatbike, randonnée, observation de la faune, géochache, trottinette des neiges, ski nordique, ski de fond, balade en raquette, randonnée pédestre sur neige, glissade. Activités de découverte en toute saison.

CHEZ SAINT-PIERRE €€

129, rue du Mont Saint Louis
✆ +1 418 736 5051
chezstpierre.ca
Ouvert de juin à mi-septembre (fermé le dimanche).

Après une escapade dans le magnifique et verdoyant parc national du Bic, régalez-vous à la cantine côtière Chez Saint-Pierre. Colombe Saint-Pierre, chef réputée, est une autodidacte passionnée et amoureuse de la vie, et donc de la cuisine. Elle désire que les gens prennent conscience des richesses que leur offre leur propre patrimoine alimentaire et elle reflète sa personnalité à travers ses créations. Ici les moindres ressources du terroir sont utilisées. Bonus : un bar à vin et un bar à huîtres également sur place dès 16h.

RIMOUSKI ★★

Rimouski, qui signifie « cabane à chien » ou « terre à l'orignal » dans la langue des Autochtones, est la métropole du Bas-Saint-Laurent, sa capitale administrative et culturelle. Le 6 mai 1950, Rimouski a vécu la plus grande tragédie de son histoire alors qu'un terrible incendie a ravagé le tiers des bâtiments de la ville et les ponts de la rivière Rimouski. Étonnamment, le feu n'a fait ni victime ni blessé grave. De nos jours, Rimouski est une ville vivante et les rues de la Cathédrale et Saint-Germain en sont le cœur. Une belle promenade longe également le fleuve. Le bus et le train desservent la ville et des traversiers mènent vers la Côte-Nord.

VIEUX LOUP DE MER | CHALETS HÔTELIERS €€

3250, route 132 Ouest ✆ +1 418 750 5915
www.vieuxloupdemer.com
Tarifs variables selon la saison et le nombre de personnes. Certains chalets ne sont disponibles que de mai à octobre.

Arborant un charme indéniable et décorés d'objets et de meubles anciens, une quinzaine de chalets sont à disposition, tant sur la grève qu'en haut d'une falaise. Tout est là, même le wifi, sans oublier l'accès à la grève et la vue panoramique sur le Saint-Laurent et les îles du parc national du Bic. Bonus : un service Garde-Manger qui propose les délices des restaurateurs et producteurs du coin pour un apéro ou un repas en chalet. Vous ne voudrez plus quitter les lieux !

EXCURSION À L'ÎLE SAINT-BARNABÉ

1, rue de la Marina ✆ +1 418 723 2280
www.ilestbarnabe.com
En opération de mi-juin à début septembre. Adulte : 23-27 CAN $. Camping : 30 CAN $ par tente.

L'excursion à l'île Saint-Barnabé vous permettra d'apercevoir Rimouski sous un autre angle (départ toutes les 30 minutes de 9h à 14h30 et retour toutes les 30 minutes jusqu'à 18h15). Rencontre avec les hérons et les phoques. Sur l'île : sentiers de randonnée pédestre, programme d'interprétation (panneaux, pavillon), aires de pique-nique et quelques emplacements de camping rustique. Idéale pour une sortie en famille ou pour déconnecter en passant une nuit sur place.

TERFA ★

1280, chemin Duchénier
SAINT-NARCISSE-DE-RIMOUSKI
✆ +1 418 735 6063 - www.terfa.ca
Voir site web pour les horaires, tarifs et services du canyon et de la réserve, ainsi que les coordonnées de la réserve.

Terfa regroupe la réserve faunique Duchénier ainsi que le Canyon des Portes de l'Enfer. Ce dernier s'étire sur près de 5 km entre des parois encaissées, mesurant jusqu'à 90 m de hauteur, creusées par la rivière Rimouski et dominées par une passerelle impressionnante, la plus haute au Québec. Plusieurs activités sur place, dont des parcours interactifs et un méga labyrinthe de bois grandeur nature. Du côté de la réserve, chasse et pêche sont les maîtres des lieux et promettent de belles prises. Camping sauvage et hébergement en chalet sur place.

LE BIEN, LE MALT

141, avenue Belzile
✆ +1 418 723 1339
www.lebienlemalt.com
Ouvert tous les jours (horaires variables selon la saison). Terrasse.

Les bières y sont brassées à petit volume et sont inspirées des Ales anglaises et américaines ainsi que des Saisons belges (certaines sont disponibles en bouteille pour emporter). De nouvelles bières sont régulièrement créées au fil des saisons et selon la disponibilité des produits, notamment les fruits et les produits de cueillettes forestières. La brasserie propose aussi des saucissons, de rillettes de poisson fumé ou encore des sandwichs grillés. Une carte d'alcools et spiritueux, dont plusieurs québécois, est également proposée.

POINTE-AU-PERE ★★

Ce district de Rimouski fut un des centres d'aide à la navigation les plus importants du pays. Une station de pilotage fut opérationnelle pendant un siècle, soit de 1859 à 1959, ainsi qu'un bureau de la quarantaine et un télégraphe Marconi. Quatre phares y furent construits de manière successive et le dernier, 2e plus haut au pays, est dorénavant un lieu historique national. Le site historique maritime, son exposition sur le naufrage du *Empress of Ireland* et son sous-marin *Onondaga*, qui participa à des missions de l'OTAN, sont des attractions majeures. Pour conclure la journée, on va se régaler de poissons et fruits de mer frais au Restaurant du Phare.

SITE HISTORIQUE MARITIME DE LA POINTE-AU-PÈRE ★★

1000, rue du Phare
✆ +1 418 724 6214
www.shmp.qc.ca
Début juin à mi-octobre : lundi-dimanche, 9h-17h (fermeture à 16h en fin de saison). Adulte : 4,25 à 26 CAN $.

Depuis 2009, le sous-marin *Onondaga*, ancienne propriété de la marine canadienne, est amarré ici. Venez découvrir le quotidien d'une soixantaine d'hommes qui vivaient confinés pendant des mois dans ce sous-marin. Visite audioguidée, possibilité d'une expérience nocturne sur place (expérience Nuit à bord incluant des activités). À noter qu'il y a un nouveau parcours extérieur autour du sous-marin, *Les super pouvoirs de l'Onondaga*, lequel est composé de bornes vidéo informatives. Juste à côté, le musée propose une exposition permanente sur le bateau *Empress of Ireland*, qui, suite à une collision avec un charbonnier, a fait naufrage près des côtes. Le drame s'est déroulé dans la nuit du 29 mai 1914 et plus de 1 000 voyageurs y ont trouvé la mort. Ce fut l'une des plus grandes tragédies maritimes en temps de paix. L'exposition propose quatre grandes zones immersives (l'épave, la mémoire des passagers, le naufrage, le navire) où se trouvent plus de 200 objets, photos, vidéos et témoignages des survivants et de leurs descendants, ainsi que des modules interactifs. Le tout est appuyé par une projection multi sensorielle sur le dernier voyage du navire (visionnement en ligne seulement, durée de 20 minutes). N'oublions pas enfin que nous sommes aussi sur le site du Lieu historique national du Phare-de-Pointe-au-Père, deuxième plus haut phare au Canada. Également sur place : une boutique de souvenirs, une crèmerie et une aire de jeux pour enfants.

DISTILLERIE DU ST. LAURENT

135, avenue Père Nouvel
✆ +1 418 800 4694
www.distilleriedustlaurent.com
Horaires variables. Boutique, café-bar, deux terrasses dont une couverte, espace bouffe de rue en mode biergarten.

Les distilleries artisanales se multiplient au Québec. Installée dans ses nouveaux locaux au bord du fleuve, celle-ci se démarque avec son Gin St. Laurent, lequel est infusé aux algues laminaires récoltées à la main dans la région (l'équipe fait d'ailleurs une version vieillie un an dans d'anciens barils de whisky). Elle produit également un gin aux agrumes, un whisky avec du grain local et de l'acerum, un spiritueux issu de la distillation du sirop d'érable. Avis aux amateurs !

GRAND-METIS ★★

Métis est une forme récente de l'orthographe Mitis, mot micmac dont la signification reste obscure. Certains disent qu'il vient du terme micmac *Miti Sipo*, qui signifie « rivière du peuplier », d'autres suggèrent que mitis serait une déformation du mot *métioui* ou *mitiwee* employé par les Micmacs et les Malécites pour désigner un lieu de réunion. En 1886, Lord Mount Stephen achetait au seigneur de Grand-Métis des terres situées au confluent de la rivière Mitis et du Saint-Laurent pour y pratiquer la pêche. Sa nièce, Elsie Meighen Reford, hérite du domaine en 1918 et le transforme en jardins de 1926 à 1954. Ainsi sont nés les Jardins de Métis.

JARDINS DE MÉTIS ★★

200, route 132 Est
✆ +1 418 775 2222
jardinsdemetis.com
Juin à octobre : tous les jours de 8h30 à 18h (jusqu'à 20h en juillet et août). Adulte : 22 CAN $.

Ces jardins à l'anglaise, d'une superficie de 17 hectares, bénéficient d'un microclimat exceptionnel. Ils comprennent plus de 3 000 espèces de fleurs et de plantes ornementales, parmi lesquelles certaines sont très rares. L'ensemble est composé de nombreux jardins distincts où poussent plantes annuelles et plantes vivaces. Depuis 2000, le Festival international de jardins est organisé chaque année où des œuvres avant-gardistes, venues du monde entier, sont présentées de fin juin à début octobre. Pour « goûter les jardins », faites une halte à la boutique après votre visite. Vous y trouverez une gamme de spécialités aux saveurs florales, préparées par le chef Frédérick Boucher et son équipe, et composées à partir de végétaux présents dans leur collection horticole, sans oublier les objets cadeaux (boutique en ligne également). Mieux encore, prenez un repas directement sur place à l'un des trois restaurants du domaine : au Café Jardins (menu sur le pouce en terrasse extérieure), au restaurant de la villa Estevan (menu de saison servi dans une maison classée au patrimoine historique) ou au restaurant Le Bufton (bistro buvette avec un menu inspiré de leur potager et des saveurs du terroir). Un petit potager est également ouvert au public et les Jardins de Métis proposent en prime une belle programmation d'événements spéciaux tels que des conférences, des concerts, des ateliers, des thés littéraires, des pique-niques musicaux ou encore des expositions (permanentes, temporaires, vernissages).

SAINTE-ANNE-DES-MONTS ★★★

Terre d'aventure où mer et montagnes se rencontrent, nichée au creux d'une anse, la ville est un véritable terrain de jeu pour les amateurs de grands espaces. Des sentiers longent le fleuve et constituent une belle balade à toute heure de la journée, surtout au coucher du soleil qui teint alors en rouge et orangé le ciel et le fleuve. De belles auberges sont également situées sur les rives du Saint-Laurent, question de pouvoir apprécier ce magnifique paysage. Sainte-Anne-des-Monts est également reconnue comme la porte d'entrée du parc national de la Gaspésie et son fameux Gîte du Mont-Albert, auxquels on accède en prenant la route 299 Sud.

EXPLORAMER ★★

1, rue du Quai
✆ +1 418 763 2500
www.exploramer.qc.ca
Juin à octobre : tous les jours de 9h à 17h. Musée et parc aquarium : adulte 18,90 CAN $. Autres activités et forfaits.

Par le biais d'expositions et d'aquariums avec collections vivantes, Exploramer invite à la découverte de l'écosystème et de la biodiversité du Saint-Laurent. On peut monter à bord du C-E Marin Exploramer pour une initiation à la pêche durable ou opter pour la cueillette de poissons à marée basse. Pour toucher à tout, le forfait « Une journée dans la mer » inclut la visite du parc aquarium, du musée, des bassins tactiles, une excursion en mer et l'activité de cueillette de poissons. Vous découvrirez à quel point la vie dans le fleuve est riche et diversifiée.

SEA SHACK €

292, boulevard Perron Est
✆ +1 418 763 2999
www.aubergefestive.com
Tarifs variables selon l'hébergement choisi (camping, vanlife, chalet, maison...). Nombreux services et activités.

En bordure de mer, ce petit coin de paradis offre une expérience dont vous vous souviendrez longtemps. Non seulement c'est l'endroit idéal pour les activités de plein air, mais c'est aussi un haut lieu festif avec les soirées réputées du Tiki Bar. Relaxez-vous sur la plage, laissez-vous bercer dans un des nombreux hamacs, ou savourez une bonne pinte de bière gaspésienne au bar de l'auberge. Services : cuisine équipée, cantine, grande terrasse avec BBQ, bar avec salle de spectacles sur la plage (ouvert au grand public), excursions, boutique La Legria, etc.

PARC NATIONAL DE LA GASPÉSIE ★★★

1981, route 299 ✆ +1 800 665 6527
www.sepaq.com/pq/gas
Ouvert toute l'année. Accès quotidien : 9,25 CAN $, gratuit pour les 17 ans et moins.

Situé en plein cœur de la péninsule gaspésienne, le parc national de la Gaspésie (802,2 km²) est une véritable mer de montagnes qui offre un panorama grandiose. Véritable chouchou des Québécois et des touristes, il compte 25 sommets de plus de 1 000 mètres dont les monts Albert (1 154 mètres) et Jacques-Cartier (1 268 mètres) - les monts Chic-Chocs et McGerrigle traversent d'ailleurs le parc et sont fort appréciés des amateurs de plein air. Ces sommets, parmi les plus hauts de l'est du pays, sont célèbres pour leur végétation subarctique identique à celle du Grand Nord québécois. On retrouve, sur le même territoire, une diversité d'espèces vivantes unique au Québec dont l'orignal, le cerf de Virginie et le caribou de la Gaspésie (seul endroit pour voir des caribous dans le sud de la province). Plusieurs types d'hébergement sont proposés dans le parc mais nous ne pourrions passer sous silence l'excellent service de l'auberge le Gîte du Mont-Albert, nichée au cœur du parc et emblème de ce dernier.

Pour se rendre depuis Sainte-Anne-des-Monts, prendre la route 299 Sud sur 40 km (entrée nord) ; depuis New Richmond, prendre la route 299 Nord sur 92 km (entrée sud). Il y a plusieurs postes d'accueil : le centre de découverte et de services dans le secteur du Mont-Albert, à l'entrée nord, ainsi que deux postes pour le camping (accueil Lac-Cascapédia et accueil Mont-Jacques-Cartier).

- **Centre de découverte et des services** (mi-mai à mi-octobre et mi-décembre à mi-avril) : exposition permanente sur la géologie du parc, sa végétation subarctique et sa faune particulière. S'y tiennent des conférences et des projections de films. Boutique de location et de vente de matériel de camping et de plein air. Renseignez-vous ici pour préparer votre excursion.
- **Hébergement** : Gîte du Mont-Albert, chalets, refuges, tentes prêt-à-camper, prêt-à-camper Étoile, camping aménagé, camping d'hiver au camping Mont-Albert.
- **Location d'équipement** : embarcations nautiques, bottes de randonnée, sac à dos, accessoires pour le camping (hiver), raquettes de montagne, Ski Hok, skis nordiques, équipement complet de ski nordique, etc.
- **Activités** : randonnée de courte ou longue durée (guidée ou non), activités nautiques, pêche à la journée ou avec hébergement, pêche au saumon, observation de la faune, raquette, ski de fond, ski nordique, zone hors piste (télémark, ski de haute-route, snowboard et raquette). De nombreuses entreprises offrent d'autres activités en sus.

AUBERGE DE MONTAGNE DES CHIC-CHOCS €€€

90, boulevard Sainte-Anne Ouest
✆ +1 800 665 3091
www.sepaq.com/ct/amc
Ouvert en saisons estivale et hivernale. Se présenter au bureau d'accueil pour le transport jusqu'à l'auberge.

Perchée à 615 mètres d'altitude dans la réserve faunique de Matane, une auberge de montagne qui vous offre une expérience authentique au cœur d'une nature immense et presque intacte. Cette petite auberge chaleureuse, où rien n'est négligé par le chef aubergiste et son équipe, vous laisse libre d'explorer cet environnement montagnard lors d'une randonnée, d'une balade en vélo de montagne à assistance électrique, d'une sortie en ski hors-piste ou d'une activité plus contemplative.

L'ANSE-À-VALLEAU ★

Il est utile de mentionner qu'ici débute la ville de Gaspé. Regroupant 17 villages sur 135 km de côte, elle couvre une superficie de 1 447 km². Certains villages sont même inclus dans le territoire du parc national de Forillon. L'Anse-à-Valleau est donc la porte d'entrée et son nom serait inspiré d'un mouvement quotidien et naturel qui se déroule dans le coin : les marées. Le Site historique de Pointe-à-la-Renommée est LE point d'intérêt de l'endroit. Son phare d'un rouge éclatant et ses bâtiments de bois à l'architecture bien maritime attirent les visiteurs de partout, et c'est ici que fut installée la première station radiomaritime du continent.

POINTE-À-LA-RENOMMÉE ★★

884, boulevard de l'Anse-à-Valleau
✆ +1 418 269 3310
www.pointe-a-la-renommee.ca
Début juin à fin septembre : tous les jours de 9h à 17h. Adulte : 3 à 13 CAN $.

Centre stratégique de communication lors des deux guerres mondiales, Marconi y a installé la première station radiomaritime en Amérique du Nord en 1904. Le phare, que l'on visite, a parcouru des centaines de kilomètres : inauguré à L'Anse-à-Valleau, il a séjourné vingt ans à Québec avant de retrouver son site initial en 1997. En plus des expositions, ce site historique d'importance comprend un spectacle de projections en soirée (à voir absolument), une boutique d'artisanat ainsi que plusieurs sentiers pour la randonnée pédestre.

L'ANSE-AU-GRIFFON ★★

Plusieurs légendes locales entourent le nom de cette municipalité. Certains disent que ce serait le nom du bateau qui longea les côtes au XVIIIe siècle alors que pour d'autres, le nom ferait allusion à la couleur des fonds marins (l'Anse « aux gris-fonds »). La plus populaire raconte que le Diable serait apparu, répondant à l'appel de naufragés en détresse. Il aurait laissé la marque de ses griffes sur le flanc de la petite embarcation où ils s'étaient réfugiés. Au-delà de ses légendes,on y vient pour son centre culturel présentant spectacles et événements artistiques, et son manoir datant de 1850 ayant appartenu à un riche marchand de morue.

AUBERGE GRIFFON AVENTURE €

829, boulevard du Griffon
✆ +1 418 360 6614
www.aubergegaspe.com

Tarifs variables selon l'hébergement choisi. Nombreux services sur place. Hébergement autonome en mini-maison l'hiver.

L'Auberge Griffon Aventure propose des activités comme le canyoning ou la croisière en mer, par exemple. Détendez-vous sur la terrasse qui offre une vue exceptionnelle sur la mer, ou suivez un long escalier à flanc de falaise pour accéder à la plage. Les soirées autour du feu, avec une savoureuse bière de son bar, ne sont pas rares ! Pour l'hébergement : chalets (dont un dans un bateau), dortoirs mixtes et chambres privées, tentes prospecteur et sites de camping rustique situés dans la partie boisée. À savoir qu'ils tiennent un bistro à Cap-des-Rosiers.

GRANDE-GRAVE ★★

Site patrimonial d'importance protégé depuis la création du parc Forillon en 1970, il revêt un caractère historique dans les domaines de la pêche, de l'agriculture et de l'industrie du bois. Dès 1608, Grande-Grave est un poste de pêche saisonnier stratégique pour la Nouvelle-France. En 1792, la compagnie Janvrin, de Jersey en Angleterre, s'installe à Grande-Grave, qui deviendra un site majeur du commerce de la morue. Puis en 1845, William Hyman rachète la compagnie de pêche du Normand Francis Ahier et fait de Grande-Grave son principal établissement de pêche. Le Magasin général de la compagnie (1918) est devenu un lieu historique qui se visite l'été.

CROISIÈRES BAIE DE GASPÉ

2448, boulevard de Grande-Grève
✆ +1 418 892 5500
www.baleines-forillon.com

En opération de juin à mi-octobre. 1 à 4 croisières par jour selon la période. Adulte : 90 CAN $.

À bord du *Narval III* (47 passagers) ou d'un zodiac (12 passagers), partez à la rencontre des baleines. Un guide-interprète vous expliquera tout ce qu'il y a à savoir sur ces mammifères marins. Jusqu'à sept espèces différentes peuvent être observées dans la baie de Gaspé et le golfe du Saint-Laurent, dont la baleine bleue, le plus grand animal ayant jamais existé. Ici encore, ne pas oublier d'acquitter les droits d'entrée au parc national Forillon en sus. À savoir que des établissements hôteliers du coin proposent à leurs hôtes des réductions sur la croisière.

GASPÉ ★★★

C'est ici qu'en juillet 1534 Jacques Cartier plante sa croix, prenant symboliquement possession du Canada au nom du roi de France. Gaspé viendrait du mot *gespeg* qui signifie, en langue micmac, « fin des terres, bout, extrémité ». Le centre-ville constitue un bon point de chute pour la visite des attraits des environs et la pratique d'activités nautiques. La région est aussi connue pour sa pêche au saumon qui abonde dans les rivières York, Dartmouth et Saint-Jean. Depuis quelques années, le port d'escale accueille les navires de croisière internationale ainsi que CTMA sur son trajet entre Montréal et les Îles de la Madeleine (temporairement suspendu).

MUSÉE DE LA GASPÉSIE ★

80, boulevard de Gaspé
✆ +1 418 368 1534
museedelagaspesie.ca

Ouvert tous les jours (horaires variables selon la saison). Adulte : 20 CAN $. Boutique sur place.

Institution muséale régionale, le Musée de la Gaspésie est l'endroit par excellence où (re) découvrir l'histoire de cette fabuleuse péninsule. Les expositions permanentes « *À la confluence des mondes* », « *Le grand large* » et « *La Gaspésienne n° 20* » (un authentique bateau de pêche à la morue qui se visite) ainsi que les nombreuses expositions temporaires reposent sur l'histoire, l'art, le patrimoine et la culture des Gaspésiens. Le Musée abrite aussi le Centre d'archives de la Gaspésie et une boutique qui vend des produits issus des métiers d'art régionaux.

PARC NATIONAL FORILLON ★★★★

1501, boulevard Forillon ✆ +1 418 368 5505
www.pc.gc.ca/forillon
Ouvert toute l'année. Adulte : 6,25 à 8,50 CAN $ selon la période, 17 ans et moins : gratuit.

Situé tout au bout de la péninsule gaspésienne, il constitue le principal attrait de Gaspé. On y entre à Saint-Majorique et on ressort à Rivière-au-Renard (ou l'inverse). Pour explorer tout le parc, nous conseillons de consacrer d'abord une journée en voiture pour découvrir les villages et les principaux attraits du secteur, puis une journée ou plus pour profiter à pied de la zone de conservation du parc. Pour les activités hivernales, il faut prendre contact avec le parc, certains services n'étant pas offerts.

Le mot *forillon* signifie petit phare. Ce parc national a été conçu sous le thème de l'harmonie entre l'homme, la terre et la mer en 1970. Outre la configuration de son paysage constitué de falaises abruptes, de plages de galets et de grottes, il offre le très grand attrait de sa faune et de sa flore. Le lynx, le castor, l'orignal, le renard roux et l'ours y vivent en harmonie avec la nature. Les différentes forêts (mixtes, de conifères ou de feuillus), les marais d'eau douce, les prairies et la végétation des dunes vous enchanteront. On y observe d'importantes colonies d'oiseaux de mer ainsi que différentes espèces de phoques et de baleines dont le rorqual à bosse, le petit rorqual et le dauphin à flanc blanc.

Le parc comprend deux centres d'accueil aux entrées des secteurs Nord et Sud, ouverts de fin mai à mi-octobre. Les services et les activités sont toutefois principalement offerts de juin à début septembre, jusqu'à mi-octobre pour certains. Le parc demeure accessible l'hiver pour le ski de fond (trois sentiers), le fatbike et la raquette (réservation par téléphone auprès du Centre culturel Le Griffon). Quatre bâtiments sont ouverts en hiver : le chalet au point de départ de La Vallée et Le Portage, le chalet Répi-Nord et les bâtiments de service à Grande-Grave et Penouille.

- **Hébergement :** 3 terrains de camping semi-aménagés, pour environ 350 emplacements au total (réservations : +1 877 737 8783 – reservation.pc.gc.ca). Le camping Cap-Bon-Ami sur les falaises offre une vue imprenable. Autres hébergements : prêt-à-camper (tentes oTENTik, petits chalets MicrOcube et hébergements insolites en forme de goutte d'eau Oasis), camping sauvage (aucun frais, mais inscription obligatoire au centre d'accueil ou au poste de perception).
- **Activités :** randonnée, vélo, croisières de découverte et d'observation des baleines, centre récréatif avec piscine et pataugeoire, kayak de mer, kitesurf, baignade, pêche en eau salée ou sur le quai, plongée sous-marine et en apnée, visites de sites patrimoniaux, ski de fond, raquette, fatbike.

SITE D'INTERPRÉTATION MICMAC DE GESPEG ★★

783, boulevard Pointe-Navarre
✆ +1 418 368 7449
www.micmacgespeg.ca
De mi-juin à mi-octobre, tous les jours de 9h à 17h. Adulte : 12 CAN $. Réservation obligatoire.

Venez vivre l'expérience Mi'gmaq à Gaspé ! Situé sur un promontoire de la rive nord de la baie de Gaspé, adossé à la montagne et à deux pas de la forêt, le Site d'interprétation Micmac de Gespeg vous fera découvrir cette nation d'hier à aujourd'hui, son occupation du territoire gaspésien, son histoire et sa culture. Explorez l'univers Mi'gmaq grâce au centre d'interprétation et sa boutique d'artisanat autochtone, ainsi qu'à la fidèle reconstitution d'un village traditionnel et son campement d'été tel que retrouvés au XVIIe siècle. Beau temps, mauvais temps, vivez une expérience unique en terre Mi'gmaq en présence de guides-interprètes et d'artisans membres de la nation. Vous pourrez apprécier leur savoir-faire ancestral de même que leur apport à la collectivité gaspésienne. Les visites guidées du site d'interprétation sont offertes en français et en anglais sur réservation et durent au maximum deux heures (vous trouverez les horaires et tarifs sur le site web). À noter que le site est toujours fermé entre 12h et 13h. Pour les réservations de groupe, veuillez les contacter directement afin d'organiser votre visite sur place. Un site Mi'gmaq authentique à découvrir par le biais de sa visite guidée, de son exposition permanente thématique et de sa boutique proposant une gamme de produits d'artisanat authentique et de qualité (pour rapporter de beaux souvenirs), sans oublier sa délicieuse bannique (pain traditionnel autochtone). Coup de cœur assuré !

PERCÉ ★★★

Percé doit son nom à un spectaculaire rocher, percé sous l'effet de l'érosion marine, tout près de la côte. Ses dimensions dépassent l'imagination : il pèse environ 5 millions de tonnes et est là, les pieds dans l'eau, depuis 350 millions d'années. Son site exceptionnel ne cesse d'inspirer les artistes et d'attirer les touristes du monde entier. Jacques Cartier a débarqué à Percé en 1535, puis les pêcheurs européens se sont installés sur son littoral dès le XVe siècle. L'île Bonaventure, située au large mais bien visible, est un sanctuaire d'oiseaux migrateurs qui en accueille environ 250 000 dont près de la moitié forme la colonie de fous de Bassan.

GÉOPARC MONDIAL UNESCO DE PERCÉ ★★

180, route 132 Ouest
✆ +1 418 782 5112
www.geoparcdeperce.com
Ouvert toute l'année (horaires variables). Certaines activités ne sont pas offertes hors saison.

Implanté depuis 2016 dans la région, le Géoparc mondial UNESCO de Percé explore 500 millions d'années d'histoire de la Terre et propose de nombreuses activités liées à l'éducation et au plein air. Il est d'ailleurs le premier géoparc à obtenir cette reconnaissance au Québec. On y retrouve le pavillon expérientiel comprenant l'expérience multimédia immersive TEKTONIK. Celle-ci est articulée autour des grands phénomènes géologiques qui ont façonné les paysages de la localité : le rocher Percé, la mer, les montagnes, la grotte et la crevasse. La projection multimédia extérieure - La Légende de Gluskap - est à voir tous les soirs de l'été et présente l'histoire de la création du peuple Micmac. Plusieurs installations sont à explorer sur les 23 géosites identifiés, à découvrir de manière autonome ou sous forme de randonnées guidées (sous réservation). On ne pourrait passer sous silence la plateforme vitrée suspendue située au mont Sainte-Anne à 200 m du niveau de la mer, offrant une vue époustouflante sur le village de Percé, le golfe du Saint-Laurent, le rocher Percé et le parc national de l'Île-Bonaventure-et-du-Rocher-Percé. Ajoutez à cela des randonnées guidées, des matinées scientifiques, du géocaching et une tyrolienne double de 230 mètres. À noter que les sentiers et belvédères sont accessibles gratuitement en tout temps. Pour prolonger l'expérience, le terrain de camping Baie de Percé offre des sites avec ou sans services ainsi que dix tentes prêtes-à-camper 4 saisons.

CROISIÈRES JULIEN CLOUTIER

5, rue du Quai
✆ +1 418 782 2161
croisieres-julien-cloutier.com
Mai à octobre (dates sur le web). Croisières aux baleines : 80-85 CAN $. Rocher Percé et île Bonaventure : 45 CAN $.

Les Croisières Julien Cloutier proposent des croisières d'observation des baleines ainsi que des excursions autour du rocher Percé et de l'île Bonaventure (avec ou sans escale). Un service express vers l'île Bonaventure est également offert (tarif réduit). Nous vous conseillons le Zodiac de 25 places qui permet un contact plus vrai que nature lors de l'observation des baleines. Possibilité d'excursions spécialisées sur demande, pour les groupes seulement.

LA MAISON DU PÊCHEUR €€€

157, route 132 Ouest
✆ +1 418 782 5331
www.maisondupecheur.ca
Ouvert midi et soir, de juin à mi-octobre. Carte : 10-70 CAN $, TH : 40-60 CAN $. Terrasse.

Les propriétaires des lieux défendent bec et ongles les produits québécois. Les langues de morue au beurre d'oursins que l'on dégustera après la soupe de poissons du pêcheur, par exemple, sont une des spécialités de la maison, sans oublier le homard qu'il faut absolument goûter en saison. L'assiette Symphonie de la mer pour deux est généreuse et délicieuse. Outre les fruits de mer et les poissons qui font figure de proue, le restaurant apprête aussi bien les grillades, sans oublier les pizzas au feu de bois d'érable. Une adresse incontournable !

PUB PIT CARIBOU

182, route 132 Ouest
✆ +1 418 782 1443
pitcaribou.com
Ouvert tous les jours en été, horaires variables le reste du temps. Terrasse.

Installé dans les anciens locaux de la coop et entièrement de bois vêtu, le pub Pit Caribou ravit les papilles tant des visiteurs de passage dans la région que des gens du coin. Faisant office de salon de dégustation, les lieux offrent en plus des grignotines du terroir ou de la mer ainsi qu'une belle programmation. Pour les plus curieux, la microbrasserie où sont brassés leurs divins nectars n'est qu'à quelques minutes de voiture de là, à L'Anse-à-Beaufils. À surveiller : l'ouverture de l'Auberge Chez Pit (hébergement, boutique, restauration légère, terrasse).

PASPÉBIAC ★

Ses habitants sont d'origine basque, de là vient leur charmant accent. Le mot Paspébiac serait un dérivé du mot micmac *Ipsigiag* qui signifie « batture rompue ». Une partie de son bord de mer est aménagée avec des chaises longues, une aire de jeux pour les plus jeunes et une jolie promenade éclairée en soirée. Mention également à l'orgue Casavant de l'église Notre-Dame. Mais son attrait principal demeure le Site historique national de Paspébiac, lieu qui autrefois fit du village la capitale de la morue. En saison, l'endroit prend vie comme aux XVIIIe et XIXe siècles avec des guides en costume d'époque et des animations de métiers traditionnels.

PARC NATIONAL DE L'ÎLE-BONAVENTURE-ET-DU-ROCHER-PERCÉ ★★★★

4, rue du Quai ✆ +1 800 665 6527
www.sepaq.com/pq/bon
Ouvert de fin mai à mi-octobre. Adulte : 9,25 CAN $, gratuit pour les 17 ans et moins. Frais de traversée en sus.

Situé à l'extrémité de la péninsule gaspésienne, le parc national de l'Île-Bonaventure-et-du-Rocher-Percé (5,8 km²) se distingue par son riche patrimoine naturel et historique. Le paysage est sculpté par la mer. Les Appalaches se prolongent dans les eaux du golfe, laissant apparaître l'île Bonaventure d'un côté avec ses effluves champêtres et la gigantesque muraille qu'est le rocher Percé. Il s'agit d'un véritable kaléidoscope de couleurs, paysages et odeurs. Le parc comprend le secteur historique Charles-Robin, l'île Bonaventure, le rocher Percé ainsi qu'une bande marine autour de ceux-ci.

Le parc national de l'Île-Bonaventure-et-du-Rocher-Percé abrite un refuge d'oiseaux migrateurs créé pour protéger un site très important pour la nidification d'oiseaux de mer. Il accueille près de 185 000 oiseaux migrateurs, dont les petits pingouins, les mouettes trydactyles, les guillemots marmettes, les macareux moines et la colonie de fous de Bassan la plus accessible au monde. Le rocher Percé mesure 471 mètres de long et 85 mètres de haut. Il est constitué de calcaire formé au fond de l'océan il y a des millions d'années. Il était jadis rattaché au continent. Le rocher a déjà eu une 2e arche, mais celle-ci s'effondrée en 1845, laissant l'obélisque que l'on voit aujourd'hui.

Le parc est divisé en quatre secteurs :

- **Secteur historique Charles-Robin (rue du Quai à Percé) :** avant de vous aventurer sur l'île Bonaventure, prenez le temps de visiter le bâtiment Le Chafaud dans lequel est situé le centre de découverte du parc et son exposition sur la faune, la flore et l'histoire du parc. Salle d'exposition et documentaire sur les fous de Bassan.

- **Secteur Ile-Bonaventure :** l'île Bonaventure abrite la plus importante colonie de fous de Bassan en Amérique du Nord et la plus accessible au monde. Visitez le patrimoine bâti de l'île Bonaventure et découvrez l'histoire des pêches et des insulaires. Le Resto des Margaulx vous accueille à l'entrée de l'île, juste en face du quai. Sa soupe du pêcheur est reconnue comme étant une des meilleures de la région. Il est aussi possible d'y déguster une « torpille » au homard et au crabe, qui vous donnera de l'énergie pour une petite marche ! Il y a aussi le Relais des Fous qui offre une terrasse et un coin repas directement situés à la colonie de fous de Bassan.

- **Secteur Rocher-Percé :** cette cathédrale de pierre est soumise à une forte érosion qui rend ses falaises très instables. Le rocher perd plus de 300 tonnes de roches chaque année. Pour des raisons de sécurité, la marche au rocher Percé est déconseillée et excessivement dangereuse. Une croisière vous amène toutefois des deux côtés du rocher.

- **Bande marine autour du rocher Perçé et de l'île Bonaventure :** le parc national de l'Île-Bonaventure-et-du-Rocher-Percé comporte une bande marine de 100 mètres autour de l'île Bonaventure et la zone intertidale autour du rocher Percé.

Pour le tour de l'île et du rocher Percé en bateau, rendez-vous aux billetteries des bateaux-passeurs au centre du village. Les droits d'accès au parc vous permettent de faire le tour de l'île Bonaventure à pied, de visiter des bâtiments historiques et de visiter le centre de découverte. Ils sont consacrés à l'histoire, la géologie et la nature du rocher Percé et de l'île Bonaventure. De fin juin à fin août, des soirées découvertes ont lieu à la Saline à Percé, permettant d'approfondir les thèmes du parc.

© RENAUD MOY - SHUTTERSTOCK.COM

Île Bonaventure au large de Percé.

SITE HISTORIQUE NATIONAL DE PASPÉBIAC ★★

76, rue du Banc
✆ +1 418 752 6229
sitepaspebiac.ca
Ouvert tous les jours de 9h à 17h, de début juin à début octobre. Adulte : 15 CAN $. Restaurant sur place.

Les onze bâtiments du site appartenaient aux deux plus importantes compagnies jersiaises exportatrices de morue salée/séchée au monde : la Robin et la LeBoutillier Brothers. Ils firent de Paspébiac la capitale de la morue, après y avoir établi un des premiers postes de pêche sédentaire de Gaspésie. Des guides en costume restituent l'ambiance des XVIIIe et XIXe siècles, avec des animations de métiers traditionnels, comme la construction d'une barge, la fabrication de clous d'époque… Vous y visiterez également les différents bâtiments de ces deux compagnies : charpenterie, *cook-room*, tonnellerie, forge et autres dans le secteur Robin ; office, hangar et entrepôt (reconnu comme étant le plus gros bâtiment à structure de bois en Amérique du Nord) dans le secteur LeBoutillier Brothers. Sachez que plusieurs visites guidées sont offertes tous les jours. Profitez également de votre passage au site historique pour déguster un repas au restaurant L'Ancre. Ouvert tous les jours le midi ainsi que le soir le week-end, on y propose des spécialités de la mer, notamment la fricassée de barbue à la Paspéya, la soupe de poisson et fruits de mer, le club sandwich au homard et le filet de morue. Notez que le restaurant n'offre pas d'alcool, mais vous pouvez apporter votre vin (ou bière) sans problème. Avant de quitter les lieux, faites un saut du côté de la boutique de souvenirs qui vend des produits d'art, d'artisanat et du terroir régional. Une visite immanquable dans la région !

BONAVENTURE ★★

Bastion acadien, la ville a été fondée en 1760 suite à la déportation des Acadiens des villages du sud des provinces maritimes. Pas étonnant dès lors d'y retrouver le Musée acadien du Québec, un site relatant leur vie de façon émouvante. Compte tenu de la diversité et de la qualité des activités offertes à Bonaventure et dans ses environs, c'est un lieu idéal pour passer quelques jours. Parmi les expériences à vivre : explorer une grotte vieille d'un demi-million d'années, pagayer sur l'une des dix rivières les plus cristallines au monde, explorer les écosystèmes de la région dans un bioparc ou encore savourer les bières de la nouvelle microbrasserie.

BIOPARC DE LA GASPÉSIE ★★

123, rue des Vieux-Ponts
✆ +1 418 534 1997
bioparc.ca
Ouvert de juin à octobre et pour la relâche scolaire en mars. Adulte : 24,50 CAN $. Possibilité d'hébergement en chalet.

Cinq écosystèmes de la Gaspésie y sont présentés : le milieu marin, le barachois, la rivière, la forêt boréale et la toundra. Une quarantaine d'espèces animales indigènes sont présentées dans une ambiance évocatrice de leur milieu naturel. Un insectarium présentant plus de 1 000 spécimens naturalisés et une vingtaine d'espèces vivantes, ainsi qu'une petite ferme et le pavillon des amphibiens et reptiles du Québec. Informez-vous sur l'activité « Dormir avec les loups », une expérience unique ! Boutique, restaurant et aire de pique-nique sur place.

MUSÉE ACADIEN DU QUÉBEC ★

95, avenue Port-Royal ✆ +1 418 534 4000
museeacadien.com
Ouvert tous les jours en été, horaires variables le reste du temps. Adulte : 15 CAN $.

Ce musée d'histoire et d'ethnologie relate la vie fascinante et émouvante des Acadiens du Québec, ils sont environ un million. Une très intéressante exposition permanente, « Une Acadie québécoise », présente de façon originale l'histoire des Acadiens de la province au temps de leur déportation lors de la conquête anglaise, leur implantation et leur contribution à la société québécoise. Plusieurs autres expositions, un circuit d'interprétation extérieur, des boutiques d'art, de métiers d'art et d'artisanat, et une galerie d'art contemporain sur place.

CIME AVENTURES

200, chemin Athanase-Arsenault
✆ +1 418 534 2333
cimeaventures.com
Ouvert de début juin à mi ou fin septembre. Hébergement sur place. Voir site web pour tous les tarifs.

Cime Aventures, c'est un superbe centre de villégiature le long de la rivière Bonaventure, laquelle compte parmi les dix rivières les plus cristallines au monde, rien de moins. On y propose d'ailleurs la location d'embarcations nautiques pour profiter de cet environnement naturel unique au Québec. Plusieurs services sont offerts sur place : hébergement (camping, cabine prêt-à-camper, cabine pour 2 ou 4 personnes, cabine familiale, yourte), service de navette pour les canoteurs et kayakistes expérimentés, programmation de spectacles.

CARLETON-SUR-MER ★★

Jacques Cartier est le premier visiteur à s'être arrêté à Carleton le 9 juillet 1534 et s'est exclamé : « la baye de Chaleur ! ». Suite à la fameuse dispersion, les Acadiens vinrent s'établir à Carleton en 1766. Aujourd'hui la station balnéaire de Carleton-sur-Mer est surtout un point de passage, mais n'hésitez pas à y rester quelques jours car l'endroit regorge de bonnes adresses, notamment la microbrasserie Le Naufrageur. Ne ratez pas les soirées de contes « La Petite Grève » au pied du phare, présentées 4 soirs par semaine à 20h (relâche mardi à jeudi), de mi-juin à fin août. Apportez chaises de plage et vêtements chauds pour plus de confort.

PARC NATIONAL DE MIGUASHA ★★

231, route Miguasha Ouest - **NOUVELLE**
✆ +1 800 665 6527
www.sepaq.com/pq/mig
À 22 km de Carleton. Ouvert de fin mai à mi-octobre. Accès et visite : 20,77 CAN $, gratuit pour les 17 ans et moins.

Le parc national de Miguasha (0,8 km²), classé Site naturel au patrimoine mondial de l'UNESCO, préserve un lieu fossilifère unique à l'échelle de la planète. Les poissons et les plantes fossiles des falaises témoignent d'un milieu marin datant de 378 millions d'années. Leur état de conservation exceptionnel attire les chercheurs du monde entier. Le site se découvre de manière autonome et se conclut avec le sentier *L'évolution de la vie* longeant la falaise (boucle de 3,5 km).

ÎLE-D'ENTRÉE ★★

L'île d'Entrée est habitée par un peu plus d'une centaine d'anglophones d'origines irlandaise et écossaise qui y vivent isolés toute l'année. On y accède en une heure en prenant le traversier depuis le port de Cap-aux-Meules et les voitures sont autorisées à bord (frais en sus). Big Hill est le plus haut sommet des Îles de la Madeleine (174 mètres). Pour l'atteindre, vous suivrez le chemin Main, puis le chemin Post Office, et traverserez les champs en suivant le sentier. Du sommet, vous découvrirez une belle vue sur l'archipel. Il est possible de manger et de dormir dans les petites pensions de l'île, mais il faut impérativement réserver.

HAVRE-AUBERT ★★★

Havre-Aubert a été longtemps le chef-lieu de l'archipel. C'est ici que tout a commencé et des vestiges amérindiens témoignent encore de sa préhistoire. Aujourd'hui, on y vient pour admirer les Demoiselles, de drôles de buttes aux formes arrondies. On les découvrira le long d'une belle route panoramique, bordée de maisons traditionnelles. L'île compte aussi trois belles et grandes plages : la plage de Havre-Aubert (Sandy Hook), la plage de l'Ouest et la plage du Cap. Le site historique et animé de La Grave mérite le déplacement et, de juillet à septembre, il ne faut pas rater le spectacle *Mes Îles, Mon Pays* au Centre culturel du Havre-Aubert.

LA GRAVE SITE HISTORIQUE ★★

Chemin de la Grave

Vient du mot *grève*, signifiant « terrain caillouteux et sablonneux ». C'est, à l'extrémité de l'île du Havre Aubert, une plage de galets classée site historique depuis 1983 et dotée d'un petit port de plaisance qui compte plusieurs attraits. C'est aussi un lieu de rencontres et d'échanges où s'alignent cafés et boutiques d'artisans, dans de vieilles maisons traditionnelles qui ont conservé leur revêtement de bardeaux de cèdre. À ne pas manquer en août : le Festival Acadien et le Concours de construction et de course de p'tits bateaux.

CAFÉ DE LA GRAVE €€

969, chemin de la Grave
✆ +1 418 937 5765
www.cafedelagrave.com
Ouvert de mai à octobre (horaires variables). Carte : 5 à 40 CAN $.

Situé sur le site historique de La Grave, ce café-bistro occupe les lieux d'un ancien magasin général madelinot. Dans une ambiance chaleureuse et amicale, vous y découvrirez un menu des plus savoureux : burger de veau des Îles avec confit d'oignons, galettes de morue salée, chaudrée de palourdes dans le pain, « pot-en-pot » aux fruits de mer, poutine au loup marin et fromage Pied-de-Vent… Pour les petits appétits, une sélection de sandwichs et de grignotines est offerte. Bonus : belle programmation culturelle et musicale. Cette adresse mythique vaut le détour !

CAP-AUX-MEULES ★

C'est dans ce petit port très fréquenté que vous débarquerez en arrivant de Souris (ferry en opération toute l'année) ou de Montréal (croisière hebdomadaire de mi-juin à fin septembre, possibilité d'embarquement à Gaspé). D'ici vous embarquerez pour des excursions de pêche ou d'observation des falaises, quand vous ne déciderez pas tout simplement d'y séjourner. À partir du port, on peut suivre le sentier du littoral qui longe la falaise et mène à une petite plage. Ville de services, Cap-aux-Meules héberge notamment le bistro et bar à spectacles Les Pas Perdus, et le marché des producteurs de l'archipel (les samedis de début juillet à début octobre).

EXCURSIONS EN MER

265, chemin du Quai
✆ +1 418 986 4745
www.excursionsenmer.com

En opération de juin à fin septembre. Tarifs selon l'excursion choisie. Réservation recommandée.

Un voyage aux Îles de la Madeleine ne saurait être complet sans partir à leur découverte par la mer. Plusieurs escapades sont proposées par Excursions en Mer, le tout en compagnie de guides qualifiés : grottes et falaises avec observation d'oiseaux marins, île d'Entrée avec visite autonome sur l'île, phoques et milieu lagunaire (à faire absolument si vous avez des enfants), partie de pêche au maquereau (notre coup de cœur, et vous repartez avec un repas !). Des bateaux et Zodiacs sont disponibles, avec des départs fréquents en saison.

L'ÉTANG-DU-NORD ★★★

La municipalité occupe tout le sud de l'île. On recommande de suivre la route panoramique du chemin de Gros-Cap jusqu'à LA pêcherie | poissonnerie (homarderie, magasin de vente de poissons et fruits de mer). On peut ensuite, par temps calme, explorer les grottes du cap en kayak ou encore aller admirer le panorama embrassant le croissant des Îles et l'île d'Entrée, séparée, depuis le Gros-Cap. Tout à l'ouest se trouve le port de pêche de L'Étang-du-Nord et son imposante sculpture de pêcheurs, alors qu'au centre, la belle église de La Vernière (1876) témoigne de l'architecture typique des provinces maritimes en plus d'être classée monument historique.

PARC DE GROS-CAP €

74, chemin du Camping
✆ +1 418 986 4505
www.parcdegroscap.ca

Ouvert de juin à septembre. Forfaits disponibles. Nombreux services sur place. Activités et excursions nautiques.

Site de villégiature incomparable aux Îles, l'hébergement est y proposé sous différentes formules : l'auberge et le pavillon, surplombant la mer qui vous renvoie un air marin, les sites de camping avec ou sans services, la mini-roulotte et les Salines, de petits chalets de bois rustiques bien équipés. Sur place, ne ratez pas les excursions guidées en kayak de mer pour découvrir les grottes, les falaises et les oiseaux de mer. Ajoutons à tout cela un personnel dévoué qui vous parlera du mode de vie des Madelinots et des secrets les mieux gardés des Îles.

À L'ABRI DE LA TEMPÊTE

286, chemin Coulombe
✆ +1 418 986 5005
alabridelatempete.com

Horaires variables selon la saison. Terrasse avec vue sur la mer.

Recherchant constamment des façons de s'ancrer dans le territoire fragile que sont les Îles, cette microbrasserie valorise l'utilisation de matières premières locales dans la conception de ses bières. L'élaboration d'un malt fumé au Fumoir d'Antan, la récolte de fleurs, d'algues, d'épices et d'herbes sauvages est un gage d'authenticité et de fraîcheur qui contribue à la création de bières uniques et racées. Question d'accompagner ses savoureuses bières, elle offre des assiettes garnies de produits madelinots. Boutique sur place.

LA PÊCHERIE | POISSONNERIE

521, chemin du Gros-Cap
✆ +1 418 986 2710
www.lrdi.ca

Ouvert de mai à mi-septembre. Cantine sur place.

Arrêt incontournable pour ceux voulant faire le plein de produits de la mer : homards (service de homard chaud tous les jours dès 15h30), crabes des neiges, pétoncles, buccins, mactres et autres délices vous éveilleront les papilles. Fraîcheur garantie ! Quant à la cantine, ouverte également en saison estivale et dotée d'une petite terrasse, nous vous conseillons vivement de goûter à la fameuse poutine au homard. Une adresse hautement recommandée !

AEROSPORT

1390, chemin La Vernière
+1 418 986 6677
aerosportlesiles.ca

En opération de mi-juin à fin septembre. Cours sur réservation. Boutique sur place.

Vivez l'aventure avec des professionnels du cerf-volant de traction (kitesurf). Aérosport a été la première école de kite à ouvrir au pays et jouit d'une grande réputation pour la pratique des sports de vent. Le cerf-volant de traction développe une puissance suffisante pour tirer une personne en buggy ou planche de surf. Des cours de wingsurf sont aussi offerts ainsi que la location d'équipement comme la planche à pagaie, le kayak récréatif simple ou double, le buggy, la planche de surf et le kitesurf. Accès à un site privé à la lagune du Havre-aux-Basques.

FROMAGERIE PIED-DE-VENT ★

149, chemin de la Pointe-Basse
+1 418 969 9292
www.fromageriedupieddevent.com

Ouvert tous les jours à l'année. Économusée et boutique. Visite guidée de la ferme laitière : 20 CAN $ par adulte.

En 1998, un troupeau de petites vaches noires arrive sur les Îles et l'aventure du Pied-de-Vent commence. Ce troupeau est nourri à partir de fourrage des Îles, ce qui confère au Pied-de-Vent, un fromage à croûte légèrement lavée, son goût si particulier. Mention également à la Tomme des Demoiselles, un fromage à pâte ferme pressée de six mois d'affinage, au Jeune-Coeur, un fromage à pâte molle et croûte fleurie, et à la tartiflette maison. En saison, des visites de la ferme laitière Pointe-Basse sont proposées. Un incontournable du circuit gourmand des Îles !

HAVRE-AUX-MAISONS ★★★

Ce village, qui occupe toute l'île, regroupe plusieurs cantons. Une route panoramique dessine la pointe de l'île du côté est. Empruntez-la, elle vous mènera à de magnifiques panoramas (cap Alright et le chemin des Montants). Une marina, des quais, des rochers rouges dominant la mer, une petite baie, avec l'île du Cap aux Meules et l'île d'Entrée en arrière-plan, composent le paysage, tout près de l'île aux Cochons. Cette dernière est fréquentée par d'innombrables oiseaux dont les goélands, les hérons et les sternes, et tire son nom du fait qu'on y gardait autrefois des cochons. Il faut également aller voir la Dune du Sud et son immense plage sauvage.

OLD-HARRY ★★

Ce fut un haut lieu de la chasse aux morses (ou vaches marines), ce qui lui valut d'attirer bon nombre d'Européens, notamment des Basques, qui, en plus de la chasse, s'occupaient de l'abattage et du dépeçage afin d'en tirer l'huile tant convoitée. Malheureusement, cette industrie fut si intense qu'elle mena à la disparition totale de l'espèce aux Îles de la Madeleine. De nos jours, Old-Harry est un village paisible qui comprend un petit complexe historique géré par le Conseil des anglophones Madelinots. Il relate la vie de cette communauté au fil des époques. Old-Harry est également la porte d'entrée de la plage de la Grande Échouerie.

LE FUMOIR D'ANTAN ★

27, chemin du Quai
+1 418 969 4907
fumoirdantan.com

Ouvert de mai à octobre. Visite et dégustation : 13 CAN $ (13 ans et plus), 10 CAN $ (12 ans et moins).

En 1996, la famille Arseneau reprit le fumoir du grand-père et lui redonna vie. Aujourd'hui, cette entreprise propose entre autres des harengs boucanés selon la méthode traditionnelle des Madelinots (temporairement indisponibles), ainsi que des saumons, pétoncles et morues fumés, sans oublier les épices de hareng boucané. L'histoire des « boucaneries » (où l'on boucane, c'est-à-dire où l'on fume de la viande ou du poisson) est relatée avec le support de photographies et d'objets anciens, l'endroit étant un économusée de la boucanerie.

GRANDE-ENTRÉE ★

La capitale du homard accueille annuellement une grande fête entourant la mise à l'eau des cages et l'arrivée du homard nouveau (fin avril ou début mai). On y pratique également la culture de la moule bleue. La pointe de l'île offre un spectacle saisissant ; c'est d'ailleurs ici que se déroule l'événement La Mer sur un plateau en saison estivale, un festival célébrant le mode de vie maritime. En été, des dizaines de bateaux de pêcheurs côtiers, aux couleurs vives, dansent le long des quais. Le village de Grande-Entrée, où la route s'arrête, héberge un centre de villégiature (La Salicorne, on recommande !) et quelques boutiques et commerces.

CHERTSEY

Située sur la route 125 qui mène à Saint-Donat et au parc national du Mont-Tremblant, Chertsey était autrefois un territoire de chasse et de pêche pour les Algonquins. Suite à la conquête de la vallée du Saint-Laurent, ses terres furent convoitées pour le bois qu'on retrouvait ici en abondance. À partir de 1820, indiens, métis et squatters, sans oublier les colons irlandais arrivant de Rawdon, s'y sont installés graduellement. Vers la moitié du XIXe siècle, le développement du canton de Chertsey s'accéléra, accueillant en priorité des colons catholiques et francophones. La corporation municipale est alors créée en 1856, date de fondation de Chertsey.

BESIDE HABITAT €€

302 chemin du Lac-Morgan
+1 514 876 6161
www.besidehabitat.com
Chalets à partir de 200 CAN $. Un minimum de deux nuits est exigé.

Quand des architectes, des urbanistes, des designers et même des biologistes unissent leurs forces, ça donne le projet BESIDE Habitat qui se voue à la création d'un milieu de vie unique en parfaite symbiose avec la nature. Six superbes chalets sont en location, pouvant accueillir de 2 à 8 personnes, et leur conception et les commodités sont le *nec plus ultra* en la matière, en plus d'être tous pourvus d'un sauna finlandais. Des sentiers de randonnée sont à disposition ainsi que des canoës et planches à pagaie (apportez votre équipement pour les autres activités).

SUCRERIE DU DOMAINE €€

280, chemin du Domaine des Chutes
+1 450 882 4851
www.sucreriedudomaine.com
Ouvert toute l'année. Tarifs variables selon le menu. Réservation indispensable. Boutique gourmande sur place.

Une cabane gourmande au look rustique chic où faire bombance jusqu'à plus faim. Pendant le temps des sucres au printemps, l'endroit ne désemplit pas et offre trois menus sous le signe de l'érable, dont un 100 % végan. Mention spéciale à la fameuse tourtière AVC du menu VIP (porc haché et effiloché, bacon braisé à l'érable, fromage québécois, foie gras poêlé, sauce au foie gras, baloney à l'érable et kale, pâte brisée au beurre). Autres repas pendant l'année : restaurant carnivore, souper tomahawk, etc. Définitivement pas un endroit où faire régime !

JOLIETTE ★

Capitale régionale de Lanaudière, cette ville d'industries, de culture et de services fut fondée dans les années 1820 par Barthélémy Joliette. En été s'y tient le plus grand festival de musique classique au pays, le Festival de Lanaudière. La place Bourget, située en plein centre-ville, accueille de nombreux commerces, restaurants et évènements. Sur le boulevard Manseau et la rue Notre-Dame, à quelques pas de la place Bourget, plusieurs bonnes adresses se succèdent, que ce soit pour une pause café, prendre un verre ou savourer un bon repas. En février, Joliette accueille le Festi-Glace avec son immense patinoire, la plus longue sur rivière au Québec.

MUSÉE D'ART DE JOLIETTE ★

145, rue du Père-Wilfrid-Corbeil
+1 450 756 0311
www.museejoliette.org
Ouvert tous les jours (horaires variables, fermé le lundi hors saison). Adulte : 15 CAN $.

Considéré comme le plus grand musée d'art de la province en dehors des grands centres urbains, sa collection regroupe plus de 8 900 œuvres réparties en quatre axes : l'art canadien, l'art européen, l'art contemporain et l'archéologie. Sa programmation diversifiée comprend également des expositions temporaires ainsi qu'une foule d'activités éducatives et culturelles pour tous les publics (conférences, rencontres d'artistes, cours et ateliers, activités pour enfants, etc.). À ne pas manquer : les jeudis 5 à 7 sur la terrasse en été (accès gratuit aux expositions).

SAINT-MICHEL-DES-SAINTS ★★★

Situé aux abords de l'immense lac Taureau, au bout de la route 131, cette municipalité est le dernier arrêt avant la route forestière qui mène tout au nord de la région, vers Manawan et le lac Kempt. Elle regorge de centres de villégiature et d'auberges chaleureuses, sans oublier les pourvoiries disséminées sur son territoire. Les activités de plein air y sont légion en toute saison, bonifiées par la présence du parc régional du Lac Taureau, ce qui lui confère la réputation d'un magnifique terrain de jeu pour les adeptes d'aventures grande nature. Il est d'ailleurs possible de camper sur les îles du lac, mais une réservation à l'avance est impérative.

AUBERGE DU LAC TAUREAU €€€

1200, chemin de la Baie-du-Milieu
✆ +1 450 833 1919 - www.lactaureau.com
Voir le site web pour les tarifs d'hébergement. Nombreux forfaits et activités offerts. Restaurant et bistro sur place.

Membre du réseau Ôrigine artisans hôteliers, ce superbe complexe hôtelier fait de bois est situé sur les rives du lac Taureau, au cœur de la nature. C'est un endroit agréable pour venir profiter d'une foule d'activités de plein air dans les meilleures conditions. De la motoneige à la croisière, en passant par le fatbike, la pêche et le ski de fond, tout y est ! Pour la détente, optez pour les soins offerts au centre de santé, le sauna, les bains à remous, les piscines intérieure et extérieure ou la plage lors de la belle saison. Une auberge d'exception !

TROIS-RIVIÈRES ★★★

Fondée en 1634 par Laviolette, Trois-Rivières a reçu en 2009 le titre de « Capitale culturelle du Canada ». La ville bénéficie donc d'un rayonnement culturel et artistique assumé - à savoir qu'en 2015, la ville est devenue la première ville non-européenne à recevoir le titre de « Ville en poésie » - et les attractions de renommée y sont nombreuses, sans compter le côté patrimonial et historique du Vieux-Trois-Rivières. Avec des établissements hôteliers pour tous les budgets, des bonnes tables, des cafés sympathiques et plusieurs lieux pour prendre un verre ou faire la fête, Trois-Rivières est une destination à découvrir, pour un week-end ou plus.

BORÉALIS ★

200, avenue des Draveurs
✆ +1 819 372 4633
www.borealis3r.ca
Ouvert tous les jours de fin mai à début octobre, horaires variables le reste de l'année.

Situé dans un bâtiment historique, au confluent du Saint-Maurice et du Saint-Laurent, Boréalis présente des expositions interactives de calibre international sur l'exploitation de la forêt boréale québécoise à travers l'industrie papetière de la région, symbole de la prospérité économique mauricienne. Outre les expositions, la Visite Expérience comprend l'atelier de fabrication de papier, le rallye souterrain dans l'ancien réservoir d'eau et le parcours urbain extérieur *Premier Shift*. Autres activités offertes et terrasse avec service de restauration en été.

MUSÉE POP ET VIEILLE PRISON ★

200, rue Laviolette
✆ +1 819 372 0406
museepop.ca
Horaires variables selon la saison. Tarifs pour le musée, la prison ou les deux. Comptoir-boutique sur place.

Le Musée Pop vous propose plusieurs expositions intéressantes permettant de découvrir la culture populaire des Québécois. Dans le même complexe muséal, vous pouvez visiter la Vieille prison de Trois-Rivières ; construite en 1822 par François Baillairgé, elle constitue le meilleur exemple du style palladien au Québec. Des guides vous font découvrir l'univers carcéral d'hier à aujourd'hui (état originel des cellules, espace commun, parloir, cachots).

SANCTUAIRE NOTRE-DAME-DU-CAP ★

626, rue Notre-Dame Est
✆ +1 819 374 2441
www.sanctuaire-ndc.ca
Ouvert tous les jours. Aire pour camping-cars, musée, restaurant, boutique et jardins sur place.

C'est le 3e lieu de pèlerinage du Québec, dédié à la Vierge Marie. La basilique est renommée pour son orgue, un des plus imposants du pays, mais surtout pour ses vitraux aux superbes coloris, œuvres de Jan Tillemans (1915-1980), père oblat d'origine hollandaise, qui les réalisa, dans la tradition médiévale, de 1956 à 1964. À côté de la basilique, visitez le petit sanctuaire, l'ancienne église de 1714 qui est aussi la plus vieille chapelle en pierre du Québec.

HÔTEL OUI GO ! €€

1413, rue Notre-Dame Centre
✆ +1 819 840 2868
www.hotelouigo.com
Occupation double : à partir de 124 CAN $. Petit déjeuner en sus. Promotions et forfaits. Restaurant Le Gaufré 1908.

Installé depuis quelques années dans les édifices patrimoniaux Balcer, en plein cœur du Vieux-Trois-Rivières, cet hôtel-boutique est le nec plus ultra de la capitale mauricienne. De la chambre régulière à la suite deluxe avec deux espaces de vie distincts, elles sont très lumineuses et munies de toutes les commodités pour un séjour tout confort. Elles combinent à merveille l'authenticité du passé et le chic moderne. À savoir qu'on retrouve également sur place Le Brun en ville, succursale du Magasin général Le Brun de Maskinongé.

LE BUCK €€

142, rue Saint-François-Xavier
✆ +1 819 519 2825
www.lebuck.ca
Horaires variables selon la saison. Menus de saison selon arrivages. Carte : moins de 50 CAN $. Superbe terrasse.

Un pub gastronomique détonnant, une association des meilleurs, avec le doux credo « Démocratiser l'art de bien manger, de bien boire et d'être bien servi ». Dans le verre, une superbe ardoise d'alcools québécois doublée d'une cave à vin qui ravira les connaisseurs. Dans l'assiette, si la pièce saumurée d'onglet de bœuf avec purée de patates douces et gratin dauphinois n'a pas eu raison de votre appétit, le burger de cerf avec bacon fumé ou le magret de canard avec foie gras en extra vous enverront droit au paradis. Bonus : un comptoir lunch sur la rue Badeaux.

LE TEMPS D'UNE PINTE

1465, rue Notre-Dame Centre
✆ +1 819 694 4484
letempsdunepinte.ca
Ouvert tous les jours (horaires variables selon la saison). Terrasse, beer garden. Programmation culturelle et musicale.

Ce n'est pas seulement une microbrasserie où coulent à flots les bières maison. Ni même un simple lieu de bistronomie raffinée où se délecter d'assiettes imaginées par le chef, qui ne manque pas une occasion de mettre en valeur les produits de la région. Le Temps d'une Pinte n'est pas plus juste un lieu de détente et de convivialité où écouter de la bonne musique *live*, contempler des œuvres aux murs ou prendre sa part de vie nocturne trifluvienne dans un climat que vos hôtes aiment qualifier de « festif responsable ». Le Temps d'une Pinte, c'est tout cela !

SAINTE-ANNE-DE-LA-PÉRADE ★★

Au confluent de la rivière Sainte-Anne et du fleuve Saint-Laurent, la ville tire son nom de la Seigneurie qui l'a vue naître. On y admirera ses rues pittoresques, ses vergers en fleurs ainsi que l'architecture patrimoniale des maisons Dorion, Gouin-Bruneau et Rivard-Lanouette. En hiver, un immense village s'installe sur la rivière pour la pêche au poulamon que l'on surnomme « petit poisson des chenaux ». Véritable tradition hivernale, amis et familles se regroupent chaque année dans des cabanes posées sur la glace pour taquiner le poisson. Quelques adresses gourmandes également, dont la Fromagerie F.X. Pichet, la Ferme du Tarieu et les Boissons du Roy.

LES PETITS POISSONS DES CHENAUX

8, rue Marcotte
✆ +1 418 325 2475
lespetitspoissons.ca
Horaires de pêche : le jour de 8h à 18h, la nuit de 20h à 6h. Voir site web pour les tarifs.

Si petit que soit ce village, sa réputation dépasse largement les frontières de la région, et même au-delà. C'est LA capitale de la pêche sur glace (ou pêche blanche) avec plusieurs pourvoyeurs sur place. La saison débute au lendemain de Noël, si Dame Nature le permet bien entendu. De quoi s'en donner à cœur joie, sans oublier les spectacles musicaux et les animations et activités extérieures de toute sorte, dont le Festival de la pêche sur glace (en février).

LA TUQUE ★

Cet ancien poste de traite des fourrures doit son nom à une colline en forme de bonnet de laine (*tuque* en québécois). Les puissantes chutes d'eau et les forêts alentour ont fait naître son usine de pâte à papier et sa centrale hydroélectrique. Si la ville présente peu d'intérêt en soi, un site mérite le détour : le Parc des Chutes-de-la-Petite-Rivière-Bostonnais. L'accès y est gratuit et vous y trouverez, entre autres, le centre d'interprétation et circuit dédié au célèbre chansonnier québécois originaire de La Tuque, Félix Leclerc. C'est un bel endroit où pratiquer la raquette et le ski de fond en hiver, à condition d'avoir votre équipement.

SHAWINIGAN ★★★

On l'appelait jadis la Ville Lumière car elle fournissait presque toute l'énergie électrique de la ville de Montréal. Les chutes de la rivière Saint-Maurice furent exploitées à des fins hydroélectriques dès la fin du XIXe siècle. Elles sont impressionnantes, surtout au printemps quand les eaux se gonflent. Une seule grande municipalité unit maintenant Shawinigan-Sud, Grand-Mère, Saint-Gérard-des-Laurentides, Saint-Jean-des-Piles, Lac-à-la-Tortue, Saint-Georges-de-Champlain : Shawinigan. Son territoire héberge le parc national de la Mauricie, magnifique joyau naturel, et la Cité de l'énergie où se mêlent sciences et histoire industrielle locale.

LA CITÉ DE L'ÉNERGIE ★★

1000, avenue Melville
✆ +1 819 536 8516
www.citedelenergie.com
Ouvert de juin à fin septembre, tous les jours de 10h à 17h. Voir site web pour la liste des tarifs et forfaits.

Classée comme l'une des plus grandes attractions du Québec, la Cité de l'énergie, qui a célébré en grande pompe son 25e anniversaire en 2022, est un vaste complexe muséal et touristique immersif situé aux abords de la rivière Saint-Maurice. Ce site comprend une tour d'observation de 115 mètres qui offre une vue saisissante sur la ville et la région (sortez votre appareil photo !). On y retrouve également l'exposition Planète Énergie qui comprend une exposition dynamique dotée de 20 bornes interactives ainsi qu'un spectacle multimédia (expérience immersive). On y invite les visiteurs à prendre conscience du jeu d'équilibre délicat à l'échelle planétaire entre la nature, l'énergie et la société humaine. La visite permet également de voir l'intérieur d'une centrale hydroélectrique toujours en activité, la centrale de Shawinigan-2, ou encore de découvrir la collection de machines industrielles de la Cité de l'énergie et d'Hydro-Québec à l'ancienne centrale de la Northern Aluminum Company (N.A.C.). Le soir, un spectacle est présenté dans un amphithéâtre extérieur tournant, couvert et chauffé. Autres attractions : le Musée du Premier ministre Jean Chrétien *Le Canada dans le monde*, la croisière sur la rivière Saint-Maurice en ponton, la visite guidée de la ville à bord d'un autobus de style tramway, les jardins de la Synergie (plus de 450 variétés de fleurs, d'arbustes et d'arbres). Passez un merveilleux temps en famille à la Cité de l'énergie, le musée immersif où vous faites partie de l'aventure !

PARC NATIONAL DE LA MAURICIE ★★

Autoroute 55, sortie 226 ✆ +1 888 773 8888
www.pc.gc.ca/mauricie
Ouvert de mi-mai à mi-octobre et de mi-décembre à fin mars. Adulte : 8,50 CAN $, 17 ans et moins : gratuit.

C'est un territoire sauvage de lacs et de forêts de 536 km², au cœur du massif laurentien. Feuillus et résineux couvrent des collines arrondies de 350 mètres de hauteur tout au plus. Amérindiens, coureurs des bois, bûcherons ont toujours parcouru cette région, attirés par ses richesses naturelles. La route panoramique de 70 km, qui serpente à travers la forêt et les rochers de granite rose du plateau laurentien, relie les deux points d'accès du parc. Elle longe, sur 16 km, le lac Wapizagonke, longue et étroite étendue d'eau filiforme, avant de conduire au belvédère du Passage puis au lac Édouard, qui offre une ravissante plage de sable fin aménagée pour la baignade et le pique-nique. Derrière l'accueil de l'entrée ouest du parc, la vue sur la rivière Saint-Maurice est magnifique.

Postes d'accueil du parc : à l'est, à Saint-Jean-des-Piles (sortie 226 de l'autoroute 55) ; à l'ouest, à Saint-Mathieu-du-Parc (sortie 217 de l'autoroute 55). En hiver, les services sont disponibles au pavillon de services de la Rivière-à-la-Pêche.

▶ **Hébergement :** camping semi-aménagé et dans l'arrière-pays, camping d'hiver, tentes oTENTik, Domaine Wabenaki-Andrew.

▶ **Activités :** canoë-camping (location sur place ; c'est l'activité vedette du parc), canoë, baignade, pêche récréative, courte ou longue randonnée, vélo de montagne ou de gravelle, ski de fond, raquette. Activités de découverte avec naturalistes ; forfaits de plein air en collaboration avec des compagnies locales.

Parc national de la Mauricie.

MONTRÉAL

QUÉBEC

© CAMIRAND PHOTO

Berceau de la province du Québec, bastion de la culture française en Amérique du Nord, la ville de Québec est un bijou. Depuis la création de la Confédération canadienne en 1867, elle est la capitale politique de la province du même nom, sa grande fierté aussi. C'est également la seule ville fortifiée au nord du Mexique, et son quartier ancien, le Vieux-Québec, est inscrit sur la liste du patrimoine mondial de l'UNESCO. Le Vieux-Québec se compose d'une Haute-Ville, au sommet du cap Diamant, et d'une Basse-Ville, comprise entre la falaise et le Saint-Laurent. À pied, mille charmes s'y dévoilent, au gré de ses étroites ruelles pavées, de ses escaliers, de ses places ombragées et de ses jardins. Hors les murs, Québec est une cité moderne, dominée par quelques hautes tours, un centre politique, administratif et universitaire ainsi qu'un pôle industriel et portuaire. Bref, Québec est tout sauf banale.

SE REPÉRER SE DÉPLACER

La ville de Québec est desservie par l'aéroport international Jean-Lesage. Pour rejoindre le centre-ville, il faut soit prendre le transport en commun (lignes 76 ou 80) ou le taxi. Une fois en ville, le réseau de transport en commun est la meilleure option pour se déplacer, sauf dans le Vieux-Québec qui s'arpente à pied. Le Réseau de Transport de la Capitale offre des services de bus (dessert toute la ville), Métrobus (dessert les centres d'activités) et eXpress (service en semaine aux heures de pointe). Les vendredis et samedis, près d'une quinzaine de lignes de bus délivrent un service pour les couche-tard (quelques trajets offerts la nuit seulement). Pour sortir de Québec, il y a les bus interurbains (terminus à la Gare du Palais et à Sainte-Foy) et le train VIA Rail (Gare du Palais et Gare de Sainte-Foy). Il y a également un service de traversier entre Québec et Lévis (région de Chaudière-Appalaches), en opération toute l'année.

AÉROPORT INTERNATIONAL JEAN-LESAGE DE QUÉBEC

505, rue Principale
✆ +1 418 640 3300
www.aeroportdequebec.com

Une dizaine de compagnies aériennes y opèrent des vols régionaux, nationaux et internationaux. Deux lignes de bus du réseau de transport en commun permettent de se rendre à Sainte-Foy (ligne 76) ou au centre-ville (ligne 80). Le coût est de 3,75 CAN $ l'aller et il n'y a pas de service la nuit. Les taxis desservent l'aéroport (tarif fixe de 15,40 CAN $ pour Sainte-Foy et de 35,10 CAN $ pour le centre-ville) tout comme Eva et Uber. Certains hôtels offrent aussi un service de navette.

SOCIÉTÉ DES TRAVERSIERS DU QUÉBEC - QUÉBEC-LÉVIS

10, rue des Traversiers
✆ +1 877 787 7483
www.traversiers.com

En service tous les jours de 6h à 2h20 du matin. Voir site web pour les horaires et les tarifs (passager, véhicule).

Cette traverse propose l'un des plus beaux points de vue sur le Vieux-Québec et est le lieu idéal pour prendre des photos exceptionnelles sur le Saint-Laurent à toute heure du jour. Profitez-en pour découvrir et combiner les réseaux cyclables balisés situés de part et d'autre de la rive. L'hiver, le mouvement des glaces sur le fleuve est vraiment impressionnant. L'embarquement se fait sur le quai situé à deux pas du quartier Petit Champlain et de la place Royale.

ÀVÉLO

✆ +1 418 627 2511
www.rtcquebec.ca/avelo

Le service àVélo est offert de mai à fin octobre et est accessible 24h/24. Voir site web pour les tarifs.

Géré par le Réseau de transport de la Capitale (RTC), àVélo est le nouveau système de vélos à assistance électrique en libre-service. Il permet d'emprunter un vélo à l'une des stations installées pour la belle saison, pour quelques heures ou pour la journée (application téléchargeable sur App Store et Google Play). Il est extrêmement avantageux pour les personnes effectuant des petits trajets à chaque fois. Si vous désirez avoir un vélo pour vos loisirs, nous vous conseillons de faire affaire avec un loueur. À noter que le port du casque est obligatoire.

RÉSEAU DE TRANSPORT DE LA CAPITALE (RTC)

820, avenue Ernest-Gagnon
✆ +1 418 627 2511
www.rtcquebec.ca

Le réseau de transport de Québec (autobus, taxi collectif, transport adapté).

Le Réseau de Transport de la Capitale offre des services de bus (dessert toute la métropole), Métrobus (dessert les centres d'activités) et eXpress (service en semaine aux heures de pointe). Les vendredis et samedis, près d'une quinzaine de lignes de bus délivrent un service pour les couche-tard (quelques trajets offerts la nuit seulement). Deux lignes de bus (76 et 80) desservent également l'aéroport international Jean-Lesage. Horaires et tarifs sur le web.

À VOIR / À FAIRE

Sans surprise, la majorité des points d'intérêt se trouve dans le Vieux-Québec, plus particulièrement à l'intérieur des fortifications. Parmi les incontournables, il faut voir le Château Frontenac (l'hôtel le plus photographié au monde), la basilique-cathédrale Notre-Dame de Québec qui héberge une Porte Sainte (la seule à l'extérieur de l'Europe), la jolie place Royale et les rues piétonnes du Petit Champlain, et la Citadelle de Québec qui accueille également en ses murs le Musée Royal 22e Régiment. Juste à côté de la Citadelle s'étendent les fameuses plaines d'Abraham et le Parc des Champs-de-Bataille, hauts lieux de l'histoire qui marqueront la fin de la Nouvelle-France. Adossé aux plaines se trouve le Musée national des beaux-arts du Québec, dans le quartier Montcalm. De par son immense collection d'art québécois, la plus complète de la province, il offre une belle incursion au cœur de la scène artistique du Québec.

CENTRE INFOTOURISTE DE QUÉBEC

12, rue Sainte-Anne
✆ +1 877 266 5867
www.bonjourquebec.com
En face du Château Frontenac. Ouvert toute l'année.

Ce bureau d'information touristique donne de l'information non seulement sur la région de Québec mais également sur le reste de la province. N'hésitez donc pas à y passer un moment pour planifier l'ensemble de votre séjour. L'accueil est très professionnel et le fonds documentaire impressionnant. Quelques intervenants touristiques sur place : Les Tours Voir Québec (tours de ville, excursions touristiques commentées), Tourisme Wendake, etc. Bureau de change.

CICÉRONE

✆ +1 418 977 8977
www.cicerone.ca
Visite à pied du Vieux-Québec de mi-avril à fin novembre, départ à 13h depuis le Centre Infotouriste. Adulte : 30 CAN $.

La visite phare au cœur du Vieux-Québec vous plongera dans 400 ans d'histoire de ce joyau inscrit au patrimoine mondial de l'UNESCO. Votre guide en costume d'époque vous fera notamment voir le Château Frontenac, la Terrasse Dufferin et la basilique-cathédrale Notre-Dame-de-Québec, sans oublier le quartier Petit Champlain et la place Royale. Un véritable tour de la Nouvelle-France à nos jours ! Autres visites offertes : Histoire & Terroir, visite guidée du Château Frontenac, Magie de Noël, etc. - visitez le site web pour connaître les horaires selon la période.

CROISIÈRES AML

10, rue Dalhousie
✆ +1 418 692 1159
www.croisieresaml.com
Croisière touristique de mi-mai à début octobre. Voir site web pour les heures de départ. 13 ans et plus : 40 CAN $.

Embarquez à bord du *AML Louis Jolliet* pour une découverte du fleuve Saint-Laurent, de la chute Montmorency, de l'île d'Orléans et du Château Frontenac. AML organise des croisières guidées de jour et de soir, des soupers-croisières, des brunchs, des croisières feux d'artifice, etc. en plus des nombreux forfaits permettant de combiner la croisière à une autre activité, comme le Musée de la civilisation. À savoir que Croisières AML opère dans plusieurs autres ports de la province en plus d'offrir des excursions en bateau ou zodiac pour l'observation des baleines.

LES PROMENADES FANTÔMES

✆ +1 418 694 2412
promenadesfantomes.com
Voir site web pour les différentes promenades, les tarifs et les lieux de départ.

On a fait des visites fantômes dans plusieurs villes canadiennes, mais celle-ci restera gravée dans nos mémoires ! Nous avons suivi le fantôme de Marie Rivière qui nous a transportés dans l'univers des crimes en Nouvelle-France. En parcourant rues, ruelles et places du Vieux-Québec, des histoires sordides (et réelles) nous sont racontées, de même que les châtiments encourus par les criminels (on remercie la société d'avoir évolué !). Plusieurs autres visites sont proposées, dont une pour Halloween ou encore Noël en Nouvelle-France. On recommande chaudement !

BASILIQUE-CATHÉDRALE NOTRE-DAME DE QUÉBEC ★★

16, rue de Buade
✆ +1 418 692 2533
www.notre-dame-de-quebec.org
Voir site web pour les horaires des visites, confessions et messes. Visites guidées tarifées offertes en été.

La plus ancienne basilique de la partie du continent nord-américain (Mexique excepté), cathédrale depuis la fin du XVIIe siècle, chef-d'œuvre de la famille Baillairgé, est riche en œuvres d'art : à l'intérieur, superbe baldaquin doré. Elle représente sans doute l'édifice le plus « classiquement européen » de tout le pays. Frontenac, de Callières et de La Jonquière, gouverneurs successifs de la Nouvelle-France, ainsi que la plupart des évêques de Québec reposent dans la crypte. Détruite par un violent incendie au début du siècle dernier, elle fut fidèlement reconstruite. À savoir que l'année 2014 a marqué le 350e anniversaire de la fondation de la paroisse Notre-Dame de Québec, érigée le 15 septembre 1664 par Mgr François de Laval. Bon nombre d'activités spéciales furent organisées, le tout reposant sur trois pôles : le Jubilé, le Pèlerinage et la Porte Sainte. La Porte Sainte est toutefois fermée depuis le 13 novembre 2016, et ce, jusqu'au prochain jubilé prévu en 2025 (elle sera exceptionnellement ouverte le 8 décembre 2023). Mais c'est en dehors des années saintes que le côté intérieur de la porte se voit, un bonus même si l'on ne peut pas la franchir. Elle reste toutefois un lieu de prière hautement fréquenté, bordée par un jardin ouvert en saison estivale. C'est un sculpteur montréalais, Jules Lasalle, qui a réalisé la Porte Sainte. Sa construction fut autorisée par le pape Benoît XVI puis bénite et inaugurée par le cardinal Gérald Cyprien Lacroix en décembre 2013.

CITADELLE DE QUÉBEC - MUSÉE ROYAL 22^E RÉGIMENT

1, côte de la Citadelle
✆ +1 418 694 2815
www.lacitadelle.qc.ca
Ouvert tous les jours de l'année. Visite guidée adulte : 18 CAN $.

Plus grande forteresse active au Canada, la Citadelle occupe un cinquième du Vieux-Québec, au sommet du cap Diamant, sur le flanc est des fortifications. Le plan de la Citadelle forme une étoile caractéristique de Vauban. Ce lieu historique national est aussi connu sous le nom de « Gibraltar d'Amérique ». La Citadelle est une base militaire active étant la maison mère du Royal 22e Régiment, unique régiment francophone de l'armée canadienne. La Citadelle se visite obligatoirement en version guidée, mais les expositions du Musée Royal 22e Régiment et de la salle des médailles se visitent librement. Le coût d'entrée inclut la relève de la garde, présentée tous les jours à 10h du 24 juin au premier lundi de septembre (annulée si mauvais temps). De fin juin à fin août, il ne faut pas non plus rater la cérémonie de la Retraite, tous les mercredis et jeudis à 16h. Elle sert à marquer pour les gardes la fin de la journée de service et la fermeture des portes de la forteresse. Elle est ponctuée de coups de fusil et l'hymne national y est joué. À noter que les réservations sont fortement recommandées via la billetterie en ligne de la Citadelle, question de vous assurer une place. Autre visite disponible à la Citadelle : visite VIP (offerte sur réservation, tarification un peu plus élevée que la visite régulière). Services sur place : boutique de souvenirs, café, stationnement extérieur gratuit, site accessible aux poussettes et fauteuils roulants.

MUSÉE DE LA CIVILISATION ★★

85, rue Dalhousie
✆ +1 418 643 2158
www.mcq.org
24 juin à la fête du Travail : lundi-dimanche, 10h-17h. Le reste de l'année : fermé le lundi. Adulte : 15 à 25 CAN $.

Le bâtiment (1988) est une réalisation du célèbre architecte Moshe Safdie. À l'intérieur, le musée propose annuellement de superbes expositions et des ateliers sur des sujets actuels, historiques et parfois insolites. Il faut absolument voir l'exposition permanente « Le Temps des Québécois » qui décrit la grande et la petite histoire du Québec dans une vision rafraîchie et différente, de la Nouvelle-France à aujourd'hui. Idem pour « C'est notre histoire » qui met en vedette la culture, la diversité et les aspirations des Premières Nations et Inuit du Québec.

PLACE ROYALE ★★

Un de ces endroits à ne pas manquer où vous sentez de façon authentique le souffle de l'histoire. C'était, à l'origine, le jardin de Champlain. Lorsque la ville se développa, elle devint un marché des plus animés et, jusqu'au XIXe siècle, demeura le centre de l'activité économique de Québec. Elle est entourée de maisons anciennes du XVIIe siècle : maisons Fornel, Drapeau, Bruneau, Rageot, restaurées depuis. L'église Notre-Dame-des-Victoires, bâtie en 1688, l'une des plus anciennes églises du Québec, abrite un retable doré représentant la ville fortifiée de Québec.

FAIRMONT LE CHÂTEAU FRONTENAC ★★★★

1, rue des Carrières ✆ +1 418 692 3861
www.fairmont.fr/frontenac-quebec

Vous pouvez visiter quelques parties de l'hôtel librement, ou alors réserver une visite guidée auprès de Cicérone.

Ainsi baptisé en l'honneur du gouverneur de la Nouvelle-France (Louis de Buade, comte de Frontenac - gouverneur de 1672 à 1682 et de 1689 à 1698), il se dresse au flanc du cap Diamant depuis 1893, à l'emplacement de l'ancienne résidence du gouverneur. Son architecte est Bruce Price, un Américain qui a réalisé les hôtels-châteaux du Canadien Pacifique à travers le Canada, dont le fameux Fairmont Banff Springs Hotel en Alberta (1888). Le Château Frontenac compte cinq ailes et une tour centrale. Son plan asymétrique comporte une cour intérieure et sa volumétrie est irrégulière. Plusieurs de ses éléments sont typiques du style « château », tels la toiture à forte pente, les tours massives et les tourelles circulaires et polygonales, les pignons et lucarnes ornés, les hautes cheminées, etc. En 1981, il a été désigné lieu historique national du Canada.

En août 1943 et en septembre 1944, les Alliés se donnèrent rendez-vous au Château pour discuter de la conduite générale de la guerre et de la stratégie future. C'est lors de la première rencontre que furent déterminés la logistique et le lieu du débarquement de Normandie. Lors de la deuxième rencontre, l'après-guerre constitua l'essentiel des conversations. Aujourd'hui, le Château Frontenac, hôtel 5 étoiles propriété du groupe Fairmont, compte plus de 600 chambres, plusieurs restaurants, des boutiques, etc. C'est probablement l'hôtel le plus photographié au monde et il faut y entrer, ne serait-ce que pour prendre un verre au bistro Le Sam ou au 1608 - Bar à vin et fromage, pour l'ambiance et la vue incroyable sur la ville, le Saint-Laurent et la rive sud. D'ailleurs, en 2012, Fodor's Travel, un leader mondial dans le domaine des guides de voyage, a placé Fairmont Le Château Frontenac sur sa prestigieuse liste annuelle des 100 meilleurs hôtels au monde, en plus de le faire figurer parmi les 10 hôtels classés « icônes mondiales ». Et c'est sans compter les nombreux autres palmarès accumulés au fil des ans.

▸ **Visites guidées.** Pour ceux qui aimeraient découvrir cet hôtel emblématique, Cicérone propose des visites guidées d'environ une heure tous les jours de l'année. Votre guide vous fera découvrir les illustres personnages et événements historiques qui ont façonné l'identité de l'endroit au fil du temps, sans oublier son évolution architecturale qui comprend, notamment, la cure de rajeunissement qui a eu lieu au cours des dernières années. Pour infos et réservations : www.cicerone.ca

LIEU HISTORIQUE DES FORTIFICATIONS-DE-QUÉBEC ★★

2, rue d'Auteuil
✆ +1 888 773 8888
www.pc.gc.ca/fortifications

Fin mai à mi-octobre (juin à début septembre pour certains sites). Adulte 8,50 CAN $, gratuit pour les 17 ans et moins.

Québec est la seule ville au nord du Mexique ayant conservé ses fortifications, ce qui lui a valu d'être proclamée joyau du patrimoine mondial par l'UNESCO en 1985. Parcourez les 4,6 km de fortifications et traversez les portes de ces murs qui protègent le cœur de la vieille ville. Le long de votre trajet, accédez à la promenade des Gouverneurs, au parc Montmorency, à la rue des Remparts, aux Nouvelles Casernes, à des ouvrages militaires uniques et tant d'autres richesses. On retrouve aussi le site patrimonial du Parc-de-l'Artillerie. Aux XVIIIe et XIXe siècles, il s'agissait d'un lieu consacré à la défense de la ville de Québec. C'est pourquoi cet ancien lieu de casernement et d'entrepôt militaire fait partie aujourd'hui des Fortifications-de-Québec. Ce fut et c'est toujours un emplacement stratégique majeur. A la fin du XIXe siècle, le gouvernement du Canada choisit cet emplacement stratégique pour y construire la première cartoucherie au pays. Vous y visiterez aujourd'hui, pacifiquement, la fonderie de l'Arsenal (1903), la redoute Dauphine (1712) et le logis des officiers (1818). Des visites guidées sont offertes en saison, tant pour les fortifications que pour le parc de l'Artillerie. Bon plan : le passeport découverte permettant de bénéficier d'un tarif réduit sur quatre activités. Plusieurs autres activités sont également offertes, dont une démonstration de tir au fusil d'époque et l'activité familiale « La légende des murs qui parlent ».

QUARTIER PETIT CHAMPLAIN ★★

Rue du Petit-Champlain
www.quartierpetitchamplain.com

Accessible depuis la Haute-Ville par l'escalier Casse-Cou (rien à craindre de ce côté !) ou le funiculaire, ce quartier regorge de belles boutiques d'artistes et d'artisans, sans oublier de nombreuses adresses gourmandes. Riche d'histoire, on y retrouve de belles résidences d'époque, comme la maison Louis-Jolliet (1683) ou encore la maison Chevalier où sont reconstitués des intérieurs typiques des XVIIIe et XIXe siècles. La fresque du Petit-Champlain, qui évoque les origines du quartier Cap-Blanc, est également à voir. Un incontournable !

HÔTEL DU PARLEMENT ★

1045, rue des Parlementaires
✆ +1 418 643 7239
www.assnat.qc.ca
Visites guidées gratuites toute l'année. Restaurant, café et boutique sur place.

C'est le premier site historique national du Québec. De style Second Empire, il fut conçu en 1886 par l'architecte Eugène-Étienne Taché et présente une imposante façade ornée des grands personnages ayant marqué l'histoire de la province. Devant l'entrée principale, l'impressionnante fontaine dédiée aux Amérindiens s'orne de sculptures de l'artiste québécois du XIXe siècle, Louis-Philippe Hébert. La visite guidée permet de découvrir le style architectural de l'édifice, l'histoire de la province et le fonctionnement des institutions parlementaires québécoises.

OBSERVATOIRE DE LA CAPITALE ★

1037, rue de la Chevrotière
✆ +1 418 644 9841
observatoire-capitale.com
Ouvert toute l'année. Adulte : 14,75 CAN $. Laissez-passer annuel : 35 CAN $.

Monter au sommet du plus haut bâtiment de Québec (221 mètres d'altitude) permet d'avoir une vue panoramique sur la ville et ses environs grâce aux vastes parois vitrées de l'Observatoire. À découvrir : *Horizons*, un parcours découverte qui permet aux visiteurs d'en apprendre davantage sur les événements qui ont forgé la capitale québécoise et sur l'essence des gens qui en sont l'âme. Également sur place : un jeu-questionnaire à hauteur d'enfant et deux projections vidéo immersives.

MUSÉE NATIONAL DES BEAUX-ARTS DU QUÉBEC ★★

179, Grande Allée Ouest ✆ +1 418 643 2150
www.mnbaq.org
Ouvert toute l'année (fermé le lundi hors saison). Adulte : 16 à 25 CAN $. Demi-tarif le mercredi de 17h à 21h.

Le Musée national des beaux-arts du Québec possède la plus complète et la plus imposante collection d'art québécois avec plus de 42 000 œuvres réalisées depuis le XVIIe siècle. Il propose un panorama exceptionnel de l'histoire de l'art du Québec et compte quatre pavillons. Ne manquez pas le pavillon Pierre Lassonde qui met en valeur la collection d'art contemporain du Québec après 1960, incluant l'art inuit, les arts décoratifs et le design. Dans le passage qui relie ce pavillon au reste du complexe, il faut voir l'immense fresque *L'Hommage à Rosa Luxemburg* de Riopelle, séquence narrative de 30 tableaux mesurant 40 mètres au total. Voyez le pavillon Gérard-Morisset complètement restauré qui vous propose un grand ballet de près de 800 œuvres présentant une rétrospective audacieuse de l'histoire de la culture visuelle de l'époque de la Nouvelle-France jusqu'à la contre-culture des années 1960. Sachez que le musée propose différentes visites commentées pour découvrir les expositions et les collections (visites autonomes avec audioguide et parcours numériques également). Le musée organise également des ateliers pour les familles et pour les adultes, des concerts, des conférences et des rencontres, la diffusion de films d'art et d'auteurs du Québec, etc. Complétez votre visite en dégustant un repas à l'un des restaurants du musée (Café Québécor par Laurent Godbout et comptoir de mets à emporter Vitalité) ou en passant à la librairie-boutique qui regorge de trésors.

PARC DES CHAMPS-DE-BATAILLE ★★

835, avenue Wilfrid-Laurier
✆ +1 418 649 6157
www.ccbn-nbc.gc.ca/fr
Centre d'information et d'accueil ouvert tous les jours de l'année, de 9h à 17h.

Au temps de la colonisation, les conflits d'intérêts entre la France et l'Angleterre ont entraîné une succession de guerres et de traités. En 1759, James Wolfe est nommé officier commandant de l'assaut britannique et son mandat est précis : s'emparer de la ville fortifiée de Québec. S'en suivent plusieurs assauts et le 13 septembre 1759, les forces britanniques livrent contre Montcalm et ses troupes françaises la célèbre bataille des plaines d'Abraham. Cette importante défaite de l'armée française entraînera la reddition de la ville de Québec puis, en 1760, la capitulation de Montréal.

Au Parc des Champs-de-Batailles, il en reste des souvenirs (plaques commémoratives, monuments et pièces d'artillerie), disséminés sur 125 hectares de parc boisé et de jardins. S'y trouve une belle vue de la terrasse Grey. De là, la Promenade des Gouverneurs longe la citadelle jusqu'à la Terrasse Dufferin, au pied du Château Frontenac. Les tours Martello que vous apercevez dans le parc (quatre à Québec, dont deux sur les plaines d'Abraham) ont été érigées après la conquête anglaise, entre 1808 et 1812, pour servir d'ouvrages avancés de défense, en prévision d'une autre invasion américaine à la suite de celle de 1775. Rondes, robustes, en pierre, elles constituaient des unités de défense autonome servant à la fois de caserne, de magasin, de plate-forme de tir, et leur unique entrée à l'étage n'était accessible que par une échelle. Elles n'ont, en fait, jamais servi.

SE LOGER

Étant l'une des principales destinations touristiques du Québec, la capitale provinciale ne manque pas d'options en termes d'hébergement. De l'auberge de jeunesse au grand hôtel luxueux 5 étoiles, tout y est ! Un nombre impressionnant a élu domicile dans le Vieux-Québec, quartier de prédilection des touristes. C'est ici que se concentrent les grands hôtels et les auberges de charme, pour la plupart établis dans des bâtiments historiques au cachet fort bien conservé. Et nul besoin de se ruiner pour séjourner dans ce magnifique cadre ! Les quartiers Saint-Jean-Baptiste, Saint-Roch ou encore Montcalm sont une excellente option pour ceux voulant davantage sentir le pouls de la ville et de ses habitants. Quelques établissements hôteliers dignes de mention également dans l'ouest (Sainte-Foy, Cap-Rouge...), offrant en plus un accès rapide grâce à la proximité des autoroutes et des ponts pour la rive sud.

AUBERGE INTERNATIONALE DE QUÉBEC €

19, rue Sainte-Ursule ✆ +1 418 694 0755
hiquebec.ca

Voir site web pour les tarifs. Café bistro, cuisine commune, salon tv, cour intérieure, programme d'activités.

Une très belle auberge de jeunesse dans le centre historique de la ville. Lieu de séjour très prisé, elle allie à merveille le cachet historique aux commodités modernes. Les chambres privées sont vraiment agréables et celles partagées sont très bien entretenues. Il y règne une ambiance fort chaleureuse, faisant de l'auberge un lieu idéal pour rencontrer d'autres voyageurs provenant des quatre coins du globe. De la qualité et de nombreux services pour un prix plus qu'intéressant !

HÔTEL DU VIEUX-QUÉBEC €€

1190, rue Saint-Jean ✆ +1 418 692 1850
hvq.com

Occupation double : à partir de 209 CAN $. Promotions et forfaits disponibles. Bistro Hortus sur place.

Superbe établissement hôtelier au cœur de la vieille ville côtoyant l'animation de la rue Saint-Jean : vous voici à l'Hôtel du Vieux-Québec. Les chambres, douillettes et confortables à souhait, offrent un cadre chaleureux et contemporain avec un ameublement conçu par des artisans locaux. Coup de cœur pour la chambre La Québécoise avec ses murs de pierre, son foyer électrique et son bain thérapeutique double. Quant à la localisation, on ne pourrait pas demander mieux : à proximité des sites d'intérêt et des bons restaurants. Une belle adresse, verte et écologique !

HÔTEL NOMAD €€

15 avenue Saint-Geneviève
✆ +1 418 694 1884
www.hotelnomad.ca

Occupation double : à partir de 149 CAN $. Promotions et forfaits disponibles. Établissement certifié carboneutre.

Hôtel singulier où votre esprit de curiosité sera stimulé tant par les lieux que par les meubles et objets originaux chinés aux quatre coins du monde ou fabriqués par des artisans québécois. Seize chambres et suites confortables au décor différent s'offrent aux hôtes pour un séjour d'exception. L'hôtel est aussi tourné vers le développement durable et l'écoresponsabilité : certification carboneutre, stationnement avec bornes électriques, gestion des déchets et de l'énergie, etc. Un hôtel superbe et à prix doux, compte tenu de sa localisation dans le Vieux-Québec.

PETIT HÔTEL CAFÉ KRIEGHOFF €€

1089, avenue Cartier
✆ +1 418 522 3711
www.cafekrieghoff.qc.ca

Occupation double : à partir de 169 CAN $, petit déjeuner inclus.

En plus d'un charmant café de quartier, la bâtisse abrite un superbe petit hôtel avec sept chambres adorables, entièrement rénovées et insonorisées. Elles possèdent toutes un mobilier de style contemporain, une salle de bain privée, un téléviseur à écran plat et le wifi. Vous pourrez vous régaler des merveilleux et délicieux petits déjeuners, des savoureux menus du jour et soir trois services, et de l'ambiance fort agréable des 5 à 7 au bistro de l'hôtel.

AUBERGE SAINT-ANTOINE €€€

8, rue Saint-Antoine
✆ +1 418 692 2211
www.saint-antoine.com/fr

Occupation double : à partir de 230 CAN $. Stationnement payant, gym, restaurant, bar, visites guidées de l'hôtel, etc.

Suite à des fouilles archéologiques entreprises en 2001 sous ses assises, cet hôtel-musée, membre de la prestigieuse association Relais & Châteaux, vous propose une façon originale de trouver le repos et le luxe à l'intérieur des murs d'un ancien entrepôt maritime du début du XVIIe siècle et de la Maison Hunt datant de la même époque. Des chambres grand confort qui exposent les artefacts découverts sur le site. Style contemporain du mobilier et de l'architecture en accord avec le passé. Une belle façon de découvrir la Nouvelle-France !

FAIRMONT LE CHÂTEAU FRONTENAC €€€

1, rue des Carrières ✆ +1 418 692 3861
www.fairmont.fr/frontenac-quebec

Occupation double : à partir de 289 CAN $. Forfaits et promotions. Nombreuses installations de détente, boutiques, etc.

L'hôtel le plus photographié au monde ne pouvait être passé sous silence. Le hall d'entrée laisse pantois, d'emblée. Ajoutons à cela la qualité du service propre à Fairmont et voilà qui explique aisément la légende du Château. Mentionnons aussi la présence de l'excellent restaurant Champlain et celle du Bistro Le Sam. La véranda quatre saisons y offre une vue extraordinaire sur le Saint-Laurent. À noter que cet hôtel est devenu le premier au pays à atteindre la carboneutralité.

HÔTEL BOUTIQUE OPHELIA €€€

640 Grande Allée Est
✆ +1 418 524 8228
hotelophelia.com

Occupation double : à partir de 360 CAN $. Promotions et forfaits disponibles.

Situé au-dessus de sa grande sœur, le restaurant Ophelia, ce tout nouvel hôtel-boutique est une véritable perle. Conçu dans l'esprit de l'hôtellerie de luxe mais de taille humaine avec trois chambres et tout autant de suites, il se démarque par son superbe design épuré, dont des meubles sur mesure fabriqués au Québec. Parmi les services offerts, notons le stationnement payant (six places) et le petit déjeuner à la carte sur supplément. Et vous n'êtes qu'à deux pas des restaurants L'Atelier et Ophelia, tous deux gérés par les mêmes proprios que l'hôtel.

HÔTEL PORT-ROYAL €€€

144, rue Saint-Pierre
✆ +1 418 692 2777
www.leportroyal.com/fr

Occ. double : à partir de 153 CAN $. Petit déjeuner et stationnement en sus. Salle de sport, Louise Taverne & Bar à Vin.

Magnifiques chambres et suites au cœur du Vieux-Québec, toutes munies d'un bureau de travail, d'une cuisinette très bien équipée, et d'une chambre fermée ou non selon les catégories. Le style conjugue le design urbain et l'histoire. Cet édifice, qui abrita au XVIIIe siècle le premier hôtel à Québec, a conservé ses murs de pierre pour les insérer dans un décor épuré et résolument tendance. Chaque pièce possède un cachet unique. À voir : l'incroyable Suite Royale d'une superficie de 350 m^2, la plus luxueuse de la ville. Le nec plus ultra !

MONSIEUR JEAN €€€

2, rue Pierre-Olivier Chauveau
✆ +1 418 977 7777
monsieurjean.ca

Occupation double : à partir de 235 CAN $. Stationnement avec voiturier : 30 CAN $ par jour.

Un secret bien gardé du Vieux-Québec qui offre une expérience d'hébergement des plus mémorables. Au programme, que des suites avec coin cuisine équipé au design simple mais ô combien efficace. Une fenestration abondante permet d'admirer la vue soit sur la vieille ville soit sur le Saint-Laurent. Plusieurs de ces magnifiques unités ont en plus une terrasse privative. On aime bien également le hall d'accueil très arty. Pour combler toutes vos fringales, faites un saut du côté du Bobu épicerie-café (accès par le hall du corridor piano). Une adresse à découvrir !

LES LOFTS VIEUX-QUÉBEC €€

✆ +1 418 431 9905
loftsvieuxquebec.com

Tarifs variables selon le nombre de personnes, de nuitées et le loft choisi.

Pour un chez-soi comme à la maison, Les Lofts sont le bon plan à Québec. Répartis dans plus d'une quinzaine d'endroits dans la capitale, comme dans les quartiers du Vieux-Québec et de Saint-Roch, on propose ici des appartements design d'une à trois chambres et entièrement équipés, de la cuisine complète à la buanderie, mais aussi des chambres et studios. Point commun : ils sont tous situés dans des bâtiments ayant un caractère historique distinctif. Par exemple, vous pourriez passer la nuit dans la magnifique Gare du Palais. Une adresse chaudement recommandée !

SE RÉGALER

Dans la capitale, la gastronomie québécoise n'a rien à envier à celle de sa cousine montréalaise, bien au contraire. Les bonnes adresses poussent comme des champignons dans la ville, notamment dans les quartiers Saint-Roch, Limoilou ou encore Saint-Sauveur où plusieurs bistros sympas ont élu domicile. Dans le Vieux-Québec, on aura notamment le choix entre une savoureuse cuisine traditionnelle québécoise (lire ici « plats caloriques ») ou alors une cuisine gastronomique dans l'une des nombreuses grandes tables du quartier. Une grande tendance à découvrir dans la capitale : la cuisine nordique mettant en vedette les gibiers, poissons, etc., et produits de la forêt boréale rythmés par les saisons et les cueillettes (champignons sauvages, petits fruits forestiers, plantes et fleurs comestibles, noix nordiques, etc.). Sachez finalement que plusieurs visites gourmandes sont proposées aux quatre coins de la ville.

© GRANDRIVER - ISTOCKPHOTO.COM

Agréables terrasses du Vieux-Québec.

CHEZ BOULAY €€

1110, rue Saint-Jean
✆ +1 418 380 8166
chezboulay.com
Horaires variables selon la saison. Brunch le week-end [temporairement indisponible]. Carte : moins de 40 CAN $.

Inspiré du mouvement de la nouvelle cuisine nordique, concept nous venant de la Scandinavie, le menu « exprime la pureté, la fraîcheur, la simplicité et l'éthique » associés au terroir du Grand Nord : gibiers, poissons, garnitures, etc., ainsi que des produits régionaux rythmés par les saisons et les cueillettes. Les végétariens ne sont pas en reste avec au moins une option savoureuse à leur intention. À visiter : le Comptoir Boréal avec ses prêt-à-manger aux accents du Nord, ses pâtisseries boréales et son coin épicerie fine.

LA BÛCHE €€

49, rue Saint-Louis ✆ +1 418 694 7272
www.restolabuche.com
Horaires variables. Recommandation : menu La Totale d'la Bûche [minimum 4 personnes] : 60 CAN $ par personne.

On mise ici sur la cuisine québécoise traditionnelle revisitée dans un décor tout aussi évocateur. Le gibier, les produits locaux et les bonnes recettes de grand-maman règnent en maîtres. La carte des cocktails vaut le détour, notamment le Bloody d'la Bûche [vodka au bacon, crevette, bacon et sauce bloody maison] et l'incontournable Kariboo [mélange d'alcool, de vin et d'épices]. Bonus : un bar à neige où savourer de la tire sur neige à l'année, des tables à pique-nique pour ripailler comme à la cabane à sucre, et des musiciens pour une ambiance 100 % québécoise.

BUFFET DE L'ANTIQUAIRE €

95, rue Saint-Paul
✆ +1 418 692 2661
lebuffetdelantiquaire.com
Ouvert tous les jours dès 6h. Carte : moins de 25 CAN $. Jolie terrasse.

Les fenêtres grandes ouvertes sur le port, le Buffet de l'Antiquaire répand depuis plus de 45 ans ses effluves de gibiers et d'épices dont seule Mémé connaît les secrets. De génération en génération, il est devenu un incontournable de la cuisine traditionnelle dans ce qu'elle a de plus authentique. Au menu : pâté à la viande, ragoût de boulettes et pattes de cochon, fèves au lard, mais aussi des plats typiques de casse-croûte et un large choix de petits déjeuners. La meilleure adresse pour se régaler, sans perdre votre bourse au passage, c'est assurément ici !

LE CLAN €€€

44, rue des Jardins ✆ +1 418 692 0333
restaurantleclan.com
Horaires variables. Menu 4 services : 69 CAN $, 6 services : 99 CAN $. Menu à la carte aussi. Réservation recommandée.

Après avoir tenu la barre des cuisines du Château Frontenac, le réputé chef Stéphane Modat a ouvert son antre gourmand en 2021, un lieu à l'image de ce chef passionné de la chasse et du terroir québécois. Le design de l'endroit est incroyable [mention à l'œuvre revisitée de *La Cène*] et pour vivre pleinement l'expérience gastronomique, la table du chef avec sa vue privilégiée sur la cuisine est un must. À noter que la carte des vins est signée par Pier-Alexis Soulière, lequel s'est classé dans le top 10 au concours du Meilleur sommelier du monde en 2019.

CHEZ RIOUX & PETTIGREW €€€

160, rue Saint-Paul
✆ +1 418 694 4448
www.chezriouxetpettigrew.com
Ouvert le soir [horaires variables], brunch le dimanche. Menu du soir [végé ou non] : 75 CAN $, accord des vins en sus.

L'équipe est composée de passionnés épicuriens, dont le chef exécutif Dominic Jacques, grand vainqueur de l'émission *Les Chefs !* en 2012. Au programme, un menu qui rend honneur aux produits de la Belle Province avec à l'ardoise des viandes du terroir, des poissons et des fruits de mer frais, des fromages fins québécois, des charcuteries artisanales, des fruits et légumes du marché, etc. Mention spéciale à la belle déco chaleureuse faite de bois, de briques et d'artefacts d'une autre époque. Une adresse à découvrir sans plus tarder !

TANIÈRE €€€

36 ½, rue Saint-Pierre
✆ +1 418 872 4386
taniere3.com
Jeudi-dimanche, dès 17h15. Compter entre 175 et 225 CAN $ par personne, sans l'alcool. Réservation indispensable.

C'est dans les voûtes des maisons Leber et Charest que Tanière[3] a fait son retour tant attendu sur la scène gastronomique de Québec. Le cadre est à la fois intimiste et époustouflant. L'expérience sensorielle de haut vol se présente sous forme d'un menu dégustation à l'aveugle élaboré par le chef François-Emmanuel Nicol et qui s'inspire de l'histoire et du territoire québécois. Certains opteront pour le côté cosy de la salle à manger et d'autres pour le comptoir-chef qui permet d'être au cœur de l'action et d'observer la brigade à l'œuvre.

BISTRO CAFÉ KRIEGHOFF €

1089, avenue Cartier
✆ +1 418 522 3711
www.cafekrieghoff.qc.ca
Ouvert tous les jours dès 8h. Petit déjeuner servi jusqu'à 14h30. Carte : moins de 30 CAN $. Terrasse.

Le café Krieghoff est un petit café que l'on apprécie autant l'hiver que l'été. Véritable institution bien implantée depuis 1977, vous y achèterez du café maison, vous y « bruncherez, luncherez, souperez ». Parmi les spécialités du Krieghoff, notons la salade tiède de canard confit, le steak frites sauce au poivre, la poutine maison à l'effiloché de canard, les calmars frits et la saucisse de Toulouse bio. L'hiver, c'est l'appel du chocolat chaud ou d'un dessert maison qui aura raison de vous et l'été, c'est la salade en terrasse qui s'impose.

BISTRO L'ATELIER €€

624, Grande Allée Est
✆ +1 418 522 2225
bistrolatelier.com
Ouvert tous les jours. Carte : 10-40 CAN $. Terrasse.

Adresse parmi les plus branchées de la Grande Allée, l'ambiance et la déco donnent déjà le ton : matériaux bruts, look chic et industriel, plafond en ampoules Edison, escaliers suspendus... le tout sur cinq paliers. L'Atelier est réputé pour ses excellents cocktails, savamment assemblés par son équipe de mixologues, et sa savoureuse sélection de tapas, tartares et burgers. L'atmosphère *trendy* et décontractée qui règne donne envie d'y établir son QG. On y revient sans hésiter, pour un repas ou l'apéro, sans oublier une terrasse exceptionnelle pour profiter de l'été.

ELLI €€

815, rue Saint-Augustin
✆ +1 581 705 0596
ellirestaurant.com
Horaires variables. Drag brunch le dimanche. Soupers-spectacles certains soirs. Carte : moins de 25 CAN $ le plat.

Logé au cœur du complexe du Drague, le restaurant Elli séduit d'emblée par son design où le bois noble, la brique et le béton se marient aux teintes noires et blanches des lieux. On y sert de succulents plats bistro d'inspiration internationale, à partager ou non, sous forme de boulettes gourmandes : arancini, raclette, tartare, tourtière, etc. Le mac & cheese vaut aussi le détour avec sa mozzarella, son bacon, sa béchamel et sa sauce hollandaise. Et lorsque le resto ferme ses portes en soirée, l'endroit se métamorphose en cabaret du Drague.

NINA PIZZA ST-JEAN-BAPTISTE €

764 rue Saint-Jean ✆ +1 418 990 0001
www.ninapizzanapolitaine.ca
Horaires variables selon la saison. Carte : moins de 25 CAN $. Autre succursale dans le quartier Saint-Roch.

On y prépare de savoureuses pizzas dans le respect de la tradition : trois des cinq associées derrière cette adresse gourmande sont certifiées par l'Associazione Pizzaioli Napoletani et ont même importé un four au gaz de Naples. Une vingtaine de variétés figurent au menu avec un nombre incalculable d'extras pour tous les goûts ainsi que des mises en bouche pour s'ouvrir l'appétit, des salades pour la fraîcheur et des desserts maison côté douceurs. Belle sélection de vins nature.

OPHELIA €€€

634 Grande Allée Est ✆ +1 418 524 8228
restaurantophelia.com
Ouvert tous les jours. Carte : 10 à 150 CAN $. Belle carte des vins et cocktails. Hôtel-boutique Ophelia sur place.

Petite sœur du Bistro L'Atelier, la belle et gourmande Ophelia propose un voyage gustatif se concentrant autour du thème Terre et Mer. Dans un décor rappelant un yacht de luxe tout de bois et de pierres vêtu, le chef exécutif régale ses convives de ses plats inusités et savoureux. Des aliments comme la pieuvre et les viandes vieillies maison, ainsi qu'une grande variété de fruits de mer, sont à l'honneur dans des créations gastronomiques surprenantes et tout de même abordables. À faire : savourer son repas dans un des dômes de la terrasse, en été comme en hiver.

SINSEMILLA €€

665, rue Saint-Jean ✆ +1 418 522 1640
www.restaurantsinsemilla.ca
Mercredi-dimanche, 16h20-minuit, voire plus. Carte : 5-55 CAN $. Menus 3, 5 et 7 services également + menu Trip Bouffe.

Un tout petit resto - quelques tables seulement - dont le nom, la déco et la musique d'ambiance ne sont pas sans rappeler le pays de Bob Marley. Même l'heure d'ouverture faire référence à l'herbe consommée par le roi du reggae ! Cela dit, on ne vous propose pas ici de vous mettre à la fumette mais bien de savourer une cuisine du marché variant selon les saisons, avec des huîtres, des plats végé, des poissons et crustacés, sans oublier un peu de viande. Belle sélection de cocktails, bières de microbrasserie et quelques vins dont des crus organiques. À découvrir !

LE 101 €€

101, rue Saint-Joseph Est ✆ +1 418 614 1168
le101restaurant.com

Horaires variables. Carte : 10-50 CAN $. Menu Expérience : 85 CAN $, brunch Expérience : 50 CAN $. Terrasse.

Véritable affaire de famille, le repaire gourmand du chef-propriétaire Charles Gignac souhaite « remettre la toque à la mode » sans pour autant vider notre porte-monnaie. Et quand on regarde son parcours professionnel - il a notamment effectué un stage au restaurant Beige d'Alain Ducasse à Tokyo -, on ne peut que se réjouir de l'expérience gastronomique à venir. Dans l'assiette, une cuisine d'inspiration française où les produits locaux et de saison ont la cote. Pour vivre la totale, on recommande les menus Expérience, en soirée comme pour le brunch.

KRAKEN CRU €€

190, rue Saint-Vallier Ouest
✆ +1 581 741 9099

Mercredi-samedi, dès 17h. Carte : moins de 25 CAN $ (2 à 3 plats sont conseillés pour un repas complet).

Les spécialités de la maison : les huîtres, mais aussi les entrées crues et froides de la mer, de bons petits plats dans le même esprit et des vins d'importation privée, notamment une sélection certifiée bio, biodynamique ou nature. Son appellation est largement méritée au vu de l'éventail d'huîtres à l'ardoise, provenant du Québec, des Maritimes, du Maine (États-Unis) et autres régions réputées pour ce délice des mers. Et vu la popularité des lieux, des places supplémentaires ont été ajoutées au sous-sol. Sympathique et sans prétention.

ARVI €€€

519, 3e Avenue
✆ +1 581 742 4202
www.restaurantarvi.ca

Mardi-samedi, 18h-22h. Menu régulier ou végétarien : 88 CAN $. Accord des vins en sus. Terrasse.

Le ton est donné dès qu'on met les pieds dans ce petit resto d'une trentaine de places : on s'attable ici dans la cuisine du chef, littéralement. Julien Masia et son équipe s'affairent, sous vos yeux, à concocter des petits bijoux gourmands déclinés en deux menus (régulier et végétarien) où les produits de saison et la créativité rayonnent. On peut ajouter quelques extras comme le foie gras, les huîtres William B ou encore l'accord des vins. La carte des alcools est d'ailleurs extrêmement bien fournie, dont plusieurs sont issus du Québec.

PATENTE ET MACHIN €€

82, rue Saint-Joseph Ouest
✆ +1 581 500 2548
www.patenteetmachin.com

Ouvert le soir (horaires variables). Carte : moins de 40 CAN $.

Occupant le local du défunt Casse-croûte chez Jeanine, dans le quartier Saint-Sauveur, Patente et Machin reste dans la même lignée que son grand frère, L'Affaire est Ketchup. La carte y est toutefois plus élaborée, y compris celle des vins qui en fera sourire plus d'un. Au menu, des plats bistro comme la poêlée de champignons sauvages au cerf effiloché ou encore la côte de bœuf Wagyu. L'ambiance y est très vivante et le service, gentil tout plein. Une belle découverte pour quiconque désire sortir des sentiers touristiques gourmands de Québec.

BATTUTO €€

527, boulevard Langelier ✆ +1 418 614 4414
www.battuto.ca

Mardi-samedi, 17h30-22h. Carte : moins de 30 CAN $ le plat (compter 2-3 plats par personne). Réservation impérative.

On propose ici une cuisine italienne en toute simplicité basée sur le partage et la fraîcheur. Dans un joli petit local tout blanc et muni de belles grandes fenêtres, tout est préparé maison en fonction de la saisonnalité et de la qualité des produits. Des mises en bouche comme les olives marinées aux agrumes et les beignets de morue, des entrées comme le carpaccio de bœuf fumé, et des plats comme les pâtes fraîches maison absolument délicieuses. À savoir qu'il a été élu meilleur nouveau restaurant au pays en 2017 selon le magazine *enRoute* d'Air Canada.

CHEZ TAO ! €

104, rue Saint-Vallier Ouest
✆ +1 418 204 1850
cheztao.ca

Ouvert le soir du mercredi au dimanche. Carte : moins de 20 CAN $. Menu réduit à partir de minuit. Terrasse.

Une adresse gourmande qui ne désemplit pas depuis son ouverture, et pour cause. L'endroit propose une savoureuse cuisine s'inspirant de la bouffe de rue en Asie, le tout à prix doux. Le pad thaï est l'un des meilleurs qu'on ait mangés, tout comme le pad see ew avec ses tendres lanières de bœuf. Les fameux sandwichs banh mi ont aussi la cote et, pour accompagner le tout, le resto se spécialise également dans les cocktails que l'on trouve ici en quantité effarante. Mention également à la déco qui nous transporte littéralement à l'autre bout du monde.

FAIRE UNE PAUSE

À Québec, chaque quartier a son ambiance. La Grande Allée est réputée auprès des étudiants et touristes pour les bars qui la jalonnent. Les quartiers Saint-Roch et Limoilou, par exemple, attirent plus les artistes et professionnels branchés. Quant au Vieux-Québec, il compte plusieurs bars à l'ambiance très sympathique, souvent dans des lieux au cachet historique. Dès l'heure du midi ou en milieu de journée, la plupart des buvettes de quartier, bars, microbrasseries et tutti quanti ouvrent leurs portes jusqu'à tard en soirée, généralement 3 heures du matin, quoique plusieurs ferment plus tôt, notamment le dimanche et en début de semaine. Pour une pause moins alcoolisée, on recommande fortement le rituel du thé d'après-midi au Château Frontenac. Sinon, plusieurs salons de thé et brûleries de café fort sympathiques, sans oublier nombreuses boulangeries, pâtisseries, chocolateries et autres du genre un peu partout en ville.

LA BARBERIE

310, rue Saint-Roch
✆ +1 418 522 4373
www.labarberie.com

Lundi-dimanche, 12h-1h. Superbe terrasse verdoyante, autre terrasse à l'avant. Coin boutique.

Bienvenue au salon de dégustation de la microbrasserie La Barberie, un incontournable à Québec. En plus des savoureuses bières maison (on a littéralement craqué pour la Ogunquit 3000, une NEIPA aux saveurs exotiques), on peut casser la croûte sur place à son kiosque La Bourrache (cuisine festive d'inspiration internationale). En saison estivale, prélassez-vous sur la surprenante terrasse, dont les abords sont cultivés par les Urbainculteurs, un organisme à but non lucratif voué à la promotion du jardinage et de l'agriculture urbaine.

BUVETTE SCOTT

821, rue Scott
✆ +1 581 741 4464
www.buvettescott.com

Ouvert du mardi au samedi dès 17h.

Branchée mais sans prétention, cette adresse intimiste propose de savoureuses tapas et petits plats créatifs, où les produits du terroir québécois ont la cote, ainsi qu'une belle sélection de vins provenant de la société d'État et d'importation privée. On ne pourrait passer sous silence les bières de microbrasseries qui occupent également une place de choix à l'ardoise. Comble de bonheur, les prix sont plus que raisonnables. Ne reste qu'à profiter de la belle ambiance au son des vinyles rétros dans ce lieu qui deviendra rapidement votre nouveau QG.

LA COUR ARRIÈRE DU FESTIBIÈRE

84, rue Dalhousie ✆ +1 418 473 7926
infofestibiere.com/lacourarriere

Ouvert de fin mai ou début juin à fin septembre. Autre bar à Lévis au parc du Rigolet. Spectacles musicaux, DJ, etc.

C'est clairement le bar estival le plus cool en ville ! Sublime création du Festibière de Québec et situé face au fleuve, ce bar extérieur avec bassins d'eau est notre Mecque en été (tables et chaises à disposition pour s'installer directement dans l'eau !). Les bières artisanales du Québec trônent sur le menu, mais aussi des cocktails, de la sangria et autres boissons, alcoolisées ou non. Pour les petits creux, un kiosque vend notamment de succulents tacos sur place. Incontournable !

DEUX22

222, rue Saint-Joseph Est
✆ +1 581 742 5222
deux22.com

Ouvert tous les jours de 11h à 2h. Cour intérieure (couverte et chauffée en hiver).

L'endroit se présente sous la bannière « bouffe.bar.boutique » : ici on peut prendre un verre, casser la croûte et en profiter pour regarnir sa garde-robe à une seule et même adresse. La boutique, qui « disparaît » en soirée, propose les coups de cœur des propriétaires, provenant de différents créateurs d'ici et d'ailleurs. Côté resto-bar, la carte se résume en spécialités mexicaines que l'on accompagnera d'une bière de microbrasserie, d'une tequila, d'un mezcal ou d'un mojito. À savoir qu'on y sert également des petits déjeuners gourmands le week-end.

GRIENDEL

195, rue Saint-Vallier Ouest
✆ +1 581 742 2884
griendel.com
Ouvert dès 15h en semaine, 12h le week-end. Programmation culturelle et événements de dégustation.

On adore les lieux : un vaste espace au plafond de plus de 4 mètres, d'immense baies vitrées sur toute la devanture laissant filtrer la lumière du jour (et qui s'ouvrent entièrement en été), une belle fresque murale faite par des artistes du coin et, surtout, environ 20 lignes de fûts dédiées aux bières maison ainsi qu'à celles d'autres microbrasseries du Québec. On ne pourrait passer sous silence le menu gourmand avec ses burgers, poutines, tartares, plateaux de dégustation, choucroute et autres délices à se mettre sous la dent.

JJACQUES

341, rue Notre-Dame-Des-Anges
✆ +1 581 491 3286
jjacques.ca
Ouvert du mercredi au lundi dès 17h30.

Ce bar secret fait jaser depuis son ouverture. Il faut dire que le décor, une très grande réussite de l'Atelier Filz, est totalement incroyable. Nombreux sont les visiteurs et même la critique qui décrivent l'endroit comme une enfilade de wagons de train. Et on doit admettre que c'est exactement cela et on s'y croirait presque ! On y vient surtout pour ses cocktails et son bar à huîtres et à caviars, mais jjacques propose aussi des vins nature et biodynamiques ainsi que de bons petits plats faisant honneur aux produits locaux. Une adresse à découvrir !

MAELSTRØM SAINT-ROCH

181, rue Saint-Vallier Est
✆ +1 418 523 0700
maelstrom.cafe
Ouvert dès 8h en semaine, 9h le week-end. Fermeture tardive du jeudi au samedi.

Maelstrøm s'est fait connaître à ses débuts pour son café infusé à froid, aussi appelé *cold brew*, en concentré ou prêt-à-boire et qui peut être servi chaud ou froid. Son petit quartier général, au look à la fois bobo et industriel, sert bien évidemment ce produit maison, qu'on retrouve même en cocktail. L'ardoise affiche aussi des cafés, bien sûr, ainsi que quelques bières artisanales et une panoplie de cocktails classiques et de créations. Dans l'assiette, de délicieux plats véganes ou non, sans oublier le brunch qui attire bon nombre d'adeptes.

PLACE DUFFERIN

1, rue des Carrières
✆ +1 418 692 3861
www.fairmont.fr/frontenac-quebec
Horaires variables selon la saison (le service débute à 14h). 55 CAN $ par personne, réservation nécessaire.

Si l'envie vous prend de vous adonner au fameux rituel du thé de l'après-midi, c'est ici qu'il faut aller ! Le restaurant Place Dufferin, situé sur la terrasse du même nom, propose de vivre cette belle expérience gourmande selon les règles de l'art. À votre arrivée, on vous servira une tentation de fruits aromatisés. Puis vient le rituel : Earl Grey Crémeux, Jasmin Dragon Doré, Déesse Oolong Biologique et plusieurs autres délicieux thés LOT 35 de Metropolitan Tea, accompagnés de scones, sandwichs traditionnels, bouchées, pâtisseries et mignardises. À faire !

LE SACRILÈGE

447, rue Saint-Jean
✆ +1 418 649 1985
barlesacrilege.com
Ouvert tous les jours dès midi. Promotions tous les jours. Cour intérieur avec murale.

Il ne faut pas passer à côté : ce bar du Faubourg réserve une véritable surprise à celui qui s'aventure dans son antre. La verrière et la charmante terrasse aménagée dans la cour intérieure en inspirent plus d'un (verrière supplémentaire sur la terrasse pour en profiter l'hiver). Elles en font même sa renommée ! Mais Le Sacrilège, c'est aussi une programmation de spectacles et d'événements en tous genres, une belle sélection d'alcools québécois et d'en-cas pour les petits creux, sans oublier la chartreuse qui est ici très populaire. Une véritable institution !

TUTTO GELATO

716, rue Saint-Jean
✆ +1 418 522 0896
www.tuttogelato.ca
Ouvert tous les jours de fin mars à mi-octobre (horaires variables).

Confectionnées maison selon l'authentique méthode italienne, les glaces de Tutto Gelato sont un pur délice, à savourer dans la petite boutique fraîchement redécorée ou sur la rue au soleil. On y trouve aussi des sorbets aux parfums variés ainsi qu'une petite sélection de glaces au lait de soja. À découvrir : les « sticos », de la crème glacée sur bâtonnet. En plus de ces douceurs, le menu affiche des gâteaux, biscuits et macarons faits maison, granités et cafés glacés, sans oublier l'incontournable espresso de la maison. Une adresse gourmande comme on les aime !

(SE) FAIRE PLAISIR

La capitale québécoise a de quoi faire plaisir aux amoureux du shopping. Outre les boutiques de quartier, on retrouve un grand nombre de centres commerciaux, dont trois à Sainte-Foy à quelques pas l'un de l'autre (Laurier Québec, Place de la Cité, Place Ste-Foy), ainsi que les Galeries de la Capitale (angle autoroute Félix-Leclerc et boulevard Henri-Bourassa) et Fleur de Lys centre commercial (à proximité des quartiers Saint-Roch et Limoilou). Dans le Vieux-Québec, au-delà des échoppes vendant des souvenirs *made in China*, plusieurs boutiques mettent en vedette les métiers d'art, dont l'artisanat autochtone qui vaut à lui seul le détour. Les boutiques des différents musées permettent aussi de faire de belles découvertes. Pour les plaisirs gourmands, le Grand Marché de Québec dans le quartier Limoilou est un *must*. Il héberge des dizaines de producteurs, transformateurs et artisans qui vous feront savourer le Québec !

ÉPICERIE J.A. MOISAN

699, rue Saint-Jean
✆ +1 418 522 0685
www.jamoisan.com

Ouvert tous les jours (horaires variables selon la saison). Coin café pour grignoter sur place.

Fondée en 1871 par Jean-Alfred Moisan au cœur du Faubourg Saint-Jean, cette épicerie fine de quartier est une véritable institution de la ville de Québec. Si les rénovations ont remis l'endroit au goût du jour, son cachet d'antan est toujours bien présent. Outre ses nombreux produits fins, la boutique regorge d'autres délicieux produits comme les fromages, les charcuteries, les prêt-à-manger, les cafés et thés, les bières de microbrasseries… Et on ne pourrait passer sous silence son cellier à vin qui comprend l'une des plus grandes collections de vins québécois.

LE GRAND MARCHÉ DE QUÉBEC

250-M, boulevard Wilfrid-Hamel
✆ +1 418 692 2517
www.legrandmarchedequebec.com

Lundi-vendredi, 9h-18h ; samedi-dimanche, 9h-17h. Deux heures de stationnement gratuit sur place.

Tout récent, Le Grand Marché héberge des dizaines de producteurs, transformateurs et artisans avec une cinquantaines de stands. Certains sont permanents alors que d'autres sont des étals saisonniers. Une offre variée et de qualité est au rendez-vous : produits maraîchers, pains et viennoiseries, viandes et charcuteries, produits de la mer, cafés et thés, alcools artisanaux, prêt-à-manger, etc. Ateliers, démonstrations, dégustations et autres du genre ponctuent les saisons.

MARTINO

35 ½, rue du Petit-Champlain
✆ +1 418 914 9933
www.boutiquemartino.com

Horaires variables selon la saison. Boutique en ligne également.

Martino est hautement réputé au pays pour sa sélection de mocassins, rendant ainsi hommage à la tradition de la fabrication locale de mocassins depuis des générations. Et il y en a pour tous les goûts et de toutes les couleurs, avec ou sans fourrure, format soulier ou bottine. On retrouve également sur place des chaussures de type *streewear* et une belle sélection de bottes 3 saisons et d'hiver conçues avec des technologies de nouvelles générations. À savoir que tout est entièrement fabriqué au Québec, avec des produits pour les hommes, femmes et enfants.

BOUTIQUE ARTISANS CANADA

30, côte de la Fabrique
✆ +1 418 692 2109
artisanscanada.com

Ouvert tous les jours (horaires variables selon la saison). Autre boutique dans le Vieux-Montréal.

Spécialisée dans les produits art et mode faits au Canada, on y retrouve notamment les bijoux d'Anne-Marie Chagnon et ceux de Gemmes Québec par André Gagnon Lapidaire (ces derniers sont faits avec des pierres du Québec comme l'amazonite du Lac-Saint-Jean), les chapeaux Tilley et les tuques avec fourrure d'Harricana, les vêtements prêt-à-porter de Rebelle des Bois ou encore de Red Canoe, les savons et crèmes pour bébés de Lolo par La Belle Excuse et beaucoup plus encore. Même le *New York Times* la considère comme LA destination shopping de la vieille ville.

BOUGER & BULLER

La ville de Québec compte quelques centaines de kilomètres de voies cyclables qui la relient à la Route Verte. Depuis le centre-ville, on peut emprunter plusieurs pistes cyclables telles que le Corridor de la Rivière-Saint-Charles (9 km), le Corridor des Cheminots (22 km) ou encore le Corridor du Littoral (50 km). La baignade est également au rendez-vous et la région compte quelques plages, des parcs nautiques, sans oublier les piscines extérieures situées aux quatre coins de la ville. Lors de la saison froide, les patinoires ne manquent pas à Québec, que ce soit en intérieur ou en extérieur. Pour ces dernières, l'entrée est en général gratuite, mais vous devez payer la location de patins (moins de 10 CAN $). Les plaines d'Abraham sont, quant à elles, couvertes de pistes de ski de fond et de raquettes, sans oublier les fameuses glissades de la Terrasse Dufferin, en bordure du Château Frontenac.

BAIE DE BEAUPORT

1, boulevard Henri-Bourassa ✆ +1 418 266 0722
www.baiedebeauport.com
Ouvert de mi-mai à mi-octobre. Accès quotidien : 2 CAN $, gratuit pour les 15 ans et moins. Stationnement : 10 CAN $.

Sur ce site enchanteur doté d'une grande plage, il fait bon prendre un bain de soleil, se bercer dans un hamac avec une sangria à la main (on recommande), jouer au beach-volley ou encore pratiquer un des nombreux sports nautiques grâce au service de location d'embarcations. La baignade est possible dans le fleuve et vous permettra de vous rafraîchir par temps chaud, sans oublier les jeux d'eau. Services : restauration (les pizzas sont délicieuses), bar, boutiques éphémères, camping pour camping-car, programmation d'événements et d'activités spéciales, etc.

CANOT À GLACE EXPÉRIENCE

1141, boulevard Champlain
✆ +1 418 554 5691
www.canotaglaceexperience.ca
De mi-décembre à fin mars, selon les conditions météo. Tarif initiation : 225 CAN $ par adulte. Réservation requise.

Activité franchement unique, le canot à glace est désormais accessible à tous avec tout l'équipement fourni, bien entendu. Des sorties d'initiation sont offertes à différentes périodes du jour, selon les marées, et comprennent toutes un topo sur les différents termes et les techniques de base avant d'aller affronter le fleuve. Vous pourrez ainsi ramer sur le Saint-Laurent en plein hiver et trotter avec les glaces crépitant sous vos pieds. Notez que des sorties au coucher du soleil et des forfaits avec Strøm spa nordique sont aussi proposés.

LES GLISSADES DE LA TERRASSE DUFFERIN

Terrasse Dufferin
✆ +1 418 528 1884
www.au1884.ca
Tous les jours de mi-décembre à mi-mars (voire plus selon la météo). 3,50 CAN $ pour une descente, 11 CAN $ pour quatre.

C'est un des grands incontournables de l'hiver dans la capitale, juste à côté du non moins fameux Château Frontenac. Gardez les yeux grands ouverts et attachez vos bonnets ! À bord d'un toboggan allant jusqu'à 70 km/h, vous ressentirez une bouffée de plaisir accompagnée d'une vue imprenable sur le fleuve et le Château. À essayer ! Sur le site, vous trouverez aussi une mini-cabane à sucre extérieure ainsi que des repas sur le pouce au Kiosque Princesse Louise.

STRØM SPA NORDIQUE VIEUX-QUÉBEC

515, boulevard Champlain
✆ +1 418 425 2772
www.stromspa.com/vieux-quebec
Ouvert tous les jours de 9h à 22h. Voir site web pour les tarifs et forfaits.

Établi à proximité du Saint-Laurent, le dernier-né de la chaîne de spa bien connue Strøm (présente également à Montréal, à Mont-Saint-Hilaire et à Sherbrooke) propose une variété de services incluant les bains nordiques, la massothérapie, les soins esthétiques et la gastronomie d'inspiration boréale au Restaurant Nord. De nombreux forfaits sont disponibles ainsi que des soirées thématiques, comme les Soirées Drøm pour les parents et ados ou les Soirées Ekko avec ambiance décontractée.

Plusieurs institutions culturelles sont installées dans le Vieux-Québec et ses environs immédiats. On a qu'à penser au Capitole face à la place d'Youville (programmation variée), au Théâtre Petit Champlain (chanson francophone et humour) ou encore au Diamant, un lieu de diffusion piloté par le fameux dramaturge Robert Lepage. Il y a également le Grand Théâtre de Québec qui présente notamment les concerts de l'Orchestre symphonique de Québec. Et on ne pourrait passer sous silence le Centre Vidéotron, dans le quartier Limoilou, où viennent se produire les grands noms de la musique. Pour planifier vos sorties, on recommande certains sites web spécialisés tels que *Sors-tu?* (webzine culturel - sorstu.ca) et *Milo* (guide des bonnes adresses de la province et magazine web - miloguide.com), sans oublier *Fugues*, le mensuel gratuit pour les sorties et activités de la communauté LGBTQ2 (fugues.com).

L'ANTI BAR & SPECTACLES

251, rue Dorchester
✆ +1 581 981 9814
lanti.ca
Voir site web pour la programmation. Tarifs variables selon les spectacles. Terrasse.

Suite à la fermeture du bar-coop L'AgitéE, l'espace n'aura pas été laissé vacant bien longtemps. Jay Manek et Karl-Emmanuel Picard y ont ouvert L'Anti à la mi-juillet 2015, en conservant l'esprit des lieux dédié à la musique marginale avec une belle vitrine pour les groupes locaux. La programmation comprend entre autres du métal, du punk, du rock indie, du hip-hop et des sets de DJ. C'est un lieu relativement underground qui permet de se fondre parmi les locaux l'instant d'une soirée. Bonus : c'est beau, bon, pas cher. On adhère !

LE DIAMANT

966, rue Saint-Jean
✆ +1 418 692 5353
www.lediamant.ca
Achat de billets sur place, par téléphone et en ligne. Tarifs selon l'événement ou le spectacle.

Tout récent lieu de diffusion, Le Diamant axe sa programmation autour de la création contemporaine québécoise. À la dernière pointe de la technologie, il présente des propositions artistiques innovantes. Piloté par Ex Machina et le célèbre dramaturge Robert Lepage, dont les œuvres multidisciplinaires bouleversent depuis plus de 20 ans les standards en matière d'écriture scénique, Le Diamant se veut un lieu de rayonnement pour la créativité d'ici et d'ailleurs. Spectacles de cirque, de danse et même de lutte sont aussi au rendez-vous.

LE DRAGUE CABARET CLUB

815, rue Saint-Augustin
✆ +1 418 649 7212
ledrague.com
Ouvert tous les jours de 11h à 3h. Terrasse. Restaurant elli sur place.

À la fois bar, club, salle de spectacles et haut lieu de sortie, le Drague se présente comme un « complexe de divertissements », en plein cœur du Faubourg Saint-Jean. On y retrouve une zone cabaret avec spectacles de personnificateurs féminins, une zone club avec DJ et planchers de danse (vendredi et samedi dès 23h) et la Zone3 de style lounge pour se relaxer entre amis (vendredi et samedi dès 17h). La programmation est aussi diversifiée que la clientèle, et pour planifier votre virée, consultez la page Facebook du Drague qui liste tous les événements à venir.

THÉÂTRE PETIT CHAMPLAIN

68, rue du Petit-Champlain
✆ +1 418 692 2631
www.theatrepetitchamplain.com
Achat de billets sur place, par téléphone et en ligne. Tarifs variables selon les spectacles.

Le Théâtre Petit Champlain est peut-être une petite salle, mais elle est vraiment mignonne. À l'entrée, un bar crée un espace agréable et clair, en harmonie avec l'ambiance du quartier (belle terrasse en saison). La programmation met l'accent sur la chanson francophone avec des artistes connus ou en voie de le devenir. Plusieurs spectacles d'humour ponctuent également la programmation au fil des mois. Consultez le site web pour connaître la programmation et les tarifs selon les spectacles (forfait souper-spectacle disponible).

WENDAKE ★★

La visite de Wendake (nation huronne-wendat) se compose de plusieurs éléments et il faut lui consacrer au moins une journée entière. Parmi ses incontournables, notons l'Hôtel-Musée Premières Nations et son restaurant La Traite, le Site traditionnel Huron ou encore le parc linéaire longeant la rivière Saint-Charles (ne ratez pas la chute Kabir Kouba). Les festivités se succèdent à Wendake, dont le Pow Wow en été (fête traditionnelle), ainsi que des spectacles et événements culturels et artistiques, tant à l'amphithéâtre qu'au Carrefour artistique de Wendake. À voir également : le spectacle immersif Onhwa' Lumina créé par Moment Factory.

HÔTEL-MUSÉE PREMIÈRES NATIONS €€

5, place de la Rencontre
✆ +1 418 847 2222
www.hotelpremieresnations.ca
Occupation double : à partir de 274 CAN $, petit déjeuner inclus. Musée et parcours nocturne sur place.

Au cœur du territoire huron-wendat, venez découvrir un hôtel 4 étoiles où l'histoire et la tradition côtoient habilement la modernité. Vous serez autant séduit par le confort des chambres que par la qualité du restaurant La Traite. Celui-ci offre une cuisine unique, inspirée des Premières Nations. Visitez aussi le Musée huron-wendat et découvrez-y des expositions offrant une fenêtre ouverte sur les territoires, les mémoires et les savoirs d'un peuple fier de ses racines.

HÔTEL DE GLACE ★★

2280, boulevard Valcartier
✆ +1 418 844 2200
www.valcartier.com
Ouvert de début janvier à mi ou fin mars. Voir site web pour les forfaits de visite et d'hébergement.

Ce majestueux complexe de glace et de neige voit le jour en janvier et disparaît sous le soleil du printemps chaque année. Il s'agit d'une structure éphémère exceptionnelle avec une thématique différente chaque année. Les murs sont dotés d'œuvres d'art ; le mobilier, le lustre étincelant qui dominent le hall d'entrée, les colonnes et les magnifiques sculptures sont façonnées à même la glace. Si vous avez peur d'avoir froid, sachez que tout l'équipement nécessaire vous est fourni, bien entendu. Le chaud et le froid se mélangent, vos sens sont en éveil, dans un émerveillement qui vous fera vivre une expérience hors du commun. L'hôtel est ouvert au grand public tous les jours dès 10h, mais sachez qu'à partir de 20h, la section des chambres et suites est réservée aux clients qui séjournent sur place. L'hôtel héberge également un bar de glace, une chapelle pour les mariages (l'hôtel en accueille quelques dizaines par saison), un espace détente nordique (bains à remous et sauna extérieurs), ainsi que diverses installations et activités au Village Vacances Valcartier (centre de jeux d'hiver, parc aquatique intérieur Bora Parc, centre de santé spa, etc.). Il est aussi possible d'y venir simplement pour boire un verre au bar de glace, mais si l'expérience ultime d'une nuitée nordique vous tente, plus d'une vingtaine de chambres et suites thématiques sont à disposition (sacs de couchage grand froid fournis). Les forfaits ne sont pas à la portée de toutes les bourses, mais le jeu en vaut la chandelle.

SAINT-GABRIEL-DE-VALCARTIER ★

Lieu d'établissement de plusieurs colons écossais et irlandais en 1817, on y retrouve une importante base militaire (Valcartier) depuis la Première Guerre mondiale. Cette base des Forces canadiennes fait partie du Secteur du Québec de la Force terrestre et loge la 2e Division du Canada. Ce sont ces militaires qui interviennent dans différentes situations critiques au Québec, comme lors des inondations majeures qu'ont vécues plusieurs municipalités en 2019. Hormis cette base, Saint-Gabriel-de-Valcartier est surtout connue pour son Village Vacances Valcartier ainsi que pour le fameux Hôtel de Glace dont la réputation dépasse les frontières du pays.

VILLAGE VACANCES VALCARTIER

2280, boulevard Valcartier ✆ +1 418 844 2200
www.valcartier.com
Tarifs selon l'activité ou le forfait choisi et la saison. Navette entre Québec et le village en été et en hiver.

L'endroit idéal pour s'éclater en famille ou entre amis. En été, son grand parc aquatique avec jeux et glissades d'eau, piscine à vagues, rivières thématiques et autres attractions attire les foules. L'hiver on opte plutôt pour la glissade sur chambres à air, le rafting sur neige et le sentier de patinage. Nombreux autres services et activités : parc aquatique intérieur, centre de santé spa, hébergement (dont l'Hôtel de Glace), restaurants, bars et terrasses, boutiques et plus encore.

STONEHAM-ET-TEWKESBURY ★★

Son nom proviendrait de deux villages du comté de Gloucester en Angleterre. D'ailleurs, sa petite église St. Peter (1839) et son cimetière sont des témoins du peuplement des cantons par les immigrants anglophones. De nos jours, Stoneham est surtout réputée pour sa station de ski, parmi les plus importantes à l'est des Rocheuses. La station propose d'autres activités, été comme hiver, ainsi qu'un hôtel situé au pied des pistes. Les environs sont aussi connus pour les rapides de la rivière Jacques-Cartier que l'on peut franchir en rafting et, à quelques kilomètres, se trouvent le parc national de la Jacques-Cartier et la réserve faunique des Laurentides.

PARC NATIONAL DE LA JACQUES-CARTIER ★

103, chemin du Parc-National ✆ +1 800 665 6527
www.sepaq.com/pq/jac

Ouvert toute l'année. Accès quotidien : 9,25 CAN $, gratuit pour les 17 ans et moins.

Véritable sanctuaire de la nature sauvage, le parc occupe un territoire de 670 km² constitué d'un plateau fracturé par des vallées aux versants abrupts, couvert de conifères et lacs et profondément entaillés par la rivière Jacques-Cartier. Vous y découvrirez une faune intéressante : orignal, cerf de Virginie, ours noir, loup, lynx... Le parc organise des activités de découverte qui intéresseront la famille au grand complet : excursion guidée en canoë rabaska, soirée de contes, randonnée nocturne, théâtre de marionnettes, etc.

- **Service de navette** entre Québec et le parc national offert par deux compagnies : Intercar (service quotidien) et Navette Quatre Natures (service quotidien). Pour les horaires et tarifs, consultez leurs sites web respectifs.
- **Hébergement** : chalets, chalets EXP, chalets Écho, yourtes, camps rustiques, refuge, tentes prêt-à-camper, prêt-à-camper Étoile, camping rustique et aménagé, camping d'hiver.
- **Location d'équipement** : canoë, kayak, canoë pneumatique, chambre à air, miniraft, surf à pagaie, habit isothermique, casque protecteur, sac au sec, baril étanche, raquettes, fatbike, skis nordiques, bâtons et crampons de marche, traîneau pour bébé, porte-bébé.
- **Activités** : observation de la faune, activités nautiques, canoë-camping, randonnée pédestre, vélo, pêche à la journée ou avec hébergement, géocache, expédition dans l'arrière-pays, fatbike (vélo hivernal), ski nordique, raquette, glissade, patin à glace, randonnée alpine, télémark et snowboard.

BEAUPORT ★★

À quelques minutes du Vieux-Québec, l'arrondissement de Beauport renferme un secteur historique d'importance avec plus de 550 bâtiments et ensembles d'âges et de styles variés. Beauport est un passage obligatoire pour quiconque veut aller voir de plus près la fameuse chute Montmorency, un attrait de taille qui attire les visiteurs du monde entier. Il faut dire que bien qu'elle soit étroite, elle surpasse les chutes du Niagara d'une trentaine de mètres. C'est également d'ici que partent les excursions en train à destination de Charlevoix, une escapade inoubliable entre fleuve et montagne qui mène à La Maibaie, à plus d'une centaine de km de Québec.

PARC DE LA CHUTE-MONTMORENCY ★★

5300, boulevard Sainte-Anne
✆ +1 844 522 4883 - www.sepaq.com/ct/pcm

Ouvert à l'année. Accès : 5,65 à 7,39 CAN $, gratuit pour les 17 ans et moins. Stationnement et téléphérique payants.

Bien que moins large que les chutes du Niagara, le saut est plus haut d'une trentaine de mètres. Le site a été aménagé en vue d'offrir aux visiteurs des points de vue grandioses (téléphérique, escalier panoramique, pont suspendu, belvédères, sentiers de promenade et aires de pique-nique). La chute est encore plus spectaculaire en hiver lorsqu'elle est gelée et que s'est créé le « pain de sucre », énorme cône de glace formé par la cristallisation de la vapeur d'eau en suspension : ce dernier est en lui-même une curiosité qui attire toujours beaucoup de monde. Surplombant la chute, le Manoir Montmorency, élégante villa reconstruite comme au XVIIIe siècle, abrite un centre d'interprétation consacré à l'histoire du site, un restaurant-terrasse et une boutique de souvenirs.

- **Accès** : le parc est situé à 12 km à l'est du Vieux-Québec. On accède à la partie haute par l'avenue Royale (route 360 - accueil pour le manoir, la via ferrata et la tyrolienne) et à la partie basse par le boulevard Sainte-Anne (route 138 - accueil principal de la gare).
- **Services sur place** : restaurant-terrasse, sandwicherie (à la gare), food-truck, casse-croûte, comptoir laitier, boutiques, visite guidée des lieux et activités guidées en saison, activités de plein air (sentiers et promenades pour la rando, trois parcours de via ferrata, tyrolienne, escalade de glace, location de raquettes, etc.) et programmation d'activités spéciales et d'événements. À surveiller : la nouvelle passerelle flottante semi-submergée.

QUÉBEC

© VALÉRIE FORTIER

Parc de la Chute-Montmorency.

TRAIN DE CHARLEVOIX

5300, boulevard Sainte-Anne
✆ +1 418 420 4124
traindecharlevoix.com
Mi-juin à fin octobre. Voir site web pour les horaires et tarifs. Forfaits disponibles.

Ce train touristique relie Québec à La Malbaie, dans la région de Charlevoix, sur un circuit d'un peu plus d'une centaine de kilomètres. Un parcours exceptionnel, entre fleuve et montagnes, desservant les gares du parc de la Chute-Montmorency, de Baie-Saint-Paul et de La Malbaie, et traversant nombreuses localités comme Sainte-Anne-de-Beaupré, Petite-Rivière-Saint-François, Les Éboulements et Saint-Irénée. Question de bien préparer votre excursion, le site web présente les attraits à voir et activités à faire dans chaque destination desservie par le train.

ÎLE D'ORLÉANS ★★★

D'une superficie de plus de 190 km², bien visible depuis Québec, elle n'a rien perdu de sa tranquillité pastorale qui inspira le chanteur Félix Leclerc (il y vécut jusqu'à sa mort). Avec ses églises aux clochers effilés et ses demeures normandes du XVIIIe siècle, elle perpétue l'image de la vie rurale en Nouvelle-France. La route 368 qui permet d'en faire le tour (68 km) offre de superbes vues sur la Côte-de-Beaupré et le mont Sainte-Anne, ainsi que sur les rives de la région Chaudière-Appalaches au sud. Six localités jalonnent le parcours, avec chacune un charme qui lui est propre. L'île d'Orléans est un havre de paix, un endroit bucolique.

CASSIS MONNA & FILLES ★

1225, chemin Royal
✆ +1 418 828 2525
www.cassismonna.com
Cave à vin et boutique gourmande : toute l'année. Restaurant, crèmerie et comptoir pour emporter : juin à octobre.

C'est le bébé de Bernard Monna, liquoriste de quatrième génération, et de ses filles, Catherine et Anne. L'entreprise offre de nombreux produits à base de cassis dont des alcools (la sangria est sublime !), gelées, sirops, confits d'oignons, moutardes et autres délicieux produits. Vous pourrez visiter la cave à vin et faire des dégustations, ou encore casser la croûte à la Monnaguette. Après cette halte gourmande, pourquoi ne pas aller approfondir vos connaissances sur le métier de liquoriste, car l'entreprise est également membre du réseau Artisans à l'œuvre.

ESPACE FÉLIX-LECLERC ★★

1214, chemin Royal
✆ +1 418 828 1682
felixleclerc.com
Ouvert de juin à octobre. Adulte : 8 CAN $. Boutique, terrasse.

Ce musée est dédié à Félix Leclerc. Chansonnier, poète, écrivain et dramaturge, sa vie et son œuvre sont ici racontés. La visite se termine en suivant le sentier d'un flâneur, autrefois parcouru par le très célèbre chansonnier. D'une longueur de 3 kilomètres, il traverse les champs et bois du site (bel endroit pour faire de la raquette en hiver). Profitez de votre passage ici pour aussi découvrir le parcours d'un flâneur et ses œuvres disposées sur le parterre et dans l'érablière. Des spectacles de musique de haute qualité s'y déroulent également certains soirs.

SAINTE-ANNE-DE-BEAUPRÉ ★★

Sainte-Anne-de-Beaupré est mondialement connue pour son sanctuaire, lieu de pèlerinage attirant près d'un million de visiteurs par an. Dédié à la sainte patronne du Québec, c'est un véritable chef-d'œuvre architectural de style néogothique. Lors de la neuvaine de sainte Anne en juillet, l'endroit est bondé ! À savoir que le Cyclorama de Jérusalem, situé à quelques pas de là, était une autre attraction populaire. Le site a néanmoins fermé ses portes fin 2018. En voie d'être classé bien patrimonial, son avenir reste pour le moment incertain. Finalement, pour marquer une belle pause, on recommande fortement un arrêt à la Microbrasserie des Beaux Prés.

SANCTUAIRE DE SAINTE-ANNE-DE-BEAUPRÉ ★★

10018, avenue Royale
✆ +1 418 827 3781
www.sanctuairesainteanne.org
Ouvert tous les jours à l'année. Entrée libre. Messes quotidiennes.

Sur la rive nord du fleuve Saint-Laurent, face à l'île d'Orléans, cette basilique, dont la première construction remonte au XVIIe siècle, est dédiée à la sainte patronne du Québec. De renommée mondiale, facilement repérable de la route, elle est le plus ancien lieu de pèlerinage de la province. C'est un gigantesque édifice néogothique pourvu de deux clochers entre lesquels veille la statue dorée de sainte Anne. À l'intérieur, la basilique se compose de cinq immenses nefs séparées par des colonnes à chapiteaux sculptés, et la voûte en berceau est recouverte de mosaïques relatant la vie de sainte Anne, chef-d'œuvre du mosaïste français Auguste Labouret. Environ 200 vitraux à dominante bleue l'éclairent. Dans l'aile gauche du transept, la statue de la sainte tenant Marie dans ses bras attire les fidèles, qui se recueillent devant elle. Les reliques de sainte Anne sont abritées dans la chapelle située juste derrière. De nombreux témoignages de miraculés ornent les colonnes des nefs. S'y entremêlent béquilles et prothèses, souliers d'enfants et photos. Ce lieu de recueillement, respecté de tous les Québécois, connaît en été une très grande affluence, surtout lors de la neuvaine à sainte Anne en juillet. Des visites guidées de la basilique et des activités spéciales sont aussi proposées aux groupes (réservation auprès du secrétariat). Pour un souvenir de votre visite au Sanctuaire, son magasin vend toute une panoplie d'objets à caractère religieux.

BEAUPRÉ ★★

Situé entre le mont Sainte-Anne et le fleuve, l'endroit fut habité dès les débuts de la Nouvelle-France. De nos jours, Beaupré est surtout une destination nature avec un éventail d'activités d'aventure et d'écotourisme, à commencer par la fameuse station de ski Mont-Sainte-Anne. La vue qui s'ouvre sur le Saint-Laurent depuis les pistes est tout simplement superbe, et c'est d'ailleurs ce qui fait la réputation des lieux. En été, le vélo de montagne prend la relève avec de nombreux adeptes qui dévalent les pentes ; les plus aventureux iront faire du canyoning à la chute Jean-Larose. Non loin se trouve le canyon Sainte-Anne et sa chute haute de 74 mètres.

MONT-SAINTE-ANNE

2000, boulevard du Beau-Pré
✆ +1 418 827 4561
mont-sainte-anne.com
Voir site web pour les tarifs. Hébergement, restauration, navette ski-bus depuis certaines villes.

C'est la plus ancienne et la plus importante station de ski de la région (71 pistes sur trois versants, 19 éclairées en soirée). En haut des pistes, juste avant de se jeter dans la poudreuse, admirez la vue sur le fleuve. Outre le ski, le site est le lieu privilégié de bon nombre d'activités de plein air (service de location d'équipement sur place) : randonnée pédestre, descente en vélo de montagne, golf (normale 72), canyoning, ski de fond, raquette, randonnée alpine, fatbike (vélo hivernal)... Nombreux événements en toute saison.

PETITE-RIVIERE-SAINT-FRANÇOIS ★★

Au terme d'une descente panoramique, vous découvrez cette localité de près de 800 habitants nichée entre fleuve, rivière et montagne. Ce village est particulièrement renommé pour sa station de ski Le Massif. C'est aussi le point de départ du sentier des Caps de Charlevoix et des sentiers Gabrielle-Roy. Claude Bouchard a été le premier colon à venir s'y établir en 1675 ; il s'agit du plus vieux peuplement de Charlevoix. Ce village côtier a longtemps abrité un chantier maritime pour la construction de goélettes et une cale sèche. À voir : la chapelle de Maillard et ses expositions d'œuvres d'art, la chapelle de Grande-Pointe et le Domaine à Liguori.

CLUB MED QUÉBEC CHARLEVOIX €€€

1 rue de la Montagne-Secrète
✆ +1 888 932 2582
www.clubmed.ca
Voir site web pour la gamme des forfaits et les tarifs.

C'est en décembre 2021 qu'a ouvert le tout premier Village Club Med au Canada. L'extérieur et l'intérieur sont signés par la firme québécoise d'architectes Lemay Michaud et le résultat est superbe. Avec un peu plus de 300 chambres et suites, trois restaurants, deux bars, un centre de santé et spa nordique, des programmes pour enfants et ados, des activités à foison sur quatre saisons et des services à n'en plus finir, cette nouvelle destination vacances est un must !

LE MASSIF DE CHARLEVOIX

185, chemin du Massif
✆ +1 418 632 5876
www.lemassif.com
Voir site web pour les horaires et tarifs selon la saison. Hébergement (condo, chalet, refuge).

Le Massif est surtout connu comme étant la plus haute montagne skiable au Québec. Elle offre 53 pistes et sous-bois sur un dénivelé de 770 m avec une vue panoramique à couper le souffle. On accède aux pistes par la base ou par le sommet. D'autres activités sont proposées, en hiver comme en été : ski hors-piste, randonnée alpine, luge (jour et soir), ski de fond, raquette, vélo de montagne, balade en télécabine, canyoning, etc. Nombreux services également, dont la location d'équipement, le café-boutique Forêt Gourmande et le nouveau Camp Boule buvette de montagne.

BAIE-SAINT-PAUL ★★★

C'est l'une des plus anciennes villes du Québec, fondée en 1678. C'est aussi l'un des lieux les plus photographiés de la province. La beauté des paysages, les maisons centenaires, les nombreuses galeries d'art, le Musée d'art contemporain et les boutiques d'artisanat méritent qu'on leur consacre du temps. Devant la baie s'étend l'Isle-aux-Coudres, qui semble la fermer. De tout temps la ville a été le refuge des artistes québécois, notamment des peintres et des sculpteurs. Marc-Aurèle Fortin, Clarence Gagnon, Jean-Paul Lemieux et René Richard, l'écrivaine Gabrielle Roy, entre autres, ont vécu ici pour imprégner leurs œuvres du charme de cette région.

MUSÉE D'ART CONTEMPORAIN DE BAIE-SAINT-PAUL ★

23, rue Ambroise-Fafard ✆ +1 418 435 3681
macbsp.com
Fin juin à septembre : tous les jours de 10h à 17h. Le reste de l'année : mardi-dimanche, 11h-17h. Adulte : 10 CAN $.

Jouissant d'une belle notoriété, le MACBSP propose tout au long de l'année des expositions d'envergure nationale et internationale. Peintures, sculptures, gravures, photographies, design et multimédia occupent les espaces d'exposition, ainsi que les œuvres provenant du Symposium international (événement annuel) et de donations. En été, des visites guidées gratuites sont offertes et durent environ 45 minutes. La boutique du musée vaut également le détour.

AUBERGE DES BALCONS €

63, rue Ambroise Fafard ✆ +1 581 705 2176
aubergedesbalcons.com
Chambre simple : à partir de 49 CAN $, double : à partir de 70 CAN $, triple : à partir de 89 CAN $. Dortoir également.

L'Auberge des Balcons, c'est avant tout un lieu d'échanges et de convivialité à deux pas de tous les attraits et bonnes adresses de Baie-Saint-Paul. Du dortoir mixte de quatre lits à la chambre privée pour une à trois personnes, pour une seule nuit ou un long séjour, vous trouverez ici chaussure à votre pied. L'auberge met également à disposition une cuisinette et des espaces communs, sans oublier les sanitaires pour se refaire une beauté et le Bistro des Balcons pour manger et boire local avec, en plus, une chouette programmation culturelle et musicale.

HÔTEL & SPA LE GERMAIN CHARLEVOIX €€€

50, rue de la Ferme ✆ +1 418 240 4100
www.legermainhotels.com/fr/charlevoix
Occupation double : à partir de 199 CAN $. Spa nordique, gym ouvert 24h, deux restaurants. Forfaits disponibles.

Bâti sur la terre des Petites-Franciscaines-de-Marie, l'hôtel se trouve sur un domaine ancestral qui s'étend à perte de vue sur des champs de culture menant au Saint-Laurent. Alliant urbanité et ruralité, le complexe est composé de pavillons inspirés par les bâtiments de ferme d'autrefois. Pour l'apéro, Le Bercail est tout indiqué, alors qu'au restaurant Les Labours, avec cuisine centrale et superbe cave à vin, la fine cuisine du terroir est à l'honneur. Une adresse hautement réputée !

FAUX BERGERS €€€

1339, boulevard Mgr-de-Laval
✆ +1 418 609 3025
fauxbergers.com

Ouvert de mi-mai à fin octobre et de décembre à fin mars. Menu 7 services : 75 CAN $ par personne. Réservation requise.

On ne vient pas au Faux Bergers pour se restaurer mais pour vivre une véritable expérience et partir à la découverte des meilleurs produits charlevoisiens. Dans un lieu unique, à l'arrière de la Maison d'affinage Maurice Dufour, avec vue sur le domaine, on se laisse entièrement guider par le chef Sylvain Dervieux et son équipe. Un seul menu qui change constamment ; c'est donc une surprise totale qui vous attend. Le Faux Bergers vous invite à déguster tout ce que Charlevoix a de meilleur à vous offrir dans une ambiance à la fois festive et champêtre.

KATABATIK

210, rue Sainte-Anne
✆ +1 418 435 2066
katabatik.ca/fr

Voir site web pour les tarifs et forfaits. Service de location de vélos à Baie-Saint-Paul.

Katabatik propose des excursions en kayak de mer sur la côte charlevoisienne avec encadrement et vêtements isothermiques, en été comme en hiver. Les moniteurs sont tous de fins connaisseurs de la région et de la nature charlevoisienne. Si le kayak n'est pas votre tasse de thé, de nombreuses autres activités de plein air sont offertes au fil des mois (surf à pagaie, descente de rivière, canyoning, ski-raquette). Les réservations ne sont pas un luxe et visitez le site web afin de connaître le point de départ de votre excursion.

CIDRERIE ET VERGERS PEDNEAULT ★

3384, chemin des Coudriers ✆ +1 418 438 2365
www.charlevoixenligne.com

Ouvert tous les jours. Entrée libre. Resto-bistro et biscuiterie-crèmerie sur place. Autres boutiques au Québec.

Membre en règle du réseau Artisans à l'œuvre, on produit ici des cidres et divers produits dérivés de la pomme et d'autres fruits : mistelles, cidres de glace et autres produits alcoolisés, sirops à cocktail, moûts de pomme, confitures, gelées, beurres, etc. Le verger et la cidrerie se visitent et des dégustations sont proposées. On peut aussi faire de l'autocueillette en saison et, bien entendu, rapporter quelques souvenirs de la boutique (produits du terroir québécois également).

AUBERGE LA FASCINE

1064, chemin des Coudriers
✆ +1 418 438 1010
www.aubergelafascine.com

Voir site web pour la programmation, les horaires du restaurant et les tarifs d'hébergement. Boutique sur place.

Bien ancré dans le paysage culturel de l'Isle, ce lieu aux multiples facettes est une étape obligée. On y vient pour ses spectacles, alors que des artistes de renom foulent les planches de la grange ancestrale chaque été dans une programmation musicale de tous horizons. On en profite pour y casser la croûte, parmi un choix de petits ou grands plats concoctés avec des produits de la région, à savourer sur la terrasse lors des beaux jours. Puis si on n'a plus envie de quitter les lieux, de coquettes chambres écolo-artistiques et une maison sont à disposition.

ISLE-AUX-COUDRES ★★

Vers 1728, les colons vinrent s'établir sur l'île. Ils pratiquaient l'agriculture et chassaient le béluga, qu'ils appelaient marsouin, pour son huile. Jusqu'à la fin des années 1950, l'île abrita des chantiers navals où étaient construites les voitures d'eau – simples canoës d'écorce, lourds canoës, chaloupes, puis goélettes (à voile puis à moteur) – adaptées à la navigation sur les eaux du fleuve. Les goélettes étaient utilisées pour le cabotage et la chasse aux marsouins. C'est là que le cinéaste Pierre Perrault tourna, dans les années 60, ses documentaires sur la chasse aux marsouins et les voitures d'eau, qui ont contribué à faire connaître l'île.

SAINT-URBAIN ★★

C'est la porte d'entrée du parc national des Grands-Jardins, un site naturel unique au cœur de la Réserve de la biosphère de Charlevoix. On y retrouve entre autres une végétation nordique exceptionnelle pour cette latitude, comme la taïga et même la toundra. Les sportifs pourront également s'en donner à cœur joie sur les sentiers de la Traversée de Charlevoix, un raid d'une centaine de kilomètres en randonnée pédestre ou en ski nordique. Le village regroupe aussi plusieurs producteurs agroalimentaires d'intérêt : les Viandes Bio de Charlevoix, le Centre de l'Émeu de Charlevoix, la Ferme Basque de Charlevoix et la Charcuterie Charlevoisienne.

PARC NATIONAL DES GRANDS-JARDINS ★★

Route 381 ✆ +1 800 665 6527
www.sepaq.com/pq/grj
Ouvert toute l'année. Accès quotidien : 9,25 CAN $, gratuit pour les 17 ans et moins.

Jadis fréquenté par les chasseurs montagnais et, vers la fin du XIXe siècle, par quelques riches Ontariens et Américains en villégiature, s'adonnant à la chasse au caribou et à la pêche à l'omble de fontaine, le parc national des Grands-Jardins est un territoire de 318,9 km² situé au cœur de la Réserve mondiale de la biosphère de Charlevoix. Paysages de taïga et de toundra, forêt d'épinettes noires avec sol recouvert de lichen… La faune est représentative des régions nordiques : orignal, ours, loup, caribou et lynx. Le sommet du mont du Lac-des-Cygnes s'élève à 980 mètres d'altitude et le panorama est unique.

Il y a deux postes d'accueil : le centre de services du Mont-du-Lac-des-Cygnes au km 21 et le centre de découverte et de services Arthabaska au km 31 (puis suivre les indications). Consultez le site web pour les horaires des postes d'accueil selon la saison.

- **Hébergement** : camping, camping d'hiver, chalets (4 à 12 personnes), chalets EXP (2 personnes), refuges, camps rustiques, tentes prêt-à-camper.
- **Location d'équipement** : canoë, kayak, planche à pagaie.
- **Activités** : activités nautiques, pêche à la journée ou en séjour, pêche-camping, randonnée pédestre (plus de 30 km) et longue randonnée dans l'arrière-pays (sentier de la Traversée de Charlevoix), observation de la faune, via ferrata, escalade, raquette, pêche blanche, ski nordique (longue randonnée dans l'arrière-pays) avec nuit en refuge (en collaboration avec la Traversée de Charlevoix).

POURVOIRIE DU LAC-MOREAU €€

Chemin de la Réserve faunique des Laurentides
✆ +1 418 665 4400 - lacmoreau.com
Différents forfaits disponibles. Location de quads et motoneiges (avec ou sans guide) et d'équipements de plein air.

La pourvoirie occupe un territoire de 81 km² avec 32 lacs. L'Auberge du Ravage, de style scandinave, accueille villégiateurs, pêcheurs, chasseurs, quadistes et motoneigistes en chambre à l'auberge, en chalet de rondins ou encore en prêt-à-camper. Cette auberge forestière 5 étoiles ne fait pas les choses à moitié ; en plus de pouvoir savourer une cuisine gastronomique et de profiter de la cave à vin (plus de 200 références), vous avez accès à différentes installations (sauna, bar-billard, etc.) et à de nombreuses activités de plein air. Le luxe en pleine forêt !

SAINT-AIMÉ-DES-LACS ★★

C'est une destination plein air tout à fait exceptionnelle. C'est d'ici que l'on accède au parc national des Hautes-Gorges-de-la-Rivière-Malbaie, réputé pour sa biodiversité et ses nombreuses activités grande nature. D'ailleurs ne ratez pas une excursion découverte en bateau-mouche entre les parois rocheuses qui plongent dans la rivière. Le panorama y est carrément impressionnant ! On peut aussi découvrir les paysages majestueux de ce parc en s'embarquant pour une longue randonnée dans le cadre de la Traversée de Charlevoix. Les plus peinards iront taquiner le poisson ou pagayer tranquillement en canoë sur l'un des nombreux lacs des environs.

PARC DES HAUTES-GORGES-DE-LA-RIVIÈRE-MALBAIE ★★

Route des Hautes-Gorges ✆ +1 800 665 6527
www.sepaq.com/pq/hgo
Ouvert toute l'année. Accès quotidien : 9,25 CAN $, gratuit pour les 17 ans et moins.

D'une superficie de 224,9 km², le parc national des Hautes-Gorges-de-la-Rivière-Malbaie, aire protégée de la Réserve mondiale de la biosphère de Charlevoix, abrite l'une des plus impressionnantes vallées du Québec. Les monts Elie et Jérémie ainsi que la montagne des Érables dominent les vallées de la rivière Malbaie, de la rivière des Martres, du lac Noir et du ruisseau du Pont. En effet, les gigantesques parois (dénivelation de 1 000 mètres) qui encaissent la rivière Malbaie, la beauté des paysages et l'importante valeur écologique de ce parc rendent ce territoire exceptionnel dans l'est du Canada.

Il y a deux centres de services au parc : le centre de découverte et de services Félix-Antoine-Savard et le centre de services Le Draveur. Afin de limiter la circulation automobile dans le parc, un service de navette est offert entre les deux centres de services en été. De décembre à mi-mai, le parc demeure accessible pour pratiquer le ski de fond et la raquette. Les droits d'accès sont payables à la borne de paiement et les services sont restreints pendant cette période.

- **Hébergement** : camping, camping d'hiver, prêt-à-camper, prêt-à-camper Étoile, chalets Écho, camp rustique, refuge.
- **Activités** : croisière en bateau-mouche, activités nautiques, descente de rivière en canoë pneumatique, canoë (kayak) -camping, pêche à la journée, randonnée pédestre, vélo, escalade de glace, randonnée en ski nordique ou en raquette (105 km, en collaboration avec la Traversée de Charlevoix), etc.

LA MALBAIE ★★★

Situé à l'embouchure de la rivière Malbaie, ce centre administratif est la ville la plus importante de Charlevoix. Samuel de Champlain baptise la baie « malle baye » (mauvaise baie) en 1608, parce que ses navires, qui y ont mouillé l'ancre, s'y sont tous échoués. Après la conquête anglaise, elle est rebaptisée Murray Bay par John Nairn et Malcolm Fraser, deux officiers écossais, en souvenir du gouverneur James Murray qui la leur a concédée. Grande destination touristique (ses belles auberges se comptent par dizaines), La Malbaie regroupe les anciennes municipalités de Pointe-au-Pic, Rivière-Malbaie, Sainte-Agnès, Cap-à-l'Aigle et Saint-Fidèle.

LA MAISON DU BOOTLEGGER ★★

110, rang du Ruisseau-des-Frênes
✆ +1 418 439 3711
www.maisondubootlegger.com
Ouvert toute l'année (horaires variables). Voir site web pour les tarifs et menus.

De style typiquement québécois, elle fut construite en 1860, démantelée et reconstruite dans l'Arrière-pays en 1933 par un gentleman de Pennsylvanie. C'est à une époque où l'usage de l'alcool était interdit par l'église et la prohibition régnait aux États-Unis. Afin de déjouer les plus forts membres de l'escouade des mœurs, il modifia l'accessibilité aux différentes pièces et réalisa un véritable labyrinthe. Photographies et journaux des années 1930 tapissent les corridors ; bars camouflés, signature d'Elvis Presley et beaucoup d'autres curiosités ornent les lieux. Le visiteur restera surpris devant cette demeure colorée, truffée de portes secrètes, de bars camouflés et de chambres privées, toutes reliées par les corridors exigus d'un étonnant labyrinthe. Au grenier, il fit naître un club clandestin, le Club des Monts, où notables se regroupent. Aujourd'hui, c'est un restaurant où l'on propose une soirée animée composée d'une visite guidée, de délices de la table en formule steakhouse (succulentes pièces de viande cuites dans leur pit au charbon de bois à l'érable aromatisé aux copeaux d'hickory) et de musique enivrante. Comble de bonheur, plusieurs produits maison sont à portée de tous, disponibles sur place et dans de nombreux points de vente. Il ne reste qu'à profiter de leur hébergement « Boot & Bed » au cœur du village (service de raccompagnement en navette inclus), sis dans l'ancien presbytère entièrement rénové et converti en maison de tourisme. Un concept unique et un immanquable de la région de Charlevoix !

FAIRMONT LE MANOIR RICHELIEU €€€

181, rue Richelieu ✆ +1 418 665 3703
www.fairmont.fr/richelieu-charlevoix
Occupation double : à partir de 259 CAN $, petit déjeuner inclus. Promotions et forfaits disponibles. Nombreux services.

Cet immense bâtiment de style néo-normand abrite un véritable temple du luxe, niché en forêt et surplombant le fleuve, à deux pas du casino qui partage le même site. Outre ses chambres et suites luxueuses, il héberge deux restaurants offrant une cuisine recherchée aux saveurs du terroir, deux bars, un terrain de golf avec restaurant, le centre de santé Moment Spa, une via ferrata (projetvertical.com), etc. En hiver, il devient le plus prestigieux des relais pour motoneigistes.

LES CHALETS SPA CANADA €€

1008, chemin des Loisirs
✆ +1 418 665 4711
www.chaletsspacanada.com
Tarif d'un chalet pour une nuit (4 ou 6 personnes) : à partir de 250 CAN $. Un minimum de deux nuits est exigé.

Ces superbes chalets en rondins et planches de cèdre sont un must ! Blottis en forêt, près des pistes de la station de ski du Mont-Grand-Fonds, des pistes de motoneige et de toutes les attractions touristiques de la région, ils offrent à la fois grand luxe et harmonie avec la nature. Ils sont tous entièrement équipés, jusqu'au bain à remous extérieur privé pour certains chalets. La construction, la déco, la situation : tout y est pour une expérience mémorable. Une adresse à découvrir pour vivre dans votre cabane au Canada et un gros coup de cœur de l'équipe !

BAIE-SAINTE-CATHERINE ★★

Dernier arrêt à l'embouchure du Saguenay, face à Tadoussac, le village regarde la mer. Ici la route 138 s'arrête avant de reprendre de l'autre côté du fjord, sur la Côte-Nord. C'est un ferry gratuit qui assure la liaison, et ce 24h/24. Riche de son passé de pionniers, le village, construit sur un plateau de sable et d'argile, est à l'intersection de la rivière Saguenay, devenue fjord, et des eaux du Saint-Laurent. C'est d'ici - et de Tadoussac - que partent les plus belles croisières d'observation de baleines et d'exploration du fjord. Faites un arrêt au Centre d'interprétation et d'observation de Pointe-Noire, vous y verrez sûrement des bélugas !

L'ANSE-SAINT-JEAN ★★★

L'Anse-Saint-Jean, offrant une magnifique ouverture sur le fjord du Saguenay, fait partie de l'Association des plus beaux villages du Québec. Vous trouverez l'âme des maisons historiques et le grand pont couvert, appelé le pont Couv'Art, qui recèle des œuvres d'art à l'intérieur. Les amoureux d'artisanat seront ravis : Le Coquill'Art distribue les produits de plus de 30 artisans québécois, et l'atelier-boutique Rebelles des Bois conçoit des bijoux uniques en bois ainsi que des vêtements, sacs, etc. On y retrouve aussi le Mont-Édouard, station de ski d'une trentaine de pistes où l'on peut également pratiquer le ski de fond, la raquette ou la randonnée.

BISTRO LA CHASSE-PINTE

319, rue Saint-Jean-Baptiste ✆ +1 418 608 8559
www.chasse-pinte.com
Ouvert de mai à octobre. Superbe cour arrière avec terrasse ensoleillée et vue sur l'anse. Boutique ouverte à l'année.

Fief de la brasserie coopérative La Chasse-Pinte, l'endroit est merveilleux, avec son ambiance chaleureuse de petite maison d'antan où les œuvres d'artistes locaux trônent un peu partout. Son menu gourmand du terroir propose les grands classiques de la cuisine bistro, mais aussi des plats de cuisine du marché variant selon les récoltes et les arrivages. On accompagne le tout d'une des bières maison, bien entendu. Côté ambiance, des spectacles musicaux d'artistes émergents ou confirmés s'y tiennent chaque semaine, ainsi que des soirées d'humour et d'improvisation.

NAVETTES MARITIMES DU FJORD

355, rue Saint-Jean-Baptiste
✆ +1 418 543 7630
www.navettesdufjord.com
De fin juin à début septembre. Voir site web pour les tarifs. Service de navette maritime entre toutes les destinations.

Elles offrent la possibilité d'explorer l'un des plus beaux fjords de la planète, le fjord du Saguenay, en reliant les municipalités et attraits qui bordent ce colosse de la nature. Les croisières et excursions proposées permettent de naviguer au milieu de paysages à couper le souffle, mais aussi d'en apprendre plus sur la nature, la culture et l'histoire de la région. Consultez le site web pour connaître toutes les destinations couvertes par les navettes maritimes.

SAGUENAY AVENTURES

162, route 170
✆ +1 418 579 8763
saguenayaventures.com
Tarifs selon l'activité ou le forfait choisi. Ateliers sur le plein air et formations spécialisées offertes.

Saguenay Aventures, c'est la nouvelle entité qui regroupe OrganisAction (tourisme d'aventure), les croisières Fjord et Baleines (excursions à bord d'un Zodiac 48 passagers) et la boutique Hors-Circuits (vente et location d'équipement de plein air). Qu'on ait envie d'une expédition en canoë-camping, d'un éco-safari en forêt, d'une croisière d'observation des baleines sur le fjord, d'une excursion en traîneau à chiens ou en motoneige, tout est possible, y compris des forfaits sur mesure. Pour quelques heures ou quelques jours, il y a de tout pour tous les goûts !

AUBERGE LE CAMP DE BASE €

5 rue Saint-Jean-Baptiste
✆ +1 418 272 3359
www.aubergecampdebase.com
Chambre privée à partir de 85 CAN $. Camping aussi offert en saison.

Quand une bande d'amis décide de retaper un motel des années 1960 et d'en faire une destination tant gourmande que de villégiature, ça donne Le Camp de Base. D'un côté, l'auberge de jeunesse avec ses chambres privées et ses emplacements de camping, nombreux services en prime (cuisine et aires communes, wifi gratuit, etc.). De l'autre, le café-resto et ses savoureux plats incorporant notamment les viandes et poissons fumés maison, sans oublier le bar avec terrasse et terrain de pétanque. Bonus : une belle programmation culturelle et musicale en été. On recommande !

RIVIÈRE-ÉTERNITÉ ★★★

C'est la principale porte d'entrée du parc national Fjord-du-Saguenay. C'est ici que le fjord est le plus profond (276 m). Ses parois verticales de 300 mètres sont vertigineuses, et on sait que les fjords sont en général aussi profonds que les caps et les montagnes qui les bordent. Sachez que Rivière-Éternité fut également reconnue pendant une trentaine d'années pour son immense village de crèches internationales. Malheureusement, faute de budget pour en assurer l'entretien, les crèches furent mises en vente en 2017. Celles situées à l'extérieur de l'église ont été données à la municipalité et certaines ont été acquises par la Pulperie de Chicoutimi.

PARC NATIONAL DU FJORD-DU-SAGUENAY ★★★

91, rue Notre-Dame
✆ +1 800 665 6527
www.sepaq.com/pq/sag
Ouvert toute l'année. Accès quotidien adulte : 9,25 CAN $, gratuit pour les 17 ans et moins.

Le parc national du Fjord-du-Saguenay, comptant parmi les plus beaux de la province, s'étend sur les deux rives du fjord et se divise en trois secteurs d'accès : Baie-Éternité à Rivière-Éternité, Baie-Sainte-Marguerite à Sacré-Cœur, et L'Anse-de-Tabatière à L'Anse-Saint-Jean. Il touche également à trois régions touristiques du Québec, soit Charlevoix, le Saguenay - Lac-Saint-Jean et la Côte-Nord, avec une superficie de 326,7 km^2.

La grande vedette ici est sans contredit le fjord du Saguenay, d'où le nom du parc. La nature y a déployé des forces colossales afin de le créer et il reste à ce jour le seul navigable en Amérique du Nord. Cette vallée glaciaire, formée il y a des milliers d'années, est envahie à la fois d'eau douce (en surface, provenant du lac Saint-Jean) et d'eau salée (en profondeur, provenant du fleuve Saint-Laurent). Elle offre, sur les parois escarpées qui la bordent, des sites de nidification appréciés du faucon pèlerin que vous pourrez peut-être apercevoir avec un peu de chance. La confluence des milieux forestiers et marins apporte également une diversité biologique hors du commun. Entre mer et montagnes, c'est véritablement un joyau de la nature ! À savoir que le parc national du Fjord-du-Saguenay est jumelé au parc national des Cévennes en France, et ce depuis 1984.

Le parc compte trois postes d'accueil - un par secteur - ainsi que deux centres de découverte. Plusieurs services sont offerts selon le secteur : boutique nature, location d'équipement, service de guides, services alimentaires, service de transport, etc. Consultez le site web pour connaître les horaires des postes d'accueil.

- **Hébergement :** camping rustique ou aménagé, chalets Écho, refuges, abri trois murs, tentes prêt-à-camper.
- **Location d'équipement :** chaloupe pour la pêche en lac, vélo pour adulte et enfant.
- **Activités :** croisière sur le fjord en bateau-mouche, circuit de via ferrata sur les imposantes parois de la baie Éternité, excursion guidée en kayak de mer et Zodiac, activités nautiques, kayak-camping, pêche à la journée (permis de pêche du Québec et droits d'accès obligatoires), vélo, randonnée pédestre (plus de 100 km de sentiers, possibilité de forfaits tout inclus), randonnée pédestre guidée, expédition dans l'arrière-pays, ski nordique et randonnée en raquette (sentiers balisés, non tracés) avec nuit en refuge (attention aux conditions climatiques très variables). Plusieurs autres activités découverte également offertes.

VILLE DE SAGUENAY ★★

C'est la grande ville de la région, posée sur les rives de la rivière Saguenay. Le fjord, quant à lui, se termine juste avant la baie des Ha ! Ha ! dans le secteur de La Baie. Les villes de Chicoutimi, Jonquière, La Baie, Canton-Tremblay, Shipshaw, Laterrière et Lac-Kénogami sont aujourd'hui réunies sous le nom de Saguenay. Mais ne vous surprenez pas si de nombreux habitants, réticents, ne parlent que rarement de la ville de Saguenay, favorisant l'utilisation du nom de leur arrondissement. C'est à Chicoutimi, Jonquière et La Baie que se concentrent la majorité des points d'intérêt et bonnes adresses pour poser ses valises quelques jours.

MUSÉE DE LA DÉFENSE AÉRIENNE ★★

6513, chemin des Aviateurs ✆ +1 418 677 7159
museebagotville.ca
Début juin à la fête du Travail : lundi-dimanche, 9h-17h. Hors saison : voir site web. Adulte : 15 CAN $.

L'aviation militaire canadienne est marquée par des héros exceptionnels. Avec son exposition ***Maîtres du ciel***, ce musée relate la gloire et les malheurs des aviateurs canadiens. L'exposition extérieure ***État d'alerte*** présente, quant à elle, des aéronefs qui ont marqué le ciel au cours du XXe siècle. La populaire visite commentée de la base offre la possibilité de voir les avions de chasse de près et d'assister à des décollages en direct. Simulateurs de CF-18 Hornet sur place (payant).

MUSÉE DU FJORD ★

3346, boulevard de la Grande-Baie Sud
✆ +1 418 697 5077
www.museedufjord.com
Ouvert tous les jours à l'année (fermé le lundi hors saison). Adulte : 16,80 CAN $. Boutique de souvenirs sur place.

Le musée vous plonge dans l'univers captivant du fjord et de ses habitants. Il vulgarise les sciences de manière amusante pour tous, par le biais de ses expositions variées et de ses excursions à l'extérieur. Survolez ses caps vertigineux et plongez dans ses eaux froides grâce à l'expérience multimédia « Voyage au cœur du fjord du Saguenay ». Découvrez ses mystères sous-marins dans « L'Aquarium du Fjord » présentant plus de 450 spécimens vivants. Touchez des oursins ou des étoiles de mer dans le bassin de manipulation, et bien plus encore !

QUÉBEC

LA PULPERIE DE CHICOUTIMI / MUSÉE RÉGIONAL ★

300, rue Dubuc ✆ +1 418 698 3100
www.pulperie.com
Horaires variables selon la saison. Adulte : 17 CAN $. Sentiers pédestres, belvédère, boutique. Spectacles en été.

Situé près de la rivière Chicoutimi, ce site est chargé d'histoire, celle de la Compagnie de pulpe de Chicoutimi. Érigé entre 1897 et 1921, le site comprend à l'origine quatre moulins de pâte à papier, une sous-station électrique et un atelier mécanique. C'est ce dernier bâtiment, inauguré en 1921, qui fait place depuis 2002 à La Pulperie, le Musée régional du Saguenay-Lac-Saint-Jean. La maison du peintre Arthur Villeneuve, un incontournable, est la pièce maîtresse de sa collection.

HÔTEL CHICOUTIMI €€

460, rue Racine Est
✆ +1 418 549 7111
www.hotelchicoutimi.qc.ca
Occupation double : à partir de 128,70 CAN $, petit déjeuner inclus. Promotions et forfaits disponibles.

Situé au centre-ville, l'hôtel propose des chambres épurées et tendance, créées par un designer local et offrant le confort propre à l'esprit « hôtel-boutique » au travers de cinq catégories différentes. Il abrite également trois restaurants, dont le Rouge Burger Bar avec son menu de type *comfort food*, ainsi qu'un comptoir de sorbets et gelati. Parmi les nombreux services sur place, notons le gym et les salles de réunion. Notez que l'hôtel a intégré le virage vert et le développement durable, tant dans ses infrastructures que dans ses services.

CONTACT NATURE - OKWARI LE FJORD

7400, chemin des Chutes
✆ +1 418 697 5132
www.contact-nature.ca/okwari-le-fjord
Voir site web pour les horaires et tarifs. Aussi : centre de plein air, camping, pêche au saumon, pêche blanche.

Okwari Le Fjord vous fait découvrir la forêt boréale à son meilleur. Vous pourrez choisir votre aventure plein air parmi différents forfaits et savourer le plaisir de vous laisser guider. En été, prenez le large lors d'une balade en canot rabaska sur le lac Côme avec interprétation de la faune et de la flore ou encore allez observer l'ours noir dans son habitat naturel. En saison hivernale, allez taquiner le poisson au village de pêche sur glace, une expérience unique !

SAINT-FULGENCE ★★

Entre eau et montagne, Saint-Fulgence est la principale destination ornithologique du Haut-Saguenay. Un arrêt aux battures permet d'observer ces nombreuses sauvagines (oiseaux aquatiques sauvages) de plus près. Un festival de la bernache s'y déroule d'ailleurs chaque année en mai. Cette municipalité sert également de porte d'entrée au parc national des Monts-Valin (suivre le chemin Saint-Louis), en plus d'héberger un parc d'aventures fort réputé, Cap Jaseux. Outre ses nombreuses activités, dont les parcours aériens qui font la réputation des lieux, l'endroit propose de prolonger l'expérience avec toute une gamme d'hébergements insolites.

PARC NATIONAL DES MONTS-VALIN ★★

360, rang Saint-Louis ✆ +1 800 665 6527
www.sepaq.com/pq/mva
Ouvert toute l'année. Accès quotidien : 9,25 CAN $, gratuit pour les 17 ans et moins.

Dominant le paysage du Saguenay, le parc national des Monts-Valin possède les plus hauts reliefs de la région, dont le pic de la Hutte (980 mètres). Ce territoire de montagnes offre paysages, richesses cachées et majestueux points de vue. La présence d'eau et l'abondance de la faune et de la flore vous offriront de nombreuses activités en toute saison. En hiver, il ne faut pas rater le spectacle qu'offre la Vallée des Fantômes.

Le centre de découverte et de services est ouvert toute l'année, mais avec un horaire réduit à certaines périodes (les toilettes restent accessibles). Consultez le site web pour les horaires complets selon la saison. À savoir qu'un service de transport de bagages et de ravitaillement est offert dans le parc, été comme hiver.

- **Hébergement :** chalets, chalets Nature, chalets EXP, pavillon Antoine-Dubuc, camp rustique, refuges, camping rustique et aménagé, camping d'hiver.
- **Location d'équipement :** embarcations nautiques, vestes de sauvetage, gamelle, réchaud, matelas de sol, bâtons télescopiques, crampons, peaux de phoque, raquettes.
- **Activités :** canoë, surf à pagaie, pêche à la truite mouchetée (permis de pêche du Québec obligatoire – séjour avec hébergement possible), pêche-camping, randonnée pédestre (dont des circuits de longue randonnée), expédition dans l'arrière-pays, observation de la faune, fatbike, ski nordique, ski de fond, raquette. Navette en minibus sur chenilles pour la Vallée des Fantômes et les hébergements en montagne l'hiver.

PARC AVENTURES CAP JASEUX

250, chemin de la Pointe-aux-Pins
✆ +1 418 674 9114
capjaseux.com
Juin à octobre. Tarifs selon l'activité choisie. Hébergements expérientiels, cabines en bois rond et camping.

Cap Jaseux est avant tout réputé pour son parc aérien, lequel propose divers parcours pour tous les âges et tous les niveaux, sans oublier son circuit de tyroliennes géantes. Les plus aventureux iront tester leurs talents de grimpeurs sur la via ferrata alors que les peinards opteront pour le kayak de mer sur le fjord, un massage sur la plage ou une partie de pêche. Prolongez le plaisir dans l'un des hébergements expérientiels (sphères suspendues, dômes, etc.).

CAP AU LESTE €€

551, chemin du Cap à l'Est
✆ +1 418 675 2000
www.capauleste.com
Hébergement en chambre, suite, chalet et grange (maison en forêt). Restaurant, location de motoneige.

Situé au cœur de la forêt boréale, surplombant le fjord du Saguenay, à plus de 200 mètres d'altitude, le site invite à la détente et à la découverte. L'hébergement se fait en chambres de différentes catégories dans de magnifiques chalets construits dans la plus pure tradition québécoise. De nombreuses activités sont offertes sur place et dans les environs (canoë, baignade, croisière sur le fjord, motoneige, raquette, traîneau à chiens, sports de glisse, etc.). Un bel endroit pour déconnecter de la routine, prévoir au moins deux nuits.

SAINTE-ROSE-DU-NORD ★★★

C'est incontestablement le plus beau et le plus pittoresque village du Saguenay. De tout temps, il a inspiré les peintres - dont Marc-Aurèle Fortin -, les artistes et les rêveurs. À juste titre, ce village a été sélectionné par l'Association des plus beaux villages du Québec. On adore flâner dans le secteur du quai d'où partent des sentiers menant à des vues panoramiques sur le fjord. Quelques chambres d'hôtes et petites auberges y ont élu domicile, sans oublier son camping perché dans les hauteurs. À environ 20 km se trouve Cap au Leste, un domaine de villégiature quatre saisons offrant une expérience grande nature à la québécoise.

ALMA ★

Cette ville fondée en 1854 doit son nom à la bataille de Crimée que les troupes franco-britanniques venaient de remporter sur l'armée russe. Tout d'abord centre agricole et forestier, son industrialisation commença avec l'implantation de la papeterie Price, puis du complexe hydroélectrique de l'Isle-Maligne et se consolida à partir des années 1940, avec l'installation de l'aluminerie de la société Alcan, appartenant dorénavant au groupe Rio Tinto Alcan (visite sur réservation). Vie culturelle et artistique, quartiers patrimoniaux, nombreuses activités de plein air, plus de 42 km de plages : Alma est la capitale jeannoise au « pays des Bleuets » !

Sainte-Rose-du-Nord.

L'ODYSSÉE DES BÂTISSEURS

1671, avenue du Pont Nord
✆ +1 418 668 2606
www.odysseedesbatisseurs.com
Horaires variables selon la saison. Adulte : 16,50 CAN $. Tarifs réduits hors saison. Boutique sur place.

Ce parc thématique propose une expérience vivante démontrant l'importance de l'eau dans le développement de la région. Découvrez-y l'exposition « Au-delà de l'eau » et marchez sur une carte géante illustrant le vaste territoire d'eau régional. De juin à septembre, vivez l'expérience *La Mer intérieure*, un film immersif à 360° projeté dans le réservoir du château d'eau et qui se veut une œuvre dramatique et poétique. Du belvédère, observez la ville d'Alma, ses cours d'eau et les installations hydroélectriques à l'origine du développement industriel.

ÉQUINOX AVENTURE

750, rue Price Ouest
✆ +1 888 668 7381
www.equinoxaventure.ca
En opération toute l'année. Autre base d'activités à Saint-Gédéon (Auberge des Îles).

Cette entreprise décline ses aventures sous trois grandes catégories. Premièrement le nautisme avec les sorties en kayak de mer, l'initiation au surf à pagaie, les formations en kayak de mer en eau calme ou encore la location d'équipements nautiques. Puis vient le vélo (location sur place) avec les différents circuits auto-guidés tout compris pour découvrir le lac Saint-Jean et le Saguenay. L'hiver la motoneige vole la vedette avec la location et les excursions guidées. Bonus : des hébergements insolites flottants sont offerts en location en été comme en hiver.

VÉLOROUTE DES BLEUETS

1692, avenue du Pont-Nord
✆ +1 418 668 4541
www.veloroutedesbleuets.com
Officiellement ouverte de mi-mai à mi-octobre, accès gratuit. Maisons du vélo ouvertes tous les jours en été.

Circuit en boucle qui ceinture le lac Saint-Jean sur 256 kilomètres. Il donne accès au parc national de la Pointe-Taillon et à des municipalités pittoresques situées sur les routes périphériques. Le circuit offre des occasions multiples pour la visite de sites naturels, la restauration, le camping, l'hôtellerie et le gîte du passant. Il relie aussi de nombreux attraits touristiques et surplombe les rivières tributaires du lac Saint-Jean. Pour de l'information sur les services disponibles ou pour se reposer, faites une halte à l'une des Maisons du vélo.

SAINT-GÉDÉON ★

Saint-Gédéon-de-Grandmont a littéralement les pieds dans le lac Saint-Jean. Ses belles plages, ses campings, son centre de villégiature et ses marinas font le bonheur des petits et des grands lors de la saison estivale. De nombreuses activités de plein air y sont praticables en toute saison, comme le vélo (la Véloroute des Bleuets passe au cœur du village), le kayak de mer, le surf à pagaie, le golf, le ski de fond, la motoneige, la pêche blanche, etc. On recommande chaudement aussi de goûter aux saveurs locales à la microbrasserie du Lac Saint-Jean, énorme terrasse avec bar en prime, ou encore à la fromagerie et boulangerie Médard.

AUBERGE DES ÎLES €€

250, rang des Îles
✆ +1 418 345 2589
www.aubergedesiles.com
Occupation double : à partir de 146 CAN $, petit déjeuner inclus. Forfaits disponibles. Base d'Équinox Aventure en été.

Elle déploie ses charmes dernier cri dans un décor de rêve, avec le lac Saint-Jean à ses pieds. Dans un esprit resort de luxe, tout est fait pour passer un séjour agréable : une vue imprenable sur le lac depuis la plupart des chambres, une jolie plage très tranquille et une multitude d'activités en toute saison. D'importants travaux de modernisation ont donné naissance au restaurant-terrasse le Rang 9, sans oublier l'ajout d'un gym, d'une piscine et d'un spa intérieurs, etc. Pour une expérience différente, optez pour un séjour sur la plage dans la Westfalia !

DESBIENS ★

Ce village fut un centre de rassemblement des nations innues au XVIIe siècle, puis poste de traite des fourrures à partir de 1676 - on recommande une visite au CHAM pour en savoir plus - et une mission jésuite. Il doit son nom à Louis Desbiens, fondateur de la première papeterie, en 1896. Il est surtout connu pour sa grotte, le Trou de la Fée, un lieu converti en parc et offrant des activités de spéléologie, des tyroliennes, des passerelles, des sentiers pédestres, un spectacle immersif, etc. La rivière Métabetchouane est un lieu de prédilection pour pêcher la ouananiche, un succulent saumon d'eau douce, ou encore vivre l'expérience du rafting.

PARC LE TROU DE LA FÉE ★★

Chemin Trou de la Fée, 7e Avenue
✆ +1 418 346 1242
parcletroudelafee.com
Ouvert tous les jours de mi-juin à l'Action de grâce. Adulte : 31,25 CAN $ (caverne, parc et expérience immersive).

C'est un site naturel exceptionnel regroupant plusieurs attraits, à commencer par la tumultueuse rivière Métabetchouane avec ses chutes, ses cascades et la diversité de son couvert forestier. Explorez son canyon et profitez de la promenade de la conduite d'amenée d'eau, un rappel historique de son patrimoine industriel qui mène aux vestiges d'une centrale hydroélectrique. Marchez à 8 mètres au-dessus de l'eau, sur des passerelles ancrées aux caps de roc sur une distance de 205 mètres. Amateurs d'adrénaline, traversez le canyon sur deux tyroliennes totalisant 350 mètres de longueur à 50 mètres de hauteur au-dessus de la rivière. Pour les contemplatifs, ne ratez pas l'expérience immersive *ÉCHO, la mémoire des pierres* avec ses effets sonores et jeux de lumières au cœur d'un amphithéâtre naturel sans égal au Québec, taillé dans le granit du Bouclier canadien. Puis vient la caverne, un phénomène unique au Canada de par sa formation dans ce fameux granit vieux de plus d'un milliard d'années. Elle est l'endroit idéal pour vivre une première expérience de spéléologie : facile à visiter, elle offre un encadrement sécuritaire. Également sur place : 4,5 km de sentiers de randonnée. Non recommandé pour les personnes à mobilité réduite et les moins de 5 ans. Chaussures de marche obligatoires, tenue sportive et chandail conseillés. Durée : 3h-3h30 pour la visite complète du parc et de la caverne. Voir le site web pour tous les tarifs des activités. À noter que la société récréotouristique gère aussi le Camping Plage Blanchet.

CHAMBORD ★★

C'est le point d'arrivée de la route 155 et l'accueil est plus que grandiose : le lac Saint-Jean s'ouvre ici sous nos yeux, après une longue route en forêt en Haute-Mauricie. Plusieurs parcs et aires de repos permettent d'ailleurs de contempler cette mer intérieure une fois le périple complété. La municipalité de Chambord est surtout connue pour son Village historique de Val-Jalbert, ancien village fantôme reconverti en site touristique et historique de grand intérêt. Véritable témoin de l'histoire du temps des pulperies, on pourrait aisément y passer toute la journée, voire plus grâce à ses unités d'hébergement réparties au cœur du site.

VILLAGE HISTORIQUE DE VAL-JALBERT ★★★

95, rue Saint-Georges
✆ +1 418 275 3132
www.valjalbert.com
Ouvert toute l'année. Accès général : 33,05 CAN $ par adulte. Services et activités selon la saison (voir site web).

Construite en 1901, la pulperie de Val-Jalbert produisait chaque jour 50 tonnes de pulpe mécanique pour la fabrication du papier, pour être ensuite exportées vers les États-Unis et l'Europe. Le moulin à pulpe faisait vivre une population de 950 habitants. Le village était considéré comme très avancé sur le plan de la modernité et comparé à Boston aux États-Unis dans les années 1920 car il était doté de plans d'urbanisme, de bornes d'incendie, de l'eau courante, des sanitaires, de l'électricité et du chauffage à air propulsé. Suite à une demande croissante pour le papier et non plus pour la pulpe, et ne pouvant pas se moderniser, économiquement parlant, l'usine fut contrainte de fermer ses portes en 1927. Tributaire de l'usine, la population quitta graduellement les lieux. Pendant près de 60 ans, les maisons qui avaient autrefois abrité les familles des ouvriers sont restées à l'abandon, tel un village fantôme. Aujourd'hui, elles sont toujours authentiques mais restaurées et animées d'habitants en costumes d'époque. Vous pourrez visiter le moulin désaffecté, le couvent-école et le magasin général. Il est conseillé de monter au sommet de la montagne par un escalier de 764 marches ou en téléphérique (inclus dans le tarif d'entrée), afin d'apprécier la vue sur l'impressionnante chute Ouiatchouan d'une hauteur de 70 mètres et le majestueux lac Saint-Jean. C'est un vrai dépaysement que cette remontée dans le temps, un rien nostalgique. De surcroît, le site est vraiment superbe. Sur place, des services de restauration sont offerts ainsi que de l'hébergement (camping, mini-chalets, chambres rénovées dans les maisons d'époque et 14 nouvelles habitations haut de gamme avec vue sur le lac Saint-Jean). Si l'histoire de Val-Jalbert s'est terminée en 1927 avec la fermeture du moulin à pulpe, l'ancien village de compagnie est devenu une destination touristique incontournable dans la région du Saguenay-Lac-Saint-Jean ! C'est d'ailleurs une destination idéale pour les familles. On y retrouve une foule d'activités pour tous les goûts : belvédère avec plancher de verre au cœur de la chute, animation historique, téléphérique, sentiers pédestres, sentier thématique La Dompe, spectacle immersif multi-sensoriel, restaurant au moulin (cuisine du terroir, options végétariennes et sans gluten offertes), café-terrasse au magasin général, resto sur le pouce au camping, boutique cadeaux, événements spéciaux et plus encore, sans oublier la programmation hivernale. Un must !

QUÉBEC

MASHTEUIATSH ★★

Créée en 1856, elle est la seule communauté autochtone de la région, blottie sur les rives du lac Saint-Jean avec un accès direct à la Véloroute des Bleuets. Les Pekuakamiulnuatsh (Ilnuatsh du Lac-Saint-Jean) vous accueillent ici selon leurs valeurs et traditions. C'est l'endroit idéal pour plonger au cœur du mode de vie millénaire des Autochtones. Un circuit patrimonial et historique permet d'ailleurs de découvrir comment les Ilnuatsh ont adapté leur mode de vie à la sédentarisation tout en conservant les coutumes et traditions de leurs ancêtres. On recommande d'ailleurs une visite au Musée amérindien de Mashteuiatsh pour en saisir toute l'essence.

MUSÉE AMÉRINDIEN DE MASHTEUIATSH ★★

1787, rue Amishk
✆ +1 418 275 4842
museeilnu.ca

Ouvert tous les jours en été (9h-17h), horaires variables le reste de l'année. Adulte : 14 CAN $.

Le Musée amérindien de Mashteuiatsh - complètement rénové en 2018 - offre un contact unique avec l'histoire et la culture des Pekuakamiulnuatsh, les Ilnus du Lac-Saint-Jean. Parcourez les expositions présentant la culture matérielle et les arts autochtones contemporains des Pekuakamiulnuatsh et des autres Premières Nations du Québec. Vous serez guidé à travers une histoire riche en savoirs et en traditions. Le musée dispose de trois salles d'exposition, d'un site extérieur et d'une salle de projection multimédia. Son site extérieur, *Nuhtshimitsh, dans la forêt*, est un joli parcours axé sur la flore du territoire. Les liens indissociables entre le territoire de la forêt boréale et les Autochtones sont ici mis en valeur et touchent des thèmes aussi variés que s'abriter, se nourrir, se déplacer ou se soigner. Des panneaux d'interprétation jalonnent le parcours et complètent l'expérience. Ouvert toute l'année, le musée offre une programmation d'activités biannuelle, soit de mai à octobre et de novembre à avril. Sa programmation comprend entre autres des animations extérieures, des rencontres avec des artistes et des artisans autochtones, des films autochtones contemporains et des ateliers de création artistique. La nouvelle exposition permanente *Tshilanu Ilnuatsh* a été inaugurée en 2020. Avant de quitter les lieux, faites un tour à la boutique qui se consacre entièrement à l'histoire, à la musique, à l'artisanat et aux arts autochtones des Premières Nations du Québec.

SAINT-FELICIEN ★★

Carrefour important de la région, cette petite ville industrielle, qui inclut aussi la localité de Saint-Méthode, est bordée par trois rivières : Ashuapmushuan, Mistassini et Ticouapé. De par sa situation stratégique, il n'est pas étonnant que le territoire de Saint-Félicien ait été jadis le complice des allées et venues des Innus. La ville est un point de passage obligatoire pour ceux suivant la route 169 ou la Véloroute des Bleuets pour faire le tour du lac. C'est aussi ici que la route 167 prend sa source avant de mener à Chibougamau. À Saint-Félicien, on ne ratera pas une visite du zoo sauvage, une des plus grandes attractions du Lac-Saint-Jean.

ZOO SAUVAGE DE ST-FÉLICIEN ★★

2230, boulevard du Jardin
✆ +1 418 679 0543
zoosauvage.org

Ouvert en saisons estivale et hivernale. Voir site web pour les horaires, les tarifs et les forfaits selon la saison.

Les humains en cage, les animaux en liberté ! Un concept unique et l'une des grandes attractions du Québec depuis plus de 60 ans. Une de ses activités les plus populaires est le fameux Parc des sentiers de la nature. Assis dans un train grillagé, vous ferez une balade inoubliable à travers le Canada d'est en ouest, parmi sa faune étonnante : ours noirs, cerfs de Virginie, loups arctiques, chiens de prairie, bisons, orignaux, bœufs musqués, etc., tous évoluant dans leur habitat naturel. Le site comprend également un zoo traditionnel situé sur l'Ile-aux-Bernard, que traverse une rivière en cascades. Cette section pédestre présente des animaux issus de la Boréalie, des montagnes et des régions froides du globe. Six secteurs géographiques sont représentés dans cette section : l'Asie, la Mongolie, la forêt mixte, l'Arctique, les Montagnes et la petite ferme. Il ne faut pas non plus rater l'habitat des ours polaires ou encore l'habitat et le pavillon d'interprétation immersif du castor canadien, lequel offre une vue unique dans la hutte du castor. Les plus jeunes apprécieront aussi de voir les habitants du zoo se régaler de leur collation (voir site web pour les heures). Également sur le site : un espace famille, un service de restauration, une crèmerie, deux boutiques (produits du terroir, artisanat, vêtements, peluches, etc.), des jeux d'eau, une salle de cinéma ouverte à tous et projetant les derniers films parus en salle (en version française).

SACRE-CŒUR ★

Sacré-Cœur, sur le fjord du Saguenay, est un havre naturel exceptionnel. C'est ici que vous viendrez pour faire l'observation de l'ours noir et rencontrer toutes sortes d'animaux peuplant les forêts québécoises. À quelques minutes au nord par la route 172, le village de l'Anse de Roche (qui fait partie de Sacré-Cœur) vaut absolument la visite. Il est entouré du parc marin et du parc national du Fjord-du-Saguenay, offrant ainsi un paysage grandiose. Moins connu des touristes, l'Anse de Roche est endroit calme où il fait bon venir flâner en bordure du fjord, boire une bière à la nouvelle microbrasserie et/ou dormir dans une cabane dans les arbres.

FERME 5 ÉTOILES ★

465, route 172
✆ +1 418 236 4551
ferme5etoiles.com
Visite libre du refuge : 10 CAN $ (13 ans et plus). Hébergement (camping, studios, chalets, etc.), centre de détente.

La Ferme 5 Étoiles vous instruit sur le mode de vie des animaux se promenant ici dans leurs enclos (loups arctiques, bisons, cerfs rouges, faisans, etc.). Pour ceux logeant à la ferme, il est possible de les caresser et de les nourrir. Un large choix d'activités est proposé en toute saison : quad, pêche, kayak de mer, observation de l'ours noir, randonnée, cani-rando, raquette, motoneige, traîneau à chiens, cabane à sucre, etc. Un service de restauration est offert pour le petit déjeuner et le repas du soir (en hiver seulement, sur réservation).

CANOPÉE LIT €€

303, chemin de l'Anse-de-Roche
✆ +1 418 236 9544
www.canopee-lit.com
Voir site web pour les tarifs et forfaits. Petit déjeuner inclus. Bâtiment d'accueil avec plusieurs commodités.

Canopée Lit propose l'hébergement dans des cabanes perchées dans des arbres, en été comme en hiver. Des cabanes d'été (cabanes perchées dans les arbres avec un dôme en verre au-dessus du lit pour admirer les étoiles) et des bulles (chambre entièrement sphérique et transparente, perchée sur pilotis en forêt) sont aussi disponibles lors de la belle saison. Vous cherchez à occuper vos journées ? L'équipe de Canopée Lit vous conseillera à ce sujet et pourra même réserver vos activités. Une adresse hautement recommandée pour une expérience pleine nature !

TADOUSSAC ★★★

Tadoussac est la capitale de l'observation des baleines. De mai à octobre, elles viennent nombreuses dans cette partie du Saint-Laurent, très riche en planctons. On les voit depuis les bateaux de croisière ou le quai. Elles attirent, bien entendu, des cars de touristes du monde entier. Séjourner à Tadoussac demeure très agréable : la baie est grandiose et le village est des plus sympathiques. Il se trouve sur la rive nord de l'embouchure du fjord du Saguenay, qui se jette dans l'estuaire du Saint-Laurent. Pour le rejoindre, un traversier gratuit et en fonction 24 heures sur 24 franchit l'embouchure entre Baie-Sainte-Catherine et Tadoussac.

CENTRE D'INTERPRÉTATION DES MAMMIFÈRES MARINS ★★

108, rue de la Cale-Sèche
✆ +1 418 235 4701
gremm.org
Ouvert tous les jours de mi-mai à fin octobre. Entrée : 15 CAN $, 17 ans et moins : gratuit. Boutique sur place.

Exposition qui, avant ou après votre excursion, vous permettra d'en connaître davantage sur les mammifères marins fréquentant le fleuve Saint-Laurent de mai à octobre : bélugas, petits rorquals, rorquals communs, etc. Des vidéos, sons et jeux, une collection de squelettes ainsi qu'un film exclusif illustrent la vie de cet animal fascinant. À voir également : le Jardin de la Grève, situé aux abords du CIMM (flore de la Côte-Nord et sculptures de cinq bélugas grandeur nature).

CROISIÈRES AML

177, rue des Pionniers
✆ +1 800 563 4643
www.croisieresaml.com
Mi-mai à fin octobre. Embarquement au quai de Tadoussac. Voir site web pour les départs et tarifs.

En bateau ou en zodiac, partez à la découverte du plus beau site d'observation des baleines au monde, ici même en plein cœur du parc marin du Saguenay-Saint-Laurent. Une expérience mémorable ! Possibilité de combo avec l'observation de l'ours noir. Croisières AML opère aussi à Montréal et Québec, ainsi qu'à Baie-Sainte-Catherine (excursions d'observation des baleines) et Berthier sur-Mer (croisières assurées par Croisières Lachance, notamment pour Grosse-Île-et-le-Mémorial-des-Irlandais). Navette fluviale offerte entre Québec et Sainte-Anne-de-Beaupré.

TADOUSSAC AUTREMENT

158, rue du Bateau-Passeur ✆ +1 418 235 3333
www.tadoussacautrement.com
De mai à fin octobre. Embarquement à la plage de Tadoussac, zone 2. Voir site web pour les départs et tarifs.

Entreprise locale basée à la fameuse auberge de jeunesse du village, elle propose des excursions d'observation des baleines en zodiac de 24 places. Autant dire que l'expérience en petit groupe permet de vivre une expérience des plus authentiques. Pour ceux qui aimeraient donner quelques coups de pagaie sur le fleuve et le fjord, des sorties guidées en kayak de mer sont également organisées en saison, sans oublier les parties de pêche. Peut-être aurez-vous la chance de voir des bélugas et petits rorquals de très, très près ! Une vraie entreprise à taille humaine !

AUBERGE DE JEUNESSE DE TADOUSSAC €

158, rue du Bateau-Passeur ✆ +1 418 235 4372
www.ajtadou.com
Hébergement en camping, chambre partagée ou privée. Bar, cuisine équipée, nombreuses activités et événements sur place.

Installée dans un ancien gîte rural restauré, cette auberge est la meilleure adresse pour loger à bon marché, le tout dans une ambiance festive et amicale. À savoir d'ailleurs que l'auberge offre les réservations sur place pour les croisières aux baleines. Après une journée bien remplie, inscrivez-vous au repas communautaire du soir, profitez des concerts au bar et allez vous « chauffer la couenne » au bord du feu de camp. Une auberge dont la réputation n'est plus à faire !

LA GALOUÏNE €€

251, rue des Pionniers
✆ +1 418 235 4380
lagalouine.com
Ouvert de mai à fin octobre. Tarifs variables selon l'hébergement choisi. Petit déjeuner inclus.

Impossible de rater cette belle maison bleue datant des années 1880 avec ses grandes terrasses de bois. L'hébergement est réparti dans trois bâtiments et compte au total vingt chambres ainsi qu'un studio : le bâtiment principal, le pavillon situé un peu en retrait et le petit hôtel La Passe-Pierre. Toutes les chambres sont charmantes, avec une déco soignée, des meubles en bois et une belle luminosité. L'endroit est aussi réputé pour son excellent restaurant ainsi que pour ses produits gourmands maison. Une adresse chaudement recommandée !

HÔTEL TADOUSSAC €€€

165, rue du Bord-de-l'Eau
✆ +1 418 235 4421
hoteltadoussac.com
Début mai à fin octobre. Occupation double : à partir de 120 CAN $ par personne, petit déjeuner et service inclus.

Situé juste en face de la plage et du fleuve, ce magnifique hôtel au toit rouge se repère de loin et représente Tadoussac mieux qu'aucun autre édifice. Une référence en matière d'élégance et de décor, et que dire de sa table gastronomique ! De nombreux services en font une destination de choix pour qui veut se gâter et profiter du bon temps : salle à manger, bar café lounge, terrasse, piscine extérieure, tennis, espace bien-être, club d'activités pour les enfants, boutique. À savoir que l'hôtel est à deux pas des excursions pour l'observation des baleines.

CAFÉ BOHÈME €€

239, rue des Pionniers
✆ +1 418 235 1180
www.lecafeboheme.com
Ouvert de juin à fin octobre et de fin novembre à fin décembre. Carte : 10 à 40 CAN $. Terrasse.

Sous la gouverne de nouveaux proprios depuis 2021 et logé dans une belle maison d'antan au cœur du village, ce café-bistro est une véritable institution à Tadoussac. Nos suggestions : le croque-matin ou la crêpe aux champignons et fromage brie le matin ; la baguette aux crevettes nordiques ou la poutine végane le midi ; le filet d'omble chevalier rôti, le tartare du moment ou encore la paella Côte-Nord inspirée du fleuve Saint-Laurent. On couronne le tout d'un des desserts maison (essayez l'Affogato ou les pâtisseries), accompagné d'un café bio et équitable.

CHEZ MATHILDE €€€

227, rue des Pionniers
✆ +1 418 235 4443
chezmathildebistro.com
Ouvert de juin à fin octobre. Menu gastronomique : 95 CAN $. Terrasse. Chez Mathilde Express juste à côté.

Le petit resto de Mireille et Jean-Sébastien est considéré comme l'une des meilleures tables de Tadoussac, voire de la région. Les produits du terroir y ont la cote, particulièrement ceux de la Côte-Nord, et le tout est apprêté avec justesse et créativité. L'équipe fait affaire avec de nombreux producteurs pour se fournir en fruits nordiques, en champignons sauvages, en produits de la mer ou de la terre, etc. Une belle adresse gourmande, parfois animée de musiciens. À découvrir : le livre *Le Festin de Mathilde* dédié à la Côte-Nord, sa magie et ses produits.

LES BERGERONNES ★★

Petit village de moins de 700 habitants, c'est un lieu idéal pour l'observation des baleines, en mer comme sur la rive. Croisières Essipit opère depuis le quai des Bergeronnes et propose des sorties en Zodiac à la rencontre de ces magnifiques mammifères marins. Il y a aussi le Centre d'interprétation et d'observation de Cap-de-Bon-Désir qui permet d'approfondir ses connaissances sur le sujet avec des guides naturalistes. Dans les environs, on peut également pratiquer le kayak de mer grâce aux expéditions guidées offertes par Mer et Monde Écoutours. Finalement, il ne faut pas rater une visite à Archéo Topo, centre d'archéologie consacré à cette région.

BAIE-COMEAU

Le nom de la ville rend hommage à Napoléon-Alexandre Comeau (1848-1923), trappeur, géologue et naturaliste de la Côte-Nord d'origine acadienne. À part cela, Baie-Comeau est surtout un point de passage, notamment pour la visite des barrages Manic-2 et Manic-5 et pour ceux désirant effectuer le circuit Expédition 51° qui mène au Labrador et à la Basse-Côte-Nord. Nous vous recommandons de vous arrêter à Pointe-Lebel où vous verrez des plages magnifiques avec dunes et trottoirs en bois. À Baie-Comeau, le Boisé de la Pointe St-Gilles plaira sans nul doute aux amateurs de randonnée pédestre (11 km de sentiers) et de farniente (plage Champlain).

ESSIPIT ★★

« Rivière aux coquillages » est le nom innu d'Essipit, une petite communauté amérindienne située près des Escoumins. Elle bénéficie d'un des paysages les plus pittoresques grâce à une vue exceptionnelle sur le Saint-Laurent. La communauté innue d'Essipit offre toute une gamme de produits d'hébergement (condos, chalets, camping), des pourvoiries pour la chasse, la pêche et la villégiature, des croisières d'observation des baleines à bord de pneumatiques et du kayak de mer, le tout regroupé sous la bannière de Vacances Essipit. Un centre d'information et de réservation, doublé d'une boutique d'artisanat innu, se trouve au cœur du village.

RIVIÈRE-AUX-OUTARDES ★★

Immense territoire non organisé de plus de 30 000 km², il commence juste au nord de Baie-Comeau et se termine à l'astroblème de Manicouagan au sud de Gagnon. La route 389, qui relie Baie-Comeau à Fermont, traverse entièrement le territoire. C'est ici qu'ont été construits d'immenses ouvrages hydroélectriques dans le cadre du projet Manic-Outardes, dont le barrage Daniel-Johnson, le plus grand barrage à voûtes multiples et à contreforts au monde. Rivière-aux-Outardes offre aussi une dizaine de pourvoiries pour la chasse ou la pêche, les monts Groulx pour les longues randonnées en terre sauvage, et la Station Uapishka pour admirer les aurores boréales.

CENTRE DE RÉSERVATION ET D'INFORMATION ESSIPIT

46, rue de la Réserve
✆ +1 418 233 2266
vacancesessipit.com
Boutique d'artisanat innu sur place.

La communauté innue d'Essipit offre toute une gamme de produits d'hébergement, d'activités et de services. Elle possède des terrains de camping, plusieurs chalets et un complexe de 32 appart-hôtels avec une vue magnifique sur le fleuve. Chasseurs et pêcheurs seront heureux d'apprendre qu'Essipit possède des pourvoiries avec tous les équipements nécessaires au séjour. Bonus : des croisières aux baleines à bord de pneumatiques et des excursions en kayak de mer sont aussi proposées.

LES MONTS GROULX (UAPISHKA) ★

Au km 335 de la route 389
www.amisdesmontsgroulx.com
Pour ceux intéressés par une expédition guidée : www.lesmontsgroulx.com

À 335 km au nord de Baie-Comeau, les monts Groulx, également appelés monts Uapishka (sommets blancs), regroupent une trentaine de sommets culminant à plus de 1 000 mètres. La biodiversité est saisissante : en une journée vous passez d'une épaisse forêt boréale à la taïga clairsemée d'épinettes noires, et vous finissez par rejoindre la toundra arctique. Quatre points d'accès : km 335, 349, 352 et 365 de la route 389 Nord (route Trans-Québec-Labrador).

BARRAGE DANIEL-JOHNSON ET CENTRALE MANIC-5 ★★

Km 214 de la route 389 ✆ +1 866 526 2642
www.hydroquebec.com/visitez/
Ouvert de mi-juin à fin août. Gratuit. Réservation requise 48h à l'avance, pièce d'identité avec photo obligatoire.

Au nord de Baie-Comeau, les rivières aux Outardes et Manicouagan sont utilisées pour la production d'électricité. De 1959 à 1978, dans le cadre du projet Manic-Outardes, sept centrales d'une puissance de 7 567 mégawatts furent construites. À savoir qu'Hydro-Québec, la société d'Etat gérant le réseau hydroélectrique et son développement, est l'une des plus grandes entreprises d'électricité du continent nord-américain. Elle produit, transporte et distribue presque toute l'électricité consommée dans la province.

Le barrage le plus connu de ce projet, et même de la province tout entière, est le barrage Daniel-Johnson, un symbole du génie québécois et une grande fierté nationale. Il faut se retrouver au pied de cet ouvrage pour en saisir toute la démesure : 214 mètres de haut et 1,3 km de large, ponctué de 13 voûtes et de 14 contreforts. À ce jour, il conserve toujours le titre de plus grand barrage à voûtes multiples et à contreforts au monde, rien de moins. Près de 2 millions de mètres cubes de béton ont été nécessaires pour sa construction, laquelle s'est échelonnée de 1959 à 1964. S'en suivit celle de la centrale électrique Manic-5 qui permit une inauguration du complexe en 1968 et une mise en service deux ans plus tard. Une 2e centrale, Manic-5-PA, fut ajoutée dans les années 1980 sur l'autre rive de la rivière afin d'augmenter la puissance.

Si vous ne pouvez vous y rendre, la centrale Jean-Lesage (Manic-2) se trouve à une vingtaine de kilomètres seulement de Baie-Comeau.

STATION UAPISHKA €€

Au km 336 de la route 389
✆ +1 418 296 8514
stationuapishka.com
Hébergement en été et en hiver. Camping, camp prospecteur, chambres en auberge et chalets. Réservation obligatoire.

Située aux abords du réservoir Manicouagan, au pied des monts Groulx, elle propose une expérience grande nature des plus uniques. En plus de l'hébergement et de la restauration, l'endroit propose plusieurs expériences guidées ou non comme, par exemple, l'ascension du mont Harfang, l'atelier de transmission de la culture autochtone, l'excursion guidée en kayak, la pêche sur le réservoir (ouananiche, brochet, truite grise, corégone et omble de fontaine), la motoneige dans les monts Groulx et la randonnée en ski hors piste ou en raquettes.

POINTE-DES-MONTS ★★

Pointe-des-Monts est un site exceptionnel pour l'observation des oiseaux de mer et de rivage. Pour s'y rendre, il faut prendre la route 138 Est, puis une route secondaire qui traverse un milieu écologique à peine touché par l'homme sur plus de 10 kilomètres. Tout au bout, le fameux phare de Pointe-des-Monts, érigé en 1830, ce qui fait de lui l'un des plus vieux du continent. Il se visite en saison et il vaut la peine de gravir les marches jusqu'au balcon de veille, ne serait-ce que pour la vue panoramique qu'il offre. Tout près on peut visiter la reconstitution du campement des derniers autochtones résidant à Pointe-des-Monts jusqu'en 1890.

SEPT-ILES ★★

Sept-Îles est une ville dont le caractère maritime se reflète dans ses paysages, son patrimoine et sa culture. On appréciera de se promener dans les grands parcs ou en bordure du fleuve, de faire une excursion dans l'archipel, de goûter aux savoureux produits de la mer et de visiter le musée d'histoire régional. Pour plonger au cœur de la culture autochtone, Sept-Îles compte deux communautés innues : à Uashat, vous pourrez visiter la Maison de transmission de la culture innue ainsi que le Vieux-Poste de Sept-Îles, quant à Mani-Utenam, elle accueille l'un des plus grands événements de musique et d'arts autochtones du pays, le festival Innu Nikamu.

ARCHIPEL DES SEPT-ÎLES ★

Au large de Sept-Îles
✆ +1 418 962 1238
www.tourismeseptiles.ca
Information à l'office de tourisme.

Lieu de ressourcement, c'est également un lieu propice pour l'observation des oiseaux et des mammifères marins. On y accède en prenant un bateau ou un kayak de mer depuis le port de plaisance situé au parc du Vieux-Quai. Sur l'île Grande Basque, 12 km de sentiers sont à disposition ainsi que de l'hébergement en camping rustique ou en prêt-à-camper. Envie de découvrir l'archipel autrement ? Séjournez dans une yourte sur l'île Grosse Boule et apprenez-en davantage sur l'élevage des moules bleues, des algues et des pétoncles avec la Ferme Maricole Purmer.

VIEUX-POSTE DE SEPT-ÎLES ★

20 rue Shimun ✆ +1 418 444 0713
vieuxposte.com
Ouvert de fin juin à fin août. Adulte : 15 CAN $. Boutique sur place. Festival des Hivernants en février.

Situé au cœur de la communauté innue de Uashat, ce site d'interprétation historique présente la vie au quotidien dans un poste de traite des fourrures du XIXe siècle. Sur le site, animé par des personnages d'époque, vous retrouverez entre autres les reconstitutions d'un comptoir de traite et d'un campement innu. Il faut dire que les lieux servaient à l'époque de rassemblement estival pour les Innus qui ont commercé avec les marchands français jusqu'en 1842. Une visite enrichissante fondée sur la rencontre, au fil du temps, des cultures innue et eurocanadienne.

CASSE-CROÛTE DU PÊCHEUR €

4, rue Maltais
✆ +1 418 968 6411
dupecheur.ca
Mai ou juin à début septembre. Carte : moins de 35 CAN $. Terrasse.

Difficile de rater ce casse-croûte sur les quais de Sept-Îles : il suffit de chercher une salle à manger en forme de casier à homard géant et un phare miniature. Le ton est donné et la carte est fidèle aux attentes, région maritime oblige : egg rolls aux fruits de mer (très populaires !), pétoncles panés, guédille au crabe, crevettes ou homard, fish & chips de morue... Mais comme tout casse-croûte qui se respecte, burgers, hot-dogs, poutines, frites et autres plats typiques figurent également au menu. Parfait pour un repas sur le pouce !

SURFSHACK

1025, rue Mars
✆ +1 418 444 7873
www.surfshack.ca
De mai à octobre. Voir site web pour les tarifs des cours et des locations. Boutique sur place et en ligne.

La Côte-Nord est une destination de surf « boréal » de plus en plus populaire. SurfShack propose donc des cours d'initiation pour ceux qui en sont à leurs premiers pas, adaptés pour chacun et respectant vos limites personnelles. Des cours de perfectionnement sont également proposés ainsi que la location d'équipement pour les plus autonomes. La planche à pagaie est aussi au programme, en version cours d'initiation ou location. Quant à la boutique, on y trouve de tout, des wetsuits aux planches, en passant par les accessoires et les vêtements *lifestyle*.

LONGUE-POINTE-DE-MINGAN ★★

Sur la route menant à Natashquan et la Basse-Côte-Nord, Longue-Pointe-de-Mingan est un village charmant, typique de la Côte-Nord. Parfait pour décrocher de la routine ! La famille Loiselle en a d'ailleurs fait un havre de vacances, proposant différentes formules d'hébergement ainsi que des excursions dans les îles de l'archipel de Mingan (oiseaux et mammifères marins y sont omniprésents). Les chalets écolo Didoche sont aussi un bon plan côté hébergement. Sur la terre ferme, faites un tour du côté de la Station de recherche des îles Mingan, lieu idéal pour approfondir ses connaissances sur les mammifères marins fréquentant les eaux du golfe.

HAVRE-SAINT-PIERRE ★★

Le port a été fondé en 1857 par des pêcheurs venus des Îles de la Madeleine. En 1948, il s'industrialise après la découverte d'un gisement d'ilménite, minerai composé de titane et d'oxyde naturel de fer. De Havre-Saint-Pierre, vous pourrez vous rendre à l'archipel de Mingan, notamment aux fameuses îles au Marteau, et à l'île d'Anticosti. De Havre-Saint-Pierre au Labrador, les villages de pêcheurs voisinent avec les communautés innues. Le navire *Bella Desgagnés* fait la liaison entre Rimouski, dans le Bas-Saint-Laurent, les ports de la Moyenne-Côte-Nord (Sept-Îles à Natashquan) et les ports de la Basse-Côte-Nord (Kegaska à Blanc-Sablon).

BORÉALE SERVICES MARITIMES

1010, promenade des Anciens
✆ +1 418 538 2865
www.smboreale.com
En opération de début juin à début octobre. Tarifs selon l'activité ou le service choisi.

Une entreprise bien connue car elle effectue le service de navette pour les randonneurs et campeurs désirant se rendre dans l'archipel (plusieurs îles desservies). Les plongeurs ont aussi recours à ses services (station d'air sur place pour le remplissage des bombonnes). Elle offre également plusieurs croisières avec escales, principalement sur les îles Niapiskau et Quarry (droits d'accès à la réserve du parc national inclus). Finalement, elle offre un service de location de vélos.

RÉSERVE DE PARC NATIONAL DE L'ARCHIPEL-DE-MINGAN ★★★

1010, promenade des Anciens
✆ +1 418 538 3285 - www.pc.gc.ca/mingan
Centre d'accueil ouvert de juin à fin septembre. Adulte : 6,25 CAN $ (plus le transport maritime vers les îles).

Le long de la côte, à moins de 4 kilomètres de celle-ci, la réserve de parc national de l'Archipel-de-Mingan égrène sa trentaine d'îles calcaires et plus de mille îles et îlots granitiques sur près de 100 kilomètres. Havre-Saint-Pierre fait face à l'île du Havre, habillée de falaises rocheuses en haut desquelles se dressent des conifères. Non loin de là, vous pouvez voir les deux îles au Marteau, la grosse et la petite, où se trouvent un phare et quelques maisons aujourd'hui abandonnées. Les îles de Mingan présentent une curiosité géologique : des monolithes ou « pots de fleurs » géants de 5 à 10 mètres de hauteur, étrangement sculptés par la mer et qui doivent leur forme à une couche supérieure de calcaire plus résistant que leur pied friable. À chacun d'eux, Roland Jomphe, le vieux poète de Havre-Saint-Pierre, a donné un nom selon sa forme. Outre les spectaculaires falaises et les monolithes sculptés par la mer - on y retrouve la plus grande concentration de monolithes d'érosion au monde -, l'archipel abrite une faune et une flore riches et diversifiées. Certaines îles sont habitées par l'orignal ou l'ours noir et dans les mers alentour, on observe de nombreux oiseaux ainsi que des cétacés. Les oiseaux de mer (le macareux moine à bec-de-perroquet et pattes orange, emblème du parc, mais aussi l'eider, le guillemot noir ou encore la sterne arctique) ne sont pas les seuls à pêcher, c'est aussi l'activité du balbuzard, un rapace commun dans les îles. L'archipel possède également une flore d'une remarquable diversité : fougères, orchidées, mousses et lichens, dont certaines espèces ne se trouvent qu'en climat arctique ou alpin. On trouve aussi des plantes rares comme le chardon de Minganie, répertorié en 1924 par le frère Marie-Victorin, fondateur du Jardin botanique de Montréal. En tous les cas, les paysages y sont carrément sublimes !

▸ **Services et activités** : camping sauvage, tentes oTENTik et hébergement Oasis (prêt-à-camper), randonnée pédestre, kayak de mer, planche à pagaie, plongée, croisières, activités d'interprétation sur les îles et dans les deux centres d'accueil (Havre-Saint-Pierre et Longue-Pointe-de-Mingan).

▸ **À découvrir sur l'île aux Perroquets** : hébergement aménagé dans la maison du gardien, repas de fine cuisine du terroir et vins québécois, circuit d'interprétation extérieur et exposition dans le bâtiment du criard à brume, forfaits disponibles (pour plus d'informations : www.ileauxperroquets.ca).

NATASHQUAN ★★

Natashquan est le pays de Gilles Vigneault, auteur-compositeur-interprète incontournable du Québec. La maison de son enfance s'est d'ailleurs convertie en site patrimonial, lequel se visite en saison. Parmi les autres attraits du village, il faut voir, sur la pointe, les hangars de pêche traditionnels appelés « les Galets », ainsi que les chutes de la rivière Natashquan. Profitez-en pour faire quelques brasses dans les eaux du golfe qui sont particulièrement chaudes à cet endroit. Ne manquez pas non plus de faire un arrêt au Café l'Échouerie sur la plage. En août s'y tient d'ailleurs le très couru Festival du conte et de la légende de l'Innucadie.

BASSE-COTE-NORD ★★★

Elle commence là où la route s'arrête, à Kegaska. Des chapelets d'îles et d'îlots s'égrènent le long du littoral (plus de 400 km) où le sable cède progressivement la place au granit. Quelque 6 000 habitants aux origines diverses (inuite, innue, basque, française, anglaise, jersiaise, acadienne, terre-neuvienne) sont répartis dans une quinzaine de villages disséminés dans ces paysages de bout du monde. Tout au bout, Blanc-Sablon constitue l'extrémité orientale de la province du Québec. La route réunit Vieux-Fort à Blanc-Sablon, d'où on gagne le Labrador par la route 510 ou l'île de Terre-Neuve par le traversier qui franchit le détroit de Belle-Isle.

Maison Jos-Hébert sur l'Île de la Passe en Basse-Côte-Nord.

QUÉBEC

CHIBOUGAMAU ★

Ses origines remontent à l'exploitation des mines d'or. Depuis, son économie s'est diversifiée et la cité de 8 000 habitants est devenue la plus grande du Nord québécois. En été, vous profiterez de sa plage et, en hiver, de ses postes de traîneaux à chiens. Côté festivals, le très populaire Festival du doré Baie-James, fin juin, est le plus important tournoi de pêche de la province. Puis en août se tient le Festival en Août où près de cinquante artistes du Nord québécois se produisent sur une scène extérieure au cœur du centre-ville. L'hiver fait majoritairement place à des événements de motoneige (courses, randonnées de motoneiges antiques, etc.).

RÉSERVE LACS-ALBANEL-MISTASSINI-ET-WACONICHI ★

1584, route 167 Nord
✆ +1 418 748 7748
www.nibiischii.com/fr
Poste d'accueil : la route 167 conduit à l'accueil (environ 20 km au nord-est de Chibougamau).

Sur ce territoire de démesure se trouve le plus grand lac naturel d'eau douce du Québec, le lac Mistassini (176 km de long, 40 km de large par endroits). Ouverte en été et en hiver, cette réserve faunique est exploitée par la Corporation Nibiischii, une corporation constituée par la nation crie de Mistissini. Elle propose plusieurs forfaits en saison, à la journée ou en séjour. À découvrir absolument : les chalets flottants dans le secteur du lac Waconichi.

OUJÉ-BOUGOUMOU ★

Oujé-Bougoumou, qui signifie en cri « le lieu où se rassemblent les gens », est une communauté autochtone blottie sur les rives du lac Opémiska. La nation habite la région depuis longtemps mais le village est plutôt récent : les Cris d'Oujé-Bougoumou ont dû le quitter à sept reprises pour faire place aux activités minières. De nos jours, l'endroit est réputé pour son institut culturel, son artisanat, son hébergement, ses repas et activités traditionnels ainsi que ses visites guidées. Notons que la communauté a reçu un prix de l'UNESCO pour sa construction selon plusieurs critères de développement durable, ainsi que pour son architecture traditionnelle.

RADISSON ★★

La ville a été fondée en 1974 pour accueillir les travailleurs des grands barrages et centrales hydroélectriques du Complexe La Grande, dont la centrale La Grande-1 et l'aménagement Robert-Bourassa (LG-2), la plus grande centrale hydroélectrique souterraine du monde. Son immense barrage, équivalant à une hauteur de 53 étages, vaut à lui seul le déplacement ! Quelque 185 000 travailleurs ont séjourné dans la région, de 1950 à l'aube des années 2000, pour bâtir ces complexes hydroélectriques. Il va sans dire que la visite guidée gratuite de ces installations monumentales proposée par Hydro-Québec est une des attractions de taille de la région.

AMÉNAGEMENT ROBERT-BOURASSA & CENTRALE LA GRANDE-1 ★★

66, avenue des Groseillers ✆ +1 800 291 8486
www.hydroquebec.com/visitez/
Ouvert de début juin à fin août. Gratuit. Réservation requise 48h à l'avance, pièce d'identité avec photo obligatoire.

Hydro-Québec est l'une des plus grandes entreprises d'électricité du continent nord-américain. Elle produit, transporte et distribue presque toute l'électricité consommée dans la province. La quasi-totalité de sa production provient de centrales hydroélectriques, dont près de la moitié du complexe La Grande. Ce dernier est composé d'une série d'aménagements hydroélectriques dans le bassin versant de la Grande Rivière mais aussi d'autres rivières de la région administrative du Nord-du-Québec.

Deux de ses installations se visitent dans la région de la Baie-James, à commencer par l'aménagement Robert-Bourassa qui constitue la plus grande centrale hydroélectrique souterraine au monde et le plus grand site de production d'énergie du continent. Son barrage est impressionnant, atteignant l'équivalent d'un édifice de 53 étages, lequel surplombe un escalier de dix marches - chacune équivalant à deux terrains de football - aux dimensions titanesques. On se sent bien petit face à un tel ouvrage !

La centrale La Grande-1 est, quant à elle, le dernier chaînon de cet immense complexe. La quantité de béton nécessaire à sa construction équivaut à la longueur d'un trottoir entre Montréal et Miami, c'est tout dire.

Pour voir ces chefs-d'œuvre de plus près, rendez-vous au Complexe Pierre-Radisson d'où partent les visites guidées en saison. Il héberge notamment un centre d'interprétation des milieux naturels et humains du territoire de la Baie-James ouvert toute l'année.

KUUJJUAQ ★★

Située au-delà du 55e parallèle nord juste au-dessus de la ligne des arbres, Kuujjuaq, centre administratif du Nunavik, compte plus de 2 500 habitants, dont au moins 75 % sont des Inuit. C'est LA porte d'entrée de cette ô combien magnifique et dépaysante région de l'Arctique québécois, et c'est d'ici que partent la majorité des séjours d'aventure qui vous mèneront vers les plus beaux sites naturels du Nunavik. Aujourd'hui le village est un centre important où sont concentrés de nombreux services : un aéroport, deux gros hôtels, deux autres plus petits, un restaurant, deux cantines, deux pubs, trois magasins généraux, un dépanneur et une banque.

Histoire

Le premier contact entre les Européens et les Autochtones est survenu en 1811 alors que des missionnaires moraves arrivèrent à un campement inuit qui se trouvait en bordure de la rivière Koksoak. Ils y ont établi une mission afin de convertir les Inuit au christianisme. En 1830, la Compagnie de la Baie d'Hudson y installa un poste de traite, marquant le début du commerce des fourrures au Nunavik. Plus tard, en 1942, les Forces armées américaines érigèrent la base Crystal 1 à l'endroit actuel du village de Kuujjuaq (base qui fut cédée au gouvernement canadien après la Seconde Guerre mondiale), ce qui accéléra le développement du village. Vinrent par la suite une mission catholique, un poste de soins infirmiers, une école et une station météorologique.

Transports

Le Nunavik n'étant pas relié au réseau routier du reste la province, on ne peut s'y rendre que par avion. Canadian North dessert Kuujjuaq quotidiennement au départ de Montréal. Quant à Air Inuit, la compagnie aérienne dessert la côte de l'Hudson du Nunavik de façon quotidienne depuis Montréal, ainsi que Kuujjuaq une journée par semaine depuis Montréal et Québec. Elle assure également les liaisons entre les différents villages de la région. Sur place, Air Inuit et d'autres compagnies privées, telles Johnny May's Air Charters et Nunavik Rotors, offrent des vols nolisés vers les camps de pêche, les parcs du Nunavik et toute autre destination d'intérêt pour les touristes.

PARCS NUNAVIK ★★

✆ +1 514 457 2236

www.nunavikparks.ca/fr

Visitez le site web pour planifier une visite dans l'un des parcs et réserver un forfait tout inclus ou en autonomie.

Division de l'Administration régionale Kativik, Parcs Nunavik protège des régions naturelles aux caractéristiques extraordinaires au nord du 55e parallèle du Québec. Le parc national des Pingualuit abrite un cratère d'impact météoritique de 3,4 km de diamètre et d'une profondeur de 267 m. Le lac qui occupe ce cratère contient une eau parmi les plus pures au monde. Le parc national Kuururjuaq, très connu des aventuriers en raison des monts Torngat, veille sur les plus hauts sommets de l'Est continental de l'Amérique du Nord. Le parc national Tursujuq, le plus grand du Québec avec une superficie de 26 107 km², est situé près de la côte est de la baie d'Hudson, près d'Umiujaq. Son territoire spectaculaire comprend le lac Tasiujaq (ou lac Guillaume-Delisle, une immense mer intérieure reliée à la baie d'Hudson par un étroit goulet et bordée de cuestas), ainsi que le lac Wiyâshâkimî (ou lac à l'Eau Claire) qui abrite une population rarissime de phoques d'eau douce. La plus jeune addition au réseau est le parc national Ulittaniujalik, situé dans la majestueuse vallée glaciaire de la rivière George et de la rivière Ford ainsi que sur les hauts plateaux environnants. C'est le seul parc qui compte une pourvoirie de pêche inuite sur son territoire, soit la Pyramid Mountain Camp, établie depuis les années 1950. Un autre projet de parc est également en cours : celui de Iluiliq à l'extrême nord du Nunavik, entre les communautés de Ivujivik et de Salluit. Il abrite notamment une des plus grandes colonies de guillemots de Brünnich au monde.

TOURISME NUNAVIK

✆ +1 819 964 2876

www.tourisme-nunavik.com

Site web très complet sur le Nunavik et le tourisme dans la région. Envoi sur demande du guide touristique officiel, lequel contient des informations sur la nature et le mode de vie des Inuit, mais aussi des adresses de pourvoyeurs de pêche, d'aventure et d'écotourisme, ainsi que de l'information sur le transport et l'hébergement, etc. Les amateurs de grands espaces apprécieront l'immensité et la beauté du Nunavik. Mais en raison des distances, de l'absence de routes et des conditions climatiques extrêmes, nous vous conseillons de partir en voyage organisé.

AVENTURES INUIT

Basé à Montréal
✆ +1 514 457 3319
www.aventuresinuit.ca

Spécialiste des excursions et séjours guidés par des Inuit au sein des différentes communautés du Nunavik. Motoneige, traîneau à chiens, camping d'hiver, construction d'igloo, interprétation et démonstrations culturelles, observation de la faune (ours polaire, caribou, bœuf musqué, etc.) ou des aurores boréales, photographie et randonnée font entre autres partie des activités proposées dans les forfaits. Depuis 2022, vous pouvez aussi découvrir la ceinture de roches vertes du Nuvvuagittuq, la plus vieille formation rocheuse au monde.

HÔTELS DES COOPÉRATIVES DU NUNAVIK €€

Centrale de réservation basée à Montréal
✆ +1 514 457 3294
nunavikhotels.ca/fr

Occ. simple ou double : à partir de 235 CAN $. 50 CAN $ par personne additionnelle (gratuit pour les moins de 12 ans).

À l'exception de Tasiujaq, chaque village du Nunavik compte un hôtel Co-op proposant des chambres confortables munies de toutes les commodités modernes (salle de bains privée, téléviseur à écran plat avec canaux HD, accès à l'Internet, mini-réfrigérateur, cafetière Keurig avec capsules, etc.). On y retrouve également des aires communes, dont un salon pour fraterniser avec les autres voyageurs et une cuisine entièrement équipée pour concocter ses repas.

INUKSHUK LODGE

Black Point sur la côte de la baie d'Ungava
✆ +1 450 324 1501
inukshuklodge.com

Tarifs variables selon le forfait choisi.

C'est sur les rives de la baie d'Ungava qu'est établi le camp de base d'Inukshuk Lodge. Ici on vous propose de vous mesurer à l'omble chevalier de l'Arctique, à la truite de mer et au saumon de l'Atlantique pour une expérience de pêche exceptionnelle dans le Grand Nord québécois. Pour une aventure plus peinarde, le lodge propose également des ateliers de photo de paysages, de la faune et de la flore arctiques dans les environs de la baie d'Ungava. À savoir que le camp ayant une capacité d'accueil limitée, les réservations bien à l'avance ne sont pas un luxe.

JOHNNY & BILLY CAIN OUTFITTERS

Estuaire de la rivière aux Feuilles près de Tasiujaq
✆ +1 617 253 6865
leafriverestuarylodge.com

Tarifs variables selon le forfait choisi.

Cette pourvoirie est nichée sur la rive de l'estuaire de la rivière aux Feuilles qui bénéficie de grandes marées, apportant avec elles d'abondants bancs de poissons, dont des saumons de l'Atlantique et ombles de fontaine, mais plus particulièrement de vigoureux ombles chevaliers de l'Arctique. Entièrement opérée par des Inuit, la pourvoirie permet de vivre une expérience de pêche authentique, alors qu'on partage avec eux leur mode de vie ancestral pendant quelques jours mémorables.

LEAF RIVER LODGE

✆ +1 418 882 6210
leafriverlodge.com

Tarifs variables selon le forfait choisi.

Située plus en amont de la rivière aux Feuilles, cette pourvoirie offre une expérience de pêche à la mouche de classe mondiale. Le défi est d'attraper de gros saumons de l'Atlantique qui fraient dans ses fosses, mais on peut aussi prendre de la truite grise de taille ou taquiner la truite mouchetée. Dans une philosophie de préservation, on pratique ici la remise à l'eau. Lorsque la saison de pêche tire à sa fin (septembre), on peut aussi observer la migration des caribous qui traversent la rivière alors que la toundra s'enflamme de ses couleurs automnales.

WEDGE HILLS LODGE

Rivière George
✆ +1 450 612 3832
wedgehillslodge.com/fr

Tarifs variables selon le forfait choisi.

Surplombant la rivière George, cette auberge est avant tout réputée pour ses forfaits de pêche au saumon de l'Atlantique, à la truite mouchetée et au touladi. Grâce à sa division Golden Peninsula Tours, des circuits guidés ou autonomes sont également proposés pour découvrir les merveilles de l'Arctique québécois et du Labrador, dans une région appelée la Péninsule d'or, que ce soit pour observer les ours polaires, faire un trek au-dessus du fjord d'Hébron, descendre une rivière en radeau pneumatique ou même sillonner la toundra en fatbike. Des aventures uniques !

NOUVEAU-BRUNSWICK

C'est la porte d'entrée des Maritimes, à la charnière du continent et des autres provinces de l'Atlantique. C'est ici que la majorité des Acadiens ont élu domicile, principalement au nord et sur le littoral oriental, et la province est la seule au pays à arborer officiellement un statut bilingue. Bordé au nord-ouest par la baie des Chaleurs, à l'est par le golfe du Saint-Laurent et au sud par la baie de Fundy, le Nouveau-Brunswick est réputé pour ses belles plages caressées par l'eau salée la plus chaude au Canada. D'ailleurs c'est dans la baie de Fundy qu'ont lieu des marées record, particulièrement spectaculaires à Hopewell Rocks où trônent d'immenses monolithes en forme de pots de fleurs. S'y ajoutent des villes dynamiques à dimension humaine comme Fredericton, Moncton et Saint John, ainsi que des localités pleines de charme, toutes célébrant leur héritage francophone, anglophone et amérindien.

Campbellton
Saint-Alexis-de-Matapédia
Biencourt
Kedgwick
Dégelis
Saint-Quentin
EDMUNDSTON
Fort Kent
Van Buren
Eagle Lake
Plaster Rock
Caribou
Presque Isle
Mars Hill
Florenceville-Bristol
ÉTATS-UNIS
Stanley
Central Hainesville
Houlton
Hodgdon
Patten
Meductic
Nackawic
FREDERICTON
Mactaquac
PRINCE WILLIAM
Oromocto
Geary
Danforth
Vanceboro
Clarendon
Topsfield
Grand Bay - Westfie
Princeton
Calais
50 KM
SAINT ANDREWS ★★

Nouveau-Brunswick
golfe du Saint-Laurent
New Carlisle
ÎLE MISCOU ★★
CARAQUET ★★
ÎLES LAMÈQUE ★★
SHIPPAGAN ★
Beresford
BATHURST
Saint-Isidore
Tracadie-Sheila
Neguac
MIRAMICHI
Pointe-Sapin
Tignish
Alberton
Ebbsfleet
McKinleyville
KOUCHIBOUGUAC ★
Saint-Louis-de-Kent
Richibucto
O'Leary
Doaktown
BOUCTOUCHE ★★
SUMMERSIDE ★★
Saint-Antoine
Saint-Paul
Borden-Carleton
SHEDIAC ★★★
CAP-PELÉ ★
CAPE JOURIMAIN ★
Minto
MONCTON ★★
Petitcodiac
Dorchester
HOPEWELL CAPE ★★★
AULAC
Amherst
Elgin
Sussex
SPRINGHILL ★★
ALMA ★★
CAP ENRAGÉ ★★
NOUVELLE-ÉCOSSE
HAMPTON STATION
KINGSTON
ÎLES DE LA BAIE DE FUNDY ★★
St. Martins
Allenville
Parrsboro
SAINT JOHN ★★★
orneville
Wolfville

PAGES

479 ●● ROUTE PANORAMIQUE DE LA VALLÉE

Elle longe le fleuve Saint-Jean, d'Edmundston à Sussex, sur environ 512 km, en empruntant, du nord au sud, différentes routes parallèles à la Transcanadienne 2 (consultez un plan pour la portion entre Oromocto et Sussex). Riche en attraits historiques, le corridor patrimonial du fleuve Saint-Jean comprend également des marchés agricoles animés, des galeries d'art en tous genres et de magnifiques espaces verts.

479 **EDMUNDSTON**

479 **PRINCE WILLIAM**

480 **MACTAQUAC**

FREDERICTON ★

480 Capitale provinciale du Nouveau-Brunswick, la ville de Fredericton se trouve dans la vallée du fleuve Saint-Jean. Elle marque un bel arrêt sur la route vers Saint John ou Moncton, et elle regorge de bonnes adresses pour une halte gourmande et l'apéro. Son musée des beaux-arts et son quartier historique sont à voir.

483 ●● ROUTE DU LITTORAL ACADIEN

Ce circuit suit le littoral acadien, tant sur la rive nord que sur la côte est de la province, entre Bathurst et Aulac. L'Acadie, celle de la période qui a suivi le Grand Dérangement, c'est ici qu'on la retrouve. C'est là que les Acadiens se sont installés à leur retour de déportation. En raison de la pauvreté du sol, ils ont dû, eux qui étaient d'habiles cultivateurs, se reconvertir dans la pêche, comme en témoignent les hameaux de pêcheurs qui jalonnent le littoral. L'accueil légendaire de ses habitants, les sites historiques et naturels ainsi que les longues plages de sable aux eaux étonnamment chaudes valent vraiment la peine de s'y arrêter.

483 **BATHURST**

CARAQUET ★★

483 Impossible de venir en Acadie sans prendre racine quelques jours à Caraquet ! Entre son village historique animé à Bertrand, ses plages (on recommande celle de Bas-Caraquet) ou encore ses soirées festives à La Brôkerie, la petite ville est définitivement un incontournable de la péninsule.

484 **SHIPPAGAN ★**

485 **ÎLE DE LAMÈQUE ★**

485 **ÎLE MISCOU ★★**

486 **MIRAMICHI**

486 **KOUCHIBOUGUAC ★**

486 **BOUCTOUCHE ★★**

SHEDIAC ★★★

487 Renommée en tant que capitale mondiale du homard, Shediac a définitivement des airs de vacances, elle qui est blottie sur les rives du golfe du Saint-Laurent. Et qui dit golfe dit plages à proximité, dont la plus connue, Parlee Beach, qui attire les foules l'été venu.

488 **CAP-PELÉ ★**

488 **CAPE JOURIMAIN ★**

Bouctouche.

PAGES

●● ROUTE DU LITTORAL DE FUNDY

489

Un phare blanc sur fond bleu « éclairera » votre parcours tout le long de la baie de Fundy. C'est ce logo qui a été choisi pour caractériser ce magnifique itinéraire maritime longeant la côte sud du Nouveau-Brunswick entre Aulac et St. Stephen. En suivant ces « feux maritimes », on profite des paysages à couper le souffle de falaises abruptes plongeant dans les eaux de la baie, des parcs naturels et d'une myriade d'îles. Mais l'attraction la plus populaire et la plus spectaculaire reste les grandes marées de la baie de Fundy. Deux fois par jour, l'eau s'engouffre dans cet entonnoir naturel et s'élève tel un mur infranchissable entre les falaises jusqu'à 16 mètres de hauteur. A marée basse, les fonds marins servent de sentiers de randonnée pour explorer la nature environnante et, à la marée montante, des excursions en kayak dans ce décor grandiose sont un véritable cadeau de la nature.

489 **AULAC**

489 **MONCTON ★★**

HOPEWELL CAPE ★★★

491 Les monolithes en forme de pots de fleur d'Hopewell Rocks en font sa renommée internationale. À pied à marée basse ou en kayak de mer à marée haute, il est possible de les voir de très près. Vous ne voudrez pas manquer ce spectacle pour rien au monde !

492 **CAP ENRAGÉ ★★**

ALMA – PARC NATIONAL FUNDY ★★

492 C'est l'un des parcs nationaux les plus célèbres au pays, reconnu avant tout pour les marées de la baie de Fundy, les plus grandes du globe. Et juste à côté de ce site naturel d'exception se trouve le charmant village de pêcheurs d'Alma qui vaut également la visite.

493 **ST. MARTINS**

493 **KINGSTON**

493 **SAINT JOHN ★★**

SAINT ANDREWS ★★

495 Un village qui fleure bon les vacances en version *East Coast*. Lieu de villégiature convoité de la baie de Fundy, on y trouve notamment des auberges et hôtels historiques plutôt haut de gamme. C'est également une destination hautement fréquentée par les touristes venus admirer les baleines de près lors d'excursions guidées.

EDMUNDSTON

Située dans les Appalaches, au confluent du fleuve Saint-Jean et de la rivière Madawaska, Edmundston se trouve à un jet de pierre de la frontière américaine et à quelques kilomètres de celle la séparant du Québec. C'est la 2e plus grande ville à majorité francophone au Canada (hors Québec). On appelle d'ailleurs « Brayons » les habitants francophones du comté de Madawaska. Porte d'entrée des Maritimes si on arrive de Rivière-du-Loup (Québec), on vient à Edmunston pour son terrain de jeu naturel, son superbe jardin botanique ou encore sa cuisine traditionnelle (il faut goûter aux *ployes*, crêpes de sarrasin garnies de beurre, sucre ou cretons).

JARDIN BOTANIQUE DU NOUVEAU-BRUNSWICK ★

15 boulevard Isidore-Boucher
✆ +1 506 737 4444
www.jardinnbgarden.com
Fin mai à fin septembre : lundi-dimanche, 9h-17h (jusqu'à 20h en juillet et août). Adulte : 20 CAN $.

Dans un cadre de douces collines boisées, ce superbe jardin d'environ 8 hectares a été conçu et dessiné par une équipe du prestigieux Jardin botanique de Montréal. On y retrouve plusieurs jardins thématiques dont le jardin des plantes médicinales et aromatiques, le jardin alpin ou encore le sous-bois, sans oublier une douzaine de structures de mosaïculture. À cela s'ajoutent des artistes en résidence, un café-terrasse ainsi qu'une programmation d'activités et d'ateliers.

MUSÉE HISTORIQUE DU MADAWASKA

165 boulevard Hébert
✆ +1 506 737 5282
www.umoncton.ca/umce-mhm
Ouvert du mardi au vendredi (horaires variables). Adulte : 3,50 CAN $.

Ce musée retrace l'histoire de la région du Madawaska et son patrimoine. Peuplée d'abord par la nation amérindienne des Malécites, des Acadiens de la vallée du fleuve Saint-Jean, des colons du Bas-Canada et des îles Britanniques s'y sont aussi installés. Les coutumes et les traditions de ces différents groupes ont contribué à former ici un genre de vie très distinctif. Le musée abrite également la Galerie Colline consacrée aux objets d'art de divers artistes de la région.

LES BRASSEURS DU PETIT-SAULT

45 rue de l'Église
✆ +1 506 733 1313
www.petitsault.com
Salon de dégustation et boutique ouverts tous les jours (horaires variables). Terrasse.

Microbrasserie fort populaire dans la région, on y brasse des bières avec l'eau puisée à même la sinueuse rivière Iroquois. La boutique vend les nectars concoctés sur place et le salon de dégustation avec terrasse permet de savourer ces derniers, en rotation selon la production et les saisons (Saison de type belge, Pilsner allemande, Double IPA, etc.). On aime bien les petites histoires qui figurent sur l'étiquette des bouteilles, un peu de couleur locale bien appréciée !

MOONSHIN'HERS CAFE BISTRO

45 rue de l'Église ✆ +1 506 735 0101
moonshinhers.com
Ouvert du lundi au samedi (horaires variables). Terrasse, spectacles live, événements de dégustation.

Ce café-bistro se spécialise dans le whisky avec plus d'une quarantaine de sortes provenant du Canada, d'Irlande, d'Écosse et des États-Unis avec même des crus du Japon et d'Afrique du Sud. Belle sélection de bières artisanales également qu'on peut savourer tant au verre qu'en palette de dégustation (idem pour les whiskys). Un menu gourmand complète l'expérience avec tartare de thon, grilled cheese, burger, tacos de poisson, grillades, etc. L'endroit idéal pour prendre un verre !

PRINCE WILLIAM

Ancienne colonie, Prince William est une communauté de la paroisse éponyme et se situe dans le comté de York, à une vingtaine de minutes à l'ouest de Fredericton. L'autoroute 2 (Transcanadienne) la traverse de part et d'autre. On y vient principalement pour une chose : Kings Landing, un village historique reconstitué et animé. Ouvert de juin à octobre ainsi qu'à quelques dates en décembre pour le temps des fêtes, on y vit un véritable voyage dans le temps à l'époque du XIXe siècle. Musée à ciel ouvert sur une superficie d'environ 120 hectares, il comprend plus de 70 000 artefacts, 70 bâtiments historiques, une ferme d'animaux et plus encore.

VILLAGE HISTORIQUE DE KINGS LANDING ★

5804 route 102
✆ +1 506 363 4999
kingslanding.nb.ca/?lang=fr
De début juin à début octobre, plus le spécial temps des fêtes en décembre. Adulte : 26 CAN $. Restauration, boutiques.

Ce village a été reconstitué autour d'anciens bâtiments épargnés par la construction du barrage de Mactaquac, édifiés après la guerre d'Indépendance américaine par d'anciens soldats des régiments de dragons du roi. On y a transporté ensuite d'autres édifices pour restituer une image fidèle de la vie que les loyalistes menaient dans la région au XIXe siècle. S'y ajoutent des personnages en habit d'époque expliquant les travaux quotidiens de la vie rurale d'autrefois.

MACTAQUAC

Tout comme Prince William, Mactaquac est une petite communauté du comté de York. Située pratiquement à mi-chemin entre Prince William et Fredericton, aux abords du fleuve Saint-Jean, c'est un havre de paix et de nature, avec des paysages parmi les plus beaux de la province, arborant des pentes douces et des vallées entourant le fleuve. Son parc provincial vaut d'ailleurs amplement le détour et permet de se dégourdir les jambes peu importe la saison (baignade, parcours aérien, rando, ski de fond, raquette, etc.). Mactaquac accueille aussi un barrage hydroélectrique, lequel fournit environ 20 % de la demande totale d'énergie de la province.

FREDERICTON ★

Construite de part et d'autre du fleuve Saint-Jean, la capitale provinciale fut fondée par les Acadiens en 1732. Ils baptisèrent leur bourgade du nom de Sainte-Anne-des-Pays-Bas. Au moment de la déportation des Acadiens (milieu du XVIIIe siècle), les Anglais incendièrent la ville. Elle sera reconstruite par les Loyalistes qui investissent les lieux en 1783, et désigneront la ville nouvelle comme capitale de la province en 1785. De nos jours, c'est une ville d'un peu plus de 60 000 habitants connue pour ses élégantes maisons victoriennes dissimulées dans la verdure. Parmi ses attraits, il ne faut pas manquer le Quartier historique de garnison.

Transports

La ville de Fredericton est desservie par un aéroport international, lequel relie la capitale néo-brunswickoise à d'autres villes canadiennes ainsi qu'à quelques destinations au Mexique et dans les Caraïbes. Pour rejoindre le centre-ville, il faut prendre un taxi (Checker Cab). Quatre compagnies de location de voiture ont également un comptoir à l'aéroport. La compagnie de bus interurbains Maritime Bus dessert aussi Fredericton et permet de se rendre ailleurs au Nouveau-Brunswick et dans les autres provinces maritimes (à l'exception de Terre-Neuve-et-Labrador). Dans la ville même, Fredericton Transit prend le relais et propose une douzaine de lignes de bus (aucun service de nuit).

PARC PROVINCIAL MACTAQUAC

1265 route 105
✆ +1 506 363 4747
parcsnbparks.ca
Ouvert toute l'année. Voir site web pour tous les tarifs.

Situé en bordure du fleuve Saint-Jean, ce parc provincial couvre une superficie de 525 hectares. Peu importe la saison, les activités de plein air ont la cote, que ce soit pour profiter des plaisirs du nautisme (deux marinas avec plusieurs services), la baignade, la randonnée pédestre, le ski de fond et la raquette (prêt d'équipement sur place), le fatbike (service de location), etc. Également sur place : terrain de golf, parcours aérien, restauration, camping d'été et d'hiver.

Vue sur Fredericton.

NOUVEAU-BRUNSWICK

MUSÉE DES BEAUX-ARTS BEAVERBROOK ★

703 Queen Street ✆ +1 506 458 2028
www.beaverbrookartgallery.org
Lundi-samedi, 10h-17h (jusqu'à 21h jeudi) ; dimanche, 12h-17h. Fermé le lundi hors saison estivale. Adulte : 12 CAN $.

Établie en plein centre-ville de Fredericton, Beaverbrook est une galerie de grande renommée présentant une collection d'œuvres britanniques allant de l'époque élisabéthaine à l'ère moderne, sans oublier l'art canadien et des quatre coins du monde et les sculptures installées à l'extérieur. Un incontournable pour les amoureux de l'art. À noter que le jeudi entre 17h et 21h, les droits d'entrée se font sous forme de don (montant à votre discrétion). Café et boutique sur place.

QUARTIER HISTORIQUE DE GARNISON ★★

Queen Street
quartierhistoriquedegarnison.ca
Ouvert toute l'année. Entrée gratuite (certaines activités sont payantes).

Le Quartier historique de garnison, ancien chef-lieu des activités de l'armée britannique dans la province du Nouveau-Brunswick, est un haut lieu historique et culturel. Régulièrement des musiciens s'y produisent, des artistes exposent et on peut assister à des reproductions historiques. Ne manquez pas notamment les nombreuses animations en été et le Harvest Jazz & Blues Festival en septembre. Musées, galeries et boutiques d'art, festivals et autres activités viennent égayer les lieux.

FREDERICTON TOURISM

397 Queen Street
✆ +1 506 460 2129
www.tourismfredericton.ca
Centre d'information aux visiteurs ouvert tous les jours de mai à octobre.

L'office de tourisme vous renseignera sur tout ce qu'il y a à savoir pour un séjour réussi dans la capitale néo-brunswickoise. De l'hébergement aux attraits d'importance, en passant par les bonnes adresses pour casser la croûte et boire un verre et les événements qui animent la capitale, tout y est. Bonus : les employés sont bilingues et pourront donc vous renseigner dans la langue de Molière. À savoir qu'hors saison, il est possible d'obtenir de l'information touristique au bureau administratif situé au 371 Queen Street (suite 101).

BY THE RIVER B&B €€

301 Woodstock Road
✆ +1 506 454 5602
bytheriverbnb.ca
Occupation double : à partir de 158 CAN $, petit déjeuner inclus. Promotions et forfaits disponibles.

Blottie en bordure du fleuve Saint-Jean, cette belle maison historique (1903) abrite près d'une dizaine de chambres et suites toutes différentes et portant le nom d'un personnage ayant marqué l'histoire de Fredericton. Une est par exemple munie d'un foyer au gaz et d'un balcon privatif, une autre offre un bain à remous dans la salle de bains... Le matin venu, un succulent petit déjeuner maison aux saveurs locales est servi aux hôtes (possibilité de forfait incluant le repas du soir également). Une belle adresse à proximité de tout !

QUARTERMAIN HOUSE B&B €€

92 Waterloo Row
✆ +1 506 206 5255
www.quartermainhouse.com
Occupation double : à partir de 130 CAN $, petit déjeuner inclus.

Quartermain House est une maison de charme cossue à l'architecture XIXe siècle qui a gardé ses meubles et ses bibelots d'antan. Deux chambres sont à disposition des hôtes, chacune décorée avec goût et ultra confortable. On a également accès à des salons communs avec foyer, dont la McNair Library et son superbe décor, ainsi qu'au balcon avant et à la jolie cour verdoyante pour de bons moments de détente. Le petit déjeuner chaud est inclus chaque matin et est fait à base de produits locaux. Plusieurs forfaits sont également proposés, informez-vous !

11TH MILE €€

79 York Street
✆ +1 506 443 1187
www.11thmile.ca
Ouvert le soir du mardi au samedi dès 17h. Carte : moins de 30 CAN $ le plat.

Ce petit espace gourmand (une quarantaine de places) est le rejeton de Jennie Wilson et du chef Peter Tompkins. Le duo a ouvert cette adresse dans l'optique d'offrir une nouvelle cuisine canadienne, le tout jumelé à l'hospitalité des Maritimes et aux produits locaux et de saison. Plusieurs plats incorporent aussi des ingrédients qui ne sont pas sans rappeler la cuisine asiatique. Pour l'apéro, sachez que l'endroit est également réputé pour ses cocktails (une quinzaine de choix). Un conseil : vu la petite taille du resto, les réservations ne sont pas un luxe.

540 KITCHEN & BAR €€

540 Queen Street
✆ +1 506 449 5400
www.540kitchenandbar.com
Ouvert en semaine dès 11h30, 16h30 le week-end. Carte : 10 à 35 CAN $. Terrasse.

Une belle adresse pour aller savourer un verre de bière artisanale, de vin ou un cocktail entre amis. Pour les petits comme les gros appétits, un menu gourmand de type gastropub propose des plats sur le pouce (carpaccio de bœuf, œufs farcis, *shrimp & grits*, etc.) et des assiettes plus consistantes (grillades, *mac & cheese*, risotto au riz sauvage, burger, thon poêlé, etc.). Un lieu tendance, très fréquenté en soirée du jeudi au samedi. À noter que le groupe tient deux autres restos : The Lighthouse (été seulement) et 540 North.

MAYBEE BREW

559 Wilsey Road
✆ +1 506 450 2739
www.maybeebrew.com
Ouvert tous les jours dès midi. Terrasse.

Envie d'une bonne bière brassée localement ? Direction Maybee Brew au sud du centre-ville ! Ouverte depuis février 2016, cette microbrasserie fait le bonheur des amateurs venus savourer sa bière emblématique, la Work Horse (IPA de style américain), mais aussi sa Stout au café ou encore sa triple belge. Les lignes de fûts accueillent également des bières d'autres microbrasseries de la province. On peut se procurer leurs bières maison à la boutique ainsi qu'à différents points de vente du Nouveau-Brunswick. Mention à la jolie murale du salon de dégustation.

THE TIPSY MUSE CAFE

86 Regent Street
✆ +1 506 454 8779
www.tipsymusecafe.ca
Lundi-samedi, 7h30-16h30 ; dimanche, 9h-16h30. Coin terrasse. Autre succursale au Picaroons Roundhouse.

Pour démarrer la journée du bon pied, c'est ici qu'il faut venir ! Situé au cœur du centre-ville, à mi-chemin entre la Beaverbrook Art Gallery et le Quartier historique de garnison, ce café propose tous les grands classiques caféinés, dont des délices saisonniers comme le latte d'hiver au pain d'épices. Mais plus qu'un café, on peut également y savourer un kombucha, un cidre, une bière artisanale et de succulents cocktails. Une fringale ? Muffins, bagels, sandwichs déjeuner et autres du genre sont à l'ardoise. Bonus : des concerts live certains soirs.

TRAILWAY BREWING CO.

280 Main Street
✆ +1 506 455 8246
www.trailwaybrewing.com
Ouvert tous les jours dès midi (11h vendredi et samedi). Terrasse.

Les microbrasseries ont le vent dans les voiles dans la province et celle-ci ne fait pas exception, elle qui est bien établie en ville depuis 2014. Dans le verre, une IPA aromatisée à l'épinette, un vin d'orge aux notes caramélisées ou encore une bière sure de type smoothie aux fruits des champs. Pour ce qui est des fringales, surveillez la page Facebook pour les horaires des *food trucks* qui viennent y accoster en saison. Avis aux intéressés : l'équipe tient une salle de bowling en ville, The Drome, et une nouvelle succursale à Saint John, Union House.

FREDERICTON BOYCE FARMERS MARKET

665 George Street
✆ +1 506 451 1815
www.frederictonfarmersmarket.ca
Ouvert toute l'année, le samedi de 7h à 13h.

Établi depuis 1951, le marché fermier de Fredericton est une ode aux saveurs locales mais aussi internationales. Lieu coloré et grouillant d'activités le samedi, on y retrouve aussi bien des produits de boulangerie, des fromages, des viandes, poissons et fruits de mer, des produits maraîchers, de l'art et de l'artisanat, et bien plus encore. Bonus : plusieurs comptoirs gourmands sont sur place pour un savoureux repas sur le pouce. Une véritable institution !

THE CAP

362 Queen Street
✆ +1 506 459 3558
www.thecaplive.com
Voir site web pour la programmation et les billets.

Lieu aux multiples facettes au cœur du centre-ville, The Cap est une salle de spectacles intime qui diffuse principalement de la musique indie, et ce depuis une bonne vingtaine d'années. Suite logique, elle fait également office de boutique de vinyles neufs et usagés avec une sélection digne de ce nom (la collection est aussi consultable en ligne). Cerise sur le gâteau, elle abrite une nanobrasserie (goûtez à la Jerry-Faye IPA, une bière de type West Coast aux notes d'agrumes). On peut même acheter les bières pour emporter !

BATHURST

Seule grande ville du nord-est de la Péninsule acadienne, Bathurst est le chef-lieu du comté de Gloucester. Sise à l'embouchure de la rivière Népisiguit, avec la baie des Chaleurs à un jet de pierre, la ville marque un bel arrêt sur la route pour un repas, une bière locale ou simplement flâner. On recommande d'ailleurs une visite à la Promenade Waterfront, accessible par la route 134. Outre l'office de tourisme, on y retrouve des boutiques, des adresses gourmandes, une galerie d'art, etc. Dans les environs immédiats se trouvent également un charmant café (Kaffeine Espresso Bar), une microbrasserie (13 Barrels Brewing) et le Bathurst Heritage Museum.

CARAQUET ★★

Capitale autoproclamée de l'Acadie, Caraquet, qui voudrait dire « la rencontre de deux rivières » en micmac, vit principalement des services, de la pêche et du tourisme. C'est une destination incontournable de la Péninsule acadienne où il fait bon s'installer quelques jours afin de rayonner dans la région. Le fameux Village historique acadien, situé non loin à Bertrand, est à voir absolument afin de plonger dans la vie quotidienne des Acadiens de 1770 à 1949. En août, il ne faut pas non plus rater le Festival acadien qui culmine le 15 août, jour de la fête nationale des Acadiens, avec le Grand Tintamarre, un immense défilé coloré et festif.

MAISON TOURISTIQUE DUGAS €€

683 boulevard Saint-Pierre Ouest
✆ +1 506 727 3195
www.maisontouristiquedugas.ca
Occupation double : à partir de 89 CAN $. Petit déjeuner en sus (sur demande).

Véritable petit complexe d'hébergement, on bénéficie ici de différentes options pour passer une nuit ou plus au cœur de l'Acadie. Six chambres et suites sont à disposition dans différentes maisons, dont certaines avec salle de bains partagée. Des petits chalets pouvant accueillir de 2 à 4 personnes sont un excellent choix pour plus d'autonomie, chacun étant muni d'une kitchenette. Vient finalement le camping pour planter sa tente ou installer son motor-home. Bonus : un accès à la plage, une cuisine extérieure (avec chaudron à homards !) et plus encore.

VILLAGE HISTORIQUE ACADIEN ★★★

5 rue du Pont
BERTRAND
✆ +1 506 726 2600
www.villagehistoriqueacadien.com
Début juin à mi-septembre : tous les jours de 10h à 17h30. Adulte : 22,50 CAN $.

Le Village historique acadien, situé à Bertrand, tout près de Caraquet, est une véritable machine à remonter le temps. Comme pour un parc d'attractions, le village a son immense parking, ses caisses à l'entrée et sa boutique, mais l'expérience emporte très vite le visiteur dans un tourbillon d'histoire et de mémoire dont il sera marqué pour longtemps. Inauguré en 1977, le Village raconte l'histoire des descendants de ces Français, hommes et femmes, qui ont traversé l'Atlantique au début du XVIIe siècle et qui se sont installés dans la région, constituant ainsi le plus ancien peuple francophone d'Amérique du Nord, les Acadiens. Ce musée vivant possède ses maisons, ses fermes, ses commerces, son église, son école, etc., mais en versions allant de 1770 à 1949. Le visiteur ne tarde pas à se retrouver en immersion totale avec les habitants des lieux, proposant un petit tour en charrette, la visite d'une ferme ou l'élaboration de vêtements en laine de mouton avec les outils d'époque. Les comédiens sont à l'aise dans leurs fonctions, ils exécutent les tâches de leur quotidien tout en répondant aux multiples questions du visiteur souvent troublé de se retrouver entre réalité et fiction. Des interprètes en costumes d'époque font revivre les coutumes ancestrales et les métiers traditionnels, sous les yeux ébahis des petits comme des grands. Le village s'étire sur 2 km et l'on peut, au gré de ses envies, observer la construction d'une maison, entrer dans une ferme à l'heure du repas et regarder une famille déjeuner, assister à la classe des enfants ou encore voir le journal du village s'imprimer sur des machines d'un autre âge. Un restaurant de mets typiquement acadiens permet de faire une pause gourmande avec les plats ancestraux d'excellente qualité (on retrouve aussi un café-bistro au centre d'accueil et un bar à l'hôtel). En ayant traversé le parc thématisé chronologiquement, on arrive au début du chemin de fer et des premières voitures. L'Hôtel Château Albert (sans téléphone ni téléviseur) est ouvert au public désirant prolonger l'immersion en plein cœur du parc. À noter que le billet d'entrée donne droit à deux jours sur le site durant la saison d'ouverture. Il est aussi possible d'avoir une visite guidée thématique du Village (frais en sus, réservation requise). Prévoir au moins une demi-journée sur le site, voire plus pour en profiter pleinement. Programmation d'activités et d'événements également. Boutiques sur place.

LES CHALETS DE LA PLAGE DE BAS-CARAQUET €€

2 rue du Phare - **BAS-CARAQUET**
✆ +1 506 726 8920
www.chaletsdelaplage.com
Ouvert à l'année. Voir site web pour les tarifs et forfaits. Un minimum de nuitées peut être exigé selon la période.

Coup de cœur pour ces chalets, LE bon plan pour un séjour mémorable et grand confort dans la péninsule acadienne. Près d'une vingtaine de chalets modernes et entièrement équipés composent ce « petit village touristique », situé à quelques pas seulement de la plage et de la baie des Chaleurs. Tout y est, y compris le barbecue pour préparer le festin du soir, et le Wifi pour publier des photos du site à rendre tous vos amis jaloux. Vous ne voudrez plus quitter les lieux !

RESTO-BAR LE CRAPET €

41 Carrefour de la mer
✆ +1 506 727 5051
www.lecrapet.ca
Ouvert de début juin à mi-septembre (horaires variables). Carte : moins de 35 CAN $. Terrasse.

Tout le monde du coin connaît Le Crapet ! Et les touristes qui reviennent fidèlement passer leurs vacances ici en ont fait leur QG. Il faut dire que la vue depuis le resto et sa terrasse est merveilleuse, la baie des Chaleurs à nos pieds. Dans l'assiette, mieux vaut aimer les produits de la mer car ils tiennent ici la vedette : escargots gratinés, hareng mariné, chaudrée aux fruits de mer, *fish cake* à la barbue salée, raviolis au homard, omble chevalier et tutti quanti. Cocktails à prix raisonnable (prix unique de 10 CAN $) et quelques bières artisanales en prime.

ORIGINES CUISINE MARITIME €€€

49A boulevard Saint-Pierre Ouest
✆ +1 506 727 2717
www.originescuisinemaritime.com
Horaires variables selon la saison. Menu dégustation : 75 CAN $.

Ouvert depuis 2018, le restaurant du chef-propriétaire Benjamin Cormier, un natif de la région, est une expérience gourmande à vivre pour savourer les Maritimes, avec quelques inspirations internationales ici et là. Les marées, les saisons et les arrivages dictent le menu qui se renouvelle chaque semaine, toujours offert le soir en formule 4 services avec l'accord des vins. On recommande fortement de réserver sa place, surtout en pleine saison estivale.

LA BRÔKERIE

39 avenue du Carrefour
✆ +1 506 727 2700
labrokerie.com
Ouvert de juin à fin septembre. Programmation culturelle et musicale. Terrasse. Autre bar juste à côté (La Chope).

Indissociable de la scène festive de Caraquet, La Brôkerie est sans aucun doute l'endroit le plus sympathique de toute la péninsule acadienne. Bien installée dans une des chouettes maisonnettes du site du Carrefour de la Mer, on y vient de jour comme de soir pour sa belle sélection de bières artisanales de la province et du reste du pays et ses bons cocktails. Des instruments de musique sont à disposition pour ceux qui veulent « jammer », un coin salon au 2e pour « chiller », et une belle grande terrasse pour apprécier l'ambiance de ce coin de pays.

GRAINS DE FOLIE

171 boulevard Saint-Pierre Ouest
✆ +1 506 727 4001
www.grainsdefolie.ca
Lundi-vendredi, 7h-17h ; samedi-dimanche, 8h30-17h. Fermé lundi et mardi hors saison estivale. Terrasse.

Grains de Folie, c'est la réelle place gourmande en ville. Un comptoir boulangerie sert des pains de toutes sortes, des viennoiseries et des pâtisseries. À cela s'ajoute un café-resto qui permet de casser la croûte dans l'atmosphère conviviale de cette maison patrimoniale. Des petits déjeuners, déjeuners et plats sur le pouce y sont proposés, à accompagner d'un délicieux café. La maison abrite aussi une petite épicerie fine, une salle de spectacles avec bar au 2e étage et, enfin, la Librairie Pélagie, pour ceux qui aiment bouquiner.

SHIPPAGAN ★

Shippagan, dont le nom signifie « passage des canards » en micmac, est la capitale de la pêche commerciale dans la province (festival des pêches et de l'aquaculture en juillet). Cité universitaire, c'est une ville qui bouge : spectacles, sport, activités culturelles, loisirs, vie communautaire et associative contribuent à enrichir la qualité de vie des résidents, sans oublier l'Aquarium et Centre marin du Nouveau-Brunswick, sa principale attraction. L'hiver, le très populaire Carnaval des glaces réchauffe les cœurs. Un pont-levis et une digue relient Shippagan à l'île de Lamèque, réputée pour sa végétation rase de conifères nains et de tourbières.

AQUARIUM ET CENTRE MARIN DU NOUVEAU-BRUNSWICK ★

100 rue de l'Aquarium ✆ +1 506 336 3013
www.aquariumnb.ca
Fin mai à fin septembre : lundi-dimanche, 9h-17h. Adulte : 9,15 CAN $. Restaurant et boutique sur place.

Cet aquarium et centre d'interprétation se consacre à la vie maritime dans le golfe du Saint-Laurent. Des aquariums et bassin de manipulation montrent les diverses espèces de poissons vivant dans ces eaux, ainsi que dans les lacs et rivières de la province. C'est ici qu'on aura sans doute la chance de découvrir un fameux homard bleu, blanc, bicolore. À l'extérieur, on pourra assister au repas des phoques à 11h et 16h. À voir également : l'ancien phare de l'île Portage reconstruit ici.

CIELO GLAMPING MARITIME €€€

232 chemin des Huîtres ✆ +1 506 601 8005
www.glampingcielo.com
À partir de 250 CAN $ la nuit pour deux personnes. Un séjour de deux nuits minimum est exigé.

C'est sur les rives de la baie Saint-Simon que Pat et Emilie ont installé les pénates de leur site d'éco-villégiature quatre saisons. Cinq bulles, appelées ici Perles, promettent des nuits étoilées. Chacune est munie d'une cuisine complète, d'une ou deux chambres, d'une salle de bains avec douche vitrée, d'un barbecue, d'un hamac et d'un bain à remous. Pour se dégourdir les jambes, planches à pagaie, kayaks et raquettes sont en location sur place. Mention au concept de restauration Le Hub qui permet de découvrir les saveurs locales dans l'assiette comme le verre.

ÎLE DE LAMÈQUE ★

Initialement occupée par les Amérindiens, Lamèque vient du nom micmac *elmugwadasik* qui signifie « tête tournée de côté ». L'explorateur et marchand français Nicolas Denys y a tenu un poste de traite vers 1645, mais le premier colon à s'établir sur l'île fut Jean-Baptiste Robichaud vers 1751. La localité de Lamèque se trouve sur l'île du même nom. C'est une des destinations importantes de la province. On y vient prendre le grand air, dans un cadre préservé et calme : plages immenses et désertes, faune et flore très riches. Situé sur le trajet migratoire de beaucoup d'espèces de volatiles, l'endroit est un lieu de prédilection pour l'ornithologie.

PARC ÉCOLOGIQUE DE LA PÉNINSULE ACADIENNE

65 rue du Ruisseau
✆ +1 506 344 3223
www.lameque.ca
Ouvert tous les jours de mi-juin à fin août. Accès gratuit. Service de location de vélos sur place.

Lieu de prédilection pour l'observation des oiseaux, avec plus de 270 espèces répertoriées, le parc écologique constitue une halte migratoire d'importance. On y présente aussi plusieurs habitats et écosystèmes de la péninsule. Débutez votre visite au centre d'interprétation et partez ensuite à la découverte du site. Tour d'observation, arboretum, promenade en bois dans l'estuaire et sentier dans la forêt avec panneaux d'interprétation sont notamment au programme.

ÎLE MISCOU ★★

La Péninsule acadienne se termine à l'est avec l'île Miscou, reliée à celle de Lamèque par la route 113. Toutes deux abritent une végétation rase de conifères nains et de tourbières, des phares et de belles plages. Miscou est un havre de paix, un lieu idéal pour décrocher du quotidien, comme en témoignent les nombreuses petites maisons de vacances qui composent le paysage. Il n'y a pratiquement pas d'attractions, et c'est parfait ainsi. Comme nous disait un ami acadien : « À Miscou, c'est là que les oiseaux virent de bord. Ce n'est pas le bout du monde, mais de là, tu le vois ! ». Profitez de ce joli tableau et emplissez vos poumons d'air salin !

PHARE DE L'ÎLE MISCOU ★

13300 route 113
✆ +1 506 344 7203
Ouvert en saison estivale. Droits d'entrée minimes. Boutique de souvenirs et aire de pique-nique sur place.

Une image de carte postale avec au premier plan les tourbières rouge écarlate et, trônant juste derrière, en bordure de mer, le phare qui fait souvent la couverture des prospectus touristiques. Construit en 1856 sur le rives de la baie des Chaleurs, il fut reconnu lieu historique national en 1974 et édifice fédéral du patrimoine en 1991. La tour originale en bois, de forme octogonale et encore en usage, est équipée d'une lentille Fresnel du troisième ordre. Il est possible de le visiter et de se rendre tout en haut pour admirer la vue grandiose sur la mer.

LA TERRASSE À STEVE €

9650 route 113
✆ +1 506 344 7000
Ouvert de mai à septembre. Carte : généralement moins de 25 CAN $. Terrasse.

C'est l'endroit parfait pour se régaler de fruits de mer frais, avec une belle vue sur le port de pêche de Miscou. Une belle atmosphère de vacances y règne, avec ses tables à pique-nique dans le sable, le cri des oiseaux de mer et les cloches de bateaux. Pétoncles, coques, moules, homards, crabes et autres délices figurent à la carte. Nos recommandations : les guedilles au homard (homard en morceaux dans un pain *hot dog*) et la fameuse assiette de fruits de mer. Ne quittez pas les lieux sans écrire un petit message sur un des murs extérieurs du resto.

PARC NATIONAL KOUCHIBOUGUAC ★

186 route 117 ✆ +1 506 876 2443
www.pc.gc.ca/kouch
Ouvert à l'année. Adulte : 4,25 à 8,50 CAN $ selon la saison, gratuit pour les 17 ans et moins. Hébergement sur place.

Ce magnifique parc, l'un des plus sauvages des Maritimes, est recouvert d'une forêt de conifères et est parsemé de tourbières. Sa côte est une succession de marais salants, de lagunes, de dunes et de plages de sable doré où les eaux chaudes sont propices à la baignade (plages Kellys et Callanders). Le parc est l'habitat de nombreux oiseaux, en particulier du pluvier siffleur. Nombreuses activités de plein air en toute saison, location d'équipement disponible sur le site.

MIRAMICHI

Megamaage, « la terre des Micmacs », tel est premier nom donné à la ville de Miramichi par ce peuple. Elle se trouve presque à mi-chemin entre Caraquet et Shediac, le long du littoral acadien. C'est ici que démarre la Route de la rivière Miramichi, un circuit touristique long de 180 km se rendant jusqu'à Fredericton par la route 8, traversant ainsi d'ouest en est les terres du centre de la province. De pont en pont, de rivière en rivière, notamment les rivières Naswaak et Miramichi largement fréquentées par les pêcheurs de saumons, on traverse de charmantes bourgades comme Boiestown où se visite le Musée des bûcherons du centre du Nouveau-Brunswick.

BOUCTOUCHE ★★

Cette petite ville donnant sur une large baie aux eaux calmes a été fondée, à la fin du XVIIIe siècle, par les Acadiens chassés de la vallée de Memramcook. Bouctouche est le lieu de naissance de la romancière et auteur de pièces de théâtre Antonine Maillet, et de l'industriel Irving, qui laissa à sa mort un empire colossal rassemblant de nombreux secteurs, dont celui du pétrole. Irving finance d'ailleurs le site naturel de la Dune de Bouctouche, lui qui sert d'habitat naturel à tout un tas de plantes, d'animaux aquatiques et d'oiseaux migrateurs ou riverains comme le grand héron solitaire, le petit pluvier siffleur ou la sterne aux longues ailes.

KOUCHIBOUGUAC ★

Petite communauté située à près de 50 km au sud de Miramichi, Kouchibouguac est la porte d'entrée du magnifique parc national éponyme, la principale attraction des lieux et non sans raison. C'est en effet un des très beaux sites naturels de la province, avec sa lagune d'eau salée et ses plages qui donnent envie d'y prendre racine. Pour prolonger le plaisir, on suggère de passer au moins une nuit sur place, le parc proposant plusieurs formules : camping (été comme hiver), prêt-à-camper (dont l'Oasis en forme de goutte d'eau) et refuges hivernaux rustiques. Les activités de découverte sont aussi un must, notamment celle portant sur la culture micmac.

ECO-CENTRE IRVING : LA DUNE DE BOUCTOUCHE ★

1876 route 475
✆ +1 888 640 3300
www.jdirving.com
Centres d'information et d'interprétation ouverts tous les jours de juin à fin septembre. Entrée libre.

La dune s'étend sur 12 km le long de la baie de Bouctouche, ouverte sur le détroit de Northumberland et bordée d'une superbe plage de sable (baignade possible). Cette dune, qui protège le marais salant de la baie, a été formée par l'action constante du vent, des marées et des courants marins depuis la dernière période glaciaire. Enjambant la dune afin de mieux la préserver, une passerelle de bois longue de 2 km ainsi qu'une tour permettent l'observation de la flore et de la faune.

NOUVEAU-BRUNSWICK

LE PAYS DE LA SAGOUINE ★

57 rue Acadie ✆ +1 506 743 1400

www.sagouine.com

Voir site web pour les horaires et tarifs. Soupers-spectacles, parcours nocturne enchanté, boutique.

Ce site fait revivre l'Acadie du début du XXe siècle et s'inspire de la célèbre pièce de théâtre d'Antonine Maillet, *La Sagouine* (1971). Le site est animé par les personnages de la pièce, qui présentent des mises en scène, chantent ou jouent de la musique. La principale attraction est l'Île-aux-Puces, à laquelle on accède par une passerelle et où ont été reconstituées des maisonnettes de pêcheurs aux couleurs vives ainsi qu'un quai où sont amarrées des barques. En discutant avec les « habitants », on s'initiera au mode de vie ancestral des Acadiens de cette région.

SHEDIAC ★★★

Lieu de villégiature hautement apprécié des vacanciers, la ville de Shediac doit sa grande popularité à sa superbe plage, Parlee Beach (près de la route 15, sortie 35), aux eaux chaudes idéales pour la baignade. C'est également la capitale mondiale du homard, immense statue de homard à l'appui, la plus grande au monde d'ailleurs. Sur place, profitez-en pour faire une croisière avec Shediac Bay Cruises. Au menu, une excursion de pêche au homard suivi d'un repas pour savourer les prises du jour. Pour l'hébergement, vous trouverez de nombreux gîtes et auberges convenant à toutes les bourses. Pensez toutefois à réserver bien d'avance en haute saison.

PARC PROVINCIAL DE LA PLAGE PARLEE ★

45 chemin Parlee Beach

✆ +1 506 533 3363

parcsnbparks.ca

Ouvert de fin mai à mi-septembre. Stationnement : 13 CAN $. Camping sur place.

Sa plage est considérée comme l'une des plus belles plages d'Amérique du Nord. C'est aussi l'eau salée la plus chaude au Canada. Toutes les activités de plein air sont représentées dans cet immense parc. Baignade surveillée, volleyball, tournois de disque volant (frisbee), mais aussi sculptures sur sable et cours collectifs. Un terrain de camping très bien aménagé se situe sur les lieux. La tenue d'activités de plein air peut être parfois contrariée par les caprices de la météo.

HÔTEL & RESTAURANT GABRIÈLE INN €€

296 rue Main

✆ +1 506 532 8007

www.aubergegabrieleinn.com/fr

Occupation double : à partir de 109 CAN $. Restaurant sur place.

Ce petit hôtel est un excellent choix pour rayonner dans la ville et ses alentours. Les chambres et leur mobilier du XIXe ont été modernisées afin d'offrir tout le confort d'aujourd'hui. L'établissement se situe également à proximité de la baie de Shediac et de ses plages ensoleillées. L'hôtel possède un restaurant de très belle facture, offrant une expérience culinaire raffinée et accessible en utilisant, autant que possible, des fruits de mer et ingrédients locaux.

TAIT HOUSE RESTAURANT & BOUTIQUE HOTEL €€

293 rue Main

✆ +1 506 532 4233

www.taithouseshediac.com

Occupation double : à partir de 119 CAN $. Forfaits disponibles.

Belle maison d'époque (1911) située au centre-ville, avec une dizaine de chambres et suites tout confort, dont certaines équipées d'une cheminée. Le cachet historique des lieux a été fort bien conservé et on s'y sent comme chez soi. La maison abrite également un restaurant-bar qui vaut le détour, le Two Nine Three. On y prépare des plats de type bistro avec, bien entendu, une abondance de produits de la mer. Mention à la belle sélection de cocktails et de vins.

BISTRO LE MOQUE-TORTUE €

402 Main Street ✆ +1 506 532 4911

moquetortue.ca

Horaires variables. Brunch le dimanche. Carte : moins de 40 CAN $. Accès aux jeux : 5 CAN $ par personne. Terrasse.

Un endroit carrément unique pour venir casser la croûte ! Déjà la déco donne le ton avec ses innombrables horloges, vaisselles, bibelots et autres du genre qui ornent les murs et chaque recoin de la maison. Outre sa cuisine variée de type bistro, dont son succulent brunch du dimanche, l'endroit possède la plus grande collection de jeux de société de l'est du pays. Pour quelques dollars, vous pourrez jouer aussi longtemps que ça vous plaît ! Finalement, vous pourrez également vous essayer au fameux jeu d'évasion, le Moque-Tortue, dédiant deux salles à la cause.

PATUREL'S SHORE HOUSE RESTAURANT €€

69 boulevard Cap Bimet
GRAND-BARACHOIS
✆ +1 506 532 4774
www.paturelrestaurant.com
Ouvert en saison estivale, du mardi au dimanche dès 16h. Carte : 10 à 50 CAN $. Terrasse.

Avec une très belle terrasse extérieure donnant sur la baie de Shediac, Paturel's Shore House Restaurant pourrait contenter déjà beaucoup de visiteurs. Mais l'endroit a d'abord fait sa réputation par la qualité de ses mets en général et de ses fruits de mer en particulier. Si on ajoute que le service est d'excellente qualité et que les tarifs sont raisonnables, voilà une très belle adresse pour une pause gourmande et qui vaut bien le petit détour à Grand-Barachois.

CAP-PELÉ ★

Lieu de villégiature par excellence, avec bon nombre d'activités culturelles et récréatives, la localité de Cap-Pelé possède également un riche historique acadien qu'il faut absolument découvrir. Région reconnue pour ses pêcheries, on y retrouve aussi une multitude de boucanières (usines où on fume le hareng) et, sans surprise, le Musée de la Boucanière entièrement dédié au sujet. En saison estivale, ses magnifiques plages sablonneuses figurant parmi les plus belles de l'est du pays, dont la réputée plage de l'Aboiteau, sont un lieu de prédilection pour le farniente et la baignade. Si vous êtes de passage dans la région, un arrêt s'impose !

PLAGE DE L'ABOITEAU

150 allée du Parc
✆ +1 877 577 2080
http://plageaboiteau.ca/fr
Juin à début septembre : 7j/7 de 8h à 20h. Stationnement : 7 à 12 CAN $. Accès gratuit pour cyclistes et piétons.

La plage et le parc de l'Aboiteau donnent tout ce que l'Acadie a de meilleur en matière de balnéaire. On vient s'y détendre, s'y baigner. Lors des beaux jours, les 5 kilomètres de plages sablonneuses attendent les visiteurs. Les eaux sont ici les plus chaudes au nord de la Caroline. Pour les amoureux de nature, le marais juste derrière les dunes est plein d'oiseaux de rivage et de sauvagine. Cap-Pelé est aussi un village de pêche pittoresque, mis chaque année à l'honneur par plusieurs célébrations suivant les différentes saisons.

CAPE JOURIMAIN ★

Le cap est composé de deux îles (l'île centrale de Trenholm et l'île périphérique de Jourimain), lesquelles sont entourées de marais d'eau saumâtre très salée qui les relient aux terres. À partir de 1896, l'île principale de Jourimain constituait le terminal continental des bateaux brise-glace qui faisaient la navette entre le Nouveau-Brunswick et l'Île-du-Prince-Édouard. Une importante route a été construite dans les années 1960 pour relier les îles au continent. C'est maintenant la principale voie d'accès au fameux pont de la Confédération. Le cap renferme une importante réserve d'environ 170 espèces d'oiseaux indigènes et migrateurs.

PONT DE LA CONFÉDÉRATION ★★

✆ +1 902 437 7300
Tarifs A/R (à payer à Borden-Carleton en quittant l'île) : voiture 50,25 CAN $. Service continu de navette payante.

Cet ouvrage d'art, long de 12,9 km et datant de 1997, relie Cape Jourimain (Nouveau-Brunswick) à Borden-Carleton (Île-du-Prince-Édouard) en enjambant le détroit de Northumberland. Il s'agit du plus long pont au-dessus d'une étendue maritime prise par les glaces dans le monde. Cette prouesse architecturale est d'une conception suffisamment résistante pour affronter les glaces et le courant du détroit de Northumberland. Les méthodes de design et de construction élaborés on pris en considération l'environnement terrestre et marin.

RÉSERVE NATIONALE DE FAUNE DE CAP-JOURIMAIN

5039 route 16
✆ +1 506 538 2220
www.capejourimain.ca
Ouvert toute l'année (seuls les sentiers sont accessibles hors saison). Accès gratuit.

Cette réserve englobe une variété extraordinaire d'écosystèmes, notamment des marais salés et saumâtres, des terres humides d'eau douce, un cordon littoral, des dunes et des hautes terres. Elle sert de refuge à près de 170 espèces d'oiseaux migrateurs, fournissant un habitat de nidification et d'élevage à plusieurs espèces de sauvagines et au balbuzard pêcheur. La réserve protégée est considérée comme l'une des plus exceptionnelles de la région de l'Atlantique du Nouveau-Brunswick.

AULAC

Communauté du comté de Westmorland, elle est située le long de la Transcanadienne sur l'isthme de Chignectou, à quelques minutes de la frontière de la Nouvelle-Écosse. Aulac possède un riche passé militaire : elle fut en effet un point stratégique au XVIIIe siècle pour l'armée française après la cession en 1713 à l'Angleterre de ce qui est dorénavant la Nouvelle-Écosse (traité d'Utrecht). Pour en savoir plus sur cette page d'histoire, une visite au lieu historique national du Fort-Beauséjour - Fort-Cumberland s'avérera fort intéressante. À savoir qu'il est possible de se rendre directement à l'Île-du-Prince-Édouard depuis Aulac en prenant la route 16.

LIEU HISTORIQUE DU FORT-BEAUSÉJOUR-FORT-CUMBERLAND

111 chemin Fort Beauséjour ✆ +1 506 364 5080
www.pc.gc.ca/beausejour
Ouvert de mai à septembre. Adulte : 4,25 CAN $, gratuit pour les 17 ans et moins.

Ce fort, dont il ne subsiste que quelques casemates et talus herbeux, offre un superbe panorama sur le bassin de Cumberland. C'est en face, sur la rive gauche de la Missaguash, que les Acadiens s'étaient établis, mettant en valeur les terres grâce à leur technique d'assèchement des marais. Le fort reflète les conflits qui sont survenus au XVIIIe siècle entre la France et la Grande-Bretagne, et la lutte qui s'ensuivit entre l'Amérique et la Grande-Bretagne pour le contrôle du continent.

MONCTON ★★

Ville la plus peuplée du Nouveau-Brunswick, Moncton se trouve au bord de la rivière Petitcodiac soumise à l'impressionnant phénomène du mascaret. La population est francophone pour un tiers ; l'université de Moncton est d'ailleurs à l'origine de la renaissance acadienne. Avec ses nombreuses bonnes adresses, elle est un excellent pied-à-terre dans la région, d'autant que le parc provincial Hopewell Rocks se trouve à proximité. En ville, ne ratez pas la fameuse côte magnétique (Magnetic Hill). Il suffit de mettre sa voiture au neutre au bas de la côte et elle remontera magiquement celle-ci. On n'arrive toujours pas à expliquer ce phénomène...

PLACE RESURGO

20 Mountain Road ✆ +1 506 856 4383
www.resurgo.ca/fr
Mardi-samedi, 10h-17h (jusqu'à 20h jeudi) ; dimanche, 12h-17. Adulte : 12 CAN $. Réductions le jeudi soir.

La Place Resurgo, siège du Musée de Moncton et du Centre de découverte des transports, est un complexe moderne mariant le patrimoine, la technologie et l'histoire de Moncton. La résiliente ville de Moncton est née du transport. Apprenez pourquoi la ville a pour devise *Resurgo* (« Je me relève ») et découvrez l'histoire de la population et de son patrimoine. Explorez l'évolution des transports qui aide à comprendre la ville et ses liens avec le vaste monde. Visitez les stations interactives et amusez-vous à créer des véhicules plus novateurs, rapides et sécuritaires !

DELTA HOTELS BEAUSEJOUR €€

750 Main Street ✆ +1 506 854 4344
www.marriott.com
Occupation double : à partir de 169 CAN $. Promotions et forfaits disponibles.

Établissement moderne de la chaîne hôtelière Delta, situé sur la rue principale de Moncton à proximité de nombreux restaurants et bars. Les chambres sont confortables, spacieuses et très bien équipées, fidèles à la marque. Son restaurant, The Windjammer, figure parmi les meilleures tables de la province. Plusieurs autres services sont offerts sur place dont le restaurant et lounge TRIIIO, le centre de santé spa Opal21 (massages, soins du corps et du visage, etc.), un centre de fitness, une piscine intérieure avec toboggan et un bain à remous.

ST. JAMES GATE €€

14 Church Street
✆ +1 506 388 4283
st-jamesgate.ca/moncton
Tarifs sur demande. Restaurant sur place.

Le bâtiment historique qui héberge le restaurant St. James Gate abrite un secret bien gardé. Un charmant hôtel-boutique occupe les 2e et 3e étages et propose près d'une dizaine de chambres au look contemporain. Elles sont toutes bien équipées, de la télé plasma au réveil-matin iPod. Profitez de votre séjour pour découvrir son restaurant et sa belle terrasse. Des spectacles musicaux y sont aussi présentés plusieurs fois par semaine. À savoir que le groupe SJG tient deux autres restaurants, un à Dieppe et l'autre à Fredericton.

NOUVEAU-BRUNSWICK

EUSTON PARK SOCIAL €

5 Euston Street

www.eustonparksocial.com

Ouvert de mai à octobre, plus certains événements spéciaux pendant l'année. Carte : moins de 20 CAN $.

Lors de la belle saison, un site extérieur bien sympa installe ses pénates en ville. Établi selon le même concept qu'un *beer garden*, on vient ici pour prendre un verre entre amis sur une des tables à pique-nique. Outre les bières artisanales, l'endroit propose un petit menu gourmand avec, par exemple, le sandwich au poulet frit, le burrito au porc fumé, les tacos aux crevettes, la pizza végétarienne ou encore la salade-repas avec falafel. À savoir qu'Euston Park Social tient une autre succursale à Parlee Beach, dans un cadre qui fleure bon les vacances.

TIDE & BOAR GASTROPUB €€

700 Main Street

✆ +1 506 857 9118

www.tideandboar.com

Horaires variables. Carte : 10 à 40 CAN $. Programmation culturelle et musicale. Terrasse.

Une des adresses les plus sympathiques en ville ! On y sert cocktails, vins et spiritueux, mais la grande spécialité de la maison est sans conteste la bière artisanale, d'autant que l'endroit brasse ses propres bières. Le Tide & Boar propose également d'excellents repas de type pub gastronomique midi et soir (huîtres, fromages et charcuteries, burgers gourmands, steak frites, etc.), sans oublier son brunch du week-end. À cela s'ajoute une programmation de spectacles et d'événements en tous genres. À noter que vous trouverez un café (Duo) à la même adresse.

LAUNDROMAT EXPRESSO BAR

382 St. George Street

✆ +1 506 382 6272

Ouvert tous les jours (horaires variables). Terrasse.

Le Laundromat Expresso Bar est une des bonnes adresses recommandées par les gens du cru, que ce soit pour boire un verre ou prendre sa dose quotidienne de caféine. Un vrai bar de quartier qui propose un excellent café et un menu de bières locales et de spiritueux selon les envies du moment. Quelques grignotines sont également à l'ardoise. Cerise sur le gâteau, on y présente des spectacles musicaux, des prestations de DJ et d'autres soirées variant au fil des semaines. Mention aux affiches promo des événements écrites en chiac, un dialecte du coin.

THIRD GLASS

819 Main Street

✆ +1 506 830 9463

www.thethirdglass.com

Ouvert tous les jours dès 14h (16h hors saison). Terrasse.

Une très belle adresse du centre-ville, presque entièrement dédiée aux vins et aux martinis, les grandes spécialités de la maison. Côté vins, il est aussi possible de prendre une palette de dégustation de trois petits verres afin de découvrir différents crus. La carte comprend également des cocktails ainsi que des bières artisanales. Pour accompagner le tout, Third Glass prépare des tapas comme des huîtres, des canapés, des assortiments de fromages ou de charcuteries, etc. Bonus : spectacles musicaux, prestations de DJ, soirées quiz et tutti quanti.

TIRE SHACK BREWING CO.

190 John Street

✆ +1 506 830 4321

www.tireshackbrewing.com

Dimanche-mercredi, 12h-23h ; jeudi-samedi, 12h-minuit. Terrasse.

Si vous n'avez qu'une seule microbrasserie à découvrir à Moncton, c'est celle-ci ! Sise dans un coin plutôt résidentiel, non loin du parc Victoria, Tire Shack Brewing Co. est le rejeton d'Alan et Jerrica, deux grands passionnés de bières artisanales. Avec leur équipe en brasserie, ils concoctent de savoureux nectars comme la Good as Gold, une Pilsner de style Nouvelle-Zélande ou encore la Parts Labour, une IPA aux houblons Simcoe, Citra et Mosaic. La maison produit aussi des seltzers et une boutique permet de faire le plein de leurs produits maison.

MARCHÉ MONCTON MARKET

120 Westmorland Street

✆ +1 506 389 5969

www.marchemonctonmarket.ca

Ouvert tous les samedis de 8h à 14h.

Pour savourer le Nouveau-Brunswick et faire le plein de bonnes victuailles, c'est ici qu'il faut venir ! Des dizaines et dizaines de commerçants en tous genres se partagent ici les étals. Et on y trouve vraiment de tout, allant des produits maraîchers à ceux de boulangerie, en passant par les pâtisseries, les viandes et charcuteries, les conserves, les sauces piquantes, etc. On y retrouve également des produits d'artisans ainsi que des comptoirs pour casser la croûte. À savoir qu'en semaine, de 10h à 16h, l'endroit se transforme en *food court*.

HOPEWELL CAPE ★★★

À seulement 30 minutes de voiture au sud de Moncton (via la route 114), un arrêt s'impose à Hopewell Rocks, le plus célèbre environnement géologique de la province : les marées y sont impressionnantes et c'est l'un des rares endroits pour accéder au fond de l'océan et à la baie de Fundy à marée basse. On peut ainsi admirer de près les fameux monolithes du parc provincial qu'on appelle ici « pots de fleur » et qui se trouvent sur nombreuses cartes postales du Nouveau-Brunswick. À marée haute, ces merveilles de la nature s'observent lors d'excursions guidées en kayak de mer (celle en soirée qui débute au crépuscule est vraiment extraordinaire).

BAYMOUNT OUTDOOR ADVENTURES

131 Discovery Road
✆ +1 506 734 2660
www.baymountadventures.com
En opération de juin à septembre. Adulte : à partir de 65 CAN $. Réservation conseillée.

Que diriez-vous d'aller explorer la baie de Fundy bien calé dans un kayak de mer ? C'est cette belle expérience que vous propose Baymount Outdoor Adventures, beau temps, mauvais temps. Accompagné d'un guide certifié et bilingue, vous découvrirez cet endroit unique qu'est Hopewell Rocks, ses « pots de fleur », ses marées... Tout l'équipement est bien entendu inclus dans le tarif et trois excursions sont ici proposées : à marée haute (la plus populaire), à mi-marée et en soirée.

PARC PROVINCIAL HOPEWELL ROCKS ★★★

131 Discovery Road ✆ +1 877 734 3429
www.thehopewellrocks.ca
Ouvert de mi-mai à mi-octobre. Adulte : 14 CAN $. Service de navette sur le site : 1,75 CAN $ l'aller simple.

Les fameux monolithes de Hopewell Rocks (aussi appelés « pots de fleurs » en référence à leur forme) sont largement connus, même au-delà des frontières du pays. On les retrouve sur les cartes postales, les publicités des offices du tourisme, etc. Ces formations, qui se découvrent à pied à marée basse ou en kayak à marée haute, ont été sculptées par l'érosion de l'eau et du vent depuis des milliers d'années. Mais cette force de la nature cause malheureusement parfois la destruction de certains monolithes, comme ce fut le cas pour « l'éléphant » en mars 2016, un des plus photographiés du site et qui a perdu de 100 à 200 tonnes de roches. Il faut dire qu'à cette période, le réchauffement de la température de jour, tout en ayant encore des nuits froides, fragilise les rochers.

Afin d'assister au spectacle phénoménal des plus hautes marées du monde, nous vous conseillons de synchroniser votre visite avec les tables des marées (disponibles en ligne sur le site web). Un centre d'interprétation permet aussi d'en apprendre davantage sur les rochers et les marées par le biais d'une exposition multimédia comprenant des expositions hautes en couleur, des vidéos et des diaporamas. Des panneaux d'interprétation sont également installés sur chaque belvédère du parc. Le centre héberge aussi la boutique cadeaux ainsi qu'un restaurant avec terrasse (soupes, chaudrées, poisson pané et frites, sandwichs, salades, plats végétariens et sans gluten, etc.). Un immanquable de la baie de Fundy !

Les rochers d'Hopewell.

CAP ENRAGÉ ★★

Juste avant Alma, la route 915 mène à une grande anse de galets fermée par une péninsule rocheuse qui s'avance dans la baie avant d'arriver au sommet du cap Enragé. C'est un impressionnant promontoire rocheux bordé de falaises frappées et sculptées par la force des vents et des tempêtes. C'est là que les marées spectaculaires terminent leur course folle, d'où son nom de cap Enragé. Un phare construit en 1838 domine le paysage formé de collines, de lacs et de marais protégés en partie par le sanctuaire d'oiseaux de Mary's Point. Du belvédère du phare, on a une vue saisissante sur la baie de Fundy, avec la Nouvelle-Écosse juste en face.

CAPE ENRAGE INTERPRETIVE CENTRE ★

650 Cape Enrage Road ✆ +1 506 887 2273
www.capeenrage.ca
Ouvert de juin à fin septembre (horaires variables). Adulte : 6 CAN $. Autres tarifs pour les aventures.

Les amateurs de sensations fortes ont ici rendez-vous ! La descente en rappel de 43 mètres se déroule le long d'une falaise abrupte surplombant la baie de Fundy jusqu'au niveau de la mer. Pour rejoindre la plate-forme, il suffit de gravir une volée de marches et de suivre le chemin côtier. Le site comprend aussi une tyrolienne de plus de 180 mètres qui vous propulse jusqu'au phare en toute sécurité. Un vol impressionnant au-dessus d'un paysage vertigineux. Réservation impérative.

ALMA - PARC NATIONAL FUNDY ★★

Bordé au sud par la baie de Fundy, Alma est un pittoresque village de pêcheurs. Restaurants de homard, boulangerie, boutiques, cafés, microbrasserie et hébergements de villégiature s'alignent le long de la route 114 et dans les environs. Juste en face, de l'autre côté de la rivière Upper Salmon, se trouve la porte d'entrée du parc national Fundy, un incontournable du Nouveau-Brunswick, voire des Maritimes. Autrefois appelé Salmon River, ce village a officiellement adopté son nouveau nom en 1855 lors de la création de la paroisse d'Alma, en commémoration de la victoire britannique et française à la bataille de l'Alma l'année précédente.

PARC NATIONAL FUNDY ★★

Accès par la route 114 à partir de Moncton
✆ +1 506 887 6000
www.pc.gc.ca/fundy
Ouvert de mi-mai à mi-octobre (sans services le reste de l'année). Adulte : 8,50 CAN $, 17 ans et moins : gratuit.

Composé de collines escarpées tombant en falaises abruptes sur la baie de Fundy, ce parc est classé réserve de la biosphère par l'UNESCO et réserve de ciel étoilé par la Société royale d'astronomie du Canada. Deux grands systèmes écologiques y sont représentés : l'environnement côtier maritime de la baie de Fundy et le plateau des collines calédoniennes avec ses profondes vallées fluviales. Mais le parc est surtout reconnu pour ses marées, les plus fortes du monde. Le phénomène est causé par la combinaison inhabituelle de la seiche (c'est le mouvement naturel d'oscillation, soit le va-et-vient de la vague) et de la forme de la baie qui, elle, rétrécit et est moins profonde, poussant l'eau sur ses berges. Le tout se synchronise parfaitement avec les marées de l'océan Atlantique, d'où la forte amplitude.

Le parc national offre de nombreuses activités (kayak de mer, baignade, pêche, golf, vélo de montagne, etc.) mais c'est surtout le paradis des randonneurs avec plus de 100 km de sentiers à travers la forêt, près des lacs ou le long de la baie : sentier de la pointe Wolfe offrant des vues sur les falaises rouges, sentier de Herring Cove, une anse découvrant à marée basse toute une faune enfouie sous le sable et les rochers. Pour prolonger le plaisir, il est possible de dormir sur place en camping (5 terrains plus du camping sauvage en arrière-pays), en prêt-à-camper oTENTik ou Oasis, en yourte et en chalet rustique. À noter que des activités (aucune location d'équipement) et de l'hébergement sont aussi proposés en hiver.

BUDDHA BEAR COFFEE ROASTER & HOLY WHALE BREWING

8576 Main Street
✆ +1 506 887 1999
Horaires variables selon la saison. Terrasse.

Après une belle journée de randonnée et d'activités dans le parc national Fundy situé à deux pas, cet endroit est notre meilleure adresse pour faire une pause bien méritée. Établi dans une ancienne petite église au cachet fort bien conservé, cet établissement regroupe en fait deux entités : le coffee-shop du torréfacteur Buddha Bear et la microbrasserie Holy Whale. Que vous soyez donc en quête d'un peu de caféine ou alors d'un apéro, vous trouverez ici votre bonheur !

ST. MARTINS

Village de quelques centaines d'âmes à peine, son nom rend hommage à Martin de Tours, aussi connu sous le nom de Martin le Miséricordieux. Pour y accéder depuis l'autoroute 1, il suffit de prendre la route 111 en direction de la baie de Fundy. L'endroit est vraiment charmant avec son petit havre de pêche et ses deux ponts couverts, et le paysage côtier est d'une beauté à couper le souffle. Il faut absolument aller voir les fameuses grottes marines, l'attraction principale des lieux. On peut aussi les admirer lors d'une excursion guidée en kayak de mer ou en zodiac. À savoir que le village fait partie du Géoparc mondial UNESCO Stonehammer.

SAINT JOHN ★★

Surnommé la « cité du brouillard », ce grand port industriel s'est développé à l'embouchure du fleuve Saint-Jean, dans une région de collines escarpées. Dès le XVIIe siècle s'était établi ici un poste français de traite des fourrures qui devint anglais après le traité de Paris, en 1763. Puis, en 1783, y débarquèrent 4 000 loyalistes refusant l'indépendance des États-Unis. Ils réussirent à créer là une ville prospère dont l'économie, jusqu'au XIXe siècle, reposait essentiellement sur la construction navale. Son port occupe encore aujourd'hui une place importante dans l'économie des Maritimes. S'y trouve d'ailleurs le ferry pour Digby en Nouvelle-Écosse.

KINGSTON

La paroisse de Kingston comprend près d'une vingtaine de hameaux dont Kingston, petit village érigé en 1783 par les loyalistes à la fin de la révolution américaine. Le village se trouve à la jonction des routes 845 et 850 et est réputé pour son marché fermier du samedi qui attire les foules de mai à fin octobre. Au cœur du village se trouvent également la 1810 Carter House où prendre le thé l'après-midi ou encore le John Fisher Memorial Museum qui est entièrement dédié à l'histoire de la péninsule de Kingston. Il vaut d'ailleurs la peine d'explorer la péninsule, notamment le site naturel Moss Glen Nature Trail dans le secteur de Clifton Royal.

RIDGEBACK LODGE €€

86 Old Reach Road
✆ +1 506 763 2617
www.ridgebacklodge.com

Ouvert toute l'année. Chalet : à partir de 170 CAN $, dôme : à partir de 185 CAN $. Réservation fortement recommandée.

Un endroit assez unique au Nouveau-Brunswick, blotti au cœur de la forêt dans un environnement calme et paisible. L'hébergement se fait en beau chalet de bois rond bien équipé ou encore dans un dôme, sorte d'habitation ronde entièrement vitrée d'un côté, de quoi vous rapprocher des nuits étoilées. Certains dômes ont également un bain chaud japonais privé (frais en sus). Finalement il est possible d'y planter sa tente en formule rustique. Les lieux sont magnifiques et vous permettront de décrocher de la routine. On recommande chaudement !

GÉOPARC MONDIAL UNESCO STONEHAMMER ★★

85 Water Street
✆ +1 506 471 1310
stonehammergeopark.com/fr

Centre d'interprétation ouvert en été, du mardi au dimanche.

Collision des continents, avancée et recul des océans, changements climatiques,... Près d'un milliard d'années d'histoire de la terre sont présentées dans ce géoparc reconnu par l'UNESCO pour son patrimoine géologique. Des programmes de découvertes pédagogiques sur le terrain ou au cours d'activités de loisirs tels que les sorties en kayak ou encore l'observation de fossiles sont l'occasion pour connaître et comprendre cet environnement marin si particulier de la baie de Fundy.

REVERSING RAPIDS ★

200 Bridge Road

Accès à partir de Main Street par Chesley Drive (route 100) en direction de Fredericton.

Le phénomène s'observe depuis le parc Fallsview et le belvédère d'observation du restaurant Reversing Falls. Pour pouvoir l'apprécier pleinement, il faut bien se renseigner sur les heures des marées à l'office du tourisme sur le chemin Bridge. À marée basse, le fleuve Saint-Jean se précipite dans la baie mais, à marée haute, le contraire se produit et c'est alors la mer qui remonte le fleuve. Ce phénomène entraîne la formation de rapides et de tourbillons assez impressionnants. Une merveille de la nature à ne pas manquer et à voir de près !

HILTON SAINT JOHN €€

1 Market Square
✆ +1 506 693 8484
www.hilton.com
Occupation double : à partir de 193 CAN $. Promotions disponibles.

Situé en plein cœur du centre-ville, aux abords du havre de Saint John, l'hôtel Hilton est une valeur sûre. Chambres et suites avec un ou deux lits Queen ou un lit King, unités exécutives avec coin bureau et chambres adaptées sont à disposition des hôtes, avec une vue sur le centre-ville ou le port. Plusieurs services sont proposés sur place dont le York Bistro Pub avec terrasse, une piscine intérieure, une salle de fitness et un stationnement payant (20 CAN $ par jour, aucun service de voiturier). Une adresse à deux pas de tout !

HOMEPORT INN €€

80 Douglas Avenue
✆ +1 506 672 7255
www.homeportinn.ca
Occupation double : à partir de 135 CAN $, petit déjeuner inclus.

Surplombant le centre-ville et le port de Saint John (belle vue depuis le jardin), cette belle auberge historique est constituée de deux bâtiments construits en 1858. Le tout a été restauré au début des années 2000 et on y propose dix unités tout confort allant de la chambre standard à la suite premium avec kitchenette et bain à remous. Chaque matin, entre 8h et 9h, un petit déjeuner chaud maison est servi dans la belle salle à manger. À noter que les tarifs sont réduits hors saison, informez-vous. Une belle adresse qui a conservé son charme d'époque !

LES ÎLES DE LA BAIE DE FUNDY

À l'extrémité sud-ouest du Nouveau-Brunswick, dans la baie de Fundy, se trouvent plusieurs îles dont certaines accessibles par ferry. En effet, sur la côte à Blacks Harbour et Letete, des traversées sont possibles vers les îles Deer, Grand Manan et White Head. Sur place, de charmants villages de pêcheurs, des paysages de toute beauté, des insulaires sympas et des saveurs régionales vous attendent. Ces îles sont également un lieu idéal pour les activités de plein air et l'observation de la faune (baleines !). Pour planifier votre virée ou votre séjour, consultez le site Internet des offices de tourisme de chaque île.

PORT CITY ROYAL €€

45 Grannan Street
✆ +1 506 631 3714
www.portcityroyal.com
Ouvert du mercredi au samedi dès 17h. Carte : 10 à 50 CAN $. Menu dégustation 3 services : 46 CAN $ par personne.

Une très belle adresse au look rustique-chic où les produits locaux et de saison se marient aux influences internationales. Ils font leur propre pain au levain et les pâtisseries, sélectionnent les meilleurs fromages et charcuteries et s'approvisionnent auprès des producteurs de la région pour créer de véritables délices. On recommande le menu 3 services qui met en vedette les plats favoris de l'équipe (le menu change régulièrement, voir la page Facebook pour la liste des plats à jour). Mention au menu de cocktails classiques et signatures.

SAINT JOHN ALE HOUSE €€

1 Market Square
✆ +1 506 657 2337
www.saintjohnalehouse.com
Ouvert tous les jours dès 11h30 (le pub ferme à minuit, 2h vendredi et samedi). Carte : 10-60 CAN $. Terrasse.

Ouverte depuis 2004, cette adresse prend l'approvisionnement local au sérieux. Le chef Jesse Vergen et son équipe préparent de savoureux plats à partir des ressources terrestres et marines de la province, biologiques dans la mesure du possible. Dans l'assiette, du maquereau fumé, des croquettes de jambon, un authentique fish & chips à l'anglaise, des grillades dont les côtes levées, le burger gourmand de la semaine, etc. La carte des bières de microbrasseries en fera sourire plus d'un ! Belle liste de vins canadiens également.

STEAMERS LOBSTER COMPANY €€

110 Water Street ✆ +1 506 648 2325
steamerslobstercompany.com
Ouvert en saison, tous les soirs de 16h à 22h. Carte : 10 à 70 CAN $, tour de fruits de mer : 139 CAN $. Terrasse.

Si l'envie vous prend de manger du homard, c'est chez Steamers Lobster Company qu'il faut venir ! En poutine, en sandwich ou entier, le homard est une des grandes vedettes des lieux. Mais l'ardoise affiche une panoplie d'autres plats de la mer comme la chaudrée de palourdes ou de fruits de mer, le *fish & chips*, le saumon poché, le crabe des neiges ou encore la gourmande assiette du capitaine. Les menus pour une ou deux personnes sont une aubaine ! À noter que le restaurant ouvre dès 11h lorsque des bateaux de croisière sont amarrés au port.

CATAPULT COFFEE & STUDIO

116 Princess Street
✆ +1 506 642 6442
outflowsj.com/catapultcoffee
Horaires variables.

Outflow est une entreprise sociale qui œuvre entre autres à fournir un emploi à ceux ayant de la difficulté à accéder au marché du travail. Ce coffee-shop permet donc à ces personnes d'acquérir des compétences tout en vous faisant profiter d'une savoureuse tasse de café provenant des torréfacteurs Beamers Creek Coffee [Nouveau-Brunswick] et North Mountain Coffee [Nouvelle-Écosse]. On y sert également les tisanes de l'entreprise Bear Roots Forest basée non loin à Kingston, sans oublier son coin boutique qui propose les créations de Catapult Creative.

HOPSCOTCH WHISKY BAR

45 Canterbury Street
✆ +1 506 642 3371
hopscotchbar.ca
Ouvert du mardi au samedi dès 16h.

Ouvert en 2016, le Hopscotch est le premier et seul bar à whisky de la ville de Saint John. Le menu est d'ailleurs hallucinant et saura ravir les amateurs [près d'une centaine de sortes, possibilité d'avoir une palette de dégustation]. Belle sélection de rhums et de cocktails également, ainsi que quelques vins au verre ou à la bouteille et des produits brassicoles. Un énorme coup de cœur pour le design des lieux : un petit espace cosy et chaleureux, réparti sur deux étages avec un superbe bar au rez-de-chaussée et un lounge au 1er.

SAINT JOHN CITY MARKET

47 Charlotte Street
✆ +1 506 658 2820
www.sjcitymarket.ca
Lundi-vendredi, 7h30-18h [jusqu'à 21h le jeudi] ; samedi, 7h30-17h.

Depuis près d'un siècle et demi, les marchands de toute sorte se donnent rendez-vous dans ce bâtiment à la toiture en forme de coque de navire inversée. C'est le plus vieux marché du pays encore en activité, et l'endroit idéal pour découvrir les saveurs locales. Outre tous les grands classiques gourmands d'un marché fermier typique, de nombreux kiosques proposent d'autres articles, que ce soit de l'artisanat, de la déco, de l'utilitaire ou simplement du souvenir. Un petit creux ? Des comptoirs-restos concoctent des petits plats à déguster sur le pouce.

SAINT ANDREWS ★★

Situé près de la frontière américaine dans la baie de Passamaquoddy, à la pointe d'une péninsule, ce village huppé est l'un des plus célèbres lieux de villégiature de la baie de Fundy. Il a été fondé en 1783 par les loyalistes et on peut encore y admirer ses magnifiques demeures. Ce village est fort réputé pour son hébergement haut de gamme, ses charmantes boutiques d'artisans du centre historique et ses excursions d'observation des baleines, activité phare des lieux. Les croisières en voilier, la pêche et la plongée sont également des activités très populaires. Vous trouverez tous les renseignements sur le site web de l'office de tourisme local.

KINGSBRAE GARDEN

220 King Street
✆ +1 506 529 3335
www.kingsbraegarden.com
Ouvert de fin mai à mi-octobre. Adulte : 17 CAN $.

Créé par John et Lucinda Flemer afin de préserver et mettre en valeur la propriété familiale, le Jardin Kingsbrae est une étape incontournable pour les amateurs d'horticulture. Ouvert officiellement au printemps 1998, le site compte une douzaine de jardins rassemblés sur près de 11 hectares, dont celui dédié aux roses ou encore celui des sculptures. De nombreuses activités et visites sont proposées pour petits et grands afin de vous guider dans la découverte des jardins. C'est sans contredit une des grandes attractions de Saint Andrews !

FUNDY TIDE RUNNERS

16 King Street
✆ +1 506 529 4481
www.fundytiderunners.com
En opération de mai à octobre. Adulte : 88 CAN $. Réservation recommandée.

À bord d'un Zodiac Hurricane, partez à la rencontre des baleines qui fréquentent les eaux de la baie de Fundy. Avec un peu de chance, vous verrez en plus des phoques et des oiseaux de mer. Les combinaisons isothermique sont fournies et prévoyez des bottes, des gants, un bonnet et une écharpe, même par temps chaud, vous ne le regretterez pas ! Des départs ont lieu tous les jours et l'excursion dure environ deux heures [à noter que les baleines ne sont visibles qu'à partir de la mi-juin]. Possibilité de noliser un bateau [maximum 4 personnes].

ST. ANDREWS SPORT FISHING

205 Water Street
✆ +1 506 529 9885
standrewssportfishing.com
En opération de mi-juin à septembre. Tarifs selon l'excursion choisie.

Cette entreprise propose trois excursions dans la baie de Fundy : observation des baleines et phoques (2 heures), partie de pêche sportive (3-4 heures) et expédition aux requins (4-6 heures). Cette dernière est franchement unique alors que vous participerez à la capture, au marquage et à la remise à l'eau des requins, le tout accompagné de biologistes de la vie marine. Peu importe le forfait choisi, vous vivrez ici une superbe expérience au large dans la baie !

ROSSMOUNT INN €€

4599 route 127
✆ +1 506 529 3351
www.rossmountinn.com
Occupation double : à partir de 132 CAN $. Forfaits disponibles. Chalet également en location.

Une superbe auberge blottie en nature, entre la baie de Fundy et le mont Chamcook (vue splendide sur Saint Andrews et la baie). Près d'une vingtaine de chambres sont à disposition des hôtes ainsi qu'un beau chalet de bois entièrement équipé et pouvant accueillir de 2 à 4 personnes. Plusieurs services sur place dont une table régionale réputée, un bar lounge spécialisé dans les whiskys single malt, une piscine extérieure avec service de bar et plus encore. Pour vivre l'expérience pleinement, nous vous suggérons leur forfait en demi-pension.

THE ALGONQUIN RESORT €€

184 Adolphus Street
✆ +1 506 529 8823
www.algonquinresort.com
Occupation double : à partir de 179 CAN $. Promotions et forfaits disponibles.

Cet hôtel, dont la réputation dépasse les frontières du pays, est un centre de villégiature hors pair offrant des services haut de gamme depuis 1889. Les lieux ont accueilli plusieurs personnalités au fil du temps, dont le prince Charles et lady Diana en 1983. Sur place : trois restaurants dont l'un se trouve au terrain de golf, centre de santé spa (massages, soins du corps et du visage, etc.), piscines intérieure et extérieure (avec bar), salle de fitness, foyers extérieurs, terrains de tennis, golf 18 trous, location de vélos, classes de yoga, etc.

KINGSBRAE ARMS INN €€€

219 King Street ✆ +1 506 529 1897
www.kingsbrae.com
Occupation double : à partir de 569 CAN $, petit déjeuner continental inclus. Promotions et forfaits disponibles.

Ouvert en saison estivale, le Kingsbrae Arms Inn est une immense maison de campagne haut de gamme datant de 1897, combinant un hébergement d'exception et une atmosphère de vacances. Toutes ses chambres et suites sont munies d'un foyer et de la climatisation, et il y a même une aile pour les familles (10 personnes max). Sur place, vous avez accès à des aires communes (lounge, etc.) ainsi qu'à une terrasse, un jardin avec foyer et chaises longues et des jeux (croquet, badminton, etc.). Une très belle adresse, mais qui n'est pas à la portée de toutes les bourses !

THE RED HERRING PUB & KITCHEN €

127 Water Street
✆ +1 506 529 8455
www.theredherringpub.com
Horaires variables selon la saison. Carte : moins de 30 CAN $. Terrasse, spectacles live.

Adresse incontournable de Saint Andrews, ce resto-pub est l'endroit idéal pour un repas qui ne vous coûtera pas les yeux de la tête. La cuisine est plutôt de type familiale avec une panoplie de grignotines, des plats de la mer (poutine ou sandwich au homard, fish & chips, etc.), plus d'une dizaine d'options de burgers, des sandwichs et même un menu pour ceux qui sont intolérants au gluten. À savoir qu'hors saison (de novembre à mai), les petits déjeuners sont ici proposés.

HONEYBEANS COFFEE TEA & TREATS

180 Water Street
✆ +1 506 529 4888
Ouvert tous les jours dès 7h30 (fermé le dimanche hors saison). Coin terrasse.

Une adresse fréquentée par les locaux et les visiteurs de passage qui ont eu vent du bon plan. C'est ici que se déguste le meilleur café de Saint Andrews selon les connaisseurs. Une large sélection de pâtisseries fera le bonheur des gourmands pour un petit déjeuner ou un encas. L'endroit idéal pour faire une pause, dans le joli cadre de Water Street avec ses belles petites maisons abritant des boutiques, galeries d'art, restos, bars et tutti quanti.

ÎLE DU PRINCE-ÉDOUARD

Berceau de la Confédération canadienne, la plus petite province canadienne baigne dans le golfe du Saint-Laurent, à une quinzaine de kilomètres du Nouveau-Brunswick et à une vingtaine de la Nouvelle-Écosse. Séparée par le détroit de Northumberland, on y accède par traversier ou encore par le pont de la Confédération, ce dernier se targuant d'être le plus long pont au-dessus d'une étendue maritime prise par les glaces dans le monde avec ses quelque 12,9 km. Sur l'île, on admire les plages de sable rose ou blanc ourlées de bleu, les falaises de grès rouge, les petits ports de pêche colorés, le vert tendre de la campagne vallonnée et le côté *british* de l'architecture des villes et villages. On ne peut passer sous silence la plus grande attraction de l'île, le site patrimonial Green Gables dédié à l'œuvre de la romancière Lucy Maud Montgomery, auteure de *Anne of Green Gables* (*Anne... la maison aux pignons verts*).

Île du Prince-Édouard
NORTH CAPE
Tignish
Ebbsfleet
Alberton
O'Leary
WEST POINT
LENNOX ISLAND
MALPEQUE
CAVENDISH
Bayview
NORTH RUSTICO
DALVAY
New Glasgow
Mont-Carmel
SUMMERSIDE
Bedeque
MOUNT TRYON
Borden-Carleton
Rocky Point
CHARLOTTETOWN
Cornwall
RICE POINT
ORWELL
MONTAGUE
Georgetown
CARDIGAN
GASPEREAUX
Ocean View
Little Sands
Morell East
ST. PETERS
EAST POINT
RED POINT
SOURIS
golfe du Saint-Laurent
Détroit de Northumberland
Grande-Digue
Shediac
Shemogue
NOUVEAU-BRUNSWICK
Port Elgin
Memramcook
Tidnish Bridge
30 KM

PAGES

501 ## ● ● CIRCUIT CÔTIER NORTH CAPE

Cette partie de l'île possède la deuxième ville en importance de la province, Summerside, mais aussi ses régions les plus isolées, notamment celle de sa pointe septentrionale. C'est dans la région Évangéline que se groupent la majorité des Acadiens de l'île, dont les minuscules villages de pêcheurs s'égrènent autour de Cap-Egmont. Les côtes se présentent comme festonnées, échancrées d'immenses baies parfois fermées par de longs cordons littoraux. La baie de Malpèque est par ailleurs célèbre pour ses huîtres (festival des huîtres en août à Tyne Valley).

501 ### SUMMERSIDE ★★

Si vous arrivez sur l'île par le pont de la Confédération en été, faites absolument un petit détour ici. Blotti sur les rives de la baie Bedeque, ce lieu charmant donne vraiment le ton de ce que l'Île-du-Prince-Édouard vous réserve.

502 ### RÉGION ÉVANGÉLINE ★★

502 ### LENNOX ISLAND

503 ### WEST POINT ★

503 ### NORTH CAPE ★

504 ## ● ● CENTRE ET CÔTE DES PIGNONS VERTS

Quatre régions touristiques sont ici incluses, dont celle de la capitale de l'île, Charlottetown, destination principale des visiteurs. À l'ouest, la région touristique Côte de sable rouge couvre la portion sud de la partie centrale de l'île, alors qu'au nord, la Côte des pignons verts est un incontournable, hébergeant tout ce qui a trait à *Anne... la maison aux pignons verts*, mais aussi le parc national de l'Île-du-Prince-Édouard et de pittoresques petits ports de pêche acadiens dans les environs de Rustico. Le Circuit côtier du centre fait, quant à lui, le tour de ces régions en suivant la côte.

Summerside.

PAGES

C'est la capitale de l'Île-du-Prince-Édouard, et une des très belles villes du pays. Son centre historique vaut à lui seul la visite, avec ses jolies rues bordées de cafés, restaurants, bars et boutique. À un jet de pierre, le Peake's Wharf Historic District est un autre lieu incontournable.

Bienvenue au pays d'*Anne... la maison aux pignons verts* ! En saison, le village est carrément pris d'assaut par les touristes venus du monde entier pour découvrir ce lieu qui inspira la romancière Lucy Maud Montgomery. À voir absolument !

●● CIRCUIT CÔTIER DE L'EST

Dans cette partie de l'île où la côte est particulièrement échancrée, les petits ports sont nombreux, blottis au fond d'anses ou de baies. Les pêcheries en activité sont là pour témoigner de la vie maritime de ce comté qui, jadis, vivait de la construction des navires de bois. L'intérieur est occupé par la forêt, et les noms bien anglais des villages que l'on traverse font partie de l'héritage britannique (Cardigan, Greenfield, Southampton...). Cette partie de l'île est moins touristique, plus sauvage que la partie centrale et on pourra profiter de ses superbes plages. Ajoutons que cette région est connue pour ses moules bleues, cultivées pour l'exportation.

SUMMERSIDE ★★

Seconde ville (16 000 habitants) en importance après Charlottetown, Summerside connaît un *boom* économique depuis la mise en service, en 1997, du pont de la Confédération qui relie l'île à la province du Nouveau-Brunswick. Summerside constitue un bon point de départ pour partir à la découverte des sites de la partie ouest de l'île. À voir notamment : le site touristique Spinnaker's Landing en été, le centre historique de la ville et ses belles demeures, le marché fermier du samedi, le festival celtique Highland Storm en juillet et août (et par le fait même, le College of Piping and Celtic Performing Arts), et le Summerside Lobster Carnival en juillet.

SPINNAKERS' LANDING

150 Heather Moyse Drive
✆ +1 902 432 6531
www.spinnakerslanding.com
Ouvert en saison estivale uniquement.

Sur les rives de la baie Bedeque, juste à côté du Harbourfront Theatre, un regroupement de petite maisons colorées devient un lieu touristique hautement fréquenté lors de la belle saison. C'est l'endroit par excellence pour faire du shopping (gourmand ou non), prendre un verre ou savourer un copieux repas, assister à un spectacle musical en plein air et plus encore. En fait, il se passe pratiquement toujours quelque chose ici. On retrouve également sur le site un phare panoramique ainsi qu'un centre d'information touristique.

SUMMERSIDE INN BED & BREAKFAST €€

98 Summer Street
✆ +1 905 467 1265
summersideinnbandb.com
Occupation double : à partir de 140 CAN $, petit déjeuner inclus.

Mary Anne, Tim et Liam tiennent les rênes de ce joli et cosy Bed & Breakfast depuis juin 2017. Situé dans la maison historique P.T. Fanning House, avec son beau style Queen Anne, quatre chambres des plus coquettes sont à disposition des hôtes, dont une avec foyer et une autre avec un coin salon séparé de la chambre. Le petit déjeuner maison, préparé avec amour, est un pur délice. Tout cela dans le quartier historique de la ville, tranquille et à proximité de tout.

EVERMOORE BREWING CO.

192 Water Street
✆ +1 902 436 7218
www.evermoorebrewing.ca
Horaires variables. Terrasse.

Ouverte depuis 2018 dans l'ancienne gare historique du centre-ville, Evermoore est la toute première microbrasserie de Summerside. Côté bières, l'équipe explore tous les styles, allant de la Lager de style américain à l'Ale brune traditionnelle, en passant par la bière de blé d'été et la IPA bien houblonnée. Pour les fringales, grignotines, salades, pizzas, burgers et plats plus consistants sont à l'ardoise. Bonus : la microbrasserie propose des événements thématiques comme les mardis de musique live, les jeudis quiz ou encore le jam celtique du samedi.

SAMUEL'S COFFEE HOUSE

4 Queen Street
✆ +1 902 724 2300
samuelscoffeehouse.ca
Lundi-samedi, 7h30-17h ; dimanche, 8h-16h.

À quelques pas de la baie Bedeque, c'est l'endroit idéal pour un excellent café préparé selon les règles de l'art. Thés, smoothies et boissons froides en tous genres sont également à l'ardoise. On accompagne le tout d'un petit déjeuner sur le pouce (servi toute la journée) ou d'un des nombreux sandwichs chauds à la carte. À noter que tous les produits de boulangerie-pâtisserie sont faits directement sur place. Samuel's tient deux autres succursales à Summerside (une au marché fermier et l'autre en formule take-out) ainsi qu'à Avonlea Village (saisonnier).

SUMMERSIDE FARMERS MARKET

250 Water Street
✆ +1 902 432 8396
summersidefarmersmarket.com
Ouvert tous les samedis de 9h à 13h.

Situé dans un édifice historique de la ville, le marché fermier de Summerside est une ode aux produits régionaux de l'Île-du-Prince-Édouard. Rassemblant chaque semaine de nombreux producteurs et transformateurs, on y retrouve des produits maraîchers, des viandes, des poissons et fruits de mer, des produits de boulangerie, des fromages, des mets préparés, du miel, des chocolats, de l'art et de l'artisanat, etc. Impossible de sortir les mains (et l'estomac) vides !

THE COLLEGE OF PIPING AND CELTIC PERFORMING ARTS

619 Water Street East
✆ +1 902 436 5377
www.collegeofpiping.com
Voir site web pour la programmation et les billets. Boutique de souvenirs sur place.

Cette école des arts de la scène celtiques jouit d'une très grande réputation dans les Maritimes et même dans tout le pays. Sa programmation comprend entre autres des spectacles de cornemuse, de danse écossaise, de gigue et tambour écossais ainsi que des mini-concerts. C'est également ici que se déroule le fameux festival Highland Storm, un événement annuel qui se déroule en juillet et août. À noter que le centre s'est doté d'une nouvelle salle de spectacles en 2018.

RÉGION ÉVANGÉLINE ★★

Principale région acadienne de l'Île-du-Prince-Édouard, elle forme un triangle entre les baies Bedeque et Egmont. Plusieurs villages portent des noms de saints - Saint-Nicholas, Saint-Raphaël, Saint-Timothée, Saint-Philippe, etc. - qui témoignent de l'attachement des Acadiens à la religion catholique. On pratique, le long du littoral du détroit, la pêche au homard, alors que celle printanière au hareng et au maquereau vient d'être interdite en 2022, un coup dur pour les pêcheurs du coin. Pour plonger au cœur de la culture acadienne, rendez-vous au Musée acadien de l'Île-du-Prince-Édouard à Miscouche et au Village musical acadien à Abram-Village.

MAISONS DE BOUTEILLES / THE BOTTLE HOUSES

6891 route 11
CAP-EGMONT
✆ +1 902 854 2987
bottlehouses.com/accueil
Mi-mai à septembre : tous les jours de 10h à 18h (de 9h à 20h en juillet et août). Adulte : 10 CAN $.

C'est clairement la curiosité de l'île, en opération depuis plus d'une quarantaine d'années. Plus de 25 000 bouteilles ont été nécessaires pour la construction de la maison à six pignons, de la taverne et de la chapelle, des œuvres signées Édouard T. Arsenault. Les jardins qui entourent ces trois œuvres d'art dignes du Facteur Cheval sont parmi les plus beaux du Canada atlantique. À voir absolument si vous passez dans le coin ! Boutique de souvenirs sur place.

MUSÉE ACADIEN DE L'ÎLE-DU-PRINCE-ÉDOUARD ★

23 Main Drive East - **MISCOUCHE**
✆ +1 902 432 2880
www.museeacadien.org
Ouvert à l'année (horaires variables selon la saison). Adulte : 5,50 CAN $. Centre de recherche généalogique sur place.

Partez à la découverte de l'odyssée des Acadiens de l'île de 1720 à nos jours. L'exposition permanente se déroule en cinq temps : l'Acadie et les Acadiens, le régime français (1720-1758), le rétablissement (1758-1860), le réveil (1860-1930), et la société contemporaine de 1930 à nos jours. Aussi sur place : diorama, panneaux d'interprétation, photographies, objets des Acadiens de l'île, expositions temporaires, galerie d'art dédiée à l'artiste-peintre Claude Picard, etc.

VILLAGE MUSICAL ACADIEN ★

1745 route 124 - **ABRAM-VILLAGE**
✆ +1 902 854 3300
www.villagemusical.ca
Mi-juin à mi-septembre : tous les jours de 9h à 16h. Certaines activités gratuites, d'autres payantes.

Fondé en 1998 sous le nom de Centre Expo-Festival, le Village musical acadien regroupe toutes sortes d'activités pour découvrir la culture acadienne. Petite salle de spectacles intérieure, scène extérieure, espace d'apprentissage interactif, temple de la renommée, galerie d'art, boutique de souvenirs et tutti quanti sont au programme. Pour les petits creux, faites un saut du côté de la boulangerie artisanale ou encore au restaurant. Des spectacles sont fréquemment présentés (possibilité de souper-spectacle) et il est même possible de camper sur place.

LENNOX ISLAND

Située au nord-est de la région Évangéline dans la baie de Malpèque, l'île Lennox est accessible par le petit pont de la route 163. C'est avant toute chose le site d'une nation micmac, la Lennox Island First Nation. Son usine de transformation de homard, la Minigoo Fisheries, fut d'ailleurs la première au pays à être détenue et exploitée par des Autochtones lors de son ouverture en 2010. L'île vaut le détour pour plonger au cœur de l'histoire et des traditions de la nation. La communauté propose d'ailleurs toutes sortes d'ateliers d'immersion culturelle qu'on peut découvrir sur le site web d'Experience Lennox Island ou sur celui du conseil de bande.

WEST POINT ★

Située tout à l'ouest de l'île, sans en être par contre le point extrême ouest, cette localité est surtout connue pour son phare. Construit en 1875 et reconnaissable à ses rayures blanc et noir, ce phare est devenu, en 1984, un petit musée retraçant l'histoire des phares de l'île ainsi qu'un lieu d'hébergement assez unique. De la plate-forme d'observation, le regard embrasse l'ensemble des dunes rouges du rivage. Le phare s'élève dans le parc provincial de Cedar Dunes, autre attrait de West Point à découvrir, notamment pour faire un peu de farniente à la plage (allez également voir la West Point Beach), une rando dans les sentiers et camper sur place.

NORTH CAPE ★

Superbe bout du monde que cette pointe de l'extrême nord qui délimite, par le fait même, l'extrémité ouest du détroit de Northumberland. Le phare (1866) se détache sur les falaises de grès rouge balayées par le vent, où l'on entend le mugissement des phoques. C'est également le site du Centre d'interprétation d'énergie éolienne - vous verrez d'ailleurs quelques éoliennes dans les environs - qui regroupe en plus un aquarium, un restaurant et une boutique de souvenirs. Pour les randonnées, le sentier Black Marsh longe le plus long récif rocheux en Amérique du Nord. À savoir que North Cape donne son nom au circuit touristique de cette partie de l'île.

PARC PROVINCIAL DE CEDAR DUNES

Cedar Dunes Park Road
✆ +1 902 859 8785
www.westpointharmony.ca/cedardunes
Ouvert de juin à fin septembre.

À deux pas du phare, sur les rives du détroit de Northumberland, se trouve ce petit parc provincial où s'étend une superbe plage qui vaut à elle seule le déplacement (plage surveillée de fin juin à début septembre). Son nom vient du Thuya occidental, aussi appelé cèdre blanc de l'Est, qui peuple les dunes du parc. Si l'envie de camper vous prend, c'est décidément un bel endroit pour le faire grâce au terrain de camping provincial qui offre en prime plusieurs services.

WEST POINT LIGHTHOUSE INN & MUSEUM €€

364 Cedar Dunes Park Road ✆ +1 902 859 3605
www.westpointharmony.ca/inn_and_museum
Ouvert de juin à septembre. Occupation double : à partir de 169 CAN $, petit déjeuner continental inclus.

Que diriez-vous de pouvoir passer la nuit dans un phare ? C'est ce qui est proposé à West Point où près d'une quinzaine de chambres ont été aménagées dans ce monument historique et dans le bâtiment en annexe. La vue qui s'ouvre sur le détroit de Northumberland est simplement magnifique, et la plupart des chambres ont accès à un balcon afin d'admirer le tout et d'humer l'air salin. Profitez de votre séjour sur place pour visiter le petit musée du phare. Unique !

WIND ENERGY INTERPRETIVE CENTRE ★

21817 Route 12
✆ +1 902 882 2991
www.northcape.ca
Ouvert en saison estivale. Restaurant et boutique de souvenirs sur place.

Ce petit complexe permet d'en savoir davantage sur l'énergie éolienne, mais aussi sur l'histoire régionale, le plus long récif rocheux naturel du continent, la faune et la flore, etc. Tous se régaleront aussi des histoires de tempêtes, naufrages et navires fantômes. Vous pourrez ensuite aller vous balader sur les sentiers, comme sur le Black Marsh Nature Trail qui serpente sur plus de 5 km entre éoliennes, plantes rares et différentes espèces d'oiseaux.

STOMPIN' TOM CENTRE

14024 route 14 - **SKINNERS POND**
✆ +1 902 882 3214
stompintomcentre.com
Mi-juin à octobre : tous les jours de 11h à 19h. Adulte : 10 CAN $. Restauration et boutique de souvenirs.

Stompin' Tom Connors est une star canadienne de la musique country folk. Peu connu en Europe, l'homme, qui a passé une partie de son enfance dans ce petit village de l'Île-du-Prince-Édouard, s'est pourtant bâti au Canada une belle carrière. Pour le découvrir, écoutez ses deux plus célèbres titres : *Bud The Spud* et *The Hockey Song* (titre toujours joué pendant les matchs). Le musée propose un espace d'exposition dédié à l'artiste, mais se veut également un lieu de diffusion avec nombreux spectacles (programmation disponible en ligne).

CHARLOTTETOWN ★★

Au cœur d'une riche région agricole, cette petite capitale tranquille (environ 39 000 habitants) aux maisons victoriennes classiques mène doucement sa vie de port moyen dans une anse bien abritée du détroit du Northumberland. Fondée en 1768, elle doit son nom à la reine Charlotte, épouse du roi George III d'Angleterre. Berceau de la Confédération canadienne, la ville a célébré en 2014 le 150e anniversaire de la Conférence de Charlottetown qui fut le prélude à la confédération de 1867. L'animation bat son plein sur les terrasses de la Victoria Row, interdite à la circulation, et dans le secteur de la zone portuaire. Une petite ville fort agréable !

Transports

- **La ville de Charlottetown est desservie par un aéroport**, lequel relie la capitale de l'île à d'autres villes canadiennes. Pour rejoindre le centre-ville, il faut prendre un taxi ou Kari, ou encore le transport en commun avec la ligne de bus 11. Six compagnies de location de voiture ont également un comptoir à l'aéroport.
- **La compagnie de bus interurbains** Maritime Bus dessert Charlottetown et permet de se rendre ailleurs dans la province, au Nouveau-Brunswick et en Nouvelle-Écosse.
- **Dans la ville même,** T3 Transit prend le relais et propose quelques lignes de bus (aucun service de nuit). À noter que T3 Transit assure aussi un service dans d'autres villes, comme Summerside, et offre des liaisons sur l'île comme, par exemple, Charlottetown-Souris. À surveiller : le possible lancement d'un réseau de vélopartage à l'été 2023.

LIEU HISTORIQUE NATIONAL PROVINCE HOUSE ★

165 Richmond Street
✆ +1 902 566 7050
www.pc.gc.ca/provincehouse
Grande réouverture en 2023. Voir site web pour les nouveaux horaires et tarifs.

Construit en 1847, ce bâtiment à trois étages de style géorgien est d'importance nationale. Dans sa Chambre de la confédération s'est tenue, en 1864, la rencontre historique qui devait aboutir, en 1867, à la formation du Dominion du Canada. L'endroit idéal pour plonger au cœur de l'histoire du pays. Il y a quelques années, un important chantier aux fins de conservation de ce lieu historique a été mis en branle. L'inauguration officielle sera fera au cours de l'année 2023.

PEAKE'S WHARF HISTORIC WATERFRONT ★

Accès par Water Street

Lieu d'arrivée des Pères de la Confédération en 1864, les quais de Peake's Wharf sont de nos jours une destination touristique fort prisée, ils sont directement posés sur le *waterfront*. S'y alignent des boutiques en tous genres, des restaurants, des compagnies offrant des excursions en bateau, etc. En juillet et août (tous les jours de 14h à 16h et de 18h à 20h), des spectacles musicaux y sont présentés en plein air (selon les humeurs de Dame Nature !).

Balade en calèche sur Victoria Row à Charlottetown.

TOURISM CHARLOTTETOWN

✆ +1 800 955 1864

www.discovercharlottetown.com

Le site web de l'office de tourisme de la capitale de l'Île-du-Prince-Édouard regorge d'informations utiles pour découvrir la ville et ses bonnes adresses avant même d'y mettre les pieds. On recommande la section blogue avec ses articles inspirants adaptés aux saisons et aux envies de chacun. Il est aussi possible de visualiser en ligne ou de commander par la poste la brochure touristique publiée annuellement. Pour des informations touristiques sur place, deux centres sont ouverts au public (6 Prince Street et 199 Queen Street).

THE GREAT GEORGE €€€

58 Great George Street

✆ +1 902 892 0606

www.thegreatgeorge.com

Occupation double : à partir de 179 CAN $, petit déjeuner et stationnement inclus. Forfaits disponibles.

Un établissement de luxe dont la réputation n'est plus à faire à en juger par les nombreuses récompenses accumulées au fil des ans. Les chambres, suites et appartements entièrement équipés se situent dans différentes maisons entourant le bâtiment principal. Et tout cela en plein cœur du centre-ville historique, à quelques pas seulement des points d'intérêt, du *waterfront* et des bonnes adresses pour manger et boire un verre. Si vous prévoyez un long séjour, informez-vous sur les tarifs avantageux. Une adresse chaudement recommandée !

TOP NOTCH LOBSTER TOURS

3 Great George Street

✆ +1 902 626 6689

markscharters.com

En opération de juillet à fin août. Trois départs par jour. 12 ans et plus : 60 à 107 CAN $ selon l'excursion choisie.

Une belle expérience typique de l'île qui plaira aux petits comme aux grands, à bord d'un homardier de 14 mètres. Découvrez le monde de la pêche au homard en compagnie de Mark Jenkins et son équipage. Vous aurez même l'occasion de remonter des cages à bord. La sortie du matin est la moins chère car elle ne comprend pas de repas de homard comme les deux autres proposées en après-midi. Pour vivre la totale, on vous recommande donc d'ajouter cette option gourmande. Et comme les places sont limitées, les réservations ne sont vraiment pas un luxe.

DAVE'S LOBSTER €

5 Great George Street

✆ +1 902 200 3600

www.daveslobster.com

Ouvert de mai à fin octobre. Carte : moins de 25 CAN $.

Cette entreprise locale, qui gère trois succursales dans les Maritimes (Charlottetown, Cavendish et Halifax), est une sorte de *fast food* de qualité proposant un menu court composé uniquement de sandwichs, presque toujours au homard, et dont la spécialité est le *lobster roll.* Sorte de hot-dog de la mer (appelé aussi au Québec « guédille »), c'est LA spécialité du coin, que vous retrouverez dans plusieurs restaurants. L'approvisionnement est local et se fait auprès des pêcheurs de Covehead Harbour (nord de l'île). À découvrir absolument !

SYDNEY BOUTIQUE INN & SUITES €€

55 Weymouth Street

✆ +1 902 367 5888

sydneyinn.com

Occupation double : à partir de 159 CAN $.

Situé à quelques coins de rue du centre-ville et du *waterfront*, cet hôtel propose des unités réparties dans près d'une dizaine de catégories, allant de la petite chambre avec lit Queen à l'appartement de luxe entièrement équipé. Plusieurs unités sont d'ailleurs munies d'une cuisine complète, parfait pour ceux désirant un séjour prolongé en ville tout en étant parfaitement autonomes. Pour la petite histoire, l'hôtel occupe l'ancien couvent Notre-Dame (1857).

FOUNDERS' FOOD HALL & MARKET €

6 Prince Street

foundersfoodhall.com

Horaires variables selon la saison. Terrasse avec espace jardin.

Il fut une époque pas si lointaine où le bâtiment qui accueille ce *food hall* et marché était en fait un musée dédié à l'histoire de la fondation du pays (on a encore les photos à l'appui !). Founders' Hall s'est donc transformé en un lieu fort agréable où casser la croûte et boire un verre ou deux. Plus d'une dizaine de kiosques gourmands y ont emménagé leurs pénates, auxquels s'ajoutent, par exemple, des boutiques d'artisans ou encore le bureau d'information touristique.

WATER PRINCE CORNER SHOP €

141 Water Street ✆ +1 902 368 3212
waterprincelobster.com
Ouvert de mai à fin octobre ou début novembre. Carte : moins de 30 CAN $. Terrasse.

Cette jolie maison toute bleue est un petit resto à homard des plus convoités par les connaisseurs. Sous la gouverne de Shane Campbell depuis plus d'une trentaine d'années, les gens viennent de loin pour se rassasier en homard, fruits de mer, *fish & chips*, chaudrée et autres délices de la mer. Le fameux bavoir (ornementé d'un homard) est fourni pour se garder propre, et les plus motivés pourront porter le chapeau peluche de homard pendant le repas. Toutefois, pour goûter le traditionnel *lobster roll,* mieux vaut tenter l'expérience ailleurs (tarif plus élevé ici).

HOPYARD BEER BAR

151 Kent Street
✆ +1 902 367 2599
hopyard.ca
Ouvert tous les jours dès 11h30. Terrasse. Autre succursale à Halifax.

Hopyard est un bar à bières artisanales qui met en avant les microbrasseries des Maritimes mais aussi du reste du continent. On pourra ainsi savourer les bières de Tatamagouche Brewing, d'Upstreet Craft Brewing, de Barnone Brwery & Hop Farm ou encore de Garrison Brewing. Côté bouffe, un nouveau menu est produit toutes les deux semaines et peut mettre en vedette la cuisine de rue japonaise, la cuisine barbecue, de la *comfort food*, etc. Finalement, l'endroit héberge une belle collection de vinyles et on peut en choisir quelques-uns à écouter au bar.

THE BRICKHOUSE KITCHEN + BAR €€

125 Sydney Street
✆ +1 902 566 4620
www.brickhousepei.com
Ouvert tous les jours (horaires variables). Brunch le week-end. Carte : 10 à 45 CAN $. Terrasse.

Adresse branchée du centre-ville où l'on sert une cuisine du marché variée avec un maximum d'ingrédients locaux. Petits comme grands appétits ne seront pas déçus, et les plats à l'ardoise sont nettement plus intéressants que ceux à la carte. On aime bien le lounge au 2e étage, dédié à Marc Gallant, artiste, auteur et activiste écologiste qui habitait cette maison dans les années 1980. Ce lounge ouvre dès 17h le mercredi et à partir de 18h du jeudi au samedi.

RECEIVER COFFEEE CO.

128 Richmond Street
✆ +1 902 367 3436
www.receivercoffee.com
Ouvert tous les jours (horaires variables). Terrasse. Deux autres succursales en ville et une saisonnière à Cavendish.

La belle machine à espresso nous fait de l'œil dès qu'on met les pieds dans ce café. Les arômes se chargent du reste. L'endroit est sympathique, toujours dans l'esprit des matériaux bruts qui font fureur ces dernières années. Comble de bonheur, le menu gourmand est non seulement délicieux mais également fort créatif : sandwich déjeuner, pain perdu au pain aux bananes, sandwich au poulet et tzatziki, bol de riz au poulet mariné ou falafel... En été, l'endroit propose également le repas du soir avec une belle sélection de plats gourmands. À découvrir !

COW'S

150 Queen Street
✆ +1 902 892 6969
cows.ca
Ouvert tous les jours (horaires variables).

Véritable « success story » pour ce petit glacier qui a d'abord ouvert ses portes à Cavendish, en 1983, avant de compter, des années plus tard, une quinzaine de comptoirs et succursales dans plusieurs provinces du pays. Cette marque de glace est aujourd'hui avec la « patate » un emblème de l'île. D'ailleurs, l'établissement s'est lancé dans la fabrication de chips au chocolat qui (oui, oui, croyez-nous) sont un vrai délice. Bref, amateurs de douceurs sucrées, vous ne pourrez pas faire l'impasse. Autres succursales également à Charlottetown, Cavendish et Borden.

UPSTREET CRAFT BREWING

41 Allen Street
✆ +1 902 894 0543
www.upstreetcraftbrewing.com
Dimanche-mercredi, 12h-22h ; jeudi-samedi, 12h-minuit. Terrasse.

Située à mi-chemin entre le centre-ville et l'université, cette microbrasserie fait office de bar dans un chouette local où l'on prendrait définitivement racine. Les bières maison y sont servies (la blanche de blé à la rhubarbe et fraises est fort agréable en été), ainsi que les pizzas napolitaines de Piatto Up the Street (du mardi au dimanche jusqu'à 20h). Des jeux de société sont à disposition et bières et articles à l'effigie de la brasserie sont en vente sur place. Cela vaut le détour, ne serait-ce que pour sortir des sentiers touristiques de la ville.

ANNE OF GREEN GABLES STORE

72 Queen Street
© +1 902 368 2663
annestore.ca
Lundi-samedi, 10h-17h ; dimanche, 12h-17h. Boutique en ligne également.

Si vous êtes fan d'*Anne... la maison aux pignons verts*, vous allez être ici comblé ! Sinon, vous serez au moins étonné de découvrir le véritable culte voué à ce personnage. Royaume dédié à cette héroïne de l'île, on trouve ici une foule d'articles variés à son effigie : poupées, livres, articles déco ou utilitaires, etc. La boutique propose aussi des produits gourmands et d'artisans de l'île. Avant de partir, faites une photo de vous portant le chapeau d'Anne avec ses tresses rousses !

CHARLOTTETOWN FARMERS MARKET

100 Belvedere Avenue
© +1 902 626 3373
charlottetownfarmersmarket.com
Ouvert tous les samedis de 9h à 14h. Ouvert également le mercredi de juillet à début octobre.

Les producteurs locaux, artisans et amoureux des bonnes choses se retrouvent chaque semaine dans ce marché couvert. Voici donc l'occasion pour vous d'avoir un bel aperçu de l'offre en produits gourmands et artisanaux de l'île. Quelques comptoirs proposent également des petits plats sur le pouce pour combler les fringales. Certains habitants aiment s'y rendre à pied ou en vélo depuis le centre-ville, en empruntant le Sentier de la Confédération situé à deux pas.

CENTRE DES ARTS DE LA CONFÉDÉRATION

145 Richmond Street
© +1 902 566 1267
confederationcentre.com/fr
Voir site web pour la programmation et les billets.

Ce centre culturel et de diffusion des arts de la scène abrite des salles de spectacles ainsi qu'une galerie d'art qui présente d'excellentes expositions. La programmation inclut de la musique, de l'humour, du théâtre, de la danse, etc. Depuis plus d'une cinquantaine d'années s'y tient notamment la représentation musicale d'*Anne of Green Gables* lors de la belle saison. Désormais, la pièce sera présentée tous les deux ans, la prochaine fois étant en 2024.

ROCKY POINT ★

Situé sur un cap au sud de Charlottetown, Rocky Point, ancienne colonie, est surtout connue pour son site historique national de Skmaqn-Port-La-Joye-Fort-Ahmerst, principale attraction des lieux. Géré par Parcs Canada, ce site d'importance historique se trouve à l'emplacement où une communauté micmac passait ses étés avant que la première colonie européenne n'y emménage ses pénates en 1720. Lors de la prise de contrôle des lieux par les Britanniques en 1758, colons français et acadiens ont été déportés ici. Il ne subsiste pas grand-chose de ce passé à part quelques vestiges. Mais l'endroit reste plaisant, avec 6 km de sentiers, et l'accès est gratuit.

LIEU HISTORIQUE SKMAQN-PORT-LA-JOYE-FORT-AMHERST

191 Hache Gallant Lane
© +1 902 675 2220
www.pc.gc.ca/portlajoye
Centre d'accueil ouvert en juillet et août. Sentiers accessibles toute l'année. Entrée libre.

C'est ici que, les premiers, les Français s'installèrent sur l'île, en 1720. En 1758, les Anglais s'emparèrent de la région et élevèrent, sur le même emplacement, Fort Amherst, qu'ils occupèrent jusqu'en 1768. De la forteresse, il ne subsiste plus aujourd'hui que des talus herbeux d'où l'on a de superbes vues sur la baie et le port de Charlottetown juste en face. C'est l'endroit idéal pour un pique-nique ou pour une balade dans les 6 km de sentiers pédestres.

MALPEQUE ★★

Sur la côte nord de l'île, cet endroit, qui signifie « large baie » en micmac, est célèbre pour ses huîtres. On peut d'ailleurs les savourer au restaurant Malpeque Oyster Barn, la meilleure adresse en ville. C'est du parc provincial Cabot Beach (possibilité de camping), aux plages sauvages peu fréquentées, qu'on aura la plus belle vue d'ensemble sur cette grande baie. Pour la voir d'encore plus près, Malpeque Bay Kayak Tours propose des excursions guidées en kayak ainsi que la location d'embarcations nautiques. Finalement, non loin, à Corner Park plus précisément, se trouve le fameux Anne of Green Gables Museum dédié à cette grande œuvre littéraire.

ANNE OF GREEN GABLES MUSEUM ★★

4542 route 20 - **PARK CORNER**
✆ +1 902 886 2884
www.annemuseum.com
Ouvert de mi-mai à mi-octobre. Le reste de l'année : ouvert sur réservation uniquement. Adulte : 7 CAN $.

Surnommée Silver Bush par Lucy Maud Montgomery, auteure de *Anne... la maison aux pignons verts*, cette maison lui servit de cadre pour ses nouvelles *Pat of Silver Bush* et *Mistress Pat*. Ce domaine de près de 45 hectares fut construit en 1872 par son oncle John et sa tant Annie Campbell, mais le terrain appartient à la famille depuis bien longtemps, soit depuis 1776, et est toujours leur propriété. De nos jours, c'est un musée dédié à la romancière et à ses œuvres. C'est ici qu'on retrouve le fameux lac aux Miroirs et la bibliothèque d'Anne, sans oublier de nombreux artefacts ayant appartenu à Lucy Maud Montgomery. Il est possible de faire une sympathique promenade autour du musée. C'est aussi ici que la romancière s'est mariée en 1911 et, depuis, plusieurs couples de par le monde viennent y unir leur destinée. Moins glamour : en été, le musée est aussi pris d'assaut par des cars de japonais (Anne est une véritable star au Japon). Ne vous étonnez donc pas de croiser dans la rue quelques personnes arborant la coiffe d'Anne, un chapeau de paille et deux tresses rousses. Sur le site, il est aussi possible de faire un tour de calèche avec le Matthews Carriage Ride (compter 110 CAN $ pour 30 minutes, maximum de 4 personnes, réservation requise). Finalement ne quittez pas les lieux sans faire un arrêt à la boutique The Anne of Green Gables Store qui tient une succursale sur le site du musée. Bon plan : le forfait incluant 3 attractions et le spectacle *Anne & Gilbert The Musical*.

© DAWN DAWSON - SHUTTERSTOCK.COM

PARC PROVINCIAL CABOT BEACH

449 King Street
✆ +1 902 836 8945
www.tourismpei.com/fr/ipe-parcs
Ouvert de juin à fin septembre. Camping sur place.

Plus grand parc de l'ouest de l'île, il offre un terrain de jeu complet, des programmes d'activités pour les enfants et une plage surveillée dans la baie de Malpèque. Sur le site se trouve aussi l'école Fanning que l'on peut visiter tous les jours en saison. Construite en 1794, elle a été nommée en l'honneur d'Edmund Fanning, lieutenant-gouverneur de l'île entre 1786 et 1805. On y a enseigné jusqu'en 1969, et en 1993, on l'a déménagée à la plage Cabot, où on l'a restaurée.

MALPEQUE OYSTER BARN €

10 Malpeque Wharf Road
✆ +1 902 836 3999
Ouvert de fin juin à début septembre (horaires variables). Carte : moins de 30 CAN $.

Région réputée pour ses huîtres, il ne faudrait pas passer outre une dégustation dans ce charmant restaurant du port. En plus des fameuses huîtres de Malpèque qui sont clairement les stars des lieux, l'endroit concocte une foule de plats aux saveurs de la mer comme les moules à la vapeur, la chaudrée de fruits de mer, la guédille au homard, les tacos de poisson, le sandwich de type po-boy et autres délices. On aime beaucoup l'atmosphère des lieux et surtout, sa vue imprenable sur le petit port qui grouille de vie lorsque les pêcheurs ramènent leurs prises.

MALPEQUE BAY KAYAK TOURS

449 Malpeque Wharf Road ✆ +1 902 439 7885
peikayak.ca
De fin juin à fin septembre. Excursion guidée en kayak : à partir de 45 CAN $ par adulte. Réservation requise.

Basée dorénavant dans le parc provincial Cabot Beach, cette petite entreprise propose des excursions en kayak de mer. Trois tours différents sont offerts (bassin Darnley, baie de Malpèque, golfe du Saint-Laurent), allant de deux à trois heures chacun, et tout l'équipement est bien entendu fourni. Des tours sur mesure peuvent également être organisés. On peut aussi y louer kayaks de mer et planches à pagaie pour des sorties autonomes dans la baie de Malpèque (une petite leçon est offerte au moment de la location), ou encore des vélos pour explorer les environs.

CAVENDISH ★★

La localité de Cavendish et ses environs sont clairement le haut lieu du tourisme de la province. Située au cœur des plus belles plages de la rive nord et des principaux points d'intérêt de l'île, Cavendish est mondialement connue pour ses attractions liées à Lucy Maud Montgomery et son œuvre *Anne... la maison aux pignons verts*. C'est tout simplement in-con-tour-nable ! Au cœur du village se trouve également un centre d'accueil du superbe parc national de l'Île-du-Prince-Édouard, lequel longe le littoral avec ses dunes de sable. En raison de l'immense popularité du secteur de Cavendish, hébergements, restaurants et boutiques abondent dans les environs.

PARC NATIONAL DE L'ÎLE-DU-PRINCE-ÉDOUARD ★★

7591 route 13
✆ +1 902 672 6350
www.pc.gc.ca/pei
Ouvert à l'année (certaines installations fermées hors saison). Adulte : 4,15 à 8,50 CAN $, 17 ans et moins : gratuit.

Ce parc qui s'étire sur 40 km le long de la côte nord, en bordure du golfe du Saint-Laurent, est parcouru par le Gulf Shore Parkway qui permet de découvrir l'un des plus beaux paysages du Canada atlantique. Des sentiers, des chemins de planche et des passerelles conduisent à un littoral qui offre une succession de dunes de sable, de falaises de grès rouge, de marais d'eau saumâtre, d'étangs d'eau douce, de terres boisées et de superbes plages blanches de sable fin. La teinte rouge des falaises contenant de l'hématite provient de l'oxydation de ce minéral riche en fer. Ces falaises sont extrêmement friables. Sous l'action des glaciers et des vagues se sont créés des cordons littoraux et des dunes résultant de l'accumulation du grès érodé. Les vagues, les courants et les vents violents continuent à modeler les dunes de sable fixées seulement par les plantes ammophiles. Des sentiers d'interprétation de la nature permettent de mieux comprendre ce fragile équilibre écologique. Et été comme hiver, nombreuses activités de plein air sont ici praticables et la location de certains équipements est proposée. Pour prolonger le plaisir, camping, prêt-à-camper et petits chalets sont à disposition.

Plages : elles sont nombreuses. Les plus belles sont celles de North Rustico, de Brackley, tout en longueur et ourlées de dunes, et, plus encore, celle de Cavendish, bordée de falaises de grès rouge stratifiées, la plus spectaculaire de l'île. Toutes les plages sont bien équipées et surveillées.

SITE OF LUCY MAUD MONTGOMERY'S CAVENDISH HOME ★

8521 Cavendish Road ✆ +1 902 963 2969
www.lmmontgomerycavendishhome.com
Mi-juin à début octobre, tous les jours de 10h à 17h (9h30-17h30 en juillet et août). Adulte : 6 CAN $.

Le lieu historique national du Cavendish-de-L.-M.-Montgomery inclut entre autres le site de la résidence de Lucy Maud Montgomery où elle a entre autres écrit *Anne... la maison aux pignons verts*. Cette maison est en fait la ferme de ses grands-parents maternels. Il ne reste aujourd'hui que des ruines, mais c'est ici que se trouvent le sentier de la Forêt hantée, le sentier de Balsam Hollow et le Chemin des Amoureux, tous trois amplement documentés dans les romans d'Anne.

KINDRED SPIRITS COUNTRY INN & COTTAGES €€

46 Memory Lane
✆ +1 902 963 2434
www.kindredspirits.ca
Ouvert de fin mai à début octobre. Tarifs variables selon l'hébergement choisi. Forfaits disponibles.

Situé à proximité de la plage de Cavendish, à côté de Green Gables et à deux pas du Cavendish Beach Music Festival, le Kindred Spirits est une auberge de campagne meublée à l'ancienne et joliment décorée. Les chambres sont réparties dans deux bâtiments, le Inn et le Gatehouse, et des chalets de deux ou trois chambres sont également en location. Parmi les services offerts, notons une piscine chauffée, un bain à remous, la location de vélos et le petit déjeuner inclus avec les chambres.

AVONLEA VILLAGE €

8779 route 6
✆ +1 902 963 3111
www.avonlea.ca
Ouvert de mi-juin à début septembre.

Retrouvez l'esprit du roman *Anne... la maison aux pignons verts* dans le village reconstitué de l'héroïne. Les jolies maisons hébergent des restaurants et des boutiques. On pourra y savourer une glace de la fameuse crèmerie Cow ou des chocolats Anne of Green Gables, prendre un café en terrasse, se régaler de homard ou d'un *grilled cheese*. La fans d'Anne Shirley ne manqueront pas une virée à la boutique dédiée à la cause, quant aux enfants, on leur conseille la visite de la maison de l'artisan. Plusieurs autres boutiques sur place.

SITE PATRIMONIAL GREEN GABLES ★★★

8619 Cavendish Road
✆ +1 902 963 7874
www.pc.gc.ca/greengables
Mai à fin octobre : lundi-dimanche, 9h-17h. Adulte : 6,75 à 8,50 CAN $, 17 ans et moins : gratuit.

La romancière Lucy Maud Montgomery (1874-1942, enterrée dans le cimetière de Cavendish), qui était profondément attachée à son île et à la beauté des paysages de Cavendish, a immortalisé la ferme de ses cousins Macneill, non loin de laquelle elle habitait : c'est elle qui a servi de cadre à son célèbre roman *Anne of Green Gables* (*Anne... la maison aux pignons verts*), l'un des contes pour enfants les plus populaires de la littérature anglaise, connu dans le monde entier et traduit dans plus de vingt langues différentes. Dominant une campagne vallonnée, le jardin à l'anglaise offre ses pelouses d'un vert tendre rehaussé de touffes de fleurs vives ; en contrebas, c'est la forêt hantée. La fameuse maison, que l'on se plaît à photographier sous tous les angles, fut rénovée selon la fin des années 1800. Elle reflète non seulement le décor du roman, mais également une maison de ferme typique de la fin de l'époque victorienne. Elle se visite entièrement mais il n'est pas possible d'entrer dans chacune des pièces. À l'entrée (ou à la sortie), on en profite pour explorer les différentes dépendances d'époque, fidèlement reconstruites : grange, grenier à blé, hangar à bois. Suivez l'héroïne, elle vous guidera... Une attraction incontournable de l'Île-du-Prince-Édouard, à voir absolument ! Services sur place : stationnement gratuit, centre d'accueil avec salle d'exposition, sentier de la Forêt hantée (0,9 km) et sentier Balsam Hollow (0,8 km), boutique de souvenirs.

NORTH RUSTICO ★

Situé à seulement 7 kilomètres au sud-est de Cavendish, sur le littoral du golfe, le village de North Rustico est très réputé pour son restaurant de homard qu'il faut tester absolument, le Fisherman's Wharf Lobster Suppers. North Rustico est aussi un endroit prédilection pour s'adonner à la pêche à la morue ou au maquereau (plusieurs compagnies de *charters*, ici comme à Covehead Harbour), ou encore pour profiter des plaisirs de l'eau et du parc national situé à deux pas. Nous vous conseillons également une petite virée dans le secteur du North Rustico Harbour, un endroit pittoresque très représentatif des villages de pêcheurs de l'île.

BLUE MUSSEL CAFE €€

312 Harbourview Drive
NORTH RUSTICO HARBOUR ✆ +1 902 963 2152
www.bluemusselcafe.com
Ouvert de fin mai à début octobre (horaires variables). Carte : moins de 10 à 55 CAN $. Terrasse.

Une cabane à pilotis à deux pas du rivage, avec une terrasse qui s'ouvre sur la baie de North Rustico Harbour : que demander de plus ? Si vous n'étiez pas encore imprégné de l'esprit des vacances, ce sera maintenant chose faite. L'endroit est charmant, rustiquement côtier, et on s'empiffre de homard, de chaudrée de fruits de mer, de tartare de thon, de moules bleues (autre spécialité de l'île) et de tout ce que la mer peut nous donner. Sans prétention et vraiment chouette ! Bonus : des souvenirs à l'effigie du restaurant sont en vente sur place.

FISHERMAN'S WHARF LOBSTER SUPPERS €€

7230 Rustico Road ✆ +1 902 963 2669
www.fishermanswharf.ca
Ouvert de début mai à début octobre (horaires variables). Menus à volonté et à la carte disponibles.

Situé dans un village de pêche pittoresque, Fisherman's Wharf est réputé pour ses fameux repas de homard à prix fixe ainsi que pour son bar à salades long de 18 mètres. En formule à volonté (« All you can eat »), on y déguste la chaudrée de fruits de mer, les moules bleues, plus de 30 différentes salades et toutes sortes de douceurs. D'autres plats sont disponibles à la carte comme les grillades, l'assiette terre et mer ou encore le poulet rôti. Boutique de souvenirs sur place.

NEW GLASGOW

Jolie petite communauté paisible à quelques kilomètres seulement de North Rustico et traversée par la rivière Clyde. Nombreux sont les hébergements offerts dans le secteur, que l'on ait envie de planter sa tente ou de dormir dans un chalet cosy. Côté gourmand, il ne faut pas rater le restaurant New Glasgow Lobster Suppers, un autre incontournable pour un dîner de homard. On recommande aussi une visite sur le site champêtre de la Glasgow Glen Farm, une entreprise hautement réputée pour son fromage gouda. Aux bords de la rivière, allez également voir les jolis jardins de Gardens of Hope ainsi que son Butterfly House, un conservatoire des papillons.

NEW GLASGOW HIGHLANDS CAMPGROUND €

2499 New Glasgow Road ✆ +1 902 964 3232
www.newglasgowhighlands.com
Ouvert de mai à octobre. Camping : à partir de 35 CAN $, chalet rustique : à partir de 59 CAN $ pour 2 personnes.

Aménagé dans un environnement boisé et à proximité de Cavendish, ce camping propose différentes options pour passer la nuit : des emplacements avec et sans services, des chalets rustiques ainsi qu'une maison avec quatre chambres, deux salles de bains et une cuisine complète (maximum 14 personnes). Nombreux services sur place dont une piscine extérieure à l'eau salée chauffée, un magasin, des sentiers pédestres, un service de location de canoës et kayaks, une laverie, etc.

NEW GLASGOW LOBSTER SUPPERS €€

604 route 258
✆ +1 902 964 2870
www.peilobstersuppers.com
Ouvert de juin à octobre (horaires variables). Carte : 30 à 65 CAN $.

Pionner des soupers de homard à l'Île-du-Prince-Édouard, New Glasgow Lobster Suppers vous propose de vivre cette tradition qui perdure fièrement depuis 1958. Si le homard tient sans surprise la vedette, d'autres options sont disponibles à la carte comme les grillades, les poissons ou encore l'assiette terre et mer, sans oublier l'option végétarienne du moment. À noter que le prix du repas comprend toujours une entrée, un dessert et une boisson non alcoolisée.

GLASGOW GLEN FARM

190 route 258
✆ +1 902 963 2496
glasgowglenfarm.ca
Horaires variables selon la saison.

Plus qu'un lieu où acheter du fromage, la Glasgow Glen Farm est une destination gourmande où il fait bon s'arrêter un moment. Bien entendu, le fromage gouda tient ici la vedette avec une quinzaine de sortes différentes, dont la version nature, celle aux herbes et ail ou encore celle à la bière. De succulentes pizzas cuites au feu de bois, des pains artisanaux et des brioches à la cannelle sont en vente et permettent de faire un petit pique-nique sur place. La ferme vend aussi d'autres produits gourmands maison à sa boutique.

DALVAY ★★

Situé à l'extrémité est du parc national de l'Île-du-Prince-Édouard, Dalvay by the Sea est l'hôte d'une seule chose : un établissement haut de gamme d'une grande renommée, le Dalvay by the Sea, édifice fédéral du patrimoine et lieu historique national. On a pu le voir entre autres dans divers films d'*Anne... la maison aux pignons verts*. William et Kate sont aussi passés par ici lors de leur visite royale au pays en 2011. Même si vous n'avez pas les moyens d'y séjourner, une visite s'impose, ne serait-ce que pour découvrir ce magnifique lieu et prendre un verre à son restaurant. À quelques pas se trouve la très jolie plage Dalvay Beach.

DALVAY BY THE SEA €€€

16 Cottage Crescent ✆ +1 902 672 2048
www.dalvaybythesea.com
Ouvert de mai à octobre. Hébergement en chambre, suite et chalet. Restaurant et centre de santé spa sur place.

Dalvay by the Sea est un centre de villégiature haut de gamme situé dans les limites du parc national de l'Île-du-Prince-Édouard et installé face au golfe du Saint-Laurent. Construit en 1895 par Alexander MacDonald, cette grande maison a accueilli de nombreuses personnalités au fil du temps, dont le prince William et Kate lors de leur visite au pays en 2011. Il fait incontestablement partie des plus beaux établissements hôteliers de l'île. Et comme dans tout établissement de ce genre qui se respecte, un restaurant de fine cuisine occupe également les lieux.

ORWELL

La région d'Orwell englobe les trois principaux secteurs d'activité de l'île, soit la pêche, l'agriculture et l'exploitation forestière. On y retrouve des paysages de falaises côtières, de plages, de forêts et de terres agricoles vallonnées. Son village historique, classé site historique national, est la principale attraction d'Orwell où vous découvrirez les modes de vie des premiers colons de l'île. Autre lieu qui vaut le détour non loin : le Sir Andrew MacPhail Homestead. Ouvert en saison et doublé d'un salon de thé, ce lieu historique fut la maison d'Andrew MacPhail, professeur, docteur, écrivain et soldat lors de la Première Guerre mondiale.

ORWELL CORNER HISTORIC VILLAGE ★

98 McPhail Park Road
✆ +1 902 651 8515
www.peimuseum.ca
Ouvert de juin à octobre (horaires variables). Adulte : 9,95 CAN $.

Retour dans le temps, à la fin du XIXe siècle, dans ce qui était autrefois un petit carrefour agricole. Village insulaire authentique où vous prendrez le pouls de la vie en 1890. On y retrouve un petit musée sur l'agriculture, un magasin général, l'atelier du forgeron (que l'on peut voir au travail), une école d'une classe, une ferme avec animaux, un jardin victorien et plus encore. Des guides-interprètes costumés se chargent de mettre l'ambiance.

PANMURE ISLAND LIGHTHOUSE & GIFT SHOP ★

67 Lighthouse Road - **PANMURE ISLAND**
✆ +1 902 969 9380
panmureislandlighthouse.ca
Ouvert de fin juin à fin septembre, tous les jours de 10h à 17h. Droits d'entrée pour monter en haut du phare : 5 CAN $.

C'est le plus ancien phare en bois de l'Île-du-Prince-Édouard et il est considéré comme un site patrimonial. Ça vaut vraiment la peine de débourser quelques dollars pour grimper tout en haut et admirer la superbe vue sur la plage et le détroit de Northumberland. Avant de quitter, passez par la petite boutique cadeaux qui se trouve à l'étage principal. Bon plan : les mardis et jeudis, il est possible d'avoir une visite d'interprétation avec la fille d'un ancien gardien de ce phare.

PARC PROVINCIAL PANMURE ISLAND

350 Panmure Island Road
PANMURE ISLAND
✆ +1 902 838 0668
www.tourismpei.com/fr/ipe-parcs
Ouvert de début juin à mi-septembre.

Non loin de Gaspereaux, pittoresque village de pêcheurs de homards, ce parc provincial offre une longue plage de sable fin pratiquement toujours déserte, bordée de dunes, qui est en réalité un cordon littoral reliant le cap Sharp à Panmure Island. Sur l'île, montez au petit phare octogonal, blanc et rouge, bâti en 1853 pour marquer l'entrée du port de Georgetown, et profitez d'un joli panorama sur le détroit de Northumberland. Possibilité de camping sur place.

GASPEREAUX ★

Situé à 65 kilomètres au sud-est de Charlottetown, ce joli village de pêcheurs tient son nom d'un poisson qui fréquente ses eaux. C'est l'endroit idéal pour les activités de pêche, de vélo de montagne et de randonnée pédestre, sans compter que c'est également la porte d'entrée du parc provincial Panmure Island avec sa belle plage de sable fin (possibilité de camping sur place). D'ailleurs, annuellement en août, s'y déroule le Pow Wow Abegweit de la nation Mi'kmaq (aussi appelée micmac). Finalement il ne faut pas rater le phare de Panmure Island, plus ancien phare de bois de l'île. On peut grimper tout en haut moyennant quelques dollars.

MONTAGUE

Ce petit port de pêche est, malgré sa taille modeste, un des principaux centres de la partie orientale de l'île. On y trouve quelques commerces, boutiques et restaurants, mais aussi quelques attractions dignes de mention. Au cœur du village se trouve le Garden of the Gulf Museum, plus ancien musée municipal de la province, lequel est axé sur l'histoire de la région et de l'île (après la visite, allez boire une bière à la microbrasserie Copper Brewing située à deux pas). Puis à quelques kilomètres de Montague, le lieu historique national Roma at Three Rivers raconte l'histoire de la colonie française de Jean-Pierre Roma établie en 1732.

WINDOWS ON THE WATER €€

106 Sackville Street ✆ +1 902 838 2080
www.windowswater.ca
Ouvert de juin à fin septembre (horaires variables). Carte : 10 à 40 CAN $. Terrasse.

On apprécie particulièrement la vue sur le petit port de Montague depuis la terrasse. Une belle impression de vacances qui se poursuit dans l'assiette, alors que les poissons et fruits de mer de l'île sont à l'honneur : chaudrée de fruits de mer, huîtres, moules bleues, guédilles au homard, tacos de poisson, filet de saumon ou de flétan grillé, repas traditionnel de homard en 3 services, etc. Plusieurs plats végétariens, de viande ou de poulet figurent également à la carte. Le tout est bien apprêté et les prix sont corrects.

COPPER BOTTOM BREWING

567 Main Street
✆ +1 902 361 2337
www.copperbottombrewing.com
Ouvert tous les jours dès midi (13h le dimanche). Terrasse.

Première microbrasserie à ouvrir dans le comté de Kings, elle offre non seulement un superbe cadre en bordure de la rivière Montague, mais aussi une belle sélection de bières maison brassées avec passion. IPA de style Nouvelle-Angleterre, Stout à l'avoine, Pilsner tchèque ou encore bière sure aux bleuets sont entre autres à l'ardoise, tout comme des grignotines pour assouvir les petites faims. On y présente aussi des événements et soirées thématiques, dont l'incontournable soirée quiz du vendredi. Mention à la jolie terrasse surplombant la rivière.

CARDIGAN ★

Cette petite communauté de quelques centaines d'âmes tire son nom du 5e comte de Cardigan, James Brudenell, devenu plus tard duc de Monague. Installée aux abords de la rivière Cardigan, elle vit principalement de l'industrie et de la pêche, notamment les moules, les palourdes et le homard. D'ailleurs, vous trouverez ici quelques restaurants qui proposent ces spécialités gourmandes, dont un qui fait les fameux « Lobster Suppers » (dîners de homard). Non loin se trouve le parc provincial Brudenell River, proposant des activités de plein air et du camping. À savoir que Cardigan fait partie de la municipalité de Three Rivers depuis septembre 2018.

PARC PROVINCIAL BRUDENELL RIVER

283 Brudenell Island Boulevard
GEORGETOWN
✆ +1 902 652 8966
www.tourismpei.com/fr/ipe-parcs
Ouvert de juin à début octobre.

Longeant la rivière Brudenell, ce parc provincial, situé à mi-chemin entre Cardigan et le petit port de Georgetown, bénéficie d'un site exceptionnel sur la rivière. On y retrouve notamment une plage, une piscine, un service de location d'embarcations nautiques et des balades à cheval (se renseigner auprès du camping), deux superbes terrains de golf 18 trous de championnat, un terrain de jeu pour enfants, des sentiers pédestres, des emplacements de camping et plus encore.

CARDIGAN LOBSTER SUPPERS €€

4557 Wharf Road ✆ +1 902 583 2020
cardiganpeilobstersuppers.com
Ouvert de juin à septembre (horaires variables). Carte : 10 à 40 CAN $ (sauf le homard). Terrasse.

L'adresse la plus réputée pour savourer un dîner de homard à Cardigan. Ouvert depuis plus de 40 ans, ce restaurant propose une gastronomie axée sur les produits de la mer où le homard frais tient la vedette en formule 3 ou 5 services au prix du marché. La carte propose également des huîtres, du fish & chips, l'assiette du capitaine, des guédilles de homard, des pâtes, des grillades, des burgers, etc. La maison abrite également le 1888 Pub qui propose lui aussi un menu gourmand. Lors des beaux jours, installez-vous sur la terrasse avec vue sur la baie de Cardigan.

CLAM DIGGERS BEACH HOUSE & RESTAURANT €€

6864 Water Street
✆ +1 902 583 3111
clamdiggerspei.com
Ouvert tous les jours de 11h30 à 20h (21h vendredi et samedi). Carte : 10 à 80 CAN $. Terrasse.

Ce restaurant avec une belle vue au bord de l'eau propose une sélection de plats de la mer alléchante, dont l'incontournable plateau de fruits de mer pour une ou deux personnes qui vaut à lui seul le déplacement. Poissons et fruits de mer garnissent le menu, mais aussi sandwichs, grillades, pâtes et tutti quanti. Fréquenté par les locaux (surtout le dimanche, où les familles viennent au grand complet), l'ambiance y est agréable et le service très attentionné.

SOURIS ★

Ce port actif est le seul point d'embarquement pour le ferry desservant les Îles de la Madeleine (au Québec). C'est aussi la communauté la plus importante de l'est de l'Île-du-Prince-Édouard (un peu moins de 1 100 habitants). On y trouve un centre d'information touristique, des magasins, des boutiques, des hébergements et restaurants, ce qui en fait un bon pied-à-terre pour aller explorer l'extrémité nord-est de l'île, particulièrement sauvage. On pourra également profiter de la plage du parc provincial Souris Beach ou encore faire une petite visite du phare de Souris Est, construit en 1880, et à sa boutique de souvenirs (ouverts en saison estivale).

THE FIDDLING FISHERMAN

120 Breakwater Street
✆ +1 902 969 2942
www.fiddlingfisherman.com
En opération de juillet à fin septembre. Adulte : 140 CAN $. Réservation requise.

Montez à bord du *Chaisson A Dream*, le bateau de pêche du capitaine J.J. Chaisson. Plus qu'une simple expérience en mer, vous y découvrirez son quotidien de pêcheur de homard, participerez à la levée des casiers et à la mesure des homards. Vous dégusterez aussi une de vos prises à bord comme lors d'un vrai *lobster dinner*. Des pas de danse traditionnelle vous seront montrés et vous apprendrez peut-être même à jouer de la cuillère si le cœur vous en dit. J.J. Chaisson étant excellent musicien et conteur, vous adorerez l'expérience !

THE LOBSTER SHACK €

8 Main Street
✆ +1 902 743 3347
colvillebayoysterco.com/lobster-shack
Ouvert tous les jours de mi-juin à mi-septembre. Carte : moins de 20 CAN $.

Comme son nom l'indique, cette petite cabane de bois se spécialise quasi entièrement dans le homard. Situé sur la promenade de bois face à la plage, c'est l'endroit idéal pour un homard entier (différents poids offerts), une guédille au homard (sandwich) ou des huîtres de Colville Bay. Le homard se vend également frais, au poids, à emporter. Idem pour les huîtres, les moules et les prairies. Comme la cabane n'offre pas de places assises, des tables à pique-nique permettent de savourer le tout avec vue sur la baie. Une adresse chaudement recommandée !

THE INN AT BAY FORTUNE €€€

758 route 310 - **BAY FORTUNE**
✆ +1 902 687 3745
innatbayfortune.com
Mai à octobre. Menu « Fireworks Feast » : 235 CAN $ par personne (visite de la ferme et dégustation d'huîtres incluses).

Le chef Michael Smith s'est taillé une belle réputation dans le paysage culinaire de l'île. Élue, en 2016, meilleur nouveau restaurant du Canada par *enRoute*, cette adresse est incontournable. Si vous souhaitez vous faire plaisir, n'hésitez pas à tester l'expérience « Fireworks Feast » qui a contribué à la célébrité de l'endroit. Ainsi, un menu à prix fixe, changeant en fonction de ce que l'équipe récolte et des arrivages des producteurs des environs, vous est apporté dans un ballet de dégustation bien rodé. Ils ont en plus leur propre fumoir...

RED POINT ★★

Porte d'entrée du parc provincial éponyme, Red Point se situe à peine à 15 minutes de voiture de Souris. On y vient surtout pour la superbe plage de sable fin du parc et les falaises de grès rouge qui bordent le littoral. Un panorama typique de l'Île-du-Prince-Édouard ! Le cadre pourrait d'ailleurs en inspirer plus d'un à installer sa tente ou son camping-car dans les environs. Tant qu'à être dans les environs, on recommande également la visite du Basin Head Fisheries Museum, un musée historique entièrement consacré à la pêche côtière et à la vie des pêcheurs d'antan, ainsi qu'au Black Pond Bird Sanctuary qui ravira les amateurs d'ornithologie.

BASIN HEAD FISHERIES MUSEUM

336 Basin Head Road
✆ +1 902 357 7233
www.peimuseum.ca
Ouvert de fin juin à fin septembre (horaires variables). Adulte : 5 CAN $.

Ce musée historique occupe un joli site surplombant un petit port, à proximité d'une superbe plage de sable et de magnifiques dunes, à un jet de pierre du détroit de Northumberland. Il est entièrement consacré à la pêche côtière et à la vie des pêcheurs d'antan. Des hangars à bateaux abritent divers modèles d'embarcations et on peut également y voir une ancienne conserverie. Une exposition d'artisanat et une boutique de souvenirs sont également sur place.

PARC PROVINCIAL RED POINT

249 Red Point Park Road
✆ +1 902 357 3075
www.tourismpei.com/fr/ipe-parcs
Ouvert de juin à octobre.

Le parc provincial Red Point constitue une halte idéale pour un pique-nique, une balade ou une baignade. La superbe plage de sable blanc (surveillée de fin juin à fin août) est bordée de conifères et de falaises de grès rouge, et le panorama est vraiment superbe. On peut prolonger ici le plaisir grâce au terrain de camping agréable en bordure de plage. Services sur place : sites avec ou sans services, buanderie, activités organisées pour les enfants de fin juin à fin août, etc.

TONY'S TUNA FISHING

249 Elmira Road - **NORTH LAKE**
✆ +1 902 357 2207
www.tonystunafishing.com
Mai à début octobre. Pêche au homard : 150 CAN $ par personne (max 4 pers.), au thon rouge : 1 300 CAN $ (1 à 6 pers.).

On vous offre ici la chance de partir en mer pour la pêche au homard (mai et juin) et de participer aux diverses manoeuvres. Mais le produit phare de l'entreprise est la pêche au thon rouge géant (fin juillet à début octobre), ces énormes bêtes de 450 kilos et plus qui font la réputation mondiale de l'île. Dans les deux cas, tout l'équipement est fourni ainsi que le lunch et breuvages. Vous pouvez également ajouter des options à vos forfaits, comme un dîner de homard ou la location d'un cottage. Possibilité de tours sur mesure.

EAST POINT ★

À l'extrémité la plus orientale de la province s'élève le phare d'East Point, l'un des plus vieux de l'île. L'ensemble composé par le phare et la falaise de grès rouge battue par les vents, sapée par les puissantes marées issues de la rencontre des eaux du golfe et du détroit, est particulièrement impressionnant, d'autant que l'on entend résonner dans les grottes les mugissements des phoques. Pour ceux qui ont envie de prendre le large, rendez-vous non loin à North Lake chez Tony's Tuna Fishing. Des excursions de pêche en mer pour le homard et le thon rouge sont proposées en saison. C'est d'ailleurs à North Lake que vous retrouverez plusieurs services.

ST. PETERS ★★

C'est à cet endroit qu'a été créé, en 1719, le tout premier établissement de l'île avec l'arrivée de deux marins normands dont le bateau s'était échoué dans les parages. Bien abrité dans une baie profonde, ce lieu fut nommé Havre Saint-Pierre et prospéra grâce à la pêche jusqu'à la déportation des Acadiens en 1755. De nos jours, on y vient pour ses plages sauvages protégées à Greenwich par la prolongation du parc national de l'Île-du-Prince-Édouard, ou encore pour son superbe club de golf Links at Crowbush Cove du côté de Morell, considéré comme un des meilleurs terrains du pays. Pour l'hébergement, plusieurs options s'offrent à vous à St. Peters Bay.

EAST POINT LIGHTHOUSE ★

404 Lighthouse Road
www.eastpointlighthouse.ca
Visite guidée du phare tous les jours de juin à septembre, de 10h à 18h. Adulte : 6,90 CAN $.

Construit par William MacDonald en 1866-67, il est le plus vieux phare de l'île, érigé juste avant que l'Île-du-Prince-Édouard ne rejoigne la Confédération canadienne en 1873. Il est de forme octogonale en bois et dut être déplacé en 1908, à l'emplacement actuel, en raison de l'érosion de la falaise. Des visites guidées y sont organisées quotidiennement lors de la belle saison. Juste à côté, dans l'ancienne maison de gardien de phare, une boutique vend toutes sortes d'articles d'art, d'artisanat et de souvenirs (poteries, bijoux, livres, produits gourmands, etc.).

THE LINKS AT CROWBUSH COVE

710 Lakeside Road West
✆ +1 800 235 8909
www.peisfinestgolf.com/crowbush
Ouvert de mai à octobre. Tarifs : 60 à 140 CAN $ selon la période, le nombre de trous et le moment de la journée.

Constamment classé parmi les meilleurs terrains de golf du pays, ce 18-trous (normale 72) est d'une grande beauté : allées ondoyantes, obstacles d'eau, fosses de sable creuses... Il est également possible de faire seulement le parcours de neuf trous. Des forfaits sont proposés pour ceux voulant combiner plus d'un terrain de golf membre de PEI's Finest Golf. À même le site se trouve un centre de villégiature 5 étoiles, le Rodd Crowbush Golf & Beach Resort.

St. Peters.

NOUVELLE-ÉCOSSE

Province à vocation maritime, on la prendrait facilement pour une île si l'on omettait son étroite langue de terre, l'isthme de Chignectou, qui la rattache au Nouveau-Brunswick. Vocation stratégique également, et ce tout au long de son histoire, comme en témoignent la forteresse française de Louisbourg ainsi que la citadelle anglaise et la base navale des Forces canadiennes, toutes deux à Halifax. C'est en Nouvelle-Écosse que naquit l'Acadie, dans la vallée d'Annapolis, avec l'établissement de la colonie française de Port-Royal en 1604. Un lieu historique national est d'ailleurs dédié à ce pan de l'histoire. On ne manquera pas non plus Halifax, ville portuaire très agréable, ou encore Lunenburg, dont la vieille ville est classée au patrimoine mondial de l'UNESCO. Mais le clou du spectacle est le parc national des Hautes-Terres-du-Cap-Breton et sa Cabot Trail, cette dernière étant une des plus belles routes panoramiques du pays.

Neguac
MIRAMICHI
8
Pointe-Sapin
NORTH CAPE
KOUCHIBOUGUAC
Alberton
Saint-Louis-de-Kent
Richibucto
WEST POINT
LENNOX ISLAND
Doaktown
BOUCTOUCHE
MALPEQUE
CAVEND
NORT
New Glasgow
NOUVEAU-BRUNSWICK
Saint-Paul
Saint-Antoine
SUMMERSIDE
MOUNT TRYON
Crapaud
CAP-PELÉ
CAPE JOURIMAIN
RICE POINT
Minto
Moncton
Dorchester
AULAC
HOPEWELL CAPE
Amherst
Sussex
SPRINGHILL
GLENVILLE
ALMA
CAP ENRAGÉ
HAMPTON STATION
KINGSTON
ADVOCATE HARBOUR
Parrsboro
FIVE ISLANDS
Truro
Allenville
SAINT JOHN
SOUTH MAITLAND
Lorneville
Stewiack
Wolfville
GRAND PRÉ
Sipekne'katik
Berwick
WINDSOR
ANNAPOLIS ROYAL
Canaan
HALIFAX
DIGBY
Bear River 6
PEGGYS COVE
Mahone Bay
BAIE SAINTE-MARIE
Bridgewater
LUNENBURG
Freeport
EAST KEMPTVILLE
Lake Doucette
Liverpool
Upper Ohio
PORT MOUTON
Yarmouth
PUBNICO
Lockeport
Clark's Harbour

La Vernière
St. Paul Island
St. Margaret Village
golfe du Saint-Laurent
Red River
Plateau
INGONISH BEACH
CHÉTICAMP
Skir Dhu
EAST POINT
ST. PETERS
RED POINT
SOURIS
Point Aconi
Wagmatcook
INVERNESS
GLACE BAY
SYDNEY
Baddeck
Sydney Forks
ABERDEEN
LOUISBOURG
JUDIQUE
PICTOU
ANTIGONISH
Mulgrave
New Glasgow
Guysborough
Canso
Whitehead
Liscomb Sanctuary
Sheet Harbour 36
Océan Atlantique Nord
Nouvelle-Écosse
50 KM

PAGES

523 ## ● ● HALIFAX ET SOUTH SHORE

La région d'Halifax est probablement la plus visitée de la province. Elle englobe également plusieurs municipalités dans les environs, dont Dartmouth, Bedford et Lower Sackville. Puis vient la région South Shore, tournée vers l'Atlantique et qui s'étend des frontières d'Halifax jusqu'à Shag Harbour, juste avant le pays acadien. Le long de son littoral, plus de 40 phares y ont été érigés pour guider les navires. Le fameux phare de Peggy's Cove et le village côtier de Lunenburg, site inscrit au patrimoine mondial de l'UNESCO, sont deux des attraits majeurs de cette région.

523 ### HALIFAX ★★★

Capitale néo-écossaise, Halifax mérite qu'on s'y attarde quelques jours. Les établissements hôteliers, restaurants, bars et attractions sont pratiquement tous installés dans le centre-ville et près du front de mer ; il est donc facile de parcourir Halifax à pied pour découvrir tous ses bons spots.

528 ### PEGGY'S COVE ★★★

529 ### LUNENBURG ★★★

Probablement une des plus belles petites villes de la Nouvelle-Écosse, flanquée de ses maisons colorées et de son ambiance maritime. Sa proximité avec Halifax en fait une super destination pour la journée, question de découvrir ce site du patrimoine mondial.

530 ### PORT MOUTON ★

531 ## ● ● CÔTES ACADIENNES ET YARMOUTH

Espace de rencontre entre la mer et la terre où cohabitent les cultures anglaise et acadienne. Désigné destination « Starlight - ciels acadiens et terres Mi'kmaq » par l'International Starlight Foundation, c'est un endroit idéal pour observer les étoiles et la Voie lactée. C'est dans cette région que se trouve également une partie de la Réserve de la biosphère de Southwest Nova de l'Unesco, ponctuée de routes panoramiques, de superbes paysages et de petits villages de pêcheurs. À noter qu'en août 2024, la région accueillera le Congrès mondial acadien.

531 ### PUBNICO ★

531 ### YARMOUTH ★★

532 ### EAST KEMPTVILLE ★

532 ### BAIE SAINTE-MARIE

533 ## ● ● BAIE DE FUNDY ET VALLÉE DE L'ANNAPOLIS

Bienvenue au pays des plus grandes marées au monde, lesquelles sculptent continuellement les falaises et creusent des grottes profondes qui caractérisent cette région. C'est également un haut lieu de l'agriculture et de la viticulture grâce à un sol riche et un climat favorable. Plusieurs lieux historiques nationaux et des sites désignés par l'UNESCO, dont une partie de la Réserve de la biosphère de Southwest Nova, sont répartis sur le territoire.

533 ### DIGBY

533

ANNAPOLIS ROYAL ★★

Fondée en 1605, la localité d'Annapolis Royal - appelée alors Port-Royal - est le premier établissement français permanent du Nouveau Monde. En plus du lieu historique national dédié à la cause, on recommande une visite des magnifiques jardins Historic Gardens.

534

GRAND-PRÉ ★

Désormais site du patrimoine mondial de l'UNESCO, l'histoire de Grand-Pré est intimement liée à celle de la déportation des Acadiens. Un lieu historique national dévoile d'ailleurs ce tragique pan de l'histoire du pays par le biais d'une visite guidée du site.

537

●● DÉTROIT DE NORTHUMBERLAND

Cette région est située sous l'Île-du-Prince-Édouard et le détroit de Northumberland (ferry entre Caribou et Wood Islands). D'Amherst au détroit de Canso, par lequel on accède à l'île du Cap-Breton, la route touristique Sunrise Trail longe la côte du Northumberland et ses larges plages de sable baignées d'eaux calmes réchauffées par le Gulf Stream. Elle traverse une série de villages de pêcheurs où s'alignent des maisons et des églises de bois peintes en blanc. Toute la côte est imprégnée de culture écossaise : musique, kilts, rassemblements de clans. Les Écossais sont venus s'installer principalement dans cette région à la fin du XVIIIe siècle.

© RUSS HEINL - SHUTTERSTOCK.COM

Lunenburg.

●● ÎLE DU CAP-BRETON

L'île du Cap-Breton est habitée par deux communautés historiques, celle importante des Écossais de culture gaélique et celle des Acadiens francophones. Elle présente une grande diversité de paysages : vastes espaces balayés par les vents, mer en bataille, côtes déchiquetées et falaises abruptes, intérieur vallonné, immense lac central du Bras d'Or. Mais surtout, elle abrite dans sa péninsule septentrionale un des joyaux de la province : le parc national des Hautes-Terres, que traverse la célèbre Cabot Trail. On y accède par la Ceilidh Trail, qui longe la côte occidentale.

Bastion acadien de la côte ouest du Cap-Breton, Chéticamp sert de « camp de base » à de nombreux voyageurs désirant explorer le parc national des Hautes-Terres-du-Cap-Breton. Situé le long de la Cabot Trail, le village abrite de belles options pour passer la nuit et casser la croûte, sans oublier les croisières d'observation des baleines.

Louisbourg abrite la plus vaste reconstitution historique du continent nord-américain, le lieu historique national de la Forteresse-de-Louisbourg. On y fait un véritable voyage dans le temps, surtout en été alors que l'ancienne ville coloniale prend vie avec ses personnages costumés.

HALIFAX ★★★

Charmante ville portuaire, Halifax est le plus grand centre urbain, culturel et économique des provinces de l'Atlantique. Une atmosphère décontractée et joyeuse règne dans ses nombreux pubs et dans ses rues bordées de vieilles maisons georgiennes. Le port d'Halifax donne l'occasion d'admirer des navires en tous genres, dont ceux de la Marine canadienne qui constituent la plus grande base navale militaire du pays. C'est également un port de pêche d'importance, parmi les plus grands au monde, et une ville étudiante dynamique avec six universités réparties dans différents quartiers, dont l'Université Sainte-Anne, seule université francophone de la ville.

Transports

Halifax est desservie par un aéroport international (Halifax Stanfield), lequel relie la capitale néo-écossaise à d'autres villes canadiennes et américaines, le Sud et l'Europe. Pour rejoindre le centre-ville, il faut prendre un taxi, Uber, la ligne de bus Regional Express 320 ou la navette Airport Shuttle (saisonnier). Huit compagnies de location de voitures ont également un comptoir à l'aéroport. La compagnie de bus interurbains Maritime Bus dessert Halifax et permet de se rendre ailleurs dans la province, au Nouveau-Brunswick et à l'Île-du-Prince-Édouard, sans oublier VIA Rail qui dessert la ville avec le train Océan. Dans la ville même et ses environs, Halifax Transit prend le relais et propose des dizaines de lignes de bus et deux ferries. Des trottinettes en libre-service sont aussi disponibles en été (HFX E-Scooters).

ART GALLERY OF NOVA SCOTIA ★★

1723 Hollis Street
✆ +1 902 424 5280
www.artgalleryofnovascotia.ca
Mardi-dimanche, 10h-17h (21h le jeudi). Adulte : 12 CAN $. Entrée libre le jeudi dès 17h. Boutique sur place.

Ouverte depuis plus d'un siècle, cette galerie d'art est la plus importante des provinces de l'Atlantique avec une collection permanente de plus de 18 000 œuvres d'art visuel historiques et contemporaines. Les artistes de la Nouvelle-Écosse y occupent évidemment une place de choix, notamment la peintre d'art folklorique Maud Lewis (1901-1970). Notez qu'une deuxième galerie se trouve à Yarmouth, présentant des expositions différentes de celle d'Halifax.

MARITIME MUSEUM OF THE ATLANTIC ★

1675 Lower Water Street
✆ +1 902 424 7490
maritimemuseum.novascotia.ca
Ouvert tous les jours (fermé le lundi de novembre à fin avril). Adulte : 5,15 à 9,55 CAN $.

Il réunit des bateaux de toutes tailles, de la maquette aux modèles grandeur nature, et présente des expositions sur l'histoire maritime de la province : âge d'or de la marine à voile, époque des navires à vapeur… Le naufrage du *Titanic*, dont 156 victimes sont enterrées dans les différents cimetières d'Halifax, ainsi que l'explosion du bâtiment français le *Mont-Blanc*, chargé de 2 500 tonnes d'explosifs destinés au front, sont évidemment des sujets longuement traités.

NOUVELLE-ÉCOSSE

Lieu Historique National de la Citadelle-d'Halifax.

LIEU HISTORIQUE NATIONAL DE LA CITADELLE-D'HALIFAX ★★

5425 Sackville Street ✆ +1 902 426 5080

www.pc.gc.ca/citadellehalifax

Site ouvert à l'année. Programmation de juin à septembre. Adulte : 8,50 à 12,50 CAN $, 17 ans et moins : gratuit.

C'est la quatrième fortification bastionnée érigée sur ce site par les Anglais depuis 1749, en vue de se protéger d'éventuelles attaques françaises et américaines. On y propose la reconstitution de scènes militaires d'époque du 78e régiment des Highlanders et de la 3e brigade de l'Artillerie royale, ce qui rend la visite interactive et fort ludique. Le passé d'Halifax et l'histoire militaire de la citadelle sont retracés dans les salles d'exposition, notamment l'histoire des quatre citadelles, de la première en bois construite par Edward Cornwallis et des colons britanniques (détruite par les intempéries et la négligence d'entretien) à la citadelle de pierre actuelle en forme d'étoile conçue par le colonel Gustavus Nicolls des Royal Engineers (à noter que si la construction a débuté en 1828, des erreurs de conception ont retardé l'achèvement des travaux jusqu'en 1856). Fait cocasse : les quatre citadelles n'ont finalement jamais été attaquées... Différentes visites y sont proposées : visite auto-guidée, visite guidée avec interprète en costume, visite hantée à la chandelle, visite spéciale avec dégustation de spiritueux, etc.

On remarquera aussi sur le site la vieille tour de l'horloge, emblème de la ville, dont la construction remonte à 1803 et servait à assurer la ponctualité des soldats. Elle fut presque entièrement reconstruite par Parcs Canada au début des années 1960, mais son mécanisme d'horlogerie est cependant le même qu'autrefois.

MUSÉE CANADIEN DE L'IMMIGRATION DU QUAI 21 ★

1055 Marginal Road ✆ +1 902 425 7770

www.quai21.ca

Ouvert tous les jours de mai à octobre, du mercredi au dimanche le reste de l'année. Adulte : 15,50 CAN $.

C'est par ce bâtiment que sont entrés au Canada, entre 1928 et 1971, plus d'un million d'immigrants, pour la plupart venus d'Europe. Quai 21 a recueilli de nombreux témoignages d'immigrants qui sont arrivés au Canada par ce bureau d'immigration. Leurs paroles sont merveilleusement conservées et commentées. Ce musée rend compte des conditions qui ont conduit à leur départ et ce qu'ils ont ressenti quand ils sont arrivés au Canada. Quai 21 est un lieu chargé d'émotion.

QUEEN'S MARQUE DISTRICT

1701 Hollis Street

queensmarque.com

Nouveau secteur du *waterfront* (front de mer), c'est la destination tendance du moment. Des cafés, des restaurants, des boutiques, des bars, le tout nouveau hôtel Muir et même un centre de santé spa ont y emménagé leurs pénates. On y retrouve également de l'art public signé par des artistes de renom tels qu'Edoardo Tresoldi et John Greer. Des événements en tous genres sont également présentés ici. À ne pas manquer : le Tidal Beacon, une tour qui s'illumine et réagit aux marées (les heures des marées sont disponibles sur le site web).

DISCOVER HALIFAX

✆ +1 902 422 9334

discoverhalifaxns.com

Le site web de l'office de tourisme regorge d'informations utiles pour explorer Halifax comme un local. Tous les sujets sont ici explorés, le tout bonifié d'un blogue contenant des articles fort intéressants pour planifier son séjour. On peut aussi consulter ou télécharger le guide annuel des visiteurs à même le site web. À noter qu'un centre d'information aux visiteurs est situé sur le Halifax Waterfront, près du Queen's Marquee. Un centre dédié à la Nouvelle-Écosse se trouve aussi dans le secteur, près du musée du Quai 21.

ANCHOR TOURS

✆ +1 902 324 0038

www.anchortours.ca

Tarifs variables selon le tour choisi. Réservation impérative.

Anchor Tours propose différentes visites guidées à partir d'Halifax (départ à 9h, retour vers 16h-16h30). On peut ainsi partir à la découverte de Peggy's Cove et de Lunenburg, deux destinations dans les environs à voir absolument et qui peuvent en plus inclure Mahone Bay et Oak Island. On peut aussi pousser plus loin, jusqu'à Annapolis Royal et la baie de Fundy, toujours au départ d'Halifax. Des envies particulières ? Des tours sur mesure sont également proposés. À noter qu'un service de navette est offert entre votre hôtel et le point de départ du tour.

TASTE HALIFAX

✆ +1 902 446 9463

www.halifaxfoodtours.com

Tarifs variables selon le tour choisi. Réservation impérative.

Rien de tel pour découvrir une destination que de la savourer ! C'est ce que propose Taste Halifax avec ses visites gourmandes hyper tentantes. Le Eat Halifax Tour offre une virée dans cinq établissements, incluant un arrêt à Signal Hill et une visite du quartier historique Hydrostone (une autre visite gourmande est proposée à Peggy's Cove). Si vous êtes plutôt du type buveur, deux visites sont pour vous : le Beer Bus qui inclut trois microbrasseries et une cidrerie, et les Wine Tours offerts en partenariat avec Grape Escapes pour découvrir certains vignobles.

MUIR HALIFAX €€€

1709 Lower Water Street

✆ +1 902 407 6847

muirhotel.com

Occupation double : à partir de 409 CAN $. Promotions et forfaits disponibles.

Érigé dans le nouveau secteur du Queen's Marque, le Muir Halifax est membre de la chaîne hôtelière Marriott. Tout ici reflète le luxe et le design, jusqu'aux chambres et suites dont le décor est signé par la firme canadienne Studio Munge. L'hôtel héberge aussi l'excellent restaurant Drift qui propose une cuisine aux saveurs de la côte Est et de l'Atlantique. Pour se dorloter, un centre de santé spa propose divers soins et une expérience thermale. Autres services sur place : galerie d'art, excursions nautiques, prêt de kayak et vélo, etc. Une adresse au top !

HALIFAX BACKPACKERS €

2193 Gottingen Street

✆ +1 902 431 3170

www.halifaxbackpackers.com

Chambre partagée : à partir de 35 CAN $, privée : à partir de 90 CAN $.

Située dans le quartier North End, cette auberge de jeunesse propose des chambres partagées de 4, 6 ou 8 lits (dortoirs mixtes) ainsi que des chambres privées pouvant accueillir 2 ou 3 personnes. Comme toute auberge de ce genre, les services offerts sur place sont nombreux : cuisine équipée, aires communes, buanderie, café-bar sympa avec terrasse, etc. En été, l'auberge organise des barbecues sur la terrasse, alors qu'hors saison, des soirées sont proposées au café-bar. Une chouette adresse pour rencontrer des gens du monde entier !

BREWERY PARK €€

2853 & 2857 Agricola Street

brewerypark.ca

Occupation double : à partir de 189 CAN $. Réservation impérative.

Pour ceux qui ont envie de sentir comme à la maison ou encore qui prévoient de passer plusieurs jours à Halifax, les appartements de Brewery Park sont le must. Nec plus ultra en la matière, chaque appartement est différent et ô combien joli, mariant à merveille le look contemporain au cachet historique des lieux. On retrouve aussi un café-terrasse sur place, le Sidekick Cafe, et il est même possible de se faire livrer son café et ses viennoiseries directement à l'appartement. Bref, un établissement hôtelier qui vaut le détour et qui ne vous ruinera pas !

THE PEBBLE €€

1839 Armview Terrace

✆ +1 902 423 3369

thepebble.ca

Occupation double : à partir de 275 CAN $, petit déjeuner et stationnement inclus.

Elizabeth vous accueille dans son superbe Bed & Breakfast situé à l'écart du brouhaha du centre-ville, avec une vue imprenable sur les eaux du Northwest Arm. Trois magnifiques suites sont à la disposition des hôtes, chacune décorée avec beaucoup de goût et dotée d'un confort exceptionnel. En plus du petit déjeuner gourmand préparé chaque matin, du thé et des scones sont servis gratuitement le jour de l'arrivée. À cela s'ajoute une belle terrasse dans les jardins pour profiter de la vue. À noter qu'un minimum de deux nuits est exigé de juin à octobre.

BUTA RAMEN €

5190 Morris Street

✆ +1 902 422 0245

butaramen.ca

Ouvert tous les jours de 10h30 à 21h30. Carte : moins de 20 CAN $.

Fins amateurs de *ramen* ? Courez-y ! Vous ne connaissez pas ? Eh bien voici une occasion en or de tester cette spécialité gastronomique asiatique. Les *ramen* sont excellents, le personnel adorable, la décoration chaleureuse avec ses murs de brique et son mobilier en bois. L'endroit n'étant pas très grand et fort couru, on recommande de réserver sa place les soirs de week-end. À noter que Buta Ramen tient une autre succursale dans le centre commercial Sunnyside Mall à Bedford. Une adresse à découvrir pour un bon repas sur le pouce !

BAR KISMET €€

2733 Agricola Street
✆ +1 902 487 4319
barkismet.com
Ouvert du mardi au dimanche dès 17h. Carte : 5 à 30 CAN $ le plat. Terrasse.

Nommée parmi les 100 meilleurs restaurants du pays selon Canada's 100 Best, cette adresse gourmande fait office de bar et de restaurant. La carte met sans surprise en valeur les produits de la mer, mais aussi les viandes et les plats végétariens, sous forme de petites assiettes à partager ou non. Le tout est épaulé d'une superbe carte des vins ainsi que des cocktails, des cidres, des seltzers et une très belle sélection de bières artisanales. Mention à la déco, avec son joli bar en bois foncé, ses nombreuses plantes et sa cour intérieure.

BLACK SHEEP €€

1496 Lower Water Street ✆ +1 902 429 6491
blacksheephalifax.com
Ouvert en semaine dès 10h (fermé le mardi), 9h le week-end. Carte : 10 à 65 CAN $. Terrasse avec bar.

Dorénavant situé dans le complexe qui héberge la brasserie Alexander Keith, ce restaurant concocte une savoureuse cuisine qui s'inspire tant des saveurs du monde que de celles des Maritimes. Dans l'assiette, on a entre autres au programme : du poulpe fumé, un tartare de bœuf, des huîtres, des raviolis au homard, de la morue de Fogo Island ou encore un steak-frites. En journée, des plats comme la poutine de canard, le burger aux champignons et fromage suisse et les œufs Bénédicte s'ajoutent à la carte. L'endroit est aussi fort réputé pour ses cocktails.

DRIFT €€

1709 Lower Water Street
✆ +1 902 407 6042
www.drifthalifax.com
Ouvert tous les jours du matin au soir. Brunch le week-end. Carte : 10 à 60 CAN $. Terrasse lounge.

Grand finaliste d'enRoute pour les meilleurs nouveaux restos canadiens, Drift est le restaurant de l'hôtel Muir Halifax. Sous la gouverne du chef Anthony Walsh, cette adresse gourmande assez huppée fait la belle part aux poissons et fruits de mer de l'Atlantique, notamment le homard de la Nouvelle-Écosse, mais aussi aux produits artisanaux d'autres provinces canadiennes, comme le foie gras du Québec. Le brunch du week-end est un must, tout comme le menu à prix doux pour le lunch qui permet de faire de belles économies. Mention à la carte des cocktails et des vins.

EDNA €€

2053 Gottingen Street
✆ +1 902 429 2550
www.ednarestaurant.com
Ouvert le midi en semaine (sauf lundi) et le soir du mardi au dimanche. Carte : 10 à 50 CAN $.

Cette table gourmande est une adresse branchée inspirée de la vie et de la poésie d'Edna St. Vincent Millay. Au menu de ce sympathique bistro de quartier, une cuisine du marché qui suit les saisons et les arrivages de produits locaux. Poissons, fruits de mer, viandes et légumes sont à l'honneur, allant de l'omble chevalier de l'Arctique à la poitrine de canard, en passant par le steak de faux-filet de l'Île-du-Prince-Édouard et les joues de flétan frites. Un secret bien gardé d'Halifax, surtout fréquenté par les gens du coin.

THE FIVE FISHERMEN RESTAURANT & GRILL €€€

1740 Argyle Street
✆ +1 902 422 4421
www.fivefishermen.com
Ouvert tous les jours de 17h à 22h. Carte : 10 à 70 CAN $. Terrasse.

Ultra connu, Five Fishermen est un restaurant spécialisé dans les fruits de mer et les grillades, situé dans un bâtiment plus que centenaire. Récemment rénové, on y savoure la bisque de homard, les huîtres locales, le tartare de steak fumé, le filet mignon, le cassoulet de confit de canard, l'omble chevalier de l'Arctique ou encore la généreuse assiette de la mer. Grande cave à vin incluant une sélection de cépages de la province, et belle carte de scotchs et single malts.

BATTERY PARK BEER BAR & EATERY

62 Ochterloney Street - **DARTMOUTH**
✆ +1 902 446 2337
www.batterypark.ca
Ouvert tous les jours dès 11h30 (fermé le mardi). Terrasse.

Les bières de la côte Est volent ici la vedette, dans ce chouette bar du centre-ville de Dartmouth. Vingt lignes de fût sont en rotation selon les arrivages. Pour les petits comme les grands appétits, l'ardoise affiche des snacks, des salades et, surtout, une savoureuse sélection de burgers. À noter que la microbrasserie North Brewing d'Halifax y tient une petite boutique qui vend ses bières maison en format cruchon. Restaurant du groupe à découvrir : The Brooklyn Warehouse à Halifax.

ECONOMY SHOE SHOP

1663 Argyle Street
✆ +1 902 404 8934
economyshoeshop.ca
Dimanche-jeudi, 12h-minuit ; vendredi-samedi, 12h-3h. Terrasses.

Economy Shoe Shop est un grand classique d'Halifax depuis plus de 25 ans ! À la fois bar, restaurant et salle de spectacles, au nom des plus farfelus avec l'enseigne néon d'époque qui va de pair, il attire les jeunes branchés de la ville et les visiteurs de passage. L'intérieur est un véritable labyrinthe avec des salles et bars distincts, tous connectés. L'ambiance est fort sympathique et donne envie d'y revenir. La salle The Basement accueille une programmation de spectacles musicaux, d'humour, d'improvisation et tutti quanti.

GOOD ROBOT BREWING

2736 Robie Street
✆ +1 902 446 1692
www.goodrobotbrewing.ca
Horaires variables selon la saison. Brunch le week-end de 10h à 14h. Terrasse.

Trois amis sont derrière ce chouette projet de microbrasserie qui a ouvert ses portes en 2015. On y retrouve des bières de tous les styles ou presque, lesquelles sont disponibles en rotation aux pompes du salon de dégustation. Good Robot fait également du cidre, des seltzers et des boissons sans alcool. On adore la déco intérieure mais surtout, son éclairage LED assez particulier sur les murs extérieurs de la bâtisse. La boutique, ouverte les mêmes jours, vend leurs bières en format cruchon ainsi que des souvenirs à l'effigie de la microbrasserie.

OBLADEE WINE BAR

1600 Barrington Street
✆ +1 902 405 4505
obladee.ca
Ouvert du mardi au dimanche dès 16h.

Situé au cœur du centre-ville, ce charmant petit espace est clairement la meilleure adresse en ville pour savourer un bon cépage. La carte des vins est bien fournie, dont une sélection non négligeable de vins au verre, incluant des vins nature, biologiques, biodynamiques et cultivés de manière durable (des forfaits de dégustation sont d'ailleurs offerts aux groupes de 4 personnes et plus). Les chefs Josh McCarty et Roberto Manazza s'occupent de l'accord gourmand avec une ardoise comprenant des huîtres, des plats à partager, des charcuteries et des fromages.

STILLWELL BEER BAR

1672 Barrington Street
✆ +1 902 421 1672
www.barstillwell.com
Ouvert tous les jours dès 16h, midi le vendredi et le samedi.

Un gros coup de cœur pour ce bar à bières artisanales ! Déjà on adore la déco réalisée par Breakhouse qui met en valeur le bois et les matériaux bruts. La carte des bières est un hymne aux saveurs, avec des cuvées provenant tant de la région que du reste du pays, mais aussi de la maison, Stilwell possédant sa propre microbrasserie (une Pilsner, une Kölsh et une Bitter sont produites ici). Les proprios tiennent également une petite adresse gourmande en ville, The Freehouse, ainsi qu'un *beer garden* près de Victoria Park en saison.

TWO IF BY SEA CAFE

66 Ochterloney Street
DARTMOUTH
✆ +1 902 469 0721
www.twoifbysea.cafe
Ouvert tous les jours de 8h à 15h. Coin terrasse.

Surnommé TIBS par les gens du coin, ce café tient sa grande réputation de ses « croissants de la semaine ». Leur particularité : ils sont garnis à l'intérieur, ce qui les rend particulièrement gourmands. Un exemple parmi tant d'autres : le carrot cake avec carottes épicées et fromage à la crème, le tout coiffé d'un glaçage à la cannelle garni de noix de pécan. Un délice ! Scones, muffins, biscuits et autres gâteries sont aussi en vente. Il faut également essayer leur café, d'autant plus que l'endroit fait affaire avec son voisin, le torréfacteur Anchored Coffee.

HALIFAX SEAPORT FARMERS' MARKET

961 Marginal Road
✆ +1 902 492 4043
www.halifaxfarmersmarket.com
Samedi, 8h-14h ; dimanche, 10h-14h.

Le marché fermier d'Halifax est l'endroit idéal pour découvrir les produits de la région et faire le plein de victuailles. Maraîchers, boulangers, poissonniers et autres producteurs gourmands s'y donnent rendez-vous chaque week-end. On y retrouve également des kiosques variés allant de l'artisanat aux bijouteries, en passant par les fleuristes et les créateurs de vêtements et accessoires. À noter que le stationnement est gratuit sur place les jours de marché.

HISTORIC PROPERTIES

1869 Upper Water Street
✆ +1 902 422 4424
www.historicproperties.ca
Horaires variables selon les commerces (voir site web pour les horaires de chacun).

Sur le bord de l'eau, le vieux quartier des entrepôts a été rénové et réservé aux piétons. Des bâtiments de brique datant du XIXe siècle abritent toutes sortes de boutiques où il fait bon flâner (galerie d'art, artisanat, bijoux, fleurs et cadeaux, prêt-à-porter, etc.). Quant à la promenade de planches qui longe le port, elle est animée d'adresses gourmandes telles que le glacier Cow's, la chocolaterie Cacao 70, le pub Lower Deck ou encore le restaurant de fruits de mer Pickford & Black. Des événements en tous genres s'y tiennent également au fil des saisons.

2037 GOTTINGEN

2037 Gottingen Street
✆ +1 902 233 1694
2037gottingen.ca
Voir site web pour les horaires complets selon le lieu.

Le 2037 Gottingen, c'est en fait trois établissements sous un même toit. Premièrement The Marquee, une des salles de spectacles les plus réputées des Maritimes. Artistes de l'Atlantique, du reste du pays et d'ailleurs dans le monde se donnent ici rendez-vous. Puis viennent le Seahorse Tavern, autre salle de spectacles qui fait la renommée du nightlife de la ville, et The Local Restaurant & Bar, lequel comprend un atrium, une table de billard, une terrasse, un menu gourmand en formule « pop up » et une programmation d'événements.

BEARLY'S HOUSE OF BLUES & RIBS

1269 Barrington Street
✆ +1 902 423 2526
www.bearlys.ca
Ouvert du lundi au samedi dès 11h, 14h le dimanche. Terrasse.

Les amoureux du blues ont leur temple à Halifax ! Assistez à l'un des excellents spectacles gratuits tout en sirotant une bonne bière locale. Il y a toujours quelque chose à l'affiche, chaque jour de la semaine (programmation disponibles en ligne et sur Facebook). Si vous aimez le karaoké, venez faire votre tour le mercredi soir à partir de 22h. Un menu de type pub est aussi offert, sans oublier les délicieuses grillades au barbecue qui font la réputation de la maison.

PEGGY'S COVE ★★★

Ce petit village compte une trentaine de résidents permanents. Mais chaque année, il attire des milliers de visiteurs. Jusqu'en 2009, on pouvait envoyer des cartes postales depuis l'unique bureau de poste au monde se trouvant dans un phare. D'ailleurs, ce phare est sans conteste le plus photographié au pays. S'il est aussi connu de par le monde, c'est entre autres en raison d'un triste événement. Le 2 septembre 1998, le vol 111 de la Swissair qui effectuait la liaison entre New York et Genève s'est abîmé au large de Peggy's Cove, tuant 215 passagers et 14 membres d'équipage. Les images du phare et du village ont alors fait le tour du monde.

PEGGY'S POINT LIGHTHOUSE ★★

185 Peggys Point Road
Le phare est fermé au public. Accès gratuit au site.

Emblème de ce minuscule village côtier, ce phare, aussi appelé Peggy's Cove Lighthouse, est le plus connu des provinces de l'Atlantique et est parmi les plus reconnaissables au monde. Le premier phare, en bois et construit en 1868, fut ravagé par les flammes. Il fut remplacé en 1914 par l'actuel phare octogonal et est sous la responsabilité de la Garde côtière canadienne. Il ne se visite pas mais sa nouvelle plateforme d'observation offre un panorama romantique sur la mer, et des milliers de touristes viennent chaque année le photographier et l'admirer.

OCEANSTONE SEASIDE RESORT €€

8650 Peggy's Cove Road - **INDIAN HARBOUR**
✆ +1 902 823 2160
oceanstoneresort.com
Tarifs variables selon le type d'hébergement choisi. Petit déjeuner buffet inclus. Promotions et forfaits disponibles.

Un très beau resort en bord de mer, à un jet de pierre de Peggy's Cove. L'hébergement est offert en chambre standard, en suite (avec kitchenette ou cuisine complète) ainsi qu'en chalet entièrement équipé (gros coup de cœur). Le resort compte également plusieurs options gourmandes, dont son restaurant Rhubarb, sans oublier son incroyable centre de santé spa doublé d'une station thermale à la fine pointe. Bonus : on bénéficie ici d'un accès direct à la plage.

LUNENBURG ★★★

Port de pêche très actif aux maisons d'époque et bâtiments colorés rappelant l'architecture du Vieux Continent. Lunenburg a d'ailleurs été classé au patrimoine mondial de l'UNESCO en raison de son architecture. Ses chantiers navals ont vu naître de nombreuses goélettes qui partaient pêcher sur les bancs de morue, comme le célèbre *Bluenose* (lancé en 1921) qui remporta à plusieurs reprises le Trophée international des pêcheurs, et sa copie conforme, le *Bluenose II* (1963). Ce port, qui fut dans le passé un repaire de pirates, doit son nom à la ville allemande de Lünenburg, près de Hambourg, d'où ses premiers colons protestants arrivèrent au XVIIIe siècle.

B2 LOFTS €€

160 Montague Street
✆ +1 902 449 8990
b2lofts.ca

Réservation et tarifs sur Airbnb. Un minimum de deux nuits est exigé.

Si une excursion d'une journée est possible depuis Halifax, la coquette localité de Lunenberg donne envie d'y prendre racine. Et pour se sentir comme chez soi, les nouveaux lofts de B2 sont une pure merveille. Au nombre de six, leur design est signé par la firme néo-écossaise MacKay-Lyons Sweetapple Architects. De l'appartement de style studio à l'unité familiale sur deux étages, on trouve ici chaussure à son pied. À noter que les propriétaires ont également une ferme au look résolument moderne dans les environs, laquelle est offerte en location.

FISHERIES MUSEUM OF THE ATLANTIC ★

68 Bluenose Drive ✆ +1 902 634 4794
fisheriesmuseum.novascotia.ca

Fin mai à fin octobre : tous les jours de 9h30 à 17h. Adulte : 10 CAN $. Boutique de souvenirs sur place.

Ce musée vous plongera dans la vie maritime de cette région de la côte Atlantique. La contrebande du rhum, la pêche, les terribles tempêtes d'août et les baleines, sont quelques exemples des sujets traités par le biais d'expositions et d'expériences interactives. Plusieurs bateaux à quai peuvent être visités, avec initiation aux manœuvres pour les plus curieux. En prime, d'anciens pêcheurs et capitaines, ainsi que des guides du patrimoine, vous raconteront leur coin de pays !

THE SOUTH SHORE FISH SHACK €

108 Montague Street ✆ +1 902 634 3232
www.southshorefishshack.com

Ouvert de fin avril ou début mai à fin octobre (horaires variables). Carte : moins de 30 CAN $. Terrasse.

Une atmosphère de vacances plane ici : une jolie cabane de bois dans le secteur historique, avec une terrasse offrant une belle vue sur le port. Le restaurant se présente sous forme de comptoir de vente pour emporter et met en vedette les produits de la mer avec des plats incontournables comme le fish & chips, le homard entier, la chaudrée d'églefin, etc. Les proprios tiennent d'autres restos en ville : Salt Shaker Deli, The Beach Pea Kitchen & Bar, The Half Shell Oyster Bar.

BLUENOSE II

121 Bluenose Drive
✆ +1 902 640 3177
bluenose.novascotia.ca

Voir site web pour les horaires à quai et des croisières. Adulte : 95 CAN $. Durée : 2 heures. Réservation recommandée.

Réplique de la goélette de pêche canadienne et championne de course *Bluenose* (1921-1946), l'ancien *Bluenose II* (1963-2010) fut financé par la brasserie Oland d'Halifax afin de faire la promotion de leur bière Schooner, avant d'être cédé au gouvernement provincial en 1971. Attraction touristique et emblème de la Nouvelle-Écosse depuis des décennies, c'est dorénavant un nouveau *Bluenose II* (2012) qui vous accueille à bord pour une croisière mémorable en mer. À savoir que les croisières sont offertes à partir de Lunenburg et d'Halifax.

LINCOLN STREET FOOD €€

200 Lincoln Street
✆ +1 902 640 3002
lincolnstreetfood.ca

Ouvert le soir dès 17h, de fin avril à mi-décembre (horaires variables). Menu 5 plats : 50 CAN $.

Un secret bien gardé que cette adresse gourmande du chef-propriétaire Paolo Colbertaldo. La cuisine du marché est à l'honneur, selon les saisons et les arrivages, avec un menu qui se renouvelle constamment. La formule consiste en un menu à prix fixe de cinq savoureux plats, à accompagner d'un de leurs vins naturels figurant à l'ardoise. En décembre, un menu spécial est proposé, lequel inclut douze plats. On peut choisir le nombre de plats désirés (pas de prix fixe), l'idéal pour partager avec sa tablée. Une très belle expérience gustative !

IRONWORKS DISTILLERY

2 Kempt Street
+1 902 640 2424
www.ironworksdistillery.com
Ouvert tous les jours de 10h à 17h. Visite guidée de juin au 23 décembre : 20 CAN $ par personne.

La distillerie Ironworks cumule les podiums depuis quelques années, notamment en 2015 au *New York World Wine & Spirits Competition*, ou encore en 2014 au *World Rum & Brandy Competition* à Londres. Et pour cause ! Ses alcools sont issus d'un savoir-faire artisanal, produits en petite quantité et à partir d'ingrédients naturels dont ceux de la vallée de l'Annapolis. Rhum, vodka, eaux-de-vie, brandy de pomme, liqueur de canneberge ou de bleuet, pour ne nommer que ceux-ci, sont disponibles sur place à la boutique, dégustations incluses.

PLEASANT PADDLING

245 The Point Road +1 902 541 9233
pleasantpaddling.com
Ouvert de mai à fin septembre. Tours à partir de 65 CAN $. Location d'embarcations également offerte.

Située à quelques kilomètres à peine de Lunenburg, l'entreprise Pleasant Paddling vous propose de prendre le large dans le superbe décor de la région du South Shore. Les plus autonomes peuvent y louer des kayaks de mer et des planches à pagaie, alors que les débutants ont le choix entre différents cours (demi-journée, journée, deux jours). Envie d'une formule tout inclus ? Plusieurs excursions guidées en kayak de mer sont au programme chaque année, de quelques heures à quelques jours (rencontre avec les phoques, coucher de soleil, balade entre les îles, etc.).

PORT MOUTON ★

Port Mouton (prononcez « Port Ma-toon ») est un petit village de pêcheurs situé le long de la route 103, à environ 150 km au sud-ouest d'Halifax. C'est ici - ou plutôt à Port Joli situé à un jet de pierre - qu'on accède au secteur bord de mer du parc national Kejimkujik, l'autre partie du parc se trouvant au nord dans les terres (accès via la route 8 depuis Liverpool). En plus d'un accès privilégié à la mer (mention à la plage Carters), la région héberge plusieurs autres sites naturels, comme les parcs provinciaux Summerville Beach et Thomas Raddall. Pour profiter pleinement des lieux, un séjour au resort The Quarterdeck est chaudement recommandé.

PARC NATIONAL KEJIMKUJIK - SECTEUR BORD DE MER ★

1188 St. Catherines River Road - **PORT JOLI**
+1 902 682 2772
www.pc.gc.ca/kejimkujik
Ouvert toute l'année (horaires variables). Adulte : 6,25 CAN $, 17 ans et moins : gratuit.

À Kejimkujik - secteur Bord de mer, caps, îles et baies se laissent admirer, alors qu'on se laisse bercer au son des vagues et qu'on emplit ses poumons d'air salin. On peut y apercevoir des phoques se prélassant au soleil sur les îlots côtiers, un site de nidification du pluvier siffleur (une espèce en péril), des nuées d'eiders à duvet et d'autres oiseaux de mer.

Quant au parc national et lieu historique national de Kejimkujik, il occupe, en plein cœur de la Nouvelle-Écosse, une région de lacs, à l'atmosphère étrange et envoûtante, qui couvre un territoire boisé de 381 km². Les tribus Micmacs, qui autrefois le peuplaient, y avaient établi leur camp de chasse et de pêche, en raison des rivières tranquilles et poissonneuses qui le sillonnent. Ici, l'asphalte n'a pas droit de cité. Seuls les sentiers de randonnée et les circuits de canotage permettent de découvrir cette région, connue pour la variété de sa faune : cerf de Virginie, orignal, huard, pluvier siffleur. Les novices pourront s'initier au canot soit sur la rivière Mersey, soit sur le lac Kejimkujik ; les autres loueront un vélo, ou profiteront de la belle plage de Merrymakedge pour se baigner. En hiver, le parc reçoit les skieurs de fond et les adeptes de la raquette.

Côté hébergement, il n'y a pas de possibilité de passer la nuit dans le secteur Bord de mer. Quant à l'autre partie du parc, camping (terrains et arrière-pays), prêt-à-camper, yourtes et chalets rustiques sont en location.

THE QUARTERDECK RESORT €€

7499 Lighthouse Route 3 +1 902 683 2998
www.quarterdeck.ca
Tarifs variables selon le type d'hébergement choisi.

Pour de superbes vacances en bord de mer, ce resort est une destination de choix ! L'hébergement offert est varié, allant de la chambre standard à l'appartement de trois chambres, en passant par les lofts et les villas de plage (ces dernières sont plutôt des appartements). Le resort héberge également un restaurant, The Grill, ainsi qu'un centre de divertissement dans lequel on retrouve une piscine, une salle de fitness, un sauna, un petit cinéma de 18 places et un lounge avec des jeux. Une belle adresse pour se la couler douce !

PUBNICO ★

Fondée en 1653 par Philippe Mius d'Entremont, Pubnico est la plus ancienne communauté acadienne de la province. Elle vit principalement de la pêche, notamment à Pubnico-Ouest où se trouvent plusieurs compagnies de transformation du poisson. Pour découvrir la Nouvelle-Écosse acadienne, une visite au Village historique acadien s'impose. Quant au nom de la localité, il viendrait du mot *Pogomkook* en Mi'kmaq signifiant « lieu où on peut aller pêcher des anguilles en hiver au port en découpant des trous dans la glace ». Les Français l'appelaient « Pobombcoup », éventuellement raccourci en « Pombcoup », avant que les Anglais nomment le lieu « Pubnico ».

YARMOUTH ★★

Fondé au XVIIIe siècle par des colons venus de Nouvelle-Angleterre, ce port plein de vitalité est un des plus importants de la province. La majorité des attractions ont la mer pour thème. Dans le port règne un incessant va-et-vient de ferries pour Bar Harbour (Maine, États-Unis). Signalons que le port de Bar Harbour est aux portes du splendide parc national d'Acadia (États-Unis) et qu'il n'est pas loin non plus de Northeast Harbour où habitait Marguerite Yourcenar. À Yarmouth, on recommande la visite du W. Laurence Sweeney Fisheries Museum, musée dédié à l'héritage maritime de la ville, ainsi qu'au Cape Forchu Lightstation, le phare se visitant en été.

VILLAGE HISTORIQUE ACADIEN DE LA NOUVELLE-ÉCOSSE ★

91 Old Church Road
✆ +1 902 762 2530
levillage.novascotia.ca
Fin mai à mi-septembre : lundi-vendredi, 9h-17h (du lundi au samedi en juillet et août). Adulte : 10 CAN $.

Le Village historique acadien reconstitue la vie des francophones de Nouvelle-Écosse du milieu du XVIIe jusqu'à la fin du XIXe siècle. Pour rendre les choses aussi vivantes que possible, le sieur Philippe Mius d'Entremont, fondateur de Pubnico, vous y accueille et des animateurs en costumes d'époque recréent les différents aspects de la vie acadienne d'antan. Également sur place : restaurant Café du Crique (ouvert de 11h30 à 15h) et boutique de souvenirs.

ARGYLER LODGE & RESTAURANT €€

52 Ye Olde Argyle Road
✆ +1 902 643 2500
argyler.com
Fermé en hiver sauf pour événement spéciaux. Tarifs sur demande. Forfaits disponibles.

Blottie sur les rives de la baie Lobster, cette jolie maison qui fleure bon les vacances propose six chambres douillettes avec entrée et salle de bains privées. Il est également possible de camper sur place avec son camping-car, quelques emplacements étant à disposition. L'auberge fait office de restaurant, le meilleur selon les gens du coin. Offrant une vue imprenable avec ses grandes baies vitrées, on savoure ici des spécialités locales, notamment le homard.

CAPE FORCHU LIGHTSTATION

1856 Cape Forchu, Highway 304
✆ +1 902 740 1680
www.capeforchu.com
Ouvert de mai à fin septembre (horaires variables). Musée : entrée libre, visite du phare tarifée.

Emblème de la région et parmi les plus photographiés de la province (magnifique de jour comme de nuit), le phare de Cape Forchu se visite lors de la belle saison. Dans la maison du gardien, on retrouve un musée retraçant l'histoire du phare et du cap. Profitez également de votre passage à Cape Forchu pour savourer une chaudrée de fruits de mer à son restaurant Keeper's Kitchen, acheter de l'artisanat local à sa boutique, ou encore faire une petite randonnée sur les sentiers du Leif Erikson Park ponctués de plusieurs belvédères.

TUSKET ISLAND TOURS

142 Jacquard Road - **WEDGEPORT**
✆ +1 902 740 2295
www.tusketislandtours.com
Ouvert de mi-juin à début septembre (il peut y avoir des départs hors saison). Adulte : à partir de 104 CAN $.

Les frères Lucien et Simon LeBlanc vous emmènent dans leur quotidien de pêcheurs de homards à bord de leur bateau commercial. Vous découvrirez leur mode de vie et participerez à différentes tâches comme la levée des casiers, sans oublier un arrêt à Tusket Island où ils ont leur cabane de pêche et atelier. Bonus : vous goûterez à la chaudrée de fruits de mer préparée selon la recette familiale, et pourrez découvrir les talents musicaux de vos guides. Un tour avec souper de homard est aussi proposé, ainsi que du nolisement pour la pêche et la location d'un chalet.

Cape Forchu Lightstation.

HERITAGE BREWING CO.

250 Main Street
✆ +1 902 881 2777
www.heritagebrewing.ca
Dimanche-jeudi, 12h-22h ; vendredi-samedi, 12h-minuit. Terrasse.

Au centre de Yarmouth, à un jet de pierre du marché fermier, est établie la microbrasserie Heritage. Fondée en 2017, elle abreuve les amateurs de bières artisanales venus goûter aux nectars maison : Norseman NEIPA (IPA de style Nouvelle-Angleterre), Whisky Business (Dry Stout) ou encore Wheat Kings (bière de blé aux ananas). On y sert également des vins de la Nouvelle-Écosse, des cocktails à la bière, du kombucha et tutti quanti. Quelques snacks à l'ardoise pour les petites faims et programmation d'événements au fil des saisons (spectacles, quiz, karaoké, etc.).

TROUT POINT LODGE €€€

189 Trout Point Road
✆ +1 902 761 2142
www.troutpoint.com
Ouvert de mi-mai à fin octobre. Occupation double : à partir de 619 CAN $, petit déjeuner inclus. Forfaits disponibles.

Le grand luxe en bois rond, au cœur de la forêt dans la réserve de biosphère de l'UNESCO, c'est ça le Trout Point Lodge ! Louangé par l'industrie et les critiques, et récipiendaire de nombreux prix, cet établissement vous promet une expérience hôtelière et gastronomique de haut voltige. On aime particulièrement sa sélection « d'expériences » qui vous permettent de vivre un séjour hors du commun, qu'il soit gourmand ou actif. Une adresse d'exception pour laquelle il est recommandé de réserver à l'avance. À noter qu'un minimum de deux nuits peut être exigé.

EAST KEMPTVILLE ★

Nommée en l'honneur du général Sir James Kempt, lieutenant-gouverneur de la Nouvelle-Écosse de 1820 à 1828, la petite communauté de Kemptville regroupe également North Kemptville (municipalité de Yarmouth) et East Kemptville (municipalité d'Argyle). En raison des nombreux cours d'eau dans les environs, la région de Kemptville est un haut lieu de la pêche sportive. Quant à East Kemptville, la localité est reconnue pour son établissement hôtelier haut de gamme Trout Point Lodge, lequel offre calme, nature, activités de plein air, hébergement luxueux et gastronomie. Pour s'y rendre, prendre la route 1 depuis Yarmouth, puis la 340 et la 203.

BAIE SAINTE-MARIE

Entre Digby et Yarmouth se trouve la région acadienne de la baie Sainte-Marie, autrefois connue sous le nom de Baie française, protégée par un long cordon littoral. Ses habitants sont en effet les descendants des anciens colons venus de France au XVIIe siècle. Après le Grand Dérangement, certains Acadiens, qui s'étaient réfugiés au nord-est des États-Unis, ont voulu rentrer chez eux. Leurs terres fertiles de la vallée de l'Annapolis étant occupées par les Planters de Nouvelle-Angleterre depuis 1760, les Acadiens se sont alors installés, à partir de 1767, sur la côte peu fertile de la baie Sainte-Marie, où ils durent se reconvertir à la pêche.

DIGBY

Ce port de pêche est situé à proximité du bassin d'Annapolis et du détroit de Digby, lequel débouche sur la baie de Fundy. La localité est ultra connue pour sa pêche au pétoncle, la plus importante au monde de ce genre. Cela dit, Digby ne présente pas d'intérêt majeur, mais on y trouve de chouettes hébergements le long du bassin, notamment le Digby Pines Golf Resort & Spa, ainsi que quelques restaurants de fruits de mer. Pour les points d'intérêt, il faut voir la jolie horloge Digby Tidal Clock à l'angle des rues Sydney et Water. À savoir qu'un ferry assure la liaison entre Digby et Saint John au Nouveau-Brunswick (service toute l'année).

DIGBY PINES GOLF RESORT & SPA €€

103 Shore Road ✆ +1 902 245 2511
www.digbypines.ca

Occupation double : à partir de 164 CAN $, petit déjeuner inclus. Promotions et forfaits disponibles.

Erigé en 1928, ce château de style normand propose 85 chambres et suites grand confort ainsi qu'une trentaine de chalets d'une à trois chambres. Les services sont nombreux, allant du centre de santé spa à la piscine extérieure chauffée, en passant par le terrain de golf 18 trous. Son restaurant Churchill's est ouvert tous les jours du matin au soir, et vous vous devez d'inclure une dégustation de la grande spécialité locale, les palourdes, préparées sous différentes déclinaisons.

ANNAPOLIS ROYAL ★★

En 1604, Samuel de Champlain et Pierre Dugua de Mons découvrent la région et nomment l'ensemble du bassin « Port-Royal ». En 1605, la région devient la première implantation française pérenne du Nouveau Monde et demeure le centre militaire et administratif de l'Acadie jusqu'à sa capture par les Anglais en 1710. Alors rebaptisée Annapolis, en l'honneur de la reine Anne Stuart, la ville demeure la capitale de la Nouvelle-Écosse jusqu'à la fondation d'Halifax en 1749. Aujourd'hui, l'ancien nom et le nouveau ont fusionné pour devenir Annapolis Royal. Le Fort-Anne, plus ancien site historique national du Canada, retrace en détail l'histoire de ce lieu.

HISTORIC GARDENS ★

441 St. George Street
✆ +1 902 532 7018
historicgardens.wordpress.com

Ouvert toute l'année (horaires variables). Adulte : 10 à 16 CAN $ de mai à novembre, don suggéré le reste de l'année.

On y découvre plusieurs styles de jardins (victorien, acadien, roseraie…) répartis dans un magnifique espace de 4 hectares. On y propose des visites guidées, des ateliers, des événements spéciaux, etc. Chaque année, différentes sculptures sont installées dans les jardins, lesquelles ont été sélectionnées par un jury. À noter que cette attraction a reçu les honneurs lors des *Garden Tourism Awards* (Jardin de l'année du Canada en 2015 et l'un des cinq jardins en Amérique du Nord en 2012). Boutique (ouverte toute l'année) et café (saisonnier) sur place.

NOUVELLE-ÉCOSSE

© WANGKUN JIA - SHUTTERSTOCK.COM

Lieu Historique National de Port-Royal.

LIEU HISTORIQUE NATIONAL DE PORT-ROYAL ★★

53 Historic Lane ✆ +1 902 532 2898
www.pc.gc.ca/portroyal
Mi-mai à octobre : lundi-dimanche, 9h-17h. Terrains ouverts à l'année. Adulte : 4,25 CAN $, 17 ans et moins : gratuit.

L'Habitation de Port-Royal – c'est-à-dire le premier établissement permanent élevé par Champlain en 1605 – a été reconstituée par le gouvernement canadien en 1938, d'après les croquis et les notes de Champlain. Le site est animé par des interprètes en costume d'époque qui vous parleront des difficultés rencontrées par les Français lors de l'établissement de cette nouvelle colonie, mais aussi des techniques de construction utilisées et du quotidien des habitants.

LIEU HISTORIQUE NATIONAL DU FORT-ANNE

323 St. George Street
✆ +1 902 532 2397
www.pc.gc.ca/fortanne
Mi-mai à octobre : lundi-dimanche, 9h-17h. Terrains ouverts à l'année. Adulte : 4,25 CAN $, 17 ans et moins : gratuit.

On a du mal à croire que ce lieu paisible fut, en son temps, un champ de bataille où Français et Anglais s'affrontaient régulièrement (plus de quatorze sièges). Le musée installé dans l'ancien quartier des officiers (XVIIIe siècle) évoque l'histoire militaire du site. On ne manquera pas la remarquable tapisserie retraçant les 400 ans d'histoire de la région. Des visites guidées tarifées sont également offertes sur réservation (deux visites différentes, durée de 50 minutes).

QUEEN ANN INN €€

494 St. George Street
✆ +1 902 532 7850
www.queenanneinn.ns.ca
Ouvert d'avril à fin octobre. Occupation double : à partir de 119 CAN $, petit déjeuner 3 services inclus.

Le Queen Ann Inn est une maison très élégante, située dans une magnifique résidence victorienne. Une douzaine de chambres et suites sont à disposition, toutes décorées dans le style de l'époque. À noter que certaines chambres se trouvent dans le Carriage House derrière la maison principale. En plus du savoureux petit déjeuner 3 services servi tous les matins, un menu bar est disponible tous les jours jusqu'à 22h et offre une sélection de bières, cidres et vins de la Nouvelle-Écosse, à savourer dans votre chambre ou dans le jardin.

GRAND-PRÉ ★

Établi en 1680 par des Acadiens provenant de la colonie de Port-Royal, Grand-Pré fut à l'époque la plus grande colonie acadienne de la région de la vallée de l'Annapolis. Mais le 5 septembre 1755, et jusqu'en 1763, le Grand Dérangement força la déportation de plus de 10 000 Acadiens hors de la Nouvelle-Écosse. De nos jours, Grand-Pré est un lieu historique national commémorant cet événement et rendant hommage au peuple acadien. Des visites guidées sont proposées tous les jours en juillet et août (en français à 10h35 et 14h05). On peut même passer la nuit dans ce site du patrimoine mondial de l'UNESCO grâce aux tentes prêt-à-camper oTENTik.

LIEU HISTORIQUE NATIONAL DE GRAND-PRÉ ★

2205 Grand Pré Road
✆ +1 902 542 3631
www.pc.gc.ca/grandpre
Fin mai à octobre : lundi-dimanche, 9h-17h. Terrains ouverts à l'année. Adulte : 8,50 CAN $, 17 ans et moins : gratuit.

Grand-Pré est en quelque sorte le lieu de mémoire des Acadiens, symbolisé par la petite église commémorative, construite en 1930 à l'emplacement supposé de l'église et du cimetière du village acadien des XVIIe et XVIIIe siècles, au milieu d'un beau parc entouré de vieux saules et agrémenté d'étangs. Dans l'église, l'histoire mouvementée des Acadiens et leur déportation lors du Grand Dérangement de 1755 sont évoquées à travers des tableaux et des expositions.

WINDSOR ★

Cette coquette et paisible bourgade, au confluent des rivières Avon et Sainte-Croix, a une allure vraiment *british* avec ses maisons disséminées sur des pelouses vertes parfaitement entretenues, ombragées de superbes arbres. Certaines, avec leurs galeries à colonnettes, portent l'empreinte des loyalistes américains. Elle conserve aussi de belles demeures, comme la maison du juge Haliburton devenue un musée. Les Anglais ne sont arrivés ici qu'à partir de 1750, lorsque Charles Lawrence fit ériger le fort Edward, la région étant possession britannique depuis 1713. C'est au fort Edward que les Acadiens furent rassemblés en 1755 avant d'être déportés.

LIEU HISTORIQUE NATIONAL DU FORT-EDWARD ★

67 Fort Edward Street
✆ +1 902 798 2639
www.pc.gc.ca/fortedward
Fin juin à début septembre : mardi-samedi, 9h-17h. Terrains accessibles toute l'année. Entrée libre.

Construit en 1750 et ancienne place forte britannique au moment des disputes entre les colons acadiens et le peuple amérindien mi'kmaq (ou micmac), c'est le plus ancien fortin du continent et un témoin de l'histoire coloniale du pays. On y trouvait autrefois des casernes pour les soldats, des entrepôts, une cuisine et une brasserie, mais il ne reste aujourd'hui que le canon et la casemate. Des fouilles archéologiques s'y sont d'ailleurs déroulées entre 1986 et 1999.

SCHOOLHOUSE BREWERY

40 Water Street
✆ +1 902 472 4677
www.schoolhousebrewery.ca
Ouvert du mardi au dimanche dès 11h. Terrasse.

Installée à ses début dans le sous-sol de l'école Falmouth, d'où le nom de l'établissement, la microbrasserie Schoolhouse a installé ses pénates face à la rivière Avon, au cœur du centre de Windsor. On aime bien le look industriel du salon de dégustation et ses grandes fenêtres qui s'ouvrent en entier lors des beaux jours. En plus des savoureuses bières maison, l'endroit propose un petit menu gourmand avec nachos, burgers, tacos de poisson, burritos végé, etc. Bonus : une programmation de spectacles et d'événements comme les soirées quiz.

FUNDY TIDAL INTERPRETIVE CENTRE ★

9865 Highway 236
✆ +1 902 261 2250
www.easthants.ca
Ouvert de mi-mai à mi-octobre (horaires variables). Gratuit.

Les marées de la baie de Fundy attirent les curieux et contemplateurs du monde entier depuis des décennies. Ce site de découverte comprend un centre d'interprétation, une terrasse d'observation surplombant la rivière Shubenacadie et un sentier en nature où il est possible d'observer des aigles (les sentiers demeurent accessibles à l'année, mais sans entretien hors saison). Planifiez bien l'heure de votre visite afin de pouvoir admirer le mascaret !

TIDAL BORE RAFTING RESORT

12215 Highway 215
URBANIA
✆ +1 902 400 0104
www.raftingcanada.ca
Ouvert de juin à fin octobre. Adulte : à partir de 70 CAN $. Forfaits disponibles.

Tidal Bore est une compagnie de rafting située dans la région de la rivière Shubenacadie. Elle propose des sorties en rafting en formule de 2h30 ou 4 heures avec l'activité de *mud sliding*. Bien entendu, tout l'équipement est fourni. Cette agence a l'avantage de proposer un hébergement à même le site, en chalets ou cottages d'une à cinq chambres ouverts toute l'année. Entièrement équipés, ils offrent tout le confort d'un chez-soi au cœur de la nature.

SOUTH MAITLAND ★

Petite communauté du comté de Hants, elle est principalement réputée pour les incroyables marées de la baie de Fundy. Un centre d'interprétation a d'ailleurs pignon sur rue, le Fundy Tidal Interpretive Centre, lequel comprend en plus une terrasse d'observation surplombant la rivière Shubenacadie et un sentier en nature. Pour un peu d'adrénaline, rendez-vous du côté d'Urbania pour une descente en rafting que vous n'êtes pas près d'oublier ! Et chaque sortie en rafting inclut également l'activité de *mud sliding*, soit de la glissade sur la boue. Un forfait permet aussi de combiner le rafting avec une nuitée sur place et les repas aux saveurs locales.

FIVE ISLANDS

Petite communauté rurale des comtés de Colchester et de Cumberland, Five Islands tire son nom des îles qui composent l'archipel (Moose, Diamond, Long, Egg et Pinnacle). Deux d'entre elles - Diamond et Moose - sont incluses dans le parc provincial Five Islands. Les falaises du parc, hautes de 90 mètres, surplombent les plus grandes marées au monde. Plusieurs activités sont praticables, notamment la randonnée sur le sentier de la montagne Economy. Il est aussi possible de camper sur place. Le parc est ouvert en hiver, mais sans aucun service. Sur la terre ferme, allez voir le joli phare historique de Five Islands, lequel se visite en saison estivale.

PARRSBORO ★

Cette ville côtière a été qualifiée d'endroit le plus beau pour observer les marées de la baie de Fundy par le *National Geographic*. Le phénomène est particulièrement appréciable depuis le phare qui surplombe les lieux. À noter que c'est aussi ici que les plus anciennes traces de dinosaures de tout le Canada ont été trouvées. À découvrir dans la région : la Glosscap Trail. Cet itinéraire panoramique, qui porte le nom d'un guerrier et sorcier micmac, suit les contours sinueux de la baie de Fundy. Les rivières, rougies par la terre que les marées remontantes ont arrachée aux rives, sillonnent une région vallonnée de champs cultivés, ponctuée de fermes.

FUNDY GEOLOGICAL MUSEUM

162 Two Islands Road

✆ +1 902 254 3814

fundygeological.novascotia.ca

Ouvert toute l'année (horaires variables). Adulte : 8,50 CAN $.

Fondé en 1993, le musée géologique de Fundy comprend une galerie d'exposition, un espace laboratoire et une boutique de souvenirs. Au programme, des maquettes de paysages préhistoriques peuplés de dinosaures, une collection de minéraux et des expositions sur la géologie de la région, retraçant ainsi 200 millions d'années d'histoire dans la province. Du jeudi au dimanche en été, des excursions guidées sur le terrain sont proposées, sans oublier les forfaits permettant de jumeler la visite du musée avec une excursion à cheval et de l'hébergement, par exemple.

ADVOCATE HARBOUR ★★

Advocate Harbour est un superbe village côtier prisé des amateurs de plein air. Son parc provincial Cape Chignecto est très fréquenté en saison estivale, et les activités comme la randonnée, le camping, le kayak de mer et les excursions en bateau ont la cote dans les environs. Le site du phare de Cape d'Or offre une vue splendide sur la baie de Fundy et les falaises, et on peut même casser la croûte (spécialité de fruits de mer) ou passer la nuit sur place. On ne pourrait passer sous silence NovaShore Adventures qui propose des excursions en rafting d'une, deux ou trois journées, sans oublier un hébergement douillet à même son « camp de base ».

CAPE CHIGNECTO PROVINCIAL PARK ★★

1108 West Advocate Road

✆ +1 902 392 2085

parks.novascotia.ca

Ouvert de mi-mai à mi-octobre. Camping et cabines rustiques sur place.

Avec ses falaises abruptes de près de 200 mètres de haut surplombant une eau cristalline, ses magnifiques plages s'étendant sur 29 kilomètres et ses anses protégées, ce parc est d'une grande beauté et attire les visiteurs de partout lors de la belle saison. C'est ici qu'on admire les couchers de soleil parmi les plus beaux de la province. L'intérieur des terres est sillonné par un réseau de sentiers menant à des ravins escarpés ou encore à des forêts anciennes.

THE LIGHTHOUSE ON CAPE D'OR €€

1 Cape d'Or Road ✆ +1 902 670 8314

www.capedor.ca

Ouvert de juin à mi-octobre. Occupation double : à partir de 150 CAN $. Restaurant ouvert matin et soir.

Situé au point de rencontre entre la baie de Fundy et le canal Minas, ce Bed & Breakfast offre le bruit des vagues, le vent du large et la vue panoramique, le tout dans l'ancienne maison du gardien de phare. Quatre chambres à la déco simple, mais toutes confortables, sont à disposition. Un restaurant se trouve sur le site et propose un menu de poissons, fruits de mer, viandes et plats végétariens. À noter que le petit phare ne se visite pas, mais il contribue au charme de l'endroit.

NOVASHORES ADVENTURES

37 School Lane

✆ +1 902 392 2222

novashores.com

Ouvert de mi-mai à mi-octobre. Adulte : à partir de 159 CAN $. Réservation impérative.

Cette entreprise vous offre la mer sur plateau ! Vous pourrez pagayer dans les environs du parc provincial Cape Chignecto avec des paysages sauvages en toile de fond. Vous verrez notamment les Three Sisters (formations rocheuses) ainsi que des falaises imposantes et des arches naturelles. L'excursion d'une journée comprend tout l'équipement, sans oublier une pause bien méritée sur la plage pour le lunch. Il est aussi possible de prendre un forfait de deux ou trois jours incluant les repas et l'hébergement. Une activité au top !

PICTOU ★★

Avec ses bâtiments en brique du XIXe siècle, cette petite ville portuaire cultive avec soin son cachet *Old Scotland*. Il faut dire que ses habitants sont presque tous originaires d'Écosse. L'ambiance est sympathique, les rues ont beaucoup de charme et les habitants sont accueillants. Les boutiques regorgent d'articles écossais (kilts, lainages, écharpes, musique), les pubs sont nombreux. C'est en 1773 que la goélette *Hector* débarqua à Pictou ses premiers colons écossais. Près de la marina, l'Hector Heritage Quay est un petit musée consacré à l'histoire de cette goélette écossaise. À l'arrière du bâtiment, une réplique exacte du *Hector*.

NORTHUMBERLAND FISHERIES MUSEUM

21 Caladh Avenue
✆ +1 902 485 8925
northumberlandfisheriesmuseum.ca
Ouvert sur rendez-vous. Entrée libre (dons suggérés).

Ce point d'intérêt dédié à l'industrie de la pêche dans la région du Northumberland se présente sous deux sites différents. En premier vient le musée avec ses expositions et nombreux artéfacts (plus de 1 600 !). Il comprend également un bassin tactile avec homards, fruits de mer de toutes sortes, algues, etc. La visite se conclut au musée et centre de recherches du phare, une réplique de l'original bâti en 1905. Boutique de souvenirs sur place au musée.

THE HECTOR HERITAGE QUAY ★

33 Caladh Avenue
✆ +1 902 485 4371
www.shiphector.ca
Ouvert de mai à mi-octobre (horaires variables). Adulte : 8 CAN $.

Cette goélette s'est rendue célèbre lorsqu'elle joua un rôle d'importance dans l'émigration des Écossais en 1773, pour la plupart venus de Lochbroom. Le voyage dura onze semaines et la goélette transporta 189 colons dont près d'une vingtaine mourront à bord de la variole et de la dysenterie. Il y a plus de 30 ans, la Ship Hector Foundation fut créée afin de lever des fonds pour construire une réplique du *Hector* afin de commémorer son voyage transatlantique. À côté du *Hector*, un centre d'interprétation permet d'en apprendre davantage sur la goélette et son voyage.

PICTOU LODGE €€

172 Lodge Road
✆ +1 902 485 4322
pictoulodge.com
Mi-mai à mi-octobre. Occupation double : à partir de 192 CAN $, accès aux installations inclus. Forfaits disponibles.

Lieu par excellence de vacances et d'évasion, ce centre de villégiature a littéralement les pieds dans l'eau. La formule combine l'hébergement (chambres, suites, chalets équipés) aux activités aussi nombreuses que diverses : plage privée, activités nautiques (canoë, kayak, planche à pagaie), piscine extérieure à l'eau salée, prêt de vélo, salle de fitness, terrain de jeu pour enfants, etc. Le restaurant, ouvert du matin au soir, offre une vue imprenable sur la mer (possibilité d'inclure les repas en forfait). Une belle adresse pour décrocher !

THE STONE SOUP CAFE AND CATERING €

41 Water Street
✆ +1 902 485 4949
Horaires variables selon la saison. Carte : moins de 20 CAN $.

The Stone Soup est louangé par les locaux qui viennent y bruncher chaque jour d'ouverture. Car c'est bien cela la spécialité de la maison : le petit déjeuner servi toute la journée, le tout avec vue sur le port de Pictou. L'ambiance est conviviale comme il se doit, et l'ardoise nous donne envie de goûter à tout. Plusieurs plats s'inspirent des saveurs du monde (Vietnam, Égypte, etc.). Comble de bonheur, l'endroit prépare également des viennoiseries, pâtisseries et autres douceurs.

ANTIGONISH ★

Située à environ 75 kilomètres à l'est de Pictou, la petite ville d'Antigonish (un peu moins de 5 000 habitants) est surnommée *The Nish* par les locaux (diminutif de Antigonish). C'est une ville qui bouge bien, notamment en raison de la présence de la St. Francis Xavier University. Pour un bon repas aux saveurs locales, on recommande Gabrieau's et The Townhouse (gros coup de cœur pour ce dernier), et pour l'apéro, la microbrasserie Candid Brewing Company. Annuellement en juillet se déroule la plus vieille compétition de Highland Games hors Écosse, The Antigonish Highland Games, un événement créé dans les années 1860. À voir absolument !

JUDIQUE ★

Judique est un petit village du comté d'Inverness le long de la Ceilidh Trail, sur la côte ouest de l'île. Les premiers colons européens qui vinrent s'y établir provenaient majoritairement de la région des Highlands en Écosse. C'est une communauté qui vit surtout de la pêche et de la foresterie. Cela dit, l'endroit est bien connu en raison de son centre d'interprétation de la musique celtique qui propose non seulement des expositions, mais aussi toute une programmation de spectacles, de cours et d'ateliers dédiés aux musiques et danses traditionnelles, sans oublier la langue gaélique. Pour des nuits étoilées, on suggère le glamping d'Archer's Edge.

CELTIC MUSIC INTERPRETIVE CENTRE ★

5471 Highway 19
✆ +1 902 787 2708
www.celticmusiccentre.com
Ouvert toute l'année (horaire variable selon la saison).

C'est à l'aide d'enregistrements, de photos et d'interviews que ce centre nous fait plonger dans la musique celtique dans sa salle d'exposition. Les démonstrations de musique traditionnelles et contemporaines du Cap-Breton sont incluses dans la visite en saison. Le centre organise aussi des événements de musique et de danse traditionnelle, sans compter qu'il propose des camps de violon, des leçons de piano ou de violon, des ateliers de danse, etc. Restaurant-bar et boutique sur place.

ARCHER'S EDGE LUXURY CAMPING €€€

1660 Shore Road
✆ +1 902 435 5844
www.archersedge.info
À partir de 239 CAN $ la nuit. Un minimum de deux nuits est exigé. Pour adultes seulement.

Surplombant le détroit de Northumberland, ce superbe site de glamping propose de l'hébergement dans un de ses dômes luxueux. Chacun est aménagé avec beaucoup de goût, et toutes les commodités possibles sont à disposition : salle de bains avec douche, kitchenette, lit Queen avec vue sur la mer, terrasse privée, clim et chauffage. Un espace commun pour feu de camp se situe non loin des dômes et il est possible d'emprunter un vélo pour découvrir les alentours. À noter : pas de wifi !

GLENVILLE ★

Situé dans le comté de Cumberland, la localité de Glenville se trouve presque à mi-chemin entre Judique et Chéticamp, porte d'entrée du réputé parc national des Hautes-Terres. La route 19 traverse la petite communauté et il n'y a pratiquement qu'une seule chose à voir : la distillerie Glenora. Ici vous pourrez découvrir un des meilleurs whiskys du pays par le biais d'une visite guidée des installations (avec dégustations !) et à la boutique qui vend les nectars maison. La distillerie est également un véritable complexe touristique, proposant de l'hébergement en chambre et en chalet de bois rond, le tout doublé d'un restaurant et d'un pub.

THE GLENORA INN & DISTILLERY

13727 Highway 19 ✆ +1 800 839 0491
www.glenoradistillery.com
Visite guidée de juin à fin octobre, tous les jours entre 9h et 17h. Coût : 7 CAN $, gratuit pour les enfants.

Glenora est une distillerie de whisky de malt pur produisant l'excellente gamme *Glen Breton Rare*. Des visites guidées permettent de découvrir l'envers du décor et les dégustations sont incluses. Le superbe complexe de Glenora propose également un hébergement unique à même le site de la distillerie, en chambre dans l'un des deux pavillons (Inn et Brookside) ainsi qu'en chalet en bois rond, entièrement équipés. Cerise sur le gâteau, l'endroit héberge aussi un restaurant et un pub.

INVERNESS

Autrefois ville minière active, petit musée dédié au sujet à l'appui, Inverness est de nos jours une destination de premier plan pour les golfeurs avec deux superbes terrains dans les environs, offrant chacun une vue imprenable sur le détroit de Northumberland. Il ne faut pas rater non plus la magnifique plage qui attire les adeptes de farniente et de baignade lors des beaux jours. La petite ville compte aussi un centre d'information touristique, une microbrasserie (Route 19, ouverte en saison), une chouette boutique cadeaux d'artisans (Quincy Street Market), des bons restos (A Small Town Deli, The Annex, etc.) et quelques hébergements.

CHETICAMP ★★★

En franchissant la rivière Margaree, on pénètre en terre acadienne : les panneaux redeviennent bilingues, le drapeau bleu, blanc, rouge frappé de l'étoile jaune de la Vierge flotte aux côtés du drapeau canadien. Se succèdent des villages aux noms bien français, dont Chéticamp, petit port de pêche tout à fait charmant. Le village s'étire le long de la Cabot Trail où sont rassemblés commerces et résidences. Situé aux portes du parc national des Hautes-Terres, il tire l'essentiel de ses ressources de la pêche, du tourisme et de la vente de ses célèbres tapis hookés, c'est-à-dire crochetés. Chéticamp est aussi un haut lieu d'observation des baleines.

CABOT TRAIL ★★★

Considérée comme une des plus belles du monde, cette route fait le tour de la péninsule de l'île du Cap-Breton sur environ 300 km, traversant plusieurs localités. Elle s'enroule sur les flancs des montagnes, épouse les contours des baies, surplombe des falaises rouges sans jamais perdre de vue le golfe du Saint-Laurent ou l'océan Atlantique, traverse les hauts plateaux sauvages, formés de tourbières, des Hautes-Terres de l'intérieur.

Cette route touristique fait le bonheur des vacanciers et touristes du monde entier qui l'empruntent en voiture, en motocyclette ou encore en vélo. Il ne faut pas hésiter à prendre quelques jours pour la compléter entièrement plutôt que de la faire en une seule journée. De cette manière, vous pourrez en profiter pour faire des activités de plein air dans le parc national, dormir sous les étoiles ou en auberge tout confort, prendre le large en kayak de mer, ou tout simplement observer la faune et la flore si riches dans cette région. Consultez le site web afin de planifier votre excursion. Hébergements, restaurants, activités et festivals ainsi que des suggestions d'itinéraires y sont proposés, sans oublier une description de chacune des communautés que vous croiserez.

▸ **Points de vue :** Dès l'entrée du parc national des Hautes-Terres-du-Cap-Breton en arrivant de Chéticamp, la route qui escalade la côte ouest offre des vues spectaculaires sur le cap Rouge, avant de franchir le mont French, le point le plus élevé du parcours, puis de bifurquer pour gravir les monts Mackenzie (vues sur Pleasant Bay).

PARC NATIONAL DES HAUTES-TERRES-DU-CAP-BRETON ★★★

✆ +1 902 224 2306

www.pc.gc.ca/capbreton

Adulte : 8,50 CAN $, 17 ans et moins : gratuit.

Pris en tenailles par les eaux du golfe du Saint-Laurent et celles de l'océan Atlantique, bordé par le magnifique Cabot Trail, le parc national des Hautes-Terres-du-Cap-Breton offre une succession de panoramas spectaculaires, parmi les plus beaux au pays. Ses forêts, ses ruisseaux, ses lacs et son vaste plateau central constituent un ensemble unique. En hiver, les côtes sont prisonnières des eaux gelées et les sentiers de randonnée se transforment en pistes de ski de fond et de raquette. Juste à la lisière du parc, de typiques villages de pêcheurs agrémentent le parcours et permettent de se ravitailler. Créé en 1936, le parc s'étend sur 950 km² de territoire sauvage où cohabitent l'orignal, le chevreuil, le lynx, le castor, l'ours noir et l'aigle à tête blanche. Les lacs et les cours d'eau du parc sont fréquentés par la truite mouchetée, le saumon atlantique, le gaspareau et quelques autres espèces d'eau douce, alors que les eaux du golfe et de l'océan abritent la morue atlantique, différents requins (bleu, pèlerin) et des mammifères marins comme le petit rorqual et le phoque commun. Si la côte ouest est baignée par les eaux relativement calmes du golfe du Saint-Laurent, la côte est, en revanche, est soumise aux assauts répétés de l'océan. Nombreux belvédères sont à disposition pour un panorama exceptionnel. À noter que si le parc national est accessible toute l'année, les centres d'accueil de Chéticamp et d'Ingonish sont ouverts de mi-mai à fin octobre. Les services complets sont, quant à eux, disponibles en juillet et août. Prévoir au moins une journée dans le parc.

▸ **Activités.** Le parc offre une multitude d'activités telles que la randonnée pédestre, le camping, la baignade, la pêche, le cyclisme ou encore le golf. Il organise aussi des activités spéciales comme des randonnées guidées à la lueur d'une lanterne ou encore un repas local sur la plage avec contes et histoires. Plusieurs entreprises en tourisme d'aventure opèrent également des circuits dans le parc ou dans les eaux du golfe (longue rando, kayak de mer, etc.).

▸ **Hébergement.** Vous pouvez trouver un hébergement aux portes du parc à Chéticamp, à Ingonish, à St. Ann's ou à Baddeck. Il est fortement conseillé de réserver votre chambre suffisamment à l'avance, en raison de l'affluence, surtout en pleine saison estivale alors que les touristes prennent d'assaut le parc. Il est aussi possible de loger sur place, en camping ou dans une tente prêt-à-camper oTENTik.

CAPTAIN ZODIAC WHALE CRUISE

15407 Cabot Trail
+1 877 232 2522
www.novascotiawhales.com
De mai à fin octobre. Adulte : 69 CAN $.

Une virée à Chéticamp n'est pas complète sans une excursion au large pour aller saluer les baleines et autres mammifères marins qui fréquentent les eaux du coin (jusqu'à 8 à 12 espèces lors d'années records). Captain Zodiac Whale Cruise propose plusieurs départs par jour et l'excursion dure entre 2 et 3 heures à bord d'un Zodiac (bateau pneumatique) de 12 places. Et la politique de la maison veut que si les baleines ne sont pas au rendez-vous, vous serez remboursé.

AUBERGE DOUCET €

14758 Cabot Trail
+1 902 224 3438
www.aubergedoucetinn.ca
Tarifs sur demande. Petit déjeuner inclus.

Charmante auberge à l'image de la grande hospitalité acadienne, installée en retrait de la grande route (la fameuse Cabot Trail) et offrant une superbe vue, de la tranquillité et du confort. Treize chambres et suites sont à disposition des hôtes, certaines offrant une vue sur l'île de Chéticamp, les autres sur les Hautes-Terres. Bonus : le personnel de l'auberge pourra vous servir dans la langue de Molière. À noter que le petit déjeuner est offert du week-end de la fête de la Reine (fin mai) au 1er novembre. Une adresse chaudement recommandée !

THE ARCHIE & ISIDORE HOTEL €€

10 rue Fiset
+1 902 224 2700
www.archieandisidore.com
Occupation double : à partir de 159 CAN $. Salle de fitness, rangement sécuritaire pour les vélos.

Situé sur la fameuse Cabot Trail, ce coquet établissement propose une expérience digne d'un hôtel-boutique. Mathieu et Basil, vos hôtes originaires de Cap-Breton, ont fait de ce lieu un hébergement absolument douillet dont la déco et le design sont signés par des artistes et artisans locaux. Le cachet d'époque de la maison est également bien conservé. Chacune des huit chambres est munie d'une machine Nespresso, d'un coin bureau et du wifi. Une superbe adresse à deux pas de tout !

PILOT WHALE CHALETS & SUITES €€

15775 Cabot Trail
+1 902 224 1040
www.pilotwhalechalets.ca
À partir de 150 CAN $ la nuit.

Quoi de mieux qu'un pied-à-terre pour ceux désirant profiter du parc national et des environs pendant plusieurs jours ! Ces chalets en bois rond entièrement équipés comprennent de deux à trois chambres (4 à 6 personnes) ainsi qu'une cuisine complète, sans oublier une magnifique vue sur les montagnes et la mer. Des petits plus comme le wifi, la télé satellite et un barbecue viennent agrémenter le tout. Pour deux personnes, des suites avec kitchenette sont aussi en location.

SEAFOOD STOP €€

14803 Cabot Trail
+1 902 224 1717
www.cheticamp.ca
De juin à mi-octobre (horaires variables). Carte : 5 à 50 CAN $.

Seafood Stop est une entreprise familiale depuis 1998, laquelle tient à la fois une poissonnerie et un restaurant. Les assiettes de homard, de crabe ou encore de fruits de mer sont les grandes spécialités de la maison et valent bien leur prix. Le plat de fish & chips est aussi incontournable. Sauté de poulet, burger avec fromage et bacon, club sandwich (avec ou sans homard) et autres délices figurent également au menu. La fraîcheur est de mise et le rapport qualité-prix est imbattable. Une adresse à mettre au carnet de route !

LA BOULANGERIE AUCOIN

14 Lapointe Road
+1 902 224 3220
www.aucoinbakery.com
Fin mai à début octobre : lundi-samedi, 7h-17h. Le reste de l'année : en semaine seulement.

Délicieuse boulangerie située juste avant l'entrée du parc national des Hautes-Terres-du-Cap-Breton, à Petit Étang plus exactement. Avant de continuer votre route, arrêtez-vous absolument pour mettre la main sur une brioche ou un de leurs célèbres beignes (beignets) à la cannelle. Les étagères débordent d'autres succulents produits maison comme des pains, des tartes et des gâteaux de toutes sortes, des muffins, des biscuits, etc. Fondée en 1959 par Alex et Annie Blanche Aucoin, cette boulangerie familiale est une institution dans la région de Chéticamp.

THE DORYMAN PUB AND GRILL

15528 Cabot Trail
✆ +1 902 224 9909
doryman.ca
Lundi-samedi, 10h-22h ; dimanche, 9h-22h. Brunch le dimanche. Spectacles live.

Voici une institution qui, en chantant, en dansant et en musique, fait vivre depuis 1966 la culture acadienne. De nombreux évènements sont souvent organisés, avec des soirées à thèmes lors de la haute saison touristique. L'endroit fait aussi office de restaurant avec une cuisine de type pub incorporant également les produits de la mer qui abondent ici. Une bonne adresse pour goûter l'ambiance. Consulter le site web pour connaître la programmation des spectacles.

INGONISH BEACH ★★

Ingonish Beach fait partie de la grande localité d'Ingonish avec Ingonish Ferry, Ingonish Harbour, Ingonish Centre et North Ingonish. Elle est située sur la côte nord-est de l'île du Cap-Breton et sert de porte d'entrée orientale au parc national des Hautes-Terres-du-Cap-Breton. De par sa localisation, son économie se concentre sans surprise sur le tourisme et la pêche. Si vous êtes de passage en hiver, vous pourrez exercer vos talents de skieur sur les pistes de la station de Cape Smokey, alors qu'en été, plage, golf, activités nautiques et de plein air vous attendent. Pour l'hébergement, on recommande le superbe resort Keltic Lodge at the Highlands.

KELTIC LODGE AT THE HIGHLANDS €€€

383 Keltic In Road ✆ +1 902 285 2880
www.kelticlodge.ca
Ouvert en saisons estivale et hivernale. Tarifs variables selon le type d'hébergement choisi. Forfaits disponibles.

Un superbe centre de villégiature, isolé sur un bras de terre s'avançant lentement dans l'océan Atlantique. Les chambres et suites sont réparties dans différents pavillons et de jolis chalets de deux à quatre chambres sont également à disposition des villégiateurs. Parmi les nombreux services sur place, notons des restaurants et bars, un golf 18 trous, un centre de santé spa (massothérapie, soins, bains à remous, etc.) et des activités pour tous les goûts. Le *must* !

SYDNEY ★

Situé au nord-est de l'île dans une rade profonde de l'Atlantique, ce port séparé en deux villes jumelles, Sydney et North Sydney, est la capitale industrielle de l'île du Cap-Breton. Ses gisements de charbon, les plus importants du Canada atlantique, ont favorisé le développement des aciéries. Le cœur de la ville, et ses bonnes adresses pour se loger, se régaler et sortir, se trouve dans le secteur du *waterfront*, dans les environs des rues Prince et Esplanade. À noter que la ville de North Sydney est le point de départ et d'arrivée des ferries pour Terre-Neuve (deux liaisons : Port aux Basques toute l'année et Argentia de mi-juin à fin septembre).

CAMBRIDGE SUITES HOTEL SYDNEY €€

380 Esplanade
✆ +1 902 562 6500
www.cambridgesuitessydney.com
Occupation double : à partir de 169 CAN $. Promotions et forfaits disponibles.

Situé dans le secteur du *waterfront*, en plein cœur du centre-ville, ce grand hôtel propose des chambres régulières et des suites à une chambre (les suites Harbourview offrent une vue sur la rivière). Ces dernières sont d'ailleurs idéales pour les longs séjours. Plusieurs services sont offerts sur place dont le Trio Restaurant & Lounge (ouvert matin et soir), une salle de fitness, une laverie, une terrasse avec vue sur la rivière, un stationnement extérieur très abordable, etc.

FLAVOR H20 €€

74 Esplanade
✆ +1 902 567 1043
www.cbflavor.com/eat-h20
Lundi-jeudi, 11h-20h30 ; vendredi, 11h-21h30 ; samedi, 10h30-21h30 ; dimanche, 11h-20h30. Carte : 10 à 40 CAN $.

Le groupe Flavor Restaurants tient cette adresse gourmande qui concocte de savoureux plats s'inspirant des saveurs du monde mais aussi de celles de l'Est canadien. Sandwich au poulet toscan, bol de chili aux trois fèves et mangue, chaudrée de fruits de mer et bacon fumé, moules de l'Atlantique ou encore cari thaï végan avec riz basmati ne sont que quelques-unes des options au menu. Le week-end, il ne faut pas rater le brunch qui attire les foules. À savoir que le groupe tient deux autres restaurants, Flavor DT et Flavor 19.

BRETON BREWING CO.

364 Keltic Drive
✆ +1 902 270 4677
bretonbrewing.ca
Ouvert tous les jours dès midi. Terrasse.

Ouvert depuis 2015, la microbrasserie Breton Brewing Co. est le rejeton de Bryan et Andrew, deux anciens brasseurs maison qui ont décidé de rendre leurs nectars accessibles à tous. Et on les remercie, car tant leurs bières régulières que les éditions saisonnières valent vraiment le détour. On peut les savourer au salon de dégustation et faire le plein de canettes côté boutique pour rapporter quelques souvenirs houblonnés. Finalement, l'endroit organise aussi des événements comme des spectacles musicaux, des soirées quiz, etc.

DOKTOR LUKE'S - A RESPECTABLE COFFEE HOUSE

54 Prince Street
✆ +1 902 270 5800
www.doktorlukes.com
Lundi-vendredi, 8h-17h ; samedi, 9h-17h.

Café éthique et indépendant, Doktor's Luke est un bar à espresso ultra sympa et bien connu en ville. On y sert également toutes sortes de cafés (chauds ou glacés), du thé, du chocolat ou cidre chaud, des laits frappés, des smoothies et du soda italien. Viennoiseries et petites gâteries viendront accompagner le tout ! Bonus : une programmation de spectacles et autres événements, en journée comme en soirée (voir le site web ou la page Facebook pour tous les détails).

CAPE BRETON MINERS' MUSEUM

17 Museum Street ✆ +1 902 849 4522
www.minersmuseum.com
Ouvert de fin mai à mi-octobre (horaires variables). Adulte : 18 CAN $ (inclut la visite de la mine).

Véritable site de découverte, la visite débute par le musée et ses expositions sur l'industrie du charbon, les techniques, outils et équipements utilisés, le tout ponctué d'anecdotes et d'histoires sur la vie des mineurs. Accompagné d'un retraité du domaine, vous partirez ensuite explorer la mine Ocean Deeps Colliery, fermée depuis 1947. Un village est aussi recréé à l'extérieur avec, notamment, le magasin de la compagnie, la maison d'un des travailleurs et un restaurant ouvert à tous.

LIEU HISTORIQUE NATIONAL MARCONI ★

15 Timmerman Street
✆ +1 902 842 2530
www.pc.gc.ca/marconi
Juillet à début septembre : lundi-dimanche, 10h-18h. Entrée libre (don volontaire suggéré).

Saviez-vous que le premier message radio transatlantique partit d'ici ? Il fut envoyé en décembre 1902, grâce à une antenne métallique suspendue à quatre tours géantes en bois. L'emplacement, qui était autrefois à l'écart de Glacve Bay, permettait de réduire le risque d'interférence électrique avec l'équipement. On retrouve sur place une exposition sur la télégraphie sans fil ainsi qu'un sentier d'interprétation menant à la première station de transmission.

GLACE BAY

Glace Bay se situe dans la partie est de la municipalité régionale de Cap-Breton, laquelle est fort industrialisée, et compte un peu moins de 20 000 habitants. Avant sa fusion avec les municipalités environnantes, elle était la 4e plus grande région urbaine et la plus grande ville en population de la province. Si elle ne figure pas comme une destination touristique de premier plan, deux points d'intérêt sont toutefois à découvrir si vous passez dans le coin : le Cape Breton Miners' Museum dédié à l'industrie du charbon et le lieu historique national Marconi duquel fut envoyé le premier message radio transatlantique en décembre 1902.

LOUISBOURG ★★

Ancienne ville de l'Île Royale, Louisbourg fut un avant-poste de la Nouvelle-France au XVIIIe siècle. La cité historique, dorénavant lieu historique national, reconstitue fidèlement cette époque mouvementée. Plus vaste reconstitution historique d'Amérique du Nord, le site vaut absolument le détour. Comptez d'ailleurs au moins une demi-journée pour la visite des lieux, voire une journée entière avec nuitée sur place pour vivre l'expérience à fond. Mais Louisbourg n'est pas qu'une forteresse, c'est également une petite communauté charmante d'environ 1 000 habitants, située en bord de mer, aux paysages à couper le souffle et aux plages séduisantes.

LIEU HISTORIQUE DE LA FORTERESSE-DE-LOUISBOURG ★★★★

259 Park Service Road ✆ +1 902 733 3552
www.pc.gc.ca/louisbourg
Ouvert toute l'année (services complets en juillet et août). Adulte : 8 à 18,75 CAN $, 17 ans et moins : gratuit.

Le lieu historique national de la Forteresse-de-Louisbourg fut l'une des plus importantes places fortes du continent américain et la capitale de l'île Royale (Cap-Breton), du temps où cette dernière appartenait à la France. C'est aujourd'hui la plus vaste reconstitution historique d'Amérique du Nord et sans doute, la plus spectaculaire. Afin de mieux rendre l'atmosphère de 1744, on a reconstruit la forteresse à l'extérieur de la ville actuelle, dans ce site au bord de l'eau. Les figurants (soldats français en bleu, anglais en rouge) qui évoluent au milieu des bâtiments du XVIIIe siècle animent la place forte, nous faisant revivre ses heures de gloire. Plus d'une cinquantaine de maisons sont ouvertes à la visite, dont la résidence de l'ingénieur, la maison de Gannes, la maison des Roches, la maison de La Vallière. Elles sont meublées comme au XVIIIe siècle. On ne manquera pas la visite du Bastion du roi : la résidence du gouverneur aux nombreuses pièces décorées avec raffinement, le quartier des officiers, les casernes, la prison et la chapelle. Au corps de garde, démonstrations de tambour précédant le tir au canon et de tir au fusil. Plusieurs auberges proposent des repas inspirés des recettes du XVIIIe siècle. C'est le cas de l'Hôtel de la Marine et de Grandchamp où vous mangerez à la bonne franquette avec, comme seuls ustensiles, une grande cuillère ainsi qu'un couteau à partager avec d'autres convives ! À noter que les voitures ne peuvent pas pénétrer dans la forteresse. Une navette conduit au site depuis le centre d'accueil.

Activités. Nombreuses activités sont organisées chaque jour par Parcs Canada (programme réduit en début et fin de saison) : visite guidée (visite adaptée disponible en voiturette pour personnes à mobilité réduite), jeu de géocachette, tir au mousquet, au canon ou d'artillerie, danse folklorique pour enfants, visite guidée des jardins médicinaux, théâtre pour enfants, randonnée dans l'histoire, etc. Vous pourrez également découvrir le goût et l'arôme du rhum Fortress et l'histoire de cette boisson tirée du sucre (dégustation incluse, bien entendu !), assister à un châtiment public ou encore pratiquer vos pas de danse pour le grand bal. À savoir que plusieurs plages sont accessibles depuis la forteresse mais elles ne sont pas surveillées. À cette programmation déjà fort chargée s'ajoutent divers événements spéciaux tout au long de la saison (soirée meurtre et mystère, week-end paranormal, fête du Canada, spectacle de musique celtique, initiation au camping, etc.). Bref, les possibilités sont nombreuses et plairont tant aux petits qu'aux grands.

Hébergement. Pour vous imprégner de la vie du XVIIIe siècle, pourquoi ne pas passer une nuit sur place, au coeur de la forteresse ? Deux options s'offrent à vous pour une expérience mémorable. La première, en camping, pour accueillir jusqu'à quatre personnes dans une tente d'époque déjà installée. Côté matériel, l'endroit fournit des tapis de sol, des lanternes, du matériel de cuisine, un poêle au propane et un emplacement pour feu de camp. La deuxième, en auberge, offre plus de confort et peut accueillir jusqu'à six personnes dans la Maison Rodrigue. Rustique mais bien équipée, on y retrouve des lanternes d'époque (aucune électricité oblige !), du matériel de cuisine et un poêle au propane. Ces hébergements sont disponibles de juin à septembre sur réservation et n'incluent pas l'entrée au lieu historique.

NOUVELLE-ÉCOSSE

Forteresse-de-Louisbourg.

BADDECK ★

Cette station de villégiature très prisée occupe un joli site en bordure de la baie Baddeck du lac Bras d'Or, à proximité de la fameuse Cabot Trail. Il y règne une ambiance sympathique, animée par de nombreux restaurants et cafés, dont The Freight Shed qui, selon plusieurs, fait les meilleurs *crab cakes* de l'univers. On y trouve aussi de belles options d'hébergement, comme l'Inverary Resort, le Broadwater Inn & Cottages ou encore le Dunlop Inn (coup de cœur pour la chambre Lighthouse). Du côté des points d'intérêt, il ne faut pas rater le lieu historique national Alexander-Graham-Bell (1847-1922) entièrement dédié à l'inventeur du téléphone.

ABERDEEN ★

La petite localité d'Aberdeen est située en plein cœur de la Nouvelle-Écosse dans le comté d'Inverness, royaume de la nature et des grands espaces. Le secteur est un bon pied-à-terre pour ceux désirant profiter de quelques jours pour visiter la région du lac Bras d'Or. Plusieurs options d'hébergement s'offrent à nous, de l'auberge de jeunesse aux chalets entièrement équipés. Non loin se situe la communauté de Whycocomagh, terre de la nation autochtone Waycobah. À ne pas manquer : le Charlene's Bayside Restaurant & Cafe, une adresse réputée pour sa chaudrée de fruits de mer, et le parc provincial Whycocomagh avec ses beaux sentiers de rando.

LIEU HISTORIQUE NATIONAL ALEXANDER-GRAHAM-BELL ★

559 Chebucto Street
✆ +1 902 295 2069
www.pc.gc.ca/bell
De mi-mai à fin octobre : lundi-dimanche, 9h-17h. Adulte : 8,50 CAN $, 17 ans et moins : gratuit.

Outre l'invention du téléphone, le célèbre Alexander Graham Bell a créé le bateau le plus rapide du monde (à son époque), a amélioré le phonographe, le cerf-volant, les avions. C'était en effet un génie des temps modernes et ce lieu historique se consacre à son œuvre avec la plus grande collection de ses souvenirs, photos et modèles au monde. Également sur place : sentiers, jardins, terrasses surplombant la baie Baddeck, activité de construction de cerf-volant, etc.

LAC BRAS D'OR ★

Véritable mer intérieure qui partage l'île en deux et qui communique, au nord, avec l'Atlantique par deux chenaux : le Great Bras d'Or et le Little Bras d'Or. Cette vaste étendue d'eau salée est le domaine de l'aigle à tête blanche. Les tribus micmacs avaient très tôt élu domicile sur ses bords, les eaux du lac abondant en truites et saumons. Elles y sont toujours installées : il y a plusieurs communautés micmacs établies près du lac, dont celle de Whycocomagh. Le *Bras d'Or Lakes Scenic Drive*, identifié par un aigle à tête blanche, permet d'en faire le tour.

BROADWATER INN & COTTAGES €€

975 Baddeck Bay
✆ +1 902 295 1101
www.broadwaterinn.com
Occupation double : à partir de 139 CAN $.

Le Broadwater Inn & Cottages est une belle auberge de campagne historique surplombant la baie Baddeck. Les chambres sont coquettes et très confortables. Pour ceux qui recherchent plus d'autonomie, des petits chalets bien équipés et des cottages feront un parfait pied-à-terre dans la région. Clairement notre meilleure adresse à Baddeck ! À noter que pour l'instant, le service du petit-déjeuner est temporairement suspendu (en date de l'hiver 2023).

BEAR ON THE LAKE GUESTHOUSE €

10705 Highway 105
✆ +1 866 718 5253
www.bearonthelake.com
Ouvert de mai à novembre. Chambre partagée : à partir de 36 CAN $, chambre privée : à partir de 90 CAN $.

Située sur Salt Mountain avec une vue imprenable du lac Bras d'Or, cette auberge de jeunesse est l'endroit tout indiqué pour les routards, les familles et les amoureux de la nature. De nombreux services sont offerts sur place dont une cuisine équipée, une buanderie, des jeux de société, Internet et le stationnement gratuits. Après une journée d'activités, installez-vous sur la terrasse pour un bon barbecue et finissez la soirée autour d'un feu de camp.

TERRE-NEUVE-ET-LABRADOR

C'est la plus orientale des provinces canadiennes, composée de l'île de Terre-Neuve dans l'océan Atlantique et d'une zone continentale montagneuse et peu habitée située à un jet de pierre du Québec, le Labrador. La présence humaine y remonte à plusieurs millénaires, des Autochtones de l'archaïque maritime aux Basques venus pêcher la morue et chasser la baleine, en passant par les Vikings dont les traces sont bien visibles au site archéologique de l'Anse aux Meadows. La beauté sauvage de cette province se contemple entre autres au parc national du Gros-Morne, avec ses montagnes tabulaires des Long Range entaillées de fjords, ainsi qu'à celui des Monts-Torngat où se trouve le point culminant du nord-est du continent, le mont D'Iberville haut de 1 652 mètres. Du printemps au début de l'été, il ne faut absolument pas rater l'incroyable spectacle des icebergs dérivant au large de la province.

Rigolet
VERS PARC NATIONAL DES MONTS-TORNGAT
CARTWRIGHT
Paradise River
Black Tickle
Mer du Labrador
Terre-Neuve-et-Labrador
Port Hope Simpson
BATTLE HARBOUR
VERS WABUSH
VERS LABRADOR CITY
RED BAY ★★
L'ANSE AUX MEADOWS ★★
QUÉBEC
ST. ANTHONY ★
Anchor Point
Roddickton-Bide Arm
PORT AUX CHOIX ★
Océan Atlantique Nord
Baie Verte
TWILLINGATE ★★
FOGO ISLAND ★★★
Rocky Harbour
Springdale
Trout River
PARC NATIONAL DU GROS-MORNE ★★★
DEER LAKE
Corner Brook
Grand Falls-Windsor
GANDER
Buchans
BONAVISTA ★★
GLOVERTOWN ★★
Stephenville
PORT REXTON
TRINITY ★★
QUIDI VIDI ★
ST. JOHN'S ★★★
CHANNEL-PORT AUX BASQUES ★
Harbour Breton
FRENCHMAN'S COVE ★
CAPE SPEAR ★
PLACENTIA
Boat Harbour
FORTUNE ★
CAPE ST. MARY'S ★★
Saint-Pierre
Trepassey
100 KM

PAGES

549 ●● PÉNINSULE D'AVALON

On pénètre dans la péninsule d'Avalon, où est concentrée la moitié de la population de Terre-Neuve, par un isthme étroit séparant les baies Trinity et Placentia, et aussitôt le paysage change. Les forêts ont disparu pour laisser place à de vastes étendues désolées. La péninsule est en grande partie formée de drumlins graveleux et de crêtes morainiques, vestiges d'anciens glaciers. Ceux-ci ont laissé de leur passage des milliers de blocs erratiques et une végétation de lichens et d'arbres rabougris. À faire : suivre la route touristique Cape Shore pour longer le littoral de la partie occidentale de la péninsule. Cette route est considérée comme l'une des plus belles côtes de Terre-Neuve. Les brouillards fréquents peuvent toutefois gêner la visibilité.

ST. JOHN'S ★★★

549 Avec ses rues en pente, ses maisons colorées, ses innombrables bars et pubs et son port historique qui s'ouvre sur l'océan, la capitale terre-neuvienne est une destination qui invite au dépaysement et à l'émerveillement. L'ambiance nord-atlantique se fait sentir ici plus que nulle part ailleurs dans l'est du pays.

554 ●● EST

Au sud, la péninsule de Burin, longue presqu'île, rocailleuse, montagneuse et isolée, s'avance comme une botte dans l'Atlantique, entre les baies Placentia et Fortune. C'est elle qui jadis donnait accès aux fameux bancs de Terre-Neuve. D'importantes industries de pêche hauturière s'y sont développées, ainsi que la construction navale. Au-delà, subsistent les vestiges de l'ancien empire français en Amérique du Nord : Saint-Pierre-et-Miquelon. La région Est s'étend au nord, jusqu'aux villages de Trinity et Bonavista sur la péninsule de Bonavista.

557 ●● CENTRE

Cette région centrale comporte de nombreux points d'intérêt tels que le parc national Terra-Nova, la fameuse île Fogo et son superbe hôtel, ou encore l'observation de baleines et icebergs à Twillingate. La route 1 la traverse d'est en ouest dans la portion nord de la région. Quant à la route 361, elle permet de rejoindre le sud de la province où des ferries relient les villages isolés de la côte.

PAGES

FOGO ISLAND ★★★

558 Sorte de bout du monde accessible en ferry depuis Farewell, l'île a connu un nouveau souffle avec l'ouverture, en 2013, du Fogo Island Inn, un complexe d'hébergement haut de gamme au design unique au monde. Si vous en avez les moyens, offrez-vous un séjour sur place.

●● OUEST

559 Quand on pense à l'ouest de Terre-Neuve, deux choses nous viennent immédiatement en tête : l'incroyable parc national du Gros-Morne avec ses fjords qui nous rappellent la Norvège, et le lieu historique national de L'Anse aux Meadows où l'on remontera le temps jusqu'à l'époque des Vikings. C'est aussi dans cette région qu'arrivent (et partent) les ferries qui relient l'île à la Nouvelle-Écosse et au Québec.

559 **CHANNEL - PORT AUX BASQUES** ★

559 **DEER LAKE**

PARC NATIONAL DU GROS-MORNE ★★★

559 La grande vedette de Terre-Neuve, avec ses paysages de fjords et de montagnes à couper le souffle. Randonnée pédestre, kayak de mer, croisière sur la baie Bonne, escapade gourmande, camping, raquette et ski de fond sont entre autres au programme.

561 **PORT AUX CHOIX** ★

561 **ST. ANTHONY** ★

562 **L'ANSE AUX MEADOWS** ★★

●● LABRADOR

563 Terre d'aventure, cette destination plaira aux amateurs de plein air. Son réputé parc national des Monts-Torngat couvre 9 700 km² de montagnes et de toundra ; étant une zone totalement sauvage, il faut être accompagné d'un guide pour s'y aventurer. S'y trouve le mont D'Iberville, du haut de ses 1 652 mètres, qui est le point culminant de l'est du Canada. Le Labrador est aussi le pays des aurores boréales, des caribous, de l'observation des icebergs, des excursions de chasse et de pêche, des raids en motoneige et des mines de fer. Plusieurs sites d'importance sont également à découvrir comme les sites historiques nationaux de Red Bay (ancienne capitale mondiale de la chasse à la baleine vers 1500-1600) et de la mission morave de Hopedale (complexe fondé en 1782 par l'Église moravienne). Il y a aussi le village restauré de Battle Harbour qui fut un port de pêche dès 1750 et l'une des premières colonies européennes de la côte. Pour ceux qui aimeraient découvrir la culture inuite, cinq communautés sont réparties sur la côte nord du Labrador dont Nain, Hopedale et Rigolet, accessibles par ferry ou par avion.

563 **RED BAY** ★★

563 **BATTLE HARBOUR**

563 **CARTWRIGHT**

563 **HAPPY VALLEY-GOOSE BAY**

564 **PARC NATIONAL DES MONTS-TORNGAT** ★★★

564 **WABUSH**

564 **LABRADOR CITY**

ST. JOHN'S ★★★

Située au nord-est de la péninsule d'Avalon, face à l'océan Atlantique, la capitale de Terre-Neuve-et-Labrador (un peu plus de 210 000 habitants dans la région métropolitaine) est l'une des plus anciennes villes d'Amérique du Nord. Son port historique occupe une rade bien protégée, dans un site spectaculaire. L'explorateur vénitien Jean Cabot (Giovanni Caboto) serait entré dans la rade le jour de la Saint Jean, en l'an 1497, d'où le nom de la ville. Outre son musée provincial The Rooms et son site historique de Signal Hill, il faut absolument découvrir la vieille ville. Les artères les plus animées sont les rues Water, Duckworth et George.

Transports

La ville de St. John's est desservie par un aéroport international, lequel relie la capitale à d'autres villes canadiennes ainsi qu'à quelques destinations aux États-Unis, au Mexique, dans les Caraïbes et en Europe. Pour rejoindre le centre-ville, il faut prendre un taxi ou encore les transports en commun avec la ligne de bus 14. Sept compagnies de location de voitures ont également un comptoir à l'aéroport. La compagnie de bus interurbains DRL dessert St. John's et permet de se rendre ailleurs dans la province. Dans l'agglomération même, Metrobus prend le relais et propose une vingtaine de lignes de bus (mais aucun service de nuit).

St. John's.

LIEU HISTORIQUE NATIONAL DE SIGNAL HILL ★★

Signal Hill Road ✆ +1 709 772 5367
www.pc.gc.ca/signalhill
Terrains ouverts à l'année, centre d'accueil de juin à début octobre. Adulte : 8,50 CAN $, 17 ans et moins : gratuit.

On aperçoit de partout cette colline de roc couronnée d'une tour qui garde l'entrée de la rade de St. John's. En raison de sa situation stratégique, Signal Hill a été utilisé comme poste de signalisation, puis de communication. À l'aide de drapeaux, on signalait l'arrivée des bateaux dans la rade aux autorités militaires de la ville, et, aux marchands, l'arrivée de leur flotte. Du XVIIIe siècle à la Seconde Guerre mondiale, des batteries militaires y étaient installées. En 1901, Guglielmo Marconi y mena une expérience qui allait marquer le début du développement des télécommunications : la télégraphie sans fil, en recevant le premier message transatlantique, un « s » en morse, transmis par ondes électromagnétiques depuis l'autre côté de l'Atlantique (de Cornouailles, en Angleterre), à 2 700 km de là.

- **La Tour Cabot.** Elle fut élevée en 1897 pour fêter le 400e anniversaire du débarquement à Terre-Neuve du navigateur vénitien au service de l'Angleterre Jean Cabot (Giovanni Caboto), et le 60e du règne de la reine Victoria. L'intérieur abrite des expositions sur l'histoire de la signalisation maritime et sur les travaux de Marconi. On a, du sommet de la tour, un panorama exceptionnel sur la ville et la côte jusqu'au cap Spear.
- **Le Centre d'accueil.** Il retrace, à travers des expositions et à l'aide de dioramas et de documents audiovisuels, l'histoire de Terre-Neuve et de St. John's. La pêche au phoque et à la morue fait, bien sûr, l'objet d'explications.

RADE ET VIEILLE VILLE ★

La ville est construite en amphithéâtre autour d'une rade profonde, longue de 1,6 km sur 800 mètres de large, qui communique avec l'Atlantique par un étroit chenal nommé Narrows. Ce chenal, large de 200 mètres, est encaissé entre des escarpements hauts de 150 mètres qui s'élèvent pour former Signal Hill. En bordure du port, Harbour Drive longe les docks où sont ancrés des navires de toutes nationalités. En arrière du port, sur les pentes abruptes, s'étagent les rues de la vieille ville, bordées de coquettes maisons de bois aux couleurs vives et à toits mansardés.

THE ROOMS PROVINCIAL MUSEUM

9 Bonaventure Avenue
✆ +1 709 757 8000
www.therooms.ca
Lundi-samedi, 10h-17h (21h mercredi et vendredi) ; dimanche, 12h-17h. Fermé le lundi hors saison. Adulte : 10 CAN $.

Ce musée, dont vous ne pourrez certainement pas manquer l'édifice de par sa très imposante structure, dévoile l'histoire, le patrimoine et l'expression artistique de la province de Terre-Neuve-et-Labrador. Dans un seul et même endroit, on retrouve le musée provincial, la galerie d'art provincial et les archives provinciales, sans oublier le Rooms Café et la boutique de souvenirs. Bon plan : l'entrée est gratuite tous les vendredis entre 18h et 21h.

DESTINATION ST. JOHN'S

348 Water Street
✆ +1 709 576 8106
www.destinationstjohns.com

Le site web de l'office de tourisme de la capitale terre-neuvienne renferme une foule d'informations utiles pour préparer son séjour sur place et dans les environs : hébergements, adresses gourmandes, sorties, festivals et événements, attractions, etc. On peut d'ailleurs consulter ou télécharger le guide des visiteurs annuel à même le site web. À noter que le centre d'information aux visiteurs est demeuré fermé pendant la saison 2022, hormis lors de la présence de bateaux de croisière. Informez-vous donc avant de vous rendre à cette adresse.

HI ST. JOHN'S €

8 Gower Street
✆ +1 709 754 4789
www.hihostels.ca
Chambre partagée : à partir de 36 CAN $, chambre privée : à partir de 75 CAN $.

Idéalement située en plein cœur du centre-ville, dans un bel immeuble victorien coloré, cette auberge de jeunesse est l'adresse idéale pour les voyageurs à petit budget. Membre du réseau Hostelling International et ouverte toute l'année, elle offre des chambres partagées mixtes ou pour femmes seulement (4 lits) ainsi que des chambres privées (maximum trois personnes). Plusieurs services sont proposés sur place dont un stationnement, le wifi, une buanderie, une cuisine équipée, des aires communes et une cour arrière, et tout cela gratuitement.

CANTWELL HOUSE BED & BREAKFAST €€

25 Queens Road
✆ +1 709 754 8439
www.cantwellhouse.com
Tarifs sur demande. Petit déjeuner gourmand inclus.

Ce Bed & Breakfast loge dans une maison historique de style Southcott (style venant de l'architecte John Thomas Southcott, très populaire à St. John's à la fin du XIXe siècle). Cinq coquettes chambres aux couleurs différentes sont proposées aux hôtes, dont trois avec salle de bain privée. Pour admirer les plus beaux levers de soleil, rendez-vous au 3e étage dans le salon commun avec balcon. Le matin venu, vous aurez droit à un petit déjeuner incroyable aux saveurs de l'île.

RYAN MANSION BOUTIQUE INN €€€

21 Rennies Mill Road
✆ +1 709 771 4841
www.ryanmansion.com
Occupation double : à partir de 395 CAN $.

Construit au début du siècle dernier, ce manoir vous offre charme, confort et grand luxe. Tout est soigné et pensé dans cette magnifique maison centenaire, dont un bain thérapeutique pour une ou deux personnes dans chacune des chambres et dans la suite. Un établissement haut de gamme pour des vacances sous le signe du luxe. À noter que le bel escalier de l'hôtel fut construit par les mêmes artisans et manufacturiers que celui qui trôna au cœur du *Titanic*.

BAD BONES RAMEN €

178 Water Street
✆ +1 709 237 2200
www.badbonesramen.ca
Ouvert midi et soir du mardi au dimanche. Carte : moins de 25 CAN $.

Ouvert depuis 2017, le restaurant d'Adam Gollop et Jasmine Kean connaît un vif succès. Peu après l'ouverture du petit espace d'une douzaine de places, un déménagement dans un local plus grand s'imposait en raison de l'affluence. C'est chose faite et l'endroit reste tout autant populaire. Au menu, des ramens bien entendu, préparés maison selon les techniques culinaires japonaises avec une touche bien terre-neuvienne. Quelques autres options gourmandes également, comme les tacos de crevettes tempura ou encore les ailes de poulet au chili et à la lime.

CHINCHED €€

5 Bates Hill
✆ +1 709 722 3100
www.chinched.com
Ouvert du mercredi au samedi à partir de 17h (le comptoir deli ouvre dès 11h). Carte : 5 à 70 CAN $. Terrasse.

Aller chez Chinched, c'est un peu comme aller chez un ami qui nous reçoit à la maison. Le slogan de l'endroit : « Venez pour la nourriture, restez... pour la nourriture ! ». Ce restaurant est d'abord et avant tout réputé pour ses saucisses et charcuteries faites maison, lesquelles sont proposées en planche de dégustation (elles sont aussi disponibles pour emporter au deli situé sur place). Le reste de l'ardoise comprend des snacks, des huîtres de la baie Merasheen ainsi que de succulents plats de bistronomie. Une belle adresse !

PORTAGE €€

128 Water Street
✆ +1 709 552 1100
www.portagenl.ca
Ouvert du jeudi au lundi dès 17h. Carte : 10 à 75 CAN $.

Ceux qui ont connu l'excellent restaurant Raymonds ont sûrement été déçus d'apprendre sa fermeture pendant la pandémie. Qu'à cela ne tienne, le chef Ross Larkin, gagnant de l'émission Top Chef Canada en 2018, et Celeste Mah, meilleure chef pâtissière du pays en 2019, ont ouvert ce nouveau spot gourmand en 2022. Petit espace intime, avec la cuisine à aire ouverte près des convives, on y sert des plats de bistronomie sous trois thèmes : les légumes, les protéines et les fruits de mer. L'endroit vaut vraiment le détour pour un bon repas en amoureux ou entre amis.

THE ADELAIDE OYSTER HOUSE €€

334 Water Street
✆ +1 709 722 7222
theadelaideoysterhouse.com
Ouvert tous les soirs dès 17h. Carte : 10 à 65 CAN $.

Difficile de ne pas se faire une idée de la grande spécialité maison en voyant le nom de l'établissement : les huîtres ! Ce sont en effet elles qui attirent les foules ici, servies à l'unité, en douzaine ou plus. Le menu comprend aussi d'autres options, comme les tacos et les wraps, sans oublier une sélection de petits plats qu'on prend volontiers à partager. The Adelaide Oyster House est également réputé pour ses cocktails avec une douzaine de choix pour l'apéro.

BANNERMAN BREWING CO.

90 Duckworth Street
✆ +1 709 747 2337
www.bannermanbrewing.com
Ouvert tous les jours (horaires variables). Terrasse.

Microbrasserie locale de l'est de la ville, Bannerman brewing Co. regroupe trois entités sous son toit. On y brasse des bières artisanales de grande qualité, avec un penchant pour les IPA et les bières sures (l'endroit accueille également des bières invitées sur ses pompes à fût). À cela s'ajoute un café proposant les crus de Pilot Coffee Roasters et Monogram Coffee Roasters, sans oublier le restaurant Najim, finaliste du palmarès enRoute en 2022, et qui propose une cuisine mariant les saveurs du sud-est asiatique à celle de l'est du Canada.

LANDWASH BREWERY

181 Commonwealth Avenue
MT. PEARL
✆ +1 709 368 0220
www.landwashbrewery.com
Horaires variables selon la saison. Terrasse.

Au sud-ouest de St. John's, à Mt. Pearl pour être exact, est établie une microbrasserie qui vaut le détour pour les *beer geeks* de ce monde. De la IPA de style Nouvelle-Angleterre à la Breakfast Stout aux notes de café, les nectars maison sont à découvrir. L'ardoise inclut également des cidres de Newfounland Cider Company et des vins de Benjamin Bridge (Nouvelle-Écosse) et Rosewood (Ontario). Pour les petits creux, Johnny and Mae's Food Truck opère sur place pendant les heures d'ouverture de la microbrasserie. Bonus : une programmation culturelle et musicale.

NO. 4

4 Cathedral Street
✆ +1 709 753 6600
www.no4cathedral.com
Ouvert du mardi au samedi dès 17h.

Logé au cœur du quartier historique de St. John's, No. 4 fait à la fois office de restaurant et de bar (le bar ferme d'ailleurs plus tard que le service du dîner). Dans l'assiette, des plats gourmands qui s'inspirent de la cuisine de type pub avec une touche de bistronomie. Mais ce qui nous intéresse le plus ici, c'est la carte des cocktails qui fait la réputation de la maison avec des dizaines d'options différentes et toutes savoureuses. Beau menu également de bourbons et de scotchs, ainsi que quelques vins servis au verre ou à la bouteille.

QUIDI VIDI ★★

Au pied de Signal Hill, à l'arrière, Quidi Vidi (qui fait partie de St. John's) s'étend le long d'un goulet rocheux reliant le lac Quidi Vidi à la mer. C'est l'un des villages les plus pittoresques de la péninsule d'Avalon avec ses maisons aux couleurs vives, dont certaines datent de 1750, sa petite chapelle et son port de pêche en activité depuis le XVIIe siècle. Le lac Quidi Vidi est le théâtre en été des fameuses régates de St. John's qui se tiennent depuis 1826. Sur un promontoire à l'entrée du goulet, on peut voir les vestiges de la batterie de Quidi Vidi, construite par les Français en 1762 et qui défendait l'accès de St. John's par l'arrière.

MALLARD COTTAGE €€

8 Barrows Road
✆ +1 709 237 7314
www.mallardcottage.ca
Horaires variables. Brunch le week-end. Carte : 10 à 45 CAN $, menu dégustation : 120 CAN $ (accord des vins en sus).

Louangée par la critique et maintes fois figurante dans divers palmarès, cette table gourmande est un pur ravissement. La localisation est extraordinaire, au cœur du village de Quidi Vidi, dans un cottage d'époque avec un intérieur tout en bois. La décoration est inspirée et inspirante. D'énormes ardoises noires annoncent une expérience gourmande fort prometteuse. À faire absolument : le brunch du week-end servi ou le menu dégustation en soirée. Vérifier aussi leurs comptes Facebook et Instagram, chaque nouveau menu y est posté. Gros coup de cœur !

QUIDI VIDI BREWERY

35 Barrows Road
✆ +1 709 330 7822
quidividibrewery.ca
Horaires variables selon la saison. Terrasse.

Microbrasserie locale connue dans toute la province et au-delà, notamment pour sa bière brassée avec une eau provenant des icebergs qui abondent dans la région. Mais la liste des bières s'étend largement, allant de la Stout au beurre d'arachides à la Saison aux framboises, en passant par l'Altbier et la IPA de style Nouvelle-Angleterre. Le salon de dégustation de Quidi Vidi permet de savourer les nectars maison, en rotation selon les saisons. L'équipe tient également une boutique à St. John's, le Quidi Vidi Hops Shop, sur Harbour View Avenue près de Torbay Road.

QUIDI VIDI VILLAGE ARTISAN STUDIOS

10 Maple View Place
✆ +1 709 570 2038
qvvstudios.ca
Horaires variables selon la saison.

Si vous voulez rapporter des souvenirs *100 % made in Newfoundland*, c'est ici qu'il faut venir ! Plusieurs artisans émergents se partagent l'espace qui leur sert d'atelier de création. On peut d'ailleurs les voir au travail sur place. Pour la liste à jour des artisans présents, consultez le site web. Des événements y sont également organisés, notamment le Merry Makers Market Series juste avant le temps des fêtes de fin d'année. Immanquable si vous allez à Quidi Vidi !

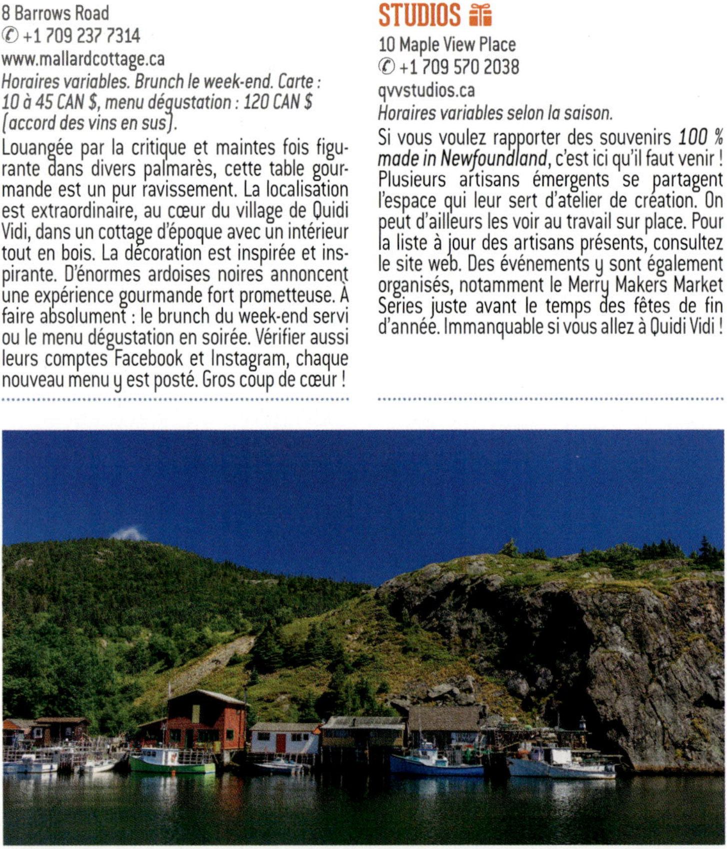

Quidi Vidi.

CAPE SPEAR ★★

Cape Spear (« cap d'Espoir » en français) constitue l'extrémité orientale du Canada, immanquable visite de dizaines de milliers de touristes qui, chaque année, rêvent de se prendre en photo ici pour immortaliser l'exploit. À cet endroit, on est d'ailleurs plus près de Paris que de Vancouver. On y retrouve aussi le lieu historique national du Phare-de-Cap-Spear. Construit en 1836, il fut le deuxième de Terre-Neuve après celui d'Ahmerst, et bien qu'un nouveau phare fut bâti en 1955 pour assurer le boulot, c'est l'ancien qui est ouvert à la visite. Le site est accessible à l'année mais le phare se visite uniquement de juin à début octobre.

LIEU HISTORIQUE NATIONAL DU PHARE-DE-CAP-SPEAR ★★

Blackhead Road ✆ +1 709 772 5367
www.pc.gc.ca/fr/lhn-nhs/nl/spear
Terrains ouverts à l'année, centre d'accueil de juin à début octobre. Adulte : 8,50 CAN $, 17 ans et moins : gratuit.

C'est le plus ancien phare de la province de Terre-Neuve-et-Labrador, surplombant l'océan où défilent des icebergs, baleines à bosse et groupes de marsouins. Aujourd'hui restauré, vous y découvrirez le quotidien d'une famille d'un gardien de phare au XIXe siècle, en plus d'en savoir davantage sur l'histoire maritime de la région. Sur le cap Spear, vous pourrez explorez les vestiges du fort, une batterie de défense côtière datant de la Seconde Guerre mondiale.

PLACENTIA

Riche en histoire, Placentia (Plaisance) fut à l'époque choisie par les colonies de pêcheurs basques en raison de son port bien protégé et de sa plage couverte de cailloux, ce qui facilitait le séchage du poisson. Fait intéressant : à l'arrivée des colons, et pendant 50 ans, Plaisance était la capitale française de Terre-Neuve, alors que St. John's en était la capitale anglaise. Située à 100 km au sud-ouest de St. John's, dans une région boisée du littoral, Placentia continue à prospérer de nos jours. Tout en maintenant le charme de la région afin d'attirer les entreprises, elle reste l'une des communautés les plus pittoresques de la province.

LIEU HISTORIQUE NATIONAL DE CASTLE HILL ★

1 Castle Hill Road
✆ +1 709 227 2401
www.pc.gc.ca/castlehill
Juin à début septembre : lundi-dimanche, 10h-18h. Adulte : 4,25 CAN $, 17 ans et moins : gratuit.

Le lieu historique national surplombe le village historique de Placentia. C'est là que se situent les ruines du Fort Royal, bâti par les Français au XVIIe siècle, rebaptisé Castle Hill par les Anglais, d'où l'on découvre un panorama exceptionnel sur Placentia et sa baie. Le centre d'accueil présente l'histoire du lieu. On pourra gravir la colline aux canons, où subsistent quelques restes du fort, puis gagner le Gaillardin, une redoute construite par les Français.

CAPE ST. MARY'S ★★

Le promontoire de Cape St. Mary's est situé à l'extrémité sud de la péninsule d'Avalon, sur le bras sud-ouest. Jouissant d'une grande réputation en raison de sa réserve écologique de faune, ce cap est probablement l'un des plus connus de la province. L'artiste Otto P. Kelland a d'ailleurs composé une chanson folklorique en son honneur, *Let Me Fish Off Cape St. Mary's*. À la réserve, on retrouve la colonie d'oiseaux de mer (plus de 70 000) la plus accessible en Amérique du Nord. Tout au long de la saison estivale, il ne faut pas manquer le Cape St. Mary's Performance Series, un événement axé sur la musique traditionnelle, les contes, l'art visuel, etc.

CAPE ST. MARY'S ECOLOGICAL RESERVE ★

✆ +1 709 277 1666
gov.nl.ca/ecc/natural-areas/wer/r-csme
Ouvert toute l'année. Centre d'interprétation ouvert de mai à octobre. Entrée libre.

Ce cap baigné par l'Atlantique est l'habitat naturel de plus de 70 000 oiseaux de mer. C'est la réserve ornithologique qui protège la colonie d'oiseaux la plus importante du continent. Le centre d'accueil dispense des informations sur leur mode de vie. De là, un sentier mène à Bird Rock, territoire de la plus grande colonie de fous de Bassan de Terre-Neuve. Les falaises voisines attirent mouettes tridactyles et guillemots. En juillet, on peut aussi apercevoir des baleines à bosse.

FORTUNE ★

Situé sur les rives de la baie du même nom, dans la partie sud de la péninsule de Burin, ce charmant petit village de moins de 1 300 âmes est un havre de pêche réputé. On croit que son nom proviendrait du portugais *fortuna* qui veux dire « port de bonne fortune ». Sa plus grande attraction est la Fortune Head Ecological Reserve, site fossilifère d'importance qui propose des expositions ainsi que des excursions guidées sur le terrain lors de la belle saison. Chaque année, des milliers de touristes transitent par Fortune afin de prendre le ferry pour les îles françaises de Saint-Pierre-et-Miquelon situées non loin dans le golfe du Saint-Laurent.

FORTUNE HEAD GEOLOGY CENTRE

49-51 Bunker Hill Road ✆ +1 709 832 3569
www.fortunehead.com
Juin à septembre. Adulte : 7,50 CAN $ pour les expositions, 20 CAN $ pour les visites guidées. Boutique de souvenirs.

On y présente diverses expositions, toutes en lien avec la géologie : les roches et minéraux, les tsunamis, les tremblements de terre, les prédateurs préhistoriques... La visite guidée vaut le coup, question d'approfondir les thèmes abordés par les expositions. Si vous avez quelques heures devant vous, optez pour une visite guidée sur le terrain. On recommande le Fortune Head Ecological Reserve Tour qui comprend la visite des expositions puis celle de la réserve écologique.

FRENCHMAN'S COVE ★

Cette petite communauté d'un peu moins de 160 habitants a les pieds dans l'eau, aux abords de la baie Fortune, un peu au nord de Fortune dans le sud de la péninsule de Burin. Son occupation remonterait à 1836 d'après le premier recensement de la province, mais selon les rumeurs du coin, des colons français s'y seraient installés dès la fin du XVIIIe siècle. Son parc provincial, qui borde le barachois, est la principale attraction des lieux. Deux belles plages sont à disposition ainsi que 75 emplacements de camping. Juste à côté du parc provincial se trouvent un terrain de golf 9-trous, le Grande Meadows, et un resort, le Grand Fairways.

PORT REXTON

Située non loin de Trinity et accessible par la route 230, la localité de Port Rexton compte quelques centaines d'âmes. Elle fait partie des douze communautés qui composent le Trinity Bight, une zone côtière nichée entre mer et montagnes. Village à vocation touristique, on y retrouve des hébergements, des restaurants et des cafés ainsi qu'une microbrasserie. Les fervents de randonnée ont rendez-vous sur l'un des deux sentiers passant dans les environs : la Skerwink Trail (un des plus beaux sentiers d'Amérique du Nord) et la Fox Island Trail dans le secteur de Champney's West. Finalement, des excursions en bateau sont également proposées.

FISHERS' LOFT INN €€

Mill Road
✆ +1 709 464 3240
fishersloft.com
Occupation double : à partir de 150 CAN $. Petit déjeuner : 20 CAN $, repas du soir : 69 CAN $.

Blottie dans un coin tranquille surplombant le petit port de Ship Cove, cette auberge propose une vingtaine de chambres absolument coquettes réparties selon quatre catégories, dont les suites loft. De sa salle à manger, où est servi le petit déjeuner, on peut apercevoir des baleines et des icebergs en saison (l'endroit offre aussi le dîner sur réservation). Des œuvres d'art décorent les chambres et les aires communes et on peut les acquérir si le cœur nous en dit. À voir également : la boutique d'artisanat et de livres ainsi que les jardins et la serre.

PORT REXTON BREWING CO.

6 Ship Cove Road
✆ +1 709 464 2337
www.portrextonbrewing.com
Horaires variables selon la saison. Terrasse.

Située à l'entrée du pittoresque port de Ship Cove, la microbrasserie Port Rexton offre un cadre typique de ce coin de pays pour savourer une bonne bière maison. Qu'on soit plutôt du type lager légère ou IPA bien houblonnée, on trouve ici chaussure à son pied. Les vendredis et samedis, Oh My Cheeses est sur place pour préparer de succulents *grilled cheese*. S'y ajoute une programmation de soirées quiz, des spectacles musicaux live et autres du genre. À savoir que la microbrasserie tient aussi une boutique de vente à St. John's.

TRINITY ★★

Sur un promontoire qui s'avance dans la baie Trinity, ce village occupe un site pittoresque, au milieu de champs cultivés, en vue du port bien abrité, encadré de rochers. On prend plaisir à se promener dans ses rues, dont les maisons carrées entourées de jardinets ont conservé leur cachet d'antan. Trinity, qui connut la prospérité grâce à ses pêcheries, fut, en 1615, le siège du premier tribunal maritime du Canada, chargé de régler les conflits entre les pêcheurs locaux et les saisonniers. Aujourd'hui Trinity vit de la pêche et du tourisme. C'est aussi un bon point de départ pour l'observation des baleines, présentes sur la côte de mai à août.

TRINITY ECO-TOURS

Church Road
✆ +1 709 464 3712
www.trinityecotours.com
D'avril à novembre. Tarifs selon l'excursion choisie. Réservation recommandée.

Prenez le large avec Trinity Eco-Tours ! À bord d'un Zodiac 12 places ou encore bien installé dans un kayak de mer, découvrez la baie de Trinity, ses splendeurs et sa faune (baleines, dauphins, phoques, macareux, aigles, etc.). On peut aussi garder les pieds sur terre avec les excursions en quad entre rivières, lacs, forêts et collines. Peu importe l'activité choisie, tout l'équipement et le service de guide sont fournis. Cette entreprise tient également une petite auberge de six chambres au cœur du village, question de joindre l'utile à l'agréable.

ARTISAN INN TRINITY €€

57 High Street
✆ +1 709 464 3377
www.trinityvacations.com
Mai à fin octobre. Occupation double : à partir de 125 CAN $, petit déjeuner inclus.

Sans conteste la meilleure adresse pour un séjour à Trinity. L'hébergement se fait dans l'une des chambres ou suites des trois propriétés du Inn, dont deux sont classées au patrimoine architectural. Pour être parfaitement autonome, des maisons de vacances sont également en location. En plus d'être entièrement équipées, elles sont tout simplement superbes ! Son restaurant situé aux abords de la baie, le Twine Loft, offre une cuisine délicieuse, réputée dans les environs. Hautement recommandé ! À noter qu'un minimum de nuitées peut être exigé selon la période.

AUNT SARAH'S CHOCOLATE SHOP

7 Dock Lane
✆ +1 709 436 2015
www.auntsarahschocolate.ca
Ouvert de mi-mai à début octobre (horaires variables). Boutique en ligne également.

Les gourmands feront un arrêt chez Aunt Sarah's pour faire le plein de bons chocolats faits maison. Le chocolat belge avec cœur de *cheesecake* fait partie des meilleures ventes, tout comme celui avec son cœur fondant au caramel avec amande rôtie. Autres délices : les S'mores (guimauve grillée et carré de chocolat entre deux biscuits Graham, des crackers sucrés). L'équipe tient également une autre boutique saisonnière à Rocky Harbour et une permanente à St. John's.

BONAVISTA ★★

Ce village de pêcheurs aux maisons colorées est le plus important de la péninsule. C'est un port très actif, qui fut utilisé par les flottes de pêche européennes (espagnoles, portugaises, françaises et anglaises) durant tout le XVIe siècle, jusqu'à ce qu'il devienne définitivement anglais vers 1600. Au XVIIIe siècle, les Français tentèrent de s'en emparer à plusieurs reprises mais sans succès. Ne manquez pas de faire une promenade jusqu'au phare de Cape Bonavista, site historique provincial, ainsi qu'une visite du lieu historique national du Canada de l'Établissement-Ryan qui commémore le début des pêcheries de la côte est du Canada.

CAPE BONAVISTA LIGHTHOUSE ★

505 Cape Shore Road
✆ +1 709 468 7444
www.seethesites.ca
Ouvert de fin mai à début octobre (horaires variables). Adulte : 6 CAN $.

Une route mène jusqu'à la pointe isolée du cap, promontoire rocailleux battu par les vagues, où s'élève une statue de Jean Cabot, à la gloire du navigateur. Sur le cap, se dresse un phare à rayures rouges et blanches, restauré et meublé comme en 1870. À l'intérieur, exposition sur l'histoire des phares et la vie de leurs gardiens. Du haut du phare, on a une vue impressionnante sur l'océan et la côte rocheuse, et il n'est pas rare d'apercevoir des baleines, habituées de cette côte.

LIEU HISTORIQUE NATIONAL DE L'ÉTABLISSEMENT-RYAN

10 Ryans Hill Road
✆ +1 709 468 1600
www.pc.gc.ca/fr/lhn-nhs/nl/ryan
Juin à début octobre : lundi-dimanche, 10h-18h. Adulte : 4,25 CAN $, 17 ans et moins : gratuit.

C'est en 1869 que James Ryan a acheté la propriété pour y édifier le siège social de la compagnie James Ryan Ltd. Avec ses frères, il créa à Bonavista un empire économique fondé sur la pêche le long des côtes de Terre-Neuve et du Labrador. Cet ensemble de bâtiments traditionnels de bois du XIXe siècle est installé en bordure du port historique de Bonavista. Son exposition multimédia *Morue, phoques et survivants* permet de découvrir 500 ans d'histoire de la pêche sur la côte est du pays.

BONAVISTA ADVENTURE TOURS

18-61 Rutherford Crescent
✆ +1 709 470 8687
bonavistaadventuretours.com
De mai à fin octobre. Adulte : 20 à 160 CAN $ selon le tour choisi. Réservation impérative.

Pour découvrir Bonavista et ses environs, son histoire, son architecture, sa faune et sa flore, cette entreprise de visites guidées est chaudement recommandée. Près d'une dizaine de tours sont proposés, allant de la visite à pied de Bonavista à l'excursion en bateau le long du cap suivie d'un repas cuit sur le feu sur la plage. Des tours sur mesure peuvent être également organisés. Pour un petit creux avant ou après l'excursion, faites un saut à son café, The Quintal Cafe.

RUSSELLTOWN INN & VACATION HOMES €€

✆ +1 888 963 8282
www.russelltowninn.com
Occupation double : à partir de 125 CAN $. Réservation impérative.

Russelltown Inn & Vacation Homes est le bon plan pour loger à Bonavista, et il y en a ici pour tous les goûts ! L'entreprise possède plusieurs propriétés offrant toutes une expérience et des services différents. On a le choix parmi des pods (glamping), des chambres et suites, des appartements et des maisons de vacances. Selon l'unité choisie, de deux à six personnes peuvent y séjourner en tout confort. À noter que le petit déjeuner est inclus pour les chambres et suites.

THE BOREAL DINER €€

61 Church Street
✆ +1 709 476 2330
www.theborealdiner.com
Ouvert de mi-mai à fin septembre (horaires variables). Carte : 10 à 55 CAN $. Terrasse.

Tout beau (on remerciera l'entreprise Bonavista Living & Bonavista Creative pour la restauration de la maison ancestrale Templeman), The Boreal Diner est le rejeton de Sylvie Mitford et Jon Howse. À cette adresse gourmande incontournable du charmant village de Bonavista, on propose une carte axée sur les produits locaux et de saison qui se renouvelle constamment selon les arrivages. La cuisine a des accents internationaux et la présentation des plats est toujours impeccable. Bon plan : le menu spécial 3 services qui permet de faire des économies.

Bonavista.

GLOVERTOWN ★★

Situé sur la côte nord-est de l'île de Terre-Neuve, à quelque 60 kilomètres à l'est de Gander, Glovertown est la porte d'entrée nord du parc national Terra-Nova. C'est d'ailleurs le parc national le plus à l'est au pays et il compte notamment une réserve de ciel étoilé. La localité de Glovertown est également un haut lieu de la pêche au saumon sur la rivière Terra Nova, une des plus grandes de la région. Les activités nautiques ont ici la cote mais pour ceux qui veulent garder les deux pieds sur terre, le Ken Diamond Memorial Park offre plusieurs kilomètres de sentiers, dont une grande partie accessible aux personnes à mobilité réduite.

PARC NATIONAL TERRA-NOVA ★★

Route 1 ✆ +1 709 533 2801
www.pc.gc.ca/terranova
Ouvert à l'année. Adulte : 6,25 CAN $, 17 ans et moins : gratuit.

S'étendant sur 400 km², cette réserve naturelle présente des paysages boisés et vallonnés, rabotés par les glaciers, et un littoral échancré de fjords ou *sounds* (Clode, Newman) ouverts sur la baie de Bonavista et s'enfonçant profondément à l'intérieur des terres. Au début de l'été, les eaux du littoral sont parsemées d'icebergs entraînés par le courant du Labrador. Les eaux des fjords sont fréquentées par les baleines de mai à août.

- **Randonnée pédestre :** le parc possède un réseau de plus de 80 km de sentiers de niveaux de difficultés variés. Plusieurs autres activités de plein air sont proposées (canotage, pêche, visites guidées et programmes, camping, etc.).
- **Newman Sound** : le fjord est un magnifique bras de mer aux rives boisées doté d'une plage. Camping.
- **Presqu'île d'Eastport.** Au nord du parc, par la route 310. Presqu'île superbe aux côtes découpées de falaises, aux petits villages de pêcheurs - Happy Adventure (homarderie), Salvage (musée des Pêcheurs) - et aux plages de sable (Little Sandy Cove).
- **Colline Ochre.** A 20 km de l'entrée nord du parc. Accès par une route de terre de 3 km. Du haut de la tour d'incendie, panorama exceptionnel de 360 degrés sur l'ensemble du parc, ses forêts, ses collines, ses lacs et ses fjords, jusqu'à l'océan.
- **Mont Standford.** En empruntant le sentier du petit port isolé (longueur totale de 48 km en boucle), vous longerez le littoral jusqu'à Newman Sound. A mi-chemin, le sentier se dédouble et un, d'une longueur de 1,5 km, vous mènera au sommet du mont Standford. Une vue exceptionnelle vous y attend.

GANDER

Cette ville moderne est l'une des plus importantes du centre de Terre-Neuve et elle possède un aéroport international. Pendant la Seconde Guerre mondiale, Gander était un aéroport militaire chargé de la défense de l'Atlantique nord et qui servait de base aux opérations contre les U-Boats allemands. L'histoire de l'aviation de Gander est retracée au North Atlantic Aviation Museum. Plusieurs avions d'époque sont d'ailleurs ici exposés sur le terrain extérieur, comme le Beech 18, le Lockheed Hudson Bomber, le Voodoo CF 101 ou encore le Consolidated Canso. Vous pourrez aussi monter à bord d'un vrai DC-3 et vous installer au poste de pilotage.

TWILLINGATE ★★

Les deux îles, Twillingate Nord et Twillingate Sud, reliées entre elles par un pont, sont aujourd'hui rattachées à Terre-Neuve par une digue. Elles abritent une multitude de hameaux de pêcheurs blottis dans les multiples criques de ses côtes festonnées. Une lumière dorée, de douces collines, des falaises, des plages, des anses, des lacs sertis de lichen jaune et une mer d'huile composent un paysage sans cesse renouvelé. Du phare de Long Point à l'extrémité nord de l'île, on découvre un superbe panorama sur les îlots rocheux. On peut même apercevoir des baleines et des icebergs puisque cette zone est l'un des meilleurs postes d'observation.

PRIME BERTH TWILLINGATE FISHERY & HERITAGE CENTRE

1 Main Highway ✆ +1 709 884 2485
www.primeberth.com
Ouvert de juin à fin septembre (horaires variables). Entrée : 5 CAN $. Boutique de souvenirs sur place.

Le musée du capitaine David Boyd se trouve juste après le pont, à l'entrée de l'île sud (cherchez le squelette de baleine). Musée privé, il rend honneur à ses ancêtres, tous des pêcheurs. Il a accumulé une foule d'artéfacts en lien avec ce métier. Des visites guidées sont proposées afin d'en faire le tour. Pour pousser l'expérience plus loin, Dave propose des excursions en mer avec possibilité de pêche et il loue également une belle maison de vacances au cœur du village de Twillingate.

ICEBERG QUEST OCEAN TOURS

52 Main Street
+1 709 884 1888
www.icebergquest.com
De mai à septembre. Plusieurs départs par jour. Adulte : 80 CAN $. Durée : 2 heures. Réservation recommandée.

Une aventure extraordinaire en mer, à la rencontre des icebergs venus du Groenland et des baleines qui fréquentent ces eaux. Bien entendu, il est recommandé de se vêtir chaudement et, surtout, de ne pas oublier son appareil photo. Avant ou après l'excursion, faites un saut au Canvas Cove Bistro situé à même le site (ouvert en saison, tous les jours de 8h à 22h). À savoir qu'Iceberg Quest Ocean Tours opère également depuis la capitale, St. John's.

HARBOUR LIGHTS INN €€

189 Main Street
+1 709 884 2763
www.harbourlightsinn.ca
Ouvert de mai à décembre. Occupation double : à partir de 120 CAN $, petit déjeuner inclus. Forfaits disponibles.

Situé sur l'île nord à quelques pas du centre du village de Twillingate, ce Bed & Breakfast est logé dans une belle grand maison jaune face au port et à la baie (plusieurs chambres ont cette vue). On y propose une dizaine de chambres, dont une familiale, ainsi que quelques suites avec kitchenette. Pour le petit déjeuner, il est servi au restaurant Anny's Harbour Restaurant situé juste à côté (ouvert également midi et soir), et pour l'apéro, on recommande The Wharf situé au même endroit que le restaurant et les tours en bateau de Twilingate Adventure Tours.

SPLIT ROCK BREWING CO.

119 Main Street
+1 709 893 2228
www.splitrockbrewing.ca
Horaires variables selon la saison. Terrasse.

Chouette microbrasserie de Twillingate, tout est brassé ici en petites quantités permettant la créativité et l'exploration. On peut déguster les bières maison au pub Stage Head qui jouxte les installations de brassage. Cream Ale, Bitter anglaise, IPA américaine, ambrée de seigle ou encore Stout aux notes de chocolat noir et café sont entre autres au programme, tout comme un petit menu gourmand de type pub (fish & chips, burger, poutine, etc.). Pour couronner le tout, des spectacles musicaux, des soirées quiz et autres événements thématiques y sont organisés.

AUK ISLAND WINERY

29 Durrell Street
+1 709 884 2707
www.aukislandwinery.com
Ouvert toute l'année : tous les jours en été, la semaine seulement le reste du temps. Visite guidée de mai à septembre.

Un vignoble pas comme les autres, lequel produit des vins à partir de fruits sauvages et plantes de l'île (framboises, bleuets, canneberges, airelles, chicoutai, rhubarbe...). Certaines cuvées incluent aussi de l'eau provenant des icebergs, rien de moins. Le salon de dégustation est ouvert de mai à septembre alors que la boutique accueille ses clients toute l'année. Des produits à découvrir absolument ! Pour prolonger le plaisir, un appartement est offert en location sur place (possibilité d'inclure les repas et des dégustations de vins).

FOGO ISLAND ★★★

On y accède par ferry depuis la localité de Farewell. En 2004, Zita Cobb, une enfant du pays, revient sur son île et décide de fonder une association caritative pour redynamiser ce territoire. Son projet : faire de Fogo Island une sorte de « villa Médicis boréale » en attirant des artistes du monde entier qui viendraient chercher l'inspiration dans ces paysages retirés. Elle fait appel à un autre enfant de Terre-Neuve, l'architecte Todd Saunders, pour créer des studios ultra design destinés à accueillir ces artistes. Celui-ci est également chargé des plans d'un hôtel de luxe, le Fogo Island Inn, qui s'inspire des constructions traditionnelles de Fogo.

FOGO ISLAND INN €€€

210 Main Road
+1 709 658 7260
www.fogoislandinn.ca
Occupation double : à partir de 2 575 CAN $ en pension complète. Réservation impérative.

Le Fogo Island Inn est de ces endroits qui font rêver. Blotti sur l'île du même nom, il rend honneur à la beauté de la région, mais également aux artisans locaux qui ont largement participé à la décoration des lieux et à la conception du menu. Tout est simplement incroyable, de l'architecture de l'hôtel à la vue sublime qu'offrent les suites. Ce n'est certes pas à la portée de toutes les bourses, mais certaines expériences n'ont pas de prix ! Services sur place : restaurant gastronomique, bar-lounge, librairie, petite salle de cinéma, saunas, bains à remous, etc.

CHANNEL - PORT AUX BASQUES ★

En débarquant du ferry à Port aux Basques, le premier contact qu'on a avec ce village de pêcheurs aux petites maisons de bois colorées, accrochées aux rochers du rivage, est déjà un dépaysement : le ciel est plombé, les falaises sont grises, le paysage est désolé et rocheux, tout indique un environnement rude, voire hostile. Cela dit, vous y trouverez une petite communauté fort accueillante de quelques milliers d'âmes. Port aux Basques doit son nom aux chasseurs de baleines venus du Pays basque. Sachant que ceux-ci sont venus s'installer ici au début du XVIe siècle, Port aux Basques peut donc revendiquer être l'une des plus anciennes cités d'Amérique.

J.T. CHEESEMAN PROVINCIAL PARK

Route 1
CAPE RAY
✆ +1 709 695 7222
www.parksnl.ca
Ouvert toute l'année. Entrée : 10 CAN $ par voiture. Camping sur place en saison.

Situé à une dizaine de kilomètres de l'embarcadère de Port aux Basques, d'où partent et arrivent les ferries pour la Nouvelle-Écosse, ce parc est réputé pour sa superbe plage, la Cape Ray Beach, qui s'étend le long du golfe du Saint-Laurent. Plusieurs autres activités sont praticables sur le place comme la randonnée pédestre, le vélo, l'observation des oiseaux, etc. On peut également y camper de la mi-mai à la mi-septembre (environ 90 emplacements).

ST. CHRISTOPHER'S HOTEL €€

146 Caribou Road ✆ +1 709 695 3500
www.stchrishotel.com
Occupation double : à partir de 137 CAN $. Promotions et forfaits disponibles.

L'hôtel St. Christopher's est bien situé, à proximité des centres d'activités de Port aux Basques et de l'embarcadère pour le ferry reliant l'île à la Nouvelle-Écosse. Cet établissement de 83 chambres et suites offre d'ailleurs une vue panoramique sur le port et la mer (certaines unités ont une vue sur la montagne). Plusieurs services sont proposés sur place, notamment un restaurant ouvert tous les jours matin et soir (spécialités de poissons et fruits de mer) ainsi qu'un bar-lounge avec foyer. Une halte parfaite pour ceux voyageant sur le ferry !

DEER LAKE

La localité de Deer Lake est un carrefour majeur où se croisent la Transcanadienne, qui continue jusqu'à Grand Falls-Windsor, et la route 430, qui mène au parc national du Gros-Morne et jusqu'à la pointe septentrionale de Terre-Neuve. Le lac Deer, très poissonneux, possède aussi de belles plages dont la Deer Lake Beach. À la sortie de Deer Lake, la Transcanadienne (route 1) traverse des forêts de pins, de sapins et d'épinettes qui abritent des hordes de caribous et s'étendent autour du lac Sandy, puis surplombent le lac Birchy. La route contourne la baie Halls, qui est un fjord menant à la baie Notre-Dame, véritable dentelle aux myriades d'îles.

PARC NATIONAL DU GROS-MORNE ★★★

Clairement le plus grand attrait de la province ! D'une immense beauté, les paysages de ce parc gigantesque semblent tout droit sortis d'un rêve. Des montagnes sauvages et inhabitées aux îlets, en passant par les fjords et les petits villages de pêcheurs, Gros Morne est un incontournable pour les amoureux de la nature. Plusieurs entreprises proposent des excursions guidées dans le parc, pour une journée ou plus. Pour les plus autonomes, se renseigner au centre d'accueil de Rocky Harbour ou au centre de découverte de Woody Point pour les hébergements et activités. Compter plusieurs jours pour une expérience complète et profiter pleinement du parc.

BON TOURS

Kiosque et billetterie à Norris Point
✆ +1 709 458 2016
www.bontours.ca
Mai à mi-octobre. Adulte : à partir de 48 CAN $. Navette : 10 CAN $ par adulte, 16 CAN $ A/R. Réservation recommandée.

Le ruisseau Western Brook s'est frayé un chemin jusqu'à l'océan en creusant dans les monts Long Range un canyon qui a formé un fjord d'eau douce. Les parois de granite presque verticales qui surplombent la baie Bonne d'une hauteur de 600 mètres sont spectaculaires. Seule une promenade en bateau permet de pénétrer à l'intérieur de ce fjord, vallée glaciaire aux eaux profondes qui s'enfonce profondément à l'intérieur des montagnes. Cette entreprise propose donc diverses excursions en bateau, de jour comme de soir, afin de découvrir cet incroyable site naturel.

PARC NATIONAL DU GROS-MORNE ★★★★

Route 430 ✆ +1 709 458 2417
www.pc.gc.ca/grosmorne
Ouvert toute l'année (services limités de mi-octobre à mi-mai). Adulte : 8,50 à 10,50 CAN $, 17 ans et moins : gratuit.

Joyau de l'île, inscrit au patrimoine mondial de l'UNESCO, ce parc s'étire sur 1 805 km², en bordure de la longue péninsule septentrionale. Il jouit d'une renommée internationale en raison de l'ancienneté exceptionnelle de sa formation géologique, remontant à 1 250 millions d'années, et des paysages grandioses qu'offrent les montagnes tabulaires des Long Range, entaillées de fjords. Sur l'étroite bande littorale, se succèdent petits villages de pêcheurs (Rocky Harbour, Lobster Cove, Baker's Brook, Sally's Cove, St. Pauls), falaises, anses de sable ou de galets. Le parc possède deux reliefs très différents l'un de l'autre : une plaine littorale en bordure du golfe du Saint-Laurent et un plateau alpin constitué par le sommet des monts Long Range. Ils servent d'habitats à une flore et à une faune variées, constituant un assemblage unique d'espèces des zones tempérées, boréales et arctiques.

▶ **Bonne Bay.** Il s'agit là d'un profond fjord d'eau de mer se séparant en plusieurs bras, dont East Arm et South Arm. Le South Arm présente de magnifiques vues sur les villages de pêcheurs surplombés par les hauteurs tabulaires des Tablelands (altitude : 600 mètres), aux roches nues d'ocre rouge sorties de l'écorce terrestre. Près de Woody Point, un belvédère avec panneaux explicatifs offre une large vue de ces formations. Un sentier permet de pénétrer au cœur des Tablelands.

▶ **Lobster Cove Head.** Il est bien connu pour son phare. Son cap comprend des sentiers menant vers des milieux côtiers et des forêts de tuckamores (conifères tordus par les vents marins). Le cap est l'un des meilleurs endroits dans le parc d'où observer les baleines et les couleurs phénoménales d'un coucher de soleil.

▶ **Broom Point.** On y retrouve des installations de pêche traditionnelle qui reflètent la vie des familles de pêcheurs côtiers de Terre-Neuve. Expositions sur la pêche, visites guidées et activités d'interprétation y sont proposées.

▶ **Activités de plein air.** On y pratique entre autres la randonnée (principale activité du parc), le kayak de mer, le vélo de montagne, le ski de fond et la raquette. Avec son réseau de plus de 100 km de sentiers, le parc offre une vingtaine de randonnées de tous niveaux, des promenades faciles à faire en famille aux randonnées les plus difficiles pour marcheurs chevronnés. Quelques randonnées faciles : Broom Point (1 km aller-retour), Chutes Southeast Brook (1 km aller-retour, dans les bois jusqu'à des chutes spectaculaires), Green Point (3 km sens unique, sentier côtier), Etang Berry Head (boucle de 2 km, tourbières, forêt), Etang Berry Hill (boucle de 2 km, étangs, oiseaux, grenouilles), Lobster Cove Head (boucle de 1 km, plage, maison du gardien du phare avec exposition). L'excursion aux Tablelands (4 km aller-retour, difficulté moyenne) permet de voir une géologie et une flore exceptionnelles. La randonnée qui permet d'atteindre le sommet du Gros-Morne (altitude 806 mètres) - 16 km, 7 à 8 heures de marche, niveau difficile - vous fera découvrir une végétation arctique-alpine et une faune particulière (lièvre arctique, lagopède).

▶ **Hébergement.** Le parc compte cinq terrains de camping, des tentes oTENTik de type prêt-à-camper et des chalets rustiques. À noter que des hébergements indépendants sont également offerts par des entrepreneurs privés, notamment à Trout River, Woody Point, Glenburnie-Birchy Head-Shoal Brook, Wiltondale, Norris Point, Rocky Harbour et Cow Head.

Phare de Woody Point, parc national du Canada du Gros-Morne.

GROS MORNE INN €€€

1 Old Trout River Road
✆ +1 709 453 7226
grosmorneinn.com
Occupation double : à partir de 375 CAN $, petit déjeuner inclus.

Ian Stone et Rebecca Bruschett vous accueillent dans leur magnifique auberge au cœur de la nature et des montagnes. Camp de base idéal pour explorer le parc national du Gros-Morne, on y retrouve une quinzaine de chambres, un restaurant aux saveurs locales, une salle de fitness, des bains à remous et un sauna panoramique extérieurs, sans oublier la terrasse pour profiter de la vue. Ian et Rebecca sont également propriétaires de l'entreprise Tour Gros Morne qui propose une foule d'activités et de séjours gourmands, de plein air, etc., en été comme en hiver.

GROS MORNE ADVENTURES

9 Clarke's Lane
✆ +1 709 458 2722
www.grosmorneadventures.com
Juin à début octobre. Tarifs variables selon l'activité choisie. Service de location de kayak de mer et de fatbike.

Cette compagnie propose une foule d'activités de plein air guidées. Qu'on ait envie de prendre le large en kayak de mer ou en Zodiac, de faire une randonnée d'une journée ou un trekking de plusieurs jours, d'apprendre les rudiments de la planche à pagaie ou encore de plonger au cœur de la culture et des traditions autochtones, les options sont ici nombreuses. Certains forfaits permettent de combiner des activités, comme l'excursion en kayak suivie de la visite du Bonne Bay Marine Station Aquarium. Une excellente référence dans le domaine !

PORT AUX CHOIX ★

Ce petit port actif aux maisons colorées occupe un site austère, sur une presqu'île, à 230 km au nord de Deer Lake. La pêche y demeure l'activité dominante. Sur le port, vous pourrez assister à l'arrivée des bateaux de pêche et au débarquement des fameux crabes des neiges, ces crustacés dont la chair est plus fine que celle du homard et qui sont reconnaissables à leurs pattes démesurément longues. La pureté de l'air, la couleur bleu pâle du ciel, celle éclatante de la mer, le sol pierreux où s'accroche une maigre végétation contribuent au charme du lieu malgré sa rudesse. Ne ratez pas le lieu historique national et ses richesses archéologiques.

LIEU HISTORIQUE NATIONAL DU PORT AUX CHOIX ★

Point Riche Road
✆ +1 709 861 3522
www.pc.gc.ca/fr/lhn-nhs/nl/portauchoix
Ouvert de début juin à début octobre : lundi-dimanche, 9h-17h. Adulte : 8,50 CAN $, 17 ans et moins : gratuit.

Ce lieu historique national rend hommage à cette ville qui est le plus important site d'occupation en Amérique du Nord des autochtones de l'Archaïque maritime, dont on a retrouvé des cimetières vieux de 4 500 ans. Mais aussi celui des Paléo-esquimaux des cultures Dorset et Groswater, qui appartiennent à une autre civilisation et dont on a retrouvé des vestiges plus récents (200 à 600 après J.-C.), en particulier des pierres et des os sculptés.

Il ne faudrait pas non plus oublier les Européens, à commencer par les Vikings qui ont brièvement occupé L'Anse aux Meadows juste au nord il y a environ 1 000 ans. Aux XVe et XVIe siècles, les Basques sont venus pêcher le long de la côte ouest de Terre-Neuve où ils ont baptisé bien des sites, dont Port au Choix. De 1713 (traité de paix d'Utrecht signé entre Français et Anglais) à 1904, les Français ont continué de bénéficier du droit de pêcher dans la région de Port au Choix et sur une bonne partie de la côte nord-ouest.

Pour plonger au cœur du sujet, plusieurs activités sont proposées en saison, dont la visite guidée à la découverte des landes calcaires abritant les fossiles du littoral et des plantes arctiques uniques au pays. Un autre programme pratique se voue entièrement aux phoques qui fréquentent cette côte fertile depuis plus de 3 000 ans. On recommande de prévoir au moins deux heures à la visite du site historique, question d'explorer l'ensemble des richesses archéologiques. Sentiers de randonnée sur place.

ST. ANTHONY ★

La route des Vikings (430) s'achève aux abords de cette petite ville (moins de 2 500 habitants) qui occupe un superbe site au fond d'une rade bien abritée, encadrée de sombres promontoires battus par les vents et les vagues de l'océan. Pourvue d'un excellent port, d'un hôpital, de commerces, de lieux d'hébergement, de restaurants, de cafés et d'un aéroport, c'est l'agglomération la plus proche de L'Anse aux Meadows (35 km) et le plus important centre urbain de la région nord-ouest de l'île de Terre-Neuve. Au centre-ville, on peut entre autres admirer des murales en céramique de l'artiste québécois Jordi Bonet au Grenfell Interpretation Centre.

NORTHLAND DISCOVERY BOAT TOURS

West Street ✆ +1 877 632 3747

www.discovernorthland.com

De fin mai à mi-septembre (1 à 3 départs par jour selon la période). Adulte : 70 CAN $. Réservation recommandée.

Depuis plus d'une vingtaine d'années, la famille Alcock propose des excursions en bateau ou Zodiac pour l'observation des icebergs, baleines, dauphins et oiseaux de mer. Diplômé en biologie et fort de ses expériences avec Parcs Canada, Canards Illimités et Conservation Corps NL, Paul Alcock s'occupe de l'interprétation à bord en tant que guide naturaliste senior, alors que Steve Sheppard est à la fois votre capitaine et guide naturaliste. Une excursion guidée à faire absolument !

CROWS NEST INN €€

1 Spruce Lane

✆ +1 709 454 3402

www.crowsnestinn.ca

Occupation double : à partir de 119 CAN $. Tarifs hors saison aussi disponibles.

Sans conteste le plus charmant établissement de St. Anthony, dans une belle maison bleue de campagne surplombant la baie et le port (belle terrasse en prime pour profiter de la vue). La décoration des chambres est simple, un brin champêtre, et elles sont toutes lumineuses. On y retrouve en tout huit chambres pouvant accueillir d'une à trois personnes dans un grand confort. Deux ont également leur entrée privée. Une belle adresse, un peu en retrait de la ville (calme assuré !). À noter qu'un minimum de deux nuits peut être exigé à certaines périodes.

L'ANSE AUX MEADOWS ★★

À la pointe de la péninsule nordique, ce site désolé, ouvert sur une anse rocheuse d'aspect lugubre, souvent envahie de brume, fait partie du patrimoine mondial de l'UNESCO car il prouve l'existence d'une installation scandinave dans le Nouveau Monde aux alentours de l'an mille. Dans ce bout du monde d'une grande austérité, la route dessert plusieurs petites anses isolées et rocheuses, avec quelques cabanes. Profitez également de votre visite au lieu historique national pour aller voir le site animé Nordstead situé non loin. Et si vous désirez passer plus d'une journée dans le coin, le Valhalla B&B et son resto sont chaudement recommandés.

LIEU HISTORIQUE NATIONAL DE L'ANSE AUX MEADOWS ★★★★

Route 436 ✆ +1 709 623 2608

www.pc.gc.ca/meadows

Juin à début octobre : lundi-dimanche, 9h-17h. Adulte : 12,50 CAN $, 17 ans et moins : gratuit.

C'est le seul endroit où on a retrouvé les vestiges d'une colonie viking, considérée comme étant le premier établissement européen en Amérique du Nord. On sait, d'après les légendes, qu'un navire ralliant le Groenland aurait été emporté par une tempête et qu'il aurait aperçu des côtes inconnues. Ayant eu connaissance de ces faits, le fils d'Erik le Rouge, Leif Eriksson (970-1025 environ), aurait organisé une expédition et abordé une région riche en bois, en pâturages et en saumons qu'il nomma Vinland car il y avait trouvé de la vigne sauvage. C'est seulement en 1960 que les explorateurs et archéologues norvégiens Helge Ingstad et Anne Stine découvrirent à L'Anse aux Meadows les vestiges d'un camp viking qu'ils nommèrent camp de Leif et qui fut érigé autour de l'an mille. Il comprenait huit bâtiments et servait de camp de base aux Vikings norvégiens pour leurs expéditions vers les côtes du Labrador, de Terre-Neuve mais aussi vers celles du golfe du Saint-Laurent qui faisaient partie du Vinland. L'Anse aux Meadows était donc un camp établi à l'extrémité nord du Vinland.

Les Autochtones y ont vécu pendant 5 000 ans sans doute en raison de l'abondance des richesses de la mer et de la proximité du Labrador.

L'importance de ce site, classé à l'UNESCO en 1978, tient au fait que c'est le premier et le seul pour l'instant à accréditer la thèse d'une découverte européenne de l'Amérique antérieure de près de 500 ans à celle de Christophe Colomb. D'autres sites en Amérique du Nord étayant cette thèse du Vinland viking sont encore à l'étude, comme le site de Tanfield Valley au Nunavut, l'île Avayalik au Labrador ou plus récemment les restes d'un supposé village viking à Pointe Rosée découverts en 2016 à quelques kilomètres au nord de Channel-Port-aux-Basques (Terre-Neuve).

Le centre d'accueil présente une maquette du site à l'époque des Vikings, une collection d'objets trouvés sur place et un document audiovisuel intéressant sur l'histoire des fouilles, qui constituent une très bonne introduction à la visite du site archéologique. On retrouve également sur place une reconstitution d'un campement scandinave, des sentiers de randonnée et une boutique de souvenirs. Des activités de découverte sont proposées par des guides-animateurs costumés en Vikings, notamment les soirées au coin du feu animées d'anciens contes folkloriques ou encore la reconstitution historique du campement viking auquel on prend part volontiers. Un site incroyable !

RED BAY ★★

Petit village de pêcheurs de moins de 200 habitants, son nom s'inspire des falaises de granit rouge qui bordent la baie du même nom. Ce sont d'ailleurs les Français qui ont nommé ce lieu « Baie Rouge » (en anglais *Red Bay*) au XVIIe siècle. Capitale mondiale de la chasse à la baleine au XVIe siècle, la localité de Red Bay est devenue un lieu historique national inscrit depuis 2013 au patrimoine mondial de l'UNESCO. La visite vaut le détour pour plonger au cœur de cette ancienne industrie lucrative menée par les pêcheurs basques. Des activités de découverte avec guides costumés sont d'ailleurs proposées en saison estivale et plairont à toute la famille.

LIEU HISTORIQUE NATIONAL DE RED BAY ★★

✆ +1 709 920 2142

www.pc.gc.ca/redbay

Ouvert de début juin à début octobre : lundi-dimanche, 9h-17h. Adulte : 12,50 CAN $, 17 ans et moins : gratuit.

C'est l'un des plus anciens complexes industriels du Nouveau Monde, désormais inscrit au patrimoine mondial de l'UNESCO. Red Bay fut autrefois la capitale mondiale de la chasse à la baleine afin d'approvisionner l'Europe en huile pour les lampes et la fabrication du savon. En effet, les baleines noires et les baleines boréales, jadis abondantes au large du Labrador, ont attiré au XVIe siècle les pêcheurs du Pays basque. C'est ainsi qu'une industrie prospère s'est développée sur la côte du Labrador de 1550 à la fin du XVIe siècle. Certains baleiniers sont d'ailleurs parvenus à cumuler des fortunes, alors que d'autres y ont malheureusement laissé leur vie. À la suite de plus de quinze années de recherches archéologiques, une vingtaine de stations de baleiniers ont été mis au jour autour du havre de Red Bay. C'est sans compter les fouilles subaquatiques qui ont permis de découvrir trois galions et plusieurs embarcations basques, remarquablement bien conservés, démontrant les techniques de construction navale employées au XVIe siècle. Plusieurs activités sont proposées sur ce site historique, notamment les aventures des baleiniers basques ou encore les découvertes archéologiques de l'île Saddle, le tout en compagnie de guides-interprètes costumés. Une exposition permet également de découvrir des objets uniques, sans oublier l'activité qui regroupe histoires, musique et petites bouchées basques qu'on appelle « pintxos ». Il faut généralement réserver sa place pour les activités.

BATTLE HARBOUR

Ancien centre économique de la côte sud-est du Labrador pendant deux siècles, la localité de Battle Harbour fut une importante station de pêche et même la capitale du poisson séché et salé. Acquise par le Battle Harbour Historic Trust, elle fut entièrement restaurée dans le but de devenir un site historique reflétant ce qu'était la vie dans ce village au XIXe siècle. Ici il n'y a pas de voitures ni de lampadaires. Et sur cette petite île au large du Labrador, on se croirait vraiment au bout du monde ! Pour s'y rendre, il faut prendre un ferry depuis Mary's Harbour et des séjours en formule tout inclus sont proposés sur le site battleharbour.com.

CARTWRIGHT

Située à l'embouchure de la baie Sandwich, la localité de Cartwright est un important centre de services sur la côte doté également d'un aéroport régional. On atteint cette ville par les routes 510 et 516 depuis Red Bay, et elle marque un des arrêts du ferry reliant Happy Valley-Goose Bay à Black Tickle. Son nom vient du capitaine George Cartwright, un marchand aventurier (fourrures et poissons) installé sur la côte pendant une dizaine d'années à la fin du XVIIIe siècle. Il a d'ailleurs fait l'objet d'un roman dans les années 1990, *The Afterlife of George Cartwright* de John Steffler, lequel fut finaliste pour le prix du Gouverneur général.

HAPPY VALLEY-GOOSE BAY

Située à la jonction des routes 500 et 510, cette petite ville possède un aéroport régional. Elle sert de centre de distribution pour la région côtière du Labrador et de siège régional aux bureaux du gouvernement. Construite sur un plateau sablonneux en 1941, la ville fut créée selon un projet bien précis : celui d'en faire un aéroport servant à l'approvisionnement transatlantique lors de la Seconde Guerre mondiale. Plus récemment, elle a servi de base d'entraînement au vol à basse altitude, et de nos jours elle constitue le domicile de la plus grande base militaire aérienne du nord-est de l'Amérique du Nord, celle des Forces canadiennes BFC Goose Bay.

PARC NATIONAL DES MONTS-TORNGAT ★★★

C'est ici que culmine l'est du pays, à quelque 1 652 mètres avec le mont D'Iberville qui fait partie de cette grande chaîne de montagnes que sont les monts Torngat. Situé en région subarctique, au cœur du pays inuit, ses paysages spectaculaires de fjords découpés par les glaciers, ses imposantes montagnes avec leurs sommets en dents de scie et son incroyable faune (ours polaires, caribous...) en font sa réputation. Pour s'y rendre, il faut atteindre Nain, uniquement accessible par avion ou ferry, et prendre les services d'un guide car il est impossible d'y accéder autrement. Il faut donc prévoir un budget conséquent, mais le jeu en vaut la chandelle !

Parc National des Monts-Torngat.

PARC NATIONAL DES MONTS-TORNGAT ★★★

✆ +1 709 458 2417
www.pc.gc.ca/torngat
Bien qu'il soit ouvert toute l'année, il est mieux de le visiter à la fin de l'hiver, au début du printemps et en été.

Région sauvage éloignée sans aménagements ni accès routier, l'endroit se démarque des autres parcs du pays et on n'y arrive pas par hasard. 9 700 km² de toundra et de montagnes composent le paysage, dont le mont D'Iberville, le plus haut sommet du nord-est de l'Amérique du Nord, situé entre les parcs nationaux des Monts-Torngat (Labrador) et Kuururjuaq (Québec). Comme le disait l'anthropologue Ernest W. Hawkes : « À l'extrémité nord de la côte du Labrador se trouve une chaîne de hautes montagnes arides aux précipices abrupts qui s'enfonce dans les terres depuis la mer et que les Inuits d'autrefois considéraient comme la demeure de l'esprit suprême de leur mythologie. Le nom qu'ils donnaient à cette région, Torngait, signifie « lieu habité par les esprits » et s'explique par la présence de Torngarsoak, qu'ils croyaient maîtriser la vie des animaux marins et qu'ils représentaient sous la forme d'un ours polaire gigantesque. »

Pour s'y rendre, il faut être absolument accompagné d'un guide. Le camp de base des monts Torngat offre des forfaits d'excursion comprenant le vol depuis Goose Bay en direction de Saglek, en passant par Nain, et le transport par bateau depuis Saglek en direction du camp de base situé à St. John's Harbour, dans la baie Saglek. Les repas, l'hébergement et les excursions guidées (randonnée, alpinisme, escalade, kayak, observation de la faune, ski nordique, etc.) sont également inclus. Un séjour d'aventure hors des sentiers battus !

WABUSH

Située non loin du Québec et ville jumelle de Labrador City, connues ensemble sous le nom de Labrador-Ouest, elle est la seule localité de l'ouest de la province à être dotée d'un aéroport, ce dernier étant desservi par les compagnies aériennes PAL Airlines et Pascan Aviation. Elle fut fondée en 1967 avec la devise « *From the Earth We Prosper* » (De la terre nous prospérons). En effet, de 1967 à 2007, l'industrie du minerai de fer domina l'économie locale. Suite à la baisse de la demande, les mines ont fermé leurs portes à Wabush (elles sont toutefois toujours opérationnelles à Labrador City). En voiture, on y accède par les routes 500 puis 503.

LABRADOR CITY

C'est la porte d'entrée ouest de la région du Labrador, alors que la route 389 au Québec devient ici la route 500. Elle est la 2ᵉ ville la plus peuplée du Labrador après Goose Bay. Conséquemment, elle offre de nombreux services tels que de l'hébergement, des restaurants, des magasins, etc., et est desservie par l'aéroport de Wabush. C'est ici que se trouve la plus grande mine de fer à ciel ouvert et la plus grosse usine de bouletage de minerai de fer du continent, l'Iron Ore Company of Canada faisant maintenant partie de Rio Tinto Mines. La devise de la ville est *Kamistiatusset*, un mot en naskapi signifiant « la terre des travailleurs acharnés ».

SAINT-PIERRE-ET-MIQUELON

À 25 km des côtes de l'île de Terre-Neuve, l'archipel de Saint-Pierre-et-Miquelon est le seul territoire français encore présent en Amérique du Nord, dernière parcelle de l'ancienne Nouvelle-France. L'archipel se compose de trois îles principales : Saint-Pierre, le chef-lieu (26 km^2), Miquelon et Langlade (200 km^2) reliées par un isthme de sable. Citons aussi l'île aux Marins, habitée jusque dans les années 1960. Ancien département d'outre-mer puis collectivité territoriale à statut particulier, c'est aujourd'hui une collectivité d'outre-mer (COM). Étonnant de se balader sur la place du Général de Gaulle, ou de faire un brin de causette aux gendarmes qui surveillent avec sérieux le « caillou ». Mais que l'on ne s'y trompe pas, s'il est une enclave française au Canada, ce petit bout de terre possède son caractère bien à lui. On y accède par ferry depuis Fortune à Terre-Neuve ou encore par avion depuis l'Est canadien et même Paris.

Saint-Pierre-et-Miquelon
Miquelon
Grand Étang
Mirande
MIQUELON-LANGLADE ★★
Grand Barachois
Anse du Gouvernement
Petit Barachois
Langlade
SAINT PIERRE ★★★
N 1
5 KM

SAINT-PIERRE ★★★

Bien qu'étant la plus petite île de l'archipel, Saint-Pierre en est le chef-lieu, et c'est ici qu'est installée la quasi-totalité de la population (plus de 5 000 habitants). Ainsi, c'est dans ce petit bout de terre que vous trouverez la plupart des services, établissements hôteliers, restaurants, boutiques et attractions, et c'est par ici que vous arriverez avec le ferry qui relie l'archipel à Terre-Neuve. La ville se trouve sur la côte est de l'île, pratiquement en plein centre, alors que l'aéroport se trouve tout au sud. Quelques routes partent de Saint-Pierre pour rejoindre les autres parties de l'île, lesquelles sont faiblement peuplées.

© JEAN-FRANÇOIS MARIN

Survol de Saint-Pierre-et-Miquelon.

L'ARCHE MUSÉE ET ARCHIVES ★★

Rue du 11 novembre ✆ +33 5 08 41 04 35
www.arche-musee-et-archives.net
Mai à fin octobre. Le reste de l'année : sur rendez-vous en semaine. Adulte : 7 €, avec visite guidée du musée : 10 €.

L'Arche regroupe le musée et le service des Archives. Concernant les expositions permanentes, elles traitent notamment des vestiges préhistoriques découverts dans le sol de l'Anse à Henry et de l'histoire bicentenaire de l'archipel. L'une des pièces les plus notables est une guillotine qui arriva à Saint-Pierre suite à un procès retentissant en 1889. Plusieurs événements culturels y sont organisés, sans oublier les différents circuits touristiques pédestres proposés de mai à octobre.

FORGE LEBAILLY

5 rue du Commerce

Ce bâtiment est une ancienne forge de marine construite en 1878 qui servait notamment à la fabrication d'outils utilisés dans l'industrie de la pêche. L'édifice est maintenant classé monument historique. En 2018, les Forges de Montréal sont venues ici raviver la flamme autour du travail du métal. Cela dit, l'endroit subit présentement des travaux pour sécuriser les lieux et devrait éventuellement ouvrir au public. Le tout sera fait sous forme de parcours touristique et culturel sous l'égide de L'Arche Musée et Archives. À surveiller, donc.

CATHÉDRALE DE SAINT-PIERRE

Place Maurer

La cathédrale historique date de 1690, mais a été détruite par une incendie en 1902. Le bâtiment actuel date de sa reconstruction entre 1905 et 1907. L'architecture intérieure est caractéristique des églises basques avec ses tribunes supérieures, et ses vitraux datent du début du XXe siècle, installés peu après sa reconstruction. Seuls ceux du transept datent de 1967, dévoilés à l'occasion du passage du général de Gaulle qui en était le donateur.

PLACE DU GÉNÉRAL DE GAULLE

Autrefois centre de l'activité économique de l'île de Saint-Pierre, la Place du Général de Gaulle est aujourd'hui bien calme, mais reste encore la place principale de la ville, véritable lieu de rencontre et de rassemblement des habitants. Située juste devant le port de Saint-Pierre, elle est le théâtre de la levée du drapeau et des festivités lors de la fête nationale du 14 Juillet, peut-être plus émouvante encore ici dans ce petit coin de terre français sur les côtes d'Amérique.

ÎLE AUX MARINS ★★

A 10 minutes du port de Saint-Pierre.

Tours guidés offerts par L'Arche Musée et Archives, de mi-mai à mi-octobre. Adulte : 35 €.

Inhabitée depuis les années 1960, l'île aux Marins a autrefois compté près de 600 habitants et constituait un centre économique important de la pêche à la morue. Pour visiter cette île, ses paysages et ses maisons de pêcheurs restaurées, une excursion accompagnée est préférable et permet de passer un moment bien agréable (les départs se font depuis le quai de la navette vers l'île à Saint-Pierre). Pensez au pique-nique ! L'église Notre-Dame-des-Marins est une curiosité, mais n'est accessible que par l'intermédiaire d'un tour guidé. Pour ceux désirant prolonger leur séjour sur place, il est possible de loger dans la maison SPA (capacité de 15 personnes) et la maison Marie-Ange (capacité de 20 personnes), toutes deux entièrement équipées (location disponible seulement de mai à mi-octobre, tarifs par personne, réservation impérative).

Pour en savoir plus sur cette petite île transformée en une sorte d'écomusée des pêcheurs d'autrefois, la visite du musée Archipélitude s'impose qui présente une collection d'objets quotidiens utilisés à l'époque. On ira aussi voir d'autres bâtiments réhabilités, comme la Maison grise (cuisine d'autrefois et salle consacrée aux moteurs à doris) et la Maison Jézéquel aujourd'hui lieu de cafétéria sur l'île mais aussi lieu d'exposition (outils de voilerie et saline de l'ancien temps), la mairie, l'école, le lavoir, le Garage des Pompes ou l'atelier municipal.

Vous pourrez également apercevoir la proue de l'épave du *Transpacific*, un cargo dont la carcasse se déplace au gré des marées.

POINTE AUX CANONS ★

Sur cette pointe, face à la mer, se dressait au début du XVIIIe siècle un fortin destiné à défendre la ville des assaillants. Au XIXe siècle, le fortin n'existe déjà plus, mais est remplacé par une batterie de canon à l'occasion de la guerre de Crimée, qui bien entendu n'est plus en fonction mais garde le port symboliquement. Juste à côté, les Salines sont des cabanes qui servent d'abris à l'équipement des pêcheurs. Puis non loin se trouve un phare accessible à pied. Il n'est pas ouvert au public, mais se trouve au bout d'une jetée propice à une agréable balade.

MUSÉE HÉRITAGE ★★

1 bis rue Maitre Georges Lefèvre

✆ +33 5 08 41 58 88

www.musee-heritage.fr

Mi-juin à mi-septembre : ouvert du mardi au samedi de 14h à 17h. Adulte : 7 €.

Inauguré en 2003 par Roland Châtel et situé en plein centre de Saint-Pierre, un collectionneur passionné, le musée Héritage présente l'histoire de l'archipel du XIXe siècle à travers une dizaine de salles d'exposition présentant les thèmes de la médecine, de l'éducation et de la pêche, par exemple. On y retrouve également de nombreuses pièces de l'époque de la prohibition (1919-1933). Le bâtiment qui abrite le musée vaut à lui seul le déplacement, ne serait-ce que pour son histoire. En effet, le terrain qu'occupe de nos jours le musée fut acheté par François Jacques Mazier en 1862 afin d'y construire une maison en brique abritant un magasin de commerce, un magasin de dépôt et un logement de quatre pièces et cinq chambres. Le bâtiment qui fait face au quai de la Roncière changea de main plusieurs fois au XXe siècle, fut agrandi et éventuellement vendu en 1987. Quinze ans de restauration ont permis au musée d'ouvrir ses portes en 2003. À voir : la belle cour intérieure remplie de marronniers. Chaque année, Roland Châtel propose également un coup de projecteur sur une thématique. Par exemple, en 2018, le tout fut axé sur le fameux doris, un bateau emblématique de l'histoire de la pêche artisanale à Saint-Pierre-et-Miquelon. Véritable espace vivant, le musée informe, sensibilise, collecte et préserve la mémoire des îles. Définitivement un incontournable pour plonger au cœur de l'évolution sociale, économique et religieuse des deux derniers siècles sur l'archipel. Pass individuel pour la saison également en vente.

TOURISME SAINT-PIERRE-ET-MIQUELON

Place du Général de Gaulle

✆ +33 5 08 41 02 00

www.spm-tourisme.fr

Le site web de l'office de tourisme est une mine d'informations pour préparer son séjour sur l'archipel français. Il y a même une application pour smartphones, SPM Exception. Pour des suggestions de circuits et de visites, consultez la rubrique « Idées voyage ». Possibilité de télécharger la brochure touristique. Deux centres d'information touristique sont ouverts au public, un à Saint-Pierre sur la place du Général de Gaulle et l'autre à Miquelon place des Ardilliers.

SITE DE L'ANSE À HENRY ★★★

Tours guidés offerts par L'Arche Musée et Archives, de juin à septembre. Adulte : 25 €.

Situé tout au nord de l'île de Saint-Pierre, face à l'île Grand Colombier, ce site archéologique d'importance, d'une superficie d'environ 8,2 hectares, retrace près de 5 000 ans d'histoire. Les vestiges retrouvés sur place appartiennent à quatre groupes culturels distincts, soit les Amérindiens de l'Archaïque Maritime (3000 à 1200 av. J.-C.), les Amérindiens de l'Indien Récent (an 0 à environ 1500 ap. J.-C.), les Paléoesquimaux Anciens de Groswater (800 à 100 av. J.-C.) et les Paléoesquimaux Récents du Dorsétien (100 à 900 ap. J.C.). Ces dates correspondent à leurs périodes d'occupation, tant sur l'île de Terre-Neuve que dans l'archipel de Saint-Pierre-et-Miquelon. C'est le site de culture arctique le plus au sud que l'on connaisse, en plus d'être l'unique site arctique sur le territoire national français. Son environnement marin très riche, son eau douce potable et ses anses d'accostage avec vue dégagée en firent un emplacement idéal pour l'occupation humaine, sans oublier le gisement de jaspe de Grand Colombier permettant la confection d'outils en pierre. La passe qui le sépare de l'île Grand Colombier accueille chaque année des mammifères marins de toutes sortes dont le petit rorqual (n'oubliez pas vos jumelles et appareil photo). Des randonnées guidées sont proposées par L'Arche Musée et Archives et durent environ quatre heures. Son musée présente également plusieurs artéfacts trouvés sur le site de l'Anse à Henry (chaussures de marche hautement recommandées, de même qu'un coupe-vent).

LE CAILLOU BLANC

2 rue du Maine
✆ +33 5 08 41 49 88
www.lecailloublanc.fr

Le Caillou Blanc est une agence locale spécialisée dans le service touristique sur mesure. Elle saura vous organiser une visite de l'archipel à votre image et selon votre budget. Nombreux services sont disponibles : accueil personnalisé à l'aéroport de Saint-Pierre, programmation de séjour, organisation de visites à la demande, réservation d'activités de loisirs, mise en lien avec des prestataires de services en tous genres, chauffeur privé à la demande, etc. Une excellente référence pour découvrir l'archipel comme un local !

AIR SAINT-PIERRE

✆ +33 5 08 41 00 00
www.airsaintpierre.com

Horaires et tarifs disponibles en ligne. Vol entre Saint-Pierre et Miquelon pour 17,50 € l'aller, 29 € l'aller-retour.

Compagnie aérienne locale, Air Saint-Pierre propose un service de vols réguliers et saisonniers depuis St. John's à Terre-Neuve (45 minutes), Halifax en Nouvelle-Écosse (1h30), ainsi que Montréal (2h45) et les Îles de la Madeleine (1h40) au Québec. Depuis quelques années, un vol direct est même offert entre l'archipel et l'aéroport Paris-Charles de Gaulle (service saisonnier de mi-juin à début septembre, environ 5h30 de vol). Une liaison est également assurée entre Saint-Pierre et Miquelon (15 minutes, pas de vol le dimanche).

SPM FERRIES

Quai de la Douane
✆ +33 5 08 41 08 75
www.spm-ferries.fr

Voir site web pour les horaires et tarifs complets selon la destination.

Service de ferry entre Fortune (Terre-Neuve) et l'île française de Saint-Pierre. Liaisons inter-îles avec Miquelon et Langlade. Consultez le site web ou les contacter afin de connaître les documents officiels requis pour le voyage. Réservation recommandée en haute saison estivale (par téléphone ou courriel). Petit comptoir avec quelques boissons (paiement en euros). Autres billetterie à Miquelon et à Langlade, ainsi qu'à Fortune (Terre-Neuve). Autres services : quatre excursions en mer différentes, au départ de Saint-Pierre.

AUBERGE QUATRE TEMPS €€

Impasse des Quatre Temps
✆ +33 5 08 41 43 01
www.quatretemps.com

Occupation double : à partir de 112 €. Petit déjeuner en sus (6 €).

Situé dans un quartier calme de la ville, au pied de la montagne, l'Auberge Quatre Temps est à quelques minutes à pied seulement du centre de Saint-Pierre. Ses chambres ont entièrement été rénovées il y a quelques années et il est également possible de louer un des deux studios avec kitchenette. Il faut aussi souligner son restaurant qui propose une cuisine gastronomique et traditionnelle française, ainsi que des plats créoles (service de restauration sur demande). Autres services sur place : terrasse, buanderie, wifi gratuit, service de navette, etc.

NUITS SAINT-PIERRE - HÔTEL UNIQUE €€

10 rue Général Leclerc

+33 5 08 41 20 27

www.nuitssaintpierre.com

Occ. double : à partir de 95 €, petit déjeuner inclus (5 € en sus pour un petit déjeuner chaud). Forfaits disponibles.

Probablement l'hôtel le plus cosy de l'archipel. L'ambiance est feutrée, l'atmosphère est romantique avec des noms de chambre évocateurs tels que Lamartine, Molière, Proust et Ronsard. Uniquement quatre chambres et une suite pour cet hébergement d'exception, unique en son genre à Saint-Pierre. Durant votre séjour, faites un saut du côté de son restaurant situé au rez-de-chaussée de l'hôtel, le Café de la Gare, qui propose une cuisine méditerranéenne.

TERRASSES DU PORT €€€

Quartier des Graves

+33 5 08 41 17 00

www.tdpspm.com

Occupation double : à partir de 147 €, petit déjeuner inclus.

Ce nouveau complexe hôtelier est le nec plus ultra dans l'archipel ! Situé dans le secteur du Quartier des Graves, juste en face du port de plaisance, il propose des chambres et suites impeccables, dont certaines munies d'une kitchenette ou d'une cuisine complète et même d'une terrasse privative. Sur place, les services sont nombreux : restaurant de fine cuisine (brunch le dimanche), centre sportif (cours de yoga, Pilates, zumba, fitness, etc., aussi offerts), centre de santé spa (soins, bain à remous, hammam, sauna, fontaine à glace, douche sensorielle). Le top !

LE TINPEU €

+33 5 08 55 79 90

Horaires variables. Carte : moins de 25 €.

Le Tinpeu est un *food truck* de restauration rapide à Saint-Pierre. Au programme, plein de petits plats gourmands pour combler les petits comme les grands appétits avec des snacks (frites, poulet popcorn, etc.), des wraps (poulet, kebab), des tacos (poulet pané, viande kebab, etc.) et des burgers (poulet, bœuf ou végé, nombreuses options dans chaque cas). On peut choisir seulement le plat ou alors le prendre en formule « menu » qui inclut en plus des frites et un breuvage. Pour savoir où et quand trouver ce *food truck*, suivez la page Facebook.

LE FEU DE BRAISE €€

14 rue Albert Briand

+33 5 08 41 91 60

www.feudebraise.com

Lundi-dimanche, 12h-13h30 & 19h-21h30. Plats à la carte : moins de 25 €. Pizzas pour emporter également.

Dans une des rues les plus animées de la ville, ce restaurant propose une cuisine traditionnelle française aux accents du terroir. La carte est variée et plaira à tous les gourmands : en entrée, le gratin d'escargots aux champignons et lardons ou encore le foie gras de canard maison avec chutney aux fruits secs ; en résistance, les coquilles Saint-Jacques de Miquelon à la crème de soja et à l'aneth ou bien le civet de cerf aux canneberges ; en dessert, le trio de sorbets ou les profiteroles maison. Belle sélection de pizzas également et l'accueil est chaleureux !

BOULANGERIE-PÂTISSERIE DES GRAVES

Quartier des Graves

+33 5 08 41 49 24

Mardi-samedi, 6h-18h ; dimanche, 6h45-17h.

Ça bouge décidément bien dans le secteur du Quartier des Graves avec des nouvelles adresses dignes de mention. C'est le cas de cette boulangerie-pâtisserie qui fait le bonheur des lève-tôt venus chercher leur baguette du matin ou encore des gourmands en quête de pâtisseries décadentes à se mettre sous la dent. Et chaque jour a ses pains spéciaux comme, par exemple, la baguette aux noix le mercredi, la fougasse le samedi et le pain rhum, raisins et vanille le dimanche. Que du bon !

LE TIRE BOUCHON

Rue Amiral Muselier

+33 5 08 41 98 00

www.letirebouchonspm.com

Lundi-samedi, 10h-12h & 14h-19h (de 14h à 19h le lundi en été) ; dimanche, 10h-12h.

À la fois caviste et épicerie fine, cette adresse vous permettra de faire le plein de vins, champagnes, bières, cidres, eaux-de-vie et spiritueux du Vieux Continent. Des accessoires pour le vin sont également en vente (verres, carafes, tire-bouchons, etc.). Côté épicerie fine, une foule de succulents produits garnissent les étalages tels que des chutneys et confits, des terrines, du foie gras, des assaisonnements, des plats cuisinés (confit de canard, coq au vin, paupiettes de veau...) et bien d'autres délices. Une adresse gourmande comme on les aime !

MIQUELON-LANGLADE ★★

Au nord de l'île de Saint-Pierre, se trouvent deux îles reliées par un banc de sable de 12 km de long : Langlade au sud et Grande Miquelon au nord. La première est inhabitée, mais la seconde abrite le petit village de Miquelon et ses habitants presque tous descendants de Basques, Bretons, Normands et Acadiens (ces derniers sont arrivés sur l'île suite au Grand Dérangement). Son histoire est intimement liée à la colonisation de l'archipel par les Terre-Neuvas et la pêche à la morue. Vous pouvez choisir de visiter ces deux coins de pays lors d'une excursion à la journée ou encore de loger à Miquelon. Sensation de bout du monde garantie !

ÎLE DE LANGLADE ★★

Sa superficie s'étend sur 91 km² et elle est reliée à l'île de Grande Miquelon par un isthme sableux où on retrouve de nombreuses épaves de bateaux (une route traverse l'isthme). Langlade est peu boisée en raison de la surexploitation forestière et on y retrouve qu'une seule rivière, la Belle Rivière. Ses falaises abruptes qui se jettent dans la mer offrent toutefois un superbe spectacle. Inhabitée à l'année, on retrouve cependant quelques résidences secondaires dans le secteur de l'Anse du Gouverneur, lieu de vacances paisible des insulaires.

CAP DE MIQUELON ★

Au nord de la commune de Miquelon, ce cap est de toute beauté et présente une géologie particulière, avec des falaises atteignant les 100 mètres. Il va sans dire que le panorama est à couper le souffle ! Accessible à pied depuis Miquelon (début un peu abrupte), la balade dure quelques heures, voire plus si on prend son temps pour profiter des magnifiques paysages. Des randonnées guidées sont proposées par la Maison de la Nature et de l'Environnement et le Centre d'information touristique de Miquelon et comprennent l'accès à l'exposition permanente de la MNE.

ÉGLISE NOTRE-DAME-DES-ARDILLIERS ✞

Rue Anne Clair du Pont de Renon

Entrée libre.

Construite entre 1862 et 1865, l'église catholique de Miquelon figure aux Monuments historiques depuis 2011. Réalisée entièrement en bois, elle est surmontée d'un toit à deux pans et d'un clocher. La charpente de la toiture fut préfabriquée en métropole avant d'être envoyée à Miquelon pour l'assemblage. À l'intérieur, on retrouve une belle peinture faite par Yvette Detcheverry ainsi que de superbes vitraux du maître-verrier Fabien Schultz. À voir !

ISTHME DE MIQUELON-LANGLADE ET GRAND BARACHOIS ★★

Reliant Langlade à Grande Miquelon, ce cordon littoral sableux mesure 12 kilomètres de long et une route le traverse entièrement (elle relie la commune de Miquelon au nord de la presqu'île de Langlade). Une partie est d'ailleurs protégée par le conservatoire du littoral. L'isthme est apparu à la surface de l'eau vers la fin du XVIIIe siècle et fut renforcé par les nombreux bateaux (plus de 600 !) échoués aux alentours. Les insulaires vous raconteront sûrement plusieurs histoires de fantômes et de trésors cachés liés à ces échouages.

Au nord de l'isthme se trouve une belle lagune peu profonde d'une superficie de 9 km² surnommée le Grand Barachois. On appelle barachois une lagune d'eau saumâtre séparée de l'océan par une dune de sable, en l'occurrence ici nommée Buttereaux. La lagune est un site notable de reproduction des phoques, sous l'œil de nombreuses espèces d'oiseaux et de quelques chevaux en liberté qui fréquentent les lieux.

Des excursions guidées sont proposées par la Maison de la Nature et de l'Environnement (entrée à l'exposition permanente de la MNE incluse), mais aussi des sorties en Zodiac dans le Grand Barachois avec l'association Phoca. La commune de Miquelon-Langlade vous accueille également dans l'Observatoire du Grand Barachois. Profitez d'une vue panoramique sur l'ensemble du site, lequel est un lieu privilégié pour l'observation des phoques et des oiseaux migrateurs. L'Observatoire est ouvert librement à tous, à condition de respecter quelques règles.

MAISON DE LA NATURE ET DE L'ENVIRONNEMENT

Place des Ardilliers

✆ +33 508 41 61 87

Ouvert du lundi au vendredi et le samedi lors des vacances scolaires. Adulte : 7 €, incluant la visite guidée : 10 €.

Cet espace muséographique invite à explorer la riche biodiversité de l'archipel. Si cette Maison de la Nature et de l'Environnement a vocation à émerveiller, expliquer, surprendre ou amuser, elle ne remplace en rien une véritable exploration de l'archipel. Muni du *Guide Nature,* guide de randonnées publié par la MNE, ou bien au cours d'une « éco-balade » avec un guide naturaliste, on partira sur les sentiers à la rencontre de cette biodiversité unique et des acteurs qui la côtoient.

MIQUELON ★

Peuplée d'un peu moins de 600 habitants (si on inclut toute la commune de Miquelon-Langlade, deuxième de l'archipel après Saint-Pierre), Miquelon est une commune dont l'histoire et la culture sont proches de celle de l'Acadie. Quelques années après la déportation de 1755, plusieurs centaines d'Acadiens y cherchèrent refuge. C'est à Miquelon qu'on retrouve à peu près tous les services, du bureau d'information touristique aux hébergements, en passant par le ferry vers Saint-Pierre, les adresses gourmandes et les points d'intérêt.

MUSÉE DE MIQUELON

5 rue Sourdeval

Ouvert de mai à octobre. La visite du musée est incluse dans le tour guidé « Histoire et Patrimoine » de la MNE.

Remontez le temps en découvrant les divers objets qu'utilisaient leurs ancêtres dans la première partie du XXe siècle. Au rez-de-chaussée, cinq thèmes principaux de la vie courante sont représentés : la maison familiale, la saline de pêche, l'atelier, l'étable et les vestiges de naufrages. A l'étage on retrouve une reconstitution du laboratoire de développement photo du Docteur Louis Thomas, une maquette créée par Joseph Orsiny sur le travail de la morue à l'époque, et une exposition sur le thème de la philatélie. Un véritable témoin de l'histoire miquelonnaise !

STÈLE ACADIENNE

Ce monument commémoratif installé dans le village de Miquelon rappelle l'odyssée du peuple Acadien de 1755 au début du XIXe siècle. L'archipel attira les Acadiens suite au Grand Dérangement. Malheureusement, le salut sera de courte durée. Beaucoup seront déportés vers la France à partir de 1767 sur ordre des autorités françaises qui craignent d'être dépassées par l'afflux de réfugiés, puis de nouveau en 1793 suite à l'invasion anglaise. Après la rétrocession définitive des îles à la France en 1816, les Acadiens seront nombreux à venir s'y réinstaller.

TOUR DU BARACHOIS EN ZODIAC

2 rue des Bretons

✆ +33 508 55 65 78

Tous les jours de juillet à septembre, sur demande les week-ends de mai à octobre. Adulte : 30 €.

L'association PHOCA vous propose des excursions à bord de son Zodiac à la découverte du Grand Barachois de Miquelon. Le départ se fait depuis le village de Miquelon où vous monterez à bord d'un bus avant de rejoindre votre embarcation et le grand large. Une superbe excursion avec guide naturaliste pour découvrir la lagune et le Grand Barachois, mais aussi pour observer les phoques et les oiseaux de mer qui fréquentent abondamment les environs. A faire !

AUBERGE DE L'ÎLE €€

47 rue Sourdeval

✆ +33 5 08 41 67 00

www.aubergemiquelon.com

Occupation double : à partir de 88 €, petit déjeuner continental inclus.

Etablissement hôtelier construit en 2012, cette charmante auberge propose six coquettes chambres dans une ambiance des plus chaleureuses. En plus de l'hébergement, plusieurs services y sont offerts comme, par exemple, la restauration (plats du jour à la demande des clients, paniers pique-nique, service crêperie – restauration sur réservation hors saison), la location de vélos et le tour de l'île en minivan. Possibilité de formule en demi-pension et des forfaits pour les longs séjours sont également proposés. Une chouette adresse !

YUKON

Terre sauvage de près de 500 000 km^2 répartis au nord de la Colombie-Britannique, entre l'Alaska à l'ouest, les Territoires du Nord-Ouest à l'est et l'océan Arctique au nord, le territoire représente moins de 5 % de la surface totale du Canada. Ici le climat, l'eau (Yukon signifie « Grande Rivière » en langue autochtone), la montagne, les conifères et les nombreux animaux partagent une paix que viennent rechercher de rares touristes. On y retrouve d'ailleurs le plus haut sommet du Canada, le fameux mont Logan (5 959 mètres). Tout comme l'État voisin de l'Alaska, le Yukon fut une terre d'aventures pendant la brève et ravageuse ruée vers l'or du Klondike. Le Yukon semble s'être refermé après le passage de cette marée humaine, arrivée du monde entier dans l'espoir de faire fortune. Aujourd'hui, ce territoire du Nord canadien compte environ 40 000 habitants et près de 20 000 ours (toutes espèces confondues).

Eagle
TOMBSTONE TERRITORIAL PARK ★★
Boundary
DAWSON ★★★
Elsa
KENO CITY
Mayo
Eureka Creek
Stewart Crossing
Coffee Creek
Pelly Crossing
Minto
BEAVER CREEK
Donjek
CARMACKS
Aishihik
Burwash Landing
DESTRUCTION BAY
Kynocks
PARC NATIONAL ET
RÉSERVE KLUANE
Haines Junction
WHITEHORSE ★★
Mount Lorne
Klukshu
CARCROSS
ÉTATS-UNIS
ALASKA
574

100 KM
Yukon
Keele
Stewart
Lansing Post
Faro
Ross River
Tungsten
n Crossing
Yukon City
Tuchitua Camp
Teslin
WATSON LAKE
Swift River
Lower Post
COLOMBIE-BRITANNIQUE

PAGES

Bordé à l'ouest par l'État américain de l'Alaska et au sud par la Colombie-Britannique. D'ouest en est, se dessine la nature sauvage du Kluane National Park, puis Whitehorse, capitale née grâce aux chercheurs d'or épuisés par leur traversée des montagnes, lacs et rivières depuis Skagway en Alaska. Le sud-est du Yukon est peuplé de forêts boréales sillonnées de rivières dans la région de Watson Lake.

C'est dans la région de la rivière Klondike, plus précisément dans le ruisseau Bonanza, que de l'or fut trouvé. La nouvelle se répandit bien vite et bien loin. Aussitôt, le Klondike et la future ville de Dawson City sont pris d'assaut par des milliers de prospecteurs venus tenter leur chance. Parmi eux, le jeune écrivain Jack London décrira la rudesse extrême du voyage.

WHITEHORSE ★★

Au pied des montagnes Big Salmon Range, avec à l'ouest et au sud la chaîne côtière, Whitehorse est née après la découverte d'or au Klondike, pendant la fameuse ruée vers l'or de 1898. Pour faciliter l'accès aux mines, un chemin de fer fut construit reliant Skagway en Alaska au territoire. Après le déclin de Dawson City, Whitehorse devient la capitale du territoire du Yukon en 1950 puis son siège administratif. Forte du tourisme, des milliers de visiteurs y font escale avant d'explorer la nature sauvage du Yukon. Cette ville de plus de 25 000 habitants accueille une communauté artistique vivante, des activités et des festivals hauts en couleur.

Transports

▸ **La ville de Whitehorse est desservie par un aéroport international**, Erik Nielson Whitehorse International Airport, lequel dessert notamment Fairbanks (Alaska) et plusieurs villes canadiennes. Pour rejoindre le centre-ville, il faut prendre le taxi (Whitehorse Taxi, Yukon Cab, etc), Uber ou le transport en commun avec la ligne de bus 3 de Whitehorse Transit. Dans la ville même, Whitehorse Transit propose 7 lignes de bus.

▸ **Vous pourrez louer une voiture au centre-ville** (quelques compagnies présentes), pour parcourir l'une des 3 routes emblématiques du Yukon : Haine Road reliant Haines Junction (Yukon) au village Haines (Alaska), Klondike Highway reliant Skagway (Alaska) à Dawson City (Yukon), trajet autrefois emprunté lors de la Ruée vers l'or, et Alaska Highway reliant Dawson Creek (Colombie-Britannique) à Fairbanks.

▸ **Haines Highway.** La Haines Highway relie Whitehorse au village de Haines (Alaska) sur près de 390 km. La distance entre Haines Junction, au Yukon, et Haines, en Alaska, est de 240 km. Outre la beauté de cette route, c'est l'occasion de se plonger dans l'ambiance d'un village de pêche typique un peu en dehors du flux touristique important. Un petit détour qui en vaut la peine...

▸ **Klondike Highway.** Cette route mythique suit le trajet emprunté lors de la ruée vers l'or. Celle-ci relie Skagway, en Alaska, à Dawson City au Yukon. La route est ouverte toute l'année. Le tronçon Whitehorse-Skagway est probablement l'une des plus belles routes de l'ouest. Sur 180 km, les conditions de conduite sont excellentes. La route passe entre la Chilkoot Trail et le White Pass.

LIEU HISTORIQUE NATIONAL DE LA PISTE-CHILKOOT ★★★

300 Main Street
✆ +1 867 667 3910
www.pc.gc.ca/chilkoottrail
Compter 61,30 CAN $ par adulte et 30,60 CAN $ pour les enfants de moins de 16 ans.

Le Chilkoot Trail fut la porte d'entrée principale vers la région aurifère du Klondike lors de la ruée vers l'or de 1896-99. Cette piste escarpée, utilisée auparavant par les commerçants de la tribu tlingit, fut littéralement prise d'assaut par les aventuriers venus des quatre coins des Etats-Unis fraîchement débarqués à Skagway, en Alaska. A quelques kilomètres à l'ouest de Skagway, dans la ville aujourd'hui fantôme de Dyea, commençait un épuisant périple de 33 miles (53 km) de long à travers la Chaîne côtière et le fameux col du Chilkoot. La piste conduisait au Canada, dans la ville de Bennett, en Colombie-Britannique, devenue elle-aussi ville fantôme aujourd'hui. On ne restait à Bennett que le temps nécessaire pour acheter ou construire une embarcation, puis on se jetait à l'eau pour filer sur la Yukon River à destination de Whitehorse puis de Dawson City, où se trouvait l'or. Avec l'avènement du train de la vallée voisine de la White Pass en 1899, le Chilkoot Trail tomba en désuétude, tout comme Bennett.

La piste Chilkoot se parcourt encore de nos jours, tant du côté américain que canadien, et elle fait l'objet d'une protection internationale par les deux pays voisins. Mettre ses pas dans ceux des enfiévrés du Klondike, qui payèrent parfois de leur vie cette aventure insensée, est une expérience inoubliable. Mais l'ascension ne s'improvise pas et le site Internet de Parcs Canada vous donne les informations nécessaires à sa préparation.

LIEU HISTORIQUE NATIONAL S.S. KLONDIKE ★★

300 Main Street ✆ +1 867 667 4511
www.pc.gc.ca/ssklondike
En cale sèche près du Robert Campbell Bridge. Ouvert de mai à septembre, de 9h30 à 17h. Entrée gratuite.

Visite d'un bateau à aubes, en service de 1929 à 1955, pour le transport des passagers et du minerai le long de la Yukon River. Aujourd'hui installé à quelques mètres du fleuve, le bateau se visite des cales aux cabines, en passant par les cuisines et la salle de restaurant, décorées d'objets anciens qui font revivre l'ambiance des lieux lors de son âge d'or. Le faste des cabines de 1re classe en dit long sur les fortunes qui se sont bâties dans la première moitié du siècle dernier.

MACBRIDE MUSEUM ★

1124 Front Street
✆ +1 867 667 2709
www.macbridemuseum.com
Ouvert en été tous les jours de 9h30 à 17h30, en hiver du mardi au samedi de 10h à 16h. Entrée adulte : 12 CAN $.

Ce bâtiment, en rondins de bois et au toit de terre, est le gardien de la mémoire de tout le territoire du Yukon depuis la Préhistoire. Les collections sont présentées de façon attrayante ; c'est le lieu idéal pour débuter son périple au Yukon et pour en comprendre l'histoire mouvementée des Premières Nations jusqu'à la ruée vers l'or du Klondike, et bien plus encore. L'enceinte du musée renferme la cabane en rondins de Sam McGee. Celui-ci devient le personnage du plus fameux poème de Robert W. Service, le « barde du Yukon », *The Cremation of Sam McGee*.

MILES CANYON ★★

68 Miles Canyon Road
✆ +1 867 668 4716
www.yukonrivercruises.com
Tous les jours en été. Croisière : 80 CAN $ par adulte, 65 CAN $ par enfant. Réservation recommandée.

A l'origine appelé « Grand Canyon », un certain Fredrick Schwatka (explorateur américain) renomma l'endroit « Miles Canyon », en juillet 1883, en hommage au général Nelson Miles. A bord du *MV Schwatka*, des croisières de deux heures partent dans les eaux bleutées de Miles Canyon. La navigation s'est considérablement simplifiée depuis la création, en 1926, d'un barrage qui assagit les Whitehorse Rapids de la Yukon river en formant le Schwatka lake. Lorsque Jack London, célèbre écrivain et aventurier américain, et les dizaines de milliers de chercheurs d'or descendirent ce défilé, naviguant entre les parois de basalte rosé, l'aventure était autrement plus risquée qu'aujourd'hui, ce qui valut au Miles Canyon le surnom de « 5 miles of foaming hell » (5 miles d'enfer moussant). En 1898, plus de 300 bateaux firent naufrage dans ces rapides. Au sud du Schwatka lake et de ce canyon, la ville fantôme de Canyon City fut pendant trois ans seulement le point de départ de cette expédition et elle fut même reliée à la ville de Whitehorse par un tramway de 8 kilomètres afin d'éviter les dangers de la navigation. La ville tomba en désuétude avec l'apparition du train de la White Pass en 1899-1900, reliant Skagway (dans l'État de l'Alaska, aux États-Unis) à Whitehorse et il n'en reste pratiquement rien aujourd'hui. De nombreuses randonnées gratuites vers Canyon City le long du Miles Canyon sont organisées pendant l'été par la Yukon Conservation Society (302 Hawkins Street, Whitehorse - www.yukonconservation.org).

NORTH END GALLERY

118-1116 Front Street
✆ +1 867 393 3590
www.yukonart.ca
Lundi-samedi, 10h-18h ; dimanche, 12h-16h.

North End est une galerie d'art avec beaucoup d'objets et de sculptures fabriqués par les Premières Nations. La galerie possède une grande variété de peintures et toutes sortes d'artisanat provenant d'artistes locaux du Yukon. Vous pourrez y voir de l'ivoire de mammouth, des pépites d'or retrouvées dans la région, des perles des Premières Nations, de la poterie, des sculptures de bois et même de précieux bijoux. N'hésitez pas à y faire un tour, cela vaut le détour pour le plaisir des yeux. Plus qu'une galerie d'art, vous pouvez acheter des objets sur place.

TAKHINI HOT POOLS ★

Takhini Hotsprings Road
✆ +1 867 456 8000
Ouvert tous les jours de l'année jusqu'à 22h. Tarif : 12 CAN $ par personne.

Le complexe des sources thermales Takhini est un lieu tout indiqué où passer quelques heures à une journée complète. En plus de ses piscines d'eaux chaudes où il est bien agréable de se plonger lorsque la température extérieure est fraîche, le site comprend également un très bon café/restaurant aux accents français (goûtez les délicieuses crêpes maison), un terrain de camping, des promenades équestres et une aire de pique-nique. Les bassins sont fraîchement rénovés. Un concours de cheveux gelés a lieu ici chaque année en février.

YUKON BREWING

102 Copper Road
✆ +1 867 668 4183
www.yukonbeer.com
Ouvert tous les jours de 11h à 18h. Visite guidée tous les jours (sauf dimanche) à 14h, 10 CAN $ par personne.

Pour les amateurs de bières, c'est l'endroit idéal pour une pause. La brasserie a ouvert ses portes en 1997 sous le nom de Chilkoot Brewing Company. Vous serez sans doute surpris par le fait que cette microbrasserie fonctionne de façon encore assez artisanale malgré sa présence sur tout le territoire du Yukon. Yukon Brewing offre des visites guidées de 45 minutes environ, très intéressantes et accompagnées de plusieurs dégustations de bières. Une boutique sur place ravira ceux qui aimeraient rapporter un petit souvenir chez eux.

BEEZ KNEEZ BACKPAKERS €

408 Hoge Street
✆ +1 867 456 2333
www.bzkneez.com
Chambre partagée : 40 CAN $, chambre privée : à partir de 85 CAN $.

En plein centre-ville de Whitehorse, on y est comme chez soi. Un vrai moulin et un accueil chaleureux (en français également). L'auberge de jeunesse Beez Kneez Backpackers propose deux chambres de 4 personnes, une de 6 personnes, des chambres de 2 ou 3 personnes et trois cabines privées disponibles en été. Vous trouverez également à votre disposition un barbecue, une cuisine équipée, un jardin, un lave-linge, un coin livre avec des jeux de société et un bon réseau Internet. Tous les jours, le café et le thé sont servis à l'accueil.

HOT SPRINGS CAMPGROUND & HOSTEL €

Takhini Hotsprings Road
✆ +1 867 456 8004
yukoncampground.com
Ouvert toute l'année. 45 CAN $ en dortoir. 150 CAN $ en chambre privée. Emplacement tente : 40 CAN $ par nuit.

Idéalement situé à 30 minutes du centre-ville de Whitehorse et à quelques minutes à pied des Takhini Hot Springs (sources d'eau chaude), ce camping et hostel est une solution idéale pour les petits budgets et ceux qui aiment se retrouver en pleine nature. Été comme hiver, vous pourrez planter votre tente sur l'un des emplacements disponibles ou garer votre camping-car dans les bois. L'auberge compte 20 lits et dispose d'une grande salle à manger.

MIDNIGHT SUN B&B €€

6188 6th Avenue
✆ +1 867 667 2255
midnightsunbb.com
Chambres de 99 à 199 CA$, petit déjeuner inclus. Forfaits et visites guidées disponibles.

Très bon emplacement en centre-ville, dans une rue résidentielle, à 5 minutes de la Yukon river et de la vibrante *Main Street*. Ce Bed & Breakfast moderne et confortable est tenu par un couple d'émigrés égyptiens. Del et son mari logent leurs hôtes dans les nombreuses chambres de la maison familiale et offrent un très bon petit déjeuner le matin. Un espace cuisine/salon est également mis à disposition. Il est possible de réserver des visites guidées pour pouvoir observer les aurores boréales ou même des excursions en chiens de traîneau en hiver.

EDGEWATER HOTEL €€€

101 Main Street
✆ +1 867 667 2572
edgewaterhotelwhitehorse.com
Chambre à partir de 200 CAN $. Comptez au moins 300 CAN $ pour une suite en été.

Autrefois nommé Hôtel Windsor et datant de l'époque de la ruée vers l'or du Klondike, ce boutique-hôtel est idéalement situé face à la Yukon River. Cet établissement historique avec ses 33 chambres confortables et modernes est l'une des meilleures options d'hébergement du centre de Whitehorse. L'hôtel, qui vient entièrement d'être rénové, porte un soin particulier aux détails : expositions d'art du Yukon, literies luxueuses, mobilier contemporain. Le restaurant Tonimoes vous permet de prendre votre petit-déjeuner et votre repas du soir sur place.

BURNT TOAST CAFÉ €

2112 2nd Avenue
✆ + 1 867 393 2605
www.burnttoastcafe.ca
Lundi-vendredi, 8h-21h ; samedi, 9h30-21h ; dimanche, 9h30-14h. Brunch le week-end 9h30-14h. Carte : moins de 25 CAN $.

Idéalement situé sur 2nd avenue, proche du lieu historique S.S. Klondike, ce café est le repaire des locaux qui viennent y bruncher ou prendre un verre après le travail. La décoration est moderne et branchée tout en gardant la touche yukonnaise. Burnt Toast Café affiche à son menu des salades, des paninis ainsi que des sandwiches le midi et un menu plus élaboré le soir avec des tapas, des tacos et du poisson. Les portions sont assez copieuses. Une excellente adresse qui propose également de succulentes petites pâtisseries : meringues, croissants, etc.

ANTOINETTE'S €€

4121 4 Avenue
✆ +1 867 668 3505
www.antoinettesrestaurant.com
Compter entre 20 et 40 CAN $ le repas. Ouvert de 16h30 à 21h. Fermé le dimanche.

Un des meilleurs restaurants de la ville de Whitehorse. Vous ne pourrez pas manquer le bâtiment, d'un jaune très prononcé sur la 4th Avenue. Antoinette's affiche une cuisine des Caraïbes concoctée par Antoinette, la propriétaire des lieux, qui ne manquera pas de vous parler en français si l'occasion s'y prête. Au menu, vous retrouverez des tartes, des plats à base de patate douce, ainsi qu'un filet de bœuf. Outre la cuisine raffinée de l'établissement, le service est lui aussi excellent. A essayer si vous êtes de passage dans la ville !

KLONDIKE RIB & SALMON €€

2116 2nd Avenue
✆ +1 867 667 7554
www.klondikerib.com
Etablissement saisonnier. Menu à la carte : moins de 40 CAN $.

Sans doute l'un des endroits les plus typiques de la ville de Whitehorse, le restaurant se trouve dans l'un des deux plus anciens bâtiments de la capitale du Yukon. Si le soleil est au rendez-vous, alors la terrasse vous charmera. S'il pleut, l'intérieur vous séduira sans doute encore plus avec son décor western. Les spécialités de la région sont au rendez-vous : caribou, bison, flétan, saumon… et on en passe. Une halte agréable tant le midi pour un lunch qu'en soirée pour dîner. A ne pas manquer, surtout pour ceux qui souhaitent découvrir la gastronomie locale !

MINER'S DAUGHTER - DIRTY NORTHERN

103 Main Street
✆ +1 867 633 3305
dirtynorthernyukon.com
Ouvert tous les jours dès 14h.

Ambiance de pub pour cette adresse hautement appréciée des locaux. A la fois bar (Dirty Northern) et restaurant (Miner's Daughter), on vient y boire une bière artisanale de la Yukon Brewery, manger une pizza cuite au feu de bois (délicieuse !) et écouter les bons groupes musicaux qui viennent jouer en soirée. Ces deux salles se trouvent à l'intérieur de l'hôtel historique Capital. Dirty Northern sert également de délicieux cocktails maison et l'ambiance est conviviale et décontractée.

BEAN NORTH COFFEE ROASTING

Takhini Hotsprings Road (Km 9.3)
✆ +1 867 6674145
beannorth.com
Ouvert du mercredi au dimanche, en hiver. Tous les jours en été.

A 35 minutes à l'ouest de Whitehorse, ce café est un véritable petit paradis au cœur des bois. Cosy et décoré avec goût, vous pourrez y savourer au chaud un *grilled cheese* et un café succulent, après une session dans les sources d'eau chaude Takhini situées à deux pas. Bean North Coffee est un torréfacteur très orienté vers le développement durable. En été, sa terrasse fleurie est l'un des plus beaux endroits où venir déguster un brunch entre amis.

KANOE PEOPLE

1147 Front Street
✆ + 1 867 668 4899
www.kanoepeople.com
À titre indicatif : une demi-journée de kayak guidé sur la Yukon River 100 US$ par personne.

Compagnie de location d'embarcations et de séjours en canoë-kayak sur les rivières Yukon, Teslin et Big Salmon. Pour ceux qui souhaiteraient revivre l'aventure des prospecteurs de la ruée vers l'or du Klondike, sur les rapides du fleuve Yukon (plus si rapides que ça de nos jours), il est possible de participer à un séjour de sept jours en canoë de Schwatka Lake jusqu'à Lower Laberge – la plus belle portion de la Yukon River. Des excursions à la journée sont également proposées, guidées ou non, et des plus longs séjours jusqu'à 9 jours sur l'eau.

MIDNIGHT SUN COFFEE ROASTERS

9002 Quartz Road
✆ +1 867 633 4563
www.midnightsuncoffeeroasters.com
Lundi-vendredi, 8h-18h ; samedi, 10h-17h ; dimanche, fermé.

Un coffee shop familial offrant une variété d'espressos, lattes, mokas, etc. A la fois torréfacteur et coffee shop, Midnight Sun possède une grande variété de cafés provenant de Colombie, d'Éthiopie, de France et du Guatemala… Une adresse assez étonnante pour la petite ville de Whitehorse, très appréciée des locaux et incontournable pour les amateurs de café. C'est l'endroit où vous retrouver pour bien commencer la journée. Un petit patio extérieur est également disponible.

TATSHENSHINI EXPEDITING

18 Boulder Road
✆ +1 867 633 2742
www.tatshenshiniyukon.com
Excursion en rafting à la journée sur la Tutshi River. Compter 215 CAN $ par personne.

Avis aux amateurs de sensations fortes et de bains forcés, si de surcroît vous êtes en bonne condition physique, la Tutshi River est faite pour vous. Cette rivière attire tous les ans des amoureux d'eaux vives, venus des quatre coins de la planète pour faire du rafting. La raison de cet engouement est simple : cette rivière traverse des paysages de toute beauté et les rapides sont parfois des classes V. Il faut avoir le cœur bien accroché. Mais Bob Daffe, sous ses airs débonnaires, est un professionnel de grand talent, prêt à faire partager sa passion.

CARCROSS ★

Ce hameau vit sa population croître avec le passage du train de la White Pass depuis Skagway (Alaska) en 1900. Quelques vieux édifices comme le Caribou Hotel, déclaré site historique du Yukon en 2008, témoignent d'un passé révolu. Ses boutiques d'art, son musée gratuit dans l'ancienne gare et ses bâtiments consacrés aux Premières Nations confirment sa richesse culturelle. D'une excursion en chiens de traineau à la location de vélos de montagne, en passant par une journée farniente à Bennett Beach, élue parmi les plus belles plages canadiennes, Carcross offre de quoi flâner quelques heures, ou s'arrêter quelques jours, afin de rayonner dans la région.

CARCROSS DESERT

Deux kilomètres avant d'arriver à Carcross depuis Whitehorse, vous serez sans doute surpris de croiser des dunes de sable sur votre gauche. Voici le témoignage surprenant des vestiges d'un lac de l'époque glaciaire. Vous pourrez observer par vous-même les plantes uniques qui poussent dans ce désert au climat très venteux. On considère parfois ces dunes comme le plus petit désert du monde, bien que les scientifiques n'encouragent pas tellement le fait d'utiliser le terme de désert en raison des quelques précipitations passagères dans la région.

CARCROSS/TAGISH FIRST NATION

✆ +1 867 821 4251

www.ctfn.ca

Le centre culturel des Premières Nations de Carcross est idéalement situé, dans un environnement entouré de montagnes et de lacs. Plusieurs totems vous accueillent à l'entrée en guise de bienvenue, comme le veut la tradition autochtone. Il s'agit du site de l'association protégeant les droits et la culture du peuple tagish, premiers habitants de la région de Carcross. Vous découvrirez une culture riche de danses, traditions et chants, ainsi que diverses histoires sur ces communautés.

BORÉALE RANCH €€

South Klondike Highway, km 30

✆ +1 867 393 2896

be-yukon.com

Formule B&B, demi-pension ou pension complète à partir de 150 CAN $ pour une chambre double.

Sylvain (Québécois) et Marsha (Yukonnaise) vous accueillent dans leur belle et grande maison. Contemporain, chaleureux et bénéficiant d'une vue incomparable sur les Three Sisters Mountains, ce lodge possède cinq chambres doubles confortables avec chacune leur salle de bains. En soirée, les hôtes partagent les émotions de leur journée à vélo sur la terrasse ou dans le salon et savourent la délicieuse cuisine locale de Marsha. On peut également goûter à une nuit originale en tente style safari ou en yourte de luxe installées dans les sous-bois à proximité du lodge.

SOUTHERN LAKES RESORT €€€

1702 Mile Road

✆ +1 867 334 9160

www.southernlakesresort.com

Été : à partir de 409 CAN $ pour une nuit en chalet. Hiver : à partir de 240 CAN $. Deux restaurants sur place.

Face au lac Tagish, immensité blanche en hiver, vaste surface bleue en été, cet établissement dispose de plusieurs chalets en rondin de bois. Selon la saison, vous pourrez au choix profiter de balades en raquette, d'une vue imprenable sur les aurores boréales ou de promenades en canoë sur les eaux paisibles du lac. Le jeune couple de Suisses, Sarah et Gebhard, assistés par le sourire de Deborah, s'assure que vous passiez un séjour sous le signe du calme du Grand Nord. Un séjour féerique vous attend au cœur du vaste territoire du Yukon.

ALAYUK ADVENTURES

✆ +1 867 668 2922

www.alayuk.com

Une journée en traîneau à chiens : 310 CAN $ (repas du midi inclus).

À 40 ans, Marcelle a quitté sa Suisse natale pour les contrées québécoises afin de vivre le rêve de conduire son propre traîneau à chiens. Après avoir participé aux plus grandes courses du monde, dont la célèbre Yukon Quest, elle s'est installée au Yukon avec son compagnon, Gilles. Entourés aujourd'hui de pas moins de 60 chiens, ils proposent de nombreuses excursions, dont le traditionnel traîneau à chiens, mais aussi de passionnantes randonnées en été. Ils se feront un plaisir de s'adapter à vos besoins et de vous conter leur histoire commune.

BORÉALE EXPLORERS

South Klondike Highway, km 30
✆ +1 867 393 2896
be-yukon.com
Entre 45 et 105 CAN $ pour les activités et 850 CAN $ les trois jours avec hébergements et repas au lodge.

Incontournable dans le domaine du vélo de montagne au Yukon, Boréale est une compagnie offrant des excursions guidées de vélo en compagnie d'excellents guides certifiés (la plupart parlent français). Son lodge, doté également de yourtes et de tentes safaris de luxe, accueille les clients pour des séjours tout-inclus (vélo, guides, navette, hébergement et repas délicieux). Des options (rando, canot, etc.) et des ateliers (photographies, etc.) complètent l'offre bien pensée de la compagnie. Activités hivernales aussi offertes (traîneau à chiens, raquettes, etc.).

WATSON LAKE

Cette ville doit son nom au chercheur d'or Franck Watson d'Edmonton (en Alberta) qui s'y installa pour y faire fortune. À 10 kilomètres de la frontière sud, l'ancienne exploitation de pêche a pris son essor avec la construction de la route de l'Alaska, située au kilomètre 1 019, et en fait la troisième communauté du Yukon. Ces célèbres panneaux indicateurs, dont le premier fut planté par un GI en 1942, indiquent aux voyageurs le nombre de kilomètres qui les séparent d'autres villes du monde (se photographier à cet endroit reste une tradition ancrée). Pour les passionnés d'aurores boréales, le Northern Lights Centre est l'attraction à ne pas manquer.

ALASKA HIGHWAY SIGNPOST FOREST ★★

✆ +1 867 536 7469
www.signpostforest.com

Tout commence en 1942, lorsqu'un soldat américain, nostalgique de Danville en Illinois, érigea le premier une pancarte indiquant la direction de sa région natale. Depuis, des milliers de personnes, du monde entier, ont suivi son exemple et, à présent, 77 000 pancartes ornent des mâts. Le résultat est surprenant et l'endroit est un incontournable de la région qui attire et amuse de nombreux visiteurs ! Une attraction particulière qui vaut le détour !

NORTHERN LIGHTS CENTRE

Route de l'Alaska et Frank Trail
✆ +1 867 536 7827
www.northernlightscentre.ca
Ouvert de mai à septembre, sur rendez-vous hors saison. Début des visites à 13h, 14h, 15h, 18h30, 19h30 et 20h30.

Watson Lake est l'unique lieu du Yukon où un centre d'interprétation est exclusivement dédié à la science des aurores boréales. Le Centre d'interprétation des aurores boréales propose des visites d'une heure (service en français sur demande). A l'occasion de cette visite, vous verrez des projections de films, des animations en 3D et vous recevrez de nombreuses explications scientifiques sur l'origine de ces lumières mystérieuses. Un spectacle virtuel époustouflant qui percera certains mystères et vous permettra de les observer, sous un autre angle, dans le ciel.

KLUANE NATIONAL PARK ★★

À 2 heures de route de Whitehorse, ce site naturel expose d'un côté ses glaciers sauvages et arides, et de l'autre à l'est, de basses terres verdoyantes où l'on recense en quantité grizzlys, ours noirs ou encore moutons de Dall. Des randonnées avec des sentiers comme Auriol Range, ancienne route de mineurs, en passant par le village fantôme de Silver City, le parc offre des activités variées qui combleront le plus grand nombre. Un arrêt au centre d'information à l'entrée près de Destruction Bay, est primordial pour connaître les différents parcours de randonnées plus ou moins ardues et les précautions à prendre au vu des grizzlys très présents.

DONJEK GLACIER ★

Le parcours de 8 à 10 jours de marche à travers cols, vallées et prairies alpines, qui mène au pied de ce glacier, constitue toute une aventure ! Il conduit au-dessus des alpestres hautes-terres Burwash puis descend jusqu'au ruisseau Donjek et au glacier du même nom. Si vous rêvez d'un trek en immersion totale et que vous possédez une autonomie et un sens de l'aventure bien aiguisé, ce trek de plusieurs jours est fait pour vous ! L'abondance de la faune sur le chemin est incroyable : caribous, mouflons de Dall, grizzlis, etc.

KLUANE LAKE ★

Véritable joyau, il s'agit du plus grand lac situé entièrement au Yukon. Le lac Kluane (70 kilomètres de long) est alimenté par les eaux du glacier Kaskawulsh, ce qui explique sa couleur d'un bleu émeraude. Le panorama depuis ses rives est somptueux, les montagnes se reflètent parfaitement dans le lac. De nombreux points de vue et plusieurs sentiers de randonnée sont à proximité. Le lac est l'endroit idéal pour pêcher la truite (permis obligatoire), pour faire du kayak, pour randonner et observer les nombreux oiseaux qui aiment survoler les environs.

MOUNT LOGAN ★

Le mont Logan fait partie du chaînon Icefield, le plus grand champ de glace non polaire de la planète. Du haut de ses 5 959 m d'altitude, c'est le point culminant du Canada et le deuxième plus haut sommet d'Amérique du Nord, après le mont McKinley (dans l'État de l'Alaska, aux États-Unis). Le mont Logan se situe au sein du parc national et réserve de Kluane. Avec les sommets voisins, il attire les alpinistes les plus chevronnés qui se lancent dans son ascension particulièrement technique. Cette montagne impressionnante compte en effet onze sommets au total.

LOWELL GLACIER

Avec ses 65 kilomètres de longueur, le glacier Lowell, aussi appelé glacier Naludi, est le plus important glacier alpin du parc national Kluane. Le glacier a également formé le lac Lowell. Récemment, les étés qui se réchauffent de plus en plus ont engendré la fonte de la glace. Les géologues surveillent de très près ce glacier en particulier qui fond à une vitesse surprenante. En 2018, un bloc de glace de 45 kilomètres^2 s'est détaché du glacier... Lowell Glacier vous promet un voyage dans le passé garanti, au temps des grandes glaciations !

OFFICE DU PARC NATIONAL KLUANE

280 Alaska Highway © +1 867 634 7207
www.pc.gc.ca/kluane
Ouvert de mi-mai à début septembre, tous les jours de 9h à 19h (jusqu'à 17h en mai et septembre).

Le centre d'accueil du parc national Kluane met à votre disposition toutes les informations nécessaires sur la région ainsi que plusieurs guides touristiques sur la randonnée. Plusieurs expositions intéressantes sont à y découvrir. Une vidéo virtuelle vous présente le parc. Si vous faites une excursion avec nuitée, veuillez arriver une heure avant la fermeture pour vous inscrire sur le registre du centre d'accueil. C'est également ici que vous pourrez acheter votre permis de pêche.

YUKON

Lowell Glacier.

ICEFIELD DISCOVERY

✆ +1 867 841 4204
icefielddiscovery.com
Excursions à partir de 150 CAN $ par personne pour une heure de vol.

Agence d'excursions en avion, avec atterrissage sur glacier et camps de base en montagne. Vous décollez du Kluane Lake, survolez le Kaskawulsh Glacier, la chaîne de St-Elias jusqu'au mont Logan, point culminant du Canada. L'expérience est unique, bien sûr il vous faudra accepter de camper de manière un peu spartiate en tente, mais vous serez bien équipé et surtout bien encadré par des professionnels du terrain. Les vues aériennes sont à couper le souffle et la vue sur le mont Logan est majestueuse. Activité incontournable pour les alpinistes les plus fortunés !

CAMPING DU LAC KATHLEEN €

Kathleen Lake
www.pc.gc.ca/kluane
De mi-mai à mi-septembre. 26 CAN $ par emplacement avec bois à brûler, promenade guidée 2 h : 5,25 CAN $ par personne.

Le lac Kathleen est la principale destination des voyageurs qui souhaitent camper au sein du Kluane National Park. Quel panorama au sein de cet écrin sauvage ! Une quarantaine d'emplacements de type « premier arrivé, premier servi », avec plusieurs contenants à l'épreuve des ours, un abri cuisine, une aire de pique-nique, du bois à brûler fourni, des casiers et des toilettes sèches (mais pas de douche). On paye des permis pour pêcher, pour avoir accès à l'arrière-pays ou débarquer, et on peut opter pour une promenade guidée de 1 à 2 heures ou de 4 à 6 heures.

THE CABIN & KLUANE ECOTOURS €€

Haines Road (km 219) ✆ +1 867 634 2626
www.thecabinyukon.com
Chalet pour deux personnes : 120 CAN $. Pour 4 personnes 175 CAN $. Compter 15 CAN $ en plus pour le petit-déjeuner.

Situé à l'orée du parc national de Kluane, cet établissement propose l'une des meilleures adresses « nature ». Dans des petits chalets en bois, vous profiterez d'une belle vue sur le parc. Vos hôtes, Brent et Wenda, débordent de précieux conseils pour vous faire découvrir la région sous le meilleur angle. Vous pourrez également, si vous le souhaitez, participer à une randonnée avec un guide de la région. Une adresse parfaite pour ceux qui veulent être en harmonie avec la nature.

MOUNT LOGAN ECOLODGE & YUKON GUIDED ADVENTURES €€€

103084 Alaska Highway Haines Junction
www.mountloganlodge.com
Tente, yourte, chambres, suite, cabane, chalet. 371,50 à 525,50 CAN$ la nuit. Petit-déjeuner et dîner inclus. Activités.

Au cœur du Parc national et de la réserve faunique Kluane, logez dans l'un des charmants gîtes écologiques de l'établissement. Vous pouvez opter pour la yourte, la tente, la cabane ou une chambre ; toutes sont décorées avec goût. Par ailleurs, les repas sont confectionnés avec soin et à base de produits locaux ou cultivés par l'auberge. L'hiver l'établissement vous propose de vous essayer au traîneau à chiens ou à la pêche sur glace. L'été l'expédition de rafting est très populaire.

DESTRUCTION BAY

En quittant le Kluane National Park vers le nord sur l'Alaska Highway, vous arriverez à Destruction Bay. Malgré son nom, la route qui y conduit est magnifique avec une vue imprenable sur les paysages arides des environs. Outre ses paysages, le village ne vaut pas le détour. Par contre, le camping territorial de Congdon Creek est sans aucun doute le plus beau, situé au bord de la baie. Des sentiers de gravier accessibles en voiture vous amèneront dans des endroits de rêve. Mais mieux vaut être expérimenté et bien se renseigner avant car les ours rôdent dans la région. En quittant Destruction Bay, il reste 200 km avant d'atteindre l'Alaska.

BEAVER CREEK

Situé à quelques kilomètres à peine de l'Alaska, Beaver Creek est la localité la plus à l'ouest sur le territoire canadien. Il constitue la dernière étape avant d'arriver à la frontière. Cette petite communauté historique, foyer de la Première Nation de White River, offre tout une gamme de services avec ses hébergements, ses restaurants, ou encore son centre d'informations et représente souvent une étape de choix pour les voyageurs empruntant la route de l'Alaska. Quelques campings d'État bordent cette superbe route qui vous donnera un avant-goût de végétation nordique. Arbustes, nombreux lacs, montagnes, orignaux et ours sont au rendez-vous.

CARMACKS

Territoire des Premières Nations « Little Salmon », la ville est nommée en l'honneur de George Carmack, pionnier de la recherche d'or au Klondike. Cette localité fut pendant très longtemps un important poste de ravitaillement en carburant pour les bateaux à aubes naviguant sur le fleuve Yukon. Elle fut aussi – et l'est encore aujourd'hui – un relais routier pour ceux qui s'aventurent sur la route entre Whitehorse et Dawson City. Centre d'interprétation de la culture des Tutchone du Nord sur place ainsi qu'hébergements (hôtels, camping), restauration et informations touristiques. A voir également, au nord de Carmacks, les mythiques rapides Five Fingers.

KENO CITY

Cette petite ville a emprunté son nom à un jeu de hasard populaire du début des années 1900, période de plein essor pour cette petite ville minière. Keno City est aujourd'hui bien tranquille, loin de tout, et offre plusieurs attraits touristiques liés à son passé faste. On peut visiter son musée des mines d'or et d'argent, entrer dans ses quelques galeries d'art ou encore emprunter ses sentiers pédestres. La ville est restée rustique avec ses bâtiments historiques et ses cabanes en bois, et cela fait tout son charme. Son activité minière reste plutôt active même si Keno City vit désormais principalement du tourisme et de ses retombées artistiques.

DAWSON CITY ★★★

Point de convergence de milliers de prospecteurs, après la découverte de pépites d'or dans la rivière Bonanza à la fin du XIXe siècle, la population y aurait atteint jusqu'à 30 000 âmes (alors qu'elle en compte 1 300 aujourd'hui). Cette ville était le plus grand pôle de l'Ouest après San Francisco. Certes, en fouillant la boue, on pouvait édifier des fortunes, mais ceux qui, en ville, canalisaient l'or en offrant des distractions aux milliers d'hommes sur place, ont été les vrais fondateurs de Dawson City, qui entretient aujourd'hui ce souvenir. Souvenir de l'effervescence d'antan, lorsque les maisons de jeu et les saloons étaient ouverts jour et nuit.

CLAIM 33 GOLDPANNING & J.B. KLONDYKE MINING MUSEUM ★

Km 10 Bonanza Creek Road ✆ +1 867 993 6626
claim33.vpweb.ca
Ouvert tous les jours entre mi-mai et mi-septembre, de 10h à 17h. Location de pelle : 2 CAN $.

Non loin de la célèbre Bonanza Creek, la concession 33 donne l'opportunité incroyable aux visiteurs de se prendre pour un chercheur d'or et propose à la location pelle, batée et tamis. On trouve également sur le site un petit musée portant sur l'aventure du Klondike ainsi qu'une petite boutique de souvenirs qui vend notamment des livres sur la région et des bijoux réalisés avec l'or du coin. Un incontournable si vous souhaitez revivre quelques moments clés de la ruée vers l'or.

COMPLEXE HISTORIQUE DE DAWSON ★★★

✆ +1 867 993 7200
www.pc.gc.ca/klondike
Des visites guidées thématiques et promenades contées en costumes d'époque sont proposées.

Les bâtiments historiques, classés lieu historique national, ont été conservés et transformés en magasins, hôtels ou restaurants. Parmi ceux-ci, le Palace Grand Theatre, construit en 1899 et haut lieu du divertissement à l'époque, le vieux bureau de poste, la cossue résidence du commissionnaire, occupée par le représentant du gouvernement fédéral du Yukon de 1900 à 1916, ou encore le Harrington Store, magasin général aujourd'hui transformé en galerie de photos anciennes de la ville.

LA CONCESSION-DE-LA-DÉCOUVERTE ★

La concession se trouve au kilomètre 15 sur la route du ruisseau Bonanza, 2,7 km au-delà de la drague n° 4. ✆ +1 867 993 7200
www.pc.gc.ca
Ouvert toute l'année. Gratuit.

C'est ici, dans la crique du ruisseau Bonanza, lieu historique national, que tout a commencé le 17 août 1896. D'après le bon tuyau du vieux prospecteur écossais Bob Henderson, George Carmack se met à fouiller le cours d'eau avec ses partenaires de pêche Skookum Jim et Tagish Charlie. Il trouvent l'or qu'ils cherchaient et l'endroit est baptisé Discovery Claim. La nouvelle se répand et quelques mois plus tard ce sont des milliers de prospecteurs qui débarquent dans le Klondike.

YUKON

DAWSON CITY MUSEUM ★

5th Avenue
✆ +1 867 993 5291
dawsonmuseum.ca

Ouvert tous les jours en été et sur rendez-vous d'octobre à la mi-mai. Adulte : 15 CAN $.

Ce musée retrace l'histoire de la ville et transmet de nombreuses informations sur l'époque de la ruée vers l'or du Klondike, entre 1896 et 1899, qui fut l'élément déclencheur pour la construction de la ville. Dans l'ancien édifice administratif du territoire, plus de 25 000 objets et artefacts témoignent de l'époque minière de la région qui a amené des milliers de prospecteurs dans la ville. Les premières nations Han sont également évoquées au sein de ce musée, très intéressant pour quiconque est passionné d'histoire, bien qu'il soit un peu vieillot.

JACK LONDON MUSEUM ★★

8th Avenue
✆ +1 867 993 5575
www.jacklondonmuseum.ca

Ouvert de mai à septembre, du lundi au samedi de 13h à 16h, visite d'interprétation à 14h. Entrée gratuite sur donation.

Un historien passionné raconte la vie de Jack London qui débarqua dans la région en septembre 1897 à la recherche d'or et d'histoires de chercheurs d'or. La cabane en rondins est une réplique de celle de l'écrivain qui se situait à Henderson Creek, à 120 km au sud de Dawson City. L'auteur y avait gravé son nom : « Jack London. Miner, author, Jan 27, 1898. » L'originale fut abandonnée, puis retrouvée par des trappeurs avant d'être démontée et embarquée pour la Californie. Elle a été remontée sur le Jack London Square à Oakland, la ville d'origine de l'écrivain.

GOLD BOTTOM TOURS

966 Main Street
✆ +1 867 993 5023
www.goldbottom.com

Ouvert de mi-mai à septembre. Tour de la mine : 65 CAN $ (adulte) et 30 CAN $ (enfant).

David, né à Dawson et fils de chercheur d'or, vous emmène sur ses propres concessions pour une expérience inoubliable. Il exerce cette activité durant l'été afin de perpétuer la tradition familiale. En 3 ou 4 mois, il peut empocher entre 60 000 et 100 000 dollars canadiens avec cette activité. Vous vous prêterez également au jeu, en tournant votre assiette métallique dans la rivière à la recherche de poussière d'or. La petite entreprise propose plusieurs forfaits à différents prix. Consultez leur site internet pour tous les détails.

LIEU HISTORIQUE NATIONAL S.S. KENO ★

Box 390
✆ +1 867 993 7200
www.pc.gc.ca

Au temps de la ruée vers l'or du Klondike, la Yukon River, pourtant dangereuse, se transforma en une véritable autoroute. Outre les barques et autres radeaux de fortune construits à la hâte par les prospecteurs les plus pressés ou fauchés, une véritable industrie de bateaux à aubes et à vapeur prit son essor. Il fallait emmener les candidats à la fortune jusqu'à Dawson City, en ramener les malades, les déçus, mais aussi les nouveaux Balthazar Picsou, et acheminer des tonnes de cargaison : nourriture, pour les chiens et les chevaux notamment, équipement minier, dynamite, mais également mets et tissus les plus raffinés pour les nouvelles fortunes.

Les 2 736 kilomètres de voie navigable de la Yukon River furent la voie d'accès privilégiée vers la région du Klondike et permettaient de rejoindre Dawson par deux itinéraires : le trajet Whitehorse-Dawson City depuis le sud du Yukon et le trajet St. Michael-Dawson City depuis l'extrême ouest de l'Alaska.

De ces navires à vapeur, il n'en subsiste aucun datant de la ruée vers l'or. Ceux que l'on a pu sauvegarder, comme le S.S. Klondike à Whitehorse, le S.S. Nenana à Fairbanks (Alaska) ou ce *S.S. Keno*, sont postérieurs à la ruée mais remplissaient les mêmes fonctions. Le *Keno*, construit à Whitehorse en 1922, fut affecté au trajet Stewart-District de Mayo (290 kilomètres), le long du Silver Trail, la piste de l'argent. On chargeait à son bord le minerai d'argent, de plomb et de zinc extrait des mines de Mayo.

THE DAWSON CITY BUNKHOUSE €

Au croisement de Front et Princess Streets
✆ +1 867 993 6164
www.dawsoncitybunkhouse.com

Ouvert de mi-mai à septembre. Chambre à partir de 99 CAN $. Wifi gratuit.

En plein cœur de la ville historique de Dawson City, The Dawson City Bunkhouse est un petit hôtel à l'accueil chaleureux et au très bon rapport qualité-prix. Les chambres sont très simples, meublées en bois, mais confortables et propres. Proche de toutes les commodités et des points d'intérêt de Dawson City, c'est l'endroit idéal où passer un séjour agréable et confortable. Le parking sur place est gratuit et quelques tables de pique-nique sont à votre disposition sur place.

THE DOWNTOWN HOTEL €€

1025 Second Avenue
✆ +1 867 993 5346
www.downtownhotel.ca
A partir de 130 CAN $ en été et 80 CAN $ en hiver.

The Downtown Hotel est un établissement de soixante chambres complètement rénové et modernisé. Une adresse confortable à laquelle il ne manque rien, avec toujours le caractère très western de l'époque de la ruée vers l'or. Si vous voulez vraiment devenir un vrai Yukonais le temps de quelques jours, ne manquez pas de déguster un *sourtoe cocktail* au bar de l'hôtel. Bien que cela puisse être surprenant, c'est une véritable attraction et une tradition dans la région. Et si vous deviez déguster un whisky avec un vrai orteil humain au fond de votre verre ?

KLONDIKE KATE'S CABINS €€

3rd Avenue et King Strret
✆ +1 867 993 6527
www.klondikekates.ca
Dès 195 CAN $ la nuit (deux lits simples et douche) et jusqu'à 230 CAN $ (deux lits doubles, douche et baignoire).

Situées en plein centre-ville de Dawson, à deux blocs de la Yukon River, les cabines de Klondike Kate's offrent un excellent rapport qualité-prix. Elles proposent tout le confort désiré dans un décor rustique en bois. Les chambres doubles possèdent un micro-ondes et un réfrigérateur. Un bon restaurant, niché dans un bâtiment authentique de la ruée vers l'or, est disponible sur place avec de très bons produits frais. Il s'agit d'un restaurant très réputé dans la ville de Dawson City. Accès Internet et stationnement gratuits sur place également.

DIAMOND TOOTH GERTIES GAMBLING HALL

1001 Fourth Avenue
✆ +1 867 993 5575
www.diamondtoothgerties.ca
Ouvert tous les jours de mi-mai à fin septembre et les vendredis et samedis de janvier à avril.

A l'intersection de Fourth Avenue et Queen Street, il s'agit du tout premier casino à avoir ouvert ses portes au Canada, il porte le nom d'une légende de Dawson. Ambiance Lucky Luke et trois spectacles de *french cancan* chaque soir (consulter les horaires sur le site Internet avant votre arrivée) ! La salle est pleine à craquer de mai à septembre, pensez à venir tôt en soirée pour choisir une table proche de la scène afin de profiter du spectacle. Bar et restaurant sur place également.

JACK LONDON À DAWSON CITY

4 janvier 1897. Jack London renonce à poursuivre ses études universitaires qu'ils juge trop chères pour se consacrer à la littérature.

2 février. Le jeune militant est arrêté, puis relâché, après avoir prononcé un « discours incendiaire » sur la voie publique. La publication de ses œuvres dans des journaux et magazines est un échec complet. Il vend sa bicyclette, et même ses vêtements pour payer l'affranchissement des envois aux éditeurs. Son idylle avec Mabel Applegarth se poursuit dans la nervosité, elle le presse de choisir un métier plus convenable. Renonçant provisoirement à écrire, London travaille dans la blanchisserie d'un collège de l'Académie Belmont.

14 juillet. Le vapeur Excelsior apporte la nouvelle à San Francisco : des monceaux d'or auraient été découverts au Klondike. Près de 100 000 hommes vont se diriger vers Dawson City, la capitale de l'or.

25 juillet. Jack London s'embarque sur l'Umatilla, avec son beau-frère James Shepard. Celui-ci, sexagénaire, a hypothéqué sa maison pour payer les frais de l'expédition dans le Klondike.

14 août. A Dyea, en Alaska, London se prépare à franchir le col du Chilcoot, avec une tonne d'équipement sur le dos.

8 septembre. Arrivé au lac Bennett en territoire canadien, London, avec des camarades, construit deux bateaux (Yukon Belle et Belle of Yukon) avec lesquels il descendra les rapides du fleuve Yukon, jusqu'à Dawson City, gagnant de vitesse l'hiver qui arrive.

8 octobre. La Belle of Yukon arrive à Stewart River, avec London à son bord. Il délimite un claim, une « concession », à Henderson Creek, qui ne semble pas lui avoir rapporté beaucoup d'or. Jack va habiter Split-Up Island.

18 octobre-3 décembre. Premier séjour à Dawson. Dans la cabane de Louis Bond, London rencontre le chien Jack, futur modèle de Buck, le héros de *L'Appel de la forêt*. Il passe l'hiver au camp de mineurs de Stewart River.

27 janvier 1898. Jack grave au couteau sur les parois de sa cabane : Jack London, mineur et écrivain. En mai, atteint du scorbut, il se fait soigner à Dawson.

8 juin. Départ de Dawson en descendant la Yukon River jusqu'à St. Michael, près de Nome en Alaska, dans le but de rentrer à San Francisco pour échapper à la maladie.

29 juin. Arrivée à St. Michael (Alaska). Il s'embarque comme chauffeur sur un vapeur, le Bartlett, en direction de Seattle, puis de San Francisco.

TOMBSTONE TERRITORIAL PARK ★★

La route Dempster (735 km), terminée en 1979, passe à travers les montagnes Ojilvie et Richardson, traverse le cercle Arctique et se termine à Inuvik. Le cœur de ce parc aux pics noirs et granités et aux lacs alpins idylliques se trouve à une journée de marche de la Dempster Highway. L'excursion doit se préparer car il y a peu de sentiers, la nature est sauvage et le parc est reculé. La faune et la flore y sont riches. L'entrée se trouve au Visitor Centre du km 71 de la Dempster Highway. De nombreuses randonnées sont proposées et des points de vue sont disponibles sur le bas-côté de la route. Pensez à faire le plein d'essence à l'avance.

GOLDENSIDES TRAIL ★

Dempster Highway

Il s'agit de l'une des randonnées les plus populaires du parc. Superbe sentier modéré de 3 kilomètres aller-retour, grimpant sur le flanc de la montagne jusqu'à un point de vue saisissant sur toute la vallée de la Dempster Highway. Il faut compter environ une heure et demie de randonnée. Si vous êtes chanceux, vous aurez la possibilité d'observer, à distance, des ours grizzlis près du ruisseau en aval. De très belles couleurs, de rouge et d'or, apparaissent dès la fin du mois d'août. La meilleure période pour cette randonnée va d'avril à septembre.

GRIZZLY LAKE ★

Dempster Highway

Cette randonnée de 23 km débute par le sentier menant jusqu'au point de vue sur Mont Monolith et se poursuit sur la crête jusqu'au Grizzly Lake et sa vallée. C'est la longue randonnée la plus populaire du parc et il faut réserver un permis de camping pour être sûr d'obtenir une place si l'on souhaite passer la nuit à Grizzly Lake. Il est important d'être bien préparé pour cette randonnée assez difficile (compter 8 heures). Sur place, possibilité de plusieurs randonnées (Twin Lakes - 6 km et Divide Lake - 12 km) à la journée avant de prendre le chemin de retour.

MOUNT MONOLITH ★★

Dempster Highway

Le mont Monolith est l'une des montagnes présentes au sein du Tombstone Territorial Park, ses pics rocheux sont impressionnants à voir. Il s'agit de la randonnée la plus populaire et la plus accessible du parc, elle mène de la forêt boréale mâture à un point de vue superbe sur les pics granitiques du mont Monolith, la vedette de Tombstone Territorial Park. De Grizzly Creek au point de vue sur le mont Monolith, il vous faut parcourir 6 kilomètres aller-retour, une randonnée modérée à difficile pour laquelle il faudra compter 3 à 4 heures de marche.

TOMBSTONE TERRITORIAL PARK

Sortir de Dawson City vers l'est sur la Klondike Highway. 40 km plus loin, prendre la Dempster Highway qui s'en va plein nord et la suivre sur 71 km jusqu'au Tombstone Mountain Campground. ✆ +1 867 667 5648

Ouvert toute l'année. Camping sur place de fin juin à mi-septembre possible (permis requis).

Tombstone est un parc territorial du Yukon, situé à une heure et demie au nord de Dawson City sur la route panoramique Dempster. Assurez-vous d'avoir votre réservoir plein pour la route. Il s'agit d'un parc exceptionnel pour la randonnée, pour le camping et pour observer les aurores boréales l'hiver. Plusieurs lacs sont à voir au sein du parc comme Twin Lakes, et la vue sur les montagnes ne vous quittera jamais, peu importe quel sentier vous choisissez d'emprunter au sein du parc.

TOMBSTONE INTERPRETIVE CENTRE

Km 71,5 de la Dempster Highway

✆ +1 867 667 5648

Ouvert de mi-mai à septembre : tous les jours de 9h à 17h.

Le centre d'accueil de Tombstone Territorial Park met à votre disposition tous les renseignements et toutes les sources de documentation utiles sur la faune, la flore et sur les possibilités de randonnées. Le centre offre également un programme d'interprétation avec diverses activités guidées par des naturalistes (en anglais). C'est ici que se trouve la vente de permis pour le camping dans l'arrière-pays. Vous pourrez aussi louer des contenants à l'épreuve des ours.

TERRITOIRES DU NORD-OUEST

L'un des trois territoires du Canada, cette « région-continent » est constituée essentiellement de lacs, de rivières et de glaciers impressionnants qui dominent de vastes étendues polaires. À l'ouest, la frontière avec le territoire du Yukon est marquée au nord par les monts Mackenzie et le delta du même nom, l'un des plus grands du monde, qui chemine jusqu'à la mer de Beaufort. Le Nahanni National Park Reserve, site du patrimoine mondial de l'Unesco, couvre 4 700 km^2 au sud-ouest. Le grand centre d'activités des Territoires est la capitale, Yellowknife, située à 512 km au sud du cercle Arctique et comptant près de 20 000 habitants. Sur les rives du Grand Lac des Esclaves, Yellowknife doit son essor à l'exploitation du cuivre et de l'or. À présent, grand centre de sports de plein air, elle accueille chaque année, fin juin, un tournoi de golf, qui se déroule à la clarté de minuit ; car en été il y fait jour 24h/24.

Territoires du nord ouest
INUVIK
TUKTOYAKTUK
NORMAN WELLS
Grand lac de l'Ours
fleuve Mackenzie
Lac La Martre
YUKON
Faro
Ross River
FORT SIMPSON
NATIONAL PARK NAHANNI
YELLOWKNIFE
Grand lac des Esclaves
HAY RIVER
FORT SMITH
Watson Lake
100 KM

YELLOWKNIFE ★★

Son nom vient des « Couteaux Jaunes », ancienne population amérindienne qui peuplait cette région. Aujourd'hui, c'est la capitale des Territoires du Nord-Ouest avec ses 20 000 habitants. Située sur les rives du Great Slave Lake, à 512 km au sud du cercle polaire, la ville a pris son essor depuis la première découverte d'or en 1898, durant la ruée vers l'or de l'Alaska. La ville bénéficie d'un climat subarctique, caractérisé par des hivers longs et froids et des étés courts et frais. C'est donc un paradis des activités de nature, elle est un endroit parfait pour observer le soleil de minuit, les aurores boréales, et un intéressant mélange de cultures.

Transports

La ville de Yellowknife est desservie par un aéroport, lequel relie la capitale des Territoires du Nord-Ouest à d'autres villes des territoires du Canada ainsi qu'aux principales villes d'Alberta et de Colombie-Britannique.
Pour rejoindre le centre-ville, situé à seulement 5 minutes de l'aéroport, une course en taxi coûtera entre 15 et 20 CAN $ (Yellowknife Cab, AuroraTaxi, City Cab). Des navettes partent de l'aéroport pour rejoindre la plupart des hôtels de la ville.
Un réseau de transport régulier, Yellowknife Transit, opère du lundi au samedi sur trois routes différentes dans le centre-ville et alentour. Quatre compagnies de location de voiture sont présentes à Yellowknife.

PRINCE OF WALES NORTHERN HERITAGE CENTRE ★★

4750 48th Street
✆ +1 867 873 7551
www.pwnhc.ca
Ouvert du mercredi au dimanche, de 13h à 17h. Entrée gratuite.

Depuis 1979, ce très beau musée éducatif réparti sur deux étages présente d'intéressantes expositions sur les populations autochtones, la faune de la région (superbes ours, bœufs musqués et caribous empaillés) ainsi que sur les transports typiques du Grand Nord comme l'hydravion et la motoneige. C'est l'un des incontournables de la région. Le but de ce musée est de préserver la culture et l'héritage des territoires du nord-ouest et de favoriser les échanges culturels.

CHATEAU NOVA €€

4571 48 Street
✆ +1 867 766 6682
novahotels.ca/chateau-nova-yellowknife
Chambre double à partir de 222 CAN $.

Ce nouvel hôtel, basé au nord-est du centre-ville de Yellowknife, se situe tout près du Prince of Wales Heritage Centre. Au total, Château Nova dispose de 141 chambres et suites spacieuses et épurées. De nombreux services complémentaires sont également proposés pour votre confort tels que le restaurant et lounge Quarry, la salle de sport, une buanderie... Sans oublier le hammam et le sauna, au sein de l'établissement, qui devraient contribuer à votre relaxation après une journée sportive ou encore une journée bien fraîche en hiver.

NORTHWEST TERRITORIES DIAMOND & JEWELLERY CENTRE

5105 49th Street
✆ +1 867 920 7108
www.nwtdiamondcentre.com
Ouvert du mardi au samedi de 10h à 17h30. Entrée libre.

L'industrie du diamant est importante dans les Territoires du Nord-Ouest. Pour tout savoir sur l'histoire des mines de la région, l'extraction, la coupe et le polissage des diamants des Territoires du Nord-Ouest jusqu'à leur mise en marché, rien ne vaut cette petite visite. Un théâtre et plusieurs expositions sur place ainsi qu'un magasin où se procurer de beaux joyaux. Ce petit musée est très intéressant, que vous aimiez les diamants ou non, vous en ressortirez enrichi.

BLACHFORD LAKE LODGE €€€

✆ + 1 867 873 3303
www.blachfordlakelodge.com
A partir de 1 650 CAN $ par personne en forfait tout inclus.

Cet établissement luxueux situé sur les rives du lac Blachford est un site de rêve en pleine forêt boréale. On y pratique sur place la pêche, la randonnée, le canoë ou encore la motoneige en hiver. Un avion charter viendra vous chercher de Yellowknife pour vous déposer au cœur de ce paradis naturel. Petits budgets s'abstenir car le prix est assez conséquent pour ce petit coin de paradis. Dans le forfait est inclus : deux nuitées, le transport en avion entre Yellowknife et le lodge, les repas, les randonnées guidées et la location d'équipements.

WILDCAT CAFE €

3904 Wiley Road
✆ +1 867 873 4004
Ouvert de mai à septembre (horaires variables). Carte : moins de 25 CAN $. Terrasse.

Un incontournable de la ville de Yellowknife, autant pour son histoire que pour sa vue saisissante. Ce petit établissement en rondins, datant de 1938, est typique de l'architecture des premiers bâtiments de la ville. On vous y servira les spécialités locales du jour (tacos à la truite, hot-dog de renne, bannique fraîche, etc.) apprêtées de façon simple mais savoureuse. Vous pourrez également goûter à leur burger de bison accompagné de frites et d'une petite salade verte. Par beau temps, la terrasse ensoleillée devrait vous permettre de prolonger votre halte !

BULLOCK'S BISTRO €€

3534 Weaver Drive
✆ +1 867 873 3474
www.bullocksbistro.ca
Ouvert tous les jours en continu de 12h à 21h, sauf dimanche et lundi, de 16h à 21h. Compter 30 à 40 CAN $ pour un plat.

Bullock's Bistro est le restaurant préféré des locaux ! Cette petite cabane sans prétention abrite un restaurant authentique offrant des fish & chips et une belle carte de poissons cuits ou frits sur le poêle. Les murs sont couverts d'autocollants, de photos et de décorations qui surchargent un peu les lieux mais la terrasse, elle, est très agréable et épurée. Le service est assez expéditif mais sympathique. Les prix sont assez élevés mais largement justifiés par les portions généreuses servies, ainsi que par la fraîcheur des aliments et leurs saveurs.

AURORA VILLAGE

✆ + 1 867 669 0006
www.auroravillage.com
Forfaits à partir de 104 CAN $/personne. Navette gratuite au départ de plusieurs hôtels du centre-ville.

Aurora Village est un site d'observation des aurores boréales (de la fin de l'été au début du printemps) et d'activités familiales. On peut y pratiquer la randonnée pédestre en été ainsi que la motoneige, le traîneau à chiens et la raquette en hiver. Dans le cadre du forfait « observation des aurores boréales », un guide vous attribue un tipi où vous pouvez prendre une boisson chaude avant que les lumières se déploient dans le ciel. Libre à vous ensuite de vous déplacer sur le site pour aller les observer. Très touristique mais le site reste exceptionnel.

HAY RIVER ★

Porte d'entrée de la rive sud du Grand lac des Esclaves, Hay River est considérée comme la capitale du corégone, un poisson de la famille des saumons qu'on retrouve ici en grande nombre. Les excursions de pêche y sont incontournables, ainsi que la baignade sur les rives sablonneuses du lac. Parmi les attraits culturels, notons la réserve de Hay River et ses deux églises, la société Yamozha Kue et ses visites des cultures autochtones du Nord ainsi que le Hay River Heritage Center, situé dans l'immeuble historique de la Compagnie de la baie d'Hudson. Faites aussi un saut à la boutique d'artisanat dénés, une Première Nation locale, située à Enterprise.

HAY RIVER RESERVE

www.katlodeeche.com
Ouvert en semaine de 13h à 16h.

Pour y accéder, empruntez une petite route sinueuse à partir de l'autoroute 5 en direction de la Hay River Reserve. La réserve indienne dénée de Hay River, appelée aussi K'atlodeeche/Katl'odeeche First Nation, préserve le patrimoine des Esclaves, des Dénés et des Chipewyans de la région. C'est l'une des deux seules réserves indiennes des Territoires du Nord-Ouest. Des informations touristiques sont disponibles à l'Institut culturel déné Yamozha Kue. Un carnaval a lieu sur place chaque printemps avec des joueurs de violon et des gigues.

FORT SMITH ★★

Forth Smith est la porte d'entrée de Wood Buffalo. Fondé en 1874 par la Compagnie de la Baie d'Hudson, c'est aussi le point névralgique du sud des Territoires du Nord-Ouest grâce à son emplacement sur les rives de la rivière Slave qui n'est autre que la grande route navigable dédiée au transport des hommes et marchandises vers le Grand Nord. Aujourd'hui, on peut voir la cathédrale territoriale et la résidence de l'évêque au parc de la Mission. Le musée Northern Life présente, quant à lui, la faune locale dont certaines espèces en voie d'extinction. Mais le point d'intérêt principal de la ville reste le fameux parc national Wood Buffalo.

WOOD BUFFALO NATIONAL PARK ★★

Emprunter la route du Mackenzie qui rejoint la route 5 près de Hay River. ✆ + 1 867 872 7960
www.pc.gc.ca/woodbuffalo
Ouvert à l'année. Entrée gratuite, visites guidées payantes. Camping sur place : 15,70 CAN $ l'emplacement.

Plus grand parc national en superficie au Canada, Wood Buffalo (44 807 km²) chevauche la frontière entre les Territoires du Nord-Ouest et l'Alberta. Inscrit au patrimoine mondial de l'Unesco, il abrite le plus grand troupeau de bisons en liberté en Amérique. Il est fréquent de les observer dans un environnement naturel spectaculaire constitué de plaines salées et d'un delta (le plus grand delta intérieur au monde) situé à l'embouchure des rivières La Paix et Athabaska.

FORT SIMPSON ★

C'est un village situé sur une île à la jonction du fleuve Mackenzie et de la rivière Liard, qui servaient tous deux traditionnellement de route commerciale pour la Compagnie de la Baie d'Hudson et le peuple autochtone local, les Dénés. C'est le point de départ pour découvrir le pays de la Nahanni. Avant de mettre le cap en avion ou bateau sur le parc national, on profite des attraits culturels de Fort Simpson : la cabane d'Albert Faille qui fut l'un des premiers pionniers, explorateurs, trappeurs et prospecteurs du Nord canadien, ou encore le parc du patrimoine de Fort Simpson qui est l'emplacement d'origine du premier poste de traite fondé en 1801.

Nahanni National Park.

SOUTH NAHANNI RIVER ★★

La rivière Nahanni prend sa source dans la chaîne des Selwyn dans les monts Mackenzie. Elle a été déclarée en 1987 « rivière du patrimoine canadien » et est gérée par Parcs Canada. Le paysage est grandiose et la brume recouvre souvent les hauts sommets des monts environnants. La rivière Nahanni Sud, qui serpente au sud du parc, est le fil conducteur des principales attractions : canyons majestueux, falaises abruptes, chutes d'eau inoubliables (les fameuses Virginia Falls, hautes de 90 mètres), sources minérales chaudes, rapides tumultueux (Figure of Eight).

NAHANNI NATIONAL PARK ★★★

Joyaux du patrimoine naturel et inscrit au patrimoine de l'UNESCO, il s'étend sur une superficie de 30 000 m². Admirer les chutes Virginia, deux fois plus hautes que les chutes du Niagara, et naviguer en canoë à travers les quatre canyons creusés par la rivière Nahanni Sud à travers les montagnes font partie des incontournables. Les amateurs de randonnée sont également choyés dans cet environnement naturel immense et préservé. Très peu d'aménagements ont été réalisés pour les touristes dans le parc, il faut donc être équipé pour le camping sauvage. Des pourvoyeurs organisent des expéditions guidées avec transfert en avion depuis Fort Simpson.

NAHANNI NATIONAL PARK

10002 100 Street
✆ +1 867 695 7750
www.pc.gc.ca/nahanni
Bureau principal à Fort Simpson, mais un autre se trouve à Nahanni Butte.

A environ 600 kilomètres de Yellowknife, ce parc national inscrit au patrimoine de l'Unesco est un véritable trésor naturel. On y vient pour ses majestueuses chutes Virginia, réputées plus hautes que les chutes Niagara, mais également pour pratiquer la randonnée et toutes sortes d'activités de plein air telles que le canoë, le kayak, le vélo... Attention à bien vous renseigner avant votre arrivée, se rendre au parc Nahanni est une aventure à part entière. 50 % des visiteurs ont recours à un pourvoyeur commercial offrant des excursions sur la rivière Nahanni sud.

NAHANNI RIVER ADVENTURES

✆ +1 867 668 3180
www.nahanni.com
A partir de 8 475 CAN $ pour un séjour d'une semaine de randonnée et/ou de canoë.

L'une des trois entreprises, officiellement reconnues par Parcs Canada, qui offrent des excursions dans le parc national Nahanni. Elle propose des séjours de 5 à 21 jours en canoë, randonnée, rafting et même héli-hiking (randonnée en arrière-pays avec trajet en hélicoptère), avec comme toile de fond les beautés spectaculaires du parc comme la rivière Nahanni Sud, ses canyons et les chutes Virginia. Le magazine *National Geographic* a d'ailleurs élu cette agence de voyage parmi les 50 meilleures entreprises proposant des séjours d'aventure.

THE CANOL HERITAGE TRAIL ★

Explorez les monts Mackenzie en randonnée sur le Sentier historique du Canol. Défriché durant la Seconde Guerre mondiale par les Etats-Unis, qui voulaient construire un pipeline de Norman Wells jusqu'en Alaska pour approvisionner l'armée en carburant, cette route fût abandonnée après la guerre. C'est aujourd'hui un sentier très prisé par les amateurs de randonnée extrême. Du Yukon voisin jusqu'à Norman Wells, ce sentier longe d'anciens postes de pompage, camps routiers, ponts et camions abandonnés sur 358 km. La traversée complète peut durer jusqu'à un mois.

NORMAN WELLS

Norman Wells est une petite ville pétrolière de 778 habitants. C'est le centre régional de la région du Sahtu des Territoires du Nord-Ouest. Située au nord du fleuve Mackenzie, elle offre une vue sur la vallée des montagnes Franklin et Richardson. Ce village donne également accès au Sentier Canol, un sentier de randonnée ardu de 355 kilomètres de paysages vierges. C'est aussi le point de départ d'excursions en canot sur plusieurs rivières des environs. Visitez le musée de la ville pour mieux connaître son histoire, comptant parmi les deux seules collectivités de la vallée du fleuve Mackenzie à ne pas avoir été liées au commerce des fourrures.

INUVIK ★

Après 734 km sur l'autoroute Dempster au départ de Dawson City, vous voilà en terre arctique. Le pays du soleil de minuit est facilement accessible en avion. Considérée comme la capitale des communautés de l'Arctique de l'Ouest, une première étape au Western Arctic Regional Visitor Centre est nécessaire pour récolter des informations sur les activités des alentours. Un certificat de l'Ordre des aventuriers, chapitre du cercle Arctique, est également remis aux visiteurs qui ont franchi le célèbre cercle Arctique. La visite de l'église en forme d'igloo Notre-Dame-de-la-Victoire, des excursions en bateau ou en chiens de traîneau sont également proposées.

MONTS MACKENZIE ★★

North Wright Air propose des vols à partir de 180 CAN $ les 30 minutes.

À la frontière entre le Yukon et les territoires du Nord-Ouest, on ne peut prendre conscience de l'immensité et de la beauté des monts Mackenzie que lors d'un tour panoramique en avion. C'est l'occasion de survoler la rivière Mackenzie, sa plaine environnante et de pénétrer dans le massif montagneux sauvage et inhabité constitué de hauts plateaux où paissent les hordes de caribous et où l'ont peut voir des gorges profondes creusées par des rivières sauvages et des sommets rocheux à perte de vue. Une excursion onéreuse mais qui en vaut largement le coût.

TUKTOYAKTUK ★

Véritable bout du monde, Tuktoyaktuk se situe tout au nord des Territoires du Nord-Ouest, au-delà du cercle arctique. En 2017, la Dempster Highway a été prolongée d'Inukvik jusqu'ici, en faisant la seule localité où l'on peut rejoindre l'océan Arctique en voiture depuis le sud du pays. Cela dit, cette portion de route se révèle une aventure en soi, celle-ci n'étant pas pavée et les conditions pouvant être difficiles. On ne vient donc pas ici en voiture sport! Quant à Tuktoyaktuk, elle développe conséquemment un peu plus de services pour les aventuriers qui se pointent en grand nombre depuis l'ouverture de la route. À voir : le site naturel des Pingos.

NUNAVUT

Autrefois inclus dans les Territoires du Nord-Ouest, la revendication territoriale menée par les Inuit de l'Arctique, qui habitent ce lieu depuis des millénaires, a porté fruit, créant ainsi le Nunavut (« Notre Terre » en inuktitut) le 1er avril 1999. Situé à l'extrémité septentrionale du Canada, juste à l'ouest de la baie d'Hudson, cet immense territoire (2 093 190 km²), qui représente un cinquième du Canada et qui est aussi grand que l'Europe de l'Ouest, s'étend jusqu'au pôle Nord et possède également des frontières maritimes avec le Groenland à l'est. La majorité de la population - la plus jeune du pays - est d'origine inuite (environ 85 % des résidents) et est établie dans la capitale territoriale, Iqaluit, à l'embouchure de la baie Frobisher sur l'île de Baffin. Le Nunavut est définitivement l'endroit le plus dépaysant du Canada, au cœur de la toundra arctique qui le recouvre presque entièrement.

IQALUIT ★★

Capitale du territoire du Nunavut, la ville d'Iqaluit (« lieu de nombreux poissons » en inuktitut) se situe au sud-est de l'île de Baffin, dans la baie de Frobisher. Les marées de cette baie sont d'ailleurs les deuxièmes plus hautes au pays après celles de la baie de Fundy en Nouvelle-Écosse. Iqaluit est la plus grande ville du territoire et connaît la croissance la plus rapide. On y retrouve l'aéroport, le centre des visiteurs du Nunavut, les administrations fédérales, territoriales et municipales, de l'hébergement et des restaurants, l'hôpital régional, la Nunavut Arts and Crafts Association, l'Association des francophones du Nunavut, etc.

Histoire

Elle est baptisée Frobisher Bay en 1576 par le marin et explorateur britannique Sir Martin Frobisher, en quête du passage du Nord-Ouest et de ressources naturelles précieuses. Puis vint l'explorateur américain Charles Francis Hall en 1861, à la recherche de l'expédition perdue de Franklin. Dans les années 1870, ce sont les baleiniers et les navires faisant la traite des fourrures qui s'y aventurent. Les missionnaires catholiques et anglicans arrivèrent par la suite et, en 1914, la Compagnie de la Baie d'Hudson ouvre un poste de traite à Ward Inlet. Mais ce n'est qu'en 1942 que la ville de Frobisher Bay est fondée. Elle devient alors une base militaire américaine (dorénavant fermée) et, dans les années 1950, en pleine guerre froide, on y construit un groupe de radars s'étendant sur 5 000 km et faisant partie du système d'alerte du NORAD, ce qui entraîne une hausse rapide de la population. En 1987, Frobisher Bay devient Iqaluit.

Transports

Il n'y a pas de routes ou de chemins de fer au Nunavut. Les 25 collectivités du territoire ne sont pas reliées entre elles et il n'y a pas moyen de rejoindre d'autres villes canadiennes du Sud par voie terrestre. L'avion est donc l'unique solution pour se rendre au Nunavut et s'y déplacer (Calm Air, Canadian North). À noter qu'en été, il est possible de se rendre dans les villages et hameaux par bateau et des croisières s'y aventurent à la même période. Des tour-opérateurs et pourvoyeurs proposent également des séjours tout inclus dans ce territoire reculé. Il est d'ailleurs fortement déconseillé de tenter de s'y aventurer seul en raison des distances et des conditions météo extrêmes.

TRAVEL NUNAVUT

PO Box 1450
✆ +1 866 686 2888
travelnunavut.ca

Outre son site web ultra complet, Travel Nunavut gère trois centres des visiteurs : Iqaluit, Rankin Inlet et Cambridge Bay. Celui d'Iqaluit propose entre autres des expositions culturelles et des spécimens de la faune sauvage, des visionnements de films inuits, des conférences et même la location de vélos. Pour bien préparer son séjour dans le Nord canadien, on recommande toutefois de consulter le site web et même, encore mieux, de faire affaire avec une agence spécialisée de la destination. Autre site web à consulter : destinationnunavut.ca

PARC NATIONAL AUYUITTUQ

Situé au nord de Pangnirtung et à 430 km d'Iqaluit, ce parc national est parmi les plus reculés du pays, offrant des paysages grandioses et totalement dépaysants au cœur de la toundra et du climat arctique. Au programme, des pics granitiques escarpés, des glaciers étincelants, des fjords aux parois abruptes et une abondante faune. Lieu de prédilection des alpinistes, des randonneurs et des fondeurs, particulièrement dans l'arrière-pays, on ne recommande toutefois pas de s'y aventurer seul, à moins d'être expérimenté et parfaitement autonome. Le cas échéant, la liste des pourvoiries locales et des voyagistes se trouve sur le site web.

PARC NATIONAL AUYUITTUQ ★

✆ +1 867 473 2500
www.pc.gc.ca/auyuittuq

Ouvert toute l'année. Adulte : 13 CAN $, gratuit pour les 17 ans et moins.

Véritable bijou du Grand Nord canadien, le parc national Auyuittuq s'adresse aux aventuriers friands d'expéditions dans l'arrière-pays (en bottines ou en skis de randonnée), d'escalade et d'alpinisme. Cela dit, des excursions guidées d'une journée sont proposées en rando, en ski, en bateau ou encore en motoneige. Il est également possible de camper dans le parc où bon vous semble, mais un équipement adapté aux conditions extrêmes est requis. Peu importe l'activité choisie, une bonne préparation est de mise et des permis peuvent être nécessaires. Renseignez-vous !

ORGANISER SON SÉJOUR

Se préparer pour un séjour touristique au Canada n'a rien de sorcier. Hormis la langue qui diffère à plusieurs endroits (prévoyez un petit dico anglais-français pour le voyage), le niveau de sécurité est bon et le mode de vie est très similaire. Qui plus est, les Européens bénéficient d'un taux de change avantageux et le coût de la vie est relativement bas, sauf dans des villes comme Toronto et Vancouver. Quant aux formalités, une autorisation de voyage électronique est requise depuis quelques années (cette dernière se fait en ligne en quelques clics) et, depuis octobre 2022, les formalités d'entrée demandées en lien avec la COVID-19 sont abolies. Plusieurs compagnies aériennes desservent la destination et les tour-opérateurs et agences réceptives proposent des séjours pour tous les goûts et budgets. Et pour ceux qui voudraient y prendre racine, le pays multiplie les programmes pour travailler, étudier et immigrer.

ARGENT

La monnaie s'exprime en dollars canadiens (CAD, $ CA, CAN $ - à ne pas confondre avec le dollar US). Pièces de 1 et 2 CAN $, et 5, 10 et 25 ¢ (cents) ; billets de 5, 10, 20, 50, 100 CAN $ (ces derniers sont parfois refusés dans certains magasins). Les Canadiens anglais appellent la pièce de 1 CAN $ « *loonie* » et celle de 2 CAN $ « *toonie* ». Quant à la pièce de 25 ¢, c'est un « *quarter* ».

Taux de change. Selon la Banque Royale du Canada, le taux de change en janvier 2023 était de : 1 CAN $ = 0,68 € ; 1 € = 1,39 CAN $ (taux réels en succursale).

BUDGET / BONS PLANS

Pour vous aider à planifier votre budget quotidien sur place, voici trois exemples s'adaptant aux moyens financiers de chacun.

Petit budget : 80-100 CAN $ par jour et par personne (hébergement en camping/auberge de jeunesse, repas sur le pouce ou épicerie, transport en commun ou covoiturage, activités gratuites ou à moins de 10 CAN $).

Budget moyen : 200-250 CAN $ par jour et par personne (hébergement en chambre d'hôtes ou hôtel, bonnes tables, transport en commun ou voiture, activités payantes ou en forfait).

Gros budget : à partir de 400 CAN $ par jour et par personne (hébergement en hôtel plus luxueux ou condo/chalet, bonnes tables, transport en voiture, activités en forfait/expéditions).

Il ne faut pas non plus oublier que les prix de la plupart des biens de consommation et des services sont majorés d'une ou deux taxes de vente (5 à 15 % selon la province ou le territoire), généralement non incluses dans le prix affiché. Aussi, le pourboire de 15 % doit être rajouté au montant de l'addition au restaurant et dans les bars. Le pourboire aux chauffeurs de taxi, aux femmes de ménage dans les hôtels et chez le coiffeur est également conseillé (mais peut être inférieur à 15 %). Pas de pourboires dans les cinémas et les théâtres.

En ce qui concerne le marchandage, ce n'est pas une pratique courante dans le pays. Les prix indiqués sont fixes et généralement non négociables. Toutefois, les commerçants peuvent parfois se montrer généreux et vous offrir quelque chose si vous leur achetez des articles pour un montant important. De la même manière, et bien que ça soit strictement interdit, les petits commerces acceptent parfois de ne pas vous faire payer les taxes si vous payez vos achats en liquide et sans possibilité de retour...

PASSEPORT ET VISAS

Les voyageurs français, belges et suisses sont acceptés pour six mois et doivent avoir complété leur demande d'autorisation de voyage électronique (AVE). Ils doivent être en possession d'un passeport valide, d'un billet de retour (idéalement) et disposer d'une somme d'argent suffisante pour assurer leur séjour.

Depuis 2016, les visiteurs n'ayant pas besoin de visa doivent remplir une AVE (autorisation de voyage électronique) avant leur voyage. L'AVE coûte 7 CAN $ par personne, et est valable cinq ans ou jusqu'à l'expiration du passeport. Cette demande en ligne permet de recueillir les renseignements personnels de base, tout comme cela est fait actuellement aux douanes à l'arrivée au Canada, et a comme résultat de passer plus rapidement à la frontière. Attention, de nombreux sites frauduleux pullulent sur la toile. Certaines compagnies, sans lien avec le gouvernement, proposent d'apporter leur aide pour une demande d'AVE. Mais celle-ci est très simple à faire (et accessible en français). Pour plus de renseignements : canada.ca/fr/immigration-refugies-citoyennete/services/visiter-canada/ave.html
Pour toute autre question concernant les formalités d'entrée au Canada et pour les coordonnées de l'ambassade du Canada en France : france.gc.ca

Covid-19. Depuis le 1er octobre 2022, toutes les restrictions à la frontière ont été abandonnées. Comme elles peuvent être réimposées à tout moment en cas de recrudescence du virus, nous vous conseillons tout de même de visiter le site web du gouvernement : voyage.gc.ca/voyage-covid

Sachez finalement que si vous comptez passer la frontière américaine pour une petite escapade, il vous faut un passeport biométrique. Ce passeport permet de bénéficier du programme d'exemption de visa pour les séjours de moins de 90 jours. Pour bénéficier de cette exemption de visa, il est nécessaire de faire une déclaration en ligne, assortie d'une taxe de 21 US$, pour les séjours touristiques aux États-Unis. Pour plus de renseignements : esta.cbp.dhs.gov/esta. Aussi, renseignez-vous bien sur les conditions d'entrée en lien avec la Covid-19 : fr.visittheusa.ca/us-covid-19-recommandations-de-voyage

L'ASSURANCE VOYAGE, LE MEILLEUR MOYEN POUR FAIRE FACE À DES FRAIS DE SANTÉ ÉLEVÉS À L'ÉTRANGER

avec le DR CÉDRIC RAMAUT, directeur médical d'Allianz Travel

Les frais médicaux sont-ils les mêmes selon les différentes régions du monde ?

Les frais médicaux sont en général plus élevés à l'étranger qu'en France. En Australie, une consultation médicale coûte en moyenne 2 fois plus cher qu'en France. Au Canada, elle est 3 fois plus chère et aux États-Unis, jusqu'à 7 fois.

La sécurité sociale et la mutuelle prennent-elles en charge les frais médicaux à l'étranger ?

La sécurité sociale fonctionne uniquement avec les pays avec lesquels la France a passé des accords. Il faut pour cela penser à demander sa carte européenne d'assurance maladie (CEAM). La sécurité sociale et la mutuelle couvriront alors les frais médicaux à l'étranger à hauteur de leur propre barème sous certaines conditions. Il est malgré tout conseillé de souscrire une assurance voyage, car la prise en charge des frais ne sera pas la même qu'en France.

À combien peut s'élever une consultation chez un médecin généraliste ou une hospitalisation à l'étranger ?

Aux États-Unis, au Canada et en Australie, une consultation chez un généraliste peut coûter entre 200 et 5 000 dollars, si le médecin a besoin de pratiquer des examens au cabinet. Le coût d'une hospitalisation peut lui atteindre plusieurs milliers de dollars par jour !

Quelle est la meilleure protection pour faire face aux frais médicaux ?

Cela va dépendre du pays dans lequel on voyage. Dans tous les cas il est indispensable de pouvoir faire face à des frais médicaux imprévus à l'étranger, et donc d'être en possession d'une couverture assistance médicale adaptée.

Les couvertures incluses dans certaines cartes bancaires ne sont-elles pas suffisantes ?

Les garanties, et notamment la prise en charge des frais médicaux, diffèrent suivant le type de cartes. Il est donc nécessaire de bien prendre connaissance de son contrat, car la plupart des cartes proposent des couvertures qui peuvent s'avérer insuffisantes.

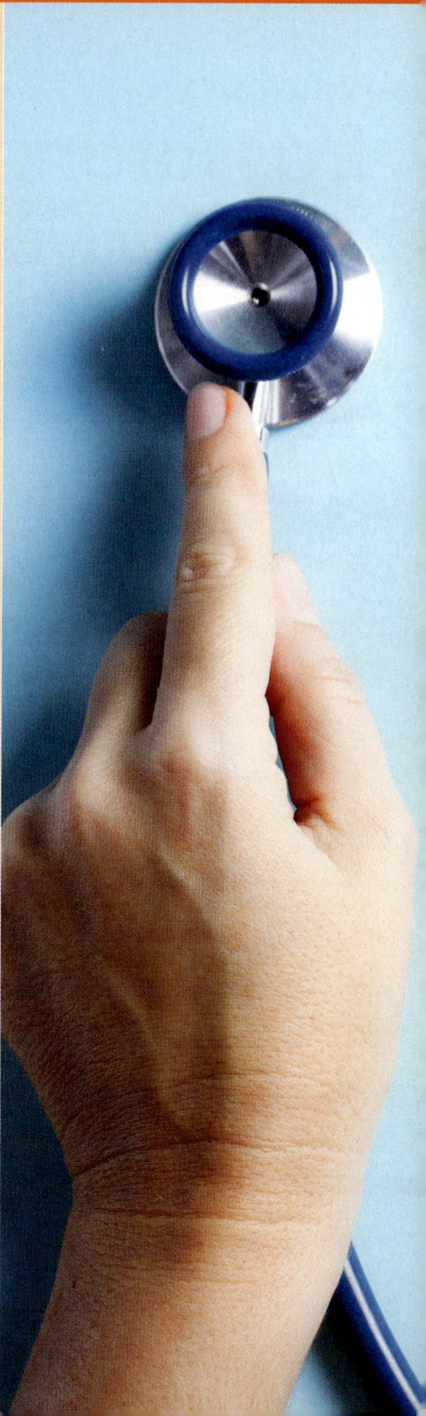
© NEIRFY

PERMIS DE CONDUIRE

Les permis de conduire français, belges et suisses sont acceptés pour une durée limitée (variable selon la province ou le territoire, généralement trois mois) ; le cas échéant, vous devrez vous munir du permis international (généralement valide d'un à trois ans). Si vous désirez louer une voiture au Canada, il faut être âgé de 21 ans, voire 25 ans pour certains modèles, et être en possession d'une carte de crédit. Un permis de conduire est également requis pour pratiquer la motoneige et le quad, et le permis moto est obligatoire pour en conduire une.

SANTÉ

Il n'y a pas de maladies infectieuses ou de risques sanitaires dignes de mention au Québec, hormis bien évidemment la Covid-19 qui affecte le monde entier. Aussi, sachez que l'eau du robinet est potable (sauf avis contraires) et gratuite, même dans les restaurants.

SÉCURITÉ

Même s'il reste bas, l'indice de criminalité est légèrement en hausse depuis quelques années au Canada. Il faut toutefois noter que la majorité des crimes commis au pays sont en fait des infractions contre la propriété. Bien que le Canada demeure un pays sécuritaire, bien davantage que son cousin français et sans commune mesure avec le voisin américain, certaines attaques récentes ont marqué l'imaginaire : en 2018, à Toronto, celle au camion-bélier sur la rue Finch dans le nord de la ville puis la fusillade sur Danforth Avenue, toutes deux ayant fait des victimes, ou encore la tuerie d'avril 2020 en Nouvelle-Écosse, entraînant la mort de plus d'une vingtaine de personnes. Ce sont peut-être des phénomènes isolés, mais ils ont tout de même augmenté au cours des dernières années. Cela dit, en règle générale, il n'y a pas matière à s'inquiéter au Canada, même en étant une femme voyageant seule.

DÉCALAGE HORAIRE

Deuxième plus grand pays du monde, le Canada compte six fuseaux horaires : Pacifique, Rocheuses, Centre, Est, Atlantique et Terre-Neuve. Si chaque fuseau est espacé d'une heure, seulement trente minutes séparent ceux de l'Atlantique et de Terre-Neuve. Par exemple, lorsqu'il est midi en France, il est 3h à Vancouver, 4h à Calgary, 5h à Winnipeg, 6h à Montréal, 7h à Halifax et 7h30 à St. John's. À savoir que le changement d'heure à l'automne et au printemps ne se fait toutefois pas en même temps que la France, et certaines zones du Canada restent à l'heure normale à longueur d'année.

LANGUES PARLÉES

Les langues officielles du Canada sont l'anglais et le français. Bien que l'anglais soit majoritaire au pays, les communautés francophones sont présentes dans chaque province et chaque territoire canadiens. Les gouvernements provinciaux peuvent cependant définir leur(s) propre(s) langue(s) officielles(s) pour leurs communications et services. Par exemple : anglais et français au Nouveau-Brunswick, français au Québec, anglais en Alberta, et anglais, français, inuktitut et inuinnaqtun au Nunavut. Le Canada est aussi une véritable mosaïque culturelle et linguistique, avec plus de 200 langues parlées par les différentes communautés culturelles. Ne soyez donc pas surpris d'y entendre des langues des quatre coins du monde. Finalement, on retrouve plus de 70 langues autochtones au Canada, lesquelles sont regroupées au sein d'une douzaine de familles linguistiques.

COMMUNIQUER

La couverture téléphonique est excellente dans les grands centres et la moitié sud du pays. Cependant, dans certaines zones plus reculées, notamment le nord des provinces, et dans une grande partie des territoires canadiens, seul le téléphone satellite fonctionne, et encore. Si vous prenez un abonnement mobile au Canada, notamment auprès d'opérateurs à bas prix, vérifiez bien la couverture car elle pourrait se limiter qu'à quelques villes ou une seule zone.

Pour ce qui est du wifi, trouver une connexion n'est pas un problème dans la moitié sud du pays et les grands centres des régions au nord. Les aéroports, gares routières et ferroviaires, établissements hôteliers (attention : les hôtels de luxe offrent souvent ce service avec supplément), restos, cafés, bars, lieux culturels, etc., sont généralement équipés en wifi, le tout offert gratuitement la plupart du temps. Des réseaux publics gratuits sont aussi disponibles dans plusieurs quartiers des grandes villes. Par contre, en région éloignée, l'accès à Internet peut être compliqué, voire quasi inexistant.

Les bibliothèques, certains établissements hôteliers et cafés mettent également des ordinateurs à disposition, parfois gratuitement. Mais les bornes Internet et les ordinateurs en libre-service tendent à disparaître graduellement du paysage...

ELECTRICITÉ ET MESURES

Courant alternatif de 110 volts avec une fréquence de 60 Hz. Les fiches sont plates à l'américaine (pas rondes comme en Europe). Munissez-vous d'un adaptateur, afin de pouvoir utiliser les appareils européens tels que rasoir ou séchoir à cheveux, et vérifiez qu'ils acceptent ce voltage. Le cas échéant, munissez-vous également d'un transformateur de courant.
Au niveau des mesures, les choses se gâtent. Bien que le Canada ait adopté le système métrique depuis plus d'une quarantaine d'années, les Canadiens utilisent également les anciennes mesures (pouce, pied, livre, once, pinte, gallon, etc.). Pour y voir plus clair : metric-conversions.org/fr
Quant aux pointures de chaussures, le 38 femme correspond au 7 (qui équivaut au 39,5 pour l'homme). Pour les tailles des vêtements, le 40 femme correspond au 12 ; le 44 homme devient le 34.

BAGAGES

- **Les étés sont chauds,** particulièrement dans le sud pays. Cependant, la climatisation et les soirées fraîches à la campagne ou en montagne nécessitent des lainages et un coupe-vent. N'oubliez pas le maillot de bain, un sac à dos pour les randonnées pédestres et une lotion anti-moustique.
- **Au printemps et à l'automne,** apporter avec soi un imperméable doublé est quasi impératif et, en hiver, munissez-vous d'un bonnet, de moufles et d'une écharpe ainsi que d'un anorak, de vêtements chauds et de bottes fourrées. Cela dit, comme le climat varie beaucoup d'un océan à l'autre, il est impératif de se renseigner avant le départ. Par exemple, les hivers sont plutôt pluvieux sur la côte ouest alors que le centre et l'est du pays font souvent face à des vagues de froid. Et pour ceux qui comptent explorer des zones plus reculées ou le Grand Nord canadien, une bonne préparation au niveau de l'équipement est impérative.

LES PHRASES CLÉS

Bonjour, je voudrais réserver un billet aller/retour pour…
Hello, I would like a round trip ticket for…

J'ai raté mon avion. Je voudrais échanger mon billet s'il vous plaît.
I missed my flight.I would like to change my ticket, please.

Mon vol est très en retard. Ma correspondance sera bien assurée ?
My flight is very delayed. Will I be able to make my connection?

Mes bagages ont été égarés, à qui dois-je m'adresser ?
My luggage was lost. Whom should I speak to?

Louez-vous des voitures avec chauffeur ?
Do you provide chauffeur-driven car rental service?

Je n'ai presque plus d'essence. Où se trouve la station-service la plus proche ?
I'm almost out of gas. Where is the nearest gas station?

S'Y RENDRE

Pour se rendre au Canada depuis l'Europe, une seule solution (ou presque) : l'avion. Il faut compter au minimum 7 heures en vol direct. Un vol aller-retour pour Montréal ou Toronto depuis Paris, par exemple, se vend à partir de 700 € en haute saison (été et temps des Fêtes) et à partir de 350 € le reste de l'année. Pour obtenir des tarifs intéressants, il est indispensable de s'y prendre très en avance. Toutefois, les billets d'avion pour le Canada au départ de la France font l'objet de nombreuses promotions tout au long de l'année, même pendant la période estivale, notamment avec des départs moins de 30 jours à l'avance.

Depuis l'Europe, les principales compagnies aériennes qui desservent le Canada en vol direct ou via une - voire plus - correspondance (en Europe ou au Canada) sont Air Canada, Air France, Air Transat et Corsair. Selon la saison, des vols directs sont également proposés au départ des villes de province.

AIR CANADA

✆ +1 888 247 2262

www.aircanada.com

Air Canada dessert Montréal et Toronto en vol direct et quotidien au départ de Paris-Charles de Gaulle. Ces deux aéroports canadiens seront votre point d'entrée vers le reste du pays et vous permettront de rejoindre votre destination finale. Air Canada cumule de nombreux prix chaque année et a remporté huit fois le prestigieux prix de la « meilleure compagnie aérienne en Amérique du Nord », décerné par Skytrax. Ce même organisme a également décerné 4 étoiles à Air Canada, ce qui en fait l'un des seuls transporteurs nord-américains à avoir obtenu cette récompense.

AIR TRANSAT

✆ 0 800 872 672 83

www.airtransat.fr

Air Transat propose des vols au départ de Paris Charles de Gaulle à destination de Calgary, Montréal, Québec, Toronto et Vancouver (certains vols nécessitent une correspondance et d'autres ne sont offerts qu'en saison). Départs aussi offerts depuis Bruxelles et autres villes européennes. Air Transat figure depuis près d'une décennie sur la liste des meilleures lignes aériennes de voyages vacances au monde. La compagnie a même remporté quatre fois le titre lors de la remise de prix annuelle des *World Airline Awards* de Skytrax, dont le plus récent en 2021.

AIR FRANCE

✆ 09 69 39 36 54

www.airfrance.fr

Air France ne dessert que quatre villes au Canada en vol direct, soit Montréal, Québec, Toronto et Vancouver. De là, des correspondances sont possibles pour de nombreuses autres villes canadiennes. Il est aussi possible de partir depuis d'autres villes de France (Bordeaux, Lyon, Marseille, Nice, Strasbourg, Toulouse, etc.) ou d'ailleurs en Europe (Bruxelles, Francfort, Genève, etc.). Une correspondance ou un trajet en train est alors requis, et le vol en Europe peut être assuré par une compagnie partenaire membre de l'alliance SkyTeam, comme KLM.

CORSAIR

✆ 39 17

www.flycorsair.com

Pensez à adhérer au programme de fidélité Le Club Corsair. Service Client ouvert tous les jours de 7h à 23h.

Corsair assure des vols directs de mai à fin octobre de Paris en direction de Montréal (horaire sujet à changements). Possibilité de départ depuis la province avec connexion à Paris avec TGV Air. Le site web de la compagnie offre la possibilité de s'enregistrer 24 heures à l'avance, de choisir son siège, d'éditer sa carte d'embarquement et même de commander des repas « à thème ». Le client peut aussi réserver en ligne les produits qu'il souhaite acheter en duty free à bord de l'avion avec des réductions pouvant atteindre les 40 %.

SÉJOURS ET CIRCUITS

Si certains aiment organiser leur voyage de A à Z, d'autres préfèrent confier la logistique à une agence spécialiste de la destination. On peut choisir de partir en groupe organisé ou alors seul, en couple, entre amis ou en famille, avec un forfait clé en main ou conçu sur mesure.

L'offre de séjours au Canada comprend quasiment toujours les incontournables que sont l'Est canadien (Toronto, péninsule de Niagara, Ottawa, Montréal et Québec) et les Rocheuses (Yoho, Banff, Jasper...). À cela s'ajoutent Vancouver et la côte pacifique, la route des chercheurs d'or au Yukon, le tour de la Gaspésie au Québec, la découverte de l'Acadie dans les Maritimes, les séjours multi-activités dont les populaires raids en motoneige, le circuit en train à travers le pays, etc. Des agences se spécialisent aussi pour le Grand Nord canadien, offrant des expériences uniques au cœur de la culture inuite et de l'Arctique.

GRAND NORD - GRAND LARGE

30, rue Saint-Augustin
PARIS (2e)
✆ 01 40 46 05 14
www.gngl.com
Ouvert du lundi au samedi de 10h à 18h.

Ce spécialiste des voyages en terres polaires propose de nombreuses formules de voyages au Canada : autotours, activités nautiques (kayak, canoë...), observation des mammifères marins ou des ours polaires, sports de glisse, raquette, motoneige, traîneau à chiens, location de chalets dans les parcs nationaux et les réserves fauniques, et la liste est encore longue. Toutes ces expéditions sont programmées avec soin par des spécialistes. Voyages à la carte également et possibilité d'achat de billets d'avion et de location de voitures.

IMAGINE CANADA BY JMB VOYAGES

Ancienne École
ASPRES-LÈS-CORPS
✆ 04 92 50 98 57
imagine-canada.fr

Cette agence propose des séjours au Canada – plus particulièrement au Québec – permettant de découvrir aussi bien la nature et les magnifiques paysages ruraux que les métropoles. Elle propose des voyages sur mesure et des séjours à un rythme adapté. Enfin, pour vos voyages en groupe, entre amis ou pour le travail, l'agence propose des séjours de *team building*, dont la destination est secrète jusqu'au départ et qui vous offrent de nombreuses activités et challenges à faire en équipe.

NORD ESPACES

35, rue de la Tombe-Issoire
PARIS (14e)
✆ 01 45 65 00 00
www.nord-espaces.com
Informations et prises de contact en ligne.

Nord Espaces est spécialiste des destinations nordiques et programme des séjours au Canada été comme hiver. Quelques exemples : expédition en canoë sur la rivière Yukon entre Whitehorse et Dawson, observation des ours polaires à Churchill ou des aurores boréales dans les Territoires du Nord-Ouest, rando et kayak dans la péninsule gaspésienne, circuit accompagné des Rocheuses à l'île de Vancouver… Et ce n'est que la pointe de l'iceberg ! Plusieurs circuits individuels avec voiture de location sont également possibles au Canada.

© JAMESWHEELER - ALBERTA

© JAMESWHEELER - ALBERTA

© REFUGE PAGEAU © HUGO LACROIX

ALMA VOYAGES

573, route de Toulouse
VILLENAVE-D'ORNON © 05 56 87 58 46
www.alma-voyages.com

Ouvert du lundi au vendredi de 9h à 17h30 et le samedi de 9h à 12h.

Chez Alma Voyages, les conseillers connaissent parfaitement les destinations proposées et chaque client est suivi par un agent attitré ! Une large offre de voyages, avec émission de devis pour les voyages sur mesure, vous sera alors proposée. Alma Voyages pratique les meilleurs prix du marché et travaille notamment avec Kuoni, Beachcombers, Jet Tour, Marmara, Look Voyages... Si vous trouvez moins cher ailleurs, l'agence s'alignera sur ce tarif et vous bénéficierez en plus, d'un bon d'achat de 30 euros sur le prochain voyage... Catalogue sur le site Internet.

© NEIL MORRELL DE PIXABAY

TERRA CANADA & ALASKA

VANCOUVER ✆ +1 217 487 4078
www.terra-canada.com
Agence de voyage francophone installée à Vancouver et comptant également sur une base opérationnelle en Alaska.

© MATHIEU DUPUIS_LE QUÉBEC MARITIME

Maillon de Terra Group, réseau d'une vingtaine d'agences réceptives opérant depuis plus de 20 ans dans le monde et précurseur du voyage sur mesure. Julie, Louise et l'équipe de concepteurs voyage sont spécialisées dans le voyage privé à la carte, le voyage d'aventure et le « hors sentiers battus ». Spécialistes de l'Ouest, du Grand Nord, et le l'Est (de Québec à Terre-Neuve), elles proposent une offre originale au plus près des grands espaces. Une vocation à parcourir la zone pour proposer le circuit le plus pertinent en fonction de vos désirs. Une valeur sûre.

ADVENTURE CANADA

✆ +1 905 271 4000
www.adventurecanada.com

L'entreprise Adventure Canada est spécialisée dans les croisières d'aventure dans différents endroits du monde. Au Canada, elle propose entre autres de découvrir le fameux passage du Nord-Ouest dans l'Arctique canadien ou encore l'archipel Haida Gwaii en Colombie-Britannique, de naviguer tout autour de l'île de Terre-Neuve ou de combiner le Groenland et le Labrador. Des tours terrestres sont également proposés au pays, notamment à l'île de Baffin au Nunavut ou encore à Churchill au Manitoba pour l'observation des ours polaires.

AUTHENTIK CANADA

7680, rue Saint-Hubert
MONTRÉAL
✆ +1 514 769 0101
www.authentikcanada.com
N° Vert depuis la France : 0 805 080 113.

Une agence spécialiste du Canada qui propose des séjours et circuits qui plairont à tous les publics : individuels, familles, couples et groupes. Parmi les forfaits disponibles, notons les itinéraires en voiture (location de voiture et camping-car également), les raids en motoneige, les divers séjours en pourvoirie. On apprécie aussi l'originalité des activités proposées comme les rencontres avec un trappeur, la pêche sur glace, les bains nordiques, les séjours en glamping, etc. Les séjours s'adaptent aux goûts et aux besoins de chacun.

CANOE NORTH ADVENTURES

✆ +1 519 941 6654
canoenorthadventures.com
Fin juin à début septembre. À partir de 4 995 CAN $ par personne. Location de matériel pour les groupes autonomes.

Cette entreprise locale propose des séjours en canoë sur les plus belles rivières canotables du Canada. Parmi celles qui serpentent dans les monts Mackenzie : la Yukon et la Great Bear (parfaites pour les débutants), la rivière Keele (reconnue en tant qu'*Expérience canadienne distinctive* pour sa grande beauté) et enfin la rivière Mountain (s'adresse surtout aux canoëistes avancés). Séjours tout-compris (vols en hydravion jusqu'au départ de la descente en canoë, repas, matériel) de 7 à 21 jours encadrés par des guides certifiés.

INUKPAK OUTFITTING

✆ +1 867 222 6489
inukpakoutfitting.ca/fr

Cette entreprise à taille humaine vous fera découvrir les merveilles de l'Arctique canadien dans le sud de l'île de Baffin au Nunavut, terre ancestrale des Inuit. Sa grande spécialité est le traîneau à chiens, mais Inukpak Outfitting offre toute une gamme d'excursions et d'expéditions en toute saison. Atelier de construction d'igloo, kayak de mer, randonnée pédestre au parc national Auyuittuq ou encore observation des aurores boréales sont également proposés, sans oublier les forfaits sur mesure et les formation en secourisme, notamment la survie dans l'Arctique.

INTERVIEW

LE VOYAGE-SUR-MESURE

AVEC STEVEN LE CHEVALIER ET MATHIEU VALLY DE QUOTATRIP

Quel est le concept de l'agence QuotaTrip ?

Quotatrip est la première plateforme de mise en relation entre voyageurs et agences locales. Grâce à elle, les voyageurs peuvent enfin échanger en direct avec des agences qui sont sur place et concevoir un voyage unique, au meilleur prix et 100% personnalisé.

Pourquoi voyager avec des agences locales ?

À l'inverse des agences traditionnelles, les agences locales sont des expertes de la destination choisie. Ce sont aussi les mieux placées pour concevoir des séjours qui sortent des sentiers battus. Elles sont ainsi en mesure de répondre à l'ensemble des envies, le voyageur rentre dans l'univers de l'equi-tourisme = le tourisme sans intermédiaire.

Quels sont les autres avantages pour les voyageurs ?

Il y a une multitude d'avantages. Cela permet notamment de ne pas voyager comme tout le monde, d'organiser de manière simple et rapide un séjour sur mesure et au meilleur prix. Fini les mauvaises surprises, les voyageurs posent toutes les questions qu'ils souhaitent et bénéficient d'un accompagnement sur mesure, de la conception du projet jusqu'à sa réalisation en toute sécurité car les agences référencées sont sélectionnées et recommandées par les journalistes des guides du Petitfute en toute impartialité.

Les démarches sont-elle simples à effectuer ?

Les sites de voyage en ligne font perdre beaucoup de temps aux internautes sans pour autant répondre entièrement à leurs désirs. QuotaTrip propose un formulaire simple et rapide qui permet de décrire les souhaits, les envies et les besoins. L'internaute reçoit aussitôt gratuitement et sans engagement les offres de trois ou quatre agences locales avec qui il peut ensuite échanger afin de personnaliser son projet grâce à la messagerie mise en place.

Quelles sont les destinations proposées ?

Notre plateforme propose plus de 21 000 projets de voyage sur plus de 100 destinations à travers le monde. De l'Amérique latine en passant par l'Asie et l'Afrique, nos mille agences partenaires sont là pour répondre à vos projets de voyage.

Décrivez votre projet de voyage. Echangez en direct avec les agences locales et partez au meilleur prix.

***Plus d'informations** : quotatrip.com*

©D.R

©D.R

©D.R

KARAVANIERS

4035 rue Saint-Ambroise
MONTRÉAL
✆ +1 514 281 0799
www.karavaniers.com

Cette agence à taille humaine et à grande conscience sociale et environnementale guide les voyageurs sur les plus beaux sentiers et cours d'eau de la planète. Cela dit, elle fait également découvrir les joyaux du Canada et du Québec, et ne manque pas d'incroyables destinations pour les amoureux des grands espaces et du plein air. Été comme hiver, en kayak de mer comme en raquettes, les expéditions guidées de Karavaniers sortent des sentiers battus et promettent une expérience de grande nature plus que mémorable. On recommande chaudement !

TERRE BORÉALE

✆ +1 867 335 6712
www.terreboreale.com

Agence d'aventures fondée par un couple de Français expatrié à Whitehorse, Terre Boréale propose des séjours tout inclus (guide, hébergement, repas, équipement) et sur-mesure au Yukon et en Alaska. On peut ainsi partir en randonnée 6 jours dans le parc de Tombstone, à cheval vivre la vie de cowboy pendant 3 jours près de Haines Junction, ou encore en traîneau à chiens ou en motoneige en hiver. Pleins de ressources, Maxime et Mylena se plient en quatre pour offrir des séjours personnalisés aux voyageurs en quête de souvenirs impérissables dans le Grand Nord.

MOOSE TRAVEL NETWORK

✆ +1 604 297 0255
moosenetwork.com

Moose Travel propose un service de transport d'aventure pour les routards et voyageurs indépendants. Plusieurs circuits sont offerts dans l'Ouest canadien de mai à septembre. Ils vous feront découvrir des lieux et activités uniques dans chaque région visitée. Les tarifs comprennent le transport, l'hébergement, certains repas, le service d'un guide et des activités gratuites. Des activités optionnelles payantes sont aussi disponibles. Une belle façon de rencontrer des voyageurs des quatre coins du globe tout en voyant du pays à moindre coût !

VANCOUVER PRIVATE TOURS

✆ +1 778 388 6643
vancouverprivatetours.com

Depuis 20 ans, cette entreprise offre aux familles et petits groupes d'amis, désireux de découvrir l'Ouest canadien à leur façon, des voyages guidés et sur mesure de haute couture ! Alfred, le guide et gérant de Vancouver Private Tours, est aux petits soins et parle couramment 4 langues dont le français. Que vous souhaitiez visiter Vancouver, skier à Whistler, faire un road-trip dans les Rocheuses ou sur l'île de Vancouver, faire une virée dans la vallée viticole de l'Okanagan ou même faire une échappée à Seattle, tous les itinéraires s'adapteront à vos besoins !

PARCOURS CANADA

400, avenue Atlantic
MONTRÉAL
✆ +1 514 373 1934
www.parcourscanada.com

Été comme hiver, cette agence réceptive à taille humaine propose des voyages sur mesure qui emmèneront les nouveaux venus découvrir les grands classiques du pays ou permettront aux fins connaisseurs du Canada de sortir des sentiers battus, en s'embarquant pour des périples insolites (séjour en hydravion, dans le Grand Nord, etc.) ou en faisant étape dans des hébergements originaux (un hôtel des Premières Nations, une cabane perchée dans les arbres, etc.). L'agence privilégie un contact personnalisé avec les clients, mais aussi avec ses prestataires locaux.

QUOTATRIP

www.quotatrip.com
Voyages sur mesure.

QuotaTrip est une nouvelle plateforme de réservation de voyage en ligne qui met en relation des voyageurs à la recherche d'expériences authentiques et uniques et des agences de voyages locales sélectionnées pour leurs compétences et leur sérieux. Le réseau de QuotaTrip couvre près de 200 destinations dans le monde entier. Le but de ce rapprochement est simple : proposer un séjour entièrement personnalisé aux utilisateurs. QuotaTrip promet ainsi l'assurance d'un voyage serein, sur mesure, sans intermédiaires et sans frais supplémentaires.

SE LOGER

Le Canada compte un nombre incalculable d'expériences d'hébergement, à commencer par le camping, une activité hautement convoitée et disponible presque partout, sous la tente comme en camping-car et même en version hébergement insolite. Les petits budgets bénéficient d'un bon réseau d'auberges de jeunesse, qu'elles soient membres du réseau HI Canada (Hostelling International) ou bien indépendantes, et la plupart proposent tant des lits en dortoir que des chambres privées pour un peu plus d'intimité. De mai à août, pendant les vacances scolaires, les collèges et universités du pays offrent également des chambres à petits prix. Puis viennent les chalets - un véritable art de vivre au Canada -, les pourvoiries, les réseaux de chambres d'hôtes, les petits hôtels historiques, les auberges de charme et celles haut de gamme, sans oublier l'omniprésence des grandes chaînes internationales, notamment dans les villes et le long des axes routiers.

HOME EXCHANGE €€

www.homeexchange.fr

Abonnement annuel 149 €.

Et si vous échangiez votre maison avec d'autres pour partir en vacances ? HomeExchange est une plateforme d'échange de maisons et d'appartements entre particuliers. L'idée : un site Internet pour échanger son logement (studio, appartement, villa…) moyennant un abonnement annuel à l'agence en ligne, qui se charge de la présentation du bien et de la mise en contact des intéressés. Un excellent moyen de faire des économies pour partir en vacances et réduire ainsi les frais d'hébergement sur place. Le choix est large, avec plus de 450 000 offres dans 159 pays.

GITESCANADA.COM €€

gitescanada.com

Fondé en 1994 et en ligne depuis 1995, ce site ne propose que des chambres d'hôtes pour vivre l'authentique expérience canadienne. Et on en trouve dans chaque province et territoire du pays, même jusqu'au Nunavut ! En montagne comme en bord de mer, à la campagne ou au cœur d'une métropole, il y en a pour tous les goûts et toutes les bourses. Il faut généralement contacter directement l'établissement pour une réservation, mais certains proposent la réservation en ligne. Vous rêvez d'avoir votre propre gîte ? Une section liste les établissements à vendre !

PARCS CANADA - RÉSERVATIONS CAMPING €

✆ +1 877 737 3783

reservation.pc.gc.ca

Parcs Canada gère entre autres des parcs nationaux à travers le pays. Ils offrent une multitude d'activités de découverte de la nature déclinées le long des quatre saisons. Pour les amoureux du camping, le système de réservation en ligne permet de visualiser les emplacements disponibles dans chacun des sites. Parcs Canada propose d'autres types d'hébergement comme des yourtes, tipis, tentes prêt-à-camper, chalets, etc. Coup de cœur pour l'Ôasis, un hébergement dans la canopée.

COTTAGES IN CANADA €€

www.cottagesincanada.com/fr

Pour se trouver un petit chez-soi au pied des pistes de ski, sur les rives d'un lac ou au cœur de la forêt boréale, ce site est un must. Il regroupe un nombre incalculable de chalets dans les dix provinces canadiennes (pas d'offres dans les trois territoires). Pour trouver son nid douillet, plusieurs critères permettent d'affiner la recherche : capacité, nombre de chambres, fourchette de prix, spa, piscine, foyer/poêle, ski-in/ski-out, activités disponibles, etc. Chaque fiche d'établissement est ultra complète et permet de contacter le proprio directement.

© HI CANADA

© HI CANADA

HI CANADA €

✆ +1 800 663 5777
hihostels.ca/fr

Réductions pour les adhérents sur l'hébergement et auprès des partenaires locaux.

Cette association sans but lucratif propose aux voyageurs de tous âges un réseau d'une quarantaine d'auberges, réparties à travers le pays d'un océan à l'autre (hormis certaines provinces et les 3 territoires). Membres du réseau mondial Hostelling International, ces hébergements offrent des lits en dortoir, des chambres privées et familiales dignes d'un hôtel 3 étoiles, sans oublier la panoplie de services proposés, allant de la cuisine équipée aux sorties organisées. La manière la plus cool de voyager, que vous soyez baroudeur, en famille, seul ou entre amis !

© HI CANADA

© HI CANADA

© HI CANADA

SE DÉPLACER

Les distances sont démesurées au Canada et dépendamment de votre itinéraire, la location d'une voiture ou même d'un camping-car peut s'avérer une excellente option, d'autant plus qu'un véhicule permet une véritable liberté. Le Canada compte plusieurs compagnies aériennes desservant l'intérieur du pays (mais les tarifs pour les régions reculées et le Grand Nord sont pour l'instant exorbitants), un réseau ferroviaire pancanadien (excluant Terre-Neuve-et-Labrador et les trois territoires) et une multitude de réseaux de bus interurbains opérant généralement dans leur province respective (certains en couvrent toutefois plus d'une). Innombrables plans d'eau obligent, les services de ferry sont omniprésents dans certaines régions comme la Colombie-Britannique, le Québec et les Maritimes, certains reliant même le pays aux États-Unis. Bon plan : le covoiturage, très populaire et surtout hyper abordable.

AIR CANADA

✆ +1 888 247 2262

www.aircanada.com

Compagnie aérienne nationale desservant tout le Canada d'un océan à l'autre (à noter que certaines liaisons régionales ont été abandonnées dans les dernières années). La compagnie dessert également les États-Unis ainsi que le reste du monde depuis ses plates-formes de correspondance à Montréal-Trudeau, Toronto-Pearson, Calgary et Vancouver. Le confort est optimal et les services sont à la hauteur d'une compagnie nationale renommée. Les longs courriers offrent un service de restauration et des divertissements à bord de l'avion.

CANADIAN NORTH

✆ +1 800 267 1247

canadiannorth.com

Canadian North est LA compagnie aérienne du Grand Nord canadien depuis sa fusion avec First Air en 2019. À partir de Calgary, Edmonton, Winnipeg, Ottawa et Montréal, il est possible de se rendre au Yukon, dans les Territoires du Nord-Ouest, au Nunavut et au Nunavik (région arctique du nord du Québec). Certains vols sont offerts en partenariat avec Calm Air (Winnipeg - Rankin Inlet) ou Air North (Ottawa - Yellowknife - Whitehorse). Canadian North dessert des destinations aussi éloignées que Resolute Bay et Grise Fjord, le bout du monde canadien !

FLAIR AIRLINES

flyflair.com

Compagnie aérienne *low cost*, une des rares au Canada, desservant plus d'une vingtaine de destinations réparties d'un océan à l'autre (aucun service dans les trois territoires canadiens). Elle effectue également des liaisons vers les États-Unis (San Francisco, Los Angeles, Las Vegas, New York, Fort Lauderdale, etc.) ainsi qu'au Mexique (Cancun, Puerto Vallarta, etc.). À savoir toutefois que tout se fait en ligne, les réservations comme le service à la clientèle. Et avec des tarifs aussi bas, il faut s'attendre à quelques inconvénients tels que des retards.

PORTER AIRLINES

✆ +1 888 619 8622

www.flyporter.com/fr-ca

Basée à Toronto, cette compagnie aérienne dessert presque tout le pays, à l'exception de l'Île-du-Prince-Édouard et des trois territoires. Elle propose également des liaisons vers les États-Unis (Boston, Chicago, Dallas, Los Angeles, Miami, New York, Washington, etc.) et même Nassau au Bahamas, par exemple. À noter que plusieurs de ces destinations, tant au pays qu'à l'étranger, font partie des nouvelles liaisons qui entreront en service graduellement à partir de 2023, la compagnie ayant le vent dans les voiles grâce à sa nouvelle flotte d'Embraer E195-E2.

WESTJET

✆ +1 888 937 8538
www.westjet.com/fr-ca

Basée à Calgary, Westjet est une compagnie aérienne canadienne offrant des liaisons régulières et nolisées à l'intérieur du pays (Vancouver, Calgary, Edmonton, Saskatoon, Toronto, Ottawa, Montréal, Québec, Fredericton, Charlottetown, Halifax, St. John's, Whitehorse, Yellowknife, etc.), ainsi que vers les États-Unis (d'un océan à l'autre), le Mexique et les Caraïbes, l'Europe (notamment Amsterdam, Dublin, Londres, Paris et Rome) et même l'Asie (Tokyo). Westjet propose également des forfaits vacances vers les destinations soleil.

MARINE ATLANTIQUE

✆ +1 800 341 7981
www.marineatlantique.ca

La compagnie de ferries Marine Atlantique permet de se rendre jusqu'à l'île de Terre-Neuve. Deux liaisons maritimes sont offertes depuis North Sydney en Nouvelle-Écosse : Port aux Basques à l'année (durée de la traversée : environ 7 heures) et Argentia de mi-juin à fin septembre (durée de la traversée : environ 16 heures). Nombreux services à bord, notamment des cabines (1 à 4 personnes), des restaurants et bars, une salle de cinéma, des arcades et une salle de jeux, une aire de jeux pour les plus jeunes, un café Internet, une boutique de souvenirs, etc.

BAY FERRIES & NORTHUMBERLAND FERRIES

✆ +1 877 762 7245
french.ferries.ca

Regroupées sous une seule bannière, ces deux compagnies de ferries assurent trois liaisons dans les Maritimes : Saint John (Nouveau-Brunswick) - Digby (Nouvelle-Écosse), Wood Islands (Île-du-Prince-Édouard) - Caribou (Nouvelle-Écosse), et Yarmouth (Nouvelle-Écosse) - Bar Harbor (État du Maine aux États-Unis). Selon le navire, différentes commodités sont offertes à bord comme, par exemple, un restaurant, des salons cinéma, une boutique de souvenirs, etc.

ONTARIO FERRIES

www.ontarioferries.com

Ontario Ferries offre trois services de traversier dans la province.

- **Sud-Ouest (lac Erié)** : le *MV Jiimaan* et le *MV Pelee Islander* desservent l'île Pelée depuis Leamington et Kingsville en Ontario, ainsi que depuis Sandusky en Ohio (États-Unis). Réservations : +1 800 661 2220.
- **Baie Georgienne** : le *MS Chi-Cheemaun* relie la péninsule Bruce (Tobermory) à l'île Manitoulin (South Baymouth). Réservations : +1 800 265 3163.
- **Nord** : le *MV Niska 1* relie la localité de Moosonee à l'île Moose Factory située juste en face, dans la rivière Moose. Réservations : +1 705 658 4335.

BC FERRIES

1010 Canada Place
VANCOUVER
✆ +1 888 223 3779
www.bcferries.com
Vacations Centre ouvert en semaine de 9h30 à 17h.

BC Ferries offre des liaisons maritimes dans l'ouest de la Colombie-Britannique, dans différentes régions de la côte pacifique : la région métropolitaine de Vancouver, l'île de Vancouver, la Sunshine Coast, les îles du golfe, la Central Coast, la North Coast et Haida Gwaii. La compagnie propose également toutes sortes de forfaits vacances comme, par exemple, un séjour sous le signe de la culture autochtone à Haida Gwaii, une virée dans les différentes îles du golfe, ou encore la croisière qui sillonne le fameux Inside Passage.

SOCIÉTÉ DES TRAVERSIERS DU QUÉBEC (STQ)

✆ +1 877 787 7483
www.traversiers.com
Accessible aux fauteuils roulants.

Découvrez la province grâce à 13 services maritimes reliant des municipalités pittoresques en bordure du fleuve Saint-Laurent, du fjord du Saguenay et même du golfe du Saint-Laurent. Que vous soyez piéton, cycliste, motocycliste ou automobiliste, les traversiers (ferries) faciliteront vos déplacements. Partez à la découverte du Québec et de ses régions riveraines et maritimes ! Pour les traverses, horaires et tarifs, consultez le site web de la STQ.

BC BUS NORTH

✆ +1 844 564 7494

bcbus.ca

Comme son nom l'indique, la compagnie de bus interurbains BC Bus North dessert les communautés du nord de la province de la Colombie-Britannique. Elle propose quatre routes différentes : Dawson Creek - Fort Nelson, Prince George - Fort St. John, Prince George - Valemount et Prince George - Prince Rupert (les communautés et villes situées le long de chacun des parcours sont pour la plupart desservies). À savoir toutefois qu'un à deux départs par semaine est offert dans chaque sens. Soyez donc prévoyant dans vos déplacements !

MARITIME BUS

✆ +1 800 575 1807

maritimebus.com/fr

Maritime Bus dessert une cinquantaine de destinations dans les trois provinces maritimes, à savoir le Nouveau-Brunswick, l'Île-du-Prince-Édouard et la Nouvelle-Écosse. Elle fait également des arrêts aux aéroports de Fredericton, Moncton et Halifax (service de navette aéroport pour Halifax, réservation requise), en plus de desservir North Sydney en Nouvelle-Écosse pour ceux désirant ensuite prendre le ferry vers Terre-Neuve. Maritime Bus propose également des services de nolisement et d'envoi de colis. Achat de billets en ligne ou par téléphone.

EBUS

✆ +1 877 769 3287

www.myebus.ca

La compagnie de bus interurbains Ebus couvre des dizaines de destinations dans l'Ouest canadien, à savoir en Colombie-Britannique, en Alberta et en Saskatchewan. Parmi les circuits les plus populaires : Vancouver-Kamloops, Kelowna-Kamloops, Kamloops-Prince George, Calgary-Edmonton, Edmonton-Fort McMurray ou encore Edmonton-Saskatoon. À noter qu'Ebus fait partie du Pacific Western Group of Companies qui regroupe également BC Bus North (destinations dans le nord de la Colombie-Britannique) et Red Arrow (destinations en Alberta).

MEGABUS

ca.megabus.com

Au Canada, Megabus dessert principalement l'axe Montréal-Kingston-Toronto pour un prix modique, quoique malheureusement bien plus cher qu'avant la pandémie. Ces bus (avec wifi gratuit) desservent aussi la grande région de Toronto, la péninsule de Niagara et quelques villes américaines depuis le pays, avec ou sans correspondance (Buffalo, Detroit, Rochester, Syracuse, New York, Philadelphie, Baltimore, Washington...). Megabus est également présent aux États-Unis (plus d'une centaine de villes desservies, pour la plupart dans l'est du pays) et au Royaume-Uni.

INTERCAR

✆ +1 418 547 2167

intercar.ca

Horaires, tarifs et réservations en ligne et par téléphone.

Intercar dessert les régions de Québec, de Charlevoix, du Saguenay-Lac-Saint-Jean et de la Côte-Nord (uniquement jusqu'à Havre-Saint-Pierre). Cet autocariste se rend également jusqu'à Chibougamau dans la région Eeyou Istchee Baie-James. Il est possible de partir de Montréal avec un transfert à Québec (retour à Montréal également possible, toujours avec un transfert à Québec). Wifi à bord de certains bus (aucune garantie). Renseignez-vous sur les Interpasses, des forfaits économiques pour ceux qui voyagent souvent sur le réseau.

ONTARIO NORTHLAND

✆ +1 800 461 8558

www.ontarionorthland.ca/fr

La compagnie d'autocars Ontario Northland relie Ottawa et Toronto aux villes du centre, du nord et de l'ouest de la province, même jusqu'à Winnipeg au Manitoba. Vous monterez à bord de ses bus si vous souhaitez vous rendre à Cochrane, Hearst, Huntsville, Kenora, North Bay, Parry Sound, Sault Ste. Marie, Sudbury, Temagami, Thunder Bay, Timmins ou encore Wawa. C'est aussi cette compagnie qui gère le train *Polar Bear Express*, lequel effectue la liaison entre Cochrane et Moosonee sur les rives de la baie d'Hudson (informations et réservations au +1 800 265 2356).

ORLÉANS EXPRESS

✆ +1 833 449 6444

www.orleansexpress.com

Horaires, tarifs et réservations en ligne et par téléphone.

Orléans Express est LA compagnie de bus interurbain pour la liaison Montréal-Québec. Il y a de nombreux départs tous les jours, dans un sens comme dans l'autre. Orléans Express dessert également les régions du Centre-du-Québec, de Chaudière-Appalaches, du Bas-Saint-Laurent et de la Gaspésie sur la rive sud du Saint-Laurent, et Lanaudière et la Mauricie sur la rive nord, en plus d'assurer une liaison avec l'aéroport Montréal-Trudeau ainsi qu'une autre avec Ottawa/Gatineau. Réservation conseillée dans les heures de pointe. Wifi gratuit à bord.

VIA RAIL CANADA

✆ +1 888 842 7245

www.viarail.ca/fr

Le train dessert le Canada d'est en ouest, à l'exception des trois territoires et de Terre-Neuve-et-Labrador. Une multitude de pass sont proposés aux voyageurs fréquents, mais aussi pour les courts séjours et les escapades dans le pays par le biais de cartes-voyages. Plusieurs services à bord : wifi gratuit, service de repas et boissons, etc. À noter qu'il est possible de descendre ou de monter à un endroit ou il n'y a aucun arrêt prévu. Il suffit de réserver son billet au moins 48 heures à l'avance en indiquant le millage ferroviaire exact de l'arrêt voulu.

RIDER EXPRESS

✆ +1 833 583 3636

riderexpress.ca

La compagnie de bus interurbains Rider Express, qui desservait uniquement l'ouest du pays jusqu'à récemment, prend de l'expansion vers l'est depuis le départ de la compagnie américaine Greyhound en 2021. Ainsi, en plus de ses circuits en Colombie-Britannique, en Alberta, en Saskatchewan et au Manitoba, elle offre dorénavant des liaisons entre Ottawa et Toronto en Ontario et d'autres routes devraient s'ajouter sous peu, comme par exemple Ottawa-Montréal. À savoir que le bus fait plusieurs arrêts dans les villes situées le long de chacun de ses circuits.

AMTRAK

✆ +1 800 872 7245

francais.amtrak.com

Compagnie ferroviaire américaine circulant aux États-Unis et assurant également des liaisons avec le Canada (quelques gares en Colombie-Britannique, en Ontario et au Québec) sur les trains suivants : Adirondack (Montréal-New York), Amtrak Cascades (Vancouver-Eugene), Empire Service (Niagara Falls-New York) et Maple Leaf (Toronto-New York). En plus des billets à l'unité, Amtrak propose des forfaits vacances ainsi que des pass multitrajets ou encore le USA Rail Pass (10 trajets pendant 30 jours aux États-Unis en classe Économie).

POPARIDE

www.poparide.com/fr

Poparide est une compagnie bien connue de covoiturage desservant le Canada, principalement le Québec, l'Ontario, l'Alberta et la Colombie-Britannique, mais pas que. En réservant via le site web ou l'appli, vous avez accès à une foule d'informations sur les conditions du trajet (espace disponible pour les bagages et les équipements sportifs, animaux bienvenus, etc.) ainsi qu'à l'évaluation des passagers ayant voyagé avec ce conducteur. Pour utiliser le service de Poparide, on recommande toutefois de télécharger l'appli sur App Store ou Google Play.

S'INFORMER

Parce qu'il y a tant à voir dans ce pays démesuré, et qu'on veut partager avec vous le meilleur du Canada, on a inclus ici plusieurs ressources fort précieuses afin de vous aider dans la planification de votre séjour. Des médias spécialisés sur la destination à l'office de tourisme officiel du pays, vous y trouverez sans nul doute une foule d'informations utiles et d'idées vacances, sans oublier la découverte de la francophonie canadienne. Envie d'une expérience autochtone authentique, d'un hébergement insolite dans un parc national, d'une visite d'un site du patrimoine mondial de l'UNESCO ou encore d'une tournée des meilleures adresses gourmandes du Canada ? Ça aussi, on y a pensé ! Et pour de l'information supplémentaire sur les différents médias de la province (web, radios, journaux et magazines, etc.), consultez également notre fiche pratique « Vie quotidienne » dans le chapitre « Inspirer » en début de guide.

CANADA'S 100 BEST

canadas100best.com

Si vous êtes gourmand et maitrisez la langue de Shakespeare, ce site web est pour vous ! Il recense les meilleurs 100 restaurants canadiens de l'année mais aussi les 50 meilleurs bars du pays. Des prix sont aussi remis au meilleur sommelier, au meilleur restaurant « de la ferme à la table », au meilleur design de restaurant, etc. On y trouve également des articles de blog fort intéressants, des recettes gourmandes et de mixologie, des idées de voyages culinaires au Canada et ailleurs dans le monde, etc. Un magazine est également édité et est disponible en ligne.

DESTINATION AUTOCHTONE

destinationindigenous.ca/fr

Piloté par l'Association touristique autochtone du Canada, ce site web sert de vitrine aux expériences autochtones offertes d'un océan à l'autre dans les diverses communautés du pays. Que l'on ait envie de savourer la gastronomie autochtone, d'assister à un pow-wow, de découvrir la faune et la flore locales ou encore de rapporter un souvenir des plus authentique, tout y est. Le site contient également des forfaits, le magazine en ligne *Nations*, un blog, etc. Pour la liste complète des membres : indigenoustourism.ca/fr/a-propos-de-latac/repertoire-des-membres

COMMISSION CANADIENNE POUR L'UNESCO

fr.ccunesco.ca

La Commission canadienne pour l'UNESCO au Canada regroupe différents réseaux, dont la Coalition des municipalités inclusives, les chaires UNESCO, les réserves de la biosphère, les sites du patrimoine mondial, les villes créatives ou encore les géoparcs mondiaux. La liste des membres est disponible sur le site web et vous permettra d'inclure ces lieux exceptionnels à votre itinéraire de voyage, lesquels sont répartis d'un océan à l'autre. Bonne découverte !

L'ENCYCLOPÉDIE CANADIENNE

www.thecanadianencyclopedia.ca/fr

Le Canada peut se vanter d'être l'une des rares nations à posséder sa propre encyclopédie, qui plus est en format bilingue. Écrite par et pour sa population, on y traite d'une multitude de sujets, allant de la francophonie canadienne à la guerre de 1812, en passant par l'histoire des Noirs au Canada, le droit de vote, les arts et spectacles et les peuples autochtones. Les informations sont toujours exactes et rigoureusement mises à jour. Une grande référence pour découvrir le Canada !

FCFA

fcfa.ca

La Fédération des communautés francophones et acadienne du Canada est la voix officielle des francophones vivant hors Québec dans les provinces et territoires canadiens, représentant ainsi environ 2,8 millions de personnes. La FCFA regroupe aussi 12 associations francophones et 9 organismes nationaux. Sa mission : « Assurer la défense et la promotion des droits et des intérêts des francophones vivant en situation minoritaire au Canada et agir comme chef de file du réseau de concertation des organismes et institutions voués au développement de ces communautés ».

VOYAGE.GC.CA

voyage.gc.ca

Site web officiel du gouvernement canadien, Voyage.gc.ca s'adresse tant aux Canadiens désirant voyager dans le monde qu'aux étrangers venant au pays. Tous les sujets sont ici abordés, des formalités d'entrée aux avertissements consulaires par destination, en passant par l'assistance d'urgence à l'étranger, l'assurance voyage et même les attraits touristiques à découvrir au Canada. Un outil en ligne permet aussi de savoir en quelques clics si un visa est nécessaire pour entrer au Canada selon le pays d'origine, le motif du voyage, etc.

ICI RADIO-CANADA

ici.radio-canada.ca

Fondé en 1936, c'est le plus ancien service de diffusion au pays. Cette société d'État a également un pendant anglophone, la CBC (Canadian Broadcasting Corporation). Elle compte des services télévisuels (ICI Radio-Canada Télé, ICI RDI, ICI ARTV et ICI Explora + CBC Television, CBC News Network et documentary), radiophoniques (ICI Radio-Canada Première et ICI Musique + CBC Radio One et CBC Music) et internationaux (Radio Canada International). Un site web de vidéo à la demande est aussi disponible (ICI TOU.TV, certains contenus sont payants).

DESTINATION CANADA

1045 Howe Street

VANCOUVER

fr-keepexploring.canada.travel

L'office de tourisme national met à disposition le site *Explorez sans fin* afin de planifier son séjour en terres canadiennes. On peut explorer le pays par province, par territoire ou par ville, ou encore découvrir des activités selon différents thèmes (merveilles naturelles, culture autochtone, aventure, gastronomie, etc.). La rubrique « planification » permet de tout savoir en quelques clics, des formalités d'entrée à la météo, en passant par les voyagistes, les transports et l'accessibilité. À noter que Destination Canada ne tient pas de bureaux ouverts au public.

JEPARSAUCANADA.COM

www.jeparsaucanada.com

Un site web incontournable, notamment pour les pvtistes, avec une foule d'informations sur les programmes d'Expérience Internationale Canada (EIC), les formalités, les emplois, etc. On y traite aussi de l'expatriation, du programme Au Pair ou encore des études, sans oublier un large volet dédié à la découverte des provinces et territoires canadiens. Plusieurs infos pratiques également (logement, transports, etc.) et des articles de blog fort instructifs. Bref, un site à consulter en vue d'un voyage ou d'un séjour prolongé au pays.

PARCS CANADA

30, rue Victoria

GATINEAU

parcs.canada.ca

Parcs Canada protège et met en valeur des exemples représentatifs du patrimoine naturel et culturel du Canada tout en les rendant accessibles au grand public. On compte 37 parcs nationaux, 10 réserves de parc national, 1 parc urbain national, 5 aires marines nationales de conservation, et 1 004 lieux historiques nationaux dont 171 administrés par Parcs Canada. Sur place, activités de plein air ou d'interprétation, vidéos, expositions, conférences et autres activités éducatives permettent de les découvrir. Plusieurs de ces sites offrent également de l'hébergement.

RESTER

Le Canada abrite plusieurs universités et centres de recherche reconnus, sans oublier ses nombreuses entreprises en démarrage (startups). Le pays attire donc une population étudiante ou professionnelle sans cesse renouvelée. Car le Canada a compris l'utilité d'attirer à lui les cerveaux et bras qui viennent compléter les compétences qu'il possède en son sein. De plus, le pays facilite les procédures d'immigration pour les francophones désirant s'installer hors Québec, que ce soit par le biais d'un programme d'immigration économique fédéral ou encore le Programme des candidats des provinces (au Québec, la compétence en matière d'immigration est partagée avec le fédéral). Donc pour bien vous informer sur les différentes avenues qui s'offrent à vous et les démarches à entreprendre pour étudier, travailler et vivre au Canada, ces sites web sauront répondre à toutes vos questions, ou presque...

ÉDUCANADA

✆ +1 800 267 8376

www.educanada.ca

Le Canada séduit de plus en plus d'étudiants étrangers et de participants à des programmes d'échanges au fil des ans. Afin de se bien préparer à la vie étudiante au pays, le site web d'Édu-Canada est une véritable mine d'informations sur le sujet. On y traite du système d'éducation canadien, du budget à prévoir, des programmes et coûts, des bourses, des permis d'études et des visas, de la vie étudiante sur place, du travail pendant les études et tutti quanti. Bref un site très complet pour trouver toutes les réponses - ou presque - à ses questions.

BUSINESS FRANCE CANADA - MONTRÉAL

1010, rue Sainte-Catherine Ouest

MONTRÉAL

https://www.businessfrance.fr

L'Agence pour le développement international des entreprises françaises travaille en étroite collaboration avec les missions économiques. Cette structure est née de la fusion entre Ubifrance et l'Agence française pour les investissements internationaux. Forte d'une équipe biculturelle de professionnels de l'export répartis sur deux sites (Montréal et Toronto), cette mission économique accompagne les entreprises françaises dans leurs projets de développement sur le marché canadien.

IMMIGRATION, RÉFUGIÉS ET CITOYENNETÉ CANADA

✆ +1 888 242 2100

www.canada.ca/fr/services

Le site officiel du gouvernement canadien renseigne sur les grands thèmes que sont visiter, étudier, travailler et immigrer. Toute l'information pour présenter sa demande d'immigration, de citoyenneté ou d'asile s'y trouve, ainsi que la liste des différents programmes offerts au fédéral ainsi que dans les provinces et territoires canadiens, les adresses des bureaux au Canada et à l'étranger, les services offerts aux nouveaux immigrants à travers le pays, etc.

IMMIGRATION FRANCOPHONE AU CANADA

immigrationfrancophone.ca

Initiative de la Fédération des communautés francophones et acadienne du Canada (FCFA), ce site web présente la francophonie canadienne hors Québec sous toutes ses coutures. Les sujets y sont nombreux, comme les programmes d'immigration, les études en français, les services d'établissement, etc. On y trouve aussi une carte interactive du pays avec des fiches traitant de la francophonie dans les provinces et territoires ainsi que dans certaines villes et localités sélectionnées.

INDEX

N

O

P

Q

R

S

EDITION
Directeurs de collection et auteurs : Dominique AUZIAS et Jean-Paul LABOURDETTE
Auteurs : Marion VERNHES, Valérie FORTIER, Adélaïde SAUTER, Baptiste THARREAU, Mathias DESHOURS, Amandine GLEVAREC, Kevin GIRAUD, Sylvie DEL COTTO, Juliette COURTOIS, Romain RISSO, Martin FOUQUET, Justine HARBONNIER, Jonathan CHODJAI (NEOPOL), Julien CHABERT, Jean-Paul LABOURDETTE, Dominique AUZIAS et alter
Directeur Editorial : Stéphan SZEREMETA
Rédaction Monde : Laure CHATAIGNON, Morgane VESLIN, Pierre-Yves SOUCHET, Natalia COLLIER, Julie BEZ
Rédaction France : Briséis CREAC'H-MENUT, Audrey VEDOVOTTO, Marie VIGNERON, Nicolas WODARCZAK, Mélanie PEILLET

FABRICATION
Maquette et Montage : Romain AUDREN, Julie BORDES, Delphine PAGANO
Iconographie et Cartographie : Anne DIOT, Julien DOUCET

WEB ET NUMERIQUE
Directeur Web : Louis GENEAU de LAMARLIERE
Technical Project Manager : Hervé MARION
Développeurs : Guillaume BARBET, Adeline CAUX
Intégrateur Web : Mickael LATTES, Antoine DION
Webdesigner : Caroline LAFFAITEUR
Community Traffic Manager : Alice BARBIER, Noémie LE SAUX

DIRECTION COMMERCIALE
Directeur commercial : Guillaume VORBURGER
Coordinatrice des Régies commerciales : Manon GUERIN
Account Manager Marketplace : Leila ROUGEOT
Responsable Régies locales : Michel GRANSEIGNE
Responsables Développement régie inter : Jean-Marc FARAGUET, Guillaume LABOUREUR et Camille ESMIEU
Assistante commerciale Régie internationale : Leila ANTRI-BOUZAR
Chefs de Publicité Régie nationale : Caroline AUBRY, François BRIANCON-MARJOLLET, Perrine DE CARNE MARCEIN, Jonathan TOUTOUX

DIFFUSION ET PROMOTION
Directrice des Ventes : Bénédicte MOULET assistée d'Aissatou DIOP
Responsable des ventes : Jean-Pierre GHEZ assisté de Nelly BRION
Relations Presse-Partenariats : Jean-Mary MARCHAL

ADMINISTRATION
Président : Jean-Paul LABOURDETTE
Directrice des Ressources Humaines : Dina BOURDEAU assistée de Sandra DOS REIS et Eva BAELEN
Directrice Administrative et Financière : Valérie DECOTTIGNIES
Comptabilité : Guillaume PETIT, Aminata BAGAYOKO, Jeannine DEMIRDJIAN et Adama DIABY
Recouvrement : Fabien BONNAN assisté de Sandra BRIJLALL
Responsable informatique : Elie NZUZI-LEBA

PETIT FUTÉ CANADA
LES NOUVELLES EDITIONS DE L'UNIVERSITE
18, rue des Volontaires - 75015 Paris.
✆ 01 53 69 70 00 - Fax 01 42 73 15 24
Internet : www.petitfute.com
SAS au capital de 1 000 000 € - RC PARIS B 309 769 966
Couverture : Coucher de soleil sur le lac et les montagnes Morain © MartinM303 - iStockPhoto.com
Impression : CORLET IMPRIMEUR - 14110 Condé-en-Normandie
Achevé d'imprimer : avril 2023
Dépôt légal : 10/05/2023
ISBN : 9782305045115

Pour nous contacter par email, indiquez le nom de famille en minuscule suivi de @petitfute.com
Pour le courrier des lecteurs : info@petitfute.com

IMPRIMÉ EN FRANCE